D1746278

ABD-RU-SHIN

IM LICHTE DER WAHRHEIT

GRALSBOTSCHAFT

ABD-RU-SHIN

# IM LICHTE DER WAHRHEIT

GRALSBOTSCHAFT

VERLAG DER STIFTUNG GRALSBOTSCHAFT

STUTTGART

Die Deutsche Bibliothek – CIP-Einheitsaufnahme

**Abd-ru-shin:**
Im Lichte der Wahrheit : Gralsbotschaft / Abd-ru-shin. –
Einzige autoris. Ausg., einbändige Ausg., 19. Aufl. – Stuttgart :
Verl. der Stiftung Gralsbotschaft, 1992
ISBN 3-87860-203-0 Gewebe in Schuber
ISBN 3-87860-204-9 Ldr. in Schuber
Vw: Bernhardt, Oskar Ernst [Wirkl. Name] → Abd-ru-shin

Abd-ru-shin, »Im Lichte der Wahrheit«, Gralsbotschaft. Einbändige Ausgabe. 19. Auflage 1992. Einzige autorisierte Ausgabe. Inhaberin der Urheberrechte Stiftung Gralsbotschaft, Stuttgart, Bundesrepublik Deutschland. Alle Rechte, insbesondere der Übersetzung und der Verbreitung durch öffentlichen Vortrag, Film, Funk, Fernsehen, Tonträger jeder Art, Nachdruck, fotomechanische Wiedergabe, Vervielfältigung auf sonstige Art, Einspeicherung in Datenverarbeitungsanlagen, auch auszugsweise, sind vorbehalten.
Satz und Druck: Offizin Chr. Scheufele, Stuttgart.
Bindung: Realwerk Lachenmaier, Reutlingen.
Printed in Germany.
Copyright 1990 by Stiftung Gralsbotschaft, Stuttgart.

EINBÄNDIGE AUSGABE 1992

LÖSE DICH VON ALLEM DUNKEL!


WER SICH NICHT MÜHT,
DAS WORT DES HERRN AUCH RICHTIG
ZU ERFASSEN,
MACHT SICH SCHULDIG!

BAND I

## ZUM GELEITE!

Die Binde fällt, und Glaube wird zur Überzeugung. Nur in der Überzeugung liegt Befreiung und Erlösung!

Ich spreche nur zu denen, welche ernsthaft suchen. Sie müssen fähig und gewillt sein, sachlich dieses Sachliche zu prüfen! Religiöse Fanatiker und haltlose Schwärmer mögen ferne davon bleiben; denn sie sind der Wahrheit schädlich. Böswillige aber und die Unsachlichen sollen in den Worten selbst ihr Urteil finden.

Die Botschaft wird nur solche treffen, die noch einen Funken Wahrheit in sich tragen und die Sehnsucht, wirklich Mensch zu sein. Allen denen wird sie auch zur Leuchte und zum Stab. Ohne Umwege führt sie heraus aus allem Chaos jetziger Verwirrung.

Das nachstehende Wort bringt nicht eine neue Religion, sondern es soll die Fackel sein für alle ernsten Hörer oder Leser, um damit den rechten Weg zu finden, der sie zur ersehnten Höhe führt.

Nur wer sich selbst bewegt, kann geistig vorwärts kommen. Der Tor, der sich dazu in Form fertiger Anschauungen fremder Hilfsmittel bedient, geht seinen Pfad nur wie auf Krücken, während die gesunden eignen Glieder dafür ausgeschaltet sind.

Sobald er aber alle Fähigkeiten, welche in ihm seines Rufes harrend schlummern, kühn als Rüstzeug zu dem Aufstiege verwendet, nützt er das ihm anvertraute Pfund nach seines Schöpfers Willen und wird alle Hindernisse spielend überwinden, die ablenkend seinen Weg durchkreuzen wollen.

Deshalb erwacht! Nur in der Überzeugung ruht der rechte Glaube, und Überzeugung kommt allein durch rücksichtsloses Abwägen und Prüfen! Steht als Lebendige in Eures Gottes wundervoller Schöpfung!

Abd-ru-shin

## WAS SUCHT IHR?

*Was sucht Ihr?* Sagt, was soll das ungestüme Drängen? Wie ein Brausen geht es durch die Welt, und eine Sturmflut Bücher überschüttet alle Völker. Gelehrte graben in den alten Schriften, forschen, grübeln bis zu geistiger Ermattung. Propheten tauchen auf, zu warnen, zu verheißen... von allen Seiten will man plötzlich wie im Fieber neues Licht verbreiten!

So tobt es zur Zeit über die durchwühlte Menschheitsseele hin, nicht labend und erquickend, sondern sengend, zehrend, saugend an der letzten Kraft, die der zerrissenen in dieser Düsterheit der Gegenwart noch blieb.

Auch regt sich hier und da ein Flüstern, Raunen von wachsender Erwartung irgend etwas Kommendem. Unruhig ist ein jeder Nerv, gespannt von unbewußtem Sehnen. Es wallt und wogt, und über allem lagert düster brütend eine Art Betäubung. Unheilschwanger. Was *muß* sie gebären? Verwirrung, Kleinmut und Verderben, wenn nicht kraftvoll die dunkle Schicht zerrissen wird, die geistig jetzt den Erdenball umhüllt, die mit der weichen Zähigkeit des schmutzigen Morastes jeden aufsteigenden freien Lichtgedanken aufnimmt und erstickt, bevor er stark geworden ist, die mit dem unheimlichen Schweigen eines Sumpfes jedes gute Wollen schon im Keime unterdrückt, zersetzt, vernichtet, ehe eine Tat daraus erstehen kann.

Der Schrei der Suchenden nach Licht aber, der Kraft birgt, um den Schlamm zu spalten, er wird abgeleitet, verhallt an einem undurchdringlichen Gewölbe, das gerade die mit Fleiß errichten, die zu helfen wähnen. *Sie bieten Steine statt des Brotes!*

Seht Euch die unzähligen Bücher an:

## 1. WAS SUCHT IHR?

*Der Menschengeist wird durch sie nur ermüdet, nicht belebt!* Und das ist der Beweis der Unfruchtbarkeit alles Dargebotenen. Denn was den Geist ermüdet, ist niemals das Rechte.

*Geistiges Brot erfrischt unmittelbar, Wahrheit erquickt, und Licht belebt!*

Einfache Menschen müssen doch verzagen, wenn sie sehen, welche Mauern um das Jenseits durch die sogenannte Geisteswissenschaft errichtet werden. Wer von den Einfachen soll die gelehrten Sätze, wer die fremden Ausdrucksweisen fassen? Soll denn das Jenseits nur für Geisteswissenschaftler gelten?

Man spricht dabei von Gott! Soll eine Hochschule errichtet werden, um darin erst die Fähigkeiten zu erlangen, den Begriff der Gottheit zu erkennen? Wohin treibt diese Sucht, die zu dem größten Teile nur im Ehrgeiz wurzelt?

Wie Trunkene taumeln die Leser und die Hörer von der einen Stelle zu der anderen, unsicher, unfrei in sich selbst, einseitig, da sie von dem schlichten Wege abgeleitet wurden.

Hört es, Verzagende! Schaut auf, Ihr ernsthaft Suchenden: *Der Weg zum Höchsten liegt bereit vor jedem Menschen! Gelehrsamkeit ist nicht das Tor dazu!*

Wählte Christus Jesus, dieses große Vorbild auf dem wahren Weg zum Lichte, seine Jünger unter den gelehrten Pharisäern? Unter Schriftenforschern? Er nahm sie aus der Schlichtheit und der Einfachheit heraus, weil sie nicht anzukämpfen hatten gegen diesen großen Irrtum, daß der Weg zum Licht mühselig zu erlernen ist und schwer sein muß.

*Dieser Gedanke ist der größte Feind des Menschen, er ist Lüge!*

Deshalb zurück von aller Wissenschaftlerei, dort, wo es um das Heiligste im Menschen geht, das *voll erfaßt* sein will! Laßt ab, weil Wissenschaft als Machwerk menschlichen Gehirnes Stückwerk ist und Stückwerk bleiben muß.

Bedenkt, wie sollte mühselig erlernte Wissenschaft zur Gottheit führen? *Was ist denn Wissen überhaupt?* Wissen ist, was das Gehirn begreifen kann. Wie eng begrenzt ist aber das Begriffsvermögen des Gehirns, das fest an Raum und Zeit gebunden bleibt. Schon Ewigkeit und den Sinn für Unendlichkeit vermag ein menschliches Gehirn nicht zu erfassen. Gerade das, was mit der Gottheit untrennbar verbunden ist.

Still aber steht das Gehirn vor jener unfaßbaren Kraft, die alles Seiende durchströmt, aus der es selbst sein Wirken schöpft. Die Kraft, die alle täglich, stündlich, jeden Augenblick empfinden als etwas Selbstverständliches, die auch die Wissenschaft stets als bestehend anerkannte und die man doch mit dem Gehirn, also dem Wissen und Verstand, vergebens zu erfassen, zu begreifen sucht.

So mangelhaft ist nun die Tätigkeit eines Gehirns, des Grundsteines und Werkzeuges der Wissenschaft, und die Beschränkung zieht sich naturgemäß auch durch die Werke, die es baut, also durch alle Wissenschaften selbst. Deshalb ist Wissenschaft wohl gut für *Nachfolge,* zum besseren Verstehen, Einteilen und Sortieren alles dessen, was sie von der vorangehenden Schöpfungskraft fertig empfängt, doch sie muß unbedingt versagen, wenn sie sich selbst zur Führerschaft oder Kritik aufwerfen will, solange sie sich wie bisher so fest an den Verstand, also an das Begriffsvermögen des Gehirnes bindet.

Aus diesem Grunde bleibt Gelehrsamkeit und auch die Menschheit, die sich darnach richtet, stets an Einzelheiten hängen, während jeder Mensch das große, unfaßbare Ganze als Geschenk in sich trägt, vollauf befähigt, ohne mühsames Erlernen das Edelste und Höchste zu erreichen!

Deshalb hinweg mit dieser unnötigen Folter einer Geistessklaverei! Der große Meister ruft uns nicht umsonst entgegen: »Werdet wie die Kinder!«

Wer in sich festes Wollen zu dem Guten trägt und sich bemüht, seinen Gedanken Reinheit zu verleihen, *der hat den Weg zum Höchsten schon gefunden!* Ihm wird dann alles andere zuteil. Dazu bedarf es weder Bücher noch geistiger Anstrengung, weder einer Askese noch Vereinsamung. Er wird gesund an Körper und an Seele, befreit von allem Druck krankhafter Grübelei; denn jede Übertreibung schadet. Menschen sollt Ihr sein, nicht Treibhauspflanzen, die durch einseitige Ausbildung dem ersten Windhauche erliegen!

Wacht auf! Seht um Euch! Höret in Euch! Das allein vermag den Weg zu öffnen!

Achtet nicht auf Streit der Kirchen. Der große Wahrheitsbringer Christus Jesus, die Verkörperung göttlicher Liebe, fragte nicht nach Konfession. Was sind Konfessionen heute überhaupt? Bindung des freien Menschengeistes, Versklavung des in Euch wohnenden Gottesfunkens; Dogmen, die das Werk des Schöpfers und auch dessen große Liebe einzuengen suchen in von Menschensinn gepreßte Formen, was Herabzerrung des Göttlichen bedeutet, systematische Entwertung.

Jeden ernsthaft Suchenden stößt diese Art zurück, da er in sich niemals die große Wirklichkeit dabei erleben kann, wodurch sein Sehnen nach der Wahrheit immer hoffnungsloser wird und er zuletzt an sich und an der Welt verzweifelt!

Deshalb wachet auf! Zertrümmert in Euch dogmatische Mauern, reißt die Binde ab, damit das reine Licht des Höchsten unverstümmelt zu Euch dringen kann. Aufjauchzend wird dann Euer Geist sich in die Höhe schwingen, jubelnd all die große Vaterliebe fühlen, die keine Grenzen irdischen Verstandes kennt. Ihr wißt endlich, Ihr seid ein Stück von ihr, erfaßt sie mühelos und ganz, vereint Euch mit ihr und gewinnt so täglich, stündlich neue Kraft als ein Geschenk, das Euch den Aufstieg aus dem Chaos selbstverständlich macht!

## DER SCHREI NACH DEM HELFER

Sehen wir uns einmal alle Menschen näher an, die heute ganz besonders lebhaft einen geistigen Helfer suchen, die innerlich gehoben ihn erwarten. Nach ihrer Meinung sind sie selbst schon geistig gründlich vorbereitet, ihn zu erkennen und sein Wort zu hören!

Was wir bei ruhiger Betrachtung sehen, sind sehr viele Spaltungen. Die Sendung Christi hat zum Beispiel auf so viele Menschen sonderbar gewirkt. Sie schufen sich ein falsches Bild davon. Ursache dazu war, wie üblich, unrichtige Selbsteinschätzung, Überhebung.

An Stelle der früheren Ehrfurcht und Bewahrung einer selbstverständlichen Kluft und scharfer Abgrenzung zu ihrem Gott ist auf der einen Seite winselndes Betteln getreten, das immer nur empfangen, um keinen Preis aber selbst etwas dabei tun will. Das »bete« nahmen sie wohl auf, aber daß dabei noch »und arbeite« vorhanden ist, »arbeite an Dir selbst«, das wollen sie nicht wissen.

Auf der anderen Seite wieder glaubt man so selbständig zu sein, so unabhängig, daß man alles selbst tun kann und mit einiger Mühe sogar göttlich wird.

Es gibt auch viele Menschen, die nur fordern und erwarten, daß Gott ihnen nachzulaufen hat. Da er ja schon einmal seinen Sohn sandte, lieferte er damit den Beweis dafür, wie sehr ihm daran gelegen ist, daß die Menschheit sich ihm nähert, ja, daß er sie wahrscheinlich sogar braucht!

Wohin man blickt, dort ist in allem nur noch Anmaßung zu finden, keine Demut. Es fehlt die rechte Selbsteinschätzung. –

In erster Linie wird notwendig, daß der Mensch heruntersteigt von seiner künstlichen Höhe, um *wirklich Mensch* sein zu können, um als *solcher* seinen Aufstieg zu beginnen.

## 2. DER SCHREI NACH DEM HELFER

Er sitzt heute am Fuße des Berges geistig aufgeblasen auf einem Baume, anstatt mit beiden Füßen fest und sicher auf dem Erdboden zu stehen. Deshalb wird er auch nie den Berg ersteigen können, wenn er nicht vorher von dem Baume herunterklettert oder stürzt.

Unterdessen sind aber dann wahrscheinlich alle die, welche ruhig und vernünftig auf der Erde unter seinem Baume ihren Weg schritten und auf die er hochmütig herabsah, oben auf dem Gipfel angekommen.

Aber das Geschehen kommt ihm dabei zu Hilfe; denn der Baum *wird* stürzen, in ganz naher Zeit. Vielleicht besinnt sich dann der Mensch noch einmal eines Besseren, wenn er so unsanft von schwankender Höhe auf den Boden kommt. Dann ist es aber für ihn die allerhöchste Zeit, nicht eine Stunde bleibt ihm dabei zu versäumen übrig.

Jetzt denken viele, daß es in dem Schlendrian so weitergehen kann, wie es Jahrtausende gegangen ist. Breit und behaglich sitzen sie in ihren Sesseln und erwarten einen starken Helfer.

Doch *wie* stellen sie sich diesen Helfer vor! Es ist tatsächlich zum Erbarmen.

In erster Linie erwarten sie von ihm oder, sagen wir nur ganz richtig, *fordern* sie von ihm, daß *er* einem jeden einzelnen dessen Weg empor zum Licht bereitet! *Er* hat sich zu bemühen, Brücken für die Anhänger *jeder* Konfession nach dem Wege der Wahrheit zu schlagen! *Er* hat es so leicht und verständlich zu machen, daß es ein jeder mühelos verstehen kann. Seine Worte müssen so gewählt sein, daß deren Richtigkeit groß und klein aller Stände ohne weiteres überzeugt.

Sobald der Mensch sich selbst dabei bemühen und selbst denken muß, dann ist es nicht ein rechter Helfer. Denn wenn er berufen ist, durch sein Wort führend den rechten Weg zu zeigen, so muß er sich natürlich auch um die Menschen bemühen. *Seine* Sache ist es, die Menschen zu überzeugen, zu erwecken! Christus ließ ja auch sein Leben.

Die heute also denken, und es sind viele, die dazu gehören, die brauchen sich nicht erst zu bemühen, denn sie gleichen den törichten Jungfrauen, gehen dem »Zu spät« entgegen!

Der Helfer weckt sie sicher *nicht,* sondern wird sie ganz ruhig weiterschlafen lassen, bis das Tor geschlossen ist und sie nicht Einlaß finden können in das Licht, da sie sich nicht zu rechter Zeit aus dem Bereich der Stofflichkeit befreien können, wozu das Wort des Helfers ihnen den Weg wies.

Denn der Mensch ist nicht so wertvoll, wie er es sich eingebildet hat. Gott braucht ihn nicht, er aber seinen Gott!

Da die Menschheit in ihrem sogenannten Fortschritt heute nicht mehr weiß, was sie eigentlich *will,* wird sie endlich erfahren müssen, was sie *soll!*

Die Sorte Menschen wird suchend und auch überlegen kritisierend vorübergehen, wie auch so viele damals schon an *dem* vorübergingen, auf dessen Kommen alles durch die Offenbarungen schon vorbereitet war.

Wie kann man einen geistigen Helfer *so* sich denken!

Er wird der Menschheit *keinen Fußbreit* irgendwelche Konzessionen machen und *fordern* überall, wo man erwartet, daß er gibt!

*Der* Mensch jedoch, der ernsthaft denken kann, der wird sofort erkennen, daß *gerade in dem strengen, rücksichtslosen Fordern* eines aufmerksamen Denkens das Beste liegt, was die so tief in ihre Geistesträgheit schon verstrickte Menschheit zur Errettung braucht! Gerade damit, daß ein Helfer für das Verstehen seiner Worte von vornherein geistige Regsamkeit verlangt und *ernstes* Wollen, Sichbemühen, trennt er spielend Spreu von Weizen schon bei dem Beginn. Es liegt darin ein selbsttätiges Wirken, wie es in den göttlichen Gesetzen ist. Es wird den Menschen auch hierin genau nach dem, wie sie es wirklich wollen. –

Nun gibt es aber auch noch eine Sorte Menschen, die sich ganz besonders rege dünken!

Diese haben sich von einem Helfer natürlich ein ganz anderes Bild entworfen, wie man aus Berichten lesen kann. Es ist jedoch nicht weniger grotesk; denn sie erwarten darin einen... Geistesakrobaten!

Es wird ja sowieso von Tausenden schon angenommen, daß Hellsehen und Hellhören, Hellempfinden usw. großer Fortschritt wäre, der es in Wirklichkeit jedoch *nicht* ist. Derartiges Angelernte, Großgezogene, sogar das als Begabung Mitgebrachte, kann sich niemals über diesen Erdenbann erheben, bewegt sich also nur in niederen Grenzen, die auf Höhe niemals Anspruch machen können und deshalb ziemlich wertlos sind.

Will man der Menschheit etwa *damit* zum Aufstiege verhelfen, wenn man ihr die gleichstufigen feinstofflichen Dinge zeigt oder sie sehen, hören lehrt?

Dies hat mit eigentlichem Aufstiege des Geistes nichts zu tun. Ebensowenig Zweck für irdisches Geschehen! Es sind geistige Kunststückchen, nichts weiter, für Einzelmenschen interessant, für die gesamte Menschheit *aber ohne jeden Wert!*

Daß alle solche sich auch einen gleichartigen Helfer wünschen, der es schließlich besser kann als sie, ist ja ganz leicht verständlich. –

Doch es gibt eine große Zahl, die darin noch viel weiter gehen, bis ins Lächerliche. Und die es damit trotzdem bitter ernst nehmen.

Diesen gilt zum Beweis der Helferschaft zum Beispiel auch als Grundbedingung, daß sich ein Helfer... nicht erkälten darf! Wer sich erkälten kann, der ist schon abgetan; denn das entspricht nach deren Meinung nicht einem idealen Helfer. Ein Starker muß auf alle Fälle und in erster Linie mit seinem Geiste über diese Kleinigkeiten ganz erhaben sein.

Das klingt vielleicht etwas gemacht und lächerlich, aber es ist nur Tatsachen entnommen und bedeutet eine schwache Wiederholung des einstmaligen Rufes: »Bist Du Gottes Sohn, so hilf Dir selbst und steig herab vom Kreuze.« – Das schreit man heute schon, bevor ein derartiger Helfer überhaupt in Sicht ist!

Arme, unwissende Menschen! Der, der seinen Körper so *einseitig* erzieht, daß er unter der Gewalt des Geistes zeitweise unempfindlich wird, der ist mitnichten ein hervorragender Großer. Die ihn bewundern, gleichen Kindern früherer Jahrhunderte, welche mit offenen Mäulchen und glänzenden Augen den Verrenkungen herumziehender Spaßmacher folgten, wobei der brennende Wunsch in ihnen wach wurde, auch solches tun zu können.

## 2. DER SCHREI NACH DEM HELFER

Und wie die Kinder damals auf diesem ganz *irdischen* Gebiete, nicht weiter sind sehr viele sogenannte Geistes- oder Gottsucher der Jetztzeit auf dem *geistigen* Gebiete!

Denken wir doch einmal weiter: Fahrendes Volk der alten Zeiten, von dem ich soeben sprach, entwickelte sich mehr und mehr, wurde zu Akrobaten in den Zirkussen, in den Varietés. Ihr Können wuchs ins Ungeheuerliche, und täglich sehen Tausende verwöhnter Menschen heute noch mit immer neuem Staunen und oft innerem Erschauern diese Darbietungen an.

Doch haben sie dabei *für sich Gewinn* davon? Was nehmen sie nach solchen Stunden mit? Trotzdem so mancher Akrobat bei seinen Darbietungen auch das Leben wagt. Nicht das geringste; denn auch in der höchsten Vollendung werden alle diese Dinge *immer* nur im Rahmen der Varietés und Zirkusse verbleiben müssen. Sie werden immer nur zur Unterhaltung dienen, doch nie zu einem Vorteil für die Menschheit führen.

Ein *derartiges* Akrobatentum auf *geistigem* Gebiete aber sucht man jetzt als Maßstab für den großen Helfer!

Laßt solchen Menschen die geistigen Clowns! Sie werden bald genug erleben, wohin solches führt! Sie wissen auch nicht, *was* sie eigentlich damit erstreben. Sie wähnen: Groß ist nur der, dessen Geist den Körper so beherrscht, daß dieser Krankheit nicht mehr kennt!

Jede derartige Ausbildung ist einseitig, und Einseitigkeit bringt nur Ungesundes, Krankes! Es wird mit diesen Dingen nicht der *Geist gestärkt,* sondern der *Körper nur geschwächt!* Das notwendige Gleichmaß für gesunde Harmonie zwischen dem Körper und dem Geiste wird verschoben, und das Ende ist, daß sich zuletzt ein solcher Geist viel früher loslöst von dem mißhandelten Körper, der für ihn nicht mehr die kraftvolle, gesunde Resonanz gewähren kann für irdisches Erleben. Dieses aber *fehlt* dem Geiste dann, und er kommt *unreif* in das Jenseits. Er wird sein Erdensein *noch einmal* leben müssen.

Es sind geistige Kunststückchen, nichts weiter, die auf Kosten des irdischen Körpers gehen, welcher dem Geiste in Wirklichkeit *helfen* soll.

Der Körper *gehört* zu einer Epoche der Entwickelung des Geistes. Wird er aber schwach gemacht und unterdrückt, so kann er auch dem Geiste nicht viel nützen; denn seine Ausstrahlungen sind zu matt, um diesem die Vollkraft in der Stofflichkeit zu bringen, die er nötig hat.

Will ein Mensch eine Krankheit unterdrücken, so muß er geistig den Druck einer Ekstase auf den Körper herbeiführen, ähnlich wie im Kleinen Furcht vor dem Zahnarzt die Schmerzen verdrängen kann.

Solch hohe Erregungszustände hält ein Körper ungefährdet wohl einmal, vielleicht auch mehrere Male aus, aber nicht für die Dauer, ohne ernsthaft Schaden zu leiden.

Und wenn *das* ein Helfer macht oder rät, so ist er nicht wert, ein Helfer zu sein; denn er verstößt damit gegen die natürlichen Gesetze in der Schöpfung. Der Erdenmensch soll seinen Körper als ein ihm anvertrautes Gut bewahren und die gesunde Harmonie zwischen dem Geiste und dem Körper herbeizuführen suchen. Wird diese durch einseitige Unterdrückung gestört, so ist das kein Fortschritt, kein Aufstieg, sondern ein einschneidendes Hemmnis zur Erfüllung seiner Aufgabe auf Erden, wie überhaupt *in der Stofflichkeit*. Die Vollkraft des Geistes im Hinblick auf seine Wirkung *in der Stofflichkeit* geht dabei verloren, weil er dazu auf jeden Fall die Kraft eines nicht unterjochten, sondern mit dem Geiste harmonisierenden Erdenkörpers braucht!

Der, den man auf Grund solcher Dinge Meister nennt, ist weniger als Schüler, der die Aufgaben des Menschengeistes und dessen Entwickelungsnotwendigkeiten gar nicht kennt! Er ist sogar ein Schädling für den Geist.

Sie werden bald genug schmerzlich zu der Erkenntnis ihrer Torheit kommen.

Ein jeder falsche Helfer aber wird *bittere* Erfahrung machen müssen! Sein Aufstieg in dem Jenseits kann erst *dann* beginnen, wenn auch der *Letzte* aller derer, die er durch Geistesständeleien aufgehalten hat oder gar irreführte, zur Erkenntnis kam. Solange seine Bücher, seine Schriften hier auf Erden weiter wirken, wird er drüben festgehalten, auch wenn er unterdessen dort zu besserer Erkenntnis kam.

## 2. DER SCHREI NACH DEM HELFER

Wer zu okkulten Schulungen anrät, der gibt den Menschen Steine anstatt Brot und zeigt damit, daß er nicht einmal eine Ahnung von dem *wirklichen* Geschehen in dem Jenseits hat, noch weniger vom ganzen Weltgetriebe!

# DER ANTICHRIST

Menschen! Wenn die Stunde kommt, in der nach göttlichem Willen die Reinigung und Trennung auf der Erde vor sich gehen muß, so achtet auf die Euch verheißenen, zum Teile überirdischen Zeichen *am Himmel!*

Laßt Euch dann nicht irremachen von *den* Menschen und auch Kirchen, die sich lange schon dem Antichrist ergaben. Traurig ist es, daß nicht einmal Kirchen bisher wußten, *wo* sie diesen Antichrist zu suchen hatten, der doch schon so lange mitten unter allen Menschen wirkt. Ein wenig Wachsein, und sie mußten es erkennen! Wer kann denn antichristlicher noch handeln als die, die *Christus selbst* damals bekämpften und auch zuletzt mordeten! Wer konnte schlimmer und auch deutlicher als Gegenchrist sich zeigen!

Es waren Träger und Vertreter der irdischen Religion, denen die *wahrhaftige* Gottlehre im und durch den Gottessohn nicht in ihren eigenen Aufbau paßte. Die wahrhafte Gottesbotschaft konnte ja nicht dazu passen, da der Aufbau der geistlichen Erdenwürdenträger auf Erdeneinfluß, auf irdische Macht und Ausdehnung gerichtet war.

Ganz klar bewiesen sie damit, daß sie die Diener menschlichen Verstandes waren, der allein auf Erdenwissen, Erdenmacht gerichtet ist und feindlich, hindernd gegen alles steht, was außerhalb des irdischen Erfassens liegt! Da Gott nun völlig außerhalb des irdischen Verstandeswissens bleibt und auch das Geistige, so ist gerade der Verstand das einzig wirklich Hindernde dafür! Er ist in seiner Art deshalb auch Gegner alles Göttlichen und alles Geistigen! Und deshalb folgerichtig mit ihm alle Menschen, die ihren Verstand als Oberstes und Höchstes anerkennen, nur auf *ihn* zu bauen suchen!

## 3. DER ANTICHRIST

Die damaligen Träger der Religion fürchteten, unter dem Volke Einfluß zu verlieren durch die Aufklärung des Gottessohnes. *Das* war, wie heute alle wissen, der vorwiegende Grund zu den Verleumdungen, welche sie gegen Christus auszustreuen suchten, und zuletzt auch zur Hinrichtung des Gottessohnes. Sie schlugen den als Gotteslästerer ans Kreuz, der von demselben Gott zur Aufklärung gesandt wurde, für dessen Diener sie sich ausgaben!

So wenig kannten sie in Wirklichkeit *den* Gott und dessen Willen, dem zu dienen sie die Menschen glauben machen wollten, zu dessen Ehre, dessen irdischer Verteidigung sie diesen Gottessohn, den Gottgesandten, aber... mordeten!

Es zeigte sich als unheilvolle Folge davon, daß sie Sklaven ihres Erdverstandes waren, welcher nur um seinen Einfluß damit kämpfte. Sie gaben sich als Henkerswerkzeuge des Antichristen hin, dem sie still in sich einen Thron errichtet hatten. Denn darin fanden sie Befriedigung menschlicher Schwächen, wie des Dünkels, Hochmuts, ihrer Eitelkeit.

Wer klareren Beweis erwartet, dem kann nicht geholfen sein; denn etwas Gegnerischeres gegen Christus, den Gottessohn, und dessen Worte gibt es nicht! Und Antichrist bedeutet ja den Kämpfer *gegen* Christus, gegen Menscherlösung in der Gottesbotschaft. Der irdische Verstand trieb sie dazu! Gerade dieser ist als giftiges Gewächs *Luzifers* ihm ein Werkzeug, das der Menschheit am gefährlichsten geworden ist!

Deshalb ist einst das unverhältnismäßige Zugroßziehen des menschlichen Verstandes zur Erbsünde gewachsen für den Menschen! Dahinter aber steht Luzifer selbst als Antichrist in eigener Person! *Er* ist es, der sein Haupt erheben konnte durch die Menschen! Er, der einzige wirklich Gottfeindliche! Er hat sich den Namen Antichrist durch den feindlichen Kampf gegen des Gottessohnes Mission erworben. Kein anderer hätte die Kraft und Macht dazu gehabt, zum Antichrist zu werden.

Und Luzifer bedient sich auf der Erde in seinem Kampf gegen den Gotteswillen nicht nur *eines* Menschen, sondern ziemlich der gesamten Menschheit, welche er damit auch dem Verderben unter der Auswirkung des göttlichen Zornes zuführt! Wer *das* nicht fassen kann, das

Selbstverständlichste, daß nur *Luzifer selbst der Antichrist* sein konnte, der es wagt, sich wider Gott zu stellen, dem wird nie etwas zu verstehen möglich werden von allem dem, was außerhalb der Grobstofflichkeit, also des rein Irdischen, sich abspielt.

Und wie es damals war, *so ist es heute noch!* Sogar weit schlimmer. Auch heute werden viele Religionsvertreter ganz erbittert kämpfen wollen, um die bisher durchgeführten irdischen Verstandesregeln in den Tempeln und den Kirchen zu erhalten.

Gerade dieser alles edlere Empfinden einengende menschliche Verstand ist mit das raffinierteste der Zuchtgewächse Luzifers, was er unter die Menschheit streuen konnte. Alle Sklaven des Verstandes aber sind in Wahrheit *Diener Luzifers,* die Mitschuld tragen an dem ungeheuren Zusammenbruch, der dadurch über die Menschheit kommen muß!

Weil nun kein Mensch den Antichristen unter dem Verstande suchte, war seine unheimliche Ausbreitung nur um so leichter! Luzifer triumphierte; denn damit schloß er die Menschheit ab von jeglichem Begreifen alles dessen, was außerhalb der Grobstofflichkeit liegt. Vom *eigentlichen Leben!* Von der Stelle, an welcher erst die Fühlung einsetzt mit dem Geistigen, das in die Nähe Gottes führt!

Er setzte damit seinen Fuß auf diese Erde als der Herr der Erde und des Hauptteiles der Menschheit!

Da war es auch nicht zu verwundern, daß er bis zu den Altären dringen konnte und irdische Religionsvertreter auch christlicher Kirchen ihm zum Opfer fallen mußten. Auch sie erwarten ja den Antichrist erst vor dem angekündigten Gericht. Die große Offenbarung in der Bibel blieb darin wie vieles andere bisher noch unverstanden.

Die Offenbarung sagt, daß dieser Antichrist vor dem Gericht *sein Haupt erheben wird!* Doch nicht, daß er erst kommt! Wenn darin ausgedrückt wurde, daß er sein Haupt erhebt, so zeigt es doch, daß er schon da sein muß, nicht aber, daß er erst noch kommt. *Er wird den Gipfel seiner Herrschaft haben* kurz vor dem Gericht, das soll damit gesagt sein!

Ihr, die Ihr noch nicht geistig taub und blind geworden seid, hört diesen Warnungsruf! Gebt Euch die Mühe, *selbst* einmal ganz ernsthaft nachzudenken. Bleibt Ihr darin noch weiterhin bequem, gebt Ihr Euch selbst verloren!

Wenn man vom Lager einer Giftschlange den sie deckenden Schutz abhebt und sie sich dadurch plötzlich bloßgelegt erkennt, so wird sie selbstverständlich gegen diese rücksichtslose Hand zu springen suchen, um zu beißen.

Nicht anders hier. Der sich entdeckt sehende Antichrist wird schnell durch seine Diener widersprechen, bei der Entlarvung schreien und alles Mögliche versuchen, sich auf dem Throne zu halten, den ihm die Menschheit willig bot. Das alles kann er aber nur durch die, die ihn in sich verehren.

Deshalb achtet nunmehr scharf auf Euere Umgebung, wenn der Kampf beginnt! Gerade an dem Schreien werdet Ihr sie um so sicherer erkennen, jeden, der zu ihm gehört! Denn diese werden *wieder* wie schon einstens wandeln in der Furcht vor einer reinen Wahrheit, in der Gegnerschaft!

Der Antichrist wird wieder suchen, seinen Einfluß auf der Erde krampfhaft festzuhalten. Achtet auf seine Unsachlichkeit in der Abwehr und im Angriffe; denn wieder wird er nur verleumderisch, verdächtigend arbeiten, weil seine Anhänger nichts anderes zu tun vermögen. Vor die Wahrheit hinzutreten und diese zu widerlegen, ist nicht möglich.

So werden Diener Luzifers den Gottgesandten auch bekämpfen, genau wie einst den Gottessohn!

Wo ein derartiger Versuch geschieht, dort werdet aufmerksam; denn damit wollen solche Menschen Luzifer nur schützen, um seine Herrschaft auf der Erde aufrecht zu erhalten. Dort ist ein Herd des Dunkels, auch wenn die Menschen äußerlich ein helles irdisches Gewand zu tragen pflegen, auch wenn sie Diener einer Kirche sind.

Vergeßt nicht das Geschehen zu der Erdenzeit des Gottessohnes, sondern bedenkt, daß heute noch *derselbe* Antichrist mit noch viel größerem Menschenanhang sich müht, die Erdenherrschaft zu behalten, der Vernichtung zu entgehen und weiterhin den wahren Gotteswillen zu verdunkeln.

Achtet deshalb aufmerksam auf alle Zeichen, die verheißen sind! Es gilt für jeden einzelnen *letzte* Entscheidung. Rettung oder Verderben! Denn diesmal ist es Gottes Wille, daß verlorengehe, was sich nochmals gegen ihn aufzulehnen wagt!

Jede Nachlässigkeit darin wird Euch zum Gericht! – Nicht über einer Kirche werden Gotteszeichen stehen, nicht ein geistlicher Erdenwürdenträger wird den Ausweis tragen, daß er Gottgesandter ist! Sondern nur der, der mit den Zeichen untrennbar verbunden ist, sie deshalb auch lebendig leuchtend mit sich trägt wie einst der Gottessohn, als er auf dieser Erde weilte. Es ist das Kreuz der Wahrheit, lebend leuchtend in ihm, und die Taube über ihm! Sichtbar werdend allen denen, die dazu begnadet sind, Geistiges zu erschauen, um das Zeugnis davon abzulegen allen Menschen auf der Erde; denn es werden ihrer unter allen Völkern sein, die diesmal »sehen« dürfen, als letzte Gnade Gottes! – – –

Nie lassen sich diese hohen Zeichen der Heiligen Wahrheit vortäuschen. Das bringt auch Luzifer nicht fertig, der davor fliehen muß, noch weniger ein Mensch. Wer sich deshalb noch gegen diesen Ausweis Gottes stellen will, der stellt sich nunmehr gegen Gott als Gottesfeind. Er zeigt damit, daß er nicht Gottesdiener ist noch war, gleichviel, was er bisher auf Erden vorgegeben hat zu sein.

Wahrt Euch, daß nicht auch Ihr dazu gehört!

# SITTLICHKEIT

Wie eine dunkle Gewitterwolke lagert es über der Menschheit. Schwül ist die Atmosphäre. Träge, unter dumpfem Drucke arbeitet die Empfindungsfähigkeit der einzelnen. Hochgradig gespannt sind nur die Nerven, die auf das Gefühls- und Triebleben der Körper wirken. Künstlich angestachelt durch den Irrtum falscher Erziehung, falscher Einstellung und Selbsttäuschung.

Der Mensch von heute ist in dieser Beziehung nicht normal, sondern er trägt einen krankhaften, bis auf das Zehnfache gesteigerten sexuellen Trieb mit sich, dem er in hundertfältigen Formen und Arten einen Kult zu erbauen sucht, der zum Verderben der ganzen Menschheit werden muß.

Ansteckend, übertragend wie ein Pesthauch wirkt dies alles mit der Zeit auch auf die, die sich noch krampfhaft anzuklammern suchen an ein Ideal, das ihnen im Verborgenen ihres Halbbewußtseins vorschwebt. Sie strecken wohl verlangend ihre Arme danach aus, lassen diese aber seufzend immer wieder sinken, hoffnungslos, verzweifelt, wenn sich ihr Blick auf die Umgebung richtet.

In dumpfer Ohnmacht sehen sie mit Grauen, mit welcher Riesenschnelle der klare Blick für Sittlichkeit und Unsitte sich trübt, die Urteilsfähigkeit verlorengeht und das Begriffsvermögen darin wandelt, derart, daß man so vieles, das vor kurzem noch Abscheu und Verachtung ausgelöst hätte, sehr schnell als ganz natürlich hinnimmt und nicht einmal darüber stutzt.

Aber der Becher ist bald bis zum Rande gefüllt. Es muß ein furchtbares Erwachen kommen!

## 4. SITTLICHKEIT

Schon jetzt geht es manchmal über diese sinnengepeitschten Massen wie ein plötzliches scheues Ducken, ganz mechanisch, unbewußt. Unsicherheit greift einen Augenblick an manches Herz; doch zum Erwachen, zu klarer Empfindung ihres unwürdigen Treibens kommt es nicht. Doppelter Eifer setzt daraufhin ein, um solche »Schwäche« oder »letzten Anhängsel« veralteter Gesinnungen abzuschütteln oder gar zu übertönen.

Fortschritt um jeden Preis soll sein. Fortschreiten aber kann man nach zwei Seiten. Auf- oder abwärts. Wie man wählt. Und wie es jetzt steht, geht es abwärts mit unheimlicher Geschwindigkeit. Der Anprall muß die also Niedersausenden zerschmettern, wenn die Stunde schlägt, da sie auf einen starken Widerstand stoßen.

In dieser schwülen Atmosphäre zieht sich die Gewitterwolke immer dichter, unheilbringender zusammen. Jeden Augenblick ist nun der erste Blitzstrahl zu erwarten, der die Finsternis durchschneidet und erhellt, der flammend das Verborgenste beleuchtet mit einer Unerbittlichkeit und Schärfe, die in sich die Befreiung trägt für solche, die nach Licht und Klarheit streben, Verderben aber denen bringt, die kein Verlangen nach dem Lichte haben.

Je länger diese Wolke Zeit erhält, ihre Dunkelheit und Schwere zu verdichten, desto greller und erschreckender wird auch der Blitz sein, den die Wolke zeugt. Vergehen wird die weiche, erschlaffende Luft, die in den Falten ihrer Trägheit schleichende Lüsternheit birgt; denn dem ersten Blitzstrahle wird auch naturgemäß ein frischer, herber Luftstrom folgen, der neues Leben bringt. In kalter Klarheit des Lichtes werden urplötzlich alle Ausgeburten der düsteren Phantasie ihrer gleisnerischen Unwahrheiten entkleidet vor den Blicken der entsetzten Menschheit stehen.

Der Erschütterung eines gewaltigen Donners gleich wird das Erwachen in den Seelen wirken, so daß sich das lebendige Quellwasser ungetrübter Wahrheit brausend über den dadurch gelockerten Grund ergießen kann. Der Tag der Freiheit bricht an. Befreiung von dem Banne einer seit Jahrtausenden bestehenden und sich jetzt zur höchsten Blüte entfaltenden Unsittlichkeit.

## 4. SITTLICHKEIT

Sehet Euch um! Betrachtet die Lektüre, Tänze, Kleidung! Die jetzige Zeit ist mehr, als je geschehen, bemüht, durch Niederreißen aller Schranken zwischen zwei Geschlechtern die Reinheit der Empfindung systematisch zu trüben, sie in dieser Trübung zu entstellen und ihr irreführende Masken aufzusetzen, sie, wenn irgend möglich, zuletzt zu ersticken.

Aufsteigende Bedenken betäuben die Menschen mit hohen Reden, die aber scharf geprüft nur aus dem innerlich vibrierenden Sexualtriebe heraufsteigen, um den Begierden auf zahllose Arten, geschickt und ungeschickt, in verdeckter und unverdeckter Weise immer neue Nahrung zu geben.

Sie sprechen von Auftakt zu freiem, selbständigem Menschentume, von einer Entwickelung innerer Festigung, von Körperkultur, Schönheit der Nacktheit, veredeltem Sport, Erziehung zur Lebendigmachung des Wortes: »Dem Reinen ist alles rein!«, kurz: Hebung des Menschengeschlechts durch Ablegung aller »Prüderie«, um so den edlen, freien Menschen zu schaffen, der die Zukunft tragen soll! Wehe dem, der es wagt, etwas dagegen zu sagen! Ein derartig Verwegener wird sofort unter großem Geheul gesteinigt mit Anwürfen, ähnlich den Behauptungen, daß nur unreine Gedanken ihn bewegen können, etwas »dabei zu finden«!

Ein toller Strudel fauligen Wassers, aus dem eine betäubende, vergiftende Atmosphäre sich verbreitet, die gleich einem Morphiumrausche sinnverwirrende Täuschungen auslöst, in die sich dauernd Tausende und Abertausende hineingleiten lassen, bis sie erschlaffend darin untergehen.

Der Bruder sucht die Schwester zu belehren, Kinder ihre Eltern. Wie eine Sturmflut jagt es über alle Menschen hin, und tolle Brandung zeigt sich dort, wo einige Besonnene ekelerfaßt wie Felsen im Meere noch einsam stehen. An diese klammern sich viele, denen die eigene Kraft in dem Tosen auszugehen droht. Man sieht sie gern, die kleinen Gruppen, die wie Oasen in der Wüste stehen. Ebenso wie solche erquickend, zur Ruhe und Erholung ladend für den Wanderer, der sich mühsam durch den verderbendrohenden Samum kämpfen konnte.

## 4. SITTLICHKEIT

Was heute unter all den schönen Mäntelchen zum Fortschritte gepredigt wird, ist nichts anderes als eine verblümte Förderung großer Schamlosigkeit, Vergiftung jeder höheren Empfindung in dem Menschen. Die größte Seuche, die die Menschheit je betroffen hat. Und sonderbar: es ist, als ob so viele nur darauf gewartet hätten, daß ihnen ein glaubhafter Vorwand gegeben wurde, sich selbst zu erniedrigen. Zahllosen Menschen ist es sehr willkommen!

Doch wer die geistigen Gesetze kennt, die in dem Weltall wirken, wird sich mit Abscheu von den jetzigen Bestrebungen wenden. Nehmen wir nur eines der »harmlosesten« Vergnügen heraus: »die Familienbäder«.

»Dem Reinen ist alles rein!« Das klingt so schön, daß man sich im Schutze dieses Wohlklanges so manches erlauben darf. Betrachten wir uns aber einmal die einfachsten feinstofflichen Vorgänge in einem derartigen Bade. Angenommen, es seien dreißig Personen verschiedenen Geschlechts und davon neunundzwanzig wirklich in jeder Beziehung rein. Eine Annahme, die von vornherein völlig ausgeschlossen ist; denn das Umgekehrte würde richtiger, sogar dann noch selten sein. Doch nehmen wir es an.

Der Eine, der Dreißigste, hat, durch das Sehen angeregt, unreine Gedanken, trotzdem er sich äußerlich vielleicht vollkommen korrekt verhält. Diese Gedanken verkörpern sich feinstofflich sofort in lebendige Gedankenformen, ziehen nach dem Objekt seines Schauens und haften diesem an. Das ist eine Beschmutzung, gleichviel, ob es zu irgendwelchen Äußerungen oder Tätlichkeiten kommt oder nicht!

Die betreffende angeworfene Person wird diesen Schmutz mit sich herumtragen, der ähnliche umherirrende Gedankenformen anzuziehen vermag. Dadurch wird es dichter, immer dichter um sie herum, kann zuletzt beirrend auf sie einwirken und sie vergiften, wie ein schmarotzendes Schlinggewächs oft den gesündesten Baum absterben läßt.

Das sind die feinstofflichen Vorgänge bei den sogenannten »harmlosen« Familienbädern, Gesellschaftsspielen, Tänzen oder anderem mehr.

Nun muß aber bedacht werden, daß in diese Bäder und Vergnügungen auf jeden Fall gerade alle die gehen, die direkt etwas suchen, um ihre Gedanken und Gefühle durch solche Schau besonders anregen zu lassen! Welcher Schmutz also damit gezüchtet wird, ohne daß äußerlich grobstofflich etwas bemerkt werden kann, ist nicht schwer zu erklären.

Ebenso selbstverständlich ist es, daß dieses sich dauernd vermehrende und verdichtende Gewölk der sinnlichen Gedankenformen nach und nach auf zahllose Menschen einwirken muß, die von sich aus solche Dinge nicht suchen. In denen tauchen erst schwach, dann stärker und lebendiger ähnliche Gedanken auf, die dauernd genährt werden durch manche Art sogenannter »Fortschritte« in ihrer Umgebung, und so gleitet einer nach dem anderen mit in den dickflüssigen dunklen Strom, in dem sich das Begriffsvermögen von wirklicher Reinheit und Sittlichkeit immer mehr verdüstert und zuletzt alles in die Tiefe vollster Dunkelheit reißt.

Diese Gelegenheiten und Anregungen zu solchen wuchernden Auswüchsen müssen in erster Linie genommen werden! Sie sind nichts als Brutherde, in die das verpestete Gewürm unsittlicher Menschen seine Gedanken werfen kann, die dann wuchernd emporschießen und sich verheerend über die ganze Menschheit ergießen, immer neue Brutstätten schaffend, die zuletzt nur noch ein Riesenfeld ekler Gewächse bilden, von denen ein Gifthauch ausgeht, der auch Gutes mit erstickt.

Reißt Euch heraus aus diesem Taumel, der einem Narkotikum gleich nur eine Kräftigung vortäuscht, in Wirklichkeit aber erschlaffend und verderbenbringend wirkt!

Natürlich ist es, wenn auch betrübend, daß gerade das weibliche Geschlecht in erster Linie wieder über alles Maß hinaus geht und in seiner Kleidung skrupellos bis zur Dirnenhaftigkeit herabgesunken ist.

Das beweist aber nur die Richtigkeit der Erklärung über die feinstofflichen Vorgänge. Gerade das Weib in seiner von Natur aus stärkeren Empfindungsfähigkeit nimmt dieses Gift der verpesteten feinstofflichen Gedankenformenwelt zuerst und tiefer auf, sich selbst ganz unbewußt. Es ist diesen Gefahren mehr preisgegeben, wird aus diesem

Grunde auch zuerst fortgerissen und geht unverständlich schnell und auffallend über jede Grenze hinaus.

Nicht umsonst heißt es: »Wenn ein Weib schlecht wird, so ist es schlimmer als ein Mann!« Dasselbe gilt in jeder Art, sei es in Grausamkeit, in Haß oder in Liebe! Das Tun des Weibes wird immer ein Produkt der es umgebenden feinstofflichen Welt sein! Natürlich gibt es darin Ausnahmen. Auch ist die Frau dadurch der Verantwortung nicht entzogen; denn sie vermag die auf sie einstürmenden Eindrücke zu beobachten und das eigene Wollen und Tun nach ihrem Willen zu lenken, wenn... sie will! Daß dies von der Mehrzahl leider nicht geschieht, ist ein Fehler des weiblichen Geschlechtes, der nur der absoluten Unwissenheit in diesen Dingen zu danken ist.

Schlimm ist es aber für die jetzige Zeit, daß die Frau in Wirklichkeit auch die Zukunft des Volkes in der Hand hat. Sie trägt sie, weil ihr seelischer Zustand einschneidender auf die Nachkommen ist als der des Mannes. Welchen Niedergang muß demnach die Zukunft bringen! Unausbleiblich! Mit Waffen, Geld oder Entdeckungen läßt es sich nicht aufhalten. Auch nicht durch Güte oder geschulte Politik. Da müssen tiefer einschneidende Mittel kommen.

Aber nicht die Frau allein trifft diese ungeheure Schuld. Sie wird immer nur das getreue Spiegelbild jener Welt von Gedankenformen sein, die über ihrem Volke lagert. Das darf man nicht vergessen. *Achtet* und *ehret das Weib als solches,* und es wird sich darnach formen, wird *das* werden, *was Ihr in ihm seht,* und damit hebt Ihr Euer ganzes Volk!

Doch vorher muß unter den Frauen ein großer Umwandlungsprozeß geschehen. Wie sie jetzt sind, kann eine Heilung nur durch gründliche Operation erfolgen, mit einem gewaltsamen, unerbittlichen Eingriffe, der jede Wucherung mit scharfen Messern entfernt und in das Feuer wirft! Sonst würde sie alle gesunden Teile noch vernichten.

Auf diese notwendige Operation an der ganzen Menschheit eilt die jetzige Zeit unaufhaltsam zu, schneller, immer schneller, führt sie zuletzt selbst herbei! Das wird schmerzhaft, furchtbar sein, doch das Ende ist Gesundung. Erst dann ist die Zeit da, von Sittlichkeit zu sprechen. Heute würde es gleich dem im Sturme gesprochenen Worte verhallen.

Doch ist die Stunde dann vorüber, in der das Sündenbabel untergehen mußte, weil es verfault in sich zusammenbrach, dann achtet auf das weibliche Geschlecht! Sein Tun und Lassen wird Euch immer zeigen, *wie Ihr seid,* weil es in seiner feineren Empfindungsfähigkeit das lebt, was die Gedankenformen wollen.

Der Umstand gibt uns auch Gewißheit, daß bei reinem Denken und Empfinden die Weiblichkeit als erste emporschnellen wird zu jenem Ideal, das wir als Edelmenschen ansehen. Dann hat die Sittlichkeit in vollem Glanze ihrer Reinheit Einzug gehalten!

# ERWACHET!

Erwachet, Ihr Menschen, aus bleiernem Schlaf! Erkennt die unwürdige Bürde, die Ihr tragt, die mit unsagbar zähem Druck auf Millionen Menschen lastet. Werft sie ab! Ist sie des Tragens wert? Nicht eine einzige Sekunde!

Was birgt sie? Leere Spreu, die vor dem Hauch der Wahrheit scheu zerflattert. Ihr habt die Zeit und Kraft für nichts vergeudet. Deshalb sprengt die Ketten, die Euch niederhalten, macht Euch endlich frei!

Der Mensch, der innerlich gebunden bleibt, wird ewig Sklave sein, auch wenn er König wäre.

Ihr bindet Euch mit allem, was Ihr zu erlernen trachtet. Überlegt: Mit dem Erlernen zwängt Ihr Euch in fremde Formen, die andere erdachten, schließt Euch willig einer fremden Überzeugung an, macht Euch nur das zu eigen, was andere in sich, *für sich* erlebten.

Bedenket: Eins ist nicht für alle! Was dem einen nützet, kann dem andern schaden. Jeder einzelne hat seinen eigenen Weg zu der Vervollkommnung zu gehen. Sein Rüstzeug dazu sind die Fähigkeiten, die er in sich trägt. Nach denen hat er sich zu richten, auf denen aufzubauen! Tut er das nicht, bleibt er ein Fremder in sich selbst, wird immer *neben* dem Gelernten stehen, das nie in ihm lebendig werden kann. Jeder Gewinn für ihn ist damit ausgeschlossen. Er vegetiert, ein Fortschritt ist unmöglich.

Merkt auf, die Ihr ernsthaft nach Licht und Wahrheit strebt:

Den Weg zum Licht muß jeder einzelne in sich erleben, er muß ihn *selbst* entdecken, wenn er sicher darauf wandeln will. Nur was der Mensch in sich erlebt, mit allen Wandlungen empfindet, hat er voll erfaßt!

## 5. ERWACHET!

Das Leid und auch die Freude pochen dauernd an, um zu ermuntern, aufzurütteln zu einem geistigen Erwachen. Sekundenlang wird dann der Mensch dabei sehr oft gelöst von jeder Nichtigkeit des Alltagslebens und fühlt im Glücke wie im Schmerze ahnungsvoll Verbindung mit dem Geist, der alles Lebende durchströmt.

Und *alles* ist ja Leben, nichts ist tot! Wohl dem, der solche Augenblicke der Verbindung faßt und hält, sich daran aufwärts schwingt. Er darf sich dabei nicht an starre Formen halten, sondern jeder soll sich selbst entwickeln, aus seinem Inneren heraus.

Kümmert Euch nicht um Spötter, die dem Geistesleben noch entfremdet sind. Wie Trunkene, wie Kranke stehn sie vor dem großen Schöpfungswerke, das uns so viel bietet. Wie Blinde, die sich tastend durch das Erdendasein schieben und all die Herrlichkeit um sich nicht sehen!

Sie sind verwirrt, sie schlafen; denn wie kann ein Mensch zum Beispiel noch behaupten, daß nur das ist, was er sieht? Daß dort, wo er mit seinen Augen nichts bemerken kann, kein Leben ist? Daß mit dem Sterben seines Körpers auch er selbst aufhört zu sein, nur weil er sich bisher in seiner Blindheit durch sein Auge nicht vom Gegenteile überzeugen konnte? Weiß er nicht schon von vielen Dingen jetzt, wie eng begrenzt die Fähigkeit des Auges ist? Weiß er noch nicht, daß sie mit der an Raum und Zeit gebundenen Fähigkeit seines Gehirns zusammenhängt? Daß er aus diesem Grunde alles, was sich *über* Raum und Zeit erhebt, mit seinem Auge *nicht* erkennen kann? Wurde noch keinem dieser Spötter solche logische Verstandesbegründung klar? Das Geistesleben, nennen wir es auch das Jenseits, ist doch nur etwas, das völlig über der irdischen Raum- und Zeiteinteilung steht, das also einen gleichartigen Weg benötigt, erkannt zu werden.

Doch unser Auge sieht nicht einmal das, was sich in Raum und Zeit einteilen läßt. Man denke an den Wassertropfen, von dessen unbedingter Reinheit jedes Auge zeugt und der, durch ein verschärftes Glas betrachtet, Millionen Lebewesen birgt, die sich darin erbarmungslos bekämpfen und vernichten. Sind nicht manchmal Bazillen in dem Wasser, in der Luft, die Kraft besitzen, Menschenkörper zu zerstören, und die dem Auge nicht erkennbar sind? Sie werden aber sichtbar durch die scharfen Instrumente.

Wer will es daraufhin noch wagen zu behaupten, daß Ihr nichts Neues, jetzt noch Unbekanntes schaut, sobald Ihr diese Instrumente mehr verschärft? Verschärft sie tausendfach, millionenfach, das Schauen wird deshalb kein Ende finden, sondern immer neue Welten werden sich vor Euch erschließen, die Ihr vorher nicht sehen konntet, auch nicht fühlen, doch waren sie vorhanden.

Logisches Denken bringt die gleichen Folgerungen auch auf alles, was die Wissenschaften bisher sammeln konnten. Es gibt Ausblick auf dauernde Fortentwicklung, doch niemals auf ein Ende.

Was ist nun das Jenseits? Viele werden an dem *Worte* irre. Jenseits ist einfach alles das, was sich mit irdischen Hilfsmitteln nicht erkennen läßt. Irdische Hilfsmittel aber sind Augen, das Gehirn und alles andere des Körpers, ebenso Instrumente, die den Teilen helfen, ihre Tätigkeit noch schärfer und genauer auszuüben, sie weiter auszudehnen.

Man könnte also sagen: das Jenseits ist, was jenseits der Erkennungsfähigkeit unserer körperlichen Augen ist. *Eine Trennung aber zwischen Dies- und Jenseits gibt es nicht!* Auch keine Kluft! Es ist alles einheitlich, wie die gesamte Schöpfung. *Eine* Kraft durchströmt das Diesseits wie das Jenseits, alles lebt und wirkt von diesem einen Lebensstrom und ist dadurch ganz untrennbar verbunden. Daraus wird folgendes verständlich:

Wenn ein Teil davon krankt, muß sich die Wirkung in dem anderen Teile fühlbar machen, wie bei einem Körper. Kranke Stoffe dieses anderen Teiles strömen dann zu dem erkrankten über durch die Anziehung der Gleichart, die Krankheit dadurch noch mehr verstärkend. Wird nun solche Krankheit aber unheilbar, so fließt daraus der notwendige Zwang, das kranke Glied gewaltsam abzustoßen, wenn nicht das Ganze dauernd leiden soll.

Aus diesem Grunde stellt Euch um. Es gibt kein Dies- und Jenseits, sondern nur ein einheitliches Sein! Den Begriff der Trennung hat allein der Mensch erfunden, weil er nicht alles sehen kann und sich als Mittelpunkt und Hauptpunkt der ihm sichtbaren Umgebung dünkt. Doch sein Wirkungskreis ist größer. Mit dem Trennungsirrtum aber schränkt er sich nur ein, gewaltsam, hindert seinen Fortschritt und gibt Raum der zügellosen Phantasie, die ungeheuerliche Bilder bringt.

Ist es dann überraschend, wenn als Folge viele nur ein ungläubiges Lächeln haben, andere krankhafte Anbetung, die sklavisch wird oder zu Fanatismus ausartet? Wer kann da noch erstaunen über scheue Furcht, ja Angst und Schrecken, die bei manchen großgezogen werden?

Fort mit allem! Weshalb diese Quälerei? Stürzt diese Schranke, die der Menschen Irrtum aufzurichten suchte, die jedoch niemals bestand! Die bisher falsche Einstellung gibt Euch auch eine falsche Grundlage, auf der Ihr Euch umsonst bemüht, den wahren Glauben, also innere Überzeugung, ohne Ende aufzubauen. Ihr stoßt dabei auf Punkte, Klippen, die Euch wankend machen müssen, zweifelnd, oder zwingen, den ganzen Bau selbst wieder zu zertrümmern, um dann vielleicht verzagend oder grollend alles aufzugeben.

Den Schaden habt Ihr dabei ganz allein, weil es für Euch kein Vorwärtskommen, sondern Stehenbleiben oder Rückwärtsschreiten ist. Der Weg, den Ihr doch einmal gehen müßt, wird Euch dadurch verlängert.

Habt Ihr endlich die Schöpfung als ein Ganzes aufgefaßt, wie sie es ist, macht keine Trennung zwischen Dies- und Jenseits, dann habt Ihr den geraden Weg, das eigentliche Ziel rückt näher, und der Aufstieg macht Euch Freude, gibt Genugtuung. Ihr könnt dann auch die Wechselwirkungen viel besser fühlen und verstehen, die durch das Ganze, Einheitliche lebenswarm pulsieren, weil alles Wirken von der einen Kraft getrieben und gehalten wird. Das Licht der Wahrheit bricht Euch damit an!

Ihr werdet bald erkennen, daß bei vielen nur Bequemlichkeit und Trägheit Ursache von Spöttereien ist, nur weil es Mühe kosten würde, bisher Gelerntes und Gedachtes umzustoßen und ein Neues aufzubauen. Anderen greift es in die gewohnte Lebensführung ein, wird ihnen deshalb unbequem.

Laßt solche, streitet nicht, doch bietet hilfreich Euer Wissen denen, die mit vergänglichen Genüssen nicht zufrieden sind, die *mehr* im Erdendasein suchen, als den Tieren gleich nur ihren Leib zu füllen. Gebt denen die Erkenntnis, die Euch wird, vergrabt dann nicht das Pfund; denn mit dem Geben wird auch wechselwirkend Euer Wissen reicher, stärker.

Im Weltall wirkt ein ewiges Gesetz: daß nur im Geben auch empfangen werden kann, wenn es um Werte geht, die bleibend sind! Das greift so tief, durchzieht die ganze Schöpfung wie ein Heiliges Vermächtnis ihres Schöpfers. Selbstlos geben, helfen, wo es not tut, und Verständnis haben für das Leid des Nächsten wie für dessen Schwächen, heißt empfangen, weil es der schlichte, wahre Weg zum Höchsten ist!

Und dieses ernsthaft wollen, bringt Euch sofort Hilfe, Kraft! Ein einziger, ehrlich und tief empfundener Wunsch zum Guten, und wie mit einem Flammenschwert wird von der anderen Euch jetzt noch unsichtbaren Seite schon die Wand zerschnitten, die Euere Gedanken bisher selbst als Hindernis errichtet hatten; denn Ihr seid ja eins mit dem von Euch gefürchteten, geleugneten oder ersehnten Jenseits, seid mit ihm eng und unlösbar verbunden.

Versucht es; denn Eure Gedanken sind die Boten, die Ihr ausschickt, die mit dem von Euch Gedachten schwer beladen wiederkehren, sei es nun Gutes oder Böses. Es geschieht! Denket daran, daß Euere Gedanken Dinge sind, sich geistig formen, oft zu Gebilden werden, die das Erdenleben Eures Körpers überdauern, dann wird Euch vieles klar.

So kommt es auch, daß es ganz richtig heißt: »denn ihre Werke folgen ihnen nach!« Gedankenschöpfungen sind Werke, die Euch einst erwarten! Die lichte oder dunkle Ringe um Euch bilden, die Ihr durchwandern müßt, um in die Geisteswelt zu dringen. Kein Schutz, kein Eingriff kann da helfen, weil Ihr die Selbstbestimmung habt. Der erste Schritt zu allem muß deshalb von Euch geschehen. Er ist nicht schwer, er liegt nur in dem Wollen, das sich durch Gedanken kündet. So tragt Ihr Himmel wie die Hölle in Euch selbst.

Entscheiden könnt Ihr, doch den Folgen Euerer Gedanken, Eures

## 5. ERWACHET!

Wollens seid Ihr dann bedingungslos verfallen! Ihr schafft sie selbst, die Folgen, deshalb rufe ich Euch zu:

»*Haltet den Herd Eurer Gedanken rein, Ihr stiftet damit Frieden und seid glücklich!*«

Vergeßt nicht, daß ein jeder der Gedanken, von Euch erzeugt und ausgeschickt, auf seinem Wege alle Gleichart anzieht oder anderen anhaftet, dadurch stärker, immer stärker wird und zuletzt auch ein Ziel trifft, ein Gehirn, das vielleicht nur sekundenlang sich einmal selbst vergißt und damit solchen schwebenden Gedankenformen Raum gibt, einzudringen und zu wirken.

Denkt nur daran, welche Verantwortung dann auf Euch fällt, wenn der Gedanke einst zur Tat ersteht, durch irgendwen, auf den er wirken konnte! Diese Verantwortung löst sich schon dadurch aus, daß jeder einzelne Gedanke dauernd Verbindung mit Euch hält, gerade wie durch einen unreißbaren Faden, um dann zurückzukehren mit der unterwegs erlangten Kraft, um Euch selbst wieder zu belasten oder zu beglücken, je nach der Art, die Ihr erzeugtet.

So steht Ihr in der Gedankenwelt und gebt mit der jeweiligen Denkungsart auch Raum den dieser ähnlichen Gedankenformen. Deshalb vergeudet nicht die Kraft des Denkens, sondern sammelt sie zur Abwehr und zum *scharfen* Denken, das den Speeren gleich hinausgeht und auf alles wirkt. Schafft so aus Eueren Gedanken den *Heiligen Speer,* der für das Gute kämpft, der Wunden heilt und die gesamte Schöpfung fördert!

Zum Handeln und zum Vorwärtsschreiten stellt deshalb das Denken darauf ein! Um das zu tun, müßt Ihr an manche Säule rütteln, die althergebrachte Anschauungen trägt. Oft ist es ein Begriff, der, falsch erfaßt, den wahren Weg nicht finden läßt. Er muß zurück zu dem Punkt, wo er ausgegangen ist. Ein Lichtblick stürzt den ganzen Bau, den er Jahrzehnte hindurch mühevoll errichtet hat, und er geht dann nach kurzer oder längerer Betäubung wieder neu ans Werk! Er *muß,* da es im Weltall keinen Stillstand gibt. Nehmen wir zum Beispiel den Begriff der Zeit:

Die Zeit vergeht! Die Zeiten ändern sich! So hört man überall die

Menschen sagen, und unwillkürlich taucht dabei ein Bild im Geiste auf: *Wir sehen Zeiten wechselvoll an uns vorüberziehen!*

Dieses Bild wird zur Gewohnheit und legt auch bei vielen damit einen festen Grund, auf dem sie weiterbauen, ihr ganzes Forschen, Grübeln darnach richten. Nicht lange währt es aber, bis sie dann auf Hindernisse stoßen, die im Widerspruche miteinander stehen. Es will mit bestem Willen nicht mehr alles passen. Sie verlieren sich und lassen Lücken, die trotz allen Grübelns nicht mehr auszufüllen gehen.

So mancher Mensch wähnt dann, an solchen Stellen muß der *Glaube* als Ersatz genommen werden, wenn logisches Denken keinen Anhalt findet. Das ist aber falsch! Der Mensch soll nicht an Dinge glauben, die er nicht begreifen kann! Er muß sie zu verstehen suchen; denn sonst reißt er das Tor für Irrungen weit auf, und mit den Irrungen wird auch die Wahrheit stets entwertet.

Glauben, ohne zu begreifen, ist nur Trägheit, Denkfaulheit! Das führt den Geist nicht aufwärts, sondern drückt ihn nieder. Deshalb empor den Blick, wir sollen prüfen, forschen. Der Drang dazu liegt nicht umsonst in uns.

Die Zeit! Vergeht sie wirklich? Weshalb stößt man bei dem Grundsatze auf Hindernisse, wenn man dabei weiter denken will? Sehr einfach, weil der Grundgedanke *falsch* ist; *denn die Zeit steht still!* Wir aber eilen ihr entgegen! Wir stürmen in die Zeit, die ewig ist, und suchen darin nach der Wahrheit.

Die Zeit steht still. Sie bleibt dieselbe, heute, gestern und in tausend Jahren! Nur die Formen ändern sich. Wir tauchen in die Zeit, um aus dem Schoße ihrer Aufzeichnung zu schöpfen, um unser Wissen in den Sammlungen der Zeit zu fördern! Denn nichts ging ihr verloren, alles hat sie aufbewahrt. Sie hat sich nicht geändert, weil sie ewig ist.

Auch Du, o Mensch, bist immer nur derselbe, ob Du nun jung erscheinst oder als Greis! Du bleibst der, der Du bist! Hast Du das nicht schon selbst gefühlt? Merkst Du nicht deutlich einen Unterschied zwischen der Form und Deinem »Ich«? Zwischen dem Körper, der Veränderungen unterworfen ist, und Dir, dem Geist, der ewig ist?

## 5. ERWACHET!

Ihr sucht die Wahrheit! Was ist Wahrheit? Was Ihr heute noch als Wahrheit fühlt, werdet Ihr morgen schon als Irrtümer erkennen, um in den Irrtümern dann später wieder Wahrheitskörner zu entdecken! Denn auch die Offenbarungen verändern ihre Formen. So geht es für Euch fort mit unentwegtem Suchen, doch in dem Wechsel werdet Ihr gereift!

Die Wahrheit aber bleibt sich immer gleich, sie wechselt nicht; denn sie ist ewig! Und da sie ewig ist, wird sie mit irdischen Sinnen, die nur Formenwechsel kennen, nie rein und wirklich zu erfassen sein!

Deshalb werdet geistig! Frei von allen irdischen Gedanken, und Ihr *habt* die Wahrheit, werdet in der Wahrheit sein, um Euch, von ihrem reinen Lichte dauernd überstrahlt, darin zu baden; denn sie umgibt Euch ganz. Ihr schwimmt darin, sobald Ihr geistig werdet.

Dann braucht Ihr nicht mehr Wissenschaften mühsam lernen, braucht keine Irrtümer zu fürchten, sondern habt auf jede Frage schon die Antwort in der Wahrheit selbst, noch mehr, Ihr habt dann keine Fragen mehr, weil Ihr, ohne zu denken, alles wißt, alles umfaßt, weil Euer Geist in reinem Lichte, in der Wahrheit *lebt!*

Drum werdet geistig frei! Sprengt alle Bande, die Euch niederhalten! Wenn dabei Hindernisse kommen, jauchzt ihnen froh entgegen; denn sie bedeuten Euch den Weg zur Freiheit und zur Kraft! Betrachtet sie als ein Geschenk, aus dem Euch Vorteile erwachsen, und spielend werdet Ihr sie überwinden.

Entweder werden sie Euch vorgeschoben, damit Ihr daran lernt und Euch entwickelt, wodurch Ihr Euer Rüstzeug zu dem Aufstiege vermehrt, oder es sind Rückwirkungen von einer Verschuldung, die Ihr damit lösen und von der Ihr Euch befreien könnt. In beiden Fällen bringen sie Euch vorwärts. Deshalb frisch hindurch, es ist zu Eurem Heile!

Torheit ist es, von Schicksalsschlägen oder Prüfungen zu sprechen. *Fortschritt* ist jeder Kampf und jedes Leid. Den Menschen wird damit Gelegenheit geboten, Schatten früherer Verfehlungen zu löschen; denn kein Heller kann dem einzelnen davon erlassen werden, weil der Kreislauf ewiger Gesetze auch darüber in dem Weltall unverrückbar ist, in denen sich der schöpferische Vaterwille offenbart, der uns damit vergibt und alles Dunkle löscht.

Die kleinste Abweichung davon müßte die Welt in Trümmer stürzen, so klar ist alles eingerichtet und so weise.

Wer aber nun sehr viel von früher auszugleichen hat, muß dieser Mensch dann nicht verzagen, wird ihm nicht grauen vor der Ablösung der Schulden?

Er kann getrost und froh damit beginnen, kann ohne Sorge sein, sobald er *ehrlich will!* Denn ein *Ausgleich* kann geschaffen werden durch die Gegenströmung einer Kraft des guten Wollens, die im Geistigen gleich anderen Gedankenformen lebendig und zu starker Waffe wird, fähig, jede Last des Dunkels, jede Schwere abzustreifen und das »Ich« dem Lichte zuzuführen!

Kraft des Wollens! Eine von so vielen ungeahnte Macht, die wie ein nie versagender Magnet die gleichen Kräfte an sich zieht, um damit lawinenartig anzuwachsen und vereinigt mit ihr geistig ähnlichen Gewalten rückwärts wirkt, den Ausgangspunkt wieder erreicht, also den Ursprung oder besser den Erzeuger trifft, und diesen hoch emporhebt zu dem Lichte oder tiefer hinabdrückt in den Schlamm und Schmutz! Je nach der Art, wie es der Urheber erst selbst gewollt.

Wer diese stete, sicher eintreffende Wechselwirkung kennt, die in der ganzen Schöpfung liegt, die sich mit unverrückbarer Gewißheit auslöst und entfaltet, weiß sie zu benützen, muß sie lieben, muß sie fürchten! Diesem belebt sich nach und nach die unsichtbare Welt um ihn; denn er fühlt ihre Wirkungen mit einer Deutlichkeit, die jeden Zweifel löst.

Er muß die starken Wellen der rastlosen Tätigkeit empfinden, die auf ihn wirken aus dem großen All, sobald er nur ein wenig darauf achtet, und fühlt zuletzt, daß er den Brennpunkt starker Strömungen abgibt wie eine Linse, die die Sonnenstrahlen fängt, auf einen Punkt vereinigt und dort eine Kraft erzeugt, die zündend wirkt, die sengend und vernichtend, doch auch heilend und belebend, segenbringend strömen kann, die auch imstande ist, loderndes Feuer zu entfachen!

*Und solche Linsen seid auch Ihr,* fähig, durch Euer Wollen diese unsichtbaren Kraftströmungen, die Euch treffen, zu einer Macht gesammelt auszusenden zu guten oder bösen Zwecken, um der Menschheit Segen oder auch Verderben zuzuführen. Loderndes Feuer könnt und sollt Ihr damit entzünden in den Seelen, Feuer der Begeisterung zum Guten, Edlen, zur Vervollkommnung!

Dazu gehört nur eine Kraft des Wollens, die den Menschen in gewissem Sinne zu dem Herrn der Schöpfung macht, zu der Bestimmung seines eigenen Geschicks. Sein eigenes Wollen bringt ihm die Vernichtung oder die Erlösung! Schafft ihm den Lohn oder die Strafen selbst, mit unerbittlicher Gewißheit.

Nun fürchtet nicht, daß dieses Wissen von dem Schöpfer abtreibt, Euch den bisherigen Glauben schwächt. Im Gegenteil! Die Kenntnis dieser ewigen Gesetze, die Ihr nützen könnt, läßt Euch das ganze Schöpfungswerk noch viel erhabener erscheinen, es zwingt den tiefer Forschenden andachtsvoll auf die Knie durch seine Größe!

Nie wird der Mensch dann Böses wollen. Er greift mit Freuden zu der besten Stütze, die es für ihn gibt: zur Liebe! Zur Liebe für die ganze wunderbare Schöpfung, Liebe für den Nächsten, um auch diesen zu der Herrlichkeit dieses Genusses, dieses Kraftbewußtseins hinzuführen.

## DAS SCHWEIGEN

Zuckt ein Gedanke in Dir auf, so halte ihn zurück, sprich ihn nicht sofort aus, doch nähre ihn; denn er verdichtet durch Zurückhaltung im Schweigen und gewinnt an Kraft wie Dampf im Gegendruck.

Der Druck und die Verdichtung zeugen die Eigenschaft einer magnetischen Betätigung nach dem Gesetz, daß alles Stärkere das Schwache an sich zieht. Gleichartige Gedankenformen werden dadurch allseitig herangezogen, festgehalten, verstärken immer mehr die Kraft des eigenen, ursprünglichen Gedankens und wirken trotzdem so, daß die zuerst erzeugte Form durch das Hinzugesellen fremder Formen abgeschliffen wird, sich ändert und bis zur Reife wechselnde Gestalt bekommt. Du fühlst das alles wohl in Dir, doch denkst Du stets, es sei Dein eigenes Wollen ganz allein. *Du gibst aber bei keiner Sache ganz Dein eigenes Wollen, hast immer fremdes mit dabei!*

Was sagt Dir dieser Vorgang?

Daß nur in dem Zusammenschluß von vielen Einzelheiten etwas Vollkommenes geschaffen werden kann! Geschaffen? Ist das richtig? Nein, sondern geformt! Denn wirklich neu zu schaffen gibt es nichts, es handelt sich bei allem nur um neues Formen, da alle Einzelheiten in der großen Schöpfung schon bestehen. Nur sollen diese Einzelheiten in den Dienst zum Wege der Vervollkommnung getrieben werden, was das Zusammenschließen bringt.

Zusammenschluß! Gleite nicht leicht darüber weg, sondern versuche Dich in diesen Begriff zu vertiefen, daß Reife und Vollkommenheit erreicht wird durch Zusammenschluß. Der Satz ruht in der ganzen

Schöpfung als ein Kleinod, das gehoben werden will! Er ist innig verbunden dem Gesetz, daß nur im Geben auch empfangen werden kann! Und was bedingt das richtige Erfassen dieser Sätze? Also das Erleben? Liebe! Und deshalb steht die Liebe auch als höchste Kraft, als unbegrenzte Macht in den Geheimnissen des großen Seins!

Wie der Zusammenschluß bei einem einzigen Gedanken bildet, schleift und formt, so ist es mit dem Menschen selbst und mit der ganzen Schöpfung, die im nimmer endenden Zusammenschließen von bestehenden einzelnen Formen durch die Kraft des Wollens Neugestaltungen erfährt und so der Weg wird zur Vollkommenheit.

Ein einzelner kann Dir Vollkommenheit nicht bieten, doch die ganze Menschheit in dem Vielerlei der Eigenarten! Jeder einzelne hat etwas, das zum Ganzen unbedingt gehört. Und daher kommt es auch, daß ein weit Vorgeschrittener, der alle irdischen Begierden nicht mehr kennt, die ganze Menschheit liebt, nicht einen einzelnen, da nur die ganze Menschheit die durch Läuterungen freigelegten Saiten seiner reifen Seele klingen lassen kann zu dem Akkord himmlischer Harmonie. Er trägt die Harmonie in sich, da alle Saiten schwingen!

Zurück zu dem Gedanken, der die fremden Formen an sich zog und dadurch stark und immer stärker wurde. Er tritt zuletzt in festgeschlossenen Kraftwellen über Dich hinaus, durchbricht die Aura Deiner eigenen Person und übt auf weitere Umgebung einen Einfluß aus.

Das nennt die Menschheit Magnetismus der Person. Uneingeweihte sagen: »Du strahlst etwas aus!« Je nach der Eigenart, Unangenehmes oder Angenehmes. Anziehend oder abstoßend. Es wird gefühlt!

Doch Du strahlst nichts aus! Der Vorgang zur Erzeugung des Gefühls in diesen anderen hat seinen Ursprung darin, daß Du alles geistig Gleichartige magnetisch an Dich ziehst. Und dieses Ziehen macht sich für die Nächsten fühlbar. Doch auch hierin liegt die Wechselwirkung. In der Verbindung fühlt der andere dann deutlich Deine Stärke, und die »Sympathie« erwacht dadurch.

Halte Dir immer vor Augen: Alles Geistige ist, nach unseren Begriffen ausgedrückt, magnetisch, und es ist Dir auch bekannt, daß stets das

Stärkere das Schwache überwindet durch die Anziehung, durch Aufsaugung. Dadurch wird »dem Armen (Schwachen) auch noch das wenige genommen, was er hat.« Er wird abhängig.

Darin liegt kein Unrecht, sondern es vollzieht sich nach den göttlichen Gesetzen. Der Mensch braucht sich nur aufzuraffen, richtig zu wollen, und er ist davor geschützt.

Nun wirfst Du wohl die Frage auf: Was dann, wenn alle stark sein wollen? Wenn niemand mehr etwas zu nehmen ist? Dann, lieber Freund, *wird es ein freiwilliger Austausch werden,* dem das Gesetz zu Grunde liegt, daß nur im Geben auch empfangen werden kann. Es wird kein Stillstand deshalb, sondern alles Minderwertige ist ausgelöscht.

So kommt es, daß durch Trägheit viele abhängig im Geiste werden, manchmal zuletzt kaum noch die Fähigkeit besitzen, eigene Gedanken großzuziehen.

Hervorzuheben ist, daß nur das Gleichartige angezogen wird. Deshalb das Sprichwort: »Gleich und gleich gesellt sich gern.« So werden sich die Trinker immer finden, Raucher haben »Sympathien«, Schwätzer, Spieler und so fort; doch auch die Edlen finden sich zu hohem Ziel zusammen.

Nun geht es aber weiter: Was sich geistig anstrebt, wirkt sich zuletzt auch *physisch* aus, da alles Geistige ins Grobstoffliche überdringt, wodurch wir das Gesetz der Rückwirkung ins Auge fassen müssen, weil ein Gedanke stets Verbindung mit dem Ursprung hält und in dieser Verbindung Rückstrahlung bewirkt.

Ich spreche hier nur immer von den *wirklichen* Gedanken, die Lebenskraft der seelischen Empfindung in sich tragen. Nicht von der Kraftvergeudung Dir zum Werkzeug anvertrauter Hirnsubstanz, die nur verflüchtende Gedanken formt, die sich in wildem Durcheinander nur als schemenhafte Dünste zeigen und zum Glück sehr bald zerflattern. Solche Gedanken kosten Dich nur Zeit und Kraft, und Du verschleuderst damit ein Dir anvertrautes Gut.

Grübelst Du zum Beispiel über irgend etwas ernstlich nach, so wird dieser Gedanke in Dir stark magnetisch durch die Macht des Schweigens, zieht alles Ähnliche heran und wird somit befruchtet. Er reift und tritt über den Rahmen des Gewöhnlichen hinaus, dringt sogar dadurch auch in andere Sphären, und erhält von dorther Zufluß höherer Gedanken... die Inspiration! Daher muß bei Inspiration der Grundgedanke von Dir selbst ausgehen, im Gegensatz zu Medialität, muß eine Brücke zu dem Jenseits bilden, der geistigen Welt, um dort bewußt aus einem Born zu schöpfen.

Inspiration hat deshalb mit der Medialität gar nichts zu tun.

Dadurch wird der Gedanke in Dir ausgereift. Du trittst an die Verwirklichung heran und *bringst durch Deine Kraft verdichtet* das zur Ausführung, was schon in unzähligen Einzelheiten vorher als Gedankenformen in dem Weltall schwebte.

Auf diese Art schaffst Du mit geistig längst Bestehendem durch den Zusammenschluß und die Verdichtung *eine neue Form!* So wechseln in der ganzen Schöpfung immer nur die Formen, da alles andere ewig und unzerstörbar ist.

Hüte Dich vor verworrenen Gedanken, vor aller Flachheit in dem Denken. Flüchtigkeit rächt sich bitter; denn es wird Dich schnell zu einem Tummelplatz fremder Einflüsse erniedrigen, wodurch Du sehr leicht mürrisch, launenhaft und ungerecht zu Deiner näheren Umgebung wirst.

Hast Du einen wirklichen Gedanken und hältst daran fest, so muß zuletzt die gesammelte Kraft auch zur Verwirklichung hindrängen; denn der Werdegang von allem spielt sich vollkommen geistig ab, *da jede Kraft nur geistig ist!* Was Dir dann sichtbar wird, sind immer nur die letzten Auswirkungen eines vorangegangenen geistig-magnetischen Prozesses, der sich nach feststehender Ordnung dauernd gleichmäßig vollzieht.

Beobachte, und wenn Du denkst und fühlst, ist Dir bald der Beweis erbracht, daß alles eigentliche Leben in Wahrheit *nur das geistige* sein kann, in dem allein der Ursprung und auch die Entwicklung liegt. Du mußt zur Überzeugung kommen, daß alles das, was Du mit körperlichen Augen siehst, tatsächlich nur Auswirkungen des ewig treibenden Geistes sind.

Jede Handlung, selbst die geringste Bewegung eines Menschen, ist ja vorher stets geistig gewollt. Die Körper spielen dabei nur geistig belebte Werkzeuge, die selbst erst zur Verdichtung kamen durch die Kraft des Geistes. So auch Bäume, Steine und die ganze Erde. Alles wird von dem schaffenden Geiste belebt, durchströmt, getrieben.

Da die ganze Materie aber, also das irdisch Sichtbare, nur Auswirkung des geistigen Lebens ist, so fällt es Dir nicht schwer zu fassen, daß je nach der Art des uns *zunächst* umgebenden Geisteslebens auch die *irdischen Verhältnisse* sich bilden. Was daraus logisch folgert, ist klar: Dem Menschen selbst ist durch die weise Einrichtung der Schöpfung Kraft gegeben, sich die Verhältnisse zu formen mit der Kraft des Schöpfers selbst. Wohl ihm, wenn er sie nur zu Gutem nützt! Doch wehe, läßt er sich verleiten, sie in Schlechtem anzuwenden!

Der Geist ist bei den Menschen nur umgeben und verdunkelt durch das irdische Begehren, das wie Schlacken an ihm haftet, ihn beschwert und niederzieht. Seine Gedanken sind nun Willensakte, in denen Kraft des Geistes ruht. *Der Mensch hat die Entscheidung, gut zu denken oder böse, und kann somit göttliche Kraft zum Guten wie zum Bösen lenken!* Darin liegt die Verantwortung, die der Mensch trägt; denn Lohn oder die Strafe dafür bleibt nicht aus, da alle Folgen der Gedanken zurück zum Ausgangspunkte kommen durch die eingesetzte Wechselwirkung, welche nie versagt, und die darin ganz unverrückbar, also unerbittlich, ist. Damit auch unbestechlich, streng, gerecht! Sagt man nun nicht dasselbe auch von Gott?

Wenn viele Glaubensgegner von einer Gottheit heute nichts mehr wissen wollen, so kann dies alles an den Tatsachen nichts ändern, die ich anführte. Die Leute brauchen nur das Wörtchen »Gott« weglassen, sich in die Wissenschaft ernst vertiefen, so finden sie *genau dasselbe,* nur mit anderen Worten ausgedrückt. Ist es nicht lächerlich, dann noch darum zu streiten?

Um die Naturgesetze kommt kein Mensch herum, niemand vermag

## 6. DAS SCHWEIGEN

dagegen anzuschwimmen. Gott ist die Kraft, die die Naturgesetze treibt; die Kraft, die noch niemand erfaßte, niemand sah, doch deren *Wirkungen* jedermann täglich, stündlich, ja in den Bruchteilen aller Sekunden sehen muß, empfindet und beobachtet, wenn er nur sehen *will*, in sich, in jedem Tiere, jedem Baume, jeder Blume, jeder Faser eines Blattes, wenn es schwellend aus der Hülle bricht, um an das Licht zu kommen.

Ist es nicht Blindheit, sich dem hartnäckig zu widersetzen, während jedermann, auch diese starren Leugner selbst, das Dasein dieser Kraft bestätigt, anerkennt? Was ist es, das sie hindert, diese anerkannte Kraft nun Gott zu nennen? Ist es kindlicher Trotz? Oder eine gewisse Scham, zugeben zu müssen, daß sie all die Zeit hindurch hartnäckig etwas zu verleugnen suchten, dessen Vorhandensein ihnen von jeher klar gewesen ist?

Wohl nichts von alledem. Die Ursache wird darin liegen, daß der Menschheit Zerrbilder der großen Gottheit von so vielen Seiten vorgehalten werden, denen sie bei ernstem Forschen nicht vermochte beizustimmen. Die allumfassende und alles durchdringende Kraft der Gottheit muß ja verkleinert und entwürdigt werden bei dem Versuch, sie in ein Bild zu pressen!

Bei tiefem Nachdenken läßt sich kein Bild damit in Einklang bringen! Gerade weil ein jeder Mensch den Gottgedanken in sich trägt, sträubt er sich ahnungsvoll gegen die Einengung der großen, unfaßbaren Kraft, die ihn erzeugte, die ihn leitet.

Das *Dogma* trägt die Schuld an einem großen Teile derer, die in ihrem Widerstreite jedes Ziel zu überschreiten suchen, sehr oft gegen die in ihrem Inneren lebende Gewißheit.

Die Stunde aber ist nicht fern, wo geistiges Erwachen kommt! Wo man die Worte des Erlösers richtig deutet, sein großes Erlösungswerk richtig erfaßt; denn Christus brachte Erlösung aus dem Dunkel, indem er den Weg zur Wahrheit wies, als Mensch den Weg zur lichten Höhe zeigte! Und mit dem Blute an dem Kreuze drückte er das Siegel seiner Überzeugung auf!

## 6. DAS SCHWEIGEN

Die Wahrheit war noch niemals anders, als sie damals auch schon war und heute ist, und in Zehntausenden von Jahren noch sein wird; denn sie ist ewig!

Drum lernet die Gesetze kennen, die in dem großen Buch der ganzen Schöpfung liegen. Sich denen fügen, heißt: Gott lieben! Denn Du bringst dadurch keinen Mißklang in die Harmonie, sondern trägst dazu bei, den brausenden Akkord zu voller Höhe zu gestalten.

Ob Du nun sagst: Ich unterwerfe mich freiwillig den bestehenden Naturgesetzen, weil es zu meinem Wohle ist, oder ob Du sprichst: Ich füge mich dem Willen Gottes, der sich in den Naturgesetzen offenbart, oder: der unfaßbaren Kraft, die die Naturgesetze treibt... ist es ein Unterschied in seiner Wirkung? Die Kraft ist da, und Du erkennst sie an, *mußt* sie ja anerkennen, weil Dir gar nichts anderes zu tun verbleibt, sobald Du etwas überlegst... und damit anerkennst Du Deinen Gott, den Schöpfer!

Und diese Kraft wirkt in Dir auch beim Denken! Mißbrauche sie deshalb nicht zu dem Schlechten, sondern denke Gutes! Vergiß nie: Wenn Du Gedanken zeugst, verwendest Du göttliche Kraft, mit der Du Reinstes, Höchstes zu erreichen fähig bist!

Versuche dabei niemals außer acht zu lassen, daß alle Folgen Deines Denkens stets auf Dich zurückfallen, je nach der Kraft, der Größe und der Ausdehnung *der Wirkung* der Gedanken, im Guten wie im Bösen.

Da der Gedanke aber geistig ist, kommen die Folgen *geistig* wieder. Sie treffen Dich deshalb, gleichviel, ob hier auf Erden oder dann nach Deinem Abscheiden im Geistigen. Sie sind, weil geistig, ja auch nicht an die Materie gebunden. Das ergibt, *daß der Zerfall des Körpers eine Auslösung nicht aufhebt!* Die Vergeltung in der Rückwirkung kommt sicher, früher oder später, hier oder dort bestimmt.

Die geistige Verbindung bleibt mit allen Deinen Werken fest; denn auch die irdischen, materiellen Werke haben ja geistigen Ursprung durch den zeugenden Gedanken und bleiben, wenn auch alles Irdische vergangen ist, bestehen. Daher heißt es richtig: »Deine Werke erwarten

## 6. DAS SCHWEIGEN

Dich, soweit Dich die Auslösung in der Rückwirkung noch nicht getroffen hat.«

Bist Du bei einer Rückwirkung noch hier auf Erden oder wieder hier, so wirkt sich dann die Kraft der Folgen aus dem Geistigen *je nach der Art* im Guten wie im Bösen durch die Verhältnisse, Deine Umgebung oder an Dir selbst direkt, an Deinem Körper, aus.

Hier sei noch einmal ganz besonders darauf hingewiesen: *Das wahre eigentliche Leben spielt sich geistig ab!* Und das kennt weder Zeit noch Raum, deshalb auch keine Trennung. Es steht über irdischen Begriffen. Aus diesem Grunde treffen Dich die Folgen, wo Du auch bist, zu der Zeit, wo nach ewigem Gesetz die Auswirkung zurückkehrt zu dem Ausgangspunkte. Nichts geht dabei verloren, es kommt sicher.

Das löst nun auch die schon so oft gestellte Frage, wie es kommt, daß sichtbar gute Menschen manchmal schwer zu leiden haben in dem Erdenleben, so daß es wie ein Unrecht angesehen wird. *Das sind Auslösungen, die sie treffen müssen!*

Du kennst die Lösung dieser Frage jetzt; denn Dein jeweiliger Körper spielt dabei keine Rolle. Dein Körper bist ja nicht Du selbst, er ist nicht Dein ganzes »Ich«, sondern ein Werkzeug, das Du Dir erwähltest oder das Du nehmen mußtest, je nach den schwebenden Gesetzen des geistigen Lebens, die Du auch kosmische Gesetze nennen kannst, wenn sie Dir so verständlicher erscheinen. Das jeweilige Erdenleben ist nur eine kurze Spanne Deines eigentlichen Seins.

Ein niederschmetternder Gedanke, wenn es dabei kein Entrinnen gäbe, keine Macht, die schützend dem entgegenwirkt. Wie mancher müßte da verzagen, wenn er zu Geistigem erwacht, und wünschen, besser noch zu schlafen in dem alten Trott. Er weiß ja nicht, *was* alles auf ihn wartet, was ihn noch trifft in seiner Rückwirkung von früher her! Oder, wie die Menschen sagen: »Was er gutzumachen hat.«

Doch unbesorgt! Mit dem Erwachen ist Dir in der weisen Einrichtung der großen Schöpfung auch ein Weg gezeigt, durch jene *Kraft des guten Wollens,* auf die ich schon besonders hingewiesen habe, die die Gefahren des sich auslösenden Karmas lindert oder ganz zur Seite schiebt.

## 6. DAS SCHWEIGEN

Auch das legte des Vaters Geist in Deine Hand. Die Kraft des guten Wollens breitet um Dich einen Kreis, der andrängendes Übel zu zersetzen fähig ist oder doch abschwächt in sehr hohem Grade, genau so, wie die Luftschicht auch den Erdball schützt.

Die Kraft des guten Wollens aber, dieser starke Schutz, wird großgezogen und gefördert durch die Macht des Schweigens.

Drum rufe ich Euch, Suchende, noch einmal dringend zu:

»Haltet den Herd Euerer Gedanken rein und übt danach in erster Linie die große Macht des Schweigens, wenn Ihr aufwärts kommen wollt.«

Der Vater hat die Kraft zu allem schon in Euch gelegt! Ihr braucht sie nur zu nützen!

# AUFSTIEG

Verstrickt Euch nicht in einem Netze, die Ihr nach Erkenntnis strebt, sondern werdet sehend!

Ein unabänderlicher Sühnezwang lastet durch ewiges Gesetz auf Euch, den Ihr niemals auf andere abwälzen könnt. Was Ihr Euch aufbürdet durch Euere Gedanken, Worte oder Werke, vermag niemand zu lösen als Ihr selbst! Bedenkt, sonst würde göttliche Gerechtigkeit nur leerer Schall sein, mit ihr auch alles andere in Trümmer stürzen.

Deshalb macht Euch frei! Säumt keine Stunde, diesem Sühnezwang ein Ziel zu setzen! Ehrliches Wollen zu dem Guten, Besseren, das durch wahrhaft empfundenes Gebet größere Kraft erhält, *bringt die Erlösung!*

Ohne das ehrliche, feste Wollen zu dem Guten kann die Sühne nie erfolgen. Fortlaufend wird das Niedere sich selbst dann immer wieder neue Nahrung geben zu weiterem Bestehen und damit immer wieder neue Sühne fordern, ohne Unterlaß, so daß das stetig sich Erneuernde nur wie ein *einzig* Laster oder Leiden Euch erscheint! Doch es ist eine ganze Kette ohne Ende, stets neu bindend, noch bevor das Vorhergehende sich lösen konnte.

Es gibt dann niemals die Erlösung, da es dauernd Sühnen fordert. Es ist wie eine Kette, die Euch an den Boden angeschmiedet hält. Dabei ist die Gefahr sehr groß, daß es noch tiefer abwärts geht. Drum rafft Euch endlich auf zu gutem Wollen, Ihr, die Ihr noch im Diesseits oder nach Eueren Begriffen schon im Jenseits seid! Bei stetig gutem Wollen *muß* das Ende aller Sühnen kommen, da der Gutwollende und also Wirkende nicht neue Nahrung zu erneuter Sühneforderung gewährt. Und dadurch kommt dann die Befreiung, die Erlösung, die allein den Aufstieg zuläßt zu dem Licht. *Hört auf die Warnung! Es gibt keinen anderen Weg für Euch! Für niemand!*

Damit erhält aber auch jeder die Gewißheit, daß es nie zu spät sein kann. Wohl für die Einzeltat, gewiß, die habt Ihr dann zu sühnen, abzulösen, doch in dem Augenblicke, wo Euer Bestreben zu dem Guten ernsthaft einsetzt, stellt Ihr den Markstein für das Ende Eurer Sühnen, seid gewiß, daß dieses Ende einmal kommen *muß,* und Euer Aufstieg wird damit beginnen! Dann könnt Ihr freudig an die Abarbeitung aller Sühnen gehen. Was Euch dann noch begegnet, geschieht zu Eurem Heile, bringt Euch der Stunde der Erlösung, der Befreiung näher.

Versteht Ihr nun den Wert, wenn ich Euch rate, mit aller Kraft das gute Wollen, reine Denken zu beginnen? Nicht davon abzulassen, sondern Euch mit aller Sehnsucht, aller Energie daran zu klammern! Es hebt Euch hoch! Es ändert Euch und Euere Umgebung!

Bedenkt, daß jede Erdenlaufbahn eine kurze Schule ist, daß mit dem Ablegen des Fleisches für Euch selbst kein Ende kommt. Ihr werdet dauernd leben oder dauernd sterben! Dauernd Glück genießen oder dauernd leiden!

Wer wähnt, daß mit dem irdischen Begräbnis auch für ihn alles erledigt, alles ausgeglichen ist, der wende sich und gehe seinen Weg; denn damit will er nur sich selbst betören. Entsetzt wird er dann vor der Wahrheit stehen und seinen Leidensweg beginnen... *müssen!* Sein wahres Selbst, entblößt vom Schutze seines Körpers, dessen Dichtheit ihn wie ein Wall umgab, wird dann von dem ihm Gleichartigen angezogen, umringt und festgehalten.

Das Aufraffen des ernsten Wollens zu dem Besseren, das ihn befreien, höher bringen könnte, wird ihm schwerer, lange Zeit unmöglich, weil er nur dem Einfluß der gleichartigen Umgebung unterworfen ist, die keinen derartigen Lichtgedanken in sich trägt, der ihn erwecken, unterstützen könnte. Er muß doppelt unter allem leiden, was er sich erschaffen hat.

Aus diesem Grunde ist ein Aufwärtskommen dann viel schwerer als in Fleisch und Blut, wo Gutes neben Bösem wandelt, was nur der

Schutz des Erdenkörpers möglich macht, weil... dieses Erdenleben eine Schule ist, wo jedem »Ich« die Möglichkeit der Fortentwickelung gegeben ist nach seinem freien Willen.

Deshalb rafft Euch endlich auf! Die Frucht jedes Gedankens fällt auf Euch zurück, hier oder dort, Ihr habt sie zu genießen! Kein Mensch kann dieser Tatsache entfliehen!

Was nützt es Euch, wenn Ihr wie Vogel Strauß den Kopf scheu in den Sand zu stecken sucht vor dieser Wirklichkeit? Seht doch den Tatsachen kühn ins Gesicht! Ihr macht es Euch dadurch nur leicht; denn hier ist schneller vorwärts zu kommen.

Beginnt! Aber in dem Bewußtsein, daß das Alte alles ausgeglichen werden muß. Erwartet nicht wie viele Toren, daß das Glück unmittelbar darauf durch Tür und Fenster in den Schoß gefallen kommt. Vielleicht hat mancher unter Euch noch eine Riesenkette abzulösen. Doch wer deshalb verzagt, der schadet sich nur selbst, weil es ihm nicht erspart und abgenommen werden kann. Durch Zögern macht er sich alles nur schwerer, vielleicht für lange Zeit hinaus unmöglich.

Ansporn sollte es ihm sein, nicht eine Stunde länger zu versäumen; denn mit dem ersten Schritt beginnt er erst zu leben! Wohl dem, der sich dazu ermannt, es wird sich von ihm lösen, Glied um Glied. Mit Riesensprüngen kann er vorwärts stürmen, jauchzend und dankend auch die letzten Hindernisse nehmen; denn er wird frei!

Die Steine, die sein bisheriges falsches Wirken vor ihm aufgetürmt wie eine Mauer, die das Vorwärtsschreiten hindern *mußte,* werden nun etwa nicht weggeräumt, sondern im Gegenteile sorgsam vor ihn hingelegt, damit er sie erkennt und überwindet, weil er den Ausgleich aller Fehler schaffen muß. Doch staunend und bewundernd sieht er bald die Liebe, welche dabei um ihn waltet, sobald er nur den guten Willen zeigt.

Der Weg wird ihm mit zarter Schonung so erleichtert wie einem Kinde von der Mutter bei den ersten Gehversuchen. Gibt es Dinge seines bisherigen Lebens, die ihn im stillen bangend schreckten und die er lieber dauernd schlafen lassen wollte... ganz unerwartet wird er dicht davor gestellt! Er muß entscheiden, handeln. Auffallend wird er durch

Verkettungen dazu gedrängt. Wagt er es dann, den ersten Schritt zu tun in dem Vertrauen auf den Sieg des guten Wollens, dann löst sich der verhängnisvolle Knoten, er geht hindurch und ist davon befreit.

Doch kaum ist diese Schuld gelöst, tritt schon die andere in irgendeiner Form an ihn heran, gleichsam verlangend, auch gelöst zu werden.

So springt ein Reifen nach dem anderen, die ihn beengten, niederdrücken mußten. Ihm wird so leicht! Und das Gefühl der Leichtigkeit, das mancher unter Euch ganz sicher schon einmal erlebte, es ist keine Täuschung, sondern Wirkung einer Tatsache. Der so vom Druck befreite Geist wird leicht und schnell nach dem Gesetz geistiger Schwerkraft hoch, in jene Region, der er nun seiner Leichtigkeit entsprechend angehört.

So muß es stetig aufwärts gehen, dem ersehnten Licht entgegen. Übles Wollen drückt den Geist herab und macht ihn schwer, das gute aber treibt ihn hoch.

Jesus zeigte Euch auch hierfür schon den schlichten Weg, der unfehlbar zum Ziele führt; denn tiefe Wahrheit liegt in den einfachen Worten: *»Liebe Deinen Nächsten wie Dich selbst!«*

Damit gab er den Schlüssel zu der Freiheit, zu dem Aufstiege! Weil es als unantastbar gilt: Was Ihr dem Nächsten tut, das tut in Wirklichkeit Ihr nur für Euch! Für Euch allein, da alles nach den ewigen Gesetzen unbedingt auf Euch zurückfällt, Gutes oder Böses, sei es nun hier schon oder dort. Es kommt! Drum ist der einfachste der Wege Euch damit gewiesen, wie Ihr den Schritt zum guten Wollen aufzufassen habt.

Mit Eurem *Wesen* sollt Ihr Eurem Nächsten geben, Eurer Art! Nicht etwa unbedingt mit Geld und Gut. Dann würden ja die Mittellosen von der Möglichkeit des Gebens ausgeschlossen sein. Und in diesem Wesen, in dem »Sichgeben« in dem Umgange mit Eurem Nächsten, in der Rücksicht, Achtung, die Ihr ihm freiwillig bietet, liegt das »Lieben«, das uns Jesus nennt, liegt auch die Hilfe, die Ihr Eurem Nächsten leistet, weil er darin sich selbst zu ändern oder seine Höhe weiter zu erklimmen fähig wird, weil er darin erstarken kann.

Die Rückstrahlungen davon aber heben Euch in Ihrer Wechselwirkung schnell empor. Durch sie erhaltet Ihr stets neue Kraft. Mit rauschendem Fluge vermögt Ihr dann dem Lichte zuzustreben...

Arme Toren, die noch fragen können: »Was gewinne ich dabei, wenn ich so vieles Altgewohnte lasse und mich ändere?«

Ist es ein Handel, der geschlossen werden soll? Und wenn sie nur als Mensch an sich gewinnen würden, als solcher in gehobenerem Wesen, so wäre es des Lohnes schon genug. Aber es ist unendlich mehr! Ich wiederhole: Mit dem Beginn des guten Wollens setzt ein jeder auch den Markstein für das Ende seines Sühnezwanges, den er erfüllen muß, dem er niemals entrinnen kann. Kein anderer vermag in dieser Hinsicht für ihn einzutreten.

Er setzt also mit dem Entschluß dem Sühnezwang ein absehbares Ende. Das ist ein Wert, den alle Schätze dieser Welt nicht aufzuwiegen fähig sind. Er ringt sich damit los von Sklavenketten, die er selbst sich dauernd schmiedet. Und deshalb auf vom Schlafe, der entnervt. Laßt endlich das Erwachen kommen!

Fort mit dem Rausch, der lähmend die Einbildung bringt, daß die Erlösung durch den Heiland ein Geleitbrief dafür wurde, daß Ihr Euer Leben lang sorgenlos einer »Ichsucht« frönen dürft, wenn Ihr zuletzt noch gläubig werdet, umkehrt und im Glauben an den Heiland und sein Werk von dieser Erde scheidet! Toren, von der Gottheit solch armseliges lückenhaftes Stückwerk zu erwarten! Das hieße ja das Böse züchten! Denket daran, macht Euch frei!

# KULT

Kult soll das formgewordene Bestreben sein, etwas irdisch Unerfaßbares dem Erdensinnen irgendwie aufnehmbar werden zu lassen.

Das formgewordene Bestreben *soll* es sein, aber es ist leider noch nicht so; denn sonst würde vieles ganz andere Formen haben müssen, wenn diese aus dem Bestreben selbst *hervorgegangen* wären. Der *rechte* Weg dazu bedingt gerade das aus dem Innersten herausbrechende Hervorgehen der äußeren Formen. Alles aber, was wir heute sehen, ist ein *verstandesmäßiger* Aufbau, in den *dann* erst die Empfindungen hineingepreßt werden sollen. Es wird dabei also der umgekehrte Weg eingeschlagen, den man natürlich ebensogut den verkehrten oder falschen Weg nennen kann, der niemals wirklich lebendig in sich zu sein vermag.

Dadurch gestaltet sich so manches plump oder aufdringlich, was in anderer Form dem *eigentlichen* Wollen viel näher kommen würde, womit sich dann auch erst die überzeugende Wirkung verbinden kann.

So manches Gutgemeinte muß abstoßen, anstatt zu überzeugen, weil die rechte Form dafür noch nicht gefunden wurde, die der Verstand für irdisch Unerfaßbares nie geben kann!

So ist es auch in den Kirchen. Zu deutlich drängt sich der Verstandesaufbau dabei hervor, der auf irdischen Einfluß gerichtet ist, und so manches Gute verliert dabei an Eindruck, weil es unnatürlich wirkt.

Unnatürlich kann wiederum nur wirken, was den Schöpfungsgesetzen nicht entspricht. Gerade solche Dinge gibt es aber in den jetzigen Kulten sehr viel, wo einfach alles, was den natürlichen Schöpfungsgesetzen entgegensteht, in geheimnisvolles Dunkel gehüllt wird.

## 8. KULT

Gerade damit aber, daß die Menschen unbewußt in solchen Dingen nie von einem geheimnisvollen Lichte reden, sondern immer nur von einem Dunkel, treffen sie das Rechte; denn das Licht kennt keine Verschleierung, also auch keine Mystik, die in der Schöpfung, welche aus dem vollkommenen Willen Gottes erstand und nach unverrückbarem Rhythmus selbsttätig arbeitet, auch keinen Raum haben dürfte. Nichts ist klarer in seinem Weben als gerade die Schöpfung, die das Werk Gottes ist!

Darin ruht das Geheimnis des Erfolges und Bestandes oder des Zusammenbruches. Wo auf diese lebendigen Schöpfungsgesetze gebaut ist, dort helfen sie, bringen Erfolg und auch Bestand. Wo diese Gesetze aber nicht beachtet werden, sei es aus Nichtwissen oder Eigenwillen heraus, dort muß unfehlbar nach kürzerer oder längerer Zeit der Zusammenbruch erfolgen; denn es vermag sich nicht für die Dauer zu halten, weil es auf keinem festen, unverrückbaren Grunde steht.

Deshalb ist auch so vieles Menschenwerk vergänglich, was es nicht zu sein brauchte. Dazu gehören Kulte mancherlei Arten, die immer wieder Veränderungen unterworfen werden müssen, wenn sie nicht ganz in sich zusammenbrechen sollen.

Der Gottessohn gab in einfachster und klarster Weise den Erdenmenschen in seinem *Worte* den *rechten* Weg, auf dem sie diesem Schöpfungsweben entsprechend ihr Erdenleben führen sollen, um von den Gesetzen Gottes, die in dem Weben der Schöpfung sich auswirken, helfend getragen und emporgehoben zu werden in lichte Höhen, um Frieden und Freude auf der Erde zu erhalten.

Leider hielten sich aber die Kirchen nicht an den vom Gottessohne selbst ganz genau erklärten und gegebenen Weg zur Erlösung und Hebung der Menschen, sondern sie fügten seiner Lehre noch manches aus eigenem Denken hinzu und richteten damit naturgemäß Verwirrung an, die Spaltungen nach sich ziehen mußte, weil es den Schöpfungsgesetzen nicht entsprach und deshalb auch, so sonderbar es klingen mag, gegen die klare Lehre des Gottessohnes ist, nach dem sie sich doch als Christen bezeichnen.

So ist es zum Beispiel mit dem Marienkult der päpstlichen Christen. Hat Jesus, der die Menschen *alles* lehrte, wie sie denken und handeln, ja sogar auch reden und beten sollten, um das Richtige, im Gotteswillen Liegende zu tun, jemals auch nur mit einem Worte etwas von derartigem gesagt? *Nein, das hat er nicht!* Und das ist ein Beweis dafür, daß er es auch nicht wollte, daß es nicht sein sollte!

Es gibt sogar Aussprüche von ihm, die das Gegenteil beweisen von dem, was der Marienkult bedingt.

Und Christen wollen sich doch in ehrlichem Tun nur nach Christus richten, sonst würden sie ja keine Christen *sein*.

Wenn von den Menschen nun noch mehr hinzugesetzt wurde und die päpstlichen Kirchen anders handeln, als es Christus lehrte, so ist damit der Beweis gegeben, daß sich diese Kirche in Vermessenheit *über* den Gottessohn stellt; denn sie sucht seine Worte zu verbessern, indem sie Handlungen einsetzt, die der Gottessohn *nicht* wollte, da er sie sonst nach alledem, was er den Menschen gab, auch unbedingt gelehrt haben würde.

Gewiß, es *gibt* eine Himmelskönigin, die nach irdischen Begriffen auch Urmutter genannt werden könnte und doch reinste Jungfräulichkeit hat. Diese aber ist von Ewigkeit her in den *höchsten Höhen* und war niemals in irdischer Verkörperung!

Diese ist es auch, deren *Strahlungsbild,* aber nicht sie selbst in Wirklichkeit, hier und da einmal von tieferschütterten Menschen »gesehen« oder »empfunden« werden kann. Durch sie kommen auch oft beschleunigte Hilfen, Wunder genannt.

Ein wirkliches, *persönliches* Erschauen dieser Urkönigin ist selbst dem gereiftesten Menschengeiste aber niemals möglich, da jede Art nur immer die gleiche Art zu schauen fähig ist nach den unverbiegbaren Schöpfungsgesetzen. So kann das irdische Auge nur Irdisches schauen, das feinstoffliche Auge nur Feinstoffliches, das geistige Auge nur Geistiges und so fort.

Und da der Menschen*geist* nur das Geistige erschauen kann, aus dem er selbst hervorgegangen ist, so vermag er auch nicht in Wirklichkeit die

Urkönigin zu erschauen, die viel höherer Art ist, sondern, wenn er einmal dazu begnadet ist, *nur deren geistiges Strahlungsbild,* das aber wie lebendig erscheint und in der Strahlung schon so stark sein kann, daß es Wunder bewirkt dort, wo es einen dazu bereiteten Boden findet, der durch unerschütterlichen Glauben oder tiefgehende Bewegung in Leid oder Freude gegeben ist.

Das liegt in dem Schöpfungswirken, das von dem vollkommenen Gotteswillen ausgeht und getragen wird. In diesem Wirken liegen auch alle Hilfen für die Menschen von Anfang an und in alle Ewigkeit, wenn diese sich nicht selbst davon abwenden im Besserwissenwollen.

In der Schöpfung wirkt Gott; denn sie ist sein vollkommenes Werk.

Und gerade aus dieser Vollkommenheit heraus mußte bei der irdischen Geburt des Gottessohnes auch eine irdische Zeugung vorausgegangen sein. Wer das Gegenteil behauptet, zweifelt an der Vollkommenheit der *Werke* Gottes, somit auch an der Vollkommenheit Gottes selbst, aus dessen Willen die Schöpfung hervorging.

*Unbefleckte* Empfängnis ist eine Empfängnis in reinster Liebe, die im Gegensatz steht zu einer Empfängnis in sündiger Lust! Aber keine irdische Geburt ohne Zeugung.

Wenn eine irdische Empfängnis, also eine irdische Zeugung an sich nicht unbefleckt sein könnte, dann müßte ja jede Mutterschaft als Beschmutzung angesehen werden!

Durch die Schöpfung spricht Gott auch, zeigt deutlich seinen Willen.

Diesen Willen zu erkennen ist des Menschen Pflicht. Und der Gottessohn wies in seinem Heiligen Worte den rechten Weg dazu, weil sich die Menschen nicht darum bemühten und sich deshalb in die selbsttätigen Gesetze der Schöpfung immer mehr verstrickten.

Dieses unverbiegbare Schöpfungsweben mußte die Menschen bei Unkenntnis und falscher Anwendung mit der Zeit vernichten, während es die Menschheit hoch emporhebt, wenn sie richtig nach dem Gotteswillen lebt.

Lohn und Strafe für den Menschen liegen in dem Schöpfungsweben, das durch Gottes Willen selbst andauernd gleichbleibend geleitet wird.

Darin liegt auch Verwerfung oder die Erlösung! Es ist unerbittlich und gerecht, stets sachlich, ohne Willkür.

Darin liegt die unsagbare Größe Gottes, seine Liebe und Gerechtigkeit. Also in *seinem Werke,* das er dem Menschen neben vielen anderen von Wesenheiten mit als Wohnung und als Heimat überließ.

Es ist die Zeit, daß nun die Menschen zu dem *Wissen* davon kommen müssen, um mit voller Überzeugung zur Erkenntnis von dem *Wirken Gottes* zu gelangen, das in seinem *Werk* zum Ausdruck kommt!

Dann steht jeder Erdenmensch ganz unerschütterlich mit dem freudigsten Schaffenswollen hier auf Erden, in dem dankbarsten Aufblicke zu Gott, weil das Erkennen ihn für alle Zeit verbindet durch das *Wissen!*

Um den Menschen solches Wissen zu vermitteln, das ihnen übersichtliche und verständliche Überzeugung von dem Wirken Gottes in seiner Gerechtigkeit und Liebe gibt, schrieb ich das Werk »Im Lichte der Wahrheit«, das keine Lücke läßt, auf *jede* Frage Antwort in sich birgt, den Menschen Klarheit bringt, wie wunderbar die Wege in der Schöpfung sind, die viele Diener seines Willens tragen.

*Heilig aber ist nur Gott!*

# ERSTARRUNG

In der Schöpfung ist alles Bewegung. Die Bewegung, durch den Druck des Lichtes ganz gesetzmäßig hervorgerufen, erzeugt Wärme und läßt darin Formen sich zusammenfügen. Ohne Licht könnte es also nicht Bewegung geben, und der Mensch kann sich deshalb auch vorstellen, daß die Bewegung in des Lichtes Nähe noch viel schneller, stärker sein muß als in weiter Ferne von ihm.

Tatsächlich wird auch die Bewegung bei Entfernung von dem Lichte immer langsamer und träger, sie kann mit der Zeit sogar bis zur Erstarrung aller Formen führen, die sich bei zuerst noch regerer Bewegung schon gebildet hatten.

Unter dem Ausdrucke »Licht« ist natürlich in diesem Falle nicht das Licht irgendeines Gestirnes zu verstehen, sondern das *Urlicht,* welches das Leben selbst ist, also Gott!

Anschließend an das damit gegebene Bild eines großen Überblickes auf den Vorgang in der Schöpfung will ich heute einmal die Aufmerksamkeit auf die Erde richten, die jetzt in viel größerer Entfernung von dem Urlichte ihre Kreise zieht, als es vor vielen Millionen Jahren geschah, weil sie mehr und mehr der Schwere des Dunkels preisgegeben wurde durch die Menschen, welche sich von Gott entfernten in lächerlichem Eigendünkel unter einseitiger Zugroßzüchtung des Verstandes, der nur *abwärts* auf die grobe Stofflichkeit gerichtet ist und immer bleiben wird, weil er *dazu* gegeben wurde, aber unter der Voraussetzung des ungetrübtesten Empfangenkönnens aller Strahlungen und Eindrücke von oben aus den lichten Höhen.

Dem Vorderhirn fällt alle Arbeit des Verstandes zu für äußere Betätigung im gröbsten Stofflichen, also in der Materie, dem Hinterhirn jedoch das Aufnehmen und Weitergeben zur Verarbeitung der Eindrücke von oben, die leichter, lichter sind als grobe Stofflichkeit.

Dieses zu Nutzen der Menschen gegebene harmonische Zusammenwirken der beiden Gehirne wurde durch einseitige Hingebung des Menschen zu nur irdischem, also grobstofflichem Wirken gestört und mit der Zeit ganz unterbunden, förmlich abgeschnürt, weil das Vorderhirn durch allzu rege Beschäftigung mit der Zeit zu groß sich entwickeln mußte im Verhältnis zu dem vernachlässigten Hinterhirn, was dadurch immer mehr empfangsunfähig wurde und geschwächt. Damit erstand in den Jahrtausenden das *Erbübel* bei grobstofflicher Fortpflanzung; denn schon die Kinder brachten bei Geburt ein im Verhältnis zu dem Hinterhirn viel besser entwickeltes Vorderhirn mit, worin die Gefahr des Erwachens der *Erbsünde* gegeben wurde, die aus dem dadurch von vornherein bedingten, nur auf das Irdische, also von Gott abgewendet gerichteten Denkenmüssen besteht.

Das wird alles ohne weiteres jedem ernstwollenden Menschen begreiflich sein, außerdem habe ich es in vielseitiger Ausführlichkeit in meiner Botschaft erklärt.

*Alles* Übel auf der Erde erstand dadurch, weil der Mensch infolge seines geistigen Ursprunges mit seinem Wollen auf das andere auf Erden Bestehende drücken konnte, während er gerade durch diesen geistigen Ursprung hätte *emporhebend* wirken können und auch sollen; denn das war und ist seine eigentliche Aufgabe in der Nachschöpfung, in der naturgemäß alles Geistige das Führende ist. Es kann aufwärts führen, was das Natürliche wäre, ebenso aber auch abwärts, wenn das Wollen des Geistigen vorwiegend nach nur Irdischem strebt, wie es bei den Erdenmenschen der Fall ist.

In dem von mir in meiner Botschaft gegebenen Schöpfungswissen und der damit verbundenen Erklärung aller selbsttätig in der Schöpfung wirkenden Gesetze, die man auch Naturgesetze nennen kann, zeigt sich lückenlos das ganze Schöpfungsweben, das alle Vorgänge klar erkennen läßt, somit den Zweck des ganzen Menschenlebens, auch sein Woher

## 9. ERSTARRUNG

und das Wohin in unantastbarer Folgerichtigkeit entrollt, deshalb auf jede Frage Antwort gibt, so der Mensch ernsthaft darnach sucht.

Hierbei müssen sogar die böswilligsten Gegner haltmachen, da ihre Spitzfindigkeiten nicht hinreichen, in die vollkommene Rundung des Gesagten zerstörend eindringen zu können, um den Menschen auch diese Hilfe zu nehmen. – –

Ich sagte, daß die Bewegung in der Schöpfung immer langsamer werden muß, je weiter entfernt von dem Urlichte, dem Ausgangspunkte des Druckes, der als Folge die Bewegung bringt, irgend etwas sich befindet.

*So ist es zur Zeit mit der Erde.* Ihre Kreise haben sich immer mehr entfernt durch Schuld der Erdenmenschen, die Bewegungen werden damit langsamer, immer träger, und vieles ist bereits dadurch schon nahe vor dem Stadium einsetzender Erstarrung.

Auch die Erstarrung hat sehr viele Stufen; sie ist in den Anfängen nicht so leicht zu erkennen. Auch während eines Fortschreitens darin bleibt das Erkennen ausgeschlossen, es sei denn, daß einmal ein Lichtblick zu schärfster Beobachtung anregt.

Es ist schon deshalb schwer, weil alles, was im Kreise der sich immer mehr verlangsamenden Bewegungen lebt, gleichmäßig mit hineingezogen wird in die zunehmende Verdichtung, die zu der Erstarrung führt. Dabei nicht etwa nur der Körper eines Menschen, sondern alles, auch sein Denken. Das geht bis ins Kleinste. Unmerklich auch verändern und verschieben sich alle Begriffe, selbst die für den eigentlichen Sinn der Sprache.

Der Mensch kann es bei seinem Nächsten nicht bemerken, da er selbst im gleichen trägen Schwingen mitgezogen wird, wenn er nicht aus sich selbst heraus mit stärkstem Wollen und mit Zähigkeit sich geistig noch einmal emporzuringen sucht, um so dem Lichte wieder etwas näher zu gelangen, wodurch sein Geist allmählich auch beweglicher und damit leichter, lichter wird und einwirkt auf das irdische Erkennen.

Dann aber wird er schreckerfüllt mit grausigem Entsetzen sehen oder wenigstens empfinden, wie weit auf dieser Erde die Verzerrungen aller

## 9. ERSTARRUNG

Begriffe in Erstarrung schon gediehen sind. Es fehlt die weite Sicht des Eigentlichen, weil alles in enge, unübersehbare Grenzen gepreßt ist, die nicht mehr zu durchdringen sind und in gewisser Zeit alles, was sie umfassen, ganz ersticken müssen.

Ich habe oft schon auf verbogene Begriffe hingewiesen; jetzt aber kommen diese langsam auf dem Wege abwärts zur Erstarrung, in der dauernden Entfernung von dem Licht.

Es ist nicht nötig, Einzelbeispiele zu bringen, man würde solcherlei Erklärungen gar nicht beachten oder sie als lästige Wortklauberei bezeichnen, weil man viel zu starr oder zu träge ist, um eingehend darüber nachdenken zu wollen.

Ich sprach auch schon genügend von der Macht des Wortes, dem Geheimnis, daß sogar das *Menschenwort* in dem Bereich der Erde auf das Schöpfungswirken eine Zeit aufbauend oder niederreißend wirken kann, weil durch den Laut, den Ton und die Zusammenstellung eines Wortes Schöpfungskräfte in Bewegung kommen, die nicht nach dem Sinn des Sprechers wirken, sondern nach dem Sinn des *Wortes* in seiner Bedeutung.

Die Bedeutung aber wurde einst gegeben durch die Kräfte, welche das Wort in Bewegung setzt, und die dadurch genau auf den *richtigen* Sinn abgestimmt sind oder umgekehrt, nicht auf das Wollen des Sprechenden. Sinn und Wort erstanden aus der entsprechenden Kräftebewegung, darum sind sie untrennbar *eins!*

Das *Denken* des Menschen bewegt wieder *andere* Kraftströmungen, die dem Sinn des Denkens entsprechen. Deshalb sollte sich der Mensch bemühen, die richtigen Worte für den Ausdruck seines Denkens zu wählen, dabei also richtiger und klarer zu empfinden.

Nehmen wir an, ein Mensch wird um irgend etwas befragt, von dem er gehört hat, vielleicht auch einen Teil mit sehen konnte. Befragt, würde er ohne weiteres behaupten, daß er es *weiß!*

Nach vieler oberflächlicher Menschen Meinung würde diese Antwort richtig sein, und doch ist sie in Wahrheit *falsch* und verwerflich; denn »wissen« heißt *genaue Auskunft* über alles geben können, von An-

## 9. ERSTARRUNG

fang bis zum Ende, jede Einzelheit, ohne Lücke und aus eigenem Erleben. Erst *dann* kann ein Mensch sprechen, daß er es *weiß*.

Es liegt eine große Verantwortung in dem Ausdrucke und dem damit verbundenen Begriffe »Wissen«!

Ich wies auch schon einmal auf den großen Unterschied zwischen dem »Wissen« und dem »Erlernten« hin. Gelehrsamkeit ist noch lange nicht wirkliches *Wissen,* das nur eigenpersönlich sein kann, während Erlerntes das Annehmen von etwas Außerpersönlichem bleibt.

Etwas hören und zum Teil vielleicht auch sehen ist noch lange nicht das *Wissen* selbst! Der Mensch darf nicht behaupten: Ich *weiß* es, sondern könnte höchstens sagen: Ich habe davon gehört oder gesehen, ist aber, wenn er *recht* handeln will, der Wahrheit entsprechend verpflichtet zu sagen: Ich weiß es nicht!

Das ist dann in jeder Beziehung richtiger gehandelt, als wenn er von etwas berichtet, wobei er selbst nichts damit zu tun hat, was also auch nicht ein wirkliches *Wissen* sein kann, während er durch Teilberichte andere Menschen nur verdächtigen oder belasten würde, sie vielleicht sogar unnötig ins Unglück stürzt, ohne die eigentlichen Zusammenhänge zu kennen. Wägt deshalb *jedes* Wort, welches Ihr nützen wollt, peinlich mit der Empfindung ab.

Wer tiefer denkt, sich nicht mit schon erstarrten Begriffen zufriedengeben will zur Selbstentschuldigung für schwätzerische Wichtigtuerei und übles Wollen, der wird die Ausführungen leicht verstehen und in stiller Prüfung weiter blicken lernen bei allem, was er spricht.

Derartige Begriffsverengungen sind schon unzählige mit ihren verderblichen Folgen unter den Erdenmenschen zur Gewohnheit geworden, gierig aufgegriffen und gefördert von den Sklaven des Verstandes als den willigsten Trabanten luziferischer Einflüsse schwersten Dunkels.

Lernt die Strömungen in dieser Schöpfung aufmerksam beobachten und richtig nützen, die den Gotteswillen in sich tragen, damit Gottgerechtigkeit in reiner Form. Dann werdet Ihr das wahre Menschentum auch wiederfinden, das Euch weggerissen wurde.

## 9. ERSTARRUNG

Wie vieles Leid würde dadurch vermieden, und wie vielen Übelwollenden unter den Menschen auch die Möglichkeit zu ihrem Tun genommen.

Diesem Übel ist es auch zuzuschieben, daß die Schilderung des Erdenlebens des Gottessohnes Jesus in nicht allen Punkten mit den Tatsachen übereinstimmt, woraus nun mit der Zeit bis heute unter dem Denken der Menschen ein ganz falsches Bild erstand. Ebenso wurden die von ihm gegebenen Worte verbogen, wie es bei *allen* zur Religion erhobenen Lehren geschah, die den Menschen Erhebung und Vervollkommnung des Geistes bringen sollten.

Und darin ruht auch die große Verwirrung unter allen Menschen, die sich immer weniger gegenseitig wirklich verstehen können, was Unfrieden, Mißtrauen, Verleumdungen, Neid und Haß erwachsen und zum Blühen kommen läßt.

Es sind das alles untrügliche Zeichen der fortschreitenden Erstarrung auf der Erde!

Reißt Euren Geist empor, beginnet *weitschauend* und umfassend zu denken und zu sprechen! Das bedingt natürlich auch, daß Ihr nicht nur mit dem Verstande arbeitet, welcher zur gröbsten Stofflichkeit gehört, sondern auch Eurem Geist die Möglichkeiten wieder gebt, Euren Verstand zu führen, der ihm dienen soll nach der Bestimmung Eures Schöpfers, welcher Euch von Anfang an noch unverbogen auf der Erde hier erstehen ließ.

So vieles steht bereits im ersten Zustand der Erstarrung, bald kann nun Euer ganzes Denken schon davon ergriffen sein und muß in unbiegsamen, eisernen Kanälen laufen, die Euch selber nur noch Unbehagen bringen, Leid um Leid, und Euch zuletzt vom Menschentume niederzwingen zu der Stufe einer inhaltlosen, nur dem Dunkel dienenden Maschine, fern von allem Licht.

# KINDLICHKEIT

Das Wort »kindlich« ist ein Ausdruck, der von den Menschen in ihrer leichtfertigen und unüberlegten Art des Redens in den meisten Fällen falsch angewendet wird.

Durch Trägheit des Geistes gehemmt, wird der Ausdruck nicht genügend durchempfunden, um ihn auch richtig erfassen zu können. Wer ihn aber nicht in seinem ganzen Umfange erfaßt hat, wird ihn auch nie richtig anwenden können.

Und doch ist es gerade Kindlichkeit, welche den Menschen eine starke Brücke bietet zu dem Aufstiege in lichte Höhen, zu dem Reifenkönnen eines jeden Menschengeistes und zur Vervollkommnung für ein ewiges Seinkönnen in dieser Schöpfung, die das Haus Gottvaters ist, das Er den Menschen zur Verfügung stellt, wenn... sie darin ihm *angenehme* Gäste bleiben. Gäste, die nicht Schaden anrichten in Räumen, die ihnen gnadenvoll nur zur Benutzung überlassen wurden bei immer reichgedecktem Tische.

Wie weit entfernt ist aber jetzt der Mensch von der für ihn so notwendigen Kindlichkeit!

Doch ohne diese kann er nichts für seinen Geist erreichen. Der Geist *muß* Kindlichkeit besitzen; denn er ist und bleibt ein Kind der Schöpfung, auch wenn er volle Reife sich erwarb.

*Ein Kind der Schöpfung!* Darin liegt der tiefe Sinn; denn zu einem Kinde Gottes muß er sich entwickeln. Ob er es je erreicht, das hängt allein vom Grade der Erkenntnis ab, die er sich anzueignen willig ist auf seiner Wanderung durch alle Stofflichkeiten.

Mit diesem Willigsein muß aber auch die *Tat* sich zeigen. In geistigen

## 10. KINDLICHKEIT

Ebenen ist Wille gleichzeitig auch Tat. Wille und Tat sind dort stets *eins*. Dies ist jedoch nur so in den *geistigen* Ebenen, nicht in den Stofflichkeiten. Je dichter, schwerer eine Ebene der Stofflichkeit ist, desto entfernter ist die Tat vom Willen.

Daß Dichte hemmend wirkt, sieht man schon an dem Schall, der sich in der Bewegung durch die Stofflichkeit durchringen muß, welche ihn hemmt je nach der Art der Dichte. Es ist deutlich zu erkennen schon bei kürzeren Entfernungen.

Wenn ein Mensch Holz zerkleinert oder auch bei irgendeinem Baue Nägel in die Balken schlägt, so kann man wohl den Aufschlag seines Handwerkszeuges deutlich sehen, doch der Schall davon trifft erst in einigen Sekunden ein. Das ist so auffällig, daß es wohl jeder Mensch schon hier und da einmal erlebte.

Ähnlich, aber noch viel schwerer, ist es bei dem Menschen auf der Erde zwischen Wille und Tat. Der Wille zuckt im Geiste auf, er ist im Geiste sofort Tat. Doch um den Willen in der Grobstofflichkeit sichtbar zu gestalten, bedarf er noch des grobstofflichen Körpers. Nur im Impulse handelt jeder Körper schon in wenigen Sekunden nach dem Aufzucken des Willens. Dabei wird die langwierigere Arbeit eines Vorderhirnes ausgeschaltet, welches sonst den Weg des Willens bis zum Eindruck auf die Tätigkeit des Körpers zu vermitteln hat.

Der eigentliche Weg währt eine etwas längere Spanne. Manchmal kommt es auch nur schwach oder gar nicht zur Tat, weil das Wollen auf dem längeren Wege abgeschwächt oder durch den grübelnden Verstand ganz abgeriegelt wird.

Bei dieser Betrachtung möchte ich einen eigentlich nicht hierher gehörenden Hinweis auf unbeachtete und doch auch im menschlichen Handeln deutlich sichtbare Wirkungen des Schöpfungsgesetzes der Anziehung gleicher Arten bringen:

Die menschlich-irdischen Gesetze sind von dem irdischen Verstande ausgearbeitet und werden auch mit diesem durchgeführt. *Deshalb* werden mit dem Verstand erwogene Pläne, also überlegte Handlungen, als solche strenger bestraft und übler beurteilt als Handlungen, die im Affekt geschahen, also unüberlegt. Diese letzteren erhalten in den meisten Fällen Linderungen zugebilligt.

Das hat in Wirklichkeit einen den Menschen unbemerkbaren Zusammenhang in Gleichart des Verstandeswirkens unter dem Zwange des Schöpfungsgesetzes für alle die, welche sich dem Verstande bedingungslos beugen. Denen ist dies ganz verständlich.

Ohne darum zu wissen, wird damit bei einer Handlung im Affekt der größere Teil der Schuldabtragung *der geistigen Ebene* zugewiesen. Gesetzgeber und Richter ahnen nichts davon, da sie von ganz anderen, rein verstandlichen Grundsätzen ausgehen. Bei tieferem Nachdenken jedoch und Kenntnis der wirkenden Schöpfungsgesetze steht das alles in ganz anderer Beleuchtung.

Trotzdem wirken auch in anderen irdischen Urteilen und Beurteilungen die lebenden Gottgesetze in der Schöpfung völlig selbständig für sich, unbeeinflußt von den irdisch-menschlichen Gesetzen und Begriffen. Es wird wohl keinem ernsten Menschen einfallen zu denken, daß wirkliche Schuld, nicht etwa nur eine von Menschen erst dazu gestempelte, mit der von irdischem Verstande diktierten und verbüßten Strafe auch gleichzeitig vor den Gesetzen Gottes abgetan sein könnte!

Das sind schon seit Jahrtausenden so gut wie zwei getrennte Welten, getrennt durch der Menschen Tun und Denken, trotzdem sie nur *eine* Welt sein sollten, in der allein die Gesetze *Gottes* wirken.

Durch eine derartige irdische Strafe kann eine Ablösung nur erfolgen, solange die Gesetze und Strafen vollständig mit den Schöpfungsgesetzen Gottes übereinstimmen.

Nun gibt es zweierlei Affekte. Zuerst die schon geschilderten, die eigentlich *Impuls* genannt werden sollten, und außerdem Affekte, die im Vorderhirn aufblitzen, also nicht im Geiste, und zur Abteilung Verstand gehören. Sie sind unüberlegt, dürften aber nicht die gleichen Milderungen haben wie Impuls-Handlungen.

Doch darin den gerechten Unterschied genau herauszufinden, wird nur *jenen* Menschen möglich werden, die alle Gesetze Gottes in der Schöpfung kennen und von deren Auswirkungen unterrichtet sind. Das muß erst einer kommenden Zeit vorbehalten bleiben, in der es auch bei Menschen keine Willkürhandlungen mehr gibt, weil diese eine Geistesreife haben werden, die sie nur noch in den Gottgesetzen schwingen läßt bei allem ihrem Tun und Denken.

Die Abschweifung soll nur zum Nachdenken anregen, sie gehörte nicht zum eigentlichen Zweck des Vortrages.

Gemerkt sei dabei nur, daß Wille und Tat in den geistigen Ebenen *eins* sind, daß sie in den stofflichen Ebenen durch die Art des Stoffes aber getrennt werden. Deshalb sagte Jesus einst schon zu den Menschen: *»Der Geist ist willig, doch das Fleisch ist schwach!«* Das Fleisch, hier also die Grobstofflichkeit des Körpers gemeint, bringt nicht alles zur Tat, was im Geiste bereits Wille und Tat war.

Doch könnte es der Geist auch auf der Erde in dem grobstofflichen Kleide zwingen, daß sein Wollen stets zur grobstofflichen Tat ersteht, wenn er nicht zu träge dazu wäre. Er kann den Körper nicht verantwortlich für diese Trägheit machen; denn der Körper wurde jedem Geiste nur zum Werkzeuge gegeben, welches er beherrschen lernen muß, um damit richtig umzugehen. –

Der Geist ist also Kind der Schöpfung. Und er muß *kindlich* darin sein, wenn er den Zweck erfüllen will, für den er in der Schöpfung steht. Die Überhebung des Verstandes ließ ihn sich entfernen von der Kindlichkeit, weil er sie nicht als das »verstehen« konnte, was sie wirklich ist. Damit hat er jedoch den Halt verloren in der Schöpfung, die ihn nun als Fremdling, Störenfried und Schädling ausstoßen muß, um selbst gesund bleiben zu können.

Und so wird es geschehen, daß die Menschen sich ihr Grab selbst schaufeln durch ihr falsches Denken und ihr Tun. –

Wie sonderbar ist es, daß jeder Mensch, welcher das Weihnachtsfest einmal so richtig auf sich wirken lassen will, versuchen muß, sich dabei zuerst in die Kindheit zu versetzen!

Das ist doch deutlich genug als ein Zeichen *dafür* anzusehen, daß er gar nicht fähig ist, als ein Erwachsener das Weihnachtsfest mit der *Empfindung* zu erleben. Es ist ganz deutlich der Beweis dafür, daß er etwas

## 10. KINDLICHKEIT

verloren hat, was er als Kind besaß! Warum gibt das den Menschen nicht zu denken!

Wieder ist es Geistesträgheit, die sie daran hindert, sich mit Dingen ernstlich zu befassen. »Das ist für Kinder«, denken sie, »und die Erwachsenen haben dazu gar keine Zeit! Sie müssen *Ernsteres* durchdenken.«

Ernsteres! Mit diesem Ernsteren meinen sie nur die Jagd nach Erdendingen, also Arbeit des Verstandes! Der Verstand drängt schnell Erinnerungen weit zurück, um nicht den Vorrang zu verlieren, wenn der Empfindung einmal Raum gegeben wird!

In allen diesen anscheinend so kleinen Tatsachen würden die *größten* Dinge zu erkennen sein, wenn der Verstand nur Zeit dazu gewährte. Aber er hat die Oberhand und kämpft darum mit aller List und Tücke. Das heißt, nicht er, sondern in Wirklichkeit kämpft das, was ihn als Werkzeug nützt und hinter ihm sich birgt: das Dunkel!

Es will das Licht nicht finden lassen in Erinnerungen. Und *wie* der Geist darnach verlangt, das Licht zu finden, neue Kraft aus ihm zu schöpfen, erkennt Ihr daran, daß mit den Erinnerungen an des Kindes Weihenacht auch eine unbestimmte, fast wehe Sehnsucht erwacht, die viele Menschen vorübergehend weich zu stimmen fähig ist.

Dieses Weichstimmen könnte der beste Boden zum *Erwachen* werden, wenn er genützt würde, sofort und auch mit aller Kraft! Aber leider kommen die Erwachsenen dabei nur noch in Träumereien, wobei die aufsteigende Kraft vergeudet wird, verspielt. Und in den Träumereien geht auch die Gelegenheit vorüber, ohne Nutzen bringen zu können oder verwendet worden zu sein.

Selbst wenn so mancher Mensch dabei einige Tränen fließen läßt, er schämt sich derer, sucht sie zu verbergen, rafft sich auf mit einem körperlichen Ruck, in dem so oft ein unbewußter Trotz erkennbar wird.

Wie vieles könnten Menschen bei dem allem lernen. Nicht umsonst webt sich in die Erinnerungen an die Kindheit eine leise Wehmut mit hinein. Es ist das unbewußte Nachempfinden, daß etwas verloren ist, was eine Leere hinterlassen hat, Unfähigkeit, noch kindlich zu empfinden.

## 10. KINDLICHKEIT

Ihr aber habt doch sicher oft bemerkt, wie herrlich und erfrischend jeder Mensch allein durch seine Gegenwart im stillen wirkt, dem aus den Augen hier und da ein *kindlich* Leuchten springt.

Der Erwachsene darf nicht vergessen, daß das Kindliche nicht kindisch ist. Nun wißt Ihr aber nicht, woher das Kindliche so wirken kann, was es überhaupt ist! Und warum Jesus sagte: »Werdet wie die Kinder!«

Um zu ergründen, was kindlich ist, müßt Ihr erst klar darüber sein, daß das Kindliche durchaus nicht an das Kind an sich gebunden ist. Ihr kennt doch sicherlich selbst Kinder, denen das eigentlich schöne Kindliche fehlt! Es gibt also Kinder ohne Kindlichkeit! Ein boshaftes Kind wird nie kindlich wirken, ebensowenig ein ungezogenes, eigentlich unerzogenes!

Daraus ergibt sich klar, daß Kindlichkeit und Kind zwei für sich selbständige Dinge sind.

Das, was auf Erden kindlich heißt, ist ein Zweig der Wirkung aus der *Reinheit!* Reinheit in höherem, nicht nur irdisch-menschlichem Sinne. Der Mensch, welcher im Strahl göttlicher Reinheit lebt, welcher dem Strahl der Reinheit in sich Raum gewährt, hat damit auch das Kindliche erworben, sei es nun noch im Kindesalter oder schon als ein Erwachsener.

Kindlichkeit ist Ergebnis der inneren Reinheit oder das Zeichen, daß sich ein solcher Mensch der Reinheit ergeben hat, ihr dient. Das sind ja alles nur verschiedene Ausdrucksarten, in Wirklichkeit aber immer dasselbe.

Also nur ein in sich reines Kind kann kindlich wirken, und ein Erwachsener, der Reinheit in sich hegt. Deshalb wirkt er *erfrischend* und belebend, erweckt auch Vertrauen!

Und wo die wahre Reinheit ist, kann auch die echte Liebe Einzug halten; denn die Gottesliebe wirkt im Strahl der Reinheit. Der Strahl der Reinheit ist ihr Weg, auf dem sie schreitet. Sie wäre nicht imstande, einen anderen zu gehen.

Wer nicht den Strahl der Reinheit in sich aufgenommen hat, zu dem kann sich niemals der Strahl der Gottesliebe finden!

## 10. KINDLICHKEIT

Die Kindlichkeit nahm sich der Mensch jedoch mit seiner Abwendung vom Licht durch sein einseitiges Verstandesdenken, dem er alles opferte, was ihn erheben konnte, und so schmiedete er sich mit tausend Ketten fest an diese Erde, also an die grobe Stofflichkeit, die ihn in ihrem Banne hält, bis er sich selbst davon befreit, was ihm jedoch durch Erdentod nicht werden kann, sondern allein im *geistigen* Erwachen.

# KEUSCHHEIT

Keuschheit ist ein Begriff, der von den Erdenmenschen so unglaublich eingeengt worden ist, daß von der tatsächlichen Bedeutung gar nichts übrig blieb; er wurde sogar auf eine falsche Bahn gezerrt, was zur natürlichen Folge haben mußte, daß dieses Verbiegen über viele Menschen eine nutzlose Bedrückung brachte und sogar sehr oft auch unsagbares Leid.

Fragt, wo Ihr wollt, was Keuschheit ist, Ihr werdet überall als Antwort den Begriff für körperliche Unberührtheit in irgendeiner Form erklärt erhalten, jedenfalls gipfelt für die Erdenmenschen darin ihre Anschauung.

Das zeugt so ganz von kleiner Denkungsart der Menschen, die sich dem Verstande unterordnen, welcher selbst die Grenzen alles Irdischen gezogen hat, weil er nicht weiter reichen kann mit seinen Fähigkeiten, die aus Irdischem geboren sind.

Wie leicht würde es da dem Menschen sein, als keusch zu gelten und sich darin einen Ruf zu schaffen, während er in eitler Selbstverherrlichung sich sonnt. Aber nicht einen Schritt gelangt er damit aufwärts auf dem Wege zu den lichten Gärten, die als Paradies das glückselige Endziel eines Menschengeistes sind.

Es nützt dem Erdenmenschen nichts, wenn er den grobstofflichen Körper unberührt erhält und seinen Geist befleckt, der dann die Schwellen niemals überschreiten kann, die von der einen Stufe zu der andern aufwärts führen.

Keuschheit ist anders als die Menschen es sich denken, viel umfassender, größer, sie verlangt nicht, gegen die Natur sich einzustellen; denn

## 11. KEUSCHHEIT

das wäre ein Vergehen wider die in Gottes Schöpfung schwingenden Gesetze, was nicht ohne nachteilige Auswirkungen bleiben kann.

Keuschheit ist *irdischer* Begriff für Reinheit, welche *göttlich* ist. Es ist für jeden Menschengeist das Streben zu grobstofflicher Betätigung eines erahnten Abglanzes göttlicher Selbstverständlichkeit. Reinheit ist göttlich, Keuschheit ihre Nachahmung vom Menschengeist, also ein geistiges Abbild, welches sichtbar werden kann und soll in dem irdischen Tun.

Das müßte für jeden *gereiften* Menschengeist als Grundgesetz genügen, um die Keuschheit zu erfüllen. Aber auf der Erde ist der Mensch geneigt, unter dem Drange mancher Eigenwünsche sich selbst etwas vorzutäuschen, was in Wirklichkeit gar nicht in ihm vorhanden ist, nur um eine Erfüllung seiner Wünsche zu erreichen.

Die Eigensucht tritt führend an die Spitze und betäubt das wirklich *reine* Wollen! Der Mensch wird sich dies selbst nie eingestehen, sondern läßt sich dabei ruhig treiben. Wenn er sich gar nichts anderes mehr einzureden weiß, nennt er das oft sehr eindeutige Streben nach Erfüllung anfechtbarer Eigenwünsche Schicksalsfügung, der man sich ergeben muß.

Deshalb braucht er als Richtschnur und als Halt noch andere Hinweise, welche ihn erleben und erkennen lassen, was in Wahrheit Keuschheit *ist,* wie sie im Gotteswillen liegt, der auf der Erde keine Trennung will von der Natur.

Es ist im Göttlichen die Reinheit eng vereinigt mit der Liebe! Deshalb darf der Mensch auch auf der Erde nicht versuchen, es zu trennen, wenn ihm Segen daraus werden soll.

Doch auch Liebe ist auf Erden nur ein übles Zerrbild dessen, was sie *wirklich* ist. Deshalb kann sie sich ohne vorherige Änderung nicht einen mit der Reinheit wirklichem Begriff.

Ich gebe hiermit allen denen, die bestrebt sind, Keuschheit zu erreichen, einen Hinweis, der den Halt gewährt, welchen der Mensch auf Erden braucht, um *so* zu leben, wie es im Gesetz der Schöpfung ruht, und wie es deshalb auch Gott wohlgefällig ist:

## 11. KEUSCHHEIT

»Wer stets in seinem Tun auch daran denkt, daß er dem Nebenmenschen, welcher ihm vertraut, nicht Schaden bringt, nichts unternimmt, was diesen hinterher bedrücken kann, der wird immer *so* handeln, daß er geistig unbelastet bleibt und deshalb wirklich keusch zu nennen ist!«

Die schlichten Worte, richtig aufgefaßt, können den Menschen durch die ganze Schöpfung wohlbeschützt geleiten und ihn aufwärts führen in die lichten Gärten, seine eigentliche Heimat. Die Worte sind der Schlüssel für das rechte Wirken auf der Erde; denn die echte Keuschheit liegt in ihnen.

Der Gottessohn Jesus drückte ganz genau dasselbe mit den Worten aus:

»Liebe Deinen Nächsten wie Dich selbst!«

Ihr müßt Euch aber davor hüten, in die alten Menschenfehler zu verfallen und den Sinn der Worte wiederum zurechtzustutzen und teilweise zu verbiegen, damit sie Euren Eigenzwecken dienen, Euch bei falschem Tun beschwichtigen und Eure Mitmenschen in Unachtsamkeit wiegen oder gar betören helfen.

Nehmt solche Worte auf, wie sie in Wahrheit aufzunehmen sind, nicht wie sie Euch bequem erscheinen und für Euer Eigenwollen passen. Dann sind sie für Euch wie das schärfste Schwert in Eurer Hand, mit dem Ihr alles Dunkel schlagen könnt, so Ihr nur wollt. Laßt sie in rechter Art lebendig in Euch werden, um als jubelnde Sieger dankerfüllt das Leben auf der Erde zu erfassen!

## DER ERSTE SCHRITT

Lasset mein Wort *lebendig* in Euch werden; denn *das* allein kann Euch *den* Nutzen bringen, den Ihr braucht, um Euren Geist emporsteigen zu lassen in die lichten Höhen der ewigen Gärten Gottes.

Es nützet nichts, zu *wissen* von dem Wort! Und wenn Ihr meine ganze Botschaft Satz für Satz aus dem Gedächtnis sagen könntet, um Euch selbst und Eure Nebenmenschen damit zu belehren... es nützt nichts, so Ihr nicht darnach *handelt,* im Sinne meines Wortes *denkt* und Euer ganzes Erdenleben darnach einrichtet als etwas Selbstverständliches, was Euch in Fleisch und Blut gegangen ist, was sich nicht von Euch trennen läßt. Nur dann könnt Ihr aus meiner Botschaft die ewigen Werte schöpfen, die sie für Euch in sich trägt.

»An ihren *Werken* sollt Ihr sie erkennen!« Dieses Christuswort gilt allen Lesern meiner Botschaft in *erster* Linie! An ihren Werken heißt, in ihrem *Wirken,* also ihrem Denken, ihrem Tun im Alltage des Erdenseins! Zu Tun gehört auch Euer Reden, nicht nur Euer Handeln; denn das Reden *ist* ein Handeln, das Ihr bisher in der Wirkung unterschätzet. Es gehören sogar die *Gedanken* schon dazu.

Die Menschen sind gewohnt zu sagen, daß Gedanken »zollfrei« sind. Damit wollen sie andeuten, daß sie für Gedanken irdisch nicht zur Rechenschaft gezogen werden können, weil diese auf einer Stufe stehen, die für Menschenhände unerreichbar ist.

Deshalb *spielen* sie oft in leichtfertigster Weise mit Gedanken, oder besser ausgedrückt, sie spielen *in* Gedanken. Leider oft ein sehr gefährliches Spiel, im leichtfertigen Wahne, daß sie daraus unangetastet hervorgehen können.

Darin irren sie jedoch; denn auch Gedanken sind der *Grobstofflichkeit* zugehörig und müssen unter allen Umständen auch darin abgelöst werden, bevor ein Geist sich frei emporzuschwingen fähig wird, sobald er die Verbindung mit dem Erdenkörper löste.

Sucht deshalb schon mit Eueren Gedanken in dem Sinne meiner Botschaft stets zu schwingen, derart, daß Ihr nur das *Edle* wollt und nicht in Niederungen steigt, weil Ihr Euch einbildet, daß es ja niemand sehen oder hören kann.

Gedanken, Worte und die äußerliche Tat gehören allesamt ins Reich der Grobstofflichkeit dieser Schöpfung!

Die Gedanken wirken in der *feinen* Grobstofflichkeit, Worte in der *mittleren,* und die äußeren Handlungen formen sich in der *gröbsten,* also *dichtesten* Grobstofflichkeit. *Grobstofflich* sind diese drei Arten Eures Tuns!

Aber die Formen aller drei sind miteinander eng verbunden, ihre Auswirkungen greifen ineinander. Was das für Euch bedeutet, wie einschneidend es sich oft bestimmend auswirkt in dem Wandel Eures Seins, könnt Ihr im ersten Augenblicke nicht ermessen.

Es sagt nichts anderes, als daß auch ein Gedanke, selbsttätig in seiner Art noch weiterwirkend, eine Gleichart in *mittlerer* Stofflichkeit verstärken und dadurch zu kraftvolleren Formen bringen kann, ebenso, dann folgernd, in dieser Verstärkung wieder weiterwirkend zur sichtbaren auswirkenden Form in *gröbster* Stofflichkeit ersteht, ohne daß Ihr selbst unmittelbar dabei beteiligt zu sein scheint.

Es ist erschütternd, das zu wissen, sobald man dieser Erdenmenschen Leichtfertigkeit und Sorglosigkeit in ihrem Denken kennt.

Ihr seid dadurch an mancher Tat *beteiligt,* ohne es zu wissen, die irgendeiner Euer Mitmenschen vollbringt, nur weil dieser die Verstärkung in der von mir soeben Euch erklärten Art erhielt, die ihn zu einer gröbsten Ausführung von etwas in ihm bisher Ruhenden zu treiben fähig wurde, mit dem er vorher immer nur in den Gedanken spielte.

So stehet mancher Erdenmensch sehr oft mißbilligend vor irgendeiner Tat eines seiner Nebenmenschen, diese mit Zorn verwerfend und verurteilend, an der er aber vor den ewigen Gesetzen Gottes *mitverantwortlich* ist! Es kann sich dabei um einen ihm völlig fremden Menschen handeln und um eine Tat, die er nie in der gröbsten Stofflichkeit selbst ausgeführt haben würde.

Denkt Euch einmal hinein in derartige Vorgänge, Ihr werdet dann erst recht verstehen, daß ich Euch in meiner Botschaft zurufe: *»Haltet den Herd Eurer Gedanken rein, Ihr stiftet damit Frieden und seid glücklich!«*

Wenn Ihr dann aber stark genug darin geworden seid in Eurer eigenen Reinigung, so werden auf der Erde vielerlei Verbrechen weniger geschehen als bisher, an denen viele mitschuldig gewesen sind, ohne es zu wissen.

Zeit und Ort solcher Taten, an denen Ihr mitschuldig werden könnt, spielen dabei keine Rolle. Auch wenn es am entgegengesetzten Ende der Erde geschehen ist von der Stelle, an der Ihr selbst Euch aufhaltet, an Orten, welche Euer Fuß niemals betreten hat, von deren Bestehen Ihr gar keine Kenntnis habt. Verstärkungen durch Euere Gedankenspielereien treffen *dort* auf, wo sie Gleicharten entdecken, unabhängig von Entfernungen, Nation und Land.

So können Haß- und Neidgedanken mit der Zeit auf Einzelmenschen, Gruppen oder ganze Völker stürzen, wo sie Gleichart finden, sie zu Taten zwingend, die in ihren auslösenden Formen ganz verschieden sind von denen, die mit Eueren Gedankenspielereien erst erstanden.

Auswirkend vermag es sich dann so zu zeigen, wie der *Ausübende* zur Zeit der Tat empfindet. So könnt Ihr zu der Ausübung von Taten beigetragen haben, an deren Entsetzlichkeit Ihr selbst in Wirklichkeit niemals gedacht habt, und doch steht Ihr damit in Verbindung und ein Teil der Rückwirkung muß Euren Geist belasten, muß sich an ihn hängen als Gewicht, wenn er sich von dem Körper löst.

Doch umgekehrt könnt Ihr auch noch weit stärker beitragen zum Frieden und zum Menschheitsglücke, könnt durch reines, frohes Denken teilhaben an Werken, die durch Euch ganz fernstehende Menschen sich entfalten.

## 12. DER ERSTE SCHRITT

Davon strömt selbstverständlich auch der Segen mit auf Euch zurück und Ihr wißt nicht, weshalb er zu Euch kommt.

Wenn Ihr nur einmal *sehen* könntet, wie die unverrückbare Gerechtigkeit des Allheiligen Willens Gottes sich in den selbsttätigen Gesetzen dieser Schöpfung stets erfüllt für jeden einzelnen Gedanken, den Ihr hegt, so würdet Ihr mit allen Euren Kräften dahin wirken, Reinheit Eures Denkens zu erhalten!

Damit seid Ihr dann *die* Menschen erst geworden, die der Schöpfer gnadenvoll in seinem Werke zu dem Wissen führen will, das ihnen Ewigkeit verleiht und sie zu Helfern in der Schöpfung werden läßt, die würdig sind, die hohen Gnaden zu empfangen, die dem Menschengeiste zugedacht sind, um sie in freudig dankbarer Weitergabe verwandelt *den* Kreaturen zukommen zu lassen, die sie nur in solcher Wandlung durch den Menschen aufzunehmen fähig sind und die in frevelhafter Weise heute davon abgeschnitten bleiben durch den Niedergang des Menschengeistes, nachdem sie schon in Zeiten besseren und reiner schwingenden Menschentumes erstehen konnten.

Damit habt Ihr aber dann erst *einen* Satz aus meiner Botschaft auf der Erde zur Lebendigkeit für Euch durchglüht!

Er ist für Euch der *schwerste,* der dann alles andere viel leichter werden läßt, dessen Erfüllung bereits Wunder über Wunder irdisch *sichtbar,* greifbar vor Euch auferstehen lassen muß. –

Wenn Ihr Euch *dazu* überwunden haben werdet, dann liegt auf dem Wege wiederum eine Gefahr, die aus Verbogenheit des Menschendenkens sich ergibt: Ihr werdet darin eine Macht erkennen, die Ihr nur zu gern in ganz bestimmte Formen pressen wollt, damit sie diesem oder jenem Sonderzwecke diene, der aus Eigenwünschen sich zusammensetzt!

Davor will ich Euch heute bereits *warnen;* denn die Gefahr kann Euch verschlingen, Ihr würdet darin untergehen, nachdem Ihr schon den rechten Weg beschritten habt.

Hütet Euch davor, *krampfhaft* diese Reinheit der Gedanken *kämpfend* zu erzwingen; denn dadurch würdet Ihr sie bereits in bestimmte Bahnen pressen und Euer Bemühen wird zur Gaukelei, würde *künstlich* nur herbeigezwungen bleiben und niemals die große Wirkung haben können, die sie haben soll. Euer Mühen würde Schaden anstatt Nutzen bringen, weil die Echtheit der freien Empfindung dabei fehlt. Es wäre wieder eine Wirkung Eueres *Verstandeswollens,* niemals aber Arbeit Eures Geistes! Davor warne ich.

Denkt an mein Wort der Botschaft, das Euch sagt, daß alle wahre Größe in der *Einfachheit* nur liegen kann, da wahre Größe einfach *ist!* Die Einfachheit, die ich hier meine, könnt Ihr besser wohl verstehen, wenn Ihr an die Stelle als einen Übergang den menschlich-irdischen Begriff der *Schlichtheit* setzt. Das liegt Eurem Verstehenkönnen vielleicht näher und Ihr trefft das Rechte.

Nicht mit Gedankenwollen könnt Ihr Eueren Gedanken jene Reinheit geben, die ich meine, sondern *schlicht* und unbegrenzt muß reines Wollen aus Eurer Empfindung in Euch aufsteigen, nicht in ein Wort gepreßt, das nur begrenzt einen Begriff erstehen lassen kann. Das darf nicht sein, sondern ein alles umfassendes Drängen zum Guten, das das Entstehen Euerer Gedanken zu umhüllen vermag, sie durchdringt, noch ehe sie in eine Form sich bilden, ist das Rechte, das Ihr nötig habt.

Es ist nicht schwer, sogar viel leichter als die anderen Versuche, sobald Ihr Schlichtheit walten laßt, in der Verstandesdünkel des eigenen Könnens und eigener Kraft nicht aufzukommen fähig ist. Macht Euch gedankenleer und laßt den Drang zu Edlem, Gutem in Euch frei, dann habt Ihr *die* Grundlage zu dem Denken, die vom Wollen Eures *Geistes* stammt, und was *daraus* ersteht, könnt Ihr in Ruhe der Verstandesarbeit dann zur Ausführung in der dichtesten Grobstofflichkeit überlassen. Es kann nie Unrechtes sich formen.

Werft alles Quälen durch Gedanken weit von Euch, vertraut dafür auf Euren *Geist,* der sich den Weg schon richtig bahnen wird, wenn Ihr diesen nicht selbst vermauert. Werdet *frei im Geiste* heißt nichts anderes, als *laßt dem Geiste in Euch seinen Weg!* Er *kann* dann gar nicht anders, als der Höhe zuzuwandeln; denn es zieht ihn seine Art ja selbst mit Sicherheit hinauf. Ihr hieltet ihn bisher zurück, so daß er sich nicht mehr entfalten konnte, sein Schwingen oder seine Schwingen hattet Ihr damit gebunden.

Der Boden zu dem Aufbau einer neuen Menschheit, den Ihr nicht umgehen könnt noch dürft, liegt in dem einen Satze: *Haltet den Herd Euerer Gedanken rein!*

Und *damit* muß der Mensch beginnen! Das ist seine *erste* Aufgabe, die ihn zu *dem* macht, was er werden *muß*. Ein *Vorbild* allen, die nach Licht und Wahrheit streben, die dem Schöpfer dankbar dienen wollen durch die Art des ganzen Seins. Wer *das* erfüllt, braucht keine anderen Weisungen mehr. Er *ist,* wie er sein soll, und wird damit die Hilfen unverkürzt empfangen, die seiner in der Schöpfung harren und ihn aufwärts führen ohne Unterbrechung.

# DIE WELT

Die Welt! Wenn der Mensch dieses Wort benutzt, spricht er es oft gedankenlos dahin, ohne sich ein Bild davon zu machen, *wie* diese von ihm genannte Welt eigentlich ist.

Viele aber, die versuchen, sich etwas Bestimmtes dabei vorzustellen, sehen im Geiste zahllose Weltenkörper verschiedenster Beschaffenheit und Größe in Sonnensysteme geordnet im Weltall ihre Bahnen ziehen. Sie wissen, daß immer neue und mehr Weltenkörper zu sehen sind, je schärfer und weitreichender die Instrumente geschaffen werden. Der Durchschnittsmensch findet sich dann mit dem Worte »Unendlichkeit« ab, womit bei ihm der Irrtum einer *falschen* Vorstellung einsetzt.

Die Welt ist nicht unendlich. Sie ist die stoffliche Schöpfung, also das *Werk* des Schöpfers. Dieses Werk steht wie jedes Werk *neben* dem Schöpfer und ist als solches begrenzt.

Sogenannte Fortgeschrittene sind oft stolz darauf, die Erkenntnis zu haben, daß Gott in der ganzen Schöpfung ruht, in jeder Blume, jedem Gestein, daß die treibenden Naturkräfte Gott sind, also alles das Unerforschliche, was sich fühlbar macht, aber nicht wirklich erfaßt zu werden vermag. Eine dauernd wirkende Urkraft, die ewig sich selbst neu entwickelnde Kraftquelle, das wesenlose Urlicht. Sie dünken sich gewaltig vorgeschritten in dem Bewußtsein, Gott als eine immer auf das eine Ziel der Fortentwicklung zur Vollkommenheit hinwirkende, alles durchdringende Triebkraft überall zu finden, ihm überall zu begegnen.

Das ist aber nur in einem gewissen Sinne richtig. Wir begegnen in der ganzen Schöpfung nur seinem Willen, und damit seinem Geiste, seiner Kraft. Er selbst steht weit über der Schöpfung.

## 13. DIE WELT

Die stoffliche Schöpfung wurde schon mit dem Entstehen an die unabänderlichen Gesetze des Werdens und Zerfallens gebunden; denn das, was wir Naturgesetze nennen, ist der Schöpfungswille Gottes, der sich auswirkend andauernd Welten formt und auflöst. Dieser Schöpfungswille ist *einheitlich* in der ganzen Schöpfung, zu der die feinstoffliche und die grobstoffliche Welt als *eins* gehören.

Die unbedingte und unverrückbare Einheitlichkeit der Urgesetze, also des Urwillens, bringt es mit sich, daß sich in dem kleinsten Vorgange der grobstofflichen Erde stets genau das abspielt, wie es bei jedem Geschehen, also auch in den gewaltigsten Ereignissen der ganzen Schöpfung, vor sich gehen muß, und wie in dem Erschaffen selbst.

Die straffe Form des Urwillens ist schlicht und einfach. Wir finden sie, einmal erkannt, in allem leicht heraus. Die Verwicklung und Unbegreiflichkeit so mancher Vorgänge liegt nur in dem vielfachen Ineinandergreifen der durch der Menschen verschiedenes Wollen gebildeten Um- und Nebenwege.

Das Werk Gottes, die Welt, ist also als Schöpfung den sich in allem gleichbleibenden und vollkommenen göttlichen Gesetzen unterworfen, auch daraus entstanden, und somit begrenzt.

Der Künstler ist zum Beispiel auch in seinem Werke, geht in diesem auf und steht doch persönlich neben ihm. Das Werk ist begrenzt und vergänglich, das Können des Künstlers deshalb noch nicht. Der Künstler, also der Schöpfer des Werkes, kann sein Werk vernichten, in dem sein Wollen liegt, ohne daß er selbst davon berührt wird. Er wird trotzdem immer noch der Künstler bleiben.

Wir erkennen und finden den Künstler in seinem Werke, und er wird uns vertraut, ohne daß wir ihn persönlich gesehen zu haben brauchen. Wir haben seine Werke, sein Wollen liegt darin und wirkt auf uns, er tritt uns darin entgegen und kann doch selbst weit von uns für sich leben.

Der selbstschöpferische Künstler und sein Werk geben einen matten Abglanz wieder von dem Verhältnisse der Schöpfung zu dem Schöpfer.

Ewig und ohne Ende, also unendlich, ist nur der *Kreislauf* der Schöpfung in dem dauernden Werden, Vergehen und sich wieder Neubilden.

In diesem Geschehen erfüllen sich auch alle Offenbarungen und Verheißungen. Zuletzt wird sich darin für die Erde auch das »Jüngste Gericht« erfüllen!

Das jüngste, das heißt, das *letzte* Gericht kommt einmal für *jeden* stofflichen Weltenkörper, aber es geschieht nicht gleichzeitig in der ganzen Schöpfung.

Es ist ein notwendiger Vorgang in jenem jeweiligen Teile der Schöpfung, der in seinem Kreislaufe den Punkt erreicht, an dem seine Auflösung beginnen muß, um auf dem weiteren Wege wieder neu sich bilden zu können.

Mit diesem ewigen Kreislaufe ist nicht der Lauf der Erde und anderer Sterne um ihre Sonnen gemeint, sondern der große, gewaltigere Kreis, den wiederum alle Sonnensysteme gehen müssen, während sie in sich besonders noch ihre eigenen Bewegungen ausführen.

Der Punkt, an dem die Auflösung eines jeden Weltenkörpers zu beginnen hat, ist genau festgesetzt, auch wieder auf Grund der Folgerichtigkeit natürlicher Gesetze. Ein ganz bestimmter Platz, an dem der Vorgang der Zersetzung sich entwickeln *muß,* unabhängig von dem Zustande des betreffenden Weltenkörpers und seiner Bewohner.

Unaufhaltsam treibt der Kreislauf jeden Weltenkörper darauf zu, ohne Aufschub wird die Stunde des Zerfallens sich erfüllen, das wie bei allem in der Schöpfung in Wirklichkeit nur eine Wandlung, die Gelegenheit zu einer Fortentwicklung bedeutet. Dann ist die Stunde des »Entweder- Oder« da für jeden Menschen. Entweder er wird hochgehoben dem Lichte zu, wenn er dem Geistigen zustrebt, oder er bleibt an die Stofflichkeit gekettet, an der er hängt, wenn er aus Überzeugung nur Materielles für Wertvolles erklärt.

In solchem Falle kann er sich in der gesetzmäßigen Folge seines eigenen Wollens nicht von der Stofflichkeit erheben und wird mit ihr dann auf der letzten Strecke Weges in die Auflösung gezogen. Das ist dann der geistige Tod! Gleichbedeutend mit dem Auslöschen aus dem Buche des Lebens.

Dieser an sich ganz natürliche Vorgang wird auch mit der ewigen

Verdammnis bezeichnet, weil der so in die Zersetzung mit Hineingezogene »aufhören muß, persönlich zu sein.« Das Furchtbarste, was den Menschen treffen kann. Er gilt als »verworfener Stein«, der zu einem geistigen Bau nicht zu gebrauchen ist und deshalb zermahlen werden muß.

Diese auch auf Grund ganz natürlicher Vorgänge und Gesetze erfolgende Scheidung des Geistes von der Materie ist das sogenannte »Jüngste Gericht«, das mit großen Umwälzungen und Wandlungen verbunden ist.

Daß diese Auflösung nicht an *einem* Erdentage erfolgt, ist wohl für jeden leicht verständlich; denn in dem Weltgeschehen sind tausend Jahre wie ein Tag.

Aber wir sind mitten in dem Anfange dieses Zeitabschnittes. Die Erde kommt jetzt an den Punkt, an dem sie abweicht von der bisherigen Bahn, was sich auch grobstofflich sehr fühlbar machen muß. Dann setzt die Scheidung unter allen Menschen schärfer ein, die in der letzten Zeit schon vorbereitet wurde, sich aber bisher nur in »Meinungen und Überzeugungen« kundgab.

Jede Stunde eines Erdenseins ist deshalb kostbar, mehr als je. Wer ernsthaft sucht und lernen will, der reiße sich mit aller Anstrengung heraus aus niederen Gedanken, die ihn an das Irdische ketten müssen. Er läuft sonst Gefahr, an der Stofflichkeit hängen zu bleiben und mit ihr der vollständigen Auflösung entgegengezogen zu werden.

Nach dem Lichte Strebende aber werden von der Stofflichkeit nach und nach gelockert und zuletzt emporgehoben zu der Heimat alles Geistigen.

Dann ist die Spaltung zwischen Licht und Dunkel endgiltig vollbracht und das Gericht erfüllt.

»Die Welt«, also die ganze Schöpfung, geht dabei nicht zugrunde, sondern die Weltenkörper werden erst dann in den Auflösungsprozeß hineingezogen, sobald ihr Lauf den Punkt erreicht, an dem die Auflösung und damit auch die vorherige Scheidung einzusetzen hat.

Die Vollziehung bricht hervor durch naturgemäße Auswirkung der

## 13. DIE WELT

göttlichen Gesetze, die von Urbeginn der Schöpfung an in ihr ruhten, die die Schöpfung selbst bewirkten und auch heute und in Zukunft unentwegt den Willen des Schöpfers tragen. In ewigem Kreislaufe ist es ein dauerndes Erschaffen, Säen, Reifen, Ernten und Zergehen, um in dem Wechsel der Verbindung frisch gestärkt wieder andere Formen anzunehmen, die einem nächsten Kreislaufe entgegeneilen.

Bei diesem Kreislaufe der Schöpfung kann man sich einen Riesentrichter oder eine Riesenhöhle vorstellen, aus der im unaufhaltsamen Strome dauernd Ursamen herausquillt, der in kreisenden Bewegungen neuer Bindung und Entwicklung zustrebt. Genau so, wie es die Wissenschaft schon kennt und richtig aufgezeichnet hat.

Dichte Nebel formen sich durch Reibung und Zusammenschluß, aus diesen wieder Weltenkörper, die sich durch unverrückbare Gesetze in sicherer Folgerichtigkeit zu Sonnensystemen gruppieren und, in sich selbst kreisend, geschlossen dem großen Kreislaufe folgen müssen, der der ewige ist.

Wie in dem dem irdischen Auge sichtbaren Geschehen aus dem Samen die Entwicklung, das Formen, die Reife und Ernte oder der Verfall folgt, was ein Verwandeln, ein Zersetzen zur weiteren Entwicklung nach sich zieht, bei Pflanzen-, Tier- und Menschenkörpern, genau so ist es auch in dem großen Weltgeschehen. Die grobstofflich sichtbaren Weltenkörper, die eine weitaus größere feinstoffliche, also dem irdischen Auge nicht sichtbare Umgebung mit sich führen, sind demselben Geschehen in ihrem ewigen Umlauf unterworfen, weil dieselben Gesetze in ihnen tätig sind.

Das Bestehen des Ursamens vermag selbst der fanatischste Zweifler nicht abzuleugnen, und doch kann er von keinem irdischen Auge geschaut werden, weil er andersstofflich ist, »jenseitig«. Nennen wir es ruhig wieder feinstofflich.

Es ist auch nicht schwer zu verstehen, daß naturgemäß die sich *zuerst* davon bildende Welt ebenso feinstofflich und mit den irdischen Augen nicht erkennbar ist. Erst der dann *später* sich daraus weiter ergebende *gröbste* Niederschlag formt, abhängig von der feinstofflichen Welt, nach und nach die grobstoffliche Welt mit ihren grobstofflichen Körpern, und *das erst* ist aus den kleinsten Anfängen heraus mit den irdischen Augen und allen dazukommenden grobstofflichen Hilfsmitteln zu beobachten.

Nicht anders ist es mit der Umhüllung des eigentlichen Menschen in seiner geistigen Art, auf den selbst ich noch zu sprechen komme. Bei seinen Wanderungen durch die verschiedenartigen Welten muß sein Gewand, Mantel, Schale, Körper oder Werkzeug, gleichviel, wie man die Umhüllung nennen will, stets von der gleichen Stoffart der jeweiligen Umgebung werden, in die er tritt, um sich deren als Schutz und als notwendiges Hilfsmittel zu bedienen, wenn er die Möglichkeit haben will, sich *direkt* wirksam darin zu betätigen.

Da nun die grobstoffliche Welt abhängig von der feinstofflichen Welt ist, folgt daraus auch das Rückwirken alles Geschehens in der grobstofflichen Welt nach der feinstofflichen Welt.

Diese große feinstoffliche Umgebung ist aus dem Ursamen mit erschaffen worden, läuft den ewigen Kreislauf mit und wird zuletzt auch mit in die Rückseite des schon erwähnten Riesentrichters saugend getrieben, wo die Zersetzung vor sich geht, um an der anderen Seite als Ursamen wieder zu neuem Kreislaufe ausgestoßen zu werden.

Wie bei der Tätigkeit des Herzens und des Blutumlaufes, so ist der Trichter wie das Herz der stofflichen Schöpfung. Der Zersetzungsprozeß trifft also die gesamte Schöpfung, auch den feinstofflichen Teil, da *alles* Stoffliche sich wieder in Ursamen auflöst, um sich neu zu bilden. Nirgends ist eine Willkür dabei zu finden, sondern alles entwickelt sich aus selbstverständlicher Folgerichtigkeit der Urgesetze, die einen anderen Weg nicht zulassen.

An einem gewissen Punkte des großen Kreislaufes kommt daher für alles Erschaffene, grob- oder feinstofflich, der Augenblick, wo der Zersetzungsprozeß aus dem Erschaffenen heraus sich selbständig vorbereitet und zuletzt hervorbricht.

Diese feinstoffliche Welt nun ist der Durchgangsaufenthalt irdisch Abgeschiedener, das sogenannte Jenseits. Es ist innig mit der grobstofflichen Welt verbunden, die zu ihr gehört, eins mit ihr ist. In dem Augenblick des Abscheidens tritt der Mensch mit seinem feinstofflichen Körper, den er mit dem grobstofflichen Körper trägt, in die gleichartig feinstoffliche Umgebung der grobstofflichen Welt, während er den grobstofflichen Körper auf dieser zurückläßt.

Diese feinstoffliche Welt nun, das Jenseits, zur Schöpfung gehörend, ist den gleichen Gesetzen der dauernden Entwicklung und des Zersetzens unterworfen. Mit dem Einsetzen des Zerfalles erfolgt nun ebenfalls wieder auf ganz natürlichem Wege eine Scheidung des Geistigen von dem Stofflichen. Je nach dem geistigen Zustande des Menschen in der grobstofflichen wie auch in der feinstofflichen Welt muß sich der geistige Mensch, das eigentliche »Ich«, entweder nach oben zu bewegen oder an die Stofflichkeit gekettet bleiben.

Der ernste Drang nach Wahrheit und Licht wird jeden durch seine damit verbundene Veränderung geistig reiner und damit lichter machen, so daß dieser Umstand ihn naturgemäß von der dichten Stofflichkeit mehr und mehr lockern und seiner Reinheit und Leichtigkeit entsprechend in die Höhe treiben muß.

Der aber nur an die Stofflichkeit Glaubende hält sich selbst durch seine Überzeugung an die Stofflichkeit gebunden und bleibt daran gekettet, wodurch er nicht aufwärts getrieben werden kann. Durch selbstgewollten Entschluß jedes einzelnen erfolgt deshalb eine Scheidung zwischen den nach dem Lichte Strebenden und den dem Dunkel Verbundenen, nach den bestehenden natürlichen Gesetzen der geistigen Schwere.

Es wird somit klar, daß es auch für die Entwicklungsmöglichkeit irdisch Abgeschiedener in dem Läuterungsprozesse des sogenannten Jenseits einmal ein *wirkliches Ende* gibt. Eine letzte Entscheidung! Die Menschen in beiden Welten sind entweder so weit veredelt, daß sie emporgehoben werden können zu den Gebieten des Lichtes, oder sie bleiben in ihrer niederen Art nach eigenem Wollen gebunden und werden dadurch zuletzt hinabgestürzt in die »ewige Verdammnis«, das heißt, sie werden mit der Stofflichkeit, von der sie nicht los können, der Zersetzung entgegengerissen, erleiden die Zersetzung selbst schmerzhaft mit und hören damit auf, persönlich zu sein.

Sie werden wie Spreu im Winde zerflattern, zerstäubt und damit aus dem goldenen Buche des Lebens gestrichen!

Dieses sogenannte »Jüngste Gericht«, das heißt: das letzte Gericht, ist also ebenfalls ein Vorgang, der sich in Auswirkung der die Schöpfung tragenden Gesetze auf ganz natürliche Weise vollzieht, derart, daß es nicht anders kommen könnte. Der Mensch erhält auch hierbei immer nur die Früchte dessen, was er selbst gewollt hat, was er also durch seine Überzeugung herbeiführt.

Das Wissen, daß alles in der Schöpfung Vorsichgehende in strengster Folgerichtigkeit sich selbst auswirkt, der Leitfaden für der Menschen Schicksale immer nur von diesen selbst gegeben wird durch ihr Wünschen und Wollen, daß der Schöpfer nicht beobachtend eingreift, um zu lohnen oder zu strafen, verkleinert die Größe des Schöpfers nicht, sondern kann nur Anlaß dazu geben, ihn noch weit erhabener zu denken.

Die Größe liegt in der *Vollkommenheit* seines Werkes, und diese zwingt zu ehrfurchtsvollem Aufblick, da die größte Liebe und unbestechlichste Gerechtigkeit in dem gewaltigsten wie in dem kleinsten Geschehen ohne Unterschied liegen muß.

Groß ist auch der Mensch, als solcher in die Schöpfung hineingestellt, als Herr seines eigenen Schicksales! Er vermag sich durch seinen Willen herauszuheben aus dem Werke, dabei zu dessen höherer Entfaltung beizutragen; oder aber es herabzuzerren und sich darin zu verstricken, so daß er nicht mehr loskommt und mit ihm der Auflösung entgegengeht, sei es nun in der grobstofflichen oder in der feinstofflichen Welt.

Darum ringt Euch frei von allen Banden niederen Gefühls; denn es ist hohe Zeit! Die Stunde naht, wo die Frist dazu abgelaufen ist! Erweckt in Euch das Sehnen nach dem Reinen, Wahren, Edlen! –

Weit über dem ewigen Kreislaufe der Schöpfung schwebt wie eine Krone in der Mitte eine »Blaue Insel«, die Gefilde der Seligen, der gereinigten Geister, die schon in den Gebieten des Lichtes weilen dürfen! Diese Insel ist von der Welt getrennt. Sie macht den Kreislauf deshalb

## 13. DIE WELT

auch nicht mit, sondern bildet trotz ihrer Höhe über der kreisenden Schöpfung den Halt und den Mittelpunkt der ausgehenden geistigen Kräfte. Es ist das Eiland, das auf seiner Höhe die viel gerühmte Stadt der goldenen Gassen trägt. Hier ist nichts mehr der Veränderung unterworfen. Kein »Jüngstes Gericht« mehr zu befürchten. Die dort weilen können, sind in der »Heimat«.

Als Letztes aber auf dieser Blauen Insel, als Höchstes, steht, unnahbar den Schritten Unberufener, die... Gralsburg, die in Dichtungen so viel genannt!

Sagenumwoben, als Sehnsucht Ungezählter, steht sie dort im Lichte der größten Herrlichkeit und birgt das heilige Gefäß der reinen Liebe des Allmächtigen, den Gral!

Als Hüter sind der Geister Reinste bestellt. Sie sind Träger der göttlichen Liebe in ihrer reinsten Form, die wesentlich anders aussieht, als sie von den Menschen auf Erden gedacht ist, trotzdem diese sie täglich und stündlich erleben.

Durch Offenbarungen kam die Kunde von der Burg in vielen Staffeln den weiten Weg herab von der Blauen Insel durch die feinstoffliche Welt, bis sie zuletzt in vertiefter Eingebung durch einige Dichter auch unter die Menschen der grobstofflichen Erde drang. Von Stufe zu Stufe weiter abwärts gegeben, erlitt dabei das Wahre auch ungewollt verschiedene Entstellungen, so daß die letzte Wiedergabe nur ein mehrfach getrübter Abglanz bleiben konnte, der zu vielen Irrungen Anlaß wurde.

Steigt nun aus einem Teil der großen Schöpfung in arger Bedrängnis Leid und heißes Flehen zu dem Schöpfer auf, so wird ein Diener des Gefäßes ausgesandt, um als ein Träger dieser Liebe helfend einzugreifen in die geistige Not. Was nur als Sage und Legende in dem Schöpfungswerke schwebt, tritt dann lebendig in die Schöpfung ein!

Solche Sendungen geschehen aber nicht oft. Jedesmal sind sie begleitet von einschneidenden Veränderungen, großen Umwälzungen. Die so Gesandten bringen Licht und Wahrheit den Verirrten, Frieden den Verzweifelnden, reichen mit ihrer Botschaft allen Suchenden die Hand, um ihnen neuen Mut und neue Kraft zu bieten und sie durch alle Dunkelheit hinaufzuführen zu dem Licht.

Sie kommen nur für die, die Hilfe aus dem Licht ersehnen, nicht aber für die Spötter und Selbstgerechten.

## DER STERN VON BETHLEHEM

Licht soll nun werden hier auf Erden, wie es einstens hätte sein sollen, als der Stern der Verheißung über einem Stall zu Bethlehem erstrahlte.

Aber das Licht wurde damals von wenigen nur aufgenommen, deren Hörer es nach Erdenmenschenart sehr bald verbogen und entstellten, Vergessenes durch eigenes Gedachtes zu ersetzen suchten und dadurch nur ein Durcheinander schufen, das als Wahrheit unantastbar heute gelten soll.

Aus Angst, daß alles stürzt, wenn nur der kleinste Pfeiler sich als unecht zeigt, wird jeder Lichtstrahl, der Erkenntnis bringen kann, bekämpft, besudelt und, wo es nicht anders geht, wenigstens lächerlich gemacht mit einer Bosheit, einer Tücke, welche klarem Denken deutlich zeigt, daß sie der Furcht entspringt! Doch klares Denken ist auf Erden selten nur zu finden.

Trotzdem *muß* das Licht wahrer Erkenntnis endlich über alle Menschheit kommen!

Die Zeit ist da, wo alles Ungesunde, das das Menschenhirn erfand, hinweggefegt wird aus der Schöpfung, damit es ferner nicht mehr niederhalte die Erleuchtung, daß die Wahrheit *anders* aussieht als die haltlosen Gebilde, welche prahlerischer Dünkel und Geschäftssinn, kranke Einbildung und Heuchelei aus schwülem Sumpfe niedriger Beschränktheiten im Drang nach Erdenmacht und irdischer Bewunderung erschufen.

Fluch denen nun, welche durch Irreführung Millionen Menschen derartig versklavten, daß sie heute nicht mehr wagen, ihre Augen aufzutun dem Licht, sondern blind darauflos schmähen, sobald etwas an ihre Ohren dringt, was anders klingt, als sie es bisher hörten, anstatt endlich aufzuhorchen und in sich einmal zu prüfen, ob das Neue nicht ihrem Verstehen näher kommt als das bisher Gelernte.

Die Ohren sind verstopft und ängstlich wird darauf gesehen, daß kein frischer Luftzug in sie kommt, tatsächlich nur aus Faulheit und aus Angst, daß diese frische Luft in der damit verbundenen Gesundung *Geistesregsamkeit* bedingt, die Selbstbemühung fordert und erzwingt. Im Gegensatz zu dem jetzigen anscheinend bequemen Geistesdämmern, das den dumpfen Dauerschlaf zur Folge hat und damit nur der Schlauheit des verbogenen, verdorbenen Verstandes freie Hand gewährt!

Aber es nützet nichts, daß Ihr die Ohren für das neue Wort verstopft, die Augen schließt, damit das Licht nicht blende und Euch nicht erschrecke! *Gewaltsam* werdet Ihr nun aufgescheucht aus dieser traurigen Betäubung! Frierend sollt Ihr vor dem kalten Lichte stehen, das Euch unbarmherzig aller falschen Einhüllung entblößt. Frierend, weil Euer Geistesfunke *in Euch* nicht mehr zu entzünden geht, um wärmend sich von innen heraus mit dem Lichte zu vereinen.

Es ist ja gar so *leicht* für Euch, *Unglaubliches zu glauben;* denn dabei braucht Ihr Euch nicht mühen, selbst zu denken und zu prüfen. Gerade weil es keiner Prüfung nach den göttlichen Naturgesetzen standzuhalten fähig ist, *müßt* Ihr nur einfach glauben, ohne nach dem Wie oder Warum zu fragen, müßt *blindlings* glauben, und das dünkt Euch *groß!* Ihr, die Ihr Euch in dieser so bequemen Art besonders gläubig wähnt, erhebt Euch darin einfach über allen Zweifel und... fühlt Euch wohl, geborgen, edel, fromm und seligwerdenmüssend!

Ihr aber habt Euch damit nicht erhoben über allen Zweifel, sondern seid nur feig daran vorbeigegangen! Ihr wart zu geistesträg, um selbst etwas dabei zu tun, und zogt den blinden Glauben einem Wissen vom natürlichen Geschehen im Gesetz des Gotteswillens vor. Und dazu halfen Euch Erdichtungen aus Menschenhirn. Denn je unmöglicher es ist, unfaßbarer, an das Ihr glauben sollt, desto bequemer wird es auch, in Buchstäblichkeit *blind* daran zu glauben, weil es in solchen Dingen gar nicht anders geht. Da *muß* das Wissen und die Überzeugung ausgeschaltet werden.

Unmögliches allein verlangt den blinden, rückhaltlosen Glauben; denn jede Möglichkeit regt sofort eignes Denken an. Wo Wahrheit ist, die stets Natürlichkeit und Folgerichtigkeiten zeigt, dort setzt das Denken und das Nachempfinden auch selbsttätig ein. Es hört nur dort auf, wo es nichts Natürliches mehr findet, wo also Wahrheit nicht vorhanden ist. Und *nur* durch Nachempfinden kann etwas zur Überzeugung werden, die allein dem Menschengeiste Werte bringt!

So schließt sich nun mit allem auch der Ring, der einsetzt mit der Weihenacht in Bethlehem! Und dieser Ringschluß muß das Unrichtige in den Überlieferungen ausschleudern, dafür die Wahrheit zu dem Siege bringen. Das Dunkel, das die Menschheit schuf, wird durch das eindringende Licht zerstreut!

Alle Legenden, welche um das Leben Jesu mit der Zeit gewoben wurden, müssen fallen, damit es endlich rein hervortritt, gottgesetzlich, so, wie es in dieser Schöpfung anders gar nicht möglich war. Ihr habt bisher mit Euren selbstgeschaffnen Kulten die Vollkommenheit des Schöpfers, Eures Gottes, leichtgläubig frevelhaft verleugnet.

Gewollt, bewußt stellt Ihr ihn darin als in seinem Willen unvollkommen dar! Ich sprach darüber schon, und Ihr mögt Euch drehen, wenden, wie Ihr wollt, nicht *eine* Ausflucht kann Euch davor schützen, daß Ihr zu träge waret, selbst dabei zu denken. Ihr ehrt Gott nicht damit, wenn Ihr an Dinge blindlings glaubt, die sich mit Schöpfungsurgesetzen nicht vereinen lassen! Im Gegenteil, wenn Ihr an die Vollkommenheit des Schöpfers glaubt, so müßt Ihr wissen, daß nichts in der Schöpfung hier geschehen kann, was nicht genau der Folgerung in den festliegenden Gesetzen Gottes auch entspricht. Darin allein könnt Ihr ihn wirklich ehren.

Wer anders denkt, zweifelt damit an der *Vollkommenheit* des Schöpfers, seines Gottes! Denn wo Veränderungen oder noch Verbesserungen möglich sind, dort ist und war keine Vollkommenheit vorhanden! Entwickelung ist etwas anderes. Diese ist vorgesehen und gewollt in dieser

Schöpfung. Aber sie muß sich unbedingt *als Folgerung* ergeben der Wirkung schon bestehender Gesetze. Das alles aber kann nicht solche Dinge bringen, wie sie bei vielen Gläubigen namentlich im Leben Christi als ganz selbstverständlich angenommen werden!

Wacht endlich auf aus Euren Träumen, werdet in Euch *wahr!* Es sei Euch noch einmal gesagt, daß es unmöglich ist nach den Gesetzen in der Schöpfung, daß Erdenmenschenkörper je geboren werden können ohne vorherige grobstoffliche Zeugung, ebenso unmöglich, daß ein grobstofflicher Körper aufgehoben wird ins feinstoffliche Reich nach seinem Erdentode, noch weniger ins wesenhafte oder gar das geistige! Und da Jesus auf Erden hier geboren werden mußte, unterlag dieses Geschehen auch dem grobstofflichen Gottgesetz der vorherigen Zeugung.

Gott müßte gegen seine eigenen Gesetze handeln, wäre es mit Christus so geschehen, wie es die Überlieferungen melden. Das aber kann er nicht, da er *vollkommen ist von Anfang an* und damit auch sein Wille, welcher in den Schöpfungsgesetzen liegt. Wer anders noch zu denken wagt, der zweifelt an dieser Vollkommenheit und somit auch zuletzt an Gott! Denn Gott ohne Vollkommenheit wäre nicht Gott. Da gibt es keine Ausrede! An dieser einfachen Gewißheit kann ein Menschengeist nicht deuteln, auch wenn damit die Grundfesten so mancher bisherigen Anschauungen nun erschüttert werden müssen. Hier gibt es nur Entweder-Oder. Ganz oder gar nicht. Eine Brücke läßt sich da nicht bauen, weil etwas Halbes, Unfertiges in der Gottheit nicht sein kann! Auch nicht in dem, was sich mit Gott befaßt!

Jesus wurde *grobstofflich* gezeugt, sonst wäre eine irdische Geburt nicht möglich gewesen.

Von einigen nur wurde damals der Stern als Erfüllung der Verheißungen erkannt. So von Maria selbst und von Josef, der erschüttert sein Gesicht verbarg.

Drei Könige fanden den Weg zum Stall und gaben irdische Geschenke; doch dann ließen sie das Kind schutzlos zurück, dem sie den Weg auf Erden ebnen sollten mit ihren Schätzen, ihrer Macht, daß ihm kein Leid geschehe in Erfüllung seiner Aufgabe. Sie hatten ihren hohen Ruf nicht voll erkannt, trotzdem ihnen Erleuchtung wurde, daß sie das Kind finden konnten.

Unruhe trieb Maria fort von Nazareth, und Josef, der ihr stilles Leiden, ihre Sehnsucht sah, erfüllte ihren Wunsch, nur um sie froh zu machen. Er übergab die Leitung seiner Zimmerei dem Ältesten seiner Gehilfen und reiste mit Maria und dem Kinde in ein fernes Land. Im Alltage der Arbeit und täglicher Sorgen verblaßte langsam die Erinnerung an den Strahlenden Stern bei beiden, namentlich da Jesus nichts Auffallendes in den Jugendjahren zeigte, sondern wie alle Kinder ganz natürlich war.

Erst als Josef, der Jesus stets der beste väterliche Freund gewesen war, nach seiner Rückkehr in die Heimatstadt zum Sterben kam, sah er bei dem Hinübergehen in den letzten Erdenaugenblicken über Jesus, der allein an seinem Sterbelager stand, das Kreuz und die Taube. Erschauernd waren seine letzten Worte: »Also bist Du es doch!«

Jesus selbst wußte nichts davon, bis es ihn zu Johannes trieb, von dem er hörte, daß er an dem Jordan weise Lehren kündete und taufte.

In dieser grobstofflichen Handlung einer Taufe wurde der Beginn der Sendung in der Grobstofflichkeit fest verankert. Die Binde fiel. Jesus war sich selbst von diesem Augenblicke an bewußt, daß er das Wort des Vaters in die Erdenmenschheit tragen sollte.

Sein ganzes Leben wird sich aufrollen vor Euch, so, wie es wirklich war, entkleidet aller Phantasien menschlicher Gehirne! Mit dem Ringschluß des Geschehens wird es im Gerichte allen kund im Sieg der Wahrheit, die nicht mehr verdüstert werden darf für lange Zeit!

Maria kämpfte in sich mit den Zweifeln, die verstärkt wurden durch mütterliche Sorgen um den Sohn bis zu dem schweren Gang nach Golgatha. Rein menschlich und nicht überirdisch. Erst dort wurde ihr zuletzt noch Erkenntnis über seine Sendung und damit der Glaube.

Doch jetzt zur Wiederkehr des Sternes soll durch Gottes Gnade nun gelöst sein aller Irrtum und gelöst auch alle Fehler derer, welche nicht in Starrsinn, nicht in üblem Wollen damals Christi Weg erschwerten und nun bei dem Ringschluß zur Erkenntnis kommen, gutzumachen suchen, was sie unterlassen haben oder fehlten.

In dem Gutmachenwollen steigt für sie mit dem Strahlenden Sterne die Erlösung auf. Befreit können sie Dank jubeln Dem, Der in Weisheit und in Güte die Gesetze schuf, an denen sich die Kreaturen richten und auch lösen müssen.

# DER KAMPF

Von einem scharfen Gegenüberstehen zweier Weltanschauungen konnte bisher noch keine Rede sein. Kampf ist also ein schlecht gewählter Ausdruck für das eigentliche Geschehen zwischen den Verstandesmenschen und den ernsten Wahrheitssuchern.

Alles, was bisher erfolgte, bestand in einseitigen Angriffen der Verstandesmenschen, die für jeden ruhigen Beobachter auffallend unbegründet und oft lächerlich erscheinen müssen. Gegen alle, die sich rein geistig höher zu entwickeln suchen, liegt Verhöhnung, Anfeindung und sogar Verfolgung ernstester Art bereit, auch wenn sie stille Zurückhaltung bewahren. Es gibt immer einige, die versuchen, solche Aufwärtsstrebende mit Spott oder Gewalt zurückzureißen und herabzuzerren in das stumpfe Dahindämmern oder die Heuchelei der Massen.

Viele mußten dabei zu tatsächlichen Märtyrern werden, weil nicht nur die große Menge, sondern damit auch die irdische Gewalt, auf der Seite der Verstandesmenschen lag. Was diese geben können, liegt schon deutlich in dem Worte »Verstand«. Das ist: verengte Begrenzung des Begriffsvermögens auf das rein Irdische, also den winzigsten Teil des eigentlichen Seins.

Daß dies nichts Vollendetes, überhaupt nichts Gutes bringen kann für eine Menschheit, deren Sein sich hauptsächlich durch Teile zieht, die sich die Verstandesmenschen selbst verschlossen, ist leicht verständlich. Namentlich, wenn man dabei in Betracht zieht, daß gerade ein winziges Erdenleben ein bedeutsamer Wendepunkt für das ganze Sein werden soll und einschneidende Eingriffe in die den Verstandesmenschen völlig unbegreiflichen anderen Teile nach sich zieht.

## 15. DER KAMPF

Die Verantwortung der an sich schon tief gesunkenen Verstandesmenschen wächst dadurch in das Ungeheuere; sie wird als wuchtiger Druck dazu beitragen, sie dem Ziele ihrer Wahl schneller und schneller entgegenzupressen, damit sie endlich die Früchte dessen genießen müssen, dem sie mit Zähigkeit und Anmaßung das Wort geredet haben.

Unter Verstandesmenschen sind diejenigen zu verstehen, die sich bedingungslos ihrem eigenen Verstande unterwarfen. Diese glaubten sonderbarerweise seit Jahrtausenden ein unbedingtes Recht darauf zu haben, ihre beschränkten Überzeugungen durch Gesetz und Gewalt auch denen aufzwingen zu dürfen, die anderer Überzeugung leben wollten. Diese vollkommen unlogische Anmaßung liegt wiederum nur in dem engen Begriffsvermögen der Verstandesmenschen, das sich nicht höher aufzuschwingen vermag. Gerade die Begrenzung bringt ihnen einen sogenannten Höhepunkt des Begreifens, wodurch solche Überhebungen in der Einbildung entstehen müssen, weil sie glauben, wirklich auf der letzten Höhe zu stehen. Für sie selbst ist es auch so, da dann die Grenze kommt, die sie nicht überschreiten können.

Ihre Angriffe gegen die Wahrheitssucher zeigen aber in der so oft unverständlichen Gehässigkeit bei näherer Betrachtung deutlich die hinter ihnen geschwungene Peitsche des Dunkels. Selten ist bei diesen Anfeindungen ein Zug ehrlichen Wollens zu finden, das die oft unerhörte Art und Weise des Vorgehens einigermaßen entschuldigen könnte. In den meisten Fällen ist es ein blindes Drauflosstwüten, das jeder wirklichen Logik entbehrt. Man sehe sich die Angriffe einmal ruhig an. Wie selten ist ein Artikel dabei, dessen Inhalt den Versuch zeigt, wirklich *sachlich* auf die Reden oder Aufsätze eines Wahrheitssuchers einzugehen.

Ganz auffallend macht sich die gehaltlose Minderwertigkeit der Angriffe gerade immer darin bemerkbar, daß diese *niemals rein sachlich* gehalten sind! Immer sind es versteckte oder offene Beschmutzungen der *Person* des Wahrheitssuchers. *Das macht nur jemand, der sachlich nichts zu entgegnen vermag.* Ein Wahrheitssucher oder Wahrheitsbringer gibt doch nicht sich *persönlich,* sondern er bringt das, was er *sagt.*

Das Wort muß geprüft werden, nicht die *Person!* Daß man stets erst

## 15. DER KAMPF

die Person zu beleuchten sucht und dann erwägt, ob man auf ihre Worte hören kann, ist eine Gepflogenheit der Verstandesmenschen. Diese in ihrer engen Begrenzung des Begriffsvermögens *brauchen* solchen äußerlichen Halt, weil sie sich an Äußerlichkeiten klammern müssen, um nicht in Verwirrung zu kommen. Das ist ja gerade der hohle Bau, den sie errichten, der unzulänglich für die Menschen ist, ein großes Hindernis zum Vorwärtskommen.

Hätten sie innerlich festen Halt, so würden sie einfach Sache gegen Sache sprechen lassen und die Personen dabei ausschalten. Das vermögen sie jedoch nicht. Sie vermeiden es auch absichtlich, weil sie fühlen oder zum Teil wissen, daß sie bei einem geordneten Turnier schnell aus dem Sattel stürzen würden. Der oft benützte ironische Hinweis auf »Laienprediger« oder »Laienauslegung« zeigt etwas derartig lächerlich Anmaßendes, daß jeder ernste Mensch sofort empfindet: »Hier wird ein Schild gebraucht, um krampfhaft Hohlheit zu verbergen. Eigene Leere mit einem wohlfeilen Aushängeschild zu verdecken!«

Eine plumpe Strategie, die sich nicht lange halten kann. Sie hat den Zweck, Wahrheitsucher, die unbequem werden können, in den Augen der Mitmenschen von vornherein auf eine »untergeordnete« Stufe zu stellen, wenn nicht gar auf eine lächerliche oder doch mindestens in die Kategorie der »Pfuscher« zu bringen, damit sie nicht ernst genommen werden.

Mit solchem Vorgehen will man vermeiden, daß sich überhaupt jemand ernsthaft mit den Worten befaßt. Die Veranlassung zu diesem Vorgehen ist aber nicht die Sorge, daß Mitmenschen durch irrtümliche Lehren aufgehalten werden am inneren Aufstieg, sondern es ist eine unbestimmte Furcht, an Einfluß zu verlieren und dadurch gezwungen zu sein, selbst tiefer einzudringen als bisher und vieles verändern zu müssen, was bisher als unantastbar gelten sollte und bequem war.

Gerade dieser öftere Hinweis auf die »Laien«, dieses sonderbare Herabsehen auf solche, die durch ihre verstärkte, unbeeinflußtere Empfindung der Wahrheit viel näher stehen, die sich nicht durch starre Formen des Verstandes Mauern bauten, deckt eine Schwäche auf, deren Gefahren keinem Denkenden entgehen können. *Wer solchen Ansichten huldigt, ist von vornherein davon ausgeschlossen, ein unbeeinflußter Lehrer und Führer zu sein;* denn er steht damit von Gott und seinem Wirken viel weiter entfernt als jeder andere.

Das Wissen der Religionsentwicklungen mit all den Irrtümern und Fehlern bringt die Menschen ihrem Gotte nicht näher, ebensowenig die verstandesmäßige Auslegung der Bibel oder anderer wertvoller Niederschriften der verschiedenen Religionen.

Verstand ist und bleibt an Raum und Zeit gebunden, also erdgebunden, während die Gottheit und demnach auch das Erkennen Gottes und seines Willens über Raum und Zeit und über alles Vergängliche erhaben ist und deshalb niemals von dem eng begrenzten Verstande erfaßt werden kann.

Aus diesem einfachen Grunde ist der Verstand auch nicht dazu berufen, Aufklärung in Ewigkeitswerten zu bringen. Es würde sich ja widersprechen. Und wer deshalb in *diesen* Dingen auf Universitätsqualifikation pocht, auf unbeeinflußte Menschen herabsehen will, spricht damit selbst sein Unvermögen und seine Beschränkung aus. Denkende Menschen werden sofort die Einseitigkeit empfinden und die Vorsicht gegen den anwenden, der in solcher Art zur Vorsicht warnt!

Nur Berufene können wahre Lehrer sein. Berufene sind solche, welche die Befähigung in sich tragen. Diese Befähigungen aber fragen nicht nach Hochschulbildung, sondern nach den Schwingungen einer verfeinerten Empfindungsfähigkeit, die sich über Raum und Zeit, also über die Begriffsgrenze des irdischen Verstandes zu erheben vermag.

Außerdem wird jeder innerlich freie Mensch eine Sache oder Lehre immer darnach bewerten, *was* sie bringt, nicht *wer* sie bringt. Das letztere ist ein Armutszeugnis für den Prüfenden, wie es nicht größer sein kann. Gold ist Gold, ob es ein Fürst in der Hand hat oder ein Bettler.

Diese unumstößliche Tatsache aber sucht man gerade in den wertvollsten Dingen des geistigen Menschen hartnäckig zu übersehen und zu ändern. Selbstverständlich mit ebensowenig Erfolg wie bei dem Golde. Denn die, die wirklich ernsthaft suchen, lassen sich durch solche

## 15. DER KAMPF

Ablenkungen nicht beeinflussen, die Sache selbst zu prüfen. Die aber, die sich dadurch beeinflussen lassen, sind noch nicht reif zum Empfange der Wahrheit, für diese ist sie nicht.

Doch die Stunde ist nicht fern, in der nunmehr ein Kampf beginnen muß, der bisher fehlte. Die Einseitigkeit hört auf, es folgt ein scharfes Gegenübertreten, das jede falsche Anmaßung zerstört.

# MODERNE GEISTESWISSENSCHAFT

Moderne Geisteswissenschaft! Was sammelt sich alles unter dieser Flagge! Was findet sich dabei zusammen, und was bekämpft sich auch darunter! Ein Tummelplatz von ernstem Suchen, wenig Wissen, großen Plänen, Eitelkeit und Dummheit, vielfach auch leere Prahlerei und noch mehr skrupellosester Geschäftssinn. Aus dem Gewirr erblüht nicht selten Neid und grenzenloser Haß, der sich zuletzt in tückischer Rachsucht niedrigster Art auslöst.

Bei solchen Zuständen ist es natürlich nicht zu verwundern, wenn viele Menschen dem ganzen tollen Tun und Treiben aus dem Wege gehen, mit einer Scheu, als ob sie sich vergiften würden, wenn sie damit in Berührung kommen. Diese haben auch nicht so unrecht; denn zahllose Anhänger der Geisteswissenschaft zeigen in ihrem Gebaren wahrlich nichts Verlockendes, noch weniger Anziehendes, sondern alles an ihnen mahnt viel eher jeden anderen Menschen zu größter Vorsicht.

Sonderbar ist es, daß das ganze Gebiet der sogenannten Geisteswissenschaft, die oft von Übelwollenden oder Nichtwissenden mit *Geister*wissenschaft verwechselt wird, heute noch als eine Art *Freiland* gilt, worauf jedermann sein Wesen und Unwesen ungehindert, ja zügellos und ungestraft treiben darf.

Es *gilt* dafür. Doch die Erfahrungen haben bereits sehr oft gelehrt, daß es *nicht* so ist!

Zahllose Pioniere auf dem Gebiete, die leichtsinnig genug waren, mit nur eingebildetem Wissen forschend einige Schritte vorwärts zu wagen, wurden hilflose Opfer ihrer Fahrlässigkeit. Traurig dabei ist nur, daß alle diese Opfer fielen, ohne daß der Menschheit auch nur das Geringste damit gegeben werden konnte!

## 16. MODERNE GEISTESWISSENSCHAFT

Jeder dieser Fälle hätte ja nun eigentlich ein Beweis dafür sein sollen, daß der eingeschlagene Weg nicht der richtige ist, da er nur Schaden und sogar Verderben, aber keinen Segen bringt. Doch mit einer eigentümlichen Beharrlichkeit werden diese falschen Wege beibehalten, immer wieder neue Opfer gebracht; über jedes gefundene Stäubchen neu erkannter Selbstverständlichkeit in der gewaltigen Schöpfung wird großes Geschrei erhoben, und zahllose Abhandlungen werden geschrieben, die viele ernsthaft suchende Menschen abschrecken müssen, weil das unsichere Tasten darin deutlich fühlbar wird.

Das ganze bisherige Forschen ist in Wirklichkeit mehr eine gefährliche Spielerei zu nennen mit gutwollendem Hintergrunde.

Das als Freiland angesehene Gebiet der Geisteswissenschaft wird nie ungestraft betreten werden können, solange man nicht den *geistigen* Gesetzen in ihrem vollen Umfange *vorher* Rechnung zu tragen versteht. Jedes bewußte oder unbewußte Entgegenstellen, das heißt »Nichteinhalten« derselben, was gleichbedeutend mit Übertretung ist, muß in seiner unvermeidlichen Wechselwirkung den Kühnen, Frivolen oder Leichtsinnigen treffen, der sie nicht genau beachtet oder zu beachten vermag.

Das Unirdische mit irdischen Mitteln und Möglichkeiten durchstreifen zu wollen, ist nicht anders, als wenn ein mit irdischen Gefahren noch nicht vertrautes, unentwickeltes Kind in einen Urwald gestellt und allein gelassen würde, wo nur ein dazu entsprechend ausgerüsteter Mensch in seiner Vollkraft mit aller Vorsicht Aussicht haben kann, unbeschädigt hindurchzukommen.

Den modernen Geisteswissenschaftlern in ihrer jetzigen Arbeitsweise geht es nicht anders, auch wenn sie es noch so ernst zu meinen wähnen und wirklich nur des Wissens halber vieles wagen, um den Menschen damit vorwärts zu helfen über eine Grenze, an der sie schon lange anklopfend harren.

Wie Kinder stehen diese Forscher heute noch davor, hilflos, tastend, die Gefahren nicht kennend, die ihnen jeden Augenblick entgegenströmen oder sich durch sie auf andere Menschen ergießen können, wenn ihre tappenden Versuche eine Bresche in den natürlichen Schutzwall wühlen oder eine Türe öffnen, die besser für viele verschlossen bleiben würde.

Leichtsinn kann das alles nur genannt werden, nicht Kühnheit, solange die also Vordringenwollenden nicht genau wissen, daß sie alle eventuellen Gefahren unbedingt sofort zu meistern vermögen, nicht nur für sich selbst, sondern auch für andere.

Am unverantwortlichsten handeln die »Forscher«, die sich mit Experimenten befassen. Auf das Verbrechen der Hypnose ist bereits mehrfach schon hingewiesen.*

Die nun in anderer Art noch experimentierenden Forscher begehen in den meisten Fällen den bedauerlichen Fehler, daß sie, selbst nichts wissend – denn sonst würden sie es sicherlich nicht tun –, andere sehr sensible oder mediale Menschen entweder in magnetischen oder gar hypnotischen Schlaf versetzen, um sie damit den körperlich unsichtbaren Einflüssen der »jenseitigen« Welt näherzubringen, in der Hoffnung, dadurch verschiedenes hören und beobachten zu können, was bei vollkommen tagbewußtem Zustande der betreffenden Versuchsperson nicht möglich sein würde.

In mindestens fünfundneunzig von hundert Fällen setzen sie damit solche Menschen großen Gefahren aus, denen diese noch nicht gewachsen sind; denn *jede Art* künstlicher Nachhilfe zur Vertiefung ist eine Bindung der Seele, durch die diese in eine Empfindsamkeit hineingedrängt wird, die weiter geht, als es ihre natürliche Entwicklung zulassen würde.

Die Folge ist, daß ein solches Opfer der Versuche plötzlich seelisch auf einem Gebiete steht, auf dem es seines natürlichen Schutzes durch die künstliche Nachhilfe beraubt ist oder für das es seinen natürlichen Schutz nicht hat, der nur durch *eigene,* innere gesunde Entwicklung entstehen kann.

Man muß sich einen solchen bedauernswerten Menschen bildlich so

---

* Vortrag: »Das Verbrechen der Hypnose«.

## 16. MODERNE GEISTESWISSENSCHAFT

vorstellen, als ob er entblößt an einen Pfahl gebunden steht, weit als Köder in gefährliches Gelände vorgeschoben, um das dort noch unbekannte Leben und Wirken auf sich zu ziehen, sogar auf sich wirken zu lassen, damit er darüber Bericht geben kann oder damit verschiedene Auswirkungen durch seine Mithilfe unter Hergabe bestimmter irdischer Substanzen aus seinem Körper auch anderen sichtbar werden.

Eine derartige Versuchsperson vermag zeitweise durch die Verbindung, die ihre vorgedrängte Seele mit dem irdischen Körper halten muß, alles Vorgehende wie durch ein Telephon zu berichten und dem Zuschauer zu übermitteln.

Wird aber dabei der also künstlich vorgeschobene Posten irgendwie angegriffen, so vermag er sich wegen Mangels des natürlichen Schutzes nicht zu wehren, er ist hilflos preisgegeben, weil er durch Mithilfe anderer nur künstlich in ein Gebiet hineingeschoben wurde, in das er seiner eigenen Entwicklung nach noch nicht oder überhaupt nicht gehört. Der sogenannte Forscher aber, der ihn aus Wissensdurst hineindrängte, kann ihm ebensowenig helfen, da er selbst dort, woher die Gefahr kommt, fremd und unerfahren ist und deshalb nichts zu irgendeinem Schutze zu tun vermag.

So kommt es, daß die Forscher zu Verbrechern werden, ohne es zu wollen und ohne von irdischer Gerechtigkeit dafür belangt werden zu können. Das schließt aber nicht aus, daß die *geistigen* Gesetze mit voller Schärfe ihre Wechselwirkung üben und den Forschenden an sein Opfer ketten.

So manche Versuchsperson erlitt feinstoffliche Angriffe, die sich mit der Zeit, oft auch schnell oder sofort grobstofflich-körperlich mit auswirken, so daß irdische Krankheit oder Tod folgt, womit aber der seelische Schaden noch nicht behoben wird.

Die sich Forscher nennenden Beobachter aber, die ihre Opfer in die unbekannten Gebiete drängen, stehen während solcher gefährlichen Experimente in den meisten Fällen in guter irdischer Deckung unter dem Schutze ihres Körpers und Tagbewußtseins.

Selten ist es, daß sie an den Gefahren der Versuchspersonen gleichzeitig mit teilnehmen, daß solche also auf sie sofort übergehen. Aber bei ihrem irdischen Tode dann, dem Übergange in die feinstoffliche Welt, *müssen* sie durch ihre Verkettung mit den Opfern auf jeden Fall dorthin, wohin diese eventuell gerissen wurden, um erst gemeinsam mit ihnen langsam wieder emporsteigen zu können.

Das künstliche Hinausdrängen einer Seele in ein anderes Gebiet muß nun nicht immer so verstanden werden, daß die Seele aus dem Körper austritt und davonschwebt bis zu einer anderen Region. In den *meisten* Fällen bleibt sie ruhig in dem Körper. Sie wird nur durch den magnetischen oder hypnotischen Schlaf unnatürlich empfindsam gemacht, so daß sie auf viel feinere Strömungen und Einflüsse reagiert, als es in ihrem natürlichen Zustande möglich wäre.

Selbstverständlich ist es, daß in diesem unnatürlichen Zustande die Vollkraft nicht vorhanden ist, die sie sonst haben würde, wenn sie aus innerer Entwicklung heraus selbst so weit gekommen wäre und dadurch auf diesem neuen, verfeinerten Boden fest und sicher stehen würde, allen Einwirkungen die gleiche Kraft entgegenbringend.

Aus diesem Mangel an gesunder Vollkraft kommt durch das Gekünstelte eine Ungleichheit, die Störungen nach sich ziehen muß. Die Folge davon ist unbedingte Trübung in allen Empfindungen, wodurch Entstellungen der Wirklichkeit entstehen.

Die Ursachen zu den falschen Berichten, zu den zahllosen Irrtümern geben immer nur wieder die Forscher selbst durch ihre schädigende Nachhilfe. Daher kommt es auch, daß in den vielen »erforschten« Dingen aus dem okkulten Gebiete, die schon vorliegen, so manches mit strenger Logik nicht übereinstimmen will. Es sind zahllose Irrtümer darin enthalten, die bisher noch nicht als solche erkannt werden konnten.

Bei diesen sichtbar falschen Wegen wird nun absolut nichts erreicht, was nur einigermaßen Nutzen oder Segen für die Menschen haben könnte.

Nützen kann den Menschen in Wirklichkeit nur etwas, das ihnen *aufwärts* hilft oder wenigstens einen Weg dazu zeigt. Aber das alles ist bei diesen Experimenten von vornherein und für immer vollkommen ausgeschlossen!

Durch künstliche Nachhilfe vermag ein Forscher manchmal aber doch schließlich irgendeinen sensiblen oder medialen Menschen aus dem irdisch-grobstofflichen Körper hinauszudrängen in die ihm zunächst befindliche feinstoffliche Welt, aber *nicht* um Haaresbreite *höher* als dorthin, wohin dieser seiner inneren Beschaffenheit entsprechend sowieso gehört. Im Gegenteil, durch künstliche Nachhilfe vermag er ihn nicht einmal dorthin zu bringen, sondern immer nur in die allem Irdischen nächste Umgebung.

Diese dem Irdischen allernächste Umgebung aber kann nur alles das Jenseitige bergen, was noch dicht erdgebunden ist, was durch seine Minderwertigkeit, Laster und Leidenschaft an die Erde gekettet bleibt.

Natürlich wird auch etwas weiter Fortgeschrittenes hier und da in dieser Umgebung sich vorübergehend aufhalten. Das ist aber nicht immer zu erwarten. Hohes kann sich aus rein naturgesetzlichen Gründen nicht dort befinden. Eher würde die Welt aus ihren Angeln gehen, oder... es müßte denn in einem Menschen ein Postament zur Verankerung des Lichtes vorhanden sein!

Daß dies aber in einer Versuchsperson oder einem derart tastenden Forscher zu suchen wäre, ist kaum anzunehmen. Also bleibt die Gefahr und die Zwecklosigkeit aller Experimente bestehen.

Sicher ist es auch, daß etwas wirklich Höheres *nicht* ohne die alles Gröbere reinigende Gegenwart eines weitentwickelten Menschen in die Nähe eines Mediums kommen kann, noch viel weniger durch dieses zu sprechen vermag. Materialisationen aus den *höheren* Kreisen kommen gleich gar nicht in Betracht, am allerwenigsten bei den beliebten neckischen Spielen mit Klopfen, Bewegen von Gegenständen usw. Die Kluft ist dazu viel zu groß, als daß sie ohne weiteres überbrückt werden könnte.

Alle diese Dinge können trotz eines Mediums nur von solchen Jenseitigen ausgeführt werden, die noch sehr dicht mit der Materie verbunden sind. Wenn es anders möglich wäre, also, daß Hohes sich so leicht mit der Menschheit in Verbindung setzen könnte, so hätte Christus ja gar nicht Mensch zu werden brauchen, sondern seine Mission auch ohne dieses Opfer erfüllen können*. Die Menschen von heute aber sind seelisch sicherlich nicht höher entwickelt als zu Jesu Erdenzeit, so daß nicht anzunehmen ist, daß eine Verbindung mit dem Lichte leichter herzustellen sei als damals.

Nun sagen die Geisteswissenschaftler allerdings, daß sie in erster Linie den Zweck verfolgen, jenseitiges Leben, namentlich das Fortleben nach dem irdischen Tode, festzustellen, und daß bei der jetzt allgemein herrschenden Skepsis sehr starke und grobe Geschütze dazu gehören, also *irdisch greifbare* Beweise, um in die Abwehrstellung der Gegner eine Bresche zu schlagen.

Diese Begründung entschuldigt jedoch nicht, daß Menschenseelen in so leichtfertiger Weise immer und immer wieder auf das Spiel gesetzt werden!

Außerdem liegt gar keine zwingende Notwendigkeit vor, böswillige Gegner unbedingt überzeugen zu wollen! Es ist doch bekannt, daß diese nicht zu glauben bereit sein würden, auch wenn ein Engel direkt vom Himmel käme, um ihnen die Wahrheit zu verkünden. Nach dessen Weggange würden sie eben behaupten, daß es eine Massenhalluzination gewesen sei, nicht aber ein Engel, oder sonst eine Ausrede gebrauchen. Und wenn irgend etwas oder jemand gebracht wird, das oder der irdisch bleibt, also nicht wieder verschwindet oder unsichtbar wird, so gibt es wieder andere Ausflüchte, gerade weil es den an ein Jenseits nicht Glaubenwollenden wiederum zu irdisch sein würde.

Sie würden nicht davor zurückschrecken, einen solchen Beweis als Betrug, einen Menschen aber als Phantasten, Fanatiker oder ebenfalls als Betrüger hinzustellen. Sei es nun zu irdisch oder unirdisch oder auch beides zusammen, etwas werden sie immer auszusetzen und zu bezweifeln haben. Und wenn sie sich gar nicht mehr anders zu helfen wissen, dann werfen sie mit Schmutz, gehen auch zu stärkeren Angriffen über und scheuen vor Gewalttätigkeiten nicht zurück.

* Vortrag: »Der Erlöser«.

## 16. MODERNE GEISTESWISSENSCHAFT

Um *diese* also zu überzeugen, dazu sind Opfer nicht angebracht! Noch weniger aber für viele der sogenannten Anhänger. Diese wähnen in einer sonderbaren Art von Hochmut, durch ihren in den meisten Fällen etwas unklaren und phantastischen Glauben an das Leben im Jenseits gewisse Forderungen daran stellen zu können, um ihrerseits etwas »sehen« oder »erleben« zu müssen. Sie erwarten von ihren Führern jenseitige Zeichen als Lohn für ihre Bravheit.

Geradezu lächerlich wirken dabei oft die selbstverständlichen Erwartungen, die sie mit sich herumtragen, sowie das vielwissende, gutmütig verzeihende Lächeln als Schau für ihr eigentliches Nichtwissen. Es ist Gift, diesen Massen auch noch Vorstellungen geben zu wollen; denn da sie so vieles zu wissen wähnen, gelten ihnen die Experimente nicht viel mehr als wohlverdiente Unterhaltungsstunden, bei denen Jenseitige die Varieté-Künstler abgeben sollen.

Sehen wir nun aber einmal von den großen Experimenten ab und betrachten wir uns die kleinen, wie Tischrücken. Diese sind durchaus nicht so harmlos, wie es gedacht wird, sondern in ihrer ungeheuren leichten Verbreitungsmöglichkeit eine *sehr ernste Gefahr!*

Jedermann sollte davor gewarnt werden! Wissende müssen sich mit Grauen wenden, wenn sie sehen, wie leichtfertig mit diesen Dingen umgegangen wird. Wie viele der Anhänger suchen ihr »Wissen« in manchen Kreisen zu zeigen, indem sie Versuche mit Tischrücken anregen, oder in Familien entweder lächelnd oder geheimnisvoll raunend die fast ins Spielerische gehende Übung mit Buchstaben und Glas oder einem anderen Hilfsmittel einführen, das bei leichtem Auflegen der Hand nach verschiedenen Buchstaben hingleitet oder hingezogen wird, so Worte bildend.

Mit unheimlicher Geschwindigkeit hat sich dies alles bis zu Gesellschaftsspielen entwickelt, wo es unter Lachen, Spotten und manchmal angenehmem Gruseln getrieben wird.

Täglich sitzen dann in Familien ältere und jüngere Damen an einem Tischchen zusammen oder auch allein vor auf Pappe gezeichneten Buchstaben, die, wenn möglich, noch in ganz bestimmter Form aufgezeichnet sein müssen, damit der die Phantasie anregende Hokuspokus nicht fehlt, der überdies ganz unnötig dabei ist; denn es würde auch ohne ihn gehen, wenn die betreffende Person nur einigermaßen dazu neigt. Und deren sind unzählige!

Die modernen Geisteswissenschaftler und die Führer der okkulten Verbindungen freuen sich darüber, da ja wirkliche Worte und Sätze dabei gebildet werden, an die der Ausübende weder bewußt noch unbewußt gedacht hat. Er muß dadurch überzeugt werden und die Anhängerzahl des »Okkulten« vergrößern.

Schriften okkulter Richtungen weisen darauf hin, Redner treten dafür ein, Hilfsmittel werden fabriziert und verkauft, die all diesen Unfug erleichtern, und so tritt fast die gesamte okkulte Welt als *gutarbeitender Handlanger des Dunkels* auf in der ehrlichen Überzeugung, Priester des Lichtes damit zu sein!

Diese Vorgänge beweisen allein schon die vollkommene Unwissenheit, die in den okkulten Bestrebungen dieser Art liegt! Sie zeigen, daß niemand von allen denen *wirklich sehend* ist! Es darf nicht als Gegenbeweis gelten, wenn sich irgendein gutes Medium aus diesen Anfängen heraus hier und da einmal entwickelt hat oder vielmehr, was richtiger ist, wenn ein gutes Medium im Anfang vorübergehend dazugezogen wurde.

Die wenigen Menschen, die von vornherein dazu bestimmt sind, haben in ihrer eigenen natürlichen Entwicklung einen ganz anderen und sorgfältig jede Stufe überwachenden Schutz, den andere *nicht* genießen. Dieser Schutz wirkt aber auch nur bei natürlicher, eigener Entwicklung, *ohne jede künstliche Nachhilfe!* Weil gerade nur in allem Natürlichen als selbstverständlich ein Schutz ruht.

Sobald nur die geringste Nachhilfe darin kommt, sei es durch Übungen der Person selbst oder von anderer Seite durch magnetischen Schlaf oder Hypnose, so wird es unnatürlich und dadurch nicht mehr ganz in die natürlichen Gesetze passend, die allein Schutz zu gewähren imstande sind. Kommt nun noch Unkenntnis dazu, wie sie überall zur Zeit vorhanden ist, so ist das Verhängnis da. Das *Wollen* allein wird das

Können nie ersetzen, wenn es zum Handeln kommt. Niemand aber soll sein Können überschreiten.

Es ist selbstverständlich nicht ausgeschlossen, daß bei den Hunderttausenden, die sich mit diesen gefährlichen Spielereien befassen, hier und da ein Mensch wirklich ungestraft davonkommt und guten Schutz hat. Ebenso werden viele nur so geschädigt, daß es irdisch noch nicht bemerkbar wird, so daß sie erst nach dem Hinübergehen plötzlich erkennen müssen, welche Dummheiten sie eigentlich gemacht haben. Aber es gibt auch viele, die bereits irdisch sichtbaren Schaden davontragen, wenn sie auch während ihres Erdenlebens nie zur Erkenntnis der eigentlichen Ursache kommen.

Aus diesem Grunde muß der feinstoffliche und geistige Vorgang während dieser Spielereien einmal erklärt werden. Er ist ebenso einfach wie alles in der Schöpfung und durchaus nicht so kompliziert, aber doch auch wieder schwerer, als sich viele denken.

Wie die Erde jetzt ist, hat durch das Wollen der Menschheit das *Dunkel* die Oberhand über alles Materielle gewonnen. Es steht also in allem Materiellen so gut wie auf eigenem, ihm wohlvertrautem Boden und vermag dadurch sich im Materiellen auch voll auszuwirken. Es ist also darin in seinem Element, kämpft auf ihm bekanntem Grunde. Dadurch ist es zur Zeit in allem Materiellen, also Grobstofflichen, dem Lichte überlegen.

Die Folge davon ist, daß in allem Materiellen die Kraft des Dunkels stärker wird als die des Lichtes. Nun kommt aber bei derartigen Spielereien, wie Tischrücken usw., das Licht, also Hohes, überhaupt nicht in Betracht. Wir können höchstens von Schlechtem, also Dunkel, und Besserem, also Hellerem, sprechen.

Benutzt nun ein Mensch einen Tisch oder ein Glas oder überhaupt irgendeinen grobstofflichen Gegenstand, so begibt er sich damit auf den dem Dunkel vertrauten Kampfboden. Einen Boden, den alles Dunkle sein eigen nennt. Er räumt ihm damit von vornherein eine Kraft ein, gegen die er keinen entsprechenden Schutz aufbringen kann.

Betrachten wir uns einmal eine spiritistische Beschäftigung oder auch nur ein Gesellschaftsspiel mit dem Tische, und verfolgen wir dabei die geistigen oder besser feinstofflichen Vorgänge.

Tritt ein Mensch oder mehrere mit der Absicht an einen Tisch heran, um durch diesen in Verbindung mit Jenseitigen zu kommen, sei es nun, daß diese Klopftöne geben oder, was üblicher ist, den Tisch bewegen sollen, um aus diesen Zeichen Worte formen zu können, so wird in erster Linie in der Verbindung mit der Materie Dunkles mit angezogen, das die Kundgebungen übernimmt.

Mit großem Geschick verwenden die Jenseitigen oft hochtönende Worte, suchen die ja für sie leicht zu lesenden Gedanken der Menschen in diesen erwünschter Weise zu beantworten, führen sie aber in ernsten Fragen dann immer irre und suchen sie, wenn es oft geschieht, nach und nach unter ihren immer stärker werdenden Einfluß zu bringen und so langsam, aber sicher herabzuzerren. Dabei lassen sie die Irregeführten sehr geschickt in dem Glauben, daß diese aufwärts gehen.

Kommt aber vielleicht gleich im Anfang oder auch bei irgendeiner Gelegenheit ein hinübergegangener Verwandter oder Freund durch den Tisch zu Worte, was sehr oft vorkommt, so läßt sich die Täuschung dann noch leichter durchführen. Die Menschen werden erkennen, daß es wirklich ein bestimmter Freund sein muß, der sich kundgibt, und daraufhin glauben, daß er es immer ist, wenn durch den Tisch irgendwelche Äußerungen kommen und der Name des Bekannten als Urheber genannt wird.

*Das ist aber nicht der Fall!* Nicht nur, daß das stets beobachtende Dunkel geschickt den Namen verwendet, um Irreführungen einen möglichst glaubhaften Anstrich zu geben und das Vertrauen der Fragenden zu erringen, sondern es geht sogar so weit, daß ein Dunkler mitten in einen von dem wirklichen Freunde begonnenen Satz eingreift und diesen absichtlich falsch vollendet. Es tritt dann die kaum bekannte Tatsache ein, daß an einem glatt und hintereinander bekundeten Satze *zwei* beteiligt waren. Erst der wirkliche und vielleicht ganz helle, also reinere Freund, und dann ein Dunkler, Übelwollender, ohne daß der Fragesteller etwas davon bemerkt.

## 16. MODERNE GEISTESWISSENSCHAFT

Die Folgen davon sind leicht zu denken. Der Vertrauende wird getäuscht und in seinem Glauben erschüttert. Der Gegner benützt den Vorgang zur Bestärkung seines Spottes und seiner Zweifel, mitunter zu heftigen Angriffen gegen die ganze Sache. In Wirklichkeit haben aber beide unrecht, was nur auf die über dem ganzen Gebiet noch lagernde Unwissenheit zurückzuführen ist.

Der Vorgang aber spielt sich in aller Natürlichkeit ab: Ist ein hellerer, wirklicher Freund am Tische, um dem Wunsche des Fragenden nachzugeben und sich kundzutun, und es drängt sich ein Dunkler heran, so muß dieser Hellere davon zurückweichen, da der Dunklere durch die vermittelnde Materie des Tisches eine größere Kraft entfalten kann, weil alles Materielle zur Zeit das eigentliche Gebiet des Dunkels ist.

Den Fehler macht der Mensch, der Materielles wählt und so von vornherein einen ungleichen Boden schafft. Das Dichte, Schwere, also Dunkle, steht der grobstofflichen Materie an Dichtheit schon näher als das Lichte, Reine, Leichtere und hat durch die engere Verbindung größere Kraftentfaltung.

Auf der anderen Seite hat aber auch das Hellere, das sich noch durch Materielles kundzugeben vermag, ebenfalls immer noch eine diesem in gewissem Grade nahekommende Dichtheit, sonst wäre eine Verbindung mit der Materie zu irgendeiner Kundgebung gar nicht mehr möglich. Das setzt an sich ein Nahekommen an die Materie voraus, welches wiederum die Möglichkeit einer Beschmutzung nach sich zieht, sobald die Verbindung durch die Materie mit dem Dunkel geschaffen ist.

Dieser Gefahr zu entgehen, bleibt dem Helleren nichts anderes übrig, als sich schnell von der Materie, also dem Tische oder einem anderen Hilfsmittel, zurückzuziehen, sobald ein Dunkler darnach greift, um das vermittelnde Glied auszuschalten, das eine Brücke über die natürliche, trennende und dadurch schützende Kluft bilden würde.

Es ist jenseitig dann nicht zu vermeiden, daß in solchen Fällen der durch den Tisch experimentierende Mensch den niederen Einflüssen preisgegeben werden muß. Er hat ja allerdings durch seine eigene

Handlung auch nicht anders gewollt; *denn die Unkenntnis der Gesetze vermag ihn auch hier nicht zu schützen.*

Mit diesen Vorgängen wird sich für viele so manches bisher Unerklärliche klären, zahlreiche rätselhafte Widersprüche finden ihre Lösung, und hoffentlich werden nun auch viele Menschen ihre Hände von solchem gefährlichen Spielzeuge lassen!

In gleicher ausführlicher Art können nun auch die Gefahren aller anderen Experimente geschildert werden, die viel größer sind und stärker. Doch es sei mit diesen gebräuchlichsten und verbreitetsten Dingen vorläufig getan.

Nur eine weitere Gefahr soll noch genannt werden. Durch diese Art der Fragestellungen und des Antwort- und Ratschlägeheischens machen sich die Menschen sehr unselbständig und abhängig. Das Gegenteil von dem, was das Erdenleben zum Zweck hat.

Der Weg ist falsch nach jeder Richtung hin! Er bringt nur Schaden, keinen Nutzen. Es ist ein Hinkriechen am Boden, wo die Gefahr besteht, immer wieder mit eklem Gewürm zusammenzutreffen, seine Kräfte zu vergeuden und zuletzt ermattet auf der Strecke liegen zu bleiben ... für nichts!

Mit diesem »Forschenwollen« wird aber auch den Jenseitigen großer Schaden zugefügt!

Vielen Dunklen wird damit Gelegenheit geboten, sie werden sogar damit direkt in Versuchung geführt, Übles auszuführen und sich neue Schuld aufzubürden, wozu sie sonst nicht so leicht kommen könnten. Andere aber werden durch die fortwährende Bindung der Wünsche und Gedanken von ihrem Aufwärtsstreben zurückgehalten.

Bei klarer Beobachtung dieses Forscherwesens erscheint es oft so kindisch eigensinnig, so von rücksichtslosestem Egoismus durchdrungen, dabei aber auch so täppisch, daß man sich kopfschüttelnd fragen muß, wie es überhaupt möglich ist, daß jemand der Allgemeinheit ein Land eröffnen will, von dem er selbst auch nicht einen Schritt breit wirklich kennt.

Falsch ist es auch, daß das ganze Suchen vor der breiten Öffentlichkeit

## 16. MODERNE GEISTESWISSENSCHAFT

stattfindet. Damit wird den Phantasten und Scharlatanen freie Bahn geschaffen und es der Menschheit schwergemacht, Vertrauen zu gewinnen.

In keiner Sache ist dies je geschehen. Und jedes Forschen, von dem heute voller Erfolg anerkannt wird, hat vorher während des Suchens zahlreiche Fehlschläge gehabt. Man ließ diese aber die Öffentlichkeit nicht so miterleben! Sie wird davon ermüdet und verliert mit der Zeit jedes Interesse. Die Folge ist, daß bei endlichem Finden der Wahrheit die Hauptkraft einer umwälzenden und durchschlagenden Begeisterung vorher verloren gehen mußte. Die Menschheit vermag sich zu einer jubelnden Freude, die alles überzeugend mitreißt, nicht mehr aufzuraffen.

Die Rückschläge bei der Erkennung falscher Wege werden zu scharfen Waffen in den Händen vieler Feinde, die Hunderttausenden von Menschen mit der Zeit ein solches Mißtrauen einflößen können, daß diese Ärmsten bei dem Auftreten der Wahrheit diese nicht mehr werden ernsthaft prüfen wollen, aus lauter Furcht vor neuer Täuschung! Sie schließen ihre Ohren, die sie sonst geöffnet hätten, und versäumen so die letzte Spanne Zeit, die ihnen noch Gelegenheit geben könnte, nach dem Licht emporzusteigen.

Damit hat dann das Dunkel einen neuen Sieg erreicht! Den Dank kann es den Forschern bringen, die ihm die Hände dazu reichen und die sich gern und stolz zur Führung der modernen Geisteswissenschaften aufschwingen!

## FALSCHE WEGE

Die Menschen sind mit wenigen Ausnahmen in einem grenzenlosen und für sie sehr verhängnisvollen Irrtum!
Gott hat nicht nötig, ihnen nachzulaufen und darum zu bitten, daß sie an sein Dasein glauben sollen. Auch seine Diener sind nicht ausgesandt, immerfort zu mahnen, ja nicht von ihm abzulassen. Das wäre ja lächerlich. Es ist eine Entwertung und Herabzerrung der erhabenen Gottheit, so zu denken und solches zu erwarten.

Diese irrtümliche Auffassung richtet großen Schaden an. Genährt wird sie durch das Gebaren vieler wirklich ernster Seelsorger, die in tatsächlicher Liebe zu Gott und den Menschen immer wieder versuchen, nur dem Irdischen zugewandte Menschen zu bekehren, sie zu überzeugen und für die Kirche zu gewinnen. Das alles trägt nur dazu bei, den ohnedies genug vorhandenen Dünkel des Menschen von seiner Wichtigkeit maßlos zu steigern und viele zuletzt wirklich in den Wahn zu versetzen, daß sie darum gebeten werden müssen, Gutes zu wollen.

Das bringt auch die sonderbare Einstellung der größten Zahl aller »Gläubigen«, die viel eher abschreckende Beispiele darstellen als Vorbilder. Tausende und Abertausende fühlen in sich eine gewisse Genugtuung, ein Gehobensein in dem Bewußtsein, daß sie an Gott glauben, ihre Gebete mit dem von ihnen aufzubringenden Ernste vollziehen und ihren Nächsten nicht absichtlich Schaden zufügen.

In diesem inneren »Gehobensein« fühlen sie eine gewisse Vergeltung des Guten, einen Dank Gottes für ihre Folgsamkeit, spüren sie ein Verbundensein mit Gott, an den sie auch manchmal mit einem gewissen

## 17. FALSCHE WEGE

heiligen Erschauern denken, das ein Seligkeitsgefühl auslöst oder hinterläßt, das sie mit Glück genießen.

Aber diese Scharen der Gläubigen gehen falsch. Sie leben glücklich in einem selbstgeschaffenen Wahne, der sie sich selbst unbewußt zu jenen Pharisäern zählen läßt, die mit dem wirklichen, aber falschen Dankgefühle ihre kleinen Opfer darbringen: »Herr, ich danke Dir, daß ich nicht so bin wie jene.« Es wird dies nicht ausgesprochen, auch nicht in Wirklichkeit gedacht, aber das »hebende Gefühl« im Innern ist weiter nichts als dieses unbewußte Dankgebet, das auch Christus schon als falsch hinstellte.

Das innere »Gehobensein« ist in diesen Fällen weiter nichts als die Auslösung einer durch Gebet oder gewollt gute Gedanken erzeugten Selbstbefriedigung. Die sich demütig nennen, sind meistens sehr weit davon entfernt, in Wirklichkeit demütig zu sein! Es erfordert oft Überwindung, mit solchen Gläubigen zu sprechen. Nie und nimmer werden sie in solcher Verfassung die Seligkeit erreichen, die sie schon sicher zu haben wähnen! Sie mögen zusehen, daß sie nicht etwa ganz verloren gehen in ihrem geistigen Hochmut, den sie für Demut halten.

Viele der jetzt noch vollkommen Ungläubigen werden es leichter haben, in das Reich Gottes einzugehen, als alle die Scharen mit ihrer dünkelhaften Demut, die in Wirklichkeit nicht einfach bittend, sondern indirekt fordernd vor Gott treten, damit er sie belohne für ihre Gebete und frommen Worte. Ihre Bitten sind Forderungen, ihr Wesen Heuchelei. Sie werden vor seinem Angesicht weggeweht werden wie leere Spreu. Ihnen wird der Lohn, gewiß, nur anders, als sie denken. Sie haben sich bereits auf Erden genug gesättigt in dem Bewußtsein ihres eigenen Wertes.

Das Wohlfühlen vergeht bald bei dem Übertreten in die feinstoffliche Welt, in der das hier kaum geahnte innere Empfinden hervortritt, während das bisher vorwiegend nur durch Gedanken erzeugte Gefühl in Nichts verweht.

Das innere, stille, sogenannte demutsvolle Erwarten eines Besseren ist in Wirklichkeit weiter nichts als ein Fordern, auch wenn es in noch so schönen Worten anders ausgedrückt wird.

## 17. FALSCHE WEGE

Jede Forderung ist aber eine Anmaßung. Gott allein hat zu fordern! Auch Christus kam nicht bittend zu den Menschen mit seiner Botschaft, sondern warnend und fordernd. Er gab wohl Erklärungen über die Wahrheit, hielt aber nicht lockend Belohnungen vor die Augen der Hörer, um sie damit anzuspornen, besser zu werden. Er befahl den ernsthaft Suchenden ruhig und streng: »Gehet hin und handelt darnach!«

*Fordernd* steht Gott vor der Menschheit, nicht lockend und bittend, nicht klagend und trauernd. Ruhig wird er alle Schlechten, sogar alle Schwankenden, dem Dunkel überlassen, um die Aufwärtsstrebenden den Angriffen nicht mehr auszusetzen und um die anderen alles das gründlich erleben zu lassen, was sie für richtig halten, damit sie zur Erkenntnis ihres Irrtumes kommen!

## WAS TRENNT SO VIELE MENSCHEN HEUTE VON DEM LICHT?

Wie tiefe Nacht lagert das feinstoffliche Dunkel über dieser Erde! Sehr lange schon. Es hält die Erde in erstickender Umklammerung, so dicht und fest, daß jede aufsteigende Lichtempfindung einer Flamme gleicht, die ohne Sauerstoff die Kraft verliert und schnell verbleichend in sich selbst zusammensinkt.

Furchtbar ist dieser feinstoffliche Zustand, der sich zur Zeit in seiner schlimmsten Auswirkung betätigt. Wer einmal fünf Sekunden nur dieses Geschehen schauen dürfte, dem würde das Entsetzen alle Hoffnung auf Errettung rauben! –

Und alles das ist durch die Schuld der Menschen selbst herbeigeführt. Durch Schuld des Hanges nach dem Niederen. Der größte Feind ist sich die Menschheit dabei selbst gewesen. Nun laufen sogar noch die wenigen Gefahr, die wieder ernsthaft nach der Höhe streben, daß sie *mit* hinabgerissen werden in die Tiefe, der andere mit unheimlicher Schnelle jetzt entgegenreifen.

Es kommt einem Umschlingen gleich, dem unbedingt tötendes Aufsaugen nachfolgt. Aufsaugen in den schwülen, zähen Sumpf, in welchem lautlos alles untergeht. Es ist kein Ringen mehr, sondern nur noch ein stilles, stummes, unheimliches Würgen.

Und der Mensch erkennt es nicht. Geistige Trägheit läßt ihn blind sein gegen das verderbliche Geschehen.

Der Sumpf aber schickt dauernd seine giftigen Ausstrahlungen voraus, die die noch Starken, Wachen langsam müde machen, damit auch sie einschlafend kraftlos mit versinken.

So sieht es jetzt auf dieser Erde aus. Es ist kein Bild, das ich damit entrolle, sondern *Leben!* Da alles Feinstoffliche Formen trägt, geschaffen und belebt durch die Empfindungen der Menschen, spielt sich ein solch Geschehen wirklich dauernd ab. Und das ist die Umgebung, die der Menschen wartet, wenn sie von dieser Erde gehen müssen und nicht hinaufgeleitet werden können zu den lichteren und schöneren Gefilden.

Aber das Dunkel zieht sich immer *mehr* zusammen.

Es naht deshalb die Zeit, da diese Erde eine Spanne lang dem Regiment des Dunkels überlassen bleiben muß, ohne direkte Hilfe aus dem Licht, weil es die Menschheit durch ihr Wollen so erzwang. Die Folgen ihres Wollens in der Mehrheit *mußten* dieses Ende bringen. – Es ist die Zeit, die einst Johannes schauen durfte, wo Gott sein Angesicht verhüllt. –

Nacht ist es ringsumher. Doch in der höchsten Not, wo alles, auch das Bessere, mit zu versinken droht, bricht nun gleichzeitig auch die Morgenröte an! Die Morgenröte aber bringt zuerst die Wehen einer großen Reinigung, die unvermeidlich ist, bevor die Rettung aller ernsthaft Suchenden beginnen kann; denn allen denen, die das Niedere erstreben, kann die Hand zur Hilfe *nicht* geboten werden! Sie sollen stürzen bis in jene grauenvollen Tiefen, wo sie allein noch auf Erwachen hoffen können, durch Qualen, die ihnen zum Ekel vor sich selber werden müssen.

Die, die bisher höhnend und anscheinend ungestraft den Aufwärtsstrebenden Hemmnisse schaffen konnten, werden schweigsam, nachdenklicher sein, bis sie zuletzt noch bettelnd, wimmernd um die Wahrheit flehen.

So leicht wird es für diese dann nicht sein, sie werden unaufhaltsam durch die Mühlsteine der ehernen Gesetze göttlicher Gerechtigkeit geführt, bis sie in dem *Erleben* zur Erkenntnis ihrer Irrtümer gelangen. –

Auf meinen Reisen konnte ich erkennen, daß eine Brandfackel unter die trägen Menschengeister flog mit meinem Wort, welches erklärt, daß kein Mensch Göttliches sein eigen nennen kann, während gerade jetzt vieles Bemühen dahin geht, Gott *in* sich zu entdecken, und damit zuletzt auch selbst zum Gott zu werden!

## 18. WAS TRENNT SO VIELE MENSCHEN HEUTE VON DEM LICHT?

Unruhe ist deshalb mit meinem Wort vielfach erwacht, die Menschheit will sich aufbäumend dagegen wehren, weil sie nur einschläfernde und beruhigende Worte hören will, die ihr *angenehm* erscheinen!

Die sich also Aufbäumenden sind nur Feiglinge, die sich am liebsten vor sich selbst verstecken, nur um im Düsteren zu bleiben, in dem es sich so schön und ruhig träumen läßt, nach *eigenem* Verlangen.

Nicht jedermann kann es vertragen, dem Licht der Wahrheit ausgesetzt zu sein, welches klar und erbarmungslos die Mängel und die Flecken des Gewandes zeigt.

Durch Lächeln, Spott oder durch Feindschaft wollen solche den kommenden Tag verhindern, der die tönernen Füße ihres unhaltbaren Aufbaues des Götzen »Ich« deutlich erkennen läßt. So Törichte spielen nur Maskenfeste mit sich selbst, denen der graue Aschermittwoch unerbittlich folgen wird. Sie wollen sich in ihren falschen Anschauungen doch nur selbst vergöttern, und darin fühlen sie sich irdisch wohl, behaglich. Sie betrachten *den* von vornherein als Feind, der sie aus dieser trägen Ruhe stört!

Doch alles Aufbäumen nützt ihnen *diesmal* nichts!

Die Selbstvergöttlichung, die sich in der Behauptung zeigt, daß Göttliches im Menschen sei, ist ein schmutziges Tasten nach der Erhabenheit und Reinheit Eures Gottes, das Euch das Heiligste, nach dem Ihr aufschaut in dem seligsten Vertrauen, *damit schändet!* –

In Eurem Innern steht ein Altar, der zur Verehrung Eures Gottes dienen soll. Dieser Altar ist Euere Empfindungsfähigkeit. Ist diese rein, hat sie direkt Verbindung mit dem Geistigen und dadurch mit dem Paradiese! Dann gibt es Augenblicke, in denen auch Ihr die Nähe Eures Gottes voll empfinden könnt, wie es im tiefsten Schmerz und höchster Freude oft geschieht!

Ihr empfindet seine Nähe dann in gleicher Art, wie sie die ewigen Urgeistigen im Paradies dauernd erleben, mit denen Ihr in solchen Augenblicken eng verbunden seid. Die starke Vibration durch das Aufwühlen der großen Freude wie des tiefen Schmerzes drängt alles Irdisch-Niedere sekundenlang weit in den Hintergrund, und dadurch wird die Reinheit der Empfindung frei, sie gibt damit sofort die Brücke zu der gleichartigen Reinheit, die das Paradies belebt!

Das ist das höchste Glück des Menschengeistes. Die Ewigen im Paradiese leben darin dauernd. Es bringt die herrliche Gewißheit des Geborgenseins. Sie sind sich dann der Nähe ihres großen Gottes voll bewußt, in dessen Kraft sie stehen, sehen aber dabei auch als selbstverständlich ein, daß sie auf ihrer größten Höhe sind und niemals fähig werden können, Gott zu erschauen.

Das drückt sie aber nicht, sondern in der Erkenntnis seiner unnahbaren Größe finden sie jauchzenden Dank für seine namenlose Gnade, die Er im Hinblick auf die anmaßende Kreatur stets walten ließ.

Und dieses Glück kann schon der Erdenmensch genießen. Es ist ganz richtig, wenn gesagt wird, daß der Erdenmensch in weihevollen Augenblicken die Nähe seines Gottes spürt. Zum Frevel aber wird es, will man aus dieser wundervollen Brücke des Bewußtwerdens göttlicher Nähe heraus die Behauptung aufstellen, selbst einen Funken Gottheit in sich zu haben.

Hand in Hand mit dieser Behauptung geht auch die Herabzerrung göttlicher Liebe. Wie kann man Gottesliebe mit dem Maße einer Menschenliebe abmessen? Noch mehr, sie sogar in dem Werte *unter* diese Menschenliebe stellen? Seht Euch die Menschen an, welche göttliche Liebe als das höchste Ideal sich nur ganz still erduldend und dazu alles verzeihend vorstellen! Sie wollen *darin* Göttliches erkennen, daß es sich von niederen *Kreaturen* alles Ungezogene gefallen läßt, wie es nur bei dem größten Schwächling ist, wie bei dem feigsten Menschen, den man darob verachtet. Denkt doch darüber nach, welche ungeheuerliche Schmach darin verankert ist!

Die Menschen wollen ungeahndet sündigen, um dann zuletzt noch ihrem Gotte eine Freude damit zu bereiten, wenn sie sich von ihm ohne eigene Sühne ihre Schuld verzeihen lassen! Solches anzunehmen, dazu gehört entweder maßlose Beschränktheit, strafwürdige Faulheit oder die Erkenntnis hoffnungsloser eigener Schwäche für das gute Wollen nach dem Aufwärtsstreben: Eins ist aber so verwerflich wie das andere.

## 18. WAS TRENNT SO VIELE MENSCHEN HEUTE VON DEM LICHT?

Stellt Euch göttliche Liebe vor! Kristallklar, strahlend, rein und groß! Könnt Ihr Euch dabei denken, daß sie so süßlich-schwächlich, entwürdigend nachgebend sein kann, wie die Menschen so gern möchten? Sie wollen falsche Größe aufbauen, dort, wo sie Schwäche *wünschen,* geben ein falsches Bild, nur um sich selbst dabei noch etwas vorzutäuschen, sich zu beruhigen über die eigene Fehlerhaftigkeit, die sie bereitwillig im Dienst des Dunkels stehen läßt.

Wo ist dabei die Frische und die Kraft, die zur Kristallreinheit göttlicher Liebe unbedingt gehört? Göttliche Liebe ist untrennbar von der größten Strenge göttlicher Gerechtigkeit. Sie ist sie sogar selbst. Gerechtigkeit ist Liebe, und Liebe wiederum liegt nur in der *Gerechtigkeit.* Darin allein liegt auch die göttliche Verzeihung.

Es ist richtig, wenn die Kirchen sagen, daß Gott *alles* verzeiht! Und *wirklich* verzeiht! Im Gegensatz zum Menschen, der selbst noch den, der irgendeine kleine Schuld gebüßt, für dauernd unwert hält und sich mit solcher Art Gedanken doppelt Schuld auflädt, weil er darin nicht nach dem Willen Gottes handelt. Hier fehlt der Menschenliebe die Gerechtigkeit.

Die Auswirkung göttlichen Schöpfungswillens reinigt jeden Menschengeist von seiner Schuld, in eigenem Erleben oder in der freiwilligen Besserung, sobald er aufwärts strebt.

Kommt er aus diesen Mühlen in der Stofflichkeit zum Geistigen zurück, so steht er rein im Reiche seines Schöpfers, es spielt keine Rolle, *was* er je gefehlt! Genau so rein wie einer, der noch niemals fehlte. Doch durch die Auswirkung der göttlichen Gesetze geht sein Weg *vorher,* und in *der* Tatsache liegt die Gewähr der göttlichen Verzeihung, seiner Gnade!

Hört man nicht heute vielfach die entsetzte Frage: Wie konnten diese Jahre solcher Not geschehen mit Gottes Willen? Wo bleibt dabei die Liebe, wo Gerechtigkeit? Die *Menschheit* fragt, es fragen die *Nationen,* oft die Familien und der einzelne Mensch! Sollte ihm dies nicht eher der Beweis sein, daß die Gottesliebe *doch* wohl *anders* ist, als sich so mancher denken möchte? Versucht doch einmal, die alles verzeihende Gottesliebe *so* bis zu einem *Ende* auszudenken, wie man krampfhaft sich bemüht, sie hinzustellen! Ohne eigene Sühne, alles duldend und zuletzt großmütig noch verzeihend. Es muß ein klägliches Ergebnis werden! Dünkt sich der Mensch so wertvoll, daß sein Gott darunter leiden soll? Noch wertvoller demnach als Gott? Was liegt alles in dieser Anmaßung der Menschen. –

Bei ruhigem Denken müßt Ihr über tausend Hindernisse straucheln und könnt nur *dann* zu einem Schlusse kommen, wenn Ihr Gott verkleinert, Ihn unvollkommen macht.

Er aber war, und ist, und bleibt vollkommen, gleichviel, wie sich die Menschen dazu stellen.

Seine Verzeihung liegt in der *Gerechtigkeit*. Nicht anders. Und in dieser unverrückbaren Gerechtigkeit liegt auch allein die große, bisher so verkannte Liebe!

Gewöhnt Euch ab, dabei nach Irdischem zu messen. Gottes Gerechtigkeit und Gottes Liebe gilt dem Menschen*geiste*. Das Stoffliche spricht dabei gar nicht mit. Es ist ja nur vom Menschengeiste selbst *geformt,* und ohne Geist hat es kein Leben.

Was quält Ihr Euch so oft mit rein irdischen Kleinigkeiten, die Ihr als Schuld empfindet und die es gar nicht sind.

Nur das, was der *Geist* bei einer Handlung *will,* ist ausschlaggebend für die göttlichen Gesetze in der Schöpfung. Dieser geistige Wille ist aber nicht Gedankentätigkeit, sondern das innerste Empfinden, das eigentliche Wollen in dem Menschen, das allein die Gesetze des Jenseits in Bewegung setzen kann und auch selbsttätig in Bewegung setzt.

Göttliche Liebe läßt sich von den Menschen nicht herabzerren; denn in ihr ruhen in der Schöpfung auch die ehernen Gesetze seines Willens, der von der Liebe getragen ist. Und diese Gesetze wirken sich so aus, wie der Mensch sich darin gibt. Sie können ihn verbinden bis zur Nähe seines Gottes, oder sie bilden eine Scheidewand, die nie zertrümmert werden kann, es sei denn durch das endliche Sicheinfügen des Menschen, was gleichbedeutend mit Gehorchen ist, worin allein er sein Heil finden kann, sein Glück.

## 18. WAS TRENNT SO VIELE MENSCHEN HEUTE VON DEM LICHT?

Es ist *ein* Guß, das große Werk zeigt keine Mängel, keinen Spalt. Ein jeder Tor, ein jeder Narr, der anders will, wird sich dabei den Kopf zerschmettern. –

Göttliche Liebe wirkt darin nur das, was jedem Menschengeiste *nützt,* nicht aber das, was ihm auf Erden Freude macht und angenehm erscheint. Darüber geht sie *weit* hinaus, weil sie das ganze Sein beherrscht. –

So mancher Mensch denkt jetzt sehr oft: Wenn Trübsal zu erwarten ist, Vernichtung, um eine große Reinigung herbeizuführen, so muß Gott so gerecht sein, vorher Bußprediger auszusenden. Der Mensch muß doch vorher gewarnt werden. Wo ist Johannes, der das Kommende verkündet?

Es sind Unselige in großseinsollender Gedankenleere! Nur Anmaßung der größten Hohlheit birgt sich hinter solchen Rufen. Sie würden ihn doch stäupen, in den Kerker werfen!

Öffnet doch die Augen und die Ohren! Doch *tanzend* geht man über alle Not und Schrecken seiner Nebenmenschen leichtsinnig hinweg! Man *will* nicht sehen und nicht hören! –

Auch ein Bußprediger ging voraus, schon vor zweitausend Jahren, das menschgewordene Wort folgte ihm auf dem Fuße. Doch die Menschen haben sich eifrig bemüht, den reinen Glanz des Wortes wieder fortzuwischen, zu verdunkeln, damit die Anziehungskraft seines Leuchtens nach und nach erlosch. –

Und alle, die das Wort ausgraben wollen aus den Schlinggewächsen, müssen bald verspüren, wie Boten aus dem Dunkel krampfhaft sich bemühen, jedes freudige Erwachen zu verhindern!

*Es wiederholt sich aber heute kein Geschehen wieder wie zu Christi Zeiten!* Da kam das Wort! Die Menschheit hatte ihren freien Willen und entschied sich damals in der Hauptsache zur Ablehnung, zu dem Verwerfen! Von da an war sie nun den Gesetzen unterworfen, die sich selbsttätig an den damals so getätigten freien Entschluß angliederten. Die Menschen fanden auf dem selbstgewählten Wege nachher alle Früchte ihres eigenen Wollens.

Bald schließt sich nun der Kreis. Es häuft sich immer stärker an und staut sich wie ein Wall, der bald zusammenbricht über der Menschheit, die in geistiger Stumpfheit ahnungslos dahinlebt. Am Ende, zur Zeit der Erfüllung, bleibt ihnen naturgemäß nicht mehr die freie Wahl!

Sie müssen nunmehr einmal ernten, was sie damals und auch auf den späteren Abwegen säten.

Alle sind heute zur Abrechnung wieder auf dieser Erde inkarniert, welche zu Christi Zeiten einst das Wort verwarfen. Sie haben heute nicht das Anrecht mehr auf vorherige Warnung und nochmalige Entscheidung. In den zweitausend Jahren blieb ihnen Zeit genug, sich anders zu besinnen! Auch wer Gott und seine Schöpfung falsch gedeutet aufnimmt und sich nicht bemüht, es reiner zu erfassen, der hat es *gar nicht* aufgenommen. Es ist sogar weit schlimmer, da ein falscher Glaube davon fernhält, Wahrheit zu erfassen.

Doch wehe dem, der Wahrheit *fälscht* oder *verändert,* um dadurch Zulauf zu erhalten, weil es den Menschen in bequemerer Form auch angenehmer ist. Er bürdet sich nicht nur die Schuld der Fälschung, Irreführung auf, sondern er trägt auch noch alle Verantwortung für die, die er mit der Bequemermachung oder Annehmbarermachung an sich ziehen konnte. Ihm wird dann *nicht* geholfen, wenn seine Stunde der Vergeltung kommt. Er stürzt hinab in Tiefen, die ihn niemals wiedergeben können, und mit Recht! – Auch das durfte Johannes mitschauen und in seiner Offenbarung davor warnen.

Und wenn die große Reinigung beginnt, so bleibt dem Menschen diesmal keine Zeit, sich aufzubäumen oder gar sich gegen das Geschehen anzustemmen. Die göttlichen Gesetze, von denen sich der Mensch so gern ein falsches Bild macht, wirken sich dann unerbittlich aus.

Gerade in der größten Furchtbarkeit der Zeit, welche die Erde je erlebte, wird die Menschheit endlich lernen, daß Gottesliebe weit entfernt ist von der Weichheit und der Schwächlichkeit, die man ihr anzudichten sich vermaß.

Mehr als die Hälfte aller Menschen in der Gegenwart gehört gar nicht auf diese Erde!

## 18. WAS TRENNT SO VIELE MENSCHEN HEUTE VON DEM LICHT?

Schon seit Jahrtausenden ist diese Menschheit so gesunken, lebt *so* stark in der Dunkelheit, daß sie in ihrem unsauberen Wollen viele Brücken schlug zu dunklen Sphären, die weit *unter* diesem Erdenplane sind. Dort leben Tiefgesunkene, deren feinstoffliches Gewicht niemals die Möglichkeit zuließ, herauf auf diesen Erdenplan zu kommen.

Darin lag *Schutz* für alle auf der Erde Lebenden, sowie für diese Dunklen selbst. Sie sind getrennt durch das natürliche Gesetz der feinstofflichen Schwere. Dort unten können sie sich austoben in ihren Leidenschaften, allen Niedrigkeiten, ohne damit Schaden anzurichten. Im Gegenteil. Ihr ungehemmtes Sichausleben trifft dort nur die Gleichgearteten, ebenso wie deren Ausleben auch sie angreift. Sie leiden damit gegenseitig, was zum Reifen führt, nicht aber zu weiterer Schuld. Denn durch das Leiden kann der Ekel einst erwachen vor sich selbst und mit dem Ekel auch der Wunsch, aus diesem Reiche fortzukommen. Der Wunsch führt mit der Zeit zu qualvoller Verzweiflung, die zuletzt heißeste Gebete nach sich ziehen kann und damit ernstes Wollen zu der Besserung.

*So sollte es geschehen. Doch durch der Menschen falsches Wollen kam es anders!*

Die Menschen schlugen durch ihr *dunkles* Wollen eine Brücke in die Region des Dunkels. Sie reichten damit den dort Lebenden die Hand, ermöglichten ihnen durch Anziehungskraft gleicher Art, heraufzukommen auf die Erde. Hier fanden sie natürlich auch Gelegenheit zu der erneuten Inkarnierung, die für sie nach normalem Weltgeschehen noch nicht vorgesehen war.

Denn auf dem Erdenplane, wo sie durch Vermittlung des Grobstofflichen mit den Lichteren und Besseren *gemeinsam* leben können, richten sie nur Schaden an und bürden damit *neue* Schuld auf sich. Das können sie in ihren Niederungen nicht; denn ihren Gleichartigen bringt die Niedrigkeit nur Nutzen, weil sie darin zuletzt doch schließlich nur sich selbst erkennen und Abscheu davor lernen, was zur Besserung beiträgt.

Diesen normalen Weg aller Entwickelung hat nun der Mensch *gestört,* durch niedrige Verwendung seines freien Willens, mit dem er feinstoffliche Brücken formte zu der Region des Dunkels, so daß dahin Gesunkene wie eine Meute auf den Erdenplan geworfen werden konnten, die nun frohlockend den größten Teil davon bevölkern.

Da lichte Seelen vor dem Dunkel weichen müssen, dort, wo Dunkel festen Fuß gewonnen hat, war es den so zu Unrecht auf den Erdenplan gekommenen dunkleren Seelen leicht, auch manchmal dort zur Inkarnierung zu gelangen, wo sonst nur eine lichte Seele eingegangen wäre. Die dunkle Seele hat dabei durch irgend jemand der Umgebung der werdenden Mutter einen Halt gefunden, der es ihr ermöglichte, sich zu behaupten und das Lichte zu verdrängen, auch wenn die Mutter oder der Vater zu den Lichteren gehören.

Damit erklärt sich auch das Rätsel, daß so manches schwarze Schaf zu guten Eltern kommen konnte. Achtet aber eine werdende Mutter besser auf sich und ihre nähere Umgebung, auf ihren Verkehr, so kann dies *nicht* geschehen.

Es ist also nur *Liebe* darin zu erkennen, wenn die Schlußauswirkung der Gesetze in voller Gerechtigkeit endlich die *nicht* Hierhergehörenden hinwegfegt von dem Erdenplane, daß sie hinabstürzen in jenes Reich des Dunkels, wohin sie auch nach ihrer Art gehören. Sie können dadurch Lichtere nicht mehr am Aufstieg hindern und sich selbst neue Schuld aufbürden, sondern vielleicht doch noch reifen in dem Ekel ihres eigenen Erlebens. – –

Die Zeit wird selbstverständlich kommen, die mit ehernem Griff die Herzen *aller* Menschen packt, wo mit furchtbarer Unerbittlichkeit in jeder Menschenkreatur geistiger Hochmut ausgerottet wird. Dann fällt auch jeder Zweifel, der jetzt den Menschengeist an der Erkenntnis hindert, daß Göttliches nicht *in* ihm ist, sondern hoch *über* ihm. Daß es nur als das reinste *Bild* auf dem Altare seines Innenlebens stehen kann, nach dem er aufschaut in demütigem Gebet. –

Es ist kein Irrtum, sondern Schuld, wenn sich ein Menschengeist dazu bekennt, auch göttlich sein zu wollen. Solche Überhebung muß ihn stürzen; denn es ist gleichbedeutend mit einem Versuche, seinem Gott das Zepter aus der Hand zu reißen, ihn herabzuzerren auf die gleiche Stufe, die der Mensch einnimmt und die er bisher nicht einmal erfüllte, weil er *mehr* sein wollte und nach den Höhen blickt, die er doch nie erreichen, nicht einmal erkennen kann. So übersah er achtlos alle Wirklichkeit, machte sich selbst nicht nur ganz nutzlos in der Schöpfung, sondern weit schlimmer, zum direkten *Schädling!*

Am Ende wird es ihm, durch seine eigene falsche Einstellung herbeigeführt, mit unheimlicher Deutlichkeit bewiesen werden, daß er in seiner jetzigen so tief gesunkenen Beschaffenheit nicht einmal den Schatten einer Göttlichkeit bedeutet. Der ganze Schatz irdischen Wissens, den er mühsam aufgespeichert hat in den Jahrtausenden, wird dann vor dem entsetzten Blicke seiner Augen sich als *Nichts* erweisen; hilflos wird er an sich selbst erleben, wie die Früchte seines einseitigen Erdenstrebens nutzlos werden, manchmal sogar ihm zum Fluche. *Dann mag er sich auf seine eigene Göttlichkeit besinnen, wenn er kann! – –*

Zwingend wird es ihm entgegendröhnen: »Nieder auf die Knie, Kreatur, vor Deinem Gott und Herrn! Versuche nicht, frevelnd Dich selbst zum Gotte zu erheben!« – –

Die Eigenbrötlerei des faulen Menschengeistes geht nicht weiter. –

Erst dann kann diese Menschheit auch an einen Aufstieg denken. Das ist dann auch die Zeit, in welcher stürzen wird, was nicht auf rechtem Grunde steht. Scheinexistenzen, die falschen Propheten und Vereinigungen, die sich darum schließen, werden in sich selbst zusammenbrechen! Damit werden dann auch die bisherigen falschen Wege offenbar.

So mancher Wohlgefällige wird dann wohl auch entsetzt erkennen, daß er vor einem Abgrund steht und, falsch geführt, schnell abwärts gleitet, während er stolz wähnte, aufsteigend sich schon dem Licht zu nähern! Daß er Schutztore öffnete, ohne dahinter auch die Vollkraft der Verteidigung zu haben. Daß er Gefahren auf sich zog, die in natürlichem Geschehen von ihm übersprungen worden wären. Wohl dem, der dann den rechten Weg zur Umkehr findet!

## ES WAR EINMAL...!

Drei Worte sind es nur, doch sie sind wie eine Zauberformel; denn sie tragen die Eigenart in sich, bei jedem Menschen sofort irgendein besonderes Empfinden auszulösen. Selten ist dieses Empfinden gleichartig. Ähnlich der Wirkung der Musik. Genau wie die Musik finden auch die drei Worte ihren Weg direkt zum Geist des Menschen, seinem eigentlichen »Ich«. Natürlich nur bei denen, die den Geist nicht ganz in sich verschlossen halten und damit das eigentliche Menschentum auf Erden hier bereits verloren.

Ein jeder *Mensch* aber wird bei den Worten unwillkürlich sofort an irgendein früheres Erleben zurückdenken. Dieses steht lebendig vor ihm auf und mit dem Bilde auch eine entsprechende Empfindung.

Sehnsuchtsvolle Weichheit bei dem einen, wehmütiges Glück, auch stilles, unerfüllbares Verlangen. Bei anderen jedoch der Stolz, Zorn, Grauen oder Haß. Immer denkt der Mensch an etwas, das er einst erlebte, das außergewöhnlichen Eindruck auf ihn machte, das er aber auch schon längst in sich erloschen wähnte.

Doch es ist nichts in ihm erloschen, nichts verloren von dem, was er wirklich einst in sich *erlebte*. Alles davon kann er noch sein eigen nennen, als wirklich Erworbenes und damit Unvergängliches. Aber auch nur Erlebtes! Anderes wird nicht erstehen können bei den Worten.

Der Mensch achte einmal mit Sorgfalt und mit wachem Sinn genau darauf, dann wird er bald erkennen, was wirklich lebendig in ihm ist, und was als tot bezeichnet werden kann, als seelenlose Schale zweckloser Erinnerungen.

Zweck und Nutzen für den Menschen, unter dem wir nicht den Körper denken dürfen, hat nur das, was während seines Erdenlebens tief genug einwirkte, um auf die *Seele* einen Stempel aufzudrücken, der nicht vergeht, sich nicht wieder verwischen läßt. Nur derartige Stempel haben Einfluß auf die Bildung der Menschenseele und damit weitergehend auch auf Förderung des Geistes zu dessen dauernder Entwickelung.

In Wirklichkeit ist also nur *das* erlebt und damit zu eigen gemacht, was einen derart tiefen Eindruck hinterläßt. Alles andere rauscht wirkungslos vorüber oder dient höchstens als Hilfsmittel dazu, Ereignisse heranbilden zu lassen, welche fähig sind, so große Eindrücke hervorzurufen.

Wohl dem, der viele so kraftvolle Erlebnisse sein eigen nennen kann, gleichviel, ob es nun Freude oder Leid gewesen ist, die sie hervorriefen; denn deren Eindrücke sind einst das Wertvollste, was eine Menschenseele mit auf ihren Weg ins Jenseits nimmt. –

Rein irdisches Verstandesschaffen, wie es heute üblich ist, nützt nur *bei guter Anwendung* zu der Erleichterung des *körperlichen* Erdenseins. Das ist, scharf überlegt, das eigentliche Endziel eines *jeden* Wirkens des Verstandes! Es gibt am letzten Ende nie ein anderes Ergebnis. Bei *aller* Schulweisheit, gleichviel, welches Gebiet es ist, und auch bei allem Schaffen, sei es im Staatswesen oder in der Familie, bei jedem Einzelmenschen oder bei Nationen, wie auch zuletzt bei der gesamten Menschheit.

*Alles* hat sich aber leider ganz bedingungslos nur dem Verstande unterworfen und liegt damit in schweren Ketten irdischer Beschränktheit des Begriffsvermögens, was selbstverständlich unheilvolle Folgen in allem Wirken und Geschehen nach sich ziehen mußte und noch nach sich ziehen wird.

Nur *eine* Ausnahme gibt es darin auf dieser ganzen Erde. Die Ausnahme bietet uns aber nicht etwa die Kirche, wie so mancher denken wird, und wie es auch sein sollte, sondern die *Kunst!* Bei dieser spielt nun der Verstand unweigerlich die *zweite* Rolle. Dort, wo aber der Verstand dabei die Oberhand gewinnt, wird Kunst sofort zum *Handwerk* erniedrigt; sie sinkt unmittelbar und auch ganz unbestreitbar tief herab. Es ist dies eine Folgerung, die in ihrer einfachen Natürlichkeit gar nicht anders möglich ist. Nicht eine Ausnahme kann darin nachgewiesen werden.

*Dieselbe Folgerung ist aber selbstverständlich auch bei allem anderen zu ziehen!* Gibt das dem Menschen nicht zu denken? Es muß ihm doch wie Schuppen von den Augen fallen. Dem Denkenden und dem Vergleichenden sagt es ganz deutlich, daß er bei allem anderen, was der Verstand beherrscht, auch nur einen Ersatz erhalten kann, das Minderwertige! An dieser Tatsache sollte der Mensch erkennen, welche Stelle dem Verstand von Natur aus gehört, wenn etwas Richtiges und Wertvolles erstehen soll!

Die Kunst allein ist bisher noch aus dem Wirken des lebendigen Geistes, aus der Empfindung heraus geboren. Sie allein hat einen natürlichen, also normalen und gesunden Ursprung und Werdegang gehabt. Der Geist *äußert* sich aber nicht in dem Verstande, sondern in den *Empfindungen,* und zeigt sich nur in dem, was man so allgemein »Gemüt« benennt. Gerade das, was der auf sich so maßlos stolze Verstandesmensch von heute gern verspottet und verlacht. Er höhnt damit das Wertvollste am Menschen, ja, ausgerechnet das, was überhaupt den Menschen zum Menschen macht!

Mit dem Verstande hat Geist nichts zu tun. Will der Mensch endlich einmal Besserung in allem, muß er das Christuswort beachten: *»An ihren Werken sollt Ihr sie erkennen!«* Die Zeit ist da, wo dies geschehen wird.

Nur Werke des *Geistes* tragen in sich von ihrem Ursprung her das *Leben,* damit Dauer und Bestand. Und alles andere muß in sich selbst zusammenbrechen, wenn seine Blütezeit vorüber ist. Sobald die Früchte dafür kommen sollen, wird die Hohlheit offenbar!

Seht doch nur die Geschichte an! Allein das Werk des Geistes, also die Kunst, überdauerte die Völker, die an dem Wirken ihres in sich leblosen, kalten Verstandes schon zusammenbrachen. Ihr hohes, vielgerühmtes Wissen konnte ihnen davor keine Rettung bieten. Ägypter, Griechen,

## 19. ES WAR EINMAL...!

Römer gingen diesen Weg, später auch Spanier und Franzosen, jetzt die Deutschen – *doch die Werke echter Kunst haben sie alle überlebt!* Sie werden auch nie untergehen können. Niemand aber sah die strenge Regelmäßigkeit in dem Geschehen dieser Wiederholungen. Kein Mensch dachte daran, die eigentliche Wurzel dieses schweren Übels zu ergründen.

Anstatt diese zu suchen und dem immer wiederkehrenden Verfalle einmal Einhalt zu gebieten, ergab man sich blindlings darein und fügte sich mit Klagen und mit Grollen diesem großen »Nichtzuändernsein«.

Jetzt trifft es nun zum Schluß die ganze Menschheit! Viel Elend liegt schon hinter uns, noch größeres steht uns bevor. Und tiefes Weh geht durch die dichten Reihen der zum Teil schon jetzt davon Betroffenen.

Denkt an die Völker alle, die schon stürzen mußten, sobald sie in die Blütezeit gekommen waren, auf des Verstandes Höhepunkt. Die aus der Blütezeit heranwachsenden Früchte waren *überall dieselben!* Unsittlichkeit, Schamlosigkeit und Völlerei in mancherlei Gestalt, dem unentrinnbar der Verfall und Niederbruch sich anschloß.

Die unbedingte Gleichart ist für jedermann sehr auffallend! Und auch ein jeder Denkende muß eine ganz bestimmte Art und Folgerichtigkeit strengster Gesetze in diesem Geschehen finden.

Eins dieser Völker nach dem anderen mußte zuletzt erkennen, daß ihre Größe, ihre Macht und Herrlichkeit nur scheinbar waren, nur durch Gewalt und Zwang gehalten, nicht aus Gesundheit in sich selbst gefestigt.

Öffnet doch Eure Augen, anstatt zu verzagen! Schauet um Euch, lernt aus dem Gewesenen, vergleicht es mit den Botschaften, die aus dem Göttlichen schon vor Jahrtausenden zu Euch gelangten, und Ihr *müßt* die Wurzel des fressenden Übels finden, das ganz allein die Hemmung für den Aufstieg der gesamten Menschheit bildet.

Erst wenn das Übel gründlich ausgerottet ist, wird der Weg zu dem allgemeinen Aufstieg offen sein, nicht früher. Und dieser ist dann von Bestand, weil er Lebendiges des Geistes in sich tragen kann, das bisher ausgeschlossen war. –

Bevor wir näher darauf eingehen, will ich erklären, was Geist ist, als einziges, wirklich Lebendiges im Menschen. Geist ist nicht Witz und nicht Verstand! Geist ist auch nicht erlerntes Wissen. Mit Irrtum nennt man deshalb einen Menschen »geistreich«, wenn er viel studierte, las, beobachtete und sich darüber gut zu unterhalten weiß. Oder wenn er durch gute Einfälle und Verstandeswitz brilliert.

Geist ist etwas ganz anderes. Er ist eine selbständige *Beschaffenheit,* aus der Welt seiner Gleichart kommend, die anders ist als der Teil, dem die Erde und damit der Körper angehört. Die geistige Welt liegt höher, sie bildet den oberen und leichtesten Teil der Schöpfung. Dieser geistige Teil im Menschen trägt durch seine Beschaffenheit die Aufgabe in sich, nach dem Geistigen zurückzukehren, sobald sich alle stofflichen Umhüllungen von ihm gelöst haben. Der Drang dazu wird frei bei einem ganz bestimmten Grad der Reife und führt ihn dann empor zu seiner Gleichart, durch deren Kraft der Anziehung gehoben.*

Geist hat mit irdischem Verstande nichts zu tun, nur mit der Eigenschaft, die man als das »Gemüt« bezeichnet. Geistreich ist also gleichbedeutend mit »gemütvoll«, aber nicht verstandesvoll.

Um diesen Unterschied einmal leichter herauszufinden, benütze der Mensch nun den Satz: »Es war einmal!« Sehr viele Suchende werden dadurch schon eine Klärung finden. Beobachten sie aufmerksam sich selbst, so können sie erkennen, was alles in dem bisherigen Erdenleben ihrer *Seele* nützte, oder was dazu diente, ihnen lediglich das Durchkommen und ihre Arbeit in der irdischen Umgebung zu erleichtern. Was also nicht nur irdische, sondern auch jenseitige Werte hat, und was allein für Erdenzwecke dient, fürs Jenseits aber wertlos bleibt. Das eine kann der Mensch mit hinübernehmen, das andere jedoch läßt er bei dem Abscheiden zurück als nur hierher gehörend, da es ihm weiterhin nichts nützen kann. Was er zurückläßt, ist aber nur Werkzeug für das irdische Geschehen, Hilfsmittel für die *Erdenzeit,* sonst nichts.

Wird nun ein Werkzeug nicht als solches nur benützt, sondern viel höher eingeschätzt, so kann es selbstverständlich dieser Höhe nicht ge-

---

* Vortrag: »Ich bin die Auferstehung und das Leben...!«

## 19. ES WAR EINMAL...!

nügen, es ist am falschen Platze, bringt naturgemäß damit auch Mängel vieler Art, die mit der Zeit ganz unheilvolle Folgen nach sich ziehen.

Zu diesen Werkzeugen gehört als oberstes der *irdische Verstand,* der als Produkt des menschlichen Gehirnes die Beschränkung in sich tragen muß, der alles Körperlich-Grobstoffliche durch seine eigene Beschaffenheit stets unterworfen bleibt. Und anders als der Ursprung kann auch das Produkt nicht sein. Dieses bleibt immer an die Art des Ursprunges gebunden. Ebenso die Werke, die durch das Produkt erstehen.

Das ergibt für den Verstand naturgemäß das engste, nur irdische Begriffsvermögen, dicht an Raum und Zeit gebunden. Da er von der an sich toten Grobstofflichkeit stammt, welche kein *eigenes* Leben in sich trägt, ist auch er ohne lebendige Kraft. Dieser Umstand setzt sich selbstverständlich ebenfalls in allem Wirken des Verstandes fort, dem es dadurch unmöglich bleibt, in seine Werke auch Lebendiges zu legen.

In diesem unabbiegbaren natürlichen Geschehen liegt der Schlüssel zu den trüben Vorgängen während des Menschenseins auf dieser kleinen Erde.

Wir müssen endlich unterscheiden lernen zwischen Geist und dem Verstande, dem lebendigen Kerne des Menschen und seinem Werkzeuge! Wird dieses Werkzeug *über* den lebenden Kern gesetzt, wie es bisher geschah, ergibt es Ungesundes, das den Todeskeim schon beim Erstehen in sich tragen muß, und das Lebendige, das Höchste, Wertvollste, wird damit eingeschnürt, gebunden, abgeschnitten von seiner notwendigen Tätigkeit, bis es im unausbleiblichen Zusammensturz des toten Baues unfertig frei emporsteigt aus den Trümmern.

Stellen wir uns nun anstatt »Es war einmal« die Frage vor: »Wie war es in früherer Zeit?« Wie anders ist die Wirkung. Man bemerkt sofort den großen Unterschied. Die erste Frage spricht zu der Empfindung, die mit dem Geiste in Verbindung steht. Die zweite Frage aber wendet sich an den Verstand. Ganz andere Bilder tauchen dabei auf. Sie sind von vornherein beengt, kalt, ohne Lebenswärme, weil der Verstand nichts anderes zu geben hat.

## 19. ES WAR EINMAL...!

Der Menschheit größte Schuld aber ist es von Anfang an, daß sie diesen Verstand, der doch nur Lückenhaftes ohne Leben schaffen kann, auf einen hohen Sockel setzte und förmlich anbetend umtanzte. Man gab ihm einen Platz, der *nur dem Geiste* vorbehalten werden durfte.

Dieses Beginnen steht in allem gegen die Bestimmungen des Schöpfers und somit gegen die Natur, da diese ja in dem Geschehen der Natur verankert liegen. Deshalb kann auch nichts zu einem wahren Ziele führen, sondern es muß alles scheitern an dem Punkte, wo die Ernte einzusetzen hat. Es ist nicht anders möglich, sondern ein natürliches, vorauszusetzendes Geschehen.

Nur in der *reinen Technik* ist es anders, in jeder Industrie. Diese ist durch Verstand auf großer Höhe angelangt und wird in Zukunft noch viel weiter kommen! Die Tatsache dient jedoch als Beweis der Wahrheit meiner Ausführungen. Technik ist und bleibt in *allen* Dingen immer nur rein irdisch, tot. Da der Verstand nun ebenfalls zu allem Irdischen gehört, vermag er sich in der Technik glänzend zu entfalten, wirklich Großes zu verrichten. Er steht darin am rechten Platze, in seiner wirklichen Aufgabe!

Doch dort, wo auch »Lebendiges«, also rein *Menschliches,* mit in Betracht gezogen werden muß, reicht der Verstand in seiner Art nicht aus und *muß* deshalb versagen, sobald er nicht dabei geführt wird durch den Geist! Denn nur der Geist ist Leben. Erfolg in einer ganz bestimmten Art kann immer nur die Tätigkeit der Gleichart bringen. Niemals wird irdischer Verstand deshalb im Geiste wirken können! Aus diesem Grunde wurde es schweres Vergehen dieser Menschheit, daß sie den Verstand über das Leben setzte.

Der Mensch *wendete* damit seine Aufgabe entgegen der schöpferischen, also ganz natürlichen Bestimmung *direkt um,* stellte sie sozusagen auf den Kopf, indem er dem an zweiter und nur irdischer Stelle kommenden Verstande den obersten Platz einräumte, der dem lebendigen Geiste gehört. Dadurch ist es wiederum ganz natürlich, daß er nunmehr gezwungen ist, von unten nach oben mühsam zu suchen, wobei der darüber gestellte Verstand mit seinem begrenzten Begriffsvermögen je-

## 19. ES WAR EINMAL...!

den weiteren Ausblick verhindert, anstatt durch den Geist von oben herab schauen zu können.

Will er erwachen, so ist er gezwungen, vorher erst die »Lichter umzustellen«. Was jetzt oben ist, den Verstand, an seinen ihm von Natur aus gegebenen Platz zu setzen, und den Geist wieder an oberste Stelle zu bringen. Diese notwendige Umstellung ist für den heutigen Menschen nicht mehr so leicht. –

Die damalige umstellende Handlung der Menschen, die sich so einschneidend gegen den Schöpferwillen, also gegen die Naturgesetze, richtete, war der eigentliche »*Sündenfall*«, dessen Folgen an Furchtbarkeit nichts zu wünschen übrig lassen; denn er wuchs sich dann zur »Erbsünde« aus, weil die Erhebung des Verstandes zum Alleinherrscher auch wieder die natürliche Folge nach sich zog, daß die so einseitige Pflege und Betätigung mit der Zeit auch das Gehirn einseitig stärkte, so daß nur der Teil, der die Arbeit des Verstandes zu verrichten hat, heranwuchs, und der andere verkümmern mußte. Dadurch vermag sich dieser durch Vernachlässigung verkümmerte Teil heute nur noch als unzuverlässiges Traumgehirn zu betätigen, das auch dabei noch unter dem kraftvollen Einflusse des sogenannten Tagesgehirnes steht, das den Verstand betätigt.

Der Teil des Gehirnes, der die Brücke zum Geist bilden soll, oder besser die Brücke vom Geist zu allem Irdischen, ist also damit lahmgelegt, eine Verbindung abgebrochen oder doch sehr stark gelockert, wodurch der Mensch für sich jede Betätigung des Geistes unterband und damit auch die Möglichkeit, seinen Verstand »beseelt« zu machen, durchgeistet und belebt.

Die beiden Teile des Gehirnes hätten ganz *gleichmäßig* großgezogen werden müssen, zu gemeinsamer harmonischer Tätigkeit, wie alles in dem Körper. Führend der Geist, ausführend hier auf Erden der Verstand. Daß dadurch auch alle Betätigung des Körpers, und sogar dieser selbst, nie so sein kann, wie er sein soll, ist selbstverständlich. Dieses Geschehen zieht sich doch naturgemäß durch alles! Weil damit die Hauptsache zu allem Irdischen fehlt!

## 19. ES WAR EINMAL...!

Daß mit dem Unterbinden gleichzeitig auch die Entfernung und Entfremdung von dem Göttlichen verbunden war, ist leicht verständliches Geschehen. Es gab dazu ja keinen Weg mehr.

Das hatte zuletzt wiederum den Nachteil, daß schon seit Jahrtausenden ein jeder Kindeskörper, der geboren wird, durch immer weitergreifende Vererbung das vordere Verstandesgehirn so groß mit auf die Erde bringt, daß jedes Kind von vornherein durch diesen Umstand spielend wieder dem Verstande unterworfen wird, sobald dieses Gehirn die volle Tätigkeit entfaltet. Die Kluft zwischen den beiden Teilen des Gehirnes ist nun so groß geworden, das Verhältnis der Arbeitsmöglichkeit so ungleich, daß sich bei der Mehrzahl aller Menschen ohne Katastrophe eine Besserung nicht mehr erzielen läßt.

Der jetzige Verstandesmensch ist nicht mehr ein *normaler* Mensch, sondern ihm fehlt jede Entwickelung des Hauptteiles seines Gehirnes, der zum Vollmenschen gehört, durch das Verkümmernlassen seit Jahrtausenden. Jeder Verstandesmensch hat ausnahmslos nur ein *verkrüppeltes* Normalgehirn! *Gehirnkrüppel* beherrschen deshalb seit Jahrtausenden die Erde, betrachten den Normalmenschen als Feind und suchen ihn zu unterdrücken. Sie bilden sich in der Verkümmerung ein, sehr viel zu leisten, und wissen nicht, daß der Normalmensch *Zehnfaches* zu leisten in der Lage ist und Werke schafft, die *Dauer* haben, vollkommener sind als das jetzige Bemühen! Zu dieser Fähigkeit zu kommen, steht einem wirklich ernsten Sucher der Weg offen!

Ein Verstandesmensch jedoch wird nicht so leicht mehr fähig werden können, etwas zu begreifen, was zur Tätigkeit dieses verkümmerten Teiles seines Gehirnes gehört! Er *kann* es einfach nicht, wenn er auch möchte, und nur aus seiner freiwilligen Einengung heraus verlacht er alles das, was für ihn unerreichbar ist, und infolge seines in Wirklichkeit *zurückgebliebenen,* nicht normalen Gehirnes auch nie mehr von ihm begriffen werden wird.

Darin ruht gerade der furchtbarste Teil des Fluches dieser unnatürlichen Abirrung. Die zu einem normalen Menschen unbedingt gehörende harmonische Zusammenarbeit der beiden Teile des menschlichen

Gehirnes ist für die heutigen Verstandesmenschen, die man Materialisten nennt, endgiltig ausgeschlossen. –

Materialist zu sein, ist nicht etwa ein Lob, sondern der Ausweis für verkümmertes Gehirn.

Es herrscht also bisher auf dieser Erde das *unnatürliche* Gehirn, dessen Wirken zuletzt selbstverständlich auch den unaufhaltsamen Zusammenbruch in allem bringen muß, da alles das, was es auch bringen will, durch die Verkümmerung naturgemäß Disharmonie und Ungesundheit in sich birgt schon bei Beginn.

Daran ist nun nichts mehr zu ändern, sondern man muß ruhig das natürlich sich entwickelnde Zusammenbrechen kommen lassen. *Dann aber ist der Tag der Auferstehung für den Geist und auch ein neues Leben!* Der seit Jahrtausenden das Wort führende Sklave des Verstandes ist damit abgetan für immer! Nie wieder wird er sich erheben können, weil der Beweis und eigenes Erleben ihn zwingen werden, sich *dem* als Kranker und geistig Verarmter endlich freiwillig zu beugen, was er nicht verstehen konnte. Gelegenheit zum Auftreten wider den Geist wird ihm nie mehr geboten sein, weder mit Spott noch mit dem Schein des Rechtes durch Gewalt, wie es ja auch dem Gottessohne gegenüber angewendet wurde, der dagegen kämpfen mußte.

Damals wäre es noch Zeit gewesen, vieles Unglück abzuwenden. Jetzt aber nicht mehr; denn inzwischen läßt sich die gelockerte Verbindung zwischen beiden Teilen des Gehirnes nicht mehr überbrücken.

Viele Verstandesmenschen wird es geben, welche wieder spötteln wollen über die Ausführungen in diesem Vortrage, ohne aber dabei wie schon immer außer leeren Schlagworten nur *einen wirklich sachlichen Gegenbeweis* führen zu können. Doch jeder ernsthaft Suchende und Denkende wird derartig blindes Eifern nur als erneuten Beweis dafür nehmen müssen, was ich hierin klarlegte. Die Leute *können* einfach nicht, auch wenn sie sich bemühen. Betrachten wir sie deshalb nun von heute ab als Kranke, die der Hilfe bald bedürfen werden, und... warten wir es ruhig ab.

Es ist kein Kampf und kein Gewaltakt nötig, um den notwendigen

Fortschritt zu erzwingen; denn das Ende kommt von selbst. Auch hierin wirkt sich das natürliche Geschehen in den unabbiegbaren Gesetzen aller Wechselwirkungen ganz unerbittlich und auch pünktlich aus. – –

Ein »neues Geschlecht« soll dann erstehen nach so mancherlei Verkündigungen. Dieses wird sich jedoch nicht nur aus Neugeburten zusammenstellen, wie sie jetzt in Kalifornien und auch in Australien bereits beobachtet werden, als mit einem »neuen Sinn« begabt, sondern in der Hauptsache aus *schon lebenden Menschen,* die in naher Zeit »sehend« werden durch viel kommendes Geschehen. Dann haben sie denselben »Sinn« wie die jetzt Neugeborenen; denn dieser ist nichts weiter als die Fähigkeit, offenen, unbeengten Geistes in der Welt zu stehen, der sich von der Beschränkung des Verstandes nicht mehr unterdrücken läßt. *Die Erbsünde wird damit ausgelöscht!*

Es hat dies alles aber mit den bisher als »okkulte Fähigkeiten« bezeichneten Eigenschaften nichts zu tun. *Es ist dann lediglich der normale Mensch, wie er sein soll!* Das »Sehendwerden« hat nichts mit dem »Hellsehen« zu schaffen, sondern es bedeutet das *»Einsehen«,* Erkennen.

Die Menschen sind dann in der Lage, alles unbeeinflußt zu erblicken, was nichts anderes bedeutet, als zu beurteilen. Sie sehen den Verstandesmenschen so, wie er wirklich ist, mit der für ihn und seine Umwelt so gefährlichen Beschränkung, der gleichzeitig die anmaßende Herrschsucht und Rechthaberei entspringt, die eigentlich dazu gehört.

Sie werden es auch sehen, wie seit Jahrtausenden in strenger Folgerichtigkeit einmal in dieser, dann in jener Form die ganze Menschheit unter diesem Joche litt, und wie sich dieser Krebsschaden als Erbfeind immer gegen die Entwickelung des freien Menschen*geistes* richtete, den Hauptzweck in der Menschen Sein! Nichts wird ihnen entgehen, auch nicht die bittere Gewißheit, daß die Trübsal, *alle* Leiden, ein jeder Sturz durch dieses Übel kommen mußte, und daß die Besserung niemals erstehen konnte, weil jedes Einsehen von vornherein durch die Beengung des Begriffsvermögens ausgeschlossen war.

Mit *dem* Erwachen hat aber auch jeder Einfluß, jede Macht dieser

Verstandesmenschen aufgehört. Für *alle* Zeit; denn eine neue, bessere Epoche für die Menschheit setzt dann ein, in der sich Altes nicht mehr halten kann.

Damit kommt der heute schon von Hunderttausenden ersehnte notwendige Sieg des Geistes über den versagenden Verstand. Viele der bisher irregeführten Massen werden dabei noch erkennen, daß sie bisher den Ausdruck »Verstand« vollkommen falsch gedeutet hatten. Die meisten nahmen ihn einfach als einen Götzen hin, ganz ungeprüft, nur weil ihn auch die anderen als solchen hinstellten, und weil sich alle seine Anhänger stets als die unfehlbaren, unbeschränkten Herrscher durch Gewalt und durch Gesetze aufzuspielen wußten. Viele nehmen sich deshalb gar keine Mühe, deren eigentliche Hohlheit und die Mängel aufzudecken, welche sich dahinter bargen.

Es gibt nun allerdings auch manche, welche schon Jahrzehnte hindurch gegen diesen Feind ankämpfen, mit zäher Energie und Überzeugung, versteckt und teilweise auch offen, mitunter auch den schwersten Leiden ausgesetzt. *Doch sie kämpfen, ohne den Feind selbst zu kennen!* Und das erschwerte selbstverständlich den Erfolg. Es machte ihn von vornherein unmöglich. Das Schwert der Kämpfer war nicht gut geschärft, weil sie es stets an nebensächlichen Geschehen schartig schlugen. Mit diesen Nebensachen aber trafen sie auch stets zur Seite in das Leere, vergeudeten die eigne Kraft und brachten nur Zersplitterung unter sich.

Es gibt in Wirklichkeit nur *einen* Feind der Menschheit auf der ganzen Linie: *die bisher unbeschränkte Herrschaft des Verstandes! Das* war der große *Sündenfall,* die schwerste Schuld des Menschen, welche alles Übel nach sich zog. *Das* wurde zu der *Erbsünde,* und *das ist auch der Antichrist,* von dem verkündet ist, daß er sein Haupt erheben wird. Deutlicher ausgedrückt, ist Herrschaft des Verstandes sein Werkzeug, wodurch die Menschen ihm verfallen sind. Ihm, dem Gottfeindlichen, dem Antichristen selbst ... Luzifer!\*

---

\* Vortrag: »Der Antichrist«.

## 19. ES WAR EINMAL...!

Wir stehen mitten in der Zeit! Er wohnt heute in *jedem* Menschen, bereit, ihn zu verderben, denn seine Tätigkeit bringt sofort Abwendung von Gott als ganz natürliche Folge. Er schneidet den Geist ab, sobald er herrschen darf.

Deshalb sei der Mensch scharf auf seiner Hut. –

Seinen Verstand soll er nun deshalb nicht etwa verkleinern, doch *zum Werkzeug* machen, was er ist, nicht aber zu dem maßgebenden Willen. Nicht zum Herrn!

Der Mensch des kommenden Geschlechtes wird die bisherige Zeit nur noch mit Ekel, Grauen und mit Scham betrachten können. Ungefähr so, wie es mit uns geschieht, wenn wir in eine alte Folterkammer treten. Auch darin sehen wir die schlechten Früchte der kalten Verstandeswirtschaft. Denn es ist wohl unbestreitbar, daß ein Mensch *mit nur etwas Gemüt* und demnach Geistestätigkeit solcherart Greuel nie ersonnen haben würde! Es ist im ganzen heute allerdings nicht anders, nur etwas übertünchter, und die Massenelende sind ebensolche faulen Früchte wie die damalige Einzelfolter.

Wenn der Mensch dann einen Rückblick werfen wird, so kommt er aus dem Kopfschütteln nicht mehr heraus. Er wird sich fragen, wie es möglich war, die Irrungen Jahrtausende hindurch still zu ertragen. Die Antwort gibt sich selbstverständlich einfach: durch Gewalt. Wohin man blickt, ist es ganz deutlich zu erkennen. Abgesehen von den Zeiten grauen Altertums, brauchen wir nur einzutreten in die schon erwähnten Folterkammern, die noch heute überall zu sehen sind, und deren Ausübung nicht so sehr weit zurückliegt.

Wir schaudern, wenn wir diese alten Werkzeuge betrachten. Wieviel kalte Brutalität liegt darin, welche Bestialität! Kaum ein Mensch heutiger Zeit wird daran zweifeln, daß in jenem damaligen Tun schwerstes Verbrechen lag. An den Verbrechern wurde damit ein noch größeres Verbrechen verübt. Aber, herausgeholt aus der Familie und Freiheit, wurde auch so mancher Unschuldige roh hineingeworfen in diese Gewölbe. Welche Klagen, welche Schmerzensschreie verhallten hier von denen, die den Peinigern vollkommen wehrlos darin preisgegeben wa-

## 19. ES WAR EINMAL...!

ren. Menschen mußten Dinge leiden, vor denen man in Gedanken nur mit Grauen und Abscheu stehen kann.

Ein jeder fragt sich unwillkürlich, ob das wirklich menschenmöglich war, was da alles an diesen Wehrlosen geschah, dazu noch unter einem Scheine alles Rechtes. Eines Rechtes, das man sich doch einst nur mit Gewalt erzwungen hatte. Und nun erzwang man wiederum durch körperliche Schmerzen Schuldbekenntnisse von den Verdächtigen, damit man sie dann in Gemächlichkeit ermorden konnte. Wenn diese Schuldbekenntnisse auch nur erzwungen abgegeben wurden, um diesen unsinnigen körperlichen Qualen zu entgehen, so genügte es den Richtern doch, weil sie es brauchten, um dem »Worte« des Gesetzes zu genügen. Ob die also Beschränkten wirklich wähnten, daß sie sich dadurch auch vor dem göttlichen Willen reinwaschen und von dem unerbittlich arbeitenden Grundgesetze einer Wechselwirkung freikommen konnten?

Entweder waren alle diese Menschen Auswürfe der hartgesottensten Verbrecher, die sich unterfingen, über andere Gericht zu halten, oder es zeigte sich darin so deutlich die krankhafte Beschränktheit irdischen Verstandes. Ein Mittelding kann es nicht geben.

Nach göttlichen Schöpfungsgesetzen sollte ein jeder Würdenträger, jeder Richter, gleichviel, welches Amt er hier auf Erden trägt, in seinem *Handeln* niemals unter einem Schutze dieses Amtes stehen, sondern er hat allein und rein *persönlich, ungeschützt* wie jeder andere Mensch, für alles *selbst* volle Verantwortung zu tragen, was er in seinem Amte tut. Nicht geistig nur, sondern auch irdisch. Dann wird es jedermann viel ernster, sorgfältiger nehmen. Und sogenannte »Irrtümer« werden ganz sicher nicht so leicht wieder vorkommen, deren Folgen nie gutzumachen sind. Ganz abgesehen von den körperlichen und seelischen Leiden der davon Betroffenen und ihrer Angehörigen.

Doch betrachten wir uns einmal weiterhin das auch dazu gehörende Kapitel der Prozesse über sogenannte »Hexen«!

Wer einmal Zugang hatte zu Gerichtsakten über derartige Prozesse, möchte mit Aufwallung flammender Scham sich wünschen, nie zu dieser Menschheit zugezählt zu werden. Besaß ein Mensch damals nur Kunde über Heilkräuter, sei es durch praktische Erfahrungen oder durch Überlieferungen, und half er damit den leidenden Menschen, die ihn darum baten, so kam er unerbittlich dafür unter diese Folter, wovon ihn zuletzt nur der Tod durch Feuer erlöste, wenn sein Körper nicht schon vorher diesen Grausamkeiten erlag.

Selbst körperliche Schönheit konnte damals Anlaß dazu sein, namentlich Keuschheit, welche nicht zu Willen war.

Und dann die Furchtbarkeiten der Inquisition! Verhältnismäßig wenig Jahre sind es nur, die uns von diesem »damals« trennen!

Wie wir nun heute diese Ungerechtigkeit erkennen, genau so fühlte es damals das Volk. Denn dieses war von dem »Verstande« noch nicht ganz so eingeengt, bei ihm brach noch hier und da Empfindung hindurch, der Geist.

Erkennt man heute nicht vollkommene Beschränktheit in dem allen? Unverantwortliche Dummheit?

Man spricht davon mit Überlegenheit und Achselzucken, doch es ist im Grunde nichts daran geändert. Die beschränkte Anmaßung allem Nichtverstandenen gegenüber ist noch genau so da! Nur ist an Stelle dieser Folterungen jetzt öffentlicher Spott zur Hand, bei allem, was man durch die eigene Beschränktheit nicht versteht.

Es schlage sich doch mancher einmal an die Brust und denke, ohne sich dabei zu schonen, ernst darüber nach. Ein jeder Mensch wird von Verstandesheroen, das heißt also nicht ganz normalen Menschen, von vornherein als Schwindler angesehen, auch vielfach vor Gericht, wenn er die Fähigkeit besitzt, etwas zu wissen, was den anderen verschlossen ist, vielleicht mit feinstofflichen Augen auch die feinstoffliche Welt zu schauen, als ein natürliches Geschehen, was man in ganz kurzer Zeit nicht mehr bezweifeln, noch weniger brutal bekämpfen wird.

Und wehe dem, der selbst nichts damit anzufangen weiß, sondern in aller Harmlosigkeit davon spricht, was er gesehen hat, und was er hörte. Er muß sich davor fürchten, wie die ersten Christen unter Nero mit seinen allezeit zum Mord bereiten Helfern.

Wenn er nun gar noch andere Fähigkeiten hat, die von den ausgesprochenen Verstandesmenschen *nie* begriffen werden können, dann wird er unbedingt erbarmungslos gehetzt, verleumdet, ausgestoßen, wenn er nicht jedermann zu Willen ist; wenn irgend möglich wird er »unschädlich« gemacht, wie man sich so schön auszudrücken pflegt. Niemand macht sich darüber irgendwie Gewissensbisse. Ein solcher Mensch gilt heute noch als Freiwild eines jeden innerlich manchmal sehr unsauberen Menschen. Je beschränkter, desto größer ist der Wahn der Klugheit und der Hang zur Überhebung.

Man hat an diesen Vorgängen der alten Zeit mit ihren Foltern und Verbrennungen und den so lächerlichen Akten der Prozesse nichts gelernt! Denn jeder darf auch heute noch Außergewöhnliches und Nichtverstandenes straffrei beschmutzen und beleidigen. Es ist darin nicht anders, als es früher war.

Noch schlimmer als bei der Justiz war es bei den Inquisitionen, welche von der Kirche ihren Ausgang hatten. Hier wurden Schreie der Gequälten von frommen Gebeten übertönt. Es war ein Hohn auf den göttlichen Willen in der Schöpfung! Die damaligen kirchlichen Vertreter bewiesen damit, daß sie keine Ahnung von der wahren Lehre Christi hatten, noch von der Gottheit und von deren schöpferischem Willen, dessen Gesetze unumstößlich in der Schöpfung ruhen und dort wirken, gleichartig schon von Anfang an und bis ans Ende aller Tage.

Gott gab dem Menschengeiste in dessen Beschaffenheit den freien Willen des Entschlusses. In *diesem* nur kann er so reifen, *wie er soll,* sich abschleifen und voll entwickeln. Nur darin liegt für ihn die Möglichkeit dazu. Wird dieser freie Wille aber unterbunden, so ist es eine Hemmung, wenn nicht ein gewaltsames Zurückschleudern.

Christliche Kirchen aber, wie viele Religionen, bekämpften damals diese göttliche Bestimmung, traten ihr mit größter Grausamkeit entgegen. Durch Marter und zuletzt durch Tod wollten sie Menschen zwingen, Wege einzuschlagen und zu gehen, Bekenntnisse zu machen, die gegen deren Überzeugung, also *gegen deren Willen* waren. Damit verstießen sie gegen das göttliche Gebot. Doch nicht nur das, sondern sie hinderten die Menschen an dem Vorwärtsschreiten ihres Geistes und schleuderten sie noch Jahrhunderte zurück.

Wenn dabei nur ein Funken wirklicher Empfindung sich gezeigt hätte, also des Geistes, so durfte und so konnte solches nie geschehen! Es bewirkte demnach nur die Kälte des Verstandes das Unmenschliche.

Wie mancher Papst selbst hat geschichtlich nachweisbar mit Gift und Dolch arbeiten lassen, um seine rein irdischen Wünsche, seine Ziele zu verwirklichen. *Das* konnte nur unter der Herrschaft des Verstandes sein, welcher auf seinem Siegeszuge *alles* unterwarf, vor nichts haltmachte. –

Und über allem lag und liegt in unabwendbarem Geschehen ehern unseres Schöpfers Wille. Beim Hinübertreten in das Jenseits ist ein jeder Mensch entkleidet der irdischen Macht und deren Schutzes. Sein Name, seine Stellung, alles ist zurückgeblieben. Nur eine arme Menschenseele geht hinüber, um dort zu empfangen, auszukosten, was sie säte. Nicht *eine* Ausnahme ist möglich! Ihr Weg führt sie durch alles Räderwerk der unbedingten Wechselwirkung göttlicher Gerechtigkeit. Da gibt es keine Kirche, keinen Staat, sondern nur Einzelmenschenseelen, die persönlich über jeden Irrtum abzurechnen haben, den sie taten!

Wer gegen Gottes Willen handelt, also in der Schöpfung sündigt, ist den Folgen dieser Übertretung unterworfen. Gleichviel, wer es auch sei, und unter welchem Vorwande es ausgeführt wurde. Sei es ein Einzelmensch, unter dem Deckmantel der Kirche, der Justiz ... Verbrechen an dem Körper oder an der Seele ist und bleibt Verbrechen! Es kann durch nichts geändert werden, auch nicht durch einen *Schein* des Rechtes, das durchaus nicht immer das Recht ist; denn selbstverständlich wurden die Gesetze ebenfalls nur durch Verstandesmenschen aufgestellt und müssen dieserhalb irdische Beschränkung in sich tragen.

Man sehe sich das Recht so vieler Staaten einmal an, namentlich in Zentral- und Südamerika. Der Mensch, der heute die Regierung führt und dabei alle Ehren hat, kann morgen schon als ein Verbrecher in den Kerker kommen oder hingerichtet werden, wenn es dem Widersacher glückt, diese Regierung durch einen Gewaltakt an sich zu reißen. Gelingt ihm dieses nicht, wird *er* anstatt als Regent anerkannt zu werden, als ein Verbrecher angesehen und verfolgt. Und alle behördlichen Organe dienen bereitwillig dem einen wie dem anderen. Sogar ein Weltreisender muß oft sein Gewissen wechseln wie ein Kleid, wenn er aus einem Lande in ein anderes geht, um überall als gut zu gelten. Was in dem einen Lande als Verbrechen gilt, ist in dem anderen sehr oft erlaubt, noch mehr, vielleicht sogar begrüßt.

Das ist natürlich nur in den Errungenschaften irdischen Verstandes möglich, nie aber dort, wo der Verstand seine natürliche Stufe als Werkzeug des lebendigen Geistes einnehmen muß; denn wer auf den Geist hört, wird niemals Gesetze Gottes übersehen. Und wo diese als die Grundlage genommen werden, dort kann es keine Mängel, keine Lücken geben, sondern nur Einheitlichkeit, die Glück und Frieden nach sich zieht. Die Ausdrücke des Geistes können überall in ihren Grundzügen nur immer ganz die gleichen sein. Sie werden nie einander gegenüberstehen.

Auch Rechtskunst, Heilkunst, Staatskunst muß nur mangelhaftes Handwerk bleiben dort, wo nur Verstand die Grundlage bilden kann und das Geistige darin fehlt. Es ist einfach nicht anders möglich. Dabei natürlich immer wieder von dem wirklichen Begriffe »Geist« ausgehend. –

Wissen ist ein Produkt, Geist aber Leben, dessen Wert und Kraft nur nach seinem Zusammenhange mit dem Ursprunge des Geistigen bemessen werden kann. Je inniger dieser Zusammenhang, desto wertvoller, machtvoller der von dem Ursprung ausgegangene Teil. Je lockerer aber dieser Zusammenhang wird, desto entfernter, fremder, einsamer und schwächer muß auch der ausgegangene Teil sein, also der betreffende Mensch.

Das sind alles so einfache Selbstverständlichkeiten, daß man nicht begreifen kann, wie die fehlgegangenen Verstandesmenschen immer und immer wieder wie blind daran vorübergehen. Denn was die Wurzel bringt, erhält der Stamm, die Blüte und die Frucht! Aber auch hierin zeigt sich diese hoffnungslose Selbsteinengung im Begreifen. Mühsam haben sie sich eine Mauer vorgebaut und können nun nicht mehr darüber schauen, noch weniger hindurch.

Allen geistig Lebendigen jedoch müssen sie mit ihrem eingebildet-überlegenen, spöttischen Lächeln, mit dem Sichüberheben und Herabsehen auf andere, nicht so tief Versklavte, manchmal wie arme, kranke Narren erscheinen, die man trotz alles Mitleides in ihrem Wahne lassen muß, weil deren Grenze des Begreifens selbst Tatsächlichkeiten gegenteiliger Beweise ohne Eindrücke vorübergehen läßt. Jede Bemühung, etwas daran zu bessern, muß nur dem erfolglosen Bestreben gleichen, einem kranken Körper durch das Umhängen eines neuen glänzenden Mäntelchens auch gleichzeitig Gesundung zu verschaffen.

Schon jetzt ist der Materialismus über seinen Höhepunkt hinaus und muß nun überall versagend bald in sich zusammensinken. Nicht ohne dabei vieles Gute mitzureißen. Die Anhänger sind bereits am Ende ihres Könnens, werden bald an ihrem Werke und dann an sich selbst verwirrt, ohne den Abgrund zu erkennen, der sich vor ihnen aufgerissen hat. Wie eine Herde ohne Hirten werden sie bald sein, einer dem anderen nicht trauend, jeder seinen eigenen Weg verfolgend, und dabei trotzdem stolz noch über andere sich erhebend. Undurchdacht, nur früherer Gewohnheit folgend.

Mit allen Zeichen des äußeren Scheines ihrer Hohlheit werden sie zuletzt auch blindlings in den Abgrund stürzen. Sie halten noch für Geist, was nur Produkte ihrer eigenen Gehirne sind. Wie aber kann tote Materie lebenden Geist erzeugen? In vielen Dingen sind sie stolz auf ihr exaktes Denken und lassen in den Hauptsachen ganz skrupellos die unverantwortlichsten Lücken.

Ein jeder neue Schritt, jeder Versuch zur Besserung wird immer wieder alle Dürre des Verstandeswerkes in sich tragen müssen und somit den Keim des nicht abzuwendenden Verfalles.

Alles, was ich derart sage, ist kein Prophezeien, kein haltloses Voraussagen, sondern die unabänderliche Folge des alles belebenden Schöpfungswillens, dessen Gesetze ich in meinen Vorträgen erläutere. Wer mit mir im Geiste den darin scharf angedeuteten Wegen folgt, muß

## 19. ES WAR EINMAL...!

auch das notwendige Ende überschauen und erkennen. Und alle Anzeichen dafür sind bereits da.

Man klagt und zetert, sieht mit Ekel, wie sich heute Auswüchse des Materialismus in Formen zeigen, die kaum glaublich sind. Man fleht und betet um Befreiung aus der Qual, um Besserung, Gesundung von dem grenzenlosen Niedergange. Die wenigen, die irgendeine Regung ihres Seelenlebens retten konnten aus der Sturmflut des unglaublichen Geschehens, die geistig nicht erstickten in dem allgemeinen Niedergang, der trügend stolz den Namen »Fortschritt« an der Stirne trägt, sie fühlen sich wie Ausgestoßene, Zurückgebliebene, und werden auch als solche von den seelenlosen Mitläufern der Neuzeit angesehen und verlacht.

*Ein Kranz von Lorbeer allen denen, die den Mut besaßen, sich den Massen nicht mit anzuschließen!* Die stolz zurückblieben auf der steil abschüssigen Bahn!

Ein *Schlafwandler,* der heute noch sich darob unglücklich erachten will! *Die Augen auf!* Seht Ihr denn nicht, daß alles das, was Euch bedrückt, bereits der Anfang von dem jähen Ende des jetzt nur noch scheinbar herrschenden Materialismus ist? Der ganze Bau ist bereits am Zusammenstürzen, ohne Zutun derer, die darunter litten und noch leiden müssen. Das Verstandesmenschentum muß nunmehr ernten, was es in Jahrtausenden erzeugte, nährte, großzog und umschwärmte.

Für Menschenrechnung eine lange Zeit, für Gottes selbsttätige Mühlen in der Schöpfung eine kurze Spanne. Wohin Ihr blickt, überall kommt das Versagen. Es wogt zurück und staut sich drohend wie ein schwerer Wall empor, um bald sich überstürzend und zusammensinkend seine Anbeter tief unter sich zu begraben. Es ist das unerbittliche Gesetz der Wechselwirkung, das bei dieser Auslösung sich furchtbar zeigen muß, weil in Jahrtausenden trotz vielerlei Erfahrungen nie eine Änderung zu Höherem erfolgte, sondern im Gegenteil der gleiche falsche Weg noch breiter ausgetreten wurde.

Verzagende, die Zeit ist da! Hinauf die Stirn, die Ihr oft schamvoll senken mußtet, wenn Ungerechtigkeit und Dummheit Euch so tiefes

Leid bereiten konnten. Seht Euch den Gegner heute ruhig an, der Euch so unterdrücken wollte!

Das bisherige Prunkgewand ist schon sehr arg zerschlissen. Aus allen Löchern sieht man endlich die Gestalt in ihrer wahren Form. Unsicher, doch nicht minder eingebildet, schaut daraus das ermattete Produkt des menschlichen Gehirnes, der Verstand, der sich zum Geist erheben ließ, verständnislos hervor!

Nehmt nur getrost die Binde ab und schaut Euch schärfer um. Allein die Durchsicht sonst ganz guter Zeitungen gibt einem klaren Blicke mancherlei bekannt. Man sieht krampfartiges Bemühen, an allem alten Schein noch festzuhalten. Mit Arroganz und oft sehr plumpen Witzeleien sucht man die immer deutlicher sich zeigende Verständnislosigkeit zu decken. Mit abgeschmackten Ausdrücken will oft ein Mensch etwas beurteilen, wovon er doch in Wirklichkeit ganz augenfällig keine Ahnung des Begreifens hat.

Selbst Menschen mit ganz guten Anlagen flüchten sich heute hilflos auf die unsauberen Wege, nur um nicht zu bekennen, daß so viele Dinge über das Begriffsvermögen ihres eigenen Verstandes gehen, auf den allein sie sich bisher verlassen wollten. Sie fühlen nicht das Lächerliche des Gebarens, sehen nicht die Blößen, die sie nur damit vergrößern helfen. Verwirrt, geblendet werden sie bald vor der Wahrheit stehen und trauernd ihr verfehltes Leben überblicken, dabei endlich beschämt erkennend, daß dort gerade Dummheit lag, wo man sich weise dünkte.

Wie weit ist es heute schon gekommen? *Der Muskelmensch ist Trumpf!* Hat je ein ernster Forscher, der in jahrzehntelangem Ringen ein Serum fand, das Hunderttausenden von Menschen jährlich unter Groß und Klein Schutz und auch Hilfe vor tödlichen Krankheiten bescherte, solche Triumphe feiern können wie ein Boxer, der in rein irdischer, grober Brutalität den Nebenmenschen niederringt? Doch hat dabei nur eine Menschen*seele* irgendwelchen Nutzen? Nur irdisch, alles irdisch, das heißt *niedrig* in dem ganzen Schöpfungswerke! Ganz dem goldnen Kalbe der Verstandestätigkeit entsprechend. Als Triumph dieses so erdgebundenen, tönernen Scheinfürsten über die eingeengte Menschlichkeit! – –

Und niemand sieht dieses rasende Abwärtsgleiten in die grauenhafte Tiefe!

Wer es empfindet, hüllt sich vorläufig noch ein in Schweigen, mit dem beschämenden Bewußtsein, doch verlacht zu werden, wenn er spricht. Es ist bereits ein toller Taumel, in dem jedoch aufkeimende Erkenntnis liegt des Unvermögens. Und mit dem Ahnen *der* Erkenntnis bäumt sich alles nur noch mehr auf, schon aus Trotz, aus Eitelkeit und nicht zuletzt aus Furcht und Grauen vor dem Kommenden. Man *will* um keinen Preis schon an das Ende dieses großen Irrtums denken! Es wird zum krampfhaften Festhalten an dem stolzen Bau vergangener Jahrtausende, der ganz dem Turmbaue zu Babel gleicht und auch so enden wird!

Der bisher ungebeugte Materialismus trägt das Todesahnen in sich, das mit jedem Monat deutlicher zutage tritt. –

Doch in zahlreichen Menschenseelen regt es sich, an allen Orten, auf der ganzen Erde! Über den Glanz der Wahrheit ist nur eine dünne Schicht der alten, falschen Anschauungen noch gebreitet, die der erste Windstoß einer Reinigung hinwegfegt, um damit den Kern freizugeben, dessen Leuchten mit so vielen anderen sich bindet, um seinen Strahlenkegel zu entfalten, der hinaufsteigt wie ein Dankesfeuer nach dem Reich der lichten Freude, zu des Schöpfers Füßen.

Das wird die Zeit des vielersehnten Tausendjährigen Reiches sein, das vor uns liegt als großer Hoffnungsstern in strahlender Verheißung!

Und damit ist die große *Sünde* aller Menschheit *wider den Geist* endlich gelöst, die ihn durch den Verstand gebunden hielt auf Erden! Erst *das* ist dann der rechte Weg zu dem Natürlichen zurück, dem Weg des Schöpferwillens, der der Menschen Werke groß sein lassen will, und von lebendigen Empfindungen durchströmt! Der Sieg des Geistes aber wird gleichzeitig auch der Sieg der reinsten Liebe sein!

## IRRUNGEN

Suchend erhebt so mancher Mensch den Blick nach Licht und Wahrheit. Sein Wunsch ist groß, doch fehlt es ihm sehr oft an ernstem Wollen! Mehr als die Hälfte aller Sucher ist nicht echt. Sie bringen ihre eigne, abgeschlossene Meinung. Sollen sie auch nur ein wenig daran ändern, so lehnen sie viel lieber alles für sie Neue ab, auch wenn darin die Wahrheit liegt.

Tausende müssen dadurch sinken, weil sie in der Verstrickung irrtümlicher Überzeugung die Bewegungsfreiheit unterbanden, die sie zur Rettung durch den Schwung nach oben brauchen.

Immer ist ein Teil vorhanden derer, welche meinen, alles Rechte schon erfaßt zu haben. Sie beabsichtigen nicht, nach dem Gehörten und Gelesenen auch eine strenge Prüfung *gegen sich* zu führen.

Für solche spreche ich natürlich *nicht!*

Ich spreche auch nicht zu Kirchen und Parteien, nicht zu Orden, Sekten und Vereinen, sondern lediglich in aller Einfachheit zum *Menschen* selbst. Fern liegt es mir, etwas Bestehendes zu stürzen; denn ich baue auf, ergänze bisher ungelöste Fragen, die ein jeder in sich tragen muß, sobald er nur ein wenig denkt.

Nur eine Grundbedingung ist für jeden Hörer unerläßlich: ernstes Suchen nach der Wahrheit. Er soll *die Worte* in sich prüfen und lebendig werden lassen, aber nicht des Redners achten. Sonst wird ihm kein Gewinn. Für alle, die das *nicht* erstreben, ist jedes Zeitopfer von vornherein verloren.

Es ist unglaublich, wie naiv die größte Mehrzahl aller Menschen krampfhaft unwissend darüber bleiben will, woher sie kommen, was sie sind, wohin sie gehen!

## 20. IRRUNGEN

Geburt und Tod, die untrennbaren Pole alles Erdenseins, sie dürften kein Geheimnis für den Menschen bilden.

Zerrissenheit liegt in den Anschauungen, die den Wesenskern der Menschen klären wollen. Das ist die Folge des krankhaften Größenwahns der Erdenbürger, die sich vermessen rühmen, ihr Wesenskern sei *göttlich!*

Seht Euch die Menschen an! Könnt Ihr denn Göttliches in ihnen finden? Die törichte Behauptung müßte man als Gotteslästerung bezeichnen, da sie Herabzerrung des Göttlichen bedeutet.

Der Mensch trägt nicht ein Stäubchen Göttliches in sich!

Die Anschauung ist lediglich krankhafte Überhebung, die als Ursache nur das Bewußtsein eines Nichtverstehenkönnens hat. Wo ist der Mensch, der ehrlich sagen kann, daß ihm ein solcher Glaube auch zur Überzeugung wurde? Wer ernsthaft in sich geht, muß es verneinen. Er fühlt genau, daß es nur Sehnsucht, Wunsch ist, Göttliches in sich zu tragen, aber nicht Gewißheit! Man spricht ganz richtig von einem Gottesfunken, den der Mensch in sich trägt. Dieser *Funke* Gottes ist aber *Geist!* Er ist nicht ein Stück der Göttlichkeit.

Der Ausdruck Funke ist eine ganz richtige Bezeichnung. Ein Funke entwickelt sich und sprüht aus, ohne etwas von der Beschaffenheit des Erzeugers mitzunehmen oder in sich zu tragen. So auch hier. Ein Gottes*funke* ist nicht selbst göttlich.

Wo solche Fehler schon im Hinblick auf den *Ursprung* eines Seins zu finden sind, dort *muß* Versagen in dem ganzen Werden kommen! Habe ich auf falschen Grund gebaut, muß einst der ganze Bau ins Wanken und zum Stürzen kommen.

Gibt doch der Ursprung *Halt* fürs ganze Sein und Werden eines jeden! Wer nun, wie üblich, sucht, über den Ursprung weit hinauszugreifen, langt nach für ihn Unfaßbarem, und er verliert in ganz natürlichem Geschehen damit jeden Halt.

Wenn ich zum Beispiel nach dem Aste eines Baumes greife, der durch die irdische Beschaffenheit mit meinem Erdenkörper Gleichart hat, gewinne ich in diesem Aste einen Halt und kann mich deshalb daran aufwärtsschwingen.

Greife ich aber über diesen Ast hinaus, so kann ich an der andersartigen Beschaffenheit der Luft keinen Stützpunkt finden und... kann deshalb auch nicht empor! Das ist doch klar.

Genauso ist es mit der *inneren* Beschaffenheit des Menschen, die man Seele nennt und deren Kern den Geist.

Will dieser Geist den notwendigen Halt aus seinem Ursprung haben, den er braucht, so darf er selbstverständlich nicht ins Göttliche zu fassen suchen. Das wird dann unnatürlich; denn das Göttliche liegt viel zu weit darüber, ist von ganz anderer Beschaffenheit!

Und doch sucht er in seiner Einbildung Verbindung an dieser Stelle, die er nie erreichen kann, und unterbricht dadurch natürliches Geschehen. Wie ein *Wehr* senkt sich sein falsches Wünschen hemmend zwischen ihn und seine notwendige Kraftzufuhr vom Ursprung her. Er schneidet sich selbst ab davon.

Deshalb hinweg mit solchen Irrtümern! Dann kann der Menschengeist erst seine volle Kraft entfalten, die er noch heute achtlos übersieht, und wird zu dem, was er sein kann und soll, *zum Herrn in der Schöpfung!* Doch wohlgemerkt, nur in der Schöpfung, nicht *über* dieser stehend.

Nur *Göttliches* steht über aller Schöpfung. –

Gott selbst, der Ursprung alles Seins und Lebens, ist, wie schon das Wort sagt, göttlich! Der Mensch wurde von *Seinem Geist* erschaffen!

Geist ist der *Wille* Gottes. Aus diesem *Willen* nun erstand die *erste* Schöpfung. Halten wir uns doch an diese einfache Tatsache, sie gibt die Möglichkeit des besseren Verstehens.

Man stelle sich doch einmal zum Vergleich den eigenen Willen vor. Er ist ein Akt, nicht aber ein Stück Mensch, sonst müßte sich der Mensch auflösen mit der Zeit in seinen vielen Willensakten. Es würde von ihm gar nichts übrig bleiben.

Nicht anders auch bei Gott! Sein Wille schuf das Paradies! Sein Wille aber ist der Geist, den man als »Heiligen Geist« bezeichnet. Das Paradies war wiederum auch nur das *Werk* des Geistes, nicht ein Stück von ihm selbst. Darin liegt eine Abstufung nach *unten* zu. Der schöpferische Heilige Geist, also der lebendige Wille Gottes, ging nicht in seiner

Schöpfung auf. Er gab darein auch nicht ein Stück von sich, sondern er blieb selbst ganz *außerhalb* der Schöpfung. Das bringt die Bibel schon ganz klar und deutlich mit den Worten: »Der *Geist* Gottes schwebte *über* den Wassern«, nicht Gott in eigener Person! Das ist schließlich ein Unterschied. Der Mensch trägt also auch nichts von dem Heiligen Geiste selbst in sich, sondern nur von dem *Geiste,* der ein Werk des Heiligen Geistes ist, ein Akt.

Anstatt sich nun mit dieser Tatsache zu befassen, will man hier mit aller Kraft schon eine Lücke bilden! Denkt nur an die bekannte Anschauung über die *erste* Schöpfung, an das Paradies! Es sollte unbedingt auf dieser Erde sein. Der kleine menschliche Verstand zog damit das Geschehen notwendiger Jahrmillionen in seinen eng an Raum und Zeit begrenzten Kreis und stellte sich als Mittelpunkt und Achse alles Weltgeschehens vor. Die Folge war, daß er dadurch den Weg zum eigentlichen Lebensausgangspunkte ohne weiteres verlor.

An Stelle dieses klaren Weges, den er nicht mehr überschauen konnte, mußte in seinen religiösen Anschauungen ein Ersatz gefunden werden, wenn er sich nicht selbst als Urheber des ganzen Seins und Lebens und somit *als Gott* bezeichnen wollte. Diesen Ersatz gab ihm bisher der Ausdruck »Glaube«! Und an dem Worte »Glaube« krankt seither die ganze Menschheit! Ja, noch mehr, das unerkannte Wort, welches alles Verlorene ergänzen sollte, wurde ihr zur Klippe, die das vollständige Scheitern brachte!

Mit Glaube findet sich nur jeder *Träge* ab. Der Glaube ist es auch, an dem die *Spötter* sich verankern können. Und das Wort »Glaube«, *falsch* gedeutet, ist der Schlagbaum, der sich heute hemmend vor den Weg zum Weiterschreiten für die Menschheit legt.

Glaube soll nicht der Mantel sein, der alles Denkens Trägheit großmütig verdeckt, der sich wie eine Schlafkrankheit behaglich lähmend auf den Geist der Menschen senkt! Glaube soll in Wirklichkeit zur *Überzeugung* werden. Überzeugung aber fordert Leben, schärfstes Prüfen!

Wo auch nur *eine* Lücke bleibt, *ein* ungelöstes Rätsel, dort wird die

Überzeugung zur Unmöglichkeit. Kein Mensch kann deshalb wahren Glauben haben, solange in ihm eine Frage offen bleibt.

Schon das Wort »blinder Glaube« gibt das Ungesunde zu erkennen! *Lebendig* muß der Glaube sein, wie Christus einst schon forderte, sonst hat er keinen Zweck. Lebendigkeit aber bedeutet das Sichregen, Abwägen und auch Prüfen! Nicht stumpfes Hinnehmen fremder Gedanken. Blindglauben heißt doch deutlich nicht verstehen. Was der Mensch aber nicht versteht, kann ihm auch geistig keinen Nutzen bringen, denn im Nichtverstehen kann es nicht in ihm zum Leben kommen.

Was er aber in sich nicht ganz erlebt, wird ihm auch nie zu eigen! Und nur das Eigene bringt ihn empor.

Es kann auch schließlich niemand einen Weg beschreiten, vorwärts gehen, wenn in dem Wege große Spalten klaffen. Der Mensch muß geistig dort stehenbleiben, wo er nicht wissend weiter kann. Die Tatsache ist unumstößlich und wohl auch leicht verständlich. Wer also geistig vorwärtskommen will, der wache auf!

Im Schlafe kann er seinen Weg zum Licht der Wahrheit niemals gehen! Auch nicht mit einer Binde oder einem Schleier vor den Augen.

Sehend will der Schöpfer seine Menschen in der Schöpfung haben. Sehend sein aber heißt wissend! Und zu dem Wissen paßt kein blinder Glaube. Trägheit, Denkfaulheit liegt nur in einem solchen, keine Größe!

Der Vorzug eines Denkvermögens bringt dem Menschen auch die Pflicht zum *Prüfen!*

Um allem diesem zu entgehen, hat man aus Bequemlichkeit den großen Schöpfer einfach so verkleinert, daß man ihm Willkürakte als Beweis der Allmacht zumutet.

Wer nur ein wenig denken will, muß darin wieder einen großen Fehler finden. Ein Willkürakt bedingt die Möglichkeit der Abbiegung bestehender Naturgesetze. Wo aber solches vor sich gehen kann, dort fehlt Vollkommenheit. Denn wo Vollkommenheit vorhanden ist, kann keine Änderung erfolgen. Somit wird irrtümlich von einem großen Teil der Menschheit die Allmacht Gottes derart hingestellt, daß sie dem tiefer Denkenden als ein Beweis der Unvollkommenheit zu gelten hätte. Und darin ruht die Wurzel vielen Übels.

Gebt Gott die Ehre der Vollkommenheit! Dann findet Ihr darin den Schlüssel zu den ungelösten Rätseln alles Seins. –

Die ernsthaft Suchenden dahin zu bringen, soll mein Bestreben sein. Ein Aufatmen soll durch die Kreise aller Wahrheitssucher gehen. Sie werden zuletzt froh erkennen, daß in dem ganzen Weltgeschehen kein Geheimnis, keine Lücke ist. Und dann... sehen sie den Weg zum Aufstieg klar vor sich. Sie brauchen ihn nur zu gehen. –

Mystik hat keinerlei Berechtigung in der gesamten Schöpfung! Es ist darin kein Platz für sie vorhanden; denn klar und lückenlos soll alles vor dem Menschengeiste liegen, bis zu seinem Ursprunge zurück. Nur was dann *über* diesem ist, wird jedem Menschengeiste heiligstes Geheimnis bleiben müssen. Deshalb wird Göttliches auch nie von ihm begriffen werden. Mit bestem Willen und dem größten Wissen nicht. In diesem Nichtbegreifenkönnen alles Göttlichen liegt für den Menschen aber das *natürlichste* Geschehen, das man denken kann; denn nichts vermag bekanntlich über die Zusammensetzung seines Ursprunges hinauszugehen. Auch nicht der Geist des Menschen! In andersartiger Zusammensetzung liegt stets eine Grenze. Und Göttliches ist von ganz anderer Beschaffenheit als Geistiges, welchem der Mensch entstammt.\*

Das Tier zum Beispiel kann auch in der vollsten seelischen Entwickelung niemals zum Menschen werden. Aus seiner Wesenhaftigkeit kann unter keinen Umständen das Geistige erblühen, welches den Menschengeist gebiert. In der Zusammensetzung alles Wesenhaften fehlt geistige Grundart. Der aber aus dem Teile geistiger Schöpfung hervorgegangene Mensch kann wiederum auch niemals göttlich werden, da Geistiges die Art des Göttlichen nicht hat. Der Menschengeist kann wohl bis zur Vollkommenheit im höchsten Grade sich entwickeln, wird aber trotzdem immer *geistig* bleiben müssen. Er kann nicht über sich ins

---

\* Hierüber werden in späteren Vorträgen noch weitgehendere Gliederungen gegeben.

Göttliche gelangen. Die andere Beschaffenheit bildet auch hier naturgemäß die niemals überbrückbare Begrenzung nach oben zu. Die Stofflichkeit spricht hierbei gar nicht mit, da sie kein eigenes Leben birgt, sondern als Hülle dient, getrieben und geformt vom Geistigen und von dem Wesenhaften.

Das gewaltige Gebiet des Geistes geht durch die ganze Schöpfung. Der Mensch kann, soll und muß sie deshalb voll erfassen und erkennen! Und durch sein Wissen wird er darin herrschen. Herrschen aber, selbst das strengste, heißt, recht erkannt, nur dienen! —

An keiner Stelle in der ganzen Schöpfung bis hinauf zum höchsten Geistigen wird von natürlichem Geschehen abgewichen! Schon dieser Umstand macht doch jedem alles viel vertrauter. Die ungesunde und geheime Scheu, das Sichversteckenwollen vor so manchen vorläufig noch unbekannten Dingen, fällt dabei von allein in sich zusammen. Mit der *Natürlichkeit* zieht frischer Luftstrom durch die schwüle Umwelt düsterer Gehirngespinste solcher, die gern von sich reden machen wollen. Deren krankhaft-phantastische Gebilde, schreckhaft den Schwachen, zum Gespött der Starken, wirken lächerlich und kindhaft läppisch vor dem klarwerdenden Blick, der zuletzt frisch und froh die prachtvolle Natürlichkeit alles Geschehens umfaßt, das immer nur in einfachen, geraden Linien sich bewegt, die deutlich zu erkennen sind.

Einheitlich geht es durch in strengster Regelmäßigkeit und Ordnung. Und das erleichtert jedem Suchenden den großen, freien Überblick bis zu dem Punkte seines eigentlichen Ausganges!

Er braucht dazu kein mühevolles Erforschen und keine Phantasie. Hauptsache ist, daß er sich abseits hält von allen, die in verworrener Geheimniskrämerei dürftiges Teilwissen größer erscheinen lassen wollen.

Es liegt alles *so* einfach vor den Menschen, daß diese oft gerade durch die Einfachheit nicht zur Erkenntnis kommen, weil sie von vornherein annehmen, daß das große Werk der Schöpfung so viel schwerer, verwickelter sein müßte.

Darüber stolpern Tausende mit bestem Wollen, richten ihre Augen suchend hoch empor und ahnen nicht, daß sie nur einfach ohne Anstrengung *vor* sich und umherzublicken brauchen. Sie werden dabei sehen, daß sie schon durch ihr Erdendasein auf rechtem Wege stehen, nur ruhig vorwärts schreiten brauchen! Ohne Hast und ohne Anstrengung, doch *offenen* Blickes, freien, unbeengten Sinnes! Der Mensch muß endlich lernen, daß wahre Größe nur im einfachsten, natürlichsten Geschehen liegt. Daß Größe diese Einfachheit bedingt.

So ist es in der Schöpfung, so auch in ihm selbst, der zu der Schöpfung als ein Teil gehört!

Allein *einfaches* Denken und Empfinden kann ihm Klarheit geben! So einfach, wie es Kinder noch besitzen! Ruhiges Überlegen wird ihn erkennen lassen, daß in dem Begriffsvermögen Einfachheit identisch ist mit Klarheit und auch mit Natürlichkeit! Eins ist ohne das andere gar nicht zu denken. Es ist ein Dreiklang, der *einen* Begriff ausdrückt! Wer ihn zum Grundstein seines Suchens nimmt, wird schnell das nebelhaft Verworrene durchbrechen. Alles künstlich Aufgeschraubte fällt dabei in Nichts zusammen.

Der Mensch erkennt, daß nirgends das natürliche Geschehen ausgeschaltet werden darf, daß es an keiner Stelle unterbrochen ist! Und darin offenbart sich auch die Größe *Gottes!* Die unverrückbare Lebendigkeit des selbsttätigen schöpferischen Willens! Denn die Naturgesetze sind die ehernen Gesetze Gottes, allen Menschen dauernd sichtbar vor den Augen, eindringlich zu ihnen redend, für des Schöpfers Größe zeugend, von unerschütterlicher, ausnahmsloser Regelmäßigkeit! Ausnahmsloser! Denn aus des Hafers Samenkorn kann wiederum nur Hafer kommen, aus Weizen ebenfalls nur Weizen, und so fort.

So ist es auch in jener ersten Schöpfung, die als das eigene Werk des Schöpfers dessen Vollkommenheit am nächsten steht. Dort sind die Grundgesetze so verankert, daß sie, getrieben von Lebendigkeit des Willens, die Entstehung der weiteren Schöpfung bis zuletzt herab zu diesen Weltenkörpern in natürlichstem Geschehen nach sich ziehen mußten. Nur gröber werdend, je weiter sich die Schöpfung in der Fortentwickelung von der Vollkommenheit des Ursprunges entfernt. –

Wollen wir die Schöpfung erst einmal betrachten.

Stellt Euch vor, daß alles Leben darin nur zwei Arten trägt, gleichviel, in welchem Teile es sich befindet. Die eine Art ist Sichbewußtes, die andere ist das Sichunbewußte. Diese zwei Verschiedenheiten zu beachten, ist von größtem Wert! Es hängt zusammen mit dem »Ursprunge des Menschen«. Die Verschiedenheiten geben auch den Ansporn zu der Fortentwickelung, zum anscheinenden Kampfe. Das Unbewußte ist die Folie alles Bewußten, doch in der Zusammensetzung von ganz gleicher Art. Bewußtwerden ist Fortschritt und Entwickelung fürs Unbewußte, das durch das Zusammensein mit dem Bewußten dauernd Anregung dazu erhält, auch so bewußt zu werden.

Die erste Schöpfung selbst hat nacheinander abwärts sich entwickelnd drei große Grundabspaltungen gebracht: als Oberstes und Höchstes ist das *Geistige,* die Urschöpfung, dem sich das dichter und somit auch schwerer werdende Wesenhafte anschließt. Zuletzt folgt noch als Unterstes und ob der größten Dichtheit Schwerstes, das große Reich des Stofflichen, das nach und nach, sich aus der Urschöpfung lösend, herabsank! Dadurch blieb zuletzt als Oberstes nur das Urgeistige zurück, weil es in seiner reinen Art das Leichteste und Lichteste verkörpert. Es ist das vielgenannte Paradies, die Krone aller Schöpfung.

Mit dem Herabsinken des dichter Werdenden berühren wir schon das Gesetz der Schwere, welches nicht nur in dem Stofflichen verankert ist, sondern Wirkung in der ganzen Schöpfung hat, vom sogenannten Paradiese angefangen bis herab zu uns.

Das Gesetz der Schwere ist von so ausschlaggebender Bedeutung, daß es sich jeder Mensch einhämmern sollte; denn es ist der Haupthebel im ganzen Werdegang und dem Entwickelungsprozeß des Menschengeistes.

Ich sagte schon, daß diese Schwere nicht nur für irdische Beschaffenheiten gilt, sondern auch gleichmäßig in jenen Schöpfungsteilen wirkt, die Erdenmenschen nicht mehr sehen können und deshalb einfach Jenseits nennen.

Des besseren Verständnisses halber muß ich die *Stofflichkeit* noch in zwei Abteilungen trennen. In das *Feinstoffliche* und das *Grobstoffliche.* Das Feinstoffliche ist die Stofflichkeit, die für das irdische Auge nicht sichtbar werden kann, durch ihre andere Art. Und doch ist es noch Stofflichkeit.

Das sogenannte »Jenseits« darf man nicht verwechseln mit dem ersehnten Paradiese, welches rein geistig ist. Geistig ist nicht etwa als »gedanklich« zu verstehen, sondern geistig ist eine *Beschaffenheit,* wie auch wesenhaft und stofflich eine Beschaffenheit ist. Man nennt also nun dieses Feinstoffliche einfach Jenseits, weil es jenseits des irdischen Sehvermögens ist. Das Grobstoffliche aber ist das Diesseits, alles Irdische, das unseren grobstofflichen Augen durch die Gleichart sichtbar wird.

Der Mensch sollte sich abgewöhnen, ihm unsichtbare Dinge auch als unbegreifbar, unnatürlich anzusehen. *Alles* ist natürlich, sogar das sogenannte Jenseits und das von diesem noch sehr weit entfernte Paradies.

Wie nun hier unser grobstofflicher Körper empfindsam ist gegen seine Umgebung *gleicher* Art, die er dadurch sehen, hören und fühlen kann, genauso ist es in den Schöpfungsteilen, deren Beschaffenheit der unseren nicht ähnlich ist. Der feinstoffliche Mensch in dem sogenannten Jenseits fühlt, hört und sieht nur seine gleichartig *feinstoffliche* Umgebung, der höhere geistige Mensch kann wiederum nur seine *geistige* Umgebung fühlen.

So kommt es vor, daß mancher Erdenbürger hier und da auch schon mit seinem feinstofflichen Körper, den er ja in sich trägt, die Feinstofflichkeit sieht und hört, bevor die Trennung von dem grobstofflichen Erdenkörper durch dessen Absterben erfolgt. Es ist darin durchaus nichts Unnatürliches.

Neben dem Gesetz der Schwere steht als mitwirkend noch das nicht minder wertvolle Gesetz der Gleichart.

Ich berührte es schon damit, daß Art nur immer gleiche Art erkennen kann. Die Sprichwörter: »Gleich und gleich gesellt sich gern« und »Art läßt nicht von Art« scheinen dem Urgesetze abgelauscht zu sein. Es schwingt sich neben dem Gesetz der Schwere durch die ganze Schöpfung.

Ein drittes Urgesetz liegt neben diesen schon genannten in der Schöpfung: das Gesetz der Wechselwirkung. Es bewirkt, daß der Mensch ernten muß, was er einst säte, unbedingt. Er kann nicht Weizen ernten, wenn er Roggen säet, nicht Klee, sobald er Disteln streut. Genau so in der feinstofflichen Welt. Er wird zuletzt nicht Güte ernten können, wenn er Haß empfand, nicht Freude, wo er Neid in sich nährte!

Diese drei Grundgesetze bilden Marksteine göttlichen Willens! Sie sind es ganz allein, die selbsttätig für einen Menschengeist Lohn oder Strafe auswirken, in unerbittlicher Gerechtigkeit! Derart unbestechlich, in den wundervollsten, feinsten Abstufungen, daß in dem riesigen Weltgeschehen der Gedanke einer kleinsten Ungerechtigkeit unmöglich wird.

Die Wirkung dieser einfachen Gesetze bringt jeden Menschengeist genau dorthin, wohin er nach seiner inneren Einstellung auch gehört. Eine Irrung ist dabei unmöglich, weil die Auswirkung dieser Gesetze nur von dem *innersten* Zustande des Menschen bewegt werden kann, aber in jedem Falle auch unbedingt bewegt wird! Die Auswirkung bedingt also als Hebel zur Betätigung die *in* dem Menschen befindliche geistige Kraft seiner *Empfindungen!* Alles andere bleibt dafür wirkungslos. Aus diesem Grunde ist allein nur das wirkliche *Wollen,* die *Empfindung* des Menschen, maßgebend dafür, was sich für ihn in der ihm unsichtbaren Welt entwickelt, in welche er nach seinem Erdentode treten muß.

Da hilft kein Vortäuschen, kein Selbstbetrug. Er muß dann unbedingt das ernten, was er in seinem *Wollen* säte! Sogar genau je nach der Stärke oder Schwäche seines Wollens setzt es auch mehr oder weniger die gleichartigen Strömungen der anderen Welten in Bewegung, gleichviel, ob es nun Haß ist, Neid oder die Liebe. Ein ganz natürliches Geschehen, in größter Einfachheit, und doch von der eisernen Wirkung eherner Gerechtigkeit!

Wer es versucht, sich ernst in diese jenseitigen Vorgänge hineinzudenken, wird erkennen, welch unbestechliche Gerechtigkeit in dieser selbsttätigen Wirkung liegt, sieht darin schon die unfaßbare Größe Gottes. Dieser braucht nicht einzugreifen, nachdem er seinen Willen als Gesetze, also vollkommen, in die Schöpfung gab.

Wer aufwärtssteigend wieder in das Reich des Geistes kommt, der ist gereinigt; denn er mußte vorher durch die selbsttätigen Mühlen des göttlichen Willens gehen. Ein anderer Weg führt nicht in Gottes Nähe. Und *wie* die Mühlen an dem Menschengeiste wirken, richtet sich nach dessen vorherigem Innenleben, dessen eigenem *Wollen*. Sie können ihn wohltuend in die lichte Höhe tragen, ihn aber ebenso auch schmerzhaft abwärts reißen in die Nacht des Grauens, ja sogar bis zur völligen Vernichtung zerren. –

Man denke, bei der irdischen Geburt trägt der zur Inkarnierung reif gewordene Menschengeist schon eine feinstoffliche Hülle oder Körper, den er in seinem Laufe durch die Feinstofflichkeit brauchte. Er bleibt ihm auch im Erdensein, als Bindeglied zum Erdenkörper. Das Gesetz der Schwere nun macht seine Hauptwirkung stets an dem dichtesten und gröbsten Teile geltend. Im Erdensein also am Erdenkörper. Fällt dieser aber absterbend zurück, so wird der feinstoffliche Körper wieder frei und unterliegt in diesem Augenblicke ungeschützt, als nunmehr gröbster Teil, diesem Gesetz der Schwere.

Wenn gesagt wird, daß der Geist sich seinen Körper bildet, so ist dies wahr im Hinblick auf den feinstofflichen Körper. Die innere Beschaffenheit des Menschen, sein Wünschen und sein eigentliches Wollen legen den Grund dazu.

Das Wollen birgt die Kraft, Feinstoffliches zu formen. Durch Drang nach Niederem oder nach nur irdischen Genüssen wird der feinstoffliche Körper dicht und damit schwer und dunkel, weil die Erfüllung solcher Wünsche in der Grobstofflichkeit liegt. Der Mensch bindet sich damit selbst an Grobes, Irdisches. Sein Wünschen zieht den feinstofflichen Körper nach, das heißt, er wird so dicht gebildet, daß er dem irdischen in der Beschaffenheit so nahe wie möglich kommt, worin allein die Aussicht ruht, an irdischen Genüssen oder Leidenschaften teilnehmen zu können, sobald der grobstoffliche Erdenkörper weggefallen ist. Wer darnach strebt, muß sinken im Gesetz der Schwere.

Anders aber bei den Menschen, deren Sinn hauptsächlich nach dem Höheren und Edleren gerichtet ist. Hier wirkt das Wollen selbsttätig den feinstofflichen Körper leichter und somit auch lichter, damit er in die Nähe alles dessen kommen kann, das diesen Menschen als das Ziel des ernsten Wünschens gilt! Also zur Reinheit lichter Höhe.

Mit anderen Worten ausgedrückt: Der feinstoffliche Körper in dem Erdenmenschen wird durch das jeweilige Ziel des Menschengeistes gleichzeitig derart ausgerüstet, daß er nach Absterben des Erdenkörpers diesem Ziel entgegenstreben kann, gleichviel, welcher Art es ist. Hier bildet sich der Geist wirklich den Körper; denn sein Wollen trägt als geistig seiend auch die Kraft in sich, Feinstoffliches sich nutzbar zu machen. Diesem natürlichen Geschehen kann er sich niemals entziehen. Es erfolgt mit jedem Wollen, gleichviel, ob es ihm nun behaglich oder unbehaglich ist. Und diese Formen bleiben an ihm haften, solange er sie durch sein Wollen und Empfinden nährt. Sie fördern oder halten ihn zurück; je nach der Art, die dem Gesetz der Schwere unterliegt.

Doch ändert er sein Wollen und Empfinden, so erstehen damit sofort neue Formen, während die bisherigen, durch die Änderung des Wollens keine Nahrung mehr empfangend, absterben müssen und zerfallen. Damit ändert der Mensch auch sein Schicksal.

Sobald nun irdische Verankerung durch Absterben des Erdenkörpers fällt, so sinkt der dadurch losgelöste feinstoffliche Körper oder schwebt wie Kork empor in der Feinstofflichkeit, die man das Jenseits nennt. Er wird genau durch das Gesetz der Schwere an jener Stelle festgehalten, die gleiche Schwere hat wie er; denn dann kann er nicht weiter, weder auf- noch abwärts. Hier findet er naturgemäß auch alle Gleichart oder alle Gleichgesinnten vor; denn gleiche Art bedingt die gleiche Schwere, gleiche Schwere selbstverständlich gleiche Art. Wie er nun selbst war, wird er unter Gleichgesinnten leiden müssen oder sich erfreuen können, bis er sich innerlich erneut verändert, mit ihm sein feinstofflicher Körper, der ihn unter Auswirkung veränderten Gewichtes weiter aufwärts oder abwärts führen muß.

Der Mensch kann sich deshalb weder beklagen, noch braucht er zu danken; denn wird er hochgehoben, nach dem Lichte zu, so ist es seine eigene Beschaffenheit, die das Gehobenwerdenmüssen nach sich zieht, stürzt er hinab ins Dunkel, so ist es wiederum sein Zustand, der ihn dazu zwingt.

Aber ein jeder Mensch hat Ursache, den Schöpfer hoch zu preisen ob der Vollkommenheit, die in der Wirkung dieser drei Gesetze liegt. Der Menschengeist wird dadurch unbedingt zum unbeschränkten Herrn des eigenen Schicksales gemacht! Da sein wirkliches Wollen, also der unverfälschte innere Zustand, ihn heben oder sinken lassen muß.

Wenn Ihr versucht, Euch die Wirkung richtig vorzustellen, einzeln und ineinandergreifend, so findet Ihr, daß darin haarscharf abgemessen für jeden Lohn und Strafe, Gnade oder auch Verdammnis liegt, je nach ihm selbst. Es ist das einfachste Geschehen und zeigt das Rettungsseil durch jedes ernste Wollen eines Menschen, das nie zerreißen, nie versagen kann. Die Größe einer solchen Einfachheit ist es, die den Erkennenden gewaltsam auf die Knie zwingt vor der gewaltigen Erhabenheit des Schöpfers!

In jeglichem Geschehen, allen meinen Ausführungen, stoßen wir stets klar und deutlich immer wieder auf die Wirkung dieser einfachen Gesetze, deren wundervolles Ineinanderarbeiten ich noch besonders schildern muß.

Kennt der Mensch dieses Ineinanderwirken, so hat er damit auch die Stufenleiter zu dem lichten Reich des Geistes, zu dem Paradiese. Doch er sieht dann auch den Weg hinab ins Dunkel!

Er braucht nicht einmal selbst zu schreiten, sondern wird von dem selbsttätigen Getriebe hoch emporgehoben oder hinabgezerrt, ganz wie er das Getriebe durch sein *Innen*leben für sich stellt.

*Seiner* Entscheidung bleibt es immer vorbehalten, von welchem Wege er sich tragen lassen will.

Der Mensch darf sich dabei durch Spötter nicht beirren lassen.

Zweifel und Spott sind, recht geschaut, nichts anderes als ausgesprochene Wünsche. Ein jeder Zweifler spricht, sich selbst ganz unbewußt, das aus, was er sich wünscht, und gibt damit sein Inneres dem Forscherblicke preis. Denn auch in der Verneinung, in der Abwehr, liegen, leicht erkennbar, tiefverborgene Wünsche. Welche Vernachlässigung, welche Armut sich da manchmal offenbart, ist traurig oder auch empörend, weil sich ein Mensch gerade dadurch innerlich nicht selten tiefer zerrt als jedes unwissende Tier. Man sollte Mitleid mit den Leuten haben, ohne jedoch nachsichtig zu sein; denn Nachsicht würde ja bedeuten, Trägheit ernstem Prüfen vorzuziehen. Wer ernsthaft sucht, muß mit der Nachsicht sparsam werden, sonst schadet er sich zuletzt selbst, ohne dem anderen damit zu helfen.

Jauchzend wird er aber mit der wachsenden Erkenntnis vor dem Wunder einer solchen Schöpfung stehen, um sich bewußt emporschwingen zu lassen zu den lichten Höhen, die er Heimat nennen darf!

## DAS MENSCHENWORT

Euch Menschen wurde von dem Schöpfer als eine große Gnade für Euer Reifen in der groben Stofflichkeit die Fähigkeit des Wortformens geschenkt! Ihr habt den wahren Wert der hohen Gabe nie erkannt, weil Ihr Euch nicht darum bemühtet, und seid leichtfertig damit umgegangen. Nun müßt Ihr unter allen Folgen Eures falschen Handelns bitter leiden.

Ihr steht in diesem Leid und kennt die *Ursachen* noch nicht, deren Gefolgschaft solches Leiden bringt.

Mit Gaben des Allmächtigen darf niemand spielen, ohne sich dabei zu schaden, so will es das Gesetz, das in der Schöpfung wirkend ruht und das sich nie beirren läßt.

Und wenn Ihr denkt, daß dieses Sprechenkönnen, also Eure Fähigkeit, Worte zu bilden, welche Euer Wollen durch das Sprechen in die grobe Stofflichkeit verankern, eine ganz besonders hohe Gabe Eures Schöpfers ist, so wißt Ihr auch, daß Euch damit Verpflichtungen erwachsen und eine ungeheure Verantwortung darin ersteht; denn Ihr sollt mit der Sprache und durch sie in der Schöpfung wirken!

Die Worte, die Ihr formt, die Sätze, bilden Euer äußeres Geschick auf dieser Erde. Sie sind wie Saat in einen Garten, den Ihr um Euch baut; denn jedes Menschenwort gehört zu dem Lebendigsten, was *Ihr* in dieser Schöpfung für Euch wirken könnt.

Das gebe ich Euch heute warnend zu bedenken: es liegt auslösende Veranlagung in jedem Wort, weil alle Worte in den Schöpfungsurgesetzen fest verankert sind!

Ein jedes Wort, das der Mensch bildete, erstand unter dem Drucke höherer Gesetze, muß je nach seiner Anwendung sich formend auswirken in einer ganz bestimmten Art!

Die *Anwendung* liegt in der Hand des Menschen nach seinem freien Wollen, die Auswirkung jedoch vermag er nicht zu meistern, sie wird dem Heiligen Gesetz entsprechend streng gerecht geführt von einer ihm bisher noch unbekannten Macht.

Deshalb kommt bei der Endabrechnung nun ein Wehe über jeden Menschen, der Mißbrauch getrieben hat mit den geheimnisvollen Wirkungen des Wortes!

Wo ist aber *der* Mensch, welcher darin noch *nicht* gesündigt hat! Das ganze irdische Geschlecht hängt tief in dieser Schuld seit Tausenden von Jahren. Was wurde durch die falsche Anwendung der Gabe dieses Sprechendürfens schon für Unheil über diese Erde ausgestreut!

Gift säten alle Menschen durch verderbenbringendes, leichtfertiges Geschwätz. Die Saat ist richtig aufgegangen, kam zu voller Blüte und bringt nun die Früchte, die Ihr ernten müßt, ob Ihr es wollet oder nicht; denn es sind alles Folgen *Eures* Tuns, die Euch nun in den Schoß geworfen werden!

Daß dieses Gift die widerlichsten Früchte bringen *muß,* wird niemand überraschen, der die Gesetze in der Schöpfung kennt, die sich nicht nach dem Menschendünken richten, sondern ruhig ihre großen Wege gehen, unaufhaltsam, ohne Abweichung, seit Urbeginn und unverändert auch in alle Ewigkeit.

Schaut um Euch, Menschen, klar und unbefangen: Ihr *müßt* die selbsttätigen, göttlichen Gesetze des Heiligsten Willens ohne weiteres erkennen, da Ihr ja die Früchte Eurer Aussaat vor Euch habt! Wohin Ihr blickt, dort ist das hochtönende Reden heute an der Spitze stehend, alles führend. Es *mußte* diese Saat mit Schnelligkeit zu solcher Blüte kommen, um nun reifend seinen wahren Kern zu zeigen, womit es als unbrauchbar dann zusammenbricht.

Es *mußte* reifen unter dem erhöhten Drucke aus dem Licht, muß wie in einem Treibhaus in die Höhe schießen, um in seiner Hohlheit jeden Halt verlierend, niederstürzend alles unter sich mit zu begraben, was leichtsinnig vertrauend oder eigensüchtig hoffend unter seinem Schutze sich geborgen wähnte.

Die Zeit der Ernte ist schon angebrochen! Damit fallen alle Folgen falschen Redens nunmehr auf den einzelnen zurück wie auf die ganzen Massen, die solch Reden förderten.

Die Reife für die Ernte bringt es auch *natürlich* mit sich, und es zeigt die strenge Folgerichtigkeit der Auswirkungen göttlicher Gesetze, daß die größten Schwätzer jetzt am Ende auch den stärksten Einfluß und die größte Macht erhalten müssen, als Höhepunkt und Früchte dieser steten falschen Anwendung des Wortes, dessen geheimnisvolles Wirken die törichte Menschheit nicht mehr kennen konnte, weil sie sich dem Wissen davon lange schon verschloß.

Auf die Stimme des warnenden Gottessohnes Jesus hat sie nicht gehört, der schon damals sagte:

»Eure Rede sei Ja oder Nein; denn was darüber ist, das ist vom Übel!«

Es liegt in diesen Worten mehr, als Ihr Euch dachtet; denn sie bergen für die Menschheit Aufbau oder Niedergang!

Ihr habt durch Euren Hang zum vielen und unnützen Reden *Niedergang* gewählt, der Euch bereits geworden ist. Er zeigt Euch vor dem allgemeinen Sturze im Gericht zuletzt auch noch ganz deutlich zur Erleichterung der rettenden Erkenntnis alle Früchte, die Ihr durch die falsche Anwendung des Wortes selbst herbeigezwungen habt.

Die wechselwirkende Gewalt hebt nun die Meister Eurer eignen Sünden an die Spitze, so, daß Ihr davon erdrückt zu werden droht, damit Ihr im Erkennen Euch endlich davon befreit oder daran zugrunde geht.

Das *ist* Gerechtigkeit und Hilfe gleichzeitig, wie sie nur Gottes Wille in seiner Vollkommenheit Euch bieten kann!

Seht Euch doch um! Ihr *müßt* es ja erkennen, wenn Ihr es nur wollt. Und die noch darin zögern, denen wird der Schleier, den sie selbst sich vor die Augen halten, von den Früchten ihres Wollens noch gewaltsam fortgerissen durch noch üblere Erleiden als bisher, damit gesäubert werde diese Erde von dem Drucke Eurer großen Schuld!

## 21. DAS MENSCHENWORT

Die ganze Menschheit hat daran gewirkt, nicht einzelne allein. Es sind die Blüten alles falschen Tuns vergangener Jahrhunderte, die heute nun für das Gericht in diesen letzten Früchten reifen mußten, um mit dieser Reife zu vergehen.

Das leichtfertige, sinnen- und gedankenlose, immer aber falsche Schwätzen, das gegen die Schöpfungsurgesetze schwingt, mußte sich bis zu der *allgemeinen* Krankheit steigern, die es heute zeigt, und muß nun auch in Fieberschauern wie im Sturm die Früchte abwerfen ... sie fallen in der Menschheit Schoß.

Kein Volk ist deshalb zu bedauern, welches nun darunter stöhnen muß und leiden; denn es sind Früchte des *eigenen* Wollens, die genossen werden müssen, auch wenn sie faul und bitter schmecken und Verderben bringen vielen, weil aus Giftsaat auch nur Gift geerntet werden kann. Ich sagte schon, wenn Ihr Disteln säet, kann daraus kein Weizen wachsen!

So kann auch nie aus Hetzreden, Verhöhnungen und Schädigungen Eurer Nebenmenschen irgendwelcher Aufbau sich ergeben; denn jede Art und Weise kann ja *Gleiches* nur gebären, kann auch nur Gleichart anziehen! Dieses Gesetz der Schöpfung dürft Ihr *nie* vergessen! Es wirkt sich *selbsttätig* aus, und alles Menschenwollen kann niemals etwas dagegen tun! Niemals, hört Ihr es wohl? Prägt es Euch ein, damit Ihr immer darauf achtet in Eurem Denken, Reden, Tun; denn daraus sprießt alles und erwächst Euer Geschick! Erhoffet also niemals etwas anderes als immer nur als Frucht die gleiche Art der Saat!

Das ist doch schließlich nicht so schwer, und doch fehlt Ihr gerade darin immer wieder! Die Schmähung kann nur wieder Schmähung bringen, Haß nur Haß und Mord nur Mord. Vornehmheit aber, Frieden, Licht und Freude kann wiederum auch nur aus der *vornehmen* Denkungsart entspringen, niemals anders.

Befreiung und Erlösung liegt nicht im Geschrei der einzelnen und Massen. Ein Volk, das sich von Schwätzern führen läßt, muß unbedingt mit Recht in einen schlechten Ruf, in Not und Tod, in Jammer und in Elend kommen; es wird gewaltsam in den Schmutz gestoßen.

## 21. DAS MENSCHENWORT

Und wenn die Frucht und Ernte sich bisher so oft noch nicht in *einem* Erdenleben zeigte, sondern erst in späteren, so ist es nunmehr anders; denn die Erfüllung des Heiligen Gotteswillens erzwingt *unmittelbare* Auslösung des sämtlichen Geschehens auf der Erde und damit auch die Lösung aller Schicksale der Menschen und der Völker! Endabrechnung!

Hütet deshalb Euer Wort! Mit Sorgfalt achtet Eurer Rede; denn auch das Menschenwort ist Tat, die allerdings nur in der Ebene der feinen Grobstofflichkeit Formen schaffen kann, welche sich auswirkend in alles Irdische versenken.

Doch wähnet nicht, daß sich Versprechungen nach deren Wortlaute dabei erfüllen und zur Tat gedeihen, wenn der Sprecher nicht die *reinsten* Absichten dabei in seiner Seele trägt, sondern die Worte formen *das,* was aus dem *Innersten des Sprechers* heraus gleichzeitig mit ihnen schwingt. So kann dasselbe Wort zweierlei Auswirkungen bringen, und Wehe dort, wo es nicht wahr in voller Reinheit schwang!

Von Eurem bisherigen Nichtsdarüberwissen nehme ich den Schleier, damit Ihr bewußt die üblen Folgen nun durchleben könnt und daraus Nutzen ziehet für die Zukunft.

Zur Hilfe gebe ich Euch deshalb noch:

*Achtet auf Euer Wort! Eure Rede sei einfach und wahr!* Sie birgt in sich nach dem Heiligen Willen Gottes eine Fähigkeit zu formen, aufbauend oder auch verheerend, je nach der Art der Worte und des Sprechers.

Vergeudet diese hohen Gaben nicht, welche Euch Gott so gnadenvoll gewährte, sondern sucht sie richtig zu erkennen in ihrem ganzen Wert. Die Kraft der Rede wurde Euch bisher zum Fluch durch solche Menschen, die als luziferische Trabanten Mißbrauch damit trieben in übler Folge des verbogenen und einseitig gezüchteten Verstandes!

Hütet Euch deshalb vor Menschen, die viel reden; denn mit diesen geht Zersetzung. *Aufbauende* in dieser Schöpfung aber sollt *Ihr* werden, keine Schwätzer!

Achtet auf Euer Wort! Sprecht nicht, nur um zu reden. Und redet nur, wann, wo und wie es nötig ist! Es soll ein Abglanz in dem Menschenworte liegen von dem Gotteswort, das Leben ist und ewig Leben bleiben wird.

Ihr wißt, die ganze Schöpfung schwingt im Wort des Herrn! Gibt Euch das nicht zu denken? Die Schöpfung schwingt in Ihm wie auch Ihr selbst, die Ihr zur Schöpfung ja gehört; denn sie erstand aus Ihm und wird durch dieses Wort gehalten.

Es ist den Menschen klar gekündet worden:

»Im Anfang war das Wort! Und das Wort war bei Gott! Und *Gott* war das Wort!«

Darin ruhet für Euch alles Wissen, wenn Ihr es doch nur schöpfen würdet. Aber Ihr lest darüber hin und achtet dessen nicht. Es sagt Euch deutlich:

Das Wort kam *aus* Gott! Es war und ist ein Teil aus Ihm.

Ein kleiner Abglanz von der Macht des *lebendigen* Gotteswortes, das alles in sich trägt, alles umfaßt, was außerhalb Gottes ist, ein kleiner Abglanz davon liegt auch in dem *Menschenworte!*

Das Menschenwort vermag zwar seine Wirkung nur bis in die Ebenen der feinen Grobstofflichkeit zu versenden, aber das genügt, um Menschen- und auch Völkerschicksale in Rückwirkung zu formen *hier auf Erden!*

Denket daran! Wer vieles redet, steht nur auf dem Boden des verbogenen, einseitig großgezüchteten Verstandes! Das gehet immer Hand in Hand. Daran erkennt Ihr es! Und es sind Worte der irdischen Niederungen, welche niemals aufzubauen fähig sind. Doch das Wort *soll* aufbauen nach dem göttlichen Gesetz. Wo es diesem Gebote nicht gehorcht, dort kann es nur das Gegenteil erzeugen.

Achtet deshalb stets auf Euer Wort! Und *steht* zu Eurem Wort! Es soll der rechte Weg dazu Euch noch gelehret werden in dem Aufbaue des Reiches Gottes hier auf Erden.

Ihr müßt die Kraft der Worte erst erkennen lernen, die Ihr so leichtfertig und spielerisch bisher entwertet habt.

Denkt nur einmal an das Heiligste Wort, das Euch gegeben ist, an das Wort: GOTT!

## 21. DAS MENSCHENWORT

Ihr sprecht sehr oft von Gott, *zu* oft, als daß darin noch *jene* Ehrfurcht klingen könnte, die erkennen läßt, daß Ihr dabei das Rechte auch *empfindet,* die Ehrfurcht, welche Euch das hohe Wort in andachtsvoller Hingabe nur *flüstern* läßt, um es vor jeder Art Entweihung sorgfältig zu schützen.

Aber was habt Ihr Menschen aus dem Heiligsten aller Begriffe in dem Wort gemacht! Statt Euren Geist für diesen hehrsten Ausdruck demutsvoll und freudig zu bereiten, daß er sich dankbar öffne einer unsagbaren Strahlungskraft der wesenlosen Lichterhabenheit wirklichen Seins, die Euch wie aller Kreatur zu atmen erst gewährt, erkühnet Ihr Euch, ihn herabzuziehen in die Niederungen Eures kleinsten Denkens, spielerisch ihn zu verwenden als ein Alltagswort, welches in Euren Ohren dadurch nur zu leerem Schall sich bilden mußte und so in Euren *Geist* nicht Eingang finden kann.

Es ist dann selbstverständlich, daß sich dieses höchste aller Worte anders auswirkt als bei denen, welche es in rechter Ehrfurcht und Erkenntnis flüstern.

Achtet deshalb *aller* Worte; denn sie bergen für Euch Freude oder Leid, sie bauen auf oder zersetzen, sie bringen Klarheit, können aber auch verwirren, je nach der Art, *wie* sie gesprochen sind und angewendet werden.

Ich will Euch später auch Erkenntnis *dafür* geben, so daß Ihr *danken* könnt mit *jedem* Wort, das Euch der Schöpfer jetzt zu sprechen noch gewährt! Dann sollet Ihr auch irdisch glücklich sein, Friede wird herrschen hier auf dieser bisher unruhigen Erde.

## DAS WEIB DER NACHSCHÖPFUNG

Mit diesen Worten ist die wundeste Stelle in der Nachschöpfung berührt. *Der* Punkt, welcher der größten Änderung bedarf, der nachhaltigsten Reinigung.

Wenn sich der Mann der Nachschöpfung zum Sklaven seines eigenen Verstandes machte, so frevelte die Frau weit mehr.

Mit größter Feinheit der Empfindungen gerüstet, sollte sie sich spielend aufschwingen zur Reinheit lichter Höhen und die Brücke bilden für die ganze Menschheit zu dem Paradies. *Das Weib!* Fluten des Lichtes sollten es durchfließen. Die ganze körperliche, grobstoffliche Anlage ist darauf eingestellt. Die Frau braucht nur ehrlich zu wollen, und alle Nachkommen aus ihrem Schoße *müssen* stark geschützt von Lichtkraft schon vor der Geburt umgeben sein! Es wäre gar nicht anders möglich, da jede Frau in ihrem Reichtum an Empfindung fast ganz allein die Geistesart der Frucht bedingen kann! Deshalb bleibt sie in *erster* Linie verantwortlich für alle Nachkommen!

Sie ist auch sonst noch reich beschenkt durch unbegrenzte Einflußmöglichkeiten auf das ganze Volk, ja, auf die ganze Nachschöpfung. Ihr Ausgangspunkt der stärksten Kraft ist für sie Heim und Herd! Nur dort liegt ihre Stärke, ihre unbegrenzte Macht, nicht aber in dem öffentlichen Leben! Im Heime und in der Familie wird sie durch ihre Fähigkeiten Königin. Vom stillen, trauten Heime aus reicht ihre einschneidende Wirksamkeit durchs ganze Volk der Gegenwart und Zukunft, greift in alles ein.

Nichts ist, wo nicht ihr Einfluß unbedingt zur Geltung kommen kann, wenn sie *dort* steht, wo die ihr innewohnenden *weiblichen* Fähigkeiten voll zur Blüte sich entfalten. Doch nur, wenn die Frau wirklich *weiblich* ist, erfüllt sie die Bestimmung, die ihr von dem Schöpfer zugewiesen ist. Dann ist sie ganz, was sie sein kann und soll. Und nur die echte Weiblichkeit erzieht wortlos den Mann, der Himmel stürmen möchte, gestützt durch dieses stille Wirken, das ungeahnte Macht enthält. Dieser wird dann aus innerer Natürlichkeit heraus die echte Weiblichkeit zu schützen suchen, gern und freudig, sobald sie nur erst *echt* sich zeigt.

Doch die heutige Frauenwelt tritt ihre eigentliche Macht und ihre hohe Aufgabe mit Füßen, geht blind daran vorüber, zertrümmert frevelnd alle Heiligtümer, die sie in sich trägt, und wirkt statt aufbauend zersetzend, als das schlimmste aller Gifte in der Nachschöpfung. Sie stößt den Mann und auch die Kinder mit sich in die Tiefe.

Seht Euch das Weib von heute an! Laßt einmal einen Strahl des Lichtes auf sie fallen mit der ganzen Unerbittlichkeit und Nüchternheit, die stets Begleitbedingungen der Reinheit sind.

Ihr werdet schwerlich noch die hohen Werte echter Weiblichkeit erkennen, in denen jene reine Macht entfaltet werden kann, welche allein der feineren Empfindsamkeit der Weiblichkeit gegeben ist, damit sie nur zum *Segen* angewendet werden soll.

Ein Mann kann diese durchgreifende Art niemals entfalten. Das stille Weben jener unsichtbaren Kraft, welche der Schöpfer durch das Weltall gehen läßt, erfaßt *zuerst* und voll *das Weib* mit seinem zarteren Empfinden. Der Mann empfängt sie nur teilweise und setzt sie in Taten um.

Und wie die lebendige Kraft des Schöpfers allen Menschen unsichtbar verbleibt, während sie doch das ganze Weltall hält, ernährt, bewegt und treibt, *so* ist das Weben jeder echten Weiblichkeit gewollt; *dafür* ist sie geschaffen, *das* ist ihr hohes, reines, wunderbares Ziel!

Der Ausdruck »schwaches Weib« ist lächerlich zu sagen; denn das Weib ist seelisch stärker als ein Mann. Nicht in sich selbst, sondern durch seine engere Verbindung mit der Schöpfungskraft, die ihm die zartere Empfindungsfähigkeit gewährt.

## 22. DAS WEIB DER NACHSCHÖPFUNG

Und das ist aber nun gerade das, was die Frau heute zu verbergen sucht; sie gibt sich Mühe, es zu verrohen oder ganz zu unterdrücken. In grenzenloser Eitelkeit und Dummheit gibt sie das Schönste und Wertvollste hin, was ihr gegeben war. Sie macht sich dadurch zu einer vom Lichte Ausgestoßenen, welcher der Weg zurück verschlossen bleiben wird.

Was sind nun dadurch diese Nachbildungen einer königlichen Weiblichkeit geworden! Mit Grauen muß man sich von ihnen wenden. Wo sieht man bei der Frau von heute noch die echte Scham, als zarteste Empfindung *edler* Weiblichkeit. Sie ist so wild verzerrt, daß sie der Lächerlichkeit preisgegeben werden muß.

Die Frau von heute schämt sich zwar, ein langes Kleid zu tragen, wenn die Mode kurz vorschreibt, sie schämt sich aber nicht, bei Festlichkeiten nahezu dreiviertel ihres Körpers zu entblößen, ihn den Blicken aller darzubieten. Und dabei selbstverständlich nicht den Blicken nur, sondern beim Tanzen unausbleiblich auch den Händen! Bedenkenlos würde sie auch noch mehr enthüllen, wenn es die Mode will, wahrscheinlich nach den jetzigen Erfahrungen auch alles!

Das ist nicht zuviel gesagt. Wir hatten davon ja des Schmachvollen bisher genug. Es war kein falsches, sondern leider nur zu wahres Wort, wenn da gesagt wurde: »Die Frau beginnt sich *anzuziehen*, um zur Nachtruhe zu gehen!«

Zarte Empfindungen bedingen außerdem auch Schönheitssinn! Unzweifelhaft. Wenn man aber jetzt noch die weiblichen Empfindungszartheiten danach bewerten will, so ist es schlecht damit bestellt. Die Art der Kleider kündet doch wohl oft und laut genug das Gegenteil, und diese dünnbestrumpften Beine einer Frau oder gar Mutter sind sehr schlecht mit Weibeswürde zu vereinen. Der Bubikopf, moderner Frauensport verunstalten nicht minder echte Weiblichkeit! Koketterie ist dann die unausbleibliche Gefolgschaft eitler Modenarrheiten, die an Gefahren für den Körper und die Seele wirklich nichts zu wünschen übriglassen, nicht zum Kleinsten auch für das schlichte Familienglück. So manche Frau zieht oft genug grobe und eigentlich beleidigende Schmeichelei von irgendeinem Nichtstuer dem treuen Wirken ihres Ehemannes vor.

So könnte viel, noch sehr viel als sichtbares Zeugnis angeführt werden, daß eine Frau von heute für ihre *eigentliche* Aufgabe in dieser Nachschöpfung verloren ist! Und damit alle hohen Werte, die ihr anvertraut wurden und über die sie nunmehr Rechenschaft zu geben hat. Fluch diesen inhaltlosen Menschen! Sie sind nicht etwa Opfer der Verhältnisse, sondern sie zwangen die Verhältnisse herbei.

Die großen Fortschrittsreden ändern daran nichts, daß diese Fortschrittseiferer mit ihren treuen Nachfolgern nur tiefer, immer tiefer sinken. Sie alle haben ihre eigentlichen Werte schon verschüttet. Der größte Teil der Frauenwelt verdient nicht mehr, den Ehrennamen Weib zu führen! Und Männer können sie nie vorstellen noch werden, so bleiben sie zuletzt nur Drohnen in der Nachschöpfung, die ausgerottet werden müssen nach den unabbiegbaren Gesetzen der Natur.

Die Frau steht in der Nachschöpfung am wenigsten von allen Kreaturen auf dem Platze, an dem sie stehen sollte! Sie ist in ihrer Art die traurigste Gestalt geworden aller Kreaturen! Sie *mußte* ja verfaulen an der Seele, da sie leichtfertig ihr edelstes Empfinden, ihre reinste Kraft äußerer, lächerlicher Eitelkeit opfert und dadurch der Bestimmung ihres Schöpfers lachend höhnt. Rettung ist bei solcher Oberflächlichkeit versagt; denn Worte würden die Frauen verwerfen oder überhaupt nicht mehr verstehen und erfassen können.

So muß erst aus den Schrecknissen heraus das neue, wahre Weib erstehen, welches die Mittlerin wird und damit auch den Grund zu geben hat für neues, gottgewolltes Leben und Menschenwirken in der Nachschöpfung, die dann von Gift und Fäulnis frei geworden ist!

# ERGEBENHEIT

»Dein Wille geschehe!« An Gott glaubende Menschen sprechen diese Worte in Ergebenheit! Eine gewisse Wehmut schwingt dabei aber stets in ihren Stimmen oder liegt in den Gedanken, den Empfindungen. Fast ausschließlich werden diese Worte dort verwendet, wo *Leid* eingezogen ist, das *unabwendbar* blieb. Dort, wo der Mensch erkennt, daß er nichts mehr dagegen tun konnte.

*Dann* spricht er, wenn er gläubig ist, in tatloser Ergebenheit: »*Dein Wille geschehe!*«

Es ist aber nicht Demut, die ihn also sprechen läßt, sondern die Worte sollen Selbstberuhigung verschaffen einer Sache gegenüber, wo er machtlos war.

*Das* ist der Ursprung der Ergebenheit, welche der Mensch in solchem Fall zum Ausdruck bringt. Wäre ihm jedoch die kleinste Möglichkeit geboten, etwas daran abzuändern, so würde er nicht nach dem Willen Gottes fragen, sondern die Ergebung wäre schnell wieder geändert in die Form: »*Mein* Wille geschehe!«

*So* ist der Mensch! – – –

»Herr, wie Du willst, so mach's mit mir!« und ähnliche Gesänge sind bei Beerdigungen oft zu hören. Im Inneren trägt aber jeder leidtragende Mensch das unerschütterliche Wollen: »Wenn ich es ändern könnte, würde ich es sofort tun!«

Die menschliche Ergebenheit ist *niemals* echt. In tiefsten Gründen einer Menschenseele liegt das Gegenteil verankert. Aufbäumen gegen das Geschick, das sie betrifft, und gerade dieses Aufbegehren läßt es ihr zum Leide werden, das sie »niederdrückt« und beugt.

## 23. ERGEBENHEIT

Das Ungesunde in diesem Geschehen liegt in falscher Anwendung des Sinnes dieser Worte: »Dein Wille geschehe!« Sie gehören nicht dorthin, wo Mensch und Kirchen sie verwenden.

Der Wille Gottes liegt in den Gesetzen dieser Schöpfung! Sobald der Mensch nun sagt: »Dein Wille geschehe!«, so ist das gleichbedeutend mit der Versicherung: »Ich will Deine Gesetze in der Schöpfung achten und befolgen!« Achten heißt *beachten*, beachten aber verlangt, darnach zu leben! Nur so kann der Mensch den Willen Gottes achten!

Wenn er ihn aber beachten, wenn er darnach leben will, so muß er ihn in erster Linie auch *kennen!*

Das ist aber gerade jener Punkt, an dem die Erdenmenschheit sich in ärgster Art verging! Der Mensch kümmerte sich bisher niemals um die Gesetze Gottes in der Schöpfung! Also nicht um den Heiligen Willen Gottes! Und doch spricht er immer und immer wieder: »Dein Wille geschehe!«

Ihr seht, wie gedankenlos der Erdenmensch Gott gegenübertritt! Wie sinnlos er die hohen Christusworte anzubringen sucht. Winselnd, oft in Leid sich windend, als Geschlagener sich fühlend, aber nie in freudigem Geloben!

»Dein Wille geschehe«, sagt in Wirklichkeit: »Ich will darnach wirken« oder: »Ich will Deinen Willen!« Ebensogut kann auch gesagt werden: »Ich will Deinem Willen gehorchen!«

Doch wer gehorcht, *tut* auch etwas. Ein Gehorchender ist nicht untätig, das liegt schon in dem Worte selbst. Der Gehorchende *führt etwas aus.*

Sowie der Mensch von *heute* aber spricht: »Dein Wille geschehe!«, so will er *selbst nichts tun,* sondern legt in sein Empfinden den Sinn: »Ich halte still, *mach Du es!«*

Darin fühlt er sich groß, glaubt sich selbst überwunden zu haben und »aufzugehen« in dem Willen Gottes. Der Mensch dünkt sich damit sogar erhaben über alle, glaubt einen ungeheuren Aufschwung getan zu haben.

Alle diese Menschen sind aber unbrauchbare Schwächlinge, Nichts-

## 23. ERGEBENHEIT

tuer, Schwärmer, Phantasten und Fanatiker, doch keine brauchbaren Glieder in der Schöpfung! Sie zählen unter die, welche bei dem Gericht verworfen werden müssen; denn sie wollen keine *Arbeiter* sein in dem Weinberge des Herrn! Die Demut, deren sie sich rühmen, ist nur Trägheit. Sie sind faule Knechte!

*Leben* verlangt der Herr, das in *Bewegung* liegt! –

Ergebung! Das Wort soll es für Gottgläubige gar nicht geben! Setzt nur an dessen Stelle »frohes Wollen«! Gott will nicht stumpfe Ergebenheit von den Menschen, sondern freudiges Wirken!

Seht Euch die sogenannten »Gottergebenen« erst einmal richtig an. Es sind Heuchler, welche eine große Lüge in sich tragen!

Was nützet ein ergebungsvoller Blick nach oben, wenn dieser Blick gleichzeitig listig, lüstern, hochmütig und eingebildet, boshaft in seine Umgebung schaut! So etwas macht nur *doppelt* schuldig.

Die Ergebenen tragen die Lüge in sich; denn Ergebenheit vereinbart sich niemals mit »Geist«! Also auch nicht mit einem Menschengeist! Alles, was »Geist« ist, kann die Fähigkeit wahrer Ergebenheit gar nicht in sich zum Leben bringen! Wo es versucht wird, muß es künstlich bleiben, Selbsttäuschung also oder gar bewußte Heuchelei! Doch niemals kann es echt empfunden sein, weil es der Menschengeist als geistig seiend nicht vermag. Der Druck, unter dem der Menschengeist steht, läßt die Fähigkeit einer Ergebenheit nicht zum Bewußtsein kommen, er ist zu stark dazu. Und deshalb kann der Mensch sie auch nicht ausüben.

Ergebenheit ist eine Fähigkeit, die nur im Wesenhaften liegt! Zum Ausdruck kommt sie echt seiend nur bei dem Tier. Das *Tier* ist seinem Herrn ergeben! Der Geist aber kennt die Bezeichnung nicht! Deshalb bleibt sie auch *immer* unnatürlich für den Menschen.

Den Sklaven wurde die Ergebenheit mit Mühe und mit Strenge anerzogen, weil sie den Tieren gleichgewertet waren im Verkauf und Kauf, als ein persönlicher Besitz. Doch wirklich echt vermochte die Ergebenheit in diesen Sklaven nie zu werden. Entweder war es Stumpfheit, Treue oder Liebe, welche sich unter der Ergebenheit verbarg und sie zum Ausdruck brachte, nie wahrhaftige Ergebenheit. Das Sklaventum ist unter Menschen unnatürlich.

Die Ergebenheit des Wesenhaften findet ihre Steigerung im Geistigen in der bewußten und gewollten Treue! Was also in dem Wesenhaften die Ergebenheit bedeutet, ist in dem Geistigen die Treue!

Ergebenheit geziemt dem Menschen nicht; weil er vom Geiste ist! Achtet nur aufmerksamer auf die Sprache selbst, sie drückt in ihren Worten schon das Rechte aus, trägt wahren Sinn in sich. Gibt Euch das rechte Bild.

»Ergib Dich!« spricht zum Beispiel auch der Sieger zum Besiegten. In diesen Worten liegt der Sinn: »Liefere Dich mir aus, auf Gnade und Ungnade, also bedingungslos, so daß ich über Dich verfügen kann nach meinem Sinn, auch über Leben oder Tod!«

Der Sieger aber handelt darin unrecht; denn der Mensch hat sich auch in dem Siege nach den Gottgesetzen streng zu richten. Mit jeder Unterlassung darin macht er sich sonst schuldig vor dem Herrn. Die Wechselwirkung trifft ihn dann gewiß! Es ist so in dem einzelnen wie auch bei ganzen Völkern!

Und jetzt ist die Zeit da, wo sich nun alles, alles lösen muß, was bisher in der Welt geschah! Was Unrecht war, was *heute* vorgeht auf der Erde, *es bleibt nicht ein Wort ungesühnt!*

Diese Sühne ist nicht einer späten Zukunft vorbehalten, sondern schon der *Gegenwart!*

Das *schnelle* Lösen *aller* Wechselwirkungen ist nun nicht etwa dem Schöpfungsgesetz entgegenstehend, sondern es liegt ganz richtig im Gesetze selbst.

Der Gang des Räderwerkes wird zur Zeit beschleunigt durch die verstärkte Lichtstrahlung, die Endauswirkungen erzwingt, indem sie vorher alles steigert bis zur Frucht und Überreife, damit das Falsche darin selbst zerfällt und absterbend sich richtet, während Gutes frei wird von dem bisherigen Druck des Falschen und erstarken kann!

In naher Zeit verstärkt sich diese Strahlung so, daß in sehr vielen Fällen eine Wechselwirkung *sofort* kommt, *unmittelbar!*

Das ist die Macht, welche die Erdenmenschen bald erschrecken wird, und die sie dann in Zukunft fürchten müssen! Aber nur *die* haben mit Recht zu fürchten, welche *Unrecht* taten. Ob sie sich dabei selbst im Rechte fühlten oder andere es glauben machen wollten, rettet sie nicht vor dem Schlag der Wechselwirkung, welche in den *Gottgesetzen* wirkt!

Auch wenn die Menschen andere Gesetze auf der Erde sich erdachten, unter deren Schutze viele irrig, unrecht handeln in dem Wahne, daß sie damit auch im Rechte sind, es entlastet sie nicht um ein Stäubchen ihrer Schuld.

Die Gottgesetze, also Gottes Wille, kümmern sich nicht um die Anschauungen dieser Erdenmenschen, die sie in den Erdgesetzen niederlegten, auch wenn die ganze Welt sie jetzt für recht empfand. Was nicht den Gottgesetzen gemäß ist, dorthin trifft auch der Schlag des Schwertes nun! In der Auslösung richtend!

Freuen können sich nun alle die, so nach den Gottgesetzen *unschuldig* gelitten haben unter Menschen; denn sie werden nunmehr Recht erhalten, während ihre Widersacher oder Richter überliefert sind der Gottgerechtigkeit.

Freuet Euch; denn diese Gottgerechtigkeit ist nahe! Sie wirkt bereits in allen Landen auf der Erde! Seht Euch die Wirren an! Sie sind die Folgen des *nahenden* Gotteswillens! Es ist die einsetzende Reinigung!

Aus diesem Grunde lebt sich *jetzt* schon alles in sich tot, was falsch unter den Menschen ist, in Wirtschaft, Staat, der Politik, den Kirchen, Sekten, Völkern, den Familien und auch im Einzelmenschen! Alles, alles wird jetzt vor das Licht gezerrt, *daß es sich zeige* und *gleichzeitig darin richte!* Auch das, was bisher noch verborgen ruhen konnte, es *muß* sich zeigen, wie es *wirklich* ist, muß sich betätigen und so zuletzt an sich und anderen verzweifeln, in sich zerfallen und zerstäuben.

So brodelt es unter dem Drucke des Lichtes heute schon in allen Landen, allerorten. Jede Not wächst an, bis die Verzweiflung kommt und endlich nur noch Hoffnungslosigkeit verbleibt mit dem Bewußtsein, daß die Rettenwollenden *nur leere Worte* hatten neben selbstsüchtigen Wünschen, aber keine Hilfe bringen konnten! Geistige Streiter brausen über alle Köpfe hin und schlagen scharf, wo sich ein Kopf nicht beugen will.

Dann ersteht erst rechter Boden, der wiederum um *Gottes* Hilfe fleht! Nach Mord und Brand, Hunger, Seuchen und Tod, nach dem Erkennen eigener Unfähigkeit.

Der große Aufbau setzt ein.

Frei sollen die Zerbrochenen dann werden, frei vom Druck des Dunkels! Sie sollen aber frei auch werden *in sich selbst!* Frei in sich selbst werden aber kann ein jeder nur *allein.* Doch dazu muß er wissen, was Freiheit bedeutet, was sie *ist.*

*Frei ist nur der Mensch, der in den Gesetzen Gottes lebt!* So und nicht anders steht er unbedrückt und unbeengt in dieser Schöpfung. Alles hilft ihm dann, anstatt sich in den Weg zu legen. Es »dienet« ihm, weil er es in der rechten Weise nützt.

Gottes Gesetze in der Schöpfung sind in Wirklichkeit nur alles das, was jeder Mensch zu dem gesunden, frohen Leben in der Schöpfung nötig hat. Sie sind ihm gleichsam Nahrung für das Wohlbefinden! Nur wer den Gotteswillen kennt und darnach lebt, ist wirklich frei! Ein jeder andere muß sich in viele Fäden der Gesetze dieser Schöpfung binden, da er sich selbst hinein verwickelt.

Die Schöpfung ist im Gotteswillen erst erstanden, in seinen Gesetzen. Gemeinsam wirkend, senken sich diese Gesetzesfäden immer tiefer und erzwingen überall Bewegung zur Entwickelung, verzweigen sich in der Entwickelung notwendig selbst auch immer mehr und mehr, während sich um die Fäden in der laufenden Bewegung dauernd neue Schöpfung formt. So geben die Gesetze gleichzeitig den Halt, Bestehensmöglichkeit und Weiterausbreitung der Schöpfung.

Nichts ist ohne diesen Gotteswillen, der allein Bewegung gibt. Alles in der Schöpfung richtet sich darnach.

Der Menschengeist allein hat sich *nicht* eingefügt in diese Fäden! Er verwirrte sie, und damit sich, da er nach *seinem* Willen neue Wege gehen wollte und die fertigen, bestehenden nicht achtete.

Die Lichtverstärkung bringt darin nun Änderung. Die Fäden aller

## 23. ERGEBENHEIT

Gottgesetze in der Schöpfung werden mit verstärkter Kraft geladen, daß sie sich machtvoll spannen. Durch diese ungeheuere Anspannung schnellen sie zurück in ihre ursprüngliche Lage. Dabei wird das Verwirrte und Verknotete entwirrt mit einer Plötzlichkeit und Unaufhaltsamkeit, daß das Geschehen einfach niederreißt, was in der Schöpfung nicht der rechten Lage sich noch anzupassen fähig ist!

Was es auch sei, ob Pflanze oder Tier, ob Berge, Ströme, Länder, Staaten oder Mensch, es bricht zusammen, was sich nicht im letzten Augenblick als echt und gottgewollt erweisen kann!

## TRÄGHEIT DES GEISTES

Irdisch erkennbar dröhnen nun die Schläge der Weltenuhr die zwölfte Stunde durch das All! Bang hält die Schöpfung ihren Atem an, furchtsam duckt sich alle Kreatur; denn *Gottes* Stimme schwingt herab und fordert! Fordert Rechenschaft von Euch, die Ihr in dieser Schöpfung leben durftet!

Ihr habt das Lehen schlecht verwaltet, das Euch Gott in Liebe überließ. Ausgestoßen werden nunmehr alle Knechte, die an *sich* nur dachten, nie an ihren Herrn! Und alle die, welche sich selbst zum Herrn zu machen suchten. –

Ihr Menschen stehet scheu vor meinen Worten, denn Ihr sehet Strenge nicht als göttlich an! Doch dies ist *Eure* Schuld allein, weil Ihr Euch alles Göttliche, alles von Gott Herabkommende bisher weichlich liebend und alles vergebend dachtet, da die Kirchen es Euch also lehrten!

Diese falschen Lehren aber waren nur verstandesmäßige Berechnungen, welche als Ziel den Massenfang der Erdenmenschenseelen in sich trugen. Zu jedem Fange braucht man einen Köder, welcher anziehend auf alles wirkt, auf das es abgesehen ist. Die rechte Auswahl eines Köders ist die Hauptsache für jeden Fang.

Da dieser nun den *Menschenseelen* galt, wurde geschickt mit *deren* Schwächen ein Plan aufgebaut. Das Lockmittel mußte der Hauptschwäche entsprechen! Und diese Hauptschwäche der Seelen war Bequemlichkeit, die Trägheit ihres Geistes!

Die Kirche wußte ganz genau, daß der Erfolg für sie groß werden mußte, sobald sie *dieser* Schwäche weit entgegenkam und nicht etwa verlangte, daß sie abzulegen sei!

## 24. TRÄGHEIT DES GEISTES

Mit dieser richtigen Erkenntnis zimmerte sie den Erdenmenschen einen breiten und bequemen Weg, der angeblich zum Lichte führen sollte, hielt ihn lockend diesen Erdenmenschen vor, die lieber ein Zehntel ihrer Arbeitsfrüchte gaben, auf den Knien lagen, hundertfach Gebete murmelten, als auch *nur einen Augenblick sich geistig* zu bemühen!

Die Kirche nahm ihnen die Geistesarbeit deshalb ab, vergab auch alle Sünden, wenn die Menschen ihr irdisch und äußerlich gehorsam waren und ausführten, was *die Kirche* irdisch von ihnen verlangte!

Sei es nun in den Kirchbesuchen, Beichten, in der Anzahl von Gebeten, in den Abgaben oder in den Geschenken und Vermächtnissen, gleichviel, die *Kirche* war damit zufrieden. Sie ließ die Gläubigen in einem Wahne, daß für alles, was sie für die *Kirche* gaben, ihnen auch ein Platz im Himmelreich erstand.

Als ob die Kirche diese Plätze zu vergeben hätte!

Die Leistungen und der Gehorsam aller Gläubigen aber verbindet diese nur *mit ihrer Kirche,* nicht mit ihrem Gott! Die Kirche oder deren Diener können einer Menschenseele nicht ein Stäubchen ihrer Schuld abnehmen oder gar vergeben! Ebensowenig wie sie eine Seele heilig sprechen dürfen, um damit einzugreifen in vollkommene, ewige Schöpfungsurgesetze Gottes, welche unverrückbar sind!

Wie können *Menschen* es wagen, über Dinge abzustimmen und auch zu entscheiden, welche in der Allmacht, der Gerechtigkeit und der Allweisheit Gottes ruhen! Wie dürfen Erdenmenschen ihren Nebenmenschen derartiges glaubhaft machen wollen! Und nicht geringer frevelhaft ist es von Erdenmenschen, solche Anmaßungen gläubig hinzunehmen, die so deutlich nur Herabzerrung der Größe Gottes in sich tragen!

Derartig Unglaubliches kann nur bei den gedankenlosen Herdenmenschen möglich werden, die sich durch solches Tun einen Erkennungsstempel größter Geistesträgheit geben; denn einfachstes Nachdenken muß jedermann sofort und leicht erkennen lassen, daß solche Anmaßungen nicht einmal mit Menschheitsdünkel oder Größenwahn erklärbar sind, sondern daß darin schwere Gotteslästerungen liegen!

Unheimlich muß die Wechselwirkung werden!

## 24. TRÄGHEIT DES GEISTES

Die Zeit der Langmut Gottes ist nun auch vorüber. Heiliger Zorn schlägt in die Reihen dieser Frevler ein, welche die Erdenmenschheit damit zu betören suchen, um ihr Ansehen zu steigern und zu wahren, während sie in sich genau empfinden, daß es sich hierbei um Dinge handelt, zu denen aufzuschwingen sie niemals berechtigt werden können!

Wie dürfen sie verfügen über das Reich Gottes in der Ewigkeit? Der Strahl göttlichen Zornes wird sie auferwecken aus dem unerhörten Geistesschlafe über Nacht und... *richten!* – – –

Was gibt ein Mensch mit dem Kirchengehorsam seinem Gott! Er hat dabei in sich nicht einen einzigen, *natürlichen* Empfindungsdrang, der ihm allein aufwärts zu helfen fähig ist.

Ich sage Euch, die Menschen können Gott in Wirklichkeit nur dienen mit gerade *dem,* was durch die Kirchen *nicht* zum Leben kam: mit dem *eigenen* Denken, *selbständigen* Prüfen! Ein jeder hat *allein* die Mühlen zu durchwandern, das Räderwerk der göttlichen Gesetze in der Schöpfung. Und deshalb ist es nötig, daß *ein jeder selbst* die Art der Mühlen und den Gang derselben kennenlernt zu rechter Zeit.

Gerade das aber haben so manche Kirchen vorenthalten in Beharrlichkeit, damit die Gläubigen nicht zu dem notwendigen *eigenen* Nachdenken und Empfinden kommen konnten. Dadurch beraubten sie den Menschen jenes Stabes, der allein ihn ungefährdet führen kann und lichtwärts lenkt, und suchten dafür jedem Menschen eine Deutung aufzuzwingen, die in Befolgung nur der *Kirche* Nutzen bringen mußte. Nutzen, Einfluß und Macht!

Nur mit *Regewerden des eigenen Geistes* können Menschenseelen ihrem Schöpfer dienen! Damit in erster Linie aber gleichzeitig auch sich selbst. Allein ein Menschengeist, der hell und wach in dieser Schöpfung steht, bewußt ihrer Gesetze, sich diesen einfügt in dem Denken und dem Tun, *der* ist Gott wohlgefällig, weil er dann den Daseinszweck damit erfüllt, den jeder Menschengeist in dieser Schöpfung trägt!

Das aber liegt niemals in den Gebräuchen, die die Kirchen von den Gläubigen verlangen! Denn diesen fehlt Natürlichkeit und freie Überzeugung, Wissen, als *Haupterfordernis* des wahren Gottesdienens! Es fehlt die Frische und die Freude, hilfreich alle Kreatur zu fördern, deren Seelen aufjauchzen zu lassen in dem Glücke des Bewußtseins, mitwirken zu können an der Schönheit dieser Schöpfung, als ein Stück von ihr, dem Schöpfer *damit* dankend und ihn ehrend!

Statt frohe, freie Gottverehrer hat die Kirche Kirchensklaven sich erzogen! In der Menschheit freien Aufblick hat sie *sich* geschoben! Damit wahres Licht verdunkelnd. Hat die Menschengeister nur gebunden und geknebelt, anstatt zu erwecken, zu befreien. Sie hat die Geister frevelnd in dem Schlaf verhalten, unterdrückt, das Wissenwollen und das Wissen selbst ihnen verwehrt mit Vorschriften, welche dem Gotteswillen widersprechen, ihm entgegenstehen! Dies alles, um *eigene* Macht sich zu erhalten.

Wie die Kirchen schon früher vor dem Quälen, Foltern, vor dem Morde nicht zurückschreckten in vielfältiger Art, so scheuen sie sich heute nicht, Mitmenschen zu verleumden, ihnen Übles nachzureden, deren Ansehen zu untergraben, gegen sie zu hetzen, ihnen alle zugänglichen Hemmungen auf ihren Weg zu legen, wenn diese sich nicht in die Schar der Kirchensklaven willig einreihen wollen! Sie wirken mit den unlautersten Mitteln nur für *ihren* Einfluß, *ihre* Erdenmacht.

Gerade dieses kommt nun in der Wechselwirkung auch zuerst ins Wanken und zum Stürzen; denn es ist das Gegenteil von dem, wie *Gott* es will! Es zeigt, wie weit entfernt sie davon sind, *Gott* demütig zu dienen! –

Endlose Scharen ließen sich durch Lockung zugelassener Trägheit des Geistes hinziehen zum einschläfernden Schoß der Kirchen! Der frevelhafte Wahn billiger Sündenablösung wurde geglaubt, und mit den geistesträgen Mengen mehrte sich der Erdeneinfluß mit dem Endziel einer Erdenmacht! Die Menschen sahen nicht, daß mit der falschen Anschauung und Lehre jede Heilige Gerechtigkeit des Allmächtigen Gottes verdunkelt wurde und beschmutzt, sie sahen nur den damit vorgetäuschten breiten und bequemen Weg zum Lichte, welcher in Wirklichkeit gar nicht besteht! Er führt in dem willkürlichen Vergebungswahne zu dem Dunkel und zu der Vernichtung!

Die gottfeindliche Selbstherrlichkeit aller Kirchen trennt ihre Gläubigen von Gott, anstatt sie zu ihm hinzuführen. Die Lehren waren falsch! Doch das hätten die Menschen *selbst* und leicht erkennen müssen, da sie dem einfachsten Empfinden von Gerechtigkeit ja deutlich widersprechen! Und deshalb sind die Kirchengläubigen *genau so schuldig* wie die Kirchen selbst!

Die Kirchen verkünden in den Worten Christi aus dem Evangelium Johannes':

»Wenn aber jener, der Geist der Wahrheit, kommen wird, der wird Euch in alle Wahrheit leiten. Und wenn derselbige kommt, der wird die Welt strafen um der Sünde und um der Gerechtigkeit willen! Und wird bringen das Gericht. Ich aber gehe zum Vater und Ihr werdet mich hinfort nicht sehen. Ich bin vom Vater ausgegangen und kommen in die Welt. Wiederum verlasse ich die Welt und gehe zum Vater!«

Verständnislos werden die Worte in den Kirchen vorgelesen; denn es wird von dem Gottessohne ja ganz klar gesagt, daß ein *anderer* kommt als er, die Wahrheit zu verkünden und das Gericht zu bringen. Der Geist der Wahrheit, welcher ist das lebendige Kreuz! Und doch lehrt die Kirche auch hierin falsch und gegen diese klaren Worte.

Trotzdem auch Paulus einst an die Korinther schrieb: »*Unser* Wissen ist Stückwerk. Wenn aber kommen wird das Vollkommene, so wird das Stückwerk aufhören!«

Darin zeigt der Apostel, daß das Kommen dessen, der die vollkommene Wahrheit künden wird, erst zu erwarten ist und des Gottessohnes Verheißung darüber nicht auf die bekannte Ausgießung der Kraft des Heiligen Geistes bezogen werden soll, die damals bereits vorüber war, als Paulus diese Worte schrieb.

Er bezeugt damit, daß die Apostel diese Kraftausgießung *nicht* für die Erfüllung der Sendung des Trösters, des Geistes der Wahrheit, hielten, wie es jetzt im Pfingstfest sonderbarerweise viele Kirchen und Gläubige auszulegen suchen, weil ihnen diese Dinge anders nicht in ihren Glaubensaufbau passen, sondern eine Lücke bilden würden, die bedenkliche Erschütterungen dieses falschen Baues bringen müßte.

Doch es nützet ihnen nichts; denn die Zeit der Erkenntnis alles dessen ist nun da und alles Falsche stürzt!

Bisher konnte der Menschheit noch kein wahres Pfingsten werden, die Erkenntnis in der Geisterweckung konnte ihr nicht kommen, da sie sich so vielen falschen Deutungen ergab, an denen namentlich die Kirchen großen Anteil haben!

Es wird ihnen nichts nachgelassen an der großen Schuld! –

Nun steht Ihr Menschen staunend vor dem neuen Wort, und viele von Euch sind gar nicht mehr fähig zu erkennen, daß es aus den lichten Höhen kommt, weil es so anders ist, als Ihr Euch eingebildet habt! Lebt doch auch noch in Euch zum Teil die zähe Schläfrigkeit, in die Euch Kirchen und die Schulen hüllten, damit Ihr brave Anhänger verbleibt und nicht Verlangen nach dem Wachsein Eures eignen Geistes tragt!

Was *Gott* verlangt, das war dem Erdenmenschen bisher gleichgiltig! Ich aber sage Euch noch einmal: »Der breite und bequeme Weg, welchen die Kirchen bisher vorzutäuschen sich bemühten um des eignen Vorteils willen, *er ist falsch!* In dem dabei verheißenen, willkürlichen Vergebungswahne führt er nicht zum Licht!«

## DER ERDENMENSCH VOR SEINEM GOTT

Menschen, wie zeigtet Ihr Euch bisher Eurem Gotte gegenüber! Ihr suchtet ihn in Heuchelei zu täuschen, wie Ihr Euch selbst auch täuschen wolltet mit der falschen Frömmigkeit, die immer nur auf Euren Lippen lag, an der jedoch der Geist nie Anteil nahm. *Ihr* setztet Regeln und Gebräuche ein, in Euren Tempeln, Euren Kirchen, ohne darnach zu fragen, ob diese Art *Gott* wohlgefällig war. Wenn sie nur *Euch* gefielen, dann war damit für Euch der Gottesdienst erledigt!

Seht Ihr denn nicht, wie anmaßend das alles war? *Ihr* wolltet jede Art bestimmen. Nach *Gottes* Willen fragtet Ihr dabei niemals. Was *Ihr* für groß bezeichnetet, das sollte auch von Gott in gleichem Maße angenommen werden. Ihr wolltet Gott *Euere* Anschauungen als berechtigt aufzwingen in allen Dingen, gleichviel, womit Ihr Euch befaßtet.

Was *Ihr* für recht hieltet, sollte von Gott als recht belohnt werden, was *Ihr* als unrecht haben wolltet, sollte Gott bestrafen.

Nie habt Ihr ernstlich darnach forschen wollen, was *Gott* für recht erkennt und was vor *Seinem* Auge unrecht ist. Ihr kümmertet Euch nicht um göttliche Gesetze, nicht um den unverbiegbaren Heiligen Willen Gottes, der seit Ewigkeit bestand und sich noch nie verändert hat, auch nie verändern wird!

An ihm zerbrecht Ihr nun und alles falsche Menschenwerk mit Euch, das sich Gesetze schuf, die *Euren Erdenwünschen* dienen sollen. Ihr Menschen selbst aber stehet vor Gott als ränkevolle, saumselige Knechte, die *seines* Willens niemals achteten in Eigensucht, in Eigendünkel und in lächerlichem Alleswissenwollen.

Knechte waret Ihr und seid Ihr noch, die sich als Herren dünkten und in Hochmut und aus Geistesfaulheit alles zu bekämpfen und herabzuzerren suchten, was sie nicht verstehen konnten, wenn es nicht im Einklang stand zu der Erreichung der niedrigen Erdenzwecke, die sie als Höchstes angesehen haben wollten.

Unselige, die Ihr so freveln konntet! Alles sollte *Euch* nur dienen, *sogar die Gesetze!* Nur was Euch diente, gleichgiltig, in welcher Form, nur was Euch half zu der Erfüllung Eures irdischen Begehrens, *das* allein erkanntet Ihr für recht, und nur von solchen Dingen wolltet Ihr noch wissen.

Wird aber nun einmal von Euch verlangt, daß Ihr selbst dienen sollt mit Eifer und in Treue Eurem Herrn, dem Ihr das Sein verdankt, so seid Ihr ganz erstaunt, da Ihr ja meint, daß nur Er selbst Euch dienen soll mit seiner Kraft, mit seiner Herrlichkeit und seiner großen Liebe!

Wie könnte es nach Eurer großen Meinung von Euch selbst wohl *anders* sein! Dachtet Ihr doch, daß es genug des Gottesdienstes sei, wenn Ihr Gott anerkennt und in Gedanken ihn um Hilfe bittet zur Erfüllung aller Wünsche, die Ihr in Euch tragt. Daß Er also, mit klaren Worten ausgedrückt, *Euch diene* mit der Allmacht, die ihm eigen ist, und Euch das Leben schön gestalte! Etwas anderes kommt Euch nicht in den Sinn.

*Bitten* ist in den besten Fällen Euer Gottesdienst gewesen!

Überlegt es Euch nur einmal ganz genau; es war noch niemals anders.

Erfaßt Euch denn nicht Scham und Zorn zugleich über Euch selbst, wenn Ihr Euch einmal dahingehend prüft?

Die größte Zahl der Menschen denkt, daß dieses Erdensein nichts anderes zum Ziele hat als den Zweck irdischen Erwerbes! Im besten Fall auch noch den Zweck einer Familie und Kinder! Wer nicht so *denkt,* der *handelt* doch darnach! Was soll aber unter derartigen Voraussetzungen eine Fortpflanzung, wie Ihr sie nennt, die doch in Wirklichkeit gar keine Fortpflanzung bedeutet, sondern nur die Möglichkeiten gibt zu Inkarnierungen anderer Menschengeister, damit sich diese weiterhin vervollkommnen und alte Fehler ablegen. Durch Euer Tun vergrößert Ihr Euere Schuldenlast; denn damit haltet Ihr alle die Geister von dem Aufstieg ab, die Ihr als Eure Kinder für die gleichen leeren Zwecke auferzieht!

Was ist der Aufbau eines Erdenreiches, wenn es nicht zu Gottes Ehre gilt, wenn es nicht in dem Gottessinne wirkt, den Ihr noch gar nicht kennt und bisher auch nicht kennenlernen wolltet, da *Euer* Sinn Euch höher steht als alles andere. Ihr wollt nur *Euch* befriedigen, um dann von Gott noch zu erwarten, daß Er Euer Machwerk segnen soll! Zum Dienen und zur Pflichterfüllung Eurem Gotte gegenüber habt Ihr keine Lust.

Zerschmettert wird das eigenbrötlerische Tun der Erdenmenschheit nun, welche in ihrem Wahn den Namen Gott in alles Falsche noch hineinzuziehen wagt, das Heiligste damit beschmutzend!

Herabgestoßen werdet Ihr vom Throne Euerer Verstandesklügelei, damit wenigstens einige noch unter Euch die Fähigkeit erlangen, in reiner Demut aufzunehmen wahre Weisheit aus göttlichen Höhen, welche Euch allein zu Menschen machen kann; denn freiwillig würdet Ihr niemals dazu reifen.

Was Euch nicht paßt, begeifert Ihr, und schnell hebt Ihr die Steine auf, um derart Unbequemes aus der Welt zu schaffen, das Euch stören will, Euch selbst noch weiterhin zu huldigen.

Ihr jubelt lieber luziferischen Trabanten zu, die Euren Eitelkeiten schmeicheln und den Eigendünkel schüren, um Euch dann um so sicherer vom Lichte abzuschneiden und in Geistesträgheit zu erhalten, die zum Todesschlafe führen muß für Euer eigentliches Sein!

Ich aber sage Euch, daß Ihr nun auferwecket werdet aus dem Rausch, dem schwülen Taumel, der Euch eisern schon umklammert hält. Ihr müßt erwachen *gegen* Euer Wollen, sei es auch nur, um mit der furchtbarsten Verzweiflung noch im letzten Augenblicke zu erkennen, was Ihr freiwillig aufgegeben habt mit frevelhafter Lauheit, bevor Ihr in den Pfuhl gestoßen werdet, der Euch als begehrenswert erscheint!

Gereinigt wird die Erde nun und alle Welt! Nichts soll mehr von dem Schmutze übrig bleiben, damit in Frieden und in Freude die Geschöpfe dienen können ihrem Herrn, dem allmächtigen Gotte, der in seiner

Liebe ihnen einst gewährte, alle Segnungen der Schöpfung bewußt zu genießen.

Wer wieder Trübung darein bringen will, indem er die Gesetze Gottes in der Schöpfung unbeachtet läßt oder sogar ihnen entgegenwirkt, wird unerbittlich ausgeschaltet; denn er bringt mit solchem Tun nur Neid, Haß, Leid, Krankheit und Tod für Euch!

All diese Trübsal kann Euch nur noch ferne bleiben, wenn Ihr das *Wort des Höchsten* wirklich zu erkennen sucht und achtet! Dazu muß es jedoch vorerst in *seiner rechten Art* verstanden sein! Ihr habt es aber bisher stets nur so gedeutet, wie es Euch *selbst* gefiel! Und nicht, wie es von Gott gegeben war zu Eurer Hilfe, Eurer Rettung aus der schwersten Not!

Ihr schrecket jedoch nicht davor zurück, selbst das Heilige Wort zum Sklaven Eures Hochmutes zu machen, damit es durch Entstellung seines wahren Sinnes *Euch* nur diene, anstatt daß *Ihr* ihm dient um des eigenen Heiles willen in *dem* Sinne, wie es Euch gegeben ward!

Was habt Ihr aus dem Gotteswort in Eueren Erklärungen und schon in seiner Niederschrift gemacht! Daß Ihr darüber streiten könnt, daß Ihr als Erdenmenschen Euch zusammensetzt und hin und her beratet, das ganz allein schon zeugt von unsicherem Grunde und von Unklarheiten dessen, das Ihr aufzustellen wagtet als das reine, hehre Gotteswort! Das Wort des Herrn ist unantastbar, einfach, klar, und ehern eingemeißelt in die Schöpfung.

Dort, wo es nicht verdüstert und verschoben ist, gibt es kein Deuteln, kein Beraten! Es ist verständlich *jeder* Kreatur.

Euch aber war die Größe dieser Einfachheit noch zu gering in Eurem lächerlichen Dünkel! Ihr arbeitetet in der Düsterheit der Werkstatt Eueres Gehirnes mühselig daran herum, bis Ihr es *so* verbiegen, formen konntet, wie es *Euch* gefiel, so daß es Euren kleinen Erdenwünschen, Euren Schwächen und auch Eurem großen Denken von Euch selbst und Eurer Wichtigkeit entsprach.

Ihr schufet damit ein Gebilde, das Euch dienen mußte, welches Eurer Eitelkeit gefiel.

Denn nichts als die niedrigste Eitelkeit ist auch jene Demut, die Ihr zeigt, wenn Ihr von Euren großen Sünden sprecht, für die ein *Gott* das Opfer der Entsühnung brachte. *Für Euch ein Gott!* Wie wertvoll müßt Ihr Euch doch dünken! Und Ihr braucht weiter nichts dabei zu tun, als Euch gnädig auf vieles Werben hin einmal herbeizulassen, nur um den Erlaß zu bitten!

Es muß bei dem Gedankengang doch selbst dem Dünkelhaftesten in seiner heuchlerischen Demut etwas schwül zu Mute werden.

Das ist aber nur eins von vielen. *Alles* habt Ihr so verbogen, was Euer Verhältnis der sich selbst bewußten Kreatur dem großen Schöpfer gegenüber klären soll!

Nichts davon blieb unter dem Dünkel dieser Erdenmenschheit rein und hehr. Deshalb verschob sich auch von selbst die rechte Einstellung zu Gott und wurde falsch.

Selbstüberhebend guten Lohn erwartend oder in verachtenswerter Weise bettelnd, *so* nur standet Ihr vor Eurem Herrn, wenn Ihr Euch überhaupt einmal die Mühe und die Zeit genommen habt, wirklich an ihn zu denken, gezwungen durch so manche Not, welche Euch treffen mußte in der Wechselwirkung Eures Tuns!

Nun aber müßt Ihr endlich wach werden und müßt die Wahrheit nehmen, wie sie *wirklich ist,* nicht wie *Ihr* sie Euch denkt! Zusammenbricht damit das Falsche, die Lücken heuchlerischen Besserwissenwollens werden offenbar. Nichts kann sich mehr verbergen in dem Dunkel; denn es wird durch Gottes Willen nunmehr Licht, damit das Dunkel falle und vergehe!

Licht wird nun auch auf der Erde und in der ganzen großen Stofflichkeit! Zündend erstrahlet es in allen Teilen, zersetzend und verbrennend alles Übel und auch alles Übelwollen! Das Falsche muß sich zeigen, wo immer es sich zu verbergen sucht, muß in sich selbst zusammenbrechen vor dem Strahl des Gotteslichtes, das die ganze Schöpfung nun erhellt! Hinab wird alles sinken, was nicht nach den herrlichen Gesetzen Gottes ist und leben will, hinab in den Kreis der Vernichtung, wo es niemals wieder auferstehen kann!

## ES SOLL ERWECKET WERDEN ALLES TOTE IN DER SCHÖPFUNG, DAMIT ES SICH RICHTE!

Jüngstes Gericht! Jede Verheißung, die damit zusammenhängt, kündet von Auferweckung aller Toten für das Endgericht. In den Begriff des Ausdruckes wurde von diesen Menschen aber wiederum ein Irrtum eingelegt; denn es soll nicht heißen: Auferweckung *aller* Toten, sondern Auferweckung all*es* Toten! Das ist: Belebung alles dessen, was ohne Bewegung in der Schöpfung ist, damit es für das Gottgericht *lebendig* werde, in der Betätigung erhöhet oder ausgerottet!

Nichts bleibet jetzt bewegungslos; denn die lebende Kraft, die jetzt verstärkt durch alle Schöpfung flutet, drängt und drückt, zwingt alles zur Bewegung. Darin wird es erstarken, auch das, was bisher ruhte oder schlummerte. Es wird erweckt, gekräftigt und *muß* damit sich betätigen, wird in erwachender Betätigung so gut wie an das Licht gezerrt, auch wenn es sich verbergen wollte. Man kann auch sagen, es kommt selbst ans Licht und muß sich zeigen, kann nicht weiterschlummern, wo immer es vorhanden ist. Mit volkstümlichen Worten: »Es kommt an den Tag!«

Alles wird Leben, Betätigung in dieser ganzen Schöpfung durch das neue Eindringen des Lichts! Das Licht zieht dabei machtvoll an ... ob mit oder ob ohne Wollen des in dieser Schöpfung Ruhenden, sich vielleicht gar Versteckenden, und es kommt auch zuletzt mit diesem Lichte in Berührung, kann ihm nicht entrinnen, auch wenn es Flügel einer Morgenröte hätte, kein Ort in der gesamten Schöpfung kann ihm Schutz davor gewähren. Nichts bleibt unbeleuchtet.

In der Bewegung des Herangezogenwerdens aber muß an diesem Licht zerschellen und verbrennen, was die Strahlung nicht verträgt, was also nicht in sich schon selbst nach diesem Lichte strebt. Lichteingestelltes aber wird erblühen und erstarken in der Reinheit seines Wollens!

So ist es auch mit allen *Eigenschaften* dieser Erdenmenschenseelen. Was bisher darin tot zu ruhen schien, was schlummerte, den Menschen selbst oft unbekannt, es wird unter der Kraft erwachen und erstarken, wird zum Gedanken und zur Tat, damit es sich nach seiner Art in der Betätigung selbst richte an dem Licht! Bedenkt, es kommt zum Leben, was auch *in Euch* ruht! Darin liegt Auferweckung alles Toten! Lebendiges Gericht! Jüngstes Gericht!

Ihr müßt dabei mit allem in Euch fertig werden, müßt Euch reinigen, oder Ihr zergeht mit dem Übel, wenn es übermächtig in Euch werden kann. Dann *hält* es Euch, schlägt über Eurem Kopfe mit schäumendem Aufzischen zusammen, um Euch mitzuzerren in den Abgrund der Zersetzung; denn es kann nicht weiterhin bestehen in dem Glanz göttlicher Kraft! – –

Euch gab ich nun das Wort, das den Weg zeigt, der Euch in dem Erwachen dieser Schöpfung unbeirrbar nach den lichten Höhen führt, der Euch nicht stürzen läßt, was immer auch geschieht und in Euch aufzuflammen sucht! Habt Ihr den Blick in treuer Überzeugung nach dem Licht gerichtet, habt Ihr mein Wort richtig erfaßt, in Euren Seelen aufgenommen, so steigt Ihr ruhig aufwärts aus den Wirren, gereinigt und geläutert, frei von allem, was Euch einstens hätte hindern können an dem Eintritt in das Paradies.

Wachet und betet deshalb, daß Ihr nicht den klaren Blick Euch trüben laßt durch Eitelkeit und Dünkel, als die ärgsten Fallstricke für diese Erdenmenschen! Wahret Euch! Wie Ihr den Boden in Euch nun bereitet habt, so wird es Euch geschehen in der Schöpfungsreinigung!

## DAS BUCH DES LEBENS

So wie die Dunkelheit zog über Golgatha, als Jesus, das lebende Licht, von dieser Erde schied, so zieht sie nun über die Menschheit, ihr das große Leid zurückbringend, das sie der Gottesliebe zufügte, in der grausamen Art des listigen, jedes Empfindungsschwingens ganz unfähigen Verstandes, der als stärkstes Werkzeug Luzifers Euch heilig war! –

Jetzt versucht es nur, Ihr Menschen, Euch mit Euerem Verstand vor Gottes Allheiligem Zorn zu schützen, wenn Ihr es könnt! Wehrt Euch gegen die Allmacht Dessen, Der Euch gnadenvoll *den* Teil der Schöpfung zur Benutzung überließ, den Ihr verwüstet habt, beschmutzt gleich einem Stall verwahrlosester Tiere, so daß nur noch Leid und Elend darinnen wohnen können, weil sich vor Eurem falschen Tun und dunklen Wollen aller Friede und die Freude flüchten, jede Reinheit schaudernd sich verbirgt.

Versucht, vor Gottes unverbiegbarer Gerechtigkeit Euch zu verstekken! Sie trifft Euch *überall* in unerbittlicher Vollziehung des göttlichen Willens, ohne etwas nachzulassen von der ungeheuren Schuld, die Ihr auf Euch geladen habt in Eigensinn und Trotz.

Ihr seid gerichtet, noch bevor Ihr ein Wort der Entschuldigung zu stammeln fähig werdet, und alles Bitten, alles Flehen, alles Lästern oder Fluchen hilft Euch nichts; denn Ihr habt nun die letzte Frist zur Einkehr und zur Umkehr unverzeihbar nur zur Pflege Eurer Laster angewendet und vergeudet! –

Ich sage Euch dies nicht als Warnung; denn dafür ist es zu spät. Es liegt mir fern, noch weiterhin zu mahnen, wie ich seit Jahren es getan.

Ihr sollt nur in dem kommenden *Erleben* daran denken! Deshalb spreche ich noch einmal aus, was diese Zeit für Euch enthält. Vielleicht wird Euch das Wissen davon manches Leid *erleichtern,* wenn es auch nichts mehr verhindern kann.

Ihr wißt, es ist das Abtragen der Schuld, die Ihr Euch selbst und freiwillig auf Eure Schultern legtet, da Euch niemand dazu gezwungen hat. Wenn Ihr durch meine Worte in dem Leide zur Erkenntnis kommen könnt und dabei Sehnsucht nach dem Licht und nach der Reinheit in Euch aufersteht, die sich zu einer demutsvollen Bitte formt, so kann Euch noch Rettung im Versinken werden; denn die Liebe Gottes bleibet wach.

Dann dürft Ihr auch das neue Leben sehen, das der Herr nur *denen* schenken wird, die willig in den heiligen Gesetzen seiner Schöpfung schwingen, die sein Haus, in welchem Ihr nur Gäste seid, befreit halten von allem lichtfeindlichen Tun und die nicht wiederum die schönen Gärten frevlerisch verwüsten, an deren Herrlichkeit und Reinheit sie sich immerdar erfreuen sollen, um darinnen zu erstarken.

Oh Ihr Verblendeten, warum wolltet Ihr nicht erwachen! So vieles Schwere konnte Euch erspart bleiben. So aber muß sich Euer Sein in graue Schleier tiefer Wehmut hüllen, aus denen Euch nur durch die scharfen Blitze des Heiligen Gotteszornes noch einmal Befreiung und Erlösung werden kann!

Und dieser Zorn wird über Euch hereinbrechen mit ungeahnter Macht im Heiligen Gericht! –

Doch das Gericht ist *anders,* als Ihr es Euch denkt. Ihr wißt von einem Buch des Lebens, das vom Richter Gottes zur bestimmten Stunde aufgeschlagen wird für einen *jeden!*

Das Buch des Lebens zeigt *die Namen* aller Kreaturen, die zum Leben kamen, und sonst nichts.

Die beschriebenen Blätter aber, die zu dem großen Buch des Lebens gehören, die das Für und Wider eines jeden Gedankens und eines jeden Tuns des einzelnen zeigen, sind *die Seelen selbst,* denen sich alles aufgeprägt hat, was sie im Wandel ihres Seins erlebten oder wirkten.

*Darin* ist für den Richter alles Für und Wider klar zu lesen. Doch das Lesen denkt Ihr Euch auch wieder falsch. Es ist auch dies viel einfacher, als Ihr Euch vorzustellen sucht.

Der Richter läßt nicht jede Seele einzeln vor sich treten, vor seinen Stuhl, sondern er sendet in dem Auftrag Gottes seine Schwertschläge *ins All!* Die Schwertschläge sind *Strahlungen,* die ausgehen und *alles* in der Schöpfung treffen!

Erkennt die große Einfachheit und überraschende Natürlichkeit! Der Richter schickt die Strahlen nicht bewußt oder gewollt zu diesen oder jenen, nein, er schickt sie einfach *aus* auf Gottes Heiligen Befehl; denn es ist *Gottes* Kraft, nichts anderes könnte in dieser Weise wirken als sein Allheiliger Wille!

Die Strahlungsschläge oder Strahlungen durchdringen also die gesamte Schöpfung, doch in einer Stärke, wie sie *bisher nie gewesen* ist.

Nichts vermag sich zu verbergen vor der Wirkung! Und so trifft der Strahl der Gotteskraft auch *jede Seele* im Gesetz des Schöpfungswirkens zu bestimmter Stunde.

Alles, was die Menschenseele dann bei diesem Auftreffen des Gottesstrahles, der ihr gar nicht sichtbar wird, noch an sich trägt, muß aufleben und auch zur Auswirkung gelangen, zur Betätigung, damit es *darin* seinen letzten Ringschluß zieht, der diese Seele niederdrückt oder erhebt.

Was eine solche Seele in dem Wandel ihres Seins schon abzulegen fähig war an Falschem oder Üblem, durch schöpfungsgesetzmäßige Auslösungen im Erleben, ist gelöscht und so, als ob es nie vorhanden war; es hängt dadurch nicht mehr an ihr, ist ihr dann nicht mehr aufgeprägt. Sie ist davon befreit und rein, es kann ihr deshalb keinen Schaden bringen.

Nur das, was seinen Ringschluß *noch nicht* fand und deshalb auch noch an ihr hängt, mit ihr verbunden ist, wird zu dem Ringschluß in dem Druck des Lichtes ohne weiteres gezwungen, indem es auflebend sich in Betätigungsversuchen *zeigt* und darin auch den Schlag erhält, der ihm gebührt.

Die jeweiligen Schläge sind genau nach Stärke des eigenen Wollens, das sich in *Wechselwirkung* auslösend *gegen* die Seele richtet als den Ausgangspunkt! Es wird jetzt alles von dem unwiderstehlichen Drucke des Lichtes verstärkt und zurückgedrängt zu dem Ausgangspunkt, zur Seele, sei es nun Gutes oder Übles.

Und alles das, was sonst im schwerfälligen Laufe der verdichteten, verhärteten Umgebung aller Menschenseelen auf der Erde vielleicht noch viele tausend Jahre nötig gehabt hätte, sich im Ring zu schließen, wird in wenig Monde nun gepreßt, in dem von allen Menschen unerwarteten Bewegungsantrieb durch die Kraft der Schläge aus dem Lichte.

*So* wirkt das Weltgericht in seiner einfachen Natürlichkeit! Es *ist* diesmal das Euch so oft verkündete »*Jüngste Gericht*«! Doch seine Auslösungen sind ganz anders, als Ihr es Euch dachtet. Was Euch darüber früher schon gekündet worden ist, geschah *in Bildern,* weil Ihr es anders gar nicht verstanden hättet.

An Hand der Gralsbotschaft jedoch geht Euer Wissen von dem Wirken in der Schöpfung weiter, und es kann Euch deshalb immer mehr gesagt werden; denn heute könnt Ihr es durch meine Botschaft schon verstehen.

Die Schwertschläge des Jüngsten Tages stoßen als starke Lichtstrahlungen in die Schöpfung und fließen durch die sämtlichen Kanäle, welche durch die selbsttätigen Auswirkungen göttlicher Gesetze in der Schöpfung schon gebildet worden sind, denen alles Empfinden, Denken, Wollen und auch Tun der Menschen als Ausgangspunkte zu Grunde liegen.

Deshalb werden die richtenden Strahlen durch diese vorhandenen Kanäle mit untrüglicher Sicherheit zu allen Seelen geleitet und wirken sich dort dem Zustand der betreffenden Seelen entsprechend aus, doch *so* beschleunigt, daß deren ganzes Sein zum *letzten Ringschluß* alles bisherigen Wirkens innerhalb weniger Monate gebracht wird, diese dem tatsächlichen Befunde ganz genau entsprechend hebt oder stürzt, belebt und stärkt oder vernichtet!

*So* ist das Gericht! *Heute* könnt Ihr durch die Botschaft den also geschilderten Vorgang verstehen.

Früher hättet Ihr es nicht begreifen können, und es mußte deshalb alles in einfachen Bildern gekündet werden, die dem Wirken des Vorganges ungefähr entsprechen. –

Und diese Schläge des Jüngsten Gerichtes sind schon unterwegs zu Euch, zu einem jeden in der Schöpfung, gleichviel, ob er mit oder ohne Erdenkörper ist.

Die ersten haben Euch bereits erreicht und alles lebet auf, was noch an Euren Seelen hängt.

Doch auch die *letzten* Schläge, welche die Vernichtung oder die Erhebung bringen, sind mit alles überwältigender Schärfe ausgesendet, um die Reinigung auf dieser Erde zu vollenden! Sie jagen bereits auf die Menschheit zu, und nichts vermag sie irgendwo zu hemmen. Zu der von Gott genau bestimmten Stunde wird die Menschheit unerbittlich, doch gerecht davon getroffen sein!

## DAS REICH DER TAUSEND JAHRE

Sagenhaft schwebt es in den Gedanken vieler Menschen, die von der Verheißung wissen, doch begriffslos, ohne Form, weil niemand sich die rechte Vorstellung davon zu machen weiß!
Das Reich der Tausend Jahre! Immer von neuem gingen Wissenwollende daran, eine Erklärung aufzustellen über die Art der Verwirklichung der großen Zeit des Friedens und der Freude, welche darin liegen soll. Es ist aber noch nie gelungen, der Wahrheit sich zu nähern! Alle gingen falsch, weil sie den Erdenmenschen eine viel zu große Rolle dabei einräumten, wie es immer ist bei allem, was die Menschen denken. Sie ließen außerdem bisherige Begriffe gelten, bauten darauf auf, und deshalb mußte jeder dieser Bauten schon von vornherein als unrichtig betrachtet werden, gleichviel, wie er beschaffen war.

Und dann vergaß der Mensch dabei die Hauptsache! Er rechnete nicht mit der ebenfalls verheißenen Bedingung, daß *vor* dem Friedensreich der Tausend Jahre *alles neu* zu werden hat in dem Gericht! Das ist die notwendige Grundlage des neuen Reiches. Auf bisherigem Boden kann es nicht erstehen! *Alles* Alte hat vorher erst neu zu werden!

Das bedeutet aber nicht, daß Altes frisch erstarken soll in gleicher, seitheriger Form, sondern der Ausspruch »neu« bedingt eine Veränderung, Umänderung des Alten!

Das zu bedenken unterließ der Mensch bei seinem Grübeln, kam deshalb nie weiter in der Vorstellung.

Das, was am meisten sich vorher in dem Gericht verändern muß, ist der Mensch selbst; denn er allein hat die Verwirrung in die Nachschöpfung gebracht. Von ihm, aus seinem falschen Wollen, ging das Unheil in die Welt.

Die ursprüngliche Schönheit, Reinheit und Gesundheit, welche stets die Folge eines Schwingens in den Schöpfungsurgesetzen ist, wurde durch falsches Wollen dieser Menschheit nach und nach verbogen und entstellt. Es konnten sich nur Zerrbilder noch formen in der unaufhaltsamen Entwickelung, anstatt gesundes Reifen der Vollkommenheit entgegen!

Stellt Euch einmal den Töpfer vor, an seinem Drehstein sitzend, vor sich Ton, der in seiner Geschmeidigkeit zu jeder Form sich drehen läßt. Der Drehstein aber wird nicht von dem Töpfer selbst bewegt, sondern von einem Treibriemen, den wiederum die Kraft einer Maschine nicht zum Stillstand kommen läßt.

Durch einen Druck der Finger formt sich nun der Ton in andauernder Drehung, die der Stein vollführt, auf den der Ton gelegt wurde. *Wie* nun der Finger drückt, *so* bildet sich die Form, sie kann schön, kann unschön, häßlich werden.

In gleicher Art wirkt auch des Menschen Geist in dieser Welt, der Nachschöpfung. Er übt die Führung durch sein Wollen aus, also den Druck, als Geist auf manches Wesenhafte, das die Fein- und auch die Grobstofflichkeit formt. Das Wesenhafte ist für einen Geist der Finger, der den Druck nach seinem Wollen ausübt. Der Ton ist die Feinstofflichkeit und die Grobstofflichkeit, doch die Bewegung, welche unabhängig von dem Menschengeiste läuft, sind die selbsttätigen Bewegungen der Schöpfungsurgesetze, die, Strömungen gleichend, unaufhaltsam der Entwickelung zutreiben alles dessen, was der Mensch in seinem Wollen formt.

So ist des Menschengeistes Wollen verantwortlich für vieles, was sich in der Nachschöpfung entwickelt; denn *er* übt als Geist den Druck, welcher die Art der Form bestimmt. Er kann nichts wollen, ohne gleichzeitig zu formen! Gleichviel, was es ist! Damit kann er sich auch dieser Verantwortung für alles von ihm Formgeschaffene niemals entziehen. Sein Wollen, Denken und sein Tun, alles nimmt Form an im Getriebe dieser Welt. Daß es der Mensch nicht wußte oder auch nicht wissen wollte, liegt an ihm, ist seine Schuld. Sein Nichtwissen verändert nicht die Wirkung.

So hielt er durch sein falsches Wollen, seinen Eigensinn und Eigendünkel nicht nur jedes wahre Aufblühen zurück, sondern verdarb die Nachschöpfung und wirkte statt zum Segen nur zum Schaden!

Ermahnungen durch Propheten, durch den Gottessohn dann selbst, genügten nicht, ihn umzustellen, damit er den rechten Weg einschlüge! Er *wollte* nicht und nährte seinen Dünkel eines Weltbeherrschers immer mehr, in dem der Keim zu seinem notwendigen Untergange schon verborgen lag, der mit dem Dünkel wuchs, die Katastrophen vorbereitete, die nun sich lösen müssen nach dem urewigen Gesetze in der Schöpfung, das der Mensch versäumte zu erkennen, weil sein Herrendünkel ihn daran hinderte.

Kommende Schrecknisse haben die Ursache allein in dem Verbiegen der göttlichen Urgesetze durch das falsche Wollen dieser Menschengeister in der Nachschöpfung! Denn dieses falsche Wollen führte alle selbsttätig sich auswirkenden Kraftströmungen zur Verwirrung. Aber nicht ungestraft kann deren Lauf verändert werden, da sie, verknotet und verwirrt, sich dann *gewaltsam* lösen zu bestimmter Zeit. Die Lösung und Entwirrung zeigt sich in den Auswirkungen, die wir Katastrophen nennen. Gleichviel, ob es im Staatswesen, in den Familien, bei Einzelmenschen oder ganzen Völkern, oder bei den Naturgewalten vor sich geht.

Damit bricht alles Falsche in sich selbst zusammen, sich richtend durch die Kraft, die in den Strömungen vorhanden ist, welche vom Menschheitsdünkel falsch geleitet wurden, anders, als es Gott gewollt; denn diese Strömungen können *nur* Segen schaffen dann, wenn sie *die* Wege gehen, welche ihnen urgesetzlich vorgesehen sind, also vom Schöpfer aus bestimmt wurden. Nie anders.

Deshalb konnte das Ende auch vorausgesehen werden schon vor Tausenden von Jahren, weil es bei der falschgewollten Einstellung der Menschen gar nicht anders kommen konnte, da die Endauswirkung jeglichen Geschehens immer an die Urgesetze streng gebunden bleibt.

Da nun die Menschengeister die vollkommene Unfähigkeit bewiesen haben, ihre Aufgabe in dieser Schöpfung zu erkennen, da sie ihr Nichtwollen einer Erfüllung durch Zurückweisung und falsche Deutung aller Warnungen Berufener und der Propheten, sogar der des Gottessohnes selbst, bewiesen, und ihre Feindschaft durch die Kreuzigung besiegelten, greift Gott nunmehr *gewaltsam* ein.

*Deshalb das Reich der Tausend Jahre!*

Nur mit *Gewalt* kann der Nachschöpfung noch geholfen werden, sowie der Menschheit, die bewies, daß sie mit freiem Wollen niemals zu bewegen war, den rechten Weg zu gehen, den sie in der Schöpfung gehen muß, um gottgewollt darin zu sein und segenbringend auch zu wirken als *die* Kreatur, die sie als geistig seiend wirklich ist.

Aus diesem Grunde wird die Menschheit nun in dem Gericht *entrechtet,* wird für eine Zeit *enterbt* des bisherigen Rechtes, daß der *Menschenwille* führend, formend diese Nachschöpfung beherrscht! Enterbt für tausend Jahre, damit endlich Frieden werden kann und Lichtwärtsstreben nach den Urgesetzen in der Schöpfung, denen der Mensch bisher feindlich gegenüberstand.

Die Möglichkeit und die Gewähr des langersehnten Friedensreiches gibt also Enterbung aller bisherigen Menschheitsrechte in der Nachschöpfung! *So* steht der Mensch vor seinem Gott! *Dafür* muß er sich jetzt verantworten. *Das* ist der Sinn und die Notwendigkeit des tausendjährigen Gottesreiches hier auf Erden. Eine traurige Wahrheit, die beschämender für diese Menschheit nicht sein kann! Aber... die einzige Hilfe.

So wird das Reich der Tausend Jahre *eine Schule für die Menschheit,* in der sie lernen soll, *wie* sie in dieser Nachschöpfung zu stehen hat, zu denken und zu tun, um die ihr zustehende Aufgabe auch richtig zu erfüllen und dadurch selbst glücklich zu sein!

Für tausend Jahre ist zu diesem Zweck der Menschheitswille als beherrschend in der Nachschöpfung nun unterbunden, nachdem in dem Gericht vernichtet wurde, was er falsch gesät und falsch geführt!

Während der tausend Jahre herrscht allein der Gotteswille, dem jeder Menschengeist sich fügen muß, sobald er das Gericht bestehen konnte!

Kommt aber dann noch einmal ein Versagen wie bisher, so muß die Menschheit mit der völligen Vernichtung rechnen!

*So* ist das Reich der Tausend Jahre und sein Zweck! Die Menschheit hat sich dies in ihrem Eigendünkel und der Einbildung eigener Wichtigkeit ganz anders vorgestellt. Aber sie wird es lernen und erleben müssen, wie es wirklich ist!

Auch darin liegt nur eine *Gnade* Gottes zu helfen denen, welche wirklich reinen Wollens sind!

# EIN NOTWENDIGES WORT

Wahre Dich, Menschengeist; denn Deine Stunde ist gekommen! Zum Frevel nur benützest Du die Zeit, die Dir zu der Entwickelung bewilligt ist, nach der Du sehnsuchtsvoll verlangtest!

Hüte Dich in Deinem so vermessenen Verstandesdünkel, der Dich dem Dunkel in die Arme warf, das heute triumphierend seine Krallen in Dich schlägt!

Blick auf! Du stehst im göttlichen Gericht!

Erwachet und erzittert, die Ihr in Beschränktheit und verengtem Blick das goldne Kalb der irdischen Vergänglichkeit umschwärmt, den Motten gleich von falschem Glanze angezogen. Euretwegen zerschlug Moses einst im Zorne der Enttäuschung jene Tafeln der Gesetze Eures Gottes, die Euch helfen sollten zu dem Aufstiege zum Licht.

Dieses Zerschlagen war das lebende Symbol dafür, daß die gesamte Menschheit eine Kenntnis dieses Gotteswillens nicht verdiente, des Willens, welchen sie in leichtfertigem Tun und irdischem Sichüberheben ablehnte, um einen selbstgeformten Götzen zu umtanzen und damit ihren eigenen Wünschen nachzugehen!

Nun aber kommt das Ende in der letzten Rückwirkung, den Folgen, der Vergeltung! Denn an diesem einst so leichtfertig verworfenen Willen werdet *Ihr* nunmehr zerschellen!

Da hilft kein Klagen mehr, kein Bitten; denn Jahrtausende wurde Euch Zeit gegeben zur Besinnung! Ihr aber hattet niemals Zeit dazu! Ihr wolltet nicht und dünkt Euch heute noch in unverbesserlicher Überhebung gar zu weise. Daß *gerade darin* sich die größte Dummheit zeigt, wollt Ihr nicht einsehen. Damit seid Ihr in dieser Welt zuletzt zum lästigen Gewürm geworden, das nichts anderes mehr kennt, als eigensinnig alles Licht zu schmähen, weil Ihr in der Beharrlichkeit, im Dunkel nur zu graben, jede Möglichkeit verloren habt, den Blick im Suchen frei emporzurichten, Licht zu erkennen oder zu ertragen.

Damit seid Ihr nunmehr gezeichnet durch Euch selbst!

Geblendet werdet Ihr deshalb zurücktaumeln, sobald das Licht wieder erstrahlt, und dabei rettungslos versinken in die Schlucht, welche sich hinter Euch schon jetzt geöffnet hat, um die also Verworfenen dann aufzusaugen!

In unentrinnbarer Umklammerung sollt Ihr darin gebunden sein, damit nun alle die, welche dem Lichte nachzustreben sich bemühen, den Weg dazu in seliger Erkenntnis frei finden von Eurer Anmaßung und Euerem Verlangen, Flitter anstatt reinen Goldes anzunehmen! Sinkt hinab in jenes todbringende Grauen, das Ihr Euch bereitet habt in hartnäckigstem Streben! In Zukunft sollt Ihr die göttliche Wahrheit nicht mehr trüben können!

Wie eifern sie, die kleinen Menschlein, ihr lächerliches Scheinwissen weit in den Vordergrund zu schieben, und wie verwirren sie dadurch so viele Seelen, die zu retten sein würden, wenn sie nicht Geistesstrauchrittern verfielen, welche ähnlich Wegelagerern den rechten Pfad die erste Strecke noch umschleichen, wobei sie *anscheinend* den gleichen Weg verfolgen. Was ist es aber, das sie wirklich bieten? Mit großer Geste und mit abgebrauchten Worten stellen sie sich stolz und breit auf Überlieferungen, deren eigentlichen Sinn sie nie verstanden.

Der Volksmund hat dafür ein gutes Wort: Sie dreschen leeres Stroh! Leer, weil sie die eigentlichen Körner nicht mit aufgehoben haben, für die ihnen das Verständnis fehlt. Solcher Beschränktheit muß man überall begegnen; mit stumpfsinniger Beharrlichkeit pochen sie auf Sätzen anderer herum, weil sie nicht selbst etwas dazuzugeben haben.

Tausende sind es, die dazu gehören, und abermals Tausende, welche sich einbilden, *allein* den wahren Glauben zu besitzen! Demutsvoll warnen sie mit innerer Genugtuung vor Hochmut dort, wo etwas über ihr

Begreifen geht! *Das sind die Schlimmsten mit!* Gerade diese sind schon jetzt verworfen, weil ihnen in ihrer Glaubensverstocktheit nie mehr zu helfen sein wird. Es nützt dann kein Entsetzen mehr, kein Klagen und kein Bitten, wenn sie einmal einsehen, daß es ein Irrtum war. Sie wollten es nicht anders, haben ihre Zeit verfehlt. Es soll ihnen nicht nachgetrauert werden. Jeder Augenblick ist viel zu kostbar, um an solche Allesbesserwissenwollende noch vergeudet werden zu können; denn diese kommen doch nie mehr aus ihrer Hartnäckigkeit zum Erwachen, sondern werden darin blind zugrunde gehen! Mit schleimig-widerlichen Worten und Versicherungen ihrer Gottesgläubigkeit, ihres nur eingebildeten Christuserkennens!

Nicht besser daran sind die Massen derer, die ihren Gottesdienst verrichten mit der Regelmäßigkeit und Pflicht anderer Arbeiten, als notwendig und dienlich, zweckmäßig. Auch zum Teil aus Gewohnheit oder weil es »Sitte« ist. Vielleicht auch aus naiver Vorsicht, weil man schließlich »doch nicht wissen kann, wozu es letzten Endes gut ist«. *Wie Hauch im Winde werden sie vergehen!* –

Da sind die Forscher eher zu bedauern, die in wirklich ernstem Forschersinn versäumen, sich aus dem Gestrüpp noch zu erheben, in dem sie unermüdlich wühlen, und dabei vermeinen, *darin* einen Weg zum Anfange der Schöpfung aufzufinden. Es nützt trotzdem alles nichts und findet kein Entschuldigen! Auch sind es wenige, sehr wenige. Der Hauptteil der sich Forscher Nennenden verliert sich in nichtssagenden Spielereien.

Der große Rest der Menschheit aber *hat nicht Zeit* für »Insichlauschen«. Es sind anscheinend sehr geplagte Erdenmenschen, genug mit Arbeit überhäuft, um die Erfüllung der irdischen Wünsche zu erhalten, Notwendigkeiten eines jeden Tages, schließlich aber auch darüber weit hinausgehende Dinge. Sie merken nicht, daß sich mit der Erfüllung auch die Wünsche steigern, womit ein Endziel nie sich zeigt, der Strebende somit auch *nie* zur Ruhe kommen kann, nie Zeit findet zu *innerem* Erwachen! Ganz ohne hohes Ziel für die Ewigkeit läßt er sich durch sein Erdendasein hetzen, versklavt dem irdischen Begehren.

## 29. EIN NOTWENDIGES WORT

Von diesem Tun ermattet, muß er schließlich auch den Körper pflegen, durch Ruhen, Abwechslung, Zerstreuung. So bleibt ihm selbstverständlich keine Zeit zu Außerirdischem, zu Geistigem! Meldet sich aber hier und da einmal ganz leise die Empfindung für das »nach dem Tode«, so wird er bestenfalls auf Augenblicke etwas nachdenklich, doch läßt er sich niemals davon ergreifen und erwecken, sondern drängt dann unwirsch alles Derartige schnell zurück mit Klagen, daß er ja nicht kann, auch wenn er wirklich wollte! Ihm fehlt dazu auch *jede* Zeit!

So mancher will dafür die Möglichkeit sogar von *anderen* geschaffen sehen. Es kommt nicht selten auch dabei zu Anklagen gegen das Schicksal und zu Murren gegen Gott! Bei allen denen ist natürlich jedes Wort verloren, weil sie *niemals* erkennen *wollen,* daß es nur an ihnen selbst gelegen hat, dies anders zu gestalten!

Für sie gibt es nur *irdische* Notwendigkeit, die sich mit den Erfolgen stets erhöht. Sie haben niemals *ernsthaft* etwas anderes gewünscht. Immer schufen sie dagegen Hindernisse aller Arten. Leichtsinnig wurde es an fünfte, sechste Stelle fortgeschoben, zu der man erst in arger Not oder beim Sterben kommt. Es blieb für alle zeithabende Nebensache bis heute!

Und gab sich doch einmal *deutlich erkennbar die Gelegenheit,* sich damit ernsthaft zu befassen, erstanden sofort neue Extrawünsche, die weiter nichts als Ausreden bedeuten, wie: »Ich will *vorher erst* noch dies und jenes tun, dann bin ich gern bereit dazu.« Genau wie Christus einst schon sagte!

Nirgends ist der Ernst zu finden, der zu diesem Notwendigsten aller Dinge unbedingt gehört! Es schien ihnen zu weit entfernt. Aus diesem Grunde sind sie *alle* nun verworfen, alle! Nicht einer davon wird den Eingang in das Gottesreich erhalten!

Faule Früchte für den Aufstieg, die nur weiter Fäulnis um sich breiten. Nun überlegt Euch selbst, wer *dann* noch übrig bleiben kann! Ein trauriges Bild! Doch leider nur zu wahr. –

Und wenn nun das Gericht die Menschheit mürbe macht, so werden sie gar schnell im Staube knien! Doch denkt Euch *heute* schon einmal hinein, *wie* sie dann knien: in aller Jämmerlichkeit, doch zugleich auch wieder anmaßend; denn wiederum nur klagend, *bittend, daß ihnen geholfen werden soll!*

Die schwere Last, die sie sich auferlegten und die sie endlich zu zermalmen droht, *soll ihnen abgenommen* werden! *Das* ist ihr Bitten dann! Hört Ihr es wohl? Die Bitten sind um Abwendung der Qual, nicht ein Gedanke aber dabei an die eigene innere Besserung! Nicht *ein* ehrlicher Wunsch für freiwillige Änderung des bisherigen falschen Sinnens, rein irdischen Trachtens! Nicht *ein* Erkennenwollen und mutiges Zugeben der bisherigen Irrtümer und Fehler.

Und wenn der Menschensohn dann in der großen Not unter sie tritt, da werden sich wohl alle Hände nach ihm strecken, wimmernd, flehend, doch wiederum nur in der Hoffnung, daß er ihnen *hilft nach ihren Wünschen,* also ihre Qual beendet, sie zu neuem Leben führt!

*Er aber wird diese Verlangenden zum größten Teile von sich stoßen wie giftiges Gewürm!* Denn alle solche Flehenden würden nach einer Hilfe sofort wieder in die alten Fehler fallen, die Umgebung mitvergiften. Er wird *nur die* annehmen, die ihn um die Kraft bitten, sich endlich aufzuraffen zu dauernder Besserung, die demutsvoll alle bisherige Verstocktheit abzuwerfen sich bemühen, das Wort der Wahrheit aus dem Lichte freudig als Erlösung grüßen! –

Ein Verstehen der Gralsbotschaft, wie auch vorher der Botschaft des Gottessohnes wird aber nur dann möglich, wenn ein Menschengeist *alles* zur Seite wirft, was er sich in eingebildetem Verstehen aufbaute, *und ganz von vorn beginnt!* Sie müssen vorher darin werden wie die Kinder! Ein Herüberführen aus den jetzigen Irrtümern ist unmöglich. Es muß ein vollständiges *Neues* werden von Grund an, das aus der Einfalt und der Demut aufwächst und erstarkt.

Würde den Menschen so geholfen werden, wie sie es erbitten in der Stunde der Gefahr und Not, so wäre alles schnell wieder vergessen, sobald der Schrecken nur von ihnen weggenommen ist. Skrupellos würden sie wieder mit ihrem Unverstande kritisierend statt erwägend einsetzen.

Zeitverschwendung solcher Arten ist für die Zukunft ganz unmöglich, da das Bestehen dieses Weltenteiles seinem Ende zuzueilen hat. Es heißt nunmehr für jeden Menschengeist: Entweder – Oder! Rettung aus den selbstgeschaffenen Verstrickungen oder den Untergang darin!

Die Wahl ist frei. Die Folgen aber des Entschlusses sind bestimmt und unabänderlich!

Wie in Erlösung von einem großen Drucke werden die Geretteten dann aufatmen und aufjubeln, nachdem das widerliche, unsaubere Dunkel mit seinen ihm gern anhängenden Kreaturen durch die Schwertstreiche des Lichtes endlich dahin sinken mußte, wohin es gehört!

Dann wird die Erde rein von allen Pestgedanken jungfräulich erstehn, und Friede allen Menschen blühn!

## DER GROSSE KOMET

Wissende sprechen schon seit Jahren von dem Kommen dieses besonders bedeutungsvollen Sternes. Die Zahl derer, welche ihn erwarten, vermehrt sich dauernd; mehr und mehr verdichten sich die Andeutungen, so, daß er in Wirklichkeit wohl auch bald zu erwarten ist. Doch *was* er eigentlich bedeutet, was er bringt, woher er kommt, das ist noch nicht so recht erklärt.

Man will wissen, daß er Umwälzungen bringt von einschneidender Art. Doch dieser Stern bedeutet mehr.

Bethlehemstern *kann* er genannt werden, weil er von ganz gleicher Art ist, wie dieser es war. Seine Kraft saugt Wasser hoch empor, bringt Wetterkatastrophen und noch mehr. Die Erde bebt, wenn seine Strahlen sie umfangen.

Seit dem Geschehen in Bethlehem ist Gleiches nicht dagewesen. Wie der Bethlehemstern löste sich auch dieser von dem ewigen Reiche des Urgeistigen zu einer Zeit, daß er auf dieser Erde genau zum Wirken kommt, wenn die Jahre geistiger Erleuchtung über alle Menschheit gehen sollen.

Der Stern hat seinen Weg in *gerader* Linie von dem ewigen Reiche bis zu diesem Weltenteile. Sein Kern ist mit hoher, geistiger Kraft gefüllt; er umhüllt sich mit der Stofflichkeit und wird dadurch auch den Erdenmenschen sichtbar werden. Sicher und unentwegt verfolgt der Komet seine Bahn und wird zu rechter Stunde auf dem Plane sein, wie schon Jahrtausende vorher bestimmt gewesen ist.

Die ersten, unmittelbaren Einwirkungen haben in den letzten Jahren bereits begonnen. Wer das nicht sehen und nicht hören will, wer alles schon geschehene *Außergewöhnliche* noch als alltäglich hinzustellen nicht als lächerlich empfindet, dem ist natürlich nicht zu helfen. Er will entweder Vogel Strauß spielen aus Furcht, oder er ist belastet mit ärgster Beschränkung. Beide Arten muß man ruhig ihre Wege gehen lassen, kann über ihre leicht widerlegbaren Behauptungen nur lächeln.

Wissenden aber könnte auch gesagt werden, wohin die ersten *starken* Strahlen treffen. Doch da die Strahlen nach und nach die ganze Erde mit umfassen, so hat es keinen Zweck, ausführlicher darüber zu berichten. Es dauert Jahre bis zu diesem Punkt und Jahre, ehe er die Erde wieder aus dem Einflusse entläßt.

Und *dann* ist sie *gereinigt* und *erfrischt* in *jeglicher Beziehung,* zum Segen und zur Freude der Bewohner. Nie war sie schöner, als sie dann sein wird. Deshalb soll jeder Gläubige mit ruhigem Vertrauen in die Zukunft blicken, nicht erschrecken, was auch in den nächsten Jahren kommen mag. Wenn er vertrauensvoll zu Gott aufblicken kann, wird ihm kein Leid geschehen.

## DER WELTENLEHRER

Weltenlehrer heißt er nicht etwa, weil er die Welt belehren soll, vielleicht eine Religion gründet, welche die Welt, in engerem Sinne die Erde oder noch besser die Erdenmenschheit, vereinigt oder die Erde beherrscht, sondern Weltenlehrer wird er genannt, weil er die »Welt« *erklärt,* die Lehre über die Welt bringt. Das, was der Mensch wirklich wissen muß! Er lehrt die »Welt« *erkennen,* in ihrem selbsttätigen Wirken, damit der Erdenmensch sich darnach richten kann und ihm dadurch der Aufstieg bewußt möglich wird, in Erkenntnis der eigentlichen Weltgesetze!

Es handelt sich also um eine Weltenlehre, Belehrung über die Welt, die Schöpfung.

Hinter diesem *echten* Weltenlehrer steht wie einst bei Christus, den *reinen Hellsehenden* sichtbar, strahlend das große *Erlöserkreuz!* Man kann auch sagen: »*Er trägt das Kreuz!*« Das hat jedoch mit Leiden und Märtyrertum nichts zu tun.

Es wird dies eins der Zeichen sein, das »lebendig leuchtend« kein noch so geschickter Gaukler oder Magier vorzutäuschen vermag, und woran die unbedingte Echtheit seiner Sendung zu erkennen ist!

Dieser außerirdische Vorgang ist nicht etwa zusammenhanglos, nur willkürlich, also nicht unnatürlich. Man versteht den Zusammenhang sofort, sobald man den wirklichen Sinn des eigentlichen »Erlöserkreuzes« weiß. Das Erlöserkreuz ist nicht gleichbedeutend mit dem Leidenskreuze Christi, wodurch die Menschheit ja auch nicht erlöst werden konnte, wie ich in dem Vortrage »Der Kreuzestod des Gottessohnes und das Abendmahl« eingehend schildere und vielfach wiederhole. Es ist etwas ganz anderes, wiederum anscheinend Einfaches und doch gewaltig Großes!

Das Kreuz war schon vor Christi Erdenzeit bekannt. Es ist das Zeichen göttlicher Wahrheit! Nicht nur das Zeichen, sondern die lebendige Form dafür. Und da Christus der Bringer göttlicher Wahrheit war, der unverfälschten, und aus der Wahrheit kam, mit ihr in unmittelbarer Verbindung stand, ein Stück davon in sich trug, haftete sie auch lebendig in ihm und an ihm! Sie ist *sichtbar* in dem lebendigen, also leuchtenden und selbsttätig *strahlenden* Kreuze! Man kann sagen, sie ist das Kreuz selbst. Dort, wo dieses strahlende Kreuz ist, ist damit auch die Wahrheit, weil dieses Kreuz von der Wahrheit nicht zu trennen geht, sondern beides eins ist, *weil dieses Kreuz die sichtbare Form der Wahrheit zeigt.*

Das Strahlenkreuz oder das strahlende Kreuz *ist* also die Wahrheit in ihrer ureigenen Form. Und da durch die Wahrheit allein der Mensch aufsteigen kann, nicht anders, so findet der Menschengeist auch nur in Erkenntnis oder Kenntnis der göttlichen Wahrheit wirkliche *Erlösung!*

Da nun wiederum allein in der Wahrheit die Erlösung liegt, folgert daraus, daß das Kreuz, also die Wahrheit, das erlösende Kreuz ist oder das *Erlöserkreuz!*

Es ist das Kreuz des Erlösers! *Der Erlöser aber ist die Wahrheit* für die Menschheit! Nur die Kenntnis der Wahrheit und die damit verbundene Benützung des in der Wahrheit liegenden, oder in der Wahrheit gezeigten Weges kann den Menschengeist aus seiner jetzigen Umnachtung und Verirrung nach dem Lichte emporführen, befreien, erlösen aus dem derzeitigen Zustande. Und da der gesandte Gottessohn und der nun kommende Menschensohn die *alleinigen* Bringer der *ungetrübten* Wahrheit sind, diese in sich tragen, müssen beide naturgemäß auch untrennbar das Kreuz in sich tragen, also Träger des Strahlenkreuzes, Träger der Wahrheit sein, Träger der Erlösung, die in der Wahrheit für die Menschen ruht. Sie bringen die Erlösung in der Wahrheit denen, die sie aufnehmen, die also den gezeigten Weg gehen. – Was gilt daneben alles menschenkluge Reden? Es wird verblassen in der Stunde der Not.

*Deshalb* sagte der Gottessohn zu den Menschen, daß diese das *Kreuz* aufnehmen und ihm folgen sollten, das heißt also, *die Wahrheit aufzunehmen und darnach zu leben!* Sich einzufügen in die Schöpfungsgesetze, zu lernen, diese genau zu verstehen und sie in ihren selbstarbeitenden Auswirkungen nur zum Besten zu benützen.

Was aber hat der beschränkte Menschensinn wieder aus dieser einfachen und natürlichen Tatsache gemacht! Eine von Gott und dem Gottessohne nicht gewollte Leidenslehre! Und damit wurde ein *falscher* Weg eingeschlagen, der mit dem gezeigten Wege nicht in Einklang steht, sondern weitab führt vom Gotteswillen, der nur zu der Freude anstatt zu dem Leiden führen will.

Es ist natürlich für die Menschheit ein furchtbares Symbol, daß der Gottessohn damals von ihr gerade an die irdisch wiedergegebene Form der Gestaltung der Wahrheit genagelt und zu Tode gemartert wurde, also an dem Symbol der Wahrheit, die er brachte, irdisch zugrunde ging! Das Leidenskreuz der Kirchen ist aber *nicht* das Erlöserkreuz!

»Der in der Kraft und in der Wahrheit steht« heißt es von dem Gottessohne. Die Kraft ist der Gotteswille, der Heilige Geist. Seine sichtbare Form ist die Taube. Die sichtbare Form der Wahrheit ist das selbsttätig strahlende Kreuz. Beides sah man lebendig an dem Gottessohne, weil er darin stand. Es war also eine bei ihm natürliche und selbstverständliche Erscheinung.

*Dasselbe wird man auch am Menschensohne sehen!* Die Taube über ihm, das Erlöserkreuz hinter ihm; denn er ist wiederum untrennbar damit verbunden als der Wahrheitsbringer, »der in der Kraft und in der Wahrheit steht«! *Es sind die untrügbaren Zeichen seiner echten Sendung zur Erfüllung der Verheißungen.* Die Zeichen, die nie nachzuahmen gehen, unvernichtbar sind, warnend und trotz der Furchtbarkeit des Ernstes auch verheißend! Vor ihnen ganz allein muß alles Dunkel weichen!

Schaut auf! Sobald die unerbittlichen Vorboten seines Kommens sich gemeldet haben, die den Weg für ihn reinfegen von den Hemmnissen, die Menschheitsdünkel darauf häuft, *wird die Binde von den Augen vieler fallen,* die begnadet sind, ihn *also* zu erkennen! Laut werden sie dann Zeugnis geben *müssen,* gezwungen von der Kraft des Lichtes.

Kein einziger der heute noch so zahlreichen falschen Propheten und auch Führer vermag *dem* gegenüber zu bestehen; denn in den beiden hohen Zeichen, welche niemand tragen kann außer dem Gottessohne und dem Menschensohne, spricht Gott selbst für seinen Diener, alle Menschenklugheit muß darob verstummen. –

Achtet auf die Stunde, sie wird näher sein als *alle* denken.

## DER FREMDLING

Dunkel lagerte wieder über der Erde. Triumphierend beschattete es die Menschen und versperrte den Weg nach dem urgeistigen Reiche. Das Gotteslicht war von ihnen gewichen. Der Körper, der als irdisches Gefäß dazu gedient hatte, hing blutend und zerstört am Kreuze, als Opfer des Protestes derer, denen es das Glück und den heiligen Frieden bringen wollte.

Auf dem Gipfel der gesamten Schöpfung, in der strahlenden Nähe Gottes, steht die Gralsburg als Tempel des Lichtes. In dieser herrschte große Trauer über die verirrten Menschengeister in der Tiefe, die sich in blindem Besserwissenwollen der Wahrheit feindselig verschlossen und bis zu dem Verbrechen an dem Gottessohne von dem haßerfüllten Dunkel peitschen ließen. Schwer senkte sich der von der Menschheit in dieser Art geschaffene Fluch auf alle Welt und drückte sie in nur noch größere Begriffsbeschränkung. –

Mit ernstem Staunen sah ein Jüngling von der Gralsburg aus das ungeheuere Geschehen ... der zukünftige Menschensohn. Er war zu dieser Zeit bereits in seiner Ausbildung begriffen, die Jahrtausende in Anspruch nahm; denn wohlgerüstet sollte er hinab in jene Niederungen, wo das Dunkel durch der Menschen Wollen herrschte.

Da legte sich dem Träumenden sanft eine Frauenhand auf die Schulter. Die Königin der Weiblichkeit stand neben ihm und sprach in liebevoller Traurigkeit:

»Laß das Geschehen auf Dich wirken, lieber Sohn. *So* ist der Kampfplatz, den Du zu der Stunde der Erfüllung zu durchschreiten haben wirst; denn auf die Bitte des gemordeten Heilandes gewährt Gottvater, daß Du vor dem Gericht den Abtrünnigen noch einmal sein Wort verkündest, um die zu retten, die noch darauf hören wollen!«

Stumm senkte der Jüngling sein Haupt und schritt zu innigem Gebet um Kraft, da der Widerhall so großer Gottesliebe machtvoll in ihm wogte!

Schnell schwang die Kunde von der letzten, nochmaligen Gnadenmöglichkeit durch alle Sphären, und viele Seelen flehten Gott um die Gewährung, mithelfen zu dürfen an dem großen Werke der Erlösung aller derer, die den Weg zu Gott noch finden wollen. Gottvaters Liebe ließ es mancher Seele zu, der es zum Aufwärtskommen Vorteil brachte. In dankerfüllter Freude leistete die Schar der so Begnadeten jubelnd ein Treugelöbnis für Erfüllung der gewährten Dienensmöglichkeit.

So wurden *die* Berufenen gebildet, welche sich dem Gottgesandten später zur Verfügung halten sollten, wenn dessen Stunde der Erfüllung auf der Erde kam. Mit Sorgfalt wurden sie für diese Aufgaben entwickelt und zu rechter Zeit auf Erden inkarniert, damit sie fertig sein konnten, sobald der Ruf an sie erging, *auf den zu lauschen ihre erste Pflichterfüllung blieb.*

Unterdessen wurde das Vermächtnis des gemordeten Gottessohnes, sein lebendiges Wort, auf Erden nur zu Eigenzwecken ausgenützt. Den Menschen fehlte dabei jeder Begriff der wahren Christusprinzipien. Sie lebten sich im Gegenteil in eine so falsche, rein irdische Liebedienerei hinein, daß sie zuletzt alles andere als nicht von Gott kommend ablehnten, und heute noch ablehnen und anfeinden, was nicht in dieser von ihnen gewünschten widerlichen Weichlichkeit sich zeigt, was nicht einen gleichen, so ungesunden, sklavischen Menschheitskult treibt.

Alles, wo als Grundlage die menschliche Oberhoheitsanerkennung fehlt, wird einfach als falsch und nicht zu Gottes Wort gehörend bezeichnet. Unter diesem Gebaren verbirgt sich aber in Wirklichkeit nichts anderes als die ängstliche Sorge, daß die schon längst empfundene Hohlheit des falschen Baues offenbar werden könnte.

*Das* hatte man aus dem heiligen Vermächtnis des Gottessohnes gemacht! Unter solchen erniedrigenden Voraussetzungen gab man seine klaren Worte allzumenschlich deutend weiter. Mit Menschenschwächen buhlend wurden Anhänger geworben, bis man etwas Erdenmacht entfalten konnte, auf die das letzte Ziel immer gerichtet blieb. Dann aber zeigte man sehr bald in bestialischen Grausamkeiten, wie weit entfernt die Träger des verkannten Christusprinzipes von dessen wirklichem Verständnis waren, wie wenig sie es lebten.

Dauernd und immer schärfer wurde der Beweis erbracht, daß gerade die Christusprinzipträger-sein-Wollenden die ärgsten Feinde und größten Beleidiger des wirklichen Christusprinzipes waren, schamlos und unverzeihbar! Die ganze Geschichte nach Christi Erdensein zeigt mit Beginn der Kirchen in unauslöschbar eingegrabenen und eingebrannten Runen diese Tatsachen so klar, daß sie nie bestritten oder abgeschwächt zu werden vermögen. Das Schandmal der bewußten Heuchelei wurde durch die lange Geschichte der Einzel- und Massenmorde unter sträflichen Gottanrufungen unverhüllbar errichtet, woran noch heute an vielen Stellen weitergebaut wird, nur in veränderten, der Jetztzeit angepaßten Formen.

So nahm das Dunkel immer mehr an Schwärze zu, dank der Bereitwilligkeit aller Menschengeister, je mehr sich die Zeit näherte, in der der Menschensohn auf Erden inkarniert zu werden hatte.

Freudige Bewegung in den Elementen kündete die irdische Geburt. Engel geleiteten ihn liebevoll hinab auf diese Erde. Urgeschaffene bildeten einen festen Wall um ihn und seine Erdenkindheit. Sonnig durfte seine Erdenjugend sein. Wie einen Gruß Gottvaters sah er abends strahlend den Kometen über sich, den er als selbstverständlich, als zu den Gestirnen gehörend betrachtete, bis ihm die Binde vorgelegt wurde, die er in seiner bitteren Erdenausbildung zu tragen hatte.

Fremd schien es dann um ihn zu sein, nur eine hohe, unstillbare Sehnsucht füllte seine Seele, die sich bis zur Unrast steigerte, zu dauerndem, nervösem Suchen. Sie ließ sich durch nichts stillen, was die Erde bot.

Die feinstoffliche Binde vor den Augen, stand er nun auf feindlichem Gebiete dem Dunkel gegenüber, auf einem Kampfplatze, wo alles Dun-

## 32. DER FREMDLING

kel fester Fuß aufsetzen konnte als er selbst. Deshalb lag es in der Natur der Sache, daß überall, wo er etwas zu unternehmen suchte, kein Widerhall erklingen konnte und kein Erfolg erwuchs, sondern nur das Dunkel immer feindlich aufzischte.

Solange die Zeit der Erfüllung für ihn nicht gekommen war, konnte das Dunkel immer stärker bleiben und ihn dort irdisch schädigen, wo er sich irgendwie irdisch betätigte; denn alles Irdische *mußte* dem Gottgesandten ganz naturgemäß nur feindlich gegenüberstehen, weil alles Menschenwollen heute *gegen* wahren Gotteswillen sich gerichtet hat, trotz angeblichen Suchens nach der Wahrheit, hinter dem sich immer nur der Eigendünkel birgt in vielerlei Gestaltungen. Leicht fand das Dunkel überall willige Kreaturen, um den Lichtgesandten aufzuhalten, ihn empfindlich schmerzend zu verletzen.

So wurde seine Erdenlernzeit zu dem Weg des Leidens.

So, wie das Geistige in großer Kraft anscheinend magnetartig anziehend und haltend auf das Wesenhafte, Feinstoffliche und Grobstoffliche wirkt, in gleicher und noch viel stärkerer Art muß das, was seinen Ursprung über dem Geistigen in der Nachschöpfung hat, auf *alles* unter ihm wirken. Als natürliches Geschehen, das nicht anders möglich ist. Es sieht in der Wirkung einer Anziehungskraft jedoch nur ähnlich. Anziehungskraft in dem bekannten Sinne hat nur die Gleichart gegenseitig.

*Hierbei* handelt es sich aber um die bestehende *Macht des Stärkeren* in rein sachlichem, edelstem Sinne! Nicht irdisch-menschlich gedacht; denn in der Grobstofflichkeit ist dieses Gesetz wie alles andere in seiner Auswirkung durch Zutun der Menschen verroht. Die natürliche Auswirkung dieser herrschenden Macht zeigt sich in äußerer Form wie ein magnetartiges Anziehen, Zusammenfassen, Zusammenhalten, Beherrschen.

Aus diesem Gesetz heraus fühlten sich nun auch die Menschen zu diesem verhüllten, stärkeren Fremdling aus der Höhe magnetartig hingezogen, wenn auch vielfach feindlich widerstrebend. Die dichten Hüllen, die er um sich trug, vermochten nicht ganz das Durchdringen die-

## 32. DER FREMDLING

ser auf der Erde fremden Kraft zu dämmen, während diese wiederum auch noch nicht frei erstrahlen konnte, um *die* unwiderstehliche Macht auszuüben, die sie nach dem Abfallen der auferlegten Hüllen zur Stunde der Erfüllung hat.

Das brachte Zwiespalt unter die Empfindungen der Menschen. Das Sein des Fremdlings ganz allein erweckte schon in ihnen bei Zusammenkommen Hoffnungsgedanken der verschiedensten Arten, die sich leider aus ihrer Gesinnung heraus immer nur in irdische Wünsche verdichteten, welche sie in sich nährten und steigerten.

Der Fremdling aber konnte derartige Wünsche nie beachten, da seine Stunde noch nicht war. Dadurch sahen sich viele in ihrer eigenen Einbildung oft schwer getäuscht, fühlten sich sogar sonderbarerweise betrogen. Sie überlegten nie, daß es in Wirklichkeit *nur ihre eigenen* selbstsüchtigen Erwartungen gewesen waren, die sich nicht erfüllten, und luden, in ihrer Enttäuschung darüber empört, die Verantwortung dafür dem Fremdling auf. Doch dieser rief sie nicht, sondern sie drängten sich ihm auf und hängten sich an ihn, aus diesem ihnen unbekannten Gesetze heraus, und wurden für ihn oft eine schwere Last, mit der er durch *die* Erdenjahre wanderte, die ihm für seine Lernzeit vorgesehen waren.

Die Erdenmenschen empfanden bei ihm Geheimnisvolles, Unbekanntes, das sie nicht erklären konnten, ahnten eine verborgene Macht, welche sie nicht verstanden, und vermuteten deshalb in ihrer Unkenntnis zuletzt natürlich nur gewollte Suggestion, Hypnose und Magie, je nach der Art ihres Unverständnisses, während von diesem allem nichts in Betracht kam. Die ursprüngliche Zuneigung, das Bewußtsein fremdartigen Angezogenwerdens verwandelte sich dann sehr oft in Haß, der sich in moralischen Steinwürfen und Beschmutzungsversuchen austobte gegen den, von dem sie zu früh viel erwartet hatten.

Niemand nahm sich die Mühe einer gerechten Selbstprüfung, die ergeben hätte, daß der in anderen Anschauungen und Idealen für sich lebende Fremdling der von den sich Andrängenden Ausgenützte war, nicht aber, daß dieser jemand ausgenutzt hätte, wie die Andrängenden in der Bitterkeit über entgangene Wunscherfüllungen eines bequemen

## 32. DER FREMDLING

Lebens sich und anderen einzureden versuchten. Blind quittierte man erwiesene Freundlichkeit mit sinnlosem Haß und Feindschaft, ähnlich der Judas-Handlung.

Aber der Fremdling auf der Erde mußte alles über sich ergehen lassen, war es ja nur eine ganz natürliche Folge seines Seins, solange die Menschheit in Verirrung lebte. Daran allein vermochte er, dem alles üble Tun und Denken vollkommen artfremd war, zu erkennen, wessen die Erdenmenschen in ihrer Art fähig wurden. Solches Erleben brachte jedoch gleichzeitig auch die für ihn notwendige Härtung, die sich langsam wie eine Rüstung um seine sonst allzeit vorhandene Hilfsbereitschaft legte und so eine Kluft riß zwischen dieser und der Menschheit ... durch die Seelenwunden, welche trennend wirkten und nur durch die vollständige Änderung der Menschheit wieder heilen können. Diese ihm geschlagenen Wunden bildeten von dieser Stunde an nun die Kluft, welche zu überbrücken nur *der* Mensch vermag, *der ganz* die Straße der Gesetze Gottes wandelt. Diese allein kann als Brücke dienen. Ein jeder andere muß in der Kluft zerschmettern; denn es gibt zur Überschreitung keinen anderen Weg. Und davor stehenbleiben bringt Vernichtung.

Zu genauer Stunde erfüllte sich schon vor dem Ende dieser schweren Lernzeit die Zusammenkunft mit *der* Gefährtin, welche als ein Teil von ihm gemeinsam mit ihm durch das Erdenleben wandern sollte, um nach göttlicher Bestimmung mitzuwirken an der großen Aufgabe. Sie, selbst ein Fremdling auf der Erde, trat in eigener Erkenntnis freudig in den Gotteswillen ein, um dankbar darin aufzugehen.

Dann kam die Zeit erst für Berufene, die Gott ihr Treuegelöbnis zu dem Dienste einst gegeben hatten! Die Gewährung ihrer Bitte war mit Sorgfalt durchgeführt. Zu rechter Zeit erfolgte Inkarnierung auf der Erde. Unter treuer Führung wurden sie irdisch gerüstet für die jeweilige Aufgabe mit allem dem, was sie zu der Erfüllung nötig hatten. Es wurde ihnen zugeführt, geschenkt, so auffallend, daß sie es gar nicht anders als ein Geschenk betrachten konnten, als Lehen für die Stunde der Erfüllung ihres einstigen Versprechens.

## 32. DER FREMDLING

Pünktlich kamen sie mit dem Gesandten in Berührung, durch sein Wort, dann auch persönlich ... aber viele davon ahnten wohl den Ruf, empfanden Ungewohntes in der Seele, doch sie hatten sich in ihrem Erdenlaufe unterdessen von rein Irdischem und zum Teil sogar von dem Dunkel so umstricken lassen, daß sie nicht die Kraft aufbringen konnten, sich zum wahren Dienst zu überwinden, um dessentwillen sie für diese große Zeit zur Erde durften.

Einige zeigten wohl den schwachen Willen zur Erfüllung, doch die Erdenfehler hielten sie davon zurück. Es gab auch leider solche, die wohl in den Weg ihrer Bestimmung traten, doch von vornherein für sich dabei in *erster* Linie irdischen Vorteil suchten. Sogar von ernsthaft Wollenden erwarteten mehrere, daß der, dem *sie* zu dienen hatten, ihren Weg zu der Erfüllung ebnen sollte, anstatt umgekehrt.

Nur wenige, einzelne, zeigten sich wirklich so, daß sie in ihre Aufgabe hineinzuwachsen fähig waren. Diesen wurde dann zur Stunde der Erfüllung zehnfach Kraft gegeben, so daß die Lücken nicht mehr fühlbar blieben und sie in Treue sogar mehr zu leisten fähig wurden, als die große Schar es je vermocht hätte. –

Mit Trauer sah der Fremdling auf der Erde die Verheerungen unter der Schar der Berufenen. *Das war eine der bittersten Erfahrungen für ihn!* Soviel er auch gelernt hatte, soviel er durch die Menschen selbst erlitt... vor dieser letzten Tatsache stand er verständnislos; denn er fand für das Versagen keinerlei Entschuldigung. Nach seiner Auffassung konnte doch ein Berufener, der in Gewährung seiner Bitten extra geführt und inkarniert wurde, nicht anders, als in freudigster Erfüllung seine Aufgabe getreu zu lösen! Wofür war er sonst auf der Erde! Weshalb wurde er treu geschützt bis zu der Stunde, da ihn der Gesandte brauchte! Alles wurde ihm nur geschenkt um seines notwendigen Dienens willen.

Deshalb geschah es, daß der Fremdling, als er nun den ersten der Berufenen begegnete, dort voll vertraute. Er sah sie nur als Freunde an, die überhaupt nicht anders denken, empfinden und handeln konnten, als in unerschütterlichster Treue. Galt es doch das Höchste, Köstlichste, was einem Menschen widerfahren durfte. Nicht ein Gedanke kam ihm an die Möglichkeit, daß auch Berufene in ihrer Wartezeit unrein geworden sein konnten. Für ihn war es unfaßbar, daß ein Mensch bei solcher Gnade frevelnd den eigentlichen Zweck seines Erdenseins zu versäumen und vertändeln vermochte. Sie erschienen ihm mit ihren anhaftenden Fehlern nur sehr hilfsbedürftig. ... So traf ihn die Furchtbarkeit einer Erkenntnis um so härter, als er erleben mußte, daß der Menschengeist auch in solchen außergewöhnlichen Fällen nicht zuverlässig ist und sich unwert der höchsten Gnade auch bei treuester geistiger Führung zeigt!

Erschüttert sah er plötzlich vor sich die Menschheit in ihrer unsagbaren Minderwertigkeit, Verworfenheit. Sie wurde ihm zum Ekel.

Drückender fiel das Elend auf die Erde. Immer deutlicher zeigte sich die Haltlosigkeit des falschen Aufbaues alles bisherigen Menschenwirkens. Offenbarer trat das Zeugnis ihres Unvermögens an den Tag. Alles kam bei steigender Verworrenheit langsam ins Wanken, nur das eine nicht: der Menschendünkel eignen Könnenwollens.

Gerade dieser sproßte üppiger denn je, was auch natürlich war, da Dünkel stets den Boden der Beschränktheit braucht. Anwachsen der Beschränktheit muß auch üppiges Emporwuchern des Dünkels nach sich ziehen.

Die Sucht nach Geltung stieg zu fiebernder Verkrampfung. Je weniger der Mensch zu geben hatte, je mehr die Seele in ihm angstvoll nach Befreiung schrie, welche das Sinken ahnend nur zu gut empfand, desto aufdringlicher suchte er dann in falschem Ausgleichungsbedürfnis den *äußeren Erdentand,* menschliche Auszeichnungen. Wenn sie auch oft in stillen Stunden endlich Zweifel fühlten an sich selbst, so wollten sie darum nur um so eifriger wenigstens noch als wissend *gelten.* Um *jeden* Preis!

So ging es rasend abwärts. In dem angstgebärenden Erkennen kommenden Zusammenbruchs suchte sich zuletzt ein jeder zu betäuben, je nach seiner Art, und ließ das Unerhörte laufen, wie es lief. Er schloß die Augen vor der drohenden Verantwortung.

## 32. DER FREMDLING

»Weise« Menschen aber kündeten die Zeit des Kommens eines starken Helfers aus der Not. Die meisten davon wollten jedoch diesen Helfer in sich selbst erkennen, oder, wenn Bescheidenheit vorhanden war, ihn wenigstens in ihrem Kreise finden.

»Gläubige« beteten zu Gott um Hilfe aus den Wirrnissen. Aber es zeigte sich, daß diese Erdenmenschlein schon bei ihrer Bitte in Erwartung der Erfüllung Gott innerlich Bedingungen zu stellen suchten, indem sie diesen Helfer *so* zu haben wünschten, wie er *ihren Ansichten* entsprach. So weit gehen die Früchte irdischer Beschränktheit. Die Menschen können glauben, daß ein Gottgesandter sich mit Erdentand zu schmücken nötig hat! Erwarten, daß er sich nach ihren so beschränkten Erdenmeinungen richten muß, um von ihnen dadurch anerkannt zu werden, ihren Glauben, ihr Vertrauen *damit* zu erringen. Welch unerhörter Dünkel, welche Anmaßung liegt schon allein in dieser Tatsache! Der Dünkel wird zur Stunde der Erfüllung arg zerschmettert sein mit allen denen, die im Geiste solchem Wahne huldigten! –

Da rief der Herr nach seinem Diener, der als Fremdling auf der Erde schritt, damit er rede, Botschaft gebe allen darnach Dürstenden!

Und siehe, das Wissen der »Weisen« war falsch, die Gebete der Gläubigen unecht; denn sie öffneten sich nicht der Stimme, welche aus der Wahrheit kam und deshalb auch nur dort erkannt zu werden vermochte, wo der Tropfen Wahrheit in dem Menschen nicht verschüttet war durch Erdenfehlerhaftigkeit, Verstandesmacht und alle diese Dinge, die geeignet sind, den Menschengeist vom rechten Wege abzudrängen und zum Sturz zu bringen.

Nur dort konnte sie Widerhall erwecken, wo das Bitten aus wirklich demütiger, ehrlicher Seele kam.

Der Ruf ging aus. Wohin er traf, brachte er Unruhe, Zersplitterung. Doch an den Stellen, wo er ernst erwartet wurde, Frieden und Glückseligkeit.

Das Dunkel kam in unruhige Bewegung und ballte sich noch dichter, schwerer, schwärzer um die Erde. Feindselig fauchte es schon hier und da empor und zischte hassend in die Reihen derer, die dem Rufe folgen wollten. Eng und enger aber kreiste es um *die Berufenen,* die durch Versagen in die Dunkelheit versinken mußten, der sie damit freiwillig die Hand geboten hatten. Ihr früheres Gelöbnis band sie geistig fest an den Gesandten, zog sie zu ihm hin zur Stunde nahender Erfüllung, während ihre Fehler aber hemmend wirkten und zurückstießen von ihm, weil dadurch keine Bindung mit dem Lichte möglich war.

Daraus konnte nun wiederum nur eine Brücke für den Haß erstehen, für den ganzen Haß des Dunkels gegen alles Lichte. Und so verschärften sie den Leidensweg des Lichtgesandten bis zum Golgatha, den zu erschweren sich die größte Zahl der Menschheit nur zu gern anschloß, besonders die, so wähnten, selbst den Weg des Lichtes schon zu kennen und zu gehen, wie einstmals Pharisäer und die Schriftgelehrten.

Das alles schuf eine Lage, wo die Menschheit noch einmal beweisen konnte, daß sie heute wiederum genau dasselbe tun würde, was sie einst an dem Gottessohne schon verbrach. Diesmal nur in moderner Form, die Kreuzigung symbolisch durch versuchten *moralischen Mord,* der nach den Gesetzen Gottes *nicht weniger sträflich ist als körperlicher Mord.*

Es war Erfüllung nach der letzten leichtsinnig versäumten Gnadenmöglichkeit. Verräter, falsche Zeugen und Verleumder kamen aus der Schar Berufener. Immer mehr Gewürm des Dunkels wagte sich heran, da es sich sicher wähnte, weil der Fremdling auf der Erde in Erfüllung vor dem Schmutze schwieg, wie ihm geboten war, und wie auch einst der Gottessohn nicht anders tat vor der johlenden Menge, die ihn als Verbrecher an das Kreuz gefestigt haben wollte.

Doch als die treubrüchigen Abtrünnigen in ihrem blinden Hasse sich schon vor dem Siege wähnten, das Dunkel wiederum das Werk des Lichtes für vernichtet hielt, weil es den Träger dieses Werkes irdisch ganz unmöglich gemacht hoffte, da offenbarte Gott diesmal *mit Allmacht Seinen Willen!* Und dann... erzitternd sanken auch die Spötter auf die Knie, aber... es war für sie zu spät!

## RETTUNG! ERLÖSUNG!

Rettung! Erlösung! Wie oft haben Menschen sich von diesen Worten schon ein falsches Bild gemacht, wenn sie bedingungslose Hilfe aus dem Lichte darin sehen wollten unter Ausschluß der Allheiligen Gerechtigkeit! Es liegt darin vollständige Verirrung, die sich heute schon in allem zeigt, was Menschensinn erdenkt. Sie wollen Gott zu ihrem hilfsbereiten Sklaven machen, der nur für das Wohl der kleinen Erdenmenschen zugelassen werden soll.

Fragt Euch nur selbst einmal darüber, ohne Selbstbeschönigung beleuchtet Euere Gedanken, blickt sachlich klar bis auf den Grund, dann werdet Ihr bekennen müssen, daß das ganze Denken niemals anders eingestellt gewesen ist, als daß Euch Gott auf Euer Bitten hin stets dienend helfen soll, um Euer Wünschen zu erfüllen.

Gewiß, Ihr nennt es nicht mit der Bezeichnung, welche der Art Eures Wesens nahekommen würde, sondern Ihr umschreibt wie immer Euer falsches Wollen, legt Euch Mäntelchen der vorgetäuschten Demut um und sprecht nur vom »Gewähren« anstatt Dienen, doch das ändert nichts daran, daß Euer ganzes Tun sogar bei dem Gebet vom Übel ist und nicht Gott wohlgefällig werden kann!

Seid endlich einmal wahr gegen Euch selbst und zittert beim Erkennen dessen, wie Ihr bisher stets vor Eurem Gotte standet, eigenwillig, anmaßend und unzufrieden, heuchlerisch aus Oberflächlichkeit heraus, in Not und Leid nur an Ihn denkend, damit Er Euch helfe aus den Folgen Eures Tuns, bei dem Ihr vorher niemals darnach fragtet, ob auch Euere Entschlüsse in dem Rahmen *Seines* Wollens liegen.

Was seid Ihr Menschen vor der Allmacht und Erhabenheit des Herrn,

## 33. RETTUNG! ERLÖSUNG!

den Ihr *so* für Euch walten lassen wollt, wie es Euch wohlgefällt! Mit welcher Dünkelhaftigkeit wollt Ihr hier auf der Erde *die* Gesetze durchzwingen, die Eurer kleinen Denkungsart entstammen und die nicht im Einklang stehen mit den göttlichen Gesetzen, die Er in die Schöpfung legte. Ihr führet so oft Euer falsches Wollen mit einer vor Gott unverantwortlichen Klügelei und argen Denkungsweise durch, Eure Nächsten damit schädigend, um selbst Vorteile zu erhalten, sei es in Geld und Gut oder an Ansehen bei denen, für die Ihr es tut.

Nun wird sich alles das schwer auf Euch wälzen mit Bergeslast; denn nichts von allem Eurem falschen Tun konnte in dem Gesetz der Wechselwirkung aufgehoben werden als gelöst, es sei denn, daß Ihr selbst Euch davon löset durch die Änderung in Eurem Wollen zu dem Guten.

Die den Sturz der aufgehäuften Massen der Vergeltung noch hemmenden Hindernisse werden weggerissen! Unaufhaltsam wälzt sich alles auf die Erdenmenschheit nieder, die in Geistesträgheit und in Dünkelhaftigkeit verharren will, um ihren Willen durchzusetzen, der sich weit vom Gotteswillen lange schon entfernte.

Das aber ist das Ende für die Herrschaft alles Dunkels auf der Erde! Sie bricht zusammen und reißt alle Menschen mit sich, die sich ihr gesellten.

Aber mitten durch krachendes Tosen der Zusammenbrüche schwingt das Wort! Sieghaft zieht es durch die Lande, damit sich noch retten kann, wer sich ehrlich darum *bemüht*.

Darin ruht die Bedingung, daß ein jeder Mensch sich selbst zu mühen hat, das Wort des Herrn als Rettung zu erkennen! Läßt er zweifelnd diese letzte Möglichkeit an sich vorüberziehen, ohne sie mit aller Kraft zu nützen, kommt er nie mehr in die Lage und der Augenblick ist für ihn ewiglich verloren, daß er in ihm die Erlösung findet.

Rettung, Erlösung wird ihm einzig in dem Wort, das er aufnehmen muß, um danach lebend sich zu lösen von den Banden, die ihn niederhalten in Verkennung und Verbiegung der tatsächlichen Begriffe.

Am schlimmsten wurdet Ihr vergiftet und gefährdet durch die falsche Darstellung der Gottesliebe, die Ihr aller Frische, aller Kraft und Klarheit zu entkleiden suchtet und sie dafür mit der ungesunden Weichlichkeit und schadenbringender Nachgiebigkeit umhülltet, was Euch allesamt in Geistesträgheit und damit in das Verderben stürzen mußte.

Hütet Euch vor der verderbenbringenden Verbiegung des Begriffes der Heiligen Gottesliebe! Ihr fallt damit in einen anfangs angenehmen Schlummer, der zum Todesschlafe wird.

In Nachgiebigkeit und alles verzeihensollender Güte liegt keine *wahre* Liebe, sondern es ist dieses Falsche wie ein Rauschgift, das die Geister nur in Müdigkeit einwiegt und schwächt, zuletzt die vollkommene Lähmung bringt und den ewigen Tod erzwingt, da ein Erwachen noch zu rechter Zeit dabei nicht möglich ist.

Nur scharfe Kühle der göttlichen Reinheit kann die Müdigkeit durchdringen und der wahren Liebe den Weg bahnen, der zu Euren Geistern führt. Reinheit *ist* scharf, sie kennt keine Beschönigungen, aber auch nicht Entschuldigungen. Deshalb wird sie wohl manchem Menschen, der sich selbst nur zu gern etwas vorzutäuschen sucht, als rücksichtslos erscheinen müssen. Aber sie verletzt in Wirklichkeit nur dort, wo etwas nicht in Ordnung ist.

Weichlichkeit bringt Schaden, Euch selber und auch denen, denen Ihr damit gefällig zu sein glaubt. Ihr werdet einst von einem *Höheren* gerichtet in einer Art Gerechtigkeit, welche Euch fremd geworden ist seit langem durch Euch selbst; denn Ihr habt Euch davon entfernt.

Es ist die *Gottgerechtigkeit,* unwandelbar von Ewigkeit zu Ewigkeit, und unabhängig von der Menschen Meinung, frei von ihrer Gunst, von ihrem Haß und ihrer Bosheit, ihrer Macht. Sie ist *all*mächtig; denn sie ist von Gott!

Wenn Ihr nicht *alle* Kraft aufwendet, Euch zu lösen von dem Alten, werdet Ihr diese Gerechtigkeit auch nicht verstehen lernen. Ihr vermögt dann aber auch nicht in Euch neu zu werden! Und nur der *neue* Mensch, der in dem Wort des Lebens steht und nach dem Lichte strebt, erhält die Hilfen, die er nötig hat, um durch ein Gottgericht zu gehen.

Es muß der Mensch sich helfen durch das Wort, das ihm die Wege zeigt, die er zu gehen hat! Nur *so* kann er Erlösung finden, sonst wird sie ihm nicht zuteil! Er muß erstarken in dem Kampfe, den er für sich selber führt, oder er muß darin untergehen!

Erwacht und stellt Euch kämpfend gegen alles Dunkel, dann wird Euch auch helfende Kraft zuteil. Den Schwächlingen aber geht alles noch verloren, was sie an Kraft besitzen, da sie diese nicht richtig zu verwenden wissen. Es wird ihnen damit das wenige ihres Besitzes noch genommen, weil es in dem Gesetz der Anziehung der gleichen Art zu denen fließt, welche die Kraft in Eifer und der *rechten Art* verwenden. Damit erfüllt sich ein Wort uralter Verheißungen.

## DIE SPRACHE DES HERRN

Heilige Pflicht des Menschengeistes ist es, zu erforschen, wozu er auf der Erde oder überhaupt in dieser Schöpfung lebt, in der er wie an tausend Fäden hängt. So klein dünkt sich kein Mensch, sich einzubilden, daß sein Dasein zwecklos wäre, wenn *er* es nicht zwecklos macht. Dazu hält er sich selbst auf jeden Fall für zu wichtig. Und doch vermögen sich nur wenig Erdenmenschen aus der Trägheit ihres Geistes mühevoll *so* weit zu lösen, um sich ernsthaft mit Erforschung ihrer Aufgabe auf Erden zu befassen.

Trägheit des Geistes ist es auch allein, die sie von anderen verfaßte feststehende Lehren anzunehmen willig macht. Und Trägheit liegt in der Beruhigung, zu denken, daß es Größe ist, am Glauben ihrer Eltern festzuhalten, ohne die darin enthaltenen Gedankengänge scharfen, sorgfältigen Eigenprüfungen zu unterziehen.

In allen diesen Dingen werden nun die Menschen eifrig unterstützt von den berechnenden und eigensüchtigen Vereinigungen, welche in der Ausdehnung an Zahl der Anhänger den besten Weg zu der Vergrößerung und Sicherung des Einflusses und damit Anwachsens der Macht zu haben glauben.

Weit liegt von ihnen wahres Gotterkennen; denn sie würden sonst den Menschengeist nicht binden in die Fesseln einer feststehenden Lehre, sondern müßten ihn zu der von Gott bestimmten Selbstverantwortung erziehen, welche *volle Freiheit des geistigen Entschlusses* grundsätzlich bedingt! Ein darin freier Geist allein kann zu dem wahren Gotterkennen kommen, das in ihm zu voller Überzeugung reift, die nötig ist für jeden, der zu lichten Höhen aufgehoben werden will; denn nur die freie, aufrichtige Überzeugung kann ihm dazu helfen. –

## 34. DIE SPRACHE DES HERRN

Ihr Menschen aber, was habt Ihr getan! Wie habt Ihr diese höchste Gnade Gottes unterbunden, frevlerisch verhindert, daß sie sich entwickeln kann und helfend allen Erdenmenschen *den* Weg öffnet, der sie sicher zu dem Frieden, zu der Freude und zum höchsten Glücke führt!

Bedenkt: auch in der Wahl, Zustimmung oder dem Gehorchen, das als Folge der geistigen Trägheit vielleicht nur gewohnheitsmäßig vor sich geht, oder weil es bei anderen so üblich ist, *liegt ein persönlicher Entschluß,* der für den also Handelnden schöpfungsgesetzmäßige Selbstverantwortungen nach sich zieht!

Für die, so einen Menschengeist dazu veranlassen, geht eine Selbstverantwortung natürlich auch als unvermeidbar, unverrückbar Hand in Hand. Es läßt sich nicht das kleinste Denken oder Handeln ohne gleichartige Folgen aus der Schöpfung streichen, in deren Gewebe sich die Fäden für den einzelnen wie für die Massen spinnen, unbeirrt, der Auslösungen harrend, welche von den Urhebern, also Erzeugern, letzten Endes wiederum empfangen werden müssen, sei es nun als Leid oder als Freude, je nach der Art, wie sie von ihnen dereinst geboren wurden, nur gewachsen und damit verstärkt.

Ihr hängt in dem Gewebe Eures eigenen Wollens, Eures Tuns, und kommt nicht davon los, bevor die Fäden von Euch fallen können in der Ablösung.

Unter allen Kreaturen in der Schöpfung hat der Menschengeist als einzige den *freien Willen,* den er ja bis heute nicht erklären konnte, nicht verstand, weil er in seinen engen Grenzen des Verstandesgrübelns keine Anhaltspunkte als Beweise dafür fand.

Sein freier Wille liegt allein in dem *Entschlusse,* deren er ja stündlich viele fassen kann. Den Folgen aber eines jeden seiner eigenen Entschlüsse ist er in dem selbständigen Weben der Schöpfungsgesetze unbeirrbar unterworfen! Darin liegt seine Verantwortung, die untrennbar verbunden ist mit der Gewährung einer Willensfreiheit im Entschlusse, die dem Menschengeiste untrennbar gegeben eigentümlich ist.

Wo bliebe sonst die göttliche Gerechtigkeit, welche als Stütze, Ausgleich und Erhaltung alles Schöpfungswirkens in der Schöpfung fest verankert ist?

Sie zählt jedoch in ihren Auswirkungen nicht immer nur nach kurzer Spanne eines Erdenseins für einen Menschengeist, sondern es sind dabei ganz andere Bedingungen, wie Leser meiner Botschaft wissen.

Ihr habt mit vielen oberflächlichen Entschlüssen schon oft Unheil über Euch gebracht und zwingt es manchmal über Eure Kinder. Wenn Ihr auch selbst zu träge Euch erwieset, um die Kraft noch aufzubringen, selber zu entscheiden in dem innersten Empfinden, ohne Rücksicht auf Gelerntes, ob auch jedes Wort, welchem Ihr anzuhängen Euch entschlosset, Wahrheit in sich bergen kann, so solltet Ihr die Folgen Eurer Trägheit nicht noch Euren Kindern aufzuzwingen suchen, die Ihr damit in das Unglück stürzt.

Was also auf der einen Seite Geistesträgheit nach sich zieht, bewirkt bei anderen berechnender Verstand.

Durch diese beiden Feinde der geistigen Freiheit im Entschlusse ist die Menschheit nun gebunden bis auf wenige, welche den Mut noch aufzubringen sich bemühen, diese Bindung in sich zu zersprengen, um selbst wirklich Mensch zu werden, wie es in Befolgung göttlicher Gesetze liegt.

Die göttlichen Gesetze sind in allem wahre Freunde, sind helfende Gnaden aus dem Willen Gottes, der die Wege zu dem Heile damit öffnet jedem, welcher sich darum bemüht.

Es gibt nicht einen einzigen anderen Weg dazu als den, welchen die Gottgesetze in der Schöpfung deutlich zeigen! Die gesamte Schöpfung ist die Sprache Gottes, die zu lesen Ihr Euch ernstlich mühen sollt, und die gar nicht so schwer ist, wie Ihr es Euch denkt.

Ihr gehört zu dieser Schöpfung als ein Stück von ihr, müßt deshalb mit ihr schwingen, in ihr wirken, von ihr lernend reifen und dabei erkennend immer mehr emporsteigen, von einer Stufe zu der anderen, mitziehend in der Ausstrahlung, um zu veredeln alles, was auf Eurem Wege mit Euch in Berührung kommt.

## 34. DIE SPRACHE DES HERRN

Es wird sich dann von selbst ein schönes Wunder nach dem anderen um Euch herum entwickeln, die Euch wechselwirkend immer weiter heben.

Lernet in der Schöpfung Euren Weg erkennen, damit wißt Ihr auch den Zweck Eures Seins. Dankender Jubel wird Euch dann erfüllen und das höchste Glück, das ein Menschengeist zu tragen fähig ist, welches allein im Gotterkennen liegt!

Glückseligkeit des wahren Gotterkennens aber kann niemals aus angelerntem, blindem Glauben wachsen, noch viel weniger erblühen, sondern überzeugtes Wissen, wissende Überzeugung gibt dem Geiste allein das, was er dazu benötigt.

Ihr Erdenmenschen seid in dieser Schöpfung, um Glückseligkeit zu *finden!* In der Sprache, welche Gott lebendig zu Euch spricht! Und diese Sprache zu verstehen, sie zu lernen, Gottes Willen darin zu empfinden, *das* ist Euer *Ziel* im Wandel durch die Schöpfung. In der Schöpfung selber, zu der Ihr gehört, liegt die Erklärung Eures Daseins*zweckes* und gleichzeitig auch Erkennung Eures *Zieles!* Anders könnt Ihr beides niemals finden.

Das verlangt von Euch, daß Ihr die Schöpfung *lebet.* Leben oder *erle*ben vermögt Ihr sie jedoch erst dann, wenn Ihr sie wirklich *kennt.*

Ich schlage Euch mit meiner Botschaft nun das Buch der Schöpfung auf! Die Botschaft zeigt Euch klar die Sprache Gottes in der Schöpfung, die Ihr verstehen lernen sollt, damit Ihr sie Euch ganz zu eigen machen könnt.

Stellt Euch einmal ein Menschenkind auf Erden vor, das seinen Vater oder seine Mutter nicht verstehen kann, weil es die Sprache niemals lernte, die sie zu dem Kinde sprechen. Was sollte wohl aus einem solchen Kinde werden?

Es weiß ja gar nicht, was man von ihm will, und wird dadurch aus einem Übel in das andere verfallen, sich ein Leid nach dem anderen zuziehen und zuletzt vielleicht für jeden Erdenzweck wie auch für Erdenfreude ganz unbrauchbar sein.

Muß nicht ein jedes Kind für sich allein die Sprache seiner Eltern *selbst* erlernen, wenn aus ihm etwas werden soll? Niemand kann ihm diese Mühe abnehmen!

Es würde sich sonst nie zurechtfinden, würde nie reifen und nie wirken können auf der Erde, sondern bliebe Hemmnis, Last für andere und müßte zuletzt abgetrennt werden, damit es nicht Schaden bringt.

Erwartet Ihr nun etwas anderes?

Die unvermeidliche Erfüllung einer solchen Pflicht des Kindes habt Ihr selbstverständlich Eurem Gotte gegenüber, dessen Sprache *Ihr* verstehen lernen müßt, sobald Ihr seine Hilfe wollt. Gott aber spricht zu Euch in seiner Schöpfung. Wenn Ihr darin vorwärts kommen wollt, so müßt Ihr diese seine Sprache erst erkennen. Versäumt Ihr es, so werdet Ihr getrennt von denen, die die Sprache kennen und sich danach richten, weil Ihr sonst Schaden bringt und Hemmung, ohne daß Ihr vielleicht solches wirklich wollt!

*Ihr* müßt es also tun! Vergeßt das nicht und sorget dafür, daß es nun geschieht, sonst seid Ihr hilflos allem preisgegeben, was Euch droht.

Meine Botschaft wird Euch treuer Helfer sein!

# NUN SCHREITE RÜSTIG AUFWÄRTS!

BAND II

## VERANTWORTUNG

Diese Frage ist immer eine der ersten, da die weitaus größte Zahl der Menschen zu gern jede Verantwortung von sich abwälzen und auf irgend etwas anderes als auf sich selbst bürden möchte. Daß dies an sich eine Selbstentwertung ist, spielt ihnen dabei keine Rolle. Hierin sind sie wirklich recht demütig und bescheiden, aber nur, um umso lustiger und skrupelloser daraufzuleben zu können.

Es wäre ja so schön, alle seine Wünsche erfüllen und alle seine Gelüste auch anderen Menschen gegenüber ruhig ungesühnt austoben lassen zu dürfen. Die irdischen Gesetze lassen sich im Notfalle umgehen und Konflikte vermeiden. Geschicktere können sogar unter deren Deckmantel ganz erfolgreiche Fischzüge vornehmen und so manches tun, was keiner moralischen Prüfung standhalten würde. Sie genießen dabei sogar noch oft den Ruf ganz besonders tüchtiger Menschen.

Es ließe sich also mit einiger Klugheit eigentlich recht gemütlich seinen eigenen Ansichten entsprechend leben, wenn... nicht irgendwo irgend etwas wäre, das ein unbehagliches Empfinden weckte, eine zeitweise aufsteigende Unruhe sich zeigte darüber, daß manches doch schließlich etwas anders sein könnte, als das eigene Wünschen es sich formt.

Und so ist es auch! Die Wirklichkeit ist ernst und unerbittlich. Die Wünsche der Menschen können in dieser Beziehung keinerlei Abweichung herbeiführen. Ehern bleibt das Gesetz bestehen: »Was der Mensch säet, das wird er vielfach ernten!«

Diese wenigen Worte bergen und sagen viel mehr, als so mancher sich dabei denkt. Haarscharf und genau entsprechen sie dem wirklichen Vorgange der in der Schöpfung ruhenden Wechselwirkung. Es könnte kein treffenderer Ausdruck dafür gefunden werden. Genau wie die Ernte das Vielfache einer Saat ergibt, so trifft den Menschen stets vervielfältigt das wieder, was er in seinen eigenen Empfindungen erweckt und ausschickt, je nach der Art seines Wollens.

Der Mensch trägt also geistig die Verantwortung für alles, was er tut. Diese Verantwortung setzt schon bei dem Entschlusse ein, nicht erst bei der vollbrachten Tat, die ja nur eine Folge des Entschlusses ist. Und der Entschluß ist das Erwachen eines ernsten Wollens!

Es gibt keine Trennung zwischen dem Diesseits und dem sogenannten Jenseits, sondern alles ist nur ein einziges großes Sein. Die ganze gewaltige, den Menschen sichtbare und unsichtbare Schöpfung greift wie ein erstaunlich-geschicktes, nie versagendes Getriebe ineinander, geht nicht nebeneinander. *Einheitliche* Gesetze tragen das Ganze, die Nervensträngen gleich alles durchdringen, zusammenhalten und sich gegenseitig in steter Wechselwirkung auslösen!

Wenn die Schulen und Kirchen nun dabei von Himmel und Hölle sprechen, von Gott und dem Teufel, so ist das richtig. Falsch aber ist eine Erklärung von guten und bösen Kräften. Das muß jeden ernsthaft Suchenden sofort in Irrtümer und Zweifel stürzen; denn wo *zwei* Kräfte sind, müßten logisch auch zwei Herrscher, in diesem Falle also zwei Götter sein, ein guter und ein böser.

*Und das ist nicht der Fall!*

Es gibt nur *einen* Schöpfer, einen Gott, und deshalb auch nur *eine* Kraft, die alles Seiende durchströmt, belebt und fördert!

Diese reine, schöpferische Gotteskraft durchfließt fortwährend die ganze Schöpfung, liegt in ihr, ist untrennbar von ihr. Überall ist sie zu finden: in der Luft, in jedem Wassertropfen, in dem wachsenden Gestein, der strebenden Pflanze, dem Tier und natürlich auch dem Menschen. Es gibt nichts, wo sie nicht wäre.

Und wie sie alles durchflutet, so durchströmt sie auch ohne Unterlaß den Menschen. Dieser ist nun derart beschaffen, daß er einer Linse gleicht. Wie eine Linse die sie durchströmenden Sonnenstrahlen sammelt und konzentriert weiterleitet, so daß die wärmenden Strahlen auf einen Punkt vereinigt sengen und zündend Feuer entflammen, so sammelt der Mensch durch seine besondere Beschaffenheit die durch ihn strömende Schöpfungskraft durch seine Empfindung und leitet sie konzentriert weiter durch seine Gedanken.

Je nach der Art dieses Empfindens und der damit zusammenhängenden Gedanken *lenkt* er also die selbsttätig wirkende schöpferische Gotteskraft zu guter oder zu böser Auswirkung!

*Und das ist die Verantwortung, die der Mensch tragen muß!* Darin liegt auch sein freier Wille!

Ihr, die Ihr oft so krampfhaft sucht, den rechten Weg zu finden, warum macht Ihr es Euch so schwer? Stellt Euch in aller Einfachheit das Bild vor, wie die reine Kraft des Schöpfers durch Euch fließt und Ihr sie lenkt mit Eueren Gedanken nach der guten oder nach der schlechten Richtung. Damit habt Ihr ohne Mühe und ohne Kopfzerbrechen alles!

Überlegt, daß es an Euerem einfachen Empfinden und Denken liegt, ob diese gewaltige Kraft nun Gutes oder Übles hervorrufen wird. Welche fördernde oder verderbenbringende Macht ist Euch damit gegeben!

Ihr braucht Euch dabei nicht anzustrengen, daß der Schweiß auf die Stirne tritt, braucht Euch nicht an eine sogenannte okkulte Übung anzukrampfen, um durch alle möglichen und unmöglichen körperlichen und geistigen Verkrümmungen irgendeine für Eueren wahren geistigen Aufschwung völlig nichtssagende Stufe zu erreichen!

Laßt ab von dieser zeitraubenden Spielerei, die schon so oft zur peinigenden Quälerei geworden ist, die nichts anderes bedeutet als die früheren Selbstgeißelungen und Kasteiungen in den Klöstern. Es ist nur eine andere Form derselben, die Euch ebensowenig Gewinn zu bringen vermag.

Die sogenannten okkulten Meister und Schüler sind moderne Pharisäer! In dem wahrsten Sinne des Wortes. Sie geben das getreue Spiegelbild der Pharisäer zu der Zeit Jesu von Nazareth.

Mit reiner Freude denkt daran, daß Ihr mühelos durch Euer einfa-

## 1. VERANTWORTUNG

ches, gutwollendes Empfinden und Denken die einzige und gewaltige Schöpfungskraft zu lenken vermögt. Genau in der Art Eueres Empfindens und Euerer Gedanken wirkt sich die Kraft dann aus. *Sie arbeitet allein,* Ihr braucht sie nur zu lenken.

Das geschieht in aller Einfachheit und Schlichtheit! Dazu bedarf es keiner Gelehrsamkeit, nicht einmal des Lesens und des Schreibens. Es ist *jedem* von Euch in gleichem Maße gegeben! Darin besteht kein Unterschied.

Wie ein Kind spielend an dem Schalter einen elektrischen Strom einzuschalten vermag, der ungeheure Wirkungen ausübt, so ist es Euch geschenkt, durch Euere einfachen Gedanken göttliche Kraft zu lenken.

Ihr könnt Euch darüber freuen, könnt darauf stolz sein, sobald Ihr es benützt zum Guten! Aber zittert, wenn Ihr es nutzlos vergeudet oder gar zu Unreinem verwendet! Denn den in der Schöpfung ruhenden Gesetzen der Wechselwirkung könnt Ihr nicht entgehen. Und hättet Ihr Flügel der Morgenröte, die Hand des Herrn, dessen Kraft Ihr damit mißbraucht, würde Euch durch diese selbsttätig arbeitende Wechselwirkung treffen, wo Ihr Euch auch verbergen wolltet.

Das Böse wird mit der gleichen reinen, göttlichen Kraft bewirkt wie das Gute!

Und diese jedem freigestellte Art der Verwendung dieser einheitlichen Gotteskraft birgt die Verantwortung in sich, der niemand zu entgehen vermag. Deshalb rufe ich jedem Suchenden zu:

»Halte den Herd Deiner Gedanken rein, Du stiftest damit Frieden und bist glücklich!«

Frohlocket, Ihr Unwissenden und Schwachen; denn Euch ist dieselbe Macht gegeben wie den Starken! Macht es Euch also nicht zu schwer! Vergeßt nicht, daß die reine, selbstschaffende Gotteskraft auch durch Euch strömt, und daß auch Ihr als Menschen befähigt seid, dieser Kraft eine bestimmte Richtung zu geben durch die Art Euerer inneren Empfindungen, also Eueres Wollens, zum Guten wie zum Bösen, verheerend oder aufbauend, Freude oder Leid bringend!

Da es nur diese eine Gotteskraft gibt, klärt sich auch damit das Geheimnis, warum das Dunkel dem Lichte, das Übel dem Guten in jedem ernsten Endkampfe weichen muß. Lenkt Ihr die Gotteskraft zum Guten, so bleibt sie in ihrer ursprünglichen Reinheit ungetrübt und entwickelt dadurch eine viel stärkere Kraft, während mit der Trübung ins Unreine gleichzeitig eine Schwächung vor sich geht. So wird in einem Endkampfe die *Reinheit* der Kraft immer durchschlagend wirken und ausschlaggebend sein.

Was gut ist und was böse, das fühlt ein jeder bis in die Fingerspitzen, unausgesprochen. Darüber zu grübeln würde nur verwirren. Dumpfes Grübeln ist Kraftverschwendung, wie ein Sumpf, zäher Morast, der alles Erreichbare lähmend umklammert und erstickt. Frische Fröhlichkeit jedoch zerreißt den Bann des Grübelns. Ihr habt es nicht nötig, traurig und gedrückt zu sein!

Jeden Augenblick könnt Ihr den Weg zur Höhe beginnen und Vergangenes gutmachen, was es auch sei! Macht weiter nichts, als an den Vorgang der Euch stets durchströmenden reinen Gotteskraft zu denken, dann scheut Ihr selbst davor zurück, diese Reinheit in schmutzige Kanäle über Gedanken zu leiten, weil Ihr ohne jede Anstrengung auf gleiche Weise das Höchste und Edelste erreichen könnt. Ihr braucht ja nur zu *lenken*, die Kraft wirkt dann allein in der von Euch gewollten Richtung.

Ihr habt damit das Glück oder das Unglück in eigener Hand. Hebt deshalb stolz das Haupt und frei und kühn die Stirn. Das Übel kann nicht nahen, wenn Ihr es nicht ruft! Wie Ihr es *wollt,* so wird es Euch geschehen!

# SCHICKSAL

Die Menschen reden von verdientem und unverdientem Schicksal, von Lohn und Strafe, Vergeltung und Karma.

Das alles sind nur Teilbezeichnungen eines in der Schöpfung ruhenden Gesetzes: *Das Gesetz der Wechselwirkung!*

Ein Gesetz, das in der ganzen Schöpfung von Urbeginn an liegt, das in das große, nimmer endende Werden unlösbar hineingewoben wurde als ein notwendiger Teil des Schaffens selbst und der Entwickelung. Wie ein Riesensystem feinster Nervenfäden hält und belebt es das gewaltige All und fördert dauernde Bewegung, ein ewiges Geben und Nehmen!

Einfach und schlicht, und doch so treffend hat es Christus Jesus schon gesagt: *»Was der Mensch säet, das wird er ernten!«*

Die wenigen Worte geben das Bild des Wirkens und Lebens in der ganzen Schöpfung so glänzend wieder, wie es kaum anders gesagt werden kann. Ehern eingewebt ist der Sinn der Worte in dem Sein. Unverrückbar, unantastbar, unbestechlich in der fortwährenden Auswirkung.

Ihr könnt es sehen, wenn Ihr sehen *wollt!* Beginnt damit bei der Beobachtung der Euch jetzt sichtbaren Umgebung. Was Ihr Naturgesetze nennt, sind ja die göttlichen Gesetze, sind des Schöpfers Wille. Ihr werdet schnell erkennen, wie unentwegt sie sich in dauernder Betätigung befinden; denn so Ihr Weizen säet, werdet Ihr nicht Roggen ernten, und so Ihr Roggen streut, kann Euch nicht Reis erstehen!

Das ist jedem Menschen so selbstverständlich, daß er über das eigentliche Geschehen dabei gar nicht nachdenkt. Er wird sich deshalb des

## 2. SCHICKSAL

darin ruhenden strengen und großen Gesetzes gar nicht bewußt. Und doch steht er dabei vor der Lösung eines Rätsels, das ihm kein Rätsel zu sein braucht.

Das gleiche Gesetz nun, das Ihr hierbei zu beobachten vermögt, wirkt sich mit derselben Sicherheit und Stärke auch in den zartesten Dingen aus, die Ihr nur durch Vergrößerungsgläser zu erkennen fähig seid, und noch weitergehend in dem feinstofflichen Teile der ganzen Schöpfung, der der weitaus größere ist. In *jedem* Geschehen liegt es unabänderlich, auch in der zartesten Entwickelung Euerer Gedanken, die ja auch noch eine gewisse Stofflichkeit haben.

Wie konntet Ihr wähnen, daß es gerade dort anders sein soll, wo Ihr es anders haben möchtet? Euere Zweifel sind in Wirklichkeit weiter nichts als ausgesprochene innere Wünsche!

Es ist in dem ganzen Euch sichtbaren und unsichtbaren Sein nicht anders, als daß jede Art die ihr gleiche Art bringt, gleichviel von welchem Stoffe. Ebenso fortdauernd ist das Wachsen und Werden, Früchtebringen und Die-gleiche-Art-Gebären. Dieses Geschehen geht *einheitlich* durch alles, macht keine Unterschiede, läßt keine Lücke, hält nicht vor einem anderen Teile der Schöpfung an, sondern trägt die Wirkungen hindurch wie einen unzerreißbaren Faden, ohne abzusetzen oder abzubrechen.

Wenn sich auch der größte Teil der Menschheit in ihrer Beschränkung und Einbildung von dem Weltall isolierte, die göttlichen oder Naturgesetze haben deshalb nicht aufgehört, sie als dazugehörig zu betrachten und in unveränderter Art ruhig und gleichmäßig weiter zu arbeiten.

Das Gesetz der Wechselwirkung bedingt aber auch, daß der Mensch alles, was er sät, also dort, wo er die Ursache zu einer Wirkung oder Auswirkung gibt, auch ernten *muß!*

Der Mensch hat immer nur den freien Entschluß, die freie Entscheidung bei Beginn einer jeden Sache darüber, wohin die ihn durchströmende Allkraft geleitet werden soll, nach welcher Richtung. Die daraus entstehenden Folgen der sich in der von ihm gewollten Richtung betätigten Kraft *muß* er dann tragen. Trotzdem beharren viele auf der Behauptung, daß der Mensch doch keinen freien Willen habe, wenn er einem Schicksale unterworfen ist!

Diese Torheit soll nur den Zweck einer Selbstbetäubung haben, oder ein grollendes Sichfügen in etwas Unvermeidliches sein, eine murrende Resignation, hauptsächlich aber eine Selbstentschuldigung; denn jede dieser auf ihn zurückfallenden Auswirkungen hat einen Anfang genommen, und bei *diesem Anfange* lag die Ursache für die spätere Auswirkung in einem vorausgegangenen *freien Entschluß* des Menschen.

Dieser freie Entschluß ist *jeder* Wechselwirkung, also jedem Schicksal, einmal vorausgegangen! Mit einem ersten Wollen hat der Mensch jedesmal etwas erzeugt, erschaffen, in dem er später, über kurz oder lang, selbst einmal zu leben hat. *Wann* dies erfolgt, ist aber sehr verschieden. Es kann noch in dem gleichen Erdendasein sein, in dem das erste Wollen den Anfang dazu schuf, ebensogut kann es aber nach Ablegen des grobstofflichen Körpers in der feinstofflichen Welt geschehen, oder aber noch später wieder in einem grobstofflichen Erdendasein.

Die Veränderungen spielen dabei keine Rolle, sie befreien den Menschen nicht davon. Dauernd trägt er die Verbindungsfäden mit sich, bis er davon erlöst, das heißt »gelöst« wird durch die endliche Auswirkung, die durch das Gesetz der Wechselwirkung erfolgt.

*Der Formende ist an sein eigenes Werk gebunden, wenn er es auch anderen zugedacht hat!*

Wenn also heute ein Mensch den Entschluß faßt, einem anderen irgend etwas Übles zu tun, sei es nun in Gedanken, Worten oder Werken, so hat er damit etwas »in die Welt gesetzt«, ganz gleichgiltig, ob allgemein sichtbar oder nicht, ob also grobstofflich oder feinstofflich, es hat Kraft und somit Leben in sich, das sich in der gewollten Richtung weiter entwickelt und betätigt.

Wie sich die Wirkung nun bei dem auslöst, dem es gelten soll, liegt ganz an der seelischen Beschaffenheit des Betreffenden, dem es dadurch entweder großen oder kleinen, vielleicht auch anderen als den gewollten, oder auch gar keinen Schaden bringen kann; denn der seelische

## 2. SCHICKSAL

Zustand des Betreffenden ist wiederum allein maßgebend für diesen selbst. Es ist also niemand solchen Dingen schutzlos preisgegeben.

Anders mit dem, der durch seinen Entschluß und sein Wollen die Ursache zu dieser Bewegung gegeben hat, also deren Erzeuger war. Mit diesem bleibt seine Erzeugung unbedingt verbunden und kommt nach einer kurzen oder langen Wanderung im Weltall wieder zu ihm zurück, verstärkt, wie eine Biene beladen durch die Anziehung der Gleichart.

Das Gesetz der Wechselwirkung löst sich dabei aus, indem eine jede Erzeugung bei ihrer Bewegung durch das All verschiedene Gleicharten anzieht oder von solchen selbst angezogen wird, durch deren Zusammenschluß dann eine Kraftquelle entsteht, die verstärkte Kraft der gleichen Art wie von einer Zentrale aus an alle die zurücksendet, die durch ihre Erzeugungen wie an Schnüren mit dem Sammelplatze gleicher Arten verbunden werden.

Durch diese Verstärkung tritt auch eine immer größere Verdichtung ein, bis zuletzt ein grobstofflicher Niederschlag davon entsteht, in dem der einstige Erzeuger nun in der damals von ihm gewollten Art sich selbst ausleben muß, um endlich davon befreit zu werden.

*Das* ist das Entstehen und der Werdegang des so gefürchteten und verkannten Schicksals! Es ist gerecht bis in die kleinste und feinste Abstufung, weil es durch die Anziehung *nur gleicher Arten* in der Rückstrahlung nie anderes bringen kann, als es wirklich ursprünglich selbst gewollt war.

Ob für einen bestimmten anderen oder im allgemeinen, ist dabei gleichgiltig; denn derselbe Werdegang ist es natürlich auch, wenn der Mensch sein Wollen nicht unbedingt auf einen anderen Menschen oder auf mehrere richtet, sondern überhaupt in irgendeiner Art Wollen lebt.

Die Art des Wollens, für die er sich entscheidet, ist maßgebend für die Früchte, die er am Ende ernten muß. So hängen zahllose feinstoffliche Fäden an dem Menschen, oder er an ihnen, die alle das auf ihn zurückströmen lassen, was immer er einmal gewollt hat. Diese Strömungen geben ein Gebräu, das dauernd stark einwirkt auf die Bildung des Charakters.

So sind in der gewaltigen Maschinerie des Weltalls viele Dinge, die mitwirken an dem »Ergehen« des Menschen, aber es gibt nichts, wozu der Mensch nicht selbst zuerst die Ursache gegeben hat.

Er liefert die Fäden, aus denen im unermüdlichen Webstuhle des Seins der Mantel gefertigt wird, den er zu tragen hat.

Christus drückte klar und scharf dasselbe aus, als er sagte: »Was der Mensch säet, das *wird* er ernten.« Er sagte nicht, »kann« er ernten, sondern er »*wird*«. Das ist dasselbe wie: er *muß* das ernten, was er sät.

Wie oft hört man sonst sehr vernünftige Menschen sagen: »Daß Gott so etwas zuläßt, ist mir unbegreiflich!«

Unbegreiflich aber ist es, daß Menschen so etwas reden können! Wie klein stellen sie sich dieser Äußerung nach Gott vor. Sie geben damit den Beweis, daß sie sich ihn als einen »*willkürlich* handelnden Gott« denken.

Aber Gott greift in alle diese kleinen und großen Menschensorgen, Kriege, Elend und was Irdisches noch mehr ist, gar nicht direkt ein! Er hat von Anfang an in die Schöpfung seine vollkommenen Gesetze gewoben, die selbsttätig ihre unbestechliche Arbeit durchführen, so daß sich alles haarscharf erfüllt, ewig gleich sich auslöst, wodurch eine Bevorzugung ebenso ausgeschlossen ist wie eine Benachteiligung, jede Ungerechtigkeit unmöglich bleibt.

Gott braucht sich also darum nicht besonders zu kümmern, sein Werk ist lückenlos.

Ein Hauptfehler so vieler Menschen ist aber der, daß sie nur nach dem Grobstofflichen urteilen und sich darin als Mittelpunkt sehen, sowie mit *einem* Erdenleben rechnen, während sie in Wirklichkeit schon *mehrere* Erdenleben hinter sich haben. Diese, sowie auch die Zwischenzeiten in der feinstofflichen Welt, gelten als ein *einheitliches* Sein, durch das die Fäden, ohne abzubrechen, straff gezogen sind, so daß also in den Auswirkungen eines jeweiligen irdischen Daseins nur ein kleiner Teil dieser Fäden sichtbar wird.

Ein großer Irrtum ist es demnach, zu glauben, daß mit dem Geborenwerden ein vollkommen neues Leben einsetzt, daß ein Kind also »unschuldig« ist*, und daß alle Geschehnisse nur auf das kurze Erdendasein berechnet werden dürfen. Wäre dies wirklich, so müßten selbstverständlich bei bestehender Gerechtigkeit Ursachen, Wirkungen und Rückwirkungen geschlossen auf die Spanne eines Erdendaseins fallen.

Wendet Euch ab von diesem Irrtum. Ihr werdet dann schnell die jetzt so oft vermißte Logik und Gerechtigkeit in allen Geschehnissen entdecken!

Viele erschrecken dabei und fürchten sich vor dem, was sie nach diesen Gesetzen in der Rückwirkung von früher her noch zu erwarten haben.

Doch das sind unnötige Sorgen für die, denen es ernst ist mit dem guten Wollen; *denn in den selbsttätigen Gesetzen liegt auch gleichzeitig die sichere Gewähr für Gnade und Vergebung!*

Ganz abgesehen davon, daß mit dem festen Einsetzen des guten Wollens sofort eine Grenze gesetzt wird für den Punkt, wo die Kette der üblen Rückwirkungen ein Ende erreichen muß, tritt noch ein anderer Vorgang in Kraft, der von ungeheuerem Werte ist:

Durch das dauernd gute Wollen in allem Denken und Tun fließt ebenfalls rückwirkend aus der gleichartigen Kraftquelle beständige Verstärkung, so daß das Gute fester und fester in dem Menschen selbst wird, aus ihm heraustritt und zunächst die feinstoffliche Umgebung danach formt, die ihn wie eine Schutzhülle umgibt, so ähnlich, wie die Luftschicht um die Erde dieser Schutz gewährt.

Kommen nun üble Rückwirkungen von früher her zur Auslösung auf diesen Menschen zurück, so gleiten sie an der Reinheit von dessen Umgebung oder Hülle ab und werden so von ihm abgelenkt.

Dringen sie aber trotzdem in diese Hülle ein, so werden die üblen Strahlungen entweder sofort zersetzt oder doch bedeutend abgeschwächt, wodurch die schädliche Auswirkung gar nicht oder nur in ganz geringem Maße stattfinden kann.

Außerdem ist durch die erfolgte Wandlung auch der eigentliche in-

---

\* Vortrag: »Das Geheimnis der Geburt«.

nere Mensch, auf den die Rückstrahlungen eingestellt sind, mit dem andauernden Bestreben zum guten Wollen viel verfeinerter und leichter geworden, so daß er der größeren Dichtheit übler oder niederer Strömungen nicht mehr gleichartig gegenübersteht. Ähnlich wie bei der drahtlosen Telegraphie, wenn der Empfangsapparat nicht auf die Stärke des Sendeapparates eingestellt ist.

Die natürliche Folge davon ist, daß die dichteren Strömungen, weil andersartig, nicht festhaken können und ohne üble Auswirkung schadlos hindurchgehen, gelöst durch eine unbewußt ausgeführte symbolische Handlung, von deren Arten ich später einmal sprechen werde.

Deshalb ungesäumt ans Werk! Der Schöpfer hat Euch in der Schöpfung alles in die Hand gelegt. Nützet die Zeit! Jeder Augenblick birgt für Euch das Verderben oder den Gewinn!

## DIE ERSCHAFFUNG DES MENSCHEN

Gott schuf den Menschen nach seinem Ebenbilde und hauchte ihm seinen Odem ein!« Das sind zwei Begebenheiten: das Schaffen und das Beleben!

Beide Vorgänge waren wie alles streng den bestehenden göttlichen Gesetzen unterworfen. Nichts kann aus dem Rahmen derselben treten. Kein göttlicher Willensakt wird sich diesen den göttlichen Willen selbst tragenden unverrückbaren Gesetzen gegenüberstellen. Auch jede Offenbarung und Verheißung erfolgt im Hinblick auf diese Gesetze und muß sich in diesen erfüllen, nicht anders!

So auch die Menschwerdung auf der Erde, die ein Fortschritt der gewaltigen Schöpfung war, der Übergang des Grobstofflichen in ein ganz neues, gehobeneres Stadium.

Von der Menschwerdung zu sprechen, bedingt das Wissen von der feinstofflichen Welt; denn der Mensch in Fleisch und Blut ist als förderndes Bindeglied geschoben zwischen den feinstofflichen und den grobstofflichen Schöpfungsteil, während seine Wurzel in dem Geistigen bleibt.

»Gott schuf den Menschen nach seinem Ebenbilde!«

Dieses Schaffen oder Erschaffen war eine lange Kette der Entwickelung, die sich streng innerhalb der von Gott selbst in die Schöpfung gewobenen Gesetze abspielte. Von dem Höchsten eingesetzt, arbeiten diese Gesetze eisern, unentwegt an der Erfüllung seines Willens, selbsttätig als ein Stück von ihm der Vollendung entgegen.

So auch mit der Erschaffung des Menschen als Krone des ganzen Werkes, in dem sich alle Arten vereinigen sollten, die in der Schöpfung lagen. Deshalb wurde in der grobstofflichen Welt, der irdisch sichtbaren

Materie, nach und nach in der Fortentwicklung das Gefäß geformt, in das ein Funke aus dem Geistigen inkarniert werden konnte, der unsterblich war.

Durch das andauernd strebende Formen entstand mit der Zeit das höchstentwickelte Tier, das denkend sich schon verschiedener Hilfsmittel zum Lebensunterhalte und zur Verteidigung bediente. Wir können auch heute Tierarten beobachten, die sich einzelner Hilfsmittel zur Erlangung und Aufbewahrung ihrer Lebensbedürfnisse bedienen und die zur Verteidigung oft verblüffende Schlauheit zeigen.

Die vorhin erwähnten höchstentwickelten Tiere, die mit den stattgefundenen Erdumwälzungen hinweggenommen wurden, bezeichnet man heute mit dem Namen »Urmenschen«. Sie aber *Vorfahren der Menschen* zu nennen, ist ein großer Irrtum! Mit demselben Rechte könnte man die Kühe als »Teilmütter« der Menschheit bezeichnen, da die meisten Kinder in den ersten Monaten ihres Lebens die Milch der Kühe zum Aufbau ihres Körpers brauchen, durch ihre Hilfe also lebensfähig bleiben und wachsen.

Viel mehr hat das edle und denkende Tier »Urmensch« auch nicht mit dem wirklichen Menschen zu tun; denn der grobstoffliche Körper des Menschen ist weiter nichts als das unerläßliche Hilfsmittel, das er braucht, um in dem grobstofflich Irdischen nach jeder Richtung hin wirken zu können und sich verständlich zu machen.

Mit der Behauptung, daß der Mensch vom Affen abstamme, wird buchstäblich »das Kind mit dem Bade ausgeschüttet«! Es ist damit weit über das Ziel hinausgegriffen. Ein Teilvorgang zur alleinigen Volltatsache erhoben. Die Hauptsache fehlt dabei!

Es würde zutreffen, wenn der Körper des Menschen tatsächlich »der Mensch« wäre. So aber ist der grobstoffliche Körper nur seine Bekleidung, die er ablegt, sobald er in die Feinstofflichkeit zurückkehrt.

Wie erfolgte nun die erste Menschwerdung?

Nach dem Höhepunkte in der grobstofflichen Welt mit dem vollendetsten Tiere mußte eine Veränderung zur Weiterentwicklung kommen, wenn kein Stillstand eintreten sollte, der mit seinen Gefahren

Rückgang werden konnte. Und diese Veränderung war vorgesehen und kam:

Als Geistfunken ausgegangen, durch die feinstoffliche Welt niedersinkend, dabei alles hebend, stand an deren Grenze in dem Augenblicke, als das grobstofflich-irdische Gefäß aufsteigend in seiner Entwicklung den Höhepunkt erreicht hatte, der feinstofflich-geistige Mensch ebenfalls fertig bereit, sich mit dem Grobstofflichen zu verbinden, um dieses zu fördern und zu heben.

Während also das Gefäß in der Grobstofflichkeit herangereift war, hatte sich die Seele in der Feinstofflichkeit so weit entwickelt, daß sie genügend Kraft besaß, bei Eintritt in das grobstoffliche Gefäß ihre Selbständigkeit zu bewahren.

Die Verbindung dieser beiden Teile bedeutete nun eine innigere Vereinigung der grobstofflichen Welt mit der feinstofflichen Welt bis hinauf in das Geistige.

*Erst dieser Vorgang war die Geburt des Menschen!*

Die Zeugung selbst ist auch heute noch bei den Menschen ein rein tierischer Akt. Höhere oder niedere Empfindungen dabei haben mit dem Akte selbst nichts zu tun, aber sie bringen geistige Auslösungen, deren Wirkungen in der *Anziehung* unbedingter Gleichart von großer Bedeutung werden.

Rein tierischer Art ist auch die Entwicklung des Körpers bis zur Mitte der Schwangerschaft. Rein tierisch ist eigentlich nicht der richtige Ausdruck, sondern ich will es vorläufig mit rein grobstofflich bezeichnen und in späteren Vorträgen erst näher darauf eingehen.

In der Mitte der Schwangerschaft, bei einer bestimmten Reife des werdenden Körpers, wird der für die Geburt vorgesehene Geist inkarniert, der bis dahin sich viel in der Nähe der werdenden Mutter aufhält. Das Eintreten des Geistes löst die ersten Zuckungen des kleinen sich entwickelnden grobstofflichen Körpers aus, also die ersten Kindesbewegungen.

Hier entsteht auch das eigenartig beseligte Gefühl des schwangeren Weibes, bei dem von diesem Augenblick an ganz andere Empfindungen

## 3. DIE ERSCHAFFUNG DES MENSCHEN

eintreten: das Bewußtsein der Nähe des zweiten Geistes in ihm, das Fühlen desselben. Und je nach Art des neuen, zweiten Geistes in ihm werden auch die eigenen Empfindungen sein.

So ist der Vorgang bei jeder Menschwerdung. Nun aber zurück zur ersten Menschwerdung.

Es war also der große Abschnitt in der Entwicklung der Schöpfung gekommen: Auf der einen Seite in der grobstofflichen Welt stand das höchstentwickelte Tier, das den grobstofflichen Körper als Gefäß für den kommenden Menschen liefern sollte, auf der anderen Seite in der feinstofflichen Welt stand die entwickelte Menschenseele, die der Verbindung mit dem grobstofflichen Gefäß entgegenharrte, um damit allem Grobstofflichen einen weiteren Aufschwung zur Durchgeistigung zu geben.

Als nun ein Zeugungsakt zwischen dem edelsten Paare dieser hochentwickelten Tiere erfolgte, wurde zur Stunde der Inkarnierung nicht wie bisher eine Tierseele\*, sondern an deren Stelle die dafür bereitstehende Menschenseele inkarniert, die den unsterblichen Geistesfunken in sich trug. Die feinstofflichen Menschenseelen mit vorwiegend positiv entwickelten Fähigkeiten inkarnierten sich der Gleichart entsprechend in männliche Tierkörper, die mit vorwiegend negativen, zarteren Fähigkeiten in die ihrer Art näher kommenden weiblichen Körper.\*\*

Dieser Vorgang gibt keinen Stützpunkt zu der Behauptung, daß der Mensch, der seinen wirklichen Ursprung im Geistigen hat, von dem Tiere »Urmensch« abstamme, der nur das grobstoffliche Übergangsgefäß dazu liefern konnte. Es würde auch heute den stärksten Materialisten nicht einfallen, sich unmittelbar verwandt mit einem Tiere zu betrachten, und doch ist jetzt wie damals eine enge Körperverwandtschaft, also eine grobstoffliche Gleichart vorhanden, während der wirklich »lebende« Mensch, also das eigentliche geistige »Ich« des Menschen, in gar keiner Gleichart oder Ableitung zu dem Tiere steht.

\* Vortrag: »Der Unterschied im Ursprung zwischen Mensch und Tier«.
\*\* Vortrag: »Geschlecht«.

## 3. DIE ERSCHAFFUNG DES MENSCHEN

Nach der Geburt des ersten Erdenmenschen stand nun dieser in Wirklichkeit allein, elternlos, da er die Tiere trotz deren hoher Entwicklung nicht als Eltern erkennen konnte und keine Gemeinschaft mit ihnen zu haben vermochte.

Er brauchte es auch nicht; denn er war ganz Empfindungsmensch und lebte als solcher mit in der feinstofflichen Welt, die ihm Werte gab, die alles andere ergänzten.

Die Abspaltung des Weibes von dem ersten Menschen war eine feinstofflich-geistige. Sie geschah nicht grobstofflich-irdisch, wie ja die Bezeichnungen der Bibel und alten religiösen Niederschriften sich vorwiegend nur auf geistige und feinstoffliche Begebenheiten beziehen. Der Mensch als solcher stand allein und verwendete nun im Wachsen vorwiegend die schrofferen, strengeren Empfindungen bei seinem Lebensunterhalte, wodurch die zarteren mehr und mehr zur Seite gedrängt und isoliert wurden, bis sie sich als der zartere Teil des geistigen Menschen ganz abspalteten.

Dieser zweite Teil nun wurde, um nicht unwirksam im Grobstofflichen zu bleiben, wo er zur Hebung unbedingt in erster Linie notwendig war, in ein zweites Gefäß inkarniert, das der Feinheit entsprechend weiblichen Geschlechtes war, während die schrofferen Empfindungen dem grobstofflich stärkeren Manne blieben. Genau den Gesetzen der feinstofflichen Welt entsprechend, in der sich alles sofort formend, Zartes und Schwaches in weiblichen Formen zeigt, Strenges und Starkes in männlichen.

Die Frau sollte und könnte nun in Wirklichkeit durch ihre wertvolleren geistigen Eigenschaften vollkommener sein als der Mann, wenn sie sich nur bemüht hätte, die ihr gegebenen Empfindungen mehr und mehr harmonisch abzuklären, wodurch sie eine Macht geworden wäre, die umwälzend und hochfördernd in der ganzen grobstofflichen Schöpfung wirken mußte.

Leider aber hat gerade sie in erster Linie versagt, da sie sich zum Spielball der ihr zugeteilten starken Empfindungskräfte hingab, die sie dazu noch trübte und verunreinigte durch Gefühl und Phantasie.

## 3. DIE ERSCHAFFUNG DES MENSCHEN

Welch tiefer Sinn liegt in der biblischen Erzählung von dem Naschen von dem Baume der Erkenntnis! Wie das Weib, durch die Schlange dazu angeregt, dem Manne den Apfel reichte. Besser konnte der Vorgang in der Stofflichkeit bildlich gar nicht ausgedrückt werden.

Das Apfelreichen, von dem Weibe ausgehend, war das Sichbewußtwerden des Weibes ihrer Reize dem Manne gegenüber und das *gewollte Benützen* derselben. Das Nehmen und Essen des Mannes aber war dessen Eingehen darauf mit dem erwachenden Drange, die Aufmerksamkeit des Weibes nur auf sich zu lenken, indem er begann, sich durch Ansammeln von Schätzen und Aneignung verschiedener Werte begehrenswert zu machen.

Damit begann das Großziehen des Verstandes mit seinen Nebenerscheinungen der Gewinnsucht, Lüge, Unterdrückung, dem sich die Menschen zuletzt völlig unterwarfen und somit sich freiwillig zu Sklaven ihres Werkzeuges machten.

Mit dem Verstande aber als Herrscher ketteten sie sich in unvermeidbarer Folge nach dessen eigener Beschaffenheit auch fest an Raum und Zeit und verloren damit die Fähigkeit, etwas zu erfassen oder zu erleben, was über Raum und Zeit erhaben ist, wie alles Geistige, Feinstoffliche.

Das war die vollständige *Abtrennung* von dem eigentlichen Paradiese und von der feinstofflichen Welt, die sie sich selbst zuzogen; denn unabwendbar war es nun, daß sie alles Feinstoffliche, das weder irdischen Raum- noch Zeitbegriff kennt, mit ihrem durch den Verstand fest an Irdisches gebundenen und damit eng begrenzten Horizont ihres Begriffsvermögens nicht mehr »verstehen« konnten.

So wurden für die Verstandesmenschen die Erlebnisse und das Schauen der Empfindungsmenschen sowie auch die unverstandenen Überlieferungen zu »Märchen«. Die an Zahl immer mehr zunehmenden Materialisten, also die Menschen, die nur noch die grobe, an irdischen Raum und Zeit gebundene Materie anzuerkennen fähig sind, lachten zuletzt spöttelnd über die Idealisten, denen durch ihr viel größeres und erweitertes Innenleben der Weg zu der feinstofflichen Welt noch nicht ganz verschlossen war, schalten sie Träumer, wenn nicht Narren oder sogar Betrüger.

Das alles war eine Entwickelungszeit von langer Dauer, die Millionen Jahre umfaßt.

Doch heute stehen wir endlich dicht vor der Stunde, wo der nächste große Abschnitt in der Schöpfung kommt, der unbedingter Aufschwung ist und das bringt, was schon der erste Abschnitt mit der Menschwerdung bringen sollte: die Geburt des durchgeistigten Vollmenschen! Des Menschen, der fördernd und veredelnd auf die ganze grobstoffliche Schöpfung wirkt, wie es der eigentliche Zweck der Menschen auf der Erde ist.

Dann ist kein Raum mehr für den niederhaltenden, an nur irdische Raum- und Zeitbegriffe geketteten Materialisten. Ein Fremder wird er sein in allen Landen, heimatlos. Er wird verdorren und vergehen wie Spreu, die sich vom Weizen scheidet. Habt acht, daß Ihr bei dieser Scheidung nicht zu leicht befunden werdet!

## DER MENSCH IN DER SCHÖPFUNG

Der Mensch soll in Wirklichkeit nicht nach den bisherigen Begriffen leben, sondern mehr *Empfindungsmensch* sein. Dadurch würde er ein zur Fortentwicklung der ganzen Schöpfung notwendiges Bindeglied bilden.

Weil er das Feinstoffliche des Jenseits und das Grobstoffliche des Diesseits in sich vereinigt, ist es ihm möglich, beides zu überschauen, beides gleichzeitig zu erleben. Dazu steht ihm noch ein Werkzeug zur Verfügung, das ihn an die Spitze der gesamten grobstofflichen Schöpfung stellt: der Verstand. Mit diesem Werkzeuge vermag er zu lenken, also zu führen.

Verstand ist das höchste Irdische und soll das *Steuer* sein durch das Erdenleben, während die *treibende Kraft* die Empfindung ist, die der geistigen Welt entstammt. Der Boden des Verstandes ist also der Körper, der Boden der Empfindung aber ist der Geist.

Der Verstand ist an irdischen Raum- und Zeitbegriff gebunden, wie alles Irdische, als Produkt des Gehirnes, das zum grobstofflichen Körper gehört. Der Verstand wird sich niemals raum- und zeitlos betätigen können, trotzdem er an sich feinstofflicher als der Körper ist, aber doch noch zu dicht und schwer, um sich über irdische Raum- und Zeitbegriffe zu erheben. Er ist also vollkommen erdgebunden.

Die Empfindung aber (nicht das Gefühl) ist raum- und zeitlos, kommt deshalb aus dem Geistigen.

So ausgerüstet, konnte der Mensch innig verbunden sein mit dem Feinstofflichsten, ja sogar Fühlung haben mit dem Geistigen selbst, und doch inmitten alles Irdischen, Grobstofflichen leben und wirken. Der Mensch allein ist in dieser Weise ausgestattet.

Er allein sollte und konnte die gesunde, frische Verbindung geben als die einzige Brücke zwischen den lichten Höhen und dem grobstofflichen Irdischen! *Durch ihn allein in seiner Eigenart konnte das reine Leben vom Lichtquell herab in das tiefste Grobstoffliche und von diesem wieder hinauf in herrlichster, harmonischer Wechselwirkung pulsieren!* Er steht verbindend zwischen beiden Welten, so daß durch ihn diese zu *einer* Welt geschmiedet sind.

Er erfüllte jedoch diese Aufgabe *nicht*. Er *trennte* diese beiden Welten, anstatt sie fest vereinigt zu erhalten. *Und das war der Sündenfall!* –

Der Mensch war durch die soeben erklärte Eigenart tatsächlich zu einer Art Herr der grobstofflichen Welt bestellt worden, weil die grobstoffliche Welt von seiner Mittlerschaft abhängig ist, insoweit, daß sie je nach seiner Art mitzuleiden gezwungen war, oder durch ihn emporgehoben werden konnte, je nachdem die Strömungen vom Licht- und Lebensquell aus *rein* durch die Menschheit fließen konnten oder nicht.

Der Mensch aber *unterband* das für die feinstoffliche und für die grobstoffliche Welt notwendige Fließen dieses Wechselstromes. Wie nun ein guter Blutumlauf den Körper frisch und gesund erhält, so ist es mit dem Wechselstrome in der Schöpfung. Ein Unterbinden muß Verwirrung bringen und Erkrankung, die sich zuletzt in Katastrophen löst.

Dieses schlimme Versagen des Menschen konnte geschehen, weil er den Verstand, der nur vom Grobstofflichen kommt, nicht nur als Werkzeug nützte, sondern sich ihm völlig unterwarf und *ihn* zum Herrscher setzte über alles. Er machte sich damit zum Sklaven seines Werkzeuges und wurde nur Verstandesmensch, der sich mit Stolz Materialist zu nennen pflegt!

Indem der Mensch sich nun ganz dem Verstande unterwarf, kettete er sich selbst an alles Grobstoffliche. Wie der Verstand nichts über den irdischen Raum- und Zeitbegriff hinaus begreifen kann, vermag es selbstverständlich auch nicht der, der sich ihm völlig unterwarf. Sein Horizont, also Begriffsvermögen, verengte sich mit dem begrenzten Vermögen des Verstandes.

Die Verbindung mit dem Feinstofflichen war damit gelöst, eine

## 4. DER MENSCH IN DER SCHÖPFUNG

Mauer aufgerichtet, die dicht und immer dichter wurde. Da nun der Lebensquell, das Urlicht, Gott, weit über Raum und Zeit erhaben ist und noch weit über dem Feinstofflichen steht, muß selbstverständlich durch die Bindung des Verstandes jede Fühlung abgeschnitten sein. Aus diesem Grunde ist es dem Materialisten gar nicht möglich, Gott zu erkennen.

Das Essen von dem Baume der Erkenntnis war nichts weiter als das Großziehen des Verstandes. Die damit verbundene Trennung von dem Feinstofflichen war auch das Verschließen des Paradieses als natürliche Folge. Die Menschen schlossen sich selbst aus, indem sie sich durch den Verstand ganz dem Grobstofflichen zuneigten, sich also erniedrigten und freiwillig oder selbstgewählt in Knechtschaft schmiedeten.

Wohin aber führte das? Die rein materialistischen, also erdgebundenen, tiefstehenden Gedanken des Verstandes mit all ihren Nebenerscheinungen der Erwerbs- und Gewinnsucht, Lüge, des Raubes, der Unterdrückung, Sinneslust usw. *mußten* die unerbittliche Wechselwirkung der Gleichart herbeiführen, die alles dementsprechend formte, die Menschen trieb, und zuletzt über allem sich entladen wird mit... Vernichtung!

Ein Weltgericht, das den bestehenden Schöpfungsgesetzen entsprechend nicht zu vermeiden ist. Wie bei einem Gewitter, das sich zusammenzieht und zuletzt Entladung und Vernichtung bringen muß. Gleichzeitig aber auch Reinigung!

Der Mensch diente nicht wie notwendig als Bindeglied zwischen den feinstofflichen und den grobstofflichen Teilen der Schöpfung, ließ den stets erfrischenden, belebenden und fördernden notwendigen Wechselstrom nicht hindurch, sondern trennte die Schöpfung in zwei Welten, indem er sich der Bindung entzog und ganz an das Grobstoffliche kettete. Somit mußten beide Weltteile nach und nach erkranken; der Teil, der den Lichtstrom ganz entbehren mußte, oder durch die wenigen Menschen, die noch Verbindung gaben, zu schwach erhielt, natürlich viel schwerer. Das ist der grobstoffliche Teil, der deshalb einer furchtba-

## 4. DER MENSCH IN DER SCHÖPFUNG

ren Krisis entgegentreibt und von gewaltigen Fieberschauern durchrüttelt werden wird, bis alles Kranke darin verzehrt ist und unter neuem, starkem Zustrome aus dem Urquell endlich gesunden kann.

Wer aber wird dabei verzehrt?

Die Antwort darauf liegt in dem natürlichen Geschehen selbst: Jeder *empfundene* Gedanke nimmt sofort durch die in ihm lebende schöpferische Kraft eine dem Inhalt des Gedankens entsprechende feinstoffliche Form an, bleibt stets wie durch eine Schnur mit seinem Erzeuger verbunden, wird aber von ihm ab- und hinausgezogen durch die Anziehungskraft der Gleichart in allem Feinstofflichen und getrieben durch das Weltall mit den dieses dauernd durchpulsenden Strömungen, die wie alles in der Schöpfung eiförmig sich bewegen.

So kommt die Zeit, wo die im Feinstofflichen zu Leben und Wirklichkeit gewordenen Gedanken mit den unterwegs angezogenen Gleicharten auf ihren Ursprung und *Ausgangspunkt zurückfallen*, da sie trotz ihrer Wanderung mit diesem in Verbindung bleiben, um nun dort sich zu entladen, auszulösen.

Die Vernichtung wird also in *erster Linie* bei der nun zu erwartenden letzten geschlossenen Auswirkung die treffen, die durch ihr Denken und Empfinden Erzeuger und dauernde Ernährer waren. Daß die schädigende zurückfallende Gewalt noch größere Kreise zieht und streifend auch nur annähernde Gleicharten dieser Menschen packt, ist unausbleiblich.

Dann aber werden die Menschen *das* erfüllen, was sie in der Schöpfung sollen. Sie werden das Bindeglied sein, durch ihre Befähigung aus dem Geistigen schöpfen, also sich von der gereinigten Empfindung leiten lassen, und diese in das Grobstoffliche, also Irdische, übertragen, wobei sie den Verstand und die gesammelten Erfahrungen nur als Werkzeug dazu benutzen, um, mit allem Irdischen rechnend, diese reinen Empfindungen im grobstofflichen Leben durchzusetzen, wodurch die ganze grobstoffliche Schöpfung dauernd gefördert, gereinigt und gehoben wird.

Dadurch kann auch in der Wechselwirkung Gesünderes zurückfließen von dem Grobstofflichen in das Feinstoffliche, und es wird eine neue, einheitliche und harmonische Welt entstehen.

Die Menschen werden in richtiger Erfüllung ihrer Tätigkeit die ersehnten Voll- und Edelmenschen sein; denn auch sie erhalten durch die rechte Einstellung in das große Schöpfungswerk ganz andere Kräfte als bisher, die sie Zufriedenheit und Glückseligkeit dauernd empfinden lassen.

# ERBSÜNDE

Die Erbsünde ging hervor aus dem ersten Sündenfalle.

Die Sünde, also die falsche Handlung, war das Zugroßziehen des Verstandes, die damit verbundene freiwillige Kettung an Raum und Zeit und die dann eintretenden Nebenwirkungen der strikten Verstandesarbeit, wie Gewinnsucht, Übervorteilung, Unterdrückung usw., die viele andere, im Grunde eigentlich alle Übel in Gefolgschaft haben.

Dieser Vorgang hatte natürlich bei den sich entwickelnden reinen Verstandesmenschen nach und nach immer stärkeren Einfluß auf die Bildung des grobstofflichen Körpers. Das den Verstand erzeugende vordere Gehirn wurde durch die andauernden Bemühungen einseitig größer und größer, und es war ganz selbstverständlich, daß bei Zeugungen diese sich verändernden Formen in der Fortpflanzung des irdischen Körpers zum Ausdruck kamen und die Kinder bei den Geburten ein immer mehr entwickeltes, stärkeres Vordergehirn mitbrachten.

Darin lag aber und liegt auch heute noch die Anlage oder Veranlagung zu einer über allen anderen Dingen herrschenden Verstandeskraft, die die Gefahr in sich birgt, bei voller Erweckung den Träger des Gehirnes nicht nur fest an Raum und Zeit zu ketten, also an alles irdisch Grobstoffliche, so daß er unfähig wird, Feinstoffliches und Geistiges zu erfassen, sondern ihn auch noch in alles Übel verwickelt, das bei Oberherrschaft des Verstandes unabwendbar bleibt.

Das Mitbringen dieses freiwillig großgezüchteten Vordergehirnes, in dem die Gefahr der reinen Verstandesherrschaft liegt, mit den dann unvermeidlichen üblen Nebenerscheinungen, *ist die Erbsünde!*

Also die körperliche Vererbung des jetzt durch seine künstlich gesteigerte Entfaltung mit Großgehirn bezeichneten Teiles, wodurch der Mensch bei der Geburt eine Gefahr mitbringt, die ihn sehr leicht in Übel verstricken kann. Auf jeden Fall erschwert sie Gotterkennen durch die engen Grenzen der Bindung an die grobe Stofflichkeit.

Doch das entzieht ihn nicht etwa einer Verantwortung. Diese bleibt ihm; denn er ererbt nur die Gefahr, nicht die Sünde selbst. Es ist durchaus nicht notwendig, daß er bedingungslos den Verstand herrschen läßt und sich ihm dadurch unterwirft. Er kann im Gegenteile die große Kraft seines Verstandes wie ein scharfes Schwert benutzen und sich in dem irdischen Getriebe damit den Weg freimachen, den ihm seine Empfindung zeigt, die auch die innere Stimme genannt wird.

Wird aber nun bei einem Kinde durch Erziehung und Schulung der Verstand zu absoluter Herrschaft gehoben, so fällt ein Teil der Schuld oder besser der durch das Gesetz der Wechselwirkung erfolgenden Rückwirkung von dem Kinde ab, da dieser Teil den Erzieher oder Lehrer trifft, der solchen verursachte. Er ist von diesem Augenblicke an das Kind gebunden, bis dieses von dem Irrtume und den Folgen desselben befreit ist, und wenn dies Jahrhunderte oder Jahrtausende währen sollte.

Was aber ein derartig erzogenes Kind dann tut, nachdem ihm Gelegenheit zu einer Ein- und Umkehr geboten wurde, trifft es in der Rückwirkung ganz allein. Derartige Gelegenheiten kommen durch gesprochenes oder geschriebenes Wort, durch Erschütterungen im Leben oder ähnliche Vorkommnisse, die einen Augenblick tiefen Empfindens erzwingen. Sie bleiben nie aus. –

Zwecklos würde es sein, noch weiter darüber zu sprechen, es könnten in allen Streiflichtern nur dauernde Wiederholungen sein, die sich alle in dem einen Punkte treffen müssen. Wer darüber nachdenkt, dem ist bald ein Schleier von den Augen weggezogen, viele Fragen hat er in sich selbst dabei gelöst.

# GOTT

Warum gehen die Menschen so scheu um dieses Wort herum, das ihnen doch vertrauter sein sollte als alles andere?

Ist es Ehrfurcht? Nein. Ihr seid verwirrt, weil Euch darüber niemals, weder von der Schule noch der Kirche klare Auskunft wurde, die Eueren inneren Drang nach Wahrheit stillte. Die wirkliche Dreifaltigkeit blieb Euch im Grunde noch ein Rätsel, mit dem Ihr Euch zuletzt nach besten Kräften abzufinden suchtet.

Kann unter diesen Umständen das Gebet so innig, so vertrauensvoll erfolgen, wie es sein soll? Es ist unmöglich.

Und näherkommen sollt und müßt Ihr Euerem Gott! Wie töricht ist es doch, zu sagen, es könne Unrecht sein, wenn man sich so ausführlich mit Gott befaßt. Die Trägheit und Bequemlichkeit behauptet sogar, es sei Frevel!

Ich aber sage Euch: die Bedingung der Annäherung liegt in der ganzen Schöpfung! Deshalb hat der nicht Demut, der sich davor drückt, sondern im Gegenteil grenzenlose Anmaßung! Verlangt er doch damit, daß Gott sich ihm nähere, anstatt daß er sich Gott zu nähern versucht, um ihn zu erkennen.

Heuchelei, Bequemlichkeit, wohin man blickt, wohin man hört, und alles in dem Mantel falscher Demut!

Ihr aber, die Ihr nicht mehr schlafen wollt, die Ihr mit Inbrunst sucht und nach der Wahrheit strebt, nehmt auf die Kunde, sucht das Rechte zu erfassen:

Es gibt nur *einen* Gott, nur *eine* Kraft! Was ist aber nun die Dreifaltigkeit? Dreieinigkeit? Gottvater, Gottsohn und der Heilige Geist?

## 6. GOTT

Als sich die Menschheit selbst das Paradies verschloß, indem sie sich nicht mehr von der Empfindung leiten ließ, die geistig ist und demnach auch Gott nahesteht, sondern selbstwählerisch sich irdischen Verstand großzog und sich ihm unterwarf, sich somit also zum Sklaven ihres eigenen Werkzeuges machte, das ihr zur Benutzung mitgegeben war, entfernte sie sich ganz naturgemäß auch mehr und mehr von Gott.

Die Spaltung war damit vollzogen, indem die Menschheit sich vorwiegend nur dem Irdischen zuneigte, das unbedingt an Raum und Zeit gebunden ist, was Gott in seiner Art nicht kennt, womit er deshalb auch nie zu erfassen ist.

Mit jeder Generation wurde die Kluft größer, die Menschen ketteten sich immer mehr nur an die Erde. Sie wurden zu den erdgebundenen Verstandesmenschen, die sich Materialisten nennen, sogar mit Stolz so nennen, weil sie ihre Ketten gar nicht ahnen, da mit dem fest an Raum und Zeit Gebundensein auch gleichzeitig naturgemäß ihr Horizont verengte.

Wie sollte davon aus der Weg zu Gott gefunden werden?

Es war unmöglich, wenn die Hilfe nicht von Gott ausging. Und Er erbarmte sich. Gott selbst in seiner Reinheit konnte sich den niederen Verstandesmenschen nicht mehr offenbaren, weil diese nicht mehr fähig waren, seine Boten zu fühlen, zu sehen oder zu hören, und die wenigen, die es noch vermochten, wurden verlacht, weil der verengte, nur an Raum und Zeit gebundene Horizont der Materialisten jeden Gedanken an eine darüber hinaus bestehende Erweiterung als unmöglich, weil für sie nicht begreifbar, ablehnte.

Deshalb genügten auch die Propheten nicht mehr, deren Kraft nicht durchzudringen vermochte, weil zuletzt auch sogar die Grundgedanken aller religiösen Bestrebungen rein materialistisch geworden waren.

Es mußte also ein Mittler kommen zwischen der Gottheit und der verirrten Menschheit, der mehr Kraft besaß als bisher alle anderen, damit er durchzudringen vermochte. Soll man sagen: um der wenigen willen, die unter dem krassesten Materialismus noch nach Gott verlangten? Es wäre richtig, würde aber von Gegnern lieber als Anmaßung der

Gläubigen bezeichnet werden, anstatt darin die Gottesliebe und doch auch strenge Gerechtigkeit zu erkennen, die in Lohn und Strafe gleichmäßig Erlösung bietet.

Deshalb trennte Gott in seiner Liebe durch einen Willensakt ein *Stück* von sich selbst ab und senkte es in Fleisch und Blut, in einen Menschenkörper männlichen Geschlechtes: Jesus von Nazareth, als nunmehr fleischgewordenes Wort, fleischgewordene Gottesliebe, Gottes Sohn!

Ein Strahlungsvorgang, der noch zur Erklärung kommt.

Das so abgetrennte und trotzdem eng verbunden bleibende Stück war dadurch *persönlich* geworden. Es blieb auch nach Ablegung des irdischen Körpers bei engster Wiedervereinigung mit Gottvater weiterhin persönlich.

Gottvater und Gottsohn sind also zwei und in Wirklichkeit nur eins!

Und der »Heilige Geist«? Christus sagte von ihm, daß wohl Sünden gegen Gottvater und Gottsohn vergeben werden könnten, nie aber die Sünden gegen den »Heiligen Geist«!

Ist der »Heilige Geist« nun höher oder mehr als Gottvater und Gottsohn? Diese Frage hat schon so manches Gemüt bedrückt und beschäftigt, so manches Kind verwirrt gemacht.

Der »Heilige Geist« ist der Wille Gottvaters, der Geist der Wahrheit, der abgetrennt von ihm gesondert in der ganzen Schöpfung wirkt, und der wie auch die Liebe als Sohn trotzdem noch eng mit ihm verbunden, eins mit ihm geblieben ist.

Die ehernen Gesetze in der Schöpfung, die gleich Nervensträngen durch das ganze Weltall gehen und die unbedingte Wechselwirkung bringen, des Menschen Schicksal, oder sein Karma, sind ... von dem »Heiligen Geist« oder deutlicher: dessen Wirken!*

Deshalb sagte der Heiland, daß niemand sich ungestraft gegen den Heiligen Geist zu versündigen vermag, weil in dessen unerbittlicher und unverrückbarer Wechselwirkung die Vergeltung auf den Urheber zurückkommt, auf den Ausgangspunkt, sei es nun Gutes oder Böses.

---

* Vortrag: »Schöpfungsentwicklung«.

## 6. GOTT

Wie Gottsohn Jesus vom Vater ist, so ist auch der Heilige Geist von ihm. Beide also Teile von ihm selbst, ganz zu ihm gehörend, untrennbar. Wie die Arme eines Körpers, die selbständige Handlungen vornehmen und doch zu ihm gehören, wenn der Körper ganz sein soll; die aber auch nur selbständige Handlungen vornehmen können in Verbindung mit dem Ganzen.

So ist Gottvater in seiner Allmacht und Weisheit, zur Rechten als ein Stück von ihm Gottsohn, die Liebe, und zur Linken, Gott der Heilige Geist, die Gerechtigkeit. Beide von Gottvater ausgegangen und als einheitlich dazu gehörend. Das ist die Dreifaltigkeit des *einen* Gottes.

Vor der Schöpfung war Gott eins! Während der Schöpfung gab er einen Teil seines Willens als in der Schöpfung selbständig wirkend von sich ab und wurde dadurch zweifältig. Als es sich nötig machte, der verirrten Menschheit einen Mittler zu geben, weil die Reinheit Gottes keine direkte Verbindung mit der sich selbst gekettet habenden Menschheit zuließ, spaltete er dazu aus Liebe ein Stück von sich selbst zur vorübergehenden Menschannäherung ab, um sich der Menschheit wieder verständlich machen zu können, und wurde mit der Geburt Christi *dreifältig!*

Was Gottvater und Gottsohn ist, war schon vielen klar, aber der »Heilige Geist« verblieb ein verworrener Begriff. Er ist die ausübende Gerechtigkeit, dessen ewige, unverrückbare und unbestechliche Gesetze das Weltall durchpulsen und bisher nur ahnend genannt wurden: Schicksal! Karma! Der Gotteswille!

## DIE INNERE STIMME

Die sogenannte »innere Stimme«, das Geistige im Menschen, auf das er hören kann, ist die Empfindung! Nicht umsonst sagt der Volksmund: »Der erste Eindruck ist immer der rechte.«

Wie in allen diesen und ähnlichen Redensarten und Sprüchen tiefe Wahrheit liegt, so auch hier. Unter Eindruck versteht man durchweg das Empfinden. Was ein Mensch zum Beispiel bei einer ersten Begegnung mit einem ihm bisher Fremden empfindet, ist entweder eine Art Warnung zur Vorsicht bis zum vollständigen Abgestoßensein, oder etwas Angenehmes bis zur vollen Sympathie, in manchen Fällen auch Gleichgiltigkeit.

Wenn nun dieser Eindruck im Laufe des Gespräches und des weiteren Verkehres durch das Urteil des Verstandes verschoben oder ganz verwischt wird, so daß der Gedanke auftaucht, die ursprüngliche Empfindung sei falsch gewesen, so ergibt sich fast immer am Schlusse solcher Bekanntschaften die Richtigkeit der allerersten Empfindung. Oft zum herben Schmerze derer, die sich durch den Verstand infolge des von anderen vorgetäuschten Wesens hatten irreführen lassen.

Die Empfindung, die nicht an Raum und Zeit gebunden ist und mit dem Gleichartigen in Verbindung steht, dem Geistigen, erkannte in dem anderen sofort die rechte Art, ließ sich nicht täuschen durch die Gewandtheit des Verstandes.

Irrung ist bei der Empfindung völlig ausgeschlossen.

Sooft es vorkommt, daß Menschen irregeführt werden, sind es zwei Gründe, die die Irrungen herbeiführen: entweder der Verstand oder das Gefühl!

## 7. DIE INNERE STIMME

Wie oft hört man auch sagen: »Bei dieser oder jener Sache habe ich mich einmal von meinem Gefühle leiten lassen und bin hineingefallen. Man soll doch nur auf den Verstand bauen!«

Solche begingen den Fehler, das Gefühl für die innere Stimme zu halten. Sie predigen dem Verstande ein Lob und ahnen nicht, daß gerade dieser bei dem Gefühle eine große Rolle spielt.

Darum wachet! Gefühl ist nicht Empfindung! Gefühl geht von dem grobstofflichen Körper aus. Dieser erzeugt Triebe, welche, vom Verstand gelenkt, Gefühl entstehen lassen. Ein großer Unterschied zu der Empfindung. Die gemeinsame Arbeit des Gefühles und Verstandes aber gebiert die Phantasie.

Wir haben also auf der geistigen Seite nur die über Raum und Zeit erhabene Empfindung\*. Auf der irdischen Seite in erster Linie den an Raum und Zeit gebundenen grobstofflichen Körper. Von diesem Körper gehen Triebe aus, die sich durch Mitarbeit des Verstandes in *Gefühl* auslösen.

Der Verstand, ein Produkt des an Raum und Zeit gebundenen Gehirnes, vermag nun wieder als Feinstes und Höchstes der Materie unter Mitwirkung des Gefühles die *Phantasie* zu erzeugen.

Phantasie ist also das Ergebnis der Zusammenarbeit des Gefühles mit dem Verstande. Sie ist feinstofflich, aber *ohne* geistige Kraft. Deshalb vermag die Phantasie nur *rückwirkend* zu sein. Sie vermag immer nur das Gefühl des eigenen Erzeugers zu beeinflussen, niemals aus sich heraus eine Kraftwelle auf andere zu senden.

Sie wirkt also nur *rückwärts* auf das Gefühl dessen, dessen Phantasie sie ist, kann nur zu *eigener* Begeisterung entflammen, nie auf die Umgebung wirken. Damit ist der Stempel der niederen Stufe deutlich erkennbar. Anders mit der Empfindung. Diese trägt geistige Kraft in sich, schöpferische und belebende, und wirkt damit ausströmend auf andere, diese mitreißend und überzeugend.

Wir haben also auf der einen Seite die Empfindung, auf der anderen Seite Körper-Triebe-Verstand-Gefühl-Phantasie.

---

\* Vortrag: »Empfindung«.

## 7. DIE INNERE STIMME

Die Empfindung ist geistig, steht über irdischen Raum- und Zeitbegriffen. Das Gefühl ist feine Grobstofflichkeit, von den Trieben und dem Verstande abhängig, also auf niederer Stufe.

Trotz dieser feinen Grobstofflichkeit des Gefühls kann aber eine *Vermischung* mit der geistigen Empfindung *nie* erfolgen, also auch keinerlei Trübung der Empfindung. Die Empfindung wird immer rein und klar bleiben, weil sie geistig ist. Sie wird auch immer von den Menschen klar empfunden oder »gehört«, wenn ... es wirklich die Empfindung ist, die spricht!

Die meisten Menschen haben sich aber von dieser Empfindung abgeschlossen, indem sie das Gefühl vorlagerten wie eine dichte Hülle, eine Wand, und halten dann irrtümlich das Gefühl für ihre innere Stimme, wodurch sie viel Enttäuschungen erleben und sich dann um so mehr nur auf den Verstand verlassen, nicht ahnend, daß sie gerade durch die Mitwirkung des Verstandes getäuscht werden konnten.

Aus diesem Irrtume heraus verwerfen sie vorschnell alles Geistige, mit dem ihre Erfahrungen absolut nichts zu tun hatten, und schließen sich noch mehr an das Minderwertige an.

Das Grundübel ist wie in vielem anderen auch hierbei immer wieder die freiwillige Unterwerfung dieser Menschen unter den an Raum und Zeit gebundenen Verstand!

Der Mensch, der sich seinem Verstande völlig unterwirft, unterwirft sich damit auch vollkommen *den Beschränkungen* des Verstandes, der als Produkt des grobstofflichen Gehirnes fest an Raum und Zeit gebunden ist. Somit kettet sich der Mensch dann ganz nur an das Grobstoffliche.

Alles, was der Mensch tut, geschieht von seiner Seite aus und freiwillig. So wird er nicht etwa gekettet, sondern er kettet sich selbst! Er läßt sich vom Verstand beherrschen (denn wenn er nicht selbst wollte, so könnte es nie geschehen), der ihn nach seiner Eigenart auch mit an Raum und Zeit bindet, ihn Raum- und Zeitloses nicht mehr erkennen läßt, nicht mehr verstehen.

Deshalb legt sich dabei über die raum- und zeitlose Empfindung durch das beengte Begriffsvermögen eine fest an Raum und Zeit gebundene Hülle, eine Grenze, und der Mensch vermag dadurch entweder gar nichts mehr zu hören, seine »reine, innere Stimme« ist verhallt, oder er ist nur noch fähig, das mit dem Verstand zusammenhängende Gefühl zu »hören« an Stelle der Empfindung.

Es erzeugt einen falschen Begriff, zu sagen: Das Gefühl unterdrückt die reine Empfindung; denn nichts ist stärker als die Empfindung, sie ist die höchste Kraft des Menschen, kann nie von etwas anderem unterdrückt oder nur beeinträchtigt werden. Richtiger ist zu sagen: Der Mensch macht sich unfähig dazu, die Empfindung zu erkennen.

Das Versagen liegt immer nur an dem Menschen selbst, nie an der Stärke oder Schwäche einzelner Gaben; denn gerade die Grundgabe, die eigentliche Kraft, das Stärkste von allem im Menschen, das alles Leben in sich trägt und unsterblich ist, ist einem jeden einzelnen *gleich* gegeben! Damit hat niemand dem anderen etwas voraus. Alle Unterschiede liegen lediglich an der *Verwendung!*

Auch kann diese Grundgabe, der unsterbliche Funke, nie getrübt oder beschmutzt werden! Rein bleibt er auch im größten Schlamme. Nur die Hülle müßt Ihr sprengen, die Ihr Euch selbst durch die freiwillige Begrenzung des Begriffsvermögens auferlegtet. Dann wird er ohne Übergang ebenso rein und klar emporlodern, wie er im Anfang war, sich frisch und stark entfalten und mit dem Geistigen verbinden!

Freut Euch dieses Schatzes, der unantastbar in Euch liegt! Gleichviel, ob Ihr von Euren Nebenmenschen als wertvoll angesehen werdet oder nicht! Ein jeder Schmutz kann abgeworfen werden, der sich wie ein Damm um diesen Geistesfunken angesammelt hat, durch ehrlich gutes Wollen. Habt Ihr die Arbeit dann getan und den Schatz wieder freigelegt, so seid Ihr ebensoviel wert wie jeder, der ihn nie vergrub!

Doch wehe, wer sich dauernd aus Bequemlichkeit dem Wollen zu dem Guten streng verschließt! Ihm wird zur Stunde des Gerichtes dieser Schatz genommen, und er hört damit auf zu sein.

Deshalb wacht auf, die Ihr Euch abgeschlossen haltet, die Ihr die Decke des Verstandes über Euere Empfindung legtet mit der Begrenzung des Begriffsvermögens! Habt acht und höret auf die Rufe, die

Euch treffen! Sei es nun ein gewaltiger Schmerz, starke seelische Erschütterung, großes Leid oder hohe, reine Freude, das die verdunkelnde Decke niederen Gefühles zu sprengen vermag, laßt nichts Derartiges nutzlos an Euch vorübergehen. Es sind Hilfen, die Euch den Weg zeigen!

Besser ist es, wenn Ihr nicht erst darauf wartet, sondern mit ernstem Wollen zu allem Guten und zum geistigen Aufstieg einsetzt. Dadurch wird die trennende Schicht bald wieder dünner und leichter werden, bis sie zuletzt zerflattert und der noch immer reine, unbefleckte Funke zu lodernder Flamme emporsteigt.

Doch dieser erste Schritt kann und muß *nur von dem Menschen selbst* ausgehen, sonst ist ihm nicht zu helfen.

Dabei müßt Ihr streng unterscheiden zwischen Wünschen und dem Wollen. Mit dem Wünschen ist noch nichts getan, es reicht zu keinem Fortschritt aus. Das Wollen muß es sein, das auch die Tat bedingt, diese schon in sich trägt. Mit dem ernsten Wollen setzt die Tat schon ein.

Wenn auch so mancher dabei viele Nebenwege gehen muß, weil er sich bisher nur an den Verstand gebunden hatte, so scheue er doch nicht davor zurück. Auch er gewinnt! Für ihn gilt es, seinen Verstand zu klären, in dem einzelnen Durchleben aller Nebenwege langsam alles Hemmende abzuschälen und zu lösen.

Deshalb unverzagt voran. Mit ernstem Wollen führt zuletzt ein jeder Weg zum Ziele!

## DIE RELIGION DER LIEBE

Die Religion der Liebe ist falsch erfaßt durch vielseitige Verzerrungen und Entstellungen des Begriffes *Liebe;* denn der wahren Liebe größter Teil ist Strenge!

Das, was *jetzt* Liebe genannt wird, ist alles andere mehr als Liebe. Wenn allen sogenannten Lieben unerbittlich auf den Grund gegangen wird, so bleibt dort weiter nichts als Selbstsucht, Eitelkeit, Schwachheit, Bequemlichkeit, Einbildung oder Triebe.

Wahrhafte Liebe wird nicht darauf sehen, was dem anderen gefällt, was diesem angenehm ist und Freude bereitet, sondern sie wird sich nur darnach richten, was dem anderen *nützt!* Gleichviel, ob es dem anderen Freude bereitet oder nicht. Das ist wahres Lieben und Dienen.

Wenn also geschrieben steht: »Liebet Euere Feinde!«, so heißt das: »Tut das, was ihnen nützt! Züchtigt sie also auch, wenn sie nicht anders zur Erkenntnis kommen können!« Das ist ihnen dienen. Nur muß Gerechtigkeit dabei walten; denn Liebe läßt sich von Gerechtigkeit nicht trennen, sie sind eins!

Unangebrachte Nachgiebigkeit hieße die Fehler der Feinde noch größer ziehen und sie dadurch weiter auf abschüssige Bahn gleiten lassen. Wäre das Liebe? Man würde sich im Gegenteil damit eine Schuld aufbürden!

Die Religion der Liebe ist nur aus unausgesprochenen Wünschen der Menschen heraus zu einer Religion der Schlaffheit gemacht worden, wie auch die Person des Wahrheitsbringers Christus Jesus zu einer Weichlichkeit und Nachgiebigkeit herabgezerrt wurde, die er nie besaß. Er war gerade durch All-Liebe herb und ernst unter den Verstandesmenschen.

## 8. DIE RELIGION DER LIEBE

Seine Traurigkeit, die ihn oft befiel, war im Hinblick auf seine hohe Mission und das dieser gegenüberstehende Menschheitsmaterial nur selbstverständlich. Sie hatte mit Weichheit durchaus nichts zu tun.

Die Religion der Liebe wird nach Ablegung aller Entstellungen und dogmatischen Beengungen eine Lehre strengster Konsequenz sein, in der keine Schwachheit und unlogische Nachgiebigkeit zu finden ist.

## DER ERLÖSER

Der Heiland am Kreuze! Zu Tausenden sind diese Kreuze aufgestellt, als Wahrzeichen dafür, daß Christus um der Menschheit willen litt und starb. Sie rufen den Gläubigen von allen Seiten zu: »Denket daran!«

Auf einsamer Flur, in den belebten Großstadtstraßen, in stiller Kammer, in den Kirchen, an Gräbern und zu Hochzeitsfeiern, überall dient es zum Trost, zur Stärkung und zur Mahnung. Denket daran! Um Euerer Sünden willen ist es geschehen, daß der Gottessohn, der Euch das Heil zur Erde brachte, an dem Kreuze litt und starb.

Mit innigem Erschauern tritt der Gläubige herzu, in tiefer Ehrfurcht und voll Dankbarkeit. Mit Frohgefühl verläßt er dann die Stätte in dem Bewußtsein, durch den Opfertod auch seiner Sünden ledig geworden zu sein.

Du ernsthaft Suchender jedoch, geh hin, tritt vor das Wahrzeichen heiligen Ernstes und bemühe Dich, Deinen Erlöser zu verstehen! Wirf ab den weichen Mantel der Bequemlichkeit, der Dich so angenehm erwärmt und Wohlgefühl behaglichen Geborgenseins erzeugt, das Dich hindämmern läßt bis zu der letzten Erdenstunde, wo Du dann jäh aus Deinem Halbschlummer gerissen wirst, Dich loslöst von der irdischen Befangenheit und plötzlich ungetrübter Wahrheit gegenüberstehst. Dann ist Dein Traum schnell ausgeträumt, an den Du Dich geklammert hast, mit dem Du Dich in Tatenlosigkeit versenktest.

Deshalb erwache, Deine Erdenzeit ist kostbar! Um Eurer Sünden willen kam der Heiland, das ist unantastbar und buchstäblich richtig. Auch daß er um der Schuld der Menschheit willen starb.

## 9. DER ERLÖSER

Doch *dadurch werden Deine Sünden nicht von Dir genommen!* Das Erlösungswerk des Heilands war, den Kampf mit dem Dunkel aufzunehmen, um der Menschheit Licht zu bringen, *ihr den Weg zu öffnen zur Vergebung aller Sünden.*

Wandern muß ein jeder diesen Weg allein, nach des Schöpfers unumstößlichen Gesetzen. Auch Christus kam nicht, die Gesetze umzustoßen, sondern zu erfüllen. Verkenne doch nicht den, der Dir Dein bester Freund sein soll! Nimm für die wahren Worte nicht irrtümlichen Sinn!

Wenn es ganz richtig heißt: Um der Menschheit Sünden willen geschah dies alles, so ist damit gesagt, daß Jesu Kommen nur deshalb notwendig wurde, weil sich die Menschheit nicht mehr allein aus dem selbstgeschaffenen Dunkel herauszufinden und von dessen Klammern zu befreien vermochte.

Christus mußte diesen Weg der Menschheit zeigen. Hätte sich diese nicht so tief in ihre Sünden verstrickt, das heißt, wäre die Menschheit nicht den *falschen* Weg gegangen, so würde das Kommen Jesu nicht notwendig geworden sein, ihm wäre der Kampf- und Leidensweg erspart geblieben.

Deshalb ist es ganz richtig, daß er nur um der Sünden der Menschheit willen kommen mußte, wenn diese nicht auf dem falschen Wege ganz in den Abgrund, in das Dunkel gleiten sollte.

Das sagt aber nicht, daß damit jedem Einzelmenschen *im Handumdrehen* auch seine persönliche Schuld quittiert werden soll, sobald er nur wirklich an die Worte Jesu glaubt und danach lebt. Lebt er aber nach den Worten Jesu, so werden ihm seine Sünden vergeben *werden.* Allerdings erst nach und nach zu einer Zeit, sobald die Auslösung durch die Gegenarbeit des guten Wollens in der Wechselwirkung erfolgt. Nicht anders. Zum Unterschiede dafür ist bei denen, die nicht nach den Worten Jesu leben, eine Vergebung überhaupt nicht möglich.

Das besagt nun aber nicht, daß nur Angehörige der christlichen Kirche Vergebung der Sünden erlangen können.

Jesus verkündete die *Wahrheit.* Seine Worte müssen deshalb auch alle Wahrheiten anderer Religionen mitenthalten. Er wollte nicht eine Kirche gründen, sondern der Menschheit den wahren Weg zeigen, der ebensogut auch durch die Wahrheiten anderer Religionen führen kann. Deshalb finden sich in seinen Worten auch so viele Anklänge an damals schon bestehende Religionen.

Jesus hat diese nicht daraus entnommen, sondern, da er die Wahrheit brachte, mußte sich darin auch alles das wiederfinden, was in anderen Religionen schon von Wahrheit vorhanden war.

Auch wer die Worte Jesu selbst nicht kennt und ernsthaft nach der Wahrheit und Veredelung strebt, lebt oft schon ganz im Sinne dieser Worte und geht deshalb mit Sicherheit auch einem reinen Glauben und der Vergebung seiner Sünden zu. Hüte Dich deshalb vor einseitiger Anschauung. Es ist Entwertung des Erlöserwerkes.

Wer ernsthaft nach der Wahrheit, nach der Reinheit strebt, dem fehlt auch nicht die Liebe. Er wird, wenn auch manchmal durch harte Zweifel und Kämpfe, geistig von Stufe zu Stufe emporgeführt und, *gleichviel, welcher Religion er angehört,* schon hier oder auch erst in der feinstofflichen Welt dem Christusgeiste begegnen, der ihn dann *letzten Endes* weiterführt bis zur Erkenntnis Gottvaters, worin sich das Wort erfüllt: »Niemand kommt zum Vater denn durch mich.«

Das »letzte Ende« beginnt aber nicht mit den letzten irdischen Stunden, sondern auf einer gewissen Stufe in der Entwicklung des geistigen Menschen, für den das Hinübergehen aus der grobstofflichen in die feinstoffliche Welt nur eine Wandlung bedeutet.

Nun zu dem Geschehen des großen Erlösungswerkes selbst: Die Menschheit irrte in geistiger Dunkelheit. Sie hatte sich diese selbst geschaffen, indem sie sich mehr und mehr nur dem Verstande unterwarf, den sie erst mühsam großgezogen hatte. Damit zogen die Menschen auch die Grenzen des Begriffsvermögens immer enger, bis sie gleich dem Gehirn bedingungslos an Raum und Zeit gebunden waren und den Weg zu Unendlichem und Ewigem nicht mehr erfassen konnten.

So wurden sie ganz erdgebunden, beschränkt auf Raum und Zeit. Jede Verbindung mit dem Licht, dem Reinen, Geistigen war damit abgeschnitten. Das Wollen der Menschen vermochte sich nur noch auf

## 9. DER ERLÖSER

Irdisches zu richten bis auf wenige, die als Propheten nicht die Macht besaßen, durchzudringen, freie Bahn zu schaffen zu dem Licht.

Durch diesen Zustand waren dem Übel alle Tore geöffnet. Dunkel quoll herauf und strömte unheilbringend über die Erde. Das konnte nur *ein* Ende bringen: geistigen Tod. Das Furchtbarste, das den Menschen treffen kann.

Die Schuld an allem diesem Elend aber trugen die Menschen selbst! Sie hatten es herbeigeführt, da sie freiwillig diese Richtung wählten. Sie hatten es gewollt und großgezogen, waren sogar noch stolz auf die Errungenschaft in ihrer maßlosen Verblendung, ohne in der sich mühevoll selbst aufgezwungenen Beschränktheit des Begreifens die Furchtbarkeit der Folgen zu erkennen. Von dieser Menschheit aus war kein Weg zu dem Lichte zu schaffen. Die freiwillige Einengung war schon zu groß.

Wenn Rettung überhaupt noch möglich werden sollte, mußte von dem Lichte aus Hilfe kommen. Sonst war der Untergang der Menschheit in das Dunkel nicht mehr aufzuhalten.

Das Dunkel selbst hat durch die Unreinheit eine größere Dichtheit, die Schwere mit sich bringt. Wegen dieser Schwere vermag es von sich aus nur bis zu einer bestimmten Gewichtsgrenze emporzudringen, wenn ihm nicht von anderer Seite her eine Anziehungskraft zu Hilfe kommt. Das Licht aber besitzt eine seiner Reinheit entsprechende Leichtheit, die es ihm unmöglich macht, sich bis zu diesem Dunkel hinabzusenken.

Es ist dadurch zwischen beiden Teilen eine unüberbrückbare Kluft, in der der Mensch mit seiner Erde steht!

In der Menschen Hand nun liegt es, je nach Art ihres Wollens und Wünschens dem Lichte oder dem Dunkel entgegenzukommen, die Tore zu öffnen und die Wege zu ebnen, damit entweder das Licht oder das Dunkel die Erde überflutet. Sie selbst bilden dabei das Postament, durch dessen Wollenskraft Licht oder Dunkel festen Halt bekommt und von da aus mehr oder weniger kraftvoll wirken kann.

Je mehr das Licht oder das Dunkel dadurch auf Erden Macht gewinnt, desto mehr überschüttet es die Menschheit mit dem, was es zu geben hat, mit Gutem oder Bösem, Heil oder Unheil, Glück oder Unglück, Paradiesesfrieden oder Höllenqual.

Der Menschen reines Wollen war zu schwach geworden, um in dem schon überwiegenden schweren, alles erstickenden Dunkel auf Erden dem Lichte einen Punkt zu bieten, an den es sich halten konnte, mit dem es sich zu verbinden vermochte, derart, daß es in ungetrübter Reinheit und dadurch ungeschmälerter Kraft das Dunkel spaltete und die Menschheit erlöste, die sich dann an der dadurch angeschlagenen Quelle Kraft holen und den Weg aufwärts finden konnte zu den lichten Höhen.

Dem Lichte selbst aber war es nicht möglich, sich so weit herabzusenken in den Schmutz, ohne daß ein starker Halt dazu geboten wurde. Deshalb mußte ein Mittler kommen. Nur ein Gesandter aus lichten Höhen konnte durch *Fleischwerdung* die durch der Menschen Wollen gebildete dunkle Mauer sprengen und unter allem Bösen *das* grobstoffliche Postament für das göttliche Licht bilden, das fest mitten in dem schweren Dunkel steht. Von dieser Verankerung aus vermochten dann die reinen Strahlen des Lichtes die dunklen Massen zu spalten und zu zerstreuen, damit die Menschheit nicht vollständig im Dunkel versank und erstickte.

So *kam* Jesus um der Menschheit und deren Sünde willen!

Die so geschaffene neue Verbindung mit dem Licht konnte bei der Reinheit und Stärke des Lichtgesandten nicht vom Dunkel abgeschnitten werden. Damit war für die Menschen ein neuer Weg zu den geistigen Höhen gebahnt.

Von Jesus, diesem entstandenen irdischen Postament des Lichtes, gingen nun dessen Strahlen in das Dunkel durch das lebendige Wort, das die Wahrheit brachte. Er konnte diese Wahrheit unverfälscht übermitteln, da er Wort und Wahrheit selbst war.

Die Menschen wurden nun aus ihrem Dämmerzustand aufgerüttelt durch die gleichzeitig geschehenden Wunder. Diesen nachgehend, stießen sie auf das Wort. Mit dem Hören der von Jesus gebrachten Wahrheit aber und dem Nachdenken darüber erwachte nach und nach in Hunderttausenden der Wunsch, dieser Wahrheit nachzugehen, mehr davon zu wissen. Und damit strebten sie dem Lichte langsam entgegen.

Durch den Wunsch wurde das sie umgebende Dunkel gelockert, ein Lichtstrahl nach dem anderen drang sieghaft ein, indem die Menschen über die Worte nachdachten und sie für richtig fanden. Es wurde heller und heller um sie, das Dunkel fand keinen festen Halt mehr an solchen und fiel zuletzt von ihnen abgleitend zurück, womit es mehr und mehr an Boden verlor. So wirkte das Wort der Wahrheit in dem Dunkel wie ein keimendes Senfkorn und wie Sauerteig im Brote.

Und *das* war das Erlöserwerk des Gottessohnes Jesus, des Licht- und Wahrheitsbringers.

Das Dunkel, das die Herrschaft über die gesamte Menschheit schon zu haben wähnte, bäumte sich dagegen auf in wildem Kampfe, um das Erlöserwerk unmöglich zu machen. An Jesus selbst konnte es nicht heran, es glitt an seiner reinen Empfindung ab. Da war es selbstverständlich, daß es sich seiner willigen Werkzeuge bediente, die es zum Kampfe zur Verfügung hatte.

Dies waren die Menschen, die sich ganz richtig »Verstandesmenschen« nannten, also sich dem Verstande fügten und somit wie dieser fest an Raum und Zeit gebunden waren, wodurch sie höhere, geistige Begriffe, weit über Raum und Zeit stehend, nicht mehr erfassen konnten. Es wurde ihnen deshalb auch unmöglich, der Lehre der Wahrheit zu folgen.

Sie alle standen ihrer eigenen Überzeugung nach auf zu »realem« Boden, wie auch heute noch so viele. Realer Boden aber heißt in Wirklichkeit ein arg beschränkter Boden. Und alle diese Menschen waren gerade die Mehrzahl derer, die die Macht vertraten, also obrigkeitliche und religiöse Gewalt in den Händen hatten.

So peitschte das Dunkel in tobender Gegenwehr diese Menschen auf bis zu den groben Übergriffen, die sie gegen Jesus mit der in ihren Händen liegenden irdischen Gewalt ausübten.

Das Dunkel hoffte, dadurch das Erlöserwerk zerstören zu können. Daß es diese Macht auf Erden überhaupt ausüben konnte, war lediglich

Schuld der Menschheit, die durch ihre selbstgewählte falsche Einstellung ihr Begriffsvermögen verengt und somit dem Dunkel Oberhand gegeben hatte.

*Und um dieser Sünde der Menschheit willen mußte Jesus leiden!* Das Dunkel peitschte weiter bis zum äußersten: Jesus erlitt den Kreuzestod, wenn er bei seinen Behauptungen blieb, der Wahrheit- und Lichtbringer zu sein. Es galt die letzte Entscheidung. Eine Flucht, ein Sichzurückziehen von allem konnte ihn von dem Kreuzestod retten. Das aber würde Sieg des Dunkels im letzten Augenblicke bedeutet haben, weil dann das ganze Wirken Jesu langsam im Sande verlaufen wäre und das Dunkel sich siegreich über allem schließen konnte. Jesus hätte seine Sendung nicht erfüllt, das begonnene Erlösungswerk wäre unvollendet geblieben.

Der innere Kampf in Gethsemane war hart, aber kurz. Jesus scheute den irdischen Tod nicht, sondern ging für die von ihm gebrachte Wahrheit ruhig in den irdischen Tod. Mit seinem Blute am Kreuze drückte er das Siegel auf alles das, was er gesagt und gelebt hatte.

Durch diese Tat überwand er das Dunkel völlig, das den letzten Trumpf damit ausgespielt hatte. Jesus siegte. Aus Liebe zur Menschheit, der dadurch der Weg zur Freiheit in das Licht blieb, weil sie durch diesen Tod an der Wahrheit seiner Worte bestärkt wurde.

Ein Entziehen durch die Flucht und das damit verbundene Aufgeben seiner Arbeit hätte ihnen Zweifel bringen müssen.

*Jesus starb also um der Menschheit Sünde willen!* Wäre die Sünde der Menschheit nicht gewesen, die Abwendung von Gott in Einengung durch den Verstand, so konnte sich Jesus sein Kommen ersparen, ebenso seinen Leidensweg und seinen Kreuzestod. Deshalb ist es ganz richtig, wenn es lautet: Um unserer Sünde willen kam Jesus, litt und starb den Kreuzestod!

*Darin liegt aber nicht, daß Du Deine eigenen Sünden nicht selbst zu lösen hättest!*

Du kannst es nur jetzt leicht, weil Jesus Dir den Weg durch Überbringung der Wahrheit *in seinen Worten gezeigt* hat.

## 9. DER ERLÖSER

So vermag auch der Kreuzestod Jesu nicht einfach Deine eigenen Sünden wegzuwaschen. Sollte derartiges geschehen, so müßten vorher die ganzen Gesetze des Weltalls gestürzt werden. Das geschieht aber nicht. Jesus selbst beruft sich oft genug auf alles das, »was geschrieben steht«, also auf das Alte. Das neue Evangelium der Liebe hat auch nicht die Absicht, das alte der Gerechtigkeit zu stürzen oder abzustoßen, *sondern zu ergänzen*. Es will damit verbunden sein.

Vergiß deshalb nicht die Gerechtigkeit des großen Schöpfers aller Dinge, die sich nicht um ein Haar verrücken läßt, die ehern steht von Anbeginn der Welt und bis zu deren Ende! Sie würde gar nicht zulassen können, daß jemand die Schuld eines anderen auf sich nimmt, um sie zu sühnen.

Jesus konnte um anderer Schuld willen, also wegen der Schuld anderer, kommen, leiden, sterben, als Kämpfer auftreten für die Wahrheit, aber er selbst blieb unberührt und rein von dieser Schuld, deshalb vermochte er sie auch nicht persönlich auf sich zu nehmen.

Das Erlöserwerk ist deshalb nicht geringer, sondern ein Opfer, wie es größer nicht sein kann. Jesus kam aus der lichten Höhe für Dich in den Schmutz, er kämpfte um Dich, litt und starb für Dich, um Dir Licht zu bringen zu dem rechten Weg aufwärts, damit Du nicht im Dunkel Dich verlierst und untergehst!

*So* steht Dein Erlöser vor Dir. *Das* war sein gewaltiges Liebeswerk.

Gottes Gerechtigkeit blieb in den Weltgesetzen ernst und streng bestehen; denn was der Mensch säet, das wird er ernten, sagt auch Jesus selbst in seiner Botschaft. Kein Heller kann ihm nachgelassen werden auf Grund der göttlichen Gerechtigkeit!

Daran denke, wenn Du vor dem Wahrzeichen heiligen Ernstes stehst. Danke innig dafür, daß Dir der Erlöser mit seinem Wort den Weg neu eröffnete zur Vergebung Deiner Sünden, und verlasse die Stätten mit dem ernsten Vorsatze, diesen Dir gezeigten Weg zu gehen, damit Dir Vergebung werden kann.

Den Weg gehen aber heißt nicht etwa nur, das Wort zu lernen und daran zu glauben, sondern dieses Wort zu *leben!* Daran zu glauben, es für

## 9. DER ERLÖSER

richtig zu halten und nicht in allem auch darnach zu handeln, würde Dir gar nichts nützen. Im Gegenteil, Du bist schlimmer daran als solche, die gar nichts von dem Worte wissen.

Deshalb wache auf, die Erdenzeit ist für Dich kostbar!

## DAS GEHEIMNIS DER GEBURT

Wenn die Menschen sagen, daß in der Art der Verteilung der Geburten eine große Ungerechtigkeit liegt, so wissen sie nicht, was sie damit tun!

Mit großer Beharrlichkeit behauptet der eine: »Wenn es eine Gerechtigkeit gibt, wie darf ein Kind dann mit einer erblichen Krankheit belastet geboren werden! Das unschuldige Kind muß die Sünden der Eltern mittragen!«

Der andere: »Das eine Kind wird in Reichtum, das andere in bitterer Armut und Not geboren. Dabei kann kein Glaube an Gerechtigkeit aufkommen.«

Oder: »Angenommen, den Eltern soll eine Strafe werden, so ist es nicht richtig, daß dies durch Krankheit und Tod eines Kindes geschieht. Das Kind muß doch dabei unschuldig leiden.«

Diese und ähnliche Reden schwirren zu Tausenden unter der Menschheit. Selbst ernsthaft Suchende zerbrechen sich manchmal den Kopf darüber.

Mit der einfachen Erklärung der »unerforschlichen Wege Gottes, die alles zum Besten führen«, ist der Drang nach dem »Warum« nicht aus der Welt geschafft. Wer damit zufrieden sein soll, muß sich *stumpf* darein ergeben, oder jeden fragenden Gedanken sofort als Unrecht unterdrücken.

So ist es nicht gewollt! Durch Fragen findet man den rechten Weg. Stumpfsinn oder gewaltsames Zurückdrängen erinnert nur an Sklaventum. Gott aber will nicht Sklaven! Er will nicht das stumpfsinnige Sichfügen, sondern freies, bewußtes Aufwärtsschauen.

Seine herrlichen, weisen Einrichtungen brauchen nicht in mystisches Dunkel gehüllt zu sein, sondern gewinnen an ihrer erhabenen, unantastbaren Größe und Vollkommenheit, wenn sie frei vor uns liegen! Unwandelbar und unbestechlich, in gleichmäßiger Ruhe und Sicherheit verrichten sie unaufhaltsam ihr ewiges Wirken.

Sie kümmern sich nicht um Groll oder Anerkennung der Menschen, nicht um ihre Unwissenheit, sondern sie geben jedem einzelnen bis auf das Allerfeinste abgetönt in reifen Früchten das zurück, was er als Saat ausstreute.

»Gottes Mühlen mahlen langsam, aber sicher«, heißt es in dem Volksmunde so treffend über dieses Weben unbedingter Wechselwirkung in der ganzen Schöpfung, deren unverrückbare Gesetze die Gerechtigkeit Gottes in sich tragen und auswirken. Es rieselt, fließt und strömt und ergießt sich über alle Menschen, gleichviel, ob diese es nun wünschen oder nicht, ob sie sich hingeben oder dagegen sträuben, sie müssen es empfangen als gerechte Strafe und Vergebung, oder Lohn in der Erhebung.

Wenn ein Murrender oder Zweifelnder nur ein einziges Mal einen Blick werfen könnte in das feinstoffliche, von straffem Geist durchzogene und getragene Wogen und Weben, das die ganze Schöpfung durchdringt, umfaßt, in dem sie ruht, das selbst ein Stück der Schöpfung ist, lebendig als ein ewig treibender Webstuhl Gottes, er würde sofort verschämt verstummen und bestürzt die Anmaßung erkennen, die in seinen Worten liegt.

Die ruhige Erhabenheit und Sicherheit, die er erschaut, zwingt ihn abbittend in den Staub.

Wie klein hat er doch seinen Gott gedacht! Und welche ungeheure Größe findet er in dessen Werken. Er sieht dann ein, daß er in seinen höchsten irdischen Begriffen nur versuchen konnte, Gott herabzuzerren, die Vollkommenheit des großen Werkes zu schmälern mit dem vergeblichen Bemühen, es hineinzuzwängen in kleinliche Enge, die Verstandeszucht erschuf, die sich nie über Raum und Zeit erheben kann.

Der Mensch darf nicht vergessen, daß er in dem *Werke* Gottes steht, selbst ein Stück des Werkes ist, und somit unbedingt auch den Gesetzen dieses Werkes unterworfen bleibt.

Das Werk aber umfaßt nicht nur irdischen Augen sichtbare Dinge, sondern auch die feinstoffliche Welt, die den größten Teil des eigentlichen Menschenseins und Menschenwirkens in sich trägt. Die jeweiligen Erdenleben sind nur kleine Teile davon, *aber immer große Wendepunkte.*

Die irdische Geburt bildet stets nur den Beginn eines besonderen Abschnittes in dem ganzen Sein eines Menschen, nicht aber dessen Anfang überhaupt.

Beginnt der Mensch als solcher seinen Lauf in der Schöpfung, so steht er frei, ohne Schicksalsfäden, die dann erst durch sein Wollen von ihm ausgehend hinausziehen in die feinstoffliche Welt, durch Anziehungskraft der Gleichart unterwegs immer stärker werden, sich mit anderen kreuzen, ineinanderweben und zurückwirken auf den Urheber, mit dem sie verbunden blieben, so das Schicksal oder Karma mit sich führend.

Die Auswirkungen gleichzeitig zurückströmender Fäden fließen dann ineinander, wodurch ursprünglich scharf ausgeprägte Farben andere Abtönungen erhalten und neue, kombinierte Bilder bringen*.

Die einzelnen Fäden bilden den Weg der Rückwirkungen so lange, bis der Urheber in seinem Innenwesen keinen Anhaltspunkt mehr für die gleiche Art bietet, diesen Weg also von sich aus nicht mehr pflegt und frisch hält, wodurch sich diese Fäden nicht mehr festhalten können, nicht mehr einzuhaken vermögen und verdorrend von ihm abfallen müssen, gleichviel, ob es nun Übles oder Gutes ist.

Jeder Schicksalsfaden wird also durch den Willensakt bei dem Entschluß zu einer Handlung feinstofflich geformt, zieht hinaus, bleibt aber trotzdem in dem Urheber verankert und bildet so den sicheren Weg zu gleichen Arten, diese stärkend, gleichzeitig aber auch wieder von diesen Stärke erhaltend, die den Weg zurückläuft zu dem Ausgangspunkte.

In diesem Vorgange liegt die Hilfe, die den nach Gutem Strebenden

---

* Vortrag: »Schicksal«.

kommt, wie es verheißen ist, oder aber der Umstand, daß »Böses fortzeugend Böses gebären muß«*.

Jedem Menschen bringen nun die Rückwirkungen dieser laufenden Fäden, zu denen er täglich neue knüpft, sein Schicksal, das er sich selbst geschaffen hat und dem er unterworfen ist. Jede Willkür ist dabei ausgeschlossen, also auch jede Ungerechtigkeit. Das Karma, das ein Mensch mit sich trägt und das wie eine einseitige Vorausbestimmung erscheint, ist in Wirklichkeit nur die unbedingte *Folge* seiner Vergangenheit, soweit diese sich in der Wechselwirkung noch nicht ausgelöst hat.

Der wirkliche Anfang des Seins eines Menschen ist *immer* gut, und bei vielen auch das Ende, mit Ausnahme derer, die durch sich selbst verlorengehen, indem sie zuerst von sich aus durch ihre Entschlüsse dem Übel die Hand reichten, das sie dann ganz ins Verderben zog. Die Wechselfälle liegen immer nur in der Zwischenzeit, der Zeit des inneren Werdens und Reifens.

Der Mensch formt sich also stets sein zukünftiges Leben selbst. Er liefert die Fäden und bestimmt somit die Farbe und das Muster des Gewandes, das der Webstuhl Gottes durch das Gesetz der Wechselwirkung für ihn webt.

Weit zurück liegen oft die Ursachen, die bestimmend wirken für die Verhältnisse, in die eine Seele hineingeboren wird, ebenso für die Zeit, unter deren Einflüssen das Kind in die irdische Welt tritt, damit diese dann während seines Erdenwallens dauernd einwirkt und das erzielt, was zum Auslösen, Abschleifen, Abstoßen und Weiterbilden gerade dieser Seele notwendig ist.

Aber auch das geschieht nicht einseitig nur für das Kind, sondern die Fäden spinnen sich selbsttätig so, daß in dem Irdischen auch eine Wechselwirkung liegt.

Die Eltern geben dem Kinde gerade das, was es zu seiner Fortentwikkelung braucht, ebenso umgekehrt das Kind den Eltern, sei es nun Gutes oder Übles; denn zur Fortentwicklung und zum Aufschwunge

---

\* Vortrag: »Der Mensch und sein freier Wille«.

gehört natürlich auch das Freiwerden von einem Übel durch Ausleben desselben, wodurch es als solches erkannt und abgestoßen wird. Und die Gelegenheit dazu bringt stets die Wechselwirkung. Ohne diese würde der Mensch nie wirklich frei werden können von Geschehenem.

Also liegt in den Gesetzen der Wechselwirkung als großes Gnadengeschenk der Weg zur Freiheit oder zum Aufstiege. Es kann daher von einer Strafe überhaupt nicht gesprochen werden. Strafe ist ein falscher Ausdruck, da ja gerade darin die gewaltigste Liebe liegt, die dargereichte Hand des Schöpfers zur Vergebung und Befreiung.

Das irdische Kommen des Menschen setzt sich zusammen aus Zeugung, Inkarnation und Gebären. Die Inkarnation ist der eigentliche Eintritt des Menschen in das irdische Sein*.

Tausendfältig sind nun die Fäden, die mitwirken zur Bestimmung einer Inkarnation. Immer aber ist es auch in diesen Geschehnissen der Schöpfung eine bis zum Allerfeinsten abgetönte Gerechtigkeit, die sich auswirkt und zu einer Förderung *aller* dabei Beteiligten treibt.

Dadurch wird die Geburt eines Kindes zu noch viel Wichtigerem und Wertvollerem, als es im allgemeinen angenommen ist. Geschieht doch damit gleichzeitig dem Kinde, den Eltern und auch sogar etwaigen Geschwistern und anderen mit dem Kinde in Berührung kommenden Menschen mit dessen Eintreten in die irdische Welt eine neue, besondere Gnade des Schöpfers, indem sie damit alle Gelegenheit erhalten, in irgendeiner Weise weiterzukommen.

Den Eltern kann durch notwendig werdende Krankenpflege, schwere Sorge oder Kummer die Gelegenheit zu geistigem Gewinn gegeben sein, sei es nun als einfaches Mittel zum Zweck oder auch als wirkliche Ablösung einer alten Schuld, vielleicht sogar als Vorablösung eines drohenden Karmas.

Es geschieht sehr oft, daß bei schon eingesetztem gutem Wollen eines Menschen dessen *eigene* schwere Krankheit, die ihn selbst nach dem

---

* Vortrag: »Die Erschaffung des Menschen«.

## 10. DAS GEHEIMNIS DER GEBURT

Gesetz der Wechselwirkung als Karma treffen soll, aus Gnade infolge seines guten Wollens *vorabgelöst* wird durch aus freiem Entschlusse heraus erfolgende aufopfernde Pflege eines anderen oder eines eigenen Kindes.

Eine wirkliche Ablösung kann nur in der Empfindung erfolgen, in dem vollen Erleben. Bei Ausübung einer echt liebenden Pflege nun ist das Erleben oft noch größer als bei eigener Krankheit. Es ist tiefer in dem Bangen, dem Schmerze während der Krankheit des Kindes oder eines anderen, den man wirklich als seinen lieben Nächsten betrachtet. Ebenso tief auch die Freude bei dessen Genesen.

Und dieses starke Erleben allein drückt seine Spuren fest in die Empfindung, in den geistigen Menschen, formt ihn damit anders und schneidet mit dieser Umformung Schicksalsfäden ab, die ihn sonst noch getroffen hätten.

Durch dieses Abschneiden oder Fallenlassen schnellen die Fäden wie gespannter Gummi nach der Gegenseite zurück, den gleichartigen feinstofflichen Zentralen, von deren Anziehungskraft nunmehr einseitig gezogen. Damit ist jede weitere Wirkung auf den umgeformten Menschen ausgeschlossen, da der Verbindungsweg dazu fehlt.

So gibt es tausende Arten von Ablösungen in dieser Form, wenn ein Mensch freiwillig und gern irgendeine Pflicht anderen gegenüber auf sich nimmt, aus Liebe heraus.

Jesus hat darin in seinen Gleichnissen die besten Vorbilder gezeigt. Ebenso in seiner Bergpredigt und allen anderen Reden ganz deutlich auf die guten Erfolge derartiger Ausübungen hingewiesen. Er sprach dabei immer von dem »Nächsten« und zeigte damit den besten Weg zur Ablösung des Karmas und zum Aufstiege in schlichtester, lebenswahrster Form.

»Liebe Deinen Nächsten wie Dich selbst«, mahnte er und gab damit den Schlüssel zu dem Tore alles Aufsteigens. Es muß sich dabei nicht immer um Krankheit handeln. Die Kinder, ihre notwendige Pflege und Erziehung, geben auf die natürlichste Art so viele Gelegenheiten, daß sie *alles* in sich bergen, was überhaupt nur als Ablösung in Betracht kommen kann. Und deshalb bringen Kinder Segen, gleichviel, wie sie geboren und entwickelt sind!

Das, was den Eltern gilt, gilt auch Geschwistern und allen, die viel mit Kindern in Berührung kommen. Auch diese haben Gelegenheiten, durch den neuen Erdenbürger zu gewinnen, indem sie sich bemühen, sei es auch nur durch Ablegung übler Eigenschaften oder ähnlicher Dinge, in Geduld, in sorgsamen Hilfeleistungen verschiedenster Art.

Dem Kinde selbst aber ist nicht weniger geholfen. Jeder ist durch die Geburt vor die Möglichkeit gestellt, ein gewaltiges Stück Weg aufwärts zu kommen! Wo es nicht geschieht, ist der Betreffende selbst schuld daran. Dann hat er nicht gewollt.

Deshalb ist jede Geburt als ein gütiges Gottesgeschenk zu betrachten, das gleichmäßig zur Verteilung kommt. Auch wer nun selbst keine Kinder hat und nimmt ein fremdes Kind zu sich, dem ist der Segen nicht verkürzt, sondern nur noch größer durch die Tat der Annahme, wenn diese um des Kindes willen erfolgt und nicht zur eigenen Befriedigung.

Bei einer gewöhnlichen Inkarnierung spielt die Anziehungskraft der geistigen Gleichart als mitwirkend bei der Wechselwirkung eine führende Rolle. Eigenschaften, die als ererbt angesehen werden, sind in Wirklichkeit nicht vererbt, sondern lediglich auf diese Anziehungskraft zurückzuführen. Es ist nichts geistig von Mutter oder Vater Ererbtes dabei, da das Kind ein ebenso abgeschlossener Mensch für sich ist, wie diese selbst, nur gleiche Arten in sich trägt, durch die es sich angezogen fühlte.

Doch nicht allein diese Anziehungskraft der Gleichart ist es, die bei der Inkarnierung ausschlaggebend wirkt, sondern es sprechen auch noch andere laufende Schicksalsfäden mit, an die die zu inkarnierende Seele gebunden ist und die vielleicht in irgendeiner Weise mit einem Angehörigen der Familie verknüpft sind, in die sie geführt wird. Alles das wirkt mit, zieht und führt zuletzt die Inkarnation herbei.

Anders aber ist es, wenn eine Seele eine freiwillige Mission auf sich nimmt, um entweder bestimmten irdischen Menschen zu helfen oder an einem Hilfswerke für die ganze Menschheit mitzuwirken. Dann nimmt eine Seele auch alles vorher gewollt auf sich, was sie auf Erden trifft, wodurch ebensowenig von Ungerechtigkeit gesprochen werden kann. Und der Lohn muß ihr ja in der Folge der Wechselwirkung dafür werden, wenn alles in aufopfernder Liebe geschieht, die aber wiederum nicht nach dem Lohne fragt.

In Familien, in denen erbliche Krankheiten sind, kommen Seelen zur Inkarnation, die diese Krankheiten durch Wechselwirkung zur Ablösung, Läuterung oder zum Vorwärtskommen brauchen.

Die führenden und haltenden Fäden lassen eine falsche, also ungerechte Inkarnation gar nicht zu. Sie schließen jeden Irrtum darin aus. Es wäre der Versuch des Schwimmens gegen einen Strom, der mit eiserner, unverrückbarer Gewalt seine geordneten Bahnen fließt und jeden Widerstand von vornherein ausschließt, so daß es gar nicht einmal zu einem Versuche kommen kann. Unter genauer Beachtung seiner Eigenschaften aber spendet er nur Segen.

Und Beachtung findet alles auch bei freiwilligen Inkarnationen, bei denen die Krankheiten freiwillig zur Erreichung eines bestimmten Zweckes übernommen werden. Wenn vielleicht der Vater oder die Mutter durch eine Schuld die Krankheit auf sich lud, sei es auch nur durch Nichtbeachtung der natürlichen Gesetze, die eine unbedingte Rücksichtnahme auf Gesunderhaltung des anvertrauten Körpers fordern, so wird der Schmerz darüber, diese Krankheit auch wieder an dem Kinde zu sehen, schon eine Sühne in sich tragen, die zur Läuterung hinführt, sobald der Schmerz echt empfunden wird.

Besondere Beispiele anzuführen hat wenig Zweck, da jede einzelne Geburt durch die vielverschlungenen Schicksalsfäden ein neues Bild ergeben würde, abweichend von den anderen, und sogar jede Gleichart sich durch die feinen Abtönungen der Wechselwirkungen in ihren Mischungen in tausendfältigen Variationen zeigen muß.

Nur ein einfaches Beispiel sei gebracht: Eine Mutter liebt ihren Sohn derart, daß sie ihn mit allen Mitteln daran hindert, durch eine Heirat von ihr zu gehen. Sie fesselt ihn dauernd an sich. Diese Liebe ist falsch, rein selbstsüchtig, auch wenn die Mutter nach ihrer Meinung alles bietet, um dem Sohne das Erdenleben so schön wie möglich zu machen. Sie hat mit ihrer selbstsüchtigen Liebe zu Unrecht in das Leben ihres Sohnes eingegriffen.

Die wahre Liebe denkt nie an sich selbst, sondern immer nur zugunsten des geliebten Anderen und handelt danach, auch wenn es mit eigener Entsagung verknüpft ist.

Die Stunde der Mutter kommt, da sie abgerufen wird. Der Sohn steht nun allein. Es ist für ihn zu spät geworden, um noch den freudigen Schwung zur Erfüllung seiner eigenen Wünsche aufzubringen, den die Jugend verleiht. Trotz allem hat er dabei noch etwas gewonnen; denn er löst durch die herbeigeführte Entsagung irgend etwas aus. Sei es nun eine Gleichart aus seinem früheren Sein, womit er gleichzeitig der inneren Vereinsamung in einer Ehe ausgewichen ist, die ihn sonst bei Verheiratung hätte treffen müssen, oder irgend etwas anderes. Es gibt in solchen Dingen nur Gewinn für ihn.

Die Mutter aber hat ihre selbstsüchtige Liebe mit hinübergenommen. Die Anziehungskraft geistiger Gleichart zieht sie deshalb unwiderstehlich zu Menschen hin mit gleichen Eigenschaften, da sie in deren Nähe die Möglichkeit findet, in dem Empfindungsleben solcher Menschen einen kleinen Teil ihrer eigenen Leidenschaft mitempfinden zu können, wenn diese ihre selbstsüchtige Liebe anderen gegenüber ausüben. Dadurch bleibt sie erdgebunden.

Wenn nun bei den Menschen, in deren Nähe sie sich dauernd befindet, eine Zeugung erfolgt, kommt sie durch diese Bindung des sich geistig Aneinanderkettens zur Inkarnation.

Dann wendet sich das Blatt. Sie muß nun als Kind unter der gleichen Eigenschaft des Vaters oder der Mutter dasselbe erleiden, was sie einst ihr Kind erleiden ließ. Sie kann sich nicht lösen von ihrem Elternhause trotz ihres Verlangens und der sich bietenden Gelegenheiten. Damit wird ihre Schuld getilgt, indem sie durch das Erleben an sich selbst derartige Eigenschaften als Unrecht erkennt und damit davon befreit wird.

Durch die Verbindung mit dem grobstofflichen Körper, also die Inkarnation, wird jedem Menschen eine Binde vorgelegt, die ihn hindert, sein rückwärtiges Sein zu überschauen. Auch das ist, wie alles Geschehen in der Schöpfung, nur zu dem Vorteile des Betreffenden. Es liegt darin wieder die Weisheit und die Liebe des Schöpfers.

Würde sich ein jeder auf das frühere Sein genau besinnen, so bliebe er in seinem neuen Erdenleben nur ruhiger Beobachter, danebenstehend, in dem Bewußtsein, einen Fortschritt damit zu gewinnen oder etwas abzulösen. Es würde aber gerade dadurch dann für ihn kein Vorwärtskommen werden, sondern vielmehr eine große Gefahr des Abwärtsgleitens bringen.

Das Erdenleben soll wirklich *erlebt* werden, wenn es Zweck haben soll. Nur was innerlich mit allen Höhen und Tiefen durchgelebt, also durchempfunden wird, hat man sich zu eigen gemacht. Wenn ein Mensch von vornherein die genaue Richtung stets klar wüßte, die ihm nützlich ist, so gäbe es für ihn kein Erwägen, kein Entscheiden. Dadurch könnte er wiederum keine Kraft und keine Selbständigkeit gewinnen, die er unbedingt notwendig hat.

So aber nimmt er jede Situation seines Erdenlebens wirklicher. Jedes wirklich Erlebte prägt Eindrücke fest in die Empfindung ein, in das Unvergängliche, das der Mensch mit hinübernimmt bei seiner Wandlung als sein Eigen, als ein Stück von ihm selbst, neu nach den Eindrücken geformt. Aber auch *nur* das wirklich Erlebte, alles andere erlischt mit dem irdischen Tode. Das *Erlebte* aber bleibt als abgeklärter Extrakt des Erdendaseins sein Gewinn!

Zu dem Erlebten gehört nicht alles Erlernte. Sondern von dem Erlernten nur das, was man sich davon durch Erleben zu eigen machte. Der ganze übrige Wust des Erlernten, wofür so mancher Mensch sein ganzes Erdendasein opfert, bleibt als Spreu zurück. Deshalb kann jeder Augenblick des Lebens nie ernst genug genommen werden, damit durch die Gedanken, Worte und Werke starke Lebenswärme pulsiert, sie nicht zu leeren Gewohnheiten herabsinken.

Das neugeborene Kind erscheint nun durch die bei der Inkarnierung vorgelegte Binde als vollkommen unwissend und wird deshalb irrtümlich auch für unschuldig angesehen. Dabei bringt es oft ein gewaltiges Karma mit, das ihm Gelegenheiten bietet, frühere Irrwege abzulösen in dem Ausleben. Karma ist in der Vorausbestimmung nur die notwendige Folge des Geschehenen. Bei Missionen eine freiwillige Übernahme, um damit das irdische Verständnis und die irdische Reife zur Erfüllung der Mission zu erlangen, soweit es nicht zur Mission selbst gehört.

Deshalb sollte der Mensch nicht mehr murren über Ungerechtigkeit bei den Geburten, sondern dankbar zu dem Schöpfer blicken, der mit jeder einzelnen Geburt nur neue Gnaden spendet!

## IST OKKULTE SCHULUNG ANZURATEN?

Diese Frage muß mit einem absoluten »Nein« beantwortet werden. Okkulte Schulung, zu der im allgemeinen die Übungen zur Erlangung von Hellsehen, Hellhören usw. zählen, ist ein Hemmnis zur inneren freien Entwicklung und zum wirklichen geistigen Aufschwunge. Was damit großgezogen werden kann, darunter verstand man in der Vorzeit sogenannte Magier, sobald die Schulung einigermaßen günstig verlaufen war.

Es ist ein einseitiges Vorwärtstasten von unten nach oben, wobei der sogenannte Erdenbann nie überschritten werden kann. Es wird sich bei allen diesen unter Umständen zu erreichenden Vorkommnissen immer nur um Dinge niederer und niederster Art handeln, die die Menschen an sich innerlich nicht höher zu bringen vermögen, wohl aber irreführen können.

Der Mensch vermag damit nur in die ihm zunächstliegende feinstoffliche Umgebung zu dringen, deren Intelligenzen oft noch unwissender sind als die Erdenmenschen selbst. Alles, was er damit erreicht, ist, daß er sich ihm unbekannten Gefahren öffnet, vor denen er gerade durch Nichtöffnen geschützt bleibt.

Ein durch Schulung hellsehend oder hellhörend Gewordener wird in dieser niederen Umgebung oft auch Dinge sehen oder hören, die den Anschein des Hohen und Reinen haben und doch weit davon entfernt sind. Dazu kommt noch die eigene, durch Übungen noch mehr gereizte Phantasie, die ebenfalls eine Umgebung erzeugt, die der Schüler dann tatsächlich sieht und hört, und die Verwirrung ist da.

So ein durch künstliche Schulung auf unsicheren Füßen stehender

Mensch kann nicht unterscheiden, kann mit dem besten Willen keine scharfe Grenze ziehen zwischen Wahrheit und Täuschung, sowie der tausendfältigen Gestaltungskraft im feinstofflichen Leben. Zuletzt kommen noch die niederen, für ihn unbedingt schädlichen Einflüsse dazu, denen er sich selbst freiwillig mit vieler Mühe geöffnet hat, denen er nicht eine höhere Kraft entgegenstellen kann, und so wird er bald ein steuerloses Wrack auf unbekannter See, das für alles, was mit ihm zusammentrifft, gefährlich werden kann.

Es ist genau so, als wenn ein Mensch nicht schwimmen kann. Er ist vollkommen fähig, in einem Kahne ganz geborgen durch das ihm nicht vertraute Element zu fahren. Dem irdischen Leben vergleichbar. Zieht er aber während der Fahrt aus dem ihn schützenden Kahne eine Planke fort, so reißt er in den Schutz eine Lücke, durch die das Wasser eindringt, ihn seines Schutzes beraubt und hinabzieht. Dieser Mensch, des Schwimmens unkundig, wird dadurch nur ein Opfer des ihm unvertrauten Elementes.

*So ist der Vorgang der okkulten Schulung.* Der Mensch zieht damit nur eine Planke seines ihn schützenden Schiffes fort, *lernt aber nicht schwimmen!*

Es gibt aber auch Schwimmer, die sich Meister nennen. Schwimmer auf diesem Gebiete sind solche, die eine schon fertige Veranlagung in sich tragen und dieser durch einige Schulung die Hand reichen, um sie zur Geltung zu bringen, sie auch immer mehr zu erweitern suchen. In solchen Fällen wird sich also eine mehr oder weniger fertige Veranlagung mit künstlicher Schulung verbinden. Doch auch bei dem besten Schwimmer sind stets ziemlich enge Grenzen gesetzt. Wagt er sich zu weit hinaus, so erlahmen ihm die Kräfte, und er ist zuletzt ebenso verloren wie ein Nichtschwimmer, wenn ... ihm, wie auch dem Nichtschwimmer, nicht Hilfe kommt.

Solche Hilfe kann aber in der feinstofflichen Welt nur aus der lichten Höhe kommen, aus dem reinen Geistigen. Und diese Hilfe wiederum kann nur dann heran, wenn der in Gefahr Befindliche in seiner seelischen Entwicklung eine bestimmte Stufe der Reinheit erreicht hat, mit der sie sich zu einem Halt verbinden kann. Und solche Reinheit wird nicht durch okkulte Schulung für Versuche erreicht, sondern kann nur kommen durch Hebung der inneren echten Moral in dauerndem Aufblick zu der Reinheit des Lichtes.

Ist ein Mensch nun *diesem* Wege gefolgt, der ihn mit der Zeit zu einem gewissen Grade innerer Reinheit bringt, die sich naturgemäß dann auch in seinen Gedanken, Worten und Werken widerspiegelt, so erhält er nach und nach Verbindung mit den reineren Höhen und von dort in Wechselwirkung auch verstärkte Kraft.

Er hat damit eine Verbindung durch alle Zwischenstufen hindurch, die ihn hält und an die er sich halten kann. Es währt dann nicht lange, so wird ihm alles das ohne eigene Mühe gegeben, was die Schwimmer vergebens zu erreichen strebten. Aber mit einer Sorgfalt und Vorsicht, die in den straffen Gesetzen der Wechselwirkung liegt, daß er immer gerade nur so viel davon bekommt, wie er in mindestens gleicher Stärke Gegenkraft zu geben vermag, womit jede Gefahr von vornherein beseitigt ist.

Zuletzt wird die trennende Schranke, die mit den Planken eines Kahnes zu vergleichen ist, dünner und dünner und fällt schließlich ganz. Das ist dann aber auch der Augenblick, wo er wie der Fisch im Wasser sich in der feinstofflichen Welt bis hinauf zu lichten Höhen ganz zu Hause fühlt. Dies ist der einzig richtige Weg.

Alles durch künstliche Schulung Verfrühte ist dabei verfehlt. Nur dem Fisch im Wasser ist das Wasser wirklich ungefährlich, weil es »sein Element« ist, für das er jede Ausrüstung in sich trägt, die auch ein geschulter Schwimmer *nie erreichen* kann.

Nimmt ein Mensch die Schulung vor, so geht dem Anfang ein freiwilliger Entschluß voraus, dessen Folgen er dann unterworfen ist. Deshalb kann er auch nicht damit rechnen, daß ihm Hilfe werden *muß*. Er hatte vorher seinen freien Willensentschluß.

Ein Mensch aber, der zu solchen Schulungen andere veranlaßt, die dann dadurch Gefahren verschiedenster Art preisgegeben sind, hat einen großen Teil der Folgen als Schuld von jedem einzelnen auf sich zu nehmen. Er wird an alle feinstofflich gekettet. Unwiderruflich muß er nach seinem irdischen Ableben hinab zu den Vorausgegangenen, die den Gefahren unterlagen, bis zu dem, der dabei am tiefsten sank.

Nicht eher vermag er selbst emporzusteigen, als bis er jedem einzelnen von denen wieder hinaufgeholfen hat, der Irrweg ausgelöscht und außerdem auch das dadurch Versäumte nachgeholt ist. Das ist der Ausgleich in der Wechselwirkung und gleichzeitig der Gnadenweg für ihn, das Unrecht gutzumachen und emporzukommen.

Hat ein solcher Mensch nun darin nicht nur durch das Wort, sondern auch durch die Schrift gewirkt, so trifft es ihn noch schwerer, weil diese Schrift auch nach seinem eigenen irdischen Ableben weiterhin Unheil anrichtet. Er muß dann im feinstofflichen Leben abwarten, bis keiner mehr hinüberkommt, der durch die Schrift sich irreführen ließ, dem er deshalb wieder aufzuhelfen hat. Jahrhunderte können dabei vergehen.

Damit ist aber nicht gemeint, daß das Gebiet der feinstofflichen Welt im irdischen Leben unberührt und unerschlossen bleiben soll!

Innerlich Gereiften wird es stets zu rechter Stunde zufallen, daß sie sich zu Hause fühlen, was für andere Gefahren birgt. Sie dürfen die Wahrheit schauen und sie weitergeben. Aber dabei werden sie auch die Gefahren klar überblicken, die denen drohen, die durch okkulte Schulung einseitig hineinreichen wollen in die Niederungen ihnen unbekannten Landes. Sie werden niemals zu okkulten Schulungen Veranlassung geben.

## SPIRITISMUS

Spiritismus! Mediumschaft! Heftig brennt der Streit dafür und auch dagegen. Es ist nicht meine Aufgabe, über die Gegner und deren Eifer der Verneinung etwas zu sagen. Das würde Zeitverschwendung sein; denn jeder logisch denkende Mensch braucht nur die Art der sogenannten Prüfungen oder Forschungen zu lesen, um selbst zu erkennen, daß diese völlige Unkenntnis und entschiedenes Unvermögen der »Prüfenden« zeigen.

Warum? Wenn ich das Erdreich erforschen will, muß ich mich nach der Erde richten und deren Beschaffenheit. Will ich dagegen das Meer ergründen, bleibt mir weiter nichts anderes übrig, als mich dabei nach der Beschaffenheit des Wassers zu richten und mich der Beschaffenheit des Wassers entsprechender Hilfsmittel zu bedienen.

Dem Wasser mit Spaten und Schaufel oder mit Bohrmaschinen zu Leibe zu gehen, würde mich in meinen Forschungen wohl nicht weit führen. Oder soll ich etwa das Wasser verneinen, weil ich im Gegensatz zu der mir gewohnteren, festeren Erde mit dem Spaten glatt hindurchfahre? Oder weil ich nicht ebenso, wie auf fester Erde gewöhnt, mit den Füßen darauf wandern kann?

Gegner werden sagen: »Das ist ein Unterschied; denn das Dasein des Wassers *sehe* ich und fühle ich, das kann also niemand ableugnen!«

Wie lange ist es her, daß man die Millionen buntfarbiger Lebewesen in einem Wassertropfen sehr energisch ableugnete, von deren Bestehen jetzt ein jedes Kind schon weiß? Und weshalb leugnete man? Nur weil man sie nicht sah! Erst, nachdem man ein Instrument erfand, das auf ihre Beschaffenheit eingestellt war, konnte man die neue Welt erkennen, sehen und beobachten.

## 12. SPIRITISMUS

Also auch mit der außerstofflichen Welt, dem sogenannten Jenseits! Werdet doch sehend! Und *dann* erlaubt Euch ein Urteil! Es liegt an *Euch,* nicht an der »anderen Welt«. Ihr habt außer Euerem grobstofflichen Körper auch noch den Stoff der anderen Welt in Euch, während die Jenseitigen Euer Grobstoffliches nicht mehr besitzen.

Ihr verlangt und erwartet, daß sich Euch die Jenseitigen nähern (Zeichen geben usw.), die über keinerlei Grobstofflichkeit mehr verfügen. Ihr wartet darauf, daß sie ihr Bestehen *Euch* nachweisen, während Ihr selbst, die Ihr außer dem Grobstofflichen auch ebenso über den Stoff der Jenseitigen verfügt, abwartend sitzt mit den Gesten eines Richters.

Schlagt *Ihr* doch die Brücke, die *Ihr* schlagen *könnt,* arbeitet endlich mit dem gleichen Stoff, der auch Euch zu Gebote steht, und werdet dadurch sehend! Oder schweigt, wenn Ihr es nicht versteht, und mästet weiter nur das Grobstoffliche, das das Feinstoffliche immer mehr beschwert.

Einst kommt der Tag, wo sich das Feinstoffliche von dem Grobstofflichen trennen muß und dann ermattet liegen bleibt, weil es des Fluges ganz entwöhnt wurde; denn auch das ist alles den irdischen Gesetzen unterworfen wie der irdische Körper.

Nur Bewegung bringt Kraft! Ihr braucht nicht Medien, um Feinstoffliches zu erkennen. Beobachtet nur das Leben, das Euer eigenes Feinstoffliche in Euch führt. Gebt ihm durch Eueren Willen, wessen es bedarf, um zu erstarken. Oder wollt Ihr das Bestehen Eueres Willens auch bestreiten, da Ihr ihn nicht seht und nicht betasten könnt?

Wie oft fühlt Ihr die Auswirkungen Eueres Willens in Euch selbst. Ihr fühlt diese wohl, könnt sie aber weder sehen noch anfassen. Sei es nun Erhebung, Freude oder Leid, Zorn oder Neid. Sobald der Wille Wirkung hat, muß er auch Kraft besitzen, die einen Druck erzeugt; denn ohne Druck kann keine Wirkung sein, kein Fühlen. Und wo ein Druck ist, muß ein Körper wirken, etwas Festes von dem gleichen Stoff, sonst kann kein Druck entstehen.

Es müssen also feste Formen sein von einem Stoff, den Ihr mit Euerem grobstofflichen Körper weder sehen noch betasten könnt. Und so ist die

Stofflichkeit des Jenseits, die Ihr nur mit der auch Euch innewohnenden Gleichart zu erkennen vermögt.

Sonderbar ist der Streit über das Für und Wider eines Lebens nach dem irdischen Tode, eigentlich oft bis zur Lächerlichkeit. Wer ruhig, vorurteilsfrei und wunschlos zu denken und beobachten vermag, wird bald finden, daß tatsächlich *alles,* aber auch alles für die Wahrscheinlichkeit einer bestehenden andersstofflichen Welt spricht, die der jetzige Durchschnittsmensch nicht zu sehen vermag. Es sind so viele Vorgänge, die daran immer und immer wieder mahnen und die nicht einfach als nichtbestehend achtlos zur Seite geschoben werden können.

Dagegen ist für ein unbedingtes Aufhören nach dem irdischen Ableben weiter nichts vorhanden als der Wunsch vieler, die sich damit gern jeder geistigen Verantwortung entziehen möchten, bei der Klugheit und Geschicklichkeit nicht in die Waagschale fallen, sondern nur das wirkliche Empfinden. –

Doch nun zu den *Anhängern* des Spiritismus, Spiritualismus und so weiter, wie sie es auch nennen mögen, es kommt zuletzt auf eins heraus, auf große Irrtümer!

Die Anhänger sind oft der Wahrheit viel gefährlicher als Gegner, viel schadenbringender!

Von den Millionen sind nur wenige, die sich die Wahrheit sagen lassen wollen. Die meisten sind in einem Riesenkranze kleiner Irrtümer verstrickt, die sie den Weg daraus zu schlichter Wahrheit nicht mehr finden lassen. Woran liegt die Schuld? Etwa am Jenseitigen? Nein! Oder an Medien? Auch nicht! *Nur an dem Einzelmenschen selbst!* Er ist nicht ernst und scharf genug gegen sich selbst, will vorgefaßte Meinungen nicht stürzen, scheut sich, ein selbstgebautes Bild vom Jenseits zu zertrümmern, das ihm in seiner Phantasie geraume Zeit *heilige Schauer und gewisses Wohlbehagen gab.*

Und wehe dem, der daran rührt! Ein jeder Anhänger hat schon den Stein zum Wurf auf ihn bereit! Er klammert sich daran fest und ist bereit, viel eher Jenseitige Lügen- oder Neckgeister zu nennen, oder Medien der Mangelhaftigkeit zu zeihen, bevor er ruhig prüfend an sich selbst geht, überlegt, ob *sein Begriff* nicht etwa falsch gewesen ist.

## 12. SPIRITISMUS

Wo sollte ich da anfangen, das viele Unkraut auszurotten? Es würde eine Arbeit ohne Ende sein. Deshalb sei das, was ich hier sage, nur für die, die wirklich ernsthaft suchen; denn nur solche sollen finden.

Ein Beispiel: Ein Mensch besucht ein Medium, sei dies nun bedeutend oder nicht. Es sind noch andere mit ihm. Eine »Sitzung« beginnt. Das Medium »versagt«. Es wird nichts. Die Folge? Es gibt Leute, die sagen darauf: Das Medium taugt nichts. Andere: Der ganze Spiritismus ist nichts. Prüfende werfen sich in die Brust und verkünden: Die oft erprobten medialen Eigenschaften des Mediums waren Schwindel; denn sobald *wir* kommen, wagt das Medium nichts. Und die »Geister« schweigen!

Gläubige und Überzeugte aber gehen bedrückt fort. Der Ruf des Mediums leidet und kann bei mehrmaligem »Versagen« ganz verschwinden.

Ist nun gar eine Art Manager für das Medium vorhanden, und sind Geldeinnahmen damit verbunden, so wird der Manager nervös das Medium drängen, daß es sich doch Mühe geben soll, wenn die Leute Geld dafür ausgeben usw. Kurz: Es gibt Zweifel, Spott, Unzufriedenheit, und das Medium wird bei einem neuen Versuche sich krampfhaft in medialen Zustand zu wühlen suchen, dabei in einer Art nervöser Selbstbetörung vielleicht unbewußt etwas sagen, das es zu hören vermeint, oder aber zum direkten Betruge greifen, der zum Beispiel einem Sprechmedium nicht sehr schwer wird.

Urteil: Schwindel, Verneinung des ganzen Spiritismus, weil vielleicht einige der Medien unter genannten Umständen zum Betruge griffen, um zunehmender Feindschaft auszuweichen. Dazu einige Fragen:

1. In welcher Menschenklasse, wie sie auch sei, gibt es keine Schwindler? Verurteilt man wegen einiger Schwindler auch bei anderen Dingen gleich das Können der ehrlich Arbeitenden?

2. Warum gerade hierin und tatsächlich nirgends anderswo?

Diese Fragen kann sich jeder selbst leicht beantworten.

Wer aber trägt nun die Hauptschuld an solchen unwürdigen Zuständen? Das Medium nicht, wohl aber die Menschen selbst! Durch ihre etwas sehr einseitigen Anschauungen, vor allem aber durch ihre völlige

Unwissenheit zwingen sie das Medium, zu wählen zwischen ungerechten Anfeindungen oder Täuschungen.

Einen Mittelweg lassen die Menschen einem Medium nicht so leicht.

Ich spreche hierbei nur von einem ernstzunehmenden Medium, nicht von den zahlreichen medial Angehauchten, die ihre geringen Fähigkeiten in den Vordergrund zu drängen suchen. Es liegt mir auch fern, für die großen Gefolgschaften der Medien in irgendeiner Weise einzutreten; denn eigentlicher Wert solcher sich um Medien scharender Spiritisten ist in den seltensten Fällen vorhanden, mit Ausnahme der ernsten Forscher, die sich diesem Neuland *lernend,* nicht aber unwissend richtend gegenüberstellen.

Für die größte Zahl der sogenannten Gläubigen bringen diese Besuche oder »Sitzungen« keinen Fortschritt, sondern Stillstand oder Rückgang. Sie werden so unselbständig, daß sie sich selbst für nichts mehr entscheiden können, sondern immer den Rat »Jenseitiger« dazu einholen wollen. Oft in den lächerlichsten Dingen und meistens für irdische Kleinigkeiten.

Ein ernster Forscher oder ehrlich suchender Mensch wird sich dabei immer empören über die unsagbare Beschränktheit gerade solcher, die sich bei Medien seit Jahren als ständige Besucher »heimisch« fühlen.

Mit außerordentlich kluger und überlegener Miene reden sie den größten Unsinn und sitzen dann mit heuchlerischer Andacht da, um den angenehmen Nervenkitzel über sich ergehen zu lassen, den der Verkehr mit unsichtbaren Kräften in der Einbildung bringt.

Viele Medien sonnen sich dabei in den schmeichlerischen Reden solcher Besucher, die in Wirklichkeit nur das eigensüchtige Verlangen damit kundtun, daß sie selbst recht viel »erleben« möchten. Das »Erleben« aber ist für sie gleichbedeutend nur mit Hören oder Sehen, also Unterhaltenwerden. Zum »Erleben« wird nie etwas in ihnen.

Was soll ein *ernster* Mensch nun bei solchen Vorkommnissen bedenken?

1. Daß ein Medium überhaupt nichts zu einem »Gelingen« beitragen kann, außer sich innerlich zu öffnen, also hinzugeben, und im übrigen

## 12. SPIRITISMUS

abzuwarten; denn es ist ein Werkzeug, das benützt wird, ein Instrument, das allein keinen Klang hervorzubringen vermag, wenn es nicht gespielt wird. Ein sogenanntes *Versagen* kann es also deshalb gar nicht geben. Wer davon spricht, zeigt Beschränktheit, er soll die Hände davon lassen und auch keine Meinungen äußern, da er ja kein Urteil haben kann. Genau wie jeder, dem das Lernen schwerfällt, auch die Universität meiden sollte. Ein Medium ist also einfach eine Brücke, oder ein Mittel zum Zweck.

2. Daß dabei aber die *Besucher* eine große Rolle spielen! Nicht in ihrem Äußeren oder gar weltlichen Stande, sondern *mit ihrem Innenleben!*

Das Innenleben ist, wie auch den größten Spöttern bekannt, eine Welt für sich. Es kann natürlich kein »Nichts« sein mit seinen Empfindungen, mit seinen zeugenden und nährenden Gedanken, sondern es müssen logischerweise feinstoffliche Körper oder Dinge sein, die durch Druck oder Einwirkung Empfindungen erwecken, weil sonst keine solchen entstehen könnten.

Ebensowenig können im Geiste Bilder gesehen werden, wenn nichts da ist. Gerade eine derartige Auffassung würde ja das größte Loch bedeuten in den Gesetzen exakter Wissenschaften.

Also *muß* etwas da sein, und es *ist* auch etwas da; denn der zeugende Gedanke schafft in der feinstofflichen, also jenseitigen Welt sofort entsprechende Formen, deren Dichtheit und Lebensfähigkeit von der Empfindungskraft der betreffenden zeugenden Gedanken abhängig sind. So entsteht also mit dem, was »Innenleben« eines Menschen genannt wird, auch eine entsprechende feinstofflich gleichgeformte Umgebung um diesen.

Und diese Umgebung ist es, die ein Medium, das geöffneter auf die feinstoffliche Welt eingestellt ist, wohltuend oder unangenehm, sogar auch schmerzhaft berühren muß. Dadurch kann es vorkommen, daß wirkliche Kundgebungen aus der feinstofflichen Welt nicht so rein wiedergegeben werden, wenn das Medium durch Gegenwart von Menschen mit feinstofflich oder geistig unreinem Innenleben beengt, bedrückt oder verwirrt wird.

## 12. SPIRITISMUS

Aber es geht noch weiter. Diese Unreinheit bildet eine Mauer für reinere Feinstofflichkeit, so daß eine Kundgebung aus diesem Grunde gar nicht erfolgen kann, oder nur von gleich unrein-feinstofflicher Art.

Bei Besuchern mit *reinem* Innenleben ist natürlich Verbindung mit entsprechender reiner feinstofflicher Umgebung möglich. Jeder Unterschied aber bildet eine unüberbrückbare Kluft! Daher die Unterschiede bei sogenannten Sitzungen, daher oft völliges Versagen oder eintretende Verworrenheit. Das alles besteht auf unverrückbaren, rein physikalischen Gesetzen, die im Jenseits genau so wirken wie im Diesseits.

Somit kommen die abfälligen Berichte von »Prüfenden« in ein anderes Licht. Und wer die feinstofflichen Vorgänge zu beobachten imstande ist, muß lächeln, da sich so mancher Prüfende mit seinem Berichte sein *eigenes* Urteil spricht, sein eigenes Innenleben preisgibt, nur *seinen* Seelenzustand tadelt.

Ein zweites Beispiel: Ein Mensch besucht ein Medium. Es geschieht ihm, daß ein hinübergegangener Verwandter durch das Medium zu ihm spricht. Er fragt ihn dabei um Rat über eine vielleicht ganz wichtige irdische Angelegenheit. Der Hinübergegangene gibt ihm darüber einige Anweisungen, die der Besucher wie ein Evangelium, eine Offenbarung aus dem Jenseits entgegennimmt, sich dann genau danach richtet und dadurch... hineinfällt, oft schweren Schaden erleidet.

Die Folge? Der Besucher wird in erster Linie an dem Medium zweifeln, in seiner Enttäuschung und aus dem Ärger des Schadens heraus vielleicht gegen das Medium arbeiten, in manchen Fällen sogar sich verpflichtet fühlen, öffentliche Angriffe zu führen, um andere vor dem gleichen Schaden und Hereinfallen zu bewahren. –

Hier müßte ich nun anschließend das jenseitige Leben erklären, wie ein solcher Mensch sich dadurch ähnlichen jenseitigen Strömungen öffnet durch die Anziehungsart der geistigen Gleichart, und wie er dann als Werkzeug solcher Gegenströmungen zum Eiferer zu werden vermag in dem stolzen Bewußtsein, für die Wahrheit einzutreten und der Menschheit damit einen großen Dienst zu erweisen, während er sich in Wirklichkeit zu einem Sklaven der Unreinheit macht und sich ein Karma aufbürdet, zu dessen Lösung er ein Menschenalter und noch mehr benötigt, aus dem dann immer wieder neue Fäden ausgehen, so daß ein Netz entsteht, in das er sich verstrickt, er zuletzt überhaupt nicht mehr ein noch aus weiß, und dann feindlich um so wütender eifert. –

Oder der enttäuschte Besucher wird, wenn er das Medium nicht als Schwindler betrachtet, mindestens sehr zweifelnd dem ganzen Jenseitigen gegenüberstehen oder den üblichen bequemen Weg einschlagen, den Tausende gehen, und sich sagen: »Was geht mich schließlich das Jenseits an. Darüber mögen sich andere den Kopf zerbrechen. Ich habe Besseres zu tun.« Das »Bessere« aber ist, durch Gelderwerben nur dem Körper zu dienen und sich damit noch mehr von dem Feinstofflichen zu entfernen.

Woran aber liegt nun eigentlich die Schuld? *Nur wieder an ihm selbst!* Er hatte sich ein *falsches* Bild gemacht, indem er das Gesagte wie ein Evangelium hinnahm. Das war *sein* Fehler ganz allein und kein Verschulden anderer. Weil er annahm, daß ein Hinübergegangener durch seine Feinstofflichkeit gleichzeitig auch zum Teil allwissend oder doch wenigstens mehrwissend wurde.

Darin liegt der Irrtum vieler Hunderttausende. Alles, was ein Hinübergegangener mehr weiß durch seine Wandlung, ist, daß er wirklich mit dem sogenannten Sterben nicht aufgehört hat zu sein.

Das ist aber auch alles, solange er nicht die Gelegenheit wahrnimmt, in der feinstofflichen Welt weiterzukommen, was auch dort von seinem eigenen, freien Entschlusse abhängig ist, sowie von seinem ehrlichen und fleißigen Sichmühen.

Er wird also bei Befragung um irdische Dinge in dem guten Wollen, den Wunsch zu erfüllen, seine Meinung kundtun, auch in der Überzeugung, daß er damit das Beste gibt; aber er ist selbst unbewußt gar nicht in der Lage, irdische Dinge und Verhältnisse so klar zu beurteilen, wie ein noch darin lebender Mensch in Fleisch und Blut, da ihm die Grobstofflichkeit abgeht, die er zu richtiger Beurteilung unbedingt benötigt.

Sein Standpunkt muß also ein ganz anderer sein. Doch er gibt das, was er vermag, und gibt damit im besten Wollen auch das Beste. Es ist also weder ihm noch dem Medium ein Vorwurf zu machen. Er ist deshalb auch kein Lügengeist, wie wir überhaupt nur wissende und unwissende Geister unterscheiden sollten; denn sobald ein Geist sinkt, also unreiner und schwerer wird, verengt sich gleichzeitig auch ganz naturgemäß sein Horizont.

Er gibt und wirkt stets das, was er selbst fühlt: *Und er lebt nur der Empfindung,* nicht dem berechnenden Verstande, den er nicht mehr hat, da dieser an das irdische Gehirn gebunden war, und damit auch an Raum und Zeit. Sobald das mit dem Sterben wegfiel, gab es für ihn kein Denken und kein Überlegen mehr, sondern nur ein Empfinden, *ein unmittelbares, dauerndes Erleben!*

Der Fehler liegt an denen, die um Irdisches, an Raum und Zeit Gebundenes noch Rat einholen wollen von denen, die die Einengung nicht mehr haben und deshalb auch nicht begreifen können.

Die Jenseitigen sind wohl in der Lage, zu erkennen, welche Richtung in irgendeiner Sache die richtige und welche die falsche ist, aber dann muß der Mensch mit seinen irdischen Hilfsmitteln, also dem Verstande und seiner Erfahrung abwägen, wie er die rechte Richtung zu gehen vermag. Er muß es in Einklang mit allen irdischen Möglichkeiten bringen! Das ist *seine* Arbeit.

Auch wenn ein tiefgesunkener Geist Gelegenheit zum Einfluß und Sprechen erlangt, so kann niemand sagen, daß er lügt oder falsch zu führen versucht, sondern er gibt das wieder, was er lebt, und sucht auch andere davon zu überzeugen. Er kann nichts anderes geben.

So sind zahllose Irrtümer in der Auffassung der Spiritisten.

Der »Spiritismus« ist sehr anrüchig geworden, doch nicht aus sich selbst, sondern durch die größte Zahl der Anhänger, die schon nach wenigen und oft sehr kärglichen Erlebnissen begeistert wähnen, daß der Schleier für sie weggezogen sei, und die dann eifrig andere beglücken wollen mit einer Vorstellung vom feinstofflichen Leben, die sie sich selbst erdachten, die eine zügellose Phantasie erschuf und die vor allen Dingen ihre eigenen Wünsche völlig deckt. Selten aber stehen solche Bilder ganz im Einklang mit der Wahrheit!

## ERDGEBUNDEN

Das Wort wird viel gebraucht. Doch wer versteht dabei auch wirklich, was er damit sagt? »Erdgebunden« klingt wie eine fürchterliche Strafe. Die meisten Menschen fühlen ein gelindes Grauen, fürchten sich vor denen, die noch erdgebunden sind. Dabei ist die Bedeutung dieses Wortes nicht so schlimm.

Gewiß, es gibt so manches Düstere, das diesen oder jenen erdgebunden werden läßt. Vorwiegend sind es aber ganz einfache Dinge, die zum Erdgebundensein hinführen müssen.

Nehmen wir zum Beispiel einen Fall: Die Sünden der Väter rächen sich bis ins dritte und vierte Glied!

Ein Kind stellt in der Familie irgendeine Frage über das Jenseits oder über Gott, was es in der Schule oder Kirche gehört hat. Der Vater weist es kurz ab mit dem Bemerken: »Ach geh mit dem dummen Zeug! Wenn ich gestorben bin, ist alles aus.«

Das Kind stutzt, wird zweifelnd. Die wegwerfenden Äußerungen des Vaters oder der Mutter wiederholen sich, es hört dasselbe auch von anderen, und zuletzt nimmt es deren Ansicht auf.

Nun kommt die Stunde, daß der Vater hinübergehen muß. Er erkennt dabei zu seinem Erschrecken, daß er damit nicht aufgehört hat zu sein. Nun wird der heiße Wunsch in ihm erwachen, sein Kind diese Erkenntnis wissen zu lassen. Dieser Wunsch bindet ihn an das Kind.

Das Kind aber hört ihn nicht und fühlt nicht seine Nähe; denn es lebt nun in der Überzeugung, daß der Vater nicht mehr ist, und das steht wie eine feste, undurchdringliche Mauer zwischen ihm und den Bemühungen seines Vaters. Die Qual des Vaters aber, beobachten zu müssen, daß das Kind durch seinen Anstoß nun den falschen Weg verfolgt, der es immer weiter ab von der Wahrheit treibt, die Angst, daß das Kind auf diesem falschen Wege den Gefahren tieferen Sinkens nicht auszuweichen vermag und vor allen Dingen viel leichter ausgesetzt ist, wirkt nun gleichzeitig als sogenannte Strafe für ihn, dafür, daß er das Kind auf diesen Weg leitete.

Selten gelingt es ihm, diesem die Erkenntnis auf irgendeine Art beizubringen. Er muß sehen, wie sich die falsche Idee von seinem Kinde weiter auf dessen Kinder überträgt, und so fort, alles als Mitfolge seiner eigenen Verfehlung. Er kommt nicht los, bis eines der Kindeskinder den rechten Weg erkennt, geht, und auch Einfluß auf die anderen mit ausübt, wodurch er nach und nach gelöst wird und an seinen eigenen Aufstieg denken kann.

Ein anderer Fall: Ein Gewohnheitsraucher nimmt den starken Drang zum Rauchen mit hinüber; denn dieser Drang ist ein Hang, der die Empfindung streift, also das Geistige, wenn auch nur an dessen äußersten Ausläufern. Er wird zum brennenden Wunsche und hält ihn dort, wo er Befriedigung erreichen kann... auf Erden. Er findet sie, indem er Rauchern nachläuft und *mit diesen in deren Empfindung* auch genießt.

Wenn Derartige kein schweres Karma an andere Stelle bindet, fühlen sie sich ganz wohl, sie werden sich einer eigentlichen Strafe sehr selten bewußt. Nur wer das ganze Sein überschaut, erkennt die Strafe in der unausbleiblichen Wechselwirkung, die dahin geht, daß der Betreffende nicht höher kommen kann, solange ihn der dauernd in »Erleben« schwingende Wunsch zur Befriedigung an andere noch in Fleisch und Blut lebende Menschen auf Erden bindet, durch deren Empfindung allein er Mitbefriedigung erlangen kann.

So ist es auch mit sexueller Befriedigung, mit Trinken, ja sogar mit besonderer Vorliebe zum Essen. Auch da sind viele durch diese Vorliebe daran gebunden, in Küchen und Kellern herumzustöbern, um dann bei dem Genießen der Speisen durch andere mit dabei sein und wenigstens einen kleinen Teil des Genusses nachempfinden zu können.

Ernst genommen ist es natürlich »Strafe«. Aber der dringende

Wunsch der »Erdgebundenen« läßt sie es nicht empfinden, sondern übertönt alles andere, und deshalb kann die Sehnsucht nach Edlerem, Höherem nicht so stark werden, daß es zum Haupterleben wird, sie dadurch von dem anderen befreit und hebt.

Was sie eigentlich damit versäumen, wird ihnen gar nicht bewußt, bis dieser Wunsch der Befriedigung, die ja immer nur eine kleine Teilbefriedigung durch andere werden kann, gerade dadurch wie eine langsame Entwöhnung nachläßt und verblaßt, so daß andere noch in ihm ruhende Empfindungen mit weniger starker Wunschkraft nach und nach an gleiche und dann an erste Stelle kommen, wodurch sie sofort zum Erleben und damit zur Kraft der Wirklichkeit gelangen.

Die Art der zum Leben gelangten Empfindungen bringt ihn dann dorthin, wo die Gleichart ist, entweder höher oder tiefer, bis auch diese wie die erste nach und nach sich auslöst durch Entwöhnung, und die nächste zur Geltung kommt, die noch vorhanden ist.

So kommt mit der Zeit die Reinigung von all den vielen Schlacken, die er mit hinübernahm. Bleibt er da nicht bei einer letzten Empfindung einmal irgendwo stehen? Oder verarmt an Empfindungskraft? Nein! Denn wenn endlich die niederen Empfindungen nach und nach abgelebt oder abgelegt sind, und es höher geht, erwacht die Dauersehnsucht nach immer Höherem und Reinerem, und diese treibt stetig aufwärts.

So ist ein *normaler* Gang! Nun gibt es aber tausend Zwischenfälle. Die Gefahr des Sturzes oder Hängenbleibens ist viel größer, als in Fleisch und Blut auf Erden.

Bist Du schon höher und gibst Dich einer niederen Empfindung hin, nur einen Augenblick, so wird dieses Empfinden unmittelbar Erleben und dadurch zur Wirklichkeit. Du bist verdichtet und wirst schwerer, sinkst hinab in gleichartige Regionen. Dein Horizont verengt sich damit, und Du mußt Dich langsam wieder hocharbeiten, wenn es Dir nicht geschieht, daß Du noch tiefer, immer tiefer sinkst.

»Wachet und betet!« ist deshalb kein leeres Wort. Jetzt ist das Feinstoffliche in Dir noch geschützt durch Deinen Körper wie durch einen festen Anker. Kommt aber dann die Loslösung im sogenannten Sterben

## 13. ERDGEBUNDEN

und Zerfall des Körpers, so bist Du ohne diesen Schutz und wirst als feinstofflich unwiderstehlich von der Gleichart angezogen, ob tief, ob hoch, Du kannst dem nicht entfliehen. Nur eine große Triebkraft kann Dir aufwärts helfen, Dein starkes Wollen zu dem Guten, Hohen, das zur Sehnsucht und Empfindung wird, und damit auch zu dem Erleben und zur Wirklichkeit nach dem Gesetz der feinstofflichen Welt, die nur Empfindung kennt.

Darum rüste Dich, schon jetzt mit diesem Wollen zu beginnen, daß es nicht bei der Wandlung, die Dich jede Stunde treffen kann, übertönt wird durch ein zu starkes irdisches Begehren! Wahre Dich, Mensch, und halte Wacht!

## IST GESCHLECHTLICHE ENTHALTSAMKEIT GEISTIG FÖRDERND?

Wenn sich die Menschen erst von dem Irrtume der Vorzüge geschlechtlicher Enthaltsamkeit werden losgerungen haben, wird auch viel Unglück weniger sein. Erzwungene Enthaltsamkeit ist ein Übergriff, der sich bitter rächen kann.

Die Gesetze in der ganzen Schöpfung zeigen doch deutlich genug den Weg, wohin man auch blickt. Unterdrückung ist widernatürlich. Alles Widernatürliche aber ist ein Aufbäumen gegen die natürlichen, also die göttlichen Gesetze, das wie in allen Dingen auch hierin keine guten Folgen bringen kann.

Es wird nicht gerade in diesem einen Punkte eine Ausnahme gemacht. Nur darf sich der Mensch nicht von der geschlechtlichen Regung beherrschen lassen, darf sich nicht zum Sklaven seiner Triebe machen, sonst zieht er diese zur Leidenschaft groß, wodurch das Natürliche, Gesunde zum krankhaften Laster wird.

Der Mensch soll *darüber* stehen, das heißt, nicht etwa Enthaltsamkeit erzwingen, sondern mit innerer, reiner Moral eine Kontrolle ausüben, damit ihm und anderen dadurch nicht Übel widerfahre.

Wenn mancher Mensch wähnt, durch Enthaltsamkeit geistig höher zu kommen, so kann es ihm leicht geschehen, daß er damit gerade das Gegenteil erreicht. Je nach seiner Veranlagung wird er mehr oder weniger dauernd im Kampfe mit den natürlichen Trieben stehen. Dieser Kampf nimmt einen großen Teil seiner geistigen Kräfte in Anspruch, hält sie also im Bann, so daß sie anderweit sich nicht betätigen können. Somit ist eine freie Entfaltung der geistigen Kräfte gehindert. Ein solcher Mensch leidet zu Zeiten an einer drückenden Gemütsschwere, die ihn an einem inneren, frohen Aufschwunge hindert.

Der Körper ist ein vom Schöpfer anvertrautes Gut, das der Mensch zu pflegen verpflichtet ist. Ebenso wie er sich dem Verlangen des Körpers nach Essen, Trinken, Ruhe und Schlaf, Blasen- und Darmentleerung nicht ungestraft enthalten kann, wie Mangel an frischer Luft und zu geringe Bewegung sich bald unangenehm fühlbar machen, so wird er auch nicht an dem gesunden Verlangen eines reifen Körpers zu geschlechtlicher Betätigung herumkünsteln können, ohne sich irgendeinen Schaden damit zuzufügen.

Erfüllung des natürlichen Verlangens des Körpers kann das Innere des Menschen, also die Entwicklung des Geistigen, nur fördern, niemals hemmen, sonst würde es der Schöpfer nicht hineingelegt haben.

Aber wie überall, so schadet auch hierin jede Übertreibung. Es muß scharf darauf geachtet werden, daß das Verlangen nicht etwa nur die Folge einer durch Lesen oder andere Ursache künstlich angeregten Phantasie, eines geschwächten Körpers oder überreizter Nerven ist. Es muß sich wirklich nur um die Forderung eines gesunden Körpers handeln, die durchaus nicht sehr oft an den Menschen herantritt.

*Das wird nur geschehen, wenn vorher zwischen beiden Geschlechtern bereits eine vollkommene geistige Harmonie eingesetzt hat, die zum Schluß manchmal auch einer körperlichen Vereinigung zustrebt.*

Alle anderen Ursachen sind für beide Teile entehrend und unrein, unsittlich, *auch in der Ehe*. Dort, wo die geistige Harmonie nicht vorhanden ist, wird die Fortsetzung einer Ehe zur unbedingten Unsittlichkeit.

Wenn die gesellschaftliche Ordnung hierin noch keinen rechten Weg fand, so vermag dieser Mangel nichts an den Naturgesetzen zu ändern, die sich nach menschlichen Anordnungen und falsch erzogenen Begriffen niemals richten werden. Den Menschen dagegen wird nichts weiter übrig bleiben, als ihre staatlichen und gesellschaftlichen Einrichtungen zuletzt den Naturgesetzen, also den göttlichen Gesetzen, anzupassen, wenn sie wirklich inneren Frieden haben und gesunden wollen.

## 14. IST GESCHLECHTLICHE ENTHALTSAMKEIT GEISTIG FÖRDERND?

Die geschlechtliche Enthaltsamkeit hat auch mit Keuschheit nichts zu tun. Enthaltsamkeit könnte höchstens in den Begriff »Züchtigkeit« eingereiht werden, von Zucht, Erziehung oder Selbstzucht abgeleitet.

Unter wahrer Keuschheit ist die *Reinheit der Gedanken* zu verstehen, aber in *allen* Dingen, bis hinab zu den beruflichen Gedanken. Keuschheit ist eine rein geistige Eigenschaft, keine körperliche. Auch in der Erfüllung des Geschlechtstriebes kann die Keuschheit voll bewahrt werden durch gegenseitige Reinheit der Gedanken.

Außerdem aber hat die körperliche Vereinigung nicht nur den Zeugungszweck, sondern es soll dabei der nicht minder wertvolle und notwendige Vorgang einer innigen Verschmelzung und eines Austausches gegenseitiger Fluide zu höherer Kraftentfaltung erfolgen.

# GEDANKENFORMEN

Setzt Euch in irgendein Kaffee- oder Bierhaus und beobachtet dort die besetzten Tische Euerer Umgebung. Lauscht auf die Unterhaltungen. Hört, was die Menschen sich zu sagen haben. Geht in Familien, beachtet Eueren engsten Kreis in den Ruhestunden, wenn die Arbeit nicht mehr drängt.

Mit Bestürzung werdet Ihr die Hohlheit alles dessen finden, was die Menschen reden, wenn sie nicht über ihre sonstige Beschäftigung sprechen können. Ihr werdet die Leere der Gedanken, die erdrückende Enge des Interessenkreises, sowie die erschreckende Oberflächlichkeit bis zum Abscheu empfinden, sobald Ihr Euch einmal ernsthaft mit scharfer Beobachtung befaßt.

Die wenigen Ausnahmen, die Euch dabei begegnen, deren Worte in den *Ruhestunden* des Alltagslebens von Sehnsucht nach seelischer Vervollkommnung durchdrungen sind, werden Euch wie einsame Fremdlinge inmitten eines Jahrmarktlebens erscheinen.

Gerade in den sogenannten Ruhestunden vermögt Ihr das eigentliche Innere des Menschen am leichtesten zu erkennen, nachdem der äußere Halt und das Spezialgebiet seines Wissens mit dem Zurseiteschieben seiner gewohnten beruflichen Tätigkeit weggefallen ist. Was *dann* übrig bleibt, ist der eigentliche Mensch. Seht Euch diesen an und lauscht als Unbeteiligte auf seine Worte. Sehr bald werdet Ihr die Beobachtungen abbrechen, weil sie Euch unerträglich werden.

Tiefe Traurigkeit kommt über Euch, wenn Ihr erkennt, wie viele Menschen nicht viel anders als die Tiere sind. Nicht ganz so stumpf, mit höherem Intellekt, in der Hauptlinie aber dasselbe. Wie mit Scheuledern gehen sie einseitig durch das Erdenleben und sehen nur immer das rein Irdische vor sich. Sie sorgen für Essen, Trinken, mehr oder weniger Aufspeicherung irdischer Werte, streben nach körperlichen Genüssen und halten alles Nachdenken über Dinge, die sie nicht schauen können, für Verschwendung von Zeit, die sie nach ihrer Meinung zur »Erholung« weit besser verwenden.

Daß das Erdenleben mit allen seinen Genüssen und Freuden erst dann den rechten Inhalt erhält, wenn man mit der dazugehörenden feinstofflichen Welt einigermaßen vertraut ist, die uns mit ihr verbindenden Wechselwirkungen kennt und damit nicht mehr das Gefühl hat, Zufällen preisgegeben zu sein, können und werden sie nicht verstehen. Sie weisen es weit von sich in dem Irrtume, daß ihnen, wenn es eine feinstoffliche Welt wirklich gibt, davon nur Unbequemlichkeiten oder auch Schrecken kommen können, sobald sie sich damit befassen.

Fremd ist ihnen der Gedanke, daß mit dem Höherstreben das ganze Erdenleben erst eigentlichen Wert erhält, daß damit herrlichste Lebenswärme auch alle Erdenfreuden und Genüsse durchpulst. Diese also nicht etwa zur Seite schiebt, sondern den sich nach Reinerem und Höherem Sehnenden und ernsthaft Suchenden als schönste Wechselwirkung glühende Lebensbejahung zu Teil wird, die oft in jubelnder Begeisterung für alles Bestehende und sich Darbietende ausklingt.

Toren, die daran vorübergehen! Feiglinge, denen die herrlichen Freuden eines mutig Vordringenden immer versagt bleiben werden.

Frohlocket doch, daß alles um Euch *lebt,* bis weit hinaus in scheinbar unermeßliche Gefilde! Nichts ist tot, nichts leer, wie es den Anschein hat. Und alles wirkt und webt an dem Gesetz der Wechselwirkung, in dessen Mitte Ihr als Menschen steht, die Fäden neu zu formen und zu lenken, als Ausgangspunkte und als Endziele, machtvolle Herrscher, von denen jeder einzelne sein Reich sich bildet, daß es ihn emporhebt oder unter sich begräbt.

Wacht auf! Benutzt die Macht, die Euch gegeben ist, in voller Kenntnis des gewaltigen Geschehens, damit Ihr nicht in Dummheit, Starrsinn oder auch in Trägheit nur schädigende Mißgeburten zeugt, die das Gesunde, Gute überwuchern und den Erzeuger selbst zuletzt ins Wanken und zum Stürzen bringen.

Schon die nächste feinstoffliche Umgebung des Menschen vermag viel beizutragen, ihn zu heben oder hinabzudrücken. Es ist dies die sonderbare Welt der Gedankenformen, deren Lebendigkeit nur einen kleinen Teil ausmacht von dem Riesenräderwerk der ganzen Schöpfung. Ihre Fäden aber gehen in das Grobstoffliche, wie weiter in das Feinstoffliche hinauf, ebenso jedoch auch abwärts in das Reich des Dunkels. Wie ein Riesennetz von Adern oder Nervensträngen ist alles ineinander verwoben und verschlungen, unzerreißbar, untrennbar! Darauf achtet!

Begünstigte vermögen hier und da einen Teil davon zu schauen, vieles aber nur zu ahnen. So kam manches schon zur Kenntnis der Menschheit. Diese suchte darauf weiter aufzubauen, um ein vollkommenes Bild zu erhalten. Doch dabei blieben Lücken und Fehler nicht aus. Viele Forscher auf feinstofflichem Gebiete machten Sprünge, die den Zusammenhang verlieren lassen mußten. Andere wieder füllten Lücken mit phantastischen Gebilden aus, die Entstellungen und Verzerrungen brachten, welche den Glauben an das Ganze erschüttern lassen mußten. Die Folge war berechtigter Spott, der, gestützt auf die Unlogik der sogenannten geistigen Forscher, den Sieg davontragen mußte.

Wenn schon davon gesprochen werden soll, so muß in erster Linie eine Schnur durch das ganze Geschehen in dem Schöpfungswerke gezogen werden, an die sich der Beschauer halten kann, an der er emporzuklimmen vermag. Viele ihm unverständliche Vorgänge finden ihren Ausgangspunkt schon in der näheren Umgebung. Ein Blick in die Welt der Gedankenformen müßte ihn manches verstehen lernen lassen, was vorher unerklärlich schien.

Auch die ausübende Gerechtigkeit würde bei Beurteilung mancher Fälle als eigentliche Urheber ganz andere finden, als die von ihr Bezichtigten, und solche in erster Linie mit zur Verantwortung ziehen. Der Schlüssel dazu liegt in dem Zusammenhange des Einzelmenschen mit der Welt der Gedankenformen, die als nächste zu der Erdenmenschheit steht.

## 15. GEDANKENFORMEN

Es ist allerdings eine Wohltat für viele, daß sie die Binde tragen, die sie nicht weiter schauen läßt, als ihr irdisch-körperliches Auge es aufzunehmen fähig ist. Die Art der jetzigen Gedankenformen würde sie erschrecken lassen.

Lähmendes Entsetzen würde sich auf viele legen, die jetzt in naiver oder auch leichtsinniger Weise skrupellos dahinleben. Denn *jeder gezeugte Gedanke* nimmt, wie alles in der feinstofflichen Welt, sofort eine Form an, die den eigentlichen Sinn des Gedankens verkörpert und darstellt.

Die lebendige Schöpfungskraft, die die Menschen durchflutet, rafft durch den geschlossenen Willen eines fertigen Gedankens Feinstoffliches zusammen und schließt es bindend zu einer Form, die dem Willen dieses Gedankens Ausdruck gibt. Also etwas Wirkliches, Lebendiges, das nun Gleichartiges in dieser Welt der Gedankenformen durch das Gesetz der Anziehungskraft der Gleichart anzieht oder sich von solchen anziehen läßt, je nach seiner eigenen Stärke.

Wie ein Gedanke bei seinem Entstehen gleichzeitig *mitempfunden* wird, schwächer oder stärker, so wird auch sein feinstoffliches Gebilde entsprechendes *Leben* in sich tragen. Dicht bevölkert ist diese Gedankenwelt. Ganze Zentralen haben sich durch die gegenseitige Anziehungskraft gebildet, von denen durch ihre gesammelte Kraft Beeinflussungen ausströmen auf die Menschen.

In erster Linie immer auf die, die für die Gleichart geneigt sind, die also Ähnliches in sich tragen. Diese werden dadurch gestärkt in ihrem entsprechenden Willen und zu immer erneuter Zeugung ähnlicher Gebilde angeregt, die gleichartig wirkend in die Welt der Gedankenformen treten.

Aber auch andere Menschen, die diese Eigenarten nicht in sich tragen, können davon belästigt und nach und nach dazu herangezogen werden, wenn diese Zentralen durch dauernd neuen Zustrom ungeahnte Kraft erhalten. Geschützt davor sind nur die, die Andersartiges in größerer Stärke besitzen, wodurch eine Verbindung mit Nichtähnlichem unmöglich wird.

Nun sind es aber leider Haß, Neid, Mißgunst, Lüsternheit, Geiz und alle anderen Übel, die durch ihre größere Zahl der Anhänger die stärksten Kraftzentralen in der Welt der Gedankenformen haben. Weniger die Reinheit und die Liebe. Aus diesem Grunde nimmt das Übel mit unheimlicher Schnelligkeit an Ausdehnung zu. Dazu kommt, daß diese Kraftzentralen der Gedankenformen wiederum Verbindungen erhalten mit den gleichartigen Sphären des Dunkels. Von dort werden sie besonders angefacht zu immer stärkerer Wirksamkeit, so daß sie weiterleitend unter der Menschheit förmliche Verheerungen anzurichten vermögen.

Gesegnet soll deshalb die Stunde sein, wo die Gedanken der reinen Liebe unter der Menschheit wieder größeren Platz einnehmen, damit gleichartig starke Zentralen in der Welt der Gedankenformen sich entwickeln, die Zufuhr aus den lichteren Sphären erhalten können und dadurch nicht nur Stärkung den nach dem Guten Strebenden erteilen, sondern auch langsam reinigend auf dunklere Gemüter wirken.

Es ist aber auch noch eine andere Tätigkeit in dieser feinstofflichen Welt zu beobachten: Gedankenformen werden durch die Wünsche des Erzeugers auf bestimmte Personen zugetrieben, denen sie anhaften können.

Sind diese Gedankenformen reiner und edler Art, so bilden sie eine Verschönerung der Person, der sie gelten, verstärken um diese den Schutz der Reinheit und können sie bei Ähnlichkeit der inneren Empfindungen noch weiter heben, zum Aufstieg kräftigen.

Gedanken der Unreinheit aber müssen die Person, der sie gelten, beschmutzen, genau so wie ein grobstofflicher Körper durch Kot und Schlamm beschmutzt wird. Ist ein so angeworfener Mensch innerlich nicht fest verankert mit Zentralen der Lichtströmungen, so kann es ihm geschehen, daß sein Empfinden durch diesen Anwurf von unsauberen Gedanken mit der Zeit verwirrt wird. Es ist dies möglich, weil die anhaftenden unsauberen Gedankenformen Gleichartiges anzuziehen vermögen, wodurch sie, also erstarkt, die Gedanken der umklammerten Person nach und nach vergiften.

Selbstverständlich fällt die Hauptverantwortung auf den Menschen

## 15. GEDANKENFORMEN

zurück, der die unsauberen Gedanken erzeugte und nach der betroffenen Person durch sein Wünschen oder Begehren ausschickte; denn die Gedankenformen bleiben auch mit dem Erzeuger verbunden, auf diesen entsprechend zurückwirkend.

Deshalb muß allen wahrhaft Suchenden immer wieder zugerufen werden: »Achtet auf die Reinheit Euerer Gedanken!« Setzt Euere ganzen Kräfte dafür ein. Ihr könnt nicht ahnen, was Ihr damit schafft. Es liegt etwas Gewaltiges darin! Wie starke Kämpfer könnt Ihr damit wirken, Bahnbrecher für das Licht und damit für Befreiung Euerer Mitmenschen aus den Schlinggewächsen der Giftfelder in der Welt der Gedankenformen.

Wenn einem Menschen jetzt die Binde von den Augen genommen würde, so daß er in die nächste feinstoffliche Umgebung schauen kann, würde er zuerst erschreckt ein wildes Durcheinander sehen, das ihm bange machen könnte. Aber nur so lange, bis er die Kraft erkennt, die in ihm ruht, mit der er wie mit einem scharfen Schwert sich freie Bahn zu schaffen fähig ist. Mühelos, nur durch sein Wollen.

In hunderttausenden Verschiedenheiten sieht er die Gedankenformen, alle möglichen und für irdische Augen oft unmöglichen Gestaltungen. Jede einzelne aber scharf ausgeprägt genau das zeigend und lebend, was das eigentliche Wollen bei Zeugung des Gedankens gewesen ist. Ungeschminkt, aller künstlichen Bemäntelung bar.

Aber trotz der tausenderlei Arten erkennt man mit der Zeit sofort das Wesen jeder Gedankenform, das heißt, man weiß, wohin sie trotz verschiedener Gestaltungen gehören. Genau wie man einen Menschen vom Tier durch das Gesicht zu unterscheiden vermag oder auch sogar die verschiedenen Menschenrassen an bestimmten Merkmalen des Gesichtes erkennt, genau so haben die Gedankenformen ganz bestimmte Ausdrücke, die klar darauf hinweisen, ob die Form zum Haß, zum Neid, zur Lüsternheit oder zu irgendeiner anderen Grundklasse gehört.

Jede dieser Grundklassen hat ihren bestimmten Stempel, der den einzelnen Gedankenformen als Grundlage ihrer von ihnen verkörperten Eigenschaften aufgedrückt ist, gleichviel, welche äußere Gestaltung diese Formen durch den zeugenden Gedanken angenommen haben. So ist also trotz groteskester Verunstaltungen einer Form zu gräßlichsten Mißbildungen sofort zu erkennen, zu welcher Grundart sie gehört. Mit dieser Erkenntnis hört auch das anscheinend wilde Durcheinander auf, als solches zu erscheinen.

Man sieht die unverrückbare Ordnung und Strenge der die ganze Schöpfung durchströmenden Grundgesetze, die, wenn man sie kennt und sich ihrem Lauf anschmiegend fügt, unabsehbaren Schutz gewähren und großen Segen bringen.

Wer sich diesen Gesetzen aber entgegenstellt, der wird natürlich angegriffen und erfährt, wenn er nicht umgeworfen und zermalmt wird, mindestens scharfe Abschleifungen, die ihn unter Schmerzen und bitteren Erfahrungen selbst so lange umformen, bis er in die Strömung dieser Gesetze paßt und kein Hindernis mehr bedeutet. Erst dann kann er mit emporgetragen werden.

Diese Gedankenformen senden ihre Wirkungen nicht nur auf die Menschheit zurück, sondern sie greifen weiter; denn in die gleiche feinstoffliche Welt der näheren Umgebung gehört auch der größte Teil der Naturwesen. Wer sich einmal mit der Tatsache abgefunden hat, daß alles lebt und damit auch alles in Formen ist, ob es irdisch sichtbar oder nicht sichtbar erscheint, dem wird es kein schwerer Schritt sein, sich vorzustellen, daß auch Elementarkräfte geformt sind.

Zu diesen gehören die schon von vielen – früher mehr als jetzt – geschauten Gnomen, Elfen, Sylphen, Nixen usw., Erd-, Luft-, Feuer- und Wasserwesen. Sie werden beeinflußt von den Gedankenformen, wodurch auch wiederum viel Heil oder Unheil entsteht. Und so geht es weiter. Eins greift in das andere, wie bei dem Räderwerk eines bis zur höchsten Kunst vollendeten Mechanismusses.

Inmitten all dieses Getriebes aber steht der Mensch! Ausgerüstet mit den Mitteln, die Art der Gewebe anzugeben, die aus dem Wirken in der Schöpfung hervorgehen sollen, das Räderwerk nach verschiedenen Richtungen hin einzustellen.

Seid Euch dieser unermeßlichen Verantwortung bewußt; denn alles spielt sich nur in dem eigenen Kreise Eueres Erdenbannes ab. Darüber hinaus geht nach der weisen Einrichtung des Schöpfers nichts, sondern es kommt nur auf Euch selbst zurück. Ihr vermögt das Dies- und Jenseits der Erde zu vergiften durch Euer Wünschen, Denken und Wollen, oder auch reinigend emporzuheben, dem Lichte zu. Deshalb werdet Lenker des Geschickes, das nach oben führt, durch Reinheit Euerer Gedanken!

## WACHE UND BETE!

Wie oft wird dieser Ausspruch des Gottessohnes weitergegeben als wohlgemeinter Rat und Warnung, wobei aber weder der Ratgeber noch der, dem dieser Rat gegeben wird, sich die Mühe nehmen, darüber nachzudenken, was mit diesen Worten eigentlich gesagt sein soll.

Was unter Beten zu verstehen ist, weiß ein jeder Mensch, oder, besser gesagt, er *glaubt* es zu wissen, trotzdem er es in Wirklichkeit *nicht* weiß. Auch das Wachen wähnt er genau zu verstehen und ist doch weit entfernt davon.

»Wachet und betet« ist die bildliche Wiedergabe für die Mahnung zur Regsamkeit der Empfindungsfähigkeit, also zur Tätigkeit des Geistes! Geist im *wahren* Sinne, nicht etwa als Gehirntätigkeit genommen; denn die Ausdrucksweise des lebendigen Menschengeistes ist einzig und allein die *Empfindung. In nichts anderem* betätigt sich der Geist des Menschen, also sein Ursprungskern, der zu dem eigentlichen »Ich« sich geformt hat in der Wanderung durch die Nachschöpfung.

»Wache und bete« heißt also nichts anderes als die Forderung zur Verfeinerung und Verstärkung der Empfindungsfähigkeit des Erdenmenschen, gleichbedeutend mit Lebendigmachung des Geistes, der der einzige Ewigkeitswert des Menschen ist, welcher allein zurückzukehren vermag in das Paradies, von dem er ausgegangen ist. Er *muß* dorthin zurück, entweder als gereift sich selbst bewußt, oder als wieder unbewußt geworden, als ein lebendes, lichtgewolltes, in der Schöpfung nutzbar gewordenes Ich, oder als ein zerrissenes, getötetes Ich, wenn es in der Schöpfung unbrauchbar war.

## 16. WACHE UND BETE!

Die Mahnung des Gottessohnes »Wache und bete« ist deshalb eine der ernstesten, die er den Erdenmenschen hinterließ. Gleichzeitig eine drohende Warnung dafür, nützlich in der Schöpfung zu stehen, so daß nicht die Verdammung folgen muß in selbsttätigem Wirken göttlicher Gesetze in der Schöpfung.

Sehet das Weib! Es hat als höchstes Gut der Weiblichkeit in der Empfindung eine Zartheit, die sonst kein Geschöpf erreichen kann. *Deshalb* sollte man aber nur von *edler* Weiblichkeit in dieser Schöpfung sprechen können, weil Weiblichkeit die stärksten Gaben zur Verwirklichung von allem Guten in sich trägt.

Damit ruht aber auch die größte der Verantwortungen auf der Frau. Aus *diesem* Grunde hat Luzifer mit den ganzen Scharen, die ihm angehören, sein Hauptziel auf das Weib gerichtet, um damit die ganze Schöpfung seiner Macht zu unterwerfen.

Und Luzifer fand bei der Frau der Nachschöpfung leider nur allzu leichtfertigen Boden. Offenen Auges flog sie ihm entgegen und vergiftete in ihrer Art die ganze Nachschöpfung durch Umstellung reiner Begriffe in verzerrte Spiegelbilder, die Verwirrung unter allen Menschengeistern nach sich ziehen mußte.

Die reine Blüte edler Weiblichkeit als Krone dieser Nachschöpfung erniedrigte sich selbst durch Einfluß des Versuchers schnell zu einer Giftpflanze, welche schimmernde Farben trägt und mit lockendem Dufte alles nach der Stelle zieht, auf welcher sie gedeiht, dem *Sumpf,* in dessen schwüle Weichheit die also Herangezogenen versinken.

Wehe der Frau! Da ihr die höchsten aller Werte wurden, die sie nicht richtig verwandte, muß sie die erste sein, auf die das Schwert der göttlichen Gerechtigkeit herniedersaust, wenn sie sich nicht entschließt, mit der ihr eigenen Beweglichkeit der geistigen Empfindung nun voranzugehen bei dem notwendigen Aufstiege der Erdenmenschheit aus den Trümmern eines falschen Aufbaues verdorbener Begriffe, die nur durch Einflüsterung Luzifers erstanden.

Das Erdenweib setzte an Stelle vorbildlichen Strebens nach dem Schmuck der weißen Blüte edler Reinheit die Gefallsucht und die Eitelkeit, die ihren Tummelplatz in einem verkehrt gezüchteten Gesellschaftsleben fanden.

Die Frau fühlte wohl, daß ihr der wahre Schmuck der Weiblichkeit dabei verlorenging, und griff zu dem vom Dunkel ihr gebotenen Ersatz, indem sie ihre Körperreize feilzubieten suchte, zu dem schamlosen Modenarren wurde, wodurch sie nur noch weiter in die Tiefe trieb, die Männer mit sich reißend durch Verstärkung deren Triebe, was die Entfaltung ihres Geistes hindern mußte.

Doch damit pflanzten sie in sich den Keim, der nun in dem notwendigen Gericht sie alle wechselwirkend ins Verderben stürzen muß, die also fehlten und zu faulen Früchten dieser Schöpfung wurden, weil sie damit unfähig wurden, den heranbrausenden, reinigenden Stürmen standzuhalten.

Es soll sich keiner an den Anbetern des Götzen Eitelkeit und der Gefallsucht seine Hände schmutzig machen, wenn diese zur Errettung aus den Nöten darnach greifen wollen. Laßt sie sinken und stoßt sie zurück, es ist kein Wert in ihnen, der verwendet werden könnte zu dem neuen Aufbau, der verheißen ist.

Sie sehen nicht das Lächerliche und das Hohle ihres Tuns. Ihr Lachen und ihr Spott aber über die Wenigen, welche den Anstand und die Reinheit wahrer Weiblichkeit noch zu erhalten suchen vor sich selbst, welche die schönste Zier des Mädchens und der Frau, das zarte Schamgefühl, sich *nicht* ertöten ließen, der Spott darüber soll nun bald in Schmerzensschreie übergehen und darin verstummen!

Die Frau der Nachschöpfung steht wie auf eines Messers Schneide durch die hohen Gaben, welche sie empfing. Rechenschaft hat sie nunmehr abzulegen darüber, was sie damit bisher tat. Für diese gibt es keinerlei Entschuldigung! Rückkehr und Umkehr ist unmöglich; denn die Zeit ist um. Sie alle hätten früher daran denken sollen und wissen, daß nicht *ihre* Meinung dem ehernen Gotteswillen gegenübertreten kann, in welchem nur die *Reinheit* ruht, klar wie Kristall. –

Die Frau der Zukunft aber, die sich mit ihren Werten retten konnte durch die Zeit des wüsten Lebens eines Sodom und Gomorra in der

## 16. WACHE UND BETE!

Jetztzeit, und die, die neu geboren werden wird, sie wird die Weiblichkeit endlich zu jener Blüte bringen, der sich alles nur mit der heiligen Scheu *reinster* Verehrung nahen kann. Sie wird *die* Frau sein, die nach dem göttlichen Willen lebt, das heißt, *so* in der Schöpfung steht, daß sie als die strahlende Krone gilt, die sie sein *kann* und *soll,* alles durchflutend mit den Schwingungen, welche sie aufnimmt aus den lichten Höhen und unverdunkelt weitergeben kann kraft ihrer Fähigkeit, die in der Zartheit weiblicher Empfindung liegt.

Das Wort des Gottessohnes »Wachet und betet« wird verkörpert sein in *jeder* Frau der Zukunft, wie es bereits verkörpert sein sollte in jeder Frau der Gegenwart; *denn in dem Schwingen weiblicher Empfindungsfähigkeit liegt, wenn sie der Reinheit und dem Licht entgegenstrebt, das andauernde Wachen und das schönste Beten, das Gott wohlgefällig ist!*

Ein solches Schwingen bringt Erleben dankerfüllter Freude! Und *das* ist *das* Gebet, wie es sein soll! Das Schwingen birgt aber auch gleichzeitig ein stetes Auf-der-Hut-Sein, also *Wachen!* Denn jedes Unschöne, das sich zu nähern sucht, und jedes üble Wollen wird von derartigen Schwingungen zarter Empfindsamkeit schon aufgenommen und bemerkt, noch ehe es sich in Gedanken formen kann, und dann ist es dem Weibe leicht, sich noch und *stets* zu rechter Zeit zu schützen, wenn es nicht selbst es *anders will.*

Und trotz der Feinheit dieser Schwingungen liegt eine Kraft darin, die *alles* in der Schöpfung umzuformen fähig ist. Nichts gibt es, was ihr widerstehen könnte; denn diese Kraft birgt Licht und damit Leben!

Das wußte Luzifer sehr wohl! Und deshalb wandte er sich auch hauptsächlich mit den Angriffen und den Versuchungen an alle Weiblichkeit! Er wußte, daß ihm *alles* zufiel, wenn er nur das Weib gewann. Und leider, leider ist es ihm gelungen, wie ein jeder heute deutlich sehen kann, wer sehen will!

In erster Linie gilt der Ruf des Lichtes deshalb wiederum dem Weibe! Es *müßte* nun erkennen, welche tiefe Stufe es jetzt eingenommen hat. Müßte, wenn... es die Eitelkeit zuließe. Doch *dieser* Fallstrick Luzifers hält alles Weibliche im Bann, so fest, daß es sogar das Licht nicht mehr

## 16. WACHE UND BETE!

erkennen kann, ja, *nicht mehr will!* Nicht will, weil die moderne Frau der Jetztzeit sich von ihrer leichtfertigen Tändelei nicht trennen kann, trotzdem sie in sich dunkel schon empfindet, was sie damit verloren hat. *Sie weiß es sogar ganz genau!* Und um diese dem Wissen gleichkommende, mahnende Empfindung zu betäuben, rennt sie wie blind gepeitscht der neuen Lächerlichkeit verblendet entgegen, *mannbar zu werden im Beruf und in dem ganzen Wesen!*

Anstatt zurückzukehren zu der echten Weiblichkeit, dem köstlichsten der Güter in der ganzen Schöpfung! Und damit zu der Aufgabe, die ihr vom Lichte aus bestimmt!

*Sie* ist es, die damit dem Manne alles Hehre raubt und damit auch das Aufblühen der edlen Männlichkeit verhindert.

*Dort, wo der Mann nicht aufzublicken fähig ist zum Weibe in deren Weiblichkeit, vermag keine Nation, kein Volk emporzublühen!*

Nur echte, reinste Weiblichkeit kann einen Mann zu großen Taten führen und erwecken! Nichts anderes. Und *das* ist der Beruf der Frau in der Schöpfung nach göttlichem Willen! Denn damit hebt sie Volk und Menschheit, ja, die ganze Nachschöpfung; denn in ihr ganz allein liegt diese hohe Kraft des sanften Wirkens! Eine Macht, unwiderstehlich und bezwingend, gesegnet von göttlicher Kraft dort, wo sie reinsten Wollens ist! Nichts kommt ihr gleich; denn sie trägt Schönheit in der reinsten Form bei allem, was sie wirkt, was von ihr ausgeht!

Deshalb soll ihr Weben durch die ganze Schöpfung ziehen, erfrischend, hebend, fördernd und belebend wie ein Hauch aus dem ersehnten Paradies!

Nach dieser Perle in den Gaben Eures Schöpfers griff Luzifer nun *zuerst* mit aller List und aller Tücke, wissend, daß er damit Euren Halt und Euer Streben nach dem Licht zerriß! Denn in dem Weibe liegt das kostbare Geheimnis, das in der Schöpfung auszulösen fähig ist die Reinheit und die Erhabenheit aller Gedanken, den Aufschwung zu dem größten Schaffen, dem edelsten Tun... vorausgesetzt, daß dieses Weib so ist, wie es der Schöpfer wollte, indem er es mit diesen Gaben überschüttete.

## 16. WACHE UND BETE!

Und Ihr ließt Euch nur zu leicht betören! Seid den Versuchungen ganz ohne Kampf erlegen. Als die willige Sklavin Luzifers lenkt nun die Frau die Auswirkung der schönen Gottesgaben in das Gegenteil und macht damit die ganze Nachschöpfung dem Dunkel untertan!

Es sind wüste Zerrbilder von allem dem vorhanden, was Gott in dieser Schöpfung zu der Freude und zum Glücke aller Geschöpfe erstehen lassen wollte! Wohl ist alles erstanden, aber unter dem Einflusse Luzifers verändert und verbogen, falsch!

Die Frau der Nachschöpfung gab sich dazu als Mittler her! Über dem klaren Boden der Reinheit wurde schwüler Sumpf errichtet. Strahlende Begeisterung mit Sinnenrausch vertauscht. *Jetzt* wollt Ihr kämpfen, aber gegen jede Forderung des Lichtes! Um in dem Taumel eitler Selbstgefälligkeiten zu verbleiben, der Euch trunken macht!

Es sind nicht viele mehr, die heute einem klaren Blicke standzuhalten fähig bleiben. Die größte Zahl entpuppt sich als Aussätzige, deren Schönheit, also wahre Weiblichkeit, bereits zerfressen ist, was nie mehr wiederherzustellen geht. Ein Ekel wird so vielen kommen vor sich selbst, wenn sie doch noch gerettet werden können und nach Jahren dann zurückdenken an alles das, was sie heute als schön und gut ansehen. Es wird wie ein Erwachen und Genesen aus den schwersten Fieberträumen sein!

So wie aber die Weiblichkeit die ganze Nachschöpfung tief herabzuziehen fähig war, so hat sie auch die Kraft, sie wiederum zu heben und zu fördern, da der Mann ihr darin nachfolgt.

Bald wird dann nach der Reinigung die Zeit herbeikommen, in der man freudig rufen kann: »Sehet das Weib, wie es sein soll, das *echte* Weib in aller seiner Größe, edelsten Reinheit und Macht«, und Ihr erlebt an ihm das Christuswort »Wachet und betet« in aller Natürlichkeit und in der schönsten Form!

# DIE EHE

Ehen werden im Himmel geschlossen! Dieser Satz wird oft mit Grimm und Bitterkeit von Verheirateten gerufen. Aber er wird auch gleisnerisch von solchen angewendet, die vom Himmel am weitesten entfernt sind. Die natürliche Folge ist, daß man über diesen Spruch nur noch die Achseln zuckt, lächelt, spottet und sogar auch höhnt.

Im Hinblick auf alle die Ehen, die ein Mensch im Laufe der Jahre in seiner nächsten und weiteren Umgebung kennenlernt, wird dies verständlich. Die Spottenden haben recht. Nur würde es besser sein, nicht über den Ausspruch zu spotten, sondern über die Ehen selbst! *Diese* sind es, denen in der Mehrzahl nicht nur Spott und Hohn, sondern sogar Verachtung gebührt.

Die Ehen, wie sie heute sind und wie sie schon vor Hunderten von Jahren waren, machen die Wahrheit des Spruches zuschanden, lassen niemand daran glauben. Sie sind mit leider nur sehr seltenen Ausnahmen ein ausgesprochen unsittlicher Zustand, dem ein Ende zu bereiten nicht schnell genug geschehen kann, um Tausende vor dieser Schande zu bewahren, in die sie der Gepflogenheit der Jetztzeit entsprechend blind hineinrennen. Sie wähnen, daß es nicht anders sein kann, weil es so üblich ist. Dazu kommt, daß gerade in der Jetztzeit alles bis zur Schamlosigkeit darauf zugeschnitten ist, jede reinere Empfindung zu trüben und zu ersticken. Kein Mensch denkt daran, die Persönlichkeit auch durch Ehrfurcht dem Körperlichen gegenüber zu dem zu machen, was sie sein sollte, sein kann und sein muß.

Der Körper hat gleich der Seele etwas Kostbares, deshalb Unantastbares zu sein, das man nicht zur Anlockung zur Schau stellt. Und deshalb läßt sich auf Erden auch in dieser Beziehung der Körper von der Seele nicht trennen. Beides ist gleichzeitig als Unantastbares zu achten und zu bewahren, wenn es irgendeinen Wert haben soll. Sonst wird es Plunder, an dem man sich beschmutzt, dem nur gebührt, in die Ecke geworfen zu werden, um dem ersten besten vorüberziehenden Trödler billig anzugehören.

Ergießt sich heute ein Heer solcher Trödler und Aufkäufer über die Erde, so finden sie ungeahnte Mengen dieses Plunders. Jeder Schritt bringt ihnen neue Ansammlungen, die schon ihrer harren. Und solche Aufkäufer und Trödler ziehen tatsächlich schon in dichten Scharen umher. Sie sind die Gesandten und Werkzeuge der Finsternis, die gierig die wohlfeile Beute an sich reißen, um sie weiter und weiter triumphierend hinabzuführen in ihr dunkles Reich, bis alles über ihnen schwarz zusammenschlägt und sie den Weg zum Licht nie mehr zurückfinden können.

Es ist kein Wunder, daß alles lacht, sobald noch jemand ernsthaft davon spricht, daß Ehen im Himmel geschlossen werden!

Die staatliche Eheschließung ist nichts anderes als ein nüchterner Geschäftsakt. Die sich dadurch Verbindenden nehmen ihn vor, nicht etwa um gemeinsam ernsthaft an ein Werk heranzutreten, das den inneren und äußeren Wert der beteiligten Personen hebt, das sie gemeinsam hohen Zielen zustreben läßt, und somit sich selbst, der Menschheit, sowie der ganzen Schöpfung zum Segen gereicht, sondern als einfachen Vertrag, mit dem sie sich gegenseitig materiell sicherstellen, damit die beiderseitige körperliche Preisgabe ohne rechnerische Bedenken erfolgen kann.

Die Frau nimmt dabei eine entwürdigende Stellung ein. In achtzig von hundert Fällen verdingt oder verkauft sie sich einfach in den Dienst des Mannes, der nicht einen gleichwertigen Kameraden in ihr sucht, sondern außer einem Schauobjekt eine billige und willige Wirtschafterin, die ihm das Heim behaglich macht, mit der er auch unter dem Deckmantel einer falschen Ehrenhaftigkeit gemeinsam den Begierden ungestört frönen kann.

## 17. DIE EHE

Aus den nichtigsten Gründen verlassen junge Mädchen oft das Elternhaus, um eine Ehe einzugehen. Manchmal sind sie des Elternhauses müde, sehnen sich nach einem Wirkungskreise, in dem sie selbst bestimmen können. Andere denken es sich reizvoll, eine junge Frau zu spielen, oder erhoffen mehr Bewegtheit im Leben. Sie glauben vielleicht auch in bessere materielle Verhältnisse zu kommen.

Ebenso gibt es Fälle, wo junge Mädchen aus Trotz heraus eine Ehe eingehen, um damit einen anderen zu ärgern. Auch rein körperliche Triebe geben die Veranlassung zum Eheschluß. Durch falsche Lektüre, falsche Unterhaltung und Spielerei wurden sie erweckt und künstlich großgezogen.

Selten ist es wirkliche seelische Liebe, die sie zu diesem ernstesten aller Schritte im Erdenleben veranlaßt. Die Mädchen sind unter treuer Assistenz vieler Eltern angeblich »zu klug«, um sich nur von reineren Empfindungen leiten zu lassen, rennen aber damit erst recht in das Unglück hinein. Solche haben ihren Lohn für diese Oberflächlichkeit zum Teil schon in der Ehe selbst. Zum Teil aber nur! Das bittere Erleben der Wechselwirkung als Folge solcher falschen Ehen kommt viel später; denn das Hauptübel dabei liegt in der Versäumnis, die damit im möglichen Fortschritte leichtsinnig herbeigeführt wird.

So manches Erdenleben ist dadurch für den eigentlichen *Zweck* des persönlichen Seins vollkommen verloren. Es bringt sogar noch einen schweren Rückgang, der mühsam wieder nachgeholt werden muß.

Wie anders, wenn eine Ehe auf rechter Grundlage geschlossen ist und harmonisch sich gestaltet! Freudig, einer im freiwilligen Dienste des anderen, wachsen sie aneinander empor zu geistiger Veredelung, Schulter an Schulter lächelnd den irdischen Mühsalen entgegenblickend. Die Ehe wird dann zum Gewinn fürs ganze Sein, aus Glück heraus. Und in dem Glücke ruht ein Aufschwung nicht nur für die einzelnen, sondern für die ganze Menschheit!

Wehe deshalb den Eltern, die ihre Kinder durch Überredung, List oder Zwang aus Vernunftsgründen in falsche Ehen treiben. Die Wucht der Verantwortung, die darin weiter greift als nur für ihr Kind, fällt

## 17. DIE EHE

früher oder später so nachhaltig auf sie, daß sie wünschen, nie auf solche »glänzenden Gedanken« gekommen zu sein.

Die kirchliche Eheschließung nun wird von vielen nur als ein Teil einer rein irdischen Feier angesehen. Die Kirchen selbst oder deren Vertreter wenden das Wort an: »Was Gott zusammengefügt, das soll der Mensch nicht scheiden!«

Religiösen Kulten liegt der Grundgedanke vor, daß die beiden Eheschließenden durch diese Handlung einer Trauung von Gott zusammengefügt werden. »Fortgeschrittene« nehmen statt dessen auch den Sinn, daß die beiden Eheschließenden damit *vor* Gott zusammengefügt werden. Die letzte Deutung hat immer noch mehr Berechtigung als die erste.

Gewollt ist aber mit diesen Worten eine derartige Deutung nicht! Sie sollen etwas ganz anderes sagen. Es ist dabei die Tatsache zu Grunde gelegt, daß Ehen wirklich im Himmel geschlossen sind.

Werden von diesem Satze alle falschen Begriffe und Deutungen entfernt, so hört sofort jede Ursache zum Lachen, Spotten oder Höhnen auf, und der Sinn liegt in seinem ganzen Ernste und seiner unabänderlichen Wahrheit vor uns. Die natürliche Folge ist aber dann auch die Erkenntnis, daß die Ehen ganz anders gemeint und gewollt sind, als die heutigen es sind, das heißt, daß ein Eheschluß nur unter ganz anderen Voraussetzungen, mit ganz anderen Ansichten und Überzeugungen und mit ganz reinen Absichten erfolgen darf.

»Die Ehen werden im Himmel geschlossen« zeigt in erster Linie, daß schon bei Eintritt in das irdische Leben ein jeder Mensch bestimmte Eigenschaften mitbringt, deren harmonische Entwicklung nur Menschen mit den dazu passenden Eigenschaften bewirken können. Dazu passende Eigenschaften sind aber nicht die gleichen, sondern solche, *die ergänzen* und durch diese Ergänzung vollwertig machen.

In der Vollwertigkeit aber erklingen alle Saiten in einem harmonischen Akkord. Wird nun der eine Teil durch den anderen vollwertig gemacht, so wird auch dieser andere dazukommende Teil durch den zweiten ebenso vollwertig, und in dem Zusammenschluß beider, also in dem Zusammenleben und Wirken, wird dieser harmonische Akkord erklingen. *So* ist die Ehe, die im Himmel geschlossen ist.

Damit ist aber nicht gesagt, daß für einen Menschen zu einer harmonischen Ehe nur *ein* ganz bestimmter anderer Mensch auf Erden befähigt ist, sondern es sind meistens *einige* da, die die Ergänzung des anderen Teiles in sich tragen.

Man braucht also nicht etwa Jahrzehnte um die Erde zu wandern, um diesen zweiten, wirklich passenden und ergänzenden Teil zu finden. Es heißt nur, den nötigen Ernst dazu zu verwenden, Augen, Ohren und Herz offen zu halten, vor allem von den bisher als Vorbedingung zu einer Ehe gestellten Forderungen abzusehen. Gerade das, was heute gilt, soll *nicht* sein.

Gemeinsame Arbeit und hohe Ziele bedingt eine *gesunde* Ehe ebenso unerläßlich, wie ein gesunder Körper die Bewegung und frische Luft. Wer auf Bequemlichkeit und möglichste Sorglosigkeit rechnet und darauf das Zusammenleben aufzubauen sucht, wird zuletzt nur Ungesundes mit allen Nebenerscheinungen ernten. Deshalb sucht endlich Ehen einzugehen, die im Himmel geschlossen sind. Dann wird das Glück Euch finden!

Das im Himmel geschlossen sein bedeutet, vor oder mit Eintritt in das Erdenleben schon füreinander vorgesehen zu sein. Das Vorgesehensein liegt aber nur in den mitgebrachten Eigenschaften, mit denen sich zwei gegenseitig voll ergänzen. Solche sind dadurch füreinander bestimmt.

Bestimmtsein kann man aber ebensogut auch ausdrücken mit »füreinander passen«, sich also wirklich ergänzen. Darin liegt die Bestimmung.

»Was Gott zusammengefügt, das soll der Mensch nicht scheiden.«

Das Nichtverstehen dieses Wortes Christi hat schon so manches Unheil angerichtet. Viele wähnten bisher unter: »was Gott zusammengefügt« den Eheschluß. Dieser hat mit dem Sinn der Worte bisher so gut wie nichts zu tun gehabt. Das, was Gott zusammengefügt, ist ein Bund, in dem die Bedingungen erfüllt sind, die eine volle Harmonie erfordert, der also im Himmel geschlossen ist. Ob darüber nun die staatliche und kirchliche Erlaubnis erteilt wurde oder nicht, ändert an der Sache nichts.

Selbstverständlich ist es notwendig, sich dabei auch in die staatliche Ordnung einzufügen. Wird dann eine Trauung bei einem so geschlossenen Bund noch nach dem jeweiligen religiösen Kult in entsprechender Andacht vorgenommen, so ist es ganz natürlich, daß dieser Bund durch die innere Einstellung der Beteiligten eine noch viel höhere Weihe erhält, die wirklichen und starken geistigen Segen über das Paar bringt. Eine solche Ehe ist dann wirklich *von* und *vor* Gott zusammengefügt und im Himmel geschlossen.

Nun folgt die Warnung: »das soll der Mensch nicht scheiden!« Wie klein ist auch der hohe Sinn *dieser* Worte herabgedrückt worden.

Dabei liegt die Wahrheit doch so klar zutage! Wo immer auch ein Bund sich findet, der im Himmel geschlossen ist, daß heißt, wo zwei sich so ergänzen, daß ein voller harmonischer Akkord entsteht, dort soll kein Dritter versuchen, eine Trennung herbeizuführen. Sei es, um Mißklang hineinzubringen, eine Vereinigung unmöglich zu machen oder eine Trennung herbeizuführen, gleichviel, ein solches Unterfangen wäre Sünde. Ein Unrecht, das sich in seiner Wechselwirkung schwer an den Urheber heften muß, da zwei Menschen gleichzeitig davon betroffen werden, und mit diesen auch der Segen, der durch ihr Glück sich ausgebreitet hätte in die grob- und feinstoffliche Welt.

Es ist in diesen Worten eine schlichte Wahrheit, die sich nach allen Seiten kenntlich macht. Die Warnung ist zum Schutze nur solcher Bündnisse, die durch die schon vorher erwähnten Vorbedingungen im Himmel geschlossen sind, wofür sie ihre Bestätigung durch die mitgebrachten beiderseitig sich ergänzenden seelischen Eigenschaften haben.

Zwischen solche soll sich kein Dritter drängen, auch nicht die Eltern! Den beiden Beteiligten selbst wird es nie einfallen, eine Trennung zu wünschen. Die ihnen durch ihre gemeinsamen seelischen Eigenschaften zu Grunde gelegte göttliche Harmonie läßt einen solchen Gedanken nicht aufkommen. Ihr Glück und die Beständigkeit ihrer Ehe ist damit von vornherein gewährleistet.

Wird ein Antrag auf Scheidung von einem der Ehegatten gestellt, so gibt dieser damit den besten Beweis, daß die notwendige Harmonie *nicht* zu Grunde liegt, die Ehe also auch nicht im Himmel geschlossen sein kann. In solchem Falle sollte eine Ehe unbedingt geschieden werden; zur Hebung des sittlichen Selbstbewußtseins beider auf solcher ungesunden Stufe lebenden Ehegatten.

Derartige falsche Ehen bilden jetzt die große Mehrzahl. Dieser Übelstand liegt vorwiegend an dem moralischen Rückgange der Menschheit sowie in der herrschenden Anbetung des Verstandes.

Das Scheiden dessen, was Gott zusammengefügt, betrifft aber nicht nur die Ehe, sondern auch schon das vorhergehende Sichnähern zweier Seelen, die durch die sich ergänzenden Eigenschaften nur Harmonie entwickeln können, also füreinander bestimmt sind. Ist dann ein solcher Bund geschlossen, und ein Dritter versucht sich hineinzuzwängen durch Verleumdung oder ähnliche bekannte Mittel, so ist diese Absicht schon der vollendete Ehebruch!

Der Sinn der Worte: »Was Gott zusammengefügt, das soll der Mensch nicht scheiden«, ist so einfach und klar, daß schwer zu begreifen ist, wie hierüber eine irrige Auffassung auftauchen konnte. Es war das nur möglich durch unrichtige Trennung der geistigen Welt von der irdischen Welt, wodurch beschränkte Verstandesauffassung zur Geltung kommen konnte, die noch nie wirkliche Werte zeitigte.

Aus dem Geistigen wurden diese Worte gegeben, nur aus dem Geistigen können sie deshalb ihre wahre Erklärung finden!

## DAS RECHT DES KINDES AN DIE ELTERN

Viele Kinder leben den Eltern gegenüber in einem unseligen Wahne, der für sie zum größten Schaden wird. Sie glauben den Eltern die Veranlassung zu ihrem eigenen Erdensein aufbürden zu können. Oft hört man die Bemerkung: »Selbstverständlich müssen meine Eltern für mich sorgen; denn sie haben mich ja in die Welt gesetzt. Meine Schuld ist es nicht, daß ich da bin.«

Etwas Törichteres kann gar nicht gesagt werden. Ein jeder Mensch ist auf sein eigenes Bitten hin auf dieser Erde, oder auf seine eigene Schuld hin! Eltern geben lediglich die Möglichkeit der Inkarnierung, weiter nichts. Und jede inkarnierte Seele muß dankbar sein, daß ihr die Möglichkeit dazu gegeben wurde!

Die *Seele* eines Kindes ist weiter nichts als *Gast* bei seinen Eltern. In dieser Tatsache allein schon liegt genug Erklärung, um zu wissen, daß ein Kind in Wirklichkeit keinerlei Rechte den Eltern gegenüber geltend machen kann! Geistige Rechte an die Eltern hat es nicht! Irdische Rechte aber sind ja lediglich aus der rein irdischen, gesellschaftlichen Ordnung hervorgegangen, die der Staat vorsieht, damit er selbst keine Verpflichtungen zu übernehmen braucht.

Das Kind ist geistig eine für sich abgeschlossene Persönlichkeit! Außer dem irdischen Körper, der als Werkzeug zur Betätigung auf dieser grobstofflichen Erde nötig ist, hat es nichts von den Eltern empfangen. Also nur eine Behausung, welche die schon vorher selbständige Seele benützen kann.

Doch durch die Zeugung übernehmen Eltern die Verpflichtung, die damit geschaffene Behausung zu pflegen und instand zu halten, bis die

Seele, die davon Besitz genommen hat, die Unterhaltung selbst zu übernehmen fähig ist. Den Zeitpunkt dafür zeigt der natürliche Werdegang des Körpers selbst. Was darüber hinaus geschieht, ist von den Eltern ein Geschenk.

Die Kinder sollten deshalb endlich einmal aufhören, sich auf die Eltern zu verlassen, und lieber daran denken, daß sie selbst so bald als irgend möglich sich auf eigene Füße stellen.

Es ist dabei natürlich gleichgiltig, ob sie sich in dem Elternhause selbst betätigen, oder außerhalb. Aber Betätigung muß sein, die nicht in Vergnügungen und Erfüllung sogenannter Gesellschaftspflichten bestehen darf, sondern in einer bestimmten wirklichen und nützlichen Pflichterfüllung, derart, daß die betreffende Betätigung durch eine andere, besonders dafür eingestellte Person ausgeführt werden müßte, wenn das Kind diese Arbeit nicht mehr erledigt. Nur so kann von einem nützlichen Sein auf der Erde gesprochen werden, das Reife des Geistes nach sich zieht!

Erfüllt ein Kind im Elternhause eine derartige Aufgabe, gleichviel, ob es männlichen oder weiblichen Geschlechtes ist, so soll ihm von den Eltern aus aber auch *der* Lohn werden, der einer fremden dafür angestellten Person zukommen müßte. Mit anderen Worten: Das Kind muß dann in seiner Pflichterfüllung auch als wirklich selbständiger Mensch beachtet und behandelt werden.

Schlingen sich um Eltern und Kinder besondere Bande der Liebe, des Vertrauens und der Freundschaft, so ist es um so schöner für beide Teile; denn dann ist dies ein freiwilliges Verbundensein, aus innerer Überzeugung heraus, und deshalb um so wertvoller! Dann ist es echt und hält verbunden auch für das Jenseits, zur gegenseitigen Förderung und Freude.

Familienzwang und Familiengepflogenheiten aber sind ungesund und verwerflich, sobald eine gewisse Altersgrenze der Kinder überschritten ist.

Es gibt natürlich auch keine sogenannten Verwandtschaftsrechte, auf welche namentlich Tanten, Onkel, Basen und Vettern, und was sich

## 18. DAS RECHT DES KINDES AN DIE ELTERN

sonst noch alles verwandtschaftlich herauszuschälen sucht, sich so oft stützen. Gerade diese Verwandtschaftsrechte sind ein verwerflicher Mißbrauch, der einem in sich selbst abgeschlossenen Menschen stets zum Ekel sein muß.

Aus Überlieferungen heraus ist dies leider zur Gewohnheit geworden, derart, daß gewöhnlich ein Mensch gar nicht anders zu denken versucht und sich still darein fügt, wenn auch mit Abneigung. Wer aber einmal den kleinen Schritt wagt und frei darüber nachdenkt, dem kommt das alles aus der Tiefe der Seele heraus so lächerlich vor, so widerlich, daß er sich empört abwendet von den damit geschaffenen Anmaßungen.

Mit solchen widernatürlichen Dingen muß einmal aufgeräumt werden! Sobald ein frischer und gesunder Menschenschlag in sich erwacht, werden derartige Mißbräuche dann sowieso nicht mehr ertragen, weil sie gegen jeden gesunden Sinn stehen.

Aus solchen gekünstelten Verzerrungen des natürlichen Lebens könnte ja auch nie etwas wirklich Großes erstehen, da die Menschen dabei viel zu unfrei bleiben. In diesen anscheinenden Nebensachen liegt gewaltiges Gebundensein.

*Hier* muß die Freiheit einsetzen, indem der Einzelmensch sich losreißt von unwürdiger Gepflogenheit! Wahre Freiheit liegt nur in der rechten Pflicht*erkennung,* die verbunden bleibt mit freiwilliger Pflicht*erfüllung!* Pflichterfüllung ganz allein gibt *Rechte!* Dies bezieht sich auch auf Kinder, denen ebenfalls nur aus der treuesten Pflichterfüllung heraus Rechte werden können. –

Es gibt aber nun eine ganze Reihe strengster Pflichten aller Eltern, die mit Kinderrechten nicht zusammenhängen.

Jeder Erwachsene hat sich bewußt zu sein, was mit der Zeugung eigentlich verbunden ist. Der bisherige Leichtsinn darin, die Gedankenlosigkeit und auch die falschen Anschauungen haben sich ja in so unheilvoller Art gerächt.

Macht Euch nur klar, daß in dem allernächsten Jenseits eine große Anzahl Seelen schon bereit stehen in der Erwartung einer Möglichkeit zur Wiederinkarnierung auf der Erde. Es sind dies meistens solche Menschenseelen, die, von Karmafäden festgehalten, irgendwelche Ablösung in einem neuen Erdenleben suchen.

Sowie sich ihnen eine Möglichkeit dazu ergibt, heften sie sich an Stellen, wo ein Zeugungsakt erfolgte, um wartend das Heranreifen des neuen Menschenkörpers als Behausung zu verfolgen. In diesem Warten spinnen sich dann feinstoffliche Fäden von dem jungen Körper aus zur Seele, die sich hartnäckig in großer Nähe der werdenden Mutter hält, und umgekehrt, und bei bestimmter Reife dienen dann die Fäden zu der Brücke, die die fremde Seele aus dem Jenseits einläßt in den jungen Körper, den sie auch sofort für sich in Anspruch nimmt.

Ein fremder Gast zieht damit ein, der durch sein Karma den Erziehern manchen Kummer machen kann! Ein fremder Gast! Welch ungemütlicher Gedanke! Das sollte sich ein Mensch doch stets vor Augen halten und sollte nie vergessen, daß er in der Auswahl unter den wartenden Seelen *mit*bestimmen kann, wenn er die Zeit dazu nicht leichtsinnig versäumt.

Es ist die Inkarnierung allerdings einem Gesetz der Anziehung der Gleichart unterworfen. Doch braucht dazu nicht unbedingt die Gleichart eines der Erzeuger als ein Pol zu dienen, sondern manchmal irgendeines Menschen, der viel in der Nähe der werdenden Mutter ist.

Wie manches Unheil kann nun abgewendet werden, sobald der Mensch den ganzen Vorgang richtig kennt und sich bewußt damit befaßt. So aber tändeln sie nur leichtfertig dahin, besuchen Spiel und Tanz, geben Gesellschaften und kümmern sich nicht viel darum, was während dieser Zeit an Wichtigem sich vorbereitet, um später in ihr ganzes Leben machtvoll einzugreifen.

Bewußt sollten sie im Gebet, dem ja das heiße Wünschen stets zu Grunde liegt, so manches darin lenken, Übel abschwächen, Gutes verstärken. Der fremde Gast, der dann als Kind bei ihnen einzieht, würde dadurch derart sein, daß er *willkommen* bleibt in *jeder* Art! Man faselt viel von vorgeburtlicher Erziehung, in dem gewohnten Halbverstehen oder

## 18. DAS RECHT DES KINDES AN DIE ELTERN

Falschverstehen mancher Auswirkungen, die sich äußerlich bemerkbar machen.

Wie aber oft, so ist auch hier menschliche Folgerung aus den Beobachtungen falsch. Es gibt gar keine Möglichkeit der vorgeburtlichen Erziehung, doch dafür unbedingte Möglichkeit einer *Beeinflussung der Anziehung,* wenn es zu rechter Zeit und mit dem rechten Ernst geschieht! Das ist ein Unterschied, der in den Folgen weiter greift, als es je eine vorgeburtliche Erziehung fertigbringen könnte.

Wer nun darüber klargeworden ist, und trotzdem noch in leichtsinniger Weise sich gedankenlos verbindet, verdient es ja nicht anders, als daß ein Menschengeist in seinen Kreis sich drängt, der ihm darin nur Unruhe und vielleicht sogar Übel bringen kann.

Die Zeugung soll für einen geistig freien Menschen nichts andres sein als der Beweis seiner Bereitwilligkeit, einen fremden Menschengeist als Dauergast in die Familie aufzunehmen, ihm Gelegenheit zu geben, auf der Erde abzulösen und zu reifen. Nur wo auf beiden Seiten der innige Wunsch *für diesen Zweck* vorhanden ist, soll die Gelegenheit zu einer Zeugung erfolgen.

Betrachtet nun einmal die Eltern und die Kinder nur von diesen Tatsachen ausgehend, so wird vieles sich von selbst ändern. Gegenseitige Behandlung, die Erziehung, alles erhält andere, ernstere Grundlagen als bisher in zahlreichen Familien üblich war. Es wird mehr Rücksicht und mehr Achtung gegenseitig sein. Selbständigkeitsbewußtsein und Verantwortungsbestreben werden sich fühlbar machen, die als Folge den natürlichen, sozialen Aufstieg in dem Volke bringen.

Die Kinder aber werden bald verlernen, sich Rechte anmaßen zu wollen, welche nie bestanden.

## DAS GEBET

Wenn überhaupt von dem Gebet gesprochen werden soll, so ist es selbstverständlich, daß die Worte nur denen gelten, die sich mit dem Gebet befassen.

Wer nicht den Drang zu einem Gebet in sich fühlt, kann ruhig davon Abstand nehmen, weil seine Worte oder die Gedanken doch in nichts zerfließen müssen. Wenn ein Gebet nicht gründlich durchempfunden ist, so hat es keinen Wert und deshalb auch keinen Erfolg.

Der Augenblick eines aufwallenden Dankgefühles in großer Freude, wie auch die Empfindung tiefsten Schmerzes im Leide, gibt die beste Grundlage zu einem Gebet, das Erfolg erwarten kann. In solchen Augenblicken ist der Mensch durchdrungen von einer bestimmten Empfindung, die alles andere in ihm übertönt. Dadurch ist es möglich, daß der Hauptwunsch des Gebetes, sei es nun ein Dank oder eine Bitte, ungetrübte Kraft erhält.

Die Menschen machen sich überhaupt oft ein falsches Bild von dem Geschehen und Werden eines Gebetes und dessen Weiterentwicklung. Nicht jedes Gebet dringt zu dem höchsten Lenker der Welten. Im Gegenteil, es ist eine sehr seltene Ausnahme, daß ein Gebet wirklich einmal bis zu den Stufen des Thrones zu dringen vermag. Auch hierbei spielt die Anziehungskraft der Gleichart als Grundgesetz die größte Rolle.

Ein ernstgemeintes, tiefempfundenes Gebet kommt, selbst anziehend und von der Gleichart angezogen werdend, in Verbindung mit einer Kraftzentrale derjenigen Art, von der der Hauptinhalt des Gebetes durchdrungen ist. Die Kraftzentralen können ebensogut Sphärenabteilungen oder anderswie benannt werden, es wird im Grunde immer auf dasselbe herauskommen.

Wechselwirkung bringt dann das, was der Hauptwunsch des Gebetes war. Entweder Ruhe, Kraft, Erholung, plötzlich im Innern aufstehende Pläne, Lösung schwieriger Fragen oder sonstiger Dinge. Ein Gutes wird immer dabei herauskommen, sei es auch nur die eigene verstärkte Ruhe und Sammlung, die dann wiederum zu einem Auswege, zu einer Rettung führt.

Es ist auch möglich, daß diese ausgesandten Gebete, in ihrer Stärke vertieft durch die Wechselwirkung gleichartiger Kraftzentralen, einen feinstofflichen Weg zu Menschen finden, die dadurch angeregt auf irgendeine Weise Hilfe und damit Erfüllung des Gebetes bringen.

Alle diese Vorgänge sind bei der Beachtung des feinstofflichen Lebens leicht verständlich. Auch hier liegt die Gerechtigkeit wieder darin, daß das Ausschlaggebende bei dem Gebet immer die innere Beschaffenheit des Betenden bleiben wird, die je nach seiner Innigkeit die Kraft, also die Lebensfähigkeit und Wirksamkeit des Gebetes bestimmt.

In dem großen feinstofflichen Geschehen des Weltalls findet jede Art des Empfindens ihre bestimmte Gleichart, da sie von anderen nicht nur nicht angezogen werden könnte, sondern sogar abgestoßen würde. Nur wenn eine Gleichart kommt, erfolgt Verbindung und damit Verstärkung.

Ein Gebet, welches verschiedene Empfindungen birgt, die durch große Vertiefung des Betenden trotz der Zergliederung immerhin noch eine gewisse Kraft in sich tragen, wird also Verschiedenes anziehen und Verschiedenes in der Wechselwirkung zurückbringen.

Ob darin dann eine Erfüllung liegen kann, hängt ganz von der Art der einzelnen Teile ab, die einander fördernd oder hemmend sich auswirken können. In jedem Falle aber ist es besser, bei einem Gebet nur *einen* Gedanken als Empfindung hinauszusenden, damit keine Verwirrung entstehen kann.

So hat Christus durchaus nicht gewollt, daß das »Vaterunser« unbedingt geschlossen gebetet werden soll, sondern er gab damit nur zusammenfassend alles *das* an, was der Mensch bei ernstem Wollen in erster Linie mit Sicherheit auf Erfüllung erbitten kann.

In diesen Bitten sind die Grundlagen für *alles* enthalten, was der Mensch zu seinem leiblichen Wohlbefinden und geistigen Aufstiege notwendig hat. Sie geben aber noch mehr! Die Bitten zeigen gleichzeitig die *Richtlinien* für das Streben an, das der Mensch in seinem Erdenleben verfolgen soll. Die Zusammenstellung der Bitten ist ein Meisterwerk für sich.

Das »Vaterunser« allein kann dem suchenden Menschen *alles* sein, wenn er sich hinein vertieft und es richtig erfaßt. Er brauchte gar nicht mehr als das »Vaterunser«. Dieses zeigt ihm das ganze Evangelium in konzentriertester Form. Es ist der Schlüssel zu den lichten Höhen für den, der es richtig zu erleben weiß. Es kann für jedermann *Stab* und *Leuchte* zugleich sein für das Vorwärts- und Aufwärtsschreiten! So unermeßlich viel trägt es in sich*.

Schon dieser Reichtum zeigt den eigentlichen Zweck des »Vaterunsers«. *Jesus* gab der Menschheit in dem »Vaterunser« den *Schlüssel zu dem Reiche Gottes! Den Kern seiner Botschaft.* Er hat aber damit nicht gemeint, daß es in dieser Weise hergebetet werden soll.

Der Mensch braucht nur darauf zu achten, wenn er gebetet hat, und er wird von selbst erkennen, wieviel Ablenkung es ihm brachte, und wie es die Tiefe seiner Empfindung schwächte, indem er der Reihenfolge der einzelnen Bitten folgte, auch wenn diese ihm noch so geläufig sind. Es ist ihm unmöglich, mit für ein richtiges Gebet notwendiger Inbrunst der Reihe nach aus einer Bitte in die andere zu gleiten!

Jesus hat in seiner Art der Menschheit alles leicht gemacht. Der richtige Ausdruck ist »kinderleicht«. Er wies besonders darauf hin: »Werdet wie die Kinder!« Also so einfach denkend, so wenig Schwierigkeiten suchend. Er würde nie von der Menschheit so etwas Unmögliches erwartet haben, wie es das wirklich vertiefte Beten des »Vaterunsers« verlangt.

---

* Vortrag: »Das Vaterunser«.

## 19. DAS GEBET

Das muß der Menschheit auch die Überzeugung bringen, daß Jesus damit etwas anderes wollte, etwas Größeres. Er gab den Schlüssel zu dem Reiche Gottes, nicht ein einfaches Gebet!

Vielseitigkeit eines Gebetes wird es immer abschwächen. Ein Kind kommt auch nicht mit sieben Bitten gleichzeitig zum Vater, sondern immer nur mit dem, was sein Herz gerade am ärgsten bedrückt, sei es nun ein Leid oder ein Wunsch.

So soll auch ein Mensch in Not sich bittend an seinen Gott wenden, mit dem, was ihn bedrückt. Und in den meisten Fällen wird es doch immer nur *eine* besondere Angelegenheit sein, nicht vieles zusammen. Um etwas, was ihn nicht gerade bedrückt, soll er auch nicht bitten. Da eine solche Bitte in seinem Innern nicht lebendig genug mitempfunden werden kann, wird sie zu leerer Form und schwächt naturgemäß eine vielleicht wirklich nötige andere Bitte.

Deshalb soll immer nur um das gebeten werden, was wirklich nötig ist! Nur keine leeren Formen, die zersplittern müssen und mit der Zeit die Heuchelei großziehen!

Das Gebet erfordert tiefsten Ernst. Man bete in Ruhe und in Reinheit, damit durch Ruhe die Empfindungskraft erhöht wird und sie durch Reinheit jene lichte Leichtigkeit erhält, die das Gebet emporzutragen fähig ist bis zu den Höhen alles Lichtes, alles Reinen. Dann wird auch diejenige Erfüllung kommen, die dem Bittenden am meisten nützt, ihn wirklich vorwärts bringt in seinem ganzen Sein!

Die *Kraft* des Gebetes vermag dieses *nicht* emporzuschleudern oder emporzudrängen, sondern *nur die Reinheit* in ihrer entsprechenden Leichtigkeit. Reinheit aber im Gebet kann jeder Mensch erreichen, wenn auch nicht in allen seinen Gebeten, sobald der Drang zum Bitten in ihm lebendig wird. Es ist dazu nicht notwendig, daß er schon mit seinem ganzen Leben im Reinen steht. Es vermag ihn nicht zu hindern, wenigstens zeitweise hier und da einmal im Gebet sich in Reinheit seiner Empfindung sekundenlang zu erheben.

Zur Kraft des Gebetes aber verhilft nicht nur die abgeschlossene Ruhe und die dadurch ermöglichte vertiefte Konzentration, sondern

## 19. DAS GEBET

auch jede starke Gemütsaufwallung, wie die Angst, die Sorge, die Freude.

Es ist nun nicht gesagt, daß die Erfüllung eines Gebetes immer *irdisch* gedachten Vorstellungen und Wünschen unbedingt entspricht und mit diesen im Einklange steht. Die Erfüllung greift wohlmeinend weit darüber hinaus und führt *das Ganze* zum Besten, nicht den irdischen Augenblick! Oft muß daher eine scheinbare Nichterfüllung später als einzig richtige und beste Erfüllung erkannt werden, und der Mensch ist glücklich, daß es nicht nach seinen Augenblickswünschen ging.

Nun die Fürbitte! Der Hörer fragt sich oft, wie die Wechselwirkung bei einer Fürbitte, also der Bitte eines anderen, den Weg zu einem Menschen finden kann, der nicht selbst gebetet hat, weil die Rückwirkung auf dem angebahnten Wege auf den Bittenden selbst zurückströmen muß.

Auch hierbei gibt es keine Abweichung von den feststehenden Gesetzen. Ein Fürbittender denkt während seines Gebetes so intensiv an den, für den er bittet, daß sein Wünschen dadurch in der anderen Person zuerst *verankert* oder festgeknotet wird, und dann von dort seinen Weg aufwärts nimmt, also zu der Person auch zurückkehren kann, für die die starken Wünsche des Bittenden sowieso schon lebendig geworden sind und sie umkreisen. Dabei ist jedoch unbedingt vorauszusetzen, daß der Boden in der Person, für die gebetet wird, auch aufnahmefähig und durch Gleichart geeignet ist zu einer Verankerung und einer solchen nicht etwa Hindernisse entgegenstellt.

Ist der Boden nicht aufnahmefähig, also unwert, so liegt in dem Abgleiten der Fürbitten nur wieder die wunderbare Gerechtigkeit der göttlichen Gesetze, die nicht zulassen können, daß auf ganz unfruchtbaren Boden von außen her durch einen anderen Hilfe kommt. Dieses Abprallen oder Abgleiten der gewollten Verankerung einer Fürbitte von einer diese Bitte betreffenden Person, die durch ihren inneren Zustand unwert ist, zieht die Unmöglichkeit einer Hilfebringung nach sich.

Es liegt auch hierin wieder etwas derartig Vollkommenes in diesem selbsttätigen und selbstverständlichen Wirken, daß der Mensch staunend vor der damit verbundenen unverkürzten und gerechten Verteilung der Früchte alles Selbstgewollten steht!

Fürbitten von Menschen, die es ohne eigenen inneren und unbedingten Drang wahrer Empfindungen tun, haben keinerlei Wert noch Erfolg. Sie sind nur leere Spreu.

Noch eine Art der Wirkung echter Fürbitten gibt es. Das ist die eines Wegweisers! Das Gebet steigt direkt empor und zeigt nach dem Hilfsbedürftigen. Wird nun ein geistiger Bote an Hand dieses gewiesenen Weges zur Unterstützung geschickt, so ist die Möglichkeit einer Hilfe denselben Gesetzen des Wertes oder Unwertes, also der Aufnahmefähigkeit oder der Abstoßung unterworfen.

Ist der Hilfsbedürftige innerlich dem Dunkel zugekehrt, so kann der auf die Fürbitte hin helfenwollende Bote keine Fühlung gewinnen, vermag nicht einzuwirken und muß unverrichteter Sache wieder zurück. Die Fürbitte konnte also nicht erfüllt werden, weil es die Gesetze in ihrer Lebendigkeit nicht zuließen.

Ist aber der gegebene Boden dazu da, so hat eine echte Fürbitte unschätzbaren Wert! Entweder sie bringt Hilfe herbei, auch wenn der Hilfsbedürftige nichts davon weiß, oder sie vereinigt sich mit dem Wunsche oder Gebet des Hilfsbedürftigen und gibt diesem damit große Verstärkung.

## DAS VATERUNSER

Es sind nur wenige Menschen, welche sich bewußt zu machen suchen, *was* sie eigentlich wollen, wenn sie das Gebet »Vaterunser« sprechen. Noch weniger, die wirklich wissen, was der *Sinn* der Sätze ist, die sie dabei hersagen. Hersagen ist wohl die einzig richtige Bezeichnung für den Vorgang, den der Mensch in diesem Falle beten nennt.

Wer sich darin rücksichtslos prüft, *muß* dies zugeben, oder er legt sonst Zeugnis dafür ab, daß er sein ganzes Leben in gleicher Art verbringt...oberflächlich, und eines tiefen Gedankens nicht fähig ist, nie fähig war. Es gibt genug davon auf dieser Erde, die sich selbst wohl ernst nehmen, aber von den andern mit dem besten Willen nicht ernst genommen werden können.

Gerade der Anfang dieses Gebetes wird schon von jeher falsch empfunden, wenn auch in verschiedenen Arten. Die Menschen, die dieses Gebet ernst vorzunehmen versuchen, also mit einem gewissen guten Wollen darangehen, fühlen in sich nach oder bei diesen ersten Worten ein gewisses Gefühl des Geborgenseins in sich aufsteigen, der seelischen Beruhigung! Und dieses Gefühl bleibt bei ihnen vorherrschend bis einige Sekunden nach dem Beten.

Das erklärt zweierlei: Erstens, daß der Betende seinen Ernst nur die ersten Worte durchhalten kann, wodurch sie dieses Gefühl in ihm auslösen, und zweitens, daß gerade die Auslösung dieses Gefühles beweist, wie weit entfernt er davon ist, zu erfassen, was er damit sagt!

Deutlich zeigt er seine Unfähigkeit darin, mit tieferem Denken durchzuhalten, oder auch seine Oberflächlichkeit; denn sonst müßte bei den weiteren Worten sofort wieder ein *anderes* Gefühl entstehen, dem geänderten Inhalt der Worte entsprechend, sobald diese in ihm wirklich lebendig werden.

Also bleibt es in ihm bei dem, was nur die ersten Worte erwecken. Würde aber von ihm der richtige Sinn und die wahre Bedeutung der Worte erfaßt, so müßten diese ein ganz anderes Empfinden in ihm auslösen als das eines behaglichen Geborgenseins.

Anmaßendere Menschen wieder sehen in dem Worte »Vater« die Bestätigung dafür, direkt von Gott abzustammen und damit bei richtiger Entwicklung zuletzt selbst göttlich zu werden, zur Zeit aber unbedingt schon Göttliches in sich zu tragen. Und so gibt es der Irrungen unter den Menschen über diesen Satz noch viele.

Die meisten aber halten ihn einfach für die *Ansprache* im Gebet, den Anruf! Dabei brauchen sie am wenigsten zu denken. Und dementsprechend wird es auch gedankenlos dahingesprochen, trotzdem gerade auch in dem Anruf Gottes die ganze Inbrunst liegen müßte, deren eine Menschenseele überhaupt fähig werden kann.

Aber das alles soll dieser erste Satz nicht sagen und nicht sein, sondern der Gottessohn legte in die Wahl der Worte gleichzeitig die Erklärung oder den Hinweis, *in welcher Art eine Menschenseele* zum Gebet schreiten soll, *wie* sie vor ihren Gott treten darf und muß, wenn ihr Gebet Erhörung finden soll. Er sagt genau, welche Beschaffenheit sie in dem Augenblicke besitzen muß, wie ihr Zustand der reinen Empfindung zu sein hat, wenn sie ihr Bitten an die Stufen des Gottesthrones legen will.

So teilt sich das ganze Gebet in drei Teile. Der erste Teil ist das ganze Sichbringen, Sichgeben der Seele ihrem Gotte gegenüber. Sie breitet sich bildlich gesprochen aufgeschlagen vor ihm aus, bevor sie mit einem Anliegen kommt, legt zuvor Zeugnis ab für ihre eigene reine Willensfähigkeit.

Der Gottessohn will damit klarlegen, welches Empfinden allein die Grundlage bilden darf für eine Annäherung an Gott! Deshalb kommt es wie ein großes, heiliges Geloben, wenn am Anfange die Worte stehen: »*Vater unser, der Du bist im Himmel!*«

## 20. DAS VATERUNSER

Bedenket, daß Gebet nicht gleichbedeutend ist mit Bitte! Sonst würde es ja kein Dankgebet geben, in dem keine Bitte enthalten ist. Beten ist nicht bitten. Schon darin ist das »Vaterunser« bisher stets verkannt worden, aus der üblen Gewohnheit des Menschen heraus, nie vor Gott zu treten, wenn er nicht gleichzeitig etwas von ihm erwartet oder gar verlangt; denn im Erwarten liegt ja das Verlangen. Und der Mensch erwartet tatsächlich dabei *immer* etwas, das kann er nicht leugnen! Sei es auch in großen Zügen gesprochen in ihm nur das nebelhafte Gefühl, einst einmal einen Platz im Himmel zu erhalten.

Jubelnden Dank im freudigen Genießen seines ihm gewährten bewußten Seins in der von Gott gewollten oder von Gott mit Recht erwarteten Mitwirkung in der großen Schöpfung zum Wohle seiner Umgebung kennt der Mensch nicht! Er ahnt ja auch nicht, daß gerade das und *nur* das sein wirkliches eigenes Wohl in sich birgt, und seinen Fortschritt, seinen Aufstieg.

Auf solcher von Gott gewollten Grundlage aber steht in Wahrheit das Gebet »Vaterunser«! Anders hätte es der Gottessohn gar nicht geben können, der nur das Wohl der Menschen wollte, das allein in richtiger Gotteswillenbeachtung und -erfüllung ruht!

Das von ihm gegebene Gebet ist also nichts weniger als ein Bittgebet, sondern ein großes, alles umfassendes Gelöbnis des Menschen, der sich seinem Gott darin zu Füßen legt! Jesus hat es seinen Jüngern gegeben, die damals bereit waren, in der reinen Gottesanbetung zu leben, Gott durch ihr Leben in der Schöpfung zu dienen und in diesem Dienen seinen Heiligen Willen zu ehren!

Der Mensch sollte es sich wohl und reiflich überlegen, ob er es wagen darf, dieses Gebet überhaupt zu verwenden und zu sprechen, sollte sich ernsthaft prüfen, ob er in der Verwendung nicht etwa versucht, seinen Gott zu belügen!

Die einleitenden Sätze ermahnen deutlich genug, daß sich ein jeder prüfen soll, ob er auch wirklich so ist, wie er darin spricht! Ob er damit ohne Falsch vor Gottes Thron zu gehen wagt!

*Erlebt Ihr aber die ersten drei Sätze* des Gebetes in Euch, so werden sie

Euch vor die Stufen des Gottesthrones führen. *Sie sind der Weg dazu,* wenn sie in einer Seele zum Erleben kommen! Kein anderer führt dahin. Aber dieser sicher! Bei Nichterleben dieser Sätze jedoch kann von Euren Bitten keine dahin kommen.

Es soll ein ergebener und doch freudiger Ausruf sein, wenn Ihr zu sagen wagt: »*Vater unser, der Du bist im Himmel!*«

In diesem Rufe liegt Eure aufrichtige Beteuerung: »Ich gebe Dir, o Gott, alle Vaterrechte über mich, denen ich mich kindlich beugend fügen will! Damit erkenne ich auch an Deine Allweisheit, Gott, in allem, was Deine Bestimmung bringt, und bitte, über mich so zu verfügen, wie ein Vater über seine Kinder zu verfügen hat! Hier bin ich, Herr, auf Dich zu hören und Dir kindlich zu gehorchen!«

Der zweite Satz: »*Geheiliget werde Dein Name!*«

Es ist dies die Versicherung der anbetenden Seele, wie ernst es ihr in allem ist, was sie zu Gott zu sprechen wagt. Daß sie mit voller Empfindung bei jedem der Worte und Gedanken ist und nicht durch Oberflächlichkeit Mißbrauch des Gottesnamens treibt! Da ihr der Name Gottes viel zu heilig dazu ist!

Bedenkt, Ihr Betenden, was Ihr damit gelobt! Wenn Ihr ganz ehrlich gegen Euch sein wollt, so müßt Ihr bekennen, daß Ihr Menschen Gott bisher gerade damit in das Angesicht gelogen habt; denn Ihr waret nie *so* ernst bei dem Gebet, wie es der Gottessohn voraussetzend in diesen Worten als *Bedingung* niederlegte!

Der dritte Satz: »*Zu uns komme Dein Reich!*« ist wieder keine Bitte, sondern nur ein weiteres Gelöbnis! Ein Sichbereiterklären dafür, daß es durch die Menschenseele auf der Erde *derart* werden soll, wie es im Gottesreiche ist!

Deshalb das Wort: »Zu uns komme *Dein* Reich!« Das heißt: wir Menschen wollen es auf Erden hier auch so weit bringen, daß Dein vollkommenes Reich sich bis hierher erstrecken kann! Der Boden soll von uns bereitet werden, daß alles nur in Deinem Heiligen Willen lebt, also Deine Schöpfungsgesetze voll erfüllt, damit es *so* ist, wie es in Deinem Reiche, dem geistigen Reiche, geschieht, wo die gereiften und von aller Schuld und Schwere freigewordenen Geister sich aufhalten, die nur dem Gotteswillen dienend leben, weil nur in dessen unbedingter Erfüllung durch die darin ruhende Vollkommenheit Gutes ersteht. Es ist also die Zusicherung, *so* werden zu wollen, daß auch die Erde durch die Menschenseele ein Reich der Erfüllung des Gotteswillens wird!

Diese Beteuerung wird durch den nächsten Satz noch verstärkt:
*»Dein Wille geschehe, wie im Himmel, also auch auf Erden!«*

Das ist nicht nur die Erklärung der Bereitwilligkeit, sich in den göttlichen Willen ganz einzufügen, sondern auch darin liegend das Versprechen, sich um diesen Willen zu kümmern, nach der Erkennung dieses Willens mit allem Eifer zu streben. Dieses Streben muß ja einer Einfügung in diesen Willen vorausgehen; denn solange ihn der Mensch nicht richtig kennt, vermag er sich auch nicht mit seinem Empfinden, Denken, Reden und Tun danach zu richten!

Welcher ungeheure, strafbare Leichtsinn ist es nun für jeden Menschen, diese Zusicherungen immer und immer wieder seinem Gott zu geben, während er sich in Wirklichkeit gar nicht darum kümmert, welcher Art der Gotteswille ist, der in der Schöpfung fest verankert ruht. Der Mensch lügt ja mit jedem Worte des Gebetes, wenn er es zu sprechen wagt! Er steht damit vor Gott als Heuchler! Häuft auf alte Schulden immer wieder neue, und fühlt sich schließlich noch beklagenswert, wenn er feinstofflich in dem Jenseits unter dieser Last zusammenbrechen muß.

Erst wenn nun diese Sätze von einer Seele als Vorbedingung wirklich erfüllt sind, dann kann sie weiter sprechen:
*»Unser täglich Brot gib uns heute!«*

Das heißt soviel als: »Wenn ich erfüllt habe, was ich versicherte zu sein, so laß Deinen Segen auf meinem Erdenwirken ruhen, auf daß ich in Besorgung meiner grobstofflichen Notwendigkeiten immer Zeit behalte, Deinem Willen nachleben zu können!«
*»Und vergib uns unsere Schuld, wie wir vergeben unsern Schuldigern!«*

Darin liegt Wissen von der unbestechlichen, gerechten Wechselwirkung geistiger Gesetze, die den Willen Gottes geben. Gleichzeitig auch der Ausdruck der Versicherung vollen Vertrauens darauf; denn die Bitte um Vergebung, also Lösung aus der Schuld, baut sich *bedingungsweise* auf auf die *vorherige* Erfüllung durch die Menschenseele, des eigenen Vergebens alles Unrechtes, das Nebenmenschen an ihr taten.

Wer aber *dessen* fähig ist, wer seinen Nebenmenschen alles schon vergeben hat, der ist auch *so* in sich geläutert, daß er selbst *mit Absicht* niemals Unrecht tut! Damit ist er vor Gott auch frei von aller Schuld, da dort nur alles das als Unrecht gilt, was *übelgewollt mit Absicht* getan wird. Nur dadurch wird es erst zum Unrecht. Ein großer Unterschied liegt darin zu allen zur Zeit bestehenden Menschengesetzen und Erdanschauungen.

Somit ist also auch in diesem Satz als Grundlage wiederum ein Versprechen jeder nach dem Lichte strebenden Seele ihrem Gott gegenüber, Erklärung ihres wahren Wollens, für dessen Erfüllung sie in dem Gebet durch das Vertiefen und Sichklarwerden über sich selbst Kraft zu erhalten hofft, die ihr bei rechter Einstellung auch wird nach dem Gesetz der Wechselwirkung.

*»Und führe uns nicht in Versuchung!«*

Es ist ein falscher Begriff, wenn der Mensch in den Worten lesen will, daß er durch Gott versucht würde. Gott versucht niemand! In diesem Falle handelt es sich nur um eine unsichere Überlieferung, welche ungeschickterweise dieses Wort Versuchung wählte. In seinem rechten Sinne ist es einzureihen in Begriffe wie Verirren, Verlaufen, also falsch laufen, falsch suchen auf dem Wege dem Lichte entgegen.

Es heißt soviel wie: »Laß uns nicht falsche Wege einschlagen, nicht falsch suchen, laß uns nicht die Zeit versuchen! Vertrödeln, vergeuden! Sondern halte uns, wenn nötig, *gewaltsam* davon zurück, auch wenn uns solche Notwendigkeit als Leid und Schmerz treffen muß.«

Diesen Sinn muß der Mensch auch schon heraushören durch den sich anschließenden und ja auch dem Wortlaute nach direkt dazu gehörenden Teilsatz: »*Sondern erlöse uns von dem Übel!*«

Das »sondern« zeigt deutlich genug die Zusammengehörigkeit. Der Sinn ist gleichbedeutend mit: »Laß uns das Übel erkennen, um jeden

Preis für uns, auch um den Preis des Leidens. Mache uns durch Deine Wechselwirkungen bei jedem Fehlen dazu fähig.« In dem Erkennen liegt auch das Erlösen, für die, so guten Willens dazu sind!

Damit endet der zweite Teil, das Gespräch mit Gott. Der dritte Teil bildet den Schluß: »*Denn Dein ist das Reich und die Kraft und die Herrlichkeit, in Ewigkeit! Amen!*«

Als ein jubelndes Bekenntnis des Sichgeborgenfühlens in der Allmacht Gottes bei Erfüllung alles dessen, was die Seele als Gelöbnis ihm in dem Gebet zu Füßen legt! –

Dieses von dem Gottessohn gegebene Gebet hat also zwei Teile. Die Einleitung des Sichnahens und das Gespräch. Zuletzt ist durch Luther das jubelnde Bekenntnis des Wissens von der Hilfe für alles das hinzugekommen, was das Gespräch enthält, des Erhaltens der Kraft für die Erfüllung dessen, was die Seele ihrem Gott gelobte. Und die Erfüllung *muß* die Seele dann hinauftragen in das Reich Gottes, das Land der ewigen Freude und des Lichtes!

Damit wird das Vaterunser, wenn es wirklich erlebt ist, die Stütze und der Stab zum Aufstiege in das geistige Reich!

Der Mensch soll nicht vergessen, daß er sich in einem Gebet eigentlich nur die Kraft zu holen hat, *das selbst verwirklichen* zu können, was er erbittet! So soll er beten! Und so ist auch das Gebet gehalten, das der Gottessohn den Jüngern gab!

## GOTTANBETUNG

Es kann ruhig gesagt werden, daß der Mensch die für ihn unbedingte Selbstverständlichkeit einer Gottesanbetung überhaupt noch nicht begriffen, noch weniger geübt hat.

Betrachtet Euch einmal die Gottanbetung, wie man sie bis heute trieb! Man kennt ja nur ein Bitten oder, besser noch gesagt, ein Betteln! Nur hie und da kommt es schließlich auch einmal vor, daß Dankgebete aufsteigen, die wirklich aus dem Herzen strömen. Das ist jedoch als große Ausnahme immer nur dann und dort, wo ein Mensch ein ganz besonderes Geschenk *unerwartet* erhält, oder aus einer großen Gefahr *plötzlich* errettet wird. Das Unerwartete und Plötzliche gehört bei ihm dazu, wenn er sich überhaupt einmal zu einem Dankgebet aufschwingt.

Es können ihm auch die gewaltigsten Dinge unverdient in den Schoß fallen, so wird es ihm doch nie oder nur sehr selten einfallen, an einen Dank zu denken, sobald alles auf eine ruhige, normale Art vor sich geht.

Ist ihm und allen denen, die er liebt, stets Gesundheit auffallend beschert, und hat er keine Erdensorgen, so wird er sich wohl kaum zu einem ernsten Dankgebet aufschwingen.

Um ein stärkeres Gefühl in sich hervorzurufen, bedarf es bei dem Menschen leider immer eines ganz *besonderen* Anstoßes. Freiwillig im Gutgehen rafft er sich niemals dazu auf. Er führt es vielleicht hier und da im Munde, oder geht auch in die Kirche, um bei der Gelegenheit ein Dankgebet zu murmeln, aber mit seiner ganzen Seele dabei zu sein, auch nur eine einzige Minute, das fällt ihm gar nicht ein.

Nur wenn wirkliche Not an ihn herantritt, *dann* besinnt er sich sehr schnell, daß es ja jemand gibt, der ihm zu *helfen* fähig ist. Die Angst treibt ihn dazu, endlich einmal auch ein Gebet zu stammeln! Und das ist dann doch immer nur ein Bitten, aber keine Anbetung.

*So* ist der Mensch, der sich noch *gut* dünkt, der sich gläubig nennt! Und das sind wenige auf der Erde! Rühmenswerte Ausnahmen!

Stellt Euch nun einmal selbst das jammervolle Bild vor Augen! Wie erscheint es bei dem richtigen Betrachten Euch, den Menschen! Wieviel erbärmlicher steht so ein Mensch aber vor seinem Gott! Aber so ist leider die Wirklichkeit! Ihr könnt Euch drehen oder wenden, wie Ihr wollt, es bleibt bei diesen Tatsachen, sobald Ihr Euch einmal bemüht, der Sache auf den Grund zu gehen, unter Auslassung jeder Beschönigung. Es muß Euch doch etwas beklommen dabei werden; denn weder Bitten noch der Dank gehören zu der Anbetung.

Anbetung ist *Verehrung!* Diese findet Ihr nun aber wirklich nicht auf dieser ganzen Erde! Betrachtet Euch einmal die Feste oder Feiern, die zu Gottes Ehre dienen sollen, wo von Bitten und von Betteln ausnahmsweise einmal abgelassen wird. Da sind die Oratorien! Sucht Euch die Sänger, die in Gottesanbetung singen! Seht sie Euch an, wenn sie sich dazu vorbereiten in dem Saale oder in der Kirche. Sie alle wollen etwas leisten, um damit den *Menschen* zu gefallen. Gott ist ihnen dabei ziemlich gleichgiltig. Gerade Er, dem es ja gelten soll! Blickt auf den Dirigenten! Er heischt nach Beifall, will den Menschen zeigen, was er kann.

Dann gehet weiter. Seht die stolzen Bauten, Kirchen, Dome, welche Gott zur Ehre stehen... sollen. Der Künstler, Architekt, der Baumeister ringt nur nach Erdenanerkennung, jede Stadt *prunkt* mit diesen Gebäuden... zur Ehre für sich selbst. Sie müssen sogar dazu dienen, Fremde anzuziehen. Aber nicht etwa zur Gottanbetung, sondern daß dem Orte Geld zufließt durch den dadurch gehobenen Verkehr! Nur Drang nach Erdenäußerlichkeiten, wohin Ihr blickt! Und alles unter Vorgabe der Gottanbetung!

Wohl gibt es hier und da noch einen Menschen, dem im Walde, auf den Höhen seine Seele aufzugehen pflegt, der dabei sogar auch der Größe des Erschaffers all der Schönheit um ihn her flüchtig gedenkt, doch als ganz weit im Hintergrunde stehend. Ihm geht die Seele dabei auf, doch nicht zum Jubelfluge in die Höhe, sondern... auseinander, sie läuft buchstäblich breit im Wohlbehagen des Genusses.

So etwas darf mit einem Höhenfluge nicht verwechselt werden. Es ist nicht anders einzuschätzen als das Behagen eines Schlemmers an der reichbesetzten Tafel. Das Aufgehen der Seele dieser Art wird irrtümlich für Anbetung gehalten; sie bleibt gehaltlos, Schwärmerei, *eigenes* Wohlgefühl, das der Empfindende für einen Dank zum Schöpfer hält. Es ist rein irdisches Geschehen. Auch viele der Naturschwärmer halten gerade diesen Rausch für rechte Gottanbetung, dünken sich auch darin anderen weit überlegen, welche nicht die Möglichkeiten haben, diese Schönheiten der Erdenformationen zu genießen. Es ist ein grobes Pharisäertum, das nur im eigenen Wohlbefinden seinen Ausgang hat. Ein Flittergold, dem jede Werte fehlen.

Wenn diese Menschen einstens ihre Seelenschätze suchen müssen, um sie zu ihrem Aufstieg zu verwerten, so finden sie den Schrein in sich vollständig leer; denn der gedachte Schatz war nur ein Schönheitsrausch, sonst nichts. Es fehlte ihm die wahre Ehrfurcht vor dem Schöpfer.–

Die wahre Gottanbetung zeigt sich nicht in Schwärmerei, nicht in gemurmelten Gebeten, nicht in Betteln, Knieen, Händeringen, nicht in seligem Erschauern, sondern in freudiger *Tat!* In jubelnder Bejahung dieses Erdenseins! Auskosten eines jeden Augenblicks! Auskosten heißt ausnützen. Ausnützen wiederum... erleben! Doch nicht in Spiel und Tanz, nicht in den Körper und die Seele schädigenden Zeitvertrödelungen, die der Verstand als Ausgleich und zum Aufpeitschen seines Wirkens sucht und braucht, sondern im Aufblick zu dem Licht und *dessen* Wollen, welches *alles* in der Schöpfung Seiende nur fördert, hebt, veredelt!

Dazu gehört aber als Grundbedingung die genaue Kenntnis der Gesetze Gottes in der Schöpfung. Diese zeigen dem Menschen, wie er zu leben hat, wenn er gesund sein will an Körper und Seele, zeigen genau den Weg, welcher hinaufführt zum geistigen Reich, lassen ihn aber auch die Schrecken klar erkennen, die für ihn erstehen müssen, wenn er diesen Gesetzen sich entgegenstellt!

## 21. GOTTANBETUNG

Da die Gesetze in der Schöpfung selbsttätig und lebendig wirken, ehern, unverrückbar, mit einer Kraft, gegen die Menschengeister völlig machtlos sind, so ist es eigentlich nur selbstverständlich, daß das dringendste Bedürfnis eines jeden Menschen *das* sein muß, diese Gesetze restlos zu erkennen, deren Auswirkungen er in jedem Falle wirklich wehrlos preisgegeben bleibt!

Und doch ist diese Menschheit so beschränkt, daß sie über diese so klare, einfache Notwendigkeit sorglos hinwegzugehen sucht, trotzdem es etwas Näherliegendes gar nicht gibt! Die Menschheit kommt bekanntlich niemals auf die *einfachsten* Gedanken. Ein jedes Tier ist darin sonderbarerweise klüger als der Mensch. Es fügt sich in die Schöpfung ein und wird darin gefördert, solange es der Mensch nicht davon abzuhalten sucht.

Der Mensch aber will herrschen über etwas, dessen selbständigem Wirken er stets unterworfen ist und unterworfen bleiben wird. In seinem Dünkel wähnt er schon Gewalten zu *beherrschen,* wenn er nur kleine Ausläufer von Strahlungen für seine Zwecke zu verwenden lernt, oder die Auswirkung der Luft, des Wassers und des Feuers ganz im Kleinen nützt! Dabei bedenkt er nicht, daß er bei diesen im Verhältnis immer noch sehr kleinen Nutzanwendungen erst *vorher lernen* muß, beobachten, um schon vorhandene Beschaffenheiten oder Kräfte ganz in *deren Eigenart* zu nützen. Er muß sich dabei anzupassen suchen, wenn Erfolg sein soll! *Er* ganz allein!

Das ist kein Herrschen, kein Bezwingen, sondern ein Sichbeugen, ein Sicheinfügen in die bestehenden Gesetze.

Der Mensch müßte dabei endlich gesehen haben, daß ihm nur lernendes Sicheinfügen den Nutzen bringen kann! Er sollte darin dankbar weiterschreiten. Aber nein! Er brüstet und gebärdet sich daraufhin nur noch anmaßender als zuvor. Gerade dort, wo er sich einmal dienend dem göttlichen Willen in der Schöpfung beugt und dadurch sofort sichtbar Nutzen hat, sucht er es kindisch derart hinzustellen, daß er ein Sieger ist! Ein Sieger über die Natur!

Die unsinnige Einstellung erreicht den Gipfel aller Dummheit darin, daß er damit an wirklich Großem blind vorübergeht; denn bei der rechten Einstellung würde er tatsächlich ein Sieger sein... über sich selbst und seine Eitelkeit, weil er sich in der folgerichtigen Beleuchtung bei allen namhaften Errungenschaften vorher lernend beugte gegenüber dem Bestehenden. Darin allein wird ihm Erfolg.

Jeder Erfinder und auch alles wirklich Große hat sein Denken und sein Wollen eingefügt in die bestehenden Naturgesetze. Was sich dagegen stemmen oder gar dagegen wirken will, das wird erdrückt, zermalmt, zerschellt. Es ist unmöglich, daß es jemals recht zum Leben kommen kann.

Wie die Erfahrungen im Kleinen, nicht anders ist es mit des Menschen ganzem Sein, nicht anders mit ihm selbst!

Er, der nicht nur die kleine Erdenzeit, sondern die ganze Schöpfung zu durchwandern hat, braucht dazu unbedingt die Kenntnis der Gesetze, denen die *gesamte Schöpfung* unterworfen bleibt, nicht nur die jedem Erdenmenschen allernächste, sichtbare Umgebung! Kennt er sie nicht, so wird er aufgehalten und gehemmt, verletzt, zurückgeworfen oder gar zermalmt, weil er in seiner Unkenntnis nicht *mit* den Kraftströmungen der Gesetze gehen konnte, sondern sich so falsch hineinstellte, daß sie ihn abwärts drücken mußten anstatt aufwärts.

Ein Menschengeist zeigt sich nicht groß, bewundernswert, sondern nur lächerlich, wenn er die Tatsachen, die er täglich in ihren Auswirkungen überall erkennen *muß*, starrköpfig und verblendet abzulehnen sich bemüht, sobald er sie nicht nur in seiner Tätigkeit und aller Technik, sondern auch für sich und seine Seele grundlegend verwenden soll! Er hat in seinem Erdensein und Wirken *stets* Gelegenheit, die unbedingte Festigkeit und Gleichheit aller Grundauswirkungen zu sehen, sobald er sich nicht leichtsinnig oder gar böswillig verschließt und schläft.

Es gibt darin in der gesamten Schöpfung keine Ausnahme, auch nicht für eine Menschenseele! Sie *muß* sich den Gesetzen in der Schöpfung fügen, wenn deren Wirken fördernd für sie werden soll! Und diese einfache Selbstverständlichkeit übersah der Mensch bisher vollständig in der leichtfertigsten Art.

## 21. GOTTANBETUNG

Sie erschien ihm so einfach, daß sie für ihn gerade dadurch zu dem Schwersten im Erkennen werden mußte, was es für ihn gab. Und dieses Schwere zu erfüllen wurde mit der Zeit für ihn überhaupt unmöglich. So steht er heute nun vor dem Ruin, dem seelischen Zusammenbruch, der alles von ihm Aufgebaute mit zertrümmern muß!

Nur eines kann ihn retten: restlose Kenntnis der Gesetze Gottes in der Schöpfung. Das ganz allein vermag ihn wieder vorwärts, aufwärts zu bringen, und mit ihm alles, was er künftig aufzubauen sucht.

Sagt nicht, daß Ihr als Menschengeister die Gesetze in der Schöpfung nicht so leicht erkennen könnt, daß sich die Wahrheit von den Trugschlüssen schwer unterscheiden läßt. Das ist nicht wahr! Wer solche Reden führt, will damit nur die Trägheit wieder zu bemänteln suchen, die er in sich birgt, will nur die Gleichgiltigkeit seiner Seele nicht erkennbar werden lassen, oder sich vor sich selbst zur eigenen Beruhigung entschuldigen.

Es nützt ihm aber nichts; denn jeder Gleichgiltige, jeder Träge wird nunmehr verworfen! Nur der, der seine ganze Kraft zusammenrafft, um sie zur Erringung des Notwendigsten für seine Seele *restlos* zu verwenden, kann noch Aussicht auf die Rettung haben. Alle Halbheit ist so gut wie nichts. Auch jedes Zögern, das Hinausschieben ist schon vollständige Versäumnis. Es ist der Menschheit nicht mehr Zeit gelassen, weil sie schon bis zu dem Zeitpunkt gewartet hat, welcher die letzte Grenze bildet.

Es wird ihr selbstverständlich diesmal nicht so leicht gemacht und auch nicht so leicht werden, da sie durch das bisherige sorgloseste Dahinschlendern in diesen Dingen sich jeder Fähigkeit beraubte, an den tiefen Ernst einer notwendigen *letzten* Entscheidung überhaupt zu glauben! Und *dieser* Punkt gerade ist die größte Schwäche, wird der unfehlbare Sturz so vieler sein!

Jahrtausende hindurch ist viel getan worden, Euch Gottes Willen oder die Gesetzmäßigkeit in der Schöpfung klarzumachen, wenigstens so weit, wie Ihr es braucht, um aufsteigen zu können in die lichte Höhe, aus der Ihr ausgegangen seid, um Euch dahin zurückzufinden! Nicht durch die sogenannten Erdenwissenschaften, auch nicht durch die Kirchen, sondern durch die Diener Gottes, die Propheten alter Zeiten, wie dann durch des Gottessohnes Botschaft selbst.

So einfach diese Euch gegeben war, Ihr *redet* bisher nur davon, doch habt Ihr niemals Euch ernsthaft bemüht, sie richtig zu verstehen, noch weniger, darnach zu leben! Das war nach Eurer trägen Meinung viel zu viel von Euch verlangt, trotzdem es Euere einzige Rettung ist! Ihr wollt gerettet werden, ohne daß Ihr selbst Euch irgendwie dabei bemüht! Wenn Ihr darüber nachdenkt, müßt Ihr doch zu diesem traurigen Erkennen kommen.

Aus jeder Gottesbotschaft machtet Ihr Religion! Zu Euerer Bequemlichkeit! *Und das war falsch!* Denn einer Religion bautet Ihr eine ganz besondere, erhöhte Stufe, abseits von dem Alltagswirken! Und darin lag der größte Fehler, den Ihr machen konntet; denn Ihr stelltet damit auch den Gotteswillen abseits von dem Alltagsleben, oder, was dasselbe ist, Ihr stellet *Euch* abseits vom Gotteswillen, anstatt Euch mit ihm zu vereinen, ihn mitten in das Leben und das Treiben Eures Alltags zu setzen! *Eins* mit ihm zu werden!

Ihr sollt jede Botschaft Gottes ganz *natürlich* aufnehmen und praktisch, müßt sie Eurer Arbeit einverleiben, Eurem Denken, Eurem ganzen Leben! Ihr dürft nicht etwas für sich Alleinstehendes daraus machen, wie es bis jetzt geschah, zu dem Ihr nur besuchsweise in Ruhestunden geht! Wo Ihr für eine kurze Zeit Euch der Zerknirschung hingeben sucht, oder dem Danke, der Erholung. Damit ist es Euch nicht als etwas Selbstverständliches geworden, das Euch zu eigen ist wie Hunger oder Schlaf.

Versteht doch endlich recht: Ihr sollt in diesem Gotteswillen *leben,* damit Ihr Euch zurechtfindet auf allen Wegen, welche Gutes für Euch bringen! Die Gottesbotschaften sind wertvolle Winke, die Ihr *nötig* habt, ohne deren Kenntnis und Befolgung Ihr verloren seid! Ihr dürft sie deshalb nicht in einen Glasschrein stellen, um sie darin wie etwas Heiliges in seligem Erschauern nur des Sonntags zu betrachten, oder in der Not, in Angst an diesen Ort zu flüchten, um Euch darin Kraft zu holen!

## 21. GOTTANBETUNG

Unselige, Ihr sollt die Botschaft nicht verehren, sondern *nützen!* Sollt herzhaft zugreifen, nicht nur im Feierkleide, sondern mit der harten Faust des werktätigen Lebens, welche niemals schändet, nicht erniedrigt, sondern jeden *ehrt!* Das Kleinod leuchtet in der schweiß- und erdbeschmutzten Schwielenhand viel reiner, höher auf als in den wohlgepflegten Fingern eines trägen Nichtstuers, der seine Erdenzeit nur mit Betrachtungen verbringt!

Jede Gottesbotschaft sollte Euch zuteil gegeben sein, das heißt, *ein Teil von Euch werden!* Den Sinn müßt Ihr recht zu erfassen suchen!

Ihr durftet sie nicht als etwas Gesondertes betrachten, was außerhalb von Euch verbleibt, an das Ihr mit scheuer Zurückhaltung heranzutreten Euch gewöhnt. Nehmt das Wort Gottes *in* Euch auf, damit ein jeder weiß, *wie* er zu leben und zu gehen hat, um zu dem Gottesreiche zu gelangen!

Darum erwachet endlich! Lernet die Gesetze in der Schöpfung kennen. Dazu verhilft Euch aber keine Erdenklugheit, nicht das kleine Wissen technischer Beobachtung, so Karges reicht nicht aus für den Weg, welchen Eure Seele nehmen muß! Ihr *müßt* den Blick *über* die Erde weit hinaus erheben und erkennen, wohin Euch der Weg führt nach diesem Erdensein, damit Euch darin gleichzeitig auch das Bewußtsein dafür wird, warum und auch zu welchem Zwecke Ihr auf dieser Erde seid.

Und wiederum gerade *so,* wie es in *diesem* Leben mit Euch steht, ob arm, ob reich, gesund oder erkrankt, in Frieden oder Kampf, Freud oder Leid, Ihr lernt die Ursache und auch den Zweck erkennen und werdet darin froh und leicht, dankbar für das Erleben, das Euch bisher ward. Ihr lernt die einzelne Sekunde kostbar schätzen und vor allen Dingen auch sie nützen! Nützen zum Aufstieg nach dem freudevollen Sein, dem großen, reinen Glück!

Und da Ihr selbst Euch viel zu sehr verstrickt, verworren habt, kam Euch als Rettung einst die Gottesbotschaft durch den Gottessohn, nachdem die Warnungen durch die Propheten kein Gehör gefunden hatten. Die Gottesbotschaft zeigte Euch den Weg, den einzigen, zu Eurer Rettung aus dem Sumpf, der Euch schon zu ersticken drohte! Durch

## 21. GOTTANBETUNG

Gleichnisse suchte der Gottessohn Euch darauf hinzuführen! Die Glaubenwollenden und Suchenden nahmen sie auf mit ihrem *Ohr,* doch weiter ging es nicht. Sie suchten nie darnach zu leben.

Religion und Alltagsleben blieb auch Euch stets zweierlei. Ihr standet immer nur daneben, statt darin! Die in den Gleichnissen erläuterte Auswirkung der Gesetze in der Schöpfung blieb von Euch völlig unverstanden, weil Ihr sie darin nicht suchtet!

Nun kommt in der Gralsbotschaft die Deutung der Gesetze in für die Jetztzeit Euch verständlicherer Form! Es sind in Wirklichkeit genau dieselben, welche Christus einst schon brachte, in der für *damals* angebrachten Form. Er zeigte, wie die Menschen denken, reden, handeln sollen, um geistig reifend in der Schöpfung aufwärts zu gelangen! Mehr brauchte ja die Menschheit nicht. Es ist nicht eine Lücke dafür in der damaligen Botschaft.

Wer sich nun endlich darnach richtet, im Denken, Reden und im Tun, *der übt damit die reinste Gottanbetung aus; denn diese ruht nur in der Tat!*

Wer sich in die Gesetze willig stellt, tut stets das Rechte! *Damit* beweist er seine Ehrfurcht vor der Weisheit Gottes, beugt sich freudig seinem Willen, der in den Gesetzen liegt. Er wird dadurch von deren Auswirkung gefördert und beschützt, von allem Leid befreit und hochgehoben in das Reich des lichten Geistes, wo in jubelndem Erleben die Allweisheit Gottes ohne Trübung jedem sichtbar wird, und wo die Gottanbetung in dem Leben selbst besteht! Wo jeder Atemzug, jedes Empfinden, jede Tat von freudevoller Dankbarkeit getragen wird und so als dauernder Genuß besteht. Aus Glück heraus geboren, Glück aussäend und deshalb Glück erntend!

Gottanbetung in dem Leben und Erleben liegt allein im Einhalten der göttlichen Gesetze. Nur damit wird das Glück verbürgt. So soll es sein in dem kommenden Reich, dem tausendjährigen, welches das Gottesreich auf Erden heißen wird!

## DER MENSCH UND SEIN FREIER WILLE

Um darüber ein geschlossenes Bild geben zu können, muß vieles außerhalb Liegende mit herangezogen werden, das seine Einflüsse auf die Hauptsache mehr oder weniger geltend macht!

Der freie Wille! Das ist etwas, wovor sogar bedeutende Menschen sinnend stehenbleiben, weil bei einer Verantwortlichkeit nach den Gesetzen der Gerechtigkeit auch unbedingt eine freie Entschließungsmöglichkeit vorhanden sein muß.

Wohin man auch hört, von allen Seiten kommt der Ruf: Wo soll ein freier Wille im Menschen sein, wenn es in Wirklichkeit Vorsehung, Führung, Bestimmungen, Sterneneinflüsse und Karma gibt? Der Mensch wird geschoben, gehobelt, geformt, ob er nun will oder nicht!

Mit Eifer stürzen sich ernsthaft Suchende über alles, was vom freien Willen spricht, in der ganz richtigen Erkenntnis, daß gerade darüber eine Erklärung notwendig gebraucht wird. Solange diese fehlt, vermag sich der Mensch auch nicht richtig einzustellen, um sich in der großen Schöpfung als das zu behaupten, was er wirklich ist. Wenn er aber nicht die richtige Einstellung zur Schöpfung hat, muß er ein Fremder darin bleiben, wird umherirren, muß sich schieben, hobeln und formen lassen, weil ihm das Zielbewußte fehlt.

Sein großer Mangel ist, daß er nicht weiß, wo eigentlich sein freier Wille ruht und wie er sich betätigt. Der Umstand zeigt auch, daß er den Weg zu seinem freien Willen vollständig verloren hat, ihn nicht mehr zu finden weiß.

Der Eingang des Pfades zu dem Verständnis ist durch aufgetürmten Flugsand nicht mehr erkennbar. Die Spuren sind verweht. Der Mensch

## 22. DER MENSCH UND SEIN FREIER WILLE

läuft unschlüssig im Kreise, sich dabei ermüdend, bis ein frischer Wind die Wege endlich wieder freilegt. Daß dabei erst der ganze Flugsand aufgescheucht in tollem Wirbel durcheinanderfegen wird und noch im Vergehen viele Augen trüben kann, die hungernd nach der Wegesöffnung weitersuchen, ist natürlich, selbstverständlich.

Aus diesem Grunde muß ein jeder größte Vorsicht üben, um seinen Blick frei zu halten, bis auch das letzte Stäubchen dieses Flugsandes verflogen ist. Sonst kann es geschehen, daß er den Weg wohl sieht, und doch leicht getrübt mit einem Fuß zur Seite tritt, strauchelt und stürzt, um noch, den Weg schon vor sich, zu versinken. –

Das Unverständnis, das dem wirklichen Bestehen eines freien Willens von den Menschen hartnäckig immer wieder entgegengebracht wird, wurzelt hauptsächlich in dem Nichtverstehen dessen, was eigentlich der freie Wille ist.

Die Erklärung liegt zwar in der Bezeichnung schon selbst, aber, wie überall, so sieht man auch hier das wirklich Einfache vor lauter Einfachheit nicht, sondern sucht an falscher Stelle und kommt dadurch auch nicht in die Lage, sich den freien Willen vorzustellen.

Unter Willen versteht die größte Zahl der Menschen heute jene gewaltsame Konstruktion des irdischen Gehirnes, wenn der an Raum und Zeit gebundene Verstand für das Denken und Fühlen irgendeine bestimmte Richtung angibt und festlegt.

Das ist aber nicht der freie Wille, sondern der durch irdischen Verstand *gebundene* Wille!

Diese von vielen Menschen angewendete Verwechslung bringt großen Irrtum, baut die Mauer, welche ein Erkennen und Erfassen unmöglich macht. Der Mensch wundert sich dann, wenn er dabei Lücken findet, auf Widersprüche stößt und keinerlei Logik hineinzubringen vermag.

Der freie Wille, der allein so einschneidend in das eigentliche Leben wirkt, daß er weit hinausreicht in die jenseitige Welt, der Seele seinen Stempel aufdrückt, sie zu formen fähig ist, ist von ganz anderer Art. Viel größer, um so irdisch zu sein. Er steht deshalb auch in keinerlei

Verbindung mit dem irdisch-grobstofflichen Körper, also auch nicht mit dem Gehirn. Er ruht lediglich im Geiste selbst, in der Seele des Menschen.

Würde der Mensch nicht immer wieder dem Verstande die unbeschränkte Oberherrschaft einräumen, so könnte der weiterschauende freie Wille seines geistigen, eigentlichen »Ichs« dem Verstandesgehirne die Richtung vorschreiben, aus der feinen Empfindung heraus. Dadurch müßte der gebundene Wille dann, der unbedingt zur Ausführung aller irdischen, an Raum und Zeit gebundenen Zwecke notwendig ist, sehr oft einen anderen Weg einschlagen, als es jetzt der Fall ist.

Daß damit auch das Schicksal eine andere Richtung nimmt, ist leicht erklärlich, weil das Karma durch die anders eingeschlagenen Wege auch andere Fäden zieht und eine andere Wechselwirkung bringt.

Diese Erklärung kann selbstverständlich noch kein rechtes Verständnis für den freien Willen bringen. Soll ein ganzes Bild davon gezeichnet werden, so muß man wissen, wie sich der freie Wille bereits betätigt hat. Auch in welcher Weise die oft so vielseitige Verstrickung eines schon bestehenden Karmas erfolgte, das fähig ist, in seinen Auswirkungen den freien Willen so zu verdecken, daß dessen Bestehen kaum noch oder überhaupt nicht mehr erkannt zu werden vermag.

Eine derartige Erklärung aber läßt sich wiederum nur dann abgeben, wenn auf das ganze Werden des geistigen Menschen zurückgegriffen wird, um von dem Augenblicke auszugehen, in dem das Geistsamenkorn des Menschen sich erstmalig in die feinstoffliche Hülle senkt, den äußersten Rand der Stofflichkeit. –

Dann sehen wir, daß der Mensch durchaus nicht das ist, was er sich einbildet zu sein. Er hat nimmermehr das unbedingte Anrecht auf die Seligkeit und auf ein ewiges persönliches Fortleben in seiner Tasche. Der Ausdruck »Wir sind alle Gottes Kinder« ist in dem von den Menschen aufgefaßten oder gedachten Sinne falsch! Es ist *nicht* jeder Mensch ein Kind Gottes, sondern nur dann, wenn er sich dazu entwickelt hat.

Der Mensch wird als ein Geistkeim in die Schöpfung gesenkt. Dieser Keim trägt alles in sich, um sich zu einem persönlich bewußten Kinde

Gottes entwickeln zu können. Dabei ist aber vorausgesetzt, daß er die entsprechenden Fähigkeiten dazu öffnet und pflegt, sie aber nicht verkümmern läßt.

Groß und gewaltig ist der Vorgang, und doch ganz natürlich in jeder Stufe des Geschehens. Nichts steht dabei außerhalb eines logischen Werdeganges; denn Logik ist in allem göttlichen Wirken, da dies vollkommen ist und alles Vollkommene der Logik nicht entbehren darf.

Jeder dieser Keime des Geistes trägt gleiche Fähigkeiten in sich, da sie ja von *einem* Geiste stammen, und jede dieser einzelnen Fähigkeiten birgt eine Verheißung, deren Erfüllung unbedingt erfolgt, sobald die Fähigkeit zur Entwicklung gebracht wird. Aber auch nur dann! Das ist der Ausblick eines *jeden* Keimes bei der Saat. Und doch...!

Es ging ein Säemann aus, zu säen: Dort, wo das Feinstofflichste der Schöpfung an das Wesenhafte reicht, ist die Fläche der Aussaat der menschlichen Geistkeime. Fünkchen gehen von dem Wesenhaften über die Grenze und versenken sich in den jungfräulichen Boden des feinstofflichsten Teiles der Schöpfung, wie bei den elektrischen Entladungen eines Gewitters. Es ist, als ob die schaffende Hand des Heiligen Geistes Samenkörner ausstreut in das Stoffliche.

Während sich die Saat entwickelt und langsam der Ernte zureift, gehen viele Körner verloren. Sie gehen nicht auf, das heißt, sie haben ihre höheren Fähigkeiten nicht entwickelt, sondern sind verfault oder verdorrt und müssen sich im Stofflichen verlieren. Die aber aufgegangen sind und über die Fläche emporstreben, werden bei der Ernte streng gesichtet, die tauben Ähren von den vollen Ähren geschieden. Nach der Ernte wird dann nochmals sorgfältig die Spreu von dem Weizen getrennt.

So ist das Bild des Werdeganges im großen. Um nun den freien Willen zu erkennen, müssen wir den eigentlichen Werdegang *des Menschen* eingehender verfolgen:

Wenn geistige Funken überspringen in den Boden des feinstofflichen Ausläufers der stofflichen Schöpfung, so schließt sich um diese Funken sofort eine gasige Hülle von der gleichen Stoffart dieser zartesten Region des Stofflichen. Damit ist der Geisteskeim des Menschen eingetreten in die Schöpfung, die wie alles Stoffliche der Veränderung und dem Zergehen unterworfen ist. Er ist noch karmafrei und wartet der Dinge, die da kommen sollen.

Bis in diese äußersten Ausläufer hinein reichen nun die Schwingungen der starken Erlebnisse, die inmitten der Schöpfung in all dem Werden und Vergehen ununterbrochen vor sich gehen\*.

Wenn es auch nur die zartesten Andeutungen sind, die diese Feinstofflichkeit wie ein Hauch durchziehen, so genügen sie doch, das empfindsame Wollen in dem Geisteskeime zu wecken und aufmerksam zu machen. Er verlangt, von dieser oder jener Schwingung zu »naschen«, ihr nachzugehen, oder, wenn man es anders ausdrücken will, sich von dieser mitziehen zu lassen, das einem Sichanziehenlassen gleichkommt.

Darin liegt die erste Entscheidung des vielseitig veranlagten Geisteskeimes, der nun je nach seiner Wahl hier- oder dorthin gezogen wird. Dabei knüpfen sich auch schon die ersten zartesten Fäden zu dem Gewebe, das für ihn später sein Lebensteppich werden soll.

Nun kann aber der sich schnell entwickelnde Keim jeden Augenblick benutzen, sich den seinen Weg dauernd und vielfältig kreuzenden andersartigen Schwingungen hinzugeben. Sobald er dies vornimmt, also wünscht, wird er damit seine Richtung ändern und der neuerwählten Art nachgehen, oder, anders ausgedrückt, sich von dieser ziehen lassen.

Durch seinen Wunsch vermag er wie ein Steuer den Kurs zu ändern in den Strömungen, sobald ihm die eine nicht mehr behagt. So vermag er hier und da zu »kosten«.

Bei diesem Kosten reift er mehr und mehr, erhält langsam Unterscheidungsvermögen und zuletzt Urteilsfähigkeit, bis er schließlich immer bewußter und sicherer werdend einer bestimmteren Richtung folgt. Seine Wahl der Schwingungen, denen er zu folgen gewillt ist, bleibt dabei nicht ohne tiefere Wirkung auf ihn selbst.

---

\* Dies alles ist vorläufig im großen Ausblick gegeben, es wird in späteren Vorträgen ausführlicher geschildert.

Es ist nur eine ganz natürliche Folgerichtigkeit, daß diese Schwingungen, in denen er durch sein freies Wollen sozusagen schwimmt, in der Wechselwirkung den Geisteskeim ihrer Art entsprechend beeinflussen.

Der Geisteskeim selbst hat aber *nur edle und reine* Fähigkeiten in sich! Das ist das Pfund, mit dem er in der Schöpfung »wuchern« soll. Gibt er sich edlen Schwingungen hin, so werden diese in der Wechselwirkung die im Keime ruhenden Fähigkeiten munter machen, sie aufrütteln, stärken und großziehen, so daß diese mit der Zeit reichlich Zinsen tragen und großen Segen in die Schöpfung verbreiten. Ein derartig heranwachsender Geistesmensch wird damit zu einem guten Haushalter.

Entschließt er sich aber vorwiegend zu unedlen Schwingungen, so können ihn diese mit der Zeit so stark beeinflussen, daß ihm deren Art anhaften bleibt und die eigenen reinen Fähigkeiten des Geisteskeimes umhüllen, sie überwuchern und nicht zum eigentlichen Erwachen und Aufblühen kommen lassen. Diese müssen zuletzt als regelrecht »vergraben« gelten, wodurch der betreffende Mensch zu einem schlechten Haushalter über das ihm anvertraute Pfund wird.

Ein Geisteskeim vermag also nicht von sich aus unrein zu sein, da er vom Reinen kommt und nur Reinheit in sich trägt. Aber er kann nach seiner Versenkung in die Stofflichkeit seine dann ebenfalls stoffliche Hülle durch »Kosten« unreiner Schwingungen nach eigenem Wollen, also durch Versuchungen, beschmutzen, kann sich sogar damit seelisch das Unreine durch starke Überwucherungen des Edlen äußerlich *zu eigen* schaffen, wodurch er also unreine Eigenschaften erhält, zum Unterschiede von den mitgebrachten, ererbten Fähigkeiten des Geistes.

Jede Schuld und alles Karma ist nur *stofflich!* Nur innerhalb der stofflichen Schöpfung, nicht anders! Kann auch nicht auf den Geist übergehen, sondern ihm nur anhängen. Deshalb ist ein *Reinwaschen* von aller Schuld möglich.

Diese Erkenntnis wirft nichts um, sondern bestätigt nur alles, was Religion und Kirche bildlich sagen. Vor allem erkennen wir immer mehr und mehr die große Wahrheit, die Christus der Menschheit brachte.

Es ist auch selbstverständlich, daß ein Geistkeim, der sich im Stofflichen durch Unreines beschwert, mit dieser Bürde nicht wieder zurück in das Geistige kann, sondern so lange im Stofflichen bleiben muß, bis er diese Last abgestreift hat, sich davon lösen konnte. Dabei wird er naturgemäß immer in der Region bleiben müssen, in die ihn das Gewicht seiner Belastung zwingt, wobei die mehr oder weniger große Unreinheit ausschlaggebend ist.

Gelingt es ihm nicht, die Last bis zum Tage des Gerichtes loszuwerden und abzuwerfen, so vermag er trotz der immer gebliebenen Reinheit des Geisteskeimes, der sich allerdings durch die Überwucherung des Unreinen nicht seinen eigentlichen Fähigkeiten entsprechend entfalten konnte, nicht emporzuschweben. Das Unreine hält ihn durch seine Schwere zurück und zieht ihn mit in die Zersetzung alles Stofflichen.

Je bewußter nun ein Geisteskeim in seiner Entwicklung wird, desto mehr nimmt seine äußere Hülle die Gestalt der inneren Eigenart an. Entweder nach dem Edlen hinstrebend oder nach dem Unedlen, also schön oder unschön.

Jede Schwenkung, die er macht, bildet einen Knoten in den Fäden, die er hinter sich herzieht, die bei vielen Irrwegen, bei vielem Hin und Her in zahlreichen Maschen wie zu einem Netze werden können, in das er sich verstrickt, wodurch er entweder darin untergeht, weil es ihn festhält, oder aus dem er sich gewaltsam herausreißen muß.

Die Schwingungen, denen er sich naschend oder genießend auf seinen Fahrten hingab, bleiben mit ihm verbunden und ziehen wie Fäden hinter ihm her, senden ihm aber dadurch auch ihre Schwingungsarten dauernd nach.

Behält er nun eine gleiche Richtung lange Zeit inne, so können die weiter zurückliegenden Fäden wie die näheren in unverminderter Stärke wirken. Ändert er aber seinen Kurs, so werden durch die Kreuzung die zurückliegenden Schwingungen nach und nach schwächer beeinflussend, da sie erst durch einen Knoten gehen müssen, der hemmend auf sie wirkt, weil die Knüpfung schon eine Verbindung und Verschmelzung mit der neuen, andersartigen Richtung gibt.

## 22. DER MENSCH UND SEIN FREIER WILLE

So geht es fort und fort. Die Fäden werden mit dem Wachsen des Geistkeimes dichter und stärker, bilden das Karma, dessen Nachwirkung zuletzt so viel Macht gewinnen kann, daß es dem Geiste diesen oder jenen »Hang« beigesellt, der schließlich dessen freie Entschlüsse zu beeinträchtigen fähig ist und diesen eine schon vorher abzuschätzende Richtung gibt. Damit ist der freie Wille dann verdunkelt, kann sich nicht mehr als solcher betätigen.

Von Beginn an ist der freie Wille also vorhanden, nur ist so mancher Wille später derart belastet, daß er in schon erwähnter Weise stark beeinflußt wird, also kein freier Wille mehr sein kann.

Der sich in dieser Weise nun mehr und mehr entwickelnde Keim des Geistes muß der Erde dabei immer näher kommen, da von dieser die Schwingungen am stärksten ausgehen und er immer bewußter steuernd diesen folgt, oder besser gesagt, sich von ihnen »anziehen« läßt, um die nach seiner Neigung gewählten Arten immer stärker auskosten zu können. Er will vom Naschen zu dem wirklichen »Schmecken« übergehen, und zu dem »Genießen«.

Die Schwingungen von der Erde aus sind deshalb so stark, weil hier ein neues, sehr verstärkendes Etwas dazu kommt: die grobstofflich-körperliche Sexualkraft\*!

Diese hat die Aufgabe und die Fähigkeit, das ganze geistige Empfinden zu »*durchglühen*«. Der Geist erhält dadurch erst die rechte Verbindung mit der stofflichen Schöpfung und kann deshalb auch erst dann mit voller Kraft tätig darin sein. Dann umfaßt er alles, was notwendig ist, um sich in der Stofflichkeit volle Geltung zu verschaffen, um darin in jeder Beziehung festzustehen, durchdringend und zwingend wirken zu können, gegen alles gewappnet zu sein und auch gegen alles Schutz zu haben.

Deshalb die ungeheueren Kraftwellen, die von dem Erleben ausgehen, das durch die Menschen auf der Erde erfolgt. Sie reichen allerdings immer nur so weit, wie die stoffliche Schöpfung geht, aber in dieser bis zu den zartesten Ausläufern schwingend.

---

\* Vortrag: »Die Sexualkraft in ihrer Bedeutung zum geistigen Aufstieg«.

## 22. DER MENSCH UND SEIN FREIER WILLE

Ein Mensch auf Erden, der geistig hoch und edel wäre und der deshalb mit hoher, geistiger Liebe zu seinen Mitmenschen käme, würde diesen fremd bleiben, innerlich nicht nahekommen können, sobald seine Sexualkraft ausgeschaltet wäre. Es würde dadurch zum Verstehen und seelischen Nachempfinden eine Brücke fehlen, demnach eine Kluft sein.

In dem Augenblicke aber, wo diese geistige Liebe in reine Verbindung mit der Sexualkraft tritt und von dieser durchglüht wird, bekommt die Ausströmung für alle Stofflichkeit ein ganz anderes Leben, sie wird darin irdisch wirklicher und vermag dadurch auf die Erdenmenschen und auf die ganze Stofflichkeit voll und verständlich zu wirken. So erst wird sie von dieser aufgenommen und nachempfunden und kann den Segen in die Schöpfung tragen, den der Geist des Menschen bringen soll.

Es liegt etwas Gewaltiges in der Verbindung. *Das* ist auch der eigentliche Zweck, wenigstens der *Hauptzweck* dieses so vielen rätselhaften und unermeßlichen Naturtriebes, damit er das Geistige sich in der Stofflichkeit zu voller Wirkungskraft entfalten läßt! Ohne ihn würde es der Stofflichkeit zu fremd bleiben, um sich richtig auswirken zu können. Der Zeugungszweck kommt erst in *zweiter* Linie. Die Hauptsache ist der durch diese Verbindung in einem Menschen erfolgende Aufschwung. Damit erhält der Menschengeist auch seine Vollkraft, seine Wärme und Lebendigkeit, er wird sozusagen mit diesem Vorgang fertig. *Deshalb setzt hier aber auch nun erst seine volle Verantwortlichkeit ein!*

Die weise Gerechtigkeit Gottes gibt dem Menschen an diesem bedeutenden Wendepunkte aber auch gleichzeitig nicht nur die Möglichkeit, sondern sogar den natürlichen Antrieb dazu, alles Karma, mit dem er bis dahin seinen freien Willen belastet hat, leicht abzuschütteln. Dadurch vermag der Mensch den Willen wieder vollkommen freizumachen, um dann bewußt machtvoll in der Schöpfung stehend ein Kind Gottes zu werden, in seinem Sinne zu wirken und in reinen, erhabenen Empfindungen emporzusteigen zu den Höhen, wohin es ihn dadurch später zieht, sobald er seinen grobstofflichen Körper abgelegt hat.

Wenn es der Mensch nicht tut, so ist es seine Schuld; denn mit Eintritt der Sexualkraft regt sich in ihm in erster Linie eine gewaltige Schwungkraft nach oben zum Idealen, Schönen und Reinen. Bei unverdorbener Jugend beiderlei Geschlechts wird das immer deutlich zu beobachten sein. Daher die von Erwachsenen leider oft nur belächelten Schwärmereien der Jugendjahre, nicht zu verwechseln mit den Kinderjahren.

Deshalb auch in diesen Jahren die unerklärlichen leicht schwermütigen, ernst angehauchten Empfindungen. Die Stunden, in denen es scheint, als ob ein Jüngling oder eine Jungfrau den ganzen Weltschmerz zu tragen hätte, wo Ahnungen eines tiefen Ernstes an sie herantreten, sind nicht unbegründet.

Auch das so häufig vorkommende Sich-nicht-verstanden-Fühlen trägt in Wirklichkeit viel Wahres in sich. Es ist das zeitweise Erkennen der falschen Gestaltung der Umwelt, die den geheiligten Ansatz zu einem reinen Höhenfluge nicht verstehen will noch kann, und erst zufrieden ist, wenn diese so stark mahnende Empfindung in den reifenden Seelen herabgezerrt wird in das ihnen verständlichere »Realere« und Nüchterne, das sie als der Menschheit besser angepaßt erachten und in ihrem einseitigen Verstandessinne für das einzig Normale halten.

Trotzdem aber gibt es zahllose verknöcherte Materialisten, die in dem gleichen Zeitabschnitt ihres Seins als ernste Mahnung ebenso empfunden haben und sogar hier und da einmal gern von der ersten Liebe goldener Zeit mit einem leichten Anfluge von einer gewissen Sentimentalität sprechen, sogar einer Wehmut, die unbewußt einen gewissen Schmerz ausdrückt über etwas Verlorenes, das nicht näher zu bezeichnen geht.

Und sie haben darin alle recht! Das Kostbarste wurde ihnen genommen, oder sie haben es leichtsinnig selbst weggeworfen, wenn sie im grauen Alltag der Arbeit oder unter dem Gespött sogenannter »Freunde« und »Freundinnen« oder durch schlechte Bücher und Beispiele das Kleinod scheu vergruben, dessen Glanz trotzdem während ihres weiteren Lebens hier und da einmal wieder hervorbricht und dabei das unbefriedigte Herz einen Augenblick höher schlagen läßt in unerklärlichem Schauer einer rätselhaften Traurigkeit und Sehnsucht.

Wenn diese Empfindungen auch stets wieder schnell zurückgedrängt und in herber Selbstverhöhnung verlacht werden, so zeugen sie doch von dem Vorhandensein dieses Schatzes, und es sind glücklicherweise wenige, die behaupten können, derartige Empfindungen nie gehabt zu haben. Solche würden auch nur zu beklagen sein; denn sie haben nie gelebt.

Aber selbst solche Verdorbene, oder sagen wir Bedauernswerte, empfinden dann eine Sehnsucht, wenn ihnen Gelegenheit wird, mit einem Menschen zusammenzutreffen, der diese Schwungkraft in richtiger Einstellung nutzt, der also dadurch rein wurde und schon auf Erden innerlich hochsteht.

Die Auswirkung einer derartigen Sehnsucht bei solchen Menschen ist aber in den meisten Fällen zuerst die ungewollte Erkenntnis der eigenen Niedrigkeit und Versäumnis, die dann in Haß übergeht, der sich bis zu blinder Wut zu steigern vermag. Nicht selten kommt es auch vor, daß ein seelisch schon auffallend hochstehender Mensch den Haß ganzer Massen auf sich zieht, ohne selbst wirklich einen äußerlich erkennbaren Grund dazu gegeben zu haben. Solche Massen wissen dann weiter nichts als »Kreuziget, kreuziget ihn!« zu schreien. Aus diesem Grunde die große Reihe Märtyrer, die die Menschheitsgeschichte zu verzeichnen hat.

Die Ursache ist der wilde Schmerz darüber, etwas Kostbares bei anderen zu sehen, das ihnen selbst verlorenging. Ein Schmerz, den sie nur als Haß erkennen. Bei Menschen mit mehr innerer Wärme, die nur durch schlechte Beispiele niedergehalten oder in den Schmutz gezogen wurden, löst sich bei Begegnung mit einem innerlich hochstehenden Menschen die Sehnsucht nach selbst nicht Erreichtem auch oft in grenzenloser Liebe und Verehrung aus. Wohin ein solcher Mensch auch kommen mag, es gibt immer nur ein Für oder ein Wider um ihn. Gleichgiltigkeit vermag nicht standzuhalten.

Der geheimnisvoll ausstrahlende Reiz einer unverdorbenen Jungfrau oder eines unverdorbenen Jünglings ist nichts anderes als der von ihrer Umgebung durch die starken Schwingungen mitempfundene *reine*

Auftrieb der erwachenden Sexualkraft in Vermählung mit der Geisteskraft nach Höherem, Edelstem!

Sorgsam hat der Schöpfer darauf Bedacht gelegt, daß dies bei dem Menschen erst in ein Alter fällt, wo dieser sich seines Wollens und Handelns voll bewußt sein kann. Dann ist der Zeitpunkt da, an dem er alles Zurückliegende in Verbindung mit der nun in ihm liegenden Vollkraft spielend abzuschütteln vermag und abschütteln sollte. Es würde sogar von selbst abfallen, wenn der Mensch das Wollen zu dem Guten beibehält, wozu es ihn unaufhörlich drängt in dieser Zeit. Dann könnte er, wie die Empfindungen ganz richtig andeuten, mühelos emporsteigen zu der Stufe, auf die er als Mensch gehört!

Sehet das Verträumtsein der unverdorbenen Jugend! Es ist nichts anderes als das Empfinden des Auftriebes, das Losreißenwollen von allem Schmutz, die heiße Sehnsucht nach Idealem. Die treibende Unruhe aber ist das Signal, die Zeit nicht zu versäumen, sondern energisch das Karma abzuschütteln und mit dem Emporsteigen des Geistes einzusetzen.

Deshalb ist die Erde der große Wendepunkt für den Menschen!

Es ist etwas Herrliches, in dieser geschlossenen Kraft zu stehen und darin und damit zu wirken! Solange die Richtung eine gute ist, die der Mensch erwählt hat. Es gibt aber auch nichts Erbärmlicheres, als diese Kräfte einseitig zu vergeuden in blindem Sinnestaumel und seinen Geist damit zu lähmen, ihm einen großen Teil des Antriebes zu nehmen, den er so dringend braucht, um emporzukommen.

Und doch versäumt der Mensch in den meisten Fällen diese so kostbare Übergangszeit, läßt sich von »wissender« Umgebung auf falsche Wege lenken, die ihn niederhalten und leider nur zu oft sogar abwärts führen. Dadurch vermag er die ihm anhängenden trübenden Schwingungen nicht abzuwerfen, die im Gegenteil nur neue Kräftezufuhr erhalten, und wird so seinen freien Willen mehr und mehr einspinnen, bis er ihn nicht mehr zu erkennen vermag.

So bei der *ersten* Inkarnierung auf der Erde. Bei weiteren notwendig werdenden Inkarnierungen bringt der Mensch ein viel stärkeres Karma mit. Die Möglichkeit des Abschüttelns setzt aber trotzdem jedesmal wieder ein, und kein Karma könnte stärker sein als der in die Vollkraft kommende Geist des Menschen, sobald er durch die Sexualkraft die lückenlose Verbindung mit der Stofflichkeit erhält, zu der das Karma ja gehört.

Doch hat der Mensch diese Zeiten zur Abstreifung seines Karmas und der damit verbundenen Wiedererlangung seines freien Willens versäumt, hat er sich weiter verstrickt, ist er vielleicht sogar tief gesunken, so bietet sich ihm trotzdem auch weiterhin ein mächtiger Bundesgenosse zur Bekämpfung des Karmas und zum Aufstiege. Der größte Sieger, den es gibt, der alles zu überwinden fähig ist.

Des Schöpfers Weisheit brachte es in der Stofflichkeit mit sich, daß die angegebenen Zeiten nicht die einzigen sind, in denen der Mensch die Möglichkeit zu schneller Hilfe finden kann, in denen er sich selbst und seinen eigentlichen Wert zu finden vermag, sogar einen außergewöhnlich starken Antrieb dazu erhält, damit er aufmerksam darauf wird.

Diese Zaubermacht, die jedem Menschen während seines ganzen Erdenseins in steter Hilfsbereitschaft zur Verfügung steht, die aber auch aus derselben Verbindung der Sexualkraft mit der Geisteskraft hervorgeht und das Abstoßen des Karmas herbeiführen kann, ist *die Liebe!* Nicht die begehrende Liebe des Grobstofflichen, sondern die hohe, reine Liebe, die nichts anderes kennt und will als das Wohl des geliebten Menschen, die nie an sich selbst denkt. Sie gehört auch in die stoffliche Schöpfung und fordert kein Entsagen, kein Asketentum, aber sie will immer nur das Beste für den anderen, bangt um ihn, leidet mit ihm, teilt aber mit ihm auch die Freude.

Als Grundlage hat sie die ähnlichen ideal-sehnsüchtigen Empfindungen der unverdorbenen Jugend bei dem Eintreten der Sexualkraft, aber sie peitscht den verantwortlichen, also reifen Menschen auch zur Vollkraft seines ganzen Könnens auf bis zum Heldentum, so daß die Schaffens- und Streitkraft zu größter Stärke angespannt wird. Hierbei ist dem Alter keine Grenze gesetzt! Sobald ein Mensch der reinen Liebe Raum gewährt, sei es nun die des Mannes zum Weib oder umgekehrt, oder die zu einem Freunde oder einer Freundin, oder zu den Eltern, zu dem Kinde, gleichviel, ist sie nur rein, so bringt sie als erste Gabe die Gelegenheit zum Abstoßen alles Karmas, das sich dann nur noch rein »symbolisch« auslöst\*, zum Aufblühen des freien und bewußten Willens, der *nur* nach oben gerichtet sein kann. Als natürliche Folgerung beginnt dann der Aufstieg, die Erlösung von den unwürdigen Ketten, die ihn niederhalten.

Die erste sich regende Empfindung bei erwachender reiner Liebe ist das sich Unwertdünken dem geliebten Anderen gegenüber. Mit anderen Worten kann man diesen Vorgang mit eintretender Bescheidenheit und Demut bezeichnen, also den Empfang zweier großer Tugenden. Dann schließt sich daran der Drang, schützend die Hand über den anderen halten zu wollen, damit ihm von keiner Seite ein Leid geschähe, sondern sein Weg über blumige, sonnige Pfade führt. Das »Auf-den-Händen-tragen-Wollen« ist kein leerer Spruch, sondern kennzeichnet die aufsteigende Empfindung ganz richtig.

Darin aber liegt ein Aufgeben der eigenen Persönlichkeit, ein großes Dienenwollen, das allein genügen könnte, alles Karma in kurzer Zeit abzuwerfen, sobald das Wollen anhält und nicht etwa rein sinnlichen Trieben Platz macht. Zuletzt kommt bei der reinen Liebe noch der heiße Wunsch, recht Großes für den geliebten Anderen in edlem Sinne tun zu können, ihn mit keiner Miene, keinem Gedanken, keinem Worte, noch viel weniger mit einer unschönen Handlung zu verletzen oder zu kränken. Zarteste Rücksichtnahme wird lebendig.

Dann gilt es, diese reinen Empfindungen festzuhalten und allem anderen obenan zu setzen. Niemals wird jemand dann etwas Schlechtes wollen oder tun. Er vermag es einfach nicht, sondern hat im Gegenteil darin den besten Schutz, die größte Kraft, den wohlmeinendsten Berater und Helfer.

Deshalb weist auch Christus immer wieder auf die Allgewalt der Liebe hin! Nur diese überwindet alles, vermag alles. Aber immer nur

---

\* Vortrag: »Symbolik im Menschenschicksal«.

vorausgesetzt, daß es nicht die nur irdisch begehrende Liebe ist, die die Eifersucht und ihr verwandte Laster in sich trägt.

Der Schöpfer hat in seiner Weisheit damit einen Rettungsring in die Schöpfung geworfen, der nicht nur einmal im Erdenleben an *jeden* Menschen anstößt, daß er sich daran halte und emporschwinge!

Es ist diese Hilfe für alle da. Sie macht keinen Unterschied, weder im Alter noch im Geschlecht, weder bei arm noch reich, nicht bei vornehm oder gering. Deshalb ist die Liebe auch das größte Geschenk Gottes! Wer es erfaßt, der ist der Rettung aus jeder Not und jeder Tiefe sicher! Er macht sich frei, erhält damit am schnellsten und am leichtesten einen ungetrübten, freien Willen wieder, der ihn nach oben führt.

Und wenn er in einer Tiefe läge, die ihn zur Verzweiflung bringen muß, die Liebe ist fähig, ihn mit Sturmesgewalt emporzureißen zu dem Licht, zu Gott, der selbst die Liebe ist. Sobald in einem Menschen durch irgendeinen Anstoß die reine Liebe rege wird, hat er auch die direkteste Verbindung mit Gott, dem Urquell aller Liebe, und somit auch die stärkste Hilfe. Wenn aber ein Mensch alles besäße und hätte der Liebe *nicht*, so wäre er doch nur ein tönend Erz oder eine klingende Schelle, also ohne Wärme, ohne Leben... nichts!

Findet er jedoch zu irgendeinem seiner Nächsten die wahre Liebe, die nur danach strebt, dem anderen geliebten Menschen Licht und Freude zu bringen, ihn nicht durch unsinniges Begehren herabzuzerren, sondern schützend emporzuheben, so *dient* er ihm, ohne sich dabei des eigentlichen Dienens bewußt zu werden, da er sich dadurch mehr zu einem selbstlosen Geber und Schenker macht. Und dieses Dienen ringt ihn frei!

Viele werden sich hier sagen: Genau so mache ich es ja, oder strebe es wenigstens schon an! Unter Aufbietung aller Mittel suche ich meiner Frau oder Familie das Erdenleben leicht zu machen, ihnen Genüsse zu bieten, indem ich mich bemühe, so viele Mittel zu beschaffen, daß sie sich ein bequemes, angenehmes Leben leisten können und sorgenfrei sind.

Tausende werden an ihre Brust schlagen, sich gehoben fühlen und sich für wer weiß wie gut und edel halten. Sie irren! *Das* ist die lebendige Liebe *nicht!* Diese ist nicht so einseitig irdisch, sondern drängt gleichzeitig viel stärker nach Höherem, Edlerem, Idealem. Gewiß, niemand darf ungestraft, also ohne Nachteil, die irdischen Notwendigkeiten vergessen, er soll sie nicht außer acht lassen, aber diese dürfen nicht zur Hauptsache des Denkens und Handelns werden. Darüber schwebt groß und stark das für viele so geheimnisvolle Wünschen, *das* wirklich vor sich selbst *sein* zu können, was sie vor denen gelten, von denen sie geliebt werden.

Und dieses Wünschen ist der rechte Weg! Er führt immer nur aufwärts.

Die wahre, reine Liebe braucht nicht erst noch näher erklärt zu werden. Ein jeder Mensch fühlt ganz genau, wie sie beschaffen ist. Er sucht sich oft nur selbst darüber wegzutäuschen, wenn er seine Fehler dabei sieht und klar empfindet, wie weit entfernt er eigentlich noch davon ist, wahr, rein zu lieben. Aber er muß sich dann zusammenraffen, darf nicht zögernd halten und schließlich zum Versagen kommen; denn es gibt für ihn keinen freien Willen mehr ohne wahre Liebe!

Wie viele Gelegenheiten sind den Menschen also geboten, sich aufzuraffen und emporzuschwingen, ohne daß sie sie benützen. Ihr Klagen und Suchen ist deshalb bei der Mehrzahl nicht echt! Sie wollen gar nicht, sobald sie selbst etwas dazu beitragen sollen, sei es auch nur eine kleine Umstellung ihrer Gewohnheiten und Anschauungen. Es ist zum großen Teile Lüge, Selbstbetrug! Gott soll zu ihnen kommen und sie zu sich emporheben, ohne daß sie eine liebe Bequemlichkeit und ihre Selbstanbetung aufzugeben brauchen. Dann würden sie sich allenfalls herbeilassen, mitzugehen, nicht aber, ohne dafür von Gott noch einen besonderen Dank zu erwarten.

Laßt diese Drohnen ihre Wege zum Verderben gehen! Sie sind es nicht wert, daß sich jemand Mühe um sie gibt. Sie werden immer wieder an sich bietenden Gelegenheiten klagend und betend vorübergehen. Sollte ein solcher Mensch sie aber doch einmal ergreifen, so würde er sie sicherlich ihres edelsten Schmuckes, der Reinheit und Selbstlosigkeit, berauben, um dieses kostbarste Gut in den Kot der Leidenschaften herabzuzerren.

Suchende und Wissende sollen sich endlich dazu aufraffen, einen Umweg um diese Menschen zu machen! Sie sollen nicht denken, daß sie ein Gott wohlgefälliges Werk damit tun, wenn sie sein Wort und seinen Heiligen Willen stets so wohlfeil herumtragen und durch versuchte Belehrungen anbieten, daß es fast den Anschein erweckt, als müßte der Schöpfer durch seine Gläubigen betteln gehen, um den Kreis der Anhänger zu erweitern. Es ist eine Beschmutzung, wenn es solchen geboten wird, die mit schmutzigen Händen danach greifen. Das Wort darf nicht vergessen werden, welches verbietet, »Perlen vor die Säue zu werfen«.

Und etwas anderes ist es in solchen Fällen nicht. Unnötige Vergeudung von Zeit, die in solchem Maße nicht mehr verschwendet werden darf, ohne zuletzt rückwirkend schädlich zu werden. Den Suchenden nur soll geholfen sein.

Die überall auftauchende Unruhe in vielen Menschen, das Forschen und Suchen nach dem Verbleib des freien Willens ist vollkommen berechtigt und ein Zeichen, daß es hohe Zeit dazu wird. Verstärkt ist es durch unbewußtes Ahnen eines einmal möglich werdenden Zuspätseins dazu. Das erhält das Suchen jetzt dauernd lebendig. Doch ist es zum großen Teile vergebens. *Die meisten Menschen von heute vermögen den freien Willen nicht mehr zu betätigen, weil sie sich zu tief verstrickt haben!*

Sie verkauften und verschacherten ihn... für nichts!

Dafür können sie aber nun nicht Gott verantwortlich machen, wie es so vielfach durch alle möglichen Deutungen immer wieder versucht wird, um sich selbst den Gedanken an eine eigene auf sie wartende Verantwortung auszureden, sondern sie müssen sich selbst anklagen. Und wenn diese Selbstanklage auch von der herbsten Bitterkeit, von dem ärgsten Schmerze durchtränkt wäre, so könnte sie doch nicht heftig genug sein, um auch nur einigermaßen ein Gegengewicht zu geben für den Wert des verlorenen Gutes, das sinnlos unterdrückt oder verschwendet wurde.

## 22. DER MENSCH UND SEIN FREIER WILLE

Aber trotzdem kann der Mensch den Weg zur Wiedergewinnung noch finden, sobald er sich ernstlich darum bemüht. Allerdings immer nur dann, wenn er es aus tiefstem Innern heraus wünscht. Wenn dieser Wunsch wirklich in ihm *lebt* und nie ermattet. Er muß das sehnlichste Verlangen darnach tragen. Und müßte er sein ganzes Erdendasein daran setzen, er könnte nur dabei gewinnen; denn ernst und notwendig genug ist die Wiedererlangung des freien Willens für den Menschen! Wir können an Stelle der Wiedererlangung auch Ausgrabung sagen oder Freiwaschung. Es ist an sich genau dasselbe.

Solange der Mensch aber nur daran *denkt* und darüber *grübelt,* wird er nichts erreichen. Die größte Anstrengung und Ausdauer muß dabei versagen, weil er mit Denken und Grübeln nie über die Grenze von Zeit und Raum hinauszukommen vermag, also nicht bis dorthin, wo die Lösung liegt. Und da Denken und Grübeln zur Zeit als der Hauptweg zu allem Forschen angesehen wird, so ist auch keine Aussicht dafür, daß ein Vorwärtskommen außer in rein irdischen Dingen erwartet werden kann. Es sei denn, daß sich die Menschen von Grund aus darin ändern.

Nützet die Zeit des Erdenseins! Denkt an den großen Wendepunkt, der stets die volle Verantwortung mit sich bringt!

Ein Kind ist aus diesem Grunde geistig noch unmündig, weil die Verbindung zwischen dem Geistigen und dem Stofflichen bei ihm noch nicht durch die Sexualkraft geschaffen ist. Erst mit dem Augenblicke des Eintretens dieser Kraft werden seine Empfindungen jene Stärke erreichen, daß sie einschneidend, umformend und neuformend die stoffliche Schöpfung zu durchziehen vermögen, womit es volle und ganze Verantwortlichkeit selbsttätig übernimmt. Vorher ist auch die Wechselwirkung nicht so stark, weil die Empfindungsfähigkeit viel schwächer wirkt.

Ein Karma kann deshalb bei der ersten Inkarnation auf Erden nicht so gewaltig sein, sondern höchstens bei der Geburt mit ins Gewicht fallen darin, in welche Verhältnisse hinein die Geburt erfolgt, damit diese dem Geiste bei seinem Erdenleben zum Ablösen des Karmas durch Erkennen seiner Eigenschaften helfen. Die Anziehungspunkte der Gleicharten würden dabei eine große Rolle spielen. Aber alles nur im *schwachen* Sinne. Das eigentliche kraftvolle und einschneidende Karma setzt erst dann ein, sobald sich im Menschen die Sexualkraft mit seiner Geisteskraft verbindet, wodurch er im Stofflichen nicht nur vollwertig wird, sondern dieses in jeder Beziehung weit überragen kann, wenn er sich entsprechend einstellt.

Bis dahin vermag auch das Dunkel, das Böse, nicht direkt an den Menschen heranzukommen. Ein Kind ist durch die Lücke zum Stofflichen davor geschützt. Wie isoliert. Die Brücke fehlt.

Deshalb wird nun vielen Lesern auch verständlicher werden, weshalb Kinder vor dem Bösen einen viel größeren Schutz genießen, was ja sprichwörtlich ist. Auf demselben Wege aber, den die Brücke der eintretenden Sexualkraft bildet, über die der Mensch in seiner Vollkraft streitend gehen kann, vermag dann natürlich auch alles andere zu ihm hereinzukommen, wenn er nicht achtsam genug ist. Aber es kann auf keinen Fall eher geschehen, als bis er auch die notwendige Abwehrkraft besitzt. Eine Ungleichheit ist keinen Augenblick vorhanden, die eine Entschuldigung aufkommen ließe.

Dadurch wächst die Verantwortung der Eltern in das Riesenhafte! Wehe denen, die den eigenen Kindern die Gelegenheit zum Abstreifen ihres Karmas und zum Aufstiege nehmen durch unangebrachten Spott oder durch falsche Erziehung, wenn nicht gar durch böse Beispiele, zu denen auch alles Strebertum gehört auf den verschiedensten Gebieten. Die Versuchungen des Erdenlebens locken sowieso schon zu diesem und jenem. Und da den heranwachsenden Menschen ihre eigentliche Machtstellung nicht erklärt wird, verwenden sie ihre Kraft entweder gar nicht oder zu wenig, oder aber sie vergeuden sie in unverantwortlichster Weise, wenn sie nicht gar unrechte und schlechte Anwendung davon machen.

So setzt denn das bei Unkenntnis unabwendbare Karma in immer größerer Stärke ein, wirft seine Strahlungen durch irgendwelchen Hang nach diesem oder jenem beeinflussend voraus und beengt damit den eigentlichen freien Willen bei Entscheidungen, so daß dieser unfrei wird. Daraus ist auch gekommen, daß die *Mehrheit* der Menschheit heute keinen freien Willen mehr betätigen kann. Sie hat sich gebunden, gekettet, geknechtet durch eigene Schuld.

Wie kindisch und unwürdig sich die Menschen damit zeigen, wenn sie versuchen, den Gedanken an eine unbedingte Verantwortung abzulehnen und lieber dem Schöpfer einen Vorwurf der Ungerechtigkeit darin zu machen! Wie lächerlich klingt die Vorgabe, daß sie ja gar keinen eigenen freien Willen hätten, sondern geführt, geschoben, gehobelt und geformt würden, ohne etwas dagegen tun zu können.

Wenn sie sich nur einen Augenblick einmal dessen bewußt werden wollten, welche klägliche Rolle sie bei solchem Tun eigentlich spielen. Wenn sie vor allen Dingen endlich sich selbst einmal wirklich kritisch betrachten wollten im Hinblick auf die ihnen verliehene Machtstellung, um zu erkennen, wie sinnlos sie diese an Kleinigkeiten und nichtige Vergänglichkeiten verzetteln, wie sie dafür Tand zu einer verächtlichen Wichtigkeit erheben, sich groß fühlen in Dingen, in denen sie doch so klein erscheinen müssen im Verhältnis zu ihrer eigentlichen Bestimmung als Mensch in der Schöpfung.

Der Mensch von heute ist wie ein Mann, dem ein Reich gegeben ist, und der es vorzieht, seine Zeit mit den einfachsten Kinderspielzeugen zu vertrödeln!

Es ist nur selbstverständlich und nicht anders zu erwarten, daß die gewaltigen Kräfte, die dem Menschen gegeben sind, ihn zerschmettern müssen, wenn er sie nicht zu lenken versteht.

Es wird höchste Zeit zu endlichem Erwachen! Der Mensch sollte die Zeit und die Gnade voll ausnützen, die ihm durch jedes Erdenleben geschenkt wird. Er ahnt noch nicht, wie dringend nötig es schon ist. In dem Augenblicke, wo er den jetzt unfreien Willen wieder frei macht, hilft ihm alles, was jetzt oft gegen ihn zu sein scheint. Selbst die von so vielen gefürchteten Strahlungen der Sterne sind nur dazu da, ihm zu helfen. Gleichviel, welcher Art sie sind.

Und ein jeder vermag es, auch wenn das Karma noch so wuchtig an ihm hängt! Auch wenn die Strahlungen der Sterne vorwiegend ungünstig zu sein scheinen. Ungünstig wirkt sich das alles nur aus bei einem unfreien Willen. Aber auch dort nur scheinbar; denn in Wirklichkeit ist es doch zum Heile für ihn, wenn er sich selbst nicht anders mehr zu helfen weiß. Er wird dadurch zur Verteidigung, zum Erwachen und Muntersein gezwungen.

Furcht vor den Strahlungen der Sterne ist jedoch nicht angebracht, weil die sich dadurch auswirkenden Begleiterscheinungen immer nur die Fäden des Karmas sind, das für den betreffenden Menschen läuft. Die Strahlungen der Sterne bilden nur Kanäle, in die alles das zur Zeit für einen Menschen umherschwebende Karma gezogen wird, soweit es in seiner Art zu den jeweiligen gleichartigen Strahlungen paßt. Sind also die Strahlungen der Sterne ungünstig, so wird sich in diese Kanäle nur das für einen Menschen schwebende ungünstige Karma einfügen, was genau zu der Art der Strahlungen paßt, nichts anderes. Ebenso bei günstigen Strahlungen. So gesammelter geleitet, kann es sich auch dem Menschen stets fühlbarer auswirken. Wo aber kein schlechtes Karma aussteht, werden auch ungünstige Strahlungen der Sterne nicht schlecht wirken können. Eins ist nicht von dem anderen zu trennen.

Auch darin wird wieder die große Liebe des Schöpfers erkannt. Die Sterne kontrollieren oder lenken die Auswirkungen des Karmas. Demnach vermag sich schlechtes Karma nicht ohne Unterbrechungen auszuwirken, sondern muß dem Menschen dazwischen auch Zeit zum Aufatmen lassen, weil die Sterne wechselnd bestrahlen und übles Karma sich zu den Zeiten günstiger Bestrahlungen nicht auswirken kann! Es muß dann unterbrechen und warten, bis wieder ungünstige Strahlungen eintreten, kann also einen Menschen nicht so leicht ganz niederdrücken. Schwebt neben dem üblen Karma eines Menschen nicht auch gutes Karma, das sich bei günstigen Strahlungen der Sterne auswirkt, so wird durch günstige Strahlungen doch wenigstens erwirkt, daß das Leid Unterbrechungen zu Zeiten der günstigen Bestrahlungen erfährt.

So greift auch hierbei ein Rad des Geschehens in das andere. Eins zieht das andere in strenger Folgerichtigkeit nach sich und kontrolliert es gleichzeitig, damit keine Unregelmäßigkeiten vorkommen können. So geht es auch weiter, wie bei einem Riesenräderwerk. Von allen Seiten greifen die Zähne der Räder scharf und genau ineinander ein, alles weiterbewegend, vorwärtstreibend zur Entwicklung.

Inmitten des Ganzen aber steht der Mensch mit der ihm anvertrauten unermeßlichen Macht, durch sein Wollen diesem gewaltigen Räderwerke die Richtung anzugeben. *Doch immer nur für sich selbst!* Es kann ihn aufwärts oder abwärts führen. Die Einstellung allein ist ausschlaggebend für das Ende.

Doch das Räderwerk der Schöpfung ist nicht aus starrem Material, sondern es sind alles lebendige Formen und Wesen, die mitwirkend um so gewaltigeren Eindruck schaffen. Das ganze wundersame Weben dient aber lediglich dazu, dem Menschen zu helfen, solange er die ihm gegebene Macht nicht in kindischem Vergeuden und falscher Anwendung hemmend dazwischen wirft. Er muß sich endlich anders einfügen, um das zu werden, was er sein soll. Gehorchen heißt in Wirklichkeit weiter nichts als verstehen! Dienen ist helfen. Helfen aber bedeutet herrschen. In kurzer Zeit kann jeder seinen Willen frei machen, wie er sein soll. Und damit wendet sich für ihn alles, da er sich innerlich zuerst gewendet hat.

Aber für Tausende, für Hunderttausende, ja für Millionen Menschen wird es zu spät werden, weil sie es nicht anders wollen. Es ist ja nur natürlich, daß die falsch gestellte Kraft die Maschine zertrümmert, der sie sonst gedient hätte, um eine segensvolle Arbeit zu verrichten.

Und bricht es dann herein, so werden sich alle Zögernden plötzlich wieder auf das Beten besinnen, aber nicht mehr die rechte Art dazu finden können, die allein Hilfe zu bringen vermöchte. Erkennen sie dann das Versagen, so werden sie in der Verzweiflung schnell zum Fluchen übergehen und anklagend behaupten, daß es keinen Gott geben könne, wenn Er solches zuläßt. An eiserne Gerechtigkeit wollen sie nicht glauben, ebensowenig daran, daß ihnen die Macht gegeben war, alles rechtzeitig noch zu ändern. Und daß ihnen dies auch oft genug gesagt wurde.

Aber sie verlangen für sich mit kindischem Trotze einen liebenden Gott nach ihrem Sinne, der alles verzeiht. Nur darin wollen sie seine Größe anerkennen! Wie sollte dieser Gott nach ihren Vorstellungen wohl dann denen tun, die ihn immer ernsthaft suchten, aber gerade dieses Suchens wegen von jenen, die Verzeihung erwarten, getreten, verhöhnt und verfolgt wurden?

Toren, die in ihrer immer neu gewollten Blind- und Taubheit ins Verderben rennen, die ihr Verderben selbst mit Eifer schaffen. Mögen sie dem Dunkel überlassen bleiben, dem sie hartnäckig im Allesbesserwissen zustreben. Nur durch das eigene Erleben können sie noch zur Besinnung kommen. Deshalb wird das Dunkel auch ihre beste Schule sein. Doch es kommt der Tag, die Stunde, wo auch dieser Weg zu spät ist, weil die Zeit nicht mehr ausreichen wird, sich nach endlichem Erkennen durch Erleben noch von dem Dunkel loszureißen und aufwärts zu steigen. Aus diesem Grunde wird es Zeit, sich endlich ernsthaft mit der Wahrheit zu befassen.

## IDEALE MENSCHEN

Wir wollen aber besser sagen: idealseinwollende Menschen! Doch auch hier müssen vorher in erster Linie ganz sorgfältig ausgeschieden werden alle die, die sich wohl so nennen oder gern bezeichnen lassen, aber nicht zu den Idealseinwollenden gehören.

Es ist dies die große Klasse der weichlich-schwärmerischen Menschen beiderlei Geschlechts, denen sich auch noch die phantasiebegabten Menschen anschließen, die nie erlernen konnten, ihre Gabe zu beherrschen und in nutzbringender Weise zu verwenden. Wegfallen müssen auch die, welche mit bestehenden Verhältnissen stets unzufrieden sind und diese Unzufriedenheit darauf zurückführen, daß sie idealer veranlagt sind als alle anderen, deshalb nicht in ihre Zeit passen.

Dann finden wir noch die Massen der sogenannten »Unverstandenen« beiderlei Geschlechts, wobei die größte Zahl von den Mädchen und Frauen gebildet wird. Diese Sorte Menschen bildet sich ein, unverstanden zu sein. Das heißt auf gut deutsch, sie leben dauernd in der Einbildung, einen Schatz von Werten in sich zu tragen, die der andere Teil, mit dem sie gerade verkehren, nicht zu erkennen fähig ist. In Wirklichkeit sind aber gar keine Schätze in diesen Seelen verborgen, sondern statt deren lediglich eine unversiegbare Quelle maßloser, nie zu stillender Wünsche.

Man kann ruhig alle sogenannten unverstandenen Menschen einfach »unbrauchbare« Menschen nennen, weil sie sich unbrauchbar für das richtige Gegenwartsleben zeigen und nur Unwirklichem, zum Teil sogar dem Unsoliden nachhängen. Immer aber dem, was nicht für ein gesundes Erdenleben paßt. Der Weg solcher ewig unverstandenen

Mädchen und Frauen geht aber leider sehr oft in ein solches Leben hinein, das man landläufig als »leichtsinnig« bezeichnet, als unsittlich, weil sie sich nur immer zu gern und zu leicht und auch zu oft »trösten« lassen wollen, was eine gewisse Art der Männer natürlich weiß und skrupellos ausnützt.

Gerade diese Unverstandenen werden aber auch immer in jeder Beziehung unzuverlässig sein und bleiben. Sie dünken sich ideal, sind aber vollkommen wertlos, so daß ein ernster Mensch, der nicht niedere Absichten hegt, ihnen am besten aus dem Wege geht. Hilfe zu bringen würde zwecklos sein. Es nähern sich ihnen auch fast immer nur »Tröster« mit *übler* Absicht, wobei die Wechselwirkung sehr schnell sich auslöst; denn an dem Herzen oder in den Armen eines sogenannten Trösters wird sich ein unverstandenes Mädchen oder eine derartige Frau nach wenigen Tagen oder Wochen schon wieder »unverstanden« fühlen und Sehnsucht nach einem neuen Verstandenwerden haben, weil sie überhaupt nicht weiß, was sie eigentlich will.

Zu allen diesen untauglichen Gruppen gesellt sich zuletzt auch noch die Gruppe der harmlosen Träumer! Anscheinend harmlos wie die Kinder. Die Harmlosigkeit eines solchen Träumers besteht aber nur im Hinblick auf die Wirkung gegen diesen selbst, auf dessen eigene Persönlichkeit, nicht aber auf dessen Umgebung und alle die Menschen, mit denen er zusammenkommt. Für *viele* wirkt ein so harmloser Träumer durch die Unterhaltung schon unmittelbar wie langsam fressendes Gift, zerstörend, zersetzend, weil er sie mit seinen Ideenentwicklungen aus dem normalen und damit gesunden Erdenleben herauszureißen fähig ist, um sie in das Reich des für die Erdenzeit Unangebrachten, Unwirklichen zu führen.

Doch wohl gemerkt: Ich sage nicht, daß ein derartiger Träumer unrein oder gar schlecht sei, im Gegenteil. Er kann das *Beste* wollen, aber er wird es immer für die Erde unwirklich wollen, praktisch undurchführbar, und dadurch wirkt er für das Erdensein nicht fördernd, sondern hemmend, zerstörend.

Aber auch bei den nun übriggebliebenen »idealstrebenden« Menschen müssen wir nochmals eine Spaltung machen, genau beobachten. Wir finden dann immer noch zwei Sorten: Idealen »nachstrebende« Menschen und idealstrebende Menschen.

Die Idealen nachstrebenden Menschen sind meistens Schwächlinge, die sich stets nach etwas sehnen, was überhaupt nie zu erreichen ist. Wenigstens nicht auf Erden, und die deshalb auch niemals wirklich beglückt oder auch nur froh werden können. Sie stehen der Gruppe der »Unverstandenen« sehr nahe und fallen mit der Zeit in eine krankhafte Sentimentalität, die zu nichts Gutem führt.

Haben wir aber dann derart scharf ausgeschieden, so müssen wir die zuletzt noch Übriggebliebenen bildlich gesagt tatsächlich auch am Tage mit der Laterne suchen, so wenige sind es. Diese wenigen sind dann zwar selbst noch nicht »ideale Menschen« zu nennen, sondern, wie ich schon sagte, »idealstrebende« Menschen. Idealstrebend als persönliche, sich auf Erden betätigende Eigenschaft betrachtet.

*Das* sind dann erst die Menschen, die man voll bewerten kann, die wohl ein großes, oft gewaltiges Ziel vor Augen haben, aber damit niemals zum Schweben kommen, sondern die sich mit beiden Füßen fest im Erdenleben verankern, um nicht losgelöst zu werden in das für die Erde Unwirkliche. Sie streben Stufe für Stufe, mit gesundem Blick und geschickter Hand dem weitausgelegten Ziele zu, ohne dabei anderen Menschen unverdient zu schaden.

Der Nutzen, den solcher Art Menschen bringen, wird selten nur einzelnen Personen gelten. Eine Ausbeutung irgendwelcher Art kommt dabei nie in Betracht, da dann die Bezeichnung »idealstrebend« ja keine Berechtigung hätte. Und idealstrebend soll und kann jeder Mensch sein, gleichviel, welcher Betätigung er hier auf Erden nachgeht. Er kann jede Art der Arbeit damit veredeln und ihr weite Ziele geben. Er darf dabei nur nie vergessen, alles in dem Rahmen des *Erdenlebens* zu behalten. Geht er darüber hinaus, so wird es für die Erde unwirklich und damit ungesund. Die Folge ist, daß damit dann eine *Förderung* niemals zu erreichen ist, die Grundbedingung und Kennzeichen alles Idealstrebenden bleibt.

## 23. IDEALE MENSCHEN

Auf der Erde hat der Mensch die Pflicht, sich als Ziel das für ihn Höchsterreichbare zu stellen und mit allen Kräften darnach zu streben, dieses Ziel zu erreichen. Als *Mensch!* Dies schließt von vornherein aus, daß er nur wie ein Tier für Essen und Trinken zu sorgen sich bemüht, wie es leider so viele Menschen machen, oder daß er durch den Verstand sich peitschen läßt, rein irdische Größe oder Berühmtheit zu erhalten, ohne als Hauptzweck Allgemeinwohl und Menschheitshebung dabei im Auge zu haben. Diese alle sind für die Erde weniger wert als Tiere, da ein Tier immer ungekünstelt *das ganz* ist, was es sein soll, auch wenn sein Zweck nur zum Wachhalten der Kreaturen dient, damit nicht hemmende Erschlaffung einsetzt, die Niedergang und Zerfall zur Folge haben könnte, da die *Bewegung* in der Schöpfung Lebensbedingung bleibt.

*Wachsein!* Der wirklich idealstrebende Mensch ist also daran zu erkennen, daß er Irdisch-Bestehendes zu *heben* sucht, nicht etwa in dem Verstandessinne zu einer Vergrößerung und Macht, sondern zu der *Veredelung!*

Alle seine Ideen werden aber auch die Möglichkeit irdischer Durchführung besitzen, die Nutzen für den Einzelmenschen wie auch für die Allgemeinheit nach sich zieht, während nur Idealseinwollende sich in Ideen wälzen, die in einem gesunden Erdenleben unmöglich praktisch zu verwerten sind, sondern nur ablenken davon, in eine Traumwelt ziehen, die den Schaden bringt, daß man die Ausnützung der Gegenwart zur Reife seines Geistes übersieht, die jeder Mensch in seinem Gegenwartserleben bilden und entwickeln soll.

So sind auch jene Menschen mit idealkommunistischen Gedanken ernst genommen Schädlinge der Menschheit, weil die Verwirklichung nur Ungesundes bringen müßte, trotzdem sie von sich aus Gutes wollen. Sie gleichen Baumeistern, welche *in der Werkstätte* sorgsam ein Haus zusammenstellen für einen anderen Platz. Es sieht schmuck und schön aus... in der Werkstatt. Auf den eigentlichen Bauplatz gebracht aber steht es schief und unsicher, so daß niemand darin wohnen kann, weil der Boden uneben war und sich trotz größter Bemühungen und Anstrengungen nicht ausgleichen ließ. Damit zu rechnen hatten die Baumeister vergessen. Sie übersahen die richtige Einschätzung des Bestehenden, welches zu diesem Bau als bedingt und unabänderlich gegeben war! Das macht ein wirklich Idealstrebender nicht!

Die idealkommunistischen Ideen können in der Durchführung nicht aus dem Grunde heraus emporwachsen, ebensowenig in ihm verankert werden oder überhaupt verbunden, da dieser Grund, die Menschen, gar nicht zu ihm passen! Er ist zu uneben und wird es immer bleiben, weil keine gleichmäßige Reife aller Menschen auf der Erde herbeizuführen ist.

Es wird immer und immer ein großer Unterschied in der jeweiligen Reife herrschen, da die Einzelmenschen geistig vollkommen *eigene* Persönlichkeiten sind und bleiben, die sich nur verschiedenartig entwickeln können, da diesen Geistpersonen der freie Wille *über sich selbst* nie genommen werden soll!

Nun sucht die wirklich idealstrebenden Menschen auf der Erde zu erkennen, um ihre Tat zu fördern, da sie aufbauend nur Nutzen bringen werden.

## WERFET AUF IHN ALLE SCHULD

Dieses so oft gebrauchte Wort ist eines der Hauptberuhigungsmittel aller, die sich gläubige Christen nennen. Doch das Mittel ist ein Gift, das einen Rausch erzeugt. Gleich vielen Giften, die bei Krankheiten nur zur Betäubung vorkommender körperlicher Schmerzen angewendet werden und damit eine scheinbare Beruhigung herbeiführen, so ähnlich ist es in geistiger Beziehung mit den Worten: »Werfet auf Ihn alle Schuld; denn Er hat uns erlöset, und durch Seine Wunden sind wir geheilet!«

Da dieses von den Gläubigen als eine der Grundsäulen der kirchlich-christlichen Lehren hingenommen wird, wirkt es unter ihnen um so verheerender. Sie bauen ihre ganze innere Einstellung darnach auf.

Damit geraten sie aber in eine tödliche Umarmung blinden Glaubens, in der sie alles andere nur noch in starker Trübung zu schauen vermögen, bis sich zuletzt das ganze Bild verschiebt und über die Wahrheit ein grauer Schleier sinkt, so daß sie nur noch einen Halt an dem künstlichen Aufbau entstellender Theorien finden können, der mit diesen zusammenbrechen muß am Tage der Erkenntnis.

»Werfet auf Ihn alle Schuld ...!«

Törichter Wahn! Wie Feuer wird die lichte Wahrheit zwischen die Heere falscher Lehrer und fauler Gläubiger fahren und zündend alles Unwahre verbrennen! Behaglich sonnen sich Massen heute noch in dem Glauben, daß alles, was der Heiland litt und tat, für sie geschah. Sie nennen es in Trägheit ihres Denkens vermessen, frevelhaft von jedem Menschen, der wähnt, auch selbst noch etwas beitragen zu müssen, um in den Himmel eingehen zu können. In diesem Punkte verfügen viele über eine erstaunliche Demut und Bescheidenheit, die nach anderen Seiten hin vergebens bei ihnen zu suchen ist.

Nach ihrem Ermessen käme es einer Gotteslästerung gleich, auch nur ganz schwach und schüchtern dem Gedanken Raum zu geben, daß das Herabsteigen des Heilandes zur Erde und das damit aufgenommene Leiden und Sterben noch nicht genügen könnte, die Sünden aller der Menschen abzuwischen, die an seinem damaligen Erdendasein nicht mehr zweifeln.

»Werfet auf Ihn alle Schuld...« denken sie mit inbrünstiger Andacht und wissen nicht, was sie eigentlich tun. Sie schlafen, aber ihr Erwachen wird einst furchtbar sein! Ihr anscheinender demütiger Glaube ist nichts als Selbstgefälligkeit und grenzenlose Hoffart, wenn sie sich einbilden, daß ein Gottessohn herabkommt, um dienend für sie den Weg zu bereiten, auf dem sie dann stumpfsinnig direkt in das Himmelreich hineintrotten können.

Eigentlich müßte jedermann sofort die Hohlheit ohne weiteres erkennen. Sie kann nur von unbeschreiblicher Bequemlichkeit und Leichtsinnigkeit geboren werden, wenn sie nicht Klugheit als Lockmittel zum Zwecke irdischer Vorteile schuf!

Die Menschheit hat sich in tausend Irrgängen verloren und betrügt sich in ihrem törichten Glauben selbst. Welche Herabwürdigung Gottes liegt darin. Was ist der Mensch, daß er sich erkühnt, zu erwarten, ein Gott sendet seinen eingeborenen Sohn, also ein Stück seiner eigenen, wesenlosen Lebendigkeit, damit die Menschen ihre Sündenlast auf ihn zu werfen vermögen, nur damit sie sich nicht selbst zu bemühen brauchen, ihre schmutzige Wäsche zu waschen und die sich aufgebürdete dunkle Last abzutragen.

Wehe denen, die solche Gedanken einst zu verantworten haben! Es ist die frechste Beschmutzung der erhabenen Gottheit! Christi Sendung war nicht solch niedriger Art, sondern sie war hoheitsvoll, fordernd nach dem Vater weisend.

Schon einmal wies ich auf das große Erlöserwerk des Gottessohnes hin\*. Sein großes Liebeswerk ist aufgegangen im Diesseits und im Jenseits und hat Früchte aller Art gebracht. Inzwischen aber suchten nur von Menschen Berufene sich vielfach zu von Gott Berufenen zu machen, griffen mit unheiligen Händen nach den reinen Lehren und zogen sie verdunkelnd tief zu sich herab.

Die Menschheit, die ihnen vertraute, ohne das Wort selbst ernsthaft zu prüfen, das sie lehrten, stürzte mit. Göttlicher Wahrheit hehrer Kern wurde mit irdischen Beschränktheiten umzogen, so daß die Form wohl blieb, doch jedes Leuchten in der Sucht nach Erdenmacht und Erdenvorteil unterging. Nur fahle Dämmerung herrscht dort, wo hellster Glanz geistigen Lebens sein könnte. Bittender Menschheit wurde das Kleinod geraubt, das Christus Jesus *allen* brachte, *die darnach verlangen.* Entstellt durch die Verhüllung egoistischen Verlangens wird den Suchenden ein falscher Weg gezeigt, der sie nicht nur kostbare Zeit versäumen läßt, sondern sogar sehr oft dem Dunkel in die Arme treibt.

Schnell wuchsen Irrlehren empor. Sie überwucherten die Einfachheit, die Wahrheit, und verdeckten sie mit einem schillernden Gewande, aus dessen Farbenpracht jedoch wie bei den Giftpflanzen Gefahren strömen, die alles Nahende betäuben, wodurch die Wachsamkeit der Gläubigen über sich selbst erlahmt, zuletzt erlischt. Damit erstirbt auch jede Möglichkeit des Aufstieges zum wahren Licht!

Noch einmal wird der große Ruf der Wahrheit schallen über alle Lande. Dann aber kommt die Abrechnung für jeden durch das Schicksal, das er sich selbst wob. Die Menschen werden endlich das erhalten, was sie bisher mit Beharrlichkeit vertraten. Sie werden alle Irrtümer durchleben müssen, die sie in ihren Wünschen oder vermessenen Gedanken aufzustellen oder denen sie nachzugehen suchten. Bei vielen wird ein wildes Aufheulen die Folge sein, und Zähneklappern einsetzen aus Angst, aus Wut und aus Verzweiflung.

Die also von dem Übel arg Befallenen und Verworfenen werden es aber dann plötzlich als Ungerechtigkeit empfinden und als Härte, so-

---

\* Vortrag: »Der Erlöser«.

bald sie in *die* Wirklichkeit hineingestoßen sind, die sie in ihrem Erdenleben bisher als einzig wahr erkennen wollten, womit sie auch beständig ihre Mitmenschen bedachten. Dann soll der Gott noch helfen, dem sie mit solcher grenzenlosen Überhebung gegenüberstanden! Sie werden zu ihm flehen, zu ihm rufen, werden erwarten, daß Er in seiner Göttlichkeit dem »unwissenden« Menschlein auch das Ärgste leicht verzeiht. Er wird nach ihrem Dünken plötzlich viel zu »groß« sein, als so etwas nachtragen zu können. Er, den sie bisher so herabgewürdigt haben!

Doch Er wird sie *nicht* erhören, wird ihnen *nicht* mehr helfen, weil sie vorher auf sein Wort nicht hören wollten, das Er ihnen sandte! Und darin liegt Gerechtigkeit, die sich von seiner großen Liebe niemals trennen läßt.

Donnernd wird ihnen entgegenschallen: »Ihr habt nicht gewollt! Deshalb seid nun vertilgt und ausgelöscht im Buche des Lebens!«

# DAS VERBRECHEN DER HYPNOSE

Sonderbar! Einst wütete man gegen die Behauptung, daß Hypnose wirklich besteht, allen voran gingen darin viele Mediziner. Sie schreckten nicht davor zurück, Hypnose als Humbug und Schwindel zu bezeichnen, wie sie es kurz vorher auch mit dem Heilmagnetismus getan hatten, der heute für so viele ein großer Segen geworden ist. Ausübende wurden in schärfster Weise angegriffen, Gaukler und Betrüger genannt.

Heute nun sind es gerade wiederum die Mediziner, die sich zum größten Teile die Hypnose zu eigen gemacht haben. Was einst in den schärfsten Ausdrücken abgeleugnet wurde, dafür treten sie heute ein.

Dies läßt sich nach zwei Seiten hin beurteilen. Wer den damaligen erbitterten Kampf ganz objektiv betrachtete, kann sich heute natürlich eines Lächelns nicht erwehren, wenn er wiederum beobachten muß, wie damalige feindselige Eiferer jetzt die von ihnen so verschmähte Hypnose mit noch größerem Eifer anzuwenden versuchen. Nach der anderen Seite hin muß wiederum anerkannt werden, daß einer solchen nahezu grotesken Wendung immerhin auch Achtung gebührt. Gehört doch ein gewisser Mut dazu, sich der Gefahr der Lächerlichkeit auszusetzen, die gerade in diesem Falle sehr naheliegt.

Man muß darin den Ernst erkennen, der wirklich der Menschheit nützen möchte und aus diesem Grunde nicht zurückschreckt, selbst solche Gefahr mit in Kauf zu nehmen.

Bedauerlich ist nur, daß man daraus nicht auch Lehren für die Zukunft gezogen hat und vorsichtiger mit Beurteilungen und – sagen wir es ruhig – Anfeindungen wird, wenn es sich um Dinge handelt, die in

## 25. DAS VERBRECHEN DER HYPNOSE

das gleiche Gebiet gehören, in dem die Hypnose steht. Leider macht man es mit vielen anderen Fächern des gleichen Gebietes trotz aller Erfahrungen heute wieder genau so, fast noch schlimmer.

Trotzdem wird am Ende sich zuletzt dasselbe Schauspiel wiederholen müssen, daß ohne Übergang mit Eifer plötzlich für etwas eingetreten wird, das man bisher so hartnäckig zu leugnen suchte. Noch mehr, daß man so vieles mit allen Mitteln rücksichtslos nur in die eigenen Hände zur Ausübung zu bekommen versucht, dessen Suchen und Finden man vorsichtig und unter dauerndem Befehden erst anderen überließ, meistens sogenannten »Laien«.

Ob das dann immer noch als ein Verdienst und ein mutvoller Akt bezeichnet werden kann, mag dahingestellt bleiben. Es liegt im Gegenteil viel näher, daß diese ewigen Wiederholungen auch die schon als Verdienste erwähnten Handlungen in ein anderes Licht stellen können. Soweit das Ergebnis *oberflächlicher* Beurteilung.

Viel bedenklicher aber wird es, wenn man die *Wirkungen der Anwendungen* der Hypnose richtig kennt. Daß das *Bestehen* der Hypnose endlich Anerkennung und Bestätigung fand und somit die wortreichen, aber nach jetziger Erfahrung nur Unwissenheit verratenden Angriffe der Wissenschaft aufhören, ist gut. Aber daß damit unter dem fördernden Schutze der plötzlich wissend gewordenen bisherigen Gegenstreiter auch die *Anwendung* eine so weite Verbreitung fand, zeugt davon, daß diese Wissenden viel weiter von dem eigentlichen Erkennen entfernt sind, als die anfangs suchenden und viel geschmähten Laien.

Es ist erschütternd, zu wissen, welches Unheil dadurch entsteht, daß sich heute Tausende vertrauensvoll in sogenannte berufene Hände begeben, um sich einer Hypnose freiwillig zu unterziehen, dazu überredet werden, oder, was am verwerflichsten ist, ohne ihr Wissen dazu vergewaltigt werden. Auch wenn es alles mit der besten Absicht geschieht, Gutes damit stiften zu wollen, so ändert dies nichts an dem unermeßlichen Schaden, den diese Ausübung *in jedem Falle* anrichtet! Berufene Hände sind es *nicht*, die Hypnose anwenden. Berufen kann nur jemand sein, der auf dem Gebiete vollkommen bewandert ist, in das alles das gehört, was er anwendet. Das wäre bei Hypnose das feinstoffliche Gebiet! Und wer dieses wirklich kennt, ohne es sich in Vermessenheit nur einzubilden, *wird niemals Hypnose anwenden*, solange er das Beste seines Nebenmenschen will. Es sei denn, er beabsichtigt, ihm mit vollem Wissen schwer zu schaden.

Auf allen Seiten wird deshalb gesündigt, wo immer Hypnose zur Anwendung kommt, gleichviel, ob es Laien sind oder nicht! Es gibt darin keine einzige Ausnahme!

Schon wenn man in aller Einfachheit nur logisch zu denken sucht, so muß man zu dem Schlusse kommen, daß es in Wirklichkeit doch grenzenloser Leichtsinn ist, mit etwas zu wirken, dessen Tragweite man nur in den allerengsten Stufen zu überschauen vermag, und dessen letzte Endwirkung noch nicht bekannt ist.

Wenn solche Leichtfertigkeit in Angelegenheiten des Wohles und Wehes der Nebenmenschen nicht nur für die betroffene Versuchsperson Schaden nach sich zieht, sondern die Verantwortung doppelt schwer auch auf den Ausübenden fällt, so gibt das keine Beruhigung. Die Menschen sollten lieber nicht so vertrauensselig auf etwas eingehen, was sie nicht auch selbst gründlich kennen. Geschieht es ohne ihr Wissen und Wollen, so ist ein derartiges Vorgehen sowieso ein regelrechtes Verbrechen, auch wenn es von sogenannten berufenen Händen ausgeführt wird.

Da nun nicht anzunehmen ist, daß die mit Hypnose Arbeitenden alle die Absicht haben, ihren Nebenmenschen zu schaden, so bleibt nur die Tatsache festzustellen übrig, daß sie über das Wesen der Hypnose vollkommen unwissend sind und den Folgen ihrer eigenen Tätigkeit gänzlich verständnislos gegenüberstehen. Darüber gibt es auch nicht den geringsten Zweifel; denn entweder das eine oder das andere kann nur in Betracht kommen. Also bleibt die Verständnislosigkeit als allein bestehend übrig.

Wenn ein Mensch seinem Nebenmenschen gegenüber Hypnose anwendet, *so bindet er damit dessen Geist!* Diese Bindung an sich ist geistiges Vergehen oder Verbrechen. Es entschuldigt nicht, wenn Hypnose zum

Zwecke der Heilung einer körperlichen Krankheit angewendet wird, oder als Mittel zu einer psychischen Verbesserung. Ebensowenig kann als Verteidigung vorgebracht werden, daß bei dadurch bewirkten psychischen Veränderungen zum Guten auch das Wollen des Betreffenden besser geworden ist, so daß der mit Hypnose Behandelte einen Gewinn davongetragen hat.

In solchem Glauben zu leben und zu handeln, ist Selbstbetrug; denn nur was ein Geist aus vollkommen *freiem* und unbeeinflußtem Wollen heraus vornimmt, kann ihm den Gewinn bringen, den er zu einem wirklichen Aufstiege braucht. Alles andere sind Äußerlichkeiten, die ihm nur vorübergehend einen scheinbaren Nutzen oder Schaden zu bringen vermögen.

Jede Bindung des Geistes, gleichviel zu welchem Zwecke sie geschehen ist, bleibt ein unbedingtes Aufhalten in der Möglichkeit des notwendigen Fortschrittes. Ganz abgesehen davon, daß eine derartige Bindung weit mehr Gefahren mit sich bringt als Vorteil. Ein so gebundener Geist ist nicht nur dem Einflusse des Hypnotiseurs zugänglich, sondern bleibt in gewissem Grade, trotz eines eventuellen Verbotes des Hypnotiseurs, auch anderen feinstofflichen Einflüssen wehrlos ausgesetzt, weil ihm in der Gebundenheit der dringend notwendige Schutz dagegen fehlt, den nur die völlige Bewegungsfreiheit bieten kann.

Daß die Menschen von diesen dauernden Kämpfen, den Angriffen und der eigenen erfolgreichen oder nicht erfolgreichen Abwehr nichts bemerken, schließt die Lebendigkeit in der feinstofflichen Welt und ihre eigene Mitwirkung dabei nicht aus.

Ein jeder, der einer wirksamen Hypnose unterworfen wird, ist also mehr oder weniger nachhaltig an dem wirklichen Fortschritt seines tiefsten Kernes gehemmt worden. Die äußeren Umstände, seien sie dadurch nur noch ungünstiger geworden, oder anscheinend vorübergehend fördernd, spielen erst in zweiter Linie eine Rolle, dürfen also auch für eine Beurteilung nicht maßgebend sein. *Der Geist muß frei bleiben auf jeden Fall*, weil es sich letzten Endes nur allein um ihn handelt!

Angenommen, es tritt eine äußerlich erkennbare Verbesserung ein, worauf sich die mit Hypnose Arbeitenden so gern stützen, so hat der betreffende Mensch in Wirklichkeit doch keinen Nutzen davon. Sein gebundener Geist vermag nicht gleich feinstofflich schöpferisch zu wirken wie ein vollkommen freier Geist. Die feinstofflichen Schöpfungen, die sein gebundenes oder erzwungenes Wollen erzeugt, sind kraftlos, weil erst aus zweiter Hand geformt, und welken in der feinstofflichen Welt sehr bald dahin. Es kann ihm also deshalb auch sein besser gewordenes Wollen in der Wechselwirkung nicht den Nutzen bringen, der bei den Schöpfungen des freien Geistes unbedingt zu erwarten ist.

Ebenso ist es natürlich auch, wenn ein gebundener Geist im Auftrage seines Hypnotiseurs Übles will und ausführt. Durch die Kraftlosigkeit der feinstofflichen Schöpfungen werden diese trotz böser grobstofflicher Handlungen bald vergehen oder von anderen Gleicharten aufgesaugt werden, so daß eine feinstoffliche Wechselwirkung gar nicht eintreten kann, wodurch den also Gezwungenen wohl eine irdische Verantwortung, aber keine geistige Verantwortung treffen kann. *Genau so ist der Vorgang bei Irrsinnigen.*

Darin sieht man wiederum die lückenlose Gerechtigkeit des Schöpfers, die sich durch die in ihrer Vollkommenheit unerreichbaren lebendigen Gesetze in der feinstofflichen Welt auswirkt. Einen also Gezwungenen kann trotz übler Handlungen durch fremden Willen keine Schuld treffen, ebenso aber auch kein Segen, weil dessen bessere Handlungen unter fremdem Willen ausgeführt werden, woran er als selbständiges »Ich« keinen Teil hat.

Dafür aber geschieht etwas anderes: Die gewaltsame Bindung des Geistes durch Hypnose bindet gleichzeitig den die Hypnose ausübenden Menschen an sein Opfer, wie mit stärksten Ketten. Es läßt ihn nicht eher wieder los, als bis er dem gewaltsam in seiner eigenen freien Entwicklung Zurückgehaltenen so weit vorwärts geholfen hat, wie dieser hätte kommen müssen, wenn er die Bindung nicht ausgeführt hätte. Er muß nach seinem irdischen Abscheiden dorthin, wohin der von ihm gebundene Geist geht, und sei es bis zu den tiefsten Tiefen.

Was also demnach solchen Menschen blüht, die sich viel mit der Anwendung von Hypnose befassen, ist leicht zu denken. Wenn sie nach dem irdischen Abscheiden erwachend wieder zu sich kommen, so werden sie mit Entsetzen bemerken, wie viele Bindungen an ihnen zerren, von schon Vorausgegangenen, wie auch von solchen, die noch auf der Erde wandeln. Nicht eine davon kann ihnen dann erlassen werden. Glied für Glied muß der Mensch lösen, und wenn er auch Jahrtausende damit verliert.

Wahrscheinlich ist es aber, daß er damit nicht mehr ganz zu Ende kommen kann, sondern mit hineingerissen wird in die Zersetzung, die seine Persönlichkeit des eigenen »Ichs« vernichtet; *denn er hat schwer gesündigt wider den Geist!*

# ASTROLOGIE

Die königliche Kunst wird sie genannt, und nicht mit Unrecht. Doch nicht, daß sie unter allen Künsten die Königin ist, ebensowenig nur für irdische Könige vorbehalten, sondern wer sie wirklich auszuüben vermöchte, könnte im Geistigen einen königlichen Rang einnehmen, da er dadurch Lenker vielen Geschehens und Nichtgeschehens sein würde.

Aber es gibt nicht einen einzigen Erdenmenschen, dem diese Fähigkeiten anvertraut sind. Somit müssen alle Arbeiten darin nur klägliche Versuche bleiben, unzuverlässig, wenn von dem Ausübenden ernstgemeint, frevelhaft, wenn statt des tiefen Ernstes Selbstüberhebung und krankhafte Phantasie dabei mitwirken.

Sternenberechnung allein kann überhaupt nur wenig nützen; denn zu den Strahlungen der Sterne gehören auch die jeweiligen Bodenstrahlungen der Erde, sowie unbedingt die lebende Feinstofflichkeit in ihrer ganzen Tätigkeit, wie zum Beispiel die Welt der Gedankenformen, des Karmas, Strömungen des Dunkels und des Lichtes in der Stofflichkeit, sowie noch vieles mehr. Welcher Mensch darf sich nun rühmen, alles das bis zu den tiefsten Tiefen und den höchsten Höhen der Stofflichkeit scharf und klar zu überschauen?

Die Strahlungen der Sterne bilden nur die Wege und Kanäle, durch welche alles feinstoffliche Lebendige geschlossener zu einer Menschenseele dringen kann, um sich dort auszuwirken. Bildlich ausgedrückt kann man sagen: Die Sterne geben das Signal für die Zeiten, in denen die rückläufigen Wechselwirkungen und andere Einflüsse durch ihre Strahlenführung zusammengefaßter, geschlossener auf den Menschen strömen können. Ungünstigen oder feindlichen Sternenstrahlungen schließen sich üble in dem Feinstofflichen für den betreffenden Menschen schwebende Strömungen an, günstigen Strahlungen dagegen der Gleichart entsprechend nur gute.

Daher kommt es, daß die Berechnungen an sich nicht ganz wertlos sind. Doch es ist dabei unbedingte Voraussetzung, daß bei ungünstiger Bestrahlung eines Menschen für diesen auch ungünstige Wechselwirkungen rückläufig sind, oder bei günstiger Bestrahlung günstige. Sonst kann irgendeine Auswirkung nicht erfolgen. Wiederum aber sind auch die Sternenstrahlungen nicht etwa schemenhaft, für sich allein ohne Verbindung mit den anderen Kräften unwirksam, sondern sie besitzen auch selbsttätige Auswirkungen in einer gewissen *Absperrung*.

Sind für einen Menschen in der feinstofflichen Welt nur schlechte Rückwirkungen fällig und am Werke, so wird deren Tätigkeit in den Tagen oder Stunden günstiger Sternenbestrahlung je nach der Bestrahlungsart abgesperrt, zurückgedrängt oder doch wenigstens stark eingedämmt. Ebenso natürlich auch umgekehrt, so daß bei arbeitenden guten Rückwirkungen durch ungünstige Bestrahlung das Günstige die den Strahlungen entsprechende Zeit über abgestellt wird.

Wenn also auch die *Kanäle* der Sternenstrahlungen durch Mangel an *gleichartigen* Wirkungen *leer laufen*, so dienen sie doch immerhin noch zur zeitweisen *Absperrung* eventuell arbeitender andersartiger Wechselwirkungen, so daß sie also nie ganz ohne Einfluß bleiben. Es können nur nicht gerade gute Strahlen immer Gutes oder üble Strahlen immer Übles bringen, so derartiges für den Betreffenden nicht bereitliegt.

Die Astrologen können darauf nicht sagen: »Nun also, da haben wir doch recht.« Denn dieses Rechthaben ist nur bedingungsweise und *sehr* eingeschränkt. Es berechtigt nicht zu den oft anmaßenden Behauptungen und geschäftlichen Anpreisungen. Leer laufende Sternenstrahlungskanäle können wohl Unterbrechungen bringen, aber nichts anderes, weder Gutes noch Übles.

Zugegeben muß wiederum werden, daß in gewissem Sinne die zeitweise Unterbrechung übler Rückwirkungen an sich auch schon etwas

Gutes ist. Schafft es doch dem vom Übel arg Bedrängten Zeit zum Aufatmen und damit Kraft zu weiterem Ertragen.

Außerdem sollen gerade hemmende Strahlungen den Menschengeist zu größerer Kraftanstrengung veranlassen, die den Geist erweckt, erstarken und immer mehr erglühen läßt in dem Bemühen zu der Überwindung dieser Hemmungen.

Die Berechnungen der Astrologen könnten trotz allem begrüßt werden, wenn die vielfache Großsprecherei und Reklame so mancher nicht beachtet wird. Doch es sprechen außerdem noch andere wichtige Faktoren mit, die die Berechnungen sehr unzuverlässig werden lassen, so daß sie in Wirklichkeit in der Allgemeinheit mehr Schaden als Nutzen anrichten.

Es kommen nämlich nicht nur die wenigen Sterne in Betracht, die den Astrologen zur Berechnung heute zur Verfügung stehen. Zahllose andere, von Astrologen nicht einmal gekannte Sterne spielen, die Wirkungen vermindernd, stärkend, kreuzend und verschiebend, eine so große Rolle, daß das Schlußbild der Berechnung oft ganz entgegenstehend sein kann dem, was dem besten Astrologen heute zu sagen möglich ist.

Zuletzt ist noch ein weiterer Punkt ausschlaggebend, der größte und der schwierigste: die *Seele* eines jeden Menschen! Nur wer außer allen anderen Erfordernissen jede einzelne dieser Seelen mit all ihren Fähigkeiten, Eigenschaften, Karmaverwicklungen, sowie in ihrem ganzen Streben, kurz, in ihrer wirklich jenseitigen Reife oder Unreife bis auf den letzten Grad genau abwägen kann, der könnte allenfalls Berechnungen wagen!

Sternenstrahlungen können für einen Menschen noch so günstig sein, es wird ihn nichts Lichtes, also Gutes, treffen können, wenn er viel Dunkles durch den Zustand seiner Seele um sich hat. Im umgekehrten Falle aber wird den Menschen, dessen Seelenzustand nur die Reinheit und das Lichte um sich duldet, die ungünstigste aller Sternenströmungen nicht so viel drücken können, daß er ernstlich Schaden davonträgt, es wird sich zuletzt immer nach dem Guten wenden müssen.

## 26. ASTROLOGIE

So einseitig, wie es die Jünger der Astrologie sich bei ihrer Berechnung vorstellen, ist die Allmacht und die Weisheit Gottes nicht. Dieser stellt das Schicksal seiner Menschen, also deren Wohl und Wehe, nicht nur auf die Strahlungen der Sterne ein.

Wohl wirken diese kraftvoll mit, nicht nur bei jedem Einzelmenschen, sondern in dem ganzen Weltgeschehen. Doch sie sind auch nur Werkzeuge darin, deren Betätigung mit vielen anderen nicht nur zusammenhängt, sondern damit auch abhängig in ihren Möglichkeiten aller Auswirkungen bleibt. Auch wenn so manche Astrologen wähnen, intuitiv zu arbeiten, unter Eingebung, Inspiration, so kann das nicht so viel zur Vertiefung beitragen, daß man viel größeres Vertrauen auf das Nahekommen einer Wirklichkeit der Berechnungen verwenden dürfte.

Die Berechnungen bleiben einseitiges Stückwerk und unzulänglich, lückenhaft, kurz unvollkommen. Sie bringen Unruhe unter die Menschen. Unruhe aber ist der Seele gefährlichster Feind; denn sie erschüttert die Mauer des natürlichen Schutzes und läßt gerade dadurch oft Übles herein, das sonst keinen Eingang gefunden haben würde.

Unruhig werden viele Menschen, die sich sagen, daß sie zur Zeit üble Strahlungen haben, zu vertrauensselig und damit unklug aber oft, wenn sie überzeugt sind, gerade guten Strahlungen unterworfen zu sein. Bei der Mangelhaftigkeit aller Berechnungen bürden sie sich damit nur unnötige Sorgen auf, anstatt immer einen freien, frohen Geist zu haben, der zur Abwehr mehr Kraft aufbringt, als die stärksten üblen Strömungen zu drücken vermögen.

Die Astrologen sollten, wenn sie nicht anders können, ihre Arbeiten ruhig fortsetzen und sich darin zu vervollkommnen suchen, aber nur im stillen und für sich selbst, *wie es wirklich Ernstzunehmende unter ihnen auch tun!* Andere Menschen müßten sie mit solchen Unvollkommenheiten noch verschonen, da diese nur verderbenbringend wirken und als Frucht Erschütterung des Selbstvertrauens bringen, schädigende Bindung freier Geister, die unbedingt vermieden werden muß.

# SYMBOLIK IM MENSCHENSCHICKSAL

Wenn die Menschen nicht in den Notwendigkeiten und den vielen Nichtigkeiten des Alltags vollständig aufgehen würden, sondern auch noch einige Aufmerksamkeit dazu verwenden wollten, die großen und die kleinen Geschehnisse in ihrer Umgebung etwas aufmerksamer zu beobachten, so müßte ihnen bald eine neue Erkenntnis kommen. Sie würden über sich selbst erstaunt sein und es kaum glaublich finden, daß sie bis dahin über so Auffallendes gedankenlos hinwegsehen konnten.

Und es liegt auch aller Grund vor, mitleidsvoll über sich selbst die Köpfe zu schütteln. Bei nur einiger Beobachtung wird ihnen plötzlich eine ganze Welt streng geordneten, lebendigen Geschehens eröffnet, die eine straffe Führung von höherer Hand deutlich erkennen läßt: die Welt der Symbolik!

Diese wurzelt tief in dem feinstofflichen Teile der Schöpfung, nur die äußersten Enden treten als Ausläufer in das irdisch Sichtbare hinein. Es ist wie bei einem anscheinend ganz in Ruhe befindlichen Meere, dessen dauernde Bewegungen nicht sichtbar sind, sondern nur in ihren letzten Ausläufern am Strande beobachtet werden können.

Der Mensch ahnt nicht, daß er bei ganz geringer Mühe durch etwas Aufmerksamkeit die für ihn so einschneidende und von ihm gefürchtete Tätigkeit des Karmas klar beobachten kann. Es ist ihm möglich, vertrauter damit zu werden, wodurch nach und nach die bei denkenden Menschen oft erwachende Furcht mit der Zeit abfällt und das Karma seine Schrecken verliert.

Für viele kann es ein Weg zum Aufstiege werden, wenn sie durch irdisch sichtbare Geschehnisse die tieferen Wellen des feinstofflichen Lebens fühlen lernen und ihm nachgehen können, wodurch mit der Zeit die Überzeugung von dem Vorhandensein unbedingt folgerichtiger Wechselwirkungen ersteht.

Ist ein Mensch aber erst einmal dazu gekommen, so fügt er sich langsam Schritt für Schritt, bis er zuletzt die streng logisch und lückenlos treibende Kraft des bewußten göttlichen Willens in der ganzen Schöpfung erkennt, also in der grobstofflichen und feinstofflichen Welt. Von dem Augenblicke an wird er mit ihr rechnen, sich ihr freiwillig beugen. Das bedeutet aber für ihn ein Schwimmen in der Kraft, deren Auswirkungen damit nur noch nutzbringend für ihn sein können. Sie dient ihm, weil er sie zu verwenden weiß, indem er sich selbst richtig einfügt.

So kann sich dann die Wechselwirkung nur als Glücksbringer für ihn auslösen. Lächelnd sieht er jedes biblische Wort buchstäblich erfüllt, das ob seiner kindlichen Einfachheit ihm manchmal ein Stein des Anstoßes werden wollte, das zu erfüllen ihm oft deshalb schwer zu werden drohte, weil es nach seiner bisherigen Meinung einen Sklavensinn erforderte. Das von ihm unangenehm empfundene Gehorsam verlangen wird vor seinen sehend gewordenen Augen nach und nach zu der höchsten Auszeichnung, die einem Geschöpf widerfahren kann; zu einem wahrhaft göttlichen Geschenk, das die Möglichkeit zu einer ungeheuren geistigen Kraftentfaltung in sich trägt, die ein persönlich bewußtes Mitwirken in der herrlichen Schöpfung zuläßt.

Die Ausdrücke: »Nur wer sich selbst erniedrigt, wird erhöht werden«, der Mensch muß sich »demütig vor seinem Gotte beugen«, um in dessen Reich eingehen zu können, er soll »gehorchen«, »dienen«, und was der biblischen Ratschläge noch mehr sind, sie stoßen den modernen Menschen in dieser einfachen, kindlichen und doch so treffenden Ausdrucksart von vornherein etwas ab, weil sie seinen Stolz verletzen, der in dem Bewußtsein des Verstandeswissens liegt. Er will nicht mehr so blind geführt sein, sondern selbst erkennend bewußt in allem mitwirken, um den zu allem Großen notwendigen inneren Aufschwung *aus Überzeugung* zu erhalten. Und das ist *kein Unrecht!*

## 27. SYMBOLIK IM MENSCHENSCHICKSAL

Der Mensch *soll* mit seiner Fortentwicklung in der Schöpfung bewußter dastehen, als es früher war. Und wenn er mit Freude erkannt haben wird, daß die einfachen biblischen Ausdrücke in ihrer der heutigen Zeit so fremden Art genau alles das anraten, wozu er sich bei Kenntnis der gewaltigen Naturgesetze freiwillig und mit voller Überzeugung auch entschließt, so fällt es wie eine Binde von seinen Augen. Er steht erschüttert vor der Tatsache, daß er die alten Lehren bisher nur verwarf, weil er sie falsch gedeutet hatte, und nie ernsthaft versuchte, richtig in sie einzudringen, sie mit dem heutigen Auffassungsvermögen in Einklang zu bringen.

Ob nun gesagt wird: »In Demut sich dem Willen Gottes beugen«, oder »nach richtigem Erkennen der gewaltigen Naturgesetze sich deren Art und Wirken nutzbar machen«, *ist ein und dasselbe*.

Nutzbar machen kann sich der Mensch die Kräfte, die den Willen Gottes tragen, nur dann, wenn er sie genau studiert, also erkennt, und sich dann darnach richtet. Das Mit-ihnen-Rechnen oder Sich-darnach-Richten ist in Wirklichkeit aber weiter nichts als ein Sicheinfügen, also ein Sichbeugen! Sich nicht *gegen* diese Kräfte stellen, sondern *mit ihnen* gehen. Nur indem der Mensch seinen Willen der Eigenart der Kräfte anpaßt, also die gleiche Richtung geht, vermag er die Gewalt der Kräfte auszunützen.

Das ist kein Bezwingen der Kräfte, sondern ein Sich-demutsvoll-Beugen vor dem göttlichen Willen! Wenn der Mensch so manches auch eigene Klugheit nennt oder eine Errungenschaft des Wissens, so ändert dies nichts an der Tatsache, daß alles nur ein sogenanntes »Finden« von Auswirkungen bestehender Naturgesetze bedeutet, also des göttlichen Willens, den man damit »erkannt« hat und mit der Auswertung oder Verwendung sich diesem Willen »fügt«. Es *ist* dies unbedingt ein demutsvolles Beugen vor dem Willen Gottes, ein »Gehorchen«!

Doch nun zu der Symbolik! Alles Geschehen in der Schöpfung, also in der Stofflichkeit, muß in seinem Kreislauf einen richtigen Abschluß erhalten, oder, wie man auch sagen kann, es muß sich als Ring schließen. Deshalb kehrt nach den Schöpfungsgesetzen auch alles unbedingt auf seinen Ausgangspunkt zurück, wo allein es sein Ende finden kann, also gelöst, aufgelöst, oder als Wirkendes ausgelöscht wird. So ist es mit der ganzen Schöpfung selbst, wie auch mit jedem einzelnen Geschehen. Daraus entsteht die unbedingte Wechselwirkung, die wiederum die Symbolik nach sich zieht.

Da alle Handlungen dort enden müssen, wo sie entstanden sind, so ergibt sich daraus, daß jede Handlung auch in gleicher Stoffart enden muß, in der sie entstand. Also feinstofflicher Anfang muß feinstoffliches Ende haben, grobstofflicher Anfang aber grobstoffliches Ende. Das Feinstoffliche vermögen die Menschen nicht zu sehen, das grobstoffliche Ende eines jeden Geschehens ist ihnen wohl sichtbar, aber es fehlt vielen der eigentliche Schlüssel dazu, der Anfang, der in den meisten Fällen in einem vorhergegangenen grobstofflichen Sein liegt.

Wenn auch hierbei der größte Teil alles Geschehens der Wechselwirkung nur in der feinstofflichen Welt erfolgt, so könnte doch das also arbeitende Karma niemals eine volle Ablösung finden, wenn das Ende nicht in irgendeiner Art in die grobstoffliche Welt hineinspielt und dort sichtbar wird. Erst mit einem dem Sinne der Wechselwirkung entsprechenden sichtbaren Vorgang kann ein laufender Ring geschlossen werden, wodurch die vollkommene Ablösung erfolgt, gleichviel, ob dies je nach Art des einstmaligen Anfanges gut oder böse ist, Glück oder Unglück bringt, Segen oder durch die Auslösung Vergebung. Diese letzte sichtbare Auswirkung *muß* kommen, an gleicher Stelle, wo der Ursprung liegt, also bei *dem* Menschen, der durch irgendeine Handlung einst den Anfang dazu gab. In keinem einzigen Fall ist sie zu vermeiden.

Wenn nun der betreffende Mensch sich unterdessen innerlich verändert hat, derart, daß Besseres in ihm lebendig wurde, als die einstmalige Handlung war, so kann die Rückwirkung in ihrer Art nicht festen Fuß fassen. Sie findet keinen gleichartigen Boden mehr in der aufwärtsstrebenden Seele, die lichter und damit leichter geworden ist nach dem Gesetz der geistigen Schwere\*.

\* Vortrag: »Schicksal«.

Die natürliche Folge ist, daß eine trübere Auswirkung bei dem Herannahen von der lichteren Umgebung des betreffenden Menschen durchsetzt und somit bedeutend abgeschwächt wird. Aber trotzdem muß das Gesetz des Kreislaufes und der Wechselwirkung voll erfüllt werden in seiner selbsttätig wirkenden Kraft. Ein Aufheben irgendeines Naturgesetzes ist unmöglich.

Deshalb wird sich eine so abgeschwächte rücklaufende Wechselwirkung den unverrückbaren Gesetzen entsprechend auch *sichtbar* grobstofflich auswirken müssen, um wirklich abgelöst, also ausgelöscht zu sein. Das Ende muß in den Anfang zurückfließen. Wegen der lichtgewordenen Umgebung vermag aber dunkles Karma dem betreffenden Menschen nicht Schaden zu bringen, und so geschieht es, daß diese abgeschwächte Wechselwirkung nur derart auf die nähere *Umgebung* wirkt, daß der Betroffene in die Lage kommt, irgend etwas Freiwilliges zu tun, dessen Art nur noch *dem Sinne* der rückströmenden Wechselwirkung entspricht.

Der Unterschied von der eigentlichen ungebrochenen Stärke der für ihn bestimmt gewesenen Auswirkung des rücklaufenden dunklen Stromes ist der, daß es ihm keinerlei Schmerz bereitet oder Schaden bringt, sondern vielleicht sogar Freude macht.

Das ist dann eine *rein symbolische* Auslösung manches *schweren* Karmas, aber den Gesetzen in der Schöpfung vollkommen entsprechend, durch die Veränderung des Seelenzustandes selbsttätig derart wirkend. Deshalb bleibt es den meisten Menschen auch oft ganz unbewußt. Das Karma ist damit gelöst, der unverrückbaren Gerechtigkeit bis in die zartesten Strömungen Genüge getan. In diesen nach den Schöpfungsgesetzen selbstverständlichen Vorgängen liegen so gewaltige Gnadenakte, wie sie nur die Allweisheit des Schöpfers in seinem vollkommenen Werke herbeiführen konnte.

Solcher rein symbolischen Auslösungen bei sonst schwer treffenden Wechselwirkungen gibt es viele!

Nehmen wir ein Beispiel: Ein einst harter, herrschsüchtiger Charakter hat in Ausübung dieser Eigenschaften durch Bedrückung seiner Mitmenschen schweres Karma auf sich geladen, das lebendig in seiner Eigenart den Kreislauf geht und dann in gleicher, vielfach verstärkter Art auf ihn zurückfallen muß. Beim Herannahen wird diese durch das Gesetz der Anziehungskraft feinstofflicher Gleichart oft ungeheuer verstärkte Strömung der rücksichtslosen Herrschsucht die ganze feinstoffliche Umgebung des Betreffenden so durchsetzen, daß sie einschneidend auf die mit ihr eng zusammenhängende grobstoffliche Umgebung wirkt und damit Verhältnisse schafft, die den einstigen Urheber zwingen, in weit größerem Maße unter gleicher Herrschsucht zu leiden, als die von ihm früher gepeinigten Mitmenschen.

Ist so ein Mensch aber inzwischen bereits zu besserer Erkenntnis gekommen und hat durch ehrliches Bemühen zum Aufstiege eine lichte und leichtere Umgebung gewonnen, so verändert sich selbstverständlich damit auch die Art der letzten Auswirkung. Das zurückkommende dichtere Dunkel wird je nach der Lichtstärke der neuen Umgebung des Betroffenen von diesem Lichte mehr oder weniger durchdrungen, demnach auch mehr oder weniger unschädlich gemacht. Bei großem Emporstiege des früher so Herrschsüchtigen, also bei einer außergewöhnlichen Besserung des Schuldigen, kann es nun geschehen, daß die eigentliche Auswirkung so gut wie aufgehoben ist und er nur vorübergehend etwas tut, das nach dem Äußeren einer Sühne ähnlich sieht.

Nehmen wir an, es handelt sich um eine Frau. Da würde es genügen, daß sie einem Dienstmädchen einmal die Bürste aus der Hand nimmt, um ihm in aller Freundlichkeit zu zeigen, wie ein Fußboden gescheuert wird. Wenn es auch nur einige Bewegungen dieser Art sind, so ist doch der Symbolik des Dienens damit genügt. Diese kurze Handlung gibt eine Auslösung, die *sichtbar* geschehen mußte und die trotz der Leichtigkeit ein schweres Karma zu beenden fähig ist.

Ebenso kann das Umräumen eines einzigen Zimmers das Symbol werden zur Beendigung und Aufhebung einer Schuld, deren Sühne oder Rückwirkung eigentlich eine größere, schmerzhaft einschneidende Umwälzung erfordert hätte. Diese Dinge ergeben sich auf irgendeine Weise aus den geschwächten Einflüssen einer Rückwirkung, oder zufällige Handlungen werden auch manchmal von der geistigen Führung geschickt dazu benützt, eine Ablösung damit herbeizuführen.

Bei allem diesem ist natürlich Voraussetzung, daß ein ungewöhnlich großer Aufschwung und die damit verbundene Veränderung des Seelenzustandes schon eingetreten ist. Umstände, die ein Astrologe natürlich nicht in Betracht zu ziehen vermag, wodurch er oft unnötige Sorgen durch seine Berechnungen hervorruft, manchesmal sogar derartige Angst, daß deren Stärke allein schon Unangenehmes herbeizuführen oder neu zu bilden vermag, wodurch sich dann, allerdings nur anscheinend, eine Berechnung erfüllt, die sonst ohne diese Angst sich als falsch erwiesen haben würde. In solchen Fällen aber hat der betreffende Mensch selbst eine Türe in dem ihn umgebenden Lichtkreis durch seine Angst geöffnet.

Wo er freiwillig selbst die Hand hinausstreckt durch die schützende Hülle, kann ihm von keiner Seite geholfen werden. Sein eigener Wille bricht von innen heraus *jeden* Schutz, während von außen her ohne sein eigenes Wollen nichts durch das Licht an ihn heranzutreten vermag.

Somit kann sich nun die kleinste Gefälligkeit seinen Mitmenschen gegenüber, ein wirklich gefühltes Leid des Nächsten, ein einziges freundliches Wort, zur symbolischen Ablösung eines Karmas formen, sobald innerlich als Grund das ernste Wollen zu Gutem gelegt ist.

Dies muß natürlich vorausgehen; denn sonst kann von einer symbolischen Ablösung nicht die Rede sein, weil alles Rückströmende sich dann in jeder Beziehung voll auswirkt.

Sobald aber das ernste Wollen zum Aufstiege in dem Menschen wirklich einsetzt, kann er sehr bald beobachten, wie nach und nach mehr und mehr Leben in seine Umgebung kommt, als ob ihm alle möglichen Dinge in den Weg gelegt würden, die aber immer gut ausgehen. Es fällt ihm direkt auf. Zuletzt aber kommt ebenso auffallend dann ein Abschnitt, bei dem mehr Ruhe einsetzt, oder alles Geschehen deutlich erkennbar auch zu irdischem Aufschwunge dient. Dann ist die Zeit der Ablösungen vorüber.

Mit frohem Dank kann er sich dem Gedanken hingeben, daß viel

## 27. SYMBOLIK IM MENSCHENSCHICKSAL

Schuld von ihm abgefallen ist, die er sonst hätte schwer büßen müssen. Dann sei er auf der Wacht, daß alle Schicksalsfäden, die er durch sein Wollen und Wünschen neu anknüpft, nur gut sind, damit auch ihn nur Gutes wieder treffen kann!

# GLAUBE

Der Glaube ist nicht so, wie ihn die größte Zahl der sogenannten Gläubigen zeigt. Der eigentliche Glaube ersteht erst dann, wenn man sich den Inhalt der Gottesbotschaften vollkommen zu eigen und damit zur lebendigen, ungezwungenen Überzeugung gemacht hat.

Gottesbotschaften kommen durch Gottes Wort, sowie durch seine Schöpfung. Alles zeugt von Ihm und Seinem Willen. Sobald ein Mensch das ganze Werden und Sein bewußt *erleben* kann, wird sein Empfinden, Denken und Wirken eine einzige freudige Gottesbejahung sein.

Dann aber wird er still, spricht nicht viel davon, ist aber eine Persönlichkeit geworden, die mit dieser stillen Gottesverehrung, die man auch Gottvertrauen nennen kann, fest und sicher in der ganzen Schöpfung steht. Er wird nicht in Phantastereien schweben, nicht in Verzückung geraten, ebensowenig auf Erden nur im Geistigen leben, sondern mit gesunden Sinnen und frischem Mute auch sein Erdenwerk vollbringen und dabei auch den kühlen Verstand bei notwendiger Gegenwehr im Angegriffensein geschickt als scharfe Waffe verwenden, natürlich ohne dabei ungerecht zu werden.

Er soll durchaus nicht schweigsam dulden, wenn ihm Unrecht geschieht. Sonst würde er damit das Böse unterstützen und stärken.

Nun gibt es aber sehr viele Menschen, die sich nur gläubig *dünken!* Trotz allen inneren Zugebens des Vorhandenseins Gottes und seines Wirkens fürchten sie das Lächeln der Zweifler. Es ist ihnen peinlich, unbequem, sie gehen still mit diplomatischem Gesichtsausdrucke bei

Unterhaltungen darüber hinweg und machen aus Verlegenheit den Zweiflern durch ihr Verhalten dauernd Zugeständnisse. Das ist nicht Glaube, sondern nur ein inneres *Zugeben!* Sie verleugnen damit in Wirklichkeit ihren Gott, zu dem sie im stillen beten und von ihm daraufhin alles Gute erwarten.

Die falsche Rücksichtnahme den Zweiflern gegenüber kann nicht damit entschuldigt werden, daß den »Gläubigen« die Sache zu »heilig und zu ernst« ist, als daß sie sie eventueller Verspottung aussetzen möchten. Es ist auch keine Bescheidenheit mehr zu nennen, sondern lediglich niedere Feigheit! Heraus endlich mit der Sprache, wes Geistes Kinder Ihr seid! Furchtlos *jedem* Menschen gegenüber, mit dem Stolze, der der Gotteskindschaft gebührt! Nur dann werden auch die Zweifler ihren nur Unsicherheit verratenden Spott endlich zu zügeln gezwungen sein. Jetzt aber wird er durch das furchtsame Verhalten vieler »Gläubigen« nur großgezogen und genährt.

Diese Menschen betrügen sich selbst, weil sie dem Wort »Glaube« eine ganz andere Bedeutung beigelegt haben, als dieses Wort verlangt. Der Glaube muß *lebendig* sein, das heißt, er muß noch mehr als Überzeugung werden, zur Tat! Zur Tat ist er geworden, sobald er alles durchdrungen hat, das ganze Empfinden, Denken und Tun. Er muß von innen heraus in allem, was zu dem Menschen gehört, unaufdringlich fühlbar und sichtbar werden, also zur Selbstverständlichkeit. Man darf ihn weder als Attrappe noch als Schild nur vorhalten; sondern alles äußerlich fühlbar Werdende muß lediglich das natürliche Ausstrahlen des inneren geistigen Kernes ergeben.

Volkstümlich gesprochen, muß also der rechte Glaube eine Kraft sein, die vom Geiste des Menschen ausstrahlend sein Fleisch und Blut durchdringt und so eine einzige natürliche Selbstverständlichkeit wird. Nichts Gekünsteltes, nichts Gezwungenes, nichts Erlerntes, sondern nur Leben!

Seht Euch viele Gläubige an: Diese behaupten, an ein Fortleben nach dem Tode unbedingt zu glauben, richten auch anscheinend ihre Gedanken darauf ein. Wird ihnen aber irgendeinmal Gelegenheit, einen über die einfache alltägliche Beobachtung hinausgehenden Beweis dieses jenseitigen Lebens zu erhalten, so sind sie erschrocken oder tief erschüttert! Damit aber zeigen sie gerade, daß sie im Grunde doch nicht so überzeugt von dem jenseitigen Leben waren; denn sonst müßte ihnen ein derartiger gelegentlicher Beweis nur ganz natürlich vorkommen. Sie dürften also weder erschrecken noch darüber besonders erschüttert sein.

Neben diesem gibt es noch zahllose Vorgänge, die deutlich offenbaren, wie wenig gläubig doch die sogenannten Gläubigen sind. Der Glaube ist nicht lebendig in ihnen.

# IRDISCHE GÜTER

Es taucht sehr oft die Frage auf, ob sich der Mensch von irdischen Gütern trennen oder diesen Nichtachtung entgegenbringen soll, wenn er nach *geistigem* Gewinne strebt.

Töricht wäre es, einen derartigen Grundsatz aufzustellen! Wenn es heißt, daß der Mensch nicht an irdischen Gütern hängen darf, sobald er nach dem Himmelreiche strebt, so ist damit nicht gesagt, daß er irdische Güter verschenken oder wegwerfen soll, um in Armut zu leben. Der Mensch kann und soll froh genießen von dem, was ihm Gott durch seine Schöpfung zugänglich macht.

An irdischen Gütern »nicht hängen dürfen« bedeutet nur, daß sich ein Mensch nicht so weit hinreißen lassen soll, ein Zusammenraffen von irdischen Gütern als obersten Zweck seines Erdenlebens anzusehen, sich also dadurch vorwiegend an diesen einen Gedanken »zu hängen«.

Eine derartige Einstellung müßte ihn ganz selbstverständlich von höheren Zielen ablenken. Er hätte dann dazu keine Zeit mehr und würde wirklich mit allen Fasern seines Seins nur noch an diesem einen Ziele des Erwerbes irdischen Besitzes hängen. Sei es nun um der Güter selbst willen, oder der Vergnügung halber, die der Besitz ermöglicht, oder auch wegen anderer Zwecke, gleichviel, es bliebe im Grunde immer dasselbe Ergebnis. Der Mensch hängt und bindet sich damit an das rein Irdische, wodurch er den Blick nach oben verliert und nicht aufwärts kommen kann.

Diese falsche Auffassung, daß irdische Güter nicht zu einem geistigen Höherstreben gehören, hat ja bei der Mehrheit der Menschen auch den unsinnigen Begriff nach sich gezogen, daß alle geistigen Bestrebungen

## 29. IRDISCHE GÜTER

nichts mit irdischen Gütern gemein haben dürfen, wenn sie für ernst genommen werden sollen. Welchen Schaden sich die Menschheit damit selbst zuzog, ist ihr sonderbarerweise nie bewußt geworden.

Sie entwerten sich damit die geistigen, also höchsten Gaben, die ihnen zuteil werden können; denn weil durch diese sonderbare Einstellung alle geistigen Bestrebungen bisher auf Opfer und Schenkungen angewiesen sein sollten, ähnlich wie die *Bettler*, so schlich sich damit unbemerkt die gleiche Einstellung, die den Bettlern gegenüber entsteht, auch den geistigen Bestrebungen gegenüber ein. Diese konnten dadurch nie die Achtung erwerben, die ihnen eigentlich in allererster Linie gebührt.

Diese Bestrebungen selbst aber mußten aus dem gleichen Grunde stets von vornherein den Todeskeim in sich tragen, weil sie nie fest auf eigenen Füßen stehen konnten, sondern immer abhängig blieben von dem guten Willen der Menschen. Gerade um sein Heiligstes, *das Geistige*, der Menschheit gegenüber zu schützen und zu wahren, darf ein ernsthaft Strebender irdische Güter nicht verachten! Sie müssen ihm in der grobstofflichen Welt vorwiegend jetzt als Schild dienen, um Gleiches mit Gleichem abwehren zu können.

Ein ungesunder Zustand würde herbeigeführt, wenn in der Zeit der Materialisten geistig Aufwärtsstrebende die stärkste Waffe der skrupellosen Gegner verachten wollten! Es wäre dies ein Leichtsinn, der sich schwer rächen könnte.

Darum, Ihr wahrhaft Gläubigen, verachtet nicht irdische Güter, die auch nur durch den Willen des Gottes geschaffen werden konnten, den Ihr zu ehren sucht! Doch laßt Euch nicht von der Behaglichkeit einschläfern, die der Besitz irdischer Güter mit sich bringen kann, sondern macht gesunden Gebrauch davon.

Ebenso ist es mit den besonderen Gaben solcher Kräfte, die zu Heilungen verschiedener Krankheiten dienen, oder mit ähnlichen segensreichen Befähigungen. In der naivsten, oder wollen wir richtiger sagen, unverfrorensten Weise setzen die Menschen voraus, daß ihnen diese Fähigkeiten unentgeltlich zur Verfügung gestellt werden, weil sie ja auch aus dem Geistigen als besonderes Geschenk zur Ausübung gegeben wurden. Es geht sogar so weit, daß manche Menschen noch eine besondere Freudenbezeugung erwarten, wenn sie sich »herabgelassen« haben, in großer Not sich der Hilfe solcher Art zu bedienen. Derartige Menschen müssen ausgeschlossen werden von aller Hilfe, auch wenn es die einzige wäre, die ihnen noch helfen könnte!

Die also begabten Menschen aber sollten ihr Gottesgeschenk erst einmal selbst höher einschätzen lernen, damit nicht immer wieder Perlen vor die Säue geworfen werden. Sie brauchen zu einer ernsten Hilfeleistung *weit mehr* körperliche und feinstoffliche Kraft, sowie auch Zeit, als ein Jurist zu seiner besten Verteidigungsrede oder ein Arzt bei vielen Krankenbesuchen, oder ein Maler bei der Schaffung eines Bildes. Keinem Menschen würde es je einfallen, dem Juristen, dem Arzte oder dem Maler eine kostenlose Tätigkeit zuzumuten, trotzdem ein gutes Auffassungsvermögen wie jede andere Begabung auch nur ein »Gottesgeschenk« ist, nichts anderes. Werft diese Bettelkleider endlich ab und zeigt Euch in dem Gewande, das Euch gebührt.

## DER TOD

Etwas, an das alle Menschen ohne Ausnahme glauben, ist der Tod! Ein jeder ist von seinem Eintreten überzeugt. Er ist eine der wenigen Tatsachen, über die keinerlei Streit und keinerlei Unwissenheit herrschen.

Trotzdem alle Menschen von Kindheit an damit rechnen, einmal sterben zu müssen, sucht doch die Mehrzahl den Gedanken daran immer abzuwehren. Viele werden sogar heftig, wenn in ihrer Gegenwart einmal davon gesprochen wird. Andere wieder vermeiden es sorgfältig, Friedhöfe aufzusuchen, gehen Begräbnissen aus dem Wege und suchen jeden Eindruck möglichst schnell wieder zu verwischen, wenn sie doch einmal einem Trauerzuge auf der Straße begegnen.

Dabei drückt sie immer eine geheime Angst, daß sie einmal plötzlich von dem Tode überrascht werden könnten. Unbestimmte Furcht hält sie davon ab, mit ernsten Gedanken an diese unverrückbare Tatsache heranzutreten.

Es gibt kaum ein zweites Vorkommnis, das bei seiner Unumgänglichkeit immer wieder in Gedanken so zur Seite geschoben wird, wie der Tod. Kaum aber auch einen so bedeutungsvollen Vorgang im irdischen Leben, außer der Geburt. Es ist doch auffallend, daß sich der Mensch gerade mit dem Anfang und dem Ende seines Erdenseins so wenig beschäftigen will, während er allen anderen Vorgängen, sogar ganz nebensächlichen Dingen, eine tiefe Bedeutung beizulegen sucht.

Er forscht und grübelt über alles Zwischengeschehen mehr als über das, was ihm über alles Aufklärung bringen würde: der Anfang und das Ende seines Erdenlaufes. Tod und Geburt sind ja so eng verbunden, weil eines die Folge des anderen ist.

## 30. DER TOD

Wie wenig Ernst aber wird schon der Zeugung beigelegt! Wohl in sehr seltenen Fällen ist dabei etwas Menschenwürdiges zu finden. Gerade in diesem Vorgange stellen sich die Menschen mit Vorliebe den Tieren gleich und vermögen es doch nicht, deren Harmlosigkeit darin beizubehalten. Das ergibt eine Stellungnahme *unter* das Tier. Denn dieses handelt nach seiner Stufe, die es in der Schöpfung innehat.

Der Mensch jedoch vermag es nicht, oder will es nicht, die ihm gebührende Stufe einzuhalten. Er steigt tiefer hinab und wundert sich dann, wenn es in verschiedenen Beziehungen mit der ganzen Menschheit nach und nach bergab geht.

Schon die Gebräuche der Hochzeiten sind alle darauf eingestellt, den Ehebund lediglich als eine rein irdische Angelegenheit zu betrachten. Es geht dabei in vielen Fällen sogar so weit, daß ernst angelegte Naturen sich mit Ekel vor unzweideutigen, nur auf irdischen Verkehr hinweisenden Einzelheiten abwenden möchten. Die Hochzeitsfeiern sind in vielen Fällen nur zu regelrechten Kuppelorgien ausgeartet, denen beizuwohnen alle ihrer hohen Verantwortung bewußten Eltern den Kindern mit schärfster Strenge untersagen müßten.

Jünglinge und Jungfrauen aber, welche bei diesen Sitten und Anspielungen während eines solchen Festes nicht selbst Abscheu in sich erstehen fühlen und aus diesem Grunde in ihrer eigenen Verantwortlichkeit für ihr Tun und Lassen nicht fernbleiben, sind sowieso schon auf gleich niedere Stufe zu rechnen, können also bei einer Beurteilung nicht mehr in Betracht gezogen werden. Es ist, als ob die Menschen sich auch hierin durch einen vergifteten Rausch über etwas hinwegzutäuschen versuchen, an das sie nicht denken wollen.

Wenn dann das irdische Leben auf solch leichtfertigen Grundlagen aufgebaut wird, wie es schon Sitte und Gebrauch geworden ist, kann man verstehen, daß sich die Menschen auch über den Tod hinwegzutäuschen versuchen, indem sie sich krampfhaft bemühen, nicht daran zu denken. Dieses Hinwegschieben aller ernsten Gedanken steht in engem Zusammenhange mit der eigenen Tiefstellung bei der Zeugung. Die unbestimmte Furcht, die wie ein Schatten durch das ganze Erdenleben neben dem Menschen herläuft, entspringt zum großen Teile dem vollen Bewußtsein allen Unrechtes der leichtsinnigen, die Menschen entwürdigenden Handlungen.

Und wenn sie gar nicht anders Ruhe bekommen können, so klammern sie sich zuletzt krampfhaft und gekünstelt an den Selbstbetrug, daß es entweder mit dem Tode ganz aus ist, womit sie das Bewußtsein ihrer Minderwertigkeit und ihrer Feigheit vor einer eventuellen Verantwortung voll bekunden, oder an die Hoffnung, daß sie auch nicht viel schlechter sind als andere Menschen.

Aber alle diese Einbildungen ändern nicht ein Stäubchen an der Tatsache, daß der irdische Tod an sie herantritt. Mit jedem Tag, jeder Stunde kommt er näher!

Jämmerlich sieht es oft aus, wenn in den letzten Stunden bei der Mehrzahl aller derer, die mit Starrheit eine Verantwortung in einem Fortleben wegzuleugnen versuchten, das große, angstvolle Fragen einsetzt, welches beweist, wie sie an ihrer Überzeugung plötzlich irre werden. Es vermag ihnen dann aber nicht viel zu nützen; denn es ist wiederum nur Feigheit, die sie kurz vor dem großen Schritt aus dem Erdenleben plötzlich die Möglichkeit eines Fortlebens und mit diesem einer Verantwortung vor sich sehen läßt.

Angst aber, Furcht und Feigheit lassen ebensowenig die Verminderung oder Ablösung der unbedingten Wechselwirkung aller Handlungen zu wie Trotz. Ein Einsehen, also Zur-Erkenntnis-Kommen, geht auch nicht in dieser Weise vor sich. Sterbenden Menschen spielt dann aus Furcht heraus noch in den letzten Stunden ihre so oft im Erdenleben erprobte Verstandesklugheit einen üblen Streich, indem sie den Menschen plötzlich in gewohnter Vorsicht noch schnell verstandesfromm werden lassen möchte, sobald die Loslösung des weiterlebenden feinstofflichen Menschen von dem grobstofflichen Körper schon einen so hohen Grad erreicht hat, daß das Empfindungsleben in dieser Loslösung der Stärke des Verstandes gleichkommt, dem es bisher gewaltsam untergeordnet war.

Sie haben dadurch keinen Gewinn! Sie werden ernten, was sie an

Gedanken und Handlungen in ihrem Erdenleben gesät haben. Nicht das Geringste ist damit gebessert oder auch nur geändert! Unwiderstehlich werden sie in die Räder der streng arbeitenden Gesetze der Wechselwirkung gezogen, um in diesen in der feinstofflichen Welt alles das durchzuleben, was sie fehlten, also aus falscher Überzeugung heraus dachten und handelten.

Sie haben alle Ursache, die Stunde des Loslösens von dem irdischen grobstofflichen Körper zu fürchten, der ihnen eine Zeitlang für viele feinstoffliche Vorgänge ein Schutzwall war. Dieser Schutzwall wurde ihnen als Schild und Deckung überlassen, damit sie hinter ihm in ungestörter Ruhe vieles zum Besseren ändern und sogar ganz ablösen konnten, was sie ohne diesen Schutz schwer hätte treffen müssen.

Doppelt traurig, ja zehnfach, ist es für den, der diese Gnadenzeit eines Erdendaseins in leichtsinnigem Selbstbetruge wie in einem Rausche durchtaumelt. Die Furcht und Angst sind also bei vielen begründet.

Ganz anders mit denen, die ihr Erdendasein nicht vergeudeten, die noch zu rechter Zeit, wenn auch in später Stunde, aber nicht aus Furcht und Angst heraus den Weg geistigen Aufstieges betraten. Ihr ernstes Suchen nehmen sie als Stab und Stütze mit hinüber in die feinstoffliche Welt. Sie können ohne Furcht und Bangen den Schritt aus dem Grobstofflichen in das Feinstoffliche unternehmen, der für jeden unausbleiblich ist, da alles, was vergänglich ist, wie der grobstoffliche Körper, auch einmal wieder vergehen muß. Die Stunde dieser Ablösung können sie begrüßen, weil es für sie ein unbedingter Fortschritt ist, gleichviel, was sie im feinstofflichen Leben durchzuleben haben. Das Gute wird sie dann beglücken, das Schwere wird ihnen überraschend leicht gemacht; denn dabei hilft das gute Wollen kraftvoller, als sie es je geahnt haben.

Der Vorgang des Todes selbst ist weiter nichts als die Geburt in die feinstoffliche Welt. Ähnlich dem Vorgange der Geburt in die grobstoffliche Welt. Der feinstoffliche Körper ist mit dem grobstofflichen Körper nach der Lösung eine Zeitlang wie durch eine Nabelschnur verbunden, die um so weniger fest ist, je höher der also in die feinstoffliche Welt

Geborene seine Seele schon in dem Erdensein nach der feinstofflichen Welt hin entwickelt hat.

Je mehr er sich selbst durch sein Wollen an die Erde kettete, also an das Grobstoffliche, und so von dem Fortleben in der feinstofflichen Welt nichts wissen wollte, desto fester gefügt wird durch dieses sein eigenes Wollen auch diese Schnur sein, die ihn an den grobstofflichen Körper bindet, und damit auch sein feinstofflicher Körper, dessen er als Gewand des Geistes in der feinstofflichen Welt bedarf.

Je dichter aber sein feinstofflicher Körper ist, desto schwerer ist er nach den üblichen Gesetzen, und desto dunkler muß er auch erscheinen. Er wird sich durch diese große Ähnlichkeit und nahe Verwandtschaft mit allem Grobstofflichen auch sehr schwer von dem grobstofflichen Körper lösen, so daß es vorkommt, daß ein solcher auch die letzten grobstofflich-körperlichen Schmerzen noch mitfühlen muß, sowie den ganzen Zerfall in der Verwesung. Bei Verbrennung bleibt er ebenfalls nicht unempfindlich.

Nach endlicher Trennung dieser Verbindungsschnur aber sinkt er in der feinstofflichen Welt bis dahin hinab, wo seine Umgebung die gleiche Dichtheit und Schwere hat. Dort findet er dann in der gleichen Schwere auch lauter Gleichgesinnte vor. Daß es aber übler zugeht als auf Erden in dem grobstofflichen Körper, ist erklärlich, weil sich in der feinstofflichen Welt alle Empfindungen *voll* und ungehemmt ausleben.

Anders mit den Menschen, die den Aufstieg zu allem Edleren schon in dem Erdensein begannen. Weil diese die Überzeugung des Schrittes in die feinstoffliche Welt lebendig in sich tragen, ist die Loslösung auch viel leichter. Der feinstoffliche Körper und mit ihm die Verbindungsschnur ist nicht dicht, und dieser Unterschied in ihrer gegenseitigen Fremdheit mit dem grobstofflichen Körper läßt die Loslösung auch sehr schnell erfolgen, so daß der feinstoffliche Körper während des ganzen sogenannten Todeskampfes oder der letzten Muskelzuckungen des grobstofflichen Körpers schon lange *neben* diesem steht, wenn überhaupt von einem Todeskampfe bei normalem Sterben eines solchen Menschen gesprochen werden kann. Der lose, undichte Zustand des

Verbindungsstranges läßt den danebenstehenden feinstofflichen Menschen keinerlei Schmerzen mitempfinden, da dieser leichte Verbindungsstrang in seinem undichten Zustande keinen Schmerzleiter vom Grobstofflichen zum Feinstofflichen abgeben kann.

Dieser Strang sprengt auch infolge seiner größeren Feinheit die Verbindung schneller, so daß der feinstoffliche Körper in viel kürzerer Frist vollkommen frei wird und dann nach *der* Region in die Höhe schwebt, die aus der gleichen feineren und leichteren Art besteht. Dort wird auch dieser nur Gleichgesinnte treffen können und in dem erhöhten guten Empfindungsleben Frieden und Glück empfangen. Ein solcher leichter und weniger dichter feinstofflicher Körper erscheint naturgemäß auch heller und lichter, bis er zuletzt in so große Verfeinerung kommt, daß das in ihm ruhende Geistige strahlend durchzubrechen beginnt, bevor er als ganz lichtstrahlend in das Geistige eingeht.

Die bei einem Sterbenden weilenden Menschen aber seien gewarnt, daß sie nicht in lautes Klagen ausbrechen. Durch den zu stark gezeigten Trennungsschmerz kann der in Loslösung begriffene oder vielleicht schon danebenstehende feinstoffliche Mensch ergriffen werden, es also hören oder fühlen. Erwacht dadurch in ihm das Mitleid oder der Wunsch, noch Trostesworte zu sagen, so bindet ihn dieses Verlangen wieder fester mit dem Bedürfnis, sich den schmerzerfüllt Klagenden *verständlich* bemerkbar zu machen.

Irdisch verständlich machen kann er sich nur unter Zuhilfenahme des Gehirnes. Das Bestreben aber zieht die enge Verbindung mit dem grobstofflichen Körper nach sich, bedingt sie, und deshalb kommt als Folge, daß nicht nur ein noch in Loslösung begriffener feinstofflicher Körper sich wieder enger mit dem grobstofflichen Körper vereinigt, sondern daß auch ein bereits danebenstehender losgelöster feinstofflicher Mensch nochmals zurückgezogen wird in den grobstofflichen Körper. Endergebnis ist die Wiederempfindung aller Schmerzen, deren er schon enthoben war.

Die erneute Loslösung erfolgt dann weit schwerer, sie kann sogar einige Tage anhalten. Dann entsteht der sogenannte verlängerte Todeskampf, der für den sich Lösenwollenden wirklich schmerzhaft und schwer wird. Schuld daran sind die, die ihn aus der natürlichen Entwicklung durch ihren egoistischen Schmerz zurückriefen.

Durch diese Unterbrechung des normalen Laufes erfolgte eine neue, gewaltsame Bindung, sei es auch nur durch den schwachen Versuch einer Konzentration zur Verständlichmachung. Und diese widernatürliche Bindung wieder zu lösen, ist dem damit noch vollkommen Unbewanderten nicht so leicht. Geholfen kann ihm dabei nicht werden, da er selbst die neue Bindung wollte.

Diese Bindung kann leicht eintreten, solange der grobstoffliche Körper noch nicht ganz erkaltet ist und der Verbindungsstrang besteht, der oft erst nach vielen Wochen zerreißt. Also eine unnötige Qual für den Hinübergehenden, eine Rücksichtslosigkeit und Roheit der Umstehenden.

Deshalb soll in einem Sterbezimmer unbedingte Ruhe herrschen, ein der bedeutungsvollen Stunde entsprechender würdiger Ernst! Personen, die sich nicht beherrschen können, sollten gewaltsam entfernt werden, auch wenn es die nächsten Angehörigen sind.

## ABGESCHIEDEN

Verständnislos, einsam steht eine Seele in dem Sterbezimmer. Verständnislos, da sich der Mensch, der auf dem Lager liegt, in seinem Erdenleben sträubte, an ein Fortleben nach Ablegen des grobstofflichen Körpers zu glauben, der sich deshalb nie mit dem Gedanken ernst befaßte und alle die verlachte, welche davon sprachen.

Verwirrt schaut er um sich. Er sieht sich selbst auf seinem Sterbelager, sieht ihm bekannte Menschen weinend darum stehen, hört deren Worte, die sie sprechen, und fühlt auch wohl den Schmerz, den sie dabei empfinden in der Klage, daß er nun gestorben sei. Lachen will er und rufen, daß er ja noch lebe! Er ruft! Und muß verwundert sehen, daß sie ihn nicht hören. Wieder und wieder ruft er laut und immer lauter. Die Menschen hören nicht darauf, sie klagen weiter. Angst beginnt in ihm emporzusteigen. Er hört doch seine Stimme selbst ganz laut und fühlt auch seinen Körper deutlich.

Noch einmal schreit er in Beklemmung auf. Niemand beachtet ihn. Sie blicken weinend auf den stillen Körper, den er als den eigenen erkennt, und den er doch plötzlich als etwas Fremdes, ihm nicht mehr Gehörendes, betrachtet; denn er steht mit seinem Körper ja daneben, frei von jedem Schmerz, den er bisher empfunden hat.

Mit Liebe ruft er nun den Namen seiner Frau, die an seinem bisherigen Lager kniet. Das Weinen aber läßt nicht nach, kein Wort, keine Bewegung zeigt, daß sie ihn hörte. Verzweifelt tritt er auf sie zu und rüttelt derb an ihrer Schulter. Sie merkt es nicht. Er weiß ja nicht, daß er den feinstofflichen Körper seiner Frau berührt und diesen rüttelt, nicht den grobstofflichen, und daß die Frau, welche gleich ihm nie daran dachte, daß es mehr gibt als den Erdenleib, seine Berührung ihres feinstofflichen Körpers auch nicht fühlen kann.

Ein unsagbares Furchtgefühl läßt ihn erschauern. Schwäche des Verlassenseins drückt ihn zu Boden, sein Bewußtsein schwindet.

Durch eine Stimme, die er kannte, wacht er langsam wieder auf. Er sieht den Körper, den er auf der Erde trug, mitten in Blumen liegen. Fort will er, doch es wird ihm unmöglich, von diesem stillen, kalten Körper loszukommen. Deutlich fühlt er, daß er noch mit ihm verbunden ist. Aber da klingt diese Stimme wieder, die ihn aus dem Schlummer weckte. Es ist sein Freund, welcher zu einem Menschen spricht. Sie haben beide einen Kranz gebracht, und bei dem Niederlegen dieses Kranzes sprechen sie zusammen. Niemand ist sonst bei ihm.

Der Freund! Dem will er sich bemerkbar machen und dem andern, der mit dem Freunde oft sein lieber Gast gewesen ist! Er muß es ihnen sagen, daß das Leben sonderbarerweise ja noch in ihm ist, daß er noch hören kann, was diese Menschen sprechen. Er ruft! Doch ruhig wendet sich sein Freund zu dem Begleiter und spricht weiter. Doch *was* er spricht, geht wie ein Schreck durch seine Glieder. *Das* ist sein Freund? So spricht er jetzt von ihm.

Er lauscht erstarrt den Worten dieser Menschen, mit denen er so oft gezecht, gelacht, die ihm nur Gutes sagten, während sie an seiner Tafel saßen und in seinem gastfreundlichen Haus verkehrten.

Sie gingen, andere kamen wieder. *Wie* konnte er die Menschen jetzt erkennen! So viele, die er hochgeschätzt hatte, ließen jetzt Ekel in ihm aufsteigen und Zorn, und manchem, den er nie beachtete, hätte er gern mit Dank die Hand gedrückt. Aber sie hörten ihn ja nicht, fühlten ihn nicht, trotzdem er raste, schrie, um zu beweisen, daß er lebte! –

In großem Zuge fuhr man dann den Körper zu der Gruft. Rittlings saß er auf seinem Sarge. Verbittert und verzweifelt konnte er jetzt nur noch lachen, lachen! Das Lachen aber machte schnell wieder tiefster Verzagtheit Platz, und große Einsamkeit kam über ihn. Er wurde müde, schlief. – –

Bei dem Erwachen war es dunkel um ihn her. Wie lange er geschlafen hatte, war ihm unbekannt. Doch fühlte er, daß er nicht mehr wie bisher mit seinem Erdenkörper verbunden sein konnte; denn er war frei. Frei in der Finsternis, die eigenartig drückend auf ihm lastete.

Er rief. Kein Laut. Er hörte seine eigene Stimme nicht. Stöhnend sank er zurück. Doch schlug er dabei mit dem Kopfe hart auf einen scharfen Stein. Als er nach langer Zeit wieder erwachte, war immer noch dieselbe Finsternis, dasselbe unheilvolle Schweigen. Er wollte aufspringen, aber die Glieder waren schwer, sie wollten ihm den Dienst versagen. Mit aller Kraft der angstvollsten Verzweiflung raffte er sich auf und schwankte tastend hin und her. Oft stürzte er zu Boden, schlug sich wund, stieß sich auch rechts und links an Ecken, Kanten, aber es ließ ihm keine Ruhe abzuwarten; denn ein starker Drang trieb ihn dazu, sich dauernd fortzutasten und zu suchen. Suchen! Aber was? Sein Denken war verwirrt, müde und hoffnungslos. Er suchte etwas, das er nicht begreifen konnte. Suchte!

Es trieb ihn weiter, dauernd weiter! Bis er wieder niedersank, um wiederum emporzufahren und die Wanderungen aufzunehmen. Jahre vergingen so, Jahrzehnte, bis er endlich Tränen fand, Schluchzen seine Brust erzittern ließ und ... ein Gedanke sich auslöste, eine Bitte, als Aufschrei einer müden Seele, die ein Ende wünscht der dunklen Hoffnungslosigkeit.

Der Schrei maßlosester Verzweiflung und des hoffnungslosen Schmerzes aber brachte die Geburt des ersten Denkens in dem Wunsche, diesem Zustand zu entrinnen. Er suchte zu erkennen, was ihn in diesen so entsetzensvollen Zustand brachte, was ihn so grausam in der Dunkelheit umherzuwandern zwang. Er fühlte um sich: starre Felsen! War es die Erde oder etwa doch die andere Welt, an die er niemals glauben konnte?

Die andere Welt! Dann war er irdisch tot und lebte doch, wenn er den Zustand leben nennen wollte. Das Denken fiel unendlich schwer. So taumelte er suchend weiter. Wiederum vergingen Jahre. Heraus, heraus aus dieser Finsternis! Der Wunsch wurde zum ungestümen Drange, aus dem sich Sehnsucht formte. Sehnsucht aber ist das reinere Empfinden,

## 31. ABGESCHIEDEN

das sich aus dem groben Drange löst, und in der Sehnsucht wuchs ganz schüchtern ein Gebet.

Dieses Gebet der Sehnsucht brach zuletzt gleich einem Quell aus ihm heraus, und stiller, wohltuender Friede, Demut und Ergebung zogen damit in seine Seele ein. Doch als er sich erhob, um seine Wanderungen fortzusetzen, da ging ein Strom heißen Erlebens durch seinen Körper; denn Dämmerung umgab ihn jetzt, er konnte plötzlich schauen!

Fern, ganz fern erkannte er ein Licht, gleich einer Fackel, das ihn grüßte. Jauchzend streckte er die Arme darnach aus, voll tiefen Glückes sank er wieder nieder und dankte, dankte Dem aus übervollem Herzen, Der ihm das Licht gewährte! Mit neuer Kraft schritt er dann diesem Lichte zu, das ihm nicht näher kam, aber das er nach dem Erlebten doch noch zu erreichen hoffte, und wenn es auch Jahrhunderte in Anspruch nehmen sollte. Das, was ihm jetzt geschehen war, konnte sich wiederholen und ihn zuletzt hinausführen aus den Gesteinsmassen in wärmeres und lichtbestrahltes Land, wenn er demütig darum bat.

»Mein Gott, hilf mir dazu!« kam es gepreßt aus der hoffnungserfüllten Brust. Und, welche Wonne, er hörte seine Stimme wieder! Wenn auch nur schwach erst, doch er hörte! Das Glück darüber gab ihm neue Kraft, und hoffend ging er wieder vorwärts. – –

So die Anfangsgeschichte einer Seele in der feinstofflichen Welt. Die Seele war nicht schlecht zu nennen. Auf Erden hatte man sie sogar als sehr gut befunden. Ein Großindustrieller, viel beschäftigt, treubedacht, die irdischen Gesetze alle zu erfüllen. –

Nun zu dem Vorgange noch eine Erklärung: Der Mensch, welcher in seinem Erdenleben nichts davon wissen will, daß es auch Leben nach dem Tode gibt und er all sein Tun und Lassen einmal zu verantworten gezwungen ist, ist in der Feinstofflichkeit blind und taub, sobald er einst hinübergehen muß. Nur während er mit seinem abgelegten grobstofflichen Körper noch verbunden bleibt, die Tage oder Wochen, vermag er zeitweise auch wahrzunehmen, was um ihn her geschieht.

Ist er aber dann frei von dem sich auflösenden grobstofflichen Körper, so geht ihm diese Möglichkeit verloren. Er hört und sieht nichts mehr. Das ist aber nicht Strafe, sondern ganz natürlich, weil er nichts hören und sehen *wollte* von der feinstofflichen Welt. Sein eigener Wille, der das Feinstoffliche schnell entsprechend formen kann, verhindert es, daß dieser feinstoffliche Körper sehen und auch hören kann. So lange, bis in dieser Seele langsam eine Veränderung ersteht. Ob dies nun Jahre oder Jahrzehnte, vielleicht Jahrhunderte währt, ist die eigene Sache eines jeden Menschen. Ihm wird sein Wille vollständig gelassen. Auch Hilfe kommt ihm erst, wenn er es selbst ersehnt. Nicht früher. Nie wird er dazu gezwungen.

Das Licht, das diese Seele sehend werdend mit so großer Freude grüßte, es war immer da. Sie konnte es nur vorher noch nicht sehen. Es ist auch klarer, stärker, als die bisher blinde Seele es zuerst erblickt. *Wie* sie es sieht, ob stark, ob schwach, liegt wiederum nur ganz allein an ihr. Es kommt ihr keinen Schritt entgegen, aber es ist da! Sie kann es jederzeit genießen, wenn sie ernsthaft und demütig will.

Doch trifft das, was ich hier erkläre, nur für diese *eine Art* von Menschenseelen zu. Nicht etwa auch für andere. Im Dunkel selbst und seinen Ebenen ist nicht etwa das Licht. Dort gilt es nicht, daß der, der in sich vorwärts kommt, plötzlich das Licht erschauen kann, sondern er muß dazu erst fortgeführt werden aus der Umgebung, die ihn hält.

Gewiß ist dieser hier geschaute Zustand einer Seele schon qualvoll zu nennen, namentlich da sie eine große Angst erfüllt und keine Hoffnung in sich trägt, aber sie hat es selbst nicht anders haben wollen. Sie erhält nur das, was sie für sich erzwang. Sie wollte nichts von dem bewußten Leben nach dem Erdabscheiden wissen. Das Fortleben selbst kann die Seele damit nicht für sich ertöten; denn darüber darf sie nicht verfügen, aber sie baut sich eine feinstoffliche unfruchtbare Ebene, lähmt die Sinnesorgane des feinstofflichen Körpers, so daß sie feinstofflich nicht sehen und nicht hören kann, bis ... *sie* sich endlich eines anderen besinnt.

Es sind die Seelen, die man heute auf der Erde zu Millionen sehen kann, die außer dem Nichtswissenwollen von der Ewigkeit oder von Gott noch *anständig* zu nennen sind. Den Übelwollenden geht es natürlich schlimmer, von diesen aber soll hier nicht gesprochen sein, sondern nur von den sogenannten *anständigen* Menschen. –

Wenn es nun heißt, daß Gott zur *Hilfe* seine Hand ausstreckt, so ist dies *in dem Wort*, das er den Menschen sendet, worin er ihnen zeigt, wie sie sich lösen können von der Schuld, in die sie sich verstrickten. Und seine Gnade liegt von vornherein in all den großen Möglichkeiten, die den Menschengeistern in der Schöpfung zur Benutzung freigegeben sind. Das ist so ungeheuer viel, wie sich der Mensch von heute gar nicht denken kann, weil er sich nie damit beschäftigte, nicht ernst genug; denn dort, wo es geschah, war es bisher nur spielerisch oder zum Zwecke eitler Selbsterhebung!

# WUNDER

Die Erklärung dafür liegt in dem Worte selbst. Wunder ist ein Vorgang, über den der Mensch in Verwunderung gerät. Es ist etwas, das er nicht für möglich hält. Aber auch nur *hält*, denn daß es möglich ist, hat ja das Eintreten des Wunders schon bewiesen.

Wunder nach den Vorstellungen vieler an Gott glaubender Menschen gibt es *nicht!* Diese halten ein Wunder für etwas außerhalb der Naturgesetze Geschehendes, sogar für etwas, das allen Naturgesetzen entgegensteht. Darin erblicken sie gerade das Göttliche! Ein Wunder ist für sie etwas, das nur ihrem Gotte möglich ist, der darin seine besondere Gnade zeigt und seine Allmacht dazu anwendet.

Die armen Menschen denken sich unter Allmacht irrtümlich die Möglichkeit von Willkürakten und die Wunder als solche Willkürakte. Sie überlegen sich nicht, wie sehr sie Gott damit verkleinern; denn diese Art Wunder würden nichts weniger als göttlich sein.

Im göttlichen Wirken liegt in erster Linie eine unbedingte Vollkommenheit, ohne Fehler, ohne Lücke. Und Vollkommenheit bedingt strengste Logik, unbedingte Folgerichtigkeit in jeder Beziehung. Ein Wunder muß sich demnach nur in lückenloser Folgerichtigkeit im Geschehen auswirken. Der Unterschied ist nur der, daß bei einem Wunder der für irdische Begriffe längere Zeit in Anspruch nehmende Entwicklungsgang sich zwar in üblicher Weise abspielt, doch in so ungeheurer Geschwindigkeit, sei es nun durch die einem Menschen besonders verliehene Kraft oder durch andere Wege, daß es von den Menschen durch außergewöhnlich schnelles Geschehen als wunderbar bezeichnet werden kann, kurz, als Wunder.

## 32. WUNDER

Es kann auch einmal etwas über die jetzige Entwicklung Hinausreichendes sein, das durch konzentrierte Kraft erfüllt wird. Aber es wird sich nie und nimmer außerhalb der bestehenden Naturgesetze stellen oder diesen sogar entgegen. In dem Augenblicke, der an sich sowieso unmöglich ist, würde es alles Göttliche verlieren und ein Akt der Willkür werden. Also gerade das Gegenteil von dem, was viele Gottesgläubige wähnen.

Alles, was einer strengen Folgerichtigkeit entbehrt, ist ungöttlich. Jedes Wunder ist ein unbedingt natürlicher Vorgang, nur in außergewöhnlicher Schnelligkeit und konzentrierter Kraft; niemals kann etwas Unnatürliches geschehen. Das ist vollkommen ausgeschlossen.

Erfolgen Heilungen bisher als unheilbar geltender Krankheiten, so ruht darin keine Veränderung der Naturgesetze, sondern es zeigt nur die großen Lücken des menschlichen Wissens. Um so mehr muß es als eine Gnade des Schöpfers erkannt werden, der einzelne Menschen hier und da mit besonderer Kraft begabt, die sie zum Heile leidender Menschheit verwenden können. Immer aber werden es nur solche sein, die sich allem Dünkel einer Wissenschaft fernhielten, da das erdgebundene Wissen die Fähigkeit, höhere Gaben entgegenzunehmen, ganz naturgemäß erstickt.

Erdgebundenes Wissen will erringen, vermag niemals rein, also kindlich zu empfangen. Aus dem Raum- und Zeitlosen kommende Kräfte aber können nur einfach empfangen, nie errungen werden! Dieser Umstand allein zeigt, was das Wertvollere, das Stärkere, also auch das Richtigere ist!

## DIE TAUFE

Wird die Taufe eines Kindes durch einen Geistlichen ausgeführt, der sie lediglich als Amtspflicht betrachtet, so ist sie absolut bedeutungslos, bringt weder Nutzen noch Schaden. Bei der Taufe eines Erwachsenen dagegen trägt dessen innere Empfangsbereitschaft dazu bei, je nach deren Stärke und Reinheit wirklich etwas Geistiges zu erhalten oder nicht.

Bei einem Kinde kann nur der Glaube eines Taufenden als Mittel zum Zweck in Betracht kommen. Je nach dessen Stärke und Reinheit erhält das Kind durch die Handlung eine gewisse geistige Kräftigung sowie eine Schutzwand gegen üble Strömungen.

Die Taufe ist eine Handlung, die nicht jeder von irdischen Kirchenleitungen eingesetzte Mensch wirkungsvoll vornehmen kann. Dazu gehört ein Mensch, der mit dem Lichte in Verbindung steht. Nur ein solcher vermag Licht zu vermitteln. Diese Fähigkeit aber wird nicht durch irdisches Studium, nicht durch kirchliche Weihe oder Amtseinsetzung erreicht. Sie hängt überhaupt nicht mit irdischen Gebräuchen zusammen, sondern ist lediglich ein Geschenk des Höchsten selbst.

Ein so Beschenkter wird dadurch zum Berufenen! Diese sind nicht zahlreich vorhanden; denn das Geschenk bedingt als Voraussetzung einen entsprechenden Boden in dem Menschen selbst. Ist die Vorbedingung in ihm nicht gegeben, so kann die Verbindung von dem Lichte aus nicht herbeigeführt werden. In unlockeren oder von dem Lichte abstrebenden Boden vermag sich das Licht nicht zu senken, da auch dieser Vorgang wie alles andere streng den alles durchströmenden Urgesetzen unterworfen ist.

## 33. DIE TAUFE

Ein solch Berufener vermag aber durch die Handlung der Taufe wirklich Geist und Kraft zu übertragen, so daß die Taufe *den* Wert erhält, den sie symbolisch ausdrückt. Trotzdem ist es immer noch vorzuziehen, die Taufe nur solchen zuteil werden zu lassen, die sich selbst der Wirkung dieser Handlung voll bewußt sind und den sehnsüchtigen Wunsch darnach empfinden. Die Taufe bedingt also ein gewisses Reifealter und den freiwilligen Wunsch des Täuflings, sowie einen Berufenen als Täufer, um sie wirklich vollwertig werden zu lassen.

Johannes der Täufer, der noch heute von allen christlichen Kirchen als wirklich Berufener angesehen wird, hatte seine größten Widersacher gerade in den Schriftgelehrten und Pharisäern, die sich damals als die zu einem Urteile darüber Berufensten wähnten.

Das damalige Volk Israel selbst *war* berufen. Daran ist kein Zweifel. In seiner Mitte sollte der Gottessohn sein Erdenwerk vollbringen. Demnach hätten auch die Priester dieses Volkes zu dieser Zeit die Berufensten zu einer Taufe sein sollen. Trotzdem aber mußte Johannes der Täufer kommen, um als einzig Berufener den Gottessohn in seiner Erdenhülle bei Beginn seiner eigentlichen irdischen Wirksamkeit zu taufen.

Dieses Ereignis zeigt ebenfalls, daß irdische Einsetzungen in ein Amt nichts mit göttlichen Berufungen zu tun haben. Ausübungen in dem Namen Gottes aber, also in seinem Auftrage, wie es bei der Taufe sein soll, können wiederum nur Berufene wirksam erfüllen. Der von dem damaligen Hohenpriester des berufenen Volkes nicht anerkannte berufene Johannes der Täufer nannte diese seine Gegner »Otterngezücht«. Er sprach ihnen das Recht ab, zu ihm zu kommen.

Dieselben Priester des damals berufenen Volkes erkannten ja auch den Gottessohn selbst nicht an, verfolgten ihn dauernd und arbeiteten an seiner irdischen Vernichtung, da er ihnen überlegen und somit lästig war.

Wenn Christus heute in neuer Gestalt unter die Menschen träte, so würde ihm ganz ohne Zweifel dieselbe Ablehnung und Feindschaft begegnen, wie es damals war. Ebenso würde es einem von ihm Gesandten ergehen. Um so mehr, da die Menschheit heute »fortgeschrittener« zu sein wähnt.

Nicht nur aus diesem einen Falle des Johannes des Täufers, sondern aus zahlreichen gleichartigen Fällen geht ganz entschieden hervor, daß irdisch-kirchliche Weihen und Amtseinsetzungen, die ja immer nur zu den »Organisationen der Kirchen« als solche gehören, niemals eine größere Befähigung zu geistigen Handlungen bringen können, wenn nicht der Mensch selbst schon dazu berufen ist.

Richtig betrachtet, ist also auch die Taufe der kirchlichen Vertreter nichts weiter als ein vorläufiger Aufnahmeakt der Organisation einer religiösen Verbindung. Nicht eine Aufnahme bei Gott, sondern eine Aufnahme in die entsprechende *kirchlich-irdische* Gemeinschaft. Die später folgende Konfirmation und Firmung kann nur als eine nochmalige Bestätigung und erweiterte Zulassung zu den Gebräuchen dieser Gemeinschaften angesehen werden. Der Pfarrer handelt als »verordneter Diener der Kirche«, also rein irdisch, da Kirche und Gott nicht eins sind.

## DER HEILIGE GRAL

Vielfach sind die Auslegungen der Dichtungen, die über den Heiligen Gral vorliegen. Die ernstesten Gelehrten und Forscher befaßten sich mit diesem Mysterium. So manches davon hat hohen, sittlichen Wert, doch alles trägt in sich den großen Fehler, daß es nur einen Aufbau vom Irdischen aufwärts zeigt, während die Hauptsache, der Lichtstrahl von oben herab, fehlt, der erst die Lebendigmachung und Erleuchtung bringen könnte.

Alles, was von unten nach oben strebt, muß haltmachen an der Grenze des Stofflichen, auch wenn ihm das Höchsterreichbare gewährt ist. In den meisten Fällen kann jedoch bei günstigsten Vorbedingungen kaum die Hälfte dieses Weges zurückgelegt werden. Wie weit aber ist dann noch der Weg zur wahren Erkenntnis des Heiligen Grales!

Diese Empfindung der Unerreichbarkeit macht sich bei Forschern zuletzt fühlbar. Das Ergebnis davon ist, daß sie den Gral als eine rein symbolische Bezeichnung eines Begriffes zu nehmen versuchen, um ihm so die Höhe zu geben, deren Notwendigkeit sie für diese Bezeichnung ganz richtig empfinden. Damit gehen sie aber in Wirklichkeit rückwärts, nicht vorwärts. Abwärts anstatt aufwärts. Sie weichen von dem richtigen Wege ab, den die Dichtungen zum Teile schon in sich tragen.

Nur diese lassen die Wahrheit ahnen. Aber auch nur ahnen, weil die hohen Inspirationen und visionären Bilder der Dichter durch den bei der Weitergabe mitarbeitenden Verstand zu stark verirdischt wurden. Sie verliehen der Wiedergabe des geistig Empfangenen das Bild ihrer derzeitigen irdischen Umgebung, um damit den Menschen den Sinn

## 34. DER HEILIGE GRAL

ihrer Dichtung verständlicher zu machen, was ihnen trotzdem nicht gelang, weil sie selbst dem eigentlichen Kerne der Wahrheit nicht nahekommen konnten.

So war dem späteren Forschen und Suchen von vornherein ein unsicherer Grund gegeben; jedem Erfolge damit eine enge Grenze gesetzt. Daß man zuletzt nur noch an eine reine Symbolik denken konnte und die Erlösung durch den Gral in jedes Menschen innerstes Selbst verlegte, ist deshalb nicht erstaunlich.

Die bestehenden Deutungen sind nicht ohne großen ethischen Wert, aber sie können keinen Anspruch darauf machen, eine Erklärung der Dichtungen zu sein, noch viel weniger der Wahrheit des Heiligen Grales nahezukommen.

Auch ist unter dem Heiligen Gral nicht das Gefäß gemeint, das der Gottessohn am Ende seiner irdischen Mission bei dem letzten Mahle mit seinen Jüngern benützte, worin dann sein Blut am Kreuze aufgefangen wurde. Dieses Gefäß ist eine heilige Erinnerung an das hohe Erlöserwerk des Gottessohnes, aber es ist nicht der Heilige Gral, den zu besingen die Dichter der Legenden begnadet wurden. Diese Dichtungen sind von der Menschheit falsch aufgefaßt worden.

Es sollten Verheißungen sein aus höchsten Höhen, deren Erfüllungen die Menschen zu erwarten haben! Hätte man sie als solche aufgefaßt, so wäre sicherlich schon lange auch ein anderer Weg gefunden worden, der die Forschungen noch etwas weiter führen konnte als bisher. So aber mußte in all den Deutungen zuletzt ein toter Punkt eintreten, weil niemals eine volle, lückenlose Lösung zu erreichen war, da der Ausgangspunkt einer jeden Forschung durch die bisherige falsche Auffassung von vornherein auf falschem Boden stand. – –

Nie wird ein Menschengeist, sei er auch zuletzt in seiner größten Vollendung und Unsterblichkeit, dem Heiligen Gral selbst gegenüberstehen können! Deshalb kann auch nie eine ausgiebige Kunde darüber von dort in das Stoffliche erdenwärts gelangen, es sei denn durch einen Boten, der *von dort* ausgeschickt wurde. Dem Menschengeiste also wird der Heilige Gral immer und ewig ein Mysterium bleiben müssen.

## 34. DER HEILIGE GRAL

Der Mensch bleibe bei dem, was er geistig zu erfassen vermag, und suche vor allen Dingen das zu erfüllen und bis zu den edelsten Blüten zu bringen, was in seinen Kräften liegt. Leider aber greift er nur zu gern in seinem Verlangen immer weit darüber hinaus, ohne sein eigentliches Können zu entwickeln, wodurch er eine Nachlässigkeit begeht, die ihn nicht einmal das erreichen läßt, was er vermöchte, während er das Gewünschte sowieso niemals erreichen kann. Er bringt sich damit um das Schönste und das Höchste seines eigentlichen Seins, er erreicht nur ein vollkommenes Versagen der Erfüllung seines Daseinszweckes. – – –

Der Parzival ist eine große Verheißung. Die Mängel und Irrtümer, die die Dichter der Legenden durch ihr allzu irdisches Denken hinzugefügt haben, entstellen das eigentliche Wesen dieser Figur. Parzival ist eins mit dem Menschensohne, dessen Kommen der Gottessohn selbst verkündete.

Ein Gottesgesandter, wird er mit einer Binde vor den geistigen Augen durch die schwersten irdischen Mühsale gehen müssen, äußerlich als Mensch unter Menschen. Nach einer bestimmten Zeit von dieser Binde befreit, muß er seinen Ausgangspunkt und damit sich selbst wiedererkennen, sowie auch seine Mission klar vor sich sehen. Diese Mission wird ebenfalls eine Erlösung der ernsthaft suchenden Menschheit bringen, verbunden mit scharfem Gericht.

Dafür kann aber nicht irgendein Mensch angenommen werden, noch viel weniger will darin das mögliche Erleben zahlreicher oder gar aller Menschen erkannt sein; sondern es wird nur ein ganz Bestimmter, besonders Gesandter sein.

In der unverrückbaren Gesetzlichkeit alles göttlichen Willens ist es nicht anders möglich, als daß ein jedes nach dem Entwicklungslaufe in seiner höchsten Vollendung wieder zu dem Ausgangspunkt seines ursprünglichen Wesens zurückkehren kann, niemals aber darüber hinaus. So auch der Menschengeist. Er hat seinen Ursprung als Geistsamenkorn in dem Geistig-Wesenhaften, wohin er nach seinem Laufe durch die Stofflichkeit bei höchster Vollendung und gewonnener lebendiger Reinheit als bewußter Geist in wesenhafter Form zurückkehren kann.

## 34. DER HEILIGE GRAL

Kein Geistig-Wesenhafter, sei er auch noch so hoch und rein und strahlend, vermag die Grenze zu dem Göttlichen zu überschreiten. Die Grenze und die Unmöglichkeit des Überschreitens liegt auch hier, wie in den Sphären oder Ebenen der stofflichen Schöpfung, einfach in der Natur der Sache, in der Verschiedenheit der Art.

Als Oberstes und Höchstes ist Gott selbst in seiner Göttlich-Wesenlosigkeit. Dann kommt als Nächstes etwas tiefer das Göttlich-Wesenhafte. Beides ist ewig. Diesem schließt sich dann erst tiefer und tiefer gehend das Schöpfungswerk an, in abwärtssteigenden Ebenen oder Sphären dichter und dichter werdend, bis zur endlichen, den Menschen sichtbar werdenden Grobstofflichkeit.

Das Feinstoffliche in der stofflichen Schöpfung ist das von den Menschen genannte Jenseits. Also das Jenseits ihres irdischen, grobstofflichen Sehvermögens. Beides aber gehört zum Schöpfungswerke, ist in seiner Form nicht ewig, sondern der Veränderung zum Zwecke der Erneuerung und Erfrischung unterworfen.

Am höchsten Ausgangspunkte des ewigen Geistig-Wesenhaften nun steht die Gralsburg, geistig sichtbar, greifbar, weil noch von der gleichen geistig-wesenhaften Art. Diese Gralsburg birgt einen Raum, der wiederum an der äußersten Grenze nach dem Göttlichen zu liegt, also noch ätherisierter ist als alles andere Geistig-Wesenhafte. In diesem Raume befindet sich als Unterpfand der ewigen Güte Gottvaters und als Symbol seiner reinsten göttlichen Liebe, sowie als Ausgangspunkt göttlicher Kraft: *der Heilige Gral!*

Er ist eine Schale, in der es ununterbrochen wallt und wogt wie rotes Blut, ohne je überzufließen. Vom lichtesten Lichte umstrahlt, ist es nur den Reinsten aller Geistig-Wesenhaften vergönnt, in dieses Licht schauen zu können. *Das* sind die Hüter des Heiligen Grales! Wenn es in den Dichtungen heißt, der Menschen Reinste sind dazu bestimmt, Hüter des Grals zu werden, so ist dies ein Punkt, den der begnadete Dichter allzusehr verirdischt hat, weil er sich nicht anders auszudrücken vermochte.

Kein Menschengeist kann diesen geheiligten Raum betreten. Auch in seiner vollendetsten geistigen Wesenhaftigkeit nach seiner Rückkehr von dem Laufe durch die Stofflichkeit ist er doch nicht ätherisiert genug, um die Schwelle, also die Grenze zu überschreiten. Er ist auch in seiner höchsten Vollendung noch zu dicht dazu.

Eine weitere Ätherisierung für ihn müßte gleichbedeutend mit völliger Zersetzung oder Verbrennung sein, da seine Art vom Ursprung aus sich nicht dazu eignet, noch strahlender und lichter, also noch ätherisierter zu werden. Sie erträgt es nicht.

Die Hüter des Grales sind Ewige, Urgeistige, die niemals Menschen waren, die Spitzen alles Geistig-Wesenhaften. Sie bedürfen aber der göttlich-wesenlosen Kraft, sind abhängig von ihr, wie alles abhängig ist von dem Göttlich-Wesenlosen, dem Ursprung aller Kraft, Gottvater.

Von Zeit zu Zeit erscheint nun an dem Tag der Heiligen Taube die Taube über dem Gefäß als erneutes Zeichen der unwandelbaren göttlichen Liebe des Vaters. Es ist die Stunde der Verbindung, die Krafterneuerung bringt. Die Hüter des Grales empfangen sie in demutvoller Andacht und vermögen dann diese erhaltene Wunderkraft weiterzugeben.

*Daran hängt das Bestehen der ganzen Schöpfung!*

Es ist der Augenblick, in dem im Tempel des Heiligen Grales des Schöpfers Liebe strahlend sich ergießt zu neuem Sein, zu neuem Schaffensdrange, der pulsschlagartig abwärts durch das ganze Weltall sich verteilt. Ein Beben geht dabei durch alle Sphären, ein heiliges Erschauern ahnungsvoller Freude, großen Glückes. Nur der Geist der Erdenmenschen steht noch abseits, ohne zu empfinden, was gerade ihm dabei geschieht, welch unermeßliches Geschenk er stumpfsinnig entgegennimmt, weil seine Selbsteinengung im Verstande das Erfassen einer derartigen Größe nicht mehr zuläßt.

*Es ist der Augenblick der Lebenszufuhr für die ganze Schöpfung!*

Die stete, notwendige Wiederkehr einer Bestätigung des Bundes, den der Schöpfer seinem Werke gegenüber hält. Würde diese Zufuhr einmal abgeschnitten, bliebe sie aus, so müßte alles Seiende langsam vertrocknen, altern und zerfallen. Es käme dann das Ende aller Tage, und nur Gott selbst verblieb, wie es im Anfang war! Weil Er allein das Leben ist.

## 34. DER HEILIGE GRAL

Dieser Vorgang ist in der Legende wiedergegeben. Es ist sogar angedeutet, wie alles altern und vergehen muß, wenn der Tag der Heiligen Taube, die »Enthüllung« des Grales, nicht wiederkehrt, in dem Altwerden der Gralsritter, während der Zeit, in der Amfortas den Gral nicht mehr enthüllt, bis zu der Stunde, in der Parzival als Gralskönig auftritt.

Der Mensch sollte davon abkommen, den Heiligen Gral nur als etwas Unfaßbares zu betrachten; denn er besteht wirklich! Es ist aber dem Menschengeiste durch dessen Beschaffenheit versagt, ihn jemals erschauen zu können. Den Segen jedoch, der von ihm ausströmt und der von den Hütern des Grales weitergegeben werden kann und auch weitergegeben wird, können die Menschengeister empfangen und genießen, wenn sie sich dafür öffnen.

In diesem Sinne sind einige Auslegungen nicht gerade falsch zu nennen, sobald sie in ihren Deutungen den Heiligen Gral selbst nicht mit hineinzuziehen versuchen. Sie sind richtig und doch auch wieder nicht.

Das Erscheinen der Taube an dem bestimmten Tage der Heiligen Taube zeigt die jedesmalige Sendung des Heiligen Geistes an; denn diese Taube steht in engem Zusammenhange mit ihm.

Doch das ist etwas, das der Menschengeist nur bildlich zu erfassen fähig ist, weil er aus der Natur der Sache heraus bei höchster Entwicklung in Wirklichkeit nur bis dahin zu denken, zu wissen und zu empfinden vermag, woher er selbst kam, also bis zu der Art, die *eins* mit seiner reinsten Beschaffenheit des Ursprunges ist. Das ist das ewige Geistig-Wesenhafte.

Diese Grenze wird er auch im Denken niemals überschreiten können. Anderes vermag er auch nie zu erfassen. Das ist so selbstverständlich, logisch und einfach, daß dem Gedankengange jeder Mensch zu folgen vermag.

Was aber darüber ist, wird und muß der Menschheit aus diesem Grunde immer ein Mysterium sein und bleiben!

Jeder Mensch lebt deshalb in einem Wahne, so er sich einbildet, Gott in sich zu tragen, oder selbst göttlich zu sein, oder dies werden zu können. Er trägt *Geistiges* in sich, aber *nicht* Göttliches. Und darin ruht ein unüberbrückbarer Unterschied. Er ist ein Geschöpf, nicht ein Teil des Schöpfers, wie sich so mancher einzureden versucht. Der Mensch ist und bleibt ein *Werk*, wird niemals Meister werden können.

Es ist deshalb auch unrichtig, wenn erklärt wird, daß der Menschengeist von Gottvater selbst ausgeht und zu ihm zurückkehrt. Der Ursprung des Menschen ist das *Geistig-Wesenhafte*, nicht das Göttlich-Wesenlose. Er kann deshalb auch bei erreichter Vollkommenheit nur bis zum Geistig-Wesenhaften zurückkehren. Richtig gesagt ist, daß der Menschengeist aus dem *Reiche Gottes* stammt und deshalb auch, wenn er vollkommen wird, wieder in das *Reich* Gottes zurückzukehren vermag, nicht aber zu ihm selbst.

Es folgen später noch ausführliche Vorträge über die einzelnen Abteilungen der Schöpfung, die in ihren Wesensarten ganz verschieden sind.

Auf höchster Höhe einer jeden dieser Schöpfungsebenen befindet sich als notwendige Übergangs- und Kraftübertragungsstelle eine Gralsburg.

Diese ist immer ein in der Wesensart der betreffenden Schöpfungsebenen geformtes Abbild der wirklichen, an der Spitze der ganzen Schöpfung stehenden, höchsten Gralsburg, die der Ausgangspunkt der ganzen Schöpfung durch die Strahlungen Parzivals ist.

Amfortas war Priester und König in der *untersten* dieser Gralsburg-Abbilder, die auf der Höhe der Ebene aller aus Geistsamenkörnern entwickelten Menschengeister steht, also der Erdenmenschheit am nächsten.

## DAS GEHEIMNIS LUZIFER

Ein grauer Schleier ruht über allem, das im Zusammenhange mit Luzifer steht. Es ist, als ob alles zurückschreckt, den Zipfel dieses Schleiers zu lüften.

Das Zurückschrecken ist in Wirklichkeit nur das Unvermögen, einzudringen in das Reich des Dunkels. Das Nichtkönnen aber liegt wiederum ganz einfach in der Natur der Sache, weil auch hier der Menschengeist nicht so weit einzudringen vermag, sondern ihm in seiner Beschaffenheit eine Grenze gesetzt ist. Ebensowenig wie er bis zur höchsten Höhe gehen kann, so vermag er auch nicht bis zur tiefsten Tiefe zu dringen, wird es auch nie vermögen.

So schuf die Phantasie Ersatz für das Fehlende, Wesen in mancherlei Gestalt. Man spricht vom Teufel in den abenteuerlichsten Formen, von dem gefallenen und ausgestoßenen Erzengel, von der Verkörperung des bösen Prinzips, und was sonst noch mehr ist. Von dem eigentlichen Wesen Luzifers versteht man nichts, trotzdem der Menschengeist von ihm getroffen und dadurch oft mitten hineingewirbelt wird in einen gewaltigen Zwiespalt, den man mit Kampf bezeichnen kann.

Diejenigen, die von einem gefallenen Erzengel sprechen, und auch die, die von der Verkörperung des bösen Prinzips reden, kommen der Tatsache am nächsten. Nur ist auch hierbei eine falsche Einstellung, die allem ein unrichtiges Bild verleiht. Eine Verkörperung des bösen Prinzips läßt den höchsten Gipfel, das Endziel, das Lebendiger-Körper-Gewordene alles Bösen denken, also die Krönung, den vollkommenen Schluß.

Luzifer aber ist umgekehrt der *Ursprung* des falschen Prinzips, der *Ausgangspunkt* und die treibende Kraft. Man sollte es auch nicht das *böse*

Prinzip nennen, das er bewirkt, sondern das *falsche* Prinzip. Das Wirkungsgebiet dieses unrichtigen Prinzips ist die stoffliche Schöpfung.

In der Stofflichkeit allein treffen die Wirkungen des Lichten und die Wirkungen des Dunkeln, also die beiden entgegengesetzten Prinzipien, zusammen und wirken darin dauernd auf die Menschenseele ein, während diese die Stofflichkeit zu ihrer Entwicklung durchläuft. Welchem sich nun die Menschenseele nach eigenem Wunsche mehr hingibt, ist ausschlaggebend für ihr Emporsteigen zum Licht oder Abwärtsstreben zum Dunkel.

Die Kluft ist gewaltig, die zwischen dem Licht und dem Dunkel liegt. Sie wird ausgefüllt von dem Schöpfungswerke der Stofflichkeit, die der Vergänglichkeit der Formen, also der Zersetzung der jeweiligen bestehenden Formen und Wiederneubildung unterworfen ist.

Da ein Kreislauf nach den Gesetzen, die der Wille Gottvaters in die Schöpfung legt, nur dann als vollendet und erfüllt gelten kann, wenn er an seinem Ende zu dem Ursprung zurückkehrt, so kann auch der Lauf eines Menschengeistes nur dann als erfüllt angesehen werden, wenn er in das Geistige zurückkehrt, weil sein Samenkorn von diesem ausgegangen ist.

Läßt er sich abtreiben, dem Dunkel zu, so läuft er Gefahr, über den äußersten Kreis seines normalen Laufes nach der Tiefe zu hinausgezogen zu werden und sich dann nicht mehr zurückzufinden zum Aufstiege. Er vermag aber auch nicht, aus dem dichtesten und tiefsten feinstofflichen Dunkel noch tiefer über dessen äußerste Grenze hinauszutreten aus der Stofflichkeit, wie er es nach oben zu in das Reich des Geistig-Wesenhaften tun könnte, weil dies sein Ausgangspunkt ist, und wird deshalb in dem gewaltigen Kreislaufe der stofflichen Schöpfung dauernd mit fortgezogen bis zuletzt mit in die Zersetzung hinein, weil ihn sein feinstofflich-dunkles, deshalb dichtes und schweres Gewand, oder auch jenseitiger Körper genannt, niederhält.

Die Zersetzung löst dann seine in dem Laufe durch die Schöpfung gewonnene geistige Persönlichkeit als solche mit auf, so daß er den geistigen Tod erleidet und in geistigen Ursamen zerstäubt wird.

## 35. DAS GEHEIMNIS LUZIFER

Luzifer selbst steht *außerhalb* der stofflichen Schöpfung, wird also *nicht* mit in die Zersetzung hineingerissen, wie es den Opfern seines Prinzips ergeht; denn Luzifer ist ewig. Er stammt aus einem Teile des Göttlich-Wesenhaften. Der Zwiespalt setzte nach dem Beginn der Entstehung alles Stofflichen ein. Ausgesandt, das Geistig-Wesenhafte in dem Stofflichen zu stützen und in der Entwicklung zu fördern, erfüllte er diesen seinen Auftrag nicht in dem Sinne des schöpferischen Willens Gottvaters, sondern er wählte andere als die ihm durch diesen Schöpfungswillen vorgezeichneten Wege, aus einem Wollen heraus, das ihm bei seinem Wirken in der Stofflichkeit kam.

Die ihm gegebene Kraft mißbrauchend, führte er unter anderem das Prinzip der Versuchungen ein, an Stelle des Prinzips stützender Hilfe, die gleichbedeutend mit dienender Liebe ist. Dienende Liebe im göttlichen Sinne gemeint, die nichts gemein hat mit sklavischem Dienen, sondern lediglich den geistigen Aufstieg und somit des Nächsten ewiges Glück ins Auge faßt und dementsprechend handelt.

Das Prinzip der Versuchung aber ist gleichbedeutend mit dem Legen von Fallstricken, durch die nicht genügend in sich gefestigte Kreaturen schnell straucheln, stürzen und verlorengehen, während andere wieder allerdings dabei erstarken in Wachsamkeit und Kraft, um dann machtvoll emporzublühen zu geistigen Höhen. Alles Schwächliche ist aber von vornherein der Vernichtung rettungslos preisgegeben. Das Prinzip kennt keine Güte, kein Erbarmen; es ermangelt der Liebe Gottvaters, damit aber auch der gewaltigsten Auftriebskraft und der stärksten Stütze, die es gibt.

Die in der Bibel geschilderte Versuchung im Paradiese zeigt die Wirkung von dem Einsetzen des Luzifer-Prinzips, indem sie bildlich darstellt, wie es durch Versuchung die Stärke oder Standhaftigkeit des Menschenpaares zu prüfen sucht, um dieses bei dem geringsten Schwanken sofort erbarmungslos in den Weg der Vernichtung zu stoßen.

Standhaftigkeit würde gleichbedeutend gewesen sein mit freudiger Einstellung in den göttlichen Willen, der in den einfachen Natur- oder

Schöpfungsgesetzen liegt. Und dieser Wille, das göttliche Gebot, war dem Menschenpaare gut bekannt. Nichtwankendwerden wäre gleichzeitig eine Befolgung dieser Gesetze gewesen, wodurch der Mensch sich diese erst richtig und unbeschränkt nutzbar machen kann und so zum eigentlichen »Herrn der Schöpfung« wird, weil er »mit ihnen geht«. Alle Kräfte werden ihm dann dienstbar, wenn er sich nicht entgegenstellt, und arbeiten selbsttätig zu seinen Gunsten.

Darin liegt dann die Erfüllung der Gebote des Schöpfers, die weiter nichts wollen als die ungetrübte und ungehemmte Aufrechterhaltung und Pflege aller Entwicklungsmöglichkeiten, die in seinem herrlichen Werke liegen. Diese einfache Beachtung ist weitergreifend wieder ein bewußtes Mitwirken an der gesunden Fortentwicklung der Schöpfung oder der stofflichen Welt.

Wer das nicht tut, ist ein Hemmnis, das sich entweder in rechte Form schleifen lassen muß oder zwischen dem Räderwerk des Weltgetriebes, also den Schöpfungsgesetzen, der Zermalmung anheimfällt. Wer sich nicht biegen will, muß brechen, da kein Stocken entstehen kann.

Luzifer will nicht in Güte das allmähliche Reifen und Erstarken abwarten, will nicht, wie er sollte, ein liebender Gärtner sein, der die ihm anvertrauten Pflanzen hütet, stützt und pflegt, sondern mit ihm wurde buchstäblich »der Bock zum Gärtner«. Er geht auf die Vernichtung alles Schwachen aus und arbeitet in dieser Weise schonungslos.

Dabei verachtet er die Opfer, die seinen Versuchungen und Fallstricken erliegen, und will, daß sie in ihrer Schwäche zugrunde gehen sollen.

Er hat auch Ekel vor der Niedrigkeit und der Gemeinheit, die diese gefallenen Opfer in die Auswirkungen seines Prinzips legen; denn nur die Menschen machen diese zu der ekelhaften Verworfenheit, in der sie sich präsentieren, und damit fachen sie Luzifer nur um so mehr dazu an, in ihnen Geschöpfe zu sehen, welche lediglich Vernichtung verdienen, nicht Liebe und Pflege.

Und zur Durchführung dieser Vernichtung trägt nicht wenig das sich dem Prinzip der Versuchung als natürliche Folge anschließende Prinzip des Sichauslebens bei. Das Sichausleben vollzieht sich in den niederen

Regionen des Dunkels, wurde aber bei sogenannter Psychoanalyse von verschiedenen Ausübenden bereits irdisch aufgenommen in der Annahme, daß auch auf Erden das Sichausleben reift und befreit.

Doch welches entsetzliche Elend muß die Ausübung dieses Prinzips auf Erden herbeiführen! Welches Unheil muß sie anrichten, weil auf der Erde, nicht wie in den Regionen des Dunkels, nur Gleichartiges beisammen ist, sondern noch Dunkleres wie Helleres neben- und miteinander lebt. Man denke dabei nur an das Geschlechtsleben und ähnliches. Wenn ein solches Prinzip in der Ausübung auf die Menschheit losgelassen wird, muß es am Ende nur ein Sodom und Gomorra geben, aus dem es kein Hinausgleiten gibt, sondern wo nur Schrecken größter Art ein Ende bringen kann.

Ganz abgesehen aber davon sieht man heute schon zahlreiche Opfer ähnlicher Therapien haltlos umherirren, deren geringes Selbstbewußtsein, überhaupt alles persönliche Denken, noch ganz zerpflückt und vernichtet wurde dort, wo sie vertrauensvoll Hilfe erwartet hatten. Sie stehen da wie Menschen, denen systematisch alle Kleider vom Körper gerissen wurden, damit sie dann gezwungen sind, die ihnen gereichten neuen Kleider anzulegen. Die also Entblößten vermögen jedoch in den meisten Fällen leider nicht mehr einzusehen, warum sie noch neue Kleider anlegen sollen.

Durch das planmäßige Eindringen in ihre persönlichsten Dinge und Rechte verloren sie mit der Zeit auch die das persönliche Selbstbewußtsein erhaltende Schamempfindung, ohne die es nichts Persönliches geben kann, die einen Teil des Persönlichen selbst ausmacht.

Auf so zerwühltem Boden läßt sich dann kein neuer, fester Bau errichten. Unselbständig bleiben diese Menschen mit wenigen Ausnahmen, was sich bis zu zeitweiser Hilflosigkeit steigert, da ihnen auch der wenige Halt genommen wurde, den sie vorher noch hatten.

Die beiden Prinzipien des Sichauslebens und der Versuchung sind so eng zusammen verbunden, daß dem Sichausleben unbedingt die Versuchung vorausgesetzt werden muß. Es ist also die regelrechte Befolgung und Verbreitung des Luzifer-Prinzips.

## 35. DAS GEHEIMNIS LUZIFER

Für den wahren Seelenarzt ist kein Niederreißen nötig. Dieser erkennt schlummernde gute Fähigkeiten, weckt sie und baut dann weiter auf. Das wahre Prinzip gibt Umstellung falschen Verlangens durch geistige Erkenntnis!

Die Anwendung dieses liebelosen Prinzips aber mußte Luzifer selbstverständlich aus der Natur der Sache heraus immer mehr von dem liebenden Willen des allmächtigen Schöpfers trennen, was die eigene Abschneidung oder Ausstoßung aus dem Lichte brachte und damit den immer tieferen Sturz Luzifers. Ein Sich-selbst-vom-Licht-getrennt-Habender ist Luzifer, was gleichbedeutend ist mit einem Ausgestoßenen.

Die Abstoßung mußte ebenfalls nach den bestehenden Urgesetzen, dem unumstößlichen Heiligen Willen Gottvaters erfolgen, weil ein anderes Geschehen nicht möglich ist.

Da nun allein der Wille Gottvaters, des Schöpfers aller Dinge, allmächtig ist, der auch in der stofflichen Schöpfung und deren Entwicklung festwurzelt, vermag Luzifer wohl sein Prinzip in die Stofflichkeit hineinzusenden, die Auswirkungen aber werden sich immer nur in den von Gottvater festgelegten Urgesetzen bewegen können und müssen sich in deren Richtung formen.

So kann Luzifer durch die Verfolgung seines unrichtigen Prinzips wohl einen Anstoß geben zu für die Menschheit gefährlichen Wegen, er vermag aber nicht, die Menschen zu irgend etwas gewaltsam zu zwingen, sobald sich diese nicht selbst freiwillig dazu entschließen.

Luzifer kann tatsächlich nur locken. Der Mensch als solcher steht aber fester als er in der stofflichen Schöpfung, demnach auch viel sicherer und kraftvoller, als ihn der Einfluß Luzifers je treffen kann. Ein jeder Mensch ist dadurch so geschützt, daß es eine zehnfache Schmach für ihn ist, wenn er sich von dieser im Vergleich zu ihm schwächeren Kraft locken läßt. Er soll bedenken, daß Luzifer selbst *außerhalb* der Stofflichkeit steht, während er mit festen Füßen in ihm voll vertrautem Grund und Boden wurzelt.

Luzifer ist gezwungen, zu seinen Prinzipanwendungen nur seine

Hilfstruppen zu benutzen, die sich aus in den Versuchungen gefallenen Menschengeistern zusammenstellen.

Diesen aber ist wiederum jeder nach oben strebende Menschengeist nicht nur vollkommen gewachsen, sondern an Stärke weit überlegen. Ein einziger ernster Willensakt genügt, um ein Heer davon spurlos verschwinden zu lassen. Vorausgesetzt, daß diese mit ihren Lockungen keinerlei Widerhall oder Anklang finden, an den sie sich klammern können.

Luzifer würde überhaupt machtlos sein, wenn die Menschheit sich bemühte, die von dem Schöpfer gegebenen Urgesetze zu erkennen und zu befolgen. Die Menschen stützen aber leider das falsche Prinzip durch ihre jetzige Art immer mehr und werden deshalb auch zum größten Teile untergehen müssen.

Es ist unmöglich, daß irgendein Menschengeist mit Luzifer selbst einen Kampf ausfechten kann, aus dem einfachen Grunde, weil er nicht bis zu diesem vorzudringen vermag, infolge der verschiedenen Wesensart. Der Menschengeist kann immer nur mit den durch das falsche Prinzip Gefallenen in Berührung kommen, die im Grunde seine Wesensart haben.

Der Ursprung Luzifers bedingt, daß ihm nur der persönlich nahen und entgegentreten kann, der aus dem gleichen Ursprung oder höher ist; denn nur ein solcher vermag bis zu ihm vorzudringen. Es muß ein Gottgesandter sein, gewappnet mit dem heiligen Ernste seiner Sendung und vertrauend auf den Ursprung aller Kraft, auf Gottvater selbst.

Diese Aufgabe ist dem angekündigten Menschensohne zugeteilt.

Persönlich ist der Kampf, von Angesicht zu Angesicht, nicht nur symbolisch in der Allgemeinheit, wie es viele Forscher aus Verheißungen entnehmen wollen. Es ist die Erfüllung der Verheißung im »Parsifal«. Den »Heiligen Speer«, die Macht, hatte Luzifer falsch angewendet, und dem Geistig-Wesenhaften damit in der Menschheit durch sein Prinzip eine schmerzende Wunde geschlagen. Er wird ihm in diesem Kampfe genommen. Dann in der »richtigen Hand«, also bei Durchführung des echten Gralsprinzips der reinen strengen Liebe, heilt er die

## 35. DAS GEHEIMNIS LUZIFER

vorher durch ihn in unrechter Hand, also falscher Anwendung, geschlagene Wunde.

Durch das Luzifer-Prinzip, also durch die falsche Anwendung göttlicher Macht, gleichbedeutend mit dem »Heiligen Speer« in unrechter Hand, wird dem Geistig-Wesenhaften eine Wunde geschlagen, *die sich nicht schließen kann!* Das ist mit diesem Gedanken in der Legende in treffender Form bildhaft wiedergegeben; denn der Vorgang gleicht wirklich einer offenen, sich nicht schließenden Wunde.

Man überlege, daß die Menschengeister als unbewußte Geistsamenkörner oder Funken aus dem niedersten Rande des Geistig-Wesenhaften in die Schöpfung der Stofflichkeit abfließen oder überspringen, in der Erwartung, daß diese ausfließenden Teile nach ihrem Laufe durch die Stofflichkeit zum persönlichen Bewußtsein erwacht und entwickelt wieder in Vollendung des Kreislaufes in das Geistig-Wesenhafte zurückkehren. Ähnlich dem Kreislaufe des Blutes in dem grobstofflichen Körper!

Das Luzifer-Prinzip jedoch lenkt nun einen großen Teil dieses geistigen Kreislaufstromes ab. Dadurch kann der notwendige Kreislauf nicht geschlossen werden, und es wirkt sich aus wie das dauernde schwächende *Abfließen* einer offenen Wunde.

Kommt aber nun der »Heilige Speer«, also die göttliche Macht, in die *richtige* Hand, die in dem Willen des Schöpfers steht und dem durch die Stofflichkeit als belebender Faktor wandernden Geistig-Wesenhaften den rechten Weg weist, der es aufwärts führt zu seinem Ausgangspunkte, in das lichte Reich Gottvaters, so geht es nicht mehr verloren, sondern fließt damit zurück in seinen Ursprung wie das Blut zum Herzen, wodurch die im Geistig-Wesenhaften bisher schwächend abfließende Wunde *geschlossen* wird. Somit kann die Heilung nur durch den gleichen Speer erfolgen, der diese Wunde schlug.

Dazu muß aber vorher der Speer Luzifer entwunden werden und in die richtige Hand kommen, was sich in dem *persönlichen* Kampfe Parzivals mit Luzifer vollzieht!

Die sich dann noch anschließenden, in das Feinstoffliche und Grobstoffliche hineinziehenden Kämpfe sind nur Nachwirkungen dieses einen großen Kampfes, der die verheißene Fesselung Luzifers bringen muß, die den Beginn des tausendjährigen Reiches kündet. Sie bedeuten die Ausrottung der Folgen des Luzifer-Prinzips.

Dieses richtet sich gegen das Walten göttlicher Liebe, deren Segnungen den Menschen in ihrem Laufe durch die Stofflichkeit zuteil werden. Würde nun die Menschheit einfach dieser göttlichen Liebe nachstreben, so wäre sie sofort vollkommen gefeit vor jeglichen Versuchungen Luzifers, und er würde aller seiner Schrecken entkleidet sein, die der Menschengeist um ihn webt.

Der bunten Phantasie der Menschenhirne sind auch die ungeheuerlichen, häßlichen Gestalten entsprungen, die man irrtümlich Luzifer zu geben sich bemüht. In Wirklichkeit vermochte ihn auch aus dem einfachen Grunde der verschiedenen Wesensart heraus noch keines Menschen Auge zu erschauen, auch nicht das Auge, das die Feinstofflichkeit des Jenseits oft schon während des Erdenlebens zu erkennen fähig ist.

Luzifer ist im Gegensatz zu allen Anschauungen stolz und schön zu nennen, überirdisch schön, von düsterer Majestät mit klaren, großen, blauen Augen, die aber von dem eisigen Ausdrucke fehlender Liebe zeugen. Er ist nicht nur ein Begriff, wie man ihn gewöhnlich nach vergeblichen anderen Deutungen hinzustellen versucht, sondern er ist persönlich.

Die Menschheit soll begreifen lernen, daß auch ihr durch ihre eigene Wesenheit eine Grenze gesetzt ist, die sie niemals überschreiten kann, natürlich auch im Denken nicht, und daß von jenseits dieser Grenze Botschaften nur auf dem Gnadenwege kommen können. Doch nicht durch Medien, die ihre Wesenheit auch nicht durch unirdische Zustände verändern können, ebensowenig durch die Wissenschaft. Gerade diese hat ja durch Chemie Gelegenheit zu finden, daß Verschiedenheit der Art unüberwindliche Grenzen bilden kann. Diese Gesetze aber gehen von dem Ursprunge aus, sind nicht nur in dem Werk der Schöpfung erst zu finden.

## DIE REGIONEN DES DUNKELS
## UND DIE VERDAMMNIS

Wenn man Bilder sieht, die das Leben in der sogenannten Hölle wiedergeben sollen, so geht man achselzuckend darüber hinweg mit halb ironischem, halb mitleidsvollem Lächeln und dem Gedanken, daß nur eine angekränkelte Phantasie oder eine fanatische Blindgläubigkeit Szenen solcher Art erdenken können. Selten wird es jemand geben, der auch nur das kleinste Wahrheitskörnchen darin sucht. Und doch kann wohl die grauenvollste Phantasie kaum annähernd ein Bild zusammenstellen, das den Qualen des Lebens in den dunklen Regionen dem Ausdrucke nach nahekommt.

Arme Verblendete, die wähnen, mit einem spöttischen Achselzukken leichtsinnig darüber hinweggehen zu können! Der Augenblick kommt, wo Leichtsinn sich bitter rächt mit dem erschütternden Eintreten der Wahrheit. Da hilft kein Sträuben, kein Sichabwenden, sie werden hineingezogen in den Strudel, der ihrer wartet, wenn sie nicht rechtzeitig diese Überzeugung eines Nichtwissens abwerfen, die immer nur die Hohlheit und die Beschränktheit eines solchen Menschen kennzeichnet.

Kaum ist die Loslösung des feinstofflichen Körpers von dem grobstofflichen Körper erfolgt\*, so finden sie schon die erste große Überraschung in dem Erlebnis, daß das bewußte Sein und Leben damit noch nicht beendet ist. Die erste Folge ist Verwirrung, der sich ungeahnte Bangigkeit anschließt, die oft in dumpfe Ergebung oder angstvollste Verzweiflung übergeht! Vergebens ist dann das Sichsträuben,

---

\* Vortrag: »Der Tod«.

vergebens alles Klagen, vergebens aber auch das Bitten; denn sie müssen ernten, was sie in dem Erdenleben säten.

Verlachten sie das Wort, das ihnen von Gott gebracht wurde, welches auf das Leben nach dem irdischen Tode und die damit verbundene Verantwortung eines jeden intensiven Denkens und Handelns hinweist, so ist das mindeste, was sie erwartet, das, was sie wollten: *tiefe Dunkelheit!* Ihre feinstofflichen Augen, Ohren und Münder sind verschlossen durch das eigene Wollen. Sie sind taub, blind und stumm in ihrer neuen Umgebung.

Das ist das Günstigste, was ihnen geschehen kann. Ein jenseitiger Führer und Helfer kann sich ihnen nicht verständlich machen, weil sie sich selbst davor verschlossen halten. Ein trauriger Zustand, dem nur das langsame innere Reifen des Betreffenden selbst, das durch die sich steigernde Verzweiflung führt, eine allmähliche Änderung bringen kann. Mit der wachsenden Sehnsucht nach Licht, die wie ein ununterbrochener Hilferuf aus solchen gedrückten und gequälten Seelen steigt, wird es dann endlich nach und nach heller um ihn, bis er auch andere sehen lernt, die gleich ihm der Hilfe bedürfen.

Hat er nun das Bestreben, diese noch in tieferer Finsternis Harrenden zu unterstützen, damit es auch bei denen heller werden kann, so erstarkt er in dieser Tätigkeit des Versuches zum Helfen durch die dazu erforderliche Anstrengung immer mehr, bis ein anderer zu ihm treten kann, der schon weiter vorgeschritten ist, um auch ihm weiterzuhelfen, den lichteren Regionen entgegen.

So hocken sie trübselig herum, da ihre feinstofflichen Körper durch das Nichtwollen auch zu kraftlos sind, zu gehen. Ein mühseliges, unsicheres Am-Boden-Kriechen bleibt es daher, wenn es einmal zu einer Bewegung kommt.

Andere wieder tappen wohl in diesem Dunkel herum, straucheln, stürzen, raffen sich immer wieder auf, um bald hier, bald da anzuecken, wobei schmerzende Wunden nicht ausbleiben; denn da eine Menschenseele immer nur durch die Art ihrer eigenen Dunkelheit, die Hand in Hand geht mit der mehr oder weniger starken Dichtheit, die wiederum ein entsprechendes Schwergewicht nach sich zieht, in die Region sinkt, die ihrer feinstofflichen Schwerkraft genau entspricht, also von gleicher Art der Feinstofflichkeit ist, so wird ihre neue Umgebung für sie ebenso greifbar, fühlbar und undurchdringlich, wie es einem grobstofflichen Körper in grobstofflicher Umgebung ergeht. Jeden Stoß, jeden Sturz oder jede Verletzung fühlt sie deshalb dort so schmerzlich, wie es ihr grobstofflicher Körper während der Erdenlaufbahn auf der grobstofflichen Erde empfand.

So ist es in jeder Region, gleichviel welcher Tiefe oder Höhe sie angehört. Gleiche Stofflichkeit, gleiche Fühlbarkeit, gleiche gegenseitige Undurchdringlichkeit. Jede höhere Region jedoch, oder jede andere Stoffart kann durch die niedere, dichtere Stoffart ungehindert hindurch, wie jedes Feinstoffliche durch das anders geartete Grobstoffliche.

Anders nun mit solchen Seelen, die außerdem irgendein begangenes Unrecht abzulösen haben. Die Tatsache selbst ist eine Sache für sich. Sie kann gelöst werden in dem Augenblicke, wo der Täter von dem betroffenen Teile volle, ehrlich gemeinte Verzeihung erlangt.

Was eine Menschenseele aber *schwerer* bindet, das ist der *Drang* oder der *Hang*, der die Triebfeder zu einer Tat oder mehreren Taten bildet. Dieser Hang lebt in der Menschenseele fort, auch nach dem Hinübergehen, nach der Loslösung vom grobstofflichen Körper. Er wird sogar im feinstofflichen Körper sofort noch stärker zur Geltung kommen, sobald die Einengung alles Grobstofflichen wegfällt, da dann die Empfindungen viel lebendiger und rückhaltloser wirken.

Ein derartiger Hang ist es auch wiederum, der maßgebend für die Dichtheit, also Schwere des feinstofflichen Körpers wird. Das hat zur Folge, daß der feinstoffliche Körper nach Freiwerdung vom grobstofflichen Körper sofort in die Region sinkt, die genau seiner Schwere und demnach gleichen Dichtheit entspricht. Dort wird er demnach auch alle finden, die dem gleichen Hange huldigen. Durch deren Ausstrahlungen wird der seine noch genährt, gesteigert, und er wird dann in Ausübung dieses Hanges förmlich rasen. Ebenso natürlich auch die anderen mit ihm dort Befindlichen.

Daß derartige, hemmungslose Austobungen für die Umgebung eine Qual sein müssen, ist nicht schwer verständlich. Da dies aber in solchen Regionen immer nur auf Gegenseitigkeit beruht, so wird jeder einzelne unter den anderen bitter zu leiden haben alles das, was er wiederum den anderen dauernd selbst zuzufügen sucht. So wird das Leben dort zur Hölle, bis eine derartige Menschenseele nach und nach ermattet und Ekel davor empfindet. Dann wird nach langer Dauer endlich allmählich der Wunsch erwachen, herauszukommen aus solcher Art.

Der Wunsch und Ekel ist Beginn der Besserung. Er wird sich bis zum Hilfeschrei und zuletzt zum Gebet verstärken. Erst dann kann ihm die Hand zum Aufstiege geboten werden, was oft Jahrzehnte und Jahrhunderte, manchmal auch noch länger auf sich warten läßt. Der Hang in einer Menschenseele ist also das schwerer Bindende.

Daraus geht hervor, *daß eine unbedachte Tat viel leichter und viel schneller abzulösen ist als ein in einem Menschen ruhender Hang, gleichviel, ob dieser zu einer Tat geworden ist oder nicht!*

Ein Mensch, der einen unsauberen Hang in sich trägt, ohne diesen je zu einer Tat werden zu lassen, weil ihm die irdischen Verhältnisse günstig sind, wird deshalb schwerer büßen müssen als ein Mensch, der unbedachterweise durch irgendeine oder mehrere Taten gefehlt hat, ohne böse Absicht dabei gehabt zu haben. Die unbedachte Tat kann letzterem sofort verziehen sein, ohne übles Karma zu entwickeln, der Hang aber erst dann, wenn er vollkommen in dem Menschen ausgelöscht wurde. Und deren gibt es viele Arten. Sei es nun Habsucht und der ihr verwandte Geiz, sei es schmutzige Sinnlichkeit, Drang zu Diebstahl oder Mord, Brandstiftung oder auch nur zu Übervorteilung und zu leichtsinnigen Nachlässigkeiten, gleichviel, ein derartiger Hang wird den Betreffenden immer dorthin sinken lassen oder ziehen, wo seinesgleichen ist.

Lebensbilder davon wiederzugeben, hat keinen Zweck. Sie sind oft so fürchterlicher Art, daß ein Menschengeist auf Erden kaum an derartige Wirklichkeiten glauben kann, ohne sie zu sehen. Und auch dann würde er noch denken, es müßten nur Gebilde grenzenlos erhitzter Fieberphantasien sein. So mag er sich begnügen, sittliche Scheu vor allem Derartigem zu empfinden, die ihn frei macht von den Banden alles Niederen, damit dem Aufstiege zum Lichte keine Hemmung mehr im Wege steht.

So sind die dunklen Regionen Auswirkungen des Prinzips, das Luzifer einzuführen sucht. Der ewige Kreislauf der Schöpfung rollt und kommt an den Punkt, an dem die Zersetzung beginnt, in der alles Stoffliche die Form verliert, um in Ursamen zu verfallen, und damit im Weiterrollen neue Mischung, neue Formen bringt mit frischer Kraft und jungfräulichem Boden. Was sich bis dahin aus dem Grob- und Feinstofflichen noch nicht lösen konnte, um über die höchste, feinste und leichteste Grenze, alles Stoffliche zurücklassend, in das Geistig-Wesenhafte einzutreten, das wird unweigerlich in die Zersetzung mit hineingezogen, wodurch auch seine Form und das Persönliche an ihm vernichtet wird. Das ist dann erst die ewige Verdammnis, das Auslöschen alles bewußt Persönlichen!

## DIE REGIONEN DES LICHTES UND DAS PARADIES

Strahlendes Licht! Blendende Reinheit! Beseligende Leichtigkeit! Das alles spricht von selbst schon so viel, daß kaum noch Einzelheiten zu erwähnen nötig sind. Je weniger der feinstoffliche Körper, also der Mantel des menschlichen Geistes im Jenseits, mit irgendeinem Hange nach Niederem, mit irgendeinem Begehren nach grobstofflichen Dingen und Genüssen belastet ist, desto weniger zieht es ihn danach, desto weniger dicht und dadurch auch desto weniger schwer wird sein feinstofflicher Körper sein, der sich seinem Wollen entsprechend bildet, und desto schneller wird er durch seine Leichtigkeit emporgehoben werden in die lichteren, der geringeren Dichtheit seines feinstofflichen Körpers entsprechenden Regionen.

Je undichter, also lockerer und feiner, dieser feinstoffliche Körper durch seine Abgeklärtheit von niederen Begierden wird, desto heller und lichter muß er auch erscheinen, da dann der Kern des Geistig-Wesenhaften in der Menschenseele, der an sich durch seine Beschaffenheit strahlend ist, immer mehr von innen heraus den undichter werdenden feinstofflichen Körper durchscheint, während in den unteren Regionen dieser an sich strahlende Kern durch die größere Dichtheit und Schwere des feinstofflichen Körpers verhüllt und verdunkelt bleibt.

Auch in den Regionen des Lichtes wird eine jede Menschenseele je nach Beschaffenheit ihres feinstofflichen Körpers die Gleichart finden, also Gleichgesinnte. Da nur das wirklich Edle, das Gutwollende, nach oben zu streben fähig ist, frei von niederen Begierden, so wird die Menschenseele als ihre Gleichart auch nur Edles antreffen. Daß der Bewohner einer solchen Region keine Qualen zu erleiden hat, sondern nur den

Segen des von ihm gleichartig ausströmenden Edlen genießt, sich darin beseligt fühlt und wiederum selbst auch Freude in den anderen seinem eigenen Tun gegenüber erweckt und mitempfindet, ist ebenfalls leicht verständlich. Er kann sagen, daß er in den Gefilden der Seligen, sich also Beseligtfühlenden, wandelt.

Angespornt davon, wird seine Freude an dem Reinen und Hohen immer stärker werden und ihn weiter und weiter emporheben. Sein feinstofflicher Körper wird, durchdrungen von diesem Empfinden, feiner und immer weniger dicht werden, so daß das Leuchten des geistigwesenhaften Kernes immer strahlender durchbricht, und zuletzt auch die letzten Stäubchen dieses feinstofflichen Körpers wie in Flammen aufgehend abfallen, wodurch dann der somit vollendete und bewußte, persönlich gewordene Menschengeist in vollkommen geistig-wesenhafter Art die Grenze in das Geistig-Wesenhafte überschreiten kann. *Erst damit tritt er in das ewige Reich Gottvaters, in das unvergängliche Paradies.*

So wenig ein Maler in einem Bilde die Qualen des wirklichen Lebens der dunklen Regionen wiedergeben könnte, ebensowenig vermag er das Entzücken zu schildern, das in dem Leben der Regionen des Lichtes liegt, auch wenn die Regionen noch zu dem vergänglichen Feinstofflichen gehören und die Grenze zu dem ewigen Reiche Gottvaters noch nicht überschritten ist.

Jede Schilderung und jeder Versuch, das Leben bildhaft wiederzugeben, würde unbedingt eine Verkleinerung bedeuten, die der Menschenseele deshalb statt Nutzen nur Schaden bringen müßte.

## WELTGESCHEHEN

Es gibt keine größere Gefahr für eine Sache, als eine Lücke zu lassen, deren Füllungsnotwendigkeit vielfach empfunden wird. Es hilft dann nichts, darüber hinweggehen zu wollen; denn eine derartige Lücke hindert jeden Fortschritt und wird, sobald darüber ein Bau errichtet ist, diesen eines Tages zusammenbrechen lassen, auch wenn er mit größter Kunstfertigkeit und mit wirklich gutem Material ausgeführt ist.

So zeigen sich heute die verschiedenen christlichen Religionsgemeinschaften. Sie verschließen mit zäher Energie Auge und Ohr an manchen Stellen ihrer Lehren, die eine Unlogik fühlen lassen. Mit leeren Worten suchen sie darüber hinwegzuschreiten, anstatt wirklich einmal ernsthaft in sich zu gehen.

Wohl empfinden sie die Gefahr, daß die durch eine Lehre blinden Glaubens provisorisch gelegten Brücken über derartige Klüfte eines Tages nicht mehr zureichend sein können, und sie fürchten den Augenblick, der diesen leichten Bau durch Erleuchtung erkennen lassen muß. Auch wissen sie, daß dann niemand mehr zu bewegen sein wird, einen so trügerischen Weg zu betreten, wodurch natürlich der dann wieder folgende solide Weiterbau und Weg ebenfalls leer bleiben muß. Ebenso ist ihnen bekannt, daß ein einziger Luftstrom frischer Wahrheit solche künstlichen Gebilde hinwegfegen muß.

Doch in Ermangelung eines Besseren suchen sie trotz aller Gefahren die schwankende Planke festzuhalten. Sie sind sogar viel eher bereit, sie mit allen Mitteln zu verteidigen und den zu vernichten, der es wagen würde, in der Wahrheit selbst einen festeren Übergang zu bringen.

Ohne Zögern würden sie denselben Vorgang zu wiederholen versuchen, der vor nahezu zweitausend Jahren sich auf dieser Erde abspielte, der seinen Schatten noch bis auf den heutigen Tag wirft, und den sie doch selbst als große Anklage gegen die Verblendung und verderbliche Starrköpfigkeit der Menschen zum Brennpunkte ihrer Lehren und ihres Glaubens machten.

Es waren die *Träger der Religionen* und die damaligen Gelehrten, die in ihrer dogmatischen Einengung und ihrem Schwäche verratenden Dünkel die Wahrheit und den Gottessohn nicht zu erkennen vermochten, sich auch davor verschlossen und ihn und seine Anhänger aus Furcht und Neid heraus haßten und verfolgten, während die anderen Menschen sich leichter der Erkenntnis öffneten und die Wahrheit des Wortes schneller empfanden.

Trotzdem nun die heutigen Träger der christlichen Religionsgemeinschaften den Leidensweg des Gottessohnes besonders betonen, so haben sie doch an dieser Tatsache selbst nichts gelernt und keinen Nutzen daraus gezogen. Gerade die heutigen Führer dieser auf Christi Lehren gegründeten Gemeinschaften, wie auch diejenigen der neueren Bewegungen würden auch heute wieder jeden unschädlich zu machen versuchen, der die schwankenden Übergänge über bedenkliche Lücken oder Klüfte in ihren Belehrungen und Auslegungen durch die Wahrheit selbst gefährden könnte. Sie würden ihn mit ihrem Haß verfolgen, der aus Angst geboren ist, und noch viel mehr aus Eitelkeit heraus, genau wie es schon einmal war.

Die Größe würde ihnen fehlen zu ertragen, daß ihr Wissen nicht ausreiche, die Wahrheit selbst zu erkennen und die Lücken auszufüllen, um damit den Menschen zum leichteren Verstehen und vollen Erfassen den Weg zu ebnen.

*Und doch ist der Menschheit nur durch volles Erfassen ein Aufstieg möglich, niemals durch blinden, unwissenden Glauben!*

Eine solche Lücke durch falsche Überlieferung ist auch der Begriff des »Menschensohnes«. Krankhaft wird daran festgehalten, ähnlich den Pharisäern, die sich der ihren herkömmlichen starren Lehren ge-

genüberstellenden Wahrheit durch den Gottessohn nicht erschließen wollten. Christus hat von sich *nur* als Gottessohn gesprochen. Die Unlogik, sich gleichzeitig Menschensohn zu nennen, lag ihm fern. Mag man nun aus den eigenen Zweifeln heraus mit größter Kunstfertigkeit und Gewandtheit nach allen Richtungen hin versucht haben, diesen offensichtlichen und von jedem ruhig denkenden Menschen empfundenen Widerspruch zwischen Gottessohn und Menschensohn zu erklären, so kann doch trotz aller Mühen nicht behauptet werden, daß eine *Vereinigung* gefunden wurde. Die günstigste aller Deutungen mußte immer und immer wieder eine Doppelnatur zeigen, die *nebeneinander* stehen blieb, niemals aber als *eins* erscheinen konnte.

Das liegt auch ganz in der Natur der Sache. Der Gottessohn kann nicht zum Menschensohne werden, nur, weil er durch eines Menschen Leib geboren werden mußte, um auf Erden wandeln zu können.

Es ist jedem Christen bekannt, daß der Gottessohn lediglich in *geistiger* Sendung kam, und daß alle seine Worte *das geistige Reich* betrafen, also *geistig* gemeint waren. Demnach darf von vornherein auch sein mehrmaliger Hinweis auf den Menschensohn nicht anders aufgefaßt werden! Warum soll nun hier eine Ausnahme sein? Geistig aber war und blieb Christus lediglich der *Gottessohn!*

Wenn er nun von dem Menschensohne sprach, so konnte er sich nicht selbst damit meinen. Es liegt in dem allen viel Gewaltigeres, als die heutigen Auslegungen der christlichen Religionen wiedergeben. Der offene Widerspruch müßte schon lange ernster zum Nachdenken angeregt haben, wenn nicht die dogmatische Einklammerung alles verdunkelte. Statt dessen griff man ohne die für so einschneidende Dinge unbedingt nötige, ernsteste Prüfung zum krampfhaften Festhalten an dem überlieferten Worte und legte sich so Scheuklappen an, die den freien Ausblick hinderten.

Natürliche Folge ist, daß solche Ausleger und Lehrer, obwohl in der Schöpfung ihres Gottes stehend, nicht einmal diese richtig zu erkennen vermögen, wodurch allein die Aussicht besteht, auch dem Schöpfer selbst, dem Ausgangspunkte des Werkes, näher zu kommen.

## 38. WELTGESCHEHEN

Christus lehrte in erster Linie volle Natürlichkeit, das heißt, sich in die Gesetze der Natur, also der Schöpfung einzufügen. Einfügen aber kann sich nur der, der die Naturgesetze kennt. Die Naturgesetze wiederum tragen den Willen des Schöpfers in sich und können somit auch den Weg zur Erkenntnis des Schöpfers selbst geben.

Wer nun die Naturgesetze kennt, erfährt aber auch, wie unverrückbar diese wirkend ineinandergreifen; weiß deshalb, daß dieses Wirken in seiner steten, vorwärtstreibenden Folgerichtigkeit unabänderlich ist, wie damit auch der Wille des Schöpfers, Gottvaters.

Jede Abweichung müßte eine Änderung des göttlichen Willens bedeuten. Eine Änderung aber würde auf Unvollkommenheit hinweisen. Da aber der Urquell alles Seins, Gottvater, nur einheitlich und vollkommen ist, so muß auch die kleinste Abweichung innerhalb der Naturgesetze, also der Entwicklungsgesetze, einfach unmöglich und von vornherein ausgeschlossen sein. Diese Tatsache bedingt, daß auch Religionswissenschaft und Naturwissenschaft in jeder Beziehung eins sein müssen in lückenloser Klarheit und Folgerichtigkeit, wenn sie die *Wahrheit* wiedergeben sollen.

Daß die Naturwissenschaft heute noch eine im Verhältnis zur ganzen Schöpfung sehr niedere Grenze des Wissens hat, wird nicht geleugnet, da sie sich lediglich an das Grobstoffliche gehalten hat, weil der Verstand in heutigem Sinne nur an das an Raum und Zeit Gebundene heranzugehen vermag. Der einzige, allerdings auch unverzeihliche Fehler dabei ist nur, daß die Jünger dieser Wissenschaft alles Darüberhinausgehende spöttisch als nichtbestehend zu leugnen versuchen, mit Ausnahme weniger Gelehrter, die das Mittelmaß überschritten haben und weitschauender wurden, und die es verschmähten, Nichtwissen mit Dünkel zu überdecken.

Religionswissenschaft aber greift viel weiter, bleibt aber trotzdem ebenfalls auf die über das an Raum und Zeit Gebundene hinausgreifenden Naturgesetze angewiesen, die vom Urquell kommend in das Irdisch-Sichtbare ohne Unterbrechung und ohne Abänderung ihrer Art hineinlaufen.

Aus diesem Grunde dürfen auch Religionslehren weder Lücken noch Widersprüche bergen, wenn sie der Wahrheit, also den Naturgesetzen oder dem göttlichen Willen wirklich entsprechen sollen, wenn sie also die *Wahrheit* bergen sollen. Freiheiten blinden Glaubens dürfen sich zur Führung dienende und verantwortungsreiche Lehren nicht erlauben!

Schwer lastet deshalb der Irrtum des Begriffes vom Menschensohne auf den Anhängern der wahren Christuslehren, weil sie irrtümliche Überlieferungen ruhig hinnehmen und weiterschleppen, trotzdem in vielen Menschen zeitweise gegenteiliges Empfinden leise mahnt.

Gerade die Unabänderlichkeit göttlichen Willens in seiner Vollkommenheit ist es, die ein willkürliches Eingreifen Gottes in der Schöpfung ausschließt. Sie ist es aber auch, die nach dem Sturze Luzifers durch dessen falsches Handeln* diesen nicht einfach auszuschalten vermag, ebenso auch einen Mißbrauch der Naturgesetze, des göttlichen Willens, durch die Menschen zulassen muß, weil dem Menschengeiste durch seine Herkunft aus dem ewigen Geistig-Wesenhaften ein freier Entschluß vorbehalten ist**.

*In den Geschehnissen der fein- und grobstofflichen Schöpfung muß sich gerade die unverrückbare Vollkommenheit des Schöpferwillens als eine Art Gebundensein zeigen!* Aber nur minderwertige und kleine Menschengeister können bei dieser Erkenntnis eine Beschränkung der Macht und Größe sehen. Eine derartige Auffassung würde lediglich das Produkt ihrer eigenen Beschränktheit sein.

Die Unermeßlichkeit des Ganzen verwirrt sie, weil es ihnen tatsächlich nur möglich ist, sich ein Bild davon vorzustellen, wenn es – ihrem Verstehen entsprechend – eine engere Grenze hat.

Wer sich jedoch wirklich bemüht, seinen Schöpfer in dessen Wirken zu erkennen, der wird auf dem sicheren Wege der Naturgesetze ein überzeugendes Ahnen empfangen haben von den weit ausgreifenden Vorgängen, deren Anfänge in dem Urquell, also dem Ausgangspunkte

---

\* Vortrag: »Das Geheimnis Luzifer«.
\*\* Vortrag: »Verantwortung«.

alles Geschehens liegen, um sich von dort aus wie unverrückbare Schienenstränge durch die Schöpfung zu ziehen, auf denen dann alles weitere Leben je nach Stellung der Weiche abrollen muß.

Das Weichenstellen aber besorgt der *Menschengeist* in seinem Laufe durch das Stoffliche *selbsttätig*\*. Durch Luzifers Prinzip läßt sich nun leider die Mehrzahl zur falschen Weichenstellung veranlassen, und so rollt dann deren Leben nach den unabänderlichen Fortentwicklungsgesetzen, die gleich Schienensträngen das Stoffliche durchziehen, mehr und mehr abwärts, einem je nach der Einstellung ganz bestimmten Endziele zu.

Die Weichenstellung des freien Entschlusses kann nun vom Ursprung aus genau beobachtet oder empfunden werden, woraufhin der weitere Verlauf klar zu erkennen ist, weil er nach einem erfolgten Entschlusse in der Fortentwicklung nur den entsprechenden in der Schöpfung verankerten Gesetzes-Schienensträngen entlanglaufen muß.

*Dieser Umstand ermöglicht das Vorausschauen* so mancher Geschehnisse, weil die Natur- oder Schöpfungsgesetze in ihrem Entwicklungsdrange niemals abweichen. Jahrtausende spielen dabei keine Rolle. In diesen vorausgeschauten, unbedingten Endzielen entstehen dann die großen Offenbarungen, die Begnadeten in Bildern geistig gezeigt werden und durch Weitergabe zur Kenntnis der Menschheit kommen.

Eins ist aber dabei *nicht* mit Bestimmtheit vorauszusagen: *die irdische Zeit,* zu der sich solche Offenbarungen und Verheißungen erfüllen!

Das geschieht zu der Stunde, in welcher ein solcher Lebensverlauf seinen gewählten Schienen entlangrollend an einer vorauserklärten Zwischenstation oder dem Endziele einfährt. Das Schicksal des Menschen wie des Volkes und zuletzt der ganzen Menschheit ist mit einem Zuge zu vergleichen, der auf einer eingleisigen Bahn vor nach allen Richtungen führenden Schienensträngen wartend steht. Der Mensch stellt eine Weiche nach seinem Belieben ein, springt auf und gibt Dampf, das heißt, er belebt ihn.

---

\* Vortrag: »Der Mensch und sein freier Wille«.

## 38. WELTGESCHEHEN

Bei seinem Einbiegen in das von ihm gewählte Geleise vermag man nur die einzelnen Stationen und das Endziel zu nennen, nicht aber die genaue Stunde der jeweiligen Ankunft, da dies von der Fahrtgeschwindigkeit abhängt, die je nach der Art des Menschen wechseln kann; denn *der Mensch belebt* die Maschine und wird sie je nach seiner eigenen Art in ruhigem Gleichmaße oder in stürmender Leidenschaft oder abwechselnd verschiedenartig vorwärtstreiben. Je mehr ein solcher Einzelmenschen- oder Völker- oder Menschheitszug sich aber einer Station seiner Schienen- oder Schicksalsrichtung nähert, desto sicherer kann dann das nahende Eintreffen erschaut und angedeutet werden.

Das Schienennetz hat aber auch einige Verbindungslinien, die durch jeweilige Weichenumstellungen *während der Fahrt* benützt werden können, um eine andere Richtung zu erhalten, und somit auch ein anderes Endziel als das zuerst angesteuerte zu erreichen. Es erfordert dann natürlich ein Langsamerfahren beim Nahen einer derartigen Weiche, ein Anhalten und Weichenumstellen. Das langsamere Fahren ist das Nachdenken, das Anhalten der Entschluß des Menschen, der ihm bis zu einem letzten Entscheidungspunkte immer möglich ist, und das Umstellen die diesem Entschlusse folgende Tat.

Den göttlichen Willen, der sich in den feststehenden Naturgesetzen wie Schienenstränge durch das Stoffliche zieht, kann man auch die Nerven in dem Schöpfungswerke nennen, die den Ausgangspunkt, den schöpferischen Urquell, jede Unebenheit in dem gewaltigen Körper des Werkes fühlen lassen oder ihm melden.

Dieser auf Grund der unverrückbaren Gesetze bis an jedes Ende ausschauende sichere Überblick veranlaßt den Schöpfer, seinen Offenbarungen *auch Verheißungen* anzuknüpfen, die für die Zeit der herannahenden gefährlichsten Kurven, Zwischen- oder Endstationen rechtzeitig von ihm kommende Helfer verkünden!

Diese Helfer sind von ihm ausgerüstet, kurz vor Eintreffen unausbleiblicher Katastrophen und gefährlicher Wendungen den auf diesen falschen Geleisen rollenden Menschengeistern durch Verkündung der Wahrheit die Augen zu öffnen, damit es ihnen möglich wird, noch rechtzeitig eine andere Weiche einzustellen, um die immer gefährlicher werdenden Stellen zu vermeiden und durch eine neue Richtung auch dem verderbenbringenden Endziele zu entgehen.

Da der Schöpfer an der Vollkommenheit seines Willens nicht rütteln kann, so wird auch er bei diesem Helfen genau wieder die bestehenden Gesetze einhalten. Mit anderen Worten: Sein Wille ist von Urbeginn an vollkommen. Jeder seiner neuen Willensakte wird selbstverständlich ebenfalls vollkommen sein. Das bedingt, daß jeder neue Willensakt von ihm auch genau die gleichen Gesetze in sich tragen muß wie die bereits vorausgegangenen. Folge davon ist wieder die genaue Einfügung in das Entwicklungsgeschehen der fein- und grobstofflichen Welt.

Eine andere Möglichkeit ist gerade durch die Vollkommenheit Gottes ein für allemal ausgeschlossen. In dem schon erklärten Vorausschauen entstand die Verheißung der Menschwerdung des Gottessohnes, um mit der Wahrheitsverkündung die Menschheit zur Umstellung der Weiche zu veranlassen.

Die Tat der Umstellung bleibt den Gesetzen entsprechend den Menschengeistern selbst vorbehalten. Dadurch aber ist es einem Vorausschauen entzogen, die Art des Entschlusses zu erkennen; denn nur die von den Menschengeistern *schon gewählten* Bahnen, in die sie die Weiche nach ihrem freien Entschluß gestellt haben, können genau in ihren sämtlichen Stationen und Kurven bis zum Endziele überschaut werden.

Davon ausgeschlossen sind nach folgerichtiger Natürlichkeit die Wendepunkte, bei denen ein freier Entschluß der Menschheit ausschlaggebend ist; denn auch dieses Recht ist aus der natürlichen Entstehungs- und Entwicklungsgesetzmäßigkeit heraus durch Gottes Vollkommenheit ebenso unverrückbar wie alles andere, und da der Schöpfer den Menschengeistern dieses Recht durch deren Ursprung aus dem Geistig-Wesenhaften gegeben hat, verlangt er auch nicht im voraus zu wissen, wie ihre Entscheidung fallen wird.

Nur *die Folge* einer solchen Entscheidung kann er genau bis an das Ende erkennen, weil diese sich dann innerhalb dieses Willens auswirken muß, der in den Gesetzen der fein- und grobstofflichen Schöpfung ruht.

Würde es anders sein, so könnte die Ursache dazu aus diesem Grunde nur einen Mangel an Vollkommenheit bedeuten, was unbedingt ausgeschlossen ist.

Der Mensch soll sich also dieser seiner ungeheueren Verantwortung stets voll bewußt sein, daß er in seinen Grundentschlüssen wirklich unabhängig ist. Leider aber wähnt er sich entweder als vollkommen abhängigen Knecht, oder aber sich überschätzend als einen Teil des Göttlichen.

Wahrscheinlich liegt der Grund dafür darin, daß er sich in beiden Fällen der Verantwortung enthoben glaubt. In dem einen Fall als zu tiefe und abhängige Kreatur, in dem anderen Falle als weit darüberstehend. Beides aber ist falsch! Er mag sich als Verweser ansehen, dem in gewissen Dingen freier Entschluß, aber auch die volle Verantwortung zusteht, der also ein großes Vertrauen besitzt und dieses nicht durch schlechtes Haushalten täuschen soll. – –

Gerade diese Vollkommenheit macht es notwendig, daß der Schöpfer bei Ausübung unmittelbarer Hilfen für die falschsteuernde Menschheit auch mit einem Versagen der Menschheit bei deren Entschlußfassung rechnen muß. Für solche Fälle hält er aus seiner Weisheit und Liebe heraus, die als ihm zu eigen ebenfalls wieder gesetzmäßig und natürlich sind, weitere Wege zur Hilfe bereit, die sich dann dem ersten, durch Versagen der Menschheit eventuell abgeschnittenen Wege als Fortsetzung anschließen.

So wurde schon vor der Zeit der Menschwerdung des Gottessohnes in dem ewigen Reiche des Vaters eine nochmalige Wahrheitsverkündung vorbereitet, für den Fall, daß die Menschheit trotz des großen Liebesopfers des Vaters versagen könnte. Wenn der Gottessohn mit seiner rein-göttlichen Einstellung nicht so gehört werden würde, daß die Menschheit auf seine Warnung hin die Weiche ihrer Bahnen nach der Richtung hin einstellte, die er ihr wies, sondern auf ihren bisherigen zum Verderben führenden Bahnen in Verblendung verblieb, so sollte dann noch ein Sendling ausgehen, der der Menschheit in deren innerstem Wesen näherstehen konnte als der Gottessohn, um ihr nochmals in der letzten Stunde als Warner und Führer zu dienen, wenn – – – sie auf seinen Ruf der Wahrheit hören wollte. *Das ist der Menschensohn.*

Christus als Gottessohn wußte davon. Als er den überwucherten und verdorrten Boden der Menschheitsseelen bei seinem Wirken erkannte, wurde ihm klar, daß sein Erdenwallen nicht die Früchte tragen würde, die bei gutem Wollen der Menschheit hätten reifen müssen. Er trauerte tief darüber, überschaute er doch auf Grund der ihm so wohlbekannten Gesetze in der Schöpfung, die den Willen seines Vaters tragen, den unbedingten Fortgang zu dem unvermeidlichen Ende, das der Menschen Art und Wollen nach sich ziehen mußte.

Und da begann er von dem Menschensohne zu reden, von dessen durch die entstehenden Geschehnisse notwendig werdendem Kommen. Je weiter er seine große Mission erfüllte, die je nach dem Entschlusse der Menschheit zwei Wege offen ließ, entweder ein Befolgen seiner Lehren mit anschließendem Aufstiege unter Vermeidung alles Verderbenbringenden, oder ein Versagen und Weiterstürmen auf abschüssiger Bahn, die ins Verderben führen mußte, desto klarer sah er, daß der Entschluß der großen Mehrheit der Menschheit dem Versagen und somit dem Untergange zuneigte.

Daraufhin formten sich seine Äußerungen über den Menschensohn zu direkten Verheißungen und Ankündigungen, indem er sprach: »Wenn aber der Menschensohn kommen wird ... « usw.

Damit bezeichnete er die Zeit kurz vor der Gefahr des Unterganges, der sich aus dem Versagen der Menschheit seiner Mission gegenüber als Endziel der beharrlich weiter verfolgten Richtung nach den göttlichen Gesetzen in der stofflichen Welt erfüllen mußte. Schwer litt er damals bei diesem Erkennen; denn er war die Liebe.

Falsch ist jede Überlieferung, die behauptet, daß Jesus, der Gottessohn, gleichzeitig auch sich selbst als Menschensohn bezeichnet hätte. Derartige Unlogik liegt weder in den göttlichen Gesetzen, noch ist sie dem Gottessohne als Kenner und Träger dieser Gesetze zuzumuten.

Die *Jünger* wußten nicht Bescheid darin, wie ja aus ihren Fragen selbst hervorging. Von ihnen allein ging der Irrtum aus, der sich bis heute erhalten hat. Sie wähnten, daß der Gottessohn mit dem Ausdruck Menschensohn sich selbst bezeichnete, und aus dieser Annahme heraus überlieferten sie diesen Irrtum auch der Nachwelt, die sich ebenfalls nicht ernster mit der darin liegenden Unlogik befaßte, als die Jünger selbst, sondern einfach darüber hinwegging, teils aus Scheu, teils aus Bequemlichkeit, trotzdem in der Richtigstellung die Alliebe des Schöpfers nur noch deutlicher und kraftvoller heraustritt.

In den Fußstapfen des Gottessohnes gehend, das heißt, seine Mission aufnehmend und weitertragend, wird der Menschensohn als Gesandter Gottvaters der Menschheit auf der Erde gegenübertreten, um sie durch Verkündung der Wahrheit zurückzureißen von der bisherigen Bahn und sie zu dem freiwilligen Entschlusse einer anderen Einstellung zu bringen, die abseits führt von den Punkten des Verderbens, die jetzt ihrer warten.

Gottessohn – Menschensohn! Daß darin ein Unterschied liegen muß, ist sicherlich nicht so schwer herauszufinden. Jedes dieser Worte hat seinen scharf umrissenen, streng ausgeprägten Sinn, der eine Vermischung und Verschmelzung in eins direkt zur Trägheit des Denkens stempeln muß. Hörer und Leser der Vorträge werden sich der natürlichen Entwicklung bewußt sein, die vom Urlicht, Gottvater, ausgehend bis zu dem grobstofflichen Weltenkörper herabreicht. Der Gottessohn kam aus dem Göttlich-Wesenlosen, alle Ebenen schnell durcheilend, zur Inkarnation in die grobstoffliche Welt. Ein Strahlungsvorgang. Deshalb muß er mit vollem Recht der fleischgewordene Gottessohn genannt werden. Das Durcheilen des Geistig-Wesenhaften, in dem erst der Menschengeist seinen Ausgangspunkt hat, ließ ihn dort, wie auch in dem dann folgenden feinstofflichen Teile der Schöpfung, nicht so Fuß fassen, daß sein göttlich-wesenloser Kern starke Schutzhüllen dieser verschiedenen Arten mitnehmen konnte, sondern diese sonst als Rüstung dienenden Hüllen blieben dünn.

Das brachte den Vorteil, daß das innerlich Göttliche leichter und stärker durchstrahlte, also hervorbrach, aber auch den Nachteil, daß es in den lichtfeindlichen Niederungen der Erde durch sein Auffallen um so schneller bekämpft und wütender angegriffen werden konnte. Das starke, nur schwach verdeckte Göttliche in der irdisch-grobstofflichen Hülle mußte fremd unter den Menschen bleiben, als zu fernstehend.

Bildlich ausgedrückt könnte man also sagen, daß sein göttlicher Kern für das niedere Grobstofflich-Irdische durch den Mangel an Aufnahme aus dem Geistig-Wesenhaften und dem Feinstofflichen nicht genügend gewappnet und gerüstet war. Die Kluft zwischen dem Göttlichen und dem Irdischen blieb nur schwach überbrückt.

Da nun die Menschen dieses Geschenk göttlicher Liebe nicht achteten und nicht hüteten, sondern aus dem natürlichen Triebe alles Dunkleren heraus dem lichten Gottessohn mit Feindseligkeiten und Haß entgegentraten, so mußte ein zweiter Sendling kommen in dem Menschensohne, der für die grobstoffliche Welt stärker gewappnet ist.

Auch der Menschensohn ist ein Gottgesandter und aus dem Göttlich-Wesenlosen hervorgegangen. Ebenfalls ein Strahlungsvorgang. Er wurde aber vor seiner Sendung in die grobstoffliche Welt in das ewige Urgeistig-Wesenhafte inkarniert, also eng verbunden mit der geistigen Wesensart, aus der das Samenkorn des Menschengeistes stammt! Damit tritt der göttlich-wesenlose Kern dieses zweiten Gesandten dem Menschengeiste in dessen Ursprunge näher, wodurch er auch mehr Schutz und unmittelbare Kraft gegen diesen gewinnt.

Erst von hier aus erfolgte dann seine Sendung in die grobstoffliche Welt, zu einer Zeit, daß er zur rechten Stunde auf den Kampfplatz treten kann, um den um geistige Führung bittenden ernsthaften Gottsuchern den rechten Weg in das Reich des Vaters weisen zu können, und gleichzeitig Schutz zu gewähren vor den Angriffen der ihnen feindlichen Abwärtsstrebenden.

Darum wachet, daß Ihr Ihn erkennet, sobald die Zeit für Ihn gekommen ist; denn Er bringt auch die Zeit für Euch!

# DER UNTERSCHIED
# IM URSPRUNG ZWISCHEN MENSCH UND TIER

Um den Unterschied des Ursprunges zwischen Mensch und Tier klarzumachen, bedarf es einer eingehenderen Zergliederung der Schöpfung als bisher.

Mit den üblichen Schlagwörtern wie »Gruppenseele« des Tieres gegenüber dem persönlichen »Ich« des Menschen ist dabei nicht genug getan, trotzdem es an sich schon ganz richtig gedacht ist. Aber es wird dabei nur das Allgemeine und dem Irdischen Zunächstliegende weitumrissen gezeichnet, jedoch nicht der *eigentliche* Unterschied genannt.

Es muß hierbei die Entwicklung der Schöpfung bekannt sein, die in dem Vortrage »Schöpfungsentwicklung« erklärt ist.

Der leichteren Übersicht halber seien die Hauptstufen von oben herab einmal wiedergegeben:

| | |
|---|---|
| 1. Göttlich: | Göttlich–Wesenlos = Gott |
| | Göttlich–Wesenhaft |
| 2. *Geistig*-Wesenhaft: | Bewußt–Geistig–Wesenhaft |
| | Unbewußt–Geistig–Wesenhaft |
| 3. Wesenhaft: | Bewußt–Wesenhaft |
| | Unbewußt–Wesenhaft |
| 4. Stofflich: | Feinstofflich |
| | Grobstofflich |

Der Mensch hat seinen geistigen Ursprung in dem Unbewußt-Geistig-Wesenhaften. Das Tier dagegen seinen wesenhaften Ursprung in dem Unbewußt-Wesenhaften. Zwischen diesen beiden Stufen ist ein gewaltiger Unterschied. Der belebende Kern des Menschen ist *Geist*. Der belebende Kern des Tieres aber ist *Wesen*.

Ein Geist steht in diesem Falle über dem Wesen; der innere Ursprung des Menschen demnach auch höher als der des Tieres, während beide gemeinsam nur den Ursprung des grobstofflichen Körpers haben. Der Geist des Menschen hat jedoch seinen ursprünglich rein tierischen Körper mit der Zeit weiter ausgebildet, als es dem Wesen des Tieres möglich wurde.

Die Lehre der natürlichen Entwicklung des grobstofflichen Körpers von dem niedrigsten Tierkörper angefangen bis zum Menschenkörper ist deshalb richtig. Sie zeigt das in jeder Beziehung lückenlose Aufwärtsarbeiten des schöpferischen Willens in der Natur. Ein Zeichen der Vollkommenheit.

Es ist bei dieser Lehre nur der eine, allerdings auch große Fehler gemacht worden, daß man über das Grobstoffliche nicht hinausging.

Wenn man sagt, der menschliche Körper, also der grobstoffliche Mantel des Menschen, stammt vom Tierkörper ab, der vor dem Menschenkörper da war, so ist das richtig. Diese Körper machen aber weder den Menschen noch das Tier aus, sondern gehören nur als in der Grobstofflichkeit notwendig dazu. Will man aber daraus folgern, daß auch die innere Lebendigkeit des Menschen von der des Tieres abstamme, so ist dies ein unverzeihlicher, irreführender Fehler, der einen Zwiespalt erwecken muß.

Aus diesem Zwiespalt heraus entsteht auch in so vielen Menschen die gesunde Empfindung *gegen* eine derartige unrichtige Annahme. Einesteils werden sie von der Richtigkeit der Annahme angezogen, die die Körper betrifft, anderenteils wieder abgestoßen von der groben Nachlässigkeit, die ohne weiteres den inneren Ursprung mit hineinverweben will.

Die Wissenschaft konnte allerdings bisher kaum anders als zu sagen, daß in der natürlichen Entwicklung der Mensch schließlich vom Tier, und zunächst von einem affenähnlichen Tier, abstammen muß, das in seiner Form dem menschlichen Körper am nächsten kam, weil sie sich bisher lediglich nur mit dem Stofflichen zu beschäftigen vermochte. Vorwiegend sogar nur mit dem Grobstofflichen, das einen ganz kleinen Teil der Schöpfung ausmacht. Und von diesem kennt sie auch nur die gröbsten Äußerlichkeiten. In Wirklichkeit also verschwindend wenig, so gut wie nichts.

Verschiedenes Wertvollere vermag sie wohl heute endlich zu verwenden, kennt es aber in seinem Eigentlichen noch nicht, sondern muß sich notgedrungen dabei mit einigen Fremdwörtern abfinden, die sie an Stelle des Wissens setzt. Diese Worte bezeichnen lediglich die provisorische Klassifizierung eines bestehenden und schon verwendbaren gewissen Etwas, dessen eigentliche Art man nicht kennt, noch viel weniger den Ursprung.

Das Wesenhafte aber und noch viel mehr das Geistige stehen *über* allem Stofflichen, sind von der Erde aus nach oben zu die Fortsetzung zum Ursprung alles Bestehenden, oder, was natürlicher ist, von oben herab das dem Stofflichen in der Entwicklung Vorausgegangene.

Es muß bedacht werden, daß alles Geistige, wie auch alles Wesenhafte, selbstverständlich und aus der Entwicklung heraus naturgemäß bedingt den Mantel eines grobstofflichen Körpers braucht, sobald es den Entwicklungsgesetzen gehorchend als bildender Faktor und lebendiger Kern bis in das Grobstoffliche vordringt. Jeder Zwist wird sofort behoben sein, wenn man endlich entweder weiter aufwärts dringt in allem Forschen, also über das Stoffliche hinaus, oder dem natürlichen Entwicklungsgange von oben herab zu folgen vermag.

Die Zeit ist da, wo der Fuß dazu erhoben werden muß. Doch die größte Vorsicht ist dabei geboten, damit geistiges Wissen, das die Logik unverkennbar in sich trägt, nicht unbemerkt in unwissende Phantasie herabgezogen wird. Man muß beachten, daß dem Wesenhaften und dem Geistigen auch nur mit *klarem, freiem* Geiste gegenübergetreten werden kann, nicht wie im Stofflichen mit Waagen, Seziermessern und Gläsern.

Ebensowenig aber auch mit *beengtem* Geiste oder Voreingenommenheit, wie es so oft versucht wird. Das verbietet sich nach den bestehenden Schöpfungsgesetzen von selbst in unüberbrückbarer Art. Darin wird eine kleine menschliche Kreatur auch mit der größten Anmaßung nichts an dem in seiner Vollkommenheit ehernen Willen ihres Schöpfers abbiegen können.

Der eigentliche Unterschied zwischen dem Menschen und dem Tiere liegt also lediglich in seinem Inneren. Ein Tier kann auch nur in das Wesenhafte zurückkehren, nachdem es den grobstofflichen Körper abgelegt hat, während ein Mensch in das Geistige zurückkehrt, das viel höher liegt.

Der Mensch vermag wohl in gewisser Beziehung oft herabzusteigen zum Tier, muß aber trotzdem immer Mensch bleiben, da er sich der Verantwortung nicht zu entziehen vermag, die ihren Keim in seinem geistigen Ursprung hat; das Tier mit seinem nur wesenhaften Ursprunge jedoch kann sich niemals zum Menschen emporschwingen. Der Unterschied zwischen den Körpern aber liegt nur in der Form und in der edleren Entwicklung bei dem Menschen, die durch den *Geist* hervorgerufen wurde, nachdem er in den grobstofflichen Körper eingegangen war*.

---

* Vortrag: »Die Erschaffung des Menschen«.

# DIE TRENNUNG
## ZWISCHEN MENSCHHEIT UND WISSENSCHAFT

Diese Trennung brauchte nicht zu bestehen; denn die ganze Menschheit hat volles Anrecht auf die Wissenschaft. Diese versucht ja nur, das Gottesgeschenk der Schöpfung verständlicher zu machen. Die eigentliche Tätigkeit eines jeden Zweiges der Wissenschaft liegt in dem Versuche, die Gesetze des Schöpfers näher zu ergründen, damit diese durch deren genauere Kenntnis ausgiebiger zu Nutz und Frommen der Menschheit verwendet werden können.

Es ist dies alles weiter nichts als ein Sichunterordnenwollen unter den göttlichen Willen.

Da aber nun die Schöpfung und die sie tragenden Natur- oder Gottesgesetze in ihrer Vollkommenheit so überaus klar und einfach sind, so müßte die natürliche Folge auch eine schlichte und einfache Erklärung geben durch den, der sie wirklich erkannt hat.

Hier aber setzt nun ein fühlbarer Unterschied ein, der durch seine ungesunde Art eine immer mehr sich erweiternde Kluft zwischen der Menschheit und denen reißt, die sich Jünger der Wissenschaft, also Jünger des Wissens oder der Wahrheit, nennen.

Diese drücken sich nicht so einfach und natürlich aus, wie es der Wahrheit, also dem eigentlichen Wissen entsprechen würde, ja, wie es die Wahrheit überhaupt als natürliche Folge verlangt.

Das hat zwei Ursachen, eigentlich drei. Für die nach ihrer Meinung besondere Mühe des Studiums erwarten sie eine Sonderstellung. Daß dieses Studium auch nur ein Entlehnen aus der fertigen Schöpfung ist, wie es ähnlich ein einfacher Landmann durch die für ihn notwendige ruhige Beobachtung der Natur durchführt, oder andere Menschen in

## 40. DIE TRENNUNG ZWISCHEN MENSCHHEIT UND WISSENSCHAFT

ihren praktischen Arbeiten es tun müssen, wollen sie sich nicht gern klarmachen.

Außer diesem wird ein Jünger der Wissenschaft, solange er nicht wirklich in seinem Wissen der Wahrheit nahekommt, sich aus der Natur der Sache heraus immer unklar ausdrücken müssen. Erst dann, wenn er die Wahrheit selbst wirklich erfaßt hat, wird er ebenso wieder aus der Natur der Sache heraus notwendigerweise einfach und natürlich in seinen Schilderungen werden.

Es ist nun kein Geheimnis, daß gerade Nichtwisser während ihrer Übergänge zum Wissen gern mehr sprechen als die Wissenden selbst, und sie werden sich dabei immer der Unklarheit bedienen müssen, weil sie nicht anders können, wenn sie die Wahrheit, also das eigentliche Wissen, noch nicht vor sich haben.

Drittens aber liegt tatsächlich die Gefahr vor, daß die Allgemeinheit der Menschen der Wissenschaft sehr wenig Beachtung schenken würde, wenn diese sich in dem natürlichen Mantel der Wahrheit zeigen wollte. Die Menschen würden sie dann »zu natürlich« finden, um ihr viel Wert beilegen zu können.

Daß aber gerade *das* das einzig Richtige ist und auch den Maßstab gibt für alles Echte und Wahre, daran denken sie nicht. Nur in der natürlichen Selbstverständlichkeit liegt die Gewähr der Wahrheit.

Doch dazu sind die Menschen nicht so leicht zu bekehren, wollten sie ja auch in Jesus nicht den Gottessohn erkennen, weil er ihnen »zu einfach« kam.

Diese Gefahr wußten die Jünger der Wissenschaft von jeher ganz genau. Deshalb verschlossen sie sich aus Klugheit der natürlichen Einfachheit der Wahrheit immer mehr und mehr. Um sich und ihre Wissenschaft zur Geltung zu bringen, schufen sie in grüblerischem Sinnen immer schwerer werdende Hindernisse.

Der sich aus der Masse heraushebende Gelehrte verschmähte es endlich, sich einfach und allen verständlich auszudrücken. Oft nur aus dem ihm selbst kaum bewußten Grunde, daß ihm wohl nicht viel Voraushabendes verblieben wäre, wenn er nicht eine Ausdrucksweise formte, die erst in jahrelangem Studium besonders hätte erlernt werden müssen.

Sich nicht allen verständlich zu machen, schuf ihm mit der Zeit einen künstlichen Vorrang, der von seinen Schülern und Nachfolgern um jeden Preis festgehalten wurde, da sonst bei vielen das jahrelange Studium und die damit verbundenen Geldopfer tatsächlich vergebens gewesen wären.

Heute nun ist es so weit gekommen, daß es vielen Gelehrten überhaupt nicht mehr möglich ist, sich einfachen Menschen gegenüber klar und verständlich, also einfach, auszudrücken. *Das* Bestreben würde nunmehr wohl das *schwerste Studium* erfordern und mehr als ein ganzes Menschenalter in Anspruch nehmen. Es würde aber vor allen Dingen das für viele unangenehme Ergebnis zeitigen, daß dann nur noch solche Menschen hervorragen, die der Menschheit mit wirklichem *Können* etwas zu geben haben und ihr damit zu dienen bereit sind.

Jetzt ist Verschleierung durch Unverständlichkeit für die Allgemeinheit eine besonders hervorstechende Eigenart der Gelehrtenwelt, wie es ähnlich schon in kirchlichen Dingen gepflogen wurde, wobei irdisch berufene Gottesdiener zu den Andachtsuchenden und Erhebungheischenden als Führer und Lenker lateinisch sprachen, das diese nicht verstanden und demnach auch nicht erfassen und sich zu eigen machen konnten, wovon allein sie irgendwelchen Gewinn zu haben vermochten. Die Gottesdiener hätten damals ebensogut siamesisch reden können mit derselben Erfolglosigkeit.

Das wahre Wissen darf es nicht nötig haben, sich unverständlich zu machen; denn in ihm liegt gleichzeitig auch die Fähigkeit, ja das Bedürfnis, sich in schlichten Worten auszudrücken.

Die Wahrheit ist ohne Ausnahme für *alle* Menschen; denn diese entstammen ihr ja, weil die Wahrheit in dem Geistig-Wesenhaften, dem Ausgangspunkte des Menschengeistes, lebendig ist. Das läßt folgern, daß die Wahrheit in ihrer natürlichen Schlichtheit auch von allen Menschen verstanden werden kann. Sobald sie aber in der Wiedergabe kompliziert und unverständlich gemacht wird, dann bleibt sie nicht mehr rein und wahr, oder die Schilderungen verlieren sich in Nebensächlichem, das die Bedeutung nicht hat wie der Kern.

Dieser Kern, das echte Wissen, muß allen verständlich sein. Künstlich Emporgeschraubtes kann in seiner Entfernung von der Natürlichkeit nur wenig Weisheit in sich bergen. Ein jeder hat das wahre Wissen *nicht* erfaßt, der es nicht einfach und natürlich weitergeben kann, sonst sucht er unwillkürlich etwas zu verdecken, oder ist wie eine aufgeputzte Puppe ohne Leben.

Wer in der Folgerichtigkeit noch Lücken läßt und dafür blinden Glauben fordert, der macht den vollkommenen Gott zu einem fehlerhaften Götzen und beweist, daß er den rechten Weg selbst nicht hat, und deshalb auch nicht sicher zu führen vermag. Das sei jedem ernsthaft Suchenden zur Warnung!

# GEIST

Es wird so vielfach das Wort »Geist« gebraucht, ohne daß sich der darüber Sprechende bewußt ist, was Geist eigentlich ist. Der eine nennt kurzerhand das Innenleben des Menschen Geist, der andere wirft Seele und Geist zusammen, auch wird oft von geistreichen Menschen gesprochen, wobei man an nichts weiter denkt als an die einfache Gehirnarbeit. Man spricht von Geistesblitzen und von vielem anderen. Doch niemand geht daran, einmal richtig zu erklären, was Geist ist.

Das Höchste, was man bisher darunter verstand, liegt in dem Ausdrucke: »Gott ist Geist!« Davon wird nun alles abgeleitet. Man suchte durch diese Behauptung auch Gott selbst verstehen zu können und darin eine Erklärung über ihn zu finden.

Gerade das aber mußte wieder von der Wirklichkeit abzweigen und deshalb auch Irrungen nach sich ziehen; denn es ist *falsch,* einfach zu sagen: »Gott ist Geist.«

Gott ist *göttlich* und nicht geistig! Darin ruht schon die Erklärung. Man darf nie Göttliches als Geist bezeichnen. Nur Geistiges ist Geist. Der bisherige Fehler der Anschauung ist damit erklärbar, daß der Mensch aus dem Geistigen stammt, demnach auch nicht über das Geistige hinaus zu denken vermag, somit für ihn alles Geistige das Höchste ist.

Es liegt deshalb nahe, daß er nun das Ungetrübteste und Vollkommenste davon als Ursprung der ganzen Schöpfung betrachten möchte, also als Gott. So kann man annehmen, daß der falsche Begriff nicht nur dem Bedürfnis entsprang, sich seinen Gott von eigener Art vorzustellen, wenn auch in jeder Beziehung vollendet, um sich mit ihm inniger verbunden zu fühlen, sondern die Ursache dazu liegt hauptsächlich in der Unfähigkeit des Erfassens der eigentlichen Höhe Gottes.

*Gott ist göttlich, sein Wille* ist Geist. Und aus diesem lebendigen Willen heraus erstand die ihm zunächstliegende geistige Umgebung, das Paradies mit seinen Bewohnern. Aus diesem Paradiese aber kam der Mensch als Geistsamenkorn, um seinen Lauf durch die weitere Schöpfung zu nehmen. Der Mensch ist also Träger *des Geistes* in der gesamten stofflichen Schöpfung. Aus diesem Grunde ist er in seinen Handlungen auch gebunden an den reinen Urwillen Gottes und muß die volle Verantwortung dafür tragen, wenn er ihn durch äußere Einflüsse des Stofflichen unrein überwuchern und unter Umständen zeitweise ganz vergraben läßt.

Das ist der Schatz oder das Pfund, das in seiner Hand Zins und Zinseszins bringen sollte. Aus der falschen Voraussetzung, daß Gott selbst Geist sei, also von der gleichen Art wie der Ursprung des Menschen selbst, geht deutlich hervor, daß sich der Mensch niemals ein richtiges Bild von der Gottheit machen konnte. Er darf sich darunter nicht nur das Vollkommenste seiner selbst vorstellen, sondern muß weit darüber hinausgehen zu einer Art, die ihm immer unbegreiflich bleiben wird, weil er zu deren Erfassung in seiner eigenen geistigen Art niemals fähig sein wird.

Geist ist also der *Wille* Gottes, das Lebenselixier der ganzen Schöpfung, die von ihm durchdrungen sein muß, um erhalten zu bleiben. Der Mensch ist der teilweise Träger dieses Geistes, der durch Sichselbstbewußtwerden zur *Hebung* und Weiterentwicklung der ganzen Schöpfung beitragen soll. Dazu gehört jedoch, daß er die Naturkräfte richtig verwenden lernt und zur konzentrierten Förderung benützt.

Das hier Gesagte soll nur ein vorläufiger Hinweis sein, dem später noch genaue Einzelvorträge folgen, worin die verschiedenen Geistesarten mit klaren Abgrenzungen geschildert werden.

# SCHÖPFUNGSENTWICKLUNG

Schon einmal habe ich darauf hingewiesen, daß die schriftlich niedergelegten Schöpfungsgeschichten nicht irdisch aufgefaßt werden dürfen. Auch die Schöpfungsgeschichte in der Bibel betrifft nicht die Erde. Die Schöpfung der Erde war lediglich eine natürliche Folgerung, die der *ersten* Schöpfung in deren Weiterentwicklung entsprang.

Es ist fast unbegreiflich, wie Schriftforscher einen so unlogischen und lückenbringenden weiten Sprung machen konnten in der Annahme, daß Gott unmittelbar nach seiner Vollkommenheit übergangslos die grobstoffliche Erde geschaffen haben soll.

Es braucht das »Wort« in der Schrift nicht verändert zu werden, um der Wahrheit des Geschehens näher zu kommen. Im Gegenteil, das Wort der Schöpfungsgeschichte gibt viel deutlicher diese Wahrheit wieder als alle lückenhaften und falschen Annahmen. Nur die irrigen Auslegungen führten das Nichtverstehenkönnen so vieler Menschen herbei.

Diese empfinden ganz richtig den Fehler, der damit gemacht wird, daß man das in der Bibel genannte Paradies unbedingt auf die vom Göttlichen so weit entfernte grobstoffliche Erde legen wollte. Es ist doch schließlich nicht so unbekannt, daß die Bibel in erster Linie ein *geistiges* Buch ist. Sie gibt Aufklärung über *geistige* Vorgänge, bei denen Menschen nur dort genannt werden, wo sie unmittelbar in Beziehung zur Verdeutlichung dieser geistigen Dinge stehen, diese illustrieren.

Schließlich ist es auch für den Menschenverstand verständlich, weil natürlich, wenn die in der Bibel niedergelegte Schöpfungsschilderung *nicht* die vom Schöpfer so weit entfernte Erde betrifft.

Es wird kaum jemand die Tatsache zu bestreiten wagen, daß diese direkte und als *erste* bezeichnete Schöpfung Gottes auch nur in seiner unmittelbaren Nähe zu suchen sein kann, da sie ja als *erstes* von dem Schöpfer selbst ausging und dadurch mit ihm in engerem Zusammenhange stehen *muß*. Kein ruhig und klar Denkender wird erwarten, daß sich diese erste und *eigentliche* Schöpfung ausgerechnet auf der vom Göttlichen am weitesten entfernten Erde abspielte, die erst in dem weiteren Verlauf der Entwicklung entstanden ist.

Von einem Paradiese *auf Erden* konnte deshalb nicht die Rede sein. Was Gott schuf, wie es in der Schöpfungsgeschichte ausdrücklich heißt, verblieb selbstverständlich mit ihm auch *unmittelbar* verbunden und mußte nur in seiner nächsten Nähe sein. Ebenso leicht erklärlich und natürlich ist die Folgerung, daß alles in so großer Nähe Geschaffene oder Hervorgegangene des Schöpfers eigener Vollkommenheit auch am ähnlichsten verbleibt.

Dieses sich aber auf der grobstofflichen Erde zu denken, muß Zweifler großziehen. Der Gedanke einer »Austreibung« aus dem *irdischen* Paradiese, wobei die Ausgetriebenen doch immerhin auf der gleichen Erde bleiben müssen, zeigt so viel Ungesundes, ist so erkennbar und grob verirdischt, daß es fast grotesk zu nennen ist. Ein totes Bild, das den Stempel eines krampfhaft herbeigeführten Dogmas zeigt, mit dem kein vernünftiger Mensch etwas anzufangen weiß.

Je weniger vollkommen, desto weiter von der Vollkommenheit entfernt. Auch die aus der Vollkommenheit heraus geschaffenen geistigen Wesen können nicht die Erdenmenschen sein, sondern müssen dieser Vollkommenheit am nächsten stehen und deshalb die idealsten Vorbilder für die Menschen abgeben. Es sind die ewigen Geister, die niemals in die Stofflichkeit kommen, also auch nicht Erdenmenschen werden. Strahlende Idealgestalten, die Magneten gleich anziehend, aber auch stärkend auf alle Fähigkeiten der menschlichen Geistkeime und späteren bewußt gewordenen Geister einwirken.

Das Paradies, das in der Bibel als solches genannt ist, darf also *nicht* mit der Erde verwechselt werden. –

Zur näheren Erklärung wird es notwendig, noch einmal ein vollständiges Bild zu geben über alles Bestehende, um es dem suchenden Menschen leichter zu machen, den Weg in das ewige Reich Gottes, das Paradies, zu finden, dem er in seinen geistigen Uranfängen entstammt.

Der Mensch stelle sich als Oberstes und Höchstes das Göttliche vor. Gott selbst als Ausgangspunkt alles Seienden, als Urquell alles Lebens ist in seiner unbedingten Vollkommenheit *wesenlos*. Nach Gott selbst in seiner ureigensten Wesenlosigkeit folgt der Kreis des Göttlich-*Wesenhaften*. Ihm entstammen die ersten Form-Gewordenen. Dazu gehören in erster Linie die Urkönigin und die Erzengel, zuletzt eine kleine Zahl Ältester. Diese Letzteren sind von großer Bedeutung für die Weiterentwicklung zum Geistig-Wesenhaften, wie dann später die Bewußt-Wesenhaften große Bedeutung für die Entwicklung des Stofflichen haben. Aus dem Göttlich-Wesenhaften wurde Luzifer geschickt, um der Schöpfung in ihrer selbsttätigen Weiterentwicklung eine unmittelbare Stütze zu sein.

Der Gottessohn kam aber aus dem Göttlich-Wesenlosen als ein Teil, der nach seiner Hilfsmission wieder eingehen muß zum Göttlich-Wesenlosen, zum Wiedereinswerden mit dem Vater. Der Menschensohn stammt ebenfalls aus dem Göttlich-Wesenlosen. Seine Abspaltung wurde durch Verbindung mit dem Bewußt-Geistig-Wesenhaften zum Gebote des Getrenntbleibens und doch auch wiederum unmittelbar Verbundenseins mit dem Göttlich-Wesenlosen, damit er ewiglich der Mittler bleiben kann zwischen Gott und seinem Werke.

Nachdem Luzifer als aus dem Göttlich-*Wesenhaften* Gekommener in seinem Wirken versagte, mußte an seiner Stelle ein Stärkerer ausgeschickt werden, der ihn fesselt und der Schöpfung hilft. Deshalb stammt der dafür bestimmte Menschensohn aus dem Göttlich-*Wesenlosen*.

An das Göttlich-Wesenhafte schließt sich nun die Urschöpfung, das ewige Reich Gottes. Es ist in erster Linie als das Zunächststehende das *Bewußt-Geistig-Wesenhafte,* das aus den geschaffenen ewigen geistigen Wesen, oder auch Geister genannt, besteht. Diese sind die vollendeten Idealgestalten für alles das, wonach die Menschengeister in ihrer vollkommensten Entwicklung streben können und sollen. Sie ziehen ma-

## 42. SCHÖPFUNGSENTWICKLUNG

gnetartig die Aufwärtsstrebenden empor. Diese selbsttätige Verbindung macht sich den Suchenden und Aufwärtsstrebenden fühlbar in einer oft unerklärlichen Sehnsucht, die ihnen den Drang nach Suchen und Aufwärtsstreben eingibt.

Es sind die Geister, die niemals in die Stofflichkeit geboren wurden, die Gott selbst, der Urquell alles Seins und Lebens, als erste Urgeistige schuf, die also seiner eigenen Vollkommenheit auch am nächsten kommen. *Sie* sind es auch, die *nach seinem Ebenbilde* sind!

Es darf nicht übersehen werden, daß es in der Schöpfungsgeschichte ausdrücklich heißt: nach seinem Eben*bilde*. Dieser Hinweis ist auch hier nicht ohne Bedeutung; denn nur nach seinem *Bilde* können sie sein, nicht nach ihm *selbst,* also nur nach dem, wie er sich *zeigt,* da das Reingöttliche selbst als einziges wesen*los* ist.

Um sich zu zeigen, muß sich Gott, wie schon erwähnt, erst in das Göttlich-Wesenhafte hüllen. Aber auch dann kann er von Geistig-Wesenhaften nicht gesehen werden, sondern nur von Göttlich-Wesenhaften, und das auch nur zu einem kleinen Teile; denn alles Reingöttliche muß in seiner vollkommenen Reinheit und Klarheit Nichtgöttliches blenden. Selbst die Göttlich-Wesenhaften vermögen nicht in das Angesicht Gottes zu schauen! Der Unterschied zwischen dem Göttlich-Wesenlosen und dem Göttlich-Wesenhaften ist dazu noch viel zu groß.

In diesem Paradies der Bewußt-Geistig-Wesenhaften lebt nun gleichzeitig auch das *Unbewußt-Geistig-Wesenhafte*. Es birgt dieselben Grundlagen, aus denen das Bewußt-Geistig-Wesenhafte zusammengesetzt ist, also die Keime dazu. In diesen Keimen nun liegt aber Leben, und das Leben in der ganzen Schöpfung drängt dem göttlichen Willen entsprechend nach der Entwicklung. Nach der Entwicklung zum Bewußtwerden. Es ist dies ein ganz natürlicher, gesunder Vorgang.

Bewußtwerden aber kann aus dem Unbewußtsein nur durch Erfahrungen hervorgehen, und dieser Drang zur weiteren Entwicklung durch Erfahrung stößt zuletzt derartig reifende oder drängende Keime des Unbewußt-Geistig-Wesenhaften selbsttätig ab, oder aus, wie man es nennen will, hinaus über die Grenze des Geistig-Wesenhaften. Da das

Aus- oder Abstoßen eines Keimes nicht nach oben zu erfolgen kann, so muß er den ihm freibleibenden Weg nach unten zu nehmen.

*Und das ist die natürliche, für nach Bewußtwerden drängende Geistkeime notwendige Ausstoßung aus dem Paradiese, aus dem Geistig-Wesenhaften!*

Bildlich ist es ganz richtig wiedergegeben, wenn gesagt wird: Im Schweiße Deines Angesichtes sollst Du Dein Brot essen. Das heißt, im Gedränge der Erfahrungen mit der dabei entstehenden Notwendigkeit der Verteidigung und des Erkämpfens gegenüber den auf ihn eindringenden Einflüssen der niederen Umgebung, in die er als Fremdling dringt.

*Diese* Ausstoßung, Abstoßung oder Austreibung aus dem Paradiese ist durchaus keine Strafe, sondern eine absolute, natürliche und selbsttätige Notwendigkeit bei Herannahen einer bestimmten Reife jedes Geistkeimes durch den Drang zur Entwicklung des Sichbewußtwerdens. Es ist die Geburt aus dem Unbewußt-Geistig-Wesenhaften in das Wesenhafte und dann Stoffliche zum Zwecke der Entwicklung. Also ein *Fortschritt,* nicht etwa ein Rückschritt!

Über den erst später erfolgten Sündenfall, der ein Geschehen für sich war, aus dem sich die Erbsünde entwickelte, gebe ich noch genaue Aufklärung. Mit diesem hier geschilderten, dauernd sich wiederholenden Vorgang hat er nichts zu tun.

Eine ganz richtige Bezeichnung in der Schöpfungsgeschichte ist es auch, wenn darin gesagt wird, daß der Mensch das Verlangen fühlte, »seine Blößen zu bedecken«, nachdem in ihm der Begriff von Gut und Böse erwachte, das langsame Einsetzen des Sichbewußtwerdens.

Mit dem stärker werdenden Drange nach dem Bewußtwerden erfolgt selbsttätig die Ausstoßung oder Abstoßung aus dem Paradiese, um durch das Wesenhafte in das Stoffliche zu treten. Sobald nun das Geistsamenkorn aus dem Bereiche des Geistig-Wesenhaften hinaustritt, so würde es als solches in der niederen, andersartigen und dichteren Umgebung »bloßstehen«. Anders ausgedrückt »unbedeckt« sein. Es tritt damit an den Menschengeist nicht nur das Bedürfnis, sondern die unbedingte Notwendigkeit heran, sich mit der Wesens- und Stoffart seiner Umgebung schützend zu bedecken, eine Art Mantel umzulegen, die Wesenshülle, den feinstofflichen und zuletzt dann auch den grobstofflichen Körper anzunehmen.

Erst mit der Annahme des grobstofflichen Mantels oder Körpers erwacht dann der absolute Geschlechtstrieb, und damit auch die körperliche Scham.

Je größer nun diese Scham ist, desto *edler* ist der Trieb, und desto höher steht auch der geistige Mensch. Die mehr oder weniger ausgeprägte körperliche Scham des Erdenmenschen ist der unmittelbare *Maßstab für seinen inneren geistigen Wert!*

Dieser Maßstab ist untrüglich und jedem Menschen leicht erkennbar. Mit Erdrosselung oder Wegräumung des äußeren Schamgefühles wird auch gleichzeitig stets das viel feinere und ganz anders geartete seelische Schamgefühl erstickt und damit der innere Mensch wertlos gemacht.

Ein untrügliches Zeichen tiefen Sturzes und sicheren Verfalles ist es, wenn die Menschheit beginnt, unter der Lüge des Fortschrittes sich über das in jeder Beziehung fördernde Kleinod des Schamgefühls »erheben« zu wollen! Sei es nun unter dem Deckmantel des Sportes, der Hygiene, der Mode, der Kindererziehung, oder unter vielen anderen dazu willkommenen Vorwänden. Der Niedergang und Sturz ist dann nicht aufzuhalten, und nur ein Schrecken größter Art kann einzelne davon noch zur Besinnung bringen, von allen, die sich gedankenlos auf diesen Weg ziehen ließen.

Von dem Augenblicke des natürlichen Ausgestoßenwerdens an ergeben sich auch mit dem Laufe eines derartigen Geistkeimes durch das Wesenhafte und die Stofflichkeiten der weiteren Schöpfung nicht nur eine, sondern immer mehr und mehr dringende Notwendigkeiten seines Seins in diesen niederen Schöpfungskreisen zu deren Weiterentwicklung und Hebung, die wiederum rückwirkend stärkend und festigend auf diesen Keim zu dessen eigener Entwicklung zum Sichbewußtwerden nicht nur beitragen, sondern es überhaupt erst ermöglichen.

Es ist ein gewaltiges Schaffen und Weben, tausendfältig ineinander verwirkt, aber trotz aller lebendigen Selbsttätigkeit so zwingend logisch ineinandergreifend mit seinen Wechselwirkungen, daß ein einziger Lauf eines derartigen Geistkeimes bis zu seiner Vollendung wie der Teil eines farbenprächtigen Teppichs erscheint, der von zielbewußter Künstlerhand geformt wird, entweder im aufsteigenden Sichbewußtwerden, oder abwärtsführend in der zum Schutze der anderen folgenden Zersetzung.

Es liegen so viel still und sicher arbeitende Gesetze in dem Wunderwerk der Schöpfung, daß man über jeden der tausenderlei Vorgänge in dem Sein der Menschen eine Abhandlung bringen könnte, die aber immer nur wieder auf den einen großen Grundzug zurücklaufen würde: auf die *Vollkommenheit des Schöpfers als Ausgangspunkt,* dessen *Wille* lebendig schaffender *Geist* ist. Der Heilige Geist! *Alles Geistige* aber ist dessen *Werk!*

Da der Mensch aus diesem geistig-wesenhaften Werk stammt, so trägt er in sich ein Teilchen des Wollens dieses Geistes, das zwar die freie Entschlußkraft und damit die Verantwortung mit sich bringt, aber doch nicht gleichbedeutend mit dem Göttlichen selbst ist, wie es oft irrig angenommen und erklärt wird.

Alle Auswirkung des als Naturgesetze so helfend und fördernd arbeitenden göttlichen Willens in der Schöpfung muß sich dann wissend Überschauenden zu einem herrlich abgestimmten Jubelgesange formen. Zu einem einzigen in Millionen Kanälen diesem Ausgangspunkt zuströmenden Dank- und Frohgefühle.

Der sich ewig wiederholende Werdegang in der Schöpfung, der die jeweilige Ausstoßung des Geistkeimes aus dem Paradiese bei einer gewissen Reife mit sich bringt, zeigt sich auch irdischen Augen sichtbar in allen Dingen des Erdengeschehens, da überall das Abbild des gleichen Geschehens ist.

Man kann diese im natürlichen Werden sich entwickelnde Ausstoßung auch den Vorgang einer selbsttätigen Ablösung nennen. Genau wie ein reifer Apfel oder jede reife Frucht vom Baume fällt, um unter dem schöpferischen Willen sich zersetzend den Samen freizugeben, *der dann erst* durch die damit unmittelbar auf ihn einströmenden äußeren

Einflüsse die Hülle *sprengt,* um zum Keim und zur zarten Pflanze zu werden. Diese wiederum erwacht nur unter Regen, Stürmen und Sonnenschein zum Widerstand, kann auch nur so zum Baum erstarken.

Damit ist die Ausstoßung der reifen Geistkeime aus dem Paradiese eine notwendige Folge der Entwicklung, wie auch die wesenhafte, stoffliche und zuletzt irdische Schöpfung in den Grundzügen nur eine Folgerung der geistig-wesenhaften Schöpfung ist, wobei sich zwar die Grundzüge der eigentlichen Schöpfung stets wiederholen, aber immer mit dem notwendigen Unterschiede, daß sich die Auswirkung verschieden je nach der Wesens- und Stoffart zeigt.

Auch in dem Grobstofflich-Irdischen erfolgt wieder die Ausstoßung der Seele, sobald die Zeit der Reife dafür kommt. Das ist irdischer Tod, der die selbsttätige Ausstoßung oder Abstoßung aus dem Grobstofflichen und damit die Geburt hinüber in das Feinstoffliche bedeutet. Auch hierbei fallen wie von einem Baume Früchte ab. Bei ruhigem Wetter nur die reifen, bei Stürmen und Unwetter aber auch unreife. Reife Früchte sind die, deren Hinübergang mit gereiftem inneren Samen in das feinstoffliche Jenseits zu rechter Stunde erfolgt. Diese sind geistig »fertig« für das Jenseits, schlagen deshalb schnell Wurzeln und vermögen sicher emporzuwachsen.

Unreife Früchte aber sind die, deren Abfallen oder Tod mit der damit verbundenen Zersetzung des bis dahin schützenden grobstofflichen Körpers den jenseitigen *noch unreifen* Samen bloßlegt und somit verfrüht allen Einflüssen preisgibt, wodurch dieser entweder verkümmern muß oder zum Nachreifen gezwungen ist, bevor er in dem jenseitigen Boden (Verhältnisse) einwurzeln (sich einleben) und damit emporwachsen kann.

So geht es immer weiter. Von Entwicklungsstufe zu Entwicklungsstufe, wenn dazwischen nicht Fäulnis eintritt, die nicht genügend gereiften Samen zersetzt, der damit als solcher verlorengeht, mit ihm natürlich auch das in ihm ruhende lebendige Wachstum zu einem selbsttätigen, fruchtbringenden Baume, der mitwirkend die Entwicklung fortsetzen kann.

## 42. SCHÖPFUNGSENTWICKLUNG

Der Mensch, der aufmerksam um sich schaut, kann in seiner nächsten Umgebung vielfach das Grundbild alles Geschehens in der Schöpfung genau beobachten, da sich in dem Kleinsten immer auch das Größte spiegelt. – –

Als nächstes nun diesem geistig-wesenhaften Paradiese abwärts folgend ist das Reich alles *Wesenhaften*. Das Wesenhafte selbst gliedert sich wieder in zwei Teile. Als erstes ist das *Bewußt-Wesenhafte*. Dieses stellt sich zusammen aus den Elementar- und Naturwesen, zu denen als Letzte auch die Elfen, Gnomen, Nixen usw. gehören. Diese Elementar- und Naturwesen waren die notwendige Vorbereitung zur Weiterentwicklung auf dem Wege zur Erschaffung der Stofflichkeit; denn nur aus der Verbindung mit Wesenhaftem konnte das Stoffliche hervorgehen.

Die Elementar- und Naturwesen mußten in der entstehenden Stofflichkeit schaffend mitwirken, wie es auch heute noch geschieht.

Als zweites in dem Reiche des Wesenhaften ist das *Unbewußt-Wesenhafte*. Aus diesem Unbewußt-Wesenhaften kommt das Leben der Tierseele\*. Es ist hierbei auf den Unterschied zu achten zwischen dem Reiche des Geistig-Wesenhaften und dem Reiche des Wesenhaften. Lediglich alles *Geistige* trägt von Urbeginn an freie Entschlußkraft in sich, die als Folge auch Verantwortung bringt. Nicht so bei dem Wesenhaften.

Weitere Folge der Entwicklung war dann die Entstehung der Stofflichkeit. Diese zerfällt in das *Feinstoffliche,* das aus vielen Abteilungen besteht, und in das *Grobstoffliche*, das mit dem feinsten Nebel beginnend dem irdischen Auge sichtbar ist! An ein Paradies aber auf der Erde als äußerstem Ausläufer des Grobstofflichen ist nicht zu denken. Es *soll* einmal auf Erden ein *Abglanz* kommen des wirklichen Paradieses, unter der Hand des Menschensohnes, in dem Beginn des tausendjährigen Reiches, wie auch dabei gleichzeitig ein irdisches Abbild der Gralsburg erstehen wird, deren Urbild auf höchster Höhe der Schöpfung steht, als bisher einzig wahrer Tempel Gottes.

---

\* Vortrag: »Der Unterschied im Ursprung zwischen Mensch und Tier«.

## ICH BIN DER HERR, DEIN GOTT!

Wo sind die Menschen, die dieses höchste aller Gebote wirklich betätigen? Wo ist der Priester, der es rein und wahrhaftig lehrt?

»Ich bin der Herr, Dein Gott, Du sollst nicht andere Götter haben neben mir!« Diese Worte sind so klar gegeben, so *unbedingt,* daß eine Abweichung überhaupt nicht möglich sein dürfte! Auch Christus wies wiederholt mit großer Deutlichkeit und Schärfe darauf hin.

Um so bedauerlicher ist es nun, daß Millionen Menschen achtlos daran vorübergehen und sich Kulten hingeben, die diesem höchsten aller Gebote direkt entgegenstehen. Das Schlimmste bei dem allen ist, daß sie dieses Gebot ihres Gottes und Herrn mit einer gläubigen Inbrunst mißachten, in dem Wahne, Gott in dieser offensichtlichen Übertretung seines Gebotes zu ehren, ihm wohlgefällig zu sein!

Dieser große Fehler kann nur in einem *blinden* Glauben lebendig bleiben, bei dem jedes Prüfen ausgeschaltet wird; denn blinder Glaube ist nichts weiter als Gedankenlosigkeit und geistige Trägheit solcher Menschen, die gleich den Faulenzern und Langschläfern dem Erwachen und Aufstehen soviel wie möglich aus dem Wege zu gehen versuchen, weil es Pflichten mit sich bringt, deren Erfüllung sie scheuen. Jede Mühe erscheint ihnen als ein Greuel. Es ist ja viel bequemer, andere für sich arbeiten und denken zu lassen.

Wer aber andere für sich denken läßt, gibt diesen Macht über sich, erniedrigt sich selbst zum Knechte und macht sich damit unfrei. Gott gab jedoch dem Menschen eine freie Entschlußkraft, gab ihm die Fähigkeit zu denken, zu empfinden, und muß dafür naturgemäß auch Rechenschaft erhalten für alles das, was diese freie Entschließungsfähigkeit nach sich zieht! Er wollte damit *freie* Menschen, nicht Knechte!

Traurig ist es, wenn sich der Mensch aus Faulheit heraus *irdisch* zum Sklaven macht, furchtbar aber sind die Folgen, sobald er sich *geistig* so entwertet, daß er zum stumpfsinnigen Anhänger wird von Lehren, die den strikten Geboten seines Gottes widersprechen. Es nützt den Menschen nichts, wenn sie das hier und da erwachende Bedenken mit der Ausrede einzuschläfern versuchen, daß die größte Verantwortung schließlich die Personen tragen müssen, die Abirrungen in die Lehren brachten. Das ist an sich schon richtig, aber außerdem ist extra noch jeder einzelne für alles das verantwortlich, was er selbst denkt und tut. Unverkürzt, es kann ihm davon nichts nachgelassen werden.

Wer die ihm geschenkten Fähigkeiten des Empfindens und Denkens nicht im vollen, ihm möglichen Umfange ausübt, macht sich schuldig!

Es ist nicht Sünde, sondern Pflicht, daß ein jeder bei erwachender Reife, durch die er in volle Verantwortlichkeit für sich selbst tritt, auch darüber nachzudenken beginnt, was ihn bis dahin gelehrt wurde. Kann er seine Empfindungen mit irgend etwas davon nicht in Einklang bringen, so soll er es auch nicht blindlings als richtig hinnehmen. Er schadet sich dadurch wie bei einem schlechten Einkaufe nur selbst. Was er nicht aus Überzeugung beibehalten kann, das soll er unterlassen; denn sonst wird sein Denken und sein Tun zur Heuchelei.

Derjenige, der dies oder jenes wirklich Gute unterläßt, weil er es nicht verstehen kann, ist noch lange nicht so verworfen wie solche, die ohne Überzeugung sich in einen Kult stellen, den sie nicht ganz verstehen. Alles aus solchem Unverständnis hervorgehende Handeln und Denken ist hohl, und aus solcher Hohlheit heraus ergibt sich von selbst keine gute Wechselwirkung, weil in Hohlheit kein *lebendiger* Grund zu etwas Gutem liegt. Es wird dadurch zu einer Heuchelei, die einer Lästerung gleichkommt, weil man damit Gott etwas vorzutäuschen sucht, was nicht vorhanden ist. Fehlende lebendige Empfindungen! Das macht den Ausübenden verächtlich, zu einem Ausgestoßenen!

Die Millionen Menschen nun, die in Gedankenlosigkeit Dingen huldigen, welche den göttlichen Geboten direkt widersprechen, sind trotz einer vielleicht vorhandenen Inbrunst unbedingt gebunden und von einem geistigen Aufstiege vollkommen abgeschnitten.

Nur die freie Überzeugung ist lebendig und kann daraufhin auch Lebendiges schaffen! Eine solche Überzeugung kann aber nur durch scharfes Prüfen und innerliches Durchempfinden erwachen. Wo das geringste Unverständnis vorliegt, von Zweifel gar nicht zu sprechen, kann niemals Überzeugung erstehen.

*Nur volles, lückenloses Erfassen ist gleichbedeutend mit Überzeugung, die allein geistigen Wert besitzt!*

Geradezu schmerzvoll ist es anzuschauen, wenn in den Kirchen die Massen sich gedankenlos bekreuzigen, verbeugen und niederknien. Solche Automaten dürfen nicht unter denkende Menschen gerechnet werden. Das Zeichen des Kreuzes ist das Zeichen der Wahrheit, und damit ein Zeichen Gottes! Schuld ladet sich der auf, der dieses Zeichen der Wahrheit benützt, während sein Inneres in dem Augenblicke der Benützung nicht gleichzeitig in jeder Beziehung wahr ist, wenn seine ganzen Empfindungen nicht voll auf unbedingte Wahrheit eingestellt sind. Solchen Menschen wäre hundertmal besser, sie würden diese Bekreuzigungen unterlassen und für Augenblicke aufheben, in denen sie ihre ganze Seele auf die Wahrheit, also damit auch auf Gott selbst und seinen Willen eingestellt haben; denn Gott, ihr Herr, ist die Wahrheit.

*Götzendienst* aber und *offene Übertretung des heiligsten aller Gebote ihres Gottes* ist es, wenn sie einem *Symbol* Ehren erweisen, die nur Gott allein zukommen!

»Ich bin der Herr, Dein Gott, Du sollst nicht andere Götter haben neben mir!« ist ausdrücklich gesagt. Knapp, deutlich und klar, ohne Zulassung auch nur der geringsten Abweichung. Auch Christus wies noch ganz besonders auf diese notwendige Einhaltung hin. Er nannte es mit Absicht und bedeutungsvoll gerade vor den Pharisäern das *oberste* Gesetz, das heißt, dasjenige Gesetz, das unter keinen Umständen gebrochen oder irgendwie abgeändert werden darf. Diese Bezeichnung sagt auch gleichzeitig, daß alles andere Gute und alle andere Gläubigkeit nicht vollen Wert gewinnen kann, wenn dieses *oberste* Gesetz nicht unverkürzt eingehalten wird! Daß sogar *alles* davon abhängt!

Betrachten wir zum Beispiel daraufhin einmal ganz vorurteilsfrei die Verehrung der Monstranz! Es liegt bei vielen Menschen ein Widerspruch darin zu dem klaren obersten Gebote.

Erwartet der Mensch, daß sein Gott herabsteigt in diese auswechselbare Hostie, als Erklärung dafür, daß er ihr göttliche Ehrenbezeugungen zuteil werden läßt? Oder daß Gott mit der Weihe einer solchen Hostie herabgezwungen wird? Eins ist so undenkbar wie das andere. Ebensowenig aber kann durch eine solche Weihe unmittelbare Verbindung mit Gott geschaffen werden; denn der Weg dahin ist nicht so einfach und so leicht. Er ist von Menschen und von Menschengeistern überhaupt nicht bis zum Endziele zu gehen.

Wenn nun der eine Mensch vor einer holzgeschnitzten Figur niederfällt, ein anderer vor der Sonne, der dritte dann vor der Monstranz, so verstößt ein jeder damit gegen das oberste Gesetz Gottes, *sobald er* den lebendigen Gott selbst *darin sieht,* und deshalb unmittelbare göttliche Gnade und Segen davon erwartet! In solcher falschen Voraussetzung, Erwartung und Empfindung würde die *eigentliche* Übertretung liegen, unverhüllter Götzendienst!

Und derartiger Götzendienst wird von Anhängern vieler Religionen oft inbrünstig getätigt, wenn auch in verschiedenen Arten.

Ein jeder Mensch, der die ihm durch seine Fähigkeiten entstehende Pflicht des ernsten Denkens übt, *muß* aber hierbei in Zwiespalt kommen, den er nur mit dem Unrecht eines blinden Glaubens zeitweise gewaltsam übertäuben kann, wie ein Tagedieb durch den Schlaf der Trägheit seine Tagespflichten vernachlässigt.

Der ernste Mensch jedoch wird unbedingt empfinden, daß er in erster Linie *Klarheit* zu suchen hat in allem, was ihm heilig werden soll!

Wie oft erklärte Christus, daß die Menschen seinen Lehren *nachleben* sollten, um Gewinn daraus zu nehmen, das heißt also, um zum geistigen Aufstiege und zum ewigen Leben kommen zu können. In dem Worte »ewiges Leben« ist allein schon geistige *Lebendigkeit,* nicht aber geistige Trägheit ausgedrückt. Mit dem Hinweise auf das *Nachleben* seiner Lehren warnte er ausdrücklich und deutlich vor einem stumpfen Hinnehmen dieser Lehren, als falsch und unnütz.

Erleben kann naturgemäß immer nur in der Überzeugung geschehen, niemals anders. Überzeugung jedoch bedingt volles Verstehen. Verstehen wiederum starkes Nachdenken und eigenes Prüfen. Man muß die Lehren mit den eigenen Empfindungen abwägen. Daraus folgert von selbst, daß ein blinder Glaube vollkommen falsch ist. Alles Falsche aber kann leicht zum Verderben führen, zum Abstiege, niemals jedoch zum Aufstiege.

Aufstieg ist gleichbedeutend mit Befreiung von allem Drucke. Solange ein Druck noch irgendwo lastet, kann von einer Befreiung oder Erlösung keine Rede sein. Das Unverstandene aber *ist* ein Druck, der sich nicht eher löst, als bis die Druckstelle oder Lücke durch volles Verständnis beseitigt wird.

Blinder Glaube bleibt immer gleichbedeutend mit Unverständnis, kann daher auch niemals Überzeugung sein, und demnach auch keine Befreiung, keine Erlösung bringen! Menschen, die sich in blinden Glauben eingeengt haben, können geistig nicht lebendig sein. Sie kommen den Toten gleich und haben keinen Wert.

Beginnt nun ein Mensch richtig zu denken, alle Geschehnisse ruhig und aufmerksam zu verfolgen und logisch aneinanderzureihen, so wird er von selbst zu der Überzeugung kommen, daß Gott in seiner vollkommenen Reinheit nach seinem eigenen Schöpfungswillen *nicht zur Erde kommen kann!*

Die unbedingte Reinheit und Vollkommenheit, also gerade das Göttliche, schließt ein Herabkommen in das Stoffliche aus. Der Unterschied ist zu groß, als daß eine unmittelbare Verbindung überhaupt möglich wäre, ohne den dazu notwendigen Übergängen genau Rechnung zu tragen, die die dazwischenliegenden Wesens- und Stoffarten bedingen. Das In-Rechnung-Ziehen dieser Übergänge kann aber nur durch Fleischwerdung sich vollziehen, wie es bei dem Gottessohne geschah!

Da dieser nun »zu dem Vater eingegangen ist«, also nach seinem Ursprunge zurück, so steht auch er wieder im Göttlichen und ist dadurch genau so getrennt von dem Irdischen.

Eine Ausnahme darin würde das Abbiegen göttlichen Schöpfungswillens bedeuten, und das wiederum einen Mangel an Vollkommenheit kundtun.

Da aber Vollkommenheit von der Göttlichkeit untrennbar ist, so bleibt keine andere Möglichkeit, als daß auch der Schöpfungswille vollkommen ist, was gleichbedeutend mit unabbiegsam genommen werden muß. Würden die Menschen ebenfalls vollkommen sein, so müßte und könnte aus der Natur der Sache heraus ein jeder immer nur genau den gleichen Weg des anderen gehen.

*Nur Unvollkommenheit kann Verschiedenheiten zulassen!*

Gerade in der Erfüllung der göttlichen vollkommenen Gesetze ist dem Gottessohne nach dem »Eingehen zum Vater« wie diesem selbst die Möglichkeit genommen, persönlich in der Stofflichkeit zu sein, also zur Erde herabzukommen. Nicht ohne schöpfungsgesetzmäßige Fleischwerdung!

Aus diesen Gründen heraus muß jede göttliche Verehrung irgendeiner *stofflichen* Sache auf Erden gleichbedeutend mit Übertretung des obersten Gesetzes Gottes sein; da nur dem lebendigen Gotte allein göttliche Ehren zukommen dürfen, und dieser kann gerade infolge seiner Göttlichkeit nicht auf Erden sein.

Der grobstoffliche Leib aber des Gottessohnes mußte ebenfalls wiederum nach der Vollkommenheit Gottes in seinem Schöpferwillen *rein irdisch* sein, darf deshalb auch nicht als göttlich bezeichnet oder angesehen werden*.

Alles, was damit im Widerspruche steht, bezeugt logischerweise Zweifel an der unbedingten *Vollkommenheit Gottes* und muß demnach auch falsch sein! Das ist unbestreitbar ein untrüglicher Maßstab für den rechten Glauben an Gott.

Etwas anderes ist es mit reiner Symbolik. Jedes Symbol erfüllt för-

---

* Vortrag: »Auferstehung des irdischen Körpers Christi«.

dernd seinen guten Zweck, solange es als *solches* ernsthaft angesehen wird; denn sein Anblick verhilft sehr vielen Menschen zu größerer und geschlossener Sammlung. Es wird so manchem leichter fallen, beim Erblicken der Symbole seiner Religion seine Gedanken ungetrübter auf den Schöpfer zu lenken, gleichviel, mit welchem Namen er für ihn begreiflich ist. Falsch wäre es deshalb, an dem hohen Werte religiöser Gebräuche und Symbolik zu zweifeln, es darf sich dabei nur nichts bis zur direkten Anbetung und *gegenständlichen* Verehrung steigern.

Da nun Gott selbst nicht auf die Erde in das Grobstoffliche kommen kann, so liegt es dem Menschengeiste allein ob, den Weg bis zu dem Geistig-Wesenhaften aufzusteigen, dem er entstammt. Und *diesen Weg zu zeigen,* kam Göttliches durch Fleischwerdung herab, weil in dem Göttlichen allein die Urkraft liegt, aus der hervor das lebendige Wort fließen kann. Doch darf der Mensch sich nicht einbilden, daß Göttliches auf Erden blieb, damit ein jeder Mensch, sobald ihm nur der Wunsch einfällt, sofort begnadigt werden kann in ganz besonderer Art. Zur Erlangung der Begnadigung *liegen die ehernen Gesetze Gottes* in der Schöpfung, *deren unbedingte Befolgung allein Begnadigung bringen kann!* Richte sich darnach, wer zu den lichten Höhen will!

Niemand soll den vollkommenen Gott mit einem irdischen Könige vergleichen, der in seinem unvollkommenen menschlichen Ermessen bei durch seine Richter gleicher Art gesprochenen Urteilen Willkürgnadenakte vollziehen kann. *So etwas geht in der Vollkommenheit des Schöpfers und seines mit ihm eins seienden Willens nicht!*

Der Menschengeist soll sich endlich an den Gedanken gewöhnen, daß er *sich selbst* und ganz energisch zu regen hat, um Begnadigung und Vergebung zu erhalten, und darin endlich seine Pflicht erfüllen, die er träge übersah. Er soll sich aufraffen und schaffen an sich selbst, wenn er nicht in das Dunkel der Verdammten stürzen will!

Auf seinen Heiland sich verlassen sollen, heißt, sich verlassen auf dessen Worte. Durch die Tat lebendig machen, was er sagte! *Nichts anderes vermag zu helfen!* Der leere Glaube nützt ihm nichts. An ihn glauben, heißt nichts anderes, als ihm glauben. Rettungslos verloren ist ein jeder,

der sich nicht fleißig arbeitend an jenem Seile hochzieht, das ihm durch das Wort des Gottessohnes in die Hand gegeben wurde!

Wenn der Mensch seinen Heiland wirklich haben will, so muß er sich schon endlich zu geistiger Regsamkeit und Arbeit aufraffen, die nicht nur auf irdische Vorteile und Genüsse gerichtet ist, und muß sich zu ihm hinauf bemühen. Er darf nicht anmaßend erwarten, daß dieser zu ihm herniederkommt. Den Weg dahin gibt ihm das Wort.

Gott läuft nicht der Menschheit bettelnd hinterdrein, wenn sie sich von ihm ein falsches Bild macht, dadurch abwendet und falsche Wege geht. So gemütlich ist das nicht. Doch da sich eine solche unsinnige Anschauung durch falsche Auffassung bei vielen Menschen eingebürgert hat, wird die Menschheit ihren Gott erst wieder *fürchten* lernen müssen, indem sie in der unausbleiblichen Wechselwirkung eines bequemen oder toten Glaubens erkennt, daß sein Wille in Vollkommenheit feststeht und sich nicht biegen läßt.

Wer sich nicht einfügt in die göttlichen Gesetze, wird beschädigt oder gar zermalmt, wie es auch denen zuletzt gehen muß, die solchem Götzendienste huldigen, Ungöttlichem göttliche Ehrfurcht zu erweisen! Der Mensch muß zur Erkenntnis kommen: *Der Heiland wartet seiner, doch er holt ihn nicht!*

Der Glaube, oder richtiger genannt der Wahn, den der größte Teil der Menschheit heute in sich trägt, *mußte versagen* und sogar in Not und in Verderben führen, *weil er tot* ist und kein wahres Leben in sich birgt!

Wie Christus einst den Tempel von den Wechslern reinigte, *so* müssen erst die Menschen aufgepeitscht werden aus aller Trägheit ihres Denkens und Empfindens ihrem Gotte gegenüber! Doch schlafe ruhig weiter, wer nicht anders will, und recke sich behaglich auf dem weichen Pfühl des Selbstbetruges, daß er richtig glaubt, wenn er recht wenig denkt, daß Grübeln schließlich sündhaft ist. Furchtbar wird sein Erwachen sein, das näher vor ihm steht, als er es ahnt. Ihm soll nach seiner Trägheit dann das Maß gemessen werden!

Wie kann ein Mensch, der an Gott glaubt, über dessen Wesen und dessen Größe nachgedacht hat, der vor allen Dingen weiß, wie der vollkommene Wille Gottes als arbeitende Naturgesetze in der Schöpfung ruht, erwarten, daß ihm, ganz entgegen dieser göttlichen Gesetze der unbedingten Wechselwirkung, seine Sünden durch irgendeine auferlegte Buße vergeben werden können. Selbst dem Schöpfer würde dies nicht möglich sein; denn die aus seiner *Vollkommenheit* hervorgegangenen Schöpfungs- und Entwicklungsgesetze tragen in ihren Auswirkungen allein und vollkommen selbsttätig wirkend Lohn oder Strafe durch das Reifen und Ernten guter oder übler Aussaat des menschlichen Geistes in unabänderlicher Gerechtigkeit in sich.

Was Gott auch will, jeder seiner neuen Willensakte muß immer wieder die Vollkommenheit in sich tragen, kann demnach auch nicht die geringste Abweichung von den früheren Willensakten bringen, sondern muß mit diesen in jeder Beziehung übereinstimmen. Alles, aber auch alles muß durch die Vollkommenheit Gottes immer wieder die gleichen Bahnen ziehen. Eine Vergebung anders als durch Erfüllung der göttlichen Gesetze, die in der Schöpfung liegen, und durch die jeder Menschengeist auf seinem Wege unbedingt hindurch muß, wenn er in das Reich Gottes gelangen will, ist also ein Ding der Unmöglichkeit, demnach auch jede unmittelbare Vergebung.

Wie kann ein Mensch bei einigem Denken irgendwelche Abweichungen erwarten? Es wäre dies ja eine ausgesprochene Verkleinerung seines vollkommenen Gottes! Wenn Christus in seinem Erdenleben zu diesem oder jenem sagte: »Dir sind Deine Sünden vergeben«, so war das ganz richtig; denn in dem ernsten Bitten und dem festen Glauben liegt die Gewähr dafür, daß der betreffende Mensch nach den Lehren Christi in Zukunft leben würde, und dadurch *mußte* er auf die Vergebung der Sünden stoßen, weil er sich damit in die göttlichen Gesetze der Schöpfung richtig einstellte und ihnen nicht mehr entgegen handelte.

Wenn nun ein Mensch dem anderen nach eigenem Ermessen Bußen auferlegt, um dann dessen Sünden als abgetan zu erklären, so täuscht er damit sich und auch den bei ihm Hilfesuchenden, gleichviel ob bewußt oder unbewußt, und setzt sich skrupellos weit über die Gottheit selbst!

## 43. ICH BIN DER HERR, DEIN GOTT!

Wenn doch die Menschen ihren Gott endlich *natürlicher* nehmen wollten! Ihn, dessen Willensakte die lebendige Natur erst schufen. So aber machen sie in blindem Glaubenswahne nur ein Phantom aus ihm, der doch nichts weniger als das ist. Gerade in der natürlichen Vollkommenheit oder vollkommenen Natürlichkeit als Urquell alles Seins, als Ausgangspunkt alles Lebendigen ist Gottes Größe so gewaltig und für einen Menschengeist unfaßlich. Aber in den Sätzen vieler Lehren liegt oft gewaltsame Verdrehung und Verwicklung, wodurch dem Menschen jeder reine Glaube unnötig erschwert und manchmal ganz unmöglich wird, weil er dabei jede Natürlichkeit entbehren muß. Und wieviel unglaubliche Widersprüche bergen manche Lehren!

Sie tragen zum Beispiel vielfach als Grundgedanken die Allweisheit und Vollkommenheit des Willens und des daraus hervorgehenden Wortes Gottes! Darin aber muß naturgemäß auch eine nicht um ein Haar verschiebbare *Unabänderlichkeit* liegen, weil Vollkommenheit nicht anders zu denken ist.

Die Handlungen vieler Religionsträger aber zeigen *Zweifel* an der eigenen Lehre, da sie mit dieser in unmittelbarem Widerspruche stehen und ihre Grundlagen durch Taten offensichtlich verneinen! Ohrenbeichte mit darauffolgenden Bußen zum Beispiel, Ablaßhandel durch Geld oder Gebete, der unmittelbare Vergebung von Sünden nach sich ziehen soll, und andere diesen ähnliche Gepflogenheiten sind doch bei ruhiger Überlegung eine Verneinung des göttlichen, in den Schöpfungsgesetzen ruhenden Willens. Wer mit den Gedanken nicht sprunghaft in haltlos Schwebendes geht, kann darin nichts anderes als eine unbedingte Verkleinerung der Vollkommenheit Gottes finden.

Es ist ganz natürlich, daß die menschlich irrige Voraussetzung, Sündenvergebung bieten zu können, und andere ähnliche Angriffe gegen die Vollkommenheit des göttlichen Willens, zu groben Auswüchsen führen mußten. Wie lange wird die Torheit noch anhalten, daß man wähnt, mit dem gerechten Gotte und seinem unabänderlichen Willen einen so unsauberen Handel treiben zu können!

Wenn Jesus als Gottessohn einst zu seinen Jüngern sagte: »*Welchen Ihr* die Sünden vergeben werdet, denen sind sie vergeben«, so bezog sich das nicht auf eine allgemeine und willkürliche Handlungsberechtigung.

Das würde ja gleichbedeutend gewesen sein mit einem Umsturze des göttlichen Willens in der unverrückbaren Kraft der Wechselwirkungen, die Lohn und Strafe in unbestechlicher, also göttlicher und somit vollkommener Gerechtigkeit lebendig wirkend in sich tragen. Eine zugelassene Unterbrechung.

Das hätte Jesus nie tun können und auch nicht getan, der gekommen war, die Gesetze »zu erfüllen«, nicht umzustoßen!

Er meinte mit den Worten den in des Schöpfers Willen ruhenden gesetzmäßigen Vorgang, daß ein Mensch dem anderen Menschen *das* vergeben kann, was *ihm von diesem persönlich Übles* geschehen ist! Das zu vergeben hat er als Betroffener das Recht und auch die Macht; denn durch sein aufrichtiges Verzeihen wird dem für den anderen sich sonst unbedingt in der Wechselwirkung entwickelnden Karma von vornherein die Spitze abgebrochen und die Kraft genommen, in welchem lebendigen Vorgange gleichzeitig auch wirkliche Vergebung liegt.

Das kann aber auch *nur* von der Person des Betroffenen selbst ausgehen, dem Urheber oder Täter gegenüber, sonst nicht. Deshalb liegt so viel Segen und Befreiung in persönlicher Verzeihung, sobald diese aufrichtig gemeint und empfunden ist.

Ein nicht direkt Beteiligter ist von den Fäden der Wechselwirkung aus der Natur der Sache heraus ausgeschlossen und vermag auch nicht lebendig, also wirksam einzugreifen, weil er nicht angeschlossen ist. Nur *Fürbitte* ist ihm in solchen Fällen möglich, deren Wirkung aber abhängig bleibt von dem Seelenzustande der in die betreffenden Dinge unmittelbar Verwobenen. Er selbst muß außerhalb stehen bleiben, kann deshalb auch nicht Vergebung bringen. *Das ruht allein in Gottes Willen,* der sich in den Gesetzen gerechter Wechselwirkungen offenbart, gegen die er selbst nie handeln würde, weil sie aus seinem Willen heraus von Anfang an vollkommen sind.

Es liegt in der Gerechtigkeit Gottes, daß, was immer auch geschieht oder geschehen ist, *nur der Geschädigte darin verzeihen kann,* auf Erden oder später in der feinstofflichen Welt, sonst muß die Wucht der Wechselwirkung den Urheber treffen, mit deren Auswirkung dann allerdings die Schuld abgetragen ist. Aber diese Auswirkung wird dann gleichzeitig auch die Verzeihung des Betroffenen mit sich bringen, auf irgendeine Art, die in die Auswirkung verwoben ist, oder der Betroffene mit dieser. Da die Verbindungsfäden ja so lange ungelöst verbleiben, ist es nicht anders möglich. Das ist nicht nur ein Vorteil für den Urheber, sondern auch für den Betroffenen, da dieser ohne Gewährung der Verzeihung ebensowenig ganz zum Lichte eingehen könnte. Unerbittlichkeit müßte ihn davon zurückhalten.

So vermag kein Mensch fremde Sünden zu vergeben, bei denen er nicht der persönlich Betroffene ist. Das Gesetz der Wechselwirkung würde unbeeinflußt davon bleiben gegen alles, das nicht durch einen lebenden Faden mit darein verwoben ist, den nur das direkte Betroffensein zeugen kann. Besserung allein ist der lebendige Weg zur Vergebung!*

»Ich bin der Herr, Dein Gott, Du sollst nicht andere Götter haben neben mir!« sollte in jedes Menschen Geist wie mit Flammenschrift eingebrannt bleiben als natürlichster Schutz gegen jedweden Götzendienst!

Wer Gott in seiner Größe wirklich anerkennt, muß alle abweichenden Handlungen als Lästerung empfinden.

Ein Mensch kann und soll zu einem Priester gehen, um *Belehrungen* zu holen, sobald dieser fähig dazu ist, sie ihm wirklich zu geben. Wenn jedoch jemand verlangt, die Vollkommenheit Gottes durch irgendeine Handlung oder falsche Denkungsweise zu verkleinern, so soll er sich von ihm wenden; denn ein *Diener* Gottes ist nicht gleichzeitig ein *Bevollmächtigter* Gottes, der das Recht haben könnte, in seinem Namen zu fordern und zu gewähren.

Auch hierin gibt es eine ganz natürliche und einfache Erklärung, die ohne Umschweife den richtigen Weg zeigt.

---

* Vortrag: »Schicksal«.

## 43. ICH BIN DER HERR, DEIN GOTT!

*Ein Bevollmächtigter Gottes kann aus der Natur der Sache heraus überhaupt kein Mensch sein, es sei denn, daß dieser unmittelbar aus dem Göttlichen gekommen wäre, also selbst Göttliches in sich trüge! Nur darin allein kann eine Vollmacht liegen.*

Da der Mensch aber nicht göttlich ist, so ist es auch ein Ding der Unmöglichkeit, daß er Bevollmächtigter oder Vertreter Gottes sein kann. Es kann die Macht Gottes keinem Menschen übertragen werden, *weil die göttliche Macht allein in der Göttlichkeit selbst liegt!*

Diese logische Tatsache schließt in ihrer unbedingten Einfachheit auch selbsttätig jede *menschliche Wahl* eines irdischen Statthalters Gottes oder die *Ausrufung eines Christus* vollkommen aus. Jeder Versuch dazu muß im Hinblick darauf den Stempel der Unmöglichkeit aufgedrückt erhalten.

Es kann in solchen Dingen demnach weder eine Wahl noch eine Ausrufung durch Menschen in Betracht kommen, sondern nur eine *direkte Sendung* von Gott selbst!

Der Menschen Ansichten geben dabei nicht den Ausschlag. Diese sind im Gegenteil nach *allem* bisher Geschehenen *immer weitab von der Wirklichkeit* gewesen und standen nicht im Einklang mit dem Gotteswillen. Es ist für Denkende unfaßbar, mit welcher krankhaften Steigerung die Menschen immer wieder über ihren eigentlichen Wert hinauszugreifen versuchen. Sie, die in ihrer höchsten geistigen Vollendung gerade die *niedrigste* Stufe des Bewußten im ewigen Geistig-Wesenhaften zu erreichen vermögen! Dabei unterscheidet sich gerade heute eine große Zahl der Erdenmenschen in ihrem Empfinden, Denken und Streben außer einem großen Intellekt nicht einmal sehr von den höchstentwickelten Tieren.

Wie Insekten kribbeln und krabbeln sie emsig durcheinander, als ob es gälte, in eifrigem Jagen und Rennen das höchste Ziel zu erreichen. Sobald ihre Ziele aber näher und aufmerksamer betrachtet werden, zeigt sich sehr bald die Hohlheit und die Nichtigkeit des fieberhaften Strebens, das solchen Eifers tatsächlich nicht würdig ist. Und aus dem Chaos dieses Wimmelns heraus schwingt sich die wahnwitzige Überhebung, einen Gottgesandten wählen, anerkennen oder ablehnen zu können. Darin läge eine Beurteilung dessen, was zu begreifen sie niemals fähig sein können, wenn nicht dieser Höherstehende sich verständlichmachend zu ihnen neigt. Man pocht allseitig jetzt auf Wissenschaft, Verstand und Logik und nimmt dabei die gröbsten Widersinnigkeiten hin, die in so vielen Strömungen der Zeit liegen.

Für Tausende ist es nicht wert, darüber Worte zu verlieren. Sie sind von ihrem Wissen derart eingenommen, daß sie alle Fähigkeit verloren haben, schlicht und einfach über etwas nachzudenken. Es gilt nur denen, die sich noch soviel Natürlichkeit bewahren konnten, eine eigene gesunde Urteilsfähigkeit zu entwickeln, sobald ihnen der Leitfaden dazu gegeben wird. Die sich nicht blindlings einmal dieser und dann jener Modeströmung anschließen, um dann bei dem ersten geäußerten Zweifel Unwissender wieder ebenso schnell abzufallen.

Es gehört doch nicht viel dazu, bei ruhigem Nachdenken zu der Erkenntnis zu kommen, daß aus einer Wesensart nicht eine andere erstehen kann, die nichts mit der ersten gemein hat. Solches zu finden, genügen die einfachsten Kenntnisse der Naturwissenschaften. Da aber die Ausläufer der Naturgesetze in der grobstofflichen Welt aus dem lebendigen Urquell Gottes kommen, so liegt es klar, daß sie in gleicher unerschütterlicher Logik und Straffheit auch auf dem weiteren Wege zu ihm zu finden sein müssen, sogar noch reiner und klarer, je näher sie dem Ausgangspunkte stehen.

Sowenig in ein Tier auf Erden der Geist eines Menschen umgepflanzt werden kann, so daß ein lebendiges Tier dadurch zum Menschen werden soll, ebensowenig kann in einen Menschen Göttliches gepflanzt werden. Es vermag sich niemals etwas anderes zu entwickeln als das, was der *Ursprung* mit sich brachte. Der Ursprung läßt in der Entwicklung wohl verschiedene Arten und Formen der Zusammenstellung zu, wie man durch Pfropfen der Bäume oder durch Vermischung bei Zeugungen erfahren kann, aber selbst die erstaunlichsten Ergebnisse müssen innerhalb der durch den Ursprung gegebenen Grundstoffe bleiben.

Unmöglich ist es, etwas hinein- oder herauszubringen, was *über* dem eigentlichen Ursprunge steht, was also nicht darin enthalten war, wie es bei dem Unterschied zwischen dem *geistigen* Ursprunge des Menschen und dem Göttlichen ist.

Christus kam als Gottessohn aus dem Göttlich-Wesenlosen; er trug das Göttliche in sich von seinem Ursprung her. Es wäre ihm aber unmöglich gewesen, dieses Lebendig-Göttliche auf einen anderen Menschen zu übertragen, der nur aus dem Geistig-Wesenhaften stammen kann. Demnach vermochte er auch niemand zu *bevollmächtigen* für Handlungen, die dem Göttlichen allein zukommen, wie zum Beispiel Vergebung der Sünden. Diese kann *nur* in der Auswirkung der in der Schöpfung ruhenden *göttlichen* Willensgrundlagen der genau sich selbst abwägenden Wechselwirkungen erfolgen, worin die unwandelbare Gerechtigkeit des Schöpfers in der dem Menschengeiste unfaßlichen Vollkommenheit selbsttätig lebt.

Eine Vollmacht des Gottessohnes konnte sich Menschen gegenüber also lediglich auf solche Dinge beziehen, die dem Ursprunge des Menschengeistes entsprechend menschlich sind, nie auf das Göttliche!

Selbstverständlich kann auch der Ursprung des Menschen zuletzt logischerweise auf Gott zurückgeführt werden, aber er liegt *nicht in Gott selbst,* sondern *außerhalb* des Göttlichen, deshalb stammt der Mensch nur *indirekt* von Gott. *Darin liegt der große Unterschied.*

Vollmacht, die zum Beispiel zu dem Amte eines Statthalters gehört, könnte *nur selbsttätig* in der gleichen *unmittelbaren* Abstammung liegen. Das kann jedermann leicht verständlich sein, weil ein Bevollmächtigter sämtliche Fähigkeiten des Vollmachtgebers besitzen muß, um an dessen Stelle in einer Tätigkeit oder einem Amte wirken zu können. Ein Bevollmächtigter müßte deshalb unmittelbar aus dem Göttlich-Wesenlosen kommen, wie es Christus war.

Unternimmt dies dennoch ein Mensch, wenn auch in gutem Glauben, so folgt wiederum aus der Natur der Sache heraus, daß dessen Bestimmungen keine weiterreichende Geltung und kein Leben haben könnten, als *rein irdisch.* Die aber, so mehr in ihm sehen, gehen damit einem Irrtume nach, der ihnen erst nach dem Abscheiden als solcher klar wird, und der ihre ganze Erdenzeit für einen Aufstieg verloren sein läßt. Verirrte Schafe, die einem falschen Hirten folgen.

Wie dieses oberste Gesetz: »Ich bin der Herr, Dein Gott, Du sollst nicht andere Götter haben neben mir«, so werden auch die anderen Gesetze im Nichtverstehen sehr oft übertreten und nicht eingehalten.

Und doch sind die Gebote in Wirklichkeit nichts anderes als die Erklärung des göttlichen Willens, der in der Schöpfung von Anbeginn an ruht, der nicht um Haaresbreite umgangen werden kann.

Wie töricht wird unter dieser Betrachtung der jedem göttlichen Gedanken, jeder Vollkommenheit entgegenstehende Grundsatz so vieler Menschen, daß *»ein Zweck die Mittel heiligt«!* Welches tolle Durcheinander müßte das wohl in den Gesetzen des göttlichen Willens geben, wenn sie derart verschoben werden könnten.

Wer sich auch nur einen kleinen Begriff von Vollkommenheit machen kann, dem bleibt nichts anderes übrig, als solche Unmöglichkeiten von vornherein abzulehnen. Sobald ein Mensch versucht, sich ein *rechtes* Bild über die *Vollkommenheit* Gottes zu formen, so wird ihm dies zum Leitstab und zum leichteren Erfassen aller Dinge in der Schöpfung dienen können! Das Wissen und das Im-Auge-Behalten der *Vollkommenheit* Gottes ist der Schlüssel zum Verständnis des *Werkes* Gottes, zu dem auch der Mensch selbst gehört.

Dann erkennt er die zwingende Kraft und ernste Warnung des Wortes: »Gott läßt sich nicht spotten!«. Mit anderen Worten: Seine Gesetze erfüllen sich oder wirken sich unabänderlich aus. Er läßt die Räder laufen, wie er sie bei der Schöpfung eingesetzt hat. Ein Menschlein wird darin nichts ändern. Versucht er es, so kann er höchstens erreichen, daß alle die, welche ihm blindlings folgen, mit ihm zerrissen werden. Es nützt ihm nichts, wenn er es anders *glaubt*.

Segen kann nur dem erstehen, der sich voll und ganz einfügt in den Willen Gottes, der die Schöpfung in seinen Naturgesetzen trägt. Das vermag aber nur der, der sie richtig kennt.

Die Lehren, welche *blinden* Glauben fordern, sind als tot und deshalb schadenbringend zu verwerfen; nur die, die wie durch Christus *zum*

Lebendigwerden rufen, das heißt, zum Überlegen und zum Prüfen, damit aus wirklichem Verstehen Überzeugung wachsen kann, bringen Befreiung und Erlösung!

Nur die verwerflichste Gedankenlosigkeit kann wähnen, daß der Daseinszweck des Menschen hauptsächlich in dem Jagen des Erwerbens körperlicher Notwendigkeiten und Genüsse ruht, um sich zuletzt durch irgendeine äußerliche Form und schöne Worte in Geruhsamkeit von jeder Schuld und von den Folgen seiner faulen Nachlässigkeiten im Erdenleben befreien zu lassen. Der Gang durchs Erdenleben und der Schritt ins Jenseits bei dem Tode ist nicht wie eine alltägliche Fahrt, für die man nur die Fahrkarte im letzten Augenblick zu lösen braucht.

Mit solchem Glauben *verdoppelt* der Mensch seine Schuld! Denn jeder Zweifel an der unbestechlichen Gerechtigkeit des vollkommenen Gottes *ist Gotteslästerung!* Das Glauben an willkürliche und mühelose Vergebung der Sünden aber *ist* offenkundiges Zeugnis für den *Zweifel* an einer unbestechlichen Gerechtigkeit Gottes und seiner Gesetze, noch mehr, er bestätigt unmittelbar den Glauben an die Willkür Gottes, die gleichbedeutend mit Unvollkommenheit und Mangelhaftigkeit wäre!

*Arme, bedauernswerte Gläubige!*

Es wäre ihnen besser, noch Ungläubige zu sein, dann könnten sie ungehemmt und leichter den Weg finden, den sie schon zu haben wähnen.

Rettung liegt nur darin, aufkeimendes Denken und den damit erwachenden Zweifel an so vielem nicht scheu zu unterdrücken; denn darin regt sich der gesunde Drang nach Wahrheit!

Ringen mit dem Zweifel aber ist das Prüfen, dem unbestreitbar das Verwerfen des dogmatischen Ballastes folgen muß. Nur ein von allem Unverständnis ganz befreiter Geist vermag sich freudig überzeugt auch aufzuschwingen zu den lichten Höhen, zu dem Paradiese!

## DIE UNBEFLECKTE EMPFÄNGNIS
## UND GEBURT DES GOTTESSOHNES

Die unbefleckte Empfängnis ist nicht nur in körperlichem Sinne gemeint, sondern vor allen Dingen, wie vieles in der Bibel, in rein geistigem Sinne. Nur der, der die geistige Welt als wirklich bestehend und lebendig arbeitend anerkennt und empfindet, vermag den Schlüssel zum Verständnis der Bibel zu finden, das erst das Wort lebendig zu machen fähig ist. Allen anderen wird sie stets ein Buch mit sieben Siegeln bleiben.

Unbefleckte Empfängnis in körperlichem Sinne ist jede Empfängnis, die aus *reiner* Liebe heraus erfolgt in innigem Aufschauen zu dem Schöpfer, wobei nicht sinnliche Triebe die Grundlage bilden, sondern nur mitwirkende Kräfte bleiben.

Dieser Vorgang ist in Wirklichkeit so selten, daß es begründet war, besonders hervorgehoben zu werden. Die Gewähr für Zurücksetzung sinnlicher Triebe wurde durch die Verkündigung geschaffen, die aus diesem Grunde auch besonders erwähnt ist, weil sonst ein Glied in der Kette natürlichen Geschehens und straffen Zusammenarbeitens mit der geistigen Welt fehlen würde.

Jungfrau Maria, sowieso schon mit allen Gaben ausgerüstet, ihre hohe Aufgabe erfüllen zu können, kam zu bestimmter Zeit durch geistige Führung mit Personen zusammen, die tief eingedrungen waren in die Offenbarungen und Prophezeiungen über den kommenden Messias. Das war die erste Vorbereitung auf Erden, die Maria in die Bahn des eigentlichen Zieles drängte und sie vertraut machte mit allem, worin sie einmal selbst eine so große Rolle spielen sollte, ohne daß sie es zu jener Zeit schon wußte.

## 44. DIE UNBEFLECKTE EMPFÄNGNIS UND GEBURT DES GOTTESSOHNES

Die Binde wird Auserlesenen immer erst vorsichtig nach und nach gelockert, um der notwendigen Entwicklung nicht vorzugreifen; denn alle Zwischenstufen müssen ernsthaft erlebt sein, um zuletzt eine Erfüllung möglich zu machen. Zu frühes Bewußtsein der eigentlichen Aufgabe würde in der Entwicklung Lücken lassen, die eine spätere Erfüllung erschweren.

In dauerndem Hinblick auf das Endziel kommt die Gefahr des zu schnellen Vorwärtsstürmens, wobei vieles übersehen oder nur leicht erlernt wird, was zur Ausfüllung der eigentlichen Bestimmung unbedingt ernsthaft erlebt sein muß. Ernsthaft erleben aber kann der Mensch immer nur das, was er jeweils als seine wirkliche Lebensaufgabe betrachtet. So auch bei Maria.

Als dann der Tag ihres inneren und äußeren Fertigseins gekommen war, wurde sie in einem Augenblick völligen Ausruhens und seelischen Gleichgewichtes hellsehend und hellhörend, das heißt, ihr Inneres öffnete sich der andersstofflichen Welt, und sie erlebte die in der Bibel geschilderte Verkündigung. Die Binde fiel damit ab, sie trat bewußt in ihre Sendung ein.

Die Verkündigung wurde für Maria ein derartig gewaltiges und erschütterndes geistiges Erlebnis, daß es von Stunde an ihr ganzes Seelenleben vollständig ausfüllte. Es war hinfort nur auf die eine Richtung hin eingestellt, eine hohe, göttliche Gnade erwarten zu dürfen. Dieser Seelenzustand war vom Lichte aus durch die Verkündigung *gewollt,* um damit von vornherein Regungen niederer Triebe weit zurückzustellen und den Boden zu schaffen, worin ein reines irdisches Gefäß (der Kindeskörper) für die unbefleckte geistige Empfängnis erstehen konnte. Durch diese außergewöhnlich starke seelische Einstellung Marias wurde die den Naturgesetzen entsprechende körperliche Empfängnis eine »unbefleckte«.

Daß Maria schon alle Gaben für ihre Mission mitbrachte, also vorgeburtlich dazu ausersehen war, die irdische Mutter des kommenden Wahrheitsbringers Jesus zu werden, ist bei einiger Kenntnis der geistigen Welt und deren weitverzweigter Tätigkeit, die alles große Gesche-

## 44. DIE UNBEFLECKTE EMPFÄNGNIS UND GEBURT DES GOTTESSOHNES

hen vorbereitend sich spielend über Jahrtausende schwingt, nicht schwer zu verstehen.

Mit diesem unter solchen Umständen als reinstes Gefäß werdenden Kindeskörper waren die irdischen Bedingungen gegeben zu einer »unbefleckten *geistigen* Empfängnis«, der Inkarnation, die in der Mitte der Schwangerschaft stattfindet.

Hierbei handelt es sich nun nicht um eine der vielfach auf Inkarnation wartenden Seelen oder Geistfunken, die zur Entwicklung ein Erdenleben durchwandern wollen oder müssen, deren feinstofflicher Leib (oder Gewand) mehr oder weniger getrübt, also befleckt ist, wodurch die direkte Verbindung mit dem Licht verdunkelt und zeitweise ganz abgeschnitten wird.

In Betracht kam ein Strahlungsvorgang aus Gott, aus Liebe der in Dunkelheit irrenden Menschheit gegeben, stark genug, um eine unmittelbare Verbindung mit dem Urlichte nie unterbrechen zu lassen.

Das ergab eine innige Verbindung zwischen der Gottheit und der Menschheit in diesem Einen, die einer leuchtenden Säule nie versiegender Reinheit und Kraft glich, an der alles Niedere abgleiten mußte. So erstand die Möglichkeit zur Überbringung ungetrübter Wahrheit, aus dem Licht geschöpft, sowie der Kraft für die als Wunder erscheinenden Handlungen.

Die Erzählung von den Versuchungen in der Wüste zeigt, wie die Bemühungen dunkler Strömungen zur Befleckung an der Reinheit des Empfindens abfielen, ohne Schaden anrichten zu können.

Nach der körperlichen unbefleckten Empfängnis Marias konnte also die in der Mitte der Schwangerschaft erfolgende Inkarnation aus dem Lichte kommen, mit einer Stärke, die eine Trübung auf den Zwischenstufen zwischen Licht und Mutterleib nicht zuließ, also auch eine »unbefleckte *geistige* Empfängnis« brachte.

Es ist demnach vollkommen richtig, von einer unbefleckten Empfängnis zu sprechen, die körperlich und geistig erfolgte, ohne daß ein Gesetz der Schöpfung dabei umgangen, verändert oder für diesen besonderen Fall neu geformt zu werden brauchte.

Der Mensch darf nun nicht denken, daß darin ein Widerspruch liegt, da verheißen ist, daß der Heiland von einer Jungfrau geboren werden sollte.

Den Widerspruch bringt lediglich die falsche Deutung des Ausdruckes »Jungfrau« in der Verheißung. Wenn diese von einer Jungfrau spricht, so nimmt sie nicht einen engeren Begriff an, noch viel weniger die Anschauung eines Staates, sondern es kann sich nur um einen großen Menschheitsbegriff handeln.

Verengte Anschauung müßte die Tatsache feststellen, daß eine Schwangerschaft und eine Geburt an sich schon, ohne dabei an die Zeugung zu denken, die Jungfrauenschaft in gewöhnlichem Sinne ausschließt. Die Verheißung aber meint solche Dinge nicht. Es ist damit gesagt, daß Christus unbedingt als *erstes* Kind einer Jungfrau geboren werden wird, also von einem Weibe, das noch nie Mutter war. Bei diesem *sind* alle Organe, die zur Entwicklung des Menschenkörpers gehören, jungfräulich, das heißt, sie haben sich in dieser Art vorher noch nie betätigt, es ist aus diesem Leibe noch kein Kind hervorgegangen. Bei *jedem* ersten Kinde müssen ja die Organe im Mutterleibe noch jungfräulich sein. Nur das allein konnte bei einer so weitausgreifenden Prophezeiung in Betracht kommen, weil jede Verheißung nur in unbedingter Folgerichtigkeit der arbeitenden Schöpfungsgesetze sich erfüllt und in dieser zuverlässigen Voraussicht auch gegeben wird!

Bei der Verheißung ist also »das *erste* Kind« gemeint und deshalb der Unterschied von *Jungfrau* und *Mutter* gemacht worden. Ein anderer Unterschied kommt nicht in Betracht, da die Begriffe von Jungfrau und Frau nur durch die rein staatlichen oder gesellschaftlichen Einrichtungen der Ehe entstanden sind, die auf keinen Fall bei einer solchen Verheißung gemeint werden.

Bei der Vollkommenheit der Schöpfung als Werk Gottes ist der Zeugungsakt unbedingt notwendig; denn die Allweisheit des Schöpfers hat in der Schöpfung von Urbeginn an alles so eingerichtet, daß nichts zu viel oder überflüssig ist. Wer einen derartigen Gedanken hegt, sagt damit gleichzeitig, daß das Werk des Schöpfers nicht vollkommen sei.

## 44. DIE UNBEFLECKTE EMPFÄNGNIS UND GEBURT DES GOTTESSOHNES

Dasselbe gilt dem, der behauptet, daß die Geburt Christi *ohne* normale vom Schöpfer der Menschheit vorgeschriebene Zeugung vor sich ging. Es *muß* eine normale Zeugung durch einen Menschen von Fleisch und Blut erfolgt sein! Auch in diesem Falle.

Jeder Mensch, der sich dessen richtig bewußt ist, preist den Schöpfer und Herrn damit mehr als solche, die andere Möglichkeiten zulassen wollen. Die ersteren setzen damit ein so unerschütterliches Vertrauen in die Vollkommenheit ihres Gottes, daß nach ihrer Überzeugung in den von ihm bedingten Gesetzen eine Ausnahme oder Veränderung überhaupt nicht möglich ist. Und *das* ist der *größere* Glaube! Außerdem spricht ja auch alles andere Geschehen unbedingt dafür. Christus wurde *Erdenmensch*. Mit diesem Entschluß mußte er sich auch den zur grobstofflichen Fortpflanzung von Gott gewollten Gesetzen unterwerfen, da die Vollkommenheit Gottes dies bedingt.

Wenn darauf gesagt werden soll, daß »bei Gott kein Ding unmöglich ist«, so befriedigt eine derart verdeckte Erklärung nicht; denn in diesem Ausspruche ruht wieder ein ganz anderer Sinn, als es sich viele Menschen in ihrer Bequemlichkeit vorstellen. Es braucht ja auch nur gesagt zu werden, daß Unvollkommenheit, Unlogik, Ungerechtigkeit, Willkür und vieles andere bei Gott unmöglich sind, um dem *Wortlaute* dieses Satzes nach dem gewöhnlichen Begriffe zu widersprechen.

Auch könnte man begründen, daß, wenn in *diesem* Sinne bei Gott kein Ding unmöglich ist, er ebensogut hätte mit einem einzigen Willensakte alle Menschen der Erde gläubig machen können! Dann brauchte er nicht seinen Sohn mit der Menschwerdung dem irdischen Ungemache und dem Kreuzestode auszusetzen. Dieses gewaltige Opfer wäre erspart geblieben.

Daß es aber *so* geschah, zeugt für die Unbeugsamkeit der von Anfang an laufenden göttlichen Gesetze in der Schöpfung, in die ein gewaltsamer Eingriff zu irgendeiner Änderung durch deren Vollkommenheit nicht möglich ist.

Darauf könnte von blind streithafter Seite wiederum hartnäckig entgegnet werden, daß es Gottes Wille war, wie es geschah. Das ist ganz richtig gesagt, aber durchaus kein Gegenbeweis, sondern in Wirklichkeit ein *Zugeben* vorstehender Begründung, wenn man die naivere Auffassung wegfallen läßt und tieferer Erklärung folgt, die alle Aussprüche geistiger Art unbedingt *verlangen*.

Es war Gottes Wille! Das hat aber mit einer Willkür nichts zu tun, sondern es bedeutet im Gegenteil nichts anderes, als die Bestätigung der von Gott in die Schöpfung gelegten Gesetze, die seinen Willen tragen, und die damit verbundene unbedingte Einfügung in dieselben, die eine Ausnahme oder Umgehung nicht zulassen. *Gerade in der Erfüllungsnotwendigkeit zeigt und betätigt sich ja Gottes Wille*. Sonst brauchte Jesus ja gar nicht erst von einem Erdenweibe geboren zu werden, sondern hätte einfach plötzlich da sein können.

Deshalb mußte sich auch Christus zur Ausführung seiner Mission unabwendbar allen Naturgesetzen, also dem Willen seines Vaters, unterwerfen. Daß Christus dies alles tat, beweist sein ganzes Leben. Die normale Geburt, das Wachstum, der auch bei ihm eintretende Hunger und die Ermüdung, die Leiden und zuletzt der Kreuzestod. Allem, dem ein irdischer Menschenkörper unterworfen ist, war auch er unterworfen. Warum soll nun einzig und allein die Zeugung anderer Art gewesen sein, wozu absolut keine Notwendigkeit vorlag. Gerade in der Natürlichkeit wird des Heilandes Aufgabe noch größer, durchaus nicht kleiner! Ebenso ist Maria deshalb nicht weniger begnadet gewesen in ihrer hohen Berufung.

# DER KREUZESTOD DES GOTTESSOHNES UND DAS ABENDMAHL

Bei Christi Tod zerriß im Tempel der Vorhang, der das Allerheiligste von der Menschheit abschloß. Dieser Vorgang wird als Symbol dafür angenommen, daß mit dem Opfertod des Heilandes im gleichen Augenblick die Trennung zwischen der Menschheit und der Gottheit aufhörte, also eine unmittelbare Verbindung geschaffen wurde.

Die Deutung ist aber *falsch*. Mit der Kreuzigung lehnten die Menschen den Gottessohn als den erwarteten Messias ab, wodurch die Trennung *größer* wurde! Der Vorhang zerriß, weil das Allerheiligste daraufhin nicht mehr notwendig war. Es wurde den Blicken und unreinen Strömungen geöffnet, da, symbolisch ausgedrückt, das Göttliche nach dieser Tat seinen Fuß nicht mehr auf die Erde setzte, womit das Allerheiligste überflüssig wurde.

Also gerade das Gegenteil der bisherigen Deutungen, in denen sich wiederum wie so oft nur eine große Überhebung des Menschengeistes zeigt.

Der Tod am Kreuze war auch nicht ein *notwendiges* Opfer, sondern ein Mord, ein regelrechtes Verbrechen. Jede andere Erklärung ist eine Umschreibung, die entweder als Entschuldigung gelten soll oder aus Unwissenheit heraus erstand. Christus kam durchaus nicht auf die Erde in der Absicht, sich kreuzigen zu lassen. *Darin ruht auch die Erlösung nicht!* Sondern Christus wurde gekreuzigt als lästiger Wahrheitsbringer um seiner Lehre willen.

Nicht sein Kreuzestod konnte und sollte die Erlösung bringen, sondern *die Wahrheit,* die er der Menschheit *in seinen Worten* gab!

## 45. DER KREUZESTOD DES GOTTESSOHNES UND DAS ABENDMAHL

Die Wahrheit war aber den damaligen Religionsführern unbequem, ein Ärgernis, weil sie ihren Einfluß stark erschütterte. *Genau wie es auch heute an so manchen Stellen wieder sein würde.* Die Menschheit hat sich darin nicht geändert. Die damaligen Führer stützten sich wie auch die heutigen zwar auf alte, gute Überlieferungen, aber diese waren durch Ausübende und Erklärende zu nur starrer, leerer Form geworden, ohne noch in sich lebendig zu sein. Dasselbe Bild, wie es sich heute vielfach wieder zeigt.

Der aber dieses notwendige Leben in das bestehende Wort bringen wollte, brachte damit selbstverständlich einen *Umsturz* in der Ausübung und Erklärung, nicht in dem Worte selbst. Er befreite das Volk von der niederzwingenden Starrheit und Hohlheit, erlöste es davon, und das war denen ganz natürlich ein großes Ärgernis, die bald erkennen konnten, wie energisch damit in die Zügel ihrer falschen Führung eingegriffen wurde.

Deshalb mußte der Wahrheitsbringer und Befreier von der Last der irrtümlichen Auslegungen verdächtigt und verfolgt werden. Als es trotz aller Mühe nicht gelang, ihn lächerlich zu machen, suchte man ihn als unglaubwürdig hinzustellen. Die »irdische Vergangenheit« als Zimmermannssohn mußte dazu dienen, ihn als »ungelehrt und deshalb minderwertig für ein Aufklären« zu stempeln! Als einen »Laien«. Genau wie es auch heute ist bei jedem, der dem starren, alles freie, lebendige Aufwärtsstreben schon im Keim erdrückenden Dogma zu nahe tritt.

Auf seine Aufklärungen selbst ging vorsichtigerweise niemand von den Gegnern ein, da sie ganz richtig fühlten, daß sie bei rein *sachlicher* Entgegnung unterliegen mußten. So blieben sie bei der böswilligen Verleumdung durch ihre käuflichen Organe, bis sie sich zuletzt nicht scheuten, bei einem für sie günstigen Augenblick ihn öffentlich und fälschlich anzuklagen und ans Kreuz zu bringen, um mit ihm die Gefahr für ihre Macht und ihr Ansehen zu bannen.

Dieser gewaltsame, damals durch die Römer übliche Tod war nicht als solcher die Erlösung und brachte sie auch nicht. *Er löste keine Schuld*

## 45. DER KREUZESTOD DES GOTTESSOHNES UND DAS ABENDMAHL

*der Menschheit,* befreite sie von nichts, sondern er *belastete die Menschheit* als *ein Mord im niedrigsten Sinne* nur noch mehr!

Wenn sich nun bis heute hier und da ein Kult daraus entwickelt hat, in diesem Morde eine notwendige Hauptsache des Erlösungswerkes des Gottessohnes zu sehen, so wird der Mensch damit gerade von dem Wertvollsten abgezogen, das die Erlösung einzig und allein zu bringen vermag. Es lenkt ihn ab von der *eigentlichen* Mission des Heilandes, von dem, was sein Kommen aus dem Göttlichen zur Erde notwendig machte.

Das war aber nicht, um den Tod am Kreuze zu erleiden, *sondern um in den Wust* der den Menschengeist herabzerrenden *dogmatischen Starrheit und Hohlheit* hinein *die Wahrheit zu verkünden!* Die Dinge zwischen Gott, der Schöpfung und den Menschen so zu schildern, wie sie wirklich sind.

Dadurch mußte alles das, was der begrenzte Menschengeist dazu erklügelt hatte und was die Wirklichkeit verdeckte, von selbst kraftlos abfallen. Erst dann konnte der Mensch den Weg klar vor sich sehen, der ihn aufwärts führt.

Nur in dem Bringen dieser Wahrheit und der damit verbundenen Befreiung von Irrtümern *ruht die Erlösung einzig und allein!*

Es ist die Erlösung von dem unklaren Blick, von blindem Glauben. Das Wort »blind« kennzeichnet ja genug den falschen Zustand.

Das Abendmahl vor seinem Tode war ein Abschiedsmahl. Wenn Christus sagte: »Nehmet, esset, das ist mein Leib. Trinket alle daraus, das ist mein Blut des neuen Testamentes, welches vergossen wird für viele, zur Vergebung der Sünden«, so erklärte er damit, daß er sogar diesen Kreuzestod auf sich zu nehmen gewillt war, nur damit er die Gelegenheit hatte, der verirrten Menschheit die Wahrheit in seinen Erläuterungen zu bringen, die einzig und allein den Weg zur Vergebung der Sünden zeigt.

Er sagt auch ausdrücklich: »zur Vergebung für *viele*«, und nicht etwa »zur Vergebung für *alle!*« Also nur für die, die seine Aufklärungen beherzigen, lebendige Nutzanwendungen daraus ziehen.

Sein durch den Kreuzestod zerstörter Leib und sein vergossenes Blut sollen dazu beitragen, die Notwendigkeit und den Ernst der durch ihn

## 45. DER KREUZESTOD DES GOTTESSOHNES UND DAS ABENDMAHL

gebrachten Aufklärung zu erkennen. Diese Dringlichkeit soll *durch die Wiederholung* des Abendmahles und in dem Abendmahle lediglich unterstrichen werden!

Daß der Gottessohn selbst vor einer solchen Feindschaft der Menschheit nicht zurückschreckte, deren *Wahrscheinlichkeit* im voraus schon vor seinem Kommen erkannt war*, sollte ganz besonders auf die verzweifelte Lage der Menschengeister hinweisen, die nur durch das Ergreifen des Rettungsseiles der unverhüllten Wahrheit vom Untergange zurückgerissen werden konnten.

*Der Hinweis des Gottessohnes im Abendmahle auf seinen Kreuzestod ist lediglich eine letztmalige ausdrückliche Betonung der zwingenden Notwendigkeit seiner Lehren, die zu bringen er gekommen war!*

Bei dem Genuß des Abendmahles nun soll sich ein jeder Mensch stets von neuem bewußt werden, daß der Gottessohn selbst die Voraussetzung eines Kreuzestodes durch die Menschheit nicht scheute und Leib und Blut dafür hingab, um der Menschheit das Empfangen der Schilderung des wirklichen Geschehens in dem Weltall zu ermöglichen, das die Auswirkungen der den göttlichen Willen tragenden, unverschiebbaren Schöpfungsgesetze deutlich zeigt!

Mit dieser Erkenntnis des bitteren Ernstes, der die brennende Notwendigkeit der Botschaft zur Errettung hervorhebt, soll immer wieder neue Kraft in dem Menschen erstehen, neuer Antrieb, den klaren Lehren Christi *wirklich nachzuleben,* sie nicht nur richtig zu verstehen, sondern auch in allem darnach zu handeln. *Damit* wird ihm dann auch Vergebung seiner Sünden und Erlösung! Nicht anders. Auch nicht unmittelbar. Aber er findet sie unbedingt auf dem Wege, den Christus in seiner Botschaft zeigt.

Aus diesem Grunde soll das Abendmahl den Vorgang immer wieder neu beleben, damit der allein rettende Eifer zur Befolgung der unter so großem Opfer gebrachten Lehren nicht abschwächt; denn durch einsetzende Gleichgiltigkeit oder nur äußere Formen verlieren die Menschen

---

* Vortrag: »Weltgeschehen«.

## 45. DER KREUZESTOD DES GOTTESSOHNES UND DAS ABENDMAHL

dieses Rettungsseil und sinken zurück in die Arme der Irrungen und des Verderbens.

Es ist ein großer Fehler, wenn die Menschen glauben, durch den Kreuzestod sei die Vergebung ihrer Sünden gewährleistet. Dieser Gedanke zieht den furchtbaren Schaden nach sich, daß alle die, so daran glauben, dadurch von dem wahren Wege zur Erlösung *zurückgehalten* werden, der *einzig und allein* darin liegt, *nach dem Worte* des Heilandes *zu leben,* nach den Erläuterungen, die er als Wissender und alles Überschauender gab. Und diese Erläuterungen zeigen in praktischen Bildern die notwendige Einhaltung und Beachtung des in den Schöpfungsgesetzen liegenden göttlichen Willens, sowie deren Auswirkungen bei Einhaltung und bei Nichteinhaltung.

Sein Erlöserwerk lag in dem Bringen dieser Aufklärung, welche die Mängel und die Schäden der Religionsausübung zeigen mußte, weil sie die Wahrheit in sich trug, damit sie Licht gab in die steigende Verdunkelung des Menschengeistes. Es lag nicht in dem Tod am Kreuze, ebensowenig wie das Abendmahl oder die geweihte Hostie direkt Vergebung der Sünden bieten kann. Der Gedanke ist gegen jedes göttliche Gesetz! Damit fällt auch die Macht der Menschen, Sünden zu vergeben. Ein Mensch hat nur das Recht und auch die Macht, das zu vergeben, was ihm durch einen anderen selbst geschah, und auch nur dann, wenn sein Herz unbeeinflußt darnach drängt.

Wer ernsthaft nachdenkt, der wird auch die Wahrheit und somit den wahren Weg erkennen! Die Denkfaulen und Trägen aber, die das ihnen von dem Schöpfer überlassene Lämpchen, also die Fähigkeit des Prüfens und Durchleuchtens, gleich den törichten Jungfrauen in dem Gleichnisse nicht mit aller Aufmerksamkeit und Mühe dauernd in Ordnung und bereit halten, können leicht die Stunde versäumen, wenn das »Wort der Wahrheit« zu ihnen kommt. Da sie sich einschläfern ließen in müde Gemächlichkeit und blinden Glauben, so werden sie durch ihre Trägheit nicht fähig sein, den Wahrheitsbringer oder Bräutigam zu erkennen. Sie müssen dann zurückbleiben, wenn die Wachsamen eingehen in das Reich der Freude.

## STEIGE HERAB VOM KREUZE!

Bist Du Gottes Sohn, so steige herab vom Kreuze! Hilf Dir selbst und uns!« Höhnend schallten diese Sätze zu dem Gottessohn hinauf, als er unter brennenden Sonnenstrahlen am Kreuze litt.

Die Menschen, welche also riefen, hielten sich für ganz besonders klug. Sie höhnten, triumphierten, lachten haßerfüllt, ohne einen eigentlichen Grund dafür zu haben; denn das Leiden Christi war doch sicherlich kein Grund zu Spott und Hohn, noch weniger zum Lachen. Es würde ihnen auch vergangen sein, wenn sie nur einen Augenblick die gleichzeitigen Vorgänge im feinstofflichen und im geistigen Reiche hätten »sehen« können; denn ihre Seelen wurden dabei schwer gebunden auf Jahrtausende. Und wenn auch grobstofflich die Strafe nicht so schnell sichtbar werden konnte, so kam sie doch in *allen* weiteren Erdenleben, zu denen die frevelnden Seelen daraufhin gezwungen waren.

Die Höhnenden dünkten sich damals klug. Sie konnten aber keinen treffenderen Ausdruck als Beweis ihrer Beschränktheit abgeben als diese Worte; denn darin liegt die kindischste Anschauung, die man sich denken kann. Weit entfernt sind also Sprechende von irgendeinem Verständnisse der Schöpfung und des Gotteswillens in der Schöpfung. Wie drückend ist deshalb das traurige Bewußtsein, daß auch heute noch ein großer Teil von denen, welche überhaupt noch an Gott glauben und an die damalige Sendung seines Sohnes, mit Bestimmtheit denken, daß Jesus von Nazareth vom Kreuze hätte steigen können, wenn er es nur wollte.

Nach zweitausend Jahren noch die gleiche, schläfrige Beschränktheit, ohne Änderung zum Fortschritt! Als von Gott gekommen, mußte Christus nach naiven Anschauungen vieler Gottgläubigen unbeschränkt in seinen Handlungen auf dieser Erde sein.

Das ist Erwarten, aus der ungesündesten Naivität entsprungen, Glaube der Denkträgheit.

Mit einer Fleischwerdung wurde der Gottessohn auch »unter das Gesetz getan«, das heißt, er unterwarf sich damit den Schöpfungsgesetzen, dem unabänderlichen Willen Gottes in der Schöpfung. Da gibt es keine Änderungen, was den irdischen und erdgebundenen Körper betrifft. Christus trat, dem Willen Gottes gehorchend, freiwillig unter dieses Gesetz, und er kam nicht, es zu stürzen, sondern mit der Fleischwerdung auf dieser Erde zu erfüllen.

Deshalb war er an alles mit gebunden, an das der Erdenmensch gebunden ist, und konnte auch als Gottessohn nicht von dem Kreuze steigen trotz seiner Gotteskraft und Macht, solange er im grobstofflichen Fleisch und Blute sich befand. Das wäre gleichbedeutend mit Umsturz des göttlichen Willens in der Schöpfung!

Dieser Wille aber ist vollkommen von Anfang an. Überall, nicht nur in dem Grobstofflich-Irdischen, sondern auch in der Feinstofflichkeit, wie in dem Wesenhaften und Geistigen mit allen Abstufungen und Übergängen. Nicht anders in dem Göttlichen und auch in Gott selbst.

Das göttliche Wirken, die göttliche Kraft und Macht zeigt sich ganz anders als in schaustellerischen Vorführungen. Gerade das Göttliche wird nur in unbedingter Erfüllung des göttlichen Willens leben, nie etwas anderes wollen. Und ebenso der Mensch, der geistig hohe Reife trägt. Je höher er entwickelt ist, desto unbedingter wird er sich den göttlichen Gesetzen in der Schöpfung beugen, freiwillig, freudig. Nie aber außerhalb der laufenden Schöpfungsgesetze liegende Willkürakte erwarten, weil er an ein Vollkommensein des göttlichen Willens glaubt.

Ist ein grobstofflicher Körper an dem Kreuze festgenagelt, so vermag er ohne fremde Hilfe, ohne grobstoffliche Hilfe, auch nicht freizukommen. Das ist Gesetz nach göttlichem Schöpfungswillen, das sich nicht überbrücken läßt. Wer anders denkt und anderes erwartet, glaubt nicht an die Vollkommenheit Gottes und an die Unabänderlichkeit seines Willens.

Daß nun die Menschen trotz ihres angeblichen Fortschreitens im Wissen und im Können noch nicht anders wurden, daß sie noch dort stehen, wo sie damals standen, zeigen sie, indem heute wiederum gerufen wird:

»Ist er der Menschensohn, so kann er Katastrophen bringen, die verkündet sind, sobald er will.« Das setzen sie als selbstverständlich voraus. Das sagt aber mit anderen Worten: »Vermag er solches nicht, so ist er nicht der Menschensohn.«

Dabei ist den Menschen gut bekannt, wie Christus als Gottessohn selbst schon darauf hinwies, daß niemand außer Gottvater allein die Stunde kennt, in welcher das Gericht beginnt. Es ist also nun doppelter Zweifel, wenn die Menschen derart sprechen. Der Zweifel an dem Menschensohn und Zweifel an dem Wort des Gottessohnes. Und außerdem gibt dieser Ausspruch wiederum nur Zeugnis für Verständnislosigkeit der ganzen Schöpfung gegenüber. Für vollkommene Unwissenheit gerade in allem dem, was jedem Menschen am dringendsten zu wissen nötig ist.

Mußte sich der Gottessohn dem Gotteswillen bei seiner Menschwerdung in der Schöpfung unterwerfen, so kann selbstverständlich der Menschensohn auch nicht über diesen Gesetzen stehen. Ein Über-den-Gesetzen-Stehen ist in der Schöpfung überhaupt nicht möglich. Wer in die Schöpfung eintritt, steht damit auch unter dem Gesetz des göttlichen Willens, der sich nie verändert. So auch der Gottessohn und der Menschensohn.

Eine große Lücke in der Begreifensmöglichkeit alles dessen bringt nur der Umstand, daß die Menschen diese Gottesgesetze in der Schöpfung noch nicht suchten, sie also bis heute noch gar nicht kennen, sondern kleine Bruchteile davon nur hier und da einmal dort fanden, wo sie gerade darüber stürzten.

Wenn Christus Wunder tat, die weitab vom Können der Erdenmenschen liegen, so berechtigt dies nicht zu dem Gedanken, daß er sich nicht um die in der Schöpfung ruhenden Gesetze des Gotteswillens zu kümmern brauchte, daß er über diese hinausgriff. Das ist ausgeschlossen. Auch bei Wundern handelte er in vollkommener Übereinstimmung mit den Gottesgesetzen und nicht willkürlich. Er bewies damit nur, daß er in *göttlicher* Kraft arbeitete, nicht in geistiger, und selbstverständlich dadurch auch in der Wirkung weit, weit über Menschenmögliches hinausging. Aber außerhalb der Gesetze in der Schöpfung lagen die Wunder nicht, sondern fügten sich vollkommen ein.

Der Mensch ist in seiner geistigen Entwickelung so weit zurückgeblieben, daß er nicht einmal die ihm zu Gebote stehenden geistigen Kräfte zu voller Entfaltung bringen kann, sonst würde auch er für heutige Begriffe an das Wunderbare grenzende Leistungen vollbringen.

Mit göttlicher Kraft aber sind natürlich noch ganz andere Werke zu schaffen, die von geistiger Kraft niemals erreicht werden können und sich schon in ihrer Art von dem höchsten geistigen Wirken unterscheiden. Aber in den Grenzen der göttlichen Gesetzmäßigkeit bleibt trotzdem alles Geschehen. Nichts geht darüber hinaus.

Die einzigen, die Willkürakte innerhalb der ihnen gegebenen Grenzen ihres freien Willens begehen, sind die Menschen; denn diese haben sich nie wirklich in den Willen Gottes eingefügt, dort, wo sie als Menschen eine gewisse Freiheit haben, nach eigenem Wollen zu handeln. Stets stellten sie ihren eigenen Willen dabei voran. Und damit lähmten sie sich selbst, konnten sich nie höher aufschwingen, als ihr eigener Verstandeswille es zugab, welcher erdgebunden ist.

Die Menschen kennen also nicht einmal die Gesetze in der Schöpfung, die ihre geistige Macht auslöst oder freimacht, in denen sie ihre geistige Macht zu entfalten vermögen.

Um so erstaunter stehen sie dann vor dem Entfalten göttlicher Kraft. Aus demselben Grund vermögen sie aber auch die göttliche Kraft nicht als solche zu erkennen oder erwarten Dinge von ihr, die außerhalb der göttlichen Gesetze innerhalb der Schöpfung liegen. Dazu aber würde das Herabsteigen eines grobstofflichen Körpers vom grobstofflichen Kreuze gehören.

Totenerweckungen durch göttliche Kraft liegen *nicht* außerhalb göttlicher Gesetze, sobald es innerhalb einer gewissen Zeit geschieht, die für jeden Menschen verschieden ist. Je geistig gereifter eine sich vom grobstofflichen Körper trennende Seele ist, desto schneller ist sie von diesem frei und desto kürzer die Zeit der gesetzmäßigen Möglichkeit des Zurückrufens, da dies nur während des Nochverbundenseins der Seele mit dem Körper geschehen kann.

Dem göttlichen Willen, also der göttlichen Kraft, muß die vom Geist belebte Seele gehorchen und auf seinen Ruf hin auf der feinstofflichen Brücke in den schon verlassenen grobstofflichen Körper zurückkehren, solange die Brücke noch nicht abgebrochen ist.

Wenn hier von göttlicher Kraft und geistiger Kraft gesprochen wird, so bestreitet das nicht die Tatsache, daß es in Wirklichkeit nur *eine* Kraft gibt, die von Gott ausgegangen ist und die die ganze Schöpfung durchdringt. Aber es ist ein Unterschied zwischen der göttlichen und der geistigen Kraft. Die geistige Kraft wird von der göttlichen beherrscht, von der sie ausgegangen ist. Sie ist nicht etwa eine abgeschwächte göttliche Kraft, sondern eine *veränderte* Kraft, die durch ihre Veränderung eine andere Art wurde und damit in ihrer Wirkungsfähigkeit engere Grenzen erhielt. Es sind also zwei verschieden wirkende Arten und in Wirklichkeit doch nur eine Kraft.

Dem schließt sich dann noch die wesenhafte Kraft an. Also drei grundlegende Kräfte, von denen die geistige und die wesenhafte Kraft von der göttlichen genährt und regiert werden. Alle drei sind eins zu nennen.

Weitere Kräfte gibt es nicht, nur viele Abarten, die durch die geistige und wesenhafte Grundart entstanden sind und die dann auch Verschiedenart in ihren Wirkungen haben. Jede Abart bringt in der Veränderung auch wieder entsprechend veränderte Gesetze, die sich jedoch stets folgerichtig an die Grundart angliedern, äußerlich aber doch der Veränderung der Kraft entsprechend fremder erscheinen.

Alle Arten aber, auch die Grundarten, sind an das oberste, göttliche Kraftgesetz gebunden und können in ihren eigenen veränderten Gesetzen nur in den äußeren Formen anders sein. Sie erscheinen deshalb anders, weil jede Art und Abart außer dem göttlichen Willen selbst nur Teilarten bildet, die dadurch Stückwerke sind, welche auch nur Teilgesetze haben können. Diese streben dem Ganzen, Vollkommenen zu, von dem sie abgeleitet sind, der reinen göttlichen Kraft, die gleichbedeutend ist mit göttlichem Willen, der als unverrückbares, ehernes Gesetz sich auswirkt.

Eine jede Kraft wirkt nun mit ihren Abarten in der vorhandenen feinstofflichen und grobstofflichen Materie der jeweiligen Art entsprechend und formt darin durch ihre eigene Verschiedenartigkeit auch *verschiedenartige* Welten oder Ebenen, die an sich einzeln beurteilt für die ganze Schöpfung nur jedesmal ein Stückwerk davon sind, weil die Kraft, die sie formte, auch nur ein jeweilig verändertes Stück der vollkommenen Gotteskraft ist, mit nicht vollkommenen, sondern nur Teilgesetzen.

*Nur die ganzen Gesetze* der einzelnen Weltebenen *zusammengenommen* ergeben dann wieder vollkommene Gesetze, die durch den göttlichen Willen in die Urschöpfung, das urgeistige Reich, gelegt wurden.

Deshalb muß auch ein Samenkorn des Menschengeistes alle Weltebenen durchlaufen, um deren Einzelgesetze an sich zu erleben und in sich zum Leben zu bringen. Hat er alle guten Früchte daraus dann gesammelt, so sind ihm diese Gesetze wirklich bewußt geworden, er vermag deshalb dann bei deren richtiger, gottgewollter Benutzung in das Paradies einzugehen, wird von den Gesetzen in deren Auswirkung dahin getragen, um von dort aus wissend in den unter ihm liegenden Teilebenen dann helfend und fördernd einzugreifen, als höchste Aufgabe eines jeden fertigen Menschengeistes.

Überfüllung kann niemals erfolgen, da die jetzt bestehenden Weltenebenen unbegrenzt ausgedehnt werden können; denn sie schweben ja in der Unendlichkeit.

So wird das Gottesreich dann größer und größer, von der Kraft der reinen Menschengeister immer weiter ausgebaut und ausgedehnt, deren Arbeitsfeld die Nachschöpfung zu werden hat, die sie vom Paradies aus leiten können, weil sie selbst alle Teile vorher durchwanderten und dadurch genau kennenlernten.

Diese Erklärungen hier nur, damit keine Irrtümer durch den Hinweis auf göttliche Kraft und geistige Kraft entstehen, weil in Wirklichkeit nur eine von Gott ausgegangene Kraft besteht, aus der sich die Abarten formen.

Wer von allen diesen Vorgängen weiß, wird niemals kindisches Erwarten äußern über Dinge, welche nie geschehen können, weil sie außerhalb der einzelnen Schöpfungsgesetze liegen. So wird auch nicht der Menschensohn durch Ausstrecken seiner Hand Katastrophen herbeiführen, die sich *unmittelbar* auswirken sollen. Das wäre gegen die bestehenden und nicht zu ändernden Naturgesetze.

Das Geistige ist beweglicher und leichter, also auch schneller als das Wesenhafte. Es wird deshalb das Wesenhafte in der Auswirkung mehr Zeit benötigen als das Geistige. Deshalb muß naturgemäß das wesenhafte, also das elementare Geschehen auch später eintreffen als das geistige. Ebenso ist durch diese Kräfte das Feinstoffliche schneller zu bewegen als das Grobstoffliche. Alles Gesetze, die erfüllt sein müssen, nicht umgangen, auch nicht durchbrochen werden können.

Im Lichte sind nun alle diese Gesetze bekannt, und es wird die Absendung der ausführenden Boten oder besonderer Befehle *so* eingerichtet, daß die Endauswirkungen zusammentreffen, wie es von Gott gewollt ist.

Ein Aufwand von durch Menschen nicht zu verstehender Größe ist für das jetzige Gericht erforderlich gewesen. Doch er arbeitet genau, so daß in Wirklichkeit keine Verzögerungen eintreten... bis auf die Punkte, wo das Menschenwollen mitarbeiten soll. Menschen allein suchen stets mit törichter Beharrlichkeit sich außerhalb jeder Erfüllung zu halten oder gar störend und feindlich sich hemmend in den Weg zu stellen... in erdbindender Eitelkeit.

Glücklicherweise ist nach dem großen Versagen der Menschen während der Erdenzeit des Gottessohnes nun damit gerechnet worden. Die Menschen können durch ihr Versagen nur den Erdenweg des Menschensohnes bis zu einem gewissen Zeitpunkt erschweren, so daß er Nebenwege wandern muß, Umwege machen, sie vermögen aber nicht das von Gott gewollte Geschehen aufzuhalten oder gar den vorausbestimmten Ausgang irgendwie zu verschieben; denn ihnen ist bereits der für ihre Torheiten kraftspendende Hintergrund des Dunkels genommen, während die Mauern ihres Verstandeswirkens, hinter denen sie noch Deckung nehmend Giftpfeile abschießen, schnell unter dem Drucke des vordringenden Lichtes zusammenbrechen werden. Dann stürzt es über sie herein, und keine Gnade soll ihnen gewährt sein nach dem Übel, das ihr Sinnen immer wieder unheilvoll erschuf. So kommt der Tag, den Lichtstrebende heiß ersehnen, nicht eine Stunde später als er soll.

## DAS IST MEIN FLEISCH! DAS IST MEIN BLUT!

Wer mein Wort aufnimmt, der nimmt mich auf«, sprach der Gottessohn zu seinen Jüngern, »der isset in Wirklichkeit mein Fleisch und trinket mein Blut!«
So lautet der Sinn der Worte, die der Gottessohn bei Einsetzung des Abendmahls sprach und die er mit dem Mahle zu dem Gedächtnis seines Erdenwandelns symbolisierte. Wie konnte es da vorkommen, daß heftige Streite darüber entbrannten zwischen den Gelehrten und Kirchen. Es ist der Sinn so einfach und so klar, wenn der Mensch zu Grunde legt, daß der Gottessohn Christus Jesus das *fleischgewordene* Wort Gottes war.

Wie konnte er darüber deutlicher sprechen als mit den einfachen Worten: »Wer mein Wort aufnimmt, der isset meinen Leib und trinket mein Blut!« Auch daß er sagte: »Das Wort ist wahrhaftig mein Leib und mein Blut!« Er mußte ja so sagen, weil er selbst das lebendige Wort in Fleisch und Blut war. Bei allen Weitergaben ist nur immer wieder die Hauptsache weggelassen worden: Der Hinweis auf *das Wort,* welches auf Erden *wandelte!* Weil es nicht verstanden wurde, so hielt man es für nebensächlich. Damit aber wurde die ganze Sendung Christi mißverstanden und verstümmelt, entstellt.

Auch den Jüngern des Gottessohnes war damals trotz ihres Glaubens keine Möglichkeit gegeben, die Worte ihres Meisters richtig aufzufassen, wie sie so vieles von ihm Gesagte nie richtig aufgefaßt hatten. Darüber gab Christus selbst ja oft genug seine Traurigkeit kund. Sie formten einfach den Sinn des Abendmahles in *die* Art, wie sie es in ihrer kindlichen Einfachheit aufgefaßt hatten. Dabei ist es selbstverständlich, daß sie die ihnen nicht ganz klaren Worte auch in einer ihrem eigenen

Verständnis entsprechenden Weise weitergaben, nicht aber so, wie es der Gottessohn gemeint hatte. –

Jesus war das fleischgewordene Wort Gottes! Wer also sein Wort richtig in sich aufnahm, der nahm damit ihn selbst auf.

Und läßt ein Mensch das ihm gebotene Wort Gottes dann in sich lebendig werden, so, daß es ihm zur Selbstverständlichkeit wird in dem Denken und im Tun, so macht er mit dem Wort in sich auch den Christusgeist lebendig, weil der Gottessohn das fleischgewordene, lebendige Wort Gottes war!

Der Mensch muß sich nur bemühen, in diesen Gedankengang endlich einmal *richtig* einzudringen. Er darf ihn nicht nur lesen und darüber schwätzen, sondern muß auch diesen Gedankengang bildhaft lebendig zu machen versuchen, das heißt, den Sinn in lebendigen Bildern still erleben. Dann erlebt er auch das Abendmahl *wirklich,* vorausgesetzt, daß er darin das Aufnehmen des lebendigen Wortes Gottes erkennt, dessen Sinn und Wollen er natürlich vorher gründlich wissen muß.

Es ist nicht so bequem, wie es so viele Gläubige sich denken. Stumpfes Hinnehmen des Abendmahles kann ihnen keinen Nutzen bringen; denn was lebendig ist, wie das Wort Gottes, will und muß auch lebendig *genommen* werden. Die Kirche vermag dem Abendmahl kein Leben einzuhauchen für den anderen, sobald dieser Abendmahlnehmer nicht in sich selbst die Stätte vorher schon bereitet hat, es *richtig* aufzunehmen.

Man sieht auch Bilder, die den schönen Ausspruch wiedergeben wollen: »Ich klopfe an!« Die Bilder sind ganz richtig. Der Gottessohn steht an der Türe der Hütte und klopft an, Einlaß begehrend. Nun aber hat der Mensch dabei schon wieder aus seinem eigenen Denken dazugegeben, indem er durch die wenig geöffnete Tür den in der Hütte gedeckten Tisch sehen läßt. Dadurch entsteht der Gedanke, daß niemand abgewiesen werden soll, der um Speise und Trank bittet. Der Gedanke ist schön und auch dem Worte Christi entsprechend, aber darin zu klein ausgelegt. Das »Ich klopfe an« bedeutet mehr! Mildtätigkeit ist nur ein kleiner Teil des Inhaltes des Gotteswortes.

Wenn Christus sagt: »Ich klopfe an«, so meint er damit, daß das von ihm verkörperte Gotteswort anklopft an die Menschenseele, nicht um Einlaß *bittend,* sondern Einlaß *fordernd!* Das *Wort* in seinem ganzen den Menschen gegebenen Umfange soll von diesen aufgenommen werden. Die *Seele* soll ihre Türe zum Einlaß des Wortes öffnen und den Tisch in sich dazu bereitet haben! Der Ausdruck »Tisch« ist hierbei gleichbedeutend mit Altar. Folgt sie dieser Forderung, so sind die grobstofflichen Taten des Erdenmenschen dann als Selbstverständlichkeit derart, wie es das »Wort« verlangt.

Der Mensch sucht immer nur verstandesmäßiges Erfassen, was Zergliederung und damit auch Verkleinerung bedeutet, ein In-engere-Grenzen-Schlagen. Deshalb kommt er immer wieder in die Gefahr, nur Bruchstücke von allem Großen zu erkennen, wie es auch hierbei wiederum geschah.

Das Fleischwerden des lebendigen Gotteswortes wird den Erdenmenschen immer ein Mysterium bleiben müssen, weil der Beginn dieses Geschehens sich im Göttlichen abspielte. Bis ins Göttliche hinein jedoch vermag die Begriffsfähigkeit des Menschengeistes nicht zu dringen, und deshalb bleibt das erste Glied für die spätere Fleischwerdung dem Verständnis des Menschen verschlossen.

Es ist deshalb auch nicht überraschend, daß gerade *diese* symbolische Handlung des Gottessohnes, die in der Austeilung des Brotes und des Weines lag, von der Menschheit bisher noch nicht verstanden werden konnte. Wer aber nun nach dieser Erklärung, die ihn ein Bild sich vorstellen läßt, noch dagegen eifern will, der gibt nur den Beweis dafür, daß die Grenze seines Begreifens in dem Geistigen aufhört. Sein Eintreten für die bisherige direkt unnatürliche Erklärung dieser Christusworte würde nur eine skrupellose Hartnäckigkeit bezeugen.

## AUFERSTEHUNG DES IRDISCHEN KÖRPERS CHRISTI

Vollkommen ist Gott, der Herr! Vollkommen sein Wille, der in ihm ist, und der aus ihm hervorgeht, um das Schöpfungswerk zu zeugen und zu erhalten. Vollkommen sind deshalb auch die Gesetze, die in seinem Willen die Schöpfung durchziehen.

Vollkommenheit aber schließt jedes Abbiegen von vornherein aus. Das ist die Grundlage, die den Zweifel an so vielen Behauptungen unbedingt *berechtigt!* Manche Lehren widersprechen sich selbst, indem sie ganz richtig die Vollkommenheit Gottes lehren, gleichzeitig aber im striktesten Gegensatze Behauptungen aufstellen und Glauben verlangen an Dinge, die eine Vollkommenheit Gottes und seines Willens, der in den Gesetzen der Schöpfung liegt, ausschließen.

Damit aber wurde der Krankheitskeim in so manche Lehre gesenkt. Ein bohrender Wurm, der den ganzen Bau einst zusammenbrechen lassen muß. Der Zusammenbruch ist dort um so unausbleiblicher, wo solche Widersprüche zu *Grundpfeilern* gemacht wurden, die die Vollkommenheit Gottes nicht nur in Zweifel ziehen, sondern sie direkt absprechen! Dieses Absprechen der Vollkommenheit Gottes gehört sogar zu bedingten Glaubensbekenntnissen, die das Eintreten in Gemeinschaften erst ermöglichen.

Da haben wir die Rede von der *Auferstehung des Fleisches,* im Hinblick auf die Auferstehung des irdischen Körpers des Gottessohnes, die von den meisten Menschen ganz gedankenlos aufgenommen wird, ohne die geringste Spur eines Verständnisses zu hinterlassen. Andere wieder machen sich diese Behauptung mit vollkommen bewußter Unkenntnis zu eigen, da ihnen der Lehrer fehlte, der eine richtige Erklärung dafür geben konnte.

Welches traurige Bild bietet sich da einem ruhig und ernst Beobachtenden. Wie kläglich stehen solche Menschen vor ihm, die sich sehr oft noch stolz als Eiferer ihrer Religion ansehen, als strenge Gläubige, wenn sie den Eifer darin zeigen, vorschnell in unwissender Überhebung auf Andersdenkende herabzusehen, nicht denkend, daß gerade das als untrügliches Zeichen hilflosen Unverständnisses genommen werden muß.

Wer *fragenlos* wichtige Dinge als seine Überzeugung aufnimmt und bekennt, zeigt damit grenzenlosen Gleichmut, aber keinen wahren Glauben.

In *diesem* Lichte steht ein solcher Mensch vor dem, was er das Höchste und das Heiligste zu nennen pflegt, was ihm den Inhalt und den Halt fürs ganze Sein bedeuten soll.

Damit ist er nicht ein lebendiges Glied seiner Religion, dem Aufstieg und Erlösung werden kann, sondern tönendes Erz, nur eine inhaltlose, klingende Schelle, einer, der die Gesetze seines Schöpfers nicht versteht und sich auch nicht darum bemüht, sie zu erkennen.

Für alle, die so handeln, bedeutet es Stillstand und Rückgang auf dem Wege, der sie zu Entwicklungs- und Förderungszwecken durch die Stofflichkeit dem Lichte der Wahrheit zuführen soll.

Auch die falsche Auffassung der Auferstehung des Fleisches ist wie jede andere irrtümliche Anschauung ein künstlich erzeugtes Hemmnis, das sie mit hinübernehmen in das Jenseits, vor dem sie dann auch dort stehenbleiben müssen und nicht weiterkommen, da sie sich nicht allein davon befreien können; denn falscher Glaube hängt an ihnen fest und bindet sie derart, daß ihnen jeder freie Ausblick zu der lichten Wahrheit abgeschnitten ist.

Sie wagen nicht anders zu denken und können deshalb auch nicht weiter. Damit kommt die Gefahr, daß die so sich-selbst-gebunden-haltenden Seelen auch noch die letzte Zeit zum Freiwerden versäumen und nicht rechtzeitig emporsteigen zum Licht, wodurch sie mit in die Zersetzung gleiten müssen und die ewige Verdammnis als ihr Endziel finden.

Ewige Verdammnis ist das Dauernd-Ausgeschaltetsein vom Licht. Ein durch sich selbst aus der Natur des folgerichtigen Geschehens heraus für immer *davon* Abgetrennt-Bleiben, in das Licht als vollbewußt entwickelte Persönlichkeit zurückkehren zu können. Dieser Umstand tritt durch das Hineingezogenwerden in die Zersetzung ein, die neben dem feinstofflichen Körper auch alles geistig als persönlich-bewußt Gewonnene zerstäubt und auflöst.* Das ist dann der sogenannte »geistige Tod«, von dem es keinen Aufstieg zu dem Lichte mehr geben kann für das bewußte »Ich«, das sich bis dahin entwickelt hatte, während es bei einem Aufstiege nicht nur verbleibt, sondern sich bis zur geistigen Vollkommenheit weiter bildet.

Ein in falschem oder gedankenlos als eigen angenommenem Glauben Hinübergegangener bleibt gehemmt, bis er *in sich selbst* durch andere Überzeugung lebendig und frei wird und damit das Hindernis sprengt, das ihn durch seinen eigenen Glauben davon zurückhält, den rechten und wahren Weg zu beschreiten und dort vorwärts zu gehen.

Diese Überwindung aber und die Kraftentfaltung, die es kostet, sich selbst von einem solchen Irrwahne zu lösen, ist ungeheuer. Schon der Schritt, einem solchen Gedanken nahezutreten, erfordert geistig einen gewaltigen Auftrieb. So halten sich Millionen selbst gefangen und können dadurch nicht mehr die Kraft gewinnen, auch nur den Fuß zu heben, in dem verderbenbringenden Wahne, damit Unrecht zu tun. Sie sind wie gelähmt und auch verloren, wenn nicht die lebendige Kraft Gottes selbst den Weg zu ihnen sucht. Doch diese kann wiederum nur dann helfend eingreifen, sobald der Funke eines Wollens dazu in der Menschenseele ruht und ihr entgegenkommt.

In diesem an sich so einfachen und natürlichen Vorgange ruht eine Lähmung, wie sie entsetzlicher und verderbenbringender nicht sein kann. Wird doch damit der Segen der dem Menschen anvertrauten freien Entschlußkraft durch falsche Anwendung zum Fluche. Ein jeder hat es stets selbst in der Hand, sich auszuschließen oder anzuschließen.

---

* Vortrag: »Die Welt«.

Und gerade darin rächt es sich furchtbar, wenn sich ein Mensch blindlings einer Lehre anvertraut ohne sorgfältigste und ernsteste Prüfung! Die Trägheit darin kann ihn sein ganzes Sein kosten!

Der ärgste Feind des Menschen rein irdisch ist die Bequemlichkeit. Bequemlichkeit aber im Glauben wird sein geistiger Tod!

Wehe denen, die nicht bald erwachen und sich aufraffen zu schärfster Prüfung alles dessen, was sie Glauben nennen! Verderben aber wartet derer, die so großes Elend verschulden! Die als falsche Hirten ihre Schafe in trostlose Wildnis führen. Nichts anderes vermag ihnen zu helfen als das Zurückgeleiten der verirrten Schafe auf den wahren Weg. Die große Frage dabei aber ist, ob ihnen dazu noch genügend Zeit verbleibt. Es prüfe jeder deshalb sorgfältig sich selbst, bevor er seinen Nächsten zu belehren sucht.

Irrglauben ist Irrwahn! Und dieser hält den Menschengeist hier wie im Jenseits dicht und fest gebunden mit einer Stärke, die nur die lebendige Kraft des wahren Gotteswortes lösen kann. Deshalb lausche jeder seinem Rufe, den es trifft. Nur der den Ruf empfindet, für den ist er bestimmt! Ein solcher prüfe dann und wäge, und werde frei!

Er vergesse dabei nicht, daß *nur sein eigener Entschluß* die Fessel sprengen kann, die er sich vorher selbst durch falschen Glauben auferlegte. Wie er sich in Bequemlichkeit oder in Trägheit einst entschloß, blind irgendeiner Lehre anzuhängen, die er nicht in *allen Teilen* ernsthaft prüfte, oder wie er Gott vielleicht zu leugnen suchte, nur weil er bisher nicht vermochte, selbst einen Weg zu ihm zu finden, der seinem berechtigten Bedürfnisse nach einer folgerichtigen Lückenlosigkeit entsprach, so muß auch jetzt wieder das *erste Wollen von ihm selbst* ausgehen zu dem rücksichtslosen Prüfen bei dem Suchen! *Nur dann* vermag er den durch seinen eigenen Willen bisher festgehaltenen Fuß zu heben und den ersten Schritt zu tun, der ihn zur Wahrheit und damit zur Freiheit in dem Lichte führt.

Er *selbst* und immer nur er selbst *kann, soll* und *muß* abwägen, weil er die Gabe dazu in sich trägt. Er muß ja auch alle Verantwortung nur auf sich selbst nehmen, so oder so, gleichviel, was er auch will und was er tut.

Schon *das* Bewußtsein müßte ihn zu schärfster Prüfung zwingen.

Gerade diese Verantwortung gibt einem jeden Menschen nicht nur das unbeschränkte Recht zu einer solchen Prüfung, sondern macht sie sogar zu der zwingendsten Notwendigkeit! Mag er es ruhig als gesunden Selbsterhaltungstrieb betrachten, das ist durchaus nicht unrecht! Er unterschreibt doch auch nicht irgendeinen irdischen Vertrag, der ihm eine Verantwortung auferlegt, ohne diesen Wort für Wort genau zu prüfen und zu überlegen, ob er alles halten kann. Nicht anders ist es und viel ernster in den geistigen Beziehungen mit dem Entschluß, sich irgendeinem Glauben hinzugeben! Wenn die Menschen hierbei etwas mehr gesunden Selbsterhaltungstrieb betätigten, so würde dies nicht Sünde, sondern Segen sein!

Auferstehung des Fleisches! Wie kann das Fleisch der Grobstofflichkeit hinaufsteigen in das urgeistige Reich Gottvaters! Grobstofflichkeit, die nicht einmal in die Feinstofflichkeit des Jenseits überzutreten vermag. Alles Grobstoffliche, auch sogar das Feinstoffliche, ist nach den ewigen Naturgesetzen der Zersetzung unterworfen. Ausnahmen oder Abweichungen darin gibt es nicht, weil die Gesetze vollkommen sind. Demnach kann auch Grobstoffliches nach erfolgtem Tode nicht aufsteigen in das Reich des Vaters, oder auch nur in das der Zersetzung ebenfalls unterworfene feinstoffliche Jenseits! Derartige Abbiegungen sind aus der Vollkommenheit der göttlichen Naturgesetze heraus einfach ein Ding der Unmöglichkeit!

Im Kleinen ist das alles auch ganz deutlich in den Gesetzen der Physik zu beobachten, die ebenfalls weiter nichts zeigen als die unverrückbaren Schöpfergesetze, welche wie alles in dem ganzen Sein auch das Gebiet durchziehen.

*Alles* Bestehende ist doch den einheitlichen Entstehungsgesetzen unterworfen, die klar und deutlich den einfachen, aber nicht verschiebbaren göttlichen Willen in sich tragen. Nichts vermag davon abgetrennt zu werden.

Es ist deshalb um so bedauerlicher, wenn einige Lehren gerade diese sich darin zeigende gewaltige Größe Gottes nicht anerkennen wollen, womit er der Menschheit mit ihrem Verstehen sichtbar so nahe tritt!

## 48. AUFERSTEHUNG DES IRDISCHEN KÖRPERS CHRISTI

Jede Lehre weist ganz richtig auf die Vollkommenheit Gottes hin. Ist jedoch der Ursprung oder Urquell als solcher vollkommen, so kann auch nur Vollkommenes aus ihm hervorgehen. Demnach müssen notwendigerweise auch die in den daraus hervorgegangenen Willensakten liegenden Schöpfungsgesetze vollkommen sein. Es läßt sich ganz natürlicherweise das eine nicht von dem anderen trennen. Diese vollkommenen Schöpfungsgesetze durchziehen als Naturgesetze alles Entstandene und halten es.

Vollkommenheit ist aber nun gleichbedeutend mit Unabänderlichkeit. Das ergibt, daß ein Abbiegen in diesen Grund- oder Naturgesetzen ganz unmöglich ist. Mit anderen Worten: Es können unter keinen Umständen Ausnahmen vorkommen, die allem sonstigen Geschehen in dessen Natürlichkeit widersprechen.

So kann auch keine Auferstehung des Fleisches erfolgen, das als grobstofflich unbedingt an die Grobstofflichkeit gebunden bleibt!

Da alle die Urgesetze aus der göttlichen Vollkommenheit hervorgegangen sind, wird auch nie ein neuer Willensakt Gottes in anderer Form sich entwickeln können als in der von Urbeginn der Schöpfung an gegebenen.

Wenn sich so manche Lehre dieser Selbstverständlichkeit verschließt, die durch die Vollkommenheit Gottes unbedingt gegeben ist, so beweist sie damit, daß ihre Grundlagen *falsch* sind, daß sie auf an Raum und Zeit gebundenen Menschenverstand aufgebaut sind, und demnach keinen Anspruch machen dürfen auf Gottesbotschaft, die keine Lücken zeigen würde, da eine solche nur aus der Vollkommenheit kommen kann, aus der Wahrheit selbst, die lückenlos ist und auch in ihrer einfachen Größe verständlich. In erster Linie *natürlich,* weil die von den Menschen genannte Natur aus der Vollkommenheit des göttlichen Willens hervorging und heute noch ihre Lebendigkeit in unveränderter Art erhält, damit aber auch keinen Ausnahmen unterworfen sein kann.

Als Christus zur Erde kam, um die Gottesbotschaft der Wahrheit zu verkünden, mußte er sich deshalb auch eines grobstofflichen Körpers bedienen, also des Fleisches. Darin müßte schließlich schon jeder denkende Mensch die Unabänderlichkeit der Naturgesetze erkennen, wie auch in dem durch die Kreuzigung erfolgten körperlichen Tode.

Dieses grobstoffliche Fleisch aber konnte nach diesem Tode auch keine Ausnahme bilden, sondern mußte in der grobstofflichen Welt verbleiben! Es konnte *nicht* auferstehen, um in eine andere Welt einzugehen! Die feststehenden göttlichen oder natürlichen Gesetze lassen das durch ihre aus dem göttlichen Willen hervorgegangene Vollkommenheit nicht zu. Können es gar nicht, sonst würden sie nicht vollkommen sein, und das zöge wiederum nach sich, daß auch Gottes Wille, seine Kraft und er selbst nicht vollkommen ist.

Da dies aber ausgeschlossen bleibt, wie jede Wissenschaft in der Schöpfung selbst feststellen kann, so ist es falsch und ein Zweifel an Gottes Vollkommenheit, wenn behauptet werden soll, daß dieses grobstoffliche Fleisch auferstanden und nach vierzig Tagen in eine andere Welt eingegangen sei.

Wenn Fleisch wirklich auferstehen soll, so kann dies nur derart geschehen, daß die mit dem grobstofflichen Körper noch durch eine feinstoffliche Schnur eine Zeitlang verbundene Seele in diesen Körper zurückgerufen wird\*. Das ist den natürlichen Gesetzen entsprechend nur so lange möglich, wie diese Schnur besteht. Ist diese Schnur einmal gelöst, so würde eine Auferweckung, also ein Zurückrufen der Seele in den bisherigen grobstofflichen Körper, unmöglich sein!

Auch das unterliegt streng den lückenlosen Naturgesetzen, und sogar Gott selbst vermöchte es nicht, weil es ja gegen seine eigenen vollkommenen Gesetze wäre, gegen seinen vollkommenen Willen, der selbsttätig in der Natur arbeitet. Gerade aus dieser Vollkommenheit heraus würde er auch nie auf einen so unvollkommenen Gedanken kommen können, der nur ein Willkürakt sein müßte.

Hier zeigt sich wieder eine anscheinende Gebundenheit Gottes in dem Schöpfungswerke durch seine lückenlose Vollkommenheit, die in jedem Falle erfüllt werden muß und keine Änderung zuläßt, die aber auch

---

\* Vortrag: »Der Tod«.

weder beabsichtigt noch notwendig ist. Es ist durchaus kein wirkliches Gebundensein Gottes, sondern es *erscheint* dem Menschen nur in manchen Dingen als solches, weil er nicht das *ganze* Geschehen zu überblicken vermag. Und dieses Nicht-überblicken-Können des *Ganzen* bringt ihn dazu, an sich ganz gut und ehrerbietig gemeint, von seinem Gotte Willkürakte zu erwarten, die scharf gedacht die göttliche Vollkommenheit nur verkleinern müssen.

Das von den Menschen dabei in aller Demut gemeinte Gute wird also in diesem Falle nicht zum ehrfurchtsvollen Emporblicken, sondern zum Herabziehen in die ganz natürliche Beschränkung des menschlichen Geistes.

Die unbedingte Einhaltung der göttlichen Willens- oder Naturgesetze betätigte sich auch bei der Erweckung des Lazarus, wie bei dem Jüngling zu Nain. Diese konnten erweckt werden, weil die Verbindungsschnur mit der Seele noch bestand. Auf den Ruf des Meisters konnte die Seele wieder eins werden mit dem Körper. Dieser aber war dann gezwungen, nach den Naturgesetzen in der grobstofflichen Welt zu verbleiben, bis eine neue Lösung zwischen dem grobstofflichen und dem feinstofflichen Körper kam, die dem letzteren ermöglichte, in das feinstoffliche Jenseits einzugehen, also ein neues, grobstoffliches Absterben erfolgte.

Das Hinübergehen des grobstofflichen Körpers in eine andere Welt ist aber ein Ding der Unmöglichkeit. Wäre der Geist Christi wieder in den grobstofflichen Körper zurückgekehrt, oder hätte er diesen vielleicht gar nicht verlassen, so würde er gezwungen gewesen sein, noch so lange in der Grobstofflichkeit zu bleiben, bis ein neues Absterben erfolgte, nicht anders.

Ein Auferstehen zu einer anderen Welt im Fleische ist vollkommen ausgeschlossen, für die Menschen, wie auch damals für Christus!

Der irdische Leib des Erlösers ging denselben Weg, den jeder andere grobstoffliche Leib zu gehen hat, nach den Naturgesetzen des Schöpfers.

*Jesus von Nazareth, der Gottessohn, ist demnach nicht fleischlich auferstanden!*

## 48. AUFERSTEHUNG DES IRDISCHEN KÖRPERS CHRISTI

Es wird nun trotz aller Logik und der gerade darin enthaltenen viel größeren Gottesverehrung noch viele geben, die in der Blindheit und Trägheit ihres falschen Glaubens so einfachen Wegen der Wahrheit nicht folgen wollen. So manche wohl auch, die aus eigener Einengung nicht folgen können. Andere wieder, die mit voller Absicht wütend dagegen zu kämpfen versuchen, aus der begründeten Angst heraus, daß damit ihr mühsam errichtetes Gebäude bequemen Glaubens zusammenbrechen muß.

Es kann ihnen nichts nützen, wenn sie sich als Grundlage nur auf die wörtlichen Überlieferungen stützen; denn auch die Jünger waren Menschen. Es ist ja nur rein menschlich, wenn die damals durch alles furchtbare Geschehen stark erregten Jünger bei der Erinnerung in ihre Schilderungen manche eigenen Gedanken mit verwoben, die durch das vorangegangene Erschauen ihnen selbst noch unerklärlicher Wunder so manches anders wiedergaben, als es in Wirklichkeit gewesen war.

Ihre Niederschriften und Erzählungen wurzelten, wie bei der irrtümlichen Verschmelzung des Gottessohnes und des Menschensohnes, mehrfach zu stark in *eigenen* menschlichen Voraussetzungen, die dann für manche späteren Irrtümer den Grund legten.

Auch wenn ihnen die stärkste geistige Inspiration helfend zur Seite stand, so greifen trotzdem bei der Wiedergabe vorgefaßte eigene Meinungen sehr stark mit ein und trüben oft das bestgewollte und klarste Bild.

Jesus selbst hat aber keine Niederschriften vorgenommen, auf die allein man unbedingt sich streitbar stützen könnte.

Er würde nie etwas gesagt oder geschrieben haben, das sich mit den Gesetzen seines Vaters, den göttlichen Naturgesetzen oder dem schöpferischen Willen, nicht voll und ganz in Einklang stellte. Sagte er doch selbst ausdrücklich:

*»Ich bin gekommen, die Gesetze Gottes zu erfüllen!«*

Die Gesetze Gottes aber liegen klar in der Natur, die sich allerdings weiter erstreckt als nur auf die Grobstofflichkeit, aber doch auch in der feinstofflichen wie in der wesenhaften und geistigen Welt überall »natürlich« bleibt. Ein Denkender vermag in diesen bedeutungsvollen Worten des Erlösers sicherlich etwas zu finden, das über die verwirrenden Religionsdogmen hinausgeht und einen Weg zeigt denen, die wirklich ernsthaft suchen!

Außerdem aber kann jeder Mensch darüber auch Anhaltspunkte in der Bibel finden; denn Jesus erschien vielen. Was aber geschah? Maria erkannte ihn dabei zuerst nicht, Magdalena erkannte ihn nicht sogleich, die zwei Jünger auf dem Wege nach Emmaus erkannten ihn stundenlang nicht, trotzdem er mit ihnen ging und mit ihnen sprach ... Was ist daraus zu folgern? *Daß es ein anderer Körper sein mußte,* den sie sahen, sonst hätten sie ihn alle *sofort* erkannt! –

Doch bleibe ruhig taub, wer noch nicht hören will, und blind, der zu bequem ist, seine Augen aufzutun!

Der allgemeine Begriff »Auferstehung des Fleisches« findet seine Berechtigung in den *irdischen* Geburten, die nicht aufhören zu sein, solange es Erdenmenschen gibt. Es ist eine große Verheißung der Zulassung wiederholter Erdenleben, nochmaliger Inkarnationen zum Zwecke schnelleren Fortschrittes und notwendiger Ablösung von Wechselwirkungen niederer Arten, gleichbedeutend mit Sündenvergebung. Ein Beweis der unermeßlichen Liebe des Schöpfers, deren Gnade darin liegt, daß abgeschiedenen Seelen, die ihre Erdenzeit ganz oder zum Teil vergeudeten und deshalb unfertig zum Aufstieg in das Jenseits kamen, nochmals Gelegenheit gegeben wird, sich mit einem neuen grobstofflichen Körper oder Mantel zu umhüllen, wodurch ihr abgelegtes Fleisch in dem neuen Fleische eine Auferstehung feiert. Die schon hinübergegangene Seele erlebt damit eine neue Auferstehung *im* Fleische!

Welcher Segen in dieser sich dauernd wiederholenden Erfüllung einer so hohen Gnade ruht, vermag der nicht alles überschauende Menschengeist erst später zu erfassen!

## MENSCHENSINN UND GOTTESWILLE
## IM GESETZ DER WECHSELWIRKUNG

Wenn von Menschensinn und Menschenanschauung gesprochen werden soll, dem auch das irdische Gericht verbunden ist, so darf nicht erwartet werden, daß dies gleichbedeutend ist mit göttlicher Gerechtigkeit oder dieser auch nur nahekommt. Es muß im Gegenteil leider gesagt werden, daß in den meisten Fällen darin sogar ein himmelweiter Unterschied besteht. Bei dieser Gegenüberstellung ist der volkstümliche Ausdruck »himmelweit« im wahrsten Sinne angebracht.

Dieser Unterschied würde sich oft mit dem an Raum und Zeit begrenzten Verstand der Menschheit erklären lassen, der in seiner Beschränktheit nicht vermag, das *eigentliche* Unrecht zu erkennen und vom Rechte zu scheiden, da dieses selten durch Äußerlichkeiten klar zu erkennen ist, sondern lediglich im Innersten eines jeden Menschen liegt, zu dessen Beurteilung starre Gesetzesparagraphen und Schulweisheit nicht ausreichen. Betrübend aber ist es, daß deshalb so manche Beurteilungen des irdischen Gerichtes der göttlichen Gerechtigkeit direkt entgegenstehen müssen.

Es soll nicht von den Zeiten des Mittelalters gesprochen werden, nicht von den traurigen Zeiten der qualvollen Folterungen, sowie der sogenannten Hexenverbrennungen und anderer Verbrechen der Justiz. Ebensowenig sollen die zahlreichen Verbrennungen berührt werden, das Foltern und Morden, welche auf das Schuldkonto der *religiösen* Gemeinschaften fallen und in ihren Wechselwirkungen die Ausübenden doppelt furchtbar treffen müssen, weil sie den Namen des vollkommenen Gottes dabei mißbrauchten, in seinem Namen alle diese Verbrechen ausführten, als angeblich ihm wohlgefällig, und damit ihn vor den Menschen als den dafür Verantwortlichen stempelten.

Mißbräuche und Greuel, die nicht so schnell vergessen werden dürften, sondern die man immer wieder auch bei heutigen Beurteilungen sich warnend ins Gedächtnis rufen sollte, namentlich da die damals Ausübenden diese Übergriffe mit dem Anschein des vollen Rechtes und besten Glaubens eifrig durchführten.

Vieles ist anders geworden. Und doch wird selbstverständlich auch die Zeit kommen, in der man auf die heutige Rechtspflege mit ähnlichem Schauder zurückblickt, wie wir heute auf die oben erwähnten Zeiten schauen, die nach unserer jetzigen Erkenntnis soviel Unrecht in sich tragen. Das ist der Lauf der Welt und ein gewisser Fortschritt.

Tiefer geschaut aber liegt der anscheinend große Fortschritt zwischen dem Damals und dem Heute *lediglich in den äußeren Formen.* Die in so manches Menschen ganzes Sein tief einschneidende Allgewalt des einzelnen ohne persönliche Verantwortung für diesen auf der Erde ist vielfach immer noch dieselbe. Auch die Menschen selbst und deren Triebfedern zu ihrem Handeln haben sich nicht sehr geändert. Und wo das *Innenleben* noch dasselbe ist, sind auch die Wechselwirkungen die gleichen, welche das *göttliche* Gericht in sich tragen.

Wenn die Menschheit *darin* plötzlich *sehend* würde, könnte nur ein einziger Verzweiflungsschrei die Folge sein. Ein Grauen, das sich über alle Völker legt. Nicht einer würde seine Hand mit Vorwurf gegen seinen Nächsten heben, da *jeder einzelne* in irgendeiner Art die gleiche Schuld auch auf sich lasten fühlen müßte. Er hat kein Recht, dem anderen darin vorwurfsvoll zu begegnen, da bisher *jeder* irrend nur nach Äußerlichkeit urteilte und alles *eigentliche Leben übersah.*

Viele würden an sich selbst verzweifeln bei dem ersten Lichtstrahle, wenn dieser ohne Vorbereitung in sie dringen könnte, während andere, die sich bisher nie Zeit zum Nachdenken genommen haben, maßlose Erbitterung empfinden müßten darüber, daß sie so lange schliefen.

Darum ist nun die Anregung zum ruhigen Nachdenken angebracht und zur Entwicklung der *eigenen gerechten Urteilsfähigkeit,* die jede blinde

## 49. MENSCHENSINN UND GOTTESWILLE...

Anlehnung an fremde Ansichten zurückweist und nur nach *eigenem* Empfinden *aufnimmt, denkt, spricht* und *handelt!*

Nie darf der Mensch vergessen, daß er *ganz allein* alles das voll und ganz zu verantworten hat, was *er* empfindet, denkt und tut, auch wenn er es bedingungslos von anderen übernommen hat!

Wohl dem, der diese Höhe erreicht und jedem Urteile prüfend entgegentritt, um dann nach seinen *eigenen* Empfindungen zu handeln. Er macht sich so nicht mitschuldig wie Tausende, die oft nur aus Gedankenlosigkeit und Sensationslust durch Vorurteil und Nachrede schweres Karma auf sich laden, das sie in Gebiete führt, deren Leid und Schmerzen sie niemals hätten kennenzulernen brauchen. Sie lassen sich dadurch auch schon auf Erden oft von vielem wirklich Guten abhalten und versäumen damit nicht nur viel für sich selbst, sondern setzen vielleicht alles damit aufs Spiel, ihr ganzes Sein.

So war es bei dem auflodernden, sinnlosen Haß gegen Jesus von Nazareth, dessen eigentlichen Grund nur wenige der böswilligen Schreier kannten, während alle anderen sich einfach in einen vollkommen unwissenden blinden Eifer hineinarbeiteten, mitschrieen, ohne selbst je mit Jesus persönlich zusammengekommen zu sein. Nicht minder verloren sind auch alle die, die sich auf Grund falscher Ansichten anderer von ihm wandten und seine Worte nicht einmal anhörten, noch viel weniger sich die Mühe einer sachlichen Prüfung nahmen, wobei sie schließlich doch noch den Wert hätten erkennen können.

Nur so konnte die wahnsinnige Tragödie reifen, die ausgerechnet den *Gottessohn* wegen *Gotteslästerung* unter Anklage stellte und an das Kreuz brachte! Den Einzigen, der selbst direkt von Gott kam und ihnen die Wahrheit über Gott und seinen Willen kündete!

Der Vorgang ist so grotesk, daß sich darin in greller Deutlichkeit die ganze Beschränktheit der Menschen zeigt.

Und die Menschheit ist von da bis heute nicht etwa innerlich vorgeschritten, sondern gerade darin trotz aller sonstigen Entdeckungen und Erfindungen noch weiter zurückgegangen.

Vorgeschritten ist allein durch die äußeren Erfolge der damit auch mehr wissenwollende Dünkel, den gerade die Beschränktheit zeugt und großzieht, der ja eigentlich das ausgesprochene Zeichen der Beschränktheit ist.

Und diesem seit zwei Jahrtausenden immer fruchtbarer gewordenen Boden sind die jetzigen Menschheitsanschauungen entsprossen, die ausschlaggebend und *verheerend* wirken, während die Menschen selbst ahnungslos sich immer mehr darein verstricken, zu ihrem eigenen entsetzlichen Verhängnis.

Wer sich da alles durch falsche Anschauungen oft in gutem Glauben üble Auswirkungen einer Wechselströmung zuzieht, also gegen göttliche Gesetze verstößt, ist bisher selten jemand klargeworden. Die Zahl ist groß, und viele sind in ahnungsloser Hoffart sogar stolz darauf, bis sie dereinst in qualvollem Entsetzen die Wahrheit schauen müssen, die so ganz anders ist, als ihre Überzeugung sie sich denken ließ.

Dann ist es allerdings zu spät. Die Schuld, die sie sich aufgebürdet haben, muß gesühnt werden in oft jahrzehntelangem, mühseligem Ringen mit sich selbst.

Der Weg ist weit und schwer bis zur Erkenntnis, sobald ein Mensch die günstige Gelegenheit des Erdenseins versäumte und sich dabei sogar gewollt oder durch Unkenntnis noch neue Schuld auflud.

Entschuldigungen fallen dabei niemals ins Gewicht. Ein *jeder* kann es wissen, wenn er *will!*

Wen es darnach drängt, einmal in dem Gange der Wechselwirkungen die göttliche Gerechtigkeit zum Unterschied irdischer Anschauungen zu erkennen, der bemühe sich, irgendein Beispiel aus dem Erdenleben daraufhin anzusehen und dabei zu prüfen, auf welchen Seiten wirklich Recht und Unrecht liegen. Es fallen ihm täglich viele zu.

Bald wird sich seine eigene Empfindungsfähigkeit stärker und lebendiger entfalten, um zuletzt alle gelernten Vorurteile mangelhafter Anschauungen abzuwerfen. Damit ersteht ein Gerechtigkeitsempfinden, das sich auf sich selbst verlassen kann, weil es im Erkennen aller Wechselwirkungen den Gotteswillen aufnimmt, darin steht und wirkt.

## DER MENSCHENSOHN

Seit dem Verbrechen an dem Gottessohne, dem Wahrheitsbringer Jesus von Nazareth, lastet es wie ein Fluch auf der Menschheit, daß sie gerade die für die Menschen bedeutendste Prophezeiung nicht erkannte und wie mit einer dichten Binde vor den Augen auch heute noch ahnungslos davorsteht. Die furchtbare Folge davon wird sein, daß ein großer Teil der Menschen an der einzigen Möglichkeit seiner Rettung vor dem Verworfenwerden vorübertaumelt, der Vernichtung entgegen.

Es ist dies die Prophezeiung von dem Kommen des Menschensohnes, die der Gottessohn unter den steten Angriffen der Massen, die im Dunkel stehend naturgemäß den Wahrheitsbringer hassen mußten, gleichsam als Hoffnungsstern und doch auch wieder ernste Warnung gab.

Dieselbe Woge irrender Gefühle und Gedanken, die den Gottessohn damals als solchen nicht erkennen ließ, verwirrte das Verständnis für die Wichtigkeit dieser Verkündung schon zur Zeit ihrer Entstehung. Der Menschengeist war zu verdunkelt, viel zu sehr von sich selber eingenommen, als daß er derart hohe Gottesbotschaften noch ungetrübt entgegennehmen konnte. Botschaften, die aus einer Höhe über seinem eigenen Entstehungskreise kamen, glitten ohne Eindruck an dem Ohr vorbei.

Zu einem Verstehen hätte Glaube bewußter Überzeugung gehört, dessen damals auch die Anhänger nicht fähig waren. Der Boden blieb noch viel zu wild verwachsen, auf den die Worte des Erlösers fielen. Dazu drängten sich die gewaltigen Erlebnisse und seelischen Erschütterungen der Umgebung des Heilandes auf nur wenige Jahre zusammen, wodurch sich deshalb alles gefühlsmäßig so auf seine Person konzentrieren mußte, daß sein Sprechen von einer anderen Person in ferner Zukunft nicht als solches beachtet, sondern auch wieder mit ihm selbst verwoben wurde.

So blieb der Irrtum bis auf den heutigen Tag in der Anschauung der Menschen bestehen, da die Ungläubigen sich nicht um die Worte des Heilandes kümmerten, die Gläubigen jedoch jede ernste, kritisierende Prüfung der Überlieferungen gerade aus ihrer Gläubigkeit heraus gewaltsam unterdrückten, in der heiligen Scheu, diesen Worten des Heilandes nicht nahetreten zu dürfen. Sie übersahen aber dabei, daß es sich nicht um seine wirklichen ursprünglichen und eigenen Worte handelte, sondern lediglich um Überlieferungen, die lange nach seinem Erdenwallen niedergeschrieben wurden. Dadurch aber unterlagen sie auch naturgemäß den unbewußten Änderungen des menschlichen Verstandes und menschlicher, persönlicher Anschauung.

Es liegt gewiß auch eine Größe in dieser ehrfürchtigen Aufrechterhaltung rein menschlicher Überlieferung, und deshalb soll auch kein Vorwurf darüber erhoben werden.

Das alles hindert aber nicht hemmende Folgen einer darin durch irrige Überlieferung entstandenen irrtümlichen Anschauung, da die Gesetze der Wechselwirkung auch in diesem Falle nicht umzustoßen sind. Auch wenn sie in der Auslösung für den Menschengeist nur als hemmende Gitter gegen das weitere Aufwärtssteigen sich auswirken, so bedeutet es doch ein verhängnisvolles Stehenbleiben und Nicht-Vorwärtskommen, solange das befreiende Wort der Klärung nicht in ihnen lebendig werden kann.

Derjenige, der an den Gottessohn und seine Worte glaubt und diese in sich lebendig gemacht hat, sie also in *richtiger* Auslegung in sich trägt und darnach handelt, braucht selbstverständlich den verheißenen Menschensohn nicht abzuwarten, da dieser nichts anderes zu bringen hat als dasselbe, was der Gottessohn bereits gebracht hat. Aber Voraussetzung dabei ist, daß er die Worte des Gottessohnes *wirklich verstanden* hat, nicht hartnäckig an irrtümlichen Überlieferungen hängt. Hat er sich irgendwo an Irrtümer gebunden, dann wird er seinen Aufstieg nicht vollenden können, bis er Aufklärung erhält, die dem Menschensohne vorbehalten blieb, weil der begrenzte Menschengeist nicht allein fähig ist, sich loszulösen von den Schlinggewächsen, die jetzt die Wahrheit dicht umwuchern.

Jesus bezeichnete das Kommen des Menschensohnes als letzte Möglichkeit der Rettung und wies auch darauf hin, daß mit diesem das Gericht hereinbricht, daß also solche, die auch dann nicht wollen, oder anders ausgedrückt, durch ihre eigene Hartnäckigkeit oder Trägheit keine Aufklärung anzunehmen bereit sind, endgiltig verworfen werden müssen. Daraus ist der Schluß zu ziehen, daß in weiterer Folge eine nochmalige Möglichkeit des Überlegens und Entscheidens nicht mehr eintritt. Es liegt auch unverkennbar die Ankündigung eines harten Zugreifens darin, welches das Ende eines langmütigen Wartens bringt. Das wiederum bezeugt kommenden Kampf des Lichtes gegen alles Dunkle, der mit gewaltsamer Vernichtung alles Dunkels enden muß.

Daß solches sich nach menschlichen Erwartungen, Wünschen und Begriffen abspielt, ist nicht anzunehmen; denn dagegen sprechen *alle* bisherigen Geschehnisse. Noch nie in dem Vorangegangenen hat sich der Menschensinn vorher eins gezeigt mit den Auswirkungen göttlichen Willens. Stets war die Wirklichkeit anders als die Vorstellungen der Menschen, und erst lange hinterdrein kam dann manchmal langsam die Erkenntnis des Geschehenen.

Es wird auch diesmal keine Änderung darin zu erhoffen sein, da der Menschen Sinn und ihre Anschauungen nichts gewonnen haben gegen früher, sondern im Gegenteil noch viel »realer« wurden.

Der Menschensohn! Ein Schleier liegt noch über ihm und seiner Zeit. Wenn auch in manchem Geiste ein unklares Ahnen aufwacht, ein Sehnen nach dem Tage seines Kommens, so wird auch mancher Sehnende wahrscheinlich ahnungslos an ihm vorübergehen, ihn nicht kennen wollen, weil sein Erwarten ihm ein anderes Erfüllen vortäuschte. Der Mensch kann sich nun einmal nur sehr schwer in den Gedanken finden, daß Göttliches auf Erden äußerlich nicht anders sein kann als die Menschen selbst, gehorchend dem Gesetze Gottes. Er will das Göttliche durchaus nur überirdisch sehen und hat sich doch leider schon so gekettet, daß er nicht fähig wäre, Überirdisches noch *richtig* zu erschauen, viel weniger es zu ertragen. Das ist aber auch gar nicht nötig!

Der Mensch, der in den natürlichen Gesetzen aller Schöpfung seines Gottes Willen sucht, wird ihn auch bald darin erkennen und zuletzt wissen, daß ihm Göttliches nur in den Wegen dieser ehernen Gesetze kommen kann, nicht anders. Er wird als Folge davon wachsam werden und alles ihm darin Begegnende sorgfältig prüfen, aber nur im Hinblick auf die *göttlichen* Gesetze, nicht nach der Menschen Anschauung. So wird er auch zu rechter Stunde Den erkennen, der ihm Befreiung in dem Worte bringt. Durch eigenes Prüfen des Gebrachten, nicht durch das Geschrei der Massen.

Ein jeder Denkende wird schon allein darauf gekommen sein, daß Gottessohn und Menschensohn nicht eins sein können! Der Unterschied ist in den Worten selbst ganz deutlich ausgedrückt.

Die reine Göttlichkeit des Gottessohnes trug während seiner Aussendung und Menschwerdung naturgemäß gerade durch das reine Göttliche auch die *Bedingung des Wiedereinswerdens* mit der Göttlichkeit in sich. Es ist aus der Natur der Sache heraus gar nicht anders möglich. Das bestätigen auch die Hinweise des Gottessohnes selbst auf seine »Wiedereinswerdung mit dem Vater«, der Ausspruch seines »Wiedereingehens zum Vater«.

Demnach mußte des Gottessohnes Mission als Mittler zwischen der Gottheit und der Schöpfung eine *beschränkte Zeitdauer* haben. Der Gottessohn, der als rein göttlich durch die Anziehungskraft der stärkeren Gleichart unbedingt wieder zurückgezogen werden muß zu dem göttlichen Ursprunge und nach dem Ablegen alles an ihm haftenden Außergöttlichen auch dort zu verbleiben gezwungen ist, konnte deshalb nicht *ewiger* Mittler bleiben zwischen der Gottheit und der Schöpfung mit der Menschheit. Somit wäre dann mit dem Wiedereingehen des Gottessohnes zum Vater eine neue Kluft entstanden, und der Mittler zwischen der reinen Göttlichkeit und der Schöpfung hätte wieder gefehlt.

## 50. DER MENSCHENSOHN

Der Gottessohn verkündete nun selbst der Menschheit das Kommen des Menschensohnes, der dann der *ewige* Mittler bleiben wird zwischen dem Göttlichen und der Schöpfung. Es liegt darin die gewaltige Liebe des Schöpfers zu seiner Schöpfung.

Der Unterschied des Menschensohnes zu dem Gottessohne liegt darin, daß der Menschensohn zwar aus dem Rein-Göttlichen geboren ist, aber gleichzeitig mit dem Bewußt-Geistigen verbunden wurde, so daß er wie mit einem Fuße in dem Göttlichen und mit dem anderen in dem höchsten Bewußt-Geistigen gleichzeitig steht. Er ist von *jedem* ein Teil und bildet so die unvergängliche Brücke zwischen dem Göttlichen und dem Gipfel der Schöpfung. Diese Verbindung aber bringt mit sich das Gebot des Getrenntbleibens von dem Rein-Göttlichen, das aber trotzdem das Eintreten in das Göttliche zuläßt, sogar bedingt.

Der geistige Zusatz zu dem Göttlichen verhindert nur eine Wiedereinswerdung, die sonst unausbleiblich wäre. Daß dies ein erneutes Liebesopfer des Schöpfers ist und die Erfüllung einer Verheißung von derartiger Größe, wie nur Gott selbst sie geben und erfüllen kann, wird die Menschheit kaum jemals erfassen. *Das* ist der Unterschied zwischen dem Gottessohne und dem Menschensohne.

Die Mission des Menschensohnes auf der Erde ist die Fortsetzung und Vollendung der Mission des Gottessohnes, da die Mission des Gottessohnes nur eine vorübergehende sein konnte. Sie ist also mit der Fortsetzung in der Vollendung gleichzeitig eine *Befestigung* derselben.

Während der Gottessohn unmittelbar in seine irdische Mission hineingeboren wurde, mußte der Lauf des Menschensohnes vor seiner Mission einen weit größeren Kreis durchmessen, bevor er in den Beginn seiner eigentlichen Mission treten konnte. Er mußte als Bedingung zur Erfüllung seiner im Verhältnis zum Gottessohne auch irdischeren Aufgabe, aus den höchsten Höhen kommend, auch die tiefsten Tiefen durchlaufen. Nicht nur jenseitig, sondern auch irdisch, um das ganze Weh, das ganze Leid der Menschen an sich selbst »erleben« zu können. Erst dadurch ist er in der Lage, dann, wenn seine Stunde kommt, wirksam in die Mängel einzugreifen und hilfebringend Änderung zu schaffen.

Aus diesem Grunde durfte er nicht *neben* dem Erleben der Menschheit stehen, sondern mußte durch eigenes Erleben auch der bitteren Seiten mitten darin sein, auch darunter leiden. Wiederum nur um der Menschen willen mußte diese seine Lehrzeit also vor sich gehen. Aber gerade dies, weil dem Menschengeiste in seiner Beschränkung derartig höhere Führung unverständlich bleibt und er nur nach dem Äußeren zu urteilen fähig ist, wird man ihm zum Vorwurfe zu machen versuchen, um auch ihm wie Christus seiner Zeit seine Aufgabe zu erschweren.

Gerade was er um der Menschen willen erleiden mußte, um die wundesten Punkte der Irrungen zu erkennen, was er also für das spätere Wohl der Menschen litt oder erlebend kennenlernte, wird man als Stein benutzen wollen, um ihn in aufsteigendem Hasse damit zu treffen, von dem in Furcht vor der Vernichtung erzitternden Dunkel dazu angefacht.

Daß so etwas Unglaubliches trotz der Erfahrungen bei dem Erdenwallen des Gottessohnes nochmals geschehen kann, ist nicht unerklärlich, weil in Wirklichkeit mehr als die Hälfte der zur Zeit auf Erden weilenden Menschen überhaupt nicht auf diese gehören, sondern in viel tieferen und dunkleren Regionen reifen müßten! Durch den dauernden seelischen Rückgang in dem Überhandnehmen der Sklaven ihres eigenen Werkzeuges, des begrenzten Verstandes, wurde der Grund dazu gelegt.

Der begrenzte Verstand als alleiniger Herrscher wird immer nur als rein irdisch alles Materielle fördern und damit auch die sich anschließenden üblen Nebenwirkungen großziehen. Der damit folgende Niedergang höheren Begreifens bildete eine Bresche und reichte die Hand nach unten, an der Seelen zur Inkarnation heraufklimmen konnten, die sonst in ihrer geistigen Schwere durch dichtere Dunkelheit nie bis zur Erdoberfläche hätten heraufkommen können.

Vor allem sind es auch die rein tierischen Empfindungen bei Zeugungen, sowie das sonstige Streben nach irdischen Genüssen, die in der demoralisierten Zeit schon seit Jahrhunderten darauf hinwirken, daß sich minderwertige Seelen hinaufschwingen können. Dann umkreisen diese dauernd die werdenden Mütter und kommen bei Gelegenheit zur

Inkarnation, weil vor dem Dunkel alles Lichte bisher freiwillig zurückwich, um nicht beschmutzt zu werden.

So konnte es nach und nach geschehen, daß die feinstoffliche Umgebung der Erde immer dichter und dunkler und damit auch schwerer wurde, von solcher Schwere, die sogar die grobstoffliche Erde selbst von einer Bahn fernhält, welche höheren geistigen Einflüssen zugänglicher wäre.

Und da die Mehrzahl aller Inkarnierten eigentlich in Regionen gehört, die viel tiefer liegen als die Erde selbst, so wird deshalb auch darin nur eine göttliche Gerechtigkeit liegen, wenn solche Seelen hinweggefegt werden, um dahin zurückzusinken, wohin sie eigentlich gehören, wo sie bei ihrer absoluten Gleichart keine Gelegenheit mehr haben, sich noch neue Schuld aufzubürden, und dadurch besser einer aufsteigenden Änderung in dem Leiden ihrer Sphäre entgegenreifen.

Nicht Menschenwille wird den gottgesandten Menschensohn einst erwählen können, sondern Gotteskraft soll ihn emporheben zur Stunde, wenn die Menschheit hilflos wimmernd um Erlösung fleht. Dann werden Schmähungen verstummen, da das Grauen solche Münder schließt, und willig wird man alle Gaben nehmen, die der Schöpfer den Geschöpfen durch ihn bietet. Doch wer sie nicht von ihm empfangen will, der wird verstoßen sein in alle Ewigkeit.

## DIE SEXUALKRAFT
## IN IHRER BEDEUTUNG ZUM GEISTIGEN AUFSTIEGE

Ich weise nochmals darauf hin, daß alles *Leben* in der Schöpfung aus zwei Gattungen besteht. Dem Sichbewußten und dem Unbewußten. Erst mit dem Bewußtwerden formt sich auch das Ebenbild des Schöpfers, das wir unter Menschenform verstehen. Die Formung geht gleichmäßig Hand in Hand mit dem Bewußtwerden.

In der *ersten* eigentlichen Schöpfung nun, die als dem schaffenden Geiste am nächsten stehend auch nur geistig sein kann, ist neben dem zuerst geschaffenen bewußten Geistesmenschen auch das noch *unbewußte* Geistige vorhanden. In diesem Unbewußten, mit den gleichen Eigenschaften des Bewußten, liegt naturgemäß der Drang zur Fortentwickelung. Diese kann aber nur in Steigerung zum Sichbewußtwerden erfolgen.

Wenn sich nun in diesem Geistig-Unbewußten der Drang zu dem Bewußtwerden bis zu einem gewissen Grade gesteigert hat, so tritt in natürlichster Entwickelung ein Vorgang ein, der einer irdischen Geburt gleichkommt. Wir brauchen nur auf unsere Umgebung zu achten. Hier stößt der grobstoffliche Körper jede reifgewordene Frucht selbsttätig aus. Bei Tier und Mensch. Auch jeder Baum stößt seine Früchte ab. Es ist der Vorgang Wiederholung einer Fortentwickelung, deren Grundzug in der *ersten* Schöpfung liegt.

In gleicher Art erfolgt auch *dort* bei einer bestimmten Reife des zum Bewußtwerden drängenden Unbewußten selbsttätige Abstoßung, Abtrennung von dem anderen, noch nicht dazu drängenden Unbewußten oder auch Ausstoßung genannt. *Diese damit ausgestoßenen geistig-unbewußten Teilchen bilden nun die Geistkeime werdender Menschen!*

## 51. DIE SEXUALKRAFT IN IHRER BEDEUTUNG ZUM GEISTIGEN AUFSTIEGE

Dieser Vorgang *muß* erfolgen, da in dem Unbewußten Verantwortungslosigkeit liegt, während mit dem Bewußtwerden gleichmäßig die Verantwortung heranreift.

Die Abtrennung des reifenden Unbewußten ist also notwendig für das Geistige, das sich aus natürlichem Drange heraus zu dem Bewußten entwickeln will. Sie ist ein Fortschritt, kein Rückschritt!

Da diese lebendigen Keime nun nicht nach oben hin ausgestoßen werden können, der Vollkommenheit zu, so bleibt ihnen der einzige Weg nach unten. Hier treten sie aber in das Reich eines an Gewicht schwereren Wesenhaften, das nichts Geistiges enthält.

Dadurch steht der nach Bewußtwerden drängende Geistkeim plötzlich in einer ihm nicht gleichartigen, also *fremden* Umgebung, und damit so gut wie *unbedeckt*. Er fühlt sich als geistig seiend in dem dichteren Wesenhaften nackt und bloß. Will er darin verweilen oder weiterkommen, so wird es für ihn zur natürlichen Notwendigkeit, sich mit einer Wesens*hülle* zu bedecken, die die gleiche Art seiner Umgebung trägt. Sonst vermag er sich nicht darin zu betätigen und auch nicht zu erhalten. Er hat also nicht nur das Bedürfnis, auf dem Wege zur Erkenntnis seine Blößen zu bedecken, wie es die Bibel bildlich wiedergibt, sondern es ist auch hier ein notwendiger Werdegang.

Der Keim des werdenden Menschengeistes wird nun auf natürlichen Wegen weitergeleitet in die Stofflichkeit.

Hier schließt sich um ihn nochmals eine notwendige Hülle, von der Beschaffenheit seiner neuen, stofflichen Umgebung.

Nun steht er am äußersten Rande der Feinstofflichkeit.

Die Erde aber ist *der* grobstoffliche Punkt, auf dem *alles* zusammentrifft, was in der Schöpfung ruht. Aus *allen* Abteilungen strömt es hier zusammen, die sonst durch ihre Eigenart strengstens geschieden sind. Die ganzen Fäden, alle Wege laufen zu der Erde wie zu einem konzentrierten Treffpunkte. Sich hier verbindend und auch neue Wirkungen erzeugend, werden in starkem Aufflammen Kraftströmungen hinausgeschleudert in das All! So, wie von keiner andern Stelle aus der Stofflichkeit.

Auf dieser Erde ist das heißeste Erleben durch das Zusammenschließen *aller* Schöpfungsarten, wozu die Stofflichkeit verhilft. Doch nur das Zusammenschließen aller *Schöpfungs*arten, nichts Göttliches, nichts von dem Heiligen Geiste, das *über* und außerhalb der Schöpfung steht. –

Die letzten Ausläufer dieses Erlebens auf der Erde fluten nun dem Geisteskeime entgegen, sobald er in die Feinstofflichkeit tritt. Er wird von diesen Wirkungen umspült. Sie sind es, die ihn locken, ihm aber dabei helfend sein Bewußtwerden erwecken und zur Entwicklung bringen.

Noch ohne Bindung, also ohne Schuld, an dieser Schwelle aller Stofflichkeit, empfindet er die Ausläufer der Schwingungen starker Erlebnisse, die in dem Werden und Vergehen alles Stofflichen sich abspielen.

Dabei kommt ihm nun das Verlangen *näheren* Erkennens. Sobald er aber darin einen Wunsch formt, stellt er sich mit der Formung dieses Wunsches freiwillig auf irgendeine Schwingung ein, sei diese nun gut oder übel. Sofort wird er dann durch das wirkende Gesetz der Anziehungskraft gleicher Art von einer Gleichart angezogen, die stärker als die seine ist. Es treibt ihn einem Punkte zu, wo der erwünschten Art in stärkerer Weise gehuldigt wird, als sein eigener Wunsch es war.

Mit solchem inneren Verlangen verdichtet sich seine feinstoffliche Hülle sofort diesem Verlangen entsprechend, und das Gesetz der Schwere läßt ihn weiter abwärts sinken.

Das wirkliche *Erleben* des in ihm ruhenden Verlangens aber bietet ihm zuletzt *nur* die grobstoffliche Erde! – – Es drängt ihn deshalb weiter bis zur irdischen Geburt, weil er vom Naschen auch zum Genießen übergehen will. Je stärker des im Naschen erwachenden Geistes Wünsche nach *irdischen* Genüssen werden, desto dichter bildet sich auch die feinstoffliche Hülle, die er trägt. Dadurch erhält sie aber auch mehr Schwere und sinkt langsam herab zu dem Erdenplane, wo die Gelegenheit zu der Verwirklichung der Wünsche ist. Ist er aber bis zu diesem Erdenplan gekommen, so wurde er auch damit reif zu irdischer Geburt.

Dabei tritt das Gesetz der Anziehungskraft gleicher Art auch *deutlicher* hervor. Jeder der unfertigen Geister wird genau nach seinem Wunsche oder Hange, den er in sich trägt, von einer Stelle wie magnetisch angezogen, wo der Inhalt seines Wunsches von Erdenmenschen zur Verwirklichung gelangt. Hat er zum Beispiel einen Wunsch, zu herrschen, so wird er nicht etwa in die Verhältnisse hineingeboren, wo er nun selbst einer Erfüllung seines Wunsches leben kann, sondern er wird von einem Menschen angezogen, der starke Herrschsucht in sich trägt, der also mit ihm gleichartig empfindet, und so fort. Er sühnt damit zum Teil auch schon das Falsche oder findet Glück im Rechten. Wenigstens hat er Gelegenheit dazu.

Aus diesem Vorgange heraus wird nun irrtümlich Vererbung von Eigenschaften oder geistigen Fähigkeiten angenommen! *Das ist falsch!* Äußerlich mag es ja so erscheinen. In Wirklichkeit aber kann ein Mensch seinen Kindern *nichts* von seinem lebendigen Geiste abgeben.

*Es gibt keine geistige Vererbung!*

Kein Mensch ist in der Lage, von seinem lebendigen Geiste auch nur ein Stäubchen abzugeben!

In diesem Punkte wurde ein Irrtum großgezogen, der seine hemmenden und verwirrenden Schatten über vieles wirft. Kein Kind kann seinen Eltern für irgendeine geistige Fähigkeit danken, ebensowenig aber für Mängel einen Vorwurf machen! Das wäre falsch und eine Ungerechtigkeit!

So lückenhaft und unvollkommen ist dieses wunderbare Schöpfungswerk niemals, daß es Willkür- oder Zufallsakte geistiger Vererbung zuließe!

Diese bei der Geburt bedeutungsvolle Anziehungskraft aller Gleichart kann von dem Vater ausgehen, wie von der Mutter, ebenso wie von einem jeden, der in der Nähe der werdenden Mutter ist. *Deshalb sollte eine werdende Mutter darin Vorsicht walten lassen, wen sie um sich duldet.* Es muß dabei bedacht werden, daß innere Stärke vorwiegend in den *Schwächen* liegt, nicht etwa in dem äußeren Charakter. Die Schwächen bringen Hauptmomente inneren Erlebens, die starke Anziehungskraft auswirken.

Das irdische Kommen des Menschen setzt sich nun zusammen aus

Zeugung, Inkarnierung und Geburt. Die Inkarnierung, also Eintritt der Seele, erfolgt *in der Mitte der Schwangerschaft*. Der gegenseitig wachsende Reifezustand, der der werdenden Mutter wie der der Inkarnierung zuneigenden Seele, führt auch noch eine besondere *irdischere* Bindung herbei. Es ist dies eine Ausstrahlung, die durch den gegenseitigen Reifezustand hervorgerufen wird und unaufhaltsam in natürlicher Auslösung einander entgegenstrebt. Diese Ausstrahlung wird immer stärker, kettet Seele und werdende Mutter in verlangender Art immer fester aneinander, bis zuletzt bei bestimmter Reife des sich entwickelnden Körpers im Mutterleibe die Seele von diesem förmlich aufgesogen wird.

Dieser Augenblick des Eintretens oder des Eingesogenwerdens bringt nun naturgemäß auch die erste Erschütterung des kleinen Körpers mit sich, die sich in Zuckungen zeigt, welche die ersten Kindesbewegungen benannt sind. Dabei tritt in der werdenden Mutter sehr oft eine Umwandlung ihrer Empfindungen ein. Je nach der Art der eingetretenen Menschenseele beglückend oder auch bedrückend. –

Mit dem kleinen Körper nimmt nun die so weit entwickelte Menschenseele den Mantel der Grobstofflichkeit um, der notwendig ist, um in der irdischen Grobstofflichkeit alles ganz erleben, hören, sehen und fühlen zu können, was nur durch eine gleichstoffliche, *gleichartige* Hülle oder durch ein Werkzeug möglich wird. Nun erst kann sie von dem Naschen zu dem eigentlichen Kosten übergehen und mit diesem *zum Beurteilen*. Daß die Seele erst lernen muß, sich dieses neuen Körpers als Werkzeug zu bedienen, ihn zu beherrschen, ist verständlich.

So, kurz gefaßt, der Werdegang des Menschen bis zu seiner ersten irdischen Geburt.

Denn schon seit langer Zeit kann in natürlichem Geschehen keine Seele mehr zur *ersten* Inkarnierung auf die Erde kommen, sondern die Geburten brachten Seelen, die *mindestens* ein Erdenleben schon durchwandert hatten. Dadurch sind sie schon bei Geburt von vielseitigem Karma eng umstrickt. *Die Möglichkeit, sich davon zu befreien, gibt die Sexualkraft.*

Durch die Umhüllung des grobstofflichen Körpers ist die Seele eines

## 51. DIE SEXUALKRAFT IN IHRER BEDEUTUNG ZUM GEISTIGEN AUFSTIEGE

Menschen während aller Kinderjahre isoliert von den Strömungen, welche von *außen* her die Seele zu erreichen suchen. Alles Dunkle, Üble, was den Erdenplan belebt, findet seinen Weg zur Seele durch den grobstofflichen Erdenkörper abgeschnitten. Es kann dadurch auch keinen Einfluß auf das Kind gewinnen, kann ihm nicht Schaden bringen. Das Böse aber, das eine nochmals inkarnierte Seele von dem früheren Erleben mit sich brachte, bleibt ihr natürlich ebenso erhalten in der Kinderzeit.

Der Körper bildet diese Scheidewand, solange er noch unfertig und unreif ist. Es scheint, als ob die Seele sich in eine Burg zurückgezogen hätte, bei der die Zugbrücke emporgezogen ist. Eine unüberbrückbare Kluft besteht während dieser Jahre zwischen der Kinderseele und der feinstofflichen Schöpfung, in der die feinstofflichen Schwingungen von Schuld und Sühne leben.

So liegt die Seele geborgen in der irdischen Hülle, der Verantwortung entgegenreifend und des Augenblickes harrend, der das Herablassen der hochgezogenen Zugbrücke zu dem eigentlichen Leben in der Stofflichkeit bringt.

Der Schöpfer senkte durch natürliche Gesetze in *jede* Kreatur *Nachahmungstrieb* an Stelle eines freien Willens dort, wo noch kein freier Wille sich betätigt. Man nennt es allgemein »Empfänglichkeit der Jugend«. Der Trieb der Nachahmung soll die Entwickelung fürs Erdenleben vorbereiten, bis er bei Tieren durch Erfahrungen bereichert und gestützt, bei Menschen aber durch den Geist im freien Willen hochgehoben wird zu selbstbewußtem Tun!

Im Kindeskörper nun fehlt dem darein inkarnierten Geiste eine Strahlungsbrücke, die erst zur Zeit der körperlichen Reife sich mit der Sexualkraft bilden kann. Dem Geiste fehlt diese Brücke zur vollwirkenden und wirklich handelnden Tätigkeit in der Schöpfung, die nur durch die lückenlose Strahlungsmöglichkeit durch alle Arten der Schöpfung bewirkt werden kann. Denn nur in Strahlungen liegt das Leben, und nur aus ihnen und durch sie kommt Bewegung.

Während dieser Zeit trägt das Kind, das nur voll auf seine Umwelt aus seinem *wesenhaften* Teile heraus lückenlos wirken kann, nicht aber aus dem geistigen Kerne, den Schöpfungsgesetzen gegenüber etwas mehr Verantwortung als ein höchstentwickeltes Tier.

Unterdessen reift der junge Körper heran, und nach und nach erwacht in ihm die *Sexualkraft,* die nur in der *Grobstofflichkeit* liegt. Sie ist die *feinste* und *edelste Blüte aller Grobstofflichkeit,* das Höchste, was die grobstoffliche Schöpfung bieten kann. In ihrer *Feinheit* bildet sie den *Gipfel alles Grobstofflichen,* also Irdischen, das dem Wesenhaften als äußerster lebendiger Ausläufer der Stofflichkeit am nächsten kommt. Die Sexualkraft ist das pulsierende Leben der Stofflichkeit und kann allein die *Brücke* bilden zu dem Wesenhaften, das wiederum den Fortgang zu dem Geistigen vermittelt.

Aus diesem Grunde ist das Erwachen der Sexualkraft in dem grobstofflichen Körper wie der Vorgang des Herablassens der Zugbrücke einer bisher verschlossenen Burg. Damit kann dann der Bewohner dieser Burg, also die Menschenseele, vollgerüstet streitbar hinaus, in gleichem Maße jedoch auch die diese Burg umlagernden Freunde oder Feinde zu ihm hinein. Diese Freunde oder Feinde sind in erster Linie feinstoffliche Strömungen guter oder übler Art, aber auch Jenseitige, die nur darauf warten, daß man ihnen durch irgendeinen Wunsch die Hand reicht, wodurch sie in die Lage kommen, sich fest einzuhaken und gleichartigen Einfluß auszuüben.

Die Gesetze des Schöpfers lassen aber in natürlichster Steigerung immer nur die gleiche Stärke von außen herein, die von innen entgegengesetzt werden kann, so daß ein ungleicher Kampf vollkommen ausgeschlossen ist, solange nicht dabei gesündigt wird. Denn jeder durch künstliche Reizung hervorgerufene unnatürliche Geschlechtstrieb öffnet diese feste Burg vorzeitig, wodurch die noch nicht gleichmäßig erstarkte Seele preisgegeben wird. Sie muß den anstürmenden üblen feinstofflichen Strömungen erliegen, denen sie sonst unbedingt gewachsen sein würde.

Bei normalem Heranreifen kann aus natürlichem Geschehen heraus immer nur auf beiden Seiten gleiche Stärke sein. Den Ausschlag aber gibt dabei der Wille des Burgbewohners, nicht der der Belagerer. So wird er mit gutem Wollen immer in der Feinstofflichkeit siegen. Das heißt, in den Vorgängen der jenseitigen Welt, welche der Durchschnittsmensch nicht sehen kann, solange er auf Erden weilt, und die doch eng und viel lebendiger mit ihm verbunden ist als seine grobstoffliche, ihm sichtbare Umgebung.

Wenn der Burgbewohner aber *freiwillig* einem außenbefindlichen feinstofflichen Freunde oder Feinde, auch Strömungen, die Hand reicht, also durch eigenen Wunsch oder freien Entschluß, so ist es natürlich ganz anders. Da er sich dadurch in eine bestimmte Art der außerhalb wartenden Belagerer einstellt, so können diese leicht die zehn- und hundertfache Kraft entfalten gegen ihn. Ist diese gut, erhält er Hilfe, Segen. Ist sie aber böse, erntet er Verderben.

In dieser freien Wahl liegt die Betätigung des eigenen freien Willens. Hat er sich dazu einmal entschlossen, dann ist er unbedingt den Folgen unterworfen. Für diese Folgen schaltet dann sein freier Wille aus. Es knüpft sich nach der eigenen Wahl gutes oder übles Karma an ihn, dem er selbstverständlich unterworfen ist, solange er sich innerlich nicht ändert. –

Die Sexualkraft hat die Aufgabe und auch die Fähigkeit, das ganze *geistige* Empfinden einer Seele irdisch zu »*durchglühen*«. Der Geist kann dadurch erst rechte Verbindung mit der gesamten Stofflichkeit erhalten, wird deshalb auch erst irdisch vollwertig. Nur dann vermag er alles zu umfassen, was nötig ist, um sich in dieser Stofflichkeit die volle Geltung zu verschaffen, um darin festzustehen, durchdringend einzuwirken, Schutz zu haben und in voller Ausrüstung sieghafte Abwehr auszuüben.

Es liegt etwas Gewaltiges in der Verbindung. *Das* ist der *Hauptzweck* dieses rätselhaften, unermeßlichen Naturtriebes! Er soll das Geistige in dieser Stofflichkeit zu voller Wirkungskraft entfalten helfen! Ohne diese Sexualkraft wäre es unmöglich, aus Mangel eines Überganges zur Belebung und Beherrschung aller Stofflichkeit. Der Geist müßte der Stofflichkeit zu fremd bleiben, um sich darin richtig auswirken zu können.

Damit erhält aber der Menschengeist dann auch die Vollkraft, seine

Wärme und Lebendigkeit. Er wird mit diesem Vorgange erst irdisch kampfbereit.

*Deshalb setzt hier nun die Verantwortlichkeit ein!* Ein ernster Wendepunkt in jedes Menschen Sein.

Die weise Gerechtigkeit des Schöpfers gibt dem Menschen aber an diesem bedeutsamen Punkte auch gleichzeitig nicht nur die Möglichkeit, sondern sogar den natürlichen Antrieb dazu, alles Karma, mit dem er bis dahin seinen freien Willen belastet hat, *leicht* und *mühelos* abzuschütteln!

Wenn der Mensch die Zeit versäumt, so ist es *seine* Schuld. Denkt einmal darüber nach: Mit Eintritt der Sexualkraft regt sich in erster Linie eine gewaltige Schwungkraft nach oben, zu allem Idealen, Schönen, Reinen! Bei unverdorbener Jugend beiderlei Geschlechtes ist das deutlich zu beobachten. Daher die von Erwachsenen leider oft belächelten Schwärmereien der Jugendjahre. Deshalb auch in diesen Jahren die unerklärlichen, leicht schwermütigen Empfindungen.

Die Stunden, in denen es scheint, als ob ein Jüngling oder eine Jungfrau den ganzen Weltschmerz zu tragen hätte, wo Ahnungen eines tiefen Ernstes an sie herantreten, sind nicht unbegründet.

Auch das so häufig vorkommende Sich-nicht-verstanden-Fühlen trägt in Wirklichkeit viel Wahres in sich. Es ist das zeitweise Erkennen der falschen Gestaltung der Umwelt, die den geheiligten Ansatz zu einem reinen Höhenfluge nicht verstehen will noch kann, und erst zufrieden ist, wenn diese so stark mahnende Empfindung in den reifenden Seelen herabgezerrt wird in das ihnen verständlichere »Realere« und Nüchterne, das sie als der Menschheit besser angepaßt erachten und in ihrem einseitigen Verstandessinne für das einzige Normale halten!

Der geheimnisvoll ausstrahlende Reiz einer unverdorbenen Jungfrau oder eines unverdorbenen Jünglings ist nichts anderes, als der von ihrer Umgebung mitempfundene *reine* Auftrieb der erwachenden Sexualkraft nach Höherem, Edelstem, in Vermählung mit der Geisteskraft!

Sorgsam hat der Schöpfer darauf Bedacht gelegt, daß dies bei dem Menschen erst in ein Alter fällt, wo er sich seines Wollens und Handelns voll bewußt sein kann. Dann ist der Zeitpunkt da, an dem er alles Zurückliegende in Verbindung mit der nun in ihm liegenden Vollkraft spielend abzuschütteln vermag und abschütteln sollte. Es würde sogar von selbst abfallen, wenn der Mensch das Wollen zu dem Guten beibehält, wozu es ihn in dieser Zeit unaufhörlich drängt. Dann könnte er, wie die Empfindungen ganz richtig andeuten, mühelos emporsteigen zu der Stufe, auf die er als Mensch gehört!

Sehet das Verträumtsein der unverdorbenen Jugend! Es ist nichts anderes als das Empfinden des Auftriebes, des Sich-losreißen-Wollens von allem Schmutz, die heiße Sehnsucht nach Idealem. Die treibende Unruhe aber ist das Zeichen, die Zeit nicht zu versäumen, sondern energisch das Karma abzuschütteln und mit dem Emporsteigen des Geistes *einzusetzen.*

Es ist etwas Herrliches, in dieser geschlossenen Kraft zu stehen, *darin* und *damit* zu wirken! Jedoch nur, solange die Richtung eine gute ist, die der Mensch erwählt. Es gibt aber auch nichts Erbärmlicheres, als diese Kräfte einseitig in blindem Sinnestaumel zu vergeuden und seinen Geist damit zu lähmen.

Aber leider, leider versäumt der Mensch in den meisten Fällen diese so kostbare Übergangszeit, läßt sich von »wissender« Umgebung auf falsche Wege lenken, die ihn niederhalten und dann abwärts führen. Dadurch vermag er die ihm anhängenden trübenden Schwingungen *nicht* abzuwerfen, diese erhalten im Gegenteil nur neue Kräftezufuhr ihrer gleichen Art, und damit wird des Menschen freier Wille mehr und mehr eingesponnen, bis er ihn vor lauter unnötigen Überwucherungen nicht mehr zu erkennen vermag. Wie bei Schlinggewächsen, denen ein gesunder Stamm im Anfang stützend Hilfe bietet, und die dem Stamme zuletzt dessen eigenes Leben abschneiden, indem sie ihn erdrosselnd überwuchern.

Wenn der Mensch besser achtete auf sich und das Geschehen in der ganzen Schöpfung, kein Karma könnte stärker sein, als sein in Vollkraft kommender Geist, sobald er durch die Sexualkraft lückenlose Verbindung mit der Stofflichkeit erhält, zu der das Karma ja gehört.

## 51. DIE SEXUALKRAFT IN IHRER BEDEUTUNG ZUM GEISTIGEN AUFSTIEGE

Auch wenn der Mensch die Zeit versäumt, wenn er sich mehr verstrickt, vielleicht sogar tief sinkt, so bietet sich ihm trotzdem weiterhin Gelegenheit zum Aufstiege: durch Liebe!

Nicht die begehrende Liebe des Grobstofflichen, sondern die hohe, die reine Liebe, die nichts anderes kennt und will, als nur das Wohl des geliebten Menschen. Sie gehört auch in die Stofflichkeit und fordert kein Entsagen, kein Asketentum, aber sie will immer nur das Beste für den anderen. Und dieses Wollen, das nie *an sich selber denkt,* gibt auch den besten Schutz vor jedem Übergriffe.

Als Grundlage hat Liebe auch im höchsten Menschenalter immer wieder die ideal-sehnsüchtigen Empfindungen der unverdorbenen Jugend, die diese beim Eintreten der Sexualkraft fühlt. Doch sie zeigt sich anders: Den reifen Menschen peitscht sie bis zur Vollkraft seines ganzen Könnens auf, ja bis zum Heroismus. Hierbei ist durch das Alter keine Grenze gesetzt. Die Sexualkraft bleibt bestehen, auch wenn der niedere Geschlechtstrieb ausgeschaltet ist; denn Sexualkraft und Geschlechtstrieb ist nicht eins.

Sobald der Mensch der reinen Liebe Raum gewährt, sei es nun die des Mannes zu dem Weibe, oder umgekehrt, die zu dem Freunde, einer Freundin, zu den Eltern, zu dem Kinde, gleichviel, ist sie nur rein, so bringt sie auch als erste Gabe die Gelegenheit zum Abstoßen des Karmas, das sich sehr schnell »symbolisch« lösen kann. Es »vertrocknet«, da es keinen gleichartigen Anklang, keine Nahrung mehr im Menschen findet. Damit wird dieser frei! Und so beginnt der Aufstieg, die Erlösung von den unwürdigen Ketten, die ihn niederhalten.

Die dabei zuerst erwachende Empfindung ist das sich Unwertdünken dem geliebten Anderen gegenüber. Man kann den Vorgang eintretende Bescheidenheit und Demut nennen, also den Empfang zweier großer Tugenden. Daran schließt sich der Drang, schützend die Hände über den anderen zu halten, damit diesem von keiner Seite ein Leid geschehe. Das »Auf-den-Händen-tragen-Wollen« ist kein leerer Spruch, sondern kennzeichnet die aufsteigende Empfindung ganz richtig. Darin aber liegt ein Aufgeben der eigenen Persönlichkeit, ein großes Dienenwollen, das allein genügen könnte, alles Karma in kurzer Zeit abzuwerfen, sobald das Wollen anhält und nicht rein sinnlichen Trieben Platz macht.

Zuletzt kommt bei der reinen Liebe noch der heiße Wunsch, recht Großes für den geliebten Anderen im edlen Sinne tun zu können, ihn mit keiner Miene, keinem Gedanken, keinem Worte, noch viel weniger mit einer unschönen Handlung zu verletzen oder zu kränken. Zarteste Rücksichtnahme wird lebendig.

Dann gilt es, diese Reinheit der Empfindung festzuhalten und allem anderen voranzusetzen. Niemals wird jemand in dem Zustande noch etwas Schlechtes wollen oder tun. Er vermag es einfach nicht, sondern hat im Gegenteil in den Empfindungen den besten Schutz, die größte Kraft, den wohlmeinendsten Berater und Helfer.

Der Schöpfer gab in seiner Weisheit damit einen Rettungsring, der nicht nur einmal in dem Erdensein an *jeden* Menschen stößt, daß er sich daran halte und emporschwinge!

Die Hilfe ist für *alle* da. Sie macht nie einen Unterschied, weder im Alter noch Geschlecht, weder bei arm noch reich, auch nicht bei vornehm und gering. Deshalb ist die Liebe auch das größte Geschenk Gottes! Wer es erfaßt, der ist der Rettung sicher, aus *jeder* Not und *jeder* Tiefe!

Liebe ist fähig, ihn mit Sturmesallgewalt emporzureißen zu dem Lichte, zu Gott, der selbst die Liebe ist. –

Sobald in einem Menschen Liebe rege wird, die darnach strebt, dem anderen Licht und Freude zu bereiten, ihn nicht durch unreines Begehren herabzuzerren, sondern schützend hoch emporzuheben, so *dient* er ihm, ohne sich dabei des eigentlichen Dienens bewußt zu werden; denn er macht sich dadurch zu einem selbstlosen Geber, zu einem freudigen Schenker. Und dieses Dienen ringt ihn frei!

Um den rechten Weg dabei zu finden, achte der Mensch immer nur auf eins. Über allen Erdenmenschen schwebt groß und stark ein Wunsch: *Das* wirklich vor sich selbst *sein* zu können, was sie vor *denen* gelten, von denen sie geliebt werden. Und dieses Wünschen ist der rechte Weg! Er führt unmittelbar zur Höhe.

Viele Gelegenheiten sind den Menschen nun geboten, sich aufzuraffen und emporzuschwingen, ohne daß sie sie benützen.

Der Mensch von heute ist nur wie ein Mann, welchem ein Reich gegeben ist, und der es vorzieht, seine Zeit mit Kinderspielzeug zu vergeuden.

Es ist nur selbstverständlich und nicht anders zu erwarten, daß die gewaltigen Kräfte, die dem Menschen gegeben sind, ihn *zerschmettern* müssen, wenn er sie nicht zu *lenken* versteht.

Auch die Sexualkraft muß den Einzelmenschen, ganze Völker dort vernichten, wo ihre *Hauptaufgabe* mißbraucht wird! Der Zeugungszweck kommt erst in *zweiter* Linie.

Und welche Hilfsmittel gibt die Sexualkraft jedem Menschen, daß er die Hauptaufgabe auch erkenne und sie *lebe!*

Man denke an die körperliche Schamempfindung! Diese erwacht gleichzeitig mit der Sexualkraft, ist zum *Schutze* gegeben.

Es ist auch hier wie in der ganzen Schöpfung ein Dreiklang, und im Niedersteigen auch ein immer Gröberwerden zu erkennen. Die Schamempfindung als die erste Folge der Sexualkraft soll als Übergang zu dem Geschlechtstriebe die *Hemmung* bilden, damit der Mensch auf seiner Höhe sich nicht tierisch der Geschlechtsausübung hingibt.

*Wehe dem Volke, das dies nicht beachtet!*

Starke Schamempfindung sorgt dafür, daß der Mensch niemals einem Sinnestaumel unterliegen kann! Sie schützt vor Leidenschaft; denn sie wird in ganz natürlichem Geschehen nie Gelegenheiten zulassen, sich nur den Bruchteil eines Augenblickes zu vergessen.

*Gewaltsam* nur vermag der Mensch durch seinen Willen diese herrliche Gabe zur Seite zu drängen, um sich dann *tierisch* zu ergehen! Solch gewaltsamer Eingriff in des Schöpfers Weltordnung *muß* ihm aber zum Fluche werden; denn die damit ungebunden werdende Kraft des körperlichen Geschlechtstriebes ist in ihrer Entfesselung für ihn nicht mehr natürlich.

Fehlt Schamempfindung, wird der Mensch vom Herrn zum Knecht

## 51. DIE SEXUALKRAFT IN IHRER BEDEUTUNG ZUM GEISTIGEN AUFSTIEGE

gemacht, von seiner Menschenstufe weggerissen und noch unters Tier gesetzt.

Der Mensch bedenke, starke Scham allein verhindert die Gelegenheit zum Sturze. Ihm ist damit die stärkste Wehr gegeben.

Je größer die Scham ist, desto *edler* ist der Trieb, und desto höher steht geistig der Mensch. Es ist dies der beste *Maßstab seines inneren geistigen Wertes!* Dieser Maßstab ist untrüglich und jedem Menschen leicht erkennbar. Mit Erdrosselung oder Wegräumung des äußeren Schamgefühles werden auch gleichzeitig stets die feineren und wertvollsten seelischen Eigenschaften erstickt und damit der innere Mensch wertlos gemacht.

*Ein untrügliches Zeichen tiefen Sturzes und sicheren Verfalles ist es,* wenn die Menschheit beginnt, unter der Lüge des Fortschrittes sich über das in jeder Beziehung fördernde Kleinod des Schamgefühles »erheben« zu wollen! Sei es nun unter dem Deckmantel des Sportes, der Hygiene, der Mode, der Kindererziehung, oder unter vielen anderen dazu willkommenen Vorwänden. Der Niedergang und Sturz ist dann nicht aufzuhalten, und nur ein Schrecken größter Art kann einzelne noch zur Besinnung bringen.

Und doch ist es dem Erdenmenschen leicht gemacht, den Weg zur Höhe einzuschlagen.

Er braucht nur »natürlicher« zu werden. Natürlich sein heißt aber nicht, halbnackt herumzulaufen oder in außergewöhnlichen Kleidungen barfuß einherzuwandeln! Natürlich sein heißt, sorgsam achten auf die inneren Empfindungen und sich den Mahnungen derselben nicht gewaltsam entziehen!

Mehr als die Hälfte aller Menschen aber ist heute leider schon so weit, daß sie zu stumpf geworden ist, um die natürlichen Empfindungen noch zu verstehen. Sie hat sich dazu schon viel zu sehr beengt. Ein Schrei des Grauens und Entsetzens wird das Ende davon sein!

Wohl dem, der dann das Schamgefühl wieder lebendig machen kann! Es wird ihm Schild und Stütze sein, wenn alles andere in Trümmer geht.

## ICH BIN DIE AUFERSTEHUNG UND DAS LEBEN, NIEMAND KOMMT ZUM VATER DENN DURCH MICH!

Jesus, aus dem Göttlichen kommend, gebrauchte mit Recht diese Worte, weil er alles überschauen und als einziger wirklich erklären konnte. Seine Botschaft, die sich von ihm selbst nicht trennen läßt, zeigt in den Wirrnissen der falschen Anschauungen den *klaren* Weg empor zum Licht. Das bedeutet für alle Menschengeister die Möglichkeit des Aufstehens oder die *Auferstehung aus dem Stofflichen,* in welches sie zu ihrer Fortentwickelung getaucht sind. Eine derartige Auferstehung ist für jeden *Leben!*

Hört einmal aufmerksam zu: Alles Niedrige und alles Üble, also alles, was man das Dunkel nennt, ist *nur* in der Stofflichkeit vorhanden, in der Grob- und in der Feinstofflichkeit! Wer *das* richtig erfaßt, der hat damit schon viel gewonnen.

Sowie der Mensch übel oder auch niedrig denkt, so schadet er *sich selbst* in ungeheurer Weise. Die Hauptkraft seines Wollens strömt dann wie ein ausgesandter magnetischer Strahl dem Niederen entgegen, zieht das dort infolge seiner Schwere dichtere und durch die Dichtheit wieder auch dunklere Feinstoffliche an, wodurch der Menschen*geist,* von dem das Wollen ausgeht, mit dieser dichten Art der Stofflichkeit umhüllt wird.

Auch wenn ein Menschensinn hauptsächlich nur nach Irdischem gerichtet ist, wie in dem Bann irgendeiner Leidenschaft, die nicht nur Unsittlichkeit, Spiel und Trunk sein muß, sondern auch ausgeprägte Vorliebe für irgend etwas Irdisches sein kann, so wird sich eine mehr oder weniger dichte feinstoffliche Hülle um seinen Geist schließen, durch den Vorgang, den ich schon erwähnte.

Diese dichte und somit auch dunkle Hülle hält den Geist von aller Möglichkeit des Aufsteigens zurück und *bleibt,* solange dieser Geist die Art seines Wollens nicht ändert.

Nur ernstes Wollen und ein ernstes Streben nach dem *hohen Geistigen* kann eine derartige Hülle lockern und zuletzt ganz lösen, da sie dann keine Kraftzufuhr der gleichen Art empfängt, langsam den Halt verliert, und zuletzt aufgelöst zurücksinkt, um den Geist damit zum Aufstieg freizugeben.

Unter Feinstofflichkeit ist nun nicht etwa eine Verfeinerung dieser sichtbaren Grobstofflichkeit gemeint, sondern es ist eine dieser Grobstofflichkeit ganz *fremde* Art, von *anderer* Beschaffenheit, die aber trotzdem Stofflichkeit genannt werden kann. Es ist ein Übergang zur Wesenhaftigkeit, welcher die Tierseele entstammt.

Verbleiben nun Menschen in der Stofflichkeit, so müssen sie naturgemäß einst mit in die Zersetzung alles Stofflichen hineingezogen werden, der dieses unterworfen ist, weil sie sich infolge ihrer Umhüllung von der Stofflichkeit nicht mehr zu rechter Zeit loslösen können.

Sie, die in die Stofflichkeit zu ihrer Entwickelung auf eigenen Wunsch hin getaucht sind, bleiben *ohne Beibehaltung des rechten Weges* in dieser gebunden! Sie vermögen nicht ein Wiederauftauchen daraus herbeizuführen, das eine Auferstehung dem Lichte entgegen bedeutet. – –

Als nähere Erklärung diene, daß *jede* Entwickelung eines nach persönlichem Ichbewußtsein verlangenden Geistkeims das Tauchen in die Stofflichkeit *bedingt. Nur in dem Erleben in der Stofflichkeit kann er sich dazu entwickeln.* Es steht ihm kein anderer Weg dafür offen. Er wird aber nicht etwa dazu gezwungen, sondern es geschieht nur, sobald in ihm das *eigene Verlangen* dazu erwacht. Sein *Wünschen* treibt ihn dann dem notwendigen Entwickelungsgange entgegen. Hinaus aus dem sogenannten Paradiese des Unbewußten und damit auch hinaus aus dem Unverantwortlichen.

Verlieren nun die Menschen in der Stofflichkeit durch falsches Wünschen den rechten Weg, der wieder hinaufführt, zu dem Lichte zurück, so bleiben sie in der Stofflichkeit umherirrend.

Nun versucht einmal, Euch das Geschehen in der *Grobstofflichkeit* anzusehen. Das Werden und Vergehen in Eurer allernächsten und Euch sichtbaren Umgebung.

Beobachtet in dem Keimen, Wachsen, Reifen und Verwesen das Sichformen, also Zusammenschließen der Grundstoffe, das Heranreifen und wieder Zurückgehen in die Grundstoffe durch die Zersetzung, also durch das Auseinanderfallen des Geformten in der Verwesung. Ihr seht es beim Wasser, auch bei Steinen in sogenannter Verwitterung, bei Pflanzen und bei Tier- und Menschenkörpern deutlich. Wie aber hier im Kleinen, so geschieht es auch genau im Großen, zuletzt ebenso im ganzen Weltgeschehen. Nicht nur in der Grobstofflichkeit, die dem Erdenmenschen *sichtbar* ist, sondern auch in der Feinstofflichkeit, dem sogenannten Jenseits, das ja noch nichts mit dem Paradiese zu tun hat. – –

Die ganze Stofflichkeit hängt wie ein großer Kranz als unterster Teil der Schöpfung und bewegt sich in einem Riesenkreise, dessen Umlauf Jahrmillionen umfaßt. Es dreht sich also im Geschehen der großen Schöpfung nicht nur alles um sich selbst, sondern das Ganze bewegt sich unaufhaltsam extra noch in einem ungeheuren Kreislaufe. Wie nun dieser große Lauf vom ersten Sichzusammenschließen bis zu heutiger Vollendung *sich ergab,* so zieht er auch in *gleicher Weise weiter,* unentwegt, bis zur beginnenden und sich vollziehenden Zersetzung zurück in den Urstoff. Der Kreis geht dann trotzdem auch mit diesem Urstoff ruhig weiter, um in dem daraufhin erfolgenden neuen Zusammenschließen auch wieder neue Weltteile zu bilden, die jungfräulich unverbrauchte Kräfte in sich bergen.

So ist der große Werdegang, sich ewig wiederholend, in dem Kleinsten, wie auch in dem Größten. Und *über* diesem Kreislaufe steht fest die erste, geistig reine Schöpfung, das sogenannte Paradies. Dieses ist im Gegensatz zu der geformten Stofflichkeit *nicht* der Zersetzung unterworfen.

In diesem ewigen, leuchtend über dem Kreislaufe stehenden Geistigen ruht der Ausgangspunkt des unbewußten Geistkeimes des Menschen. Das Geistige ist es auch, welches dem in der Stofflichkeit sichbewußt und damit auch *persönlich* gewordenen Menschengeiste wieder *als Endziel* gilt.

Als unbewußter und unverantwortlicher Keim geht er aus. Als eigene, bewußte und damit auch verantwortliche Persönlichkeit kehrt er wieder, wenn ... er sich auf seinem notwendigen Wege durch die Stofflichkeit nicht verirrt und dadurch darin hängen bleibt, sondern die Auferstehung daraus als voll bewußt gewordener Menschengeist feiert. Das freudige Wiederauftauchen aus der Stofflichkeit, diesem lichten, ewigen Schöpfungsteile entgegen.

Solange der Menschengeist sich nun in der Stofflichkeit befindet, macht er mit dieser einen Teil des ewigen großen Kreislaufes mit, natürlich ohne es selbst zu bemerken. Und so kommt er eines Tages endlich auch mit an jene Grenze, wo der Weltenteil, in dem er sich befindet, langsam der Zersetzung entgegentreibt.

Dann aber ist es für alle noch *in* der Stofflichkeit befindlichen Menschengeister hohe Zeit, sich zu beeilen, *so* zu werden, daß sie emporsteigen können nach dem sicheren, lichten Hafen des ewigen Reiches, also den rechten und vor allen Dingen auch *kürzesten* Weg zu finden, um aus dem Bereiche der einsetzenden Gefahren in der Stofflichkeit herauszukommen, bevor diese ihn mit ergreifen können.

Schafft er es nicht, so wird es für ihn immer schwerer und zuletzt zu spät!

Er wird mit allem anderen dann in die langsame Zersetzung hineingezogen, und dabei das von ihm gewonnene *persönliche* »Ich« zerrissen. Unter tausend Qualen wird er damit wieder zu dem unbewußten Geistsamenkorn. Das Entsetzlichste, was dem persönlich bewußtgewordenen Geiste geschehen kann.

Es sind alle die, die ihre Persönlichkeit nach falscher Richtung hin entwickelt haben. Diese müssen sie deshalb wieder als unbrauchbar und schädlich verlieren. Zersetzung ist, wohlgemerkt, nicht etwa gleichbedeutend mit Vernichtung. Vernichtet kann nichts werden. Es ist nur ein Zurückversetzen in den Urzustand. Vernichtet wird bei derartig Verlorenen das bisher gewonnene persönliche »Ich«, was unter größten Qualen vor sich geht.

Solche Verlorene oder Verdammte hören damit auf, fertige Menschengeister zu sein, während die anderen eingehen durften als sichbewußte Geister in das ewige Reich der Freude und des Lichtes, bewußt all die Herrlichkeit genießend. –

Wie ein Kornacker nach einer Reihe von Jahren immer schlechtere Früchte trägt und nur durch Abwechslung der Saaten frische Kraft erhält, nicht anders ist es in der gesamten Stofflichkeit. Auch diese ist einmal verbraucht und muß durch die Zersetzung und erneute Bindung neue Kraft erhalten. Derartiges Geschehen fordert aber Jahrmillionen. Doch auch in dem Geschehen vieler Jahrmillionen ist einmal *ein bestimmtes Jahr* als ausschlaggebende Begrenzung einer notwendigen Scheidung alles Brauchbaren vom Unbrauchbaren.

*Und dieser Zeitpunkt ist für die Erde nunmehr im großen Kreislaufe erreicht.* Der in der Stofflichkeit befindliche Menschengeist *muß* sich endlich zum Aufstiege entscheiden, oder die Stofflichkeit hält ihn umschlungen für die später kommende Zersetzung ..., die die ewige Verdammnis ist, aus der ein geistiges persönlich-sichbewußtes Auferstehen und Aufsteigen nach dem über solcher Zersetzung erhabenen, lichten, ewigen Schöpfungsteile nie mehr möglich wird. –

In natürlicher Entwickelung des Ganzen ist schon lange jede Möglichkeit genommen, daß sich zu dem Bewußtwerden drängende Geistkeime auf diesem überreifen Erdenplane inkarnieren können, da sie zu viel Zeit gebrauchen würden, um als sich-selbst-bewußter Geist rechtzeitig noch aus dieser Stofflichkeit zu gehen. In natürlichem Geschehen trifft die Bahn der Geistkeime nur *solche Weltenteile, die darin* eine Gleichart haben, daß die Entwickelungsnotwendigkeit genau so langer Zeit bedarf, wie auch ein Geistkeim in dem längsten Falle braucht zu der Vollendung. Nur Gleichart der Entwickelungsstufe gibt freien Weg dem Geistkeime, während größere Reife eines Weltenteiles für unfertige Geistkeime ganz unnahbare Grenzen schafft. Auch hierin bleibt der Vorwurf einer Ungerechtigkeit und eines Mangels ganz unmöglich.

Ein *jeder* Menschengeist kann deshalb mit der höchsten Reife seiner stofflichen Umgebung, in der er sich bewegt, gleichzeitig reif an jener Grenze stehen, an der der Teil der Stofflichkeit nun steht, den wir zur Zeit bewohnen.

Es ist nicht *einer,* der nicht reif sein könnte! Die Ungleichheit unter den Menschen ist nur die notwendige Folge ihres eigenen, freien Wollens. Nun kommt die Stofflichkeit aus Überreife in Zersetzung, damit gleichzeitig ihrer Neugeburt entgegentreibend.

Für das Ährenfeld der Menschengeister aber kommt der Schnitt, die Ernte, und damit die Scheidung. Das Reife wird emporgehoben zu dem Licht durch Wirksamkeit natürlicher Gesetze, die die feinstoffliche Hülle nach und nach abstreifen läßt, damit der Geist davon befreit bewußt emporschwebt in das Reich der Gleichart, alles Ewig-Geistigen. Das Untaugliche aber wird zurückgehalten in der Stofflichkeit durch die selbstgewollte Dichtheit seines feinstofflichen Körpers.

Das Schicksal solcher ist dann so, daß ihr feinstofflicher Leib den nun einsetzenden Veränderungen in der Stofflichkeit unterworfen bleibt und darin unter tausendjähriger schmerzhaftester Zersetzung leiden muß. Die Größe solcher Qual greift zuletzt auf den Menschengeist derart über, daß dieser das Sichbewußtsein verliert. Damit zerfällt auch wieder die in dem Bewußtsein gewonnene Form des Ebenbildes Gottes, die Menschenform.

Nach vollständiger Zersetzung des Stofflichen zurück in den Urstoff wird auch das nun *unbewußt-*geistig Gewordene wieder frei und schwebt seiner Art entsprechend empor. Doch kehrt es dann nicht als bewußter Menschengeist zurück, sondern als unbewußter Samen, der einst seinen ganzen Lauf durch neu erwachenden Wunsch in einem neuen Weltenteile von vorn beginnt.

Von dieser hohen Warte aus schauend, also von *oben* herab, hat Christus, *wie immer,* seine Worte derart gewählt und damit einen ganz natürlichen Vorgang geschildert in dem Auferstehen aus der Stofflichkeit, in die das Geistsamenkorn sich senkte.

Denkt Euch nur einmal selbst *über* der Stofflichkeit stehend.

## 52. ICH BIN DIE AUFERSTEHUNG UND DAS LEBEN...

Unter Euch liegt ausgebreitet wie ein Ackerfeld die allgemeine Stofflichkeit in ihren vielen Arten. Die Geistkeime senken sich nun von oben kommend in die Stofflichkeit. Und nach und nach, in langer Zeit, tauchen daraus in vielen Zwischenräumen fertige Menschengeister auf, die in dem stofflichen Erleben sichbewußt geworden sind und mit dem Drang nach Höherstreben alles Stoffliche abstreifen und zurücklassen können. Diese feiern damit Auferstehung aus der Stofflichkeit!

Aber nicht alle Keime kommen gereift wieder an die Oberfläche. So mancher davon bleibt zurück und muß darin nutzlos vergehen. –

Es ist alles genau so, wie bei einem Kornfelde.

Wie bei dem Weizenkorn alles geheimnisvolle *eigentliche* Werden *in* der dazu notwendigen Erde vor sich geht, so ist bei einem Geistkeime das hauptsächliche Werden in der allgemeinen Stofflichkeit. –

Christus erklärt mit *jedem* seiner Sätze immer *bildhaft* irgendein natürliches Geschehen in der Schöpfung. – –

Ob er nun sagte: »Niemand kommt zum Vater denn durch meine Botschaft« oder »durch mein Wort« oder »durch mich«, ist gleich. Es heißt soviel als: »Niemand findet den Weg denn durch das, was ich sage.« Eins bedeutet dasselbe wie das andere. Ebenso, ob er sagt: »Ich bringe Euch in meiner Botschaft die Möglichkeit der Auferstehung aus der Stofflichkeit und damit auch das Leben«, oder: »Ich bin mit meinem Wort für Euch die Auferstehung und das Leben«.

Die Menschen sollen den *Sinn* erfassen, nicht aber durch Wortklauberei sich selbst immer wieder aufs neue verwirren. – –

Die hier nur in großen Zügen angedeuteten Vorgänge in dem Umlaufkreise der Stofflichkeit können auch einige Ausnahmen bringen, die als Ursache aber nicht etwa Änderungen oder Verschiebungen der wirkenden Schöpfungsgesetze haben, sondern es liegt darin ebenfalls vollkommene und unverbiegbare Erfüllung.

Um keine Irrtümer aufkommen zu lassen, will ich schon hier späteren Vorträgen vorausgreifend einige kurze Hinweise darauf geben:

Das erwähnte zeitweise Zersetzen aller Stofflichkeiten an bestimmter

Stelle deren Umlaufes ist eine Folge des Umstandes, daß in den Stofflichkeiten die Menschengeist-Samenkörner sich entwickeln dürfen, welche freie Entschlußfähigkeit in sich tragen.

Da diese freie Entschlußfähigkeit nicht immer den Weg empor zum Lichte wählt, tritt eine vom Licht nicht gewollte Verdichtung der Stofflichkeiten ein, die diese schwerer werden läßt und auf eine Bahn hinabdrückt, welche zur Überreife und zu dem Trichter führt, der auf alles wie ein reinigender Filter wirkt, in dem gleichzeitig die Zersetzung vor sich geht.

Ein Weltenteil oder Weltenkörper der Stofflichkeit, auf dem die sich entwickelnden Menschengeister in allen ihren Wünschen und ihrem reinen Wollen nur dem Lichte zu eingestellt sind, bleibt lichter und dadurch leichter auf einer Höhe, die ohne Unterbrechung die lebendigen Strahlungskräfte aus dem Lichte voll aufzunehmen fähig ist und somit dauernd frisch und in den Schöpfungsgesetzen schwingend gesund bleibt, deshalb auch nicht auf die Bahn kommt, die zur Überreife und zu der Zersetzung führen muß.

Derartige Teile gehen naturgemäß, also lichtgewollt, hoch oben darüber hinweg.

Dazu gehören aber leider nur sehr wenige Teile. Dafür trägt das Menschengeistige, das sich entwickeln darf, die Schuld, weil es die falschen Wege wählte und trotz aller Ermahnungen darauf beharrt.

Wo aber nun ein Gnadenakt Gottes in der höchsten Not, also kurz vor Eintreten in die Saugkraft des Strudels der Zersetzung, noch Hilfe bieten will, dort ändert sich der Vorgang.

Mit der Verankerung des Lichtes durch das Kommen eines Gottgesandten wird die Lichtkraft ohne Zutun der Menschengeister so verstärkt, daß eine Reinigung erfolgt, welche den damit begnadeten Teil der Stofflichkeit noch im letzten Augenblicke emporreißt nach lichteren Höhen, so daß er über den Zersetzungstrichter hinweggeht und bestehen bleiben kann.

Die Reinigung fegt natürlich alles Dunkel, sowie die Ausgeburten und Trabanten des Dunkels mit deren Werken hinweg, während die dann noch verbleibenden Menschengeister dem Lichte dankbar zustreben müssen mit allen ihren Kräften.

Es ist auch dieses außergewöhnliche Geschehen vollkommen in den Schöpfungsgesetzen schwingend und weicht in seinen Auswirkungen nicht um Haaresbreite davon ab. Die mit der Lichtverankerung verbundene gewaltsame Reinigung kommt einer vollkommenen Neuerstehung gleich.

## GROBSTOFFLICHKEIT, FEINSTOFFLICHKEIT, STRAHLUNGEN, RAUM UND ZEIT

Es kamen viele Anfragen über den Begriff meiner Ausdrücke Grobstofflichkeit und Feinstofflichkeit. Die Grobstofflichkeit ist alles das, was der Mensch mit seinen *irdischen* Augen sehen kann, was er *irdisch* fühlt und hört. Dazu gehört auch jenes, was er durch Vermittelung irdischer Hilfsmittel sieht und bei weiteren Erfindungen noch sehen wird. Wie zum Beispiel alles durch das Mikroskop Gesehene. Es ist das Grobstoffliche nur eine *bestimmte* Art der Stofflichkeit.

Das große Gebiet der *gesamten* Stofflichkeit umfaßt aber *mehrere* Arten, die unter sich von Grund aus ganz verschieden sind, und deshalb sich *nie miteinander vermischen.*

Die verschiedenen Arten der Stofflichkeit liegen ganz unten am Grunde oder Ende der Schöpfung. Wieder wie in der ganzen Schöpfung oben mit der leichtesten Art beginnend, und abwärtsgehend mit der schwersten und dichtesten aufhörend. Diese sämtlichen Arten der Stofflichkeit dienen lediglich als Hilfsmittel zur Entwickelung alles Geistigen, das darein wie in einen fruchtbaren Ackerboden als Keim taucht. Genau so, wie ein Samenkorn die Erde zum Keimen und Wachsen benötigt.

Die Stofflichkeit selbst ist in den einzelnen Schichten für sich allein untätig, hilflos. Erst dann, wenn sie durch das über ihr ruhende Wesenhafte durchdrungen und gebunden wird, erhält sie Wärme und Lebendigkeit, dient zu Hüllen oder Körpern der verschiedensten Formen und Arten.

Wie ich schon sagte, lassen sich die verschiedenen Arten der Stofflichkeit *nicht vermischen,* wohl aber durch das Wesenhafte binden und auch mehrfach verbinden. In dieser Bindung und Verbindung entstehen nun Wärmen und Ausstrahlungen. Jede einzelne Stofflichkeitsart erzeugt dabei ihre bestimmte, eigene Ausstrahlung, welche sich mit den Ausstrahlungen der anderen mit ihr verbundenen Arten vermischt und zusammen einen Strahlungskranz ergibt, den man heute schon kennt und Od oder auch Ausstrahlung nennt.

So hat jeder Stein, jede Pflanze, jedes Tier seine Ausstrahlung, die man beobachten kann, und die je nach dem *Zustande* des Körpers, also der Hülle oder Form, ganz verschieden ist. Deshalb lassen sich auch Störungen in dem Strahlungskranze beobachten und daran Krankheitspunkte der Hülle erkennen.

Der Strahlungskranz gibt also jeder Form eine besondere Umgebung, die einen Schutz in der Abwehr, gleichzeitig aber auch eine Brücke zu der weiteren Umgebung bildet. Auch schlägt er außerdem noch auf das Innere, um teilzunehmen an der Entwickelung des Wesenskernes, im *gröbsten* Sinne; denn in Wirklichkeit kommen noch viele Dinge zum eigentlichen Wirken in der Schöpfung hinzu, die ich nur ganz langsam schrittweise aufrollen darf, um ernsthaft Suchenden das Eindringen in die Schöpfungsgesetze leicht zu machen.

Ohne von dem Wesenhaften durchdrungen zu sein, ist die Stofflichkeit nichts. Was wir jetzt betrachteten, war aber nur die Verbindung des Wesenhaften mit den verschiedenen Arten der Stofflichkeit. Und das wiederum gibt erst den *Ackerboden* für den *Geist!* Das Wesenhafte bindet, verbindet und belebt das Stoffliche, der Geist aber beherrscht das Stoffliche *mit* dem Wesenhaften. Sobald der Geist, also Geistiges, in die durch das Wesenhafte belebte Verbindung zu seiner Entwickelung eintaucht, ist diese ihm ohne weiteres aus der Natur der Sache heraus untergeordnet, also auch das Wesenhafte mit.

Die Herrschaft wird dem Geiste damit auf die natürlichste Weise angetragen. Traurig, wenn er sie schlecht oder falsch benützt! *Das eigentliche Rüstzeug des Geistes* zu seiner Entwickelung in der Stofflichkeit *ergeben nun die Ausstrahlungen,* die wir soeben besprochen haben. Der Boden für die Entwickelung des Geistes ist vor seinem Eintauchen durch das

Wesenhafte schon sorglich bereitet. Die Hüllen schließen sich selbsttätig schützend um ihn, und seine Aufgabe ist es, das ihm damit verliehene Rüstzeug richtig zu gebrauchen, zu seinem Wohle und Aufstiege, nicht aber zu seinem Schaden und Absturze.

Es ist nicht schwer zu verstehen, daß *die* Art der Stofflichkeit von der Umhüllung des Geistes, welche am stärksten vertreten ist, auch ausschlaggebend sein muß für die Art der Strahlungsmischung; denn darin wird die Ausstrahlung der vorhandenen stärksten Stofflichkeitsart natürlich immer vorherrschen. Das Vorherrschende dabei ist aber auch wiederum das Einflußreichste nach innen und nach außen.

Die Strahlungsmischung nun hat aber eine viel größere Bedeutung, als die Menschheit bisher erforschen konnte. Es ist von deren eigentlicher Aufgabe noch nicht der zehnte Teil geahnt!

Die Beschaffenheit des Strahlungskranzes ist ausschlaggebend für die Wellenstärke, welche Schwingungen aus dem Strahlungssysteme des gesamten Weltalls aufzunehmen hat. Der Hörer und Leser gehe hier nicht leicht darüber hinweg, sondern vertiefe sich in den Gedanken, und er wird damit ganz plötzlich alle Nervenstränge in der Schöpfung vor sich liegen sehen, die er anzuschlagen, zu benützen lernen soll.

Er denke sich die Urkraft strahlend ausgegossen auf das Schöpfungswerk! Sie strömt hindurch, durch jeden Teil und jede Art. Und jeder Teil und jede Art davon wird sie verändert strahlend weitergeben. Die verschiedenartige Beschaffenheit der Schöpfungsteile bringt damit in der Urstrahlung Veränderung hervor, die auch die Farbe dieser Strahlung ändert.

So zeigt die ganze Schöpfung ein wundervolles Bild herrlichster Farbenstrahlungen, wie sie kein Maler wiedergeben könnte. Und jeder Schöpfungsteil an sich, und jeder Stern, sogar ein jeder Einzelkörper, sei er auch noch so klein und winzig, kommt einem feingeschliffenen Prisma gleich, das jeden Strahl, den es empfängt, vielfältig andersfarbig strahlend weitergibt.

Die Farben wieder tragen tönendes Klingen in sich, das wie ein rauschender Akkord erschallt.

Diesem gewaltigen Strahlungsreiche steht nun der Menschengeist mit seinem Rüstzeuge der Ausstrahlungen der ihm gegebenen Hüllen gegenüber. Bis zum Erwachen der Sexualkraft ist der Vorgang wie bei einem Säugling. Die stofflichen Hüllen saugen durch ihre Ausstrahlungen nur das auf, was sie zum Reifen benötigen. Mit Eintreten der Sexualkraft aber steht der Geist vollgerüstet da, die Tore zu ihm sind damit aufgestoßen, die unmittelbare Verbindung geschaffen. Er erhält nun vielfältig verstärkt Kontakt mit den Gewalten der Strahlungen in dem großen All!

Wie nun der Mensch, also der Geist, die Farben seiner eigenen Ausstrahlungen entwickelt und regiert, so stellt er wie beim Radio auch seine Wellen auf die gleichen Farben ein und nimmt diese dann aus dem Weltall auf. Das Aufnehmen kann ebensogut auch bezeichnet werden mit Heranziehen oder mit Anziehungskraft der Gleichart. Gleichviel, wie es benannt wird, der Vorgang bleibt an sich derselbe. Die Farben bezeichnen ja nur die Art, und die Art gibt die Farbe.

Hierin liegt nun auch der verlorengegangene Schlüssel zu der *wahren,* königlichen Kunst der Astrologie, sowie der Schlüssel zur Heilkunde der Kräuter, ebenso auch zu der umstrittenen Kunst des Heilmagnetismus, der Schlüssel zur Lebenskunst, wie auch zur Stufenleiter des geistigen Aufstieges. Denn mit der Stufenleiter, also der sogenannten Himmelsleiter, ist nichts anderes als ein einfaches *Werkzeug* gemeint, dessen man sich bedienen soll. Die Maschen dieses Strahlungsnetzes in der Schöpfung sind die Sprossen dieser Leiter. *Alles* liegt darin, das ganze Wissen und das letzte Geheimnis in der Schöpfung.

Suchende, greift in die Maschen dieses Strahlungsnetzes! Bewußt, aber mit *gutem* Wollen und in demutsvoller Anerkennung Eures Gottes, welcher diese wundervolle Schöpfung gab, die Ihr zu Eurem Glücke nützen könnt wie in kindlichem Spiele, wenn Ihr nun endlich einmal *ehrlich* wollt und allen Wissensdünkel abwerft. Erst muß die falsche Last herab von Euren Schultern, Eurem Geiste, sonst könnt Ihr Euch nicht straff und frei erheben.

Auch in der Strahlungsmischung des menschlichen Körpers muß unbedingt Harmonie herrschen, um dem Geiste zum Schutze, zur Entwickelung und zum Aufstiege vollwertige Mittel zu geben, die ihm in der normalen Schöpfungsentwickelung bestimmt sind. Gerade durch die Wahl der Kost, der Körperbetätigung, wie überhaupt die ganzen Lebensverhältnisse in vielen Dingen sind diese Strahlungen einseitig verschoben worden, was nach einem Ausgleiche verlangt, wenn ein Aufstieg möglich werden soll. *Heute krankt dabei alles.* Nichts ist gesund zu nennen. –

Der Mensch kann sich nun vorstellen, welche Einwirkung allein die Wahl der Speisen schon auf dieses Strahlensystem hat. Durch die Wahl der Speisen zur Ernährung des Körpers vermag er ausgleichend nachzuhelfen, stärkend, manches schwächend, und das Vorherrschende auch verschiebend, wenn es ungünstig oder hemmend wirkt, so daß *die* Strahlung führend wird, die *günstig* für ihn ist, und damit auch normal; denn allein das Günstige ist ein normaler Zustand.

Doch dies alles kann nicht etwa den Aufstieg selbst bedingen, noch herbeiführen, sondern es bietet nur gesunden Boden für die volle Tätigkeit des Geistes, *dessen Wollen* vorbehalten ist, den Weg nach oben, den zur Seite, oder auch den Weg nach unten zu bestimmen.

Der Körper muß aber erstarken wie der Geist, sobald man fähig ist, darauf zu achten. Jetzt aber wird fast überall in Unwissenheit schwer darin gesündigt. –

Wenn ich von Grobstofflichkeit und von Feinstofflichkeit spreche, so darf also nicht angenommen werden, daß die Feinstofflichkeit die Verfeinerung des Grobstofflichen bedeuten soll. Das Feinstoffliche ist vollkommen *anderer* Art, von anderer Beschaffenheit. Es wird nie zu Grobstofflichem werden können, sondern es bildet eine Übergangsstufe nach oben zu. Auch ist unter Feinstofflichkeit, genauso wie bei der Grobstofflichkeit, nur eine *Hülle* zu verstehen, die mit dem Wesenhaften verbunden werden muß, um von ihm belebt werden zu können.

Sobald ich nun auf diese Gebiete übergehe, muß ich erwähnen, daß die Einteilungen damit noch lange nicht erschöpft sind. Deshalb will ich heute schon bekannt geben, daß außer dem bewußten und dem unbewußten Geistigen und Wesenhaften zu der Belebung der Stofflichkeitsarten auch noch *Kraftströmungen* der verschiedenen Arten die Schöpfung durchziehen und nach ihren Arten ebenso verschieden zur Entwickelung und Förderung beitragen.

Die Kraftströmungen sind wieder auch nur das Nächste, was sich der Tätigkeit des Geistigen und des Wesenhaften anschließt, oder besser, ihnen vorausgehend, das Feld ihrer Wirksamkeit bereitet. Es kommt dann mehr, viel mehr, je weiter wir zergliedern und auf Einzelheiten eingehen werden.

Eins reiht sich weitergehend an das andere, um in Verbindung mit vor ihm Bestehendem auch immer neue Abstufungen zu erzeugen. Alles aber läßt sich folgerichtig auch erklären; denn es konnte nach der ersten Schöpfung nur erstehen, was folgerichtig war. Anderes ist nicht vorhanden. Und diese Tatsache gibt unbedingt auch die Gewähr für eine lückenlose Lösung, für einen klaren Überblick. In meinen Vorträgen biete ich nun den *Schlüssel!* Erschließen kann sich dann ein jeder Hörer die gesamte Schöpfung selbst.

Alles auf einmal aber müßte ein Werk ergeben, dessen Vielseitigkeit die Menschen verwirren könnte. Lasse ich jedoch wie bisher eines ruhig aus dem anderen hervorgehen, im Laufe kommender Jahrzehnte, so ist es leicht, zu folgen und zuletzt auch alles ruhig und bewußt ganz klar zu überblicken. Leicht für den, der mir bis dahin folgen will. Im Anfang will ich erst einmal die stärksten Grundfesten der Schöpfung klären, bevor ich alle Feinheiten berühre.

Dem Hörer und dem Leser wird es wohl ergehen wie einem Geschöpf, dem ich zuerst das Skelett eines Menschen zeige und dann einen lebendigen Menschen in seiner Vollkraft und Tätigkeit danebenstelle. Wenn es noch keine Ahnung von dem Menschen hätte, so würde es in dem lebenden Menschen das Skelett nicht wiedererkennen, vielleicht sogar sagen, daß das gar nicht zusammengehört, oder doch nicht dasselbe ist.

Genau so wird es denen ergehen, die mir in meinen Ausführungen nicht ruhig bis zum Ende folgen. Wer nicht von Beginn an mit ernstem

## 53. GROBSTOFFLICHKEIT, FEINSTOFFLICHKEIT, STRAHLUNGEN...

Eifer zu begreifen sucht, kann *dann* die ganze Schöpfung nicht erfassen, wenn ich bis zu den letzten Klärungen gekommen bin. Er *muß* darin nur Schritt für Schritt zu folgen suchen. –

Da ich in groben Zügen sprechen mußte, leite ich nun *langsam* über auf die *neuen* Dinge. Ich würde sonst zu sprunghaft sein. Es ist mir ohnedies schon oft gesagt worden, daß ich in allem nur Extrakt biete, der einer großen Allgemeinheit nicht so leicht verständlich wird. Ich kann jedoch nicht anders, wenn ich alles das noch bringen will, was ich zu sagen habe. Wir würden sonst im vierten Teile enden müssen, da bei breiterem Erklären eine Erdenzeit kaum ausreicht für noch mehr. Es werden andere kommen, die aus jedem meiner Vorträge ein und auch mehrere Bücher schreiben können. Ich vermag mich jetzt nicht damit aufzuhalten. – –

Da nun die Feinstofflichkeit, wie ich sagte, *anderer* Art ist als die Grobstofflichkeit, so folgt hieraus etwas, was ich bisher noch nicht berührte. Um nicht zu verwirren, gebrauchte ich bisher in manchen Dingen volkstümliche Ausdrücke, die ich nunmehr erweitern muß. Dazu gehört zum Beispiel auch der Ausdruck: »*Über Zeit und Raum stehend!*«

Das betraf stets das Überirdische. Im Hinblick auf ein Weitergehen müssen wir von heute an nun sagen: Das Leben in der Feinstofflichkeit ist »über irdischen Begriffen von Raum und Zeit stehend«; denn auch in der Feinstofflichkeit gibt es einen Raum- und Zeitbegriff, doch wieder *anderer Art,* der Feinstofflichkeit angepaßt. Der Raum- und Zeitbegriff liegt sogar in der ganzen Schöpfung, doch ist er stets an die bestimmte Art gebunden! Die Schöpfung selbst hat ihre Grenzen, damit gilt auch für diese noch ein Raumbegriff.

Auch alle Grundgesetze, die sich einheitlich durch die gesamte Schöpfung ziehen, sind in ihren *Auswirkungen* immer von der jeweiligen Schöpfungsart beeinflußt, von deren Eigenheiten abhängig! Deshalb müssen sich die Folgen *eines bestimmten Gesetzes* in den verschiedenen Schöpfungsabteilungen auch *verschieden* zeigen, was zu großen Mißverständnissen, Widersprüchen, Zweifel an der Einheitlichkeit der Schöpfungsgesetze oder des göttlichen Willens, und auch zu dem Glauben an Willkürakte des Schöpfers führte. Im Grunde aber lag und liegt doch alles nur an der Unwissenheit des Menschen über die Schöpfung selbst.

Auf diese Dinge komme ich jedoch viel später erst ausführlicher zu sprechen, da sie heute die Aufmerksamkeit der Hörer und der Leser ablenken und trüben müßten. Ich bringe es, sobald es nötig wird zu weiterem Verstehen. Es wird keine Lücke bleiben.

## DER IRRTUM DES HELLSEHENS

Hellsehen! Welche Glorie wird darum gebaut, wieviel Spott hört man auch von der einen Seite, während von der anderen ängstliche Neugier spricht; der Rest ist ehrfurchtsvolles Schweigen. Sehende selbst schreiten wie Pfauen in dem Hühnerhofe stolz einher. Sie dünken sich als Gottbegnadete und fühlen sich darin in hochmütiger Demut weit über andere gehoben. Nur zu gern lassen sie sich bewundern für etwas, das ihnen in Wirklichkeit ebenso fremd ist wie ihrer vielfragenden Umgebung.

Ihre tatsächliche Unwissenheit hüllen sie in nichtssagendes Lächeln, das den Wissenden vortäuschen soll. Es ist jedoch viel eher der zur Gewohnheit gewordene Ausdruck ihrer Hilflosigkeit bei Fragen, die ihr eigenes Wissen über den Vorgang fordern.

Sie wissen in Wirklichkeit nicht mehr als der Hammer und der Meißel, unter denen sich durch die Hand des Künstlers irgendein Werk formt. Es sind aber auch hierbei wiederum nur die Menschen selbst, die ihre mit hellseherischen Gaben ausgestatteten Mitmenschen zu etwas anderem machen wollen, als diese wirklich sind, und ihnen damit großen Schaden bringen.

Das ist der ungesunde Zustand, den man heute überall findet. Das »Sehen« ist ja in den meisten Fällen *wirklich,* aber durchaus nichts Besonderes, das des Anstaunens und noch viel weniger des Erschauerns wert wäre, da es eigentlich das ganz Natürliche sein sollte. Natürlich bleibt es aber nur, wenn es von selbst kommt und auch ruhig der eigentlichen Entwickelung überlassen bleibt, ohne fremde oder eigene Nachhilfe. Eine *Nachhilfe* darin ist ebenso verdammenswert, wie es eine Nachhilfe beim körperlichen Sterben sein würde.

## 54. DER IRRTUM DES HELLSEHENS

Wert erhält das Sehen aber erst durch wirkliches *Wissen*. Nur das Wissen allein vermag dieser natürlichen Fähigkeit Sicherheit zu geben und damit auch die *rechte* Einstellung mit dem rechten Ziel. Daß dies aber bei der großen Mehrheit aller hellsehenden Menschen fehlt, kann man sofort feststellen an dem ehrgeizigen Übereifer, der Überhebung mit sich führt, sowie an dem unverhüllt zur Schau getragenen und auch gern zum Ausdruck gebrachten Sich-wissend-Dünken.

Und diese Einbildung des Wissens ist gerade das, was solche Menschen abhält, nicht nur nicht weiter vorwärts zu kommen, sondern was ihnen geradezu zum Verderben dadurch wird, daß es sie in ihren Bemühungen auf Abwege bringt, die *abwärts* führen anstatt aufwärts, ohne daß der sich Mehr-wissend-Dünkende etwas davon bemerkt. Solchen kann als größte Hilfe nur hier und da widerfahren, daß ihr Hellsehen oder Hellhören sich nach und nach wieder abschwächt und verliert. Das ist Rettung! Durch irgendeinen für sie eintretenden günstigen Zustand, deren es vielerlei gibt.

Betrachten wir uns nun die hellsehenden Menschen und ihre irrende Überzeugung, die sie an andere Menschen weitergeben. Sie allein tragen die Schuld, daß dieses ganze Gebiet als falsch und unverläßlich bisher in den Kot getreten werden konnte.

Was diese Menschen sehen, ist im günstigsten und fortgeschrittensten Falle die zweite Stufe des sogenannten Jenseits, wenn man es in Stufen (nicht Sphären gedacht) einteilen will, wobei die Stufe des Lichtes ungefähr die zwanzigste sein würde, nur um ein ungefähres Bild des Unterschiedes zu bekommen. Die Menschen aber, die wirklich bis zu einer zweiten Stufe schauen können, denken etwas Gewaltiges damit zu leisten. Diejenigen jedoch, die nur bis zur ersten Stufe blicken können, bilden sich in den meisten Fällen noch viel mehr ein.

Nun muß bedacht werden, daß ein Mensch in seiner höchsten Begabung immer wirklich nur so weit schauen kann, wie es ihm seine eigene, innere Reife zuläßt. *Er ist dabei gebunden an seinen eigenen inneren Zustand!* Es ist ihm aus der Natur der Sache heraus einfach unmöglich, etwas anderes zu schauen, wirklich zu *schauen,* als seine eigene Gleichart ist. Also innerhalb des Bereiches, in dem er sich nach seinem irdischen Abscheiden ungehindert bewegen könnte. Nicht weiter; denn in dem Augenblicke, wo er die Grenze des Jenseits, die ihm der Zustand seiner eigenen Reife vorschreibt, überschreiten würde, müßte er sofort jedes Bewußtsein für seine Umgebung verlieren. Von selbst könnte er die Grenze sowieso nicht überschreiten.

Würde aber seine Seele bei einem Ausgetretensein von einem Jenseitigen, der der nächsthöheren Stufe angehört, mitgenommen, so würde er in dessen Armen beim Überschreiten der Grenze zur höheren Stufe sofort bewußtlos werden, also einschlafen. Zurückgebracht, könnte er sich immer nur trotz seiner hellseherischen Gaben bis dahin besinnen, soweit es ihm seine eigene Reife zuließ, sich wachend umzuschauen. Es würde ihm also kein Nutzen daraus erwachsen, wohl aber seinem feinstofflichen Körper schaden.

Was er darüber hinaus zu erschauen wähnt, seien es nun Landschaften oder Personen, ist niemals wirklich lebendig von ihm erlebt oder persönlich geschaut, sondern es handelt sich dabei lediglich um *Bilder,* die ihm gezeigt werden, und deren Sprache er auch zu hören vermeint. Es ist niemals die Wirklichkeit. Diese Bilder sind anscheinend so lebendig, daß er selbst nicht zu unterscheiden vermag, was ihm nur gezeigt wird, oder was er wirklich erlebt, weil der Willensakt eines stärkeren Geistes derartige lebendige Bilder erschaffen kann.

So kommt es, daß viele Hellsehende und Hellhörende wähnen, sich bei ihren jenseitigen Ausflügen bedeutend höher zu befinden, als sie es in Wirklichkeit sind. Und daraus entspringen so zahlreiche Irrtümer.

Auch wenn manche Christus zu schauen oder zu hören wähnen, so ist dies ein großer Irrtum; denn das wäre durch die riesengroße Kluft der fehlenden Gleichart nach den Schöpfungsgesetzen des göttlichen Willens ein Ding der Unmöglichkeit! Der Gottessohn kann nicht wie zu einem Kaffeestündchen in einen spiritistischen Zirkel kommen, um die Besucher dort auszeichnend zu beglücken, ebensowenig große Propheten oder höhere Geister.

So sicher und fest aber im Jenseits während des Erdenlebens zu verkehren, um alles unverschleiert zu hören und zu schauen und vielleicht die Stufen nur so hinanzueilen, ist keinem noch in Fleisch und Blut gebundenen Menschengeiste vergönnt. Derart einfach ist die Sache nicht, trotz aller Natürlichkeit. Sie bleibt an die unumgänglichen Gesetze gebunden.

Und wenn ein Hellhörender und Hellsehender seine Erdenaufgaben damit vernachlässigt, indem er nur in das Jenseits eindringen will, so versäumt er mehr, als was er damit gewinnt. Er wird, sobald dann seine Zeit für das jenseitige Reifen für ihn kommt, eine Lücke mit sich führen, die er *nur auf der Erde* auszufüllen vermag. Dadurch kann er nicht weiter aufwärts steigen, er bleibt bis zu einem gewissen Punkte gebunden und muß wieder zurück, um das Versäumte nachzuholen, bevor er an den ernsten Weiteraufstieg denken kann. Es ist auch hierbei alles einfach und natürlich, lediglich immer eine notwendige Folgerung des Zurückliegenden, die sich nie und nimmer abbiegen läßt.

Jede Stufe eines Menschenseins fordert wirklich gelebt zu werden, mit vollem Ernste, voller Aufnahmefähigkeit der jeweiligen Gegenwart. Mangel daran bringt eine Lockerung, die sich beim weiteren Wege immer fühlbarer machen muß und schließlich einen Bruch und den dadurch folgenden Zusammensturz herbeiführt, wenn man nicht rechtzeitig zurückgeht und die mangelhafte Stelle durch nochmaliges Erleben ausbessert, damit sie fest und sicher wird.

So ist es im ganzen Geschehen. Leider aber hat der Mensch die krankhafte Gewohnheit angenommen, immer über sich hinauszugreifen, weil er sich mehr zu sein dünkt, als er wirklich ist.

## ARTEN DES HELLSEHENS

Lange zögerte ich mit der Beantwortung der verschiedenartigen Fragen über Hellsehen, weil ein jeder Mensch, der meine Gralsbotschaft *richtig* gelesen hat, darüber vollkommen unterrichtet sein muß. Vorausgesetzt natürlich, daß er die Botschaft nicht als eine Lektüre las, zum Zeitvertreib oder mit Vorurteilen, sondern sich ernsthaft hinein vertiefte und jeden Satz als bedeutungsvoll betrachtete, dessen Sinn an sich, sowie dessen unbedingte Zugehörigkeit zur ganzen Botschaft zu ergründen er sich schon *bemühen* muß; denn so ist es von vornherein gewollt.

Der Geist muß dabei wach sein. Oberflächliche Menschen sollen dadurch selbsttätig ausgeschaltet werden.

Ich wiederhole mehrfach, daß eine *Art* immer nur von der *gleichen Art* erkannt zu werden vermag. Mit diesen Arten sind natürlich Schöpfungsarten gemeint.

Von unten nach oben betrachtet, gibt es die Art des *Grobstofflichen,* die Art des *Feinstofflichen,* die Art des *Wesenhaften* und die Art des *Geistigen.* Jede dieser Arten zerfällt wiederum in viele Stufen, so daß leicht die Gefahr besteht, die Stufen der feinen Grobstofflichkeit schon mit den Stufen der groben Feinstofflichkeit zu verwechseln. Ganz unauffällig sind die Übergänge, welche in dem Wirken und Geschehen nicht etwa fest verbunden sind, sondern nur ineinandergreifen.

Auf jeder dieser Stufen zeigt sich andersartiges Leben. Der Mensch hat nun von jeder Schöpfungsart, die *unter* dem Geistigen steht, eine Hülle. Der Kern selbst ist geistig. Jede Hülle ist gleichbedeutend mit einem Körper. Der Mensch ist also ein geistiger Kern, der in der Ent-

## 55. ARTEN DES HELLSEHENS

wicklung des Sich-bewußt-Werdens menschliche Form annimmt, die sich mit steigender Entwickelung dem Lichte zu immer mehr idealisiert bis zur vollendetsten Schönheit, bei einer Abwärtsentwicklung jedoch immer mehr das Gegenteil davon annimmt, bis zu den groteskesten Verunstaltungen. Um Irrtum hierbei auszuschalten, will ich besonders erwähnen, daß die grobstoffliche Hülle oder der Körper diese Entwikkelung nicht mit durchmacht. Er hat nur geringe Zeit mitzuwirken und kann auf dem grobstofflichen Erdenplane nur ganz geringen Variationen unterworfen sein. Es kann also ein äußerlich schöner Erdenmensch innerlich schlecht sein und umgekehrt.

Der Mensch auf der Erde, also in der Grobstofflichkeit, trägt die Hüllen *aller* Schöpfungsarten *gleichzeitig*. Jede Hülle, also jeder Körper der verschiedenen Arten, hat auch seine Sinnesorgane ganz für sich. Die grobstofflichen Organe zum Beispiel können *nur in der gleichen Art,* also in der grobstofflichen Art tätig sein. Eine feinere Entwickelung darin gibt im günstigsten Falle die Möglichkeit, bis zu einem gewissen Grade der feineren Grobstofflichkeit schauen zu können.

Diese feinere Grobstofflichkeit wird von den sich damit beschäftigenden Menschen »astral« genannt, ein Begriff, der nicht einmal denen wirklich richtig bekannt ist, welche diese Bezeichnung aufstellten, noch viel weniger denen, die sie nachsprechen.

Ich wende diese Begriffsbenennung an, weil sie bereits bekannt ist. Allerdings gilt dieser Name wie bei okkultistischen Forschungen üblich nur als eine Art Sammelbegriff alles dessen, was man wohl als bestehend weiß und ahnt, aber doch noch nicht richtig begreifen, noch weniger begründen kann.

Das ganze bisher aufgestellte Wissenwollen der Okkultisten ist nichts weiter als ein großer, selbstgeschaffener Irrgarten des Nichtwissens, ein Schutthaufen der Anmaßungen des für diese Dinge nicht zureichenden Verstandesdenkens. Trotzdem will ich bei der vielgebrauchten Bezeichnung »astral« bleiben. Was die Menschen aber unter »astral« sehen und meinen, gehört noch nicht einmal zur Feinstofflichkeit, sondern lediglich zur feinen Grobstofflichkeit.

## 55. ARTEN DES HELLSEHENS

Die von menschlichen Einbildungen erfüllten Forscher haben sich in diesen Gefilden noch nicht aus der Grobstofflichkeit hinausbegeben, sondern sind in der *niedersten Art* der Nachschöpfung geblieben und machen deshalb soviel Lärm mit möglichst »klingenden« Fremdwörtern! Sie schauen nicht einmal mit dem feinstofflichen Auge, sondern lediglich mit dem *Übergangsempfinden* des grobstofflichen Auges zu dem feinstofflichen. Es könnte dies ein Übergangs- oder Halbschauen genannt werden.

Legt ein Mensch nun durch irdischen Tod den grobstofflichen Körper ab, so sind damit natürlich auch die grobstofflichen Sinnesorgane mit abgelegt, weil sie nur zu der betreffenden Hülle gehören. Es ist also das irdische Sterben weiter nichts als das Abstreifen der äußersten Hülle oder Schale, die ihm das Schauen und Wirken in der Grobstofflichkeit ermöglichte. Sofort nach diesem Ablegen steht er in der sogenannten anderen Welt oder besser gesagt, in den Ebenen der Feinstofflichkeit. Hier kann er wieder nur mit den Sinnesorganen des nun für ihn als äußerste Schale verbliebenen feinstofflichen Körpers arbeiten. Er sieht also mit den Augen des feinstofflichen Körpers, hört mit dessen Ohren usw.

Es ist natürlich, daß der Menschengeist beim Eintreten in die Feinstofflichkeit die Sinnesorgane der damit plötzlich zur Betätigung gezwungenen feinstofflichen Hülle richtig entsprechend anzuwenden erlernen muß, wie einst die Organe des grobstofflichen Körpers in der Grobstofflichkeit. Der andersartigen Stofflichkeit entsprechend, die nicht so schwerfällig ist, erfolgt auch die Erlernung rechter Verwendung der Organe in schnellerer, leichterer Art. Und so ist es mit jeder weiteren Art.

Zur Erleichterung dieses Eingewöhnens in die verschiedenen Arten ist das Übergangs- oder Halbschauen gegeben auf die Zwischenebenen. Das grobstoffliche Auge vermag bei gewissen Anspannungen durch außergewöhnliche Zustände des Körpers ahnend auf die Verbindungsebene zwischen der Grobstofflichkeit und Feinstofflichkeit zu blicken, während das feinstoffliche Auge im Anfangsstadium seiner Betätigung rückblickend ebenfalls die gleiche Ebene halbschauend erreicht, wo die feine Grobstofflichkeit der groben Feinstofflichkeit die Hand reicht.

Dieses Halbschauen gibt dem Menschengeiste während seines Durchschreitens einen gewissen Halt, so daß er sich nie ganz verloren zu fühlen braucht. So ist es bei *jeder* Grenze zweier verschiedener Arten. Daß die beiden verschiedenen Stoffarten sich aneinander halten können und nicht etwa eine Kluft bilden, weil sie sich nie zu vermischen vermögen, dafür sorgen *wesenhafte* Kraftwellen, die in ihrer magnetartigen Anziehungsfähigkeit haltend und bindend wirken.

Legt der Mensch nach Durchschreiten der verschiedenen Abteilungen der Feinstofflichkeit auch den feinstofflichen Körper ab, so tritt er in das *Wesenhafte*. Ihm ist dann als äußerste Hülle der *wesenhafte* Körper geblieben, mit dessen Augen er nun sehen und mit dessen Ohren er hören muß, bis es ihm möglich wird, auch die wesenhaften Hüllen abzulegen und in das Reich des Geistes einzutreten. Hier erst ist er *allein er selbst,* unverhüllt, und muß mit seinen *geistigen* Organen sehen, hören, sprechen usw. Auch seine Gewänder und alles um ihn her sind *geistig*-wesenhafter Art.

Diese meine Angaben müssen von den Lesern scharf durchdacht werden, damit sie sich ein richtiges Bild davon machen können.

Materialisationen irdisch Abgeschiedener sind weiter nichts als Vorgänge, bei denen durch Benützung eines Mediums die irdisch Abgeschiedenen, welche den feinstofflichen Körper tragen, noch eine Hülle feiner Grobstofflichkeit um sich legen. Das dürfte wohl die einzige Ausnahme sein, wo die heutigen Erdenmenschen mit ihren grobstofflichen Augen einmal *klar* die feine Grobstofflichkeit zu schauen fähig sind, sie auch mit ihren anderen grobstofflichen Sinnen erfassen, weil dabei eine besonders starke Bindung und somit Verdichtung der feinen Grobstofflichkeit durch außergewöhnliche Blutausstrahlungen des Mediums erfolgt. Sie können es sehen und fühlen, weil es sich trotz aller Feinheit immer noch um die gleiche Art ihrer Sinnesorgane handelt, also noch um Grobstofflichkeit.

Der Mensch muß also darauf achten, daß Grobstofflichkeit nur mit

Grobstofflichkeit »erfaßt« werden kann, Feinstofflichkeit nur mit Feinstofflichkeit, Wesenhaftes nur mit Wesenhaftem und Geistiges nur mit Geistigem. Darin gibt es keine Vermischungen. Unter dem soeben genannten »Wesenhaften« ist eine ganz bestimmte Art für sich selbst gemeint. Göttlich-Wesenhaft und Geistig-Wesenhaft sind wieder ganz anderer Art.

Es gibt aber eins: Ein Erdenmensch kann mit dem grobstofflichen Auge schauen und während seines Erdenseins auch schon sein feinstoffliches Auge öffnen, wenigstens zeitweise. Das heißt, nicht etwa gleichzeitig, sondern nacheinander. Wenn er mit dem feinstofflichen Auge schaut, bleibt das grobstoffliche Auge entweder ganz oder teilweise ausgeschlossen, und umgekehrt. Er wird nie fähig sein, mit dem grobstofflichen Auge richtig Feinstoffliches zu schauen, ebensowenig wie mit dem feinstofflichen Auge Grobstoffliches. Das ist unmöglich.

Gegenteilige Behauptungen würden nur auf Irrtümern beruhen, die aus Unkenntnis der Schöpfungsgesetze entspringen. Es sind Täuschungen, denen solche Menschen erliegen, wenn sie behaupten, mit dem grobstofflichen Auge Feinstoffliches erkennen zu können oder mit dem feinstofflichen Auge Geistiges.

Wer dies alles richtig überlegt, sich klar vorzustellen versucht, wird erkennen, welches unbeschreibliche Durcheinander in dem Beurteilen des Hellsehens jetzt vorhanden sein muß, daß es geradezu unmöglich bleibt, zuverlässige Angaben darin zu erhalten, solange nicht die Gesetze darüber bekannt gegeben werden, was durch Inspirationen oder Kundgebungen in spiritistischen Zirkeln *nicht* erfolgen kann, da diese inspirierenden wie auch die sich kundgebenden Jenseitigen selbst keine Übersicht besitzen, sondern ein jeder sich immer in den Grenzen bewegen muß, zu denen sein jeweiliger Reifezustand gehört.

Wirkliche Ordnung in den Erklärungen des wundervollen Gewebes der Nachschöpfung kann nur gegeben werden, wenn ein *Wissen* alles umfaßt. Sonst ist es unmöglich. Die Menschen aber in ihrem bekannten krankhaften Wissend-sein-Wollen erkennen solches niemals an, sondern stellen sich von vornherein den Belehrungen feindlich gegenüber.

Lieber stolzieren sie gespreizt in ihrem kläglichen Suchen weiter und können gerade deshalb auch nie zu einer Einigkeit, nie zu einem wirklichen Erfolge kommen. Würden sie nur *einmal* eine solche Größe zeigen, ihren Dünkel überwindend die Gralsbotschaft als Welterklärung ohne Voreingenommenheit *wirklich ernst* zu nehmen, alles Selbst-wissen-Wollen beim Studium ausschalten, so würden sich ihnen bald Ausblicke eröffnen, die in logischer Folge alles unverstandene Geschehen klären und in großem Schwunge die Wege zu bisher Unbekanntem ebnen.

Aber es ist ja bekannt, daß gerade Starrköpfigkeit *nur eines* der untrüglichsten Zeichen von wirklicher Dummheit und Beschränkung ist. Alle diese Menschen ahnen nicht, daß sie sich gerade damit einen Stempel ihrer absoluten Untauglichkeit aufdrücken, der sie schon in naher Zeit beschämend und ausschaltend brennen wird, da er dann nicht mehr zu verstecken noch zu verleugnen geht.

Zur Beurteilung eines Hellsehens müßte als Grundlage bekannt sein, mit welchem Auge der Hellsehende jeweils schaut, in welches Gebiet also sein Schauen gehört, und wie weit er darin entwickelt ist. Erst dann können weitere Schlüsse gezogen werden. Dabei müßte der solche Untersuchungen Leitende selbst unbedingt ganz klar über die einzelnen Stufen der verschiedenen Arten unterrichtet sein, ebenso über die darin sich auslösende verschiedenartige Wirkung und Betätigung. Und daran krankt die heutige Zeit, in der gerade solche Menschen sich wissend dünken, die überhaupt nichts verstehen.

Jammervoll ist es, die Flut der Veröffentlichungen in Heften und Büchern über alle möglichen okkulten Beobachtungen und Experimente mit mehr oder weniger unlogischen und haltlosen Erklärungsversuchen zu lesen, die in den meisten Fällen noch anmaßend den Stempel bestimmten Wissens aufgedrückt erhalten, während sie durchweg von den Tatsachen nicht nur weit entfernt bleiben, sondern sogar *das Gegenteil* bringen. Und wie braust das Heer solcher Klugen feindselig auf, wenn in schlichter Reihenfolge der wirklich leicht nachprüfbare Aufbau der Nachschöpfung vor sie hingestellt wird, ohne dessen genaue Kenntnis sie überhaupt nichts verstehen können. Von der Urschöpfung wollen wir dabei gar nicht sprechen.

Wer Hellsehende beurteilen oder gar verurteilen will, der muß die ganze Schöpfung kennen, wirklich kennen! Solange dies nicht der Fall ist, soll man auch darüber schweigen. Ebensowenig aber auch als eifrige Verfechter der Tatsachen des Hellsehens Behauptungen aufstellen, die ohne genaue Schöpfungskenntnis nicht zu begründen gehen.

Es sind solch unheilvolle Irrtümer über die ganzen Vorgänge außerhalb der Grobstofflichkeit verbreitet, daß es Zeit wird, endlich einmal Ordnung und Gesetzmäßigkeit hineinzubringen.

Glücklicherweise ist die Zeit nun nicht mehr fern, wo ein gesunder Kehraus unter den zahllosen direkt lächerlichen Figuren auf den an sich so ernsten okkulten Gebieten gemacht werden wird, die ja bekanntlich am meisten schreien und mit ihren Theorien am aufdringlichsten sind. Leider aber haben gerade diese Schwätzer durch ihr Gebaren viele der Suchenden schon irregeführt. Die Verantwortung dafür bleibt zwar nicht aus und wird mit furchtbarer Gewalt auf alle zurückfallen, die in so leichtfertiger Weise die ernstesten Gebiete zu behandeln versuchen, aber die dadurch Verirrten und Verführten haben davon wenig Nutzen, sondern müssen ihren Schaden ebenfalls selbst tragen dafür, daß sie sich so leicht zu falschen Ansichten verführen ließen.

Im Durchschnitt kann man ruhig sagen, daß gerade auf okkultem Gebiete vorläufig noch schwätzen mit dem schönen Ausdruck »forschen« bezeichnet wird, und sonach die meisten Forscher lediglich Schwätzer sind.

Unter den Hellsehenden gibt es also ein Schauen der feinen Grobstofflichkeit, ein Schauen der Feinstofflichkeit und ein Schauen der Wesenhaftigkeit. Alles mit dem jeweils gleichartigen Auge. Ein geistiges Schauen jedoch ist den Menschen verschlossen geblieben, und es müßte schon ein besonders Berufener dazu sein, der für einen bestimmten Zweck begnadet wird, daß er auch sein geistiges Auge schon im Erdensein öffnen kann.

Darunter befinden sich aber die zahllosen jetzigen Hellsehenden *nicht*.

## 55. ARTEN DES HELLSEHENS

Die meisten vermögen überhaupt nur die Feinstofflichkeit in *einer* ihrer verschiedenen Stufen zu erkennen und mit der Zeit vielleicht auch mehrere Stufen zu umfassen. Es ist ihnen also das feinstoffliche Auge geöffnet. Nur selten kommt es vor, daß auch das Auge des wesenhaften Körpers schon sieht.

Wenn nun bei besonderen irdischen Vorgängen, wie zum Beispiel bei Kriminalfällen oder anderen, ein hellsehender Mensch zur Aufklärung benützt werden soll, so muß der dafür Interessierte folgendes wissen: Der Hellsehende schaut mit seinem feinstofflichen Auge, kann demnach *nicht* den eigentlichen stattgefundenen *grobstofflichen* Vorgang sehen. Jeder grobstoffliche Vorgang hat aber nun gleichzeitig seine feinstofflichen Begleiterscheinungen, die dem grobstofflichen Vorgange oft gleichartig sind oder doch wenigstens ähnlich.

Der Hellsehende wird also bei Ausführung eines Mordes das dabei gleichzeitig geschehende *feinstoffliche* Begeben erschauen, nicht das wirklich Grobstoffliche, was der Justiz nach den heute bestehenden irdischen Gesetzen allein maßgebend ist. Dieses feinstoffliche Geschehen kann aber nun in manchen Einzelheiten von dem grobstofflichen Geschehen mehr oder weniger abweichen. Es ist demnach falsch, dann voreilig vom Versagen des Hellsehens zu sprechen oder von falschem Sehen.

Bleiben wir einmal bei einem Morde oder Diebstahl. Der zur Aufklärung hinzugezogene Hellsehende wird teils astral, teils feinstofflich schauen. Astral, also in feiner Grobstofflichkeit, den Ort der Handlung, feinstofflich aber die Handlung selbst. Dazu kommt noch, daß er auch verschiedene Gedankenformen dabei sehen kann, die durch die Gedankengänge des Mörders wie des Ermordeten oder des Diebes erstanden. Das auseinander zu halten, muß zu dem Können des Untersuchungsleitenden gehören! Dann erst wird das Ergebnis richtig sein. Einen derartig unterrichteten Untersuchungsleiter aber gibt es vorläufig noch nicht.

So grotesk es auch klingen mag, da es in Wirklichkeit nichts Verwandtschaftliches an sich hat, so möchte ich doch ein untergeordnetes

Beispiel anführen bei der Tätigkeit eines Polizeihundes, der ja auch zur Aufdeckung von Verbrechen verwendet wird. Bei diesen Polizeihunden muß ganz selbstverständlich der Polizeihundleiter die Art der Tätigkeit des Hundes genau kennen und unmittelbar mit diesem zusammenarbeiten, sogar sehr tätig dabei sein, wie Eingeweihten bekannt ist. Man braucht nun diese Art des Arbeitens nur in weit veredelterer Form anzunehmen, da haben wir die Tätigkeit der gemeinsamen Arbeit eines Untersuchungsleiters mit einem Hellsehenden zur Aufklärung von Verbrechen.

Auch hierbei muß der Untersuchungsleitende der aktiv Arbeitende und beobachtend Kombinierende sein, der den größten Teil der Tätigkeit auf sich nimmt, während der Hellsehende lediglich die passiv arbeitende Hilfskraft bleibt. Ein langes Studium einer solchen Tätigkeit muß für jeden Richter vorausgehen, bevor er sich damit befassen darf. Es ist ein weit schwereres Studium als die Rechtswissenschaft.

## IM REICHE DER DÄMONEN UND PHANTOME

Zu dieser Erklärung gehört vorher das Wissen, daß sich der Erdenmensch nicht in der Urschöpfung befindet, sondern in einer Nachschöpfung. Die Urschöpfung ist einzig und allein das wirklich für sich bestehende *geistige Reich,* von den Menschen als Paradies gekannt, dessen Gipfel die Gralsburg bildet mit der Pforte zu dem außerhalb der Schöpfung seienden Göttlichen.

Die Nachschöpfung dagegen ist die sogenannte »Welt« mit ihrem ewigen Kreisumlauf *unter* der Urschöpfung, deren einzelne Sonnenwelten dem Werden und Zergehen unterworfen sind, also dem Reifen, Altern und dem Zerfall, weil sie nicht unmittelbar vom Göttlichen erzeugt wurden, wie die unvergängliche Urschöpfung, das Paradies.

Die Nachschöpfung entstand durch das Wollen der Urgeschaffenen und unterliegt dem Einfluß der sich entwickelnden Menschengeister, deren Entwicklungsweg durch diese Nachschöpfung führt. Aus diesem Grunde auch die Unvollkommenheit darin, die in der Urschöpfung nicht zu finden ist, welche dem unmittelbaren Einflusse des Göttlichen Heiligen Geistes geöffnet ist.

Zum Trost in der immer mehr wachsenden und fühlbar werdenden Unvollkommenheit der Nachschöpfung rief es deshalb den darüber ganz verzweifelnden Urgeschaffenen aus dem Göttlichen herüber zu: »Harret sein, den Ich erkor ... Euch zur Hilfe!« wie es in der Gralslegende als Überlieferung aus der Urschöpfung einigermaßen deutlich wiedergegeben ist. –

Nun zu dem eigentlichen Thema: *Jede* irdische Handlung kann nur als äußerer Ausdruck eines inneren Vorganges betrachtet werden. Unter

»innerem Vorgang« ist ein geistiges Empfindungswollen gemeint. Jedes Empfindungswollen ist geistige *Handlung,* welche einschneidend wird für eines Menschen Sein, da sie Aufstieg oder Abstieg auslöst. Es darf in keinem Falle mit Gedankenwollen auf eine Stufe gestellt werden.

Empfindungswollen betrifft den Kern des eigentlichen Menschen, Gedankenwollen aber nur einen schwächeren, äußeren Kreis. Beides jedoch braucht trotz seiner unbedingten Wirkung nicht immer auch irdisch sichtbar zu werden. Die irdische, grobstoffliche Handlung ist für eine Karma-Aufbürdung nicht notwendig. Aber es gibt dagegen keine irdisch-grobstoffliche Betätigung, der nicht ein Gedankenwollen oder ein Empfindungswollen vorausgegangen sein muß. Die irdisch-sichtbare Betätigung ist deshalb entweder von dem Gedankenwollen oder dem Empfindungswollen abhängig, nicht aber umgekehrt.

Das wirklich Einschneidende für eines Menschengeistes Sein, für seinen Auf- oder Abstieg ist jedoch am *stärksten* verankert in dem *Empfindungswollen,* das der Mensch am wenigsten beachtet, vor dessen unbedingter, nie versagender Auswirkung es aber kein Entrinnen gibt, auch keinerlei Beschönigung oder Verfälschung. Darin allein ruht das wirkliche »Erleben« des Menschengeistes; denn das *Empfindungswollen ist der einzige Hebel zur Auslösung der geistigen Kraftwellen,* die in dem Werke des Schöpfers ruhen und nur auf die Anregung des Empfindungswollens der Menschengeister warten, um diese dann vielfach verstärkt sofort zur Auswirkung zu bringen. Gerade um diesen so wichtigen, sogar wichtigsten Vorgang hat sich die Menschheit bisher kaum gekümmert.

Aus diesem Grunde will ich immer wieder auf einen anscheinend einfachen, aber *alles* in sich bergenden Hauptpunkt hinweisen: Die das Schöpfungswerk durchziehende geistige *Kraft* kann *nur* Verbindung erhalten mit dem *Empfindungswollen* der Menschengeister, alles andere ist von einer Verbindung ausgeschlossen!

Schon das Gedankenwollen kann keinerlei Verbindung mehr erhalten, wieviel weniger irgendwelche *Erzeugnisse* des Gedankenwollens. Diese Tatsache schließt *jede* Hoffnung darauf aus, daß die *eigentliche* Hauptkraft in der Schöpfung jemals mit irgendeiner »Erfindung« in

## 56. IM REICHE DER DÄMONEN UND PHANTOME

Zusammenhang gebracht werden könnte! Dagegen ist ein unverrückbarer Riegel vorgeschoben. Der Mensch kennt die Hauptkraft nicht, ebensowenig deren Wirkungen, trotzdem er in ihr steht.

Was dieser oder jener Denker und Erfinder unter Urkraft vermutet, ist sie nicht! Es handelt sich dann stets nur um eine weit untergeordnete Energie, von denen noch viele mit verblüffenden Wirkungen gefunden werden können, ohne daß man damit der eigentlichen Kraft auch nur einen Schritt näher kommt, welche der Menschengeist sich selbst unbewußt täglich benutzt. Leider wie spielerisch, ohne die furchtbaren Folgen dieses grenzenlosen Leichtsinnes zu beobachten! Die Verantwortung der Folgen sucht er in seiner absoluten Unwissenheit immer sträflich auf Gott abzulenken, was ihn jedoch nicht frei macht von der großen Schuld, die er sich durch sein Nichtwissenwollen aufbürdet.

Ich will versuchen, hier einmal ein klares Bild zu geben. Ein Mensch *empfindet* zum Beispiel Neid. Gewöhnlich sagt man: »Es steigt Neid in ihm auf!« Das ist zuerst ein Allgemeinempfinden, dem Menschengeiste oft sogar nicht klar bewußt. Diese Empfindung aber, noch gar nicht in bestimmte Gedanken gekleidet, also noch nicht bis zum Gehirn »aufgestiegen«, ist es schon, welche *den Schlüssel* in sich trägt, der *allein* die Fähigkeit hat, den Anschluß an die *»lebendige Kraft«* zu geben, die Brücke dahin zu bilden.

Sofort fließt dann soviel von der in der Schöpfung ruhenden »lebendigen Kraft« in die betreffende Empfindung über, wie deren Aufnahmefähigkeit ist, die durch die jeweilige Stärke der Empfindung bedingt wird. *Dadurch* erst wird die *menschliche,* das heißt *»durchgeistete«* Empfindung in sich selbst lebendig und erhält die gewaltige Zeugungsfähigkeit (nicht *Erzeugungskraft*) in der feinstofflichen Welt, die den Menschen zum Herrn unter allen Kreaturen macht, zur obersten Kreatur in der Schöpfung. Dieser Vorgang läßt ihn aber auch einen riesenhaften Einfluß auf die ganze *Nachschöpfung* ausüben und bringt damit ... persönliche Verantwortung, die außer ihm keine Kreatur in der Nachschöpfung haben kann, da nur der Mensch die dafür maßgebende Fähigkeit besitzt, die in der Beschaffenheit des *Geistes* ruht.

Und nur *er* allein trägt in der ganzen Nachschöpfung in seinem innersten Kerne Geist und erhält *als solcher* deshalb auch allein Verbindung mit der in der Nachschöpfung ruhenden *obersten lebendigen* Kraft. Die Urgeschaffenen im Paradiese sind wieder *anderen* Geistes als die Weltenwanderer, die sogenannten Erdenmenschen, und ihre Verbindungsfähigkeit gilt deshalb auch einer anderen, höheren und noch weitaus stärkeren Kraftwelle, die sie bewußt benützen und damit natürlich auch ganz andere Dinge schaffen können als die Weltenwanderer, zu denen die Erdenmenschen gehören, deren oberste Kraftwelle nur eine Abstufung der in der Urschöpfung ruhenden Kraft ist, wie die Erdenmenschen selbst nur eine Abstufung der Urgeschaffenen sind.

Was dem Menschenwissen bisher hauptsächlich fehlte, ist die Kenntnis der vielen immer schwächer werdenden Abstufungen nach unten zu von allem dem, was in der Urschöpfung sich findet, und die Erkenntnis, daß sie selbst nur zu diesen *Abstufungen* gehören. Ist dies Verständnis einmal richtig durchgedrungen, so fällt der bisherige Hochmut, und der Weg zum Aufstieg wird dadurch frei.

Die dumme Einbildung, die Obersten zu sein, selbst sogar Göttliches in sich zu tragen, bricht dann kläglich zusammen, und es bleibt zuletzt nur befreiende Scham zurück. Die soviel höheren, wertvolleren Urgeschaffenen besitzen solchen Dünkel nicht. Sie lächeln auch nur nachsichtig über diese verirrten Erdenwürmer, wie so manche Eltern lächeln über das phantastische Geplauder ihrer Kinder.

Doch zurück zu der Empfindung. Die so erstarkte Empfindung eines Menschen zeugt nun in weiterer Abstufung unmittelbar selbsttätig ein Gebilde, das *die Art* der Empfindung ganz genau verkörpert! In diesem Falle also den Neid. Das Gebilde steht im Anfang in, dann neben seinem Erzeuger, mit diesem durch einen Ernährungsstrang verbunden. Gleichzeitig aber nimmt es selbsttätig sofort unter der Wirkung des Gesetzes der Anziehung der Gleichart Fühlung mit dem Sammelorte gleicher Arten von Gebilden und erhält von dort starken Zustrom, der mit dem jungen Gebilde nunmehr die feinstoffliche Umgebung des betreffenden Menschen gibt.

Unterdessen steigt die Empfindung höher bis zu dem Gehirn und erregt hier gleichartige *Gedanken,* die sich das Ziel scharf prägen. So werden die Gedanken zu Kanälen oder Straßen, auf denen die Gebilde einem ganz bestimmten Ziele zutreiben, um dort zu schaden, wenn sie Boden dazu finden.

Hat aber der Mensch, der als Ziel davon betroffen werden soll, in sich nur reinen Boden, also reines Wollen, so bietet er für diese Gebilde keine Angriffsfläche, keinen Verankerungsgrund. Aber damit werden sie nicht etwa wieder unschädlich, sondern irren einzeln weiter oder vereinigen sich mit den Gleicharten in deren Sammelstellen, die man »Ebenen« nennen kann, da sie ja dem Gesetze ihrer geistigen Schwere unterworfen sind und deshalb *bestimmte* Ebenen bilden müssen, die immer nur gleiche Arten zulassen und festhalten können.

Damit bleiben sie aber allen den Menschengeistern unbedingt gefährlich, die nicht genügend Reinheit starken Wollens zu dem Guten in sich tragen, und bringen schließlich auch ihren Erzeugern zuletzt das Verderben, da sie stets mit diesen in Verbindung bleiben und durch den Ernährungsstrang dauernd neue Neid-Energien auf sie zurückfließen lassen, die die Gebilde selbst aus der Ansammlung der Zentralen erhalten.

Dadurch hat es ein solcher Erzeuger nicht leicht, sich wieder reineren Empfindungen hinzugeben, weil er durch das auf ihn Zurückfließen von Neid-Energien daran sehr stark behindert bleibt. Es reißt ihn immer wieder davon ab. Er wird gezwungen, für den Aufstieg weit mehr Anstrengungen aufzubringen als ein Menschengeist, der nicht solcherart behindert ist. Und nur durch dauernd reines Wollen verkümmert ein Ernährungsstrang des Übels nach und nach, bis er zuletzt vertrocknend kraftlos abfällt.

Das ist Befreiung des Erzeugers solchen Übels, vorausgesetzt, daß sein Gebilde bis dahin keinen Schaden angerichtet hat; denn *dann* treten sofort *neue* Bindungen in Kraft, die auch gelöst sein wollen.

Zu einer Lösung solcher Fäden bedarf es dann unbedingt einer nochmaligen Wegkreuzung im Diesseits oder Jenseits mit den von dem Übel

## 56. IM REICHE DER DÄMONEN UND PHANTOME

geschädigten Personen, bis dabei die Erkenntnis und Verzeihung kommt. Die Folge ist, daß ein Aufstieg des Erzeugers solcher Gebilde nicht vor dem Aufstiege der dadurch Betroffenen vor sich gehen kann. Die Verbindungs- oder Schicksalsfäden halten ihn zurück, solange keine Lösung durch Wiedergutmachung und Verzeihung sich ergibt.

Doch das ist noch nicht alles! Dieses Empfindungswollen hat unter der Verstärkung der lebenden »Kraft« noch eine weitaus größere Auswirkung; denn es bevölkert nicht nur die feinstoffliche Welt, sondern es greift auch in die Grobstofflichkeit ein. Aufbauend oder verheerend!

Dabei sollte der Mensch endlich erkennen, was er schon Unsinniges angerichtet hat, anstatt zum Segen dieser Nachschöpfung und aller Kreaturen seine Pflichten zu erfüllen, die ihm die Fähigkeiten seines Geistes geben. Der Mensch fragt oft, warum der Kampf in der Natur sich zeigt, und doch richtet sich in der Nachschöpfung das Wesenhafte ... nach der Art der Menschen! Mit Ausnahme der Urgeschaffen-Wesenhaften. – Gehen wir aber weiter:

Die Erzeugnisse des Empfindungswollens menschlichen Geistes, die vorerwähnten Gebilde, hören aber nach der Loslösung von ihrem Erzeuger nicht auf zu sein, sondern bestehen *selbständig* weiter, solange sie Nahrung von den ihrer Art gleichgesinnten Menschengeistern erhalten! Es braucht nicht ihr Erzeuger selbst zu sein. Sie suchen Gelegenheit, sich diesem oder jenem dazu bereiten Menschen oder auch nur in der Abwehr schwachen Menschen anzuhängen. Sie sind in üblem Sinne *die Dämonen,* entstanden aus Neid, Haß und allem Ähnlichem. In gutem Sinne sind es aber wohltätige Wesen, die nur liebend Frieden stiften und den Aufstieg fördern.

Bei allen diesen Vorgängen ist eine irdisch sichtbare Handlung der Menschen durchaus nicht notwendig, sie fügt nur weitere Ketten oder Fäden hinzu, die auf der grobstofflichen Ebene abgelöst werden müssen und eine Wiederinkarnierung nötig machen, wenn die Ablösung in einem Erdenleben nicht geschehen kann.

Diese Gebilde des menschlichen Empfindungswollens haben *in sich* Kraft, weil sie aus *geistigem* Wollen in der Verbindung mit der »neutralen Hauptkraft« erstehen und, was das Wichtigste ist, weil sie *dadurch* bei ihrer Bildung von dem *Wesenhaften* mit in sich aufnehmen, das ist *die* Beschaffenheit, aus der die Gnomen usw. sich entwickeln.

Das Wollen eines Tieres kann das nicht vollbringen, weil die Tierseele nichts Geistiges in sich hat, sondern nur Wesenhaftes. Es ist also ein Vorgang, der *nur* bei den Gebilden des menschlichen Empfindungswollens sich vollzieht, der deshalb starken Segen bringen muß bei *gutem* Wollen, aber unberechenbares Unheil durch ein übles Wollen, da ein wesenhafter Kern solcher Gebilde *eigene Triebkraft* in sich trägt, verbunden mit Einwirkungsfähigkeit auf alles Grobstoffliche. Und damit wächst nun die Verantwortung des Menschengeistes in das Ungeheure. Sein Empfindungswollen schafft je nach seiner Art die *gutwollenden Wesen* wie auch die *Dämonen*.

Beides sind lediglich Produkte der Fähigkeit des Menschengeistes in der Nachschöpfung. Ihr selbsttätig treibender und damit unberechenbar wirkender Kern entstammt aber *nicht der Wesenhaftigkeit mit Willensfähigkeit,* aus der die Tierseelen kommen, sondern *einer Abstufung* davon, *die keine eigene Willensfähigkeit besitzt.* Es gibt auch in der Wesenhaftigkeit wie in der über dieser ruhenden Abteilung des Geistes viele Abstufungen und Sonderarten, über die ich noch besonders sprechen muß.

Zur weiteren Erklärung diene noch, daß das Wesenhafte *auch* Kontakt findet mit einer lebendigen, in der Schöpfung ruhenden Kraft, die jedoch nicht dieselbe ist, an die das Wollen des Menschengeistes Anschluß hat, sondern eine Abstufung davon.

*Gerade die verschiedenartigen Verbindungsmöglichkeiten und Verbindungsunmöglichkeiten sind die schärfsten Ordnungswächter in der Nachschöpfung und ergeben eine feste, unverrückbare Gliederung in allem Werden und Zergehen.*

So weit also greift das Wirken des Menschengeistes. Seht Euch die Menschen nun einmal heute daraufhin richtig beobachtend an, und Ihr könnt Euch denken, welches Unheil sie schon angerichtet haben. Namentlich wenn dabei die weiteren Folgen der Tätigkeit dieser lebendigen Gebilde bedacht werden, die ja auf alle Kreaturen losgelassen sind! Es ist wie mit dem Stein, der, einmal aus der Hand geflogen, der Kontrolle und dem Willen des Schleuderers entzogen ist. –

Neben diesen Gebilden, deren weitgehende Tätigkeit und Einfluß zu schildern ein ganzes Buch für sich beanspruchen würde, geht eine andere Art her, die eng mit diesen verbunden ist, aber eine *schwächere* Abteilung bildet. Trotzdem ist sie gerade noch gefährlich genug, um viele Menschen zu belästigen, zu hemmen und sogar zu Fall zu bringen. Es sind dies die Gebilde der Gedanken. Also die Gedankenformen, die Phantome.

Das Gedankenwollen, also das Produkt des irdischen Gehirnes, hat im Gegensatz zu dem Empfindungswollen nicht die Fähigkeit, unmittelbar Verbindung mit der in der Schöpfung ruhenden neutralen Hauptkraft zu nehmen. Dadurch fehlt diesen Formen auch der selbsttätige Kern der Empfindungsgebilde, die wir »wesenhafte Seelen*schatten*« nennen können. Gedankenformen bleiben unbedingt abhängig von ihrem Erzeuger, mit dem sie ähnlich verbunden sind wie die Gebilde des Empfindungswollens. Also durch einen Ernährungsstrang, der gleichzeitig die Straße bildet für die rücklaufende Wechselwirkung. Über diese Art habe ich bereits berichtet in dem Vortrage »Gedankenformen«. Deshalb kann ich an dieser Stelle eine Wiederholung sparen.

Die Gedankenformen sind in dem Gesetz der Wechselwirkung der schwächste Grad. Sie wirken aber trotzdem noch unheilvoll genug und können nicht nur das Verderben einzelner Menschengeister herbeiführen, sondern sogar großer Massen, wie auch zur Verheerung ganzer Weltenteile beitragen, sobald sie von den Menschen allzusehr genährt und großgezogen werden und dadurch ungeahnte Macht erhalten, wie es in den letzten Jahrtausenden geschah.

So ist das ganze Übel *nur* durch Menschen selbst entstanden. Durch deren unkontrolliertes, falsches Empfindungswollen und Gedankenwollen, sowie durch ihre Leichtfertigkeit darin! –

Diese beiden Gebiete, das Reich der Gebilde des menschlichen Empfindungswollens und das Reich der Formen des menschlichen Gedankenwollens, wo natürlich auch wirkliche Menschengeister zu leben gezwungen sind, bildeten nun ganz allein das Arbeits- und Gesichtsfeld der größten »Magier« und »Meister« aller Zeitläufe, die sich darin verwirren und zuletzt bei dem Hinübergehen auch darin gehalten werden. Und heute?

Die »großen Meister im Okkultismus«, die »Erleuchteten« so mancher Sekten und Logen ... es geht ihnen nicht besser! Meister sind sie nur in *diesen* Reichen. Sie leben unter eigenen Gebilden. Nur *dort* können sie »Meister« sein, nicht aber in dem *eigentlichen jenseitigen Leben!* So weit geht ihre Macht und Meisterschaft niemals.

Bedauernswerte Menschen, gleichviel, ob sie sich nun zur schwarzen oder weißen Kunst bekannten, je nach der Art des üblen oder guten Wollens ... sie dünkten und dünken sich gewaltig in der Kraft des Geistes, und sind in Wirklichkeit weniger als ein darin *unwissender* Mensch. Dieser steht in seiner kindlichen Einfalt weit *über* den an sich niederen Arbeitsfeldern solcher unwissenden »Geistesfürsten«, also *höher* im Geiste als diese.

Es wäre nun ja alles schön und gut, wenn die Auswirkungen der Tätigkeit solcher Größen rückwirkend *nur* auf diese selbst zurückfallen könnten, aber solche »Meister« machen durch ihre Anstrengungen und Betätigungen die an sich unbedeutenden Niederungen bewegter, wühlen sie unnötig auf und stärken sie damit auch zu Gefahren gegen alle in der Abwehr Schwachen. Für andere bleibt es glücklicherweise ungefährlich; denn ein harmloser Menschengeist, der sich seines Daseins kindlich freut, steigt ohne weiteres *über* diese Niederungen hinaus, in die sich die Wissenden hineinwühlen und zuletzt auch darin festgehalten werden von den von ihnen selbst gestärkten Formen und Gebilden.

So ernst das alles auch zu nehmen ist, es wirkt von oben aus geschaut unsagbar lächerlich und traurig, des Menschengeistes unwürdig. Denn in sich aufgebläht durch falschen Dünkel kriechen und krabbeln sie mit Tand geschmückt emsig umher, um einem derartigen Reiche Leben einzuhauchen. Ein Schattenreich im wahrsten Sinne, eine ganze Welt von *Schein,* die alles Mögliche und Unmögliche vorzutäuschen fähig wird.

Und der, der es erst rief, kann es zuletzt nicht wieder bannen, muß erliegen!

Eifrig forschen viele nun in diesen Niederungen hin und her und denken stolz, welch ungeheure Höhe sie damit erreichten. Ein klarer und einfacher Menschengeist jedoch kann diese Niederungen achtlos ohne weiteres durchschreiten, ohne sich darin irgendwie aufhalten zu müssen.

Was soll ich da über so »Große« noch viel sagen? Nicht einer würde darauf hören, da sie in ihrem Scheinreiche für eine Zeit das scheinen können, was sie in dem wirklichen Sein *des lebendigen Geistes* niemals zu werden vermögen; denn dort heißt es für sie: »dienen«. Da hört das Meistereinwollen schnell auf. Aus diesem Grunde streiten sie dagegen, da ihnen durch die Wahrheit viel genommen wird! Der Mut fehlt, solches zu ertragen. Wer läßt sich gern den ganzen Aufbau seiner Einbildung und Eitelkeiten stürzen? Das müßte schon ein *rechter* und ein wirklich *großer Mensch* sein! Und ein solcher wäre nicht in derartige Fallstricke der Eitelkeit versunken.

Es ist dabei nur eins betrübend: Wieviel, oder besser gesagt, wie wenige Menschen sind in sich so klar und fest, wie wenige verfügen noch über so kindliche, heitere Einfalt, daß sie *ungefährdet* diese Ebenen durchschreiten können, die von Menschenwollen leichtsinnig geschaffen werden und dauernd gestärkt. Für alle anderen aber wird damit immer mehr eine sich dauernd nur vergrößernde Gefahr heraufbeschworen.

Wenn doch die Menschen endlich *wirklich sehend* darin würden! Wieviel Unheil könnte abgewendet werden. Durch reineres Empfinden, reines Denken eines jeden Menschen müßten alle jenseitigen, düsteren und dunklen Ebenen bald so entkräftet sein, daß selbst den dort zurückgehaltenen ringenden Menschengeistern schnellere Erlösung kommt, weil sie sich aus der schwächer werdenden Umgebung leichter loszuringen vermöchten. –

Genau wie nun so viele große »Meister« hier auf Erden, so erleben auch im Jenseits Menschengeister alles als ganz *echt* in den verschiedenen Umgebungen, Formen und den Gebilden, gleichviel, ob in den niederen düsteren oder in feinstofflich schon höheren, freundlicheren Gefilden ... die Angst wie auch die Freude, Verzweiflung wie befreiende Erlösung ... und doch befinden sie sich dabei gar nicht in dem Reiche des wirklichen Lebens, *sondern das einzig wirklich Lebendige dabei sind nur sie selbst!* Alles andere, ihre ganz verschiedenartige und sich verändernde Umgebung, kann nur bestehen durch sie selbst und ihre Gleichgesinnten hier auf Erden.

*Die Hölle selbst ist sogar nur Produkt der Menschengeister,* bestehend zwar und auch ernste Gefahr in sich bergend, furchtbare Leiden auslösend, doch durchaus abhängig vom Wollen aller jener Menschen, deren Empfindungen der Hölle zum Bestehen Kraft zuführen von der neutralen Gotteskraft, die in der Schöpfung zur Benutzung durch die Menschengeister ruht. Die Hölle ist also keine Einrichtung Gottes, sondern ein Werk der Menschen!

Wer *das* richtig erkennt und die Erkenntnis dann bewußt verwertet, wird vielen helfen, auch leichter selbst aufsteigen zu dem Licht, *in dem allein alles wirkliches Leben ist.*

Wenn sich doch die Menschen wenigstens noch einmal *so weit* öffneten, daß sie zu ahnen fähig würden, welcher Schatz für sie in dieser Schöpfung ruht! Ein Schatz, welcher von einem jeden Menschengeiste aufgefunden und gehoben werden soll, das heißt, *der bewußt benützt werden soll:* die von mir so oft angeführte neutrale Hauptkraft. Sie kennt den Unterschied von Gut und Böse nicht, sondern steht außerhalb dieser Begriffe, ist einfach »*lebendige Kraft*«.

*Jedes* Empfindungswollen eines Menschen wirkt *als Schlüssel* zu der Schatzkammer, findet Kontakt mit dieser hohen Kraft. Das gute Wollen wie das üble Wollen. Beides wird von der »Kraft« verstärkt und lebendig gemacht, weil diese auf das Empfindungswollen des Menschengeistes sofort reagiert. Und *nur* auf dieses, sonst auf nichts. Die *Art* des Wollens gibt der Mensch an, das liegt in seiner Hand allein. Die Kraft führt weder Gutes noch Böses zu, sondern sie ist einfach »Kraft« und belebt, was der Mensch gewollt hat.

Wichtig hierbei ist jedoch zu wissen, daß der Mensch diese belebende Kraft nicht in sich selbst trägt, *sondern nur den Schlüssel dazu in der Fähig-*

*keit seiner Empfindungen besitzt.* Er ist also Verwalter dieser schöpferisch formenden Kraft, die nach seinem Wollen arbeitet. Aus diesem Grunde hat er Rechenschaft abzulegen über die Verwaltungstätigkeit, die er zu jeder Stunde ausübt. Unbewußt aber spielt er dabei mit dem Feuer wie ein unwissendes Kind und richtet deshalb auch wie solches großen Schaden an. Er braucht jedoch nicht unwissend zu sein! Das ist *sein* Fehler! Alle Propheten und zuletzt der Gottessohn bemühten sich, in Gleichnissen und Lehren Klarheit über diesen Punkt zu geben, den Weg zu zeigen, den die Menschen gehen sollen, *wie* sie empfinden, denken, handeln müssen, um dabei *recht* zu gehen!

Es war aber umsonst. Mit dieser ungeheueren, den Menschen anvertrauten Macht spielten sie weiter nur nach *eigenem* Gutdünken, ohne auf die Warnungen und Ratschläge vom Licht zu hören, und bringen nun damit zuletzt Zusammenbruch, Vernichtung ihrer Werke und auch ihrer selbst; denn diese Kraft arbeitet ganz neutral, verstärkt das gute wie das üble Wollen eines Menschengeistes, schlägt aber dadurch ohne Zögern auch den Wagen und den Lenker kalt in Trümmer, wie bei Kraftfahrzeugen, welche falsch geleitet werden.

Das Bild ist sicher endlich klar genug. Durch Wollen und Gedanken lenken die Menschen die Geschicke der gesamten Nachschöpfung, wie auch die eigenen, und wissen nichts davon. Sie fördern Aufblühen oder das Absterben, sie können Aufbau in der vollsten Harmonie erreichen oder auch *das* wilde Durcheinander, das sich *jetzt* ergibt! Anstatt vernünftig aufzubauen, treiben sie nur unnötige Zeit- und Kraftvergeudung in so vielen eitlen Nichtigkeiten.

Einsichtsvolle nennen es nun Strafe und Gericht, was in gewissem Sinne richtig ist, und doch sind es die Menschen *selbst* gewesen, die alles das herbeizwangen, was nun geschehen muß.

Oft schon gab es Denker und Beobachter, welche das alles bereits ahnten, doch sie gingen dabei irre in der falschen Annahme, daß diese Macht des Menschengeistes sich als ein Zeichen eigener Göttlichkeit bekunde. Das ist ein Irrtum, der nur einer einseitig-äußeren Beobachtung entspringt. Der Menschengeist ist weder Gott noch göttlich. Solche Wissend-sein-Wollenden sehen nur die Schale des Geschehens, aber nicht den Kern. In der Auswirkung verwechseln sie die Ursache.

Aus dieser Unzulänglichkeit kamen bedauerlicherweise viele Irrlehren und Überhebungen. Deshalb betone ich noch einmal: Die Gotteskraft, welche die Schöpfung stets durchzieht und in ihr ruht, ist allen Menschengeistern *nur geliehen.* Diese können sie *benützend lenken,* doch sie haben sie nicht in sich, *sie ist ihnen nicht zu eigen!* Dem Göttlichen allein ist diese Kraft zu eigen. Es verwendet sie jedoch nur zu dem Guten, weil Göttliches das Dunkel gar nicht kennt. Die Menschengeister aber, denen sie geliehen ist, schafften sich damit eine Mördergrube!

Deshalb rufe ich allen nochmals dringend zu: »Haltet den Herd des Wollens und Eurer Gedanken rein, Ihr stiftet damit Frieden und seid glücklich!« Die Nachschöpfung wird endlich damit auch der Urschöpfung noch ähnlich werden, in der nur Licht und Freude herrschen. Das alles liegt in Menschenhand, im Können eines jeden sichbewußten Menschengeistes, der kein Fremdling mehr in dieser Nachschöpfung verbleibt! – –

So mancher meiner Hörer und Leser wird im stillen wünschen, daß ich zu den Erklärungen noch irgendein treffendes Bild solchen Geschehens bringe, einen lebendigen Ausblick gebe zum besseren Verständnis. Andere wieder wird dies stören. Es mag auch solche geben, die sich sagen, daß ich damit den Ernst des Gesagten schwäche, weil die Wiedergabe eines lebendigen Vorganges in diesen Ebenen leicht als Phantasterei oder Hellseherei aufgefaßt werden kann. Ähnliches habe ich sogar schon hören müssen, als ich meine Vorträge: »Der Heilige Gral« und »Luzifer« veröffentlichte. Tief forschende Menschen jedoch, deren geistige Ohren nicht verschlossen sind, empfinden dabei das, wozu es von mir gesagt wird. Denen ganz allein gilt auch das Bild, das ich darüber geben will; denn sie werden wissen, daß es weder Phantasie noch Hellseherei ist, sondern mehr.

Nehmen wir also ein Beispiel: Eine Mutter hat sich durch Ertränken das Leben genommen und dabei auch ihr zweijähriges Kind mit in den irdischen Tod gerissen. Beim jenseitigen Erwachen findet sie sich dann in einem düsteren schlammigen Gewässer am Versinken; denn der letzte schreckliche Augenblick der Seele ist in der Feinstofflichkeit lebendig geworden. Es ist der Ort, wo alle Gleicharten mit ihr zusammen dasselbe erleiden in andauernder Qual. Ihr Kind hält sie dabei in den Armen, es klammert sich in Todesangst an die Mutter, auch wenn sie es bei der irdischen Tat *vorher* in die Fluten schleuderte.

Diese entsetzlichen Augenblicke hat sie je nach ihrer seelischen Beschaffenheit eine kürzere oder längere Zeitdauer zu durchleben, muß also dauernd am Ertrinken sein, ohne dabei zu einem Ende zu kommen, ohne das Bewußtsein zu verlieren. Es kann Jahrzehnte und noch länger dauern, bis in ihrer Seele der echte Hilferuf erwacht, der auf reiner Demut ruht. Das ist nicht leicht geschehen; denn um sie her ist alles nur Gleichart, aber kein Licht. Sie hört nur grauenvolle Verwünschungen und Flüche, rohe Worte, sieht nur brutalste Rücksichtslosigkeit.

Nun wird mit der Zeit vielleicht zuerst der Drang in ihr erwachen, wenigstens ihr Kind davor zu schützen oder es hinauszubringen aus dieser fürchterlichen Umgebung und der immerwährenden Gefahr und Qual. Angstvoll hält sie es deshalb im eigenen Versinkenmüssen über der stinkenden, dickflüssigen Oberfläche, während so manche andere Gestalten ihrer Nähe, sich anklammernd, sie mitzureißen suchen in die Tiefe.

Dieses bleiern schwere Gewässer sind feinstofflich lebendig gewordene, noch nicht scharf umrissene Gedanken der Selbstmörder durch Ertrinken, sowie aller derer, die noch auf Erden sind und sich mit ähnlichen Gedanken befassen. Diese haben Verbindung zueinander und führen, sich gegenseitig anziehend, einander immer neue Verstärkung zu, womit die Qual endlos erneuert wird. Das Gewässer müßte austrocknen, wenn statt der gleichartigen Zufuhr frische, frohe, lebensfreudige Gedankenwellen von der Erde strömten.

Die Sorge um das Kind nun, die mütterlicher Instinkt mit der Zeit zu sorgender und bangender Liebe anwachsen lassen kann, erhält Kraft genug, um die erste Rettungsstufe zu der Treppe für die Mutter zu bilden, die sie aus dieser Qual herausführt, die sie sich durch derartige vorzeitige Beendung ihres Erdenseins schuf. Indem sie das Kind nun vor der Qual bewahren will, das sie doch erst selbst mit hineingerissen hat, nährt sie Edleres in sich, was sie zuletzt herauszuheben vermag in eine nächste, nicht so düstere Umgebung.

Das Kind in ihren Armen ist jedoch nicht in Wirklichkeit die lebendige Seele des Kindes, das sie mordend mit hineinzog in die Flut. Solche Ungerechtigkeit kann nicht vorkommen. In den meisten Fällen tummelt sich die *lebendige* Kindesseele in sonnigen Gefilden, während das Kind in den Armen der kämpfenden Mutter nur ... ein Phantom ist, ein lebendes Gebilde der Empfindung der Mörderin und auch ... der des Kindes! Es kann nun ein Schuldgebilde sein, also unter dem Drucke des Schuldbewußtseins entstanden, oder ein Verzweiflungsgebilde, Haßgebilde, Liebesgebilde, gleichviel, die Mutter wähnt, daß es das lebende Kind selbst sei, weil das Gebilde ja dem Kind vollkommen ähnlich ist und sich auch derart bewegt, schreit usw. Auf solche Einzelheiten und die vielen Abarten will ich nicht eingehen.

Es könnten zahllose Geschehen geschildert werden, deren Arten immer genau an die vorausgegangenen Taten gebunden sind.

Eins aber will ich noch nennen, als Beispiel, wie es aus dem Diesseits heraus in das Jenseits übergeht.

Nehmen wir an, eine Frau oder ein Mädchen ist unerwünscht in die Lage gekommen, Mutter zu werden, und hat, wie es leider sehr oft geschieht, etwas dagegen unternommen. Auch wenn alles in besonders günstigen Fällen ohne *körperliche* Schädigung vorüberging, so ist es doch damit gleichzeitig nicht auch gesühnt. Die feinstoffliche Welt als Umgebung nach dem irdischen Tode registriert genau und unbeeinflußbar.

Von dem Augenblicke an, wo es geschah, hat sich ein feinstofflicher Körper des werdenden Kindes an den feinstofflichen Hals der unnatürlichen Mutter geklammert, um von dieser Stelle nicht eher wegzugehen, als bis die Tat abgelöst wurde. Das merkt natürlich das betreffende Mädchen oder die Frau nicht, solange sie in dem grobstofflichen Körper auf der Erde lebt. Sie hat höchstens hie und da einmal ein leicht beklemmendes Gefühl als Auswirkung, weil der kleine feinstoffliche Körper des Kindes im Verhältnis zu dem grobstofflichen Körper federleicht ist, und heute die meisten Mädchen viel zu abgestumpft sind, um diese kleine Last zu verspüren. Dieses Abgestumpftsein ist jedoch durchaus kein Fortschritt, ist auch kein Zeichen von robuster Gesundheit, sondern bedeutet Rückschritt, das Zeichen seelischen Vergrabenseins.

In dem Augenblicke des irdischen Sterbens aber wird die Schwere und Dichtheit des anhängenden Kindeskörperchens *gleichartig* mit dem nunmehr aus dem irdischen Körper ausgetretenen feinstofflichen Körper der Mutter und somit zur absoluten Last. Es wird dem feinstofflichen Körper der Mutter sofort dieselbe Unbequemlichkeit bereiten wie auf Erden das Anklammern eines grobstofflichen Kindeskörpers an ihren Hals. Dies kann nun je nach Art des vorangegangenen Geschehens zur atemraubenden Qual sich steigern. Die Mutter muß im Jenseits diesen Kindeskörper mit sich herumschleppen, wird nicht eher davon frei, bis bei ihr die Mutterliebe erwacht und sie treusorgend dem Kindeskörper unter Aufgabe der eigenen Bequemlichkeit mühselig alle Erleichterungen und Pflege zu bieten sucht. Bis dahin aber ist sehr oft ein weiter, dornenvoller Weg!

Diese Vorgänge entbehren natürlich auch einer gewissen Tragikomik nicht. Man braucht sich ja nur vorzustellen, daß irgendein Mensch, dem die Scheidewand zwischen dem Diesseits und dem Jenseits weggezogen ist, in eine Familie oder Gesellschaft tritt. Dort sitzen vielleicht Damen in eifrigem Gespräch. Eine der Frauen oder »Jungfrauen« fällt während der Unterhaltung in sittlicher Entrüstung wegwerfende Urteile über ihre Mitmenschen, während der Besucher gerade am Halse dieser so Eifernden oder Stolzen ein oder auch sogar mehrere Kinderkörperchen hängend beobachtet. Und nicht nur das, sondern auch an *jedem* anderen Menschen hängen die Werke seines wirklichen Wollens deutlich sichtbar, die oft in dem groteskesten Widerspruche zu seinen Worten stehen und zu dem, wie er gern scheinen möchte und sich der Welt gegenüber auch zu behaupten sucht.

Wie mancher Richter sitzt viel beladener vor einem von ihm selbst

Verurteilten, als dieser es ist. Wie schnell sind die wenigen Erdenjahre dahin, und dann steht er vor *seinem* Richter, vor welchem andere Gesetze gelten. Was dann?

Die grobstoffliche Welt vermag ein Mensch leider in den meisten Fällen leicht zu täuschen, in der feinstofflichen Welt dagegen ist dies ausgeschlossen. Dort *muß* der Mensch glücklicherweise wirklich das ernten, was er gesät hat. Deshalb braucht niemand zu verzweifeln, wenn hier auf Erden doch vorübergehend Unrecht Oberhand behält. Nicht ein einziger übler Gedanke bleibt ungesühnt, auch wenn er nicht zu grobstofflicher Tat geworden ist.

## OKKULTE SCHULUNG, FLEISCHKOST ODER PFLANZENKOST

Die Bestrebungen, die der okkulten Schulung wie auch die der sogenannten Lebensreform, haben sich ein hohes Ziel gesetzt, das zu erreichen eine weitere Epoche in der Entwickelung der Menschheit bedeutet. Die Zeit der Erfüllung dieser wertvollen *Ziele* wird auch kommen. Die jetzt emporschießenden Anstrengungen dazu gehören aber nur zu dem Gärungsprozeß dieser neuen Zeit.

Während jedoch nun die Führer der okkulten Bestrebungen in ihrer besten Absicht auf dem ihnen selbst unbekannten Gebiete einen vollkommen falschen Weg eingeschlagen haben, der nichts anderes erreicht, als dem Dunkel freie Bahn zu schaffen und die Menschheit verstärkten jenseitigen Gefahren auszusetzen, so greifen die sogenannten Lebensreformer zur Erreichung ihres begrüßenswerten Zieles weit über dieses hinaus, im Hinblick auf die *jetzige Zeit!*

Die Tätigkeiten beider Teile müssen anders angefaßt werden. Die Geistesübungen fordern eine *höhere* Art als die bisher getätigten, von Grund aus. Es muß hierin ein ganz anderer Weg eingeschlagen werden, um zur Höhe kommen zu können. Der jetzige Weg führt lediglich in niederes Gestrüpp des Jenseits, worin der größte Teil der Nachfolgenden vom Dunkel ganz umschlungen und hinabgezogen wird.

Der *rechte* Weg muß schon *von Anfang an emporführen,* er darf nicht erst in minderwertiger und höchstens gleichstufiger Umgebung sich verlieren. Die beiden Wege haben keine Ähnlichkeit, sind schon in ihrer Grundart ganz verschieden. Der rechte Weg hebt innerlich sofort empor, geht also schon von Anfang an aufwärts, ohne erst die gleichwertige feinstoffliche Umgebung zu berühren, noch viel weniger die minderwertigere; denn das ist nicht nötig, da es im normalen Sinne nur ein

Aufwärtsstreben von der Erde geben soll. Deshalb sei nochmals ernst gewarnt vor allem Akrobatentum des Geistes.

Der Geist braucht während seines Erdenseins zur *vollen* Erfüllung seines Daseinszweckes unbedingt einen gesunden, kräftigen Körper, in irdisch normalem Zustande. Wird dieser Zustand des Körpers verschoben, so stört eine derartige Verschiebung die dringend notwendige Harmonie zwischen dem Körper und dem Geiste. *Nur solche* bringt eine gesunde, kräftige Entwickelung des Geistes, welche krankhafte Auswüchse nicht zuläßt.

Der gesunde, nicht unterdrückte Körper wird infolge seines normalen Zustandes auf ganz natürliche Weise immer mit dem Geiste harmonieren, ihm damit eine feste Grundlage in der Stofflichkeit bieten, in welcher der Geist nicht ohne Zweck steht, und dadurch ihm auch die beste Hilfe geben, diesen seinen Zweck zur Selbstentwickelung und gleichzeitigen Förderung der Schöpfung voll zu erfüllen.

Jeder Körper erzeugt bestimmte Ausstrahlungen, die der Geist zu seiner Tätigkeit in der Stofflichkeit unbedingt braucht. Es ist dies vor allem die so geheimnisvolle Sexualkraft, welche unabhängig von dem Geschlechtstriebe bleibt. Bei einer Verschiebung der Harmonie zwischen Körper und Geist wird nun diese Kraft der Durchstrahlung und Ausstrahlung nach anderer Richtung hingezogen und damit für den eigentlichen Zweck geschwächt.

Das bringt eine Hemmung oder Lähmung der Erfüllung in dem Sein des Geistes in der Stofflichkeit. Die Folge davon ist, daß auch der Geist nicht zu einer normalen Entwickelung gelangen kann und deshalb unbedingt an irgendeinem späteren Punkte seines gewollten Aufstieges ermattend zurücksinken muß, um einen großen Teil seines Werdegangs aus der Natur der Sache heraus noch einmal nachholen zu müssen. Denn was er in der Grobstofflichkeit versäumt, das kann er nicht in der Feinstofflichkeit nachholen, weil ihm dort die Ausstrahlungen des grobstofflichen Körpers dazu fehlen. Er muß zurück, um diese Lücke auszufüllen.

Auch in diesen Vorgängen liegt eine derart klare Sachlichkeit, ein natürliches und einfaches Geschehen, wie es anders gar nicht sein kann. Jedes Kind wird darüber im klaren sein und es für selbstverständlich finden, wenn es einmal die Grundgesetze richtig erfaßt hat. Es erfordert für mich noch eine ganze Reihe Vorträge, um die gewaltige Schöpfung der Menschheit so nahezubringen, daß sie alles Geschehen darin in seinen natürlichsten Folgerungen selbst rückwärts und vorwärts überblicken kann, in der unvergleichlichen, herrlichen Gesetzmäßigkeit.

Dieses Abbiegen der dem Geiste in der Stofflichkeit notwendigen Sexualkraft kann auf vielerlei Art geschehen. Durch Übertreibung der Geschlechtsausübung oder auch nur Reizung dazu. Ebenso durch die okkulten Schulungen oder falschen Geistesübungen, bei denen der Geist diese Kraft des reifen Körpers gewaltsam an sich reißt, um sie zu dieser falschen, unnötigen Art seiner Betätigung zu vergeuden. In beiden Fällen eine falsche Verwendung, die mit der Zeit auch Schwächung des Körpers nach sich ziehen muß.

Der geschwächte Körper kann dann wiederum nicht mehr so starke Ausstrahlungen bringen, wie sie der Geist wirklich benötigt, und so erkrankt einer durch den anderen mehr und mehr. Es kommt damit zu einer Einseitigkeit, die *immer* auf Kosten des rechten Zieles geht und deshalb Schaden bringt. Ich will hier nicht eingehen auf andere Abwege, bei denen der Geist ebenso zuviel der Sexualkraft für falsche Zwecke benötigt und damit für den Hauptzweck zu wenig hat, wie bei dem Lesen von Büchern, die in der Phantasie eine falsche Welt entstehen lassen, und anderes mehr.

Der Geist kommt hier in allen Fällen *unreif* in die feinstoffliche Welt und nimmt auch einen *schwachen* feinstofflichen Körper mit. Die Folgen solcher Erdensünden greifen so einschneidend in das ganze Sein, daß jeder Mensch dafür in vielfältiger Schwere büßen muß. Solche Versäumnis, derart falsches Handeln in der Erdenzeit hängt ihm dann hemmend an und wird ihm immer schwerer, bis er, wie schon gesagt, an einem Punkte seines Aufstieges nicht weiter kann und dann zurücksinkt, dorthin, wo sein falsches Handeln einsetzte. Es ist bis zu der Grenze, an welcher er noch seine Harmonie besaß.

## 57. OKKULTE SCHULUNG, FLEISCHKOST ODER PFLANZENKOST

Die Stärke eines durch okkulte Schulung auf Kosten des Körpers großgezogenen Geistes ist auch nur *scheinbar*. Der Geist ist dann *nicht stark,* sondern wie eine Treibhauspflanze, die kaum dem Winde, noch viel weniger den Stürmen standzuhalten vermag. Ein solcher Geist ist *krank,* nicht fortgeschritten. Der Zustand gleicht künstlich erzeugtem Fieber. Der Fieberkranke kann auch zeitweise über außergewöhnliche Kräfte verfügen, um dann um so mehr zurückzusinken in die Schwäche. Was aber bei dem Fieberkranken nur Sekunden und Minuten sind, das ist beim Geiste gleichbedeutend mit Jahrzehnten und Jahrhunderten. Es kommt der Augenblick, wo sich das alles bitter rächt.

Die Harmonie ist überall das einzig Richtige. Und Harmonie ergibt allein der *Mittelweg* in allem. Die Schönheit und die Kraft der Harmonie wird doch so viel besungen. Warum will man sie hier nicht gelten lassen und sie unbedingt zerstören?

Alle okkulten Schulungen in bisheriger Art sind falsch, wenn auch das Ziel ein hohes und ein notwendiges ist. –

Ganz anders bei den Führern und den Anhängern der sogenannten Lebensreformen. Hier ist der Weg wohl richtig, aber man will *das* schon *heute* tun, was *erst in Generationen* angebracht sein wird, und aus diesem Grunde ist es heute für die meisten Menschen in der Endwirkung nicht weniger gefährlich. *Es fehlt der notwendige Übergang.* Die Zeit zu dem Beginn ist da! Man darf jedoch nicht ohne weiteres mit beiden Füßen hineinspringen, sondern muß die Menschheit *langsam* durchführen. Dazu genügen nicht Jahrzehnte! Wie es heute gehandhabt wird, erfolgt in Wirklichkeit auch bei scheinbarem Wohlbefinden des Körpers eine Schwächung durch die Schnelligkeit des Überganges. Und der also geschwächte Körper wird niemals wieder erstarken können!

Pflanzenkost! Sie bringt ganz richtig die Verfeinerung des Menschenkörpers, eine Veredelung, auch die Stärkung und große Gesundung. Damit wird auch der Geist noch mehr gehoben. *Doch das ist alles nicht sofort für die Menschheit von heute.* In den Bestrebungen und in den Kämpfen vermißt man die besonnene Führerschaft.

Dem Körper von heute genügt unter keinen Umständen ganz unvermittelt Pflanzenkost, wie es so oft versucht wird. Es ist ganz gut, wenn es vorübergehend und vielleicht einmal jahrelang bei Kranken angewendet wird, sogar erforderlich, um etwas auszuheilen oder einseitig stärkend irgendwo nachzuhelfen, aber das ist nicht von Dauer. Es muß dann langsam wieder mit der den Menschen heute so gewohnten Kost begonnen werden, wenn der Körper seine volle Kraft behalten soll. Der Schein des Wohlbefindens trügt.

Gewiß, es ist sehr gut, wenn auch Gesunde einmal eine Zeitlang nur die Pflanzenkost gebrauchen. Sie werden sich dann ohne Zweifel wohl befinden und auch freien Aufschwung ihres Geistes fühlen. Das bringt aber die *Abwechselung* mit sich, wie jede Abwechselung erfrischt, auch geistig.

Behalten sie jedoch die einseitige Kost plötzlich für dauernd bei, so werden sie es nicht bemerken, daß sie in Wirklichkeit auch schwächer werden und für vieles viel empfindlicher. Die Ruhe und das Ausgeglichensein ist in den meisten Fällen keine Stärke, sondern eine Schwäche ganz bestimmter Art. Sie zeigt sich angenehm und nicht bedrückend, weil sie ihren Ursprung nicht in einer Krankheit hat.

Die Ausgeglichenheit ist ähnlich wie die Ausgeglichenheit des außer dem Schwächerwerden des Körpers noch gesunden *Alters*. Sie steht dieser Art Schwäche wenigstens bedeutend näher als der Schwäche einer Krankheit. Der Körper kann dabei durch das plötzliche Fehlen des seit Jahrtausenden Gewohnten nicht die Sexualkraft aufbringen, die der Geist braucht zur vollen Erfüllung seines Zweckes in der Stofflichkeit. –

Viele ausgesprochene Vegetarier merken es an der leichten Mäßigung des Geschlechtstriebes, was sie als Fortschritt freudig begrüßen. Es ist dies aber durchaus nicht das Zeichen der Veredelung ihres Geistes durch die Pflanzenkost, sondern das *Herabsinken* der Sexualkraft, das ebenso auch die Verminderung ihres geistigen Aufschwunges in der Stofflichkeit nach sich ziehen muß.

Es sind hier Irrtümer über Irrtümer vorhanden, weil der Mensch fast immer nur das Nächste vor sich sieht. Gewiß, es ist zu begrüßen und ein Fortschritt, wenn durch Veredelung des Geistes der niedere Geschlechtstrieb weit gemäßigter wird, als er es heute ist. Es ist auch richtig, daß der Fleischgenuß den Geschlechtstrieb erhöht, aber wir dürfen dabei nicht nach der heutigen Menschheit messen; denn bei dieser ist der Geschlechtstrieb *einseitig krankhaft großgezogen* worden, er ist heute durchweg unnatürlich. Das ist aber nicht nur auf Kosten des Fleischgenusses zu verbuchen.

Die Mäßigung des Geschlechtstriebes ist auch durchaus nicht abhängig von der Verminderung der Sexualkraft. Im Gegenteil, diese ist fähig, dem Menschengeiste *fördernd* beizustehen, ihn von der heute ausgeprägten Abhängigkeit des rohen Triebes zu *befreien*. Die Sexualkraft ist sogar das *beste Mittel* dazu. –

Der Übergang als erste Stufe ist Beschränken auf nur *weißes Fleisch*. Das heißt: Geflügel, Kalbfleisch, Lamm und anderes neben der erhöhten Pflanzenkost.

»Übersehet Eueren Körper nicht«, möchte ich warnend dem einen Teile zurufen! Dem anderen Teile umgekehrt: »Denkt an den Geist!« Dann wird das Rechte schon noch aus den Wirrnissen der Jetztzeit reifen.

# HEILMAGNETISMUS

Heilmagnetismus nimmt eine der führenden Stellungen ein in der weiteren Entwickelung des Menschengeschlechtes.

Wenn ich von Magnetopathen spreche, so sind damit nur ernste Könner gemeint, die mit ehrlichem Wollen der Menschheit zu helfen bereit sind. Nicht etwa die Schar jener, welche mit geringer Durchschnittsausstrahlung, viel Worten und geheimnisvollen Gesten Großes zu leisten wähnen.

Nervöse Unruhe geht zwar heute durch die Reihen jener Tapferen, die schon seit Jahren in so vielen Fällen ihren Mitmenschen die beste Erdengabe brachten, die sie bringen konnten: die Gesundung von so manchem Leiden durch den sogenannten Magnetismus ihres Körpers oder durch die Übertragung ähnlicher Strömungen aus der Feinstofflichkeit, dem Jenseits.

Leider wird andauernd neu versucht, die Klasse der Magnetopathen als minderwertig zu bezeichnen, wenn nicht gar noch als Schlimmeres, sie zu hemmen und zu unterdrücken. Man bauscht mit viel Geschrei einzelne Ausnahmen ins Ungeheuerliche auf, bei denen niedriger Erwerbssinn unredliche Charaktere schuf, oder wo schon von vornherein betrügerische Absichten zu Grunde lagen, indem bei Ausübenden die schöne Gabe gar nicht vorhanden war.

Seht Euch doch um: Wo sind Betrüger, Schwindler *nicht* vorhanden? Sie sind überall zu finden! In anderen Berufen sogar noch viel mehr. Aus diesem Grunde sieht ein jeder das hierin bei solchen Anfeindungen oft *gewollte* Unrecht sofort klar.

Aber der Neid, noch mehr die Furcht, läßt jetzt die Zahl der Gegner und der Feinde wachsen. Bei Bier- und Weingelagen kann natürlich *diese* Kunst der Heilung *nicht* erworben werden.

*Sie fordert ernste und vor allen Dingen auch solide und gesunde Menschen!*

*Darin* wird wohl die größte Wurzel alles Neides liegen, der die Hauptanfeindungen dann nach sich zieht; denn Bedingungen von solcher Art sind heute nicht leicht zu erfüllen. Und was darin einmal versäumt wurde, läßt sich nicht wieder einholen.

Außerdem ist *echte,* starke Heilkraft auch nicht zu erlernen. Sie ist eine Gabe, die den damit Begabten zu einem Berufenen bestimmte.

Wer solche Menschen unterdrücken will, gibt damit den Beweis, daß er das Wohl der Menschheit *nicht* vor Augen, noch viel weniger im Herzen hat. Er bürdet sich damit auch eine Schuld auf, die ihm zum Verhängnis werden muß.

Die kleine Schar der Tapferen braucht nicht zu bangen. Die Hindernisse sind vorübergehend. In Wirklichkeit bilden sie ein sicheres Zeichen des baldigen, freudigen und stolzen Aufstieges.

## LEBET DER GEGENWART!

Betrachtet man die Menschen, so finden sich verschiedene Abteilungen. Der eine Teil lebt ausschließlich in der Vergangenheit. Das heißt, sie beginnen zu begreifen erst dann, wenn etwas vorüber ist. So kommt es, daß sie sich über etwas Geschehendes weder richtig freuen können, noch die ganze Schwere einer Sache empfinden. Erst hinterdrein beginnen sie davon zu sprechen, davon zu schwärmen oder nachzutrauern. Und in diesem dauernden Nur-von-dem-Vergangenen-Sprechen und Sich-darin-Wohlfühlen oder Bedauern übersehen sie stets wieder neu das gegenwärtige Geschehen. Erst wenn es alt geworden ist, vergangen, dann beginnen sie es zu bewerten.

Ein anderer Teil wieder lebt in der Zukunft. Sie wünschen und hoffen immer nur von der Zukunft und vergessen dabei, daß die Gegenwart ihnen so viel zu bieten hat, vergessen auch, sich so zu regen, daß viele ihrer Zukunftsträume Wirklichkeit werden könnten.

Beide Teile, zu denen die größte Anzahl der Menschen gehört, haben in Wirklichkeit so gut wie gar nicht auf Erden gelebt. Sie vertändeln ihre Erdenzeit.

Es wird auch Menschen geben, die bei dem Zurufe: »Lebet der Gegenwart!« etwas ganz Falsches auffassen; vielleicht, daß ich damit zum Auskosten und Genießen eines jeden Augenblickes anspornen will, zu einem gewissen leichtsinnigen Leben aufmuntere. Es gibt deren ja genug, die in dieser Weise bejahend sinnlos durch das Leben taumeln.

Wohl fordere ich mit diesem Rufe ein unbedingtes Auskosten jeder Minute, aber *innerlich,* nicht äußerlich allein. Eine jede Stunde der Gegenwart muß zu wirklichem Erleben für den Menschen werden! Das

Leid wie auch die Freude. Er soll mit seinem ganzen Sinnen und Denken, mit dem Empfinden jeder Gegenwart geöffnet sein und damit *wach.* Nur *so* hat er Gewinn vom Erdensein, der darin für ihn vorgesehen ist. Weder in den Gedanken an die Vergangenheit noch in den Träumen für die Zukunft kann er wirkliches Erleben finden, so stark, daß es seinem Geiste einen Stempel aufdrückt, den er als Gewinn mit in das Jenseits nimmt.

*Lebt* er nicht mit, so kann er auch nicht *reifen,* das Reifen hängt nur vom Erleben ab.

Hat er nun in dem Erdensein nicht stets die *Gegenwart* in sich erlebt, so kehrt er leer zurück und muß die so versäumte Zeit noch einmal neu durchwandern, weil er dabei nicht wach war, nichts durch Erleben sich zu eigen machte.

Das Erdenleben ist wie eine Stufe in dem ganzen Sein des Menschen, so groß, daß sie der Mensch nicht überspringen kann. Setzt er nun seinen Fuß nicht fest und sicher auf die Stufe, so kann er ganz unmöglich auf die nächste steigen; denn er braucht die vorhergehende als Grundlage dazu.

Wenn sich der Mensch sein ganzes Sein von dieser Erde aus zurück zum Licht in Stufen aufwärtsstrebend vorstellt, so muß er sich darüber klar werden, daß er nur dann zu einer nächsten Stufe kann, wenn er die vorhergehende richtig erfüllt, fest auf ihr steht. Es ist sogar noch stärker auszudrücken: Erst aus der vollen, unbedingten Erfüllung der jeweilig zu erlebenden Stufe kann sich die nächsthöhere entwickeln. Erfüllt ein Mensch nicht durch Erleben, das ihm allein zur Reife dienen kann, die Stufe, in der er sich befindet, so wird die neue Stufe ihm nicht sichtbar, weil er zu dieser das Erleben der vorherigen Stufe braucht. Nur mit der Ausrüstung dieses Erlebens erhält er die Kraft, die nächste, höhere Stufe zu erkennen und zu ersteigen.

So geht es fort, von einer Stufe zu der anderen. Wenn er *nur* nach dem hohen Ziele schauen will und nicht der Einzelstufen richtig achtet, die ihn dahin führen, so wird er das Ziel nie erreichen. Die Stufen, die er selbst zum Aufstieg bauen muß, würden dann viel zu flüchtig sein und auch zu leicht und bei dem Versuche des Hinaufsteigens zusammenbrechen.

Dieser Gefahr ist aber vorgebeugt durch das natürliche Geschehen, daß eine nächste Stufe immer nur in der vollen Erfüllung der Gegenwartsstufe sich entwickeln kann. Wer also nicht sein halbes Sein auf einer Stufe stehenbleiben und nicht immer wieder auf dieselbe zurückkehren will, der zwinge sich, stets ganz der Gegenwart zu gehören, sie in sich richtig zu erfassen, zu erleben, damit er geistig Nutzen davon hat.

Es wird ihm dabei auch der irdische Gewinn nicht fehlen; denn sein erster Vorteil davon ist, daß er von den Menschen und der Zeit nichts anderes erwartet, als sie ihm *wirklich* geben können! Dadurch wird er nie enttäuscht sein, ebenso in Harmonie mit der Umgebung bleiben.

Trägt er aber nur Vergangenheit und zukünftiges Träumen in sich, so wird er im Erwarten sehr leicht aus dem Rahmen seiner Gegenwart hinausgreifen und muß damit in Disharmonie zur Gegenwart geraten, worunter *nicht nur er* leidet, sondern *auch seine nähere Umgebung*.

Wohl soll man auch an das Vergangene denken, um Lehren daraus zu ziehen, und auch von Zukünftigem träumen, um Ansporn zu erhalten, doch *leben* soll man voll bewußt nur in der Gegenwart!

## WAS HAT DER MENSCH ZU TUN, UM EINGEHEN ZU KÖNNEN IN DAS GOTTESREICH?

E s wäre falsch, die Frage, welche oft herantritt, mit einer ganz bestimmten Regel zu beantworten, zu sagen: Tue dies und tue jenes! *Damit ist noch kein Weg gezeigt!* Es würde nichts Lebendiges darin liegen, und aus diesem Grunde kann auch nichts Lebendes daraus erstehen, das unbedingt zu einem Aufwärtsschwingen nötig ist; denn *Leben* allein birgt den nötigen Schlüssel zu dem Aufstiege.

Wenn ich nun aber sage: »Tue dies und jenes, lasse das«, so gebe ich damit nur schwache, äußerliche Krücken, auf denen niemand richtig und selbständig gehen kann, weil ihm die Krücken nicht auch gleichzeitig zum »Sehen« dienen. Und doch muß er den »*Weg*« klar vor sich *sehen,* sonst nützen ihm die Krücken nichts. Ein solcher humpelt irrend wie ein Blinder auf ihm unbekanntem Wege. Nein, das ist nicht das Rechte, würde wieder nur zu einem neuen Dogma führen, welches hindernd jeden Aufstieg hemmt.

Der Mensch bedenke: Wenn er in das Reich des Geistes will, muß er naturgemäß bis dahin gehen. *Er* muß gehen, es kommt nicht zu ihm. Nun liegt es aber an dem obersten Punkte der Schöpfung, *ist* der oberste Punkt selbst.

Der Menschengeist aber befindet sich noch in den Niederungen der Grobstofflichkeit. Deshalb wird es jedem wohl verständlich sein, daß er den Weg von diesen Niederungen bis zu der ersehnten Höhe hinauf erst durchwandern muß, um das Ziel zu erreichen.

Damit er sich nun nicht verirrt, ist es auch unerläßlich, daß er die ganze Strecke *genau kennt,* welche er zu durchmessen hat. Und nicht nur

## 60. WAS HAT DER MENSCH ZU TUN...

diese Strecke selbst, sondern auch alles, was ihm darauf noch begegnen kann, welche Gefahren ihn dabei bedrohen und welche Hilfen er dort findet. Da diese ganze Strecke *in der Schöpfung* liegt, die Schöpfung *ist,* so muß ein Wanderer nach dem geistigen Reiche vorher also unbedingt genau die Schöpfung, die ihn dazu führt, *erkennen.* Denn er will ja hindurch, sonst kommt er nicht ans Ziel.

Bisher gab es nun keinen Menschen, der die Schöpfung *so* beschreiben kann, wie sie zu kennen für den Aufstieg nötig ist. Anders gesagt, es gab niemand, welcher *den Weg zur Gralsburg,* zu dem höchsten Punkte der Schöpfung, deutlich sichtbar machen konnte. Den Weg zu jener Burg, die in dem Reich des Geistes als der Tempel des Höchsten steht, worin allein der *reine* Gottesdienst besteht. Nicht bildlich nur gemeint, sondern in aller Wirklichkeit bestehend.

Die Botschaft des Gottessohnes wies schon einmal diesen Weg. Sie wurde aber durch der Menschen Klugseinwollen vielfach *falsch gedeutet* und somit die *Wegweiser* darin *falsch angebracht,* wodurch sie irreführend keinen Menschengeist hinaufgelangen lassen. –

Nun ist jedoch die Stunde da, in der ein *jeder* Menschengeist sich selbst entscheiden *muß,* ob Ja oder Nein, ob Tag oder Nacht, ob Aufstieg zu den lichten Höhen oder Niedergang für ihn sein soll, endgiltig und unwiderruflich, ohne spätere Möglichkeit zu einer nochmaligen Änderung. Deshalb kommt nun abermals eine Botschaft aus der lichten Burg. Die Botschaft stellt falsch angebrachte Wegweiser nun wieder *richtig,* damit den *ernsthaft* Suchenden der rechte Weg erkennbar wird.

Wohl allen denen, die sich offenen Sinnes, freien Herzens darnach richten! Sie werden darin nun *das* in der Schöpfung kennenlernen, *die* Sprossen sehen, die ihr Geist benützen muß zu dem Aufstiege, um einzugehen in das Reich des Geistes, in das Paradies.

Ein jeder einzelne wird darin finden, was *er* braucht, um mit den Fähigkeiten, welche *er* besitzt, emporzuklimmen nach dem Licht.

Das erst gibt *Leben,* Freiheit zum Emporklimmen, Entwickelung der dazu notwendigen Fähigkeiten eines jeden einzelnen und nicht nur so ein einheitliches Joch in festem Dogma, das ihn zum willenlosen Sklaven macht, selbständige Entwickelungen unterdrückt und somit auch den Aufstieg nicht nur hemmt, sondern für viele ganz vernichtet. –

Der Mensch, welcher die Schöpfung kennt in ihrer so gesetzmäßigen Tätigkeit, versteht darin auch bald den großen Gotteswillen. Stellt er sich dazu richtig ein, dann dient ihm die Schöpfung, also auch der Weg, *nur* zu dem frohen Aufstiege; denn er steht dadurch ja auch richtig in dem Gotteswillen. Sein Weg und Leben muß deshalb richtig sein! –

Es ist nicht frömmelnder Augenaufschlag, nicht sich reuig winden, knien, beten, sondern es ist das Gebet *verwirklicht,* lebend ausgeführt in frischem, frohem, reinem Tun. Es ist nicht winselnd einen Weg erbitten, sondern diesen in dankbarem Aufblick *sehen* und ihn freudig *gehen.*

Ganz anders, als bisher gedacht, sieht also alles Leben aus, welches gottwohlgefällig genannt werden kann. Viel schöner, freier! Es ist das *Richtig-in-der-Schöpfung-Stehen,* so, wie es Euer Schöpfer durch die Schöpfung will! In der man, bildlich gesagt, Gottes Hand ergreift, die er der Menschheit damit bietet.

Noch einmal rufe ich deshalb: Nehmt alles endlich nun *tatsächlich, wirklich,* nicht mehr bildlich, und Ihr werdet selbst tatsächlich sein, an Stelle der jetzt toten Schemen! Lernt die Schöpfung *in ihren Gesetzen* richtig kennen!

Darin ruht der Weg hinauf zum Licht!

## DU SIEHST DEN SPLITTER
## IN DEINES BRUDERS AUGE UND ACHTEST NICHT
## DES BALKENS IN DEINEM AUGE!

Ein jeder glaubt diese einfachen Worte voll verstanden zu haben, und doch wird es wenige geben, die ihren eigentlichen Sinn erkannten. Es ist einseitig und falsch, wenn dieses Wort so ausgelegt wird, als ob es nur gesagt sei, damit der Mensch Nachsicht mit seinem Nächsten lernt. Nachsicht mit seinem Nächsten kommt bei dem Erleben dieses Ausspruchs von ganz allein als Selbstverständlichkeit, doch erst in zweiter Linie.

Wer so in den Worten Christi schürft, der schürft nicht tief genug und zeigt damit, daß er weit davon entfernt ist, die Worte des Gottessohnes lebendig machen zu können, oder daß er die Weisheit in seinen Aussprüchen von vornherein unterschätzt. Auch werden diese Worte in den Auslegungen vieler Prediger wie alles andere in die Weichlichkeit und Schlaffheit *der* Liebe eingereiht, welche die Kirche so gern als christliche Liebe hinzustellen versucht.

Der Mensch kann aber *und soll* diesen Ausspruch des Gottessohnes nur als Maßstab seiner eigenen Fehler anwenden. Schaut er mit offenen Augen um sich und beobachtet er dabei auch gleichzeitig sich selbst, so wird er bald erkennen, daß gerade diejenigen Fehler, die ihn bei seinen Nebenmenschen am meisten stören, bei ihm selbst in ganz besonderem Grade und für andere lästig ausgeprägt sind.

Um nun das richtige Beobachten zu lernen, achtet Ihr am besten zuerst einmal aufmerksam nur auf Eure Nebenmenschen. Es wird darunter wohl kaum einen geben, der nicht an anderen dies oder jenes auszusetzen hat und sich auch offen oder versteckt darüber ausspricht. Sobald dies geschieht, so nehmt diesen Menschen, der sich über anderer Fehler aufhält oder gar empört, daraufhin einmal genau unter Euere Beobachtung. Es wird nicht lange währen, bis Ihr zu Eurem Erstaunen entdeckt, daß gerade diese Fehler, die der Betreffende an den anderen so scharf rügt, bei diesem selbst in weit höherem Ausmaße vorhanden sind!

Es ist dies eine Tatsache, die Euch im Anfang verblüffen wird, die aber *stets* sich zeigt, ohne Ausnahme. Bei Beurteilung von Menschen könnt Ihr dies in Zukunft ruhig als feststehend annehmen, ohne dabei befürchten zu müssen, daß Ihr irrt. Es bleibt bestehen, daß ein Mensch, der sich über diese oder jene Fehler eines anderen aufregt, bestimmt gerade diese Fehler in weit größerer Stärke selbst in sich trägt.

Tretet einmal in Ruhe an solche Prüfungen heran. Ihr werdet es fertigbringen und die Wahrheit sofort erkennen, weil Ihr selbst nicht dabei beteiligt seid und deshalb auch bei beiden Teilen nichts zu beschönigen versucht.

Nehmt einmal einen Menschen, der in sich die Ungezogenheit gepflegt hat, vorwiegend mürrisch und unhöflich zu sein, selten ein freundliches Gesicht zu zeigen, den man also gern meiden möchte. Gerade diese nehmen für sich in Anspruch, besonders freundlich behandelt werden zu wollen, und geraten außer sich, Mädchen und Frauen sogar zum Weinen, wenn sie in berechtigter Weise einmal auch nur einem vorwurfsvollen Blick begegnen. Das wirkt auf einen ernsten Beobachter so unsagbar lächerlich-traurig, daß man vergißt, darüber empört zu sein.

Und so ist es in tausend und mehr verschiedenen Arten. Es wird Euch das Erlernen und Erkennen leicht. Seid Ihr dann aber so weit, so habt auch den Mut anzunehmen, daß Ihr selbst darin keine Ausnahme bildet, da Ihr den Beweis bei allen anderen gefunden habt. Und damit werden Euch dann die Augen über Euch selbst endlich geöffnet. Das ist gleichbedeutend mit einem großen Schritt, vielleicht sogar dem größten zu Euerer Entwicklung! Ihr zerschneidet damit einen Knoten, der heute die gesamte Menschheit niederhält! Löst Euch und helft freudig dann auch anderen in gleicher Art.

*Das* wollte der Gottessohn mit diesen einfachen Worten sagen. Solche

Erziehungswerte gab er in seinen schlichten Sätzen. Die Menschen aber *suchten* nicht ehrlich darin. Sie wollten wie immer sich darüber erhebend nur nachsichtig auf andere blicken lernen. Das schmeichelte ihrem widerlichen Hochmut.

Die ganze Erbärmlichkeit ihres falschen Denkens kommt in den bisherigen Auslegungen überall zum Durchbruch, das unverhüllte heuchlerische Pharisäertum. Es hat sich unverändert in das Christentum verpflanzt. Denn auch die sich suchend Nennenden nahmen und nehmen alles viel zu leichtfertig entgegen in ihrem üblichen Gewohnheitswahne, daß sie wirklich mit dem Lesen auch den Sinn verstanden haben müssen, weil sie es sich also glauben machen, ganz nach *ihrem* jeweiligen Gutdünken.

Das ist kein ehrlich Suchen. Deshalb können sie den eigentlichen Schatz nicht finden. Deshalb konnte es auch keinen Fortschritt geben. Das Wort blieb tot für die, die es in sich *lebendig* machen sollten, um Werte für sich daraus zu erlangen, die zur Höhe tragen.

Und jeder Satz, welchen der Gottessohn der Menschheit gab, birgt solche Werte, die man nur nicht fand, weil man sie niemals darin richtig sucht!

## DER KAMPF IN DER NATUR

Toren, die Ihr immer wieder fragt, ob der Kampf in der Schöpfung richtig sei, die Ihr ihn nur als Grausamkeit empfindet, wißt Ihr nicht, daß Ihr Euch damit als Schwächlinge bezeichnet, als Schädlinge für jede *heutige* Aufstiegsmöglichkeit?

Wacht endlich einmal auf aus dieser unerhörten Weichlichkeit, welche den Körper und den Geist nur langsam *sinken* läßt, niemals aber sich erheben!

Blickt Euch doch sehend um, erkennend, und Ihr müßt die große Triebkraft *segnen,* die zum Kampfe drängt und damit zur Verteidigung, zur Vorsicht, zu dem *Wachsein* und zum *Leben!* Sie schützt die Kreatur vor der Umklammerung tötender Trägheit!

Kann je ein Künstler einen Höhepunkt erreichen, ihn sich erhalten, wenn er nicht dauernd übt und darum kämpft? Gleichviel, worin er sich betätigt, wie stark die Fähigkeiten sind, die er besitzt. Die Stimme eines Sängers würde bald abschwächen, ihre Sicherheit verlieren, wenn er sich nicht auch überwinden könnte, stets erneut zu üben und zu lernen.

Ein Arm kann nur erstarken, wenn er sich dauernd müht. Im Nachlassen darin muß er erschlaffen. Und so auch jeder Körper, jeder Geist! Freiwillig aber ist kein Mensch dazu zu bringen. Irgendein Zwang muß vorhanden sein!

Wenn Du gesund sein willst, so *pflege* Deinen Körper und den Geist. Das heißt, erhalte ihn in strenger Tätigkeit!

Was der Mensch heute und von jeher aber unter »Pflegen« denkt, ist nicht das Rechte. Entweder er meint unter »Pflegen« süßes Nichtstun, worin allein schon das Erschlaffende, Lähmende liegt, oder er betreibt die »Pflege« wie bei jedem Sport nur einseitig, das heißt, das Pflegen wird zum »Sport«, zur *einseitigen Übertreibung* und damit zu leichtsinnigen, ehrgeizigen Auswüchsen, die ernsten Menschentums gar nicht würdig sind.

Wirkliches Menschentum muß doch das *höchste Ziel* vor Augen haben, das man durch Hochsprung, Schwimmen, Laufen, Reiten, unsinniges Fahren nicht erreichen kann. Die Menschheit und die ganze Schöpfung hat keinen Gewinn an solchen Einzelleistungen, für die so mancher Mensch sehr oft den größten Teil seiner Gedanken, seiner Zeit und seines Erdenlebens opfert!

Daß solche Auswüchse sich bilden konnten, zeigt, wie falsch der Weg ist, den die Menschheit geht, und wie sie wiederum auch diese große Triebkraft in der Schöpfung nur auf falsche Bahnen drängt und sie damit vergeudet in nutzloser Spielerei, wenn nicht sogar zum Schaden durch die Hemmung des gesunden Fortschrittes, zu dem die Mittel alle in der Schöpfung ruhen.

Den Lauf der starken Strömungen des Geistes, die den Auftrieb fördern sollen, verbiegen sie in ihrem Menschheitsdünkel so, daß an Stelle der gewollten Förderung Stauungen eintreten, die sich als Hemmnisse betätigen, die rückwirkend den Kampftrieb steigern und zuletzt berstend alles mit sich in die Tiefe reißen.

*Das* ist es, worin sich der Mensch in seinen inhaltlosen wissenschaftlich sein sollenden Spielereien und Ehrgeizereien heute vorwiegend beschäftigt. Als *Störenfried* in jeder Schöpfungsharmonie!

Er würde längst in trägen Schlaf des Nichtstuns verfallen sein, welchem die Fäulnis folgen muß, wenn nicht glücklicherweise noch der Kampftrieb in der Schöpfung läge, der ihn *zwingt,* sich *doch* zu regen! Schon lange wäre er sonst zu der Anmaßung gekommen, daß Gott durch seine Schöpfung für ihn sorgen muß, wie in dem Traume des Schlaraffenlandes. Und wenn er dafür seinen Dank in einem geistlosen Gebete spricht, so ist das seinem Gotte überreich gelohnt, gibt es doch viele, die ihm überhaupt nicht dafür danken!

*So* ist der Mensch und tatsächlich nicht anders!

## 62. DER KAMPF IN DER NATUR

Er spricht von Grausamkeit in der Natur! Auf den Gedanken, sich vor allen Dingen selbst einmal zu prüfen, kommt er dabei nicht. Er will nur immer kritisieren.

Auch in dem Kampfe unter Tieren ist nur Segen, keine Grausamkeit. Man braucht nur irgendein Tier gut zu beobachten. Nehmen wir einmal den Hund. Je rücksichtsvoller so ein Hund behandelt wird, desto bequemer wird er werden, träger. Ist ein Hund im Arbeitszimmer seines Herrn, und dieser achtet sorgfältig darauf, daß das Tier nie getreten oder nur gestoßen wird, auch wenn es sich an solche Stellen legt, wo es in dauernder Gefahr ist, ohne Absicht verletzt werden zu können, wie bei der Türe usw., so ist das nur zum *Nachteile* des Tieres.

Der Hund wird in ganz kurzer Zeit seine eigene Achtsamkeit verlieren. »Gutmütige« Menschen sagen »liebevoll« beschönigend, vielleicht sogar gerührt, daß er darin unsagbares »Vertrauen« zeigt! Er weiß, es tut ihm niemand weh! In Wirklichkeit ist es jedoch nichts weiter als ein grobes Nachlassen der Fähigkeit des »*Wachseins*«, ein starker Rückgang der seelischen Tätigkeit.

Muß ein Tier jedoch dauernd auf seiner Hut und in Verteidigungsbereitschaft sein, so wird und bleibt es nicht nur seelisch wach, sondern es nimmt an Intelligenz ständig zu, *gewinnt* in aller Art. Es bleibt lebendig in jeder Beziehung. Und das ist Fortschritt! So ist es mit *jeder* Kreatur! Sonst geht sie zugrunde; denn auch der Körper erschlafft dabei nach und nach, wird leichter krankheitsanfällig, hat keine Widerstandsfähigkeit mehr.

Daß der Mensch auch hierbei dem Tiere gegenüber eine vollkommen falsche Einstellung hat und ausübt, nach verschiedenen Richtungen hin, wird einen scharfen Beobachter nicht in Erstaunen setzen, da der Mensch ja gegen *alles,* auch gegen sich selbst und gegen die ganze Schöpfung sich vollständig falsch einstellte, überall geistig nur Schaden anrichtet, anstatt Nutzen zu bringen.

Wenn heute der Kampftrieb nicht mehr in der Schöpfung läge, den so viele Träge grausam nennen, so befände sich die Stofflichkeit sehr lange schon in Fäulnis und Zersetzung. Er wirkt noch als seelisch und körperlich *Erhaltendes,* durchaus nicht als Vernichtendes, wie es oberflächlich nur den Anschein hat. Es würde sonst nichts anderes mehr diese träge Grobstofflichkeit in Bewegung und damit Gesundheit und Frische erhalten, nachdem der Mensch die eigentlich dazu bestimmte erquikkende Wirkung der alles durchströmenden *geistigen Kraft* durch seine Verirrung so schmählich abgebogen hat, daß sie nicht *so* wirken kann, wie sie eigentlich sollte!

Hätte der Mensch nicht so arg in seiner Bestimmung versagt, so würde vieles, *alles* heute anders aussehen! Auch der sogenannte »Kampf« wäre nicht in *dieser* Form zu finden, wie er *jetzt* sich zeigt.

Der Kampftrieb wäre veredelt, vergeistigt durch den aufstrebenden Willen der Menschen. Die ursprüngliche rohe Auswirkung hätte sich, anstatt wie jetzt sich zu verstärken, durch den geistigen, *rechten* Einfluß mit der Zeit gewandelt zu gemeinsamem, freudigem Antriebe der gegenseitigen Förderung, welche derselben Kraftstärke bedarf wie der heftigste Kampf. Nur mit dem Unterschiede, daß bei dem Kampf Ermattung kommt, bei Förderung jedoch in Rückwirkung noch hohe Steigerung.

Zuletzt würde dadurch auch in der Nachbildung der Schöpfung, in der der *geistige* Wille des Menschen der stärkste Einfluß ist, der paradiesische Zustand der wirklichen Schöpfung eingetreten sein, für *alle* Kreaturen, wo kein Kampf und keine anscheinende Grausamkeit mehr nötig ist! Der paradiesische Zustand ist jedoch nicht etwa Nichtstun, sondern gleichbedeutend mit stärkstem *Sichregen,* mit wirklichem, persönlichvollbewußtem Leben!

Daß dies nicht eintreten konnte, ist die Schuld des Menschengeistes! Ich komme dabei immer wieder auf den einschneidenden Sündenfall zurück, den ich im Vortrage »Es war einmal ... « ausführlich schildere.

Nur das vollkommene Versagen des Menschengeistes in der Schöpfung mit dem *Mißbrauch* der ihm überlassenen Geisteskraft durch Abbiegen der Wirkungen *nach unten zu* anstatt zu lichter Höhe hat es zu den heutigen fehlerhaften Auswüchsen gebracht!

Sogar die Fähigkeit, den Fehler einzusehen, hat sich der Mensch bereits verscherzt, hat sie verspielt. So würde ich nur *tauben Ohren predigen,* wollte ich noch mehr darüber sagen. Wer wirklich »hören« *will* und ernsthaft suchen *kann,* findet in meiner Botschaft *alles,* was er braucht! Überall steht auch Erklärung über das große Versagen aufgezeichnet, das so unsagbar Schweres in so vielerlei Gestaltung nach sich zog.

Wer jedoch *geistig taub* ist, wie so viele, hat doch nur das stupide Lachen der Verständnislosigkeit, das *wissend scheinen* soll, aber in Wirklichkeit nur leichtsinnige Oberflächlichkeit verkündet, die gleichbedeutend mit größter Beschränktheit ist. Auf wen das blöde Lachen geistig Eingeengter heute noch irgendwelchen Eindruck macht, der ist selbst nichts wert. *Hierher* gehört das Christuswort: »Laßt doch die Toten ihre Toten begraben!« Denn wer *geistig* taub und blind ist, gilt als geistig tot!

Der Menschengeist konnte mit seiner Fähigkeit die Erdenwelt als Nachbildung der Schöpfung zum Paradiese machen! Er hat es nicht getan und sieht die Welt deshalb nun *so* vor sich, wie er sie durch sein falsches Einwirken verbog. *Darin liegt alles!* Deshalb schmäht nun nicht in falscher Weichlichkeit ein so bedeutsames Geschehen wie den Kampf in der Natur, der noch notwendig etwas ausgleicht, was der Mensch versäumte! Vermeßt Euch nicht, Euere süßlich-schwüle Weichlichkeit noch mit dem Ausdruck »Liebe« zu bezeichnen, in die der Mensch so gerne seine Schwächen einzureihen sucht! Die Falschheit und die Heuchelei müssen sich bitter rächen!

Drum wehe Dir, Du Mensch, als morsches Machwerk Deiner Einbildung! Du Zerrbild dessen, was Du *solltest* sein!

Seht Euch in Ruhe einmal an, was Ihr Natur zu nennen pflegt: die Berge, Seen, Wälder, Matten! Zu allen Jahreszeiten. Trunken kann das Auge werden an der Schönheit alles dessen, was es sieht. Und nun bedenkt: Was Euch so zu erfreuen weiß und Euch Erholung gibt, das sind die Früchte eines Wirkens alles *Wesenhaften,* welches in der Schöpfung *unter* dem Geistigen steht, dessen Kraft Euch zu eigen wurde!

Dann sucht die Früchte *Eures* Schaffens, die Ihr geistig seid und Höheres zu wirken hättet als das vor Euch hergehende Wesenhafte.

Was seht Ihr da? Nur kalten Abklatsch alles dessen, was das Wesenhafte bereits fertigbrachte, aber keine Fortentwickelung zu idealer Höhe im Lebendigen und damit in der Schöpfung! Mit nur verkümmerten Schöpfungsinstinkten sucht die Menschheit Formen leblos nachzubilden, während sie freien und bewußten Geistes mit dem Aufblicke zum Göttlichen ganz anderes, viel Größeres zu formen fähig wäre!

Die Größe, die nur aus dem *freien Geiste* kommt, haben die Menschen freventlich sich unterbunden und können deshalb außer kinderhaften Nachbildungen nur noch ... Maschinen, Konstruktionen, Technik fertigbringen. Alles, wie sie selber: erdgebunden, niedrigstehend, hohl und tot!

*Das* sind die Früchte, die die Menschen nun als geistig-seiend der Tätigkeit des Wesenhaften gegenüberstellen können. *So* haben sie die Geistesaufgabe erfüllt in der ihnen dazu geschenkten Nachschöpfung!

Wie wollen sie nun bei der Abrechnung bestehen? Kann es denn dabei in Erstaunen setzen, daß den Menschen mit dem Hang nach Niederem das hohe Paradies verschlossen bleiben *muß*? Darf es noch Wunder nehmen, wenn nunmehr das Wesenhafte bei dem Ende das durch Menschengeist so falsch geführte Werk rückwirkend vollständig zerstört? –

Wenn es nun über Euch infolge Euerer betätigten Unfähigkeit zusammenbrechen wird, dann verhüllet Euer Angesicht, erkennet schamerfüllt die ungeheuere Schuld, die *Ihr* auf Euch geladen habt! Sucht dafür nicht schon wieder Euren Schöpfer anzuklagen oder ihn als grausam zu bezeichnen, ungerecht!

Du aber, Suchender, prüfe Dich ernsthaft, schonungslos, und dann versuche es, Dein ganzes Denken und Empfinden, ja, Dein ganzes Sein *neu* einzustellen auf *geistigen* Grund, der nicht mehr wanken wird wie der bisherige verstandesmäßige und damit arg beschränkte!

## AUSGIESSUNG DES HEILIGEN GEISTES

Der in der Bibel geschilderte Vorgang der Ausgießung des Heiligen Geistes auf die Jünger des Gottessohnes ist vielen Menschen noch ein unerklärliches Geschehen und wird vielfach als außergewöhnlich, nur dies eine Mal vorkommend, und demnach als willkürlich erfolgt, betrachtet.

In dieser irrtümlichen Betrachtung liegt aber auch gerade die Ursache des anscheinend »Unerklärlichen«.

Der Vorgang war nicht einzelnstehend, nicht für die Jünger besonders herbeigeführt, sondern er war ein schon seit Bestehen der Schöpfung sich *regelmäßig wiederholendes* Geschehen! Mit *der* Erkenntnis wird es auch sofort das Unerklärliche verlieren und für die ernsthaft suchenden Leser der Gralsbotschaft verständlich werden, ohne dabei an Größe einzubüßen, sondern im Gegenteil viel eher noch gewaltiger werden.

Wer meine Gralsbotschaft aufmerksam studierte, kann auch die Lösung hierfür darin schon gefunden haben; denn er las auch die Erklärung »Der Heilige Gral«. Darin erwähnte ich die sich alljährlich *regelmäßig wiederholende* Krafterneuerung für die gesamte Schöpfung. Es ist der Augenblick, in dem in den Heiligen Gral neue göttliche Kraft strömt zur Erhaltung der Schöpfung!

Damit erscheint für Augenblicke über dem Grale die »Heilige Taube«, welche die geistig sichtbare Form der Gegenwart des Heiligen Geistes ist, die zu der »Form« des Heiligen Geistes unmittelbar gehört, also einen Teil seiner »Form« bildet.

Wie das Kreuz die geistig sichtbare Form der göttlichen Wahrheit ist, so ist die »Taube« die sichtbare Form des Heiligen Geistes. Sie *ist* die Form tatsächlich, wird nicht nur als Form gedacht!

## 63. AUSGIESSUNG DES HEILIGEN GEISTES

Diese Krafterneuerung durch den Heiligen Geist, also den lebendigen Gotteswillen, der die Kraft ist, erfolgt jedes Jahr zu einer ganz bestimmten Zeit in dem Allerheiligsten der höchsten Burg oder des Tempels, der den Heiligen Gral birgt, dem einzigen Verbindungspunkt der Schöpfung mit dem Schöpfer, und deshalb auch die *Gralsburg* genannt.

Die Erneuerung kann auch mit Kraftausgießung bezeichnet werden, also Ausgießung des Heiligen Geistes, oder noch deutlicher, Kraftausgießung *durch* den Heiligen Geist; denn der Heilige Geist wird nicht etwa ausgegossen, sondern er gießt Kraft aus!

Da nun die Jünger an diesem Tage versammelt waren im Gedenken an ihren aufgestiegenen Herrn, welcher versprochen hatte, den Geist zu senden, also die lebendige Kraft, so war in diesem Gedenken ein Ankergrund *dazu* gegeben, bei dem zu dieser Zeit im Urgeistigen erfolgenden Vorgange in gewissem und entsprechendem Grade unmittelbar bis auf die in Andacht darauf eingestellten versammelten Jünger auf Erden herabzuwirken! Namentlich da der Weg zu diesen Jüngern durch das Erdensein des Gottessohnes ermöglicht und geebnet war.

Und aus *diesem* Grunde geschah das Wunderbare, sonst auf Erden nicht möglich Gewesene, dessen Erleben in der Bibel wiedergegeben ist. Das *Erleben* konnten die Evangelisten schildern, nicht aber den eigentlichen Vorgang, den sie selbst nicht kannten.

Das Pfingstfest nun gilt den Christen als Erinnerung an diesen Vorgang, ohne daß sie eine Ahnung davon haben, daß tatsächlich in dieser ungefähren Zeit jedesmal der Tag der Heiligen Taube in der Gralsburg ist, das heißt, der Tag der Krafterneuerung für die Schöpfung durch den Heiligen Geist! Natürlich nicht immer genau an dem auf Erden dafür errechneten Pfingstfeiertage, wohl aber zu dessen ungefährer Zeit.

Damals traf die Versammlung der Jünger gerade *genau* mit dem wirklichen Vorgange zusammen! Er wird auch später hier auf Erden regelmäßig und zu *richtiger* Zeit mitgefeiert werden als oberster und heiligster Feiertag der Menschheit, an dem der Schöpfer seine erhaltende Kraft stets neu der Schöpfung schenkt, als »Tag der Heiligen Taube«, also Tag des Heiligen Geistes, als großes Dankgebet zu Gottvater!

## 63. AUSGIESSUNG DES HEILIGEN GEISTES

Er wird von *den* Menschen gefeiert werden, die endlich *bewußt* in dieser Schöpfung stehen, welche sie in deren ganzen Auswirkungen nun richtig kennenlernten. Durch deren andachtsvolle Einstellung zu der genauen Zeit wird es auch möglich, daß in dem Sichöffnen wechselwirkend der lebende Segen wieder bis herab zur Erde führt und sich ergießt in die dürstenden Seelen, wie einst bei den Jüngern.

Frieden und Freude bringt dann diese Zeit, die nicht mehr allzu ferne ist, sobald die Menschen nicht versagen und nicht verloren sein wollen für alle Ewigkeit.

# GESCHLECHT

Ein großer Teil der Erdenmenschen läßt sich schwer bedrücken von den Gedanken über den Verkehr zwischen den zwei Geschlechtern, dem männlichen und dem weiblichen. Ausgenommen davon sind wohl nur die Leichtsinnigen, die sich überhaupt durch nichts bedrücken lassen. Alle anderen, so verschiedenartig sie auch sein mögen, suchen offen oder still in sich zurückgezogen irgendeine Lösung.

Es gibt glücklicherweise viele Menschen, die gerade darin einen rechten Wegweiser ersehnen. Ob sie sich dann danach richten würden, bleibt allerdings dahingestellt. Tatsache ist jedoch, daß sie sich sehr damit beschäftigen und auch zum großen Teile sich bedrücken lassen von dem Bewußtsein, daß sie dieser Frage unwissend gegenüberstehen.

Man suchte es in Eheproblemen zu lösen oder zu verankern, kam aber damit einem befriedigenden Grundgedanken noch nicht näher, da auch hier wie überall lediglich die Hauptsache ist, daß der Mensch weiß, womit er es zu tun hat! Sonst kann er damit niemals fertig werden. Es bleibt ihm Unruhe.

Dabei verwechseln viele schon von vornherein sehr oft den richtigen Begriff für dieses Wort »Geschlecht«. Man nimmt es allgemein, während der eigentliche Sinn dafür viel tiefer liegt.

Wollen wir ein rechtes Bild darüber haben, so dürfen wir nicht so einseitig sein, es in Bestimmungen zu zwingen, die lediglich einer rein irdischen, gesellschaftlichen Ordnung dienen können und den Gesetzen in der Schöpfung vielfach ganz entgegenstehen. Bei so schwerwiegenden Dingen ist es notwendig, sich in die Schöpfung zu vertiefen, um den *Grundgedanken* zu erfassen.

## 64. GESCHLECHT

Wir nennen den Begriff weiblich und männlich schlechthin zweierlei Geschlecht. Das Wort Geschlecht aber läßt die Mehrzahl der Menschen von Anfang an einschneidend irreführen, da unwillkürlich in mancher Gedanken die Verbindung mit der Fortpflanzung ersteht. Und das ist falsch. Die Trennung von weiblich und männlich in *diesem* Sinne hat in dem großen Schöpfungsgedanken nur bei der äußersten, dichtesten Grobstofflichkeit etwas zu tun. In dem *hauptsächlichen* Geschehen nicht.

Was ist ein Geschlecht? Der Geistkeim ist bei seinem Ausgange aus dem geistigen Reiche geschlechtslos. Es tritt auch keine Spaltung ein, wie vielfach angenommen wird. Im Grunde bleibt ein Geistkeim immer für sich abgeschlossen. Mit dem Bewußtwerden des Geistkeimes bei seiner Wanderung durch die Nachschöpfung, also die selbsttätige Nachbildung der eigentlichen Schöpfung, nimmt er, wie ich schon mehrfach sagte, je nach dem Grade seines Bewußtwerdens die uns bekannten menschlichen Formen an, welche Nachbildungen der Ebenbilder Gottes sind, der Urgeschaffenen.

Hierbei ist nun entscheidend die *Art der Aktivität* eines Geistkeimes. Das ist, nach welcher Richtung hin ein solcher Geistkeim während des Bewußtwerdens die in ihm ruhenden Fähigkeiten vorwiegend zu entwickeln bestrebt ist, ob in positiver, kraftvoll treibender Art, oder in negativer, still erhaltender Art. Wohin sein Hauptverlangen treibt. Und in der nun durch ihn erfolgenden Betätigung, auch wenn diese Betätigung im Anfang nur im starken Wünschen liegt, das sich zum Drange steigert, *bildet sich die Form.*

Das Positive bildet die männliche Form, das Negative die weibliche Form. Hier bereits zeigt sich das Männliche und Weibliche nach außen hin durch seine Form erkennbar. Beides ist in seiner Form der bestimmte Ausdruck der *Art* ihrer Betätigung, die sie sich wählen oder wünschen. Diese Wünsche sind in Wirklichkeit ursprünglich nur die Ausdrücke der eigentlichen Beschaffenheit der betreffenden Geistkeime, also negativ oder positiv.

Weiblich und männlich hat also mit dem üblichen Begriff eines Geschlechts nichts zu tun, sondern zeigt lediglich *die Art der Betätigung in der Schöpfung an.* Erst in der den Menschen so bekannten Grobstofflichkeit bilden sich aus der Form heraus die Fortpflanzungsorgane, die wir unter männlich und weiblich verstehen. Nur der grobstoffliche Körper, also der Erdenkörper, bedarf zu seiner Fortpflanzung dieser Organe.

*Die Art der Betätigung in der Schöpfung* bildet also die Form des eigentlichen Körpers, die männliche oder die weibliche, von dem der grobstoffliche Erdenkörper wiederum nur ein grobgefügtes Abbild ist.

Somit wird auch die Geschlechtsausübung auf die Stufe gesetzt, wohin sie gehört, also auf die niederste Stufe, die es in der Schöpfung gibt, auf die grobstoffliche, die weitab vom Geistigen liegt.

Um so trauriger ist es nun, wenn ein Menschengeist sich unter das Joch dieser zur äußersten Schale gehörenden Betätigung derart beugt, daß er ein Sklave davon wird! Und das ist heute leider so allgemein geworden, daß es ein Bild ergibt, welches zeigt, wie das unschätzbare und hochstehende Geistige unter der Decke der gröbsten Stofflichkeit sich freiwillig treten und niederhalten lassen muß.

Daß solches naturwidrige Geschehen einen bösen Ausgang bringen muß, ist selbstverständlich. Naturwidrig, weil von Natur aus das Geistige das Höchste in der ganzen Schöpfung ist, und eine Harmonie in dieser nur sein kann, solange Geistiges als Höchstes herrscht, alles andere jedoch *unter* ihm bleibt, auch bei der Verbindung mit dem Grobstofflich-Irdischen.

Ich brauche hierbei wohl nicht besonders darauf hinzuweisen, welch traurige Rolle demnach ein Mensch spielt, der seinen Geist unter die Herrschaft des gröbsten stofflichen Mantels beugt. Eines Mantels, der erst durch ihn seine Empfindsamkeit gewinnt und mit dem Ablegen wieder verlieren muß, ein Werkzeug in der Hand des Geistes, das wohl der Pflege bedarf, um es nutzbar zu erhalten, aber immer doch nur beherrschtes Werkzeug bleiben kann.

Die geistige, wesenhafte und feinstoffliche Form des Körpers verändert sich, sobald ein Geistkeim seine Tätigkeit verändert. Geht er aus Negativem vorwiegend in Positives über, so muß sich die weibliche

Formung in eine männliche verwandeln und umgekehrt; denn die *vorwiegende* Art in der Aktivität bildet die Form.

Zur Veränderung kann jedoch die Schale irdischer Grobstofflichkeit nicht so schnell folgen. Diese ist nicht derart wandlungsfähig, deshalb ja auch nur für ganz kurze Zeit bestimmt. Hier zeigt sich eine Wendung dann bei *Wiederinkarnierungen,* deren in den meisten Fällen viele sind.

So kommt es, daß ein Menschengeist manchmal *abwechselnd* in männlichen und weiblichen Körpern seine Erdenleben durchwandert, je nach seiner sich verändernden inneren Einstellung. Doch das ist dann ein unnatürlicher Zustand, durch eigensinnige, gewaltsame Verbiegung herbeigeführt.

Die Anschauung der Menschen, daß es zu einem jeden Menschen eine ergänzende Seele gibt, ist an sich richtig, aber nicht in dem Sinne einer vorausgegangenen Spaltung. Die Dualseele ist lediglich die zu einer anderen Seele *passende.* Das heißt, eine Seele, welche gerade *die* Fähigkeiten entwickelt hat, die die andere Seele in sich schlummern ließ. Dadurch kommt dann eine volle Ergänzung, ergibt sich ein gemeinsames Arbeiten sämtlicher Fähigkeiten des Geistes, aller positiven und aller negativen. Solche Ergänzungen aber gibt es nicht nur einmal, sondern viele Male, so daß nicht etwa ein Mensch bei einem Ergänzenwollen auf nur einen ganz bestimmten anderen Menschen angewiesen ist. Er kann deren vielen in seinem Erdensein begegnen, sobald er nur seine Empfindungsfähigkeit rein und wachsam hält.

Die Bedingungen des Lebens zum Glück sind also durchaus nicht so schwer zu erfüllen, als es im ersten Augenblick den nur halb Wissenden erscheint. Das Glück ist viel leichter zu haben, als so viele denken. Die Menschheit muß nur erst die Gesetze kennen, welche in der Schöpfung liegen. Lebt sie darnach, so *muß* sie glücklich werden! Heute steht sie aber noch sehr weit entfernt davon, und deshalb werden sich vorerst noch die, welche der Wahrheit in der Schöpfung näherkommen, meistens einsam fühlen müssen, was jedoch durchaus nicht unglücklich macht, sondern einen großen Frieden in sich trägt.

## KANN ALTER EIN HEMMNIS ZU GEISTIGEM AUFSTIEG BILDEN?

Das Alter bildet keine Hemmung, sondern *Ansporn,* da in dem Alter die Stunde des Hinübergehens sichtbar näherrückt! Es ist nur die von mir schon oft als ärgsten Feind genannte Trägheit und Bequemlichkeit, mit der sich solche Zögernde belasten und damit untergehen.

Die Zeit des geistigen Landstreichertums hat aufgehört, wie die Zeit der Bequemlichkeit und des behaglichen Erwartens. Mit unheimlicher Furchtbarkeit und Härte wird es binnen kurzem in die Schläfer und Faulenzer hineinschlagen, daß auch der Taubste dann erwacht.

Das Studieren meiner Vorträge bedingt jedoch von vornherein ein Sichbemühen, gewaltsames Zusammenreißen aller Sinne, damit geistige Lebendigkeit und *volles* Wachsein! Erst *dann* gelingt es, sich in meine Worte zu vertiefen, sie auch wirklich zu erfassen.

*Und das ist so gewollt!* Ich lehne jeden Geistesträgen ab.

Wenn Menschen aber nur ein Körnchen Wahrheit aus der Heimat des geistigen Reiches in sich *nicht* verschüttet haben, so *muß* sie das Wort treffen, als ein Ruf, vorausgesetzt, daß sie sich auch die Mühe nehmen, es einmal unbeeinflußt und mit vollem Ernste zu lesen. Empfinden sie *dann* nichts, was Widerhall in ihnen weckt, so wird es auch im Jenseits kaum noch möglich sein, sie aufzuwecken, weil sie auch dort *nichts anderes* erhalten können. Sie bleiben stehen, wo sie sich selbst hinstellen, durch ihren eignen Willen. Es wird sie niemand zwingen, davon abzugehen, doch sie kommen auch nicht rechtzeitig aus dieser Stofflichkeit hinaus, um sich vor der Zersetzung zu bewahren, also vor der ewigen Verdammnis.

Das »Nichthörenwollen« nehmen sie natürlich mit von dieser Erde zur Feinstofflichkeit, und werden dort nicht anders sich gebärden, als es hier geschah.

Wie kann das Alter gar ein Hemmnis bilden? Es ist ein Ewigkeitsruf, der sie aus dem Worte trifft, den sie jedoch nicht hören wollen, weil es ihnen so bequemer ist. Bequemlichkeit jedoch wird sie zuletzt vernichten, wenn sie nicht rechtzeitig lebendig werden wollen. Die Frage zeigt aber diese Bequemlichkeit sehr deutlich. Es ist die gleiche Art so vieler Menschen, die sich dauernd selbst betrügen wollen, unter irgendeinem halbwegs annehmbaren Vorwande. Sie gehören zu der Spreu, die von den kommenden Reinigungsstürmen nicht gefestigt wird, sondern weggeweht, weil für den Ernst des eigentlichen Seins unbrauchbar.

Sie würden immer neue Zeit zum Überlegen von dem Schöpfer fordern, ohne je zu einem Aufstiege zu kommen, bei dem sie sich geistig aufzuraffen haben. Aus diesem Grunde hat es keinen Zweck, sich lange damit zu befassen. Es sind die Ewigwollenden und nie an sich Vollbringenden. Und damit auch Verlorenen.

## VATER, VERGIB IHNEN;
## DENN SIE WISSEN NICHT, WAS SIE TUN!

Wer kennt diese bedeutungsvollen Worte nicht, die Jesus von Nazareth am Kreuze hängend rief. Eine der größten Fürbitten, die je gesprochen wurden. Deutlich und klar. Doch trotzdem stand man zwei Jahrtausende verständnislos den Worten gegenüber. *Einseitig* legte man sie aus. Nur nach *der* Richtung hin, wie sie den Menschen angenehm erschien. Nicht einer war, der seine Stimme für den eigentlichen Sinn erhob und ihn der Menschheit, insbesondere den Christen, in aller Deutlichkeit entgegenschrie!

Doch nicht nur das. *Alles* erschütternde Geschehen in dem Erdensein des Gottessohnes wurde durch die Einseitigkeit in der Weitergabe in ein falsches Licht gebracht. Das sind aber nun Fehler, die nicht nur das Christentum aufweist, sondern man findet sie in *jeder* Religion.

Wenn Jünger rein Persönliches des Lehrers und des Meisters über alles stellen und weit in den Vordergrund vorschieben, so ist das zu verstehen, namentlich wenn dieser Meister so brutal und jäh aus ihrer Mitte weggerissen wird, um dann in vollster Unschuld schwerstem Leiden, dabei gröbstem Spott, zuletzt dem martervollsten Tode ausgesetzt zu sein.

So etwas prägt sich tief in Seelen ein, die ihren Lehrer in der idealsten Weise im gemeinsamen Zusammenleben kennenlernen konnten, und bewirkt, daß das Persönliche dann in den Vordergrund alles Gedenkens tritt. So etwas ist ganz selbstverständlich. Aber die heilige *Mission* des Gottessohnes war sein *Wort,* das Wahrheitbringen aus der lichten Höhe, um damit der Menschheit ihren Weg zum Licht zu zeigen, der ihr bis dahin verschlossen war, weil ihr geistiger Zustand in seiner Entwickelung es vorher nicht ermöglichte, den Weg zu *gehen!*

Das diesem großen Wahrheitsbringer durch die Menschheit dabei zugefügte Leiden stehet ganz für sich!

Was bei den Jüngern aber selbstverständlich und natürlich war, erwuchs bei der späteren Religion zu manchen großen Irrtümern. Das *Sachliche* der Gottesbotschaft trat weit in den Hintergrund vor dem Kult des Persönlichen des Wahrheitsbringers, den Christus niemals wollte.

Aus diesem Grunde zeigen sich nun Fehler in dem Christentume, die zu der Gefahr eines Zusammenbruches führen, wenn nicht rechtzeitig die Irrtümer erkannt und unter offenem Bekennen mutvoll abgeändert werden.

Es ist nicht anders zu erwarten, als daß geringster ernster Fortschritt solche Lücken sichtbar werden lassen muß. Dann ist es doch entschieden besser, man geht ihnen nicht aus dem Wege, sondern packt herzhaft zu! Warum soll denn die Reinigung nicht von der Führung selbst ausgehen, frisch und froh, in freiem Aufblick zu der großen Gottheit! Dankbar würden große Scharen aus der Menschheit, wie von einem bisher wohl empfundenen, doch nie erkannten Druck befreit, dem Rufe folgen, der sie in das Licht freudiger Überzeugung führt! –

Aller Gewohnheit *jener* Menschen folgend, die sich einer unbeschränkten Herrschaft ihres eigenen Verstandes blindlings unterwerfen und damit auch ihr Begriffsvermögen stark beengen, legte man den gleichen Wert auf Christi Erdenleben wie auf seine Mission. Man kümmerte sich um Familienverhältnisse und alle irdischen Geschehnisse dabei sogar noch mehr als um den Hauptzweck seines Kommens, der darin bestand, gereiften Menschengeistern Aufklärung zu geben über alles *wirkliche* Geschehen in der Schöpfung, worin allein sie Gottes Willen finden, der darein verwoben und damit für sie verbrieft wurde.

Das Bringen dieser bis dahin noch unbekannten Wahrheit machte *ganz allein* das Kommen Christi auf die Erde notwendig. Nichts anderes. Denn ohne Gottes Willen in der Schöpfung richtig zu erkennen, vermag kein Mensch den Weg zum Aufstiege ins lichte Reich zu finden, noch viel weniger zu gehen.

Statt diese Tatsachen als solche einfach hinzunehmen, sich in die *Bot-*

*schaft* zu vertiefen und darnach zu *leben,* wie es der Wahrheitsbringer wiederholt und eindringlich verlangte, schufen Gründer der christlichen Religion und Kirchen als hauptsächlichste der Grundlagen einen *persönlichen* Kult, der sie zwang, das Leiden Christi zu etwas ganz anderem zu machen, als es wirklich war.

*Sie brauchten es für diesen Kult!* Daraus ergab sich zuletzt ganz naturgemäß in seiner Fortentwickelung ein großer Irrtum nach dem anderen, die für so viele Menschen zu Verhinderungen anwachsen, den *rechten* Weg überhaupt noch richtig zu erkennen.

Der falsche Aufbau in *Unsachlichkeit* allein brachte es mit sich, daß Entstellung alles Geschehens seinen Einzug hielt. Die rein sachliche Unbefangenheit mußte ja in dem Augenblicke untergehen, sobald der Hauptkult rein persönlich wurde! Dabei erstand der Drang, eine Mission des Gottessohnes hauptsächlich in dem *Erdenleben* zu verankern. Ja, es ergibt sich eigentlich eine Notwendigkeit dazu.

Daß damit aber *falsch* gegangen wird, hat Christus selbst in seiner ganzen Einstellung bewiesen. Mehr als einmal wies er das Persönliche ihm gegenüber klar und scharf zurück. Immer verwies er auf Gottvater, dessen Willen er erfüllte, in dessen Kraft er stand und wirkte, bei jedem Wort und jeder Handlung. Er erklärte, wie die Menschen nunmehr lernen sollten, zu *Gottvater* aufzuschauen, niemals sprach er aber dabei von sich selbst.

Da man aber seine Worte darin nicht befolgte, konnte es zuletzt nicht ausbleiben, daß man das *Erdenleiden* Christi als *notwendig* und von Gott gewollt ansehen ließ, es sogar mit zur Hauptaufgabe seines Erden*kommens* stempelte! Er kam nach der daraus entstandenen Anschauung nur aus lichter Höhe, um auf Erden hier zu leiden!

Da er nun selbst nicht *eine* Schuld auf sich geladen hatte, blieb zur Begründung wieder nur der eine Weg: es mußten dann die Sünden Fremder sein, die er auf sich geladen hat, um sie für diese abzubüßen!

Was blieb denn anderes übrig, als *so* auf dem gelegten Grunde weiter aufzubauen.

Nährende Kraft und guten Boden gab dann noch die ja nicht mehr so unbekannte innere Wertüberschätzung, an welcher die gesamte Menschheit krankt. Die Folge jenes großen Sündenfalles, der wider den Geist gerichtet war, und den ich oft ausführlich schon erklärte. In dem Zuhochbewerten des Verstandes kennt der Mensch nur sich, nicht seinen Gott, zu dem er damit alle Brücken abgebrochen hat. Nur wenige haben noch hier und da ganz kümmerliche Stege nach dem Geistigen hinüber, die aber auch nur noch ganz wenig ahnen, *niemals wissen* lassen können.

Deshalb kam niemand auf den richtigen, natürlichen Gedanken, *Christi Erdenleiden als gesondertes Geschehen von der Gottesbotschaft ganz zu trennen.* Alle Anfeindungen, Verfolgungen und Martern als die schweren, gröbsten Verbrechen zu erkennen, die sie wirklich waren. Es ist ein neues, großes Unrecht, sie als Notwendigkeit zu verschönen!

Sehr wohl gebührt diesen Leiden und dem martervollen Kreuzestode strahlendes Licht der höchsten Glorie, weil sich der Gottessohn durch diese nach dem Sündenfalle voraus zu erwartende so üble Aufnahme unter den herrsch- und rachsüchtigen Menschen nicht abschrecken ließ, sondern trotzdem um der wenigen Guten willen seine so notwendige Wahrheitsbotschaft auf die Erde brachte.

Die Tat ist um so höher einzuschätzen, da es sich wirklich nur um einen kleinen Teil der Menschheit handelt, die sich dadurch retten will.

Aber es ist neuer Frevel gegen Gott, wenn die damaligen Verbrechen dieser Menschheit durch falsche Voraussetzungen so gemildert werden sollen, als ob die Menschen dabei nur die Werkzeuge einer notwendigen Erfüllung waren.

Aus dieser *Unrichtigkeit* heraus ersteht ja auch bei vielen *denkenden* Menschen die Unsicherheit über die Folgen der Handlungsweise des Judas Ischariot! Mit vollem Rechte. Denn wenn der Kreuzestod die Notwendigkeit für die Menschheit war, so gab Judas mit dem Verrat das notwendige Werkzeug dazu ab, dürfte also in Wirklichkeit dafür nicht strafbar sein in dem geistigen Sinne. Die Wahrheit über das tatsächliche Geschehen beseitigt aber alle diese Zwiespalte, deren berechtigtes Auftauchen nur die Bestätigung dafür ergibt, daß die bisher gepflegte Annahme wirklich falsch sein muß. Denn wo das *Rechte* ist, gibt es nicht Raum für solche ungeklärten Fragen, sondern es kann nach *jeder* Seite hin das ganz natürliche Geschehen in Betracht gezogen werden, ohne dabei auf ein Hindernis zu stoßen.

Man soll doch endlich jetzt den Mut besitzen, in der Beschönigung die Feigheit zu erkennen, die nur von der Klugheit des erdgebundenen Verstandes verdeckt gehalten wird, des größten Feindes alles dessen, was sich *über* ihn erheben kann, wie es bei jedem niederen Gesellen sich stets deutlich zeigt. Oder als verhüllte Selbsterhebung, welche aus der gleichen Quelle stammt! Es ist doch schön, sich einbilden zu können, so wertvoll eingeschätzt zu sein, daß eine Gottheit darum kämpfend alle Leiden auf sich nimmt, nur um dem Menschlein dann in dem göttlichen Freudenreiche einen Ehrenplatz bieten zu dürfen!

So ist die Grundanschauung *wirklich,* nackt und herb gesagt! Sie sieht nicht anders aus, sobald man ihr mit fester Hand einmal den Flitter von den Formen reißt!

Daß eine solche Anschauung nur aus engster Beschränkung des Begreifens alles außerirdischen Geschehens kommen kann, brauche ich wohl kaum noch zu erwähnen. Es ist immer wieder eine der schweren Folgen der Verherrlichung des irdischen Verstandes, der jeden freien, weiten Ausblick unterbindet. Die Anbetung dieses Verstandesgötzen ist nach dem Sündenfall ganz natürlich stetig angewachsen, bis er sich nun zu dem irdisch starken Antichrist entwickelt hat, oder, noch deutlicher gesagt, zu allem *Antigeistigen!* Das ist ja heute deutlich zu erkennen, wohin man sieht. Dazu bedarf es keines scharfen Blickes mehr.

Und da das Geistige *allein* die Brücke zur Annäherung und zu dem Verständnis alles Göttlichen ergeben kann, so ist also die Einräumung der Oberherrschaft irdischen Verstandes, zu der sich heute alle Wissenschaften stolz bekennen, nichts anderes als die *offene Kampferklärung gegen Gott!*

Aber nicht nur die Wissenschaften, sondern die *gesamte Menschheit* bewegt sich heute unter diesem Zeichen! Sogar ein jeder, der sich ernster Sucher nennt, trägt dieses Gift mit sich herum.

Es ist deshalb nicht unnatürlich, daß auch die Kirche davon vieles in sich haben muß. Deshalb hat sich bei Wiedergabe und den Auslegungen aller Heilandsworte vieles eingeschlichen, das allein in Erdenklugheit des Verstandes seinen Ursprung hat!

*Das ist auch die den Menschen immer wieder neu verführende Schlange, vor der die Aufzeichnung der Bibel warnt!* Diese Verstandesklugheits-Schlange ganz allein stellt jeden Menschen vor die irreführende Entscheidung: *»Sollte Gott gesagt haben . . . ?«*

Sie wird, sobald ihr, also dem Verstand allein, jede Entscheidung überlassen bleibt, stets, wie auch richtig in der Bibel angedeutet, das Gott*feindliche* oder Gott*abgewandte* wählen, das Reinirdische, viel Niederere, wozu ja der Verstand als dessen Blüte selbst gehört. Deshalb vermag er Höheres nicht zu begreifen.

Verstand erhielt der Mensch, damit er ihm für jedes *Erden*leben *nach unten zu ein Gegengewicht gibt* für das nach oben strebende *Geistige,* zu dem Zweck, daß der Mensch auf Erden nicht nur in geistigen Höhen schwebt, und seine Erdenaufgabe dabei vergißt. Verstand soll ihm auch zur Erleichterung alles Erdenlebens dienen. Vor allen Dingen aber dazu, um den im Geiste *als dessen ureigenste Beschaffenheit* ruhenden starken Auftrieb nach dem Hohen, Reinen und Vollkommenen ins kleine Irdische zu übertragen, im Stofflichen zur irdisch sichtbaren Auswirkung zu bringen. Als Handlanger des lebendigen Geistes, als dessen Diener! Nicht als Entscheidender und nicht als alles Führender. Er soll irdische, also die stofflichen Möglichkeiten schaffen helfen zur Durchführung geistigen Dranges. Er soll das Werkzeug und der Knecht des Geistes sein.

Wird ihm aber *allein* jede Entscheidung überlassen, wie es jetzt geschieht, so bleibt er nicht mehr nur das Gegengewicht, nicht mehr der Helfer, sondern legt in die Waagschale jeder Entscheidung *nur sein eigenes Gewicht allein,* und das muß ganz natürlich *nur Herabsinken* zur Folge haben, weil er nach unten zieht. Etwas anderes kann dabei nicht geschehen, da er ja zu der Stofflichkeit gehört und an sie fest gebunden bleibt, während das Geistige von oben kommt. Anstatt dem Geistigen dann helfend noch die Hand zu reichen, darin zu erstarken, groß zu werden, stößt er die vom Geistigen ihm dargebotene stärkere Hand zurück und schließt sie aus, sobald ihm alles überlassen wird. Er kann nicht anders, handelt darin nur nach den Gesetzen seiner eigenen Beschaffenheit.

Doch wohlgemerkt, der irdische Verstand ist *dann* erst Feind des Geistes, sobald er *über* diesen hochgehoben wird! Nicht früher. Denn steht er *unter* der Herrschaft des Geistes, wie es von Natur aus nach dem Schöpferwillen eingerichtet ist, so bleibt er ein getreuer Diener, den man als solchen *schätzen* kann. Aber gibt man ihm entgegen den Naturgesetzen einen Herrscherplatz, auf den er nicht gehört, so unterdrückt er als die nächste Folge alles, was ihn darin stören könnte, um sich auf dem geborgten Throne zu halten. Er schließt die Tore automatisch, die beim Offenbleiben Licht auf seine Mängel und enge Beschränkung werfen müßten.

Ein Ebenbild der Handlungen *der* Menschen, die in geordneten Verhältnissen und unter guter Führung ihr Können wachsen fühlen, überschätzen, und im Umsturz dann durch die Unfähigkeit zu Höherem ein Volk in Not und Elend stürzen. Wie diese nie zu einem Einsehen gelangen können und alle Schuld des eigenen Unvermögens immer nur auf das Vergangene zu wälzen suchen, vor sich selbst und vor den anderen, genauso wenig wird der menschliche Verstand erkennen, daß er niemals an der Stelle des höheren Geistes wirken kann, ohne den schwersten Schaden und zuletzt den Untergang herbeizuführen. Es ist in allem stets das gleiche Bild, gleiches Geschehen in ewiger Wiederholung.

Der Mensch denke sich nur einmal ruhig und klar in diesen Vorgang selbst hinein. Es wird ihm schnell alles verständlich sein und auch als das Natürlichste erscheinen müssen.

Der Umstand zog auch bei den Kirchen- und Religionsgründern den Vorhang über die so große Einfachheit göttlicher Wahrheit, breitete einen Schleier über jede Möglichkeit des richtigen Begreifens.

Die Menschheit konnte sich nichts Schreckliches aufbürden als diese freiwillige Einengung, das Unvermögen des Begreifens alles dessen, was außerirdisch liegt, also des weitaus größten Teiles sämtlichen

Geschehens. Es liegt aber buchstäblich dadurch *über* ihrem so verengten Horizont.

Nun kämpfe einmal ein Mensch gegen diese Undurchdringlichkeit der Mauer. Er wird sehr schnell erkennen müssen, wie sich das Dichterwort bewahrheitet, daß gegen Dummheit Götter selbst *vergebens* kämpfen würden!

Die zähe Mauer kann nur von den Einzelmenschen selbst für sich allein von innen durchgestoßen werden, weil sie von innen aufgebaut wurde. *Aber sie wollen nicht!*

Daher ist heute das Versagen überall. Wohin man blickt, ein Bild trostlosester Verwirrungen und vielen Elendes!

Und auf dem Trümmerhaufen steht hohl, aufgeblasen, stolz der Urheber des wüsten Durcheinanders ... der »moderne Mensch«, wie er sich selbst am liebsten zu bezeichnen pflegt. Der »Fortgeschrittene«, welcher in Wirklichkeit dauernd zurückgegangen ist! Bewunderung erheischend nennt er sich auch noch »nüchterner Materialist«. –

Zu allem kommen nun auch noch die vielen Spaltungen, der immer stärker aufstrebende Haß gegeneinander, trotz der Einheitlichkeit ihrer freiwilligen Versklavung! Nicht Arbeitgeber noch die Arbeitnehmer tragen die Schuld daran, nicht Kapital noch dessen Mangel, auch nicht die Kirche noch der Staat, nicht die verschiedenen Nationen, sondern nur die falsche Einstellung der Einzelmenschen ganz allein hat es so weit gebracht!

Sogar die sogenannten Wahrheitssucher sind jetzt selten auf dem rechten Wege. Neun Zehntel davon werden nur zu Pharisäern, die kritisierend hochmütig auf ihre Nebenmenschen schauen, dabei noch eifrig sich befehdend. Alles ist falsch! Es muß erst noch die unausbleibliche Erfüllung eines fürchterlichen Endes kommen, bevor noch einige aus diesem Schlaf erwachen können.

Noch ist die Umkehr möglich. Jedermann! Doch bald kommt endlich das »zu spät« für immer, entgegen allen Hoffnungen so vieler Gläubigen, welche den irrtümlichen Anschauungen huldigen, daß es wohl einer mehr oder weniger langen Zeit der notwendigen Läuterung bedarf, je nach dem Menschen selbst, daß aber zuletzt sein Weg doch wieder nach dem Lichte führen muß, zu der ewigen Freude, dem Glück göttlichen Naheseins!

Dieser Gedanke ist ein angenehmer Trost, jedoch nicht richtig, und der Wahrheit nicht entsprechend. –

Überblicken wir noch einmal ruhig, klar, aber in groben Zügen den großen Werdegang der Schöpfung und der Menschen, die dazu gehören. Beachtet dabei genau das *Urgesetz der Gleichart,* das ich oft erklärte, mit allem, was es in sich birgt an unabänderlichen, notwendigen Folgerungen im Geschehen:

Die Stofflichkeit zieht einem großen Acker gleich im Riesenkreislaufe an dem *untersten* Rande der gesamten Schöpfung als das Schwerste dahin. Von dem Ursamen an sich in steter Bewegung andauernd entwickelnd, immer mehr zusammenschließend, bildend bis zu den uns sichtbaren Gestirnen, denen diese Erde zugehört. Also heranreifend bis zu der höchsten Blüte und der Frucht, welche unserer Zeit entspricht, um dann in der kommenden Überreife ganz aus sich selbst heraus nach den Schöpfungsgesetzen wieder zu zerfallen, sich aufzulösen in den Ursamen zurück, der weitergehend immer wieder die Gelegenheit erhält, sich frisch zu binden, neu zu formen. –

So das Gesamtbild, ruhig von der Höhe aus betrachtet.

Das Stoffliche an sich ist weiter nichts als die Materie, welche zum *Formen* dient, zu Hüllen, und nur zu Leben kommt, sobald das *über* ihm lagernde Nichtstofflich-Wesenhafte es durchdringt und durch die Bindung dann durchglüht.

Die Bindung dieses Stofflichen mit dem Nichtstofflich-Wesenhaften bildet eine Grundlage zu weiterer Entwickelung. Aus dem Wesenhaften bilden sich auch alle Tierseelen.

*Über* den beiden Grundabteilungen, dem Stofflichen und auch dem Wesenhaften, liegt als höchste Abteilung der Schöpfung noch das *Geistige.* Es ist eine Beschaffenheit für sich, wie meine Hörer ja schon wissen. Aus diesem Geistigen heraus gehen die Samenkörner, die sich zu den selbstbewußten Menschengeistern bilden wollen.

*Nur* in dem Ackerfeld der Stofflichkeit vermag ein derartiges Samenkorn des Geistes heranzureifen zu dem selbstbewußten Menschengeiste, gleich dem Weizenkorn im Feldboden zu einer reifen Ähre.

Sein Eindringen in den stofflichen Acker ist jedoch erst dann möglich, wenn dieser eine gewisse Entwickelungshöhe erreicht hat, die in ihrer Beschaffenheit dem Aufnehmenkönnen des in der ganzen Schöpfung am höchsten stehenden Geistigen entspricht.

Das ist *die* Zeit, in der die Schöpfung den höchstentwickelten Tierkörper hervorbringt, bei dem eine Steigerung durch die Tierseele aus dem Wesenhaften nicht mehr möglich ist.

Ein kleines Abbild, eine Wiederholung dieses großen Weltgeschehens, gibt zum Beispiel später auch die irdische Geburt der Menschenseele immer wieder, wie sich ja überhaupt bei einem Menschen als der Krone der Schöpfung, also als höchster geschaffener Kreatur, das ganze Weltgeschehen widerspiegelt. Auch eine Menschenseele kann erst in den im Mutterleibe werdenden Kindeskörper eindringen, wenn dieser Körper eine ganz bestimmte Reife erlangt hat. Nicht früher. Der notwendige Reifezustand gibt der Seele erst den Weg zum Eindringen frei. Dieser Zeitpunkt liegt *in der Mitte* einer Schwangerschaft.

So fällt auch in dem großen Weltgeschehen die Zeit der Höchstentwickelung des Tierkörpers ebenfalls in die Mitte, also in die Hälfte des Kreislaufes aller Stofflichkeit! Der Hörer beachte dies genau.

Da an diesem Punkte damals das *Wesenhafte* der Tierseele in der Entwickelung des Körpers aus der Stofflichkeit das *Höchste* erreicht hatte, gab es in diesem Umstande automatisch erst den Weg frei für das Eindringen des *über ihm* stehenden *Geistigen!*

Das Geistsamenkorn nun als Geringstes in seiner geistigen Gleichart konnte wiederum nur in das höchste Meisterwerk des unter ihm stehenden Wesenhaften eintreten, also in den von diesem höchstentwickelten Tierkörper.

Bei diesem Eindringen nimmt es durch seine höhere Beschaffenheit naturgemäß sofort alle Regierung in die Hand und kann nun den von ihm bewohnten Körper sowie seine ganze irdische Umgebung zu noch weiterer Entwickelung führen, was Wesenhaftes nicht vermocht hätte. Dabei entwickelt sich ganz selbstverständlich auch das Geistige gleichzeitig mit.

So das flüchtige Bild alles Geschehens *in* der Schöpfung, dessen genaue Einzelheiten ich in späteren Vorträgen noch geben werde, bis in alle kleinsten Teile.

Gehen wir zurück zum ersten Eintreten der Menschengeistkeime in diese Stofflichkeit, also zur Hälfte des Stofflichkeitsumlaufes. Die damaligen höchstentwickelten Tiere, die man heute irrtümlich als Urmenschen bezeichnet, starben aus. Nur *die* Körper von ihnen wurden der Veredelung zugeführt, in welche an Stelle der wesenhaften Tierseelen *Geistkeime* eingedrungen waren. Die Geistkeime reiften darin heran in vielerlei Erleben, hoben den Tierkörper bis zu dem uns nun bekannten Menschenkörper, sonderten sich zu Rassen und zu Völkern. –

Der große Sündenfall lag hinter ihnen. Er war die erste Handlung des freiwilligen Entscheidens nach dem Sichbewußtwerden der Geistkeime, lag in dem Höherstellen des Verstandes *über* den Geist, und ließ die folgenschwere Erbsünde heranwachsen, welche sehr bald die hohlen Früchte der Verstandesherrschaft deutlich und auch leicht erkennbar zeitigte. Die Erbsünde ist das durch die einseitige Verstandestätigkeit auch einseitig entwickelte Gehirn, das sich als solches dauernd forterbt. Ich habe diese Tatsache schon oft erwähnt und werde mit der Zeit noch viel eingehender darüber sprechen. Es werden sich wohl auch noch Menschen finden, die an Hand der so gezeigten Richtung freudig helfen können an dem großen Werk der Aufklärung. – –

Unaufhaltsam ging der Umlauf seine Bahn. Aber die abirrende Menschheit brachte in den notwendigen Fortschritt Stockung und Verwirrung. Mitten in dem Wirrwarr kam das Volk der Juden unter die bekannte schwere Geißel der Ägypter. Die Not und starke Sehnsucht nach Befreiung ließ die Seelen schneller reifen. Sie eilten geistig dadurch allen anderen voran, weil sie durch dieses starke Aufwühlen erst einmal richtig in sich selber und auch in die Seelen ihrer Unterdrücker blickten!

Nachdem sie klar empfanden, daß alles Irdische und auch die schärfste Klugheit des Verstandes nicht mehr helfen konnte, wobei sie auch die Leere ihrer Seele mit erkannten, lernte das geistige Auge schärfer sehen, und langsam schwebte endlich ein Begriff der eigentlichen Gottheit auf, wahrer und höher, als sie ihn bisher hatten. Und die Gebete stiegen schmerzdurchdrungen wieder viel inniger empor.

*Dadurch* konnte das Volk der Juden das berufene, das allen anderen geistig eine Zeit vorangehende werden, weil es eine bis dahin reinste Anschauung für den Begriff der Gottheit hatte. Soweit es damals bei dem Reifezustande der Menschenseele möglich war.

Geistesreife darf nicht mit dem erlernten Wissen verwechselt werden, sondern Ihr müßt immer wieder bedenken, daß *geistvoll* gleichbedeutend mit *gemütvoll* ist!

Der Juden damalige größte Geistesreife nun befähigte sie auch, durch Moses einen klaren Gotteswillen in Gesetzesformen zu erhalten, die zu der weiteren Entwickelung den höchsten Schatz bedeuteten, die beste und kraftvollste Stütze gaben.

Wie sich das Weltgeschehen ganz naturgemäß nur immer auf die reifste Stelle zusammendrängen wird, so vereinigte es sich damals nach und nach auf dieses geistig immer mehr reifende Menschenvolk der Juden. –

Aber hier darf wiederum das Weltgeschehen nicht verwechselt werden mit irdischer Weltgeschichte, welche weitab vom eigentlichen Weltgeschehen liegt und meistens nur die Auswirkungen des so oft falsch angewandten *freien Willens* des menschlichen Geistes wiedergibt, der immer nur viel Steine in das wirkliche Geschehen wirft und damit oft vorübergehende Verbiegungen und irdische Verwirrungen erzeugt.

Das Volk der Juden stand damals den anderen voran in seinem religiösen Kult, in seiner Anschauung damit der Wahrheit auch am nächsten.

Natürliche Folge davon war, daß wechselwirkend die Ankündigung einer Inkarnierung aus dem Lichte auch auf diesem Wege kommen mußte, weil er als richtigster bis in die nächste Nähe kommen konnte. Die anderen Wege konnten durch ihre weitere Entfernung von der Wahrheit für solche Möglichkeiten nicht frei sein, weil sie in Irrungen verliefen.

Es war auch wiederum nach dem Gesetz der für ein Wirken notwendigsten Gleichart gar nicht anders möglich, als daß ein Wahrheitsbringer aus dem Lichte nur *den* Weg beschreiten kann bei seiner Inkarnierung, welcher dieser Wahrheit unbedingt am nächsten liegt, am weitesten in seiner Ähnlichkeit entgegenkommt. Nur das gibt einen notwendigen Halt, zieht an, während die falschen Anschauungen abstoßen und einen Weg zum Eindringen und Kommen aus dem Lichte regelrecht verschließen.

Das Gesetz der Wechselwirkung und der Gleichart muß auch hier unweigerlich zu voller Geltung kommen. Die Urgesetze öffnen oder schließen einen Weg in ihren gleichmäßigen unentwegten Auswirkungen.

Als unterdessen aber auch unter den Juden in der Religion das Herrschen des Verstandes wieder einsetzte und unlauteres Strebertum erzog, da half die schwere Faust des Römers wieder nach, daß noch ein Häuflein in rechter Erkenntnis blieb, auf daß das Wort erfüllet werden konnte.

Gleichwie ein Geistkeim nur in einen seiner noch unfertigen, aber immerhin höheren geistigen Art gegenüber im richtigen Verhältnis stehenden Weltenteil eindringen kann, niemals aber in einen dafür noch zu unreifen, ebensowenig auch in einen dafür zu gereiften, wie es heute unser Weltenteil ist, in dem nur noch schon mehrfach inkarnierte Seelen leben können, nicht anders ist der Vorgang bei der Inkarnierung eines Wahrheitsbringers aus dem Licht. Sein Kommen kann nur in den dazu reifsten Teil der Menschheit sein. Am *schärfsten* mußten dabei die Bedingungen aller Gesetze bei dem Boten aus dem *Göttlichen* heraus erfüllt werden. Er konnte also nur in *die* Anschauungen hineingeboren werden, welche der Wahrheit am meisten entgegenkamen.

Wie nun der Geistkeim in die Stofflichkeit erst *dann* eindringen kann, nachdem das Wesenhafte in dem Wirken bis zu seinem höchsten Punkt gekommen ist, wo ohne Eindringen des Geisteskeimes ein Stillstand und damit ein Rückgang vor sich gehen muß, so war vor Christi Kommen hier im Stofflichen ein Punkt erreicht, daß Geistiges in *der Verirrung* durch die Erbsünde *nicht weiter konnte!* Der in dem Geistigen ruhende freie Wille hatte, anstatt alles Bestehende zu fördern, die in der Schöpfung gewollte Entwickelung hinauf zur Höhe *unterbunden,* alle seine Fähigkeiten durch Erheben des Verstandes *einseitig* nur auf das Stoffliche gelenkt.

Das Wesenhafte *ohne* den Besitz des freien Willens hatte die Entwickelung der Schöpfung ganz naturgemäß, also nach dem göttlichen Schöpferwillen, *richtig* durchgeführt. Das Geistige jedoch *mit* seinem freien Willen hatte durch den Sündenfall sich unfähig dazu gemacht, brachte nur Verwirrung und Aufenthalt in die Weiterentwickelung des Stofflichen. Die falsche Anwendung der ihm zu eigen mitgegebenen Gewalt zum Lenken der göttlichen Schöpfungskraft als notwendige Steigerung in der gereiften Stofflichkeit mußte sogar zum *Abstieg* führen, anstatt zu der Höchstentwickelung. Der Menschengeist hielt durch den Sündenfall jede *wirkliche* Fortentwickelung gewaltsam auf; denn irdisch-technische Errungenschaften sind kein eigentlicher Fortschritt in dem Sinne des von Gott gewollten Weltgeschehens! *Die schnellste Hilfe, Einschreiten des Schöpfers selbst tat deshalb not!*

Jedes weitere Jahrhundert hätte dann das Unheil so vergrößert, daß eine Möglichkeit des Weges zu göttlicher Hilfe mit der Zeit ganz ausgeschlossen blieb, da die Verstandesherrschaft nach und nach jedes Verstehen alles wirklich Geistigen, noch mehr des Göttlichen, vollständig abgeschnitten haben würde. Zu einer Inkarnierung aus dem Licht hätte dann jeder Ankergrund gefehlt!

Aus dieser Not heraus erstand das große, göttliche Mysterium, daß Gott in seiner Liebe der Schöpfung jenes Opfer brachte, ein Stück der Göttlichkeit zur Erde zu senden, um Licht zu bringen den Verirrten!

Das *Wesenhafte* in der Stofflichkeit hatte am Fortwirken der Schöpfung seine Aufgabe *erfüllt,* das *Geistige* jedoch durch die Menschen ganz *versagt!* Sogar noch schlimmer; denn es verwendete die ihm zugebilligte Entschlußkraft direkt zum Gegenteil und wurde damit dem göttlichen Wollen *feindlich,* mit dessen eigener, dem Geistigen zur Anwendung überlassenen Kraft. Wie groß die Schuld ist, kann sich der Mensch selbst ausdenken.

## 66. VATER, VERGIB IHNEN; DENN SIE WISSEN NICHT, WAS SIE TUN!

Christi Geburt war ein göttlicher *Liebesakt* für die ganze Schöpfung, die von dem abirrenden Menschengeiste untergraben zu werden bedroht wurde.

Das bringt auch mit sich, daß der damals in Jesus von Nazareth inkarnierte göttliche Teil wieder ganz eingehen muß zum Vater, wie Christus selbst vielfach betonte. Er muß wieder eins mit ihm werden.

Die Tore zu dem Paradiese wurden für die *reifen* Menschengeister erst durch Christi Botschaft aufgeschlossen. Die Fähigkeit, den Weg dahin auch richtig zu verstehen, war bis dahin noch nicht da. Die Botschaft galt für Erdenmenschen wie auch für die Abgeschiedenen, wie *jede* Gottesbotschaft, jedes Wort der lichten Wahrheit!

Die Menschen hörten darin nach der Strenge der Gesetze auch von einer Liebe, die zu begreifen sie bisher noch nicht vermocht hätten, die sie jedoch nunmehr in sich entwickeln sollten. Aber durch diese Liebesbotschaft wurden die Gesetze nicht gestürzt, sondern nur ausgebaut. Sie sollten bleiben als die feste Grundlage, deren Auswirkung solche Liebe in sich barg. –

Auf dieses Wort des Gottessohnes suchte man auch später aufzubauen, doch welche Irrungen dabei entstanden sind durch viel falsche Voraussetzungen, darauf wies ich schon im Anfang meines Vortrages hin. –

Betrachten wir uns einmal noch die christliche Geschichte. Man kann daraus die besten Lehren ziehen und damit Strahlen gleich *alle* Religionen ableuchten. Wir finden überall dieselben Fehler.

Jeder kleine und große Wahrheitsbringer ohne Ausnahme hatte unter Spott und Hohn sowie Verfolgungen und Angriffen der lieben Mitmenschen zu leiden, die sich wie ja auch heute noch stets viel zu klug und weise dünkten, um durch Boten ihres Schöpfers die Erklärung dessen Willens anzunehmen, namentlich da diese Boten tatsächlich niemals aus den hohen Schulen dieser Menschheit kamen!

Erklärung des göttlichen Willens ist im Grunde immer nur die Auslegung des Ganges seiner Schöpfung, in der die Menschen leben, zu der sie mit gehören. Die Schöpfung zu kennen aber bedeutet alles! Kennt sie der Mensch, so ist es ihm sehr leicht, alles zu nützen, was sie in sich birgt und bietet. Das Nützenkönnen wieder bringt ihm *jeden* Vorteil. Damit wird er auch bald den eigentlichen Daseinszweck erkennen und erfüllen und, alles fördernd, aufwärts steigen zu dem Licht, sich selbst zur Freude, seiner Umwelt nur zum Segen.

Doch jeden Boten höhnten sie, und damit auch die Botschaft selbst. Nicht einmal kam es vor, daß er ihnen willkommen war, und wenn er noch so Gutes tat. Immer blieb er Ärgernis, was sich natürlich dem so gottesfeindlichen Verstande gegenüber leicht erklären läßt und in sich den Beweis der Tatsache der Gottesfeindlichkeit erbringt. Christus faßt das Geschehen klar zusammen in dem Hinweise, daß der Herr die Diener aussandte zu allen seinen Pächtern, deren Abgaben zu holen. Statt der Erfüllung aber wurden seine Diener nur verhöhnt, gestäupt, bevor man sie mit Spott und leerer Hand zurücksandte.

Beschönigend nennt man das wieder *Gleichnis*. In lieblicher Behaglichkeit setzt man sich selbst stets *neben* diese Tatsachen, bezieht sie nie auf sich! Oder hat das Bedürfnis zu erklären, daß es zu einer *Auszeichnung* durch Gott gehört, wenn seine Boten also leiden müssen, anstatt es als ein von Gott ungewolltes Verbrechen dieser Menschheit anzusehen.

Weil der Verstand zu der Verdeckung seiner sonst zu sichtbaren Beschränkung Flittergold und Tand benötigt, bemüht er sich fast krampfhaft, unbedingt verächtlich auf die Einfachheit der Wahrheit hinzublikken, da *diese* ihm gefährlich werden kann. Er selbst braucht ja klingende Schellen zu der Kappe, die er trägt. Viel große Worte, um die Aufmerksamkeit auf sich wachzuhalten. Doch die Verächtlichkeit der schlichten Einfachheit der Wahrheit gegenüber ist heute längst zur Ängstlichkeit geworden. Man hängt an diese notwendige bunte Narrenkappe immer mehr klingende Schellen, die durch krampfartige Verdrehungen und Sprünge lauter, immer lauter tönen sollen, um sich noch eine Zeit auf dem erborgten Throne zu halten.

Doch diese Sprünge sind in letzter Zeit schon zum Verzweiflungstanz geworden, der im Begriff steht, bald der letzte Todestanz zu sein! Die Anstrengungen werden größer, *müssen* größer werden, weil durch all das Klingen immer deutlicher die Hohlheit dringt. Und bei dem gewaltsam größten Sprunge, den man vorbereitet, wird die bunte Kappe endlich von dem Haupte fallen!

Dann hebt sich strahlend und beruhigend die Krone schlichter Wahrheit auf den Platz, der ihr allein gebührt.

Die, durch alles so grotesk in schwer verständliche Höhe Geschraubte, ganz verwirrt gewordenen ernst Suchenden erhalten darin endlich für den Blick den festen Stützpunkt, einen Halt. Sie werden ohne Anstrengung die *ganze* Wahrheit voll erfassen können, während bisher schon ein kleines Splitterchen zu finden große Mühe machen mußte.

Zurück zur Einfachheit im Denken! Sonst kann niemand das Große *ganz* erfassen, und deshalb nie erreichen. Einfach denken wie die Kinder! Darin ruht der Sinn des großen Wortes: »Wenn Ihr nicht werdet wie die Kinder, könnt Ihr nicht in das Reich Gottes kommen!«

Der Weg dazu wird mit dem heutigen so komplizierten Denken niemals aufgefunden werden können. Auch in den Kirchen und Religionen ist es noch nicht anders. Wenn es dort heißt, daß *Leiden aufwärts* helfen, daß sie deshalb Begnadigungen Gottes sind, so ist damit ein kleines Wahrheitskörnchen aufgenommen, aber in beschönigender Weise arg entstellt. *Denn Gott will keine Leiden seines Volkes!* Er will nur Freude, Liebe, Glück! Der Weg *im* Licht kann gar nicht anders sein. Der Weg *zum* Licht hat auch nur Steine, wenn sie der Mensch erst darauf legt.

Das Körnchen Wahrheit in der Leidenslehre ist, daß mit dem Leiden irgendeine Schuld gelöst sein kann. Das tritt aber nur dort ein, wo ein Mensch das Leiden als bewußt verdient *erkennt!* Gleich dem bittenden Schächer an dem Kreuze.

Sinnlos lebt heute alle Welt dahin. Auch die, welche so klug von Karma-Ablösungen reden. Die irren darin, weil es noch viel schwerer ist, als diese Wissendseinwollenden es sich denken. Denn Karma-*Rückwirkungen* sind nicht immer auch die *Ablösungen!* Darauf achte jeder Mensch genau. Es kann mit ihm im Gegenteil dabei sehr oft *noch tiefer abwärts gehen!*

Ein Aufstieg ist trotz Rückwirkung von Schuld allein abhängig von der inneren Einstellung eines jeden Menschen. Wie er das große Steuer in sich stellt, ob aufwärts, ob geradeaus, oder ob abwärts, *so,* nicht anders wird er treiben trotz allen Erlebens!

Hier zeigt es sich, daß er kein Spielball ist oder sein kann, sondern den eigentlichen Weg allein durch die Kraft seines *freien* Willens *lenken muß.* *Hierin bleibt dieser Wille immer frei bis zu dem letzten Augenblick!* Darin ist jeder Mensch wirklich sein freier Herr, nur muß er unbedingt auch mit den... gleichen Folgen seiner Einstellungen rechnen, die ihn aufwärts oder abwärts führen.

Stellt er aber sein Steuer *aufwärts* ein, durch Einsicht und durch festes Wollen, so treffen ihn die üblen Rückwirkungen immer weniger, werden sich zuletzt sogar nur symbolisch an ihm auswirken, weil er den Niederungen übler Rückwirkungen durch das Aufwärtsstreben schon entrückt wurde, auch wenn er noch auf dieser Erde weilt. Es ist durchaus nicht notwendig, daß ein Mensch *leiden* muß, wenn er dem Licht zustrebt.

Deshalb die Binde von den Augen, die man anlegte, um vor dem Abgrund nicht zu zittern, der sich seit langem aufgeschlossen hat. Vorübergehende Beruhigung ist keine Stärkung, sie bedeutet nur Versäumnis, deren Zeit nie wieder einzuholen ist.

Man hatte für das Erdenleid noch nie die richtige Erklärung und Begründung. Deshalb brachte man als ein Narkotikum Beschönigungen, die gedankenlos den Leidtragenden immer wieder überliefert werden, in mehr oder weniger geschickten Worten. Der große Einseitigkeitsfehler aller Religionen!

Und wenn ein ganz verzweifelt Suchender einmal *zu* klare Antwort fordert, so wird Nichtverstandenes einfach in das Reich göttlichen Mysteriums geschoben. In dieses müssen alle Wege ungelöster Fragen münden, als Rettungshafen. Doch dadurch offenbaren sie sich deutlich als die *falschen* Wege!

Denn jeder rechte Weg hat auch ein klares Ende, darf nicht in Undurchdringlichkeiten führen. Es ist dort eine Flucht unverkennbarer

## 66. VATER, VERGIB IHNEN; DENN SIE WISSEN NICHT, WAS SIE TUN!

Unwissenheit, wo »unerforschliche Wege Gottes« zur Erklärung dienen sollen.

Für den Menschen braucht es *in* der Schöpfung *kein* Mysterium zu geben, darf es nicht; denn Gott will, daß seine Gesetze, die in der Schöpfung wirken, dem Menschen gut *bekannt* sind, damit er sich darnach richten kann und durch sie leichter seinen Weltenlauf vollendet und erfüllt, ohne in Unwissenheit abzuirren.

Eine der verhängnisvollsten Auffassungen aber bleibt es, den groben Mord des Gottessohnes *als ein notwendiges Sühneopfer* für die Menschheit anzusehen!

Zu denken, daß dieser brutale Mord des Sohnes einen Gott versöhnen soll!

Weil man für diese sonderbare Anschauung logischerweise keine Klärung finden kann, schlüpft man damit verlegen wieder hinter die so oft gebrauchte Schutzmauer des göttlichen Mysteriums, also eines Vorganges, der einem Menschen nicht verständlich werden kann!

Dabei ist Gott so klar in allem, was er tut. Die Klarheit selbst! Er schuf doch die Natur aus seinem Willen. Also muß das Natürliche gerade auch das Rechte sein! Da doch der Wille Gottes ganz vollkommen ist.

Aber das Kreuzessühneopfer muß jedem geraden Sinne *unnatürlich* sein, weil gegen den schuldlosen Gottessohn auch ungerecht. Da gibt es weder Drehen noch ein Wenden. Der Mensch mag doch nur lieber einmal frei heraus bekennen, daß etwas Derartiges wirklich unbegreiflich ist! Er kann sich Mühe geben, wie er will, er kommt dabei zu keinem Schluß, und kann in diesem Falle seinen Gott nicht mehr verstehen. *Gott aber will verstanden sein!* Er kann es auch, da seine Willensäußerung klar in der Schöpfung ruht, sich niemals widersprechend. Nur Menschen sind es, die sich Mühe geben, in ihrem religiösen Forschen Unverständliches hineinzubringen.

Der mühselige Aufbau für den falschen Grundgedanken eines *notwendigen* Sühneopfers in dem Kreuzestode wird ja schon zerschlagen durch die Worte des Heilandes selbst, zu der Zeit, während man ihn kreuzigte.

## 66. VATER, VERGIB IHNEN; DENN SIE WISSEN NICHT, WAS SIE TUN!

*» Vater, vergib ihnen; denn sie wissen nicht, was sie tun!«*

Wäre diese Fürbitte denn nötig, wenn der Kreuzestod ein notwendiges Opfer zur Versöhnung sein sollte? »Sie wissen nicht, was sie tun!« ist doch eine Anklage der schwersten Art. Ein deutlicher Hinweis, daß es *falsch* ist, was sie tun. Daß diese Tat nur ein gewöhnliches Verbrechen war.

Hätte Christus in Gethsemane gebetet, daß der Leidenskelch vorübergehen möge, wenn sein Tod am Kreuze als ein Sühneopfer nötig war? Niemals! Das hätte Christus nicht getan! So aber wußte er, daß diese ihm bevorstehende Qual *nur eine Folge freien Menschenwillens* war. Und *deshalb* sein Gebet.

Verblendet ging man zwei Jahrtausende daran vorüber, gedankenleer nahm man dafür das Unmöglichste hin.

Schmerzvoll muß man sehr oft die Anschauungen hören, daß Bevorzugte unter heutigen Jüngern und Jüngerinnen Jesu durch körperliche Leiden, wie zum Beispiel Stigmata*, begnadet sind!

Das kommt natürlich alles nur von dieser falschen Auslegung des Erdenleidens Christi. Es kann darauf ja gar nicht anders sein. Welche persönlich schweren Folgen das aber nach sich ziehen kann, will ich dann noch erwähnen.

Wieviel Gedankenlosigkeit gehört dazu und welch niederer Sklavensinn, sich den allmächtigen Schöpfer derart vorzustellen, daß er also handeln würde! Es ist doch ohne jeden Zweifel sündhafteste Erniedrigung der erhabenen Gottheit, für deren Wesensvorstellung das Schönste noch nicht schön genug, das Beste viel zu wenig gut sein kann, um einer Wirklichkeit darin nur etwas sich zu nähern! Und diesem großen Gotte traut man zu, daß er verlangt, der Mensch, den er geschaffen hat, soll sich in Schmerzen vor ihm winden, wenn er ihn begnadet?

Wie soll hierauf ein Aufstieg folgen können!

Die Menschen formen ihren Gott, wie *sie* ihn haben wollen, *sie* geben ihm die Richtung seines Wollens! Und wehe, wenn er nicht so ist, wie

---

* Wundmale.

sie sich denken, dann wird er ohne weiteres verworfen, so wie man *die* verwirft, bekämpft, welche es wagen, Gott viel größer und erhabener zu sehen. Größe liegt in den menschlichen bisherigen Anschauungen nicht. Diese zeugen im Gegenteil nur von dem unerschütterlichen Glauben an den *eigenen* Wert. Um der Menschen Gunst hat ein Gott zu betteln, aus ihren blutbefleckten Händen durfte er seinen Sohn, den er mit der rettenden Botschaft einst zur Hilfe sandte, verspottet und verhöhnt, gemartert und gequält zurückempfangen!

Und man will heute noch aufrechterhalten, daß alles das ein für Gott nötiges Versöhnungsopfer war? Wo Christus unter seinen Qualen selbst schon ganz verzweifelt über diese Blindheit rief: »Sie wissen ja nicht, *was* sie damit tun!«

Gibt es dann überhaupt noch eine Möglichkeit, die Menschheit auf den rechten Weg zu bringen? Schärfstes Geschehen ist ja immer noch zu schwach dazu. Wann wird der Mensch endlich erkennen, wie tief er eigentlich gesunken ist! Wie leer und hohl die Einbildungen sind, die er sich schuf!

Sobald man aber nur ein wenig tiefer schürft, so findet man die Selbstsucht eingekapselt in der reinsten Form. Wenn auch an allen Enden jetzt mit hochtönenden Worten vom Gottsuchen gesprochen wird, so ist das *wieder* große Heuchelei in der üblichen Selbstgefälligkeit, der jeder wirklich ernste Drang nach reiner Wahrheit gänzlich fehlt. Man sucht nur Selbstvergöttlichung, sonst nichts. Kein Mensch bemüht sich ernstlich um das *Gottverstehen!*

Mit hoheitsvollem Lächeln schieben sie die Einfachheit der Wahrheit schnell zur Seite, unbeachtet; denn sie dünken sich ja viel zu wissen, viel zu hoch und zu bedeutungsvoll, als daß *ihr* Gott sich noch mit Einfachheit befassen dürfte. Er muß zu ihrer Ehre viel komplizierter sein. Sonst ist es ja nicht wert, an ihn zu glauben! Wie kann man denn nach ihrer Auffassung noch etwas anerkennen, das jedem Ungelehrten leicht verständlich ist. So etwas ist nicht *groß* zu finden. Damit darf man sich heute gar nicht mehr befassen, sonst blamiert man sich. Laßt dies den Kindern, alten Frauen, Ungelehrten. Es ist doch nicht für Menschen mit derartig ausgebildetem Verstande, der Intelligenz, die man bei den Gebildeten jetzt findet. Mag sich das *Volk* damit befassen! Die Bildung und das Wissen können nur ihren Größenmaßstab *an die Schwere der Begreifensmöglichkeiten legen!* –

Nichtwisser aber sind es, welche also denken! Sie sind nicht wert, noch einen Tropfen Wasser aus der Hand des Schöpfers durch die Schöpfung zu empfangen!

Durch Einengung haben sie sich die Möglichkeit verschlossen, die blendende Größe in der Einfachheit der göttlichen Gesetze zu erkennen! Sie sind im buchstäblichen Sinne unfähig dazu, ganz deutsch gesagt, zu dumm, durch ihr einseitig so verkümmertes Gehirn, das sie bis heute wie eine Trophäe der größten Errungenschaft mit sich herumtragen schon von der Stunde der Geburt an.

Es ist ein Gnadenakt des Schöpfers, wenn er sie in dem Baue, den sie schufen, wird verkümmern lassen; denn wohin man blickt, ist alles gottesfeindlich, entstellt durch den krankhaften Größenwahn aller Verstandesmenschen, deren Unfähigkeit sich überall erweist.

Und das geht nun schon wachsend durch Jahrtausende! Es brachte die Vergiftung unabwendbar mit in Kirchen und Religionen, da es als fressendes Unheil die unbedingte Folge jenes Sündenfalles war, wo sich der Mensch für Herrschaft des Verstandes unbeschränkt entschied.

Und diese falsche Herrschaft betrog seine ihm versklavten Menschen jederzeit in allem, was das Göttliche betrifft! Sogar in allem Geistigen.

Wer diesen Thron nicht in sich stürzt und dadurch frei wird, muß mit ihm zugrunde gehen!

Man darf jetzt nicht mehr *arme* Menschheit sagen; denn sie sind *wissend* schuldig, wie nur je die Kreatur schuldig zu sein vermag! Das Wort: »Vergib ihnen; sie wissen nicht, was sie tun!« ist für die heutige Menschheit *nicht* mehr angebracht! Sie hatten mehr denn einmal die Gelegenheit, die Augen und die Ohren aufzutun. Sie handeln voll bewußt, und alle Rückwirkung muß sie deshalb in vollstem Maße treffen, unverkürzt! –

Wenn sich nun der Ring alles bisherigen Geschehens schließt, so tritt damit für diesen Schöpfungsteil der Schnitt, die Ernte und die Scheidung ein. Noch niemals seit Bestehen der gesamten Stofflichkeit ist dies bisher geschehen.

## GÖTTER – OLYMP – WALHALL

Wie lange versucht man schon, eine rechte Deutung und Verbindung mit der Jetztzeit zu erhalten über die bekannten Götter der vergangenen Zeiten. Berufene und studierte Köpfe suchen eine Lösung, die vollständige Klärung bringt.

Das kann jedoch nur sein, wenn diese Lösung gleichzeitig einen lückenlosen Gesamtüberblick gibt über *alle* Zeiten! Von Anfang der Menschheit an bis jetzt. Sonst bleibt es wiederum Stückwerk. Es hat keinen Zweck, einfach die Zeit herauszunehmen, in der der allen bekannte Götterkult der Griechen, Römer und auch der Germanen seine Blüten trieb. Solange die Erklärungen nicht gleichzeitig auch alles Werden und Vergehen mit umfassen, aus sich heraus, als ganz natürlich, sind sie falsch. Die bis jetzt trotz vieler angewandten Klugheit eingeleiteten Versuche zeigten zuletzt immer wieder nur Erfolglosigkeit, konnten vor dem tieferen Empfinden nicht bestehen, schwebten in der Luft, ohne Verbindung mit den vorherigen und den nachfolgenden Perioden.

Es ist auch gar nicht anders zu erwarten, wenn man den Werdegang der Menschen scharf ins Auge faßt. –

Die Hörer und die Leser meiner Gralsbotschaft müßten selbst schon darauf kommen können, wie es sich mit diesen Dingen eigentlich verhält, die man zum Teil sogar schon in das Reich der Sagen und Legenden schob oder nur als Phantasiegebilde religiöser Anschauungen anzunehmen suchte, geformt, erdacht aus den Beobachtungen der Natur und im Zusammenhange mit dem täglichen Geschehen.

Es darf dem Denkenden und Forschenden nicht schwerfallen, in alten Götterlehren *mehr* zu finden als nur Götter*sagen*. Er muß sogar das *wirkliche Geschehen* deutlich sehen! Wer will, der folge mir einmal.

Ich greife hier zurück auf meinen Vortrag: »Vater, vergib ihnen; denn sie wissen nicht, was sie tun.« Darin schilderte ich kurz die Geschichte der Menschheit auf Erden von Anfang an bis heute. Gab auch einen Ausblick auf weitere Folge. Dabei zeigte sich, wie in der Mitte eines Kreislaufes der Schöpfung das tiefer als das Geistige stehende Wesenhafte in dem noch tiefer liegenden Stofflichen sein höchstes Können erfüllt hat und in dieser Erfüllung dem Eindringen des höheren Geistigen freie Bahn schuf, welcher Vorgang in der Schöpfung sich dauernd wiederholt. Auch erklärte ich, wie in dem durch das Wesenhafte höchstentwickelten Tierkörper, Urmensch genannt, *dann erst* in dessen höchster Entwickelung die Möglichkeit des Eindringens eines Geistkeimes gegeben war, was auch erfolgte, und an dieser Stelle der Schöpfungsentwickelung auch immer wieder neu gegeben werden wird. In das damalige höchstentwickelte Tier kam damit also etwas Neues, das Geistige, welches bis dahin nicht in ihm war.

Nun darf aus diesem Vorgange nicht etwa wieder voreilig der Schluß gezogen werden, daß sich solches Geschehen in dem *gleichen* Weltenteile bei dessen Weiterentwickelung dauernd wiederholt; denn dem ist nicht so! Sondern es geschieht *nur einmal* in dem *gleichen* Teile.

Das Gesetz der Anziehung der Gleichart schiebt bei der Fortentwikkelung hier ebenfalls einen unverrückbaren Riegel vor gegen eine Wiederholung in demselben Weltenteil. Anziehung der Gleichart ist in diesem Falle gleichbedeutend mit *Zulassung* während einer ganz bestimmten Entwickelungsperiode, in der sich durch einen gewissen Halbreifezustand der Stofflichkeit an der Grenze umherschwirrende Geistsamenkörner wie Sternschnuppen in die dafür im Aufnahmezustande befindliche Stofflichkeit stürzen können, um dort von den dafür empfangsbereiten Stellen, in diesem Falle den derzeitigen höchstentwickelten Tierkörpern, aufgesogen, umschlossen, also eingekapselt und festgehalten zu werden.

Genau wie im Kleinen bei einem chemischen Verbindungsvorgange die Verbindung eines fremden Stoffes nur bei ganz bestimmtem Wärme- oder Hitzegrade der aufnehmenden Masse möglich wird, nachdem diese Wärme oder Hitze ebenfalls wieder einen ganz besonderen, nur bei dem bestimmten Grade erreichbaren Sonderzustand der Masse hervorrief. Die kleinste Veränderung darin macht den Zusammenschluß wieder unmöglich, und die Stoffe stehen sich abweisend, unnahbar gegenüber.

Hier liegt die Gleichart in einem bestimmten Zustande der gegenseitigen Reife, die nur *anscheinend* große Gegensätze aufweist, weil sie ausbalanciert ist durch die Verschiedenheit in der Höhen- und Tiefenlage der beiden sich verbindenden Teile. Der niederste Punkt des Geistigen ist in der Reife ähnlich dem höchsten Punkte des unter ihm befindlichen Wesenhaften. Nur an der Stelle dieses *genauen* Zusammentreffens ist eine Verbindung möglich. Und da die Stofflichkeit sich in ihrer Entwickelung stets im großen Kreislaufe bewegt, im Aufgehen, Blühen, Reifen und überreifenden Zerfallen, während das Geistige über ihm lagert, kann dieser Vorgang stets nur an einer ganz bestimmten Stelle während des Vorüberwälzens der Stofflichkeit in zündender Verbindung erfolgen. Eine geistige Befruchtung der ihm durch das Wirken des Wesenhaften entgegenschwellenden dafür brünstigen Stofflichkeit.

Ist dieser Punkt von einem sich vorwärtswälzenden Weltenteile überschritten, so hört für diesen die geistige Befruchtungsmöglichkeit *durch Geistkeime* auf, während der ihm nachfolgende an seine Stelle kommt, für ihn aber ein neues Stadium einsetzt, in dem reifende Geister Zutritt finden können und so fort. Das ganze Weltbild zu entrollen, finde ich nicht Raum in diesem Vortrage. Doch kann sich wohl ein ernsthaft Forschender ganz gut den Fortgang denken. –

Das Geistige nun machte infolge seiner höheren Beschaffenheit bei Eintritt in die Stofflichkeit sofort seinen lebendigen Einfluß auf alles andere fühlbar, auch schon in seinem damaligen *unbewußten* Zustand, begann mit dem Eintreten in die Stofflichkeit zu herrschen. Wie dieses Geistige dann nach und nach den Tierkörper hob bis zum jetzigen Menschenkörper, ist ja keinem Leser mehr unverständlich.

Die Tierkörper jedoch der damals höchstentwickelten Rasse, in die keine Geistsamenkörner tauchten, kamen in ihrer Entwickelung zum Stillstand, da in ihnen das Wesenhafte bereits das Höchste erreicht hatte und zu Weiterem die Kraft des Geistigen fehlte, und mit dem Stillstand trat schnell Überreife ein, der sich der Rückgang zur Zersetzung anschloß. Es gab für diese Rasse nur zwei Möglichkeiten, entweder Hebung durch den Geist zum Menschenkörper oder Aussterben, Zerfall. Und damit hörte diese reife Tierart völlig auf zu sein. –

Verfolgen wir nun einmal das langsame *Sichbewußtwerden* dieses erst unbewußten Geistkeimes zu einem Menschengeist, und *machen wir sein stufenartiges Durchdringen der ihn umschließenden Hüllen und Umgebungen im Geiste mit.*

Es ist dies nicht so schwer, weil der Entwicklungsgang sich nach außen hin ganz deutlich zeigt. Man braucht nur Menschenrassen zu beobachten, die *heute noch* auf Erden sind.

Der Geist der primitivsten Menschen zum Beispiel, zu denen die sogenannten wilden Völker zu rechnen sind, und auch die Buschmänner, Hottentotten usw. gehören, ist an Zeit nicht etwa weniger lange in der Stofflichkeit, sondern sie haben sich nicht mit entwickelt, *oder sind nach schon erfolgtem Aufstiege im Diesseits oder in dem Jenseits wieder so weit zurückgegangen,* daß sie *nur* in derart *niedere* Umgebung inkarniert werden konnten! Sie sind also aus *eigener Schuld* in natürlichem Geschehen entweder *noch* oder *wieder* auf sehr niederer Stufe, wodurch auch ihr Ausblick auf die *nicht-grobstoffliche* Umgebung nicht gerade erhebender Art sein kann.

Der geistige Drang, mehr zu schauen als die eigene Stufe, liegt bereits im Geistsamenkorn, gehört zu dessen eigenster Beschaffenheit und wirkt sich deshalb auch schon auf den niedersten Stufen der Entwickelung kräftig aus. Das ist das Lebendig-Treibende *im Geist,* das Besondere, das anderen Beschaffenheiten oder Arten in der Schöpfung fehlt. Die Möglichkeit aber dieses Ahnen- oder Schauenwollens ist immer nur für *eine* Stufe *über* die jeweilig eigene Stufe gegeben, nicht weiter. Aus diesem Grunde kommt es, daß diese auf niederer Stufe stehenden Menschenseelen, die sich in ihrer Entwickelung derart vernachlässigt oder versündigt haben, ebenfalls nur *niedere* Wesen ahnen oder durch Hellsehen schauen können.

Medial Veranlagte oder Hellsehende gibt es ja unter *allen* Rassen, gleichviel, welcher Stufe sie angehören!

Hier will ich nochmals besonders erwähnen, daß ich unter » Schauen « oder » Ahnen « bei dieser Erklärung immer nur wirklich » *Selbst*geschautes « der Hellsehenden meine. Selbstgeschaut aber ist von den » Sehenden « aller Zeiten immer nur *höchstens* der vierte Teil dessen, was sie sehen. Und dieses kann wiederum nur eine Stufe über der eigenen inneren Reife sein, nicht mehr. Es ist nicht anders möglich. Dieser Umstand bedeutet aber gleichzeitig einen großen natürlichen Schutz jedes Hellsehenden, wie ich schon vielfach erwähnte.

Die Hörer sollen also Medien und Hellsehende nicht unbedingt für innerlich so weit gereift und hochstehend einschätzen, wie das ist, was diese als » gesehen « schildern; denn die reineren und lichten Höhen, Vorgänge und Geister werden ihnen von geistigen Führern und Höheren nur in *lebendigen Bildern gezeigt!* Die Hellsehenden wähnen jedoch irrtümlich, alles das wirklich zu erleben, und täuschen sich darüber selbst. Deshalb kommt so oft das große Verwundern über häufige Minderwertigkeit der Charaktere mancher Medien, welche Dinge als erlebt und gesehen schildern, die zu ihrem eigenen Charakter gar nicht oder nur wenig passen wollen. –

*Hier* spreche ich also nur von der geringen Spannweite des *wirklichen Selbstschauens* der Medien und Hellsehenden. Das andere kommt dabei nicht in Betracht.

Hellsehende und Medien *aller* Zeiten sollen eigentlich nur dazu dienen, der Menschheit durch ihre Begabung immer weiter aufwärts zu helfen, wenn auch nicht als Führer, so doch als Werkzeuge. Ein medialer Mensch würde ja niemals Führer sein können, da er viel zu abhängig von Strömungen und anderen Dingen ist. Sie sollen zeitweise geöffnete Tore sein zum Zwecke weiterer Entwickelung. Sprossen zur Leiter des Aufsteigens.

Wenn nun bedacht wird, daß den auf niederer Geistentwickelungsstufe stehenden Rassen nur ein Ausblick auf gleich niedere Umgebung möglich ist, mit wenig Spielraum nach oben zu, so ist es nicht schwer zu verstehen, daß wir unter den *niederen* Menschenrassen vorwiegend nur Dämonenfurcht und Dämonenanbetung finden können. Es ist das, was sie schauen und zu ahnen vermögen.

So die oberflächliche Betrachtung. Doch ich will mit der Erklärung tiefer gehen, trotzdem wir damit von dem klaren Überblicke abzweigen.

Der unentwickelt gelassene oder wieder verkümmerte Geist der niederen Menschenrassen ist natürlich auch noch oder wieder *geistig blind* und *taub*. Ein solcher Mensch vermag nicht mit dem geistigen Auge zu schauen, *was überdies leider auch bis heute noch keinem Menschen möglich wurde.*

Der noch Tiefstehende vermag aber auch nicht mit dem wesenhaften Auge zu schauen, ebensowenig mit dem feinstofflichen, sondern lediglich mit dem grobstofflichen Auge, das in der Wildnis mehr und mehr geschärft wird durch den notwendigen persönlichen Kampf gegen den Mitmenschen, die Tiere und die Elemente, wobei er nach und nach auch die *feinere* und *feinste Grobstofflichkeit* unterscheiden kann.

Dabei bemerkt er zuerst *Phantome!* Gebilde, die durch Furcht und Angst der Menschen erst *geformt* wurden und auch davon erhalten bleiben.

Diese Phantome, *ohne eigenes Leben,* sind ganz abhängig von den Empfindungen der Menschen. Sie werden von diesen angezogen oder abgestoßen. Hier wirkt sich das Gesetz der Anziehungskraft aller Gleichart aus. Furcht zieht diese Gebilde der Furcht und Angst stets an, so daß sie sich auf die sich fürchtenden Menschen anscheinend förmlich stürzen.

Da die Phantome nun mit den Erzeugern, also sich ebenfalls stark fürchtenden Menschen, durch dehnbare Ernährungsfäden zusammenhängen, kommt jeder Furchtsame stets indirekt auch mit der Masse der sich Fürchtenden und Angstvollen in Verbindung, erhält von diesen neuen Zustrom, der die eigene Furcht und Angst nur noch vermehrt und ihn zuletzt sogar bis zur Verzweiflung treiben kann, zum Irrsinn.

Furchtlosigkeit dagegen, also Mut, stößt derartige Phantome in natürlicher Weise unbedingt ab. Deshalb hat der Furchtlose, wie ja genug bekannt, immer den Vorteil für sich.

Ist es dann sonderlich, wenn sich unter den niederen Rassen sogenannte Medizinmänner und Zauberer heranbildeten, deren Kaste von *Hellsehenden* begründet wurde, da diese zu beobachten befähigt waren, wie derartige irrtümlich für eigene Lebewesen gehaltenen Gebilde durch etwas innere Sammlung, mit Ablenkung der Furcht durch Sprünge und Verrenkungen, oder durch Konzentration oder Mut erweckende Beschwörungen »vertrieben« werden?

Wenn sie dabei auch auf für uns unmögliche Ideen verfallen, uns lächerlich erscheinen, so ändert dies nichts an der Tatsache, daß sie *für ihren Gesichtskreis* und ihr Begriffsvermögen etwas *ganz Richtiges* tun und *wir* nur diejenigen sind, denen ein Verständnis dafür durch Unwissenheit fehlt.

In der Nachfolge dieser Zauberer und Medizinmänner kommt es nun natürlich vor, daß viele Nachfolger weder mediale Begabung haben noch irgendwie hellsehend sind, namentlich da mit dem Amte gleichzeitig Einfluß und Einnahmen sich verbinden, denen nachzujagen die Menschen niederster Stufen ebenso skrupellos bemüht sind wie die der hohen weißen Rasse. Diese Nichtsehenden ahmten dann einfach alle Handlungen ihrer Vorgänger verständnislos nach, fügten sogar noch einige Unsinnigkeiten hinzu, um mehr Eindruck zu machen, da sie nur Wert auf das Wohlgefallen ihrer Mitmenschen legten, und wurden so die schlauen Betrüger, die nur ihren Vorteil dabei suchen, von der wirklichen Bedeutung aber selbst keine Ahnung haben, nach denen man die ganze Kaste heute einzuschätzen und abzutun sucht.

So kommt es also, daß wir unter den niederen Menschenrassen in erster Linie nur Dämonenfurcht und Dämonenanbetung finden können. Es ist das, was sie zu schauen vermögen, und als andere Wesensart fürchten. –

Gehen wir nun zu etwas höheren Entwickelungsstufen, die weiterzuschauen vermögen, sei es nun durch Hellsehende oder nur unbewußt durch Ahnen, was ja auch zum inneren Schauen gehört. Bei diesen Höherentwickelten sind weitere Umhüllungsschichten von dem eingekapselten, immer mehr erwachenden Geiste von innen durchstoßen, nach oben zu.

Sie sehen deshalb schon gutmütigere Wesen, oder wissen davon durch Ahnen, und werden damit nach und nach die Dämonenanbetung verlieren. So geht es weiter. Immer höher. Es wird lichter und lichter. Der Geist stößt bei normaler Entwickelung immer weiter vor.

Die Griechen, Römer, die Germanen zum Beispiel sahen dann noch mehr! Ihr inneres Schauen drang über die Stofflichkeit hinaus bis in das höher liegende Wesenhafte. Sie konnten mit ihrer weiteren Entwickelung zuletzt auch *die Führer der Wesenhaften und der Elemente* schauen. Einige mediale Menschen in ihrer Begabung sogar in näheren Verkehr mit ihnen treten, da diese als bewußt-wesenhaft Geschaffenen immerhin Verwandtes haben mit *der* Wesenhaftigkeit, von der auch der Mensch außer dem Geistigen einen Teil in sich trägt.

Die Wesenhaften zu schauen, zu fühlen und zu hören, war für die *damalige* Entwickelung der Völker das Höchste, was sie erreichen konnten. Es ist selbstverständlich, daß dann diese Völker die gewaltigen Führer der Elemente in deren Tätigkeit und Andersart als das Höchste ansahen und sie Götter nannten. Deren hohen, wirklich bestehenden burgartigen Sitz Olymp und Walhall.

Das innere Schauen und Hören der Menschen aber verbindet sich beim Zum-Ausdruck-Bringen immer mit deren jeweilig *persönlichem* Begriffs- und Ausdrucksvermögen. Daraus ergibt sich, daß die Griechen, Römer und Germanen die *gleichen* Führer der Elemente und alles Wesenhaften nach Form und Begriff in der jeweiligen Anschauung ihrer derzeitigen Umgebung schilderten. Es waren jedoch bei allen trotz einiger Verschiedenheiten in den Schilderungen dieselben!

Wenn heute zum Beispiel fünf oder mehr wirklich gut Hellhörende versammelt sind und alle gleichzeitig einen ganz bestimmten Satz *jenseitig Gesagtes* aufnehmen, so wird bei Wiedergabe nur *der Sinn* des Gehörten einheitlich sein, nicht aber die Wiedergabe der Worte! Jeder wird die Worte anders wiedergeben und auch anders hören, weil bei der Aufnahme schon viel *Persönliches* mit in die Waagschale fällt, genau wie die Musik von Hörern ganz verschieden empfunden wird, im Grunde aber doch die gleiche Richtung auslöst. Über alle diese weittragenden Nebenerscheinungen in der Verbindung des Erdenmenschen mit dem All muß ich erst mit der Zeit ausführlicher berichten. Heute würde es uns viel zu weit vom Thema ablenken. –

Als dann später *berufene* Völker, also die innerlich höchstentwickelten (Verstandesentwickelung zählt dabei *nicht*), diese Grenze der Wesenhaftigkeit durch Erleben reifend sprengen konnten, drang ihr Schauen oder Ahnen bis *zur Schwelle* des *geistigen* Reiches.

Die natürliche Folge war, daß damit bei diesen die bisherigen Götter als solche stürzen mußten und Höheres an deren Stelle trat. Sie kamen aber dabei trotzdem leider *nicht* so weit, fähig zu werden, *geistig zu schauen.*

So blieb ihnen das geistige Reich *unerschlossen,* da der normale Entwickelungslauf an dieser Stelle nicht weiter vorwärts ging, gehemmt durch den immer schärfer sich erhebenden Verstandesdünkel.

Nur wenige Ausnahmen konnten sich vor diesem Stillstande bewahren, wie zum Beispiel Buddha und noch andere, denen es durch Weltentsagung gelang, ihre Entwickelung in normaler Weise fortzusetzen und auch geistig bis zu einem gewissen Grade sehend zu werden!

Diese Weltentsagung, also das Menschenabgewendetsein zum Zwecke weiterer Entwickelung des Geistes, machte sich nur nötig durch die im allgemeinen immer mehr herrschende geistesfeindliche einseitige Verstandeszucht. Es war natürliches Sichschützen vor der vordringenden geistigen Verflachung, was bei *allgemeiner* normaler Entwickelung durchaus nicht nötig sein darf. Im Gegenteil; denn wenn der Mensch in geistiger Entwickelung eine bestimmte Höhe erreicht, so muß er, sich darin betätigend, weiter erstarken, sonst tritt Schlaffheit ein, und damit hört die Möglichkeit zu weiterer Entwickelung schnell auf. Stillstand entsteht, woraus der Rückgang leicht erwächst.

Trotzdem die geistige Weiterentwickelung bei Buddha und auch bei anderen nur bis zu einem ganz gewissen Grad gelang, also nicht vollständig, so wurde damit doch der Abstand von den Menschen groß, so daß diese derart normal Entwickelte als Gottgesandte ansahen, während doch durch deren weiteren Vorstoß des Geistes ganz naturgemäß nur eine neue Anschauung erstand.

Diese sich aus der geistig stehengebliebenen und zum Teil zurückgehenden Menschenmasse Hervorhebenden standen aber immer nur an der offenen Türe zu dem Geistigen, konnten wohl dabei einiges verschwommen wahrnehmen, *ohne jedoch klar* zu sehen! Doch ahnten und empfanden sie deutlich eine gewaltige, bewußte *einheitliche* Führung, die von oben kam, aus einer Welt, in die zu schauen sie nicht fähig wurden.

Dieser Empfindung nachgebend, formten sie nun den *einen, unsichtbaren Gott!* Ohne Näheres davon zu wissen.

Es ist deshalb verständlich, daß sie diesen nur geahnten Gott als höchstes *geistiges* Wesen wähnten, weil das Geistige die neue Region war, an deren *Schwelle* sie noch standen.

So kam es, daß bei dieser neuen Anschauung vom unsichtbaren Gotte nur die Tatsache an sich richtig getroffen wurde, *nicht aber der Begriff;* denn ihr Begriff davon war falsch! Es wurde von dem Menschengeiste *nie der* Gott gedacht, *welcher er wirklich ist!* Sondern er wähnte ihn nur als ein *höchstes geistiges* Wesen. Dieser Mangel der fehlenden Weiterentwickelung zeigt sich auch heute noch darin, daß viele Menschen unbedingt daran festhalten wollen, *Gleichartiges* in sich zu tragen von Dem, Den sie als ihren Gott empfinden!

Der Fehler liegt am *Stehenbleiben geistiger Entwickelung.*

Wäre diese *weiter* fortgeschritten, so hätte die reifende Menschheit in dem Übergange von den alten Göttern aus dem Wesenhaften nicht gleich diesen einen Gott als unsichtbar gedacht, sondern zuerst wieder die über den als Götter benannten Führern aller Elemente stehenden *geistigen Urgeschaffenen* ahnend schauen können, *deren Sitz die Gralsburg ist,* als höchste Burg des *Geistigen!* Und hätten diese anfangs wiederum als Götter angesehen, bis sie dann *in sich so* wurden, daß sie die Urgeschaffenen, die eigentlichen Eben*bilder* Gottes, nicht nur ahnend schauen, sondern geistig durch Mittler *hören* konnten. Von diesen würden sie die Kunde vom Bestehen des außerhalb der Schöpfung »*Seienden Einen Gottes*« empfangen haben!

In solcher Weise ihr Empfinden dann darauf gelenkt, wären sie zuletzt geistig in sich noch zu der Fähigkeit gereift, als weitere Entwickelung von einem Gottgesandten *göttliche Botschaft* aus dem wirklich Göttlichen mit Freude aufzunehmen! Also von außerhalb der Schöpfung und somit auch ihrer Schauensmöglichkeit.

*Das wäre der normale Weg gewesen!*

So aber blieb ihre Entwickelung schon an der Schwelle des Geistigen stehen, ging sogar wieder durch der Menschen Fehler schnell zurück.

Damit entstand die Zeit, in der als *Notakt* ein starker Gottgesandter in Jesus von Nazareth inkarniert werden mußte, um eine Botschaft aus dem Göttlichen zur Aufklärung der dazu noch nicht reifen Menschheit hilfreich zu gewähren, damit sich Suchende in ihrer Unreife *vorläufig wenigstens im Glauben* daran halten konnten.

Aus diesem Grunde blieb dem der sich verlierenden Menschheit zu Hilfe gesandten Gottessohne nichts anderes übrig, als vorläufig nur *Glauben* und *Vertrauen* auf sein Wort zu fordern.

Eine verzweifelte Aufgabe. *Christus konnte nicht einmal alles das sagen, was er hatte sagen wollen.* Deshalb sprach er von vielen Dingen *nicht,* wie von irdischen Wiederinkarnierungen und anderem. Er stand für diese Dinge einer zu großen geistigen Unreife gegenüber. Und traurig sprach er selbst zu seinen Jüngern: »*Vieles hätte ich Euch noch zu sagen, doch Ihr würdet nicht verstehen!*«

Also auch die Jünger nicht, die ihn in vielen Dingen mißverstanden. Und wenn Christus selbst sich schon zu seiner Erdenzeit *von seinen Jüngern* nicht verstanden wußte, so ist doch offenbar, daß in der Weitergabe seines Wortes später viele Irrungen entstanden, an denen man noch jetzt leider mit Zähigkeit sich festzuklammern sucht. Trotzdem nun Christus von der damaligen Unreifheit nur *Glauben* an sein Wort forderte, so verlangte er doch von den ernsthaft Wollenden, daß dieser anfängliche Glaube in ihnen auch »lebendig« werden sollte!

Das heißt, daß sie darin zur Überzeugung kamen. Denn wer seinem Worte vertrauend folgte, in dem schritt die geistige Entwickelung wieder vorwärts, und er mußte dabei aus dem Glauben in der Entwickelung langsam zur Überzeugung des von ihm Gesagten kommen!

Deshalb wird nun der Menschensohn die *Überzeugung* anstatt Glauben fordern! Auch von allen denen, welche Christi Botschaft in sich tragen wollen und ihr zu folgen vorgeben! Denn wer die *Überzeugung* von der Wahrheit der göttlichen Botschaft Christi, welche *eins* ist mit der Gralsbotschaft und unzertrennlich, nun an Stelle eines Glaubens noch nicht in sich tragen kann, hat auch die Reife seines Geistes nicht erlangt, die nötig ist zum Eingang in das Paradies! Ein solcher wird verworfen sein!

Da schafft ihm auch größtes Verstandeswissen keinen Durchschlupf! Er muß naturgemäß zurückbleiben und ist verloren immerdar. – –

Daß nun die Menschheit dieses Weltenteiles in ihrer Entwickelung noch an der *Schwelle* des geistigen Reiches steht, zum größten Teile sogar noch weit *unter* dieser, liegt lediglich am eigenen Nichtwollen, an dem Eigendünkel eines Besserwissenwollens im Verstande. Daran mußte die Erfüllung der Normalentwickelung vollkommen scheitern, wie wohl so manchem unterdessen klargeworden ist. –

Die Religionskulte der Menschheit in ihren Verschiedenheiten entspringen durchaus keiner Phantasie, sondern sie zeigen Abteilungen aus dem *Leben* in dem sogenannten Jenseits. Selbst der Medizinmann eines Neger- oder Indianerstammes hat seine Berechtigung auf *der niederen Stufe* seines Volkes. Daß sich darunter Gauner und Betrüger mischen, kann die Sache selbst nicht in den Staub ziehen.

Dämonen, Wald- und Luftwesen, und auch die sogenannten alten Götter sind noch heute unverändert an denselben Plätzen, in derselben Tätigkeit wie früher. Auch die höchste Veste dieser großen Führer aller

Elemente, der Olymp oder Walhall, war niemals Märchen, sondern in Wirklichkeit geschaut. Was aber die in der Entwickelung stehengebliebenen Menschen *nicht mehr* schauen konnten, sind die urgeistigen urgeschaffenen Ebenbilder Gottes, die ebenfalls eine hochstehende Veste haben und diese Gralsburg nennen, die höchste Burg in dem Urgeistigen, und somit auch in der ganzen Schöpfung!

Von dem Bestehen dieser Burg konnte den an der Schwelle alles Geistigen stehenden Menschen nur noch durch Inspirationen Kunde kommen, da sie nicht so weit geistig reiften, um auch *das* ahnend zu erschauen.

Alles ist Leben! Nur die Menschen, die sich fortgeschritten dünken, sind statt vorzuschreiten seitwärts abgebogen, wieder zurück nach der Tiefe. –

Nun darf nicht etwa noch erwartet werden, daß mit einer weiteren Entwickelung der von Christus und in meiner Gralsbotschaft gelehrte Gottesbegriff sich wiederum verändern würde! Dies bleibt nunmehr bestehen, da es Weiteres nicht gibt.

Mit einem heute noch fehlenden Eintritt in das Geistige und der Vervollkommnung darin kann jeder Menschengeist so weit emporsteigen, daß er die Überzeugung dieser Tatsache im inneren Erleben zuletzt unbedingt gewinnt. Dann könnte er bewußt in Gotteskraft stehend das Große wirken, zu dem er schon von Anfang an berufen war. Er würde aber dann auch niemals mehr sich einbilden, Göttlichkeit in sich zu tragen. Dieser Irrwahn ist lediglich nur der Stempel und das Siegel seiner heutigen Unfertigkeit!

Im *richtigen* Bewußtsein aber würde dann die große Demut liegen, das befreiende Dienen erstehen, was der reinen Christuslehre stets *als Forderung* gegeben ist.

Erst wenn die Missionare, Prediger und Lehrer auf Grund des Wissens der natürlichen Entwickelung in aller Schöpfung, und damit auch der genauen Kenntnis der Gesetze des göttlichen Willens, ihre Tätigkeit beginnen, ohne Sprunghaftes, Lückenlassendes, werden sie wirkliche *geistig lebendige* Erfolge verzeichnen können.

Jetzt ist jede Religion leider nichts anderes als eine starre Form, die einen trägen Inhalt mühselig zusammenhält. Nach der notwendigen Veränderung jedoch wird im Lebendigwerden dieser bisher träge Inhalt kraftvoll, sprengt die kalten, toten, starren Formen und ergießt sich jubilierend brausend über alle Welt und unter alle Völker!

# KREATUR MENSCH

Immer wieder erstehen neue Wellen der Entrüstung und werfen ihre Kreise über Staaten und Länder, hervorgerufen durch meine Erklärung, daß die Menschheit nichts Göttliches in sich trägt. Es zeigt, wie tief der Dünkel in den Menschenseelen Wurzel gefaßt hat und wie ungern sie sich davon trennen wollen, auch wenn ihr Empfinden schon warnend hier und da emporschlägt und sie erkennen läßt, daß es doch schließlich so sein muß.

Das Sträuben jedoch ändert an der Sache nichts. Die Menschengeister sind sogar *noch* kleiner, noch geringer, als sie wähnen, wenn sie sich innerlich schon zu der Überzeugung durchgerungen haben, daß jedes Göttliche in ihnen fehlt.

Deshalb will ich noch weiter gehen als bisher, das Bild der Schöpfung noch weiter auseinanderziehen, um zu zeigen, welcher Stufe der Mensch zugehört. Es ist ja nicht gut möglich, daß er mit dem Aufstiege beginnen kann, ohne vorher genau zu wissen, was er *ist* und was er *kann*. Ist er einmal damit im klaren, so weiß er zuletzt auch noch, was er *soll!*

Das aber ist ein großer Unterschied zu allem, was er heute *will!* Und welch ein Unterschied!

Erbarmen erweckt es in demjenigen nicht mehr, dem vergönnt ist, klar zu schauen. Ich meine damit unter »Schauen« nicht das Schauen eines Sehers, sondern eines Wissenden. Statt des Erbarmens und des Mitleidens muß heute nur noch *Zorn* erstehen. Zorn und Verachtung ob des ungeheuerlichen Überhebens gegen Gott, das Hunderttausende in ihrem Dünkel täglich, stündlich neu begehen. In einem Dünkel, der nicht einen Hauch von Wissen birgt. Es lohnt der Mühe nicht, auch nur ein Wort darüber zu verlieren.

Was ich nun künftig sage, gilt den wenigen, die in der reinen Demut noch zu einer Art Erkenntnis kommen können, ohne vorher so zermürbt werden zu müssen, wie es nach göttlichen Gesetzen bald geschehen wird, um endlich seinem *wahren* Worte Eingang zu verschaffen, fruchtbaren Boden dafür aufzureißen!

Alles leere und wortreiche Machwerk irdischer Sichwissenddünkender wird mit dem jetzigen ganz unfruchtbaren Boden gleichzeitig in Trümmer gehen!

Es ist auch allerhöchste Zeit, daß dieser leere Wortschwall, der wie Gift für alles Aufstrebende wirkt, in seiner ganzen Hohlheit in sich selbst zusammenbricht. –

Kaum habe ich die Trennung zwischen Gottessohn und Menschensohn als zwei Persönlichkeiten aufgestellt, so tauchen Abhandlungen auf, welche in theologisch-philosophischen Verwickelungen *klären* wollen, daß dem nicht so ist. Ohne sachlich auf den Hinweis von mir einzugehen, wird versucht, den alten Irrtum aufrecht zu erhalten, *um jeden Preis,* auch um den Preis logischer Sachlichkeit, in unklarer Weise bisherigen Dogmas. Hartnäckig pocht man auf einzelne Sätze alter Schriften, unter Ausschluß jedes eigenen Gedankens, und damit auch unter der nicht ausgesprochenen Bedingung, daß die Hörer und die Leser ebenfalls nichts denken noch weniger empfinden dürfen; denn sonst wird ja schnell erkannt, daß mit den vielen Worten nichts begründet ist, weil rückwärts und auch vorwärts eine rechte Folgerung unmöglich bleibt. Noch sichtbarer aber fehlt den vielen Worten ein Zusammenhang mit wirklichem Geschehen.

Wer seine Ohren und die Augen dabei endlich aufzumachen fähig wird, muß ohne weiteres die Nichtigkeit solcher »Belehrungen« erkennen; es ist ein letztes Ankrampfen, das man schon nicht mehr Anklammern bezeichnen kann, an einen bisherigen Halt, der sich nun bald als *Nichts* erweisen wird.

Die einzige Begründung bilden Sätze, deren rechte Überlieferung nicht zu erweisen ist, sondern welche im Gegenteil durch die Unmöglichkeit logischen Einverleibens in das Weltgeschehen ganz deutlich zeigen, daß ihr Sinn durch Menschenhirn entstellt zur Weitergabe kam. Nicht einer davon läßt sich lückenlos in das Geschehen und Empfinden fügen. Aber nur, wo sich alles schließt *zu einem ganzen Ring,* ohne Phantasterei und ohne blindgläubige Worte, *dort* ist alles Geschehen *recht* erklärt! –

Doch warum sich bemühen, wenn der Mensch von solch einer Verbissenheit *nicht* los sein *will!* Es mag deshalb ruhig geschehen, was unter den Verhältnissen nunmehr geschehen *muß.*

Mit Grauen wende ich mich von den Gläubigen und allen, die in ihrer falschen Demut vor lauter Besserwissen eine schlichte Wahrheit nicht erkennen, sie sogar belächeln, oder wohlwollend auch noch verbessern wollen. Wie schnell werden gerade sie so klein, ganz klein werden und jeden Halt verlieren, weil sie weder im Glauben noch in ihrem Wissen einen solchen haben. Es *wird* ihnen der Weg, den sie beharrlich halten wollen, auf dem sie nicht mehr wiederkehren können zu dem Leben. Das Recht der Wahl ist ihnen niemals vorenthalten worden. –

Die, die mir bisher folgten, wissen, daß der Mensch der höchsten Schöpfungsabteilung entstammt: dem Geistigen. Doch viele Unterschiede sind in dem Gebiet des Geistigen noch zu verzeichnen. Der Erdenmensch, der sich vermißt, groß sein zu wollen, der oft auch nicht davor zurückschreckt, seinen Gott herabzuzerren als das Höchste *jener* Stufe, der *er* angehört, der sich manchmal sogar erkühnt, ihn zu verleugnen oder auch zu schmähen, er ist in Wirklichkeit nicht einmal das, was mancher Demutsvolle in dem besten Sinne zu sein vermeint. Der Erdenmensch ist *kein Geschaffener,* sondern nur ein *Entwickelter.* Das ist ein Unterschied, wie ihn der Mensch nicht auszudenken vermag. Ein Unterschied, den frei zu überblicken er nie fertigbringen wird.

Schön sind die Worte und vielen willkommen, die zahlreiche Lehrer auf den Lippen tragen, um die Zahl der Anhänger zu fördern. Doch diese unwissenden Lehrer sind sogar selbst noch überzeugt von allen

Irrtümern, die sie verbreiten, und wissen nicht, wie groß der Schaden ist, den sie damit den Menschen zufügen!

Zu einem *Aufstiege* kann nur Gewißheit über jene große Frage führen: »*Was bin ich?*« Ist diese nicht vorher ganz rücksichtslos gelöst, erkannt, dann wird der Aufstieg bitter schwer; denn *freiwillig* bequemen sich die Menschen nicht zu einer solchen Demut, die ihnen zu dem richtigen Weg verhilft, den sie auch wirklich gehen können! Das hat alles Geschehen bis zur Jetztzeit klar bewiesen.

Selbst Demut machte diese Menschen entweder sklavisch, was genau so falsch ist wie das Überheben, oder sie griffen auch in dieser Demut weit über das eigentliche Ziel hinaus und stellten sich auf einen Weg, zu dessen Ende sie nie kommen können, weil die Beschaffenheit des Geistes dazu nicht genügt. Sie stürzen deshalb ab in eine Tiefe, welche sie zerschmettern läßt, weil sie vorher zu hoch sein wollten. –

Nur die *Geschaffenen* sind Ebenbilder Gottes. Es sind die Urgeschaffenen, Urgeistigen, in jener eigentlichen Schöpfung, aus der sich alles andere entwickeln konnte. In deren Händen liegt die Hauptführung von allem Geistigen. Sie sind die Ideale, ewige Vorbilder für alles Menschentum. Der Erdenmensch dagegen hat sich erst aus dieser fertigen Schöpfung heraus nachbildend entwickeln können. Vom unbewußten Geisteskeimchen zu einer sichbewußten Persönlichkeit.

*Vollendet durch die Einhaltung des rechten Weges in der Schöpfung wird er erst zum Abbilde der Ebenbilder Gottes!* Er selbst ist nie das eigentliche Ebenbild! Dazwischen liegt noch eine große Kluft bis herab zu ihm!

Aber auch von den wirklichen Ebenbildern aus ist nun der nächste Schritt noch lange nicht zu Gott. Deshalb sollte ein Erdenmensch endlich einmal erkennen, was alles zwischen ihm und der Erhabenheit der Gottheit liegt, die er sich anzumaßen so bemüht. Der Erdenmensch dünkt sich in einstiger Vollendung einmal göttlich oder doch als Teil davon, während er in seiner größten Höhe doch nur das *Abbild* eines *Ebenbildes* Gottes wird! Er darf bis in den Vorhof, in die Vorhallen einer Gralsburg, als die höchste Auszeichnung, die einem Menschengeiste werden kann. –

Werft endlich diesen Dünkel ab, der Euch nur hemmen kann, da Ihr damit den lichten Weg verfehlt. Jenseitige, welche in Spiritistenkreisen gutmeinende Belehrungen erteilen wollen, wissen *nicht* Bescheid darin; denn ihnen fehlt noch selbst die dazu nötige Erkenntnis. Sie könnten jubeln, wenn sie davon hören dürften. Auch unter denen wird das große Wehklagen nicht ausbleiben, wenn die Erkenntnis kommt von der in Spielerei und Eigensinn versäumten Zeit.

Wie in dem geistigen Gebiete, so ist es auch im Wesenhaften. Hier sind die Führer aller Elemente wesenhaft *Urgeschaffene*. Alle bewußtwerdenden Wesenhaften, wie Nixen, Elfen, Gnomen, Salamander usw., sind *nicht* Geschaffene, sondern aus der Schöpfung nur Entwickelte. Sie haben sich also aus dem wesenhaften Teile heraus vom unbewußten *wesenhaften* Samenkorn zum bewußten Wesenhaften entwickelt, wodurch sie im Bewußtwerden auch menschliche Formen annehmen. Das geht stets gleichmäßig vor sich mit dem Bewußtwerden. Es ist dieselbe Abstufung hier in dem Wesenhaften, wie in dem Geistigen.

Die Urgeschaffenen der Elemente sind in dem Wesenhaften, wie auch die Urgeschaffenen in dem Geistigen, je nach Art ihrer Betätigung in männlicher und in weiblicher Form. Daher in der alten Zeit der Begriff der *Götter* und *Göttinnen.* Es ist das, worauf ich schon in meinem Vortrage »Götter – Olymp – Walhall« hinwies. –

Ein großer, einheitlicher Zug geht durch die Schöpfung und die Welt!

Der Hörer und der Leser meiner Vorträge arbeite stets in sich, lege Sonden und Brücken von dem einen Vortrage zum anderen, sowie hinaus in das große und kleine Weltgeschehen! *Erst dann* kann er die Gralsbotschaft verstehen, und wird finden, daß sie sich mit der Zeit zu einem vollkommenen Ganzen schließt, ohne Lücken zu lassen. Immer wieder kommt der Leser im Geschehen auf die Grundzüge zurück. Alles kann er klären, alles folgern, ohne auch nur einen Satz ändern zu müssen. Wer Lücken sieht, dem fehlt volles Verständnis. Wer die große Tiefe nicht erkennt, das Allumfassende, ist oberflächlich und hat nie versucht, lebendig einzudringen in den Geist der hier gebrachten Wahrheit.

Er mag sich jenen Massen beigesellen, die in Selbstgefälligkeit und in der Einbildung, das größte Wissen schon zu haben, die breite Straße ziehen. Einbildung des Wissens hält derart Verlorene davon zurück, in anderem Gesagten die Lebendigkeit zu sehen, welche ihrem Scheinwissen noch fehlt. Wohin sie schauen, was sie hören, überall stellt sich davor das eigene Befriedigtsein in dem, was sie fest in der Hand zu halten wähnen.

Erst wenn sie dann zu jener Grenze kommen, die unerbittlich alles Unwahre und allen Schein verwirft, erkennen sie beim Öffnen ihrer Hand, daß diese *nichts* enthält, was ihnen eine Fortsetzung des Weges und damit zuletzt den Eintritt in das Reich des Geistes möglich macht. Dann aber ist es schon zu spät, den Weg zurückzugehen, das Verworfene und nicht Beachtete noch aufzunehmen. Die Zeit reicht dazu nicht mehr aus. Das Tor zum Eingang ist verschlossen. Die letzte Möglichkeit versäumt. –

Bevor der Mensch nicht *so* wird, wie er *soll*, sondern noch daran hängenbleibt, wie er es wünscht, kann er von wahrem Menschentum nicht reden. Er muß immer bedenken, daß er aus der *Schöpfung* erst hervorging, nicht aber direkt aus des Schöpfers Hand.

»Wortklauberei, es ist im Grunde eins, nur anders ausgedrückt«, sagen Sichüberhebende und faule, taube Früchte dieses Menschentums, weil sie stets unfähig sein werden, den großen Spalt nachzuempfinden, welcher darin liegt. Die Einfachheit der Worte läßt sie sich wieder täuschen.

Nur wer lebendig in sich ist, wird nicht sorglos darüber hingehen, sondern die unermeßlichen Entfernungen und scharfen Abgrenzungen nachempfinden.

Wollte ich nun *alle* Spaltungen der Schöpfung jetzt schon zeigen, so würde mancher heute »in sich« große Mensch bei der Erkenntnis, daß die Worte Wahrheit bergen, bald verzweifelt nur am Boden liegen. Erdrückt von dem Erfassen seiner Nichtigkeit und Kleinheit. Der so oft gebrauchte Ausdruck »Erdenwurm« steht nicht zu Unrecht für die heute noch in Klugheit prahlenden »Geistigerhabenen«, die bald, sehr bald die Niedrigsten werden sein müssen in der ganzen Schöpfung, wenn sie nicht gar zu den Verworfenen gehören. –

Es ist nun an der Zeit, die Welt als solche richtig zu erkennen. Nicht mit Unrecht trennt man Weltliches vom Geistigen, auch im irdischen Leben. Die Bezeichnungen sind wohl erstanden aus dem richtigen Ahnungsvermögen mancher Menschen; denn sie geben auch den Unterschied in der ganzen Schöpfung als Spiegelbild wieder. Auch die Schöpfung können wir einteilen in das Paradies und in die Welt, also in das Geistige und in das Weltliche. Auch hierbei ist in dem Weltlichen Geistiges nicht ausgeschlossen, wohl aber in dem Geistigen das Weltliche.

Die Welt müssen wir die Stofflichkeit nennen, die auch vom Geistigen durchpulst ist. Das Geistige ist das geistige Reich der Schöpfung, das Paradies, in dem alles Stoffliche ausgeschlossen ist. Wir haben also Paradies und Welt, Geistiges und Stoffliches, Urschöpfung und Entwickelung, auch selbsttätige Nachformung zu nennen.

Die eigentliche Schöpfung ist lediglich das Paradies, das heutige geistige Reich. Alles andere ist nur *Entwickeltes,* also nicht mehr Erschaffenes. Und das *Entwickelte* muß mit dem Ausdruck *Welt* bezeichnet werden. Die Welt ist vergänglich, sie entwickelt sich aus den Ausströmungen der Schöpfung, diese bildhaft nachahmend, getrieben und gehalten durch geistige Ausströmungen. Sie reift heran, um dann in Überreife wieder zu zerfallen. Das Geistige jedoch altert nicht mit, sondern bleibt ewig jung, oder, anders ausgedrückt, ewig sich gleich.

Nur in der *Welt* ist Schuld und Sühne möglich! Das bringt die Mangelhaftigkeit der Nachentwickelung mit sich. Schuld irgendeiner Art ist in dem Reich des Geistes ganz unmöglich.

Wer meine Vorträge ernsthaft gelesen hat, dem ist dies völlig klar. Er weiß, daß nichts von allem Geistigen, welches die Welt durchströmt, zurück in den Ursprung vermag, solange noch ein *Stäubchen* einer Andersart von der Wanderung an dem Geistigen haftet. Das kleinste Stäubchen macht das Überschreiten einer Grenze in das Geistige unmöglich. Es hält zurück, auch wenn der Geist bis an die Schwelle vorgedrungen ist. Mit diesem letzten Stäubchen kann er nicht hinein, weil dieses

Stäubchen durch die andere niedere Beschaffenheit das Eintreten nicht zuläßt, solange es noch festhaftet am Geistigen.

Erst in dem Augenblicke, wo sich solches Stäubchen löst, zurücksinkt, wird der Geist ganz frei, erhält damit dieselbe Leichtigkeit, die in der *untersten* Schicht des Geistigen vorhanden ist, und somit für diese unterste Schicht des Geistigen zum Gesetz besteht, und *kann* nicht nur, sondern *muß* dann hinein über die Schwelle, an der er vorerst noch zurückgehalten wurde durch das letzte Stäubchen.

Der Vorgang kann von so vielen Seiten aus betrachtet und geschildert werden, gleichviel, mit welchen Worten man es bildhaft wiedergibt, es bleibt an sich genau dasselbe. Ich kann es ausschmücken mit den phantastischsten Erzählungen, kann zur Verständlichmachung viele Gleichnisse benützen, die Tatsache an sich jedoch ist schlicht, ganz einfach, und hervorgerufen durch die Auswirkung der drei Gesetze, die ich oft erwähnte.

Man kann schließlich mit Recht auch sagen, in dem Paradiese vermag nie eine Sünde aufzukommen, es wird von keiner Schuld berührt. Demnach ist das Erschaffene allein vollwertig, während später dann in dem, was sich daraus weiter entwickelt hat als Nachbild der Schöpfung, welches dem Menschengeist zu seiner Ausbildung und zur Erstarkung als Tummelplatz ganz überlassen bleibt, durch falsches Wollen dieser trägen Menschengeister eine Schuld erstehen kann, die sühnend wieder ausgeglichen werden muß, bevor das Geistige zurückzukehren fähig ist.

Wenn aus der Schöpfung, also aus dem Paradiese, einem selbstgewählten Drange folgend Geistsamenkörner ausgehen, um eine Wanderung durch jene Welt zu machen, so kann man selbstverständlich bildhaft sagen, Kinder gehen aus der Heimat, um zu lernen, und dann vollgereift zurückzukehren. Der Ausdruck hat seine Berechtigung, wenn man es *bildhaft* nimmt. Es muß jedoch alles stets bildhaft bleiben, darf nicht umgeformt werden in das Persönliche, wie man es überall versucht.

Da sich der Menschengeist erst in der Welt die Schuld aufbürdet, weil so etwas im Geistigen nicht möglich ist, so kann er selbstverständlich auch nicht eher wieder heim in das geistige Reich, bevor er sich von dieser Schuld, die ihn belastet, löst. Ich könnte dafür tausenderlei Bilder nehmen, *alle* würden in sich nur den einen Grundsinn haben können, den ich schon oft in Auswirkung der einfachen drei Grundgesetze gab.

Es klingt so manchem fremd, wenn ich den Vorgang *sachlich* schildere, weil das Bildhafte seinem Dünkel und der Eigenliebe schmeichelt. Er will lieber in seiner Traumwelt sein; denn darin hört es sich viel schöner an, er kommt sich darin selbst viel mehr vor, als er wirklich ist. Dabei macht er dann den Fehler, daß er das Sachliche darin nicht schauen will, er steigert sich in das Phantastische hinein, verliert damit den Weg und seinen Halt, und ist entsetzt, vielleicht sogar empört, wenn ich ihm nun in aller Einfachheit und nüchtern zeige, *wie* die Schöpfung ist, und was er darin eigentlich für eine Rolle spielt.

Es ist für ihn ein Übergang wie der des kleinen Kindes, welches unter den zärtlichen Händen einer Mutter oder Großmutter leuchtenden Auges und mit vor Begeisterung erhitzten Wangen beglückt Märchen anhören konnte, um dann endlich die Welt und Menschen in der Wirklichkeit zu sehen. Ganz anders, als es in den schönen Märchen klingt, und doch bei schärferer, rückwärtiger Betrachtung dieser Märchen im Grunde ebenso. Der Augenblick ist bitter, aber nötig, sonst würde ja ein Kind nicht weiter vorwärts kommen können und unter großem Leid als »weltfremd« untergehen.

Nicht anders hier. Wer weiter aufwärts will, der muß die Schöpfung endlich kennen in ihrer ganzen *Wirklichkeit.* Er muß fest auf den Füßen schreiten, darf nicht mehr schweben in Empfindungen, welche wohl für ein unverantwortliches Kind, nicht aber für den reifen Menschen taugen, dessen Kraft des Wollens fördernd oder störend in die Schöpfung dringt und ihn dadurch entweder hebt oder vernichtet.

Mädchen, die Romane lesen, welche unwahr dargestellt wirkliches Leben nur verschleiern, werden in der damit erweckten Schwärmerei sehr schnell im Leben bittere Enttäuschungen erfahren, sehr oft sogar gebrochen sein für ihre ganze Erdenzeit, als leichte Beute skrupelloser

Falschheit, der sie sich vertrauend näherten. Nichts anderes ist es beim Werdegange eines Menschengeistes in der Schöpfung.

Deshalb hinweg mit allem Bildhaften, welches der Mensch nie verstehen lernte, weil er viel zu bequem für den Ernst rechter Deutung war. Nun wird es Zeit, daß Schleier fallen, und er klar sieht, woher er kam, was seine Aufgabe für Pflichten auferlegt, und auch wohin er wieder gehen muß. *Er braucht dazu den Weg!* Und diesen Weg sieht er in meiner Gralsbotschaft klar vorgezeichnet, vorausgesetzt, daß er ihn sehen *will*.

Das Wort der Gralsbotschaft ist lebendig, so daß es nur solche Menschen überreichlich finden läßt, die wirklich ehrliches Verlangen in der Seele tragen! Alles andere stößt es selbsttätig ab. Die Botschaft bleibt den Eingebildeten und den nur oberflächlich Suchenden das Buch mit sieben Siegeln!

Nur wer sich willig öffnet, wird empfangen. Geht er von vornherein geraden, unverfälschten Sinnes an das Lesen, so erblüht ihm alles, was er sucht, in herrlicher Erfüllung! Doch die, die nicht ganz reinen Herzens sind, werden von diesem Worte abgestoßen, oder es verschließt sich vor den falschen Blicken. Sie finden nichts!

## UND TAUSEND JAHRE SIND WIE EIN TAG!

Wer von den Menschen hat den Sinn der Worte schon erfaßt, in welcher Kirche wird er recht gedeutet? In vielen Fällen wird er nur als ein Begriff zeitlosen Lebens genommen. Doch in der Schöpfung ist nichts zeitlos und nichts raumlos. Schon der Begriff des Wortes Schöpfung muß dem widersprechen; denn was geschaffen ist, das ist ein Werk, und jedes Werk hat eine Grenze. Was aber eine Grenze hat, das ist nicht raumlos. Und was nicht raumlos ist, kann auch nicht zeitlos sein.

Es gibt verschiedenartige Welten, die den Aufenthalt von Menschengeistern bilden, je nach ihrer geistigen Reife. Diese Welten sind mehr oder weniger dicht, dem Paradiese näher und von ihm entfernter. Je weiter entfernt, desto dichter und damit schwerer.

Der Zeit- und Raumbegriff verengt sich mit der zunehmenden Dichtheit, mit dem festeren Geschlossensein der Stofflichkeit, mit der weiteren Entfernung von dem geistigen Reiche.

Der verschiedenartige Zeit- und Raumbegriff ersteht durch die mehr oder weniger dehnbare Aufnahmefähigkeit des Erlebens durch das Menschenhirn, das wiederum dem Grad der Dichtheit der jeweiligen Umgebung angepaßt ist, also der Art des Weltenteiles, in dem der Körper sich befindet. So kommt es, daß wir von Verschiedenheit der Begriffe für Raum und Zeit in den verschiedenen Weltenteilen sprechen müssen.

Es gibt nun dem Paradiese viel näher gelegene Weltenteile als dieser, dem die Erde zugehört. Diese näherliegenden sind von einer anderen Art der Stofflichkeit, die leichter und weniger fest geschlossen ist. Folge

## 69. UND TAUSEND JAHRE SIND WIE EIN TAG!

davon ist die ausgedehntere Erlebensmöglichkeit im vollen Bewußtsein. Hier nennen wir es tagbewußtes Erleben.

Die Stofflichkeiten anderer Art gehören zu der feineren Grobstofflichkeit wie zu der groben Feinstofflichkeit und dann auch zu der absoluten Feinstofflichkeit selbst, während wir zur Zeit in der Welt der absoluten Grobstofflichkeit uns befinden. Je mehr verfeinert nun die Stofflichkeit ist, desto durchlässiger ist sie auch. Je durchlässiger aber eine Stofflichkeit ist, desto weiter und ausgedehnter wird auch für den im Körper wohnenden Menschengeist das Feld der bewußten Erlebensmöglichkeit, oder nennen wir es Eindrucksmöglichkeit.

In einem gröberen, dichteren Körper mit dem entsprechend dichteren Gehirn als Durchgangsstation äußerer Vorgänge ist der darin wohnende Menschengeist natürlich fester abgeschlossen oder ummauert als in einer durchlässigeren, weniger verdichteten Stoffart. Er kann in der dichteren demnach auch nur bis zu einer enger gezogenen Begrenzung Vorgänge in sich wahrnehmen oder sich von diesen beeindrucken lassen.

Je weniger dicht aber eine Stoffart ist, desto leichter ist sie naturgemäß auch und damit muß sie desto höher sich befinden, ebenso wird sie auch lichtdurchlässiger sein und somit selbst auch heller. Je näher sie infolge ihrer Leichtigkeit dem Paradiese liegt, desto lichter, sonniger wird sie aus diesem Grunde auch sein, weil sie die vom Paradies ausgehenden Strahlungen durchläßt.

Je weiter nun ein Menschengeist aus seinem Körper heraus durch eine leichtere, weniger dichte Umgebung die Möglichkeit des lebendigen Erfühlens erhält, desto mehr wird er in sich zu erleben fähig sein, so, daß er in der Zeit eines Erdentages in seiner Umgebung weit mehr Erlebnisse aufnehmen kann, als ein Erdenmensch mit seinem dichteren Gehirn in seiner schweren und damit fester geschlossenen Umgebung. Je nach Art der Durchlässigkeit, also je nach der leichteren, lichteren Art der Umgebung, vermag ein Menschengeist in der Zeit eines Erdentages dann soviel wie in einem Erden*jahre* durch leichteres Aufnehmen zu erleben, in dem geistigen Reiche selbst in der Zeit eines Erdentages soviel wie in tausend Erdenjahren!

## 69. UND TAUSEND JAHRE SIND WIE EIN TAG!

*Deshalb* heißt es: »Dort sind tausend Jahre soviel wie ein *Tag*. « Also im *Reichtum des Erlebens,* dessen Steigerung sich nach der wachsenden Reife des Menschengeistes richtet.

Der Mensch kann sich das am besten vorstellen, wenn er an seine *Träume* denkt! Darin vermag er oft in einer einzigen Minute Erdenzeit ein ganzes Menschenleben durchzuempfinden, im Geiste wirklich zu erleben! Er durchlebt dabei die freudigsten wie die schmerzvollsten Dinge, lacht und weint, erlebt sein Altern, und hat dabei doch nur die Zeit einer einzigen Minute verbraucht. Im Erdenleben selbst würde er zu diesem gleichen Erleben viele Jahrzehnte benötigen, weil Zeit und Raum des irdischen Erlebens zu eng begrenzt sind und dadurch jede einzelne Stufe langsamer vorwärtsschreitet.

Und wie der Mensch auf Erden nur im Traume so schnell erleben kann, weil dabei von dem Geiste durch den Schlaf die Fessel des Gehirnes teilweise abgestreift ist, so steht er in den lichteren Weltenteilen als nicht mehr so stark gefesselter und später ganz freier Geist *immer* in diesem regen und schnellen Erleben. Er braucht für das tatsächliche Erleben von tausend Erdenjahren nicht mehr Zeit als einen Tag!

EMPFINDUNG

Jede Empfindung formt sofort ein Bild. Bei dieser Bildformung beteiligt sich das kleine Gehirn, das die Brücke der Seele zu deren Beherrschung des Körpers sein soll. Es ist *der* Teil des Gehirnes, der Euch den Traum vermittelt. Dieser Teil steht wieder in Verbindung mit dem Vorderhirn, durch dessen Tätigkeit die mehr an Raum und Zeit gebundenen Gedanken erstehen, aus denen zuletzt der Verstand zusammengestellt wird.

Nun achtet genau auf den Werdegang! Ihr könnt dabei scharf unterscheiden, wenn die Empfindung zu Euch spricht durch den Geist, oder das Gefühl durch den Verstand!

Die Tätigkeit des Menschengeistes ruft in dem Sonnengeflecht die Empfindung hervor und beeindruckt dadurch gleichzeitig das kleine Gehirn. Die *Auswirkung* des Geistes. Also eine Kraftwelle, die von dem Geiste *aus*geht. Diese Welle empfindet der Mensch natürlich dort, wo der Geist in der Seele mit dem Körper in Verbindung steht, in dem Zentrum des sogenannten Sonnengeflechts, das die Bewegung weitergibt nach dem kleinen Gehirn, welches davon beeindruckt wird.

Dieses kleine Gehirn formt je nach der bestimmten Art der verschiedenartigen Beeindruckung einer photographischen Platte gleich das Bild des Vorganges, den der Geist gewollt hat, oder den der Geist in seiner starken Kraft durch sein Wollen formte. *Ein Bild ohne Worte!* Das Vorderhirn nimmt nun dieses Bild auf und sucht es in Worten zu beschreiben, wodurch die Zeugung der Gedanken vor sich geht, die in der Sprache dann zum Ausdruck kommen.

Der ganze Vorgang ist in Wirklichkeit sehr einfach. Ich will noch einmal wiederholen: Der Geist beeindruckt mit Hilfe des Sonnengeflechtes die ihm gegebene Brücke, drückt also ein bestimmtes Wollen in Kraftwellen auf das ihm dafür gegebene Instrument des kleinen Gehirnes, das das Aufgenommene sofort weitergibt an das Vorderhirn. Bei diesem Weitergeben ist bereits eine kleine Veränderung durch Verdichtung erfolgt, da ja das kleine Gehirn die ihm eigene Art beimischt.

Wie ineinandergreifende Glieder einer Kette arbeiten die Instrumente in dem Menschenkörper, die dem Geiste zur Benützung zur Verfügung stehen. Sie alle betätigen sich aber *nur formend,* anders können sie nicht. Alles ihnen Übertragene formen sie nach ihrer eigenen besonderen Art. So nimmt auch das Vorderhirn das ihm vom Kleinhirn zugeschobene Bild auf und preßt es seiner etwas gröberen Art entsprechend erstmalig in engere Begriffe von Raum und Zeit, verdichtet es damit und bringt es so in die schon greifbarere feinstoffliche Welt der Gedankenformen.

Anschließend formt es aber auch schon Worte und Sätze, die dann durch die Sprechorgane in die feine Grobstofflichkeit als geformte Klangwellen dringen, um darin wiederum eine neue Auswirkung hervorzurufen, welche die Bewegung dieser Wellen nach sich zieht.

Das gesprochene Wort ist also eine Auswirkung der Bilder durch das Vorderhirn. Dieses vermag die Richtung der Auswirkung aber auch anstatt nach den Sprechorganen nach den Bewegungsorganen zu richten, wodurch an Stelle des Wortes die Schrift oder die Tat entsteht.

Das ist der normale Gang der vom Schöpfer gewollten Betätigung des Menschengeistes in der Grobstofflichkeit.

Es ist der *rechte* Weg, der die gesunde Nachentwickelung in der Schöpfung gebracht haben würde, wobei ein Verirren für die Menschheit gar nicht möglich war.

Der Mensch jedoch trat freiwillig aus dieser Bahn, welche ihm durch die Beschaffenheit des Körpers vorgeschrieben war. Mit Eigensinn griff er in den normalen Lauf der Kette seiner Instrumente, indem er den Verstand zu seinem Götzen machte. Dadurch warf er die ganze Kraft auf die Erziehung des Verstandes, einseitig nur auf diesen einen Punkt. Das Vorderhirn als der Erzeuger wurde nun im Hinblick auf alle anderen mitarbeitenden Instrumente unverhältnismäßig angestrengt.

Das rächte sich naturgemäß. Die gleichmäßige und gemeinschaftliche Arbeit aller Einzelglieder wurde umgeworfen und gehemmt, damit auch jede richtige Entwickelung. Die Höchstanspannung *nur* des Vorderhirns Jahrtausende hindurch trieb dessen Wachstum weit über alles andere hinaus.

Die Folge ist Zurückdrängung der Tätigkeit aller vernachlässigten Teile, welche schwächer bleiben mußten in geringerer Benutzung. Dazu gehört in erster Linie das Kleingehirn, welches das Instrument des Geistes ist. Daraus geht nun hervor, daß die Betätigung des eigentlichen Menschengeistes nicht nur stark behindert wurde, sondern oft ganz unterbunden ist und ausgeschaltet bleibt. Die Möglichkeit rechten Verkehres mit dem Vorderhirn über die Brücke des kleinen Gehirnes ist verschüttet, während eine Verbindung des menschlichen Geistes direkt mit dem Vorderhirn vollkommen ausgeschlossen bleibt, da dessen Beschaffenheit gar nicht dazu geeignet ist. Es ist durchaus auf Vollarbeit des Kleingehirnes angewiesen, in dessen *Nachfolge* es nach dem Willen Gottes steht, wenn es die ihm zukommende Betätigung richtig erfüllen will.

Die Schwingungen des Geistes zu empfangen, dazu gehört die Art des kleinen Gehirnes. Es kann gar nicht umgangen werden; denn das vordere Gehirn hat in der Tätigkeit bereits den Übergang zur feinen Grobstofflichkeit zu bereiten und ist deshalb auch von ganz anderer, viel gröberer Beschaffenheit.

In dem einseitigen Großzüchten des vorderen Gehirnes liegt nun die Erbsünde des Erdenmenschen gegen Gott oder, deutlicher gesagt, gegen die göttlichen Gesetze, die in der richtigen Verteilung aller körperlichen Instrumente ebenso niedergelegt sind wie in der ganzen Schöpfung.

Die Einhaltung der *richtigen* Verteilung hätte auch den rechten und geraden Weg zum Aufstieg für den Menschengeist in sich getragen. So aber griff der Mensch in seinem ehrgeizigen Dünkel in die Maschen des gesunden Wirkens, hob einen Teil davon heraus und pflegte ihn besonders, aller anderen nicht achtend. Das *mußte* Ungleichheit und Stockung mit sich bringen. Ist aber der Lauf natürlichen Geschehens solcherart gehemmt, so muß Erkrankung und Versagen, als letztes wirres Durcheinander und Zusammenbruch die unbedingte Folge sein.

Hier aber kommt nicht nur der Körper in Betracht, sondern in erster Linie der Geist! Mit diesem Übergriff der ungleichmäßigen Erziehung der beiden Gehirne wurde das hintere Gehirn im Laufe der Jahrtausende durch die Vernachlässigung unterdrückt, damit der Geist in seiner Tätigkeit gehemmt. *Erbsünde* wurde es, weil die einseitige Überzüchtung des Vorderhirnes mit der Zeit schon jedem Kinde als grobstoffliche Vererbung mitgegeben wird, wodurch es diesem geistiges Erwachen und Erstarken unglaublich erschwert von vornherein, weil ihm die dazu notwendige Brücke des hinteren Gehirnes nicht mehr so leicht gangbar blieb und sehr oft sogar abgeschnitten wurde.

Der Mensch ahnt nicht einmal, welche ihn stark verurteilende Ironie in den von ihm geschaffenen Ausdrücken » Groß- und Kleinhirn « liegt! Die Anklage kann nicht furchtbarer gegen seinen Übergriff in göttliche Bestimmung ausgesprochen sein! Er kennzeichnet damit genau das Schlimmste seiner Erdenschuld, da er das feine Instrument des grobstofflichen Körpers, das ihm auf dieser Erde helfen soll, in frevelhaftem Eigensinn derart verstümmelte, daß es ihm nicht nur nicht *so* dienen kann, wie es vom Schöpfer vorgesehen war, sondern daß es ihn sogar nach den Tiefen des Verderbens führen *muß!* Weit schlimmer haben sie damit gefehlt als Trinker oder solche, die ihren Körper in dem Frönen aller Leidenschaften zugrunde richten!

Und nun besitzen sie dazu auch noch die Anmaßung, daß Gott sich ihnen *so* verständlich machen soll, wie sie es in dem mutwillig verbogenen Gehäuse ihres Körpers auch verstehen können! Auf diesen schon getanen Frevel hin auch noch *die* Forderung!

Der Mensch hätte in der natürlichen Entwickelung die Stufen nach der lichten Höhe leicht und freudevoll ersteigen können, wenn er nicht mit frevelnder Hand in das Werk Gottes eingegriffen haben würde!

Der Mensch der Zukunft wird *normale* Hirne haben, die sich gleichmäßig arbeitend dann gegenseitig harmonisch unterstützen. Das hintere Gehirn, das man das kleine nennt, weil es verkümmert ist, wird nun erstarken, weil es zu rechter Tätigkeit gelangt, bis es in richtigem Verhältnis zu dem vorderen Gehirne steht. Dann ist auch wieder Harmonie vorhanden, und das Verkrampfte, Ungesunde muß verschwinden!

Doch nun zu den *weiteren* Folgen der bisher so falschen Lebensweise: Das im Verhältnis viel zu kleine hintere Gehirn macht es den heute wirklich ernsthaft Suchenden auch schwer, zu unterscheiden, was echte Empfindung in ihm ist, und was nur lediglich Gefühl. Ich sagte früher schon: Gefühl wird von dem Vorderhirn erzeugt, indem dessen Gedanken auf des Körpers Nerven wirken, die rückstrahlend dem Vorderhirn die Anregung zur sogenannten Phantasie aufzwingen.

Phantasie sind Bilder, die das Vorderhirn erzeugt. Sie sind nicht zu vergleichen mit den Bildern, die das Kleingehirn unter des Geistes Drucke formt! Hier haben wir den Unterschied zwischen dem Ausdruck der Empfindung als Folge einer Tätigkeit des Geistes, und den Ergebnissen des aus den körperlichen Nerven hervorgehenden Gefühles. Beides bringt Bilder, die für den Nichtwissenden schwer oder überhaupt nicht zu unterscheiden sind, trotzdem ein so gewaltiger Unterschied darin vorhanden ist. Die Bilder der Empfindung sind echt und bergen lebendige Kraft, die Bilder des Gefühles aber, die Phantasie, sind Vortäuschungen aus erborgter Kraft.

Der Unterschied ist aber leicht für den, welcher den Werdegang in der gesamten Schöpfung kennt und dann sich selbst genau beobachtet.

Bei den Empfindungsbildern, der Tätigkeit des Kleingehirns als Brücke für den Geist, erscheint *zuerst* das Bild unmittelbar, und dann erst geht es in Gedanken über, wobei durch die Gedanken das Gefühlsleben des Körpers dann beeinflußt wird.

Bei den durch das Vorderhirn gezeugten Bildern aber ist es umgekehrt. Da müssen Gedanken *vorausgehen,* um die Grundlage der Bilder abzugeben. Dies geschieht aber alles so schnell, daß es fast wie eins erscheint. Bei einiger Übung im Beobachten jedoch kann der Mensch sehr bald genau unterscheiden, welcher Art der Vorgang ist.

Eine weitere Folge dieser Erbsünde ist Verwirrung der Träume! Aus diesem Grunde können die Menschen heute nicht mehr *den* Wert auf Träume legen, der diesen eigentlich zukommen soll. Das normale kleine Gehirn würde die Träume, durch den Geist beeinflußt, klar und unverwirrt geben. Das heißt, es würden überhaupt nicht *Träume* sein, sondern *Erleben* des Geistes, das von dem kleinen Gehirn aufgenommen und wiedergegeben wird, während das vordere Gehirn im Schlafe ruht. Die jetzt überragende Stärke des Vorder- oder Tagesgehirnes aber übt auch noch während der Nacht ausstrahlend auf das so empfindsame hintere Gehirn seinen Einfluß aus. Dieses nimmt in seinem heutigen geschwächten Zustande die starken Ausstrahlungen des Vorderhirnes gleichzeitig mit dem Erleben des Geistes auf, wodurch ein Gemisch entsteht, wie die doppelte Belichtung einer photographischen Platte. Das ergibt dann die jetzigen unklaren Träume.

Der beste Beweis dafür ist, daß oft in den Träumen auch Worte und Sätze mit vorkommen, die *nur* aus der Tätigkeit des *vorderen* Gehirnes stammen, das ja allein Worte und Sätze formt, weil es enger an Raum und Zeit gebunden ist.

Deshalb ist der Mensch nun auch geistigen Warnungen und Belehrungen durch das hintere Gehirn nicht mehr oder doch nur unzulänglich zugängig und dadurch viel mehr Gefahren preisgegeben, denen er durch geistige Warnungen sonst entgehen könnte!

So gibt es außer diesen genannten üblen Folgen noch viele, die der Eingriff des Menschen in die göttlichen Bestimmungen nach sich zog; denn in Wirklichkeit erstand *alles* Übel nur aus diesem einen doch jedermann heute so sichtbaren Verfehlen, das lediglich eine Frucht der Eitelkeit war, die durch das Erscheinen des Weibes in der Schöpfung erstand.

Der Mensch reiße sich deshalb endlich von den Folgen des Erbübels los, wenn er nicht verlorengehen will.

Mühe kostet natürlich alles, so auch dies. Der Mensch *soll* ja erwachen aus seiner Behaglichkeit, um endlich das zu werden, was er schon von Anfang an sein sollte! Förderer der Schöpfung und Lichtvermittler aller Kreatur!

## DAS LEBEN

Der Begriff des Menschen vom Leben war bisher falsch. Alles, was er Leben nannte, ist nichts weiter als eine getriebene Bewegung, die nur als natürliche Auswirkung des eigentlichen Lebens angesehen werden darf.

In der ganzen Schöpfung ist also formend, reifend, erhaltend und zersetzend nur die Nachwirkung der mehr oder weniger starken Bewegung. Der Menschenverstand hat diese Bewegung als das Höchste erforscht und darin seine Grenze gefunden. Weiter kann er nicht in seiner Forschung kommen, weil er selbst ein Produkt dieser Bewegung ist. Deshalb nannte er sie als das Höchste seiner Erkenntnis einfach »Kraft« oder »lebende Kraft«, oder er nannte es auch »Leben«.

Es ist aber weder Kraft noch Leben, sondern nur eine natürliche, unvermeidliche Auswirkung davon; denn Kraft ist nur im Leben selbst, ist eins mit ihm, unzertrennlich. Da nun die Kraft und das Leben unzertrennlich sind, die Schöpfung aber nur aus Bewegung geformt, erhalten und wieder zersetzt wird, kann auch innerhalb der Schöpfung weder von Kraft noch von Leben gesprochen werden.

Wer also von Urkraft-Entdeckung oder gar Urkraft-Ausnützung durch Maschinen sprechen will, befindet sich in einem Irrtume, weil er diese innerhalb der Schöpfung gar nicht finden kann. Er hält etwas anderes dafür und bezeichnet es nur nach seiner Anschauung fälschlich mit »Kraft«. Ein solcher Mensch beweist aber damit, daß er keine Ahnung von den Vorgängen in der Schöpfung oder von dieser selbst hat, wofür ihm jedoch kein Vorwurf gemacht werden kann; denn er teilt dieses Nichtwissen mit *allen* seinen Mitmenschen, ob gelehrt oder ungelehrt.

## 71. DAS LEBEN

*Deshalb* habe ich in meiner Botschaft von Anfang an von einer die Schöpfung durchströmenden »Kraft« gesprochen, weil ich vieles nur auf diese Weise den Menschen verständlich machen konnte.

Sie würden meine Darlegungen sonst überhaupt nicht begriffen haben. Nun aber kann ich darin weitergehen und ein Bild geben, das die Vorgänge alles Geschehens in nüchterner Weise widerspiegelt. Neuartig ist diese Schilderung, aber sie verändert *nichts* an meinen bisher gegebenen Erklärungen, sondern alles bleibt genau so, wie ich sagte, und *ist wirklich*. Das Neue an meiner jetzigen Wiedergabe ist nur anscheinend, weil ich es diesmal anders beleuchte.

Ich gebe damit eine feste Grundlage, eine große Schale, in die der Mensch alles in der vorstehenden Botschaft Gesagte als sich dauernd bewegende, brodelnde Füllung hineinsetzen kann, wodurch es dann ein Ganzes wird, etwas unbedingt Zusammengehörendes, Ineinanderfließendes. Dadurch erhält der Mensch eine für ihn unerschöpfliche, in allem harmonisierende Gesamtübersicht des ihm bis dahin unbekannt gewesenen großen Geschehens, welches sein eigenes Werden und Sein mit in sich trägt.

Der Hörer und der Leser suche sich nun bildhaft vorzustellen, was ich ihm entrolle:

Leben, wirkliches Leben ist etwas vollkommen Selbständiges, vollkommen Unabhängiges. Sonst dürfte es nicht mit »Leben« bezeichnet werden. Das aber ist allein nur in *Gott!* Und da außer Gott nichts wirklich »lebendig« ist, hat auch er allein die Kraft, welche im Leben liegt. Er ganz allein ist demnach auch die oft genannte Urkraft oder überhaupt »die Kraft«! Und in der Kraft liegt wiederum das Licht! Der Ausdruck »Urlicht« dafür ist ebenso falsch wie der Ausdruck »Urkraft«; denn es gibt einfach nur das eine Licht und die eine Kraft: *Gott!*

Das Sein Gottes, der Kraft, des Lichtes, also des Lebens, bedingt allein schon die Schöpfungen! Denn das lebendige Licht, die lebendige Kraft kann *Ausstrahlungen* nicht vermeiden. *Und diese Ausstrahlungen nun bergen alles für die Schöpfung Nötige.*

*Ausstrahlung aber ist nicht das Licht selbst!*

Also alles außer Gott Bestehende hat seinen Ursprung nur in der Ausstrahlung Gottes! Es ist diese Ausstrahlung jedoch eine für das Licht selbstverständliche Wirkung. Und diese Wirkung war *immer* da, von Ewigkeit an.

Die Stärke der Ausstrahlung ist nun in der Nähe des Lichtes natürlich die größte, derart, daß keine andere Bewegung darin sein kann als die unbedingte, straffe *Vorwärtsbewegung,* die in der Ausstrahlung ruht. So geht es von Gott aus weit, in sagenhafte Fernen, deren Ausdehnung sich ein Menschengeist nicht vorzustellen vermag.

Dort aber, wo dann dieses unbedingte Vorwärtsstoßen, das einem andauernden, ungeheuren Drucke gleichkommt, endlich einmal etwas nachläßt, kommt die bisher nur vorwärtsstoßende Bewegung *in eine kreisende* Art. Diese kreisende Art wird dadurch hervorgerufen, daß die gleichzeitig wirkende Anziehung der lebendigen Kraft alles über die Grenze der Vollausstrahlung Geschleuderte wieder anziehend zurückreißt bis zu dem Punkte, wo die nur vorwärtsstoßende Bewegung vorherrscht. Dadurch entstehen die kreisenden Bewegungen in *elliptischer* Form, weil es ja *keine eigene* Bewegung ist, sondern diese nur durch das über einen gewissen Punkt Hinausgeschleudertsein mit anschließendem Wiederherangerissenwerden durch die Anziehung hervorgerufen wird, die in der Kraft, also in Gott selbst, ruht.

Außerdem wirkt hierbei noch der Vorgang der Spaltung der Strahlung in positive und negative Art mit, die bei Austritt aus der göttlichen Weißglutsphäre erfolgt.

In diesen kreisenden Bewegungen nun, bei denen der ungeheure Druck der unmittelbaren Ausstrahlung nachgelassen hat, entsteht naturgemäß auch leichte Abkühlung und daraus wieder ein gewisser Niederschlag.

Der Niederschlag sinkt tiefer oder weiter ab von der ursprünglichen stärksten Ausstrahlung, wird jedoch immer noch gehalten von der alles durchdringenden Anziehung der Kraft, enthält aber gleichzeitig immer noch genügend Vorstoßkraft der Ausstrahlung, wodurch wiederum neue, in immer anderen, aber ganz bestimmten Grenzen verbleibende kreisende Bewegungen erstehen. So erfolgt Niederschlag auf Niederschlag, bildet sich darin eine elliptisch kreisende Bewegungsebene nach der anderen, die Ansammlungen und zuletzt immer festere Formen bringen, mehr und mehr entfernt von der Anfangsausstrahlung und deren ungeheuerem vorstoßendem Drucke.

Die daraus entstehenden Abstufungen geben Ebenen, in denen sich bestimmte Arten zusammenschließen und halten, je nach dem Grade ihrer Abkühlung. Diese Ebenen oder Arten habe ich bereits in meiner Botschaft geschildert, als die großen Grundebenen des Geistigen an oberster Stelle in der Schöpfung, dann des sich daran anschließenden Wesenhaften, des Feinstofflichen und zuletzt des Grobstofflichen mit ihren vielen Abstufungen. Daß dabei alle vollkommeneren Arten höher, dem Ausgangspunkte am nächsten bleiben, weil sie diesem am ähnlichsten sind, ist selbstverständlich, da auf solche die Anziehung der lebendigen Kraft am stärksten wirken muß. – –

Wie ich schon sagte, war die so unfaßbar wirkende Ausstrahlung des Lichtes immer da, von Ewigkeit an.

Doch Gott ließ diese Ausstrahlung nicht weiter wirken und gelangen, als bis zu der Grenze, an welcher der unbedingt vorwärtstreibende Strom noch eine gerade Linie bildete, so daß die reine göttliche Ausstrahlung ohne Abkühlung und die damit verbundenen Niederschläge in aller Klarheit leuchtend noch erhalten blieb. Das bildete die mit Gott selbst ewigseiende, göttliche Sphäre! In dieser Klarheit konnte niemals Trübung kommen, demnach auch kein Abbiegen, keine Veränderung. Nur volle Harmonie mit dem Ursprung, dem Lichte selbst, war möglich. Und sie ist untrennbar mit Gott verbunden, weil *diese* Ausstrahlung von der lebendigen Kraft als deren natürliche Auswirkung nicht zu vermeiden möglich wird.

Zu dieser unter dem für den Menschengeist unfaßbaren Drucke der nächsten Nähe der lebendigen Kraft stehenden göttlichen Sphäre gehört als äußerster Grenz- und Verankerungspunkt die eigentliche Gralsburg, auch als abschließender Gegenpol zu denken. Sie steht also noch im Kreise des Göttlichen, ist deshalb von Ewigkeit her und wird in alle

## 71. DAS LEBEN

Ewigkeit unverändert bleiben, auch wenn die Schöpfung einst in Trümmer gehen müßte.

So war es von Ewigkeit an. Etwas für den Menschengeist nicht zu Begreifendes.

Erst als Gott in seinem Wollen das große Wort: »*Es werde Licht!*« hinaussandte, schossen die Strahlen über die bisher gewollte Grenze weiter in das lichtlose All hinaus, Bewegung, Wärme bringend. Und damit setzte der Beginn der Schöpfung ein, die den Menschengeist gebärend ihm zur Heimat werden konnte.

Gott, das Licht, braucht diese Schöpfung nicht. Wenn er die Ausstrahlung wieder begrenzt auf ihre Unvermeidlichkeit, so daß nur eine Sphäre der göttlichen Reinheit übrig bleibt, in welcher niemals Trübung kommen kann, wie es zuvor schon war, so ist das Ende für das Weitere gekommen. Damit würde aber auch das Sein des Menschen aufhören, der nur *darin* bewußt sein kann! –

Die unmittelbare Ausstrahlung des Lichtes kann *nur* Vollkommenes zeugen. In den Veränderungen dieses ersten Druckes jedoch, die durch die immer weiteren Entfernungen entstehen, läßt diese ursprüngliche Vollkommenheit nach, weil sich in der fortschreitenden Abkühlung dauernd Einzelteile trennen und zurückbleiben. Reinheit in Vollkommenheit bedingt den *Druck göttlicher Ausstrahlung in seiner höchsten Stärke,* wie er nur in der Nähe Gottes möglich ist. Der Druck erzeugt Bewegung, daraus folgernd Wärme, Hitze, Glut.

Druck aber ist nur Auswirkung der Kraft, nicht die Kraft selbst; wie auch die Strahlungen nur unter dem Drucke der Kraft erstehen, nicht aber die Kraft selbst sind. Deshalb sind die Strahlungen in der Schöpfung auch nur die Folge einer entsprechenden Bewegung, die wiederum sich nach dem jeweiligen Drucke richten muß. Wo also keine Strahlungen in der Schöpfung sind, dort ist auch keine Bewegung oder, wie die Menschen irrtümlich sagen, kein »Leben«. Denn jede Bewegung strahlt, und Stillstand ist das Nichts, die Unbeweglichkeit, die von den Menschen Tod genannt wird.

So erfolgt auch das große Gericht nur durch den erhöhten Druck eines göttlichen Strahles, der vermittelt wird durch einen in die Grobstofflichkeit inkarnierten Gesandten Gottes, dem Gott einen Funken *seiner lebendigen Kraft* gegeben hat. Dem Druck dieses lebendigen Kraft*funkens,* der natürlich nicht so stark sein kann wie der gewaltige Druck der lebendigen Kraft in Gottvater selbst, kann nur alles das standhalten, was in den Gesetzen der Auswirkung der Gotteskraft *richtig* schwingt! Denn dieses wird dadurch gestärkt, aber nicht in Weißglut versetzt, weil dazu die Strahlung der Funkenkraft nicht ausreicht.

Alles Störende aber wird aus den Angeln gehoben, aus seinen falschen Bewegungen gestoßen, zertrümmert und zersetzt, wozu die Strahlung der Funkenkraft vollkommen genügt. So erfolgt das große Gottesgericht ganz selbsttätig und ist nicht etwa einer Willkür des Gottgesandten unterworfen. Es geschieht einfach auf Grund des Strahlengesetzes, das sich als Folge der Gottkraftausstrahlung bilden mußte; denn alles, was sich *recht* bewegt im Denken und im Tun, strahlt in der Grobstofflichkeit violette Farbe aus.

Aber was Dunkel ist, vom Übel, oder darnach strebt, sei es im Denken oder dem Verlangen, hat trübes *Gelb.* Diese zwei Farben sind nun grundlegend für das Gericht! Je nach der Stärke eines Wollens oder Tuns sind auch die Ausstrahlungen dann schwach oder stark. Es kommt mit dem Gesandten Gottes ein Strahl *göttlichen* Lichtes unverändert in die Schöpfung, damit auch hier zur Erde! Göttliches Licht stärkt und hebt das Gute, also alles irdisch Violette, während das irdisch-trübe Gelb davon zersetzt und vernichtet wird.

Je nach der Art und Stärke eines Wollens oder Tuns ist die Ausstrahlung stark oder schwächer. Und darnach bildet sich dann auch die Art und Stärke der richtenden Auswirkung des göttlichen Lichtstrahles in unbeirrbarer Gerechtigkeit!

Es kann ganz gut gesagt werden, daß die Schöpfung von einem riesenhaften vielfarbigen Strahlungsgeäst umschlossen und durchzogen ist. Diese Strahlungen sind aber nur der Ausdruck der verschiedenartigen Bewegungen, welche aus dem Druck der lebendigen Kraft in Gott ihre Ursache haben. Mit anderen Worten: Gott in seiner lebendigen

Kraft hält die Schöpfung. Alles das ist richtig, gleichviel, welche Ausdrucksform dafür gewählt wird, nur muß der rechte Ursprung und Weiterentwickelungsgang genau gekannt sein, wenn man damit etwas anfangen will.

Wie nun der höchste Grad der Hitze *weiß* erglühen läßt, so ist es auch in der göttlichen Sphäre, während bei Abnahme der Grade nach und nach andere Farben erstehen und sich in dem Erkalten alles mehr und mehr verdichtet!

In diesen irdischen Begriffen weiter zu erklären, will ich sagen, daß der Menschengeist niemals weißglühend werden kann, da er in einer Ebene erstand, in der der Druck sich in Abschwächung befand und diesen höchsten Grad der Hitze nicht mehr zu erzeugen fähig ist. Damit ist er in seinem Ursprung von einer Art, die diesen höchsten Grad der Kraft nicht mehr bewußt ertragen kann. Oder, man kann auch sagen: erst bei einer ganz bestimmten Abkühlung ersteht Geistiges und kann sich bewußt werden. Auch ist die Art, der »Geist« entstammt, nur noch ein *Niederschlag* aus der göttlichen Sphäre, der durch die leichte Abkühlung sich bilden mußte, und so fort.

Nun dehnt es sich aber noch stufenartig weiter aus. Der erste Niederschlag aus der göttlichen Sphäre bildet das Urgeistige, welchem die Urgeschaffenen entstammen. Und deren Niederschlag erst bringt die Art, aus der die Menschengeister sich entwickeln können. Der Niederschlag von dieser Art wieder bringt das Wesenhafte, aus ihm fällt das Feinstoffliche ab, das wiederum als Letztes Grobstoffliches bringt. Doch dabei gibt es noch sehr viele Zwischenstufen jeder der hier genannten Grundarten, auch in dem Göttlichen, welche als Übergänge die Verbindung möglich machen müssen.

Der *erste* Niederschlag aus der göttlichen Sphäre ist, wie leicht verständlich, auch der inhaltsreichste, konnte deshalb sich selbst sofort bewußt sein, und bildete die sogenannten Urgeschaffenen, während der dann aus diesem ersten Niederschlage folgende weitere Niederschlag nicht mehr so stark ist und sich erst nach und nach zu einem Bewußtwerden entwickeln muß. Diesem entstammen die Menschengeister.

## 71. DAS LEBEN

Durch den reicheren Inhalt ihrer Art stehen die Urgeschaffenen deshalb an höchster Stelle in der Schöpfung, da sie den *ersten* Niederschlag aus der göttlichen Sphäre bilden, während die Menschengeister erst aus dem weiteren Niederschlage ihren Anfang nahmen und selbstverständlich auch bei voller Reife nicht bis zur Höhe der artlich inhaltsreicheren Urgeschaffenen gelangen können, sondern in der Höhe ihrer eigenen Art verbleiben müssen.

Zum Höhersteigen fehlt ihnen etwas, das nicht zu ergänzen möglich ist. Außer, es würde ihnen von der lebendigen Gotteskraft direkt etwas zugeführt, was aber nicht auf dem naturgemäßen Durchgangswege zu geschehen vermag, sondern von einem in die Schöpfung versetzten lebendigen Gottesteile ausgehen müßte, da mit diesem als eigene, wirklich *lebendige Kraft* die im Übergange sonst unbedingt erfolgende Abkühlung der Ausstrahlung aufgehoben ist. Er allein ist deshalb in der Lage, einem Menschengeiste durch seine unmittelbare eigene Ausstrahlung etwas beizufügen, was diesem ermöglicht, die Grenze der Region der Urgeschaffenen zu beschriten.

Bei dem Hinausschleudern der Ausstrahlung über die Grenze der göttlichen Sphäre, also bei Beginn der Schöpfung, erstand nun an der an der äußersten Grenze befindlichen, ewigen Gralsburg auf der anderen Seite, also in der Schöpfung geistigstem Teile, eine Erweiterung, so daß auch die Urgeschaffenen auf ihrer Seite den neuen Teil der Burg im Geistigen besuchen können, bis zu der ihnen durch ihre Art nach oben zu gesetzten Grenze.

Ein Schritt darüber, also in die göttliche Sphäre, würde für sie sofortige Bewußtlosigkeit, Aufgehen in Weißglut bedeuten, wenn ... sie diesen Schritt tun könnten. Aber das ist unmöglich, da sie durch den ihnen ungewohnten, viel stärkeren Druck der göttlichen Sphäre einfach zurückgeschleudert werden, oder, anders gesagt, dieser Druck läßt sie nicht eintreten. Er wehrt ihnen in ganz natürlicher Form den Eingang, ohne daß weiteres dabei zu geschehen braucht.

Ähnlich ergeht es den entwickelten Menschengeistern den Urgeschaffenen gegenüber und deren Aufenthaltsebene.

So steht die Gralsburg heute mit ihrem geistigen Anbau als Mittlerin zwischen dem Göttlichen und der Schöpfung. Durch sie muß alle für die Schöpfung notwendige Strahlung fließen, und der Menschensohn als Gralskönig ist der einzige Mittler, der die Grenze in das Göttliche aus der Schöpfung überschreiten kann durch seine Ursprungsart, welche das Göttliche mit dem Geistigen verbindet. Aus diesem Grunde *mußte* das Mysterium dieser Verbindung sein.

Weit unter dieser Gralsburg und der Region der Urgeschaffenen liegt erst das Paradies, als höchster, schönster Punkt für Menschengeister, welche sich zu voller Reife im göttlichen Willen, den Gesetzen seiner Ausstrahlungen fügten. – –

In Einzelheiten will ich hier nicht gehen, damit das Bild an sich von dem Geschehen nicht zu breit gezogen wird. Darüber gebe ich noch Bücher für die Erdenwissenschaft heraus zum Studium der Einzelvorgänge, wie zum Beispiel die Entwickelung in den einzelnen Ebenen, deren Wirken untereinander und so fort. Nichts darf übergangen werden, sonst bringt es eine Lücke, die dem Menschenwissen sofort Halt gebietet.

Kommt also nun ein Erdenmenschengeist in seiner Reife nach langer Wanderung zurück an die für seine Art bestimmte Grenze, also das Einsetzen stärkeren Druckes, so kann er nicht noch mehr erglühen, als seine Vollreife ihn schon erglühen läßt. Der erhöhte Druck einer weiterhin verstärkten Kraft müßte die Art seiner Beschaffenheit zerfließen und verbrennen lassen, umwandeln in den Grad erhöhter Hitze, wodurch sein Ich verloren geht. Er könnte dann als Menschengeist nicht mehr bestehen und müßte in dem Weißlicht aufgehend verbrennen, während er schon in der Region der Urgeschaffenen durch den darin höheren Druck bewußtlos wird.

*Das Weißlicht,* also Gottes Ausstrahlung, in der nur Göttliches bewußt bestehen kann, *trägt also in sich alle Grundbestandteile der Schöpfung,* die bei langsamer Abkühlung nach unten zu sich absetzen, in der Bewegung formen und geformt zusammenschließen, doch nicht mehr ineinander aufgehen, weil der dazugehörende Druck fehlt. Bei jedem Grad der Abkühlung bildet sich eine bestimmte Ausscheidung und bleibt zurück. Zuerst das Göttliche, später das Geistige und dann das Wesenhafte, bis zuletzt nur die Fein- und Grobstofflichkeit weiter sinkt.

So ist die Schöpfung eigentlich der Niederschlag bei zunehmender Abkühlung des Weißlichtes, der Ausstrahlung des lebendigen Lichtes. Das Geistige, sowie das Wesenhafte, kann sich nur bilden und bewußt werden bei einem ganz bestimmten Grad der Abkühlung, was gleichbedeutend ist mit der Verringerung des Druckes der Ausstrahlung Gottes.

Wenn ich hier von Zerfließen oder Aufgelöstwerden des Menschengeistes bei zu starkem Druck der Ausstrahlung des Lichtes spreche, so ist damit bei dieser Grenze nicht etwa das Nirwana der Buddhisten anzusehen, wie diese vielleicht meine Erklärung deuten möchten. Meine jetzige Erklärung ist nur das Geschehen in der Richtung von dem Lichte aus nach unten, während das Nirwana der Höhepunkt sein soll für den Weg aufwärts.

Da würde sich ein Riegel vorschieben; denn um von dieser Erde bis hinauf in das geistige Reich zu kommen, das Paradies, an dessen höchster Grenze dieser Punkt zu suchen ist, muß jeder Menschengeist als »ichbewußt« die höchste Reife schon erreicht haben. Reife nach göttlichem Willen, nicht etwa nach Menschendünken. Sonst kann er nicht in dieses Reich. Ist er aber als Geist sich selbst bewußt so weit gereift, so wird er von dem erhöhten Drucke der göttlichen Sphäre an der Grenze streng zurückgehalten, abgestoßen. Er *kann* nicht weiter! Und er will auch nicht. In der göttlichen Sphäre vermöchte er Freuden nie zu genießen, weil er dort nicht mehr Menschengeist sein kann, sondern zerschmolzen wäre, während er in dem geistigen Reich, dem Paradiese, ewige Freuden findet, und mit Dank gar nicht mehr daran denkt, ganz aufgelöst werden zu wollen.

Außerdem ist er in seiner Vollreife *notwendig* zu der Hebung und Vervollkommnung der unter ihm liegenden Ebenen, die in weiteren Niederschlägen einem noch weniger starken Drucke standzuhalten fähig sind als er. Dort ist *er,* der Menschengeist, der Größte, weil er stärkerem Drucke widersteht, ihn sogar braucht. – –

Die Aufgabe des Menschengeistes nun in diesen Niederungen ist, alles, was unter ihm steht, mit der ihm innewohnenden Stärke soviel als möglich dem Einflusse der reinen Lichtausstrahlungen zu öffnen, und dadurch als ein Mittler, durch den stärkerer Druck dringen kann, segenspendend für alles andere zu wirken, weil er diesen höheren Druck aufnehmen und diesen verteilend weitergeben kann, der reinigend alles Unreine zersetzt.

Nun hat der Mensch darin leider schlecht gewirtschaftet. Wohl hat sich alles in den Schöpfungen entwickelt, was sich dem Drucke oder Drange folgend bis zur Zeit entwickeln sollte, aber falsch, weil hier der Mensch nicht nur versagte, sondern sogar irreleitend statt nach oben zu nach unten führte! Aus diesem Grunde wurden nur häßliche Zerrbilder von allem, anstatt natürliche Schönheit.

Natürlich sein heißt aber aufwärtsgehen, aufwärtsstreben, der Anziehung der lebenden Kraft folgend. Denn in Natürlichkeit strebt alles nur nach oben, wie jeder Grashalm, jede Blume, jeder Baum. So hat leider nur noch nach außen hin das, was das Menschenwollen führte, *Ähnlichkeit* mit dem, was es fördern sollte.

Reiches Innenleben ist zum Beispiel nach außen hin mit Hohlheit, die sich in Blasiertheit zeigt, im oberflächlichen Betrachten oft zu verwechseln. Reine Verehrung aller Schönheit ist in ihren Äußerungen im Anfang auch ähnlich der niederen Lüsternheit; denn beides zeigt einen gewissen Grad von Schwärmerei, nur ist die eine echt, die andre falsch und dient lediglich nur als Mittel zu dem Zweck. So wird wirklicher Liebreiz durch die Eitelkeit ersetzt, das wahre Dienen von dem Strebertum vorgetäuscht. In solcher Weise geht es fort in allem, was der Mensch erzog. Nur selten führen seine Wege nach dem Licht. Fast alles neigt zum Dunkel.

Das muß ausgerottet sein, damit aus diesem Sodom und Gomorra jetzt das Gottesreich auf Erden kommt! Alles endlich dem Licht entgegen, wozu der Mensch der Mittler ist!

— — —

## 71. DAS LEBEN

Vom Licht selbst, von Gott, spreche ich hierbei nicht. Es ist mir zu heilig! Außerdem würde es der Mensch doch nie erfassen können, er muß sich damit ewiglich begnügen, *daß Gott ist!*

ERWEITERE DEIN WISSEN!


DIE WEISHEIT GOTTES REGIERET DIE WELT!
RINGET, MENSCHEN,
UM IN DER ERKENNTNIS SEINE GRÖSSE
ZU ERAHNEN!


BAND III

## IM LANDE DER DÄMMERUNG

Laß Dich führen, Menschenseele, einen Schritt ins feinstoffliche Reich! Das Land der Schatten wollen wir durcheilen ohne Aufenthalt; denn davon sprach ich schon. Es ist *das* Land, wo *die* zu weilen haben, die noch zu dumm sind, ihren feinstofflichen Körper richtig zu verwenden. Gerade alle die, die hier auf Erden ganz besonders klug zu sein sich dünkten. Im feinstofflichen Reiche sind sie stumm und blind und taub, da irdischer Verstand als das Erzeugnis ihres grobstofflichen Körpers nicht mit hierher kommen konnte, sondern in den engen Grenzen blieb, die er als erdgebunden niemals überschreiten kann.

Die erste Folge ihres großen Irrtums darin wird einer Menschenseele nach dem Erdentode sofort klar, indem sie untauglich im feinstofflichen Reiche steht, hilflos und schwach, weit schlimmer als ein neugeboren Kind auf grobstofflicher Erde. *Schatten* werden sie deshalb genannt. Seelen, die ihr Sein wohl noch empfinden, doch sich dessen nicht bewußt zu sein vermögen.

Lassen wir die Törichten nun hinter uns, welche auf dieser Erde alles besserwissenwollend genug Nichtigkeiten schwatzten und nun schweigen müssen. *Wir treten in die Ebene der Dämmerung!* Ein Flüstern dringt an unser Ohr, das ganz zum fahlen Dämmerscheine paßt, der uns umgibt und unklar Umrisse erkennen läßt von Hügeln, Wiesen, Sträuchern. *Alles* ist hier folgerichtig auf das *Dämmern* eingestellt, das ein Erwachen nach sich ziehen *kann*. Aber nur *kann*, nicht etwa muß!

Kein freier, froher Laut, kein helles Schauen ist hier möglich. Nur ein Dämmern oder eingedämmt Verbleiben, dem Zustande der Seelen angemessen, die hier weilen. Sie alle haben schleppende Bewegung, müde gleitend, teilnahmslos bis auf ein unbestimmtes Drängen nach der einen

Richtung zu, wo in der Ferne zartes Rosa aufzusteigen scheint, das lichtverkündend wie ein süßer Zauber auf die anscheinend so müden Seelen wirkt. *Anscheinend* müde Seelen nur; denn sie sind *träge* in dem Geiste, *deshalb* sind ihre feinstofflichen Körper *schwach*. –

Der rosa Schimmer in der weiten Ferne winkt verheißungsvoll! Hoffnungerweckend spornt er an zu regerer Bewegung. Mit dem Wunsche, diesen Schimmer zu erreichen, straffen sich die feinstofflichen Körper mehr und mehr, in ihre Augen tritt der Ausdruck stärkeren Bewußtwerdens, und immer sicherer gehen sie dieser einen Richtung zu. –

*Wir schreiten mit.* Die Zahl der Seelen um uns mehrt sich, alles wird beweglicher und deutlicher, das Sprechen etwas lauter, es schwillt zu starkem Murmeln an, aus dessen Worten wir erkennen, daß die Vorwärtsdrängenden Gebete sprechen, unaufhörlich, hastig, wie im Fieber. Immer dichter werden nun die Massen, aus dem Vorwärtsdrängen wird ein Stoßen, Gruppen vor uns stauen sich, sie werden von den Vorderen rückwärts geschoben, um erneut wieder voranzudrücken. So geht ein Wogen über die gestauten Mengen, aus den Gebeten steigen Schreie der Verzweiflung, Worte flehender Angst, furchtsamer Forderung, und hier und dort auch unterdrücktes Wimmern größter Hoffnungslosigkeit! –

Wir schwingen uns über das Ringen von Millionen Seelen schnell hinweg und sehen, daß vor ihnen starr und kalt ein Hindernis für Weiterschreiten steht, an das sie sich vergebens werfen, das sie nutzlos mit den Tränen netzen.

Große, starke, dichtstehende Stäbe bieten Ihrem Vorwärtsdrängen unerbittlich Halt! –

Und stärker glüht der Rosaschimmer in der Ferne auf, verlangender erweitern sich die Augen derer, die sich ihn zum Ziele nahmen. Flehend sind die Hände ausgestreckt, die krampfhaft noch Gebetsschnüre umklammern und eine Kugel nach der anderen mit Stammeln durch die Finger gleiten lassen! Die Stäbe aber stehen unerschütterlich, starr, trennend von dem schönen Ziel!

Wir gehen an den dichten Reihen hin. Es ist, als ob sie endlos wären. Nicht Hunderttausende, nein Millionen! Alles solche, die sich ernsthaft

»gläubig« auf der Erde dachten. Wie anders hatten sie sich alles vorgestellt! Sie glaubten sich freudig erwartet, achtungsvoll bewillkommnet.

Ruft ihnen zu: »Was nützt Euch, Gläubige, Euer Gebet, wenn Ihr das Wort des Herrn nicht *in Euch selbst* zur Tat, zur Selbstverständlichkeit erstehen ließet!

Der Rosaschimmer in der Ferne ist die Sehnsucht nach dem Reiche Gottes, welche in Euch glüht! Die Sehnsucht darnach tragt Ihr in Euch, aber Ihr verbautet Euch den Weg dazu mit starren Formen falscher Anschauungen, die Ihr nun als Stäbe wie ein Gitter hindernd vor Euch seht! Laßt fallen, was Ihr in der Erdenzeit an falschen Anschauungen aufgenommen habt, was Ihr Euch selbst dazu erbautet! Werft alles fort und wagt, den Fuß frei zu erheben für die Wahrheit, *wie sie ist* in ihrer großen, einfachen Natürlichkeit! Dann seid Ihr frei für das Ziel Eurer Sehnsucht!

Aber seht, Ihr wagt es nicht, in steter Furcht, es könnte vielleicht falsch sein, was Ihr damit tut, weil Ihr bisher anders dachtet! Ihr hemmt Euch damit selbst und müßt verharren, wo Ihr seid, bis es zu spät zum Weiterschreiten wird und Ihr der Vernichtung anheimfallen müßt! Es kann Euch darin nicht geholfen sein, wenn *Ihr* nicht selbst beginnt, das Falsche hinter Euch zu lassen!«

Ruft nur! Ruft diesen Seelen den Weg zur Errettung zu! Ihr werdet sehen, daß es ganz vergebens ist; denn stärker nur schwillt das Geräusch der unaufhörlichen Gebete an, und es läßt *ungehört* von diesen Betenden ein jedes Wort, welches sie vorwärts schreiten lassen könnte, dem Rosascheine und dem Licht entgegen. So müssen sie trotz manchen guten Wollens nun verloren sein als Opfer ihrer Trägheit, welche sie nicht *mehr* erkennen ließ, nicht *mehr* aufnehmen ließ als die *Äußerlichkeiten* ihrer Kirchen, Tempel und Moscheen. –

Betrübt wollen wir weiterziehen. – Doch da ist vor uns eine Frauenseele, über deren Antlitz legt sich plötzlich friedevolle Ruhe, ein neuer Glanz kommt in die Augen, welche bisher grübelnd und in bangem Sinnen blickten; bewußter werdend strafft sie sich, wird lichter ... starkes Wollen reinsten Hoffens läßt den Fuß sich heben ... und aufatmend

## 1. IM LANDE DER DÄMMERUNG

steht sie *vor* den Stäben! Für diese Frauenseele waren diese Stäbe gar kein Hemmnis mehr, da sie in tiefem Sinnen fein empfindend zu der Überzeugung kam, daß das von ihr bisher Gedachte falsch sein mußte, und sie furchtlos in dem frohen Glauben an die Gottesliebe dieses Falsche von sich warf.

Staunend sieht sie nun, wie leicht es war. Dankend erhebt sie ihre Arme; ein unsagbares Glücksempfinden will sich in Jauchzen lösen, doch es ist zu groß, zu machtvoll über sie gekommen, die Lippen bleiben stumm, mit leichtem Zittern neigt ihr Kopf sich nieder, die Augen schließen sich, und langsam rollen schwere Tränen über ihre Wangen, während sich die Hände zum Gebete finden. Zu *anderem* Gebete als bisher! Zu einem Dank! Zu einer großen Fürbitte für alle die, welche noch hinter diesen harten Stäben sich befinden! Um eigener Anschauung willen, die sie nicht als falsch aufgeben wollen!

Ein Seufzer tiefen Mitempfindens hebt die Brust, und damit fällt es wie ein letzter Reif von ihr. Sie ist nun frei, frei für den Weg zu ihrem innerlich ersehnten Ziel!

Aufblickend sieht sie vor sich einen Führer, und freudig folgt sie seinen Schritten in das neue, unbekannte Land, dem immer stärker werdenden rosigen Schein entgegen! –

So löst sich manche Seele noch aus diesen Massen, welche hinter Stäben falscher Anschauungen ihrer eigenen Entscheidung harren müssen, ihres eigenen Entschlusses, der sie weiterführen kann oder zurückhält bis zur Stunde der Vernichtung alles dessen, was sich nicht aufraffen kann, das falsche Alte abzulegen. Nur wenige werden sich noch aus der Umklammerung der falschen Anschauungen retten! Sie sind zu sehr verstrickt darin. So starr wie ihr Festhalten daran sind auch diese Stäbe, welche ihnen einen Fortgang zu dem Aufstieg wehren. Ein Handreichen zum Überwinden dieses Hindernisses ist unmöglich, da unbedingt der Seelen *eigener* Entschluß dazu gehört. Das *eigene* Insicherleben, das ihren Gliedern die Bewegung gibt.

So fällt ein schwerer Fluch auf alle die, welche die Menschen falsche Vorstellungen lehren über den Gotteswillen in der Schöpfung, der in

## 1. IM LANDE DER DÄMMERUNG

dem Wort des Heilandes damals zu finden war, nicht aber rein erhalten blieb im Bibelwort, noch weniger in irdischen Erklärungen.

Laßt sie in ihrer Starrheit weiterhin Gebete plappern in dem Wahne, daß die Anzahl davon ihnen helfen kann und helfen muß, weil es die Kirche also lehrte, als ob der Gotteswille Handel mit sich treiben ließe.

Wir gehen weiter in dem Land der Dämmerung. Endlos erscheint das Bollwerk dieser Stäbe; unübersehbar drängen sich dahinter die davon Zurückgehaltenen. –

Doch es sind andere. Gruppen, die statt der Rosenkränze Bibeln in den Händen halten und verzweiflungsvoll darinnen suchen. Sie sammeln sich um einige der Seelen, welche belehrend Auskunft geben wollen, indem sie immer wieder Stellen aus der Bibel lesen. Fordernd strecken hier und da verschiedene der Seelen ihre Bibel vor, kniend werden sie oft wie im Gebet emporgehalten ... doch die Stäbe bleiben stehen, wehren ihnen, weiter vorzudringen.

Viele Seelen pochen auf ihr Bibelwissen, manche auf ihr Recht zum Gang ins Himmelreich! Die Stäbe aber wanken nicht!

Da drängt sich eine Mannesseele lächelnd durch die Reihen. Sieghaft winkt er mit der Hand.

»Ihr Toren«, ruft er, »warum wolltet Ihr nicht hören? Die Hälfte meiner Erdenzeit habe ich schon dazu verwandt, das Jenseits, also nun für uns das Diesseits, zu studieren. Die Stäbe, die Ihr vor Euch seht, verschwinden schnell durch einen Willensakt, sie sind durch Einbildung geschaffen. Folgt mir nur, ich führe Euch! Mir ist das alles schon vertraut!«

Die Seelen um ihn geben Raum. Er schreitet den Stäben zu, als wären sie nicht da. Mit einem Schmerzensschrei jedoch taumelt er jäh zurück. Der Anprall war zu hart und überzeugt ihn sehr schnell von dem Vorhandensein der Stäbe. Mit beiden Händen hält er seine Stirn. Die Stäbe vor ihm stehen unerschütterlich. Mit einem Wutausbruch umfaßt er sie und rüttelt scharf an ihnen. Ingrimmig schreit er auf:

»Dann bin ich von dem Medium irregeführt worden! Und Jahr um Jahr hab' ich darauf verwendet!«

Er denkt nicht daran, daß *er* die Irrtümer geboren und in Wort und Schrift verbreitet hatte, nachdem er Bilder, welche ihm vom Medium gegeben wurden, nach *seinen* Anschauungen deutete, ohne die Gottgesetze in der Schöpfung vorher zu studieren.

Sucht nicht, dem Mann zu helfen, oder anderen; denn alle sind von sich so eingenommen, daß sie anderes als eigenes Empfinden gar nicht hören wollen. Sie müssen dessen zuerst müde sein, die Aussichtslosigkeit erkennen oder einsehen, worin allein die Möglichkeit verankert ist, dieser Verstrickung falscher Überzeugungen nach langem Irren in dem Land der Dämmerung noch zu entrinnen.

Es sind dies keine schlechten Menschen, sondern solche, die sich lediglich bei ihrem Suchen in falsche Anschauung verbissen haben, oder selbst zu träge waren, gründlich über alles nachzudenken, statt in sorgfältigstem Durchempfinden nachzuprüfen, ob das Aufgenommene als richtig angesehen werden kann, oder ob es Lücken birgt, die dem gesunden Nachempfinden nicht mehr als natürlich seiend standzuhalten fähig sind. Laßt deshalb leere Äußerlichkeiten fallen!

Alles Mystische weise der Menschengeist von sich, da es ihm niemals einen Nutzen bringen kann. Nur was er selbst klar nachempfindet, dadurch in sich zu eigenem Erleben bringt, wird ihm zum Nutzen in der Reife seines Geistes.

Das Wort »*Erwache!*«, welches Christus oft gebrauchte, heißt: »*Erlebe!*«, gehe nicht schlafend oder träumend durch das Erdensein! »Bete und arbeite« bedeutet: »Mach Deine *Arbeit* zum Gebet!«, durchgeistige, was Du mit Deinen Händen schaffst! Jede Arbeit soll zu einer ehrfurchtsvollen Anbetung Gottes werden in ihrer Ausführung, als Dank dafür, daß Dir von Gott gegeben ist, Außergewöhnliches zu wirken unter allen Kreaturen dieser Nachschöpfung, *so Du nur willst!*

Beginne rechtzeitig mit dem Erwachen, dem Alles-in-sich-selbst-Erleben, was gleichbedeutend ist mit bewußt durchempfinden, auch was Du liest und hörst, damit Du nicht im Land der Dämmerung verbleiben mußt, von dem ich heute nur einen ganz kleinen Teil erklärte.

# GRÜBLER

Der Mensch, der seine Erdentage mit Grübeln über sich verbringt, kann niemals aufwärts steigen, sondern bleibt gehemmt.

So viele Menschen aber leben in der Meinung, daß gerade dieses Grübeln und Sich-selbst-Beobachten etwas besonders Großes ist, womit sie aufwärts kommen. Sie haben viele Worte dafür, die den eigentlichen Kern verhüllen. Der eine grübelt in der Reue, der andere in Demut. Dann sind solche, die in starkem Grübeln ihre Fehler zu entdecken suchen und den Weg, sie zu vermeiden, und so fort. Es bleibt ein dauernd Grübeln, das sie selten oder nie zu wahrer Freude kommen läßt.

*So* ist es nicht gewollt. Der Weg ist falsch, er führt niemals empor zu lichten, freien Reichen. Denn in dem Grübeln *bindet* sich der Mensch! Er hält ja seinen Blick zwangsweise nur auf sich gerichtet, statt auf ein hohes, reines, lichtes Ziel!

Ein freudiges, herzliches Lachen ist der stärkste Feind des Dunkels. Nur darf es nicht das Lachen einer Schadenfreude sein!

Grübeln drückt dagegen nieder. Darin allein schon liegt eine Erklärung, daß es *unten* hält und auch nach unten zieht. –

Der wahre Kern des andauernden Grübelns ist auch nicht ein gutes Wollen, sondern nur die Eitelkeit, Ehrgeiz und Dünkel! Es ist nicht reine Sehnsucht nach dem Licht, sondern eigene Überhebungssucht, die die Veranlassung zum Grübeln gibt, es immer neu entfacht und fortwährend nährt!

Mit Selbstzerquälung denkt ein solcher Mensch immer und immer wieder über sich nach, beobachtet mit Eifer auch das abwechselnde Für und Wider in dem Vorgang seiner Seele, ärgert, tröstet sich, um endlich mit dem tiefen Atemzuge ausruhender Selbstbefriedigung selbst festzustellen, daß er wieder etwas »überwunden« hat und einen Schritt vorwärts gekommen ist. Ich sage dabei absichtlich »*selbst festzustellen*«; denn er stellt wirklich ganz allein das meiste fest, und diese eigenen Feststellungen sind immer nur Selbsttäuschungen. In Wirklichkeit ist er nicht *einen* Schritt vorangekommen, sondern er begeht dieselben Fehler immer wieder neu, trotzdem er meint, es seien *nicht* dieselben mehr. Aber sie *sind* es, stets die alten, nur die Form verändert sich.

So kommt ein derartiger Mensch nie vorwärts. Doch in eigener Beobachtung wähnt er den einen Fehler nach dem anderen zu überwinden. Dabei dreht er sich immer in dem Kreise um sich selbst, während das in ihm steckende Grundübel andauernd nur neue Formen schafft.

Ein immer sich beobachtender und über sich grübelnder Mensch ist die Verkörperung des Kämpfers mit der neunköpfigen Schlange, der jeder Kopf nachwächst, sobald er abgeschlagen wird, wodurch der Kampf kein Ende nimmt und auch kein Fortschritt auf des Kämpfers Seite zu verzeichnen ist.

So ist tatsächlich auch der feinstoffliche Vorgang bei dem Tun des Grüblers, was Menschen in dem Altertume noch erschauen konnten, als sie damals alles Nichtgrobstoffliche für Götter, Halbgötter oder sonstige Wesensarten hielten. –

Nur wer in frohem Wollen frei ein hohes Ziel ins Auge faßt, also die Augen *nach dem Ziele* richtet, nicht aber immer auf sich selbst gesenkt behält, *der* kommt voran und aufwärts nach den lichten Höhen. Kein Kind lernt laufen, ohne viel zu stürzen, aber es steht fast immer lächelnd wieder auf, bis es die Sicherheit im Schritt erlangt. *So* muß der Mensch sein auf dem Wege durch die Welt. Nur nicht verzagen oder jammernd klagen, wenn er einmal fällt. Frisch wieder auf und neu versucht! Dabei die Lehre aus dem Sturze sich zu eigen machen, in der *Empfindung* aber, nicht mit dem beobachtenden Denken. Dann kommt einmal ganz plötzlich auch der Augenblick, wo für ihn gar kein Sturz mehr zu befürchten ist, weil er alles dabei Gelernte in sich aufgenommen hat.

## 2. GRÜBLER

Aufnehmen kann er aber nur in dem *Erleben* selbst. Nicht im Beobachten. Ein Grübler kommt niemals zu dem Erleben; denn er stellt sich durch Beobachtung stets *außerhalb* jedes Erlebens und sieht zergliedernd und zersetzend auf sich wie auf einen Fremden, anstatt für sich voll zu empfinden. Wenn er aber auf sich *sieht, muß* er *neben* dem Empfinden stehen; das liegt schon in den Worten: auf sich sehen, sich beobachten!

Damit ist auch erklärt, daß er nur *dem Verstande* dient, der jedes wirkliche Erleben *in Empfindung* nicht nur hemmt, sondern vollkommen ausschaltet. Er läßt die Wirkung jedes äußeren Geschehens aus der Stofflichkeit nicht weitergehen als zum vorderen Gehirn, das es zuerst empfängt. Dort wird es festgehalten, dünkelhaft zergliedert und zerlegt, so daß es nicht nach dem Empfindungshirn gelangt, durch welches es der Geist als Erleben erst aufnehmen könnte.

Denn achtet meiner Worte: So wie der Menschengeist seine Betätigung von innen heraus folgerichtig über das Empfindungsgehirn leiten muß zu dem Verstandeshirn, so können äußere Geschehen nur den gleichen Weg zurückwirken, wenn sie vom Menschengeiste als Erleben aufgenommen werden sollen.

Der Eindruck äußeren Geschehens aus der Stofflichkeit muß also stets von außen kommend durch das vordere Verstandeshirn über das hintere Empfindungshirn zum Geist. Nicht anders. Während die Betätigung des Geistes genau denselben Weg in umgekehrter Richtung gehen muß, nach außen hin, weil das Empfindungshirn allein zur Aufnahme *geistiger* Eindrücke die Fähigkeit besitzt.

Der Grübler aber hält den Eindruck äußeren Geschehens krampfhaft in dem vorderen Verstandesgehirn fest, zergliedert und zersetzt es dort und gibt es nicht in vollem Wert auf das Empfindungsgehirn weiter, sondern nur teilweise, und diese Teilstücke durch die gewaltsame Denktätigkeit auch nur noch entstellt, also nicht mehr so wirklich, wie es war.

Deshalb kann auch kein Fortschritt für ihn kommen, keine Geistesreife, welche nur das wirkliche Erleben äußeren Geschehens mit sich bringt.

Seid darin wie die Kinder! Nehmt voll auf und lebt es augenblicklich in Euch durch. Dann strömt es wiederum zurück durch das Empfindungshirn zu dem Verstandeshirn und kann von dort entweder zu einer erfolgreichen, starken Abwehr verarbeitet hinausgehen, oder zu erweiterter Aufnahmefähigkeit wirken, je nach der Art der äußeren Geschehen, deren Strahlungen man Einflüsse oder Beeindruckungen von außen her nennt.

Zur Schulung darin wird auch hierbei nun das Tausendjährige Reich dienen, das das Reich des Friedens und der Freude werden soll, das Gottesreich auf Erden. Darunter verstehen die Menschen in ihren *fordernden Wünschen* wiederum etwas Falsches, weil sich aus ihrem Dünkel heraus nichts mehr richtig und gesund zu formen vermag. Bei dem Ausdruck Gottesreich auf Erden geht ein freudiges Erschauern durch die Reihen aller darauf Hoffenden. Sie denken sich tatsächlich dabei ein Geschenk von Freude und von Glück, das ihrer Sehnsucht auf ein ruhiges Genießenwollen voll entspricht. Es wird aber die Zeit unbedingten Gehorsams werden für die ganze Menschheit!

Niemand will heute annehmen, daß eine Forderung darin besteht! Daß der Menschen Wollen und ihr Wünschen sich endlich ganz nach dem Willen Gottes richten *muß!*

Und Friede, Freude wird erstehen, weil alles Störende *gewaltsam* von der Erde weggenommen und in Zukunft ferngehalten wird. Dazu gehört in erster Linie zur Zeit der Mensch. Denn er allein brachte die Störung in die Schöpfung und auf Erden. Aber von bestimmter Stunde an vermag ein Störender nicht mehr auf dieser Erde weiterhin zu leben.

Das wird vollbracht durch die Veränderung der Strahlungen, die durch den Stern des Menschensohnes zur Auswirkung gelangt. Der Friede wird *erzwungen*, nicht geschenkt, und Friedenhalten dann gefordert, hart und unerbittlich!

So sieht das Reich des Friedens und der Freude aus, das Gottesreich auf Erden, in dem der Mensch *entrechtet* werden muß des Herrschens *seines* Wollens, welches ihm bisher belassen war, da er als geistig seiend unter den Entwickelten auf dieser Erde als die höchste Kreatur auch herrschen muß, den Schöpfungsurgesetzen unbedingt entsprechend.

Nur *der* Mensch kann in Zukunft noch bestehen, und alle Kreatur, die sich freiwillig einstellt in den Gotteswillen! Also nach ihm lebt und denkt und wirkt! *Das* ganz allein bietet die Lebensfähigkeit in dem kommenden Reich der Tausend Jahre!

# FREIWILLIGE MÄRTYRER, RELIGIÖSE FANATIKER

Widerwärtig sind die Menschen, die sich freiwillig Schmerzen auferlegen und Entbehrungen, um so Gott wohlgefällig zu werden! Sie alle werden nie das Himmelreich erlangen!
Anstatt zum Danke ihres Seins sich an der schönen Schöpfung zu erfreuen, quälen und martern sie den oft zuvor gesunden Körper in der frevlerischsten Art oder schädigen ihn mit mutwilliger Aufbürdung von mancherlei Entbehrungen, Entsagungen, nur ... um vor *den Menschen* darin groß zu gelten oder vor sich selbst zu eigener Befriedigung und eigener Erhebung in dem eingebildeten Bewußtsein einer ganz besonderen Tat.

Es ist ja alles nur ein übler, widerlicher Auswuchs eines großen Dünkels der niedrigsten Art! Verlangen, unbedingt etwas zu gelten, um jeden Preis! Es handelt sich dabei fast immer um Personen, welche von sich überzeugt sind, daß in irgendeiner anderen Art sie nie zur Geltung kommen können. Die also ganz genau empfinden, unfähig zu sein, Großes zu leisten und dadurch hervorzutreten. Es sind die Überzeugten der eigenen Kleinheit.

Sich selbst betrügend, denken sie die Überzeugung ihrer Kleinheit als die Demut! Doch sie ist es nicht; denn sie beweisen dies sofort mit dem Verlangen, aufzufallen. Nur Selbstgefälligkeit und Eitelkeit treibt sie zu derart widerlichen Dingen. Es sind nicht Fromme oder demütige Diener Gottes, man darf sie nicht als Heilige betrachten, sondern nur als mutwillige *Sünder!* Als solche, die für ihre Sünden noch Bewunderung erwarten, für ihre Arbeitsträgheit Lohn!

Wenn diese große Sünde manchen davon gar nicht zum Bewußtsein kommt, weil sie sie selbst zur eigenen »Erhebung« nicht vor sich als

Sünde gelten lassen wollen, so ändert das nichts an der Tatsache, die in der Auswirkung immer nur das bleibt, was sie *wirklich* ist, nicht aber, wie der Mensch es sich und andere glauben machen will.

Die Menschen sind vor Gott nur *Sünder*, da sie seinen Schöpfungsurgesetzen widerstreben in mutwilligem oder eigensinnigem Gebaren, weil sie die ihnen anvertrauten Körper nicht so nähren, nicht so pflegen, wie es nötig ist, um in den Körpern die Kraft zu entfalten, daß sie befähigt werden, einen starken Boden auf der Erde abzugeben für den Geist, ein gesundes und kraftvolles Werkzeug zur Abwehr und zur Aufnahme, um als Schild und Schwert zugleich dem Geiste machtvoll dienen zu können.

Es ist nur eine Folge von der Krankheit der Gehirne, gegen die Naturgesetze anstürmen zu wollen, um damit hervorzutreten, aufzufallen; denn ein gesunder Mensch wird sich nie einbilden, den Gotteswillen in den Schöpfungsurgesetzen ohne Schaden für sich selbst auch nur um Haaresbreite abbiegen zu können oder zu verbessern.

Wie töricht, kindisch launenhaft, oder wie lächerlich sieht es doch aus, wenn sich ein Mensch für seine Lebenszeit in einen hohlen Baum begibt, oder ein Glied des Körpers ganz erstarren läßt, sich selbst zerfleischt oder beschmutzt!

Der Mensch kann sich bemühen, wie er will, um einen Grund dafür zu finden, der Berechtigung dazu ergäbe oder auch nur einen Sinn dafür, es ist und bleibt Verbrechen gegen den ihm anvertrauten Körper, und somit Verbrechen gegen Gottes Willen!

Dazu gehören auch die unzähligen Märtyrer der Eitelkeit und Mode!

Zollt solchen Menschen keine Achtung mehr! Ihr werdet sehen, wie sie schnell sich ändern, wie wenig tief die Überzeugung ist.

Ein Fanatiker geht an seinem Starrsinne zugrunde! Es ist nicht wert, um ihn zu trauern; denn ein solcher Menschengeist hat *Werte* niemals aufzuweisen.

Und wie sich Tausende in solcher Art an ihren Erdenkörpern schwer vergehen und damit gegen Gottes Willen frevlerisch sich wenden, genau so wird es tausendfältig auch getrieben an der Seele!

## 3. FREIWILLIGE MÄRTYRER, RELIGIÖSE FANATIKER

Groß ist zum Beispiel die Schar derer, die dauernd unter dem selbstgeschaffenen Zwange leben, sie seien die Zurückgesetzten in der Welt. Enterbt des Glückes, von ihren Mitmenschen vernachlässigt, und vieles mehr. Dabei stellen sie aber selbst völlig ungerechte Ansprüche an ihre Nebenmenschen, wirken neidvoll zersetzend auf ihre Umgebung und laden sich damit nur Schuld auf Schuld als schwere Bürde auf. Sie bilden das Gewürm, das im Gericht zertreten werden muß, damit nun endlich ungetrübter Frieden, Freude, Glück unter den Menschen wohnen können.

Aber sie quälen nicht nur ihre Nebenmenschen mit den Launen, sondern sie verletzen dabei die *eigenen* Seelenkörper so, wie religiöse Fanatiker ihrem grobstofflichen Körper Schaden bringen. Damit verstoßen sie *besonders* gegen göttliches Gesetz, indem sie alle ihrem Geiste anvertrauten notwendigen Hüllen rücksichtslos verwunden, daß diese nicht in der frischen Gesundheit und der vollen Kraft vom Geist verwendet werden können.

Weit gehen nun die Folgen solchen Tuns der Schänder ihrer Erden- oder Seelenkörper! Es trifft die Geister hemmend, schädigend für deren unaufschiebbare, notwendige Entwickelung, kann sogar zu der ewigen Zersetzung führen, der Verdammnis. Doch sie alle werden stürzend noch im Wahne sein, Unrecht damit zu leiden!

Im Grunde aber sind sie nur verächtliche Geschöpfe, nicht wert, daß sie sich freuen dürfen!

Achtet ihrer deshalb nicht und meidet sie; denn sie verdienen nicht einmal ein gutes Wort!

# GOTTESDIENER

Ganz unbegründet haben viele Menschen bisher angenommen, daß Diener der Kirchen, Tempel, überhaupt aller Religionsausübungen auch gleichbedeutend anzusehen sind mit Gottesdienern.

Dieser Begriff wurde einst ausgesät zu den Zeiten des Beginnes und des Aufbaues von Kulten aller Arten, von den Dienern dieser Kulte selbst, die sich damit ein Ansehen zu schaffen suchten, das sie persönlich nur schwer sich hätten erringen können. Und es ist beibehalten worden, ohne daß dabei jemand sich darüber klar zu werden versucht hätte, daß hierin Schaden anstatt Nutzen für die Menschheit lag und, was die Hauptsache bedeutet, eine Gottverkennung!

Ein Mensch, welcher mit wachem Geiste in der Schöpfung steht, der sich für das feine Empfindungsschwingen seiner Seele nicht verschlossen hält, vermag niemals als Wahrheit zu erkennen, daß dem großen und lebenden Gotte mit der Ausübung von Kulten, mit Betteln, das die Menschen »beten« nennen, oder mit Kasteiungen wirklich zu dienen ist! Damit *gebt* Ihr doch Eurem Gotte nichts! Ihr bringt ihm damit nichts entgegen! Was wollt Ihr eigentlich damit bezwecken? Das wißt Ihr selbst nicht zu beantworten, wenn Ihr vor Gottes Richterstuhle steht. Ihr werdet stumm verbleiben müssen; denn Ihr habt das alles nur *für Euch* getan! Zu *Eurer* inneren Beruhigung und zur Erhebung, oder in Verzweiflung, Not.

Ich sage Euch: *Der* Mensch allein, der richtig in der Schöpfung seines Gottes steht, selbst als ein Teil der Schöpfung sich erkennt und *darnach lebt*, der ist der wahre Diener Gottes, gleichviel, in welcher Art er sich zu seinem notwendigen Erdenlebensunterhalt betätigt. Er wird sich dabei stets bemühen, als Teil der Schöpfung sich auch *den* Gesetzen anzupassen, welche in der Schöpfung *fördernd* wirken. Dadurch fördert er die Schöpfung selbst und dient damit in einzig rechter Weise seinem Gott, weil durch das rechte Einfügen *nur* Glück und Freude, Fortentwickelung erstehen kann!

*Dazu muß er die Schöpfung aber selbstverständlich kennenlernen.*

Und dieses Eine tut Euch not! Den Willen Gottes zu *erkennen*, der in der Schöpfung ruht und dort andauernd selbsttätig zur Auswirkung gelangt. Gerade darum aber habt Ihr Euch bisher noch nie in rechter Art gekümmert. Und doch ist es nicht anders mit Euch allen, als daß Ihr wie in einem ungeheueren Getriebe steht, darinnen gehen müßt, ohne daran jemals etwas verändern oder verbessern zu können.

Steht und geht Ihr aber darin nicht *recht*, so droht Euch überall Gefahr, Ihr müßt Euch stoßen, könnt auch stürzen und zerrissen werden. Genau so wie in einem riesigen Maschinenhause, wo zahllose Treibriemen in unaufhaltbarer Bewegung blickverwirrend durcheinanderlaufen, welche jeden Unkundigen schwer bedrohen überall, bei jedem Schritt, dem Kundigen aber nur dienen und ihm nützen. Nicht anders ist es mit dem Menschen in der Schöpfung!

Lernt endlich das Getriebe richtig kennen, Ihr dürft und sollt es nutzen dann zu Eurem Glück! Doch dazu müßt Ihr vorerst einmal Lehrling sein wie überall! Es macht das größte aller Werke, diese Schöpfung, keine Ausnahme darin, sondern es ist genau wie bei den Menschenwerken. Selbst das Auto macht dem *Kundigen* nur Freude. Dem, der es nicht zu führen weiß, bringt es jedoch den Tod!

Ihr habt doch tausendfach die Beispiele in kleiner Art greifbar vor Euch! Warum habt Ihr daran noch nie gelernt?

Das ist doch alles einfach und natürlich zu erkennen! Aber gerade darin steht Ihr wie vor einer Mauer! Stumpf, gleichgiltig, mit einem Starrsinn, der nicht zu erklären ist. Es gilt doch schließlich Euer Leben, Euer ganzes Sein gerade hier!

Nur der Erbauer selbst kann Euch eine Maschinerie erklären, oder

der, den *er* dazu herangezogen hat! So ist es hier auf Erden und nicht anders in der Schöpfung! Gerade aber dort wollen die Menschen, die selbst nur ein Teil der Schöpfung sind, von sich aus alles besser wissen als der Meister, wollen keine Unterweisung für Benutzung des Getriebes, sondern wollen selbst die Grundgesetze lehren, die sie festzulegen suchen nur durch oberflächliche Beobachtung ganz schwacher Ausläufer des Großen, Eigentlichen, das zu *ahnen* sie sich stets verschlossen hielten; von Wissen kann deshalb niemals eine Rede sein.

Und doch wurde Euch schon die Möglichkeit eines Erkennens liebevoll geboten durch den Gottessohn, der sie in Gleichnissen und Bildern Euch zu geben suchte.

Der Inhalt aber wurde nicht erkannt, sondern durch Menschenbesserwissenwollen arg entstellt, verdunkelt und verbogen.

Nun wird Euch wiederum Gelegenheit gegeben, die Gottgesetze in der Schöpfung klar zu sehen, damit die Menschen wahre Diener Gottes werden können, voll bewußt, in freudiger und froher Tat, wie es der rechte Gottesdienst erfordert!

*Freude* kann in aller Schöpfung sein und Glück. Not und Sorge, Krankheit und Verbrechen schafft Ihr Menschen ganz allein, weil Ihr bis heute nicht erkennen *wolltet*, worin die ungeheure Stärke liegt, welche Euch mitgegeben wurde auf den Weg durch alle Welten, die Ihr zur Entwickelung auf Euern eigenen Wunsch hin allesamt durchwandern müßt.

Stellt Euch nur richtig ein, so zwingt die Kraft Euch Sonnenschein und Glück herbei! So aber steht Ihr in dem allumfassenden Getriebe hilflos und klein, doch prahlt Ihr immer noch mit großen Worten von Euch selbst und Eurem Wissen, bis Ihr endlich stürzen müßt durch diese Eure Fehler, welche aus dem Nichtswissen und Nichterlernenwollen nur erstanden sind.

Wacht endlich auf! Werdet erst *lernend*, um das *Wissen* zu erhalten; denn sonst wird es nie.

Ihr seid ja jetzt dem Schöpfer gegenüber weit weniger als ein Insekt. Dieses erfüllt getreu den Zweck, den es erfüllen soll, während Ihr als

Menschengeist versagt! Versagt durch Euer eitles Wissenwollen, das kein Wissen ist. Die Schulen, welche Ihr errichtet habt, auf dieses falsche Wissen aufgebaut, sind Ketten, die Euch festgebunden halten, die jeden Geistesaufstieg schon in dem Versuch ersticken, weil Eure darin Lehrenden ihm selbst nicht folgen können!

Danket dem Herrn, daß Euch die Möglichkeit zu weiterem so leerem und nur alles schädigendem Sein gewaltsam nun genommen wird, sonst könntet Ihr nie zur Erkenntnis der Verächtlichkeit gelangen, welche Euch heute überall umgibt und in der ganzen Schöpfung lächerlich erscheinen lassen muß, als leere, grotesk aufgeputzte Puppen, die schlafende Geister in sich tragen!

## INSTINKT DER TIERE

Bewundernd stehen die Menschen oft vor den instinktiven Handlungen der Tiere. Sie schreiben den Tieren einen besonderen Sinn zu, der den Menschen entweder vollständig abgeht oder den sie verkümmern ließen.

Unerklärlich ist den Menschen, wenn sie zum Beispiel beobachten, daß ein Pferd, ein Hund oder auch irgendein anderes Tier bei einem gewohnten, vielleicht täglich genommenen Wege plötzlich an einer bestimmten Stelle sich sträubt weiterzugehen, und wenn sie dann erfahren müssen, daß kurz darauf gerade an dieser Stelle ein Unglück geschah.

Oft schon ist dadurch einem oder mehreren Menschen das Leben gerettet worden. Es gibt deren so viele Fälle, die allgemein bekanntgegeben wurden, daß hier nicht besonders darauf eingegangen zu werden braucht.

Instinkt, unbewußtes Vorempfinden hat die Menschheit diese Eigenschaften des Tieres benannt. Sobald sie einmal einen Namen für eine Sache hat, so ist sie dann im allgemeinen schon befriedigt, denkt sich irgend etwas dabei und findet sich damit ab, gleichviel, ob ihr Denken darüber nun richtig ist oder nicht. So auch hier.

Der Grund für derartige Handlungen des Tieres ist aber ein ganz anderer. Das Tier besitzt weder die Eigenschaft noch die Fähigkeit dessen, was der Mensch unter Instinkt versteht! Es gehorcht bei diesen Vorgängen lediglich einer Warnung, die ihm gegeben wird. Diese Warnungen vermag das Tier ganz gut *zu schauen*, während sie aber nur von wenigen der Menschen beobachtet werden können.

Wie ich schon in einem früheren Vortrage erklärte, kommt die Tierseele nicht aus dem Geistigen wie der Mensch, sondern aus dem Wesenhaften. Aus dem wesenhaften Teile der Schöpfung kommen auch die Elementarwesen: Gnomen, Elfen, Nixen usw., die ihr Wirken in dem Teile haben, den die Menschen durchweg Natur nennen, also Wasser, Luft, Erde, Feuer. Ebenso solche, die sich mit der Entwickelung und dem Wachsen der Steine, Pflanzen und anderem mehr beschäftigen. Diese alle sind aber aus einer anderen Abteilung des Wesenhaften als die Tierseelen. Doch ihre beiderseitige verwandtschaftliche Gleichart des Ursprunges bringt die größere gegenseitige Erkennungsmöglichkeit mit sich, so daß ein Tier diese wesenhaften Kreaturen unbedingt besser erkennen muß, als es der Mensch vermag, dessen Ursprung im Geistigen liegt.

Die Elementarwesen wissen nun genau, wo und wann eine Veränderung in der Natur erfolgt, wie Erdrutsche, Bergstürze, Umbrechen eines Baumes, Nachgeben des Erdbodens durch Unterwühlung des Wassers, Dammbrüche, Hervorbrechen des Wassers, Ausbrechen des Feuers aus der Erde, Sturmfluten, Erdbeben und was alles sonst noch dazu gehört, da sie selbst damit beschäftigt sind und diese Veränderungen, die von den Menschen Unglücksfälle und Katastrophen genannt werden, vorbereiten und herbeiführen.

Ist nun ein derartiger Vorgang unmittelbar zu erwarten, so kann es geschehen, daß ein daherkommendes Tier oder ein Mensch von diesen Elementarwesen gewarnt wird. Sie stellen sich ihm in den Weg und suchen durch Schreien und heftige Bewegungen oder auch durch plötzliche Gefühlseinwirkungen zur Umkehr zu veranlassen; das Tier erschrickt, sträubt die Haare und weigert sich energisch, weiterzugehen, ganz gegen seine sonstige Gewohnheit, so daß oft selbst das bestgezogene Tier seinem Herrn ausnahmsweise den Gehorsam versagt. Aus *diesem* Grunde das auffallende Benehmen des Tieres in solchen Fällen. Der Mensch aber sieht diese Elementarwesen nicht und geht dadurch oft in die Gefahr hinein, in der er umkommt oder schwer beschädigt wird.

Deshalb sollte der Mensch die Tiere mehr beachten, damit er sie verstehen lernt. Dann wird das Tier wirklich ein Freund des Menschen werden; denn es vermag Lücken auszufüllen und sich dadurch dem Menschen noch viel nützlicher zu machen als bisher.

## DER FREUNDSCHAFTSKUSS

Viel ist davon in aller Welt gesprochen. In Dichtungen wurde der Freundschaftskuß verschönt und in Gedankenwelten hoch emporgehoben. Doch alles das ist nur ein Phantasiegebilde, das sich weit von dem Boden der Natürlichkeit entfernt.

Es ist ein schönes Mäntelchen, das sich der Erdenmensch, wie in so vielen Dingen, selbst anfertigte, um sich oder andere darin zu bewundern. Doch ist Bewunderung durchaus nicht angebracht; denn Heuchelei ist es in Wirklichkeit, sonst nichts. Ein schmachvoller Versuch, Schöpfungsgesetze zu verschieben, umzubiegen, sie ihrer prachtvollen und einfachen Natürlichkeit entstellend zu berauben!

Wohl ist die Absicht eines Kusses oft verschieden; das ändert aber nichts daran, daß jeder Kuß an sich ein Kuß verbleibt, also Berührung körperlicher Art, welche naturgesetzmäßig Gefühl auslöst, das niemals anders sein kann als nur körperlich! Wer meine Botschaft kennt, weiß dies bereits. Der Mensch soll sich nicht immer so in Feigheit hüllen, ableugnen zu wollen, was er *wirklich* tut, sondern er soll sich dessen stets ganz klar bewußt bleiben! Ein Heuchler ist noch schlimmer als ein Frevler.

Die Bezeichnung »Freundschaftskuß« setzt ganz bestimmt das Reifealter schon voraus.

Der Kuß zweier Geschlechter aber in dem Reifealter ist auch bei gewollter Reinheit den schwingenden Schöpfungsurgesetzen unterworfen! Ausreden darin sind lächerlich. Der Mensch weiß ganz genau, daß die Naturgesetze nicht nach seiner Ansicht fragen. Der Kuß des Freundes, Bruders, Vaters einem reifen Mädchen oder einer Frau gegenüber

## 6. DER FREUNDSCHAFTSKUSS

bleibt trotz der stärksten Selbsteinbildung jederzeit der Kuß zweier Geschlechter, nicht anders jeder Kuß der Mutter zu dem Sohn, sobald dieser das Reifealter hat. Naturgesetze wissen und gewähren darin keinen Unterschied. Deshalb muß jeder Mensch viel mehr Zurückhaltung bewahren!

Allein die Sucht des Menschen, die Naturgesetze seinen Wünschen anpassen zu wollen, bildet so naturgesetz*widrige* Vorstellungen wie die Freundschaftsküsse, wie Verwandtschaftszärtlichkeiten und die vielen Übergriffe, die es darin gibt. Unter den heuchlerischsten Deckmänteln sucht der Mensch sogar *absichtlich* oft zu sündigen!

Nichts wird an dieser Tatsache derartiger Naturgesetzwidrigkeiten geändert, weil sich so manche Menschen wirklich harmlos bei den Übertritten glauben und sich einbilden, vollkommen rein dabei zu sein! Es ist und bleibt eine Verzerrung der reinsten Naturgesetze, wenn diese ihrer schönen Einfachheit durch falsche Ausdeutung entkleidet werden sollen! Und es entsteht dabei immer nur Ungesundes, weil jeder Mißbrauch und jede Verschiebung das in dem Gesetz liegende ursprünglich Gesunde nur entwertet, nur beschmutzt, erniedrigt!

Deshalb hinweg mit dieser Heuchelei! Ehrt endlich die Naturgesetze in deren einfacher und dadurch hoheitsvoller Größe so, wie diese wirklich sind! Stellt *Euch* nur darauf ein und lebt darnach, richtet auch Euer Denken, Euer Handeln, Euere Gebräuche inner- und außerhalb Eurer Familien darnach, werdet also natürlich in dem reinsten Sinne, dann werdet Ihr auch glücklich sein! Das ungesunde Leben wird dann von Euch fliehen. Ehrlichkeit unter- und gegeneinander kehrt ein, und viele unnötige Seelenkämpfe bleiben Euch erspart, da sie ja nur aus derartigen falschen Einbildungen folgen, um oft quälend Euch das ganze Erdenleben zu belästigen!

Das Ungesunde dieser schädigenden Spielereien, dieser falschen Zärtlichkeiten, welche durchweg nur rein grobstoffliche Grundlagen aufweisen, seht Ihr selbst am deutlichsten bei den unreifen und harmlosen Kindern in dem *zarten* Alter. Kinder, welche stark mit den verwandtschaftlichen Zärtlichkeiten überschüttet werden, sagen wir ruhig

»belästigt« werden, haben immer ungesundes Aussehen. Auch zeigt fast jedes Kind eine empfindungsmäßige Abwehr gegen solche aufdringliche Zärtlichkeiten, niemals Verlangen, weil das Kind in Wirklichkeit »natürlich harmlos« ist! Es muß im Anfang immer erst zu der Erduldung und zur Hergabe von Zärtlichkeit erzogen werden!

Dieses Erziehen dazu ist jedoch nur Wunsch Erwachsener, die durch die Reife ihres grobstofflichen Körpers triebhaft das Bedürfnis dazu fühlen! Nicht das Kind! Das alles spricht deutlich genug von der gefährlichen Gewalt, die einem Kinde damit frevlerisch geschieht! Doch nach und nach gewöhnt es sich schließlich daran, und aus Gewohnheit heraus fühlt es dann dazu Bedürfnis, bis der reifende Körper selbst im Trieb erwacht!

Schmach, daß die Menschheit immer wieder die Gelüste und eigene Schwächen durch Heucheleien zu verdecken sucht! Oder gedankenlose Handlungen darin begeht.

Der Mensch soll *wissen*, daß die echte Liebe überhaupt nur seelisch ist! Und alles andere nur Trieb! Seelische Liebe aber hat mit dem grobstofflichen Körper nichts zu tun, verlangt auch nicht darnach, da die Trennung aller Schöpfungsarten stets vollkommen bleibt. Geistig ist geistig, seelisch ist seelisch, und körperlich ist und bleibt immer nur körperlich!

Beim Sterben des Körpers wird nicht ein Atom der Seele mit absterben. Das zeigt in aller Einfachheit, daß jedes für sich allein steht, und keine Vermischung vorkommt.

Einen seelenvollen Kuß zum Beispiel gibt es nur in Einbildung, weil jeder Kuß lediglich eine grobstoffliche Handlung ist und bleibt. Was der Mensch seelisch dabei empfindet, ist eine ganz getrennte Sache. Seelische Liebe geht *neben* dem körperlichen Triebe, nicht mit oder gar in ihm.

Jede andere Vorstellung ist grobe Selbsttäuschung, weil es den Gesetzen der Natur nicht entspricht. Nur der Verstand erfand darin Verschiedenartigkeiten, zu eigener Entschuldigung, und um ein neues Zerrbild anzustreben zur Verstümmelung der Wahrheit, die in reiner Form die Menschen zum Erwachen, zur Erkenntnis bringen müßte, damit zur

Reinheit und Wahrhaftigkeit ihrer Gesinnungen, zuletzt zum Aufstiege dem Licht entgegen.

Mensch, habe endlich Mut, um *wahr* zu sein in allem, was Du tust! Auch in dem Kuß. Durchbrich die täuschenden Gebilde, die Deine Eitelkeit und Sinneslust Dir schufen! Wach auf!

## DAS VERBOGENE WERKZEUG

Der Menschenseele größte Bürde, die sie sich aufgeladen hat und die sie hindern wird an jeder Aufstiegsmöglichkeit, ist Eitelkeit! Verderben trug sie in die ganze Schöpfung. Die Eitelkeit ist zu dem stärksten Seelengift geworden, weil der Mensch sie liebgewonnen hat als Schild und Deckmantel für alle seine Lücken.

Wie Rauschgift hilft sie über seelische Erschütterungen immer wieder leicht hinweg. Daß es nur Täuschung ist, spielt bei Erdenmenschen keine Rolle, wenn diese nur Befriedigung dabei empfinden und damit ein Erdenziel erreichen, seien es auch oft nur wenige Minuten lächerlicher Selbstgefälligkeit. Es braucht nicht echt zu sein, der Schein genügt dem Menschen.

Man spricht von dieser Eitelkeit, von Dünkel, Geisteshochmut, Schadenfreude und so vielen Eigenschaften aller Erdenmenschen gutmeinend, beschönigend als Fallstricke des luziferischen Prinzips. Es ist dies alles aber nur kraftlose Selbstentschuldigung. Luzifer brauchte sich gar nicht so sehr zu bemühen. Für ihn genügte es, daß er die Menschen auf das einseitige Großziehen des irdischen Verstandes hingewiesen hat in der Versuchung, die Frucht des »Baumes der Erkenntnis« zu genießen, sich also dem Genusse der Erkenntnis hinzugeben. Das andere, was darauf folgte, machte der Mensch selbst.

Als größter Auswuchs des die Oberhand gewinnenden und erdgebundenen Verstandes will die Eitelkeit genommen sein, welche so viele Übel in ihrer Gefolgschaft hat, wie Neid und Haß, Verleumdung, Sucht nach irdischen Genüssen und nach Gütern jeder Art. Alles Unschöne in dieser Welt ist eigentlich in Eitelkeit verankert, die sich in so vielen Arten zeigt.

## 7. DAS VERBOGENE WERKZEUG

Der Drang nach äußerlichem Schein erzog das heute vorherrschende »Zerrbild Mensch«! Das Scheinwesen, das »Mensch« genannt zu werden nicht verdient, weil es in seiner Eitelkeit die Möglichkeit zum notwendigen Geistesaufstieg um des Scheines willen untergrub, alle natürlichen Verbindungswege, die ihm zur Betätigung und zum Reifen seines Geistes mitgegeben wurden, hartnäckig vermauerte und gegen seines Schöpfers Willen frevelnd ganz verschüttete.

Allein den erdgebundenen Verstand zum Götzen zu erheben, genügte, um den ganzen Weg des Menschen umzustellen, den der Schöpfer ihm in seiner Schöpfung vorgezeichnet hatte.

Luzifer buchte für sich den Triumph, daß des Erdenmenschen Seele in den grobstofflichen Erdenkörper einen Eingriff wagte, der ihr gesolltes Wirken in der Schöpfung ganz unmöglich machte. Um den Verstand zu schärfen, trat die einseitige Züchtung *des* Gehirnteiles in fieberhafte Tätigkeit, welcher nur für die Grobstofflichkeit wirken muß: des Vorderhirns. Ganz automatisch wurde dadurch der geistig *aufnehmende* Teil des menschlichen Gehirnes in seiner Tätigkeit zurückgedrängt und unterbunden. Damit war auch jedes Verständnis für das Geistige erschwert, mit den Jahrtausenden ein *geistiges* Begreifen sogar vollständig verloren für den Erdenmenschen.

Dieser steht damit nun einsam, *unbrauchbar* in der Schöpfung. Abgeschnitten von der Möglichkeit geistigen Erkennens und Aufstieges, damit abgeschnitten auch von Gott!

*Das* ist das Werk Luzifers. Mehr brauchte er nicht zu tun. Dann konnte er den Erdenmenschen sich selbst überlassen und ihn sinken sehen von der einen Stufe zu der andern, dabei von Gott sich immer mehr entfernend, als Folge dieses einen Schrittes.

Das zu beobachten ist nun für Menschen, die sich ehrlich mühen, wenigstens einmal sachlich mitzu*denken*, gar nicht schwer. Daß die Verstandestätigkeit auch Besserwissenwollen in sich trägt, das trotzige Beharren auf allem, was eine solche Tätigkeit für richtig hält, ist leicht begreiflich; denn der Mensch hat ja dabei »gedacht«, was er zu denken fähig war. Er hat *seine* Höchstgrenze im Denken erreicht.

Daß diese Grenze durch das Erdgebundensein des vorderen Gehirnes *niedrig* ist, der Mensch deshalb mit dem Verstand nicht weiter *kann*, vermag er nicht zu wissen und wird aus *diesem Grunde* immer denken und behaupten, mit *seiner* Grenze auch das *Richtige* erreicht zu haben. Hört er dann einmal anderes, so wird er das von *ihm* Gedachte immer höher stellen, für das Richtige ansehen. Das bleibt die Eigenart jedes Verstandes und somit jedes Verstandesmenschen.

Wie ich schon einmal sagte, fällt einem Teile der Gehirnmasse die Aufgabe zu, *Geistiges aufzunehmen wie eine Antenne,* während der andere Teil, der den Verstand erzeugt, das Aufgenommene dann zur Benutzung für die Grobstofflichkeit umarbeitet. Ebenso soll umgekehrt das vordere Gehirn, das den Verstand erzeugt, alle Eindrücke aus der Stofflichkeit aufnehmen, zur Empfangsmöglichkeit des hinteren Gehirnes umarbeiten, damit dessen Eindrücke zur weiteren Entwickelung und Reife des Geistes dienen können. Beide Teile aber sollen *gemeinschaftliche* Arbeit leisten. So liegt es in den Bestimmungen des Schöpfers.

Da aber durch den Eingriff der einseitigen Hochzüchtungen des vorderen Gehirnes dieses in seiner Tätigkeit übermächtig beherrschend wurde, so störte es die notwendige Harmonie der Zusammenarbeit beider Gehirne und damit das gesunde Wirken in der Schöpfung. Der Aufnahmeteil für das Geistige blieb in der Entwickelung zurück, während das Vorderhirn aber, in seiner Tätigkeit durch Schulung immer mehr gesteigert, schon lange nicht mehr durch das hintere Gehirn die reinen Schwingungen aus lichten Höhen aufnimmt zu seiner Arbeit und zur Weitergabe in die Grobstofflichkeit, sondern den Stoff für seine Tätigkeit zum größten Teile nur aus der stofflichen Umwelt und den Gedankenformen aufsaugt, um sie umgeformt als eigene Erzeugung wieder auszusenden.

Nur wenige Menschen sind es noch, bei denen der *aufnehmende* Gehirnteil in wenigstens *einigermaßen* harmonischer Zusammenarbeit mit dem Vorderhirn steht. Diese Menschen treten heraus aus dem üblichen Rahmen, sie fallen auf durch große Erfindungen oder durch verblüffende Sicherheit in ihrem Empfindungsvermögen, das vieles schnell erfassen läßt, wozu andere nur durch mühsames Studium kommen können.

Es sind die, von denen man neidvoll sagt, daß sie es »im Schlafe erhalten«, welche die Bestätigung des Ausspruches bilden: »Den Seinen gibt es der Herr im Schlafe!«

Mit den »Seinen« sind Menschen gemeint, welche ihre Werkzeuge noch so verwenden, wie sie nach des Schöpfers Bestimmung arbeiten sollen, also welche noch nach seinem Willen sind, und gleich den klugen Jungfrauen das Öl in ihren Lampen in Ordnung hielten; denn nur diese können den Bräutigam »erkennen«, wenn er kommt. Nur diese sind wirklich »wach«. Alle anderen »schlafen« in ihrer Selbsteinengung, haben sich für das »Erkennen« unfähig gemacht, weil sie die dazu notwendigen »Werkzeuge« nicht in Ordnung hielten. Wie eine Lampe ohne Öl ist das Vorderhirn ohne *harmonische* Mitarbeit des Aufnahmeteiles für das Geistige.

Zu diesen sind medial veranlagte Menschen *nicht* ohne weiteres zu zählen. Wohl muß auch bei ihnen der Aufnahmeteil des Gehirnes mehr oder weniger gut arbeiten, aber während der Aufnahme wird bei den medialen Menschen das für irdische Weitergabe bestimmte Vorderhirn ermüdet, weil der Vorgang durch das bestimmte Wollen irgendeines Jenseitigen ganz besonders stark auf das Aufnahmehirn drückt und deshalb dabei von diesem mehr Gegendruckverbrauch sich nötig macht. Das entzieht ganz automatisch dem Vorderhirne Blut, also Bewegungswärme, wodurch dieses wiederum teilweise oder ganz zum Ruhen kommt. Es arbeitet nur träge oder gar nicht mit. Diese Blutentziehung würde nicht notwendig sein, wenn das Aufnahmehirn nicht durch die Unterdrückung stark geschwächt worden wäre.

Das ist die Ursache, weshalb die Weitergabe eines Mediums durch Wort oder durch Schrift nicht *so* für irdisches Begreifen umgearbeitet erscheint, wie es sein müßte, wenn es *genau* mit irdischen Begriffen, Raum- und Zeitrechnung verstanden werden soll.

Darin liegt auch der Grund, daß Medien der Erde nahekommende Geschehen, Katastrophen oder Ähnliches so oft erschauen und davon erzählen oder schreiben, den irdischen Zeitpunkt aber selten richtig treffen.

Ein Medium nimmt den *feinstofflichen* Eindruck auf und gibt ihn, wenig oder gar nicht für die Grobstofflichkeit umgearbeitet, geschrieben oder wörtlich weiter. Das muß dann Irrungen ergeben für die Menschen, welche nur mit Grobstofflichkeit dabei rechnen. Der feinstoffliche Eindruck ist anders als die grobstoffliche Auswirkung, welche sich später zeigt. Denn in der Feinstofflichkeit stehen sich die Gegensätze schärfer, reichhaltiger gegenüber und wirken sich auch dementsprechend aus. Nun geschieht es häufig, daß Medien nur Feinstofflichkeit unverändert schildern, weil das Vorderhirn dabei in seiner Umarbeitungstätigkeit nicht folgen kann und ruht. Dann ist das *Bild* eines Geschehens wie die *Zeiten* anders, da auch feinstoffliche Zeitbegriffe unterschiedlich sind von denen auf der Erde.

So werden Schilderungen und Vorausschauungen einer gleichen Sache fast bei jedem medialen Menschen anders lauten, je nach der weniger oder auch mehr möglichen Mitwirkung des vorderen Gehirnes, das nur in den seltensten Fällen eine volle Umformung für irdische Begriffe bringen kann.

Wenn Jenseitige aber nun sich mühen, die von den Erdenmenschen abgebrochene Verbindung zwischen der Feinstofflichkeit und der Grobstofflichkeit wieder zu errichten, so soll kein Fordern und kein lächerliches Richtenwollen von Unwissenden und Verstandesmenschen weiterhin geduldet werden, sondern diese Arbeiten verlangen unbedingtes Ernstnehmen, damit wieder herbeigeführt wird, was durch dünkelhafte Eitelkeit verdorben wurde.

Von einer Mitarbeit sollen aber auch alle Phantasten, Schwärmer und Mystiker ausgeschlossen werden, die in Wirklichkeit darin noch schädlicher sind als die Verstandesmenschen.

Könnten beide Gehirnteile der Erdenmenschen harmonisch zusammen arbeiten, wie es in den Bestimmungen des Schöpfers liegt, so würden Übermittlungen der Medien in für die Grobstofflichkeit passenden Zeitbegriffen gegeben werden. So aber treten durch die mehr oder weniger große Blutentziehung aus dem Vorderhirn Verschiebungen und Entstellungen ein. Diese richtigzustellen, erfordert sorgfältiges Lernen im Beobachten, verdient aber nicht, lächerlich gemacht zu werden oder gar, daß unlautere Gründe untergeschoben werden, wie es mit Vorliebe von geistesträgen Menschen geschieht.

Natürlich wird es auch dabei wie in allen Dingen immer Menschen geben, die, sich wissend stellend, mit Behaglichkeit in diesen Dingen schwimmen und sich damit wirklich lächerlich machen, wie auch solche, die unlautere Absichten verfolgen. Das ist aber überall zu finden, und es gibt keine Berechtigung, deshalb die Sache an sich, oder die, welche sich ernsthaft damit beschäftigen, in so auffallender Weise zu beschmutzen.

Es ist dieses Gebaren der Beschmutzung alles dessen, was noch nicht verstanden werden kann, nur wiederum ein Ausdruck lächerlicher Eitelkeit, ein Zeichen unverantwortlicher Dummheit, welche unter diesen Menschen Platz gegriffen hat. Es gibt ja auch nichts Großes, nichts Erhabenes, das im Anfang von der Erdenmenschheit *nicht* angefeindet worden wäre! Auch dem, was Christus Jesus damals sagte, und ihm selbst erging es ja nicht anders.

Solche Spötter zeigen damit nur sehr deutlich, daß sie blind durch das Leben gehen, oder doch mit sichtbarer Beschränktheit.

Schauen wir uns um: Wer heute spottend über die von allen Seiten sich so häufenden Ankündigungen und Vorausschauungen furchtbarer Geschehen seine Straße trottet, nicht sehen will, daß sich so vieles davon schon erfüllt, daß von der einen Woche zu der anderen sich die Naturereignisse anhäufen, der *ist* beschränkt, oder er will aus bestimmter Furcht heraus noch nichts erkennen!

Es sind Beschränkte oder Feiglinge, welche nicht wagen, Tatsachen in das Gesicht zu sehen! In jedem Fall aber Schädlinge.

Und wer die große wirtschaftliche Not, welche sich unaufhaltsam steigert, in allen Ländern dieser Erde, wer die daraus erwachsende Verwirrung und Hilflosigkeit noch nicht als eine unheilvolle Katastrophe anerkennen will, nur weil er vielleicht selbst noch genug zu essen und zu trinken hat, der Mensch verdient nicht mehr, noch Mensch genannt zu werden; denn er muß innerlich verdorben sein, abgestumpft gegen fremdes Leid.

»Alles ist schon dagewesen!« lautet deren leichtfertige Rede. Allerdings, schon dagewesen ist *das einzelne!* Aber nicht unter den Verhältnissen wie heute, nicht unter diesem Wissen, dessen man sich heute rühmt, nicht bei den Vorkehrungen, die man heute treffen kann! Das ist ein Unterschied wie Tag und Nacht!

Vor allen Dingen aber waren nie die *Anhäufungen* der Geschehen. Es lagen früher Jahre zwischen den Naturereignissen, man sprach und schrieb monatelang von derartigen Vorgängen, die alle Völker der Kultur in Aufregung versetzten, während heute schon nach Stunden alles vergessen wird im Tanz oder im Alltagsklatsch. Es ist ein Unterschied, den man nicht sehen will, aus Furcht, die sich im Leichtsinn zeigt! In einem frevelhaften Nichtverstehenwollen.

»Die Menschheit darf sich nicht beunruhigen!« ist das Gebot für heute. Aber nicht aus Menschheitsliebe, sondern nur aus Furcht, die Menschen könnten Forderungen stellen, denen niemand mehr gewachsen ist!

Oft sind ja die Beruhigungsversuche plump, so daß nur eine *gleichgiltige* Menschheit schweigend darauf hören kann in einer Abgestumpftheit, wie sie heute herrscht. Daß dies aber feindliche Gegenarbeit ist gegen den hohen Willen Gottes, das zu erkennen und zu sagen, müht sich niemand.

Gott *will*, daß Menschen diese Warnungen erkennen, welche deutlich sprechend in den vorwärtsschreitenden Geschehen liegen! Sie *sollen* aufwachen aus ihrem leichtfertigen Geistesdämmern, um nachdenkend noch rechtzeitig den Weg zur Umkehr zu beschreiten, bevor es nötig wird, daß all das Leid, was sie jetzt noch bei Nebenmenschen sehen können, auch sie ergreifen muß. Auflehnung gegen Gott ist es von allen, welche dies verhindern wollen durch die Reden der Beruhigung!

Aber die Menschheit ist ja leider zu empfänglich für ein jedes Wort, das sie entheben will der eigenen Regsamkeit des Geistes, und läßt sich deshalb gern die sonderbarsten Dinge sagen, nimmt sie gläubig hin, ja, *will* sie haben, verbreitet und vertritt sie sogar noch, nur um aus ihrer Ruhe und Behaglichkeit nicht aufgeschreckt zu werden.

Und die liebe Eitelkeit schlägt ihren Takt dazu, ist beste Förderin all jenes Unkrautes, welches gleich ihr als Frucht der gottesfeindlichen Verstandesherrschaft wächst.

Die Eitelkeit will Wahrheit nie erkennen lassen, gleichviel, wo sie zu finden ist. Was sie sich darin alles leistet, zeigt die Stellungnahme dieser Erdenmenschheit schon dem Erdensein des Gottessohnes gegenüber, welches in seiner wahren, großen Einfachheit dem eitlen Menschensinne nicht genügt. Der Gläubige will »seinen« Heiland nur nach *seinem* Sinne haben! Deshalb schmückt er den Erdenweg des Gottessohnes Christus Jesus mit erdachten Vorkommnissen aus.

Nur aus »Demut« allem Göttlichen gegenüber muß dieser Heiland nach der Menschen Sinn als Gottessohn auch unbedingt »übernatürlich« sein. Sie überlegen dabei nicht, daß Gott selbst die *Vollkommenheit des Natürlichen* ist, und die Schöpfung aus dieser seiner vollkommenen Natürlichkeit heraus durch seinen Willen sich entwickelte. Vollkommenheit trägt aber auch die Unabänderlichkeit in sich. Wäre eine Ausnahme in den Schöpfungsgesetzen möglich, die nach dem Willen Gottes sind, so müßte darin eine Lücke sein, es hätte an Vollkommenheit gemangelt.

Menschliche Demut aber hebt sich über alles dies hinaus; denn sie erwartet, ja *verlangt* bei einem Erdensein des Gottessohnes Abänderung bestehender Gesetze in der Schöpfung, also Übertretung. Ausgerechnet nun von dem, der doch gekommen war, alle Gesetze seines Vaters zu erfüllen, wie er selbst es sagte! Sie erwartet von ihm Dinge, die nach den Gesetzen der natürlichen Entwicklung einfach unmöglich sein müssen. Und ausgerechnet *damit* soll sich seine Gottheit zeigen, das Göttliche, das die Grundlage der Naturgesetze lebendig in sich trägt!

Ja, Menschendemut kann viel fertigbringen. Aber ihr richtiges Gesicht ist *Forderung*, nicht wahre Demut. Höchste Anmaßung, ärgster,

## 7. DAS VERBOGENE WERKZEUG

geistiger Hochmut! Die liebe Eitelkeit deckt nur ein Mäntelchen darüber, das der Demut ähnlich scheint.

Traurig ist nur, daß auch so oft wirklich Gutwollende sich in der anfänglich ganz echten Demut unbewußt in ihrer Hingerissenheit bis zu den unmöglichsten Dingen steigern.

Es erstanden Einbildungen, deren Weitergabe großen Schaden brachte.

So mußte schon das Jesuskind die größten Wunderdinge ausgeführt haben. Sogar bei den kindlichsten Spielen, die es trieb wie jedes Kind, wenn es gesund und geistig rege ist. Die kleinen Vögel, die es spielend aus einfachem Lehm formte, wurden *lebend*, flogen lustig singend in die Luft, und viele solcher Dinge mehr. Es sind die Vorgänge *einfach unmöglich, weil sie allen Gottgesetzen in der Schöpfung widersprechen!*

Dann hätte ja Gottvater seinen Sohn auch *fertig* auf die Erde stellen können! Wozu war eine Menschenmutter nötig! Die Unannehmlichkeiten der Geburt! Können die Menschen denn nicht einmal *einfach* denken? Sie unterlassen es aus eigener Eitelkeit heraus. Der Erdengang des Gottessohnes *muß* nach ihrer Ansicht anders sein. *Sie* wollen es, damit »ihr« Heiland, »ihr« Erlöser nicht den Gesetzen Gottes in der Schöpfung unterworfen war. In Wirklichkeit wäre das zwar in ihrem Denken nicht zu klein für *ihn* gewesen, den Gottessohn, aber für alle die, welche in ihm ihren Erlöser anerkennen wollen! Menschliche Eitelkeit und weiter nichts!

Sie überlegen nicht, daß es für Jesus noch viel größer war, daß er sich freiwillig diesen Gesetzen unterwarf durch seine Fleischwerdung, nur um die Wahrheit in dem Wort zu bringen jenen Menschen, welche frevelnd durch Verbiegung ihres Erdenwerkzeuges sich unfähig dafür gemacht hatten, die Wahrheit aus sich selbst heraus noch aufzunehmen, zu erkennen. Sie waren viel zu eitel, um in dem Worte selbst die Sendung Christi als erfüllt zu sehen. Für sie, die eitlen Menschen, mußte *Größeres* geschehen!

Und als der Gottessohn am Kreuze dann den Erdentod erlitt und starb, wie jeder Mensch am Kreuze sterben muß, weil es den Gottgesetzen in der Schöpfung so entspricht, als der menschliche Körper nicht einfach vom Kreuze steigen konnte, unverletzt, da blieb der Eitelkeit nichts weiter übrig als die Ansicht, daß der Gottessohn so sterben mußte, *nicht heruntersteigen wollte*, um den armen Menschlein ihre Sünden dadurch abzunehmen, damit sie daraufhin nun froh empfangen werden in dem Himmelreich!

Und so erstand der Grund zu der späteren Auffassung der *Notwendigkeit* des Kreuzestodes, die die traurige, große Irrung unter die heutigen Christen brachte, nur aus der Menscheneitelkeit heraus.

Wenn kein Mensch mehr zu der Erkenntnis kommen will, daß solches Denken nur schamlosem Dünkel zu entspringen fähig ist, zur Freude Luzifers, der Eitelkeit dem Menschen zum Verderben gab, dann ist der Menschheit auch nicht mehr zu helfen, und alles bleibt vergebens; selbst die größten, stärksten Warnungen in der Natur können sie aus dem Geistesschlafe nicht erwecken. Warum denkt denn der Mensch nicht weiter!

Wenn Christus fleischlich hätte auferstehen können, so war es unbedingt auch folgerichtig, zu erwarten, daß er die Möglichkeit besaß, auch fleischlich fertig schon von dort auf diese Erde hier herabzukommen, wohin er bei der Auferstehung fleischlich gegangen sein soll. Daß dieses aber nicht geschah, daß er im Gegenteil von Anfang an die Wege eines jeden Menschenkörpers von Geburt an auch durchleben mußte, mit allen kleinen und mit allen großen Mühen, spricht mit vielen anderen Notwendigkeiten seines Erdenseins deutlich genug dagegen, ganz abgesehen aber davon, daß es so und anders nicht sein konnte, weil auch der Gottessohn sich den vollkommenen Gesetzen seines Vaters in der Schöpfung fügen mußte.

Wer in die Schöpfung, auf die Erde will, ist den nicht abzuändernden Schöpfungsgesetzen unterworfen.

Das Gegenteilige ist Dichtung, aus Begeisterung heraus von Menschen selbst geformt und dann als Wahrheit hinterlassen. So ging es allen Überlieferungen, gleichviel, ob diese mündlich oder schriftlich ihre Weitergabe fanden. Die Menscheneitelkeit spielt darin eine große

Rolle. Ohne etwas beizufügen, geht es selten nur aus einer Menschenhand oder aus einem Menschenmund, sogar aus Menschenhirn. Aufzeichnungen aus zweiter Hand sind nie Beweis, auf den sich eine Nachwelt stützen sollte. Der Mensch braucht doch nur in der Gegenwart gut zu beobachten. Nehmen wir nur ein Beispiel an, das ja in aller Welt bekannt wurde.

Die Zeitungen sämtlicher Staaten *berichteten* von dem geheimnisvollen »Schloß« auf Vomperberg, dessen Besitzer ich sein sollte! »Der Messias von Tirol« nannte man mich oder auch »der Prophet auf Vomperberg«! Mit großen, führenden Überschriften, selbst in den größten Zeitungen, die ernst genommen werden wollen. Es gab Berichte von so schauerlich-geheimnisvoller Art über zahlreiche unterirdische Verbindungsgänge, Tempel, Ritter in schwarzen Harnischen sowie in Silber, einen unerhörten Kult, auch große Parkanlagen, Autos, Marstall, und was alles so zu einem kranken Hirn gehört, das solches zu berichten fähig ist. Und Einzelheiten wurden angeführt, die manchmal phantasievoll schön, manchmal aber auch von so unerhörtem Schmutze starrend waren, daß jeder etwas Überlegende sofort die Unwahrheit, das Bösgewollte darin sehen mußte. –

Und es war an allem *nicht ein wahres Wort!*

Wenn aber in Jahrhunderten, noch leichter in Jahrtausenden ein Mensch so einen üblen Hetzartikel liest ... wer wird es ihm verdenken, wenn er daran glauben will und sagt: »Hier steht es doch berichtet und gedruckt! Einheitlich fast in allen Zeitungen und Sprachen!«

Und alles das war nichts als nur ein Spiegelbild für die verdorbenen Gehirne dieser Zeit! Mit ihren eigenen Werken drückten sie sich selbst die Stempel auf als Ausweis der Verdorbenheit. Schon für das kommende Gericht!

Solches geschah also noch *heute* trotz der Mittel, schnell und ohne Mühe klare Feststellung *vor* der Veröffentlichung zu erhalten! Wie mag es da früher gewesen sein, zu Jesu Erdenzeit, wo alles nur von Mund zu Mund gehen konnte! Wie stark ist eine Weitergabe dadurch den Veränderungen unterworfen. Auch in Niederschriften und in Briefen. Lawinenartig wächst es an. Im Anfang schon zum Teil falsch aufgefaßt, entsteht auf einem solchen Wege immer etwas anderes, als es gewesen ist. Wieviel Gehörtes ist da erst von zweiter, dritter, zehnter Hand geschrieben worden, was man jetzt als Grundlage betrachtet. Die Menschen sollten doch die Menschen kennen!

Sobald sie die Gerüste ihres eigenen Verstandes nicht verwenden können, wie es bei jeder Wahrheit *durch die große Einfachheit* gegeben ist, genügt es ihnen nicht. Sie lehnen ab oder verändern es in eine Art, welche der lieben Eitelkeit entspricht.

Aus diesem Grunde zieht man auch die »Mystik« der einfachen Wahrheit vor. Der große Drang nach »Mystik«, dem Geheimnisvollen, welcher in einem jeden Menschen liegt, ist Eitelkeit, nicht aber Drang nach Wahrheit, wie man es oft hinzustellen sucht. Die *Selbstgefälligkeit* baute den ungesunden Weg, auf dem sich Scharen eitler Schwärmer sonnen können und mancher Geistesträge mit Behaglichkeit sich treiben läßt.

In allen diesen Dingen spielt die Eitelkeit des Menschen eine ganz verheerende und unheimliche Rolle, die ihn in das Verderben zieht, unrettbar, zäh, weil sie ihm lieb geworden ist!

Erschrecken würde ihn erfassen, wenn er sich einmal überwinden könnte, ohne Selbstgefälligkeit darüber sachlich nachzudenken. Aber dabei ist schon wieder jener Haken: Ohne Selbstgefälligkeit vermag er nichts! So wird es demnach wohl für viele Menschen bleiben müssen, bis sie daran zugrunde gehen!

Die Tatsache in aller ihrer Traurigkeit ist das Ergebnis, welches das Verhindern der harmonischen Gehirnentwickelung des anvertrauten Erdenkörpers durch den Sündenfall in seiner Folge mit sich bringen mußte! Das Verbiegen des in dieser Grobstofflichkeit notwendigen Werkzeuges durch einseitige Hochentwickelung hat sich damit gerächt. Nun steht der Mensch mit seinem grobstofflichen Werkzeug, seinem Erdenkörper, *unharmonisch* in der Schöpfung, unfähig für die Aufgabe, die er darin erfüllen soll, unbrauchbar dafür durch sich selbst.

Um diese Wurzel allen Übels aber wieder auszurotten, dazu gehört ein Eingriff Gottes! Jede andere Gewalt und Macht, sei sie auch noch so groß, ist dafür unzulänglich. Es ist die größte und auch die verderbenbringendste Verseuchung in dem falschen Menschheitswollen, welche je in dieser Schöpfung Eingang fand. *Alles* auf dieser Erde müßte stürzen, ehe eine Besserung darin erstehen kann, da nichts besteht, was nicht davon unrettbar schon durchdrungen ist!

## DAS KIND

Wenn sich die Menschen fragen, wie sie ihre Kinder *recht* erziehen können, so müssen sie in erster Linie *das Kind* betrachten und *darnach* sich richten. Eigene Wünsche des Erziehers müssen dabei ganz zur Seite treten. Das Kind soll *seinen* Weg auf Erden gehen, nicht aber den Weg des Erziehers.

Es ist wohlgemeint, wenn ein Erzieher seinem Kinde *die* Erfahrungen gern zur Verfügung stellen will zu dessen Nutzen, welche er selbst in seinem Erdenleben machen mußte. Er will dem Kinde viel ersparen an Enttäuschungen, Verlusten und an Schmerz. Aber er richtet damit in den meisten Fällen nicht viel aus.

Zuletzt muß er erkennen, daß alle seine Mühe darin und sein gutes Wollen ganz umsonst gegeben war; denn das heranwachsende Kind geht zu bestimmter Zeit ganz plötzlich, unerwartet seinen eigenen Weg und hat in für sich wichtigen Entscheidungen alle Ermahnungen vergessen oder nicht beachtet.

Die Trauer des Erziehers darüber ist nicht berechtigt; denn dieser hat bei seinem guten Wollen gar nicht in Betracht gezogen, daß das Kind, das er erziehen wollte, durchaus nicht einen gleichen Weg zu gehen hat wie er, wenn es den Zweck des eigenen Seins auf dieser Erde *recht* erfüllen will.

Alle Erfahrungen, die der Erzieher an sich selbst vorher erleben konnte oder mußte, waren *diesem* zugedacht und *diesem* not, deshalb brachten sie auch nur dem Erzieher Nutzen, wenn er sie richtig in sich aufzunehmen fähig war.

Dieses Erleben des Erziehers aber kann *dem Kinde* nicht den gleichen Nutzen bringen, da ja dessen Geist zu eigener Entwickelung wieder etwas ganz anderes erleben muß, an Hand der Schicksalsfäden, die mit *ihm* verwoben sind.

Nicht zwei der vielen Menschen auf der Erde haben einen *gleichen* Weg, welcher sie fördern kann zur Reife ihres Geistes!

Deshalb nützen Erfahrungen des einen Menschen *geistig* für den zweiten nichts. Und gehet ein Mensch *nachahmend* genau den Weg des anderen, so hat er seine eigene Erdenzeit vergeudet!

Dem Kinde sollt Ihr bis zu seiner Reife nur das *Werkzeug* richten, das es für sein Erdenleben braucht, sonst nichts. Also den Erdenkörper mit allen seinen grobstofflichen Einrichtungen.

Achtet dabei mit aller Sorgfalt, daß Ihr es nicht verbiegt oder gar durch Übertreibung oder Einseitigkeit ganz unfähig macht! Neben den nötigen Bewegungsfertigkeiten spielt die Schulung für die rechte Tätigkeit seiner Gehirne eine große Rolle. Die erste Ausbildung endet mit einsetzender Reife, worauf erst dann die zweite folgen muß, welche den Geist den ganzen Körper *recht* beherrschen lehren soll.

Die Kinder dieser Erdenmenschen empfinden *vorwiegend* bis zu den Jahren ihrer Reife, wo erst der Geist zum Durchbruch kommt, *nur wesenhaft!* Natürlich innerlich bereits durchglüht vom Geiste. Also nicht etwa nur wie ein edles Tier in dessen Höchstentwickelung, sondern schon sehr viel mehr, doch ist dabei immerhin *Wesenhaftes* vorherrschend und deshalb maßgebend. Das muß jeder Erzieher unbedingt im Auge behalten, *darnach* muß die Grundlage einer Erziehung streng gerichtet sein, wenn der Erfolg vollkommen werden soll und ohne Schaden für ein Kind. Dem Kinde soll zuerst volles Verstehen werden in dem großen Wirken alles Wesenhaften, dem es zu dieser Zeit noch mehr geöffnet ist als Geistigem. Dadurch wird sich sein Auge freudevoll und rein eröffnen den Naturschönheiten, die es um sich sieht!

Die Wasser, Berge, Wälder, Wiesen, Blumen, und dann auch die Tiere werden jedem Kind vertraut, und es wird fest verankert in der Welt, die für sein Erdensein das Wirkungsfeld ihm bieten soll. Das Kind steht dann ganz fest und voll bewußt in der Natur, in allem wesenhaften Wirken, verständnisvoll, damit wohlausgerüstet und bereit, mit seinem

Geiste nun zu wirken, auch alles das, was um es her ist wie ein großer Garten, noch zu heben und zu fördern! Nur *so* kann es ein wahrer Gärtner in der Schöpfung werden.

*So* und nicht anders muß ein jedes der heranwachsenden Kinder stehen, wenn der Geist zum Durchbruch kommt. Gesund der Körper und die Seele! Froh entwickelt und bereitet auf *dem* Boden, wohin jedes Kind gehört. Es darf nicht das Gehirn einseitig überlastet sein mit Dingen, die es in dem Erdenleben gar nicht braucht, und die ihm doch viel Mühe kosten, sie aufzunehmen, womit es Kraft verschwenden muß, die den Körper und die Seele schwächt!

Wenn aber Vorerziehung schon die ganze Kraft verschlingt, bleibt einem Menschen nichts mehr für das eigentliche Wirken übrig!

Bei *rechter* Ausbildung und Vorbereitung für das eigentliche Leben wird die Arbeit nur zur Freude, zum Genuß, da dabei alles in der Schöpfung ganz harmonisch mitzuschwingen fähig ist und dadurch fördernd, stärkend das Heranwachsen der Jugend unterstützt.

Wie unsinnig handeln die Menschen aber an den Nachkommen! Welcher Verbrechen machen sie sich an ihnen schuldig!

Gerade dann, wenn in dem Mädchenkörper der Geist durchbricht, um das ihm anvertraute und geschenkte grob- und feinstoffliche Werkzeug zu benützen, um also richtig Mensch zu werden, schleift man diese junge Weiblichkeit zu irdischen Vergnügungen, um sie ... schnell an den Mann zu bringen!

Der Geist, der wahre Mensch, welcher erst zu der irdischen Betätigung gelangen soll, kommt dabei gar nicht zum Beginn und muß erlahmend zusehen, wie sich der ausschließlich und falsch geübte Erdverstand in sprühendem Geflimmer nur betätigt, um im Mangel wahren Geistes geistreich zu *erscheinen*, wie er damit hineingerissen wird in alle unmöglichen Dinge, die ganze Kraft dabei bedingend und vergeudend, die das Werkzeug geben kann. Sie werden zuletzt Mutter, ohne vorher richtig Mensch zu sein!

Für den Geist selbst bleibt deshalb zur Betätigung nichts übrig. Er hat gar keine Möglichkeit dazu!

## 8. DAS KIND

Und bei dem jungen Manne ist es nicht viel besser! Ermattet steht er da, zermürbt durch Überlastung in den Schulen, die Nerven überreizt. Er gibt dem durchbrechenden Geist nur einen kranken Boden, ein mit unnützen Dingen übersättigtes, verbogenes Gehirn. Der Geist kann dadurch nicht so wirken, wie er soll, und deshalb sich nicht so entwickeln, sondern er verkümmert, wird von Schlackenlasten vollständig erdrückt. Zurück bleibt nur noch eine ungestillte Sehnsucht, die die Gegenwart des eingemauerten und unterdrückten Menschengeistes ahnen läßt. Zuletzt geht auch die Sehnsucht noch verloren in dem Taumel der irdischen Hast und Gier, welcher erst Überbrückung dieser Geistesleere bringen soll und später zur Gewohnheit, zum Bedürfnis wird.

*So* geht der Mensch *jetzt* durch das Erdensein! Und die falsche Erziehung trägt den größten Teil der Schuld daran.

Wenn der Mensch richtig hier auf Erden stehen will, so muß der erste Teil der Ausbildung, also seiner Erziehung, unbedingt geändert werden! Laßt darin Kinder wirklich Kinder bleiben! Sucht sie auch niemals gleichberechtigt mit Erwachsenen zu machen, oder erwartet gar, daß sich Erwachsene noch nach den Kindern richten sollen! Das ist ein starkes Gift, das Ihr den Kindern damit gebt. Denn bei den Kindern ist der Geist noch nicht hindurchgebrochen; sie sind vorwiegend noch von ihrer wesenhaften Art beherrscht und deshalb auch nicht vollwertig unter Erwachsenen!

Das fühlen Kinder ganz genau. Laßt sie deshalb nicht eine Rolle spielen, die ihnen solches Bewußtsein raubt. Ihr macht sie dadurch unglücklich! Sie werden unsicher auf dem ihnen gebührenden, sicheren Boden ihrer Kindheit, welcher ihnen in der Schöpfung zugewiesen ist, während sie aber niemals auf dem Boden der Erwachsenen sich heimisch fühlen können, da die Hauptsache dabei noch fehlt, die sie dazu berechtigt und befähigt: vollkommene Verbindung ihres Geistes durch den Körper mit der Außenwelt.

Ihr raubt ihnen wirkliches Kindertum, zu welchem sie nach den Schöpfungsgesetzen voll berechtigt sind, was sie sogar dringend benötigen, weil das Kindheitserleben zu dem späteren Fortschreiten des Geistes unbedingt gehört. Dafür stellt Ihr sie oft schon unter die Erwachsenen, wo sie sich nicht bewegen können, weil alles dazu Notwendige fehlt. Sie werden unsicher und frühreif, was Erwachsenen naturgemäß abstoßend nur erscheinen kann, weil es als ungesund sich zeigt, störend reines Empfinden, jede Harmonie; denn ein frühreifes Kind ist eine Frucht, bei der der Kern noch nicht zur Reife kam, während die Hülle bereits vor dem Altern steht!

Hütet Euch davor, Eltern und Erzieher; denn es ist Verbrechen gegen die Gesetze Gottes! Laßt Kinder Kinder bleiben! Kinder, welche wissen, daß sie des Schutzes aller Erwachsenen *bedürfen*.

Die Aufgabe eines Erwachsenen ist nur der *Schutz* der Kinder, welchen er zu gewähren fähig ist und auch verpflichtet dort, wo sich ein Kind den Schutz *verdient*!

Das Kind in seiner wesenhaften Art empfindet ganz genau, daß es des Schutzes des Erwachsenen bedarf, und deshalb sieht es zu ihm auf, bringt ihm als Gegenwert freiwillig Achtung, die das Anlehnungsbedürfnis in sich birgt, wenn Ihr nicht selbst dieses Naturgesetz zerstört!

Und Ihr zerstört es in den meisten Fällen! Schleudert ein jedes Kind aus seinen ganz natürlichen Empfindungen heraus durch Eure falsche Art, die Ihr den Kindern gegenüber anwendet, sehr oft zu eigener Befriedigung, weil Euch das Kind zu einem großen Teile liebes Spielzeug ist, an dem *Ihr* Eure Freude haben wollt, das Ihr frühzeitig schon verstandesklug zu machen sucht, damit Ihr stolz darauf sein könnt!

Das alles aber ist *dem Kinde* nicht zum Nutzen, sondern nur zum Schaden. Ihr habt dem Kinde gegenüber in der Jugendzeit, welche als erster Teil seiner Entwickelung zu gelten hat, *ernstere* Pflichten zu erfüllen, schon in den ersten Jahren! Nicht Eure Wünsche, sondern die Schöpfungsgesetze müssen dafür ausschlaggebend sein! Diese bedingen aber, jedes Kind in allen Dingen auch Kind *sein* zu lassen!

Ein Mensch, der wirklich Kind gewesen ist, wird später auch vollwertig als Erwachsener sich zeigen. *Aber nur dann!* Und ein normales

## 8. DAS KIND

Kind macht sich allein *dadurch* kenntlich, daß es die echte Achtung vor Erwachsenen besitzt *in seinem eigenen Empfinden*, welches *darin* dem Naturgesetze ganz genau entspricht.

Das alles trägt ein jedes Kind als Gottgeschenk schon in sich! Und es entwickelt sich, wenn Ihr es nicht verschüttet. Deshalb laßt Kinder ferne sein, wo die Erwachsenen zusammen sprechen; denn sie gehören nicht dazu! Auch darin müssen sie stets wissen, daß sie Kinder sind, als solche noch nicht vollwertig, noch nicht gereift für Erdenwirken. In diesen anscheinenden Kleinigkeiten liegt viel mehr, als Ihr Euch heute denkt. Es ist Erfüllung eines Grundgesetzes in der Schöpfung, das Ihr oft nicht achtet. Äußerlich *brauchen* dies die Kinder, welche *alle* noch vorwiegend in dem Wesenhaften stehen, als einen Halt! Nach dem Gesetz des Wesenhaften. –

Erwachsene sollen den Kindern Schutz gewähren! Darin liegt mehr, als nur die Worte sagen, sie sollen aber Schutz gewähren auch nur dort, wo das Kind es verdient. Nicht ohne Gegenwert darf dieses Schutzgewähren sein, damit das Kind schon *in Erfahrung* lernt, daß *Ausgleich überall sein muß*, und *darin* Harmonie und Frieden liegt. Auch das *bedingt* die Art des Wesenhaften.

Gerade aber *das* haben so viele Eltern und Erzieher oft versäumt, trotzdem es Grundbedingung der rechten Erziehung ist, wenn diese nach den Schöpfungsurgesetzen vorgenommen werden soll. Das Fehlen des Begriffes unbedingten Ausgleiches bringt jedermann ins Wanken und zum Sturz, gleichviel, ob früher schon oder erst später. Und das Bewußtsein unvermeidbarer Notwendigkeit dieses Begriffes muß dem Kinde schon vom ersten Tage an eingehämmert werden, damit es *so* sein eigen wird und es ihm ganz in Fleisch und Blut übergeht, *so* selbstverständlich, wie es das Gleichgewichtsempfinden seines Körpers lernt, das ja demselben Grundgesetze unterliegt!

Wird dieser Grundsatz bei jeder Erziehung sorgsam ausgeübt, so wird es endlich freie Menschen geben, die Gott wohlgefällig sind!

Aber gerade dieses unerläßlichste und hauptsächlichste Grundgesetz in dieser Schöpfung wurde von den Menschen ausgeschaltet, überall!

## 8. DAS KIND

Bis auf die Gleichgewichtsempfindung ihres Erdenkörpers wird es bei der Erziehung nicht befolgt und nicht beachtet. Das zwingt Einseitigkeit herbei in einer ungesunden Art, die alle Menschen nur noch seelisch taumelnd durch die Schöpfung gehen läßt mit fortwährendem Straucheln und mit Stürzen!

Traurig ist es, daß diese Gleichgewichtsempfindung nur für den Erdenkörper als Notwendigkeit aller Bewegung aufgenommen wird, seelisch und geistig aber wird sie nicht gepflegt und fehlt oft ganz. Es muß dem Kinde dabei durch das Einwirken äußeren Zwanges darin sorgfältig nachgeholfen werden von den ersten Wochen an. Die Unterlassung bringt für jeden Menschen für sein ganzes Sein in dem Gesetz der Wechselwirkung fürchterliche Folgen!

Seht Euch nur um. Im Einzelleben wie in der Familie, im Staatswesen wie bei der Art der Kirchen, überall fehlt es gerade daran und *nur* daran! Und doch findet Ihr das Gesetz überall deutlich angezeigt, wenn Ihr nur sehen wollt! Sogar der grobstoffliche Körper zeigt es Euch; Ihr findet es in der Ernährung und der Ausscheidung, ja sogar in den Nahrungsarten selbst, wenn sich der Körper wohlbefinden soll, im Ausgleiche der Arbeit mit der Ruhe, bis in alle Einzelheiten, ganz abgesehen von dem schon erwähnten Gleichgewichtsgesetz, das jeden Einzelkörper sich bewegen läßt und ihn damit erst tauglich für die Aufgabe des Erdenwirkens macht. Es hält und läßt bestehen auch die *ganze Welt*; denn nur im Gleichgewichtsausgleiche können Sterne, können Welten ihre Bahnen ziehen und sich halten!

Und Ihr, Ihr kleinen Menschen in der Schöpfung, nicht mehr als ein Staubkorn vor dem großen Schöpfer, stoßet dieses um, indem Ihr es nicht ganz genau beachten und befolgen wollt.

Es ging wohl an, daß Ihr es eine Zeit verbogen habt, doch nun schnellt es zurück in ursprüngliche Form, und im Zurückschnellen muß es Euch schmerzend treffen!

Aus diesem einen Fehler ist das ganze Ungemach erwachsen, das die Schöpfung heute trifft. Auch in den Staaten wird die Unzufriedenheit davon, Empörung, dort, wo auf der einen Seite es an rechtem Ausgleich fehlt! Es ist aber nur Fortsetzung, das Anwachsen *der* Fehler, welche der Erzieher bei der Jugend macht!

Das neue Reich, das Gottesreich auf Erden, wird den Ausgleich schaffen, und damit ein neu Geschlecht! Es wird den rechten Ausgleichungsbegriff aber erst mit Gewalt erzwingen müssen, ehe er verstanden werden kann. Erzwingen durch die Umbildung alles Verbogenen, die jetzt schon vor sich geht, indem das Falsche, Ungesunde in sich selbst totlaufen muß, dazu gedrängt von der unüberwindbaren Gewalt und Kraft des Lichtes! Dann folgt das Geschenk wahren Begreifens aller Schöpfungsurgesetze. Bemühet Euch, sie jetzt schon richtig zu erkennen, und Ihr steht in dieser Schöpfung recht! Was wiederum nur Glück und Frieden als die Folge für Euch haben wird.

## DIE AUFGABE DER MENSCHENWEIBLICHKEIT

Ein schwerer Druck lastet auf aller Erdenweiblichkeit, seitdem der Wahn verbreitet ist, die Hauptbestimmung einer Frau sei Mutterschaft. Mit falschem Mitleid, oft sogar versteckter Schadenfreude blicken manche Menschen auf die Mädchen, die sich nicht verheiraten, und ebenso auch auf die Frauen, welche in der Ehe kinderlos geblieben sind. Der Ausdruck »altes Mädchen« oder »alte Jungfer«, der in Wirklichkeit ein *Ehrenname* ist, wird oft mit leisem Spott gesprochen, mit Achselzucken des Bedauerns, als ob die Ehe für das Erdenweib das höchste ihrer Ziele sei, ja überhaupt ihre Bestimmung.

Daß sich diese falsche Ansicht in Jahrtausenden verbreitet und so schadenbringend eingenistet hat, gehört mit zu den obersten Errungenschaften Luzifers, der darin die Erniedrigung der Weiblichkeit zum Ziele nahm, dem wahren Menschentum den schwersten Schlag versetzte. Denn seht Euch um! Die schlimmen Auswüchse der falschen Anschauung haben den Sinn der Eltern und der Mädchen von vornherein in ganz gerader Linie auf irdisches Versorgtwerden durch eine Ehe eingestellt! Darauf geht alles aus. Schon die Erziehung, alles Denken, Reden, Tun seit Kindertagen eines jeden Mädchens bis zur Reife. Dann wird Gelegenheit gesucht, gegeben oder, wo das nicht gelingt, sogar gewaltsam noch herbeigezogen, damit Bekanntschaften sich knüpfen lassen mit dem Endziel einer Ehe!

Es wird dem Mädchen förmlich eingehämmert, daß es freudlos durch das Leben geht, wenn es nicht an der Seite eines Mannes schreiten kann! Daß es sonst niemals voll genommen werden wird! Wohin ein Kind des weiblichen Geschlechts auch blickt, es sieht die Lobpreisungen der *irdischen* Liebe mit dem höchsten Ziele eines Mutterglückes! So formt sich künstlich aufgezwungen die Idee, daß jedes Mädchen, welches das nicht haben kann, bedauernswert zu nennen ist und seine Erdenzeit zum Teil verfehlt! Das ganze Sinnen, Trachten ist darauf gerichtet, förmlich eingeimpft in Fleisch und Blut vom Augenblicke der Geburt an. Das alles aber ist ein ganz geschicktes Werk Luzifers, welches die Herabdrückung des Menschenweibtums bezweckt.

Und dieser Bann muß nun von dieser Erdenweiblichkeit genommen werden, wenn sie aufwärts steigen soll! Nur aus den Trümmern dieses bisherigen Wahnes kann das Hohe, Reine sich erheben! Die gottgewollte *edle* Weiblichkeit vermochte sich nicht zu entfalten unter diesem schlauesten der Anschläge Luzifers gegen die Menschengeister, welche *alle* ursprünglich nur hätten lichtwärts streben können, wenn sie unbeirrt den Schöpfungsurgesetzen folgten, sich von ihnen führen ließen.

Werdet endlich *geistig*, Menschen; denn Ihr seid vom Geiste! Erkennt und seid auch stark genug, es aufzunehmen, daß Mutterglück, welches als höchstes Ziel der Erdenweiblichkeit und deren heiligste Bestimmung galt, nur in dem *Wesenhaften* wurzelt! Des Menschenweibes heiligste Bestimmung aber liegt weit höher, liegt *im Geiste!*

Nicht *einmal* kam Euch der Gedanke, daß alles das, was Ihr bisher besungen, lediglich der Erde galt, dem Erdenleben in seiner Gebundenheit! Denn Ehe und die Fortpflanzung ist *nur* im grobstofflichen Teile dieser Nachschöpfung. Und doch ist Weiblichkeit in der gesamten Schöpfung! Das müßte Euch doch Grund geben zu einer Überlegung! Aber nein, das war zuviel von Euch erwartet.

Wie man die freien Tiere nach und nach in einen unauffällig vorher sorgfältig erbauten Gang zu treiben sucht, den sie nicht unterscheiden können von dem freien, schönen Wald, der aber zur Gefangenschaft hinführt, so habt Ihr Eure weiblichen Kinder immerdar getrieben nur dem einen Ziele zu … zu dem Manne! Als ob das ihre Hauptbestimmung wäre!

Der Wahn der falschen Ansicht war wie Verschläge rechts und links, die auch die armen Kinder zuletzt gar nicht anders denken ließ als in der gleichen Richtung. So manches Mädchen »rettete« sich dann mit einem Sprung gewaltsam noch in eine Ehe, die sie selbst Überwindung kostete, nur um nicht jammervoll den Folgen dieser falschen Ansicht in dem Alter zu verfallen, die wie drohende Schwerter über jedem Mädchen hängen.

Es ist auch nur ein innerer, ganz unbewußt erwachender Protest, ein Aufbäumen des bis dahin so unterdrückten Geistes, wenn in der einsetzenden Gärung einer neuen Zeit die Jugend flüchten wollte aus dem ungesunden, aber nicht erkannten Zustande, wobei sie leider nur in noch viel Ärgeres verfiel, in den Gedanken freier Kameradschaften und damit auch die Kameradschaftsehe. Es ist im Grunde noch derselbe Auswuchs luziferischer Idee, der die Frauen*entwertung* in sich trägt, nur in anderer Form. Denn Reines konnte nicht erstehen, da unheimlich der Bann des Dunkels über allen liegt, sie fest umfangen hält und alle unter diesem Bann gebeugten Nackens stehen läßt.

Es *mußte* bei dem Falschen bleiben, auch wenn die Form geändert wurde. Der Schlag zu der Befreiung wahren Frauentums kann jetzt nur noch von oben kommen! Die Menschheit selbst vermag es nicht zu tun, da sie sich viel zu sehr verstrickte und verknechtete.

Da helfen nicht Gesetze oder neue Formen mehr. Die Rettung liegt allein in dem Begreifen aller Schöpfungsurgesetze. *Die Wahrheit* müßt Ihr endlich nehmen, wie sie wirklich *ist*, nicht wie Ihr Euch es dachtet, weil Ihr der Einflüsterung Luzifers so zugänglich gewesen seid.

Mit dem Gedanken, daß die Menschenweiblichkeit den Hauptzweck des Bestehens in der Mutterschaft zu suchen haben soll, wurde das Weibliche entwertet und entehrt! Denn damit wurde sie herabgedrückt, gebunden an das *Wesenhafte!* Luzifer brauchte weiter nichts zu tun, als den Gedanken in die Welt zu setzen, der aufgenommen und dann langsam zu der festen Ansicht wurde, welche heute noch den Menschensinn beherrscht, ihn nach der *einen* Richtung zwingt, die einen Flug des Geistes nach den reinen, lichten Höhen hemmt!

Schmutzige Fäuste luziferischer Trabanten legten sich damit, die

Nacken beugend, auf die Menschenweiblichkeit. Hinweg damit! Macht Euch nun frei von diesen Krallen, die Euch niederhalten! Denn diese Ansicht ganz allein brachte in ihren Folgen alles, was das Weib entehren muß. Das schöne Mäntelchen heiligen Muttertums, die hohen Lieder von der Mutterliebe können diesen Druck der dunklen Fäuste niemals lindern, sie machen diese schwarzen Fäuste auch nicht licht.

Hört auf mein Wort: Das Menschenweib wurde mit dieser Anschauung zum Muttertier gemacht! Erwachet, Mädchen, Frauen, Männer, um die ganze Furchtbarkeit dieses Gedankens endlich zu erkennen! Es geht dabei um ein heiliges Recht für Euch!

Luzifer konnte stolz sein auf diese Errungenschaft!

Ich sagte schon einmal, daß Luzifer in der gesamten Weiblichkeit den schwersten Schlag gegen das eigentliche Menschentum zu führen suchte und ... leider nur zu gut auch führen *konnte!*

Folgt dem Gedanken selbst, den er in großer List und Tücke unter Euch geworfen hat: Er schmeichelte Euch heuchlerisch mit dem Gedanken einer Mutterschaft als höchster Aufgabe des Weibes! Doch zu der Mutterschaft gehört irdischer *Trieb*, und *diesem* wollte er mit dem Gedanken ein erhöhtes Postament erbauen, damit er herrschend werde und das Sinnen dieser Erdenmenschheit nach der *einen* Richtung zwang. Ein bewundernswert schlau angelegter Plan! Vorsichtig spielte er dabei mit Eueren Gefühlen wie ein erstklassiger Künstler auf dem Instrument, indem er Euch die Mutterschaft und Mutterliebe lockend vor die Augen hielt als Schild für seine Absichten, damit Ihr nicht erkennen konntet, was dahinter lauerte. Und es gelang ihm *ganz*.

Ihr hörtet den lockenden Ton, der *rein* in Euch erklang, doch übersahet Ihr dabei die schmutzigen, gierig gekrümmten Hände, die die Melodie veranlaßten! Das höchste Ziel und heilige Bestimmung! Das schwebte vor Euch her, Ihr saht es hell und licht. Doch trotz der Helligkeit ist es die allerdings auch reinste Ausstrahlung des *Wesenhaften*, nicht des Geistes! Das *Tier* erglüht darin in seiner größten Höhe, gehet darin auf und gibt sich *ganz*, weil es selbst aus dem Reich des Wesenhaften stammt! Es wird darin zur Größe, licht und hell! Beim Menschen aber ist noch etwas Stärkeres vorhanden, was *darüber* stehen soll und muß, wenn er ganz Mensch sein will ... der Geist!

Als solcher kann und darf er nicht im Wesenhaften bleiben, darf nicht als höchstes *seiner* Ziele etwas stellen, was zum Wesenhaften unbedingt gehört und immer auch darin verbleiben muß, nach Schöpfungsurgesetzen! So legte Luzifer den Fallstrick außerordentlich geschickt, welcher den Menschengeist ins Wesenhafte zwang, ihn dort gefangenhielt, was um so leichter ihm gelang, weil ja der Mensch das Schöne, Lichte darin sah, das alles Reine, also auch die höchste Ausstrahlung des Wesenhaften in sich trägt.

Ja, heilig ist die Mutterschaft, gewiß, und ihre Krone Mutterliebe, aber sie ist trotzdem nicht höchste Aufgabe der *Menschen*weiblichkeit, nicht die Bestimmung, die sie in der Schöpfung trägt. Mutterschaft wurzelt in dem Wesenhaften, wird nur durchglüht von reinem Wollen, wenn auch bei den Menschen nicht in jedem Fall. Bei Tieren aber immer ganz gewiß.

Trotzdem verbleibt sie in der höchsten Ausstrahlung des Wesenhaften, das sich allein mit Stofflichem direkt verbinden kann. Aber nur wer die Gralsbotschaft genau studiert und in sich aufgenommen hat, wird mich hierbei auch *ganz* verstehen.

Was Luzifer damit gewollt, erfüllte sich; denn er kannte ganz genau die Folgen des Verschiebens gottgewollter Urgesetze, das er durch Menschen damit selbst vollziehen ließ. Er stellte ihnen nur ein falsches Ziel, das ihrer Geistesträgheit und den Schwächen gut entsprach, und alles Sinnen und Empfinden wurde darauf eingestellt, womit sie falsche Wege gehen mußten.

Er stellte also hierin nur den Hebel *um*, wodurch die Katastrophe der Entgleisung kommen mußte. Luzifer hatte nur dem Trieb in heuchlerischer Art geschmeichelt, damit erhob er ihn aber zu ungeheurer Gewalt und Macht!

Er wußte ferner ganz genau, daß das Anwachsen des Verstandes in dem Menschen dieser Triebesmacht noch eine starke Stütze werden mußte durch entsprechende Auswirkung der Gedanken, die das verderbliche Verlangen sich ins Fieberhafte steigern lassen kann. Und somit war der Mensch zuletzt ganz in sich selbst versklavt, was einem Tiere nie geschehen kann!

Der schöne Name »Mutterschaft« blieb immer nur das trügerische Schild, mit dem er vorgaukelnd Euch täuschen konnte. Die Steigerung des Triebes aber als die unbedingte Folge war sein Ziel. Sie ging zuletzt, wie er genau vorausgesehen hatte, bis ins Krankhafte, versklavte aller Menschen Sinn in beiderlei Geschlecht und wurde vielen zu der rätselvollen Sphinx, als die der ungesunde Trieb sich heute zeigt, mit dem der Mensch sich nutzlos aufbäumend so oft im Kampfe liegt.

Die Wurzel und des Rätsels Lösung aber liegt in diesem luziferischen Gedanken ganz allein, welcher Euch Menschen hingeworfen wurde, zum Hohne gegen die Gesetze, die Gottes Wille Euch zum Segen, fördernsollend in die Schöpfung legte. Und Ihr, Ihr griffet zu und habt Euch daran festgehakt wie der hungrige Fisch an einer Angel, nur weil Ihr selbst daran Vergnügen hattet! Beim männlichen Geschlecht wirkte es sich aus wie eine schwere, unheilbare Seuche!

Erfaßt in Euch *wahrhaftig* den Begriff der reinen, hohen Weiblichkeit, dann seid Ihr frei von diesen schweren Ketten, die unsagbares Leid und viele Seelenqualen Euch verschafften. In diesem luziferischen Gedanken wurde alle Erdenweiblichkeit des Edelsten beraubt, Spielball und Jagdwild wüster Männerkreaturen, zum lieben Muttertier aber sogar dem ernsten Mann. Die falsche Überzeugung lag dann in der Luft, wie man im Volksmunde sich auszudrücken pflegt, in Wirklichkeit wurde sie in der feinstofflichen Welt lebendig und geformt, schwebte andauernd um Euch her, beeinflußte Euch ununterbrochen, bis Ihr selbst nicht mehr anders konntet, als es aufzunehmen.

Ich schneide dieses üble Band entzwei; denn es ist falsch!

Das Weib ist *geistig* an der *höchsten* Stelle, wenn es sich erst seiner Weiblichkeit richtig bewußt geworden ist! Und ihre Aufgabe ist nicht in erster Linie der Mutterschaft geweiht! Wie ich schon sagte, gibt es diese nur für Euren Erdenkörper, das ist alles! Und doch steht Weiblichkeit in allen Ebenen, sogar in dem *Urgeistigen*, unter den Urgeschaffenen, an *höchster* Stelle! Aber es ist *wahre* Weiblichkeit in ihrer hohen, unnahbaren Würde!

Anscheinend nehme ich Euch viel, wenn ich nun sage, daß die Mutterschaft nur in das Reich des *Wesenhaften* fällt! Es ist ein scharfer Schnitt, den ich zu führen nun gezwungen bin, wenn ich Euch helfen soll. Die Mutterschaft *bleibt* im Gebiet des Wesenhaften, spielt sich darin ab. Wenn es das höchste Ziel der Frauen wäre, würde es sehr arg bestellt mit ihnen sein.

Seht doch das Tier, es ist in Wirklichkeit ganz impulsiv sehr oft weit stärker in der Mutterliebe, als der Mensch es je vermag; denn es ist *ganz* in allem, was es tut, weil es nur tut, wozu es seine Regung treibt, ohne darüber nachzugrübeln. So geht es auch für seine Jungen in den Tod und fürchtet keinen Gegner. Dieselbe Grundlage für Mutterliebe ist auch bei dem Menschen naturgesetzmäßig bedingt, wenn er sie nicht durch sein Verstandesdenken unterdrückt. Sie bleibt aber gebunden an den Körper, und dieser ist mit allen seinen Ausstrahlungen wesenhaft, nichts anderes.

Wohl ahnte hierin auch schon mancher Mensch das Rechte. Nicht umsonst wird heute schon gesagt, daß *das* allein die rechte Mutter ist, die ihren Kindern zu der rechten Zeit auch Freundin werden kann.

Was liegt darin für eine Weisheit! Wenn eine Mutter der heranwachsenden Tochter Freundin werden kann! Das heißt, sie muß, sobald die Kindheit bei dem Mädchen abgeschlossen ist, auch ihr bisheriges Muttertum verändern oder fallen lassen, wenn sie mit diesem ihrem Kinde weiterschreiten will, bei dem der Geist zum Durchbruch in der Reife kommt, wie ich in meinem Vortrag über Sexualkraft deutlich schon erklärte.

Bis dahin herrscht im Kinde nur das Wesenhafte vor, das voll erfüllt wurde von ursprünglicher Mutterliebe. Der durchbrechende Geist jedoch verlangt dann *mehr* als nur das bisherige Muttertum. Er hat mit diesem ja auch nicht so viel zu tun, weil geistige Vererbung nie erfolgen kann, sondern ein jeder Geist im Kindeskörper fremd ist auch der Mutter, und er allein durch Gleicharten eine Verbindung fühlen kann.

## 9. DIE AUFGABE DER MENSCHENWEIBLICHKEIT

Das *Mehr*, das dann der Geist verlangt, kann einem Mädchen nur *die* Mutter geben, die ihm gleichzeitig Freundin wird! Die also *geistig* sich mit ihm verbindet. Das ist ein Vorgang, der bei der Geburt und Kindheit noch nicht möglich war, sondern sich erst entwickelt mit dem Durchbruche des Geistes in der Reife, mit der Mutterschaft *und* Mutterliebe nicht zusammenhängt. *Dann* tritt in solchen Fällen erst die geistige Verbindung ein, die höher steht als Mutterliebe, die nur im Wesenhaften wurzelt.

Kann eine derart geistige Verbindung nicht erfolgen, so ist wie bei den Tieren eine Trennung nach der Reife sicher. Bei den Menschen aber bleibt sie *innerlich* und wird nur selten sichtbar, weil *äußerlich* Verhältnisse und Bildung eine Scheinbrücke aufrechterhalten, die bei den Tieren nicht zur Geltung kommt.

Die höchste Aufgabe im Sein der Weiblichkeit auf Erden ist dieselbe, wie sie in den höheren Regionen immer schon besteht: Veredelung ihrer Umgebung und stete Zufuhr aus dem Licht, die nur die Weiblichkeit in ihrer Zartheit der Empfindung vermitteln kann! Veredelung aber bringt unbedingten Aufstieg nach den lichten Höhen! Das ist Geistesgesetz! Deshalb bedingt allein das Sein der *echten* Weiblichkeit ganz unverrückbar auch den Aufstieg, die Veredelung und Reinhaltung der ganzen Schöpfung.

Luzifer wußte das, weil es in den Schöpfungsgesetzen liegt, und suchte das natürliche Geschehen in seiner Entwickelung zu unterbinden durch den schädigenden falschen Grundgedanken, der den Trieb des Erdenkörpers und die Auswirkung desselben als das Höchste lockend hinstellte. Damit träufelte er das Gift in alles *wahre* Menschentum, das daraufhin zu seinem eigenen Schaden die nur aufwärtsführende Bewegung der geraden Wege dieser Schöpfungsurgesetze ahnungslos verbog, so daß sie Stillstand bringen mußten und dann abwärts führten, also allen Menschengeistern Schaden brachten anstatt Segen!

Er wußte, was er damit tat. Im Wesenhaften untertauchend, sich verlierend, konnte sich die Menschenweiblichkeit auch nicht entfalten, mußte irre werden an sich selbst und ihrer Hauptbestimmung und

## 9. DIE AUFGABE DER MENSCHENWEIBLICHKEIT

brachte damit sogar auch in dieses Wesenhafte noch Verwirrung, weil sie nicht hingehört.

Veredelung ihrer Umgebung ist also Hauptaufgabe einer Frau auch hier auf Erden in der Stofflichkeit! Sie ist, von oben kommend, sich mit ihrem Zartempfinden oben haltend, damit wiederum nach oben führend, *die Verankerung des Mannes mit dem Licht*, der Halt, den dieser braucht in seinem Wirken in der Schöpfung. Dazu aber bedarf es keiner Ehe, nicht einmal eines Bekanntseins oder des persönlichen Zusammentreffens. Allein das *Sein* des Weibes auf der Erde bringt schon die Erfüllung.

Der Mann steht in der Schöpfung mit der Front nach außen, um zu kämpfen, das Weib jedoch hält, ihm den Rücken deckend, die Verbindung mit dem Licht und bildet so den Kern, die Kraftzufuhr und Stärkung. Wo aber Fäulnis in den Kern sich schleichen kann, ist auch die Front verloren! Das haltet Euch vor Augen jederzeit. Dann nützt es nichts mehr, wenn die Frau sich an die Front neben den Mann zu stellen sucht, wohin sie nicht gehört. In solchem Kampf verhärtet nur ihr Zartempfinden, versiegt damit die höchste Fähigkeit und Kraft, die ihr zu eigen einst gegeben ward, und alles *muß* in Trümmer gehen!

Es ist jedoch jedermann bekannt, daß Männer, auch in abgelegensten Gebieten dieser Erde, sich sofort besser zusammenraffen, sogar gesitteter sich zu benehmen suchen, sobald nur ein weibliches Wesen in die Nähe kommt, mit dem sie nicht einmal ein Wort zu wechseln brauchen.

Allein das Sein und das Erscheinen eines Weibes bringt die Wirkung schon hervor! Darin zeigt sich ganz deutlich, wenn auch nur verkümmert noch, das Weibgeheimnis und die Macht, der Halt, der von ihr ausgeht nach den Gesetzen in der Schöpfung, welche mit der Fortpflanzung auf Erden nichts unmittelbar zu tun haben. Die Fortpflanzung ist zu einem großen Teile wesenhafter Art.

Ihr Mädchen und Ihr Frauen, besinnet *Euch* zuerst, daß Ihr die Träger höchster Aufgaben in dieser Schöpfung seid, die Gott *Euch* anvertraute! Nicht Ehe und nicht Mutterschaft ist Euer *höchstes* Ziel, so heilig es auch ist! Ihr steht für Euch allein und fest, sobald Ihr *richtig* steht.

## 9. DIE AUFGABE DER MENSCHENWEIBLICHKEIT

Wie lächerlich und widerlich wird Euch die Modenarrheit vorkommen, der Ihr Euch willig und sogar bedingungslos stets unterworfen habt. Was zum Gelderwerb auch von den Modefabrikanten an Unsinnigem auf den Markt geworfen wurde, Ihr nahmt es auf wie Tiere, denen Leckerbissen vorgeworfen werden!

Die Schmach werdet Ihr noch erkennen, welche darin lag, allein schon in der Annahme der manchmal recht fragwürdigen Abweichungen von Begriffen wahrer Schönheit. Von Reinheit kann man überhaupt nicht dabei reden. Sie wurde immer schon darin beschmutzt in einer Art, welche in Unverfrorenheit nicht mehr gesteigert werden konnte. Nach Jahren noch wird Schamröte in Eure Wangen steigen, wenn Ihr erkennen lernt, wie tief Ihr eigentlich darin gesunken waret!

Noch schlimmer ist ja die bewußte und gewollte Schaustellung des jedem heilig-sein-sollenden Körpers, welche so oft schon in der Mode lag. Niedrigste Eitelkeit allein konnte die Weiblichkeit zu solcher Tiefe sinken lassen. Und diese Eitelkeit, die ja schon lange sprichwörtlich zum Weib gehört, sie ist das Schandbild dessen, wie die Weiblichkeit nach göttlichen Gesetzen *wirklich* wirken sollte.

Der Mann ist dabei aber ebenso schuld wie die Frau! Er brauchte ja so etwas nur zu verachten, bald stünde da die Weiblichkeit vereinsamt schamerfüllt zur Seite, wenn auch ein ungerechter Zorn erst noch bei ihr vorausgegangen wäre. So aber begrüßte er den Sturz der Frau, da sie damit den Schwächen und den Wünschen, die er durch den luziferischen Gedanken krankhaft schon gesteigert in sich trug, besser entsprach.

Nicht mit der Eitelkeit, die Schamlosigkeit stets bedingt, kann Weiblichkeit auf Erden ihre Aufgabe erfüllen, *sondern mit der Anmut, die als schönste Geistesgabe ihr allein verliehen ist! Jede Miene, jede Bewegung, jedes Wort muß bei der Weiblichkeit den Stempel ihres Seelenadels tragen!* Darin liegt ihre Aufgabe, auch ihre Macht und ihre Größe!

Bildet Euch *darin* aus, laßt darin Euch beraten, laßt *echt* werden, was Ihr durch niedere Eitelkeit jetzt zu ersetzen sucht! *Anmut* ist irdisch Eure Macht, welche Ihr pflegen, nützen sollt. Anmut kann ohne Reinheit aber nicht gedacht werden! Der Name ganz allein schon lenkt in dem

## 9. DIE AUFGABE DER MENSCHENWEIBLICHKEIT

Begriff Gedanken und den Sinn zur Reinheit und zur Höhe, wirkt gebietend, unantastbar und erhaben! Die *Anmut* macht das Weib! Sie ganz allein birgt wahre Schönheit in sich für *jedes* Alter, jede Körperform; denn sie *macht* alles schön, da sie der Ausdruck eines reinen *Geistes* ist, in dem ihr Ursprung liegt! Anmut darf nicht verwechselt werden mit Geschmeidigkeit, die aus dem Wesenhaften stammt.

*So* sollt und *müßt* Ihr in der Schöpfung stehen! Werdet deshalb in Euch geistig frei, Ihr Frauen und Ihr Mädchen! Die Frau, die *nur* als Mutter leben will in ihrem Erdensein, hat ihren eigentlichen Zweck und ihre Aufgabe verfehlt!

## ALLGEGENWART

Gott ist allgegenwärtig! Das wird den Kindern in den Schulen schon gelehrt! Es ist den Menschen, welche überhaupt noch an Gott glauben, so geläufig und so selbstverständlich, daß sie es nicht für nötig halten, einmal recht darüber nachzudenken, ob sie auch wirklich wissen, was sie damit sagen.

Fordert man aber einmal eine Erklärung, wie sie sich das denken, so hört die Weisheit sofort auf, und sie erkennen selbst, daß in dem Wort »allgegenwärtig« doch noch nicht das Wissen der Bedeutung liegt.

Die Menschen haben wohl das Wort, doch das Begreifen nicht. Und das ist schließlich ja die Hauptsache in allen Dingen. Und auch das Wissen nützet nichts, wo das Begreifen fehlt! Die Bedeutung der Bezeichnung »allgegenwärtig« kennt der Mensch. Doch die Bedeutung kennen ist noch nicht begreifen, nicht den Sinn erfassen.

So weise ich auf meinen Vortrag hin: »Das Leben«. Gott ist das Leben! Er allein! Alles andere ist nur Bewegungsfolge, welche durch den Druck der Ausstrahlung des Lebens erst entsteht.

Der Mensch, welcher in innigstem Gebete etwas zu erflehen sucht, bekommt durch seine Einstellung Verbindung mit der Stelle, wo ihm Hilfe werden kann. Das sagte ich schon einmal bei meinen Erklärungen über die Wirkung des Gebetes. Unter Gebet soll man nun aber nicht das Bitten denken, sondern Anbetung, Anbetung und Verehrung! Jede Vertiefung dieser Art des Menschengeistes ist aber nichts anderes als ein Verbindungsuchen! Verbindung suchen mit dem Licht, der Reinheit und dem Leben! Des Menschengeistes Wünschen, *Sehnen* dehnt sich dabei aus. Er tastet geistig suchend nach den lichten Höhen! Und wenn

## 10. ALLGEGENWART

er dabei richtig *ernsthaft* sucht, so findet er, wie es von Christus schon verheißen ward. Er findet die *Verbindung* mit dem Leben! Doch nur Verbindung, nicht das Leben selbst!

Ihr findet also im Gebet oder dem ernsten Suchen einen *Verbindungsweg* zu Gott, und das läßt ihn Euch *so* allgegenwärtig scheinen, wie Ihr es bisher dachtet. Doch ist Gott *nie* von einer Kreatur zu sehen!

Die Allgegenwart ist falsch verstanden worden. Allgegenwart ist vielleicht besser noch bezeichnet mit dem Worte: *immer gegenwärtig!* Allezeit zu finden, wenn man sucht.

Die äußere Wirkungserscheinung des Geschehens hat die Menschen nur getäuscht. Sie gingen dabei von dem falschen Grundsatz ihres Denkens aus, daß Gott sich ganz persönlich um sie kümmert und um sie wirbt, sie schützend auch umgibt, und dachten nicht daran, daß *sie selbst alles tun müssen*, um die notwendige Verbindung anzustreben, was sie unbewußt schöpfungsgesetzmäßig schon immer im wahren Gebet erfüllten! Sie wollten nicht gern glauben, daß nur die Gesetze Gottes in der Schöpfung ruhend sie umgeben, welche selbsttätig wirkend jeden Lohn und jede Strafe auslösen.

Allgegenwärtig sein heißt eigentlich nichts anderes, als von jeder Stelle der Schöpfung aus erreicht werden zu können.

Aber auch das wieder ist nur mit Einschränkung anzunehmen; denn es ist buchstäblich richtig, wenn es heißt: »*Vor Gott zergehet alles!*« Es ist da eine riesenhafte Kluft! Nicht ein einziges Wesen vermag direkt vor Gott zu treten, ihn also zu erreichen, es sei denn, es stamme selbst unmittelbar aus Gott! Dies ist nur zweien möglich, dem Gottessohne und dem Menschensohne. Alles andere würde und muß vor ihm zergehen. Könnte also niemals mit Bewußtsein vor ihm stehen.

Es ist dem Menschengeiste nur das Finden des Verbindungsweges zu Gott möglich.

# CHRISTUS SPRACH...!

Salbungsvoll hört man heute tausendfältig dieses Wort. *Christus sprach!* Mit dieser Einleitung soll jeder Widerspruch von vornherein genommen sein. Doch auch die eigene Verantwortung will damit ein jeder von sich abwälzen, welcher also spricht. Aber statt dessen nimmt er damit ungeheuere Verantwortung auf sich ... vor Gott!

Doch daran denkt er nicht, bis es sich auf ihn wälzen wird mit einer Wucht, die ihn für immer verstummen lassen muß! Die Stunde kommt, schon sind die Steine der Vergeltungen im Rollen! Der größte aller aber erstand vielen Menschengeistern in den einleitenden Worten: »*Christus sprach!*« – –

Es folgt den Worten dann irgendein Satz aus der »Heiligen Schrift«, der zu tröstender Beruhigung dienen soll, zum Ansporn, auch zur Warnung und sogar zur Drohung oder Abwehr und zum Streit. Als Balsam wird es angewendet und als Schwert, als Schild und auch als sanftes Ruhekissen!

Das alles wäre schön und groß, wäre sogar das *Rechte*, wenn die angeführten Worte in dem *gleichen Sinn* noch lebten, wie sie Christus *wirklich* sprach!

Aber so *ist* es nicht! Die *Menschen* formten viele dieser Worte aus sich selbst in mangelhaftester Erinnerung und konnten dabei nicht den gleichen Sinn der Worte Christi wiedergeben.

Ihr braucht ja nur zu sehen, wie es heute ist. Wer aus der Gralsbotschaft, die doch gedruckt vorliegt, und von mir selbst geschrieben ist, irgend etwas erklären will mit *eigenen* Worten oder Niederschriften nur aus Erinnerung heraus, der bringt es *heute* schon nicht so, wie es dem eigentlichen Sinn entspricht. Durch einen zweiten Mund, durch eine zweite Feder gehend, kommen stets Veränderungen; mit neuen Worten wird der eigentliche Sinn verbogen, manchmal gar entstellt, im besten Wollen, dafür einzutreten. Es ist niemals *das* Wort, das *ich* gesprochen habe.

Und wieviel schlimmer damals, da vom Gottessohne selbst doch Niederschriften seines Wortes fehlen, und alles *nur* durch zweite, dritte Menschen dieser Nachwelt übermittelt werden konnte. Erst lange nach der Zeit, da Christus die Grobstofflichkeit verlassen hatte! Alles erstand erst aus der mangelhaften menschlichen Erinnerung heraus, die Niederschriften und Erzählungen, und alle Worte, denen man jetzt mit Bestimmtheit stets vorauszusetzen sich gewöhnte: »*Christus sprach!*«

Schon damals hatte das Werk Luzifers, den menschlichen Verstand zum Götzen zu erheben, in seinem unheilvollen Wachsen dazu vorgearbeitet, daß Christi Worte nicht *den* Boden finden konnten, welcher richtiges Erfassen möglich macht. Das war ein Schachzug aus dem Dunkel ohnegleichen. Denn richtiges Erfassen aller Worte, welche nicht von Grobstofflichkeit sprechen, ist nur unter *ungeschwächter* Mitarbeit eines Empfindungshirnes möglich, das aber schon zu Christi Erdenzeit bei allen Menschen stark vernachlässigt, damit verkümmert war und seine volle Tätigkeit nicht leisten konnte.

Damit hatte Luzifer auch die Erdenmenschheit in seiner Gewalt! Und das war seine Waffe gegen das Licht! –

*Unentstellt* Erinnerungen zu behalten, vermag allein das menschliche Empfindungshirn, also das hintere Gehirn, nicht aber der Verstand des vorderen Gehirnes!

Es rächte sich tief einschneidend dabei die Erbsünde der Menschheit nun an dieser selbst, die leichtfertig das hintere Gehirn so arg verkümmern ließ, welches allein alle Geschehen und Erlebnisse als *solche* festzuhalten fähig ist, in Bildern und Empfindung, *so*, daß sie zu jeder Zeit genau auch auferstehen, wie sie *wirklich* waren, unverändert, *ungeschwächt* sogar.

Das Vorderhirn vermag das nicht, da es mehr an den grobstofflichen Raum- und Zeitbegriff gebunden ist, und nicht zur *Aufnahme,* sondern zur *Aussendung ins Irdische* geschaffen wurde.

So ging nun auch die Wiedergabe der Beschreibungen des Erlebten und Gehörten während Christi Erdenzeit nur mit den irdisch-menschlichen Anschauungen vermischt aus der Erinnerung ganz unbewußt irdisch zurechtgearbeitet hervor, nicht aber in der Reinheit, wie sie ein kraftvolles Empfindungshirn behalten und gesehen haben würde. Die Krallen von Luzifers Trabanten hatten ihre Furchen schon zu tief gegraben, hielten ihre Sklaven des Verstandes unentrinnbar fest, so daß diese den größten Schatz, die Gottesbotschaft, ihre einzige Errettungsmöglichkeit, nicht mehr richtig erfassen oder halten konnten und an sich ungenützt vorübergehen lassen mußten.

Denkt Euch nur selbst hinein, es kostet nicht viel Mühe, sich dabei zurechtzufinden. Zu Christus kamen viele Menschen, die ihn fragten, um diesen oder jenen Rat ihn baten, denen er den Rat dann auch gern gab in seiner großen Liebe, welche nie versagte, weil er lebende Liebe war und heute auch *noch ist!*

Er gab also dem Fragenden und Bittenden Bescheid, wie *dieser* es benötigte. Nehmen wir einmal ein Beispiel.

Jenen reichen Jüngling, der begierig war zu wissen, welcher Weg ihn nach dem Himmelreiche führen könne! Der Gottessohn riet ihm, seine ganze Habe zu verteilen an die Armen und dann ihm zu folgen.

Christus zu folgen heißt aber nichts anderes, als nach seinen Worten genau zu leben.

Flugs nahmen nun die Umstehenden diese Episode, wie so viele andere, zur Kenntnis, um sie weiterzugeben nach der Art, wie sie ein jeder einzelne für sich nun menschlich aufgenommen hatte. Und das entsprach nur selten oder nie dem eigentlichen Sinn der ursprünglichen Worte Christi. Denn wenige Worte in anderer Form vermögen schon den ganzen Sinn zu ändern.

Die ersten Weitergebenden begnügten sich jedoch mit dem *Erzählen,* einfachen Berichten. Später wurden diese Einzelratschläge aber als

## 11. CHRISTUS SPRACH...!

Grundgesetze für die ganze Menschheit aufgestellt! Das tat jedoch die *Menschheit* dann, nicht Christus selbst, der Gottessohn!

Und diese Menschheit hat sich auch erkühnt, ganz einfach zu behaupten: *Christus sprach!* Sie legt *ihm* in den Mund, was Menschen selbst nur aus Erinnerung heraus und falschem Auffassen in Formen und in Worte kleideten, die heute nun den Christen als das *Gotteswort* bestimmend bleiben sollen, unantastbar.

Darin liegt *tausendfacher Mord* am *wahren* Wort des Gottessohnes!

Ein jeder Mensch weiß ganz genau, daß er nicht fähig ist, nach Wochen oder Monden *unfehlbar* noch zu schildern, was er einst erlebte, was er hörte! Vermag es wörtlich *niemals* ganz genau zu wiederholen. Und wenn es zwei, drei, vier oder auch zehn Menschen sind, welche gleichzeitig dasselbe hörten oder sahen, so wird man ebensoviel Vielfältigkeit in der Schilderung erhalten. An dieser Tatsache hegt heute niemand mehr Zweifel.

Da liegt es doch sehr nahe, daß Ihr bei der Erkenntnis einmal Folgerungen rückwärts schließen müßtet! Folgerungen, welche zwingend, unantastbar sind.

Denn anders war es auch nicht zu des Gottessohnes Erdenzeit! Ihr seht es deutlich genug bei den Evangelisten! Deren Berichte tragen vielfach sichtbar diesen Stempel. Als Petrus zum Beispiel als erster von den Jüngern seine Erkenntnis zu dem Gottessohne sprach: »Du bist Christus, des lebendigen Gottes Sohn!«

Dieses bedeutungsvolle Wort und auch die Antwort Christi geben die Evangelisten wieder, aber nicht in durchaus einheitlicher Form. Matthäus bringt den Hinweis, daß der Gottessohn daraufhin Petrus bildlich einen Schlüssel zu dem Himmelreich verleiht, daß er ihn zum Felsen macht für eine werdende Gemeinde, während die anderen Evangelisten Christi Antwort aber allgemeiner halten, was richtiger ist.

Petrus sprach nur *als erster* diese Überzeugung wörtlich aus. Und solcherart Geschehen bleiben nicht nur Worte, sondern werden in der Schöpfung sofort Tat! Erstehen schnell *zur Form* in der Feinstofflichkeit, unmittelbar! Die ehrliche Überzeugung, welche Petrus damit in

## 11. CHRISTUS SPRACH...!

die Stofflichkeit verankerte durch seine Worte, sein Bekenntnis, wurde feinstofflich im gleichen Augenblick zum Fels, welcher als Grundstein liegen blieb zum Aufbau einer späteren Gemeinde, für alle, die in *gleicher*, schlicht ehrlicher Überzeugung an den Gottessohn zu glauben fähig werden können!

Und *damit* hatte Petrus auch den Schlüssel zu dem Paradiese in der Hand. Denn diese Überzeugung, daß Jesus der Gottessohn ist, bringt natürlich auch den Drang mit sich, nach seinem Wort *zu leben! Das* aber ist für *jeden* Menschen gleichzeitig der *Schlüssel* zu dem Himmelreich! Dieses Bekenntnis *ist* der Schlüssel, vorausgesetzt, daß ein derart Bekennender das Gotteswort *unentstellt* in sich aufnimmt, es recht versteht und darnach lebt. Christus wußte diesen schöpfungsgesetzmäßigen Vorgang, der sich bei Petri überzeugten Worten feinstofflich vollzog, und sprach ihn aus, erklärend für die Jünger. Die Gesetzmäßigkeit feinstofflicher Vorgänge ist auch jedem Leser meiner Gralsbotschaft bekannt.

Petrus war also nur durch sein empfundenes und ausgesprochenes Bekenntnis als erster darin auch der erste, der den Schlüssel zu dem Paradiese damit erhielt. Und wem er auf Erden diese gleiche Überzeugung später vermitteln konnte, dem öffnete er damit auch stets das Himmelreich. Die aber seine Überzeugung nicht teilen wollten, denen mußte es verschlossen bleiben. Das alles ist ein ganz natürliches, selbsttätiges Geschehen, klar und einfach, und ist nicht an Petrus gebunden, noch von ihm abhängig.

Christus wollte und *konnte* einer Gemeinde auch nur *eine solche Überzeugung* zu Grunde legen, nicht aber eine Person! Petrus war nur gerade der, der es zuerst wirklich in Überzeugung ausgesprochen hatte. Die *Überzeugung* bildete, formte, *wurde* der Fels, nicht aber Petrus als Person!

Matthäus aber gibt dem Sinne der Antwort Christi nach *seiner* eigenen Anschauung rein Persönliches, als nur Petrus betreffend.

Gerade Matthäus zeigt vieles mißverstanden, was er dann in seiner Art verarbeitet sorglos weitergibt. Wie schon am Anfang seiner Niederschriften:

Matthäus 1,21 (Verkündung des Engels an Josef):
»Und sie wird einen Sohn gebären, des Namen sollst Du Jesus heißen; denn er wird sein Volk selig machen von ihren Sünden.«

Darauf folgt Matthäus weiter in Vers 22 und 23:
»Das ist aber alles geschehen, auf daß erfüllet würde, das der Herr durch den Propheten gesagt hat, der da spricht: ›Siehe, eine Jungfrau wird schwanger sein, und einen Sohn gebären, und sie werden seinen Namen Imanuel heißen, das ist verdolmetschet: Gott mit uns!‹«

Matthäus will hier die Prophezeiung von Jesaja erklärend eng verbinden mit der Geburt des Gottessohnes, in einer Art, die allzudeutlich zeigt, daß er in seinen Niederschriften nur die eigene persönliche Auffassung sprechen läßt, also nicht sachlich bleibt.

Das hätte jedermann *als Warnung* dienen sollen, daß diese Niederschriften nicht etwa als Gotteswort, sondern nur als persönliche Anschauung des Verfassers angesehen werden dürfen!

Matthäus sieht zum Beispiel nicht einmal den Unterschied zwischen der Ankündigung durch Jesaja, die er selbst anführt, und der des Engels, sondern mischt sie beide mit kindlicher Unschuld ineinander, weil *er* es so »sich denkt«, ganz unbekümmert darum, ob es auch richtig ist. Er sieht dabei nicht einmal, daß die darin genannten *Namen* unterschiedlich sind.

Aber nicht ohne Zweck wurden sie ganz bestimmt bezeichnet!

Jesaja kündet »*Imanuel*«. Der Engel aber »Jesus«! Also ist es nicht Imanuel, den Maria gebar, und deshalb auch nicht der, von dem Jesaja kündet!

Jesaja kündete »Imanuel«, den Menschensohn, der Engel aber »Jesus«, den Gottessohn! Es sind dies deutlich zwei verschiedene Ankündigungen, sie fordern zwei verschiedene Erfüllungen, die wiederum durch zwei verschiedene Personen gebracht werden müssen. Eine Vermischung dieser beiden Vorgänge ist unmöglich, sie kann auch nur mit *absichtlichem* menschlichem Wollen unter Umgehung aller Grundlagen beibehalten werden.

Matthäus hatte keine üble Absicht dabei, es war lediglich die Niederschrift seiner einfachen Anschauung in sorgloseter Art. Daß er es verband, konnte ihm leicht geschehen, da man damals mehr als heute der Erfüllungen von Verheißungen alter Propheten harrte und sehnsüchtig darin lebte. Er ahnte nicht, welches Unheil noch größeren Mißverstehens daraus erwuchs.

Über die Erfüllung der Verkündung »Imanuels« brauche ich hier nichts weiter zu sagen, da ich darüber schon mehrfach in der Gralsbotschaft ausführlich sprach. –

Das Mißverstehen war also zu Jesu Erdenzeit genau wie jetzt! Er selbst klagte doch oft genug darüber, daß ihn seine Jünger nicht verstanden! Nicht verstehen konnten! Denkt Ihr, daß dies dann anders war, als er nicht mehr bei ihnen weilte?

»Der Geist ist später über sie gekommen«, sagen darauf viele Menschen, welche wenig oder überhaupt nicht denken! Der Geist änderte aber nicht gleichzeitig auch die Mängel des Gehirns. Doch so zu denken, halten Schwächlinge für Sünde, während es nur eine Ausrede für ihre Trägheit in dem Geiste ist, die sie damit beschönigen zu können wähnen.

Ihr werdet aber bald erwachen aus der Lauheit solcherlei Gedanken! »Wenn aber der Menschensohn kommen wird ...«, erklärte Christus warnend, drohend. Denket daran, wenn nun die Stunde der Verkündung kommt, in der der Herr selbst offenbart, daß er den Menschensohn zur Erde *sandte!* Denket daran, daß Christus aller geistesträgen Menschheit damit drohte! – –

Wenn er nun einst dem reichen Jünglinge auch sagte, daß dieser all sein Hab und Gut verschenken soll, so war dies nötig nur für *diesen;* denn er hatte ja gefragt: »Was soll *ich* tun ...?« Und Christus gab *ihm* darauf Antwort; es sollte nicht in diesem Sinn der ganzen Menschheit gelten!

Dem reichen Jüngling *ganz persönlich* konnte der Rat nützen. Er war in sich zu schwach, um bei der Annehmlichkeit seines Reichtumes sich innerlich emporzuraffen. Deshalb war Reichtum für ihn Hemmnis zu dem Aufstieg seines Geistes! Der beste Rat, der ihm deshalb von Christus werden konnte, war natürlich der, der alles Hemmende beseitigte. In diesem Falle also den Reichtum, der den Jüngling zur Bequemlichkeit verleitete.

Aber auch nur deshalb! Nicht, daß ein Mensch nicht Reichtum haben soll!

Ein Mensch, der seine Reichtümer nicht nutzlos anhäuft, um sich selbst Vergnügen damit zu bereiten, sondern der sie *richtig* nützt, sie in dem rechten Sinn verwertet, *um*wertet zu dem Segen vieler, ist weit wertvoller und höher stehend als einer, der sie allesamt verschenkt! Er steht viel größer, fördernd in der Schöpfung!

Ein solcher Mann vermag infolge seines Reichtumes Beschäftigung zu geben Tausenden während des ganzen Erdenseins, gibt ihnen damit das Bewußtsein selbstverdienten Unterhaltes, welches stärkend, fördernd wirkt auf Geist und Körper! Nur muß als selbstverständlich dabei rechte Einstellung verbleiben in der Arbeit und der Ruhe, sowie rechter Gegenwert gegeben sein für jede Arbeitsleistung, es muß dabei ein streng gerechter Ausgleich bleiben!

Das hält *Bewegung* in der Schöpfung, welche unerläßlich ist zu der Gesundung und zur Harmonie. Einseitiges Verschenken aber, ohne Gegenwert zu fordern, bringt schöpfungsgesetzmäßig nur Stockung, Störungen, wie es sich in *allem*, auch im Erdenkörper zeigt, wo durch Bewegungsmangel Blutverdickung, Blutstockung entsteht, weil nur *Bewegung* das Blut freier und reiner durch die Adern strömen läßt.

Dieses Gesetz notwendiger Bewegung findet der Mensch *überall*, in tausenderlei Formen, aber im Prinzip sich immer gleichend. Es liegt in jedem Einzelfall und greift doch wechselwirkend ineinander in der ganzen Schöpfung, durch alle Ebenen, und selbst der Geist bedarf der Ausübung dieses Gesetzes ohne Unterbrechung, wenn er fortbestehen, kraftvoll bleiben, aufwärtssteigen will.

Nichts ohne dies! Bewegung überall in unbedingtem Ausgleiche des Gebens und des Nehmens.

Es war kein allgemeiner Grundsatz, den der Gottessohn aufstellte in dem Rat, den er dem reichen Jüngling gab, sondern er galt gerade nur dem Jüngling ganz allein, oder noch denen, die ihm *gleichen*, die auch zu schwach sind, Reichtum zu beherrschen. Wer sich vom Reichtume beherrschen läßt, der soll ihn auch nicht haben; denn ihm dient er nicht. Nur wer ihn selbst beherrscht, in dessen Hand wird er auch Nutzen bringen, und dieser *soll* ihn haben, da er damit sich und vielen anderen zu helfen weiß, da er damit Bewegung in der Schöpfung hält und fördert.

Das kommt in dem Verschenken nie oder nur äußerst selten! Viele Menschen bringt die Not erst zum Erwachen, zur Bewegung. Sobald ihnen von fremder Seite aber zu schnell Hilfe wird, erschlaffen sie darin, verlassen sich auf diese Hilfe und gehen geistig dabei unter, weil sie ohne Antrieb selbst nicht in Bewegung bleiben können. Ohne Ziel leben sie dann dahin und füllen ihre Zeit oft nur noch *damit*, alles *das* an anderen, nur nicht an sich zu sehen, was zu tadeln ist, sich selbst aber zu wünschen, was die anderen besitzen. Ein faul Geschlecht wird mit dem einseitigen Schenken großgezogen, untauglich für frisches, frohes Leben, und schadenbringend damit für die ganze Schöpfung!

*So* war es nicht gemeint mit dem Rate an den reichen Jüngling.

Auch sprach der Gottessohn niemals gegen den Reichtum selbst, sondern immer nur gegen reiche Menschen, welche sich durch Reichtum gegen alles Mitempfinden für anderer Not verhärten ließen, die ihren Geist damit dem Reichtum opferten, für nichts als nur für Reichtum Interesse hatten, sich also ganz vom Reichtume beherrschen ließen.

Daß Christus selbst den Reichtum nicht verachtete oder verwarf, zeigt er in seinen häufigen Besuchen reicher Häuser, in denen er als Gast freundschaftlich ein- und ausgegangen ist.

Er war auch selbst nicht arm, wie sonderbarerweise so oft angenommen wird. Für diese fast volkstümlich gewordene Annahme seiner Armut liegt kein Grund vor.

Christus kannte niemals Nahrungssorgen. Er wurde in Verhältnisse geboren, die man jetzt mit gutbürgerlich bezeichnet, da gerade dieser Boden allein noch der gesündeste verblieben war. Er trug weder die Überzüchtung aller Reichen und der Adelskreise noch die Verbitterung der Arbeitsklassen in sich. Es war genau gewählt. Josef, der Zimmermann, war wohlhabend zu nennen, durchaus nicht etwa arm.

Daß Christus damals in dem Stall zu Bethlehem geboren wurde, war lediglich die Folge einer Überfüllung des Ortes Bethlehem wegen der Volkszählung, weshalb auch Josef dorthin kam. Josef erhielt einfach keine Unterkunft mehr, wie es auch heute hier und da noch manchem Menschen leicht ergehen kann bei ganz besonderen Veranstaltungen. Mit Armut hatte dieses alles nichts zu tun. Im Hause Josefs wären Schlafräume nach Art der wohlhabenden Bürger gewesen.

Und Christus mußte auch nicht in der Armut leben! Dieser Begriff ist nur entstanden, weil der aus Gott Kommende keinen Sinn hatte für alles, was an Erdenreichtum über die irdischen Lebensnotwendigkeiten hinausging. Die Aufgabe, die zu erfüllen er gekommen war, galt nicht dem Irdischen, sondern dem *Geistigen* allein!

Falsch wird auch Christi Hinweis, daß die Menschen »Brüder und Schwestern« sind, heute gebraucht. Wie irdisch ungesund für kommunistische Ideen, wie widerlich süßlich in den Beziehungen zur Religion. Direkt dem Dunkel in die Hand arbeitend; denn in heutiger Auffassung hält es unbedingt das freie, gottgewollte Aufstreben des Einzelmenschengeistes nieder. Veredelung kann dabei nie erfolgen. Es sind alles nur wiederum die ungesunden Zerrbilder von dem, was Christus wollte.

Wenn er davon sprach, daß Menschen allesamt Brüder und Schwestern sind, so war er weit davon entfernt, an derartige Auswüchse zu denken, wie sie jetzt vielfach darin bestehen. Er sprach aufklärend für die *damalige* Zeit, wo die Unsitte alles Sklavenwesens ihre höchsten Blüten trieb, wo man Menschen verschenkte und verkaufte, sie damit als willenlos betrachtete!

Die Menschen aber sind Schwestern und Brüder *aus dem Geiste, von ihrem Ursprung her.* Sind *Menschengeister*, welche nicht für willenlose Ware angesehen werden dürfen, da jeder Menschengeist die Fähigkeit eigenbewußten Willens in sich trägt.

Nur *so* war es gemeint, nie sollte es *die* Gleichberechtigung bedeuten, die man heute darin sucht. Es kommt ja auch kein Menschengeist ins

## 11. CHRISTUS SPRACH...!

Paradies, nur weil er Menschengeist sich nennen darf! Da gibt es keine Gleichberechtigung im allgemeinen Sinne. Es spielen die Bedingungen der *Reife* ausschlaggebend eine Rolle. Erst muß der Menschengeist alles erfüllen, alles tun, was er zu geben vermag in dem Wollen zu dem Guten. Nur darin kommt die Reife, die ihm das Paradies zugänglich machen kann.

Eiserne Gesetze stehen in der Schöpfung, welche durch Bezeichnung Brüderlein und Schwesterlein vom Ursprung her niemals zu stürzen oder zu verrücken sind! Auch nicht hier auf der Erde! Wie scharf der Gottessohn das Irdische vom Geistigen zu trennen und doch zu erfüllen selbst gebot, liegt klar und deutlich in seiner Erklärung: »Gebt dem Kaiser, was des Kaisers ist, und Gott, was Gottes ist!« –

Und so ist es mit vielen Sätzen und Berichten in der Bibel, denen Menschen *ihre* Anschauung zu Grunde legten bei der Wiedergabe.

Doch alle diese Schreiber wollten damals kein Gesetz daraus erstehen lassen für die ganze Menschheit, sondern nur berichten.

Es ist ihnen auch zu verzeihen, daß die damaligen Erdenmenschen und auch Christi Jünger vieles nicht verstanden, was der Gottessohn zu ihnen sprach, und was ihn oft so traurig machte. Und daß sie alles später in der Art des eigenen Mißverstehens weitergaben, geschah im besten Wollen, so, wie es in den Erinnerungen festgehalten war, die unter den schon angeführten Gründen nicht als unantastbar angesehen werden dürfen.

Unverzeihlich aber ist, daß *später* Menschen einfach kühn als feststehend behaupten: »*Christus sprach!*« und damit die irrenden Menschenanschauungen, die Produkte mangelhaften menschlichen Erinnerungsvermögens mit Bestimmtheit ohne weiteres *direkt* dem Gottessohne unterlegen, nur um damit in eigennützigem Bestreben ein System zu gründen und zu halten, dessen Lücken schon von Anfang an den ganzen Bau für jedes kraftvolle Empfinden morsch und hinfällig erscheinen lassen mußten, so daß nur in der Forderung des blinden Glaubens Möglichkeit bestand, daß die zahllosen Löcher in dem Aufbaue nicht gleich gesehen werden konnten!

## 11. CHRISTUS SPRACH...!

Sie hielten und sie halten sich noch heute *nur* mit strenger Forderung des blinden Glaubens und dem einschneidenden Worte: »*Christus sprach!*«

Und dieses Wort, diese berechnende Behauptung soll ihnen zum entsetzlichen Gerichte werden! Denn es ist ebenso falsch wie die Anmaßung zu sagen, daß Christi Kreuzigung von Gott gewollt gewesen ist, um alle Sünden dieser Erdenmenschen mit dem Opfer wegzuwaschen! Was darin alles liegt, den Mord am Gottessohne in so unglaublichem Menschheitsdünkel derart zu entstellen, welche dreiste Frevelhaftigkeit dazu gehört, das zu erkennen wird die Zukunft lehren, die Menschheit nun an sich erfahren.

Wehe den Menschen, die den Gottessohn am Kreuze einst gemordet haben! Hundertfach wehe aber Euch, die Ihr Ihn seitdem tausendfältig an das Kreuz geschlagen habt in Seinem Wort! Und Ihn noch heute darin mordet, täglich, stündlich immer wieder neu! Es wird ein schwer Gericht über Euch fallen!

## SCHÖPFUNGSGESETZ »BEWEGUNG«

Blickt um Euch, Menschen, und Ihr werdet sehen, wie Ihr hier auf Erden leben sollt! Es ist nicht schwer, die Urgesetze in der Schöpfung zu erkennen, wenn Ihr Euch nur bemüht, in rechter Weise alles um Euch zu *beachten*.

*Bewegung* ist ein Grundgesetz in dieser ganzen Schöpfung, so auch auf der Erde. Bewegung in der *rechten* Art. Gerade *das* Gesetz aber wurde mißachtet und auch falsch verwendet.

Durch Bewegung konnte sich erst alles formen, und Bewegung, unaufhörliche Bewegung ist deshalb auch die *Erhaltung*, die *Gesundung* alles in der Schöpfung Befindlichen. Der Mensch kann darin nicht als eine Ausnahme betrachtet werden, kann nicht als einzige unter den Kreaturen inmitten der belebenden Bewegung stille stehen oder seine eigenen Wege gehen ohne Schaden für sich selbst.

Das heutige Verstandesziel so vieler Erdenmenschen ist Ausruhen und bequemes Leben. Die letzten Erdenjahre in Behaglichkeit noch zu verbringen, gilt so manchem Erdenmenschen als die Krönung seiner Tätigkeit. Doch es ist Gift, was er damit ersehnt. Es ist der Anfang seines Endes, das er damit schafft!

Es ist Euch sicher vorgekommen, daß Ihr bei Todesfällen oft bedauernd hören könnt: »Lange hat er seine Ruhe nicht genießen können. Erst vor einem Jahre zog er sich in das Privatleben zurück!«

Derartige Bemerkungen fallen sehr oft. Sei es nun bei Geschäftsleuten, Beamten oder Militärs, gleichviel, sobald sich ein Mensch nach dem Volksmunde »zur Ruhe setzt«, beginnt sehr bald Verfall und Tod.

Wer seine Augen für seine Umgebung richtig öffnet, der erkennet dabei viel, der sieht, daß ihm derartige Erlebnisse *auffallend* oft vorkommen, und er wird zuletzt auch einen ganz bestimmten Grund in dem Geschehen suchen, ein Gesetz darin erkennen.

Der Mensch, der sich auf Erden hier wirklich zur Ruhe setzt, der von dem Wirken sich ausruhen will bis an sein Erdenende, ein solcher wird in dem Gesetz der rhythmischen Bewegung dieser Schöpfung abgestoßen als überreife Frucht, weil alles Schwingen, die Bewegung um ihn her viel stärker ist als die Bewegung *in ihm selbst*, die gleichen Schritt zu halten hat. Ein solcher Mensch *muß* dann ermatten und erkranken. Nur wenn sein Eigenschwingen und sein Wachsein gleichen Schritt hält mit der herrschenden Bewegung in der Schöpfung, nur dann kann er gesund verbleiben, frisch und froh.

In dem Ausspruche »Stillstand ist Rückgang« liegt das Ahnen des großen Gesetzes. Bewegung nur ist Aufbau und Erhaltung! Bei allem, was sich in der Schöpfung findet. Ich habe dies bereits festgelegt in meinem Vortrage »Das Leben«.

Wer sich buchstäblich hier auf Erden ganz zur Ruhe setzen will, der hat kein Ziel mehr vor sich und damit kein Recht, in dieser Schöpfung weiterhin zu leben, weil er sich selbst das »Ende« setzte in dem Wollen! Das Schöpfungsschwingen aber *zeigt* kein Ende, *hat* kein Ende! Andauernde Entwickelung in der Bewegung ist Gesetz im Willen Gottes, und das ist deshalb auch niemals ohne Schaden zu umgehen.

Es ist Euch sicher aufgefallen, daß die Menschen, die sich dauernd mühen müssen um den Erdenunterhalt, oft viel gesünder sind und älter werden als die Menschen, denen es von Jugend an sehr gut gegangen ist, welche behütet und gepflegt wurden in sorgfältigster Art. Auch habt Ihr schon beobachtet, daß Menschen, welche in dem Wohlstand aufgewachsen sind und alles tun für ihren Körper, was an Mitteln zu erhalten ist, behaglich leben ohne Aufregung, daß solche Menschen schneller die äußeren Zeichen des nahenden Alters tragen als die nicht irdisch Begüterten, die ihre Tage stets mit Arbeit füllen müssen!

Ich weise hier zum Vorbild auf *die* Fälle arbeitsreichen Lebens hin, wo keine unnötige Übertreibung ist, wo nicht rasende Sucht nach Anhäufung irdischer Schätze oder sonstigem Hervortreten den Arbeitenden niemals wirklich ruhen läßt. Wer sich zum Sklaven einer solchen Sucht hergibt, der steht stets unter Hochspannung und wirkt dadurch *auch* unharmonisch in dem Schöpfungsschwingen. Die Folgen dabei sind dieselben wie bei denen, die zu langsam schwingen. Also der goldene Mittelweg auch hier für jeden, der in dieser Schöpfung und auf Erden *richtig* stehen will.

Was Du tust, Mensch, das tue *ganz!* Das Arbeiten während der Arbeitszeit, das Ruhen zu der notwendigen Zeit der Ruhe! Kein Vermischen.

Das größte Gift gegen harmonische Erfüllung Eures Menschentumes ist die Einseitigkeit!

Ein arbeitsreiches Leben ohne Geistesziel zum Beispiel nützt Euch nichts! Der Erdenkörper schwingt dann wohl in dieser Schöpfung mit, aber der Geist steht still! Und wenn der Geist nicht gleichzeitig im gottgewollten Schöpfungsschwingen sich bewegt, so wird der mitschwingende Erdenkörper durch die Arbeit nicht erhalten und gestählt, sondern zermürbt, verbraucht! Weil ihm die Kraft nicht aus dem Geiste dabei wird, deren er bedarf durch die Vermittlung des Wesenhaften. Der stillstehende Geist hemmt alles Aufblühen des Körpers, dieser muß in seinen Schwingungen deshalb sich selbst verzehren, welken und zerfallen, kann sich nicht mehr erneuern, da der Quell dazu, das Geistesschwingen, fehlt.

So nützt es nichts, wenn ein von dieser Erdenarbeit sich Zurückziehender regelmäßig zur Bewegung seines Körpers die entsprechenden Spaziergänge ausführt und alles irdisch Mögliche noch unternimmt, um seinen Körper weiter zu erhalten. Er altert schnell, verfällt, wenn nicht sein Geist in gleichem Schwingen bleibt. Und Geistesschwingen wird allein erzeugt durch irgendein bestimmtes Ziel, welches *den Geist* bewegt.

Ein Ziel des Geistes aber ist nicht erdenwärts zu suchen, sondern wird nur nach dem Reich des Geistes hin zu finden sein, der gleichartigen Ebene in dieser wunderbaren Schöpfung! Also ein Ziel, das über dem Irdischen steht, hinausragt über dieses Erdenleben!

## 12. SCHÖPFUNGSGESETZ »BEWEGUNG«

Das Ziel muß *leben*, muß lebendig sein! Sonst hat es mit dem Geiste nichts zu tun.

Der Mensch von heute aber weiß nicht mehr, was geistig ist. Er hat dafür Verstandesarbeit eingesetzt und nennt Verstandeswirken geistig seiend! Das gibt ihm nun den Rest, bringt seinen Sturz herbei; denn er klammert sich an etwas, was zurückbleibt auf der Erde mit dem Körper, wenn er in das Jenseits treten muß!

Geistiges Ziel ist *immer* etwas, das *fördernde Werte* in sich birgt. Daran müßt Ihr es stets erkennen! Ewigkeitswerte, nichts Vorübergehendes. Was Ihr deshalb auch wirken wollt, wonach Ihr Euch zu streben nun bemüht, fragt Euch zuerst nur immer nach den Werten, die Ihr damit bringt und findet! Es ist nicht allzu schwer, wenn Ihr nur wirklich wollt!

Zum falschen Handeln und nutzlosen Streben in der Schöpfung zählen neun Zehntel der heutigen Wissenschaft! Wissenschaften, wie sie *jetzt* betrieben werden, sind ein Hemmnis für den Aufstieg derer, welche sich damit befassen, bilden Stillstand, Rückgang, aber niemals Fortschritt, der zum Aufstieg führt. Der Mensch kann in den Wissenschaften, die man heute so nennt, die Schwingen nicht entfalten, kann nie das erreichen, was er leisten könnte; denn die Schwingen sind ihm jammervoll gestutzt, zerstört. Nur in der Einfachheit des Denkens und des Handelns liegt die Größe und entfaltet sich die Macht, da Einfachheit allein den Schöpfungsurgesetzen zustrebend entspricht!

Der Mensch aber hat sich mit seiner Erdenwissenschaft gebunden und verbaut.

Was nützt es, wenn ein Mensch die Zeit des Erdenlebens damit auszufüllen sucht, um zu erfahren, wann die Kreatur Fliege erstanden ist, wie lange sie voraussichtlich auf dieser Erde noch verbleibt, und viele derartige für das Menschenwissen anscheinend wichtige Fragen mehr. Fragt Euch nur, wem er damit wirklich nützt! Nur seiner Eitelkeit! Sonst keinem Menschen in der Welt. Denn mit Aufstieg in irgendeiner Form hat dieses Wissen nichts zu tun. Dem Menschen gibt es keinen Vorteil, keinen Aufschwung! Niemand hat etwas davon!

So müßt Ihr eine Sache nach der anderen nur einmal ernstlich nach

## 12. SCHÖPFUNGSGESETZ »BEWEGUNG«

dem eigentlichen Werte prüfen, welchen sie Euch gibt. Ihr werdet dabei finden, daß alles darin heute Geschehende wie ein nutzloses Kartenhaus vor Euch sich zeigt, für das die Euch zu der Entwickelung geschenkte Erdenzeit wahrlich zu kostbar ist, um auch nur eine Stunde dafür ungestraft opfern zu dürfen! Der Eitelkeit und Spielerei frönt Ihr damit; denn es hat nichts in sich, was Euch wirklich emporzuheben fähig wäre, es ist in sich nur leer und tot!

Glaubt nicht, daß Ihr vor Gottes Stuhl hintreten könnt, um beim Gericht ein derartiges Wissenssprüchlein aufzusagen. Taten werden von Euch gefordert in der Schöpfung! Ihr aber seid nur tönend Erz mit Eurem falschen Wissen, während Lebendigsein und Fördern Eure Aufgabe in dieser Schöpfung ist. Der Mensch, der sich an jeder Wiesenblume freut, der dankbar dafür seinen Blick zum Himmel richtet, der steht vor Gott viel höher als ein Mensch, der sie wissend zergliedern kann, ohne die Größe seines Schöpfers darin zu erkennen.

Es nützt dem Menschen nichts, wenn er der schnellste Läufer oder ein gewandter Boxer ist, ein kühner Fahrer, oder wenn er weiß, ob das Pferd vor der Fliege oder nach ihr auf der Erde in Erscheinung trat. Ein solches Wollen strebt nur etwas Lächerlichem nach, der Eitelkeit! Der Menschheit bringt es keinen Segen, keinen Fortschritt, keinen Nutzen für ihr Sein in dieser Schöpfung, sondern regt nur an zu der Vergeudung ihrer Erdenzeit.

Blickt um Euch, Menschen! Alles sehet *darauf* an, was Eure eigene Beschäftigung und die der Mitmenschen in Wirklichkeit bedeuten, welchen Wert sie haben! Ihr werdet wenig finden, was des wahren Menschentumes würdig ist! Bisher seid Ihr mit Eurem Streben unbrauchbare Knechte in dem Weinberge des Herrn! Denn Ihr vergeudet Eure Zeit mit ganz nutzlosen Spielereien, behängt das hohe Können, das als Gottesgabe in Euch ruht, mit unnötigem Tand des eitlen, irdischen Verstandeswollens, das Ihr alles beim Hinübergehen hinter Euch zurückzulassen habt.

Erwachet, daß Ihr Euch ein würdiges Gewand des *Geistes* hier auf Erden schaffen könnt und nicht wie bisher bettelarm ins Jenseits treten müßt, wo Euch so reiche Schätze für die Erdenlaufbahn mitgegeben sind! Ihr seid wie Könige, die kindisch tändelnd mit dem Zepter spielen und sich einbilden, daß dieses und die Krone schon genügen, um ein König auch zu sein!

Was der Mensch notwendig hat zu erforschen, ist in erster Linie nur alles das, was ihm zu seinem Aufstiege und damit auch zur Förderung der Schöpfung dient! Bei allem, was er arbeitet, muß er sich fragen, welchen Vorteil es ihm selbst bringt und den Menschen. *Ein* Ziel muß jeden Menschen künftighin beherrschen: den Posten zu erkennen und auch zu erfüllen, den er in der Schöpfung einzunehmen hat als Mensch!

Ich will Euch sagen, wie es in den anderen Teilen der Schöpfung vor sich geht und wie es nun auch hier auf Erden nach dem Gotteswillen werden muß!

Wenn hier auf Erden ein Mensch einmal eine große Tat vollbringt, so wird er, wenn nicht nur Neid damit erweckt wird, geehrt. Der Ruhm verbleibt ihm bis zu seinem Ende, ja, sehr oft darüber noch hinaus, Jahrzehnte und Jahrhunderte, Jahrtausende.

Doch das ist *nur auf Erden.* Eine Frucht der falschen Menschenanschauung. Es wurde Brauch in dieser schweren, grobstofflichen Masse. Nicht in den höheren, lichteren Welten. Dort ist die kreisende Bewegung nicht so schwerfällig wie auf der Erde hier. Die Wechselwirkung löst sich schneller aus, je nach der zunehmenden Leichtigkeit. Es sind die Taten dort auch nach ganz anderen natürlichen Gesichtspunkten gemessen, während Menschenanschauungen so manche Tat als groß erscheinen lassen, die es gar nicht ist, und manches nicht bewerten, welches wahre Größe in sich birgt.

Je höher, lichter, leichter die Umgebung, desto klarer, schneller auch der Lohn, die Folgen. Ein Menschengeist, der gutes Wollen hat, steigt dabei immer schneller aufwärts, eine wirklich große Tat reißt ihn oft schon im gleichen Augenblick empor. Doch kann er dann nicht etwa davon zehren in Erinnerung wie hier auf dieser Erde, sondern er muß weiterhin die Höhe sich stets neu erwerben, wenn er dort verbleiben will, er muß sich mühen, dauernd höher noch zu kommen! Hält er nur einmal damit inne, so wird er in der jeweiligen Umgebung sehr schnell überreif, er fault darin, wenn man ein grobstoffliches Bild dafür anwenden will.

Der Mensch ist ja im Grunde gar nichts anderes als eine Frucht der Schöpfung! Er ist niemals die Schöpfung selbst, noch weniger der Schöpfer. Ein jeder Apfel trägt die Fähigkeit in sich, mit neuen Apfelbäumen, Blüten, Früchten diese Schöpfung zu bereichern, aber der Schöpfer ist er deshalb nicht. Es ist der selbsttätige Lauf der Schöpfungsurgesetze, die ihm die Fähigkeit verliehen und ihn zwingen, derartig zu wirken, seine Aufgabe in dieser Schöpfung zu erfüllen. *Eine* Aufgabe erfüllt er immer unbedingt!

Der Mensch oder die Tiere mögen mit diesem Apfel tun, was sie nur wollen. Entweder er dient für die Fortpflanzung oder für die Erhaltung fremder Körper. Ohne Aufgabe ist nichts in dieser Schöpfung. Auch in jeder Verwesung liegt Bewegung, Nutzen, Förderung.

Sobald also ein Mensch emporgestiegen ist, so muß er sich auf seiner Höhe *halten!* Er kann und darf nicht ausruhen und denken, daß er für eine Zeit genug getätigt hat, sondern er muß sich weiter regen wie der Vogel in der Luft, der auch gezwungen ist, die Flügel zu bewegen, wenn er sich oben halten will. Es ruht in allem immer nur das gleiche, einfache Gesetz! Im feinsten Geistigen wie in dem gröbsten Irdischen. Ohne Veränderung und ohne Abbiegen. Es wirkt sich aus und muß beachtet sein. Im Lichten, Leichten schneller, im Trägen, Grobstofflichen nur entsprechend langsamer, aber auf alle Fälle *ganz gewiß!*

Es liegt eine solche Einfachheit in der Auswirkung der Schöpfungsgesetze und in den Gesetzen selbst, daß es keiner Hochschule bedarf, um sie richtig zu erkennen. Ein jeder Mensch hat die Fähigkeit dazu, wenn er nur will! Jede Beobachtung ist kinderleicht, sie wird nur schwer gemacht durch dieser Menschheit Wissensdünkel, der für das Einfachste gern große Worte prägt und dadurch in der Schöpfung wie in einem klaren Wasser plump herumpatscht, wichtigtuend die ursprüngliche, gesunde Klarheit dadurch trübt.

Mit all seiner falschen Gelehrsamkeit versäumt der Mensch als einzige der Kreaturen, seine Stelle in der Schöpfung als Mitschwingender und richtig Handelnder auszufüllen.

Der Wille Gottes aber ist, daß der Mensch endlich zur Besinnung kommen *muß* und seine Aufgabe in dieser Schöpfung voll erfüllt! Tut er es nicht, wird er als faule Frucht der Schöpfung nun zur Überreife kommen und zerfallen. Das göttliche Licht, welches Gott nun in die Schöpfung sendet, wirkt in dieser wie auf Pflanzen eines Treibhauses, die unter der erhöhten Wärme in Beschleunigung Blüten und Früchte treiben müssen.

Dabei erweist sich, was in den Schöpfungsgesetzen richtig sich bewegt oder was darin falsch gehandelt hat. Die Früchte werden dementsprechend sein. Der Mensch, der sich mit Dingen abmühte, die keinen Grund für seinen notwendigen Aufstieg geben können, der hat seine Zeit und seine Kraft vergeudet. Er ist von dem Schöpfungsschwingen abgewichen und kann nicht mehr mit ihm gehen, nicht mehr in der notwendigen Harmonie gesunden, da er selbst sie stört.

Lernt deshalb in Beobachtung die Einfachheit der göttlichen Gesetze in der ganzen Größe schätzen und sie für Euch nützen, sonst müssen sie Euch nun zerschlagen als im Wege ihres Wirkens hindernd stehend. Ihr werdet fortgeschwemmt als schädigende Hemmung!

*Bewegung* ist das Hauptgebot für alles, was in dieser Schöpfung ruht; denn sie erstand aus der Bewegung, wird darin erhalten und erneut!

Wie es im Jenseits, namentlich in lichteren Gefilden ist, so muß es nun auch hier auf Erden werden, durch Lichtgewalt herbeigeführt! Der Mensch, der mit den Schöpfungsurgesetzen schwingt, der bleibt erhalten, doch der, der seine Zeit vertrödelt in falschem Verstandesgrübeln, wird durch die durch Licht verstärkte Schwungkraft der Bewegung nun zerstört!

Deshalb müßt Ihr endlich alle Gesetze kennenlernen und Euch darnach richten.

Wer seinem Erdenwirken nicht ein hohes, lichtes Ziel beigibt, der kann in Zukunft nicht bestehen. Er muß zerfallen nach den lichtverstärkten Gottgesetzen, welche in der Schöpfung ruhen, wird auch geistig zerstäubt als unbrauchbare Frucht, die ihren Zweck in dieser Schöpfung nicht erfüllt.

Ganz sachlich einfach ist dieses Geschehen, aber in der Wirkung für die Menschheit, wie sie heute noch sich zeigt, von unsagbarer Furchtbarkeit! Euch wird nichts nachgelassen. Das Wollen oder Nichtwollen in der Entscheidung soll Euch noch verbleiben, weil es in der Art alles Geistes ruht, doch schnelle Folge bis zur Endauslösung wird Euch nun unmittelbar, *so* schnell, wie Ihr nicht glaubt, daß es auf Erden in der Trägheit dieser Stofflichkeit geschehen kann!

Auch irdisch wird die Menschheit nun gezwungen, sich nach allen Schöpfungsurgesetzen unbedingt zu richten!

Wenn ein Mensch hier eine gewisse Höhe hat erreichen können, bleibt es damit künftig nicht getan, sondern er ist verpflichtet, sich darauf zu halten durch andauerndes Bemühen, da es sonst schnell wieder mit ihm abwärts geht. Ein jeder muß den Posten wiederum verlassen, auf dem er sich nicht halten kann, weil er nur als *das* gelten darf, wie er auch wirklich *ist*, nicht wie er *war!* Das »*war*« vergeht mit jeder Änderung und *ist* nicht mehr. Das »*ist*« allein hat Wert und Giltigkeit im Reich der Tausend Jahre.

Drum bleibe, Mensch, in Zukunft stets durch Dein wirkliches Sein so, wie Du gelten willst. Du stürzest oder steigst mit jeder kommenden Veränderung.

Ohne dauernde Bewegung gibt es keinen Halt mehr für Dich in der Schöpfung. Du kannst Dich nicht im Glanze Deiner Ahnen sonnen. Der Sohn niemals im Ruhme seines Vaters. Die Frau hat keinen Anteil an den Taten ihres Mannes. Ein jeder steht darin nur ganz allein für sich. Es gilt die Gegenwart allein für Dich; denn diese ist es auch für einen Menschengeist, die wirklich »*ist*«! So ist es in der ganzen Schöpfung, so soll es auch in Zukunft unter diesen bisher darin schwerfälligen Erdenmenschen sein!

## DER ERDENKÖRPER

Der Mensch trägt seine Erdenhülle, die er zum Reifen seines Geistes in der Grobstofflichkeit nötig hat, in einer unverantwortlichen Gleichgiltigkeit und Verständnislosigkeit. Sobald er keine Schmerzen hat, vernachlässigt er das Geschenk, das er damit erhielt, und denkt gar nicht daran, dem Körper das zu geben, was er braucht, vor allem das, was ihm nützt. Er achtet seines Körpers immer nur erst dann, sobald er ihn geschädigt hat und deshalb Schmerz empfindet, oder wenn er durch ihn irgendwie gehindert wird an seinem Tageswerke, in Ausübung so mancher Spielereien oder Steckenpferde.

Wohl nimmt er Speisen und Getränke zu sich, aber undurchdacht und oft im Übermaße, so, wie es ihm gerade angenehm erscheint, ganz unbekümmert darum, daß er seinem Körper damit schadet. Keinem Menschen fällt es ein, den Körper sorgsam zu beachten, solange dieser keine Schmerzen bringt. Gerade aber das Beachten des *gesunden* Körpers ist ein dringendes Erfordernis.

Der Mensch soll dem *gesunden* Körper geben, was er braucht, soll ihn beobachten mit aller Sorgsamkeit, die man dem notwendigsten Werkzeuge für richtige Betätigung in dieser Grobstofflichkeit angedeihen lassen muß. Er ist ja doch das *Kostbarste*, das jeder Erdenmensch für seine Erdenzeit erhielt.

Doch seht Euch die heranwachsende Jugend an, mit welchem frevelhaften Leichtsinn sie den Körper unbeachtet läßt, mißhandelt in den Überanstrengungen der verschiedenfachsten Art.

Betrachtet Euch einmal Studenten, die vorwiegend den Verstand *einseitig* züchten durch Ihr Studium. Wie stolz sangen und singen sie noch heute Lieder von der Burschenherrlichkeit!

## 13. DER ERDENKÖRPER

Fragt Ihr Euch aber einmal ehrlich, worauf der Stolz beruht, so müßt Ihr die Gesänge auf den Inhalt prüfen, um den Grund zu finden. Dabei kommt für gesund denkende Menschen eine tiefe Scham; denn diese Lieder tragen nur Verherrlichung des Trinkens und der Liebelei in sich, des Nichtstuns, der Vergeudung einer besten Werdezeit im Erdenmenschensein! Gerade der Zeit, wo die Menschen ihren Aufschwung nehmen sollen zu dem Werden eines Vollmenschen in dieser Schöpfung, zu einer Geistesreife, um den Posten auszufüllen, den ein Mensch als solcher in der Schöpfung füllen und erfüllen soll, nach den Gesetzen seines Schöpfers, seines Herrn!

Die Lieder zeigen allzu deutlich, was zu einer Zeit als Schönstes und als Idealstes angesehen wird, in der der Mensch voll Dankbarkeit und Freude rein empfinden müßte, wie sein Geist sich durch den Erdenkörper in Verbindung setzt mit der gesamten Umwelt, um als voll bewußt und damit seinem Schöpfer voll verantwortlich darin zu wirken! Wo jeder Geist beginnt, durch Strahlungen der Sexualität sein Wollen formend weit hinauszusenden in die Grobstofflichkeit mit den vielen Abstufungen.

Die Lieder aber sind ein Hohngeschrei gegen die Schöpfungsurgesetze, denen sie entgegenstehen bis zum letzten Wort!

Im Gegensatz dazu steht jene Jugend, welche nicht studiert. Hier findet Ihr auch alle Grundlagen geeigneter zu richtiger Behandlung ihrer Erdenkörper, gesünder und natürlicher. Vorausgesetzt, daß diese jungen Menschen nicht Sport betreiben. Dann hört auch dort alles Vernünftige, Gesunde auf.

Wohin Ihr forschend blickt, müßt Ihr erkennen, daß der Mensch noch nichts von den Schöpfungsgesetzen weiß.

Keine Ahnung hat der Mensch davon, welche Verantwortung er unbedingt zu tragen hat für den ihm anvertrauten Erdenkörper! Er sieht auch nicht den Wert des Erdenkörpers für die Stellung in der Schöpfung, sondern er hält sein Auge nur auf diese Erde hier gerichtet. Doch für die Erde hier ist die Bedeutung seines Erdenkörpers nur der kleinste Teil!

Und dieses Nichtswissen von den Schöpfungsgesetzen hat Irrungen einschleichen lassen, die fortzeugend vielen Menschen Schaden bringen. Sie durchziehen und durchseuchen alles!

Nur deshalb konnte es geschehen, daß sogar unter allen bisherigen Kirchen die unsinnige Anschauung Einlaß fand, daß Opferleid und Opfertod unter gewissen Umständen Gott wohlgefällig seien! Auch in der Kunst hat diese falsche Anschauung sich tief verankert; denn der Gedanke findet darin oft Verherrlichung, ein Mensch könne durch freiwilligen Opfer- oder Liebestod dem anderen »Erlösung« bringen!

Das verwirrte diese Menschheit nur noch mehr.

Das Gottgesetz läßt es in seiner unbeirrbaren Gerechtigkeit aber nicht zu, daß für die Schuld des einen ein anderer einspringen darf. Die Tat wälzt lediglich nur eine Schuld auf den Sichopfernden, der damit die Verkürzung seines Erdenseins erzwingt. Dazu kommt noch der Wahn der Seele, damit etwas Großes und Gott Wohlgefälliges zu leisten. Der Opfernde macht sich in solcher Weise *doppelt* schuldig in dem Dünkel, einen *anderen* lösen zu können von den Sünden. Er hätte wohl besser getan, für sich allein Vergebung zu erflehen als großer Sünder vor dem Herrn; denn er bezeichnet damit seinen Gott als einen ungerechten Richter, der einer derartigen willkürlichen Handlung fähig wäre und mit sich feilschen läßt.

Das ist in Wirklichkeit noch eine Gotteslästerung dazu! Also die dritte Schuld bei einer solchen Tat, die schroff jedem Gerechtigkeitsempfinden unbedingt entgegensteht.

Eigene Überhebung ist es, keine reine Liebe, welche derartige Taten zeitigt! Die Seelen werden in dem Jenseits schnell eines Besseren belehrt, wenn sie unter den Folgen leiden müssen, welche ihre Taten nach sich ziehen, während dem anderen in keiner Weise damit geholfen ist und, wenn er wissend darauf hoffte, es ihn nur noch mehr belasten muß.

So ist es zu bedauern, daß selbst große Künstler in den Werken dem unseligen Erlösungswahne huldigten. Ein feinsinniger Künstler müßte sich doch daran stoßen, weil es unnatürlich ist, jeder Gesetzmäßigkeit widerspricht und völlig haltlos bleibt!

## 13. DER ERDENKÖRPER

Die wahre Größe Gottes wird damit verkleinert.

Es ist wiederum nur Menschheitsdünkel, der sich anmaßt, von der unbeeinflußbaren Gottgerechtigkeit zu erwarten, daß sie solches Opfer anzunehmen fähig wäre! Darin stellt ja der Mensch sein irdisches Gericht in der Gerechtigkeitsausübung höher; denn bei diesem kommt ihm der Gedanke nicht!

In solchem Tun zeigt der Mensch Mißachtung des Erdenkörpers, doch keinen Dank für das zur Reife überlassene grobstoffliche Werkzeug, das nicht genug beachtet, sauber und rein gehalten werden kann, da es für das bestimmte Erdenleben unentbehrlich ist.

Deshalb lerne den Erdenkörper richtig kennen, Mensch, damit Du ihn danach behandeln kannst! Erst dann wirst Du auch fähig, ihn richtig zu verwenden, zu beherrschen als das, was er für Dich auf dieser Erde ist. Die erste Folge wirklicher Beherrschung Deines Körpers zeigt sich in der Leichtigkeit und Schönheit der Bewegungen, welche die Kraft des Geistes in der Harmonie mit seinem Werkzeuge durchblicken läßt.

Damit Ihr darin richtig unterscheiden lernt, beobachtet einmal die Menschen, die dem Sporte huldigen in irgendeiner Art. Schnell werdet Ihr erkennen, daß die Stählung eines Körpers ganz allein nicht auch die Schönheit der Bewegungen ergibt, weil zu viel Einseitigkeit darin liegt, wenn nicht der Geist dabei auch mitschwingt in der notwendigen Harmonie. Der Schritt der Sportler ist sehr oft nichts weniger als schön, die Haltung selten anmutsvoll. Der Sportler ist sehr weit davon entfernt, den Körper wirklich zu beherrschen!

Denn Kraft kommt ganz allein vom Geiste! Stärke von dem Körper!

So zeugt *wuchtiger* Schritt von Schwere, aber nicht von Kraft. Ein von der Geisteskraft gehaltener, durchtränkter Körper hat *elastische* Bewegungen und schreitet leicht dahin, federnd, gleichviel, ob sein Gewicht groß oder klein zu nennen ist.

Ein schwerer Schritt zeugt bei dem Menschen immer nur vom Mangel richtiger Beherrschung seines Körpers durch den Geist. Und Geistbeherrschung zeichnet einen Menschen vor den Tieren aus! Das Tier ist

## 13. DER ERDENKÖRPER

darin anderen Gesetzen unterworfen, weil die Seele aus dem Wesenhaften kommt. Aber es erfüllt diese Gesetze, lebt in Harmonie des Körpers mit der Seele und zeigt in den Bewegungen auch immer eine ganz bestimmte Art von Schönheit, seinem Körper angepaßt. Es hat auch trotz oft ungeheurer Körperschwere einen leichten Gang im Gegensatz zum Menschen!

Geht in den Tiergarten! Seht Euch die Tiere darin und die Menschen an. Betrachtet sie Euch einmal ganz genau. Die Folgen der fehlenden Harmonie zwischen der Seele und dem Körper müssen Euch dort schnell auffallen bei allen *Menschen*, während Tiere ganz »natürlich« sind, wenn sie nicht irgendeine Krankheit daran hindert. Ihr werdet selbst beobachten, daß der Mensch eine falsche Lebensweise führt und seinen Körper nicht beherrscht, nicht richtig in ihm lebt, ganz unharmonisch zu ihm steht.

So ist es auch mit der Ernährung und Erhaltung. Das Tier wird niemals seinen Körper überfüttern, wie es viele Menschen tun! Es ist gesättigt, wenn es keinen Hunger mehr verspürt, der Mensch in vielen Fällen aber erst, sobald er nicht mehr weiteressen kann! Das ist ein großer Unterschied, den wiederum nur überzüchteter Verstand hervorgerufen hat in dem Bestreben, die natürliche Vernunft darin zu unterdrücken.

Das Tier trinkt auch nur, um den Durst zu stillen. Der Mensch aber erzieht in sich Einbildungen eines Genießens, die dem Körper in der Übermäßigkeit viel Schaden bringen müssen. Hierbei verweise ich nur wieder auf Gewohnheiten studentischer Verbindungen im Trinken wie auch in der Schlafentziehung, welche diese falschen Lebensweisen stets erfordern.

Es bedarf darüber keiner weiteren Erklärungen; denn diese Handlungen sind als die törichtsten wohl schon bekannt genug. Selbst der Wohlwollendste oder Beschränkteste darin kann nicht behaupten, daß es nützlich wäre oder keinen Schaden bringen würde.

Die Menschen, welche in dem Tiergarten die Wege wandeln, um die Tiere anzuschauen, zeigen deutlich, daß sie an den Tieren für sich lernen müßten, um mit ihren Erdenkörpern richtig in der Schöpfung dazustehen. »Wandeln« kann man allerdings schon nicht mehr sagen; denn nur wenige von den Besuchern sieht man »wandeln«. In dem Ausdruck »wandeln« liegt doch ein Begriff von Anmut und natürlicher Beherrschung. Viele Menschen aber humpeln oder stapfen ganz gedankenlos oder gedankenvoll einher, oder sie hasten in nervöser Art, zerfahren und zerstreut. Es ist von Schönheit dabei keine Spur. Ganz deutlich seht Ihr, daß sie die Bewegung ihres Körpers nicht beachten, ihn aber durch ihr falsches, einseitiges Denken in natürlicher Bewegung hemmen. Das ist Vernachlässigung schon von Jugend auf. So manche Unterlassung darin zeigt sich ja erst später, aber dann auch unbedingt. Die Folgen bleiben niemals aus.

Welche Schönheit aber liegt allein schon in den Worten: Schreiten, Wandeln! Ihr ahnt kaum noch den hohen Wert, der darin ruht. Mit aller dieser Nichtbeachtung seines Erdenkörpers zeigt der Mensch die Unreife des Geistes! Ein reifer Geist wird *immer* seinen Körper als das notwendige Werkzeug für Erreichung seiner Erdenreife *achten* und nicht unsinnigen Mißbrauch damit treiben! Er wird ihn pflegen, *so*, wie es dem Körper *dienlich* ist, nicht wie es dessen oftmals aufgepeitschte Nerven in Verbogenheit natürlicher Begriffe hier und da verlangen.

Wo reine Geisteskraft den grobstofflichen Körper ganz durchdringt und ihn beherrscht, dort *müssen* die Bewegungen auch Schönheit zeigen, da es anders darin nicht sein kann. Dort werden auch die grobstofflichen Sinne von der Schönheit vollständig durchdrungen, so daß sie alles, was sie tun, veredeln, sei es, was es wolle.

Schönheit und Anmut ist der Ausdruck eines reinen Menschengeistes, in allem seinem *Wirken*, zu dem auch die Bewegungen des grobstofflichen Körpers zählen!

Blickt um Euch, alles wird Euch ja gezeigt! Wenn Ihr lebendig in der Schöpfung steht, *müßt* Ihr es schnell erkennen.

Ihr werdet dabei finden, wie unmöglich der Mensch bisher darin handelte, wie wenig er die Schöpfung selbst erkannte, die für ihn unbedingt sein Heim verbleibt! Er wird hineingeboren, doch er will sich immer losreißen, will sich darüber stellen. Dieses sonderbare Wollen läßt ihn

## 13. DER ERDENKÖRPER

niemals sicher darin werden; denn er lernt sein Heim dabei nicht kennen.

Der Erdenkörper eines jeden Menschen ist in allen Dingen mit *der* Scholle eng verbunden, auf der er erstand! Nach dem Schöpfungsgesetz für alle Stofflichkeit! Damit hat er zu rechnen allezeit. Und das ist das, was er bisher nur selten auch befolgte. Er dünkt sich darin frei und ist es nicht! Er ist damit aber genau so eng verbunden wie der Körper eines Tieres! *Beide* Körperarten sind geformt vom Wesenhaften! Beim Tiere hat der Mensch alles genau beobachtet und weiß es auch. Doch *seinen* Körper will er nicht unter die Gleichart der Gesetze stellen! Und das ist falsch.

Der Erdenkörper ist verbunden mit *dem Teil* der Erde, auf dem er geboren wurde! Eng verbunden auch mit allen Sternen dieses ganz bestimmten Teiles und mit allen Strahlungen, welche dazu gehören. In ausgedehnter Art, weit mehr, als Ihr Euch denken könnt! Nur *der* Teil dieser Erde gibt dem Körper ganz genau, was er bedarf, um richtig zu erblühen und kraftvoll zu bleiben. Die Erde gibt es auch in ihren Einzelzonen stets zu rechter Zeit, so, wie es alle grobstofflichen Körper brauchen, die in dieser ganz bestimmten Zone *geboren* sind! Kräuter und Früchte wirken deshalb auf den Menschenkörper vorteilhaft und aufbauend am besten zu *der* Zeit, wo sie die Erde *bringt!*

Der Körper *braucht* zu solchen Zeiten und in *der* Zone derartige Nahrung, wo er einst erstand, mit der er andauernd verbunden bleibt.

Erdbeeren zu der Zeit der Erdbeerreife, Äpfel zu der Zeit der Äpfelernte, und so fort! Es ist mit allen Früchten, allen Kräutern so. Deshalb sind Kräuterkuren vorteilhaft zu der Zeit, wo die Kräuter in der Vollkraft stehen. Auch für gesunde Körper!

Das Wesenhafte selbst bietet dem Erdenkörper darin dauernd Abwechslung in der Ernährung, so, wie er sie wirklich nötig hat! Genau wie Sonne, Regen, Wind das *Beste* für gesunde Tätigkeit der Haut verbleiben! Die Schöpfung gibt dem Menschen alles, was er braucht für seinen Erdenkörper, und sie gibt es auch in rechter Abwechslung, zu rechter Zeit!

## 13. DER ERDENKÖRPER

Mit allen Sonderkünsten kann der Mensch nie *das* erreichen, was die Schöpfung ihm von selbst gewährt!

Achtet nur darauf! Auf dieser Erde ist der Erden*körper* eng verbunden *mit der Zone*, in der sein Geburtsort liegt! Soll er in einer fremden Zone auch gesund verbleiben, *Vollkraft* behalten zu dem Erdenwirken, so muß als Grundlage für die Ernährung seines Körpers nur die Zone gelten, in der er geboren ward. Mit Sorgfalt kann er dann wohl eine Brücke schaffen, welche ihm für eine Zeit die volle Wirksamkeit ermöglicht, aber für die Dauer nie! Er muß schon hier und da zurück, um sich stets neue Kraft zu holen! Trotz allem aber wird er dabei auch sein Erdenleben *kürzen!*

Nicht Willkür oder Zufall ist es, daß die Erdenmenschen von verschiedener Gestalt und auch Körperfarbe sind.

Die Schöpfungsurgesetze stellen sie schon an den ganz bestimmten Platz, welcher allein zu ihrer Erdenreife dient! Und statten sie auch dementsprechend aus.

Das Wesenhafte schafft Euch Euren Erdenkörper und auch gleichzeitig die Nahrung zur Erhaltung! Einheitlich wirkt es aber nur in der bestimmten Zone und in dem bestimmten Erdenteile! Es geht Euch Menschen darin auch nicht anders als den Pflanzen und den Tieren; denn auch Ihr seid eine Frucht der Schöpfung, seid nur Kreatur, die der Zone und den Strahlungen des Erdenteiles eng verbunden ist und bleibt, wo sie erstand.

Deshalb beobachtet und lernt an jeder Tätigkeit der Schöpfung! Es ist Euch Pflicht, den Schöpfungsurgesetzen zu gehorchen, sobald Ihr das erreichen wollt, was Euch zum Nutzen und zum Aufstieg dient!

## DAS BLUTGEHEIMNIS

Das Blut! Was schwingt alles aus diesem Wort, wie reichhaltig und stark sind alle Eindrücke, die es hervorzurufen fähig ist, und welche nie versiegende Entstehungsquelle von Vermutungen umschließt das eine so bedeutungsvolle Wort.

Und aus diesen Vermutungen hat sich so manches Wissen schon geformt, das segensreich für Erdenmenschenkörper sich erwies. In mühevollem Suchen und aufopfernder Betätigung fanden Begnadete in ihrem reinen Wollen zur selbstlosen Menschheitshilfe in scharfer Beobachtung so manchen *Weg*, der zu dem *eigentlichen* Zweck des Blutes *führt*, doch dieser Zweck selbst noch nicht ist.

Es sollen nun hiermit noch weiter Hinweise darauf gegeben sein, aus denen die, welche Berufung dazu in sich tragen, aufzubauen fähig sind im Wissen der schwingenden Gottgesetze. Als *Helfer* werden sie den Menschen hier auf Erden dann im wahrsten Sinn erstehen, Helfer, denen als kostbarste Belohnung Dankgebete aller derer ihre Wege sonnig werden lassen, welchen sie in ihrem neuen Wissen über die Geheimnisse des Blutes Hilfen bringen konnten ungeahnter Art, wie es bisher solche noch nicht gegeben hat.

Ich nenne gleich den Hauptzweck alles Menschenblutes: *Es soll die Brücke bilden für die Tätigkeit des Geistes auf der Erde*, also in der groben Stofflichkeit!

Das klingt so einfach und trägt doch in sich den Schlüssel *alles* Wissens über Menschenblut.

Das Blut soll also eine Brücke bilden für die Tätigkeit des Geistes, oder sagen wir in diesem Falle einmal »Seele«, damit mich die Leser besser verstehen, weil ihnen der Ausdruck »Seele« geläufiger ist.

## 14. DAS BLUTGEHEIMNIS

Damit die Tätigkeit des Geistes aus dem Menschen auch in richtiger Weise vor sich gehen kann, *bildet der Geist das Menschenblut.*

Daß das Blut mit dem Geiste zusammenhängt, läßt sich leicht begründen. Es braucht nur bedacht zu werden, daß erst mit Eintritt des Geistes in den werdenden Kindeskörper, also bei der Inkarnierung, welche bei einem ganz bestimmten Entwicklungsstadium inmitten der Schwangerschaft erfolgt und die ersten Bewegungen hervorruft, auch das *eigene* Blut des Körperchens zu kreisen beginnt, während bei dem Erdentode, wenn der Geist den Körper verlassen hat, das Blut aufhört zu pulsieren und überhaupt aufhört zu sein.

Das Blut selbst ist also nur zwischen der Zeit des Eintrittes und des Austrittes des Geistes vorhanden, während der Geist sich in dem Körper befindet. Ja, man kann durch das Fehlen des Blutes feststellen, daß der Geist endgiltig seine Verbindung mit dem Erdenkörper gelöst hat, also der Tod eingetreten ist.

In Wirklichkeit ist es so: nur mit Eintritt des Geistes in den Körper vermag sich das Menschenblut zu bilden und mit Austritt des Geistes kann es nicht weiter bestehen in seiner tatsächlichen Art.

Mit diesem Wissen wollen wir uns aber nicht begnügen, sondern ich gehe weiter. Der Geist, oder die »Seele«, trägt zur Blutbildung bei, aber er oder sie vermag nicht unmittelbar durch das Blut nach außen irdisch zu wirken. Dazu ist der Unterschied zwischen den beiden Arten zu groß. Die Seele, die den Geist als Kern enthält, ist in ihrer gröbsten Schicht noch viel zu fein dazu und vermag sich nur durch die *Ausstrahlung des Blutes* nach außen zu betätigen.

Die Ausstrahlung des Blutes ist also in Wirklichkeit die eigentliche Brücke zur Betätigung der Seele, und auch nur dann, wenn dieses Blut jeweils eine ganz bestimmte, *für die betreffende Seele geeignete Zusammensetzung hat.*

Hierbei kann nun jeder gewissenhafte Arzt in Zukunft bewußt helfend eingreifen, sobald er das Wissen davon aufgenommen und richtig erfaßt hat. Es wird gerade dies zu einer der größten und einschneidendsten Hilfen der Ärzte für die ganze Menschheit werden; denn die Wirkungen darin sind so vielfältig, daß die Völker bei richtiger Handhabung in sich aufblühen müssen zu herrlichstem Wollen und Können, da sie ihre ganze Kraft zu entfalten fähig werden, die nicht zur Vernichtung drängt, sondern zum Frieden und dankerfüllten Lichtwärtsstreben.

Ich wies schon oft auf die Bedeutung der Blutzusammensetzung hin, die natürlich mit Verschiebung der Zusammensetzung auch immer wieder die Ausstrahlung verändert, welche dann entsprechend wechselnde Wirkungen erzielt für den betreffenden Menschen selbst wie für seine irdische Umgebung.

Bei meinem Vortrage über die Bedeutung der Sexualkraft sagte ich, daß erst bei einer ganz bestimmten Reife des Körpers die Sexualkraft einsetzt und damit eine Zugbrücke für die bisher von der Außenwelt schützend abgetrennte Seele nach außen hin herabgelassen wird, die natürlich nicht nur die Seele nach außen wirken läßt, sondern Wirkungen von außen her auf dem gleichen Wege auch zu der Seele gelangen läßt.

Damit wird der Einzelmensch den göttlichen Schöpfungsgesetzen gegenüber erst voll verantwortlich, wie es auch ungefähr bei den irdischen Gesetzen eingeführt ist.

Das Herablassen der Zugbrücke aber erfolgt selbsttätig durch nichts anderes als durch eine mit dem Heranreifen des Erdenkörpers und dem Drängen der Seele hervorgerufene Umbildung der Zusammensetzung des Blutes, die dann durch ihre damit veränderte Ausstrahlung dem Geiste die Möglichkeit zur Betätigung auf Erden bietet.

Hierbei meine ich natürlich nicht die mechanischen Handlungen und Arbeiten des Erdenkörpers, sondern das eigentlich »Führende« dabei, das Gewollte, welches Gehirn und Körper als Werkzeuge dann irdisch zur Tat werden lassen.

Auch bei meinem Vortrage über die Temperamente weise ich auf das Blut hin, das durch seine verschiedenartigen Ausstrahlungen die Grundlage zu den Temperamenten bildet, weil die Seele in ihren Wirkungen an die Arten der Ausstrahlungen des Blutes bis zu einer gewissen Grenze gebunden ist.

## 14. DAS BLUTGEHEIMNIS

Da aber nun Reife und Gesundheitszustand sowie Alter eines Körpers mit beitragen zur Veränderung der Blutzusammensetzung, so würde in einer derartigen Gebundenheit Ungerechtigkeit liegen können, welche aufgehoben ist durch die Tatsache, daß der *Geist* diese Zusammensetzung verändern kann, worin gleichzeitig das Geheimnis des Wortes liegt, daß der »Geist den Körper bildet«.

Wo aber nun ein Geist zu schwach dazu ist oder durch irgend etwas von außen Kommendes daran gehindert wird, wie zum Beispiel durch Unfall oder Körperkrankheit, dort vermag der Arzt bald helfend einzugreifen durch sein Wissen!

Und was alles von der jeweiligen rechten Blutzusammensetzung für den Erdenmenschen abhängt, wird er staunend erkennen. Doch darf hierbei kein festes Schema gebaut werden, sondern der Vorgang ist bei jedem Menschen ganz verschieden. Bis jetzt sind davon nur die gröbsten Unterschiede gefunden worden. Es gibt noch unerkannt zahllose Feinheiten darin, die von durchdringenden Bedeutungen und Wirkungen sind.

Die Blutgruppen-Feststellungen genügen noch nicht, welche jetzt bereits gefunden wurden und nur das bestätigen können, worauf ich hinweise.

Diese Feststellungen zeigen wohl einen Weg zum Eigentlichen und sind bereits sehr segensreich in ihrer Anwendung, aber sie bleiben doch nur *ein* Weg von vielen und sind nicht *das Ziel selbst*, das den Menschen in jeder Beziehung zu heben vermag, nicht aber nur in körperlicher Gesundung und Kräftigung besteht.

In meinem Vortrage »Besessen« weise ich nach, daß auch bei Vorkommen von spukhaften Begebenheiten, wie Klopfen, Lärmen, Werfen von Gegenständen usw., nur die Zusammensetzung des Blutes irgendeines bestimmten Menschen die Möglichkeiten dazu gibt, der bei derartigen Vorkommnissen immer in der Nähe sein muß, aus dessen Ausstrahlung die Kraft dazu gezogen wird.

Auch derartiges ließe sich sofort durch kluges Eingreifen eines wissenden Arztes ändern, der helfend die Blutzusammensetzung umstellt, was auch die Ausstrahlung verändert und damit lästige Möglichkeiten nimmt.

Nicht anders ist es bei sogenannten Besessenen, deren es trotz mancher Zweifel viele gibt. Der Vorgang ist an sich ganz einfach, wenn auch furchtbar einschneidend für den davon Betroffenen und dessen Umgebung, schmerzlich für die Angehörigen.

Bei solchen Menschen hat sich eine Zusammensetzung ihres Blutes gebildet, die der innewohnenden Seele nur eine schwache oder gar keine Möglichkeit bietet, sich in voller Kraft nach außen zu betätigen, wohl aber gibt die Ausstrahlung des Blutes einer anderen, vielleicht schon körperfreien Seele mit weniger guten oder gar bösartigen Eigenschaften Gelegenheit, von außen her einzuwirken und Gehirn und Körper sogar zu beherrschen, entweder zeitweise oder dauernd.

Auch hier kann ein Arzt dann wirksame Abhilfe bringen durch Veränderung der Blutzusammensetzung, die auch die Ausstrahlung umstellt, damit fremde Einflüsse abschneidet und dem innewohnenden Wollen seine eigene Kraftentfaltung gewährt.

Wie ich schon sagte, sind die Forscher durch Feststellung der Blutgruppen auf einem sehr guten und segensreichen Wege, und gerade in Ausübung dieses Wissens müssen Beobachtungen meine Hinweise bestätigen.

Würde man bei Blutübertragungen eine andere Blutgruppe verwenden, so sieht sich die einem solchen Körper innewohnende Seele an der vollen Entfaltung ihres Wollens gehindert, vielleicht ganz abgeschnitten, da mit dem Blute anderer Zusammensetzung auch die Ausstrahlung sich verändert, die der Seele nicht mehr angepaßt ist. Sie vermag die Ausstrahlung anderer Art nicht ganz oder gar nicht zu verwenden.

Ein solcher Mensch würde dann äußerlich in seinem Denken und Handeln gehindert erscheinen, weil sich seine Seele nicht richtig betätigen kann. Es kann sogar so weit gehen, daß die Seele, von ihrem Wirkenkönnen abgeschnitten, sich von dem Körper langsam löst und diesen verläßt, was gleichbedeutend mit dem irdischen Tode ist.

Mit Staunen werden die Ärzte erkennen, wie weitverzweigt und umfassend die Auswirkungen richtiger Blutzusammensetzungen jedes einzelnen Körpers im Hinblicke auf die Wirkungsfähigkeit seiner Seele sich irdisch zeigen, welche Krankheiten und sonstigen Übelstände mit dem rechten Wissen beseitigt werden können, und wie damit das bisherige »Blutgeheimnis« gelöst ist als Schlüssel zu freudigem Wirken in der herrlichen Schöpfung Gottes!

Nicht durch Einspritzungen aber ist darin *dauernd* Änderung zu schaffen, sondern auf dem natürlichen Wege durch entsprechende Speise und Trank, die für eine kurze Zeit bei jedem einzelnen verschieden sein werden, aber immer ohne einseitige Einschränkungen.

Diese Betrachtungen ergeben, daß damit auch einer großen Zahl der sogenannten »geistig zurückgebliebenen« Kinder grundlegend geholfen werden kann. Gebt ihren Seelen nur die rechte Brücke zur Entfaltung ihrer Kräfte, und Ihr werdet sehen, wie sie aufblühen und freudig wirken auf der Erde; denn kranke Seelen gibt es nicht in Wirklichkeit!

Das Hemmnis für die Seele oder, besser gesagt, für den Geist wird immer nur die mangelhafte oder falsche Ausstrahlung des Blutes sein, wenn es nicht eine Krankheit des Gehirnes zwangsweise bedingt.

Es ist ja alles in dem Weben der Schöpfung so wunderbar ineinandergefügt, daß es wohl keinen meiner Leser überraschen wird, wenn ich ihm noch erkläre, wie sogar die Art der Blutausstrahlung einer werdenden Mutter für die Art des bei ihr inkarnierenden Geistes mit ausschlaggebend werden kann, der dem Gesetz der Anziehung der Gleichart folgen muß; denn jede der verschiedenen Arten der Blutausstrahlungen wird nur einer ganz ihr entsprechenden Seelenart Annäherung und Eintritt vorbereiten, ebenso wie es verständlich ist, daß gleiche Seelenarten auch gleiche Blutzusammensetzungen hervorzurufen bemüht sein müssen, weil sie sich immer nur durch eine ganz bestimmte Art der Ausstrahlungen wirklich erfolgreich betätigen können, die wiederum in den verschiedenen Lebensaltern wechseln.

Wer diesen Hinweis auch auf die Geburt richtig erfassen will, müßte sich allerdings gleichzeitig mit meinen Ausführungen in dem Vortrage »Geheimnis der Geburt« vertraut machen, da ich, den Schöpfungsge-

## 14. DAS BLUTGEHEIMNIS

setzen in ihrem selbsttätigen Wirken folgend, einmal dieses und das andere Mal jenes beleuchten muß, trotzdem alles zusammen ein untrennbares Ganzes bildet und nichts davon als einzeln Dastehendes geschildert werden kann, sondern nur als dazu Gehörendes und innig mit dem Ganzen Verbundenes, das immer wieder an verschiedenen Orten mitwirkend sichtbar wird und wie ein farbiger Faden gesetzmäßig gefügt auftaucht.

Ich werde später noch von allen Einzelheiten ganz ausführlich sprechen, welche nötig sind, das Bild vollständig zu ergänzen, was ich heute nur in großen Zügen gab.

Ich hoffe, daß es einst zu großem Segen für die Menschheit werden kann.

Ein Hinweis ist vielleicht noch angebracht: Daß das Blut nicht allein mit dem Körper im Zusammenhange stehen kann, ist leicht erkennbar an dem sofort festzustellenden Unterschiede zwischen Menschenblut und Tierblut!

Die Grundzusammensetzungen der beiden Blutarten sind so verschieden, daß es auffallen muß. Würde der Körper allein das Blut bilden, so müßte die Ähnlichkeit weit größer sein. So aber spricht etwas anderes dabei mit: bei dem Menschenblute der *Geist!* Die Seele des Tieres dagegen, die sich durch den Körper betätigt, besteht aus einer anderen Wesensart und nicht aus Geistigem, das den Menschen zum Menschen macht. Deshalb *muß* auch das Blut ganz anders sein!

## DAS TEMPERAMENT

Es gibt Menschen, die so manche ihrer Fehler mit Temperament entschuldigen, auch vor sich selbst!

Ein solches Tun ist falsch. Wer also handelt, zeigt, daß er nur Sklave seiner selbst geworden ist. Der Mensch ist von dem *Geiste,* der in dieser Nachschöpfung das höchste Sichbewußte bleibt und alles andere dadurch beeindruckt, formt und führt, gleichviel, ob dies in seinem vollbewußten Wollen liegt oder er gar nichts davon weiß.

Das Herrschen, also einflußreiche Wirken in der Nachschöpfung, ist in der *Geistesart* schöpfungsgesetzmäßig verankert! Der Menschengeist wirkt deshalb darin ganz entsprechend allein durch sein Sein, weil aus geistigem Reiche kommend. Temperament aber ist nicht auf diesen Geist zurückzuführen; denn es wird nur erzeugt durch Strahlungen einer bestimmten Art der Stofflichkeit, sobald diese vom Wesenhaften aus belebend ganz durchdrungen ist, was ja alle Stofflichkeit bewegt, erwärmt und formt. Es ist das Blut, aus dem die Strahlung kommt.

Der Volksmund sagt gar nicht mit Unrecht oft von dieser oder jener Eigenschaft des Menschen: »Es liegt ihm im Blute!« Damit soll in den meisten Fällen das »Ererbte« ausgedrückt werden. Oft ist es auch so, da *grobstoffliche* Vererbungen stattfinden, während geistige Vererbungen unmöglich sind. Im Geistigen kommt das Gesetz der Anziehung der Gleichart in Betracht, dessen Wirkung *äußerlich* im Erdenleben das Aussehen einer Vererbung trägt und deshalb leicht damit verwechselt werden kann.

Temperament aber kommt von der Stofflichkeit und ist deshalb zum Teil auch erblich. Bleibt auch mit aller Stofflichkeit stets eng verbunden. Die Ursache dazu ist *wesenhaftes* Wirken. Eine Ahnung davon liegt

## 15. DAS TEMPERAMENT

auch hierbei wieder in dem Volksmunde, dessen Weisheiten stets erstanden aus natürlichem Empfinden solcher Menschen, die noch unverbogen, einfach mit gesundem Sinne in der Schöpfung standen. Der Volksmund spricht von leichtem Blute, von heißem Blute, von schwerem Blute, von leicht erregbarem Blute. Alle diese Bezeichnungen werden auf das Temperament bezogen, mit der ganz richtigen Empfindung, daß das Blut dabei die größte Rolle spielt. Es ist in Wirklichkeit eine bestimmte Ausstrahlung, die jeweils durch die Art der Zusammenstellung des Blutes sich entwickelt und in erster Linie dann in dem Gehirn eine entsprechende Auslösung hervorruft, die sich weiterhin in dem Gefühl des ganzen Körpers stark bemerkbar macht.

So wird je nach der Blutzusammensetzung immer eine bestimmende Art unter den Temperamenten bei den verschiedenen Menschen vorherrschend sein.

Verankert sind in dem *gesunden* Blute eines Menschen *alle* Ausstrahlungen, welche Blut überhaupt erzeugen kann, damit auch *alle* Temperamente. Ich spreche immer nur vom gesunden Erdenkörper; denn Krankheit bringt Verwirrung in die Strahlungen.

Mit dem Alter des Erdenkörpers ändert sich auch die Zusammensetzung des Blutes. Damit tritt bei Altersveränderungen des gesunden Blutes gleichzeitig auch entsprechend eine Veränderung des Temperamentes ein.

Außer dem Alter des Körpers aber wirken bei der Blutveränderung noch weitere Dinge mit, wie die Art der Zone und alles, was dazu gehört, also das Klima, Sternenstrahlungen, Ernährungsarten und noch anderes mehr. Es wirkt unmittelbar auf die Temperamente, weil diese zu der Stofflichkeit gehören und deshalb auch sehr eng damit verbunden sind.

Im allgemeinen unterscheidet man vier Grundtemperamente des Menschen, nach denen auch die Menschen selbst bezeichnet werden, wie Sanguiniker, Melancholiker, Choleriker, Phlegmatiker. In Wirklichkeit bestehen aber sieben, mit allen Abstufungen sogar zwölf. Doch die hauptsächlichsten sind vier.

## 15. DAS TEMPERAMENT

Bei ganz gesundem Blutzustande sind sie einzuteilen in vier Alterszeiten, bei denen jede Blutzusammensetzung sich verändert. Als erstes haben wir das Kindesalter gleich dem sanguinischen Temperament, dem sorglosen Leben des Augenblickes, ferner das Jünglings- oder Jungfrauenalter gleich dem melancholischen Temperament, der sehnsuchtsvollen Verträumtheit, dann das Mannes- und Frauenalter gleich dem cholerischen Temperament der Tat, zuletzt das Greisenalter gleich dem phlegmatischen Temperament ruhiger Überlegung.

So ist es in der gemäßigten, also nicht *außergewöhnlichen* Zone der normale und gesunde Zustand.

Wie eng das alles mit der Stofflichkeit verbunden ist, darin gleichartig wirkt, seht Ihr sogar noch an der grobstofflichen Erde in den Jahreszeiten Frühling, Sommer, Herbst und Winter. Im Frühling brausendes Erwachen, im Sommer verträumtes Heranwachsen mit drängendem Reifen, im Herbst die Tat der Früchte, und im Winter ruhiges Hinübergleiten mit gesammelten Erlebnissen zu neuem Erwachen.

Selbst Völker, Rassen tragen ganz bestimmte Merkmale gemeinsamer Temperamente. Das ist zurückzuführen auf die Scholle Erde, auf der sie erstanden sind und leben, auf die entsprechende Ernährungsweise, die die Scholle mit sich bringt, auf gleichartig grobstoffliche Bestrahlung durch Gestirne, und nicht zuletzt auf Geistesreife des gesamten Volkes. Sanguinische Bevölkerung steht bildlich noch im Kindesalter oder ist, durch irgendeinen Umstand sich zurückentwickelnd, wieder in das Kindesalter eingetreten. Dazu gehören nicht nur die sonnigen Südseemenschen, sondern vorwiegend auch die Romanen. Melancholiker stehen vor ihren eigentlichen Taten, zu denen Deutsche zählen und alle Germanen. Sie stehen vor einem Erwachen zur Tat!

Deshalb ist auch das Jünglings- und Jungfrauenalter eine Zeit des melancholischen Temperamentes, weil mit dem Durchbrechen des Geistes in der Sexualkraft erst seine lückenlose Verbindung mit den Schöpfungsarten sich ergibt, womit der Mensch zu der verantwortlichen Tat in diese Schöpfung tritt. Voll verantwortlich für jeden einzelnen Gedanken, für jedes Wort und jede seiner Handlungen; weil alle Schwingun-

## 15. DAS TEMPERAMENT

gen davon in Vollkraft drückend, damit formend durch die Ebenen der Wesensarten ziehen. Es entstehen dadurch Formen in der Nachschöpfung nach jener Art, in welcher der Mensch seine Schwingungen gebiert.

Ist also ein Mensch zügellos in dem Temperament, so schafft er damit ungesunde, neue Formen in der Schöpfung, welche niemals Harmonie erzeugen können, sondern störend wirken müssen auf alles Bestehende.

Da Menschengeist an höchster Stelle in der Nachschöpfung durch seine Art der Herkunft steht, so hat er damit nicht nur Macht, sondern auch die Pflicht, das andere in dieser Schöpfung zu beherrschen, weil er nicht anders kann, sondern aus seiner Art heraus beherrschen *muß!*

Daran soll er nun denken jeden Augenblick! Er schafft stets neue Formen dieser Nachschöpfung mit jedem einzelnen Gedanken, jeder Regung seiner Seele! Macht Euch dies einmal klar, Ihr seid ja doch verantwortlich dafür, und alles hängt an Euch, was Ihr in Eurem Sein auch formt. Das Gute zieht Euch hoch, das Niedere muß Euch hinabzerren nach dem Gesetz der Schwere, das sich auswirkt unbedingt, gleichviel, ob Ihr selbst davon wißt oder Euch gar nicht darum kümmert. Es arbeitet und wirkt um Euch in andauerndem Weben. Ihr seid nun zwar der Ausgangspunkt all dessen, was in diesem Webstuhle geformt, geschaffen werden muß, doch Ihr vermögt es nicht, ihn aufzuhalten auch nur einen Augenblick!

Macht Euch *dies eine Bild* nur einmal klar. Es muß genügen, um Euch aufzuschrecken aus den Nichtigkeiten, denen Ihr oft so viel Zeit und Kraft zu opfern willig seid, es muß Euch Grauen bringen vor der leichtfertigen Art, mit der Ihr Euer bisheriges Leben schon verbrachtet, und Scham vor Eurem Schöpfer, der Euch so Großes damit gab. Ihr aber achtet es nicht, spieltet mit dieser ungeheuren Macht nur schädigend für die Euch anvertraute Nachschöpfung, die Ihr Euch selbst zum Paradiese formen könnet, wenn Ihr endlich einmal wollt!

Bedenkt, daß Euch das ganze Durcheinander nun verwirren und erdrücken muß, welches Ihr angerichtet habt in der Unkenntnis dieser göttlichen Gesetze. Daß Ihr sie noch nicht kennt, ist *Eure* Schuld. Es ist

## 15. DAS TEMPERAMENT

für Euch heiligste Pflicht, Euch selbst darum zu kümmern, da Ihr in der Schöpfung steht!

Statt dessen spottete der Mensch der Boten und verhöhnte sie, welche Euch einen Weg zeigen konnten, der die Erkenntnis bringen muß. Doch ohne Mühe wird kein Preis erworben, das ist gegen das Gesetz andauernder Bewegung in der Schöpfung, welche zur Erhaltung und Erweiterung gehört. Bewegung in dem Geiste *und* des Körpers. Alles, was sich nicht bewegt oder nicht in der rechten Weise, das wird ausgestoßen, weil es nur Störung bringt in der schwingenden Schöpfungsharmonie; wird ausgestoßen als ein kranker Punkt, der sich nicht rhythmisch mitbewegen will.

Ich sprach Euch schon von der Notwendigkeit andauernder Bewegung als Gesetz.

Der Geist *muß* herrschen, ob er will oder nicht will. Er kann nicht anders, und so muß er sich nun auch bemühen, endlich *voll bewußt* geistig zu herrschen, wenn er nicht nur Unheil bringen will. Bewußt herrschen kann er jedoch nur dann, wenn er alle Gesetze kennt, die in der Schöpfung ruhen, und sich darnach richtet. Anders geht es nicht. Dann erst füllt er den Posten aus, der ihm gegeben ist und den er niemals ändern, nie verschieben kann.

So muß der Menschengeist auch über den Temperamenten stehen, sie zügeln und beherrschen, damit Harmonie werde zuerst in dem eigenen Körper selbst, um dann auch wohltuend sich auf die nähere Umgebung zu erstrecken, was sich strahlungsmäßig formend auswirkt in der ganzen Nachschöpfung!

Der Mensch, der alle vier Temperamente nacheinander in den dazu notwendigen Zeiten gut verwendet, *der ganz allein* steht wirklich fest in dieser Schöpfung; denn er braucht diese Temperamente dazu, um die Stufen seines Erdenlebens sicher und bestimmt emporzuklimmen und nichts zu versäumen, was zu seiner Geistesreife nötig ist.

Temperamente, gut beherrscht und gut verwendet, sind wie gute Stiefel auf dem Wege durch die Stofflichkeit auf Erden! Achtet ihrer mehr, als es bisher geschah! Ihr könnt sie nicht entbehren, dürft Euch

## 15. DAS TEMPERAMENT

aber auch nicht unter ihnen beugen; denn sonst werden sie Tyrannen, die Euch quälen, anstatt nützen, und Euere Umgebung noch dazu! Doch *nützet* sie, sie sind Euch beste Weggeleiter durch das Erdensein. Sie sind Euch Freunde, wenn Ihr sie beherrscht. Das Kind gedeiht am besten, wenn es sanguinisch ist, deshalb ist es ihm zugedacht durch die Zusammensetzung seines Blutes. Dieses verändert sich zur Zeit werdender Körperreife und bringt mit sich dann das melancholische Temperament.

Das ist nun wiederum der beste Helfer für die Reifezeit! Es kann dem Geiste eine Richtung nach dem Lichte geben, nach der Reinheit und der Treue, in den Jahren, wo er ganz verbunden mit der Schöpfung wird und damit führend eingreift in das ganze Weben, alles Wirken, was darin in dauernder Bewegung ist. Es kann dem Menschengeiste so zum größten Helfer werden in dem eigentlichen Sein, einschneidender, als er es sich jetzt denken kann.

Deshalb soll man dem Kinde seine ungetrübte Freude an dem Augenblicke lassen, die das sanguinische Temperament ihm gibt, dem Jüngling und der Jungfrau aber auch diese gesunde Träumerei, die ihnen oft zu eigen ist. Wer sie zerstört, um diese jungen Menschen zu der Nüchternheit der Umwelt zu bekehren, wird Wegelagerer am Geiste auf dessen Wegen zum Licht! Hütet Euch, solches zu tun; denn alle Folgen daraus fallen mit auf Euch!

Cholerisches Temperament in abgeklärter Form braucht jeder Mann der Tat! In abgeklärter Form, sage ich dabei ganz ausdrücklich; denn der Geist *muß* in den Mannes- und den Frauenjahren herrschen, alles veredeln und verklären, Lichtstrahlungen senden und verbreiten in die ganze Schöpfung!

Im Greisenalter aber trägt das phlegmatische Temperament schon dazu bei, den Geist langsam vom Körper immer mehr zu lockern, bisherige Erlebnisse der Erdenzeit prüfend nochmals zu überblicken, um die Lehren daraus festzuhalten als ein Eigenes, und so sich nach und nach bereit zu machen für den notwendigen Schritt in die Feinstofflichkeit der Schöpfung, der ihm dadurch erleichtert wird, zu einer ganz

## 15. DAS TEMPERAMENT

natürlichen Begebenheit, die nur Fortschritt bedeutet im Befolgen des Gesetzes dieser Schöpfung, aber keinen Schmerz.

Achtet und fördert deshalb die Temperamente, wo Ihr nur könnt, doch immer nur zu ihrer jeweiligen Zeit, sobald sie nicht Tyrannen sind durch zügellose Art! Wer sie verändern oder unterdrücken will, zerstört die besten Hilfen für den gottgewollten Werdegang des Erdenmenschen, stört auch die Gesundheit damit, bringt Verwirrung, wie auch ungeahnte Auswüchse, welche der Menschheit Unfrieden, Neid, Haß und Zorn, ja Raub und Mord bescheren, weil die Temperamente zu deren notwendiger Zeit von dem kalten Verstand mißachtet und zerrissen wurden, wo sie gefördert und beachtet werden sollten!

Sie sind vom Gotteswillen Euch gegeben in den Gesetzen der Natur, die durch die Wesenhaften stets für Euch gepflegt und frisch erhalten werden, um Euch den Weg des Erdenlaufes zu erleichtern, wenn Ihr ihn in dem gottgewollten Sinne geht! Danket dem Herrn dafür und nehmt die Gaben freudig auf, die in der Schöpfung überall für Euch bereit liegen. Bemüht Euch nur, sie endlich richtig zu erkennen!

## SIEHE, MENSCH, WIE DU ZU WANDELN HAST DURCH DIESE SCHÖPFUNG, DAMIT NICHT SCHICKSALSFÄDEN DEINEN AUFSTIEG HEMMEN, SONDERN FÖRDERN!

Trotzdem die Botschaft alles in sich birgt, den Menschen ihren Weg zu zeigen, den sie durch die Schöpfung gehen müssen, wenn sie aufwärts in die lichten Höhen kommen wollen, wiederholt sich immer wieder für den einzelnen die bange Frage: »Was soll *ich* tun, um wirklich recht zu gehen?«

Dieses Empfinden quält sehr viele, da der Mensch gern alles umständlicher zu gestalten sucht, als es wirklich ist. Er *braucht* die sonderbare Art, sich alles zu erschweren, da er nicht in sich Kraft besitzt, das *Einfache* mit Ernst und Eifer zu betreiben. Dazu reicht all sein Können nicht mehr aus.

Wenn er nicht Schwierigkeiten vor sich sieht, bringt er es niemals fertig, Kräfte anzuspannen, um sie zu verwerten; denn Mangel an Schwierigkeiten macht ihn schnell bequem und lähmt zuletzt sein ganzes Wirken. Aus diesem Grunde achtet er das Einfache auch nicht, sondern macht, sobald er kann, selbst alles Einfache noch durch Verbiegung unverständlicher, nur um es schwer zu haben, in dem Verbogenen das Rechte zuletzt wieder zu erkennen, das nur im Einfachen verankert bleibt. So vergeudet der Mensch dauernd Kraft und Zeit!

Der Mensch braucht *Hindernisse*, um zum Ziele zu gelangen, nur so rafft er noch seine Kraft zusammen, was er nicht mehr vermag, wenn er es *einfach* vor sich sieht.

Das klingt zuerst, als ob es eine Größe wäre, doch es ist nur das Zeichen tiefster Schwäche! Wie ein geschwächter Körper aufpeitschende Mittel braucht, um seine Tätigkeit noch auszuführen, so braucht der

Menschengeist als Reizmittel erst das Bewußtsein, daß er zu der Erreichung eines Zieles etwas überwinden muß, um darin seine Kräfte anzuspannen! Daraus erstand auch einst die sogenannte Wissenschaft, die alles Einfache verschmäht und darin bis zum Lächerlichen greift, nur um vor anderen etwas vorauszuhaben und zu glänzen.

Doch es ist nicht die Wissenschaft allein, die also handelt schon seit langer Zeit und einen Scheinbau mühevoll errichtete, der etwas für die Schöpfung Minderwertiges, Gekünsteltes, Verkrampftes und Verbogenes, ja oft sogar auch Hemmendes als groß erscheinen lassen soll.

Der Einzelmensch hat das Gebäude seines Erdenlebens schon von Grund aus falsch erstehen lassen! Viel zu verwickelt, um gesund zu sein, nur um den trägen Geist in seiner Dünkelhaftigkeit noch anzuregen, sich vor anderen hervorzutun; denn *das* Bestreben ganz allein ist auch der wahre Grund zu den Verstümmelungen und Verwirrungen aller Natürlichkeit und Einfachheit durch diese Menschengeister. Der Ehrgeiz, um hervorzuragen, der Dünkel, zu erforschen und darin Gesetze aufzustellen von einem Wissen, das nie wirklich Wissen werden kann, solange der Mensch sich noch sträubt, demütig in Ergebenheit vor Gottes Größe einfach *zu empfangen*. Das alles aber hält ihn nieder.

Nichts ist, was der Mensch wirklich schaffen könnte, wenn er es nicht von dem nimmt, was durch Gottes Willen schon erstand! Nicht ein einziges Sandkörnchen vermöchte er selbst neu zu schaffen, ohne in der Schöpfung allen Stoff dazu schon vorzufinden!

Er kann es jetzt noch nicht erkennen, wie lächerlich er wirkt, aber es kommt die Zeit, wo er sich noch unsagbar schämen wird und gern die Zeit verwischen möchte, in der er sich so groß und wissend dünkte!

Nachsichtig, manchmal wohl auch spöttisch lächelnd, geht der Mensch an jeder großen Einfachheit der göttlichen Gesetze jetzt vorüber. Er weiß nicht, daß er damit seine größte Blöße zeigt, die er als Mensch zu zeigen fähig ist; denn er stellt sich damit an die tiefste Stelle aller Kreatur, weil *er allein* verlernte, Gaben aus der Schöpfung richtig *zu empfangen* und zu nutzen. Der Mensch dünkt sich zu groß und zu erhaben, um von seinem Schöpfer dankbar anzunehmen, was er alles braucht, er ist deshalb auch nicht mehr wert, die Gnaden weiterhin noch zu genießen.

Und doch sollten die Gesetze in der Schöpfung jeder Kreatur ganz selbstverständlich sein, einfach und unverwirrt, da jede Kreatur ja selbst daraus erstand.

Was aber hat der Mensch in seinem Wahn daraus gemacht!

Was er in Unverständlichkeit und Umständlichkeit leisten kann, erkennt Ihr selbst an allen menschlichen Gesetzen der gesellschaftlichen Ordnung! Ein Lebensalter reicht kaum aus, um nur für *einen* Staat sie alle richtig zu studieren. Es müssen erst besondere Gelehrte dazu sein, um sie auch richtig zu erklären. Und diese streiten sich noch oft darüber, wie und wo sie angewendet werden können. Das beweist, daß sogar unter diesen Rechtsgelehrten über den eigentlichen Sinn keine Klarheit herrscht.

Wo aber überhaupt gestritten werden kann, dort *ist* auch keine Klarheit. Wo keine Klarheit ist, dort fehlt es an der Richtigkeit und damit auch an der Berechtigung.

Jetzt müßte jeder Einzelmensch erst ein Gelehrter dieser von den Menschen eingesetzten Gesetze werden, um unantastbar leben zu können! Welcher Unsinn liegt in dieser Tatsache! Und doch ist es so. Hört man doch oft genug von fachmännischer Seite die Bemerkung, daß nach den irdischen Gesetzen *jeder* auf Erden lebende Mensch angegriffen und irgendwie schuldig befunden werden könne, wo der Wille dazu auferstände. Und das ist leider wahr! Und doch wird jeder Einzelmensch diesen Gesetzen unterstellt, ohne über sie entsprechend unterrichtet sein zu können.

Es wird auch das zum Trümmerhaufen werden müssen durch sich selbst, da es zu den Unmöglichkeiten ungesündester Verworrenheit gehört.

Der Menschengeist hat seine Unfähigkeit darin gründlich nun bewiesen. Unwürdige Verknechtung schuf er damit, weil er die irdischen Gesetze nicht zum Anschluß brachte mit den Urgesetzen in der Schöpfung, die er nie zu erlernen trachtete. Doch nur auf *deren* Boden aufgebaut, kann je Ersprießliches erstehen, was es auch sei! So auch *Gerechtigkeit!* Und diese liegt gleich allen Grundgesetzen wiederum nur in der klaren, großen *Einfachheit.*

Was nicht Einfachheit in sich birgt, ist niemals von Bestand! Die Einfachheit der göttlichen Gesetze läßt es nicht anders zu! Wird denn der Mensch niemals begreifen lernen?

Er kann in dem Geschehen aller Zeiten ganz genau erkennen, daß nur *dort* großes Gelingen werden konnte, wo alle Kraft auf *einen* Punkt gerichtet war! Das zeigt doch deutlich auf die Notwendigkeit der Vereinfachung! Ihr müßt doch endlich darin etwas finden! Ein jeder Mensch kennt ja die drohende Gefahr, welche in Zersplitterung *immer* sich zeigt.

Seht darin das Gesetz der Macht jeder *Vereinfachung!* Die sieghafte Größe, die nur in der *Einfachheit* zur Auswirkung gelangt.

Und doch habt Ihr den Wertbegriff für jede Einfachheit verloren. Nur in der Einfachheit zeigt sich die wahre Stärke, echte Vornehmheit, Wissen und Anmut. Auch in der Einfachheit des Ausdruckes und der Bewegungen.

Das ist Euch allen ganz genau bekannt! Und doch lernt Ihr den eigentlichen Wert nicht schätzen, deshalb könnt Ihr ihn auch nicht erfassen, könnt ihn nicht in Euer *Denken* überleiten, daß er dann in Eurem Reden und in Eurem Tun zum Ausdruck kommen kann.

Der Mensch bringt es nicht fertig, einfach zu sein, so, wie er es in der Schöpfung lernen müßte. Größe der Einfachheit in seinem Denken und seinem Tun zu erreichen, das fällt dem Menschen nicht nur schwer, sondern er bringt es überhaupt nicht mehr fertig! Das alles ist für ihn schon unerreichbar geworden.

Deshalb versteht er auch die Einfachheit der Sprache und Erklärungen nicht mehr, die in der Botschaft ruht. Er nimmt in seiner Denkungsverbogenheit an, daß diese einzig richtige und große Art *für ihn* zu kindlich sei und deshalb auch nichts Wertvolles in sich bergen könne. So bleiben ihm ihre eigentlichen Werte auch verschlossen, weil *er* nicht fähig ist, sie aufzunehmen. Das Große, Machtvolle sieht und erkennt er nicht, sobald es in einfache Worte gekleidet ist.

Das liegt an *seinem* Unvermögen! Bei Einfachheit und Klarheit muß der Geist *in sich selbst* Kraft entfalten, während bei Hindernissen durch Verworrenheit der Anstoß zur Kraftentfaltung *von außen* an ihn herantritt! Der Menschengeist von heute aber *braucht* leider diesen Anstoß *von außen*, um überhaupt einigermaßen rege sein zu können. Er verträgt die Einfachheit und Klarheit deshalb nicht. Einfachheit läßt ihn einschlafen, sie lähmt ihn, weil er zu träge ist, von sich aus in sich selbst Kraft zu entwickeln, die ihm allein wirklichen Nutzen bringen kann und aufwärts hilft.

Bei Einfachheit und Klarheit um sich her vermag er sich nicht rege zu erhalten. Dazu reicht seine Kraft ihm nicht mehr aus, weil er sie nie entwickelte. Durch diese Trägheit aber treten ganz naturgemäß dauernd die Hindernisse auf, die er sich damit schafft. Diese Hindernisse nun dienen heute einigen als Reizmittel, Anregungsmittel in schon erklärtem Sinne. Aber um diese selbstgeschaffenen Hindernisse zu überwinden, verbrauchen sie den an sich kläglichen Teil von Kraft, der ihnen beim Anblick dieser Hindernisse ersteht, und es bleibt davon nichts übrig für einen wirklichen Fortschritt und Aufstieg, der erst nach Überwindung der Hindernisse beginnen könnte.

Liegt der Weg vor ihnen wieder einfach und klar, ermüden sie an dieser Einfachheit, sie ist ihnen nicht »interessant« genug, weil sie sich dann nichts mehr von einer eigenen Größe einbilden können, und sie schaffen wieder neue Verworrenheit, damit das, was sie tun, nach etwas »aussieht« oder nach etwas »klingt«.

Das alles geschieht immer und immer wieder, da eigene, wirkliche Größe den Menschengeistern in der jetzigen Zeit fehlt.

Ihr seht es körperlich auch bei Turnern. Während der Vorführung ihrer Turnübungen entwickeln sie Kraft und Gewandtheit mit Anmut der Bewegungen, worin die Beherrschung des Körpers sich zeigt. Aber nur wenige von allen Turnern der Erde gibt es, die andauernd, also auch im Alltagsleben dann die Beherrschung des Körpers zeigen.

Kläglich ist oft die Haltung beim Sitzen, beim Gespräch, im Stehen und auch beim Gehen. Ein Beweis, daß sie die Kraft nur dann entwikkeln, wenn sie üben oder vorführen, also etwas zeigen wollen. Aber den ganzen Tag den Körper kraftvoll zu beherrschen, wozu *eigentliche* Kraft gehört, und wovon der Körper zehnmal mehr Nutzen hat, als bei einigen Stunden Turnen, diese Kraft vermag er ohne äußeren Anstoß *nicht* aufzubringen; denn das erfordert mehr, weit mehr!

Alles Turnen und besondere Übungen könnten ruhig wegfallen, wenn der Mensch sich und seinen Körper *wirklich* beherrscht; denn dann muß jeder Muskel dauernd in Bewegung bleiben, und es erfordert Kraft und Willen. Jedwede besonderen Übungen geben immer nur einen kläglichen Ersatz für die bewußte Kraft der großen Einfachheit, die in der Selbstverständlichkeit der dauernden Selbstbeherrschung liegt.

Wie mit dem Turnen, so ist es in *allen* Dingen. Der Mensch hat es nicht nötig, Absonderliches auszuführen, sobald er *richtig* durch die Schöpfung wandelt. Alles ist ihm dabei in Einfachheit gegeben, und alles ist in ihm, ohne daß er dabei künstlich nachzuhelfen hätte. Wie Menschen zu ihrer Ernährung alle möglichen und unmöglichen Reizmittel anwenden, um den Körper anzuregen, wie sie Mittel wie das Rauchen und die Rauschgifte gebrauchen, um die zu dem Körper gehörenden Nerven und das Gehirn aufzupeitschen, während sie es in Selbsttäuschung als denkenfördernd ansehen, so verwenden sie für den Geist Verworrenheit, um dem Dünkel damit zu frönen.

Dadurch bin ich gezwungen, immer und immer wieder viele Worte zu bilden über Dinge, die in Wirklichkeit ein ganz einfacher Begriff sofort erfassen müßte, nur um sie Euch einigermaßen verständlich zu machen! Ich ringe andauernd nach neuen Schilderungen alles schon Gesagten, weil Ihr es nicht vermögt, das Einfache, Schlichte der Wahrheit und des Lebens sowie der Schöpfung entgegenzunehmen, darin auch Euer Weg und Euer ganzes Sein verankert liegen.

Ihr dürftet gar nicht fragen müssen, was Ihr zu tun und zu unterlassen habt! Zertrümmert nur den Irrgarten *in Euch*, den Ihr so sorgsam hegt und pflegt, dabei nur immer neu Gestrüpp erzeugend durch Euere Gedanken! Ihr denkt *zu viel*, aus diesem Grunde könnt Ihr *gar nichts wirklich* denken, nichts, das von Nutzen für Euch ist.

Gesetz des allmächtigen Gottes ist für Euch:

Euch ist gewährt, die Schöpfung zu durchwandern! Geht so, daß Ihr den anderen nicht Leid zufügt, um irgendein Begehren damit zu erfüllen! Sonst kommen Fäden in den Teppich Eurer Wege, die Euch niederhalten von dem Aufstiege zu lichten Höhen des bewußten, freudevollen Schaffens in den Gärten aller Reiche Eures Gottes!

Das ist das Grundgesetz, das alles für Euch in sich birgt, was Ihr zu wissen nötig habt. Befolgt Ihr dies, so kann Euch nichts geschehen. Ihr werdet *aufwärts* nur geführt von allen Fäden, welche Euer Denken, Euer Wollen, Euer Tun Euch schaffen.

Deshalb hat einst der Gottessohn in aller Einfachheit gesagt: »Liebet Euern Nächsten wie Euch selbst!« Es ist im Grunde ganz genau derselbe Sinn.

Ihr dürft die Schöpfungen durchwandern! Darin liegt das Gebot andauernder *Bewegung!* Ihr dürft nicht stehenbleiben! Das könntet Ihr auch nicht, da Euch die selbsterzeugten Fäden, welche Eure Wege formen, *immer* vorwärts treiben je nach ihrer Art, entweder aufwärts, oder eine Zeit geradeaus, oder auch abwärts. Stehenbleiben könnt Ihr nie, auch wenn Ihr selbst es wolltet!

*Und bei der Wanderung sollt Ihr den anderen, welche gleich Euch die Schöpfung auch durchwandern, nicht Leid zufügen, um irgendein Begehren damit zu erfüllen!*

Es ist nicht schwer, dies richtig zu erfassen; denn bei ruhigem Empfinden wißt Ihr ganz genau, wann, wo und wie Ihr anderen ein Leid zufügt. Was Euch dabei zu tun noch übrig bleibt, ist, klar zu werden, was alles unter das *Begehren* fällt! Das ist Euch aber schon in den Geboten klar gesagt! Es ist nicht nötig, daß ich es noch einmal wiederhole.

*Alles* könnt Ihr in der Schöpfung hier genießen, von allem kosten, nur darf es nicht zum Schaden Eures Nebenmenschen sein! Das wiederum trifft auch nur dann ein, wenn Ihr die Sklaven Euerer Begehren werdet.

Doch dürft Ihr das Begehren nicht zu einseitig auffassen. Es fällt darunter nicht nur irdisch Gut und Leib, sondern auch das Begehren, Eures

Nächsten Ruf zu untergraben, eigenen Schwächen Raum zu geben, und so vieles mehr!

Das Raumgeben den eigenen Schwächen aber wird gerade heute viel zu wenig noch beachtet, und doch fällt es unter die Erfüllung eigenen Begehrens zum Schaden oder zu dem Leide Eurer Nebenmenschen! Dicht sind die Fäden, die sich dabei knüpfen und dann jede Seele niederhalten, die in solcher Art gehandelt hat.

Es fällt darunter Mißtrauen und Neid, Erregbarkeit, Grobheit und Roheit, mit einem Wort, Mangel an Selbstbeherrschung und an Bildung, die nichts anderes bedeuten als die notwendige Rücksichtnahme auf die Nebenmenschen, die sein *muß*, wo Harmonie verbleiben soll. Und Harmonie allein fördert Schöpfung und Euch!

Es ist ein dicht Gewebe, das daraus entsteht, wodurch so viele stürzen müssen, gerade weil es viel zu wenig noch beachtet wird, und doch den Nebenmenschen Unruhe, Druck, Ärger und auch oft sehr schweres Leid zufügt. In jedem Falle aber Schaden.

Lassen sich die Menschen derart gehen, ersteht durch Ausstrahlung des leicht oder auch stark erregten Blutes sofort eine stark getrübte Schicht, welche sich *trennend* zwischen Geist und lichte Führung legt! Der Mensch steht dabei sofort allein, ist auch vollkommen ungeschützt, und das kann in solcher Art Schaden herbeiführen, der nie mehr gutzumachen geht!

Das präge sich ein jeder ein, der aufwärts will!

Es ist der Rat ein Rettungsring, der ihn vor dem Ertrinken, vor dem Untergehen schützen kann. Es ist das *Wichtigste* für alle in dem Erdensein!

Ihr dürft die Schöpfung bewußt durchwandern! Doch Ihr dürft den anderen dabei kein Leid zufügen, um eigenes Begehren damit zu erfüllen! Lebet darnach, dann werdet Ihr auch glücklich sein und aufwärts wandern in die lichten Gärten Eures Gottes, um dort freudig mitzuwirken an den weiteren und ewigen Entwickelungen dieser Schöpfung.

# EIN NEU GESETZ

Ich sagte Euch: »Ihr dürft die Schöpfungen auf Euren Wunsch hin selbstbewußtwerdend durchwandern, doch Ihr sollt dabei den anderen kein Leid zufügen, um das *eigene* Begehren damit zu erfüllen.«
Es ist nichts in der Schöpfung, das Ihr nicht genießen dürftet in dem Sinne, wie es Euch die Schöpfung gibt, das heißt, zu gleichem Zwecke, zu dem es entwickelt ist. Aber Ihr kennt die eigentlichen Zwecke in so vielen Dingen nicht, macht den Fehler mancher Übertreibungen, die Schaden bringen müssen anstatt Nutzen. Es wird dadurch so oft das Kostenwollen, Kennenlernenwollen und Genießen anwachsend zu einem *Hange*, welcher Euch zuletzt in Banden hält, das freie Wollen schnell versklavt, so daß Ihr *Knechte* anstatt Herren werdet durch Euch selbst!
Laßt Euch nie unterjochen im Genießen, sondern nehmt nur das, was nötig ist im Erdenleben zur Erhaltung der Euch anvertrauten Güter und deren Entwickelung. Mit Übermaß hemmt Ihr jede Entwickelung, gleichviel, ob es sich dabei um den Körper oder um die Seele handelt. Mit Übermaß hemmt Ihr genau so wie mit Unterlassung oder Mangelhaftigkeit. Ihr stört das große, gottgewollte Werden! Alles, was Ihr diesen Fehlern nun in bestem Wollen gegenüberstellen wollt, um auszugleichen, wieder gutzumachen, verbleibt nur Flickarbeit, welche Ausbesserungsstellen hinterläßt, die unschön wirken und nie so aussehen können wie ein einheitliches, ungeflicktes Werk.
In der Erfüllung der Verheißung: »Es soll alles neu werden«, liegt nicht der Sinn des Umformens, sondern des *Neu*formens *nach* dem Zusammenbrechen alles dessen, was der Menschengeist verbogen und vergiftet hat. Und da es nichts gibt, was der Mensch in seinem Dünkel

noch nicht angetastet und vergiftet hätte, so muß *alles* stürzen, um *dann* wieder neu zu werden, aber nicht im Menschenwollen wie bisher, sondern im Gotteswillen, der noch nie begriffen worden ist von der im Eigenwollen angefaulten Menschenseele.

*Angetastet* hat die Menschheit alles, was der Gotteswille schuf, doch *nicht erkannt*, wie es die Aufgabe für jeden Menschengeist gewesen wäre. Selbstüberhebend *angetastet*, sich als Meister dünkend, und dadurch alle Reinheit nur entwertet und beschmutzt.

Was kennt der Mensch von dem Begriffe Reinheit überhaupt! Was hat er frevelnd, kleinlich aus der grenzenlosen Hoheit wahrer Reinheit schon gemacht! Er hat diesen Begriff getrübt, verfälscht, zu sich herabgezerrt in seine Niederungen schmutzigen Verlangens, in denen er Empfindung seines Geistes nicht mehr kennt und nur den engen Grenzen des Gefühles folgt, das sein Verstand in Rückwirkung eigenen Denkens zeugt. Doch das Gefühl soll wieder rein werden in Zukunft!

Gefühl ist der Empfindung gegenüber das, was der Verstand dem Geiste werden soll: ein *Werkzeug* zur Betätigung im grobstofflichen Sein! Heute aber wird Gefühl erniedrigt und herabgezogen zu dem Werkzeug des Verstandes, und damit entehrt. Wie mit der Erbsünde einer Verstandesherrschaft schon der Geist herabgedrückt, gefesselt wurde, der die Empfindung trägt als Ausdruck seines Wirkens, so mußte gleichzeitig selbsttätig auch das gröbere, von dem Verstand hervorgerufene Gefühl über die Reinheit geistigen Empfindens triumphieren, dieses unterdrückend, abschneidend von einer Möglichkeit heilsamen Wirkens in der Schöpfung.

Der eine Fehler brachte als selbstverständlich in natürlicher Folge den anderen mit. So kommt es, daß die Menschen auch darin heute nur Blei statt Gold halten, ohne es zu wissen, und sie schätzen dieses Blei für Gold, während sie die reine Empfindung überhaupt nicht mehr kennen.

Wie aber der Geist mit dem Verstand in rechter Einteilung verbunden sein soll, der Geist herrschend, führend, und der Verstand als Werkzeug dienend den Weg bereitend, Möglichkeiten schaffend zur Ausführung des Geisteswollens in der Stofflichkeit, so soll gleichzeitig auch nun die

Empfindung führend und belebend wirken, während das Gefühl, der Führung folgend, die Betätigung in das Grobstoffliche vermittelt. Dann wird endlich auch das Gefühl sehr bald und schnell edlere Formen annehmen und den jammervollen sittlichen Begriffszusammenbruch, der nur durch die Gefühlsherrschaft jetziger Zeit erstehen konnte, im Höhenfluge schnell verwischen!

Ist die Gefühlsbetätigung geführt von der Empfindung, so ist in allem Denken und im Tun nur Schönheit, Ausgeglichensein, Veredelung. Niemals Verlangen, sondern nur geheiligtes Gebenwollen: Das soll beherzigt werden in allem, auch in Liebe und der Ehe.

Ihr Kurzsichtigen, Eingeengten, haltet Menschen oft für rein, welche in Wirklichkeit nach den Gesetzen in der Schöpfung unter die Verworfensten gehören. Es gibt so manche Handlungen, die Ihr in Eurer Engherzigkeit ohne weiteres als unrein denkt, und die doch rein erstrahlend sind, während so manches von Euch rein Gedachte unrein ist.

Die Reinheit der Empfindung hebt so manches Tun in für Euch ungeahnte Höhe, das Ihr hier noch mit Spott und Hohn beschmutzen wollt. Deshalb macht Euere *Empfindung* vorerst endlich frei zu richtiger Beurteilung und Abwägung von Gut und Übel; denn sonst müßt Ihr irregehen!

Denkt auch nicht, daß Ihr dies und jenes in Euch »überwunden« habt, solange Ihr nicht in *Gefahr gewesen* seid und in der Möglichkeit gestanden habt, den Schwächen nachzugeben in Gewißheit, daß niemand davon erfährt! Auch Flucht in Einsamkeit bringt niemand wahren Nutzen, es ist dies lediglich nur ein Beweis, daß sich ein solcher Mensch zum Kampf zu schwach fühlt oder müde ist, vielleicht auch vor sich selber fürchtet, bei einer sich ergebenden Gelegenheit zu stürzen.

*Starksein* ist *anders, zeigt* sich anders. Der Starke geht seinen Weg inmitten jeglicher Gefahren unentwegt und unbeirrt. Er ist nicht umzustoßen, weicht nicht selber ab, sondern er kennt und sieht sein hohes Ziel, das zu erreichen ihm wertvoller ist als alles andere, was sich ihm bieten will.

*Neu* werde jetzt der Mensch in allem, neu und *in sich* stark!

## 17. EIN NEU GESETZ

Zu diesem neuen Schaffen gebe ich Euch einen Rat:

»Füget den Nebenmenschen nun kein Leid mehr zu, um eigenes Begehren damit zu erfüllen!«

Was alles darin liegt, habt Ihr noch nicht erfaßt. Es ist der beste Stab für eines Menschen Wandern durch die Schöpfungsteile bis zum Paradies!

Dazu gebe ich Euch noch einen zweiten Rat:

»Pfleget die Euch auf Erden anvertrauten Güter *recht,* zu denen auch der Erdenkörper zählt. Lasset Genuß niemals zu einem Hange werden, dann bleibt Ihr frei von Ketten, die Euch niederhalten.«

Es sollte jedem ernsthaft Strebenden Bedingung sein auf Erden, daß die Anrede »Du« gegenseitig streng geheiligt bleiben muß! Nur in *außergewöhnlichen* Fällen darf es angewendet oder angeboten werden. Es ist dies in der feinstofflichen Welt, dem sogenannten »Jenseits«, anders. Dort sind die Geistesreifegrenzen *scharf gezogen* und können nicht ohne weiteres überschritten werden. *Da* leben die wirklichen Gleicharten zusammen nach dem Schöpfungsgesetz, *und Gleichart ganz allein berechtigt zu dem »Du«.*

In der Grobstofflichkeit müssen diese Grenzen aber erst gezogen werden. Hier ermöglicht der grobstoffliche Erdenkörper ein enges Zusammensein der Geister *aller* Reifegrade, wie es in anderen Ebenen nirgends wieder vorkommt.

Deshalb zieht für die Zukunft eine Grenze, deren Notwendigkeit, deren großen Wert Ihr wohl nicht ganz begreifen könnt.

Ich habe schon einmal in meiner Botschaft darauf hingewiesen in dem Vortrage »Der Freundschaftskuß«. Dazu gehört die *giftsäende* Angewohnheit, gegenseitig »Du« zu sagen, und somit eine der notwendigsten Grenzen in der Grobstofflichkeit zu zersprengen und zu überschreiten. Eine Grenze, die Euch einen Halt gewährt, den Ihr nicht abzuschätzen fähig seid.

So muß es jedem Lichtstrebenden zum *Gebote* werden, daß er sparsam damit umgeht, seinem Nebenmenschen das vertraute »Du« zu bieten. Er vermeide es am besten ganz!

## 17. EIN NEU GESETZ

Weist es zurück, wenn man es Euch anbieten sollte, außer in den Fällen, wo es einem ernsten Bund fürs Erdenleben gilt, also der Ehe! *In Jahren* werdet Ihr erkennen, welcher Wert in dem Gebote ruht. Es überläuft mich stets ein Grauen, wenn ich davon höre, denn ich kenne das Verderben, das in dem Gebrauche ruht. Doch kein Mensch ahnt davon.

Mit diesem deutschen »Du«, das einen ganz besonderen Begriff verkörpert, geht jede Seele eine Bindung ein, welche über das Erdengrab hinauszureichen fähig ist!

Es schließen sich mit diesem »Du« sofort bestimmte Fäden von dem einen zu dem anderen, welche durchaus nicht harmlos sind. Fäden, die Geister niederhalten können, auch solche, die zum Aufstieg fähig sein würden. Denn selten nur wird es geschehen, daß zwei Geister sich damit verbinden, die in allen Dingen gleiche Reife in sich tragen, also wirklich geistig auf der gleichen Stufe stehen.

Und wo zwei ungleich sind, die sich verbinden, wird der Höhere nach dem Gesetz *herabgezogen*, niemals aber steigt der Niedere hinauf! Denn in der Schöpfung kann allein der Höhere hinabsteigen in niederere Ebenen, niemals aber ein Geist nur einen Schritt hinaufgelangen von der Stelle, wo er steht!

Bei einer freiwilligen, engeren Verbindung also zweier ungleich reifer Geister *muß* der Höhere davon hinab, oder er wird gehalten von dem anderen, der in der Reife noch zurückgeblieben ist und an ihm durch die Bindung hängt wie ein Gewicht. Nicht jeder hat die Kraft, den weniger Gereiften so zu führen, daß er aufwärts zu ihm kommt. Es sind dies Ausnahmen, mit welchen nicht gerechnet werden darf. Und eine vollständige Lösung nach der freiwilligen Bindung ist nicht leicht.

Darin liegt eine Tatsache, mit deren Furchtbarkeit der Erdenmensch noch nie gerechnet hat! Leichtsinnig geht er über diese Untiefen im Erdensein hinweg und wird gehemmt in *jedem Falle* ohne Ausnahme, sobald er das Gesetz verletzt! Er wird oft festgehalten wie ein Schwimmer von unsichtbaren Schlinggewächsen, wenn er taucht an Stellen, welche er nicht kennt.

Es kommt die Zeit, wo Ihr einst frei werdet von der Gefahr, die täglich, stündlich auf der Erde viele Opfer fordert. Frei werdet durch das Wissen! Dann aber werden auch die Ehen anders sein, die Freundschaften und sonstigen Verbindungen, die alle ja den Namen »Bindung« deutlich in sich tragen. Damit werden beendet alle Streite unter Freunden, es verschwinden die Gehässigkeiten und das Mißverstehen, alles wird zu vollster Harmonie in der Befolgung des bis heute unverstandenen Gesetzes.

Bis dahin aber kann Euch nur geholfen werden mit dem Rate: Seid vorsichtig mit dem vertrauten »Du«! Es schützt Euch die Befolgung vor sehr vielem Leid! Sie kann Euch einen Geistesaufstieg kürzen um Jahrtausende! Vergeßt das nicht, auch wenn Ihr heute nichts davon versteht. Ich gebe Euch damit die beste Waffe, Schlinggewächse feinstofflicher Arten zu vermeiden!

In der Grobstofflichkeit braucht Ihr mehr Gebote, als es in den feinstofflichen Welten nötig ist, in denen alle Menschengeister gar nicht anders können, als mit ihrer Gleichart zu verkehren, wenn auch diese Gleichart viele Abstufungen trägt und damit auch sehr vielseitige Formen zeigt.

In der Erfüllung dieses Rates werdet Ihr nun frei von einer schweren, unnötigen Last, die sich die Menschheit immer neu aufbürdet.

Nehmt Euch dabei kein Beispiel an dem Jenseits, das einfacheren Gesetzen unterworfen ist. Auch müssen Jenseitige selbst erst lernen in der neuen Zeit, die als die Tausendjährige verheißen ist. Sie sind nicht klüger als Ihr selbst und wissen auch nur das, was ihrer Ebene zu wissen nötig ist. Es wird deshalb das Band für Spiritisten noch zerrissen werden müssen dort, wo es nur Unheil bringt durch Mißverständnisse und dummen Dünkel, der so viele falsche Deutungen manches Wertvollen schon brachte und damit die Massen irreführte oder abhielt, *nun* die Wahrheit zu erkennen.

Laßt Euch aber nicht beirren, sondern *achtet* meinen Rat. Es ist zu *Eurer* Hilfe, und Ihr könntet leicht den Wert schon jetzt erkennen, wenn Ihr aufmerksamer um Euch schaut! Ihr sollt nun nicht etwa bereits Bestehendes ohne Ursache aufheben. Damit sind keine Lösungen erreicht.

Es wäre der Versuch des falschen, ungesunden Umformens! Aber Ihr sollt nun *anders* darin handeln, nicht mehr gedankenlos und leichtfertig. Sollt völlig neu aufbauen. Das Alte stürzt von selbst.

Und wenn ich Euch noch sage:

»Es soll der Mensch niemals mit einem anderen zusammen leben, welchen er nicht achten kann!«, dann habt Ihr *das* für Euer Erdensein, um karmafrei bleiben zu können. Nehmt es als Grundsätze mit auf den Weg.

Um aber auch emporsteigen zu können, muß zu alledem die Sehnsucht in Euch sein nach Gottes reinem, lichtem Reiche! Die *Sehnsucht* darnach trägt den Geist empor! Deshalb *denket* an Gott und seinen Willen immerdar! Doch macht Euch selbst kein Bild davon! Es müßte falsch sein, weil der Menschengeist den Gottbegriff nicht fassen kann. Deshalb ist ihm gegeben, den Gottes*willen* zu erfassen, den er ehrlich und in Demut suchen muß. *Hat er den Willen, dann erkennt er darin Gott!* Das ist allein der Weg zu ihm!

Der Mensch aber hat sich bisher noch nicht in rechter Art bemüht, den Gotteswillen zu erfassen, ihn zu finden, sondern hat sich immer nur das *Menschen*wollen vorgesetzt, das aus ihm selbst erstand als die Verkörperung der Menschenwünsche und des Selbsterhaltungstriebes, was mit dem selbsttätigen Aufwärtsschwingen aller Schöpfungsurgesetze nicht im Einklang steht!

Findet deshalb den Weg zum wahren Gotteswillen in der Schöpfung, dann erkennt Ihr darin Gott!

## PFLICHT UND TREUE

Die Pflichterfüllung galt immer schon als höchste Tugend eines Menschen. Sie nahm bei allen Völkern einen Rang ein, welcher höher stand als alles andere, höher noch als Leben selbst. Sie wurde so geschätzt, daß sie sogar den ersten Platz behielt auch unter den Verstandesmenschen, denen zuletzt nichts mehr heilig war als eigener Verstand, dem sie sich sklavisch beugten.

Das Bewußtsein notwendiger Pflichterfüllung blieb, daran konnte nicht einmal die Verstandesherrschaft rütteln. Aber das Dunkel fand doch einen Angriffspunkt und nagte an der *Wurzel*. Es verschob wie überall auch hierin den *Begriff*. Der Gedanke an die Pflichterfüllung blieb, aber die *Pflichten selbst* wurden von dem Verstande aufgestellt und damit erdgebunden, Stückwerk, unvollkommen.

Es ist daher nur selbstverständlich, daß oft ein Empfindungsmensch die ihm bestimmten Pflichten nicht als richtig anerkennen kann. Er kommt in Zwiespalt mit sich selbst. Die Pflichterfüllung gilt auch ihm als eins der obersten Gesetze, die ein Mensch erfüllen soll, und doch muß er sich gleichzeitig sagen, daß er bei der Erfüllung der ihm auferlegten Pflichten manchmal gegen seine Überzeugung handelt.

Die Folge davon ist, daß nicht nur in dem Inneren des Menschen, der sich also quält, sondern auch in der feinstofflichen Welt durch diesen Zustand Formen auferstehen, welche Unzufriedenheit und Zwietracht stiften auch bei anderen. Es überträgt sich dadurch auf weiteste Kreise Sucht zur Nörgelei und Unzufriedenheit, deren eigentliche Ursache niemand zu finden fähig ist. Sie ist nicht zu erkennen, weil die Wirkung aus der Feinstofflichkeit kommt. Durch die lebenden Formen, die ein Empfindungsmensch in seinem Zwiespalt zwischen seinem Drang zur Pflichterfüllung und der anders wollenden Empfindung schafft.

## 18. PFLICHT UND TREUE

Hier soll nun eine Änderung erfolgen, um dem Übel abzuhelfen. Pflicht und innere Überzeugung müssen stets *im Einklang* zueinander stehen. Falsch ist es, wenn ein Mensch sein Leben einsetzt in Erfüllung einer Pflicht, die er nicht in sich selbst als richtig anerkennen kann!

Erst in der Übereinstimmung der Überzeugung mit der Pflicht erhält ein jedes Opfer wirklich Wert. Setzt aber der Mensch nur sein Leben ein für Pflichterfüllung *ohne* Überzeugung, so erniedrigt er sich dadurch zu dem feilen Söldner, der im Dienste eines anderen, ähnlich den Landsknechten, um Geldes willen kämpft. Dadurch wird solche Art zu kämpfen Mord!

Tritt aber jemand mit dem Leben ein aus Überzeugung, dann trägt er auch die Liebe in sich zu der Sache, für die er freiwillig zu kämpfen sich entschloß.

Und das allein hat für ihn hohen Wert! Er muß es um der Liebe willen tun. Aus Liebe zu der *Sache!* Dadurch wird auch die Pflicht, die er damit erfüllt, *lebendig* und so hoch gehoben, daß er deren Erfüllung über alles setzt.

Damit scheidet sich ganz von selbst die tote, starre Pflichterfüllung von der lebenden. Und nur das Lebende hat geistig Wert und Wirkung. Alles andere kann nur den Erden- und Verstandeszwecken dienen, diesen Vorteil bringen, und auch das nicht für die Dauer, sondern nur vorübergehend, da das Lebende allein andauernden Bestand erhält.

So wird die Pflichterfüllung, die aus Überzeugung kommt, zur echten, selbstgewollten Treue und dem Ausübenden selbstverständlich. Er will und kann nicht anders handeln, kann dabei nicht straucheln und nicht stürzen; denn die Treue ist ihm echt, ist eng mit ihm verbunden, ja, sogar ein Stück von ihm, das er nicht abzulegen fähig ist.

Blinder Gehorsam, blinde Pflichterfüllung sind deshalb so wenig wert wie blinder Glaube! Beiden fehlt das Leben, weil darin die Liebe fehlt!

Daran allein erkennt der Mensch sofort den Unterschied zwischen dem echten Pflichtbewußtsein und dem nur anerzogenen Pflichtgefühle. Das eine bricht aus der Empfindung heraus, das andere ist nur von dem Verstande erfaßt. Liebe und Pflicht können sich deshalb auch niemals gegenüberstehen, sondern sind *eins* dort, wo sie *echt* empfunden werden, und aus ihnen blüht die Treue.

Wo Liebe fehlt, ist auch kein Leben, dort ist alles tot. Darauf hat Christus oft schon hingewiesen. Das liegt in den Schöpfungsurgesetzen, ist deshalb weltumfassend ohne Ausnahmen.

Die Pflichterfüllung, welche freiwillig aus einer Menschenseele strahlend bricht, und solche, die um eines Erdenlohnes willen eingehalten wird, sind niemals miteinander zu verwechseln, sondern sehr leicht zu erkennen. Laßt deshalb echte Treue in Euch auferstehen oder bleibet fern von dem, wo Ihr nicht Treue halten könnt.

Treue! Oft besungen und doch nie erfaßt! Wie alles, hat der Erdenmensch auch den Begriff der Treue tief herabgezerrt, beengt, in starre Formen gepreßt. Das Große, Freie, Schöne darin wurde ausdruckslos und kalt. Das Selbstverständliche *gewollt!*

Die Treue nach den jetzigen Begriffen hörte auf, zum Seelenadel zu gehören, wurde zur Charaktereigenschaft gemacht. Ein Unterschied wie Tag und Nacht. Die Treue wurde damit seelenlos. Sie ist zur Pflicht geworden dort, wo sie notwendig ist. Damit hat man sie selbständig erklärt, sie steht auf eignen Füßen, ganz für sich, und deshalb ... falsch! Auch sie wurde unter der Menschen Sinn verbogen und entstellt.

Treue ist *nicht* etwas Selbständiges, sondern nur die Eigenschaft der Liebe! Der *rechten* Liebe, die alles umfaßt. Alles umfassen aber bedeutet nicht etwa, alles gleichzeitig umfangen nach menschlichem Verstehen, das zum Ausdruck kommt in den bekannten Worten »die ganze Welt umarmen«! Alles umfassen, heißt: *Auf alles gerichtet werden zu können!* Auf Persönliches wie auch auf Sachliches! Sie ist nicht nur an etwas ganz Bestimmtes gebunden, nicht einseitig zu sein bestimmt.

Die rechte Liebe schließt nichts aus, was rein ist oder rein gehalten wird, gleichviel, ob es Personen trifft oder das Vaterland, wie auch die Arbeit oder die Natur. *Darin* liegt das Umfassende. Und *dieser rechten* Liebe *Eigenschaft* ist Treue, die ebensowenig klein und irdisch eingeengt gedacht werden darf wie der Begriff der Keuschheit.

## 18. PFLICHT UND TREUE

Wirkliche Treue ohne Liebe gibt es nicht, wie es auch keine wahre Liebe ohne Treue gibt. Der Erdenmensch von heute bezeichnet aber Pflichterfüllung als Treue! Eine *starre* Form, bei der die Seele nicht mitzuschwingen nötig hat. Das ist falsch. Treue ist *nur* eine Eigenschaft der wahren Liebe, welche verschmolzen ist mit der Gerechtigkeit, aber mit Verliebtsein nichts zu tun hat.

Die Treue ruht in den Empfindungsschwingungen des Geistes, wird dadurch zu der Eigenschaft der Seele.

Ein Mensch dient heute in der Pflichterfüllung zuverlässig oft einem anderen Menschen, den er innerlich verachten muß. Das ist natürlich nicht als Treue zu bezeichnen, sondern es bleibt lediglich Erfüllung übernommener irdischer Pflichten. Es ist eine rein *äußerliche* Angelegenheit, welche dem Menschen wechselwirkend *auch nur äußerlichen* Nutzen bringen kann, sei es nun Nutzen an irdischen Mitteln oder an irdischem Ansehen.

Wahre Treue kann in solchen Fällen nicht einsetzen, da sie mit der Liebe *freiwillig* dargebracht sein will, von der sie nicht zu trennen ist. Deshalb vermag Treue auch nicht allein zu wirken!

Würden die Menschen aber der wahren Liebe leben, wie es von Gott gewollt ist, so gäbe dieser Umstand allein den Hebel dazu, unter den Menschen vieles, ja alles zu ändern! Kein innerlich verachtenswerter Mensch vermöchte dann noch zu bestehen, noch weniger Erfolge auf Erden hier zu haben. Es gäbe sofort eine große Reinigung.

Innerlich verachtenswerte Menschen würden irdische Ehren nicht genießen, auch nicht Ämter innehaben; denn Verstandeswissen ganz allein darf nicht zu Amtsausübungen berechtigen!

So würde dann die Pflichterfüllung stets zur unbedingten Freude, jede Arbeit zum Genuß, weil alles Denken, alles Tun mit wahrer, gottgewollter Liebe ganz durchzogen ist und neben unbeirrbarem Gerechtigkeitsempfinden auch die Treue mit sich führt. Die Treue, welche aus sich selbst heraus als Selbstverständlichkeit unwandelbar verbleibt und dies nicht als Verdienst betrachtet, das belohnt sein muß.

## SCHÖNHEIT DER VÖLKER

Die Erde wird umklammert nun vom Licht. Fest schließt sich eine starke Hülle um den Ball, damit das Dunkel nicht entweichen kann, und immer stärker wird der Druck, der alles Übel scharf zusammenpreßt, so daß sich Ring um Ring alles Geschehens schließen muß, damit das Ende mit dem Anfange verbunden ist. Lichtspeere und Lichtpfeile schwirren, Lichtschwerter blitzen auf, und arg bedrängt bis zur Vernichtung werden Luzifers Trabanten.

*Heiliger Sieg dem Lichte hier auf Erden!* So ist es Gottes allmächtiger Wille. Licht werde überall, auch unter allen Irrungen der Menschheit, auf daß sie nun erkenne die Wahrhaftigkeit. –

Zum Segen aller Völker soll die neue, große Zeit beginnen, damit sich diese glücklich fühlen auf dem Boden, dem sie zugehören, und ihrer Rasse ganz genau entsprechend dann zu voller Blüte kommen, reichste Früchte tragen können, all ihr Wirken nur harmonisch fördernd zu der ganzen Erdenmenschheit steht.

So wird die Schönheit auferstehen! Die ganze Erde wird ein Bild der Schönheit werden, wie aus der Hand des großen Schöpfers selbst hervorgegangen, da dann die Menschengeister in dem gleichen Sinne schwingen und ihr freudevolles Schaffen als jubelnde Dankgebete in die lichten Höhen steigt, dort oben widerspiegelnd alle Harmonie des Glückes, wie sie diese Erde zeigt!

Doch diese gottgewollte Schönheit kann nicht werden, solange Führer ihrem Volke, ihrem Lande fremde Sitten und Gebräuche, fremde Kleidung, fremden Baustil aufzuzwingen suchen in dem Wahne, daß damit ein Fortschritt komme für ihr Volk. Nachahmung ist nicht Hebung, ist kein eigen Werk! Vereinheitlichung in der Anlehnung ist falsch!

Der beste Maßstab darin ist der Schönheitssinn, der Euch gegeben ist, um zu erkennen, was in solchen Dingen recht ist und was falsch! Gebt Euch dem ursprünglichen, *wahren Schönheitssinne* hin, dann könnt Ihr niemals irregehen; denn dieser ist verbunden mit den Schöpfungsurgesetzen, ist der Ausdruck eines noch versteckten Wissens von Vollkommenheit, ein untrüglicher Wegweiser für jeden *Geist*, da alles *Geistige* allein in dieser Nachschöpfung die Fähigkeit besitzt, bei einer ganz bestimmten Reife voll bewußt wirkliche Schönheit zu erkennen!

Aber auch hierin habt Ihr leider lange schon das unbefangene Empfinden ausgelöscht durch den Euch nun bekannten Sündenfall und dessen unheilvolle Folgen, durch Herrschaft des Verstandes, der in allem Zerrbilder erschuf. Die Form, die er an Stelle des Begriffes wahrer Schönheit stellte, ist die Modetorheit, der Eure Eitelkeit sich allzu gerne unterwarf. Die Modenarrheit hat Eueren Schönheitssinn für edle, anmutende Formen, welcher Eurem *Geist* gegeben ist als Richtschnur und als Stab in diesem groben Erdensein, vollständig zugeschüttet, so daß Ihr damit einen großen Halt verlieren mußtet durch eigene Schuld!

Sonst würdet Ihr in *allen* Lebenslagen und an *allen* Orten stets sofort empfinden, *wissen*, wo etwas nicht stimmt, weil überall, wo Euer Schönheitssinn nicht freudig schwingen kann, die schöpfungsmäßig streng bedingte Harmonie nicht *so* vorhanden ist, wie sie sein soll. Und wo die Harmonie fehlt, ist auch Schönheit nicht.

Seht den Chinesen im Zylinderhut, auch den Japaner und den Türken. Zerrbilder europäischer Kultur. Seht die Japanerin Euch an, die europäisch sich jetzt kleidet, und schaut sie dann in ihrer Tracht des *eignen* Landes! Welcher Unterschied! Wieviel geht ihr verloren in der ihrem Lande fremden Tracht! Es ist großer Verlust für sie. –

*Hebung der eigenen Kultur allein ist wahrer Fortschritt für ein jedes Volk!* Wohl soll der *Aufstieg* sein in allem und kein Stillstand. Aber dieser Aufstieg in dem Fortschritt muß stets auf dem *eigenen* Grunde und von *diesem* aus erfolgen, nicht durch Übernahme fremder Dinge, sonst ist es niemals Fortschritt. Das Wort selbst in seinem wahren Sinne weist Anlehnungen zurück. Der *Fortschritt* für ein Volk kann ja nur Aufschwung sein von dem, was es schon hat, nicht aber Übernahme von etwas Erborgtem. Aufnehmen ist kein Fortschritt, der in Folgerungen des Bestehenden sich zeigt; das müßte schon Nachdenken zeugen. Erborgtes oder Übernommenes ist auch nicht Eigentum, auch wenn man es sich zu eigen machen will. Es ist nicht selbst erworben, nicht ein Produkt des eignen Geistes eines Volkes, auf das allein es stolz sein könnte, stolz sein muß!

Darin ruht auch eine große Aufgabe für alle in Übersee: Ein jedes Volk dort *in sich selbst* groß werden zu lassen, ganz aus sich heraus, aus den eigenen Fähigkeiten, die so verschieden sind unter den vielen Völkern dieser Erde. *Alle* sollen auferblühen *nach der Art des Bodens, auf dem sie erstanden.* Sie müssen diesem Boden angepaßt verbleiben, um auf ihm *die* Schönheit zu entfalten, die mit den anderen harmonisch auf der Erde schwingt. Die rechte Harmonie ersteht aber gerade durch ihre *Verschiedenart,* nicht etwa durch Vereinheitlichung unter allen Völkern. Wenn das gewollt gewesen wäre, dann hätte es auch nur *ein* Land gegeben und ein Volk. Es würde jedoch bald ein Stillstand dabei kommen und zuletzt ein Hinsiechen und Absterben, weil die Erfrischung durch Ergänzung fehlt!

Auch hier seht nur die Blumen auf den Fluren an, welche gerade in ihrer Verschiedenartigkeit beleben und erfrischen, ja beglücken!

Aber die Nichtachtung solcher Entwickelungsgesetze wird sich an den Völkern bitter rächen; denn auch das führt zuletzt Rückgang und Zusammenbruch herbei, nicht Aufschwung, weil jede Gesundheit darin fehlt. Der Mensch kann sich nicht sträuben in den Dingen, denen er wie jede Kreatur insoweit unterworfen ist, daß er niemals etwas erreicht, wo er nicht den in diese Schöpfung eingewobenen, lebendigen Gesetzen Rechnung trägt. Wo er dagegen handelt und sie nicht beachtet, *muß* er Schiffbruch leiden früher oder später. Je später, desto heftiger. Dabei hat jeder Führer auch die Hauptverantwortung zu tragen für das, was er verfehlt durch *seine* falsche Einstellung. Er muß dann für das ganze Volk erleiden, das sich in seiner Not geistig fest an ihn hängt! –

Ich wiederhole noch einmal: Hebung der eigenen Kultur allein ist wahrer Fortschritt für ein jedes Volk! Dem Boden angepaßt, dem Klima und der Rasse! Der Mensch muß in dem reinsten Sinne *bodenständig* werden, wenn er wachsen will und Hilfe aus dem Licht erwartet! Nur keine Übernahme wesensfremder Völkersitten und Gebräuche, fremder Anschauungen. Die Bodenständigkeit ist Grundbedingung und verbürgt allein Gesundung, Kraft und Reife!

Hat denn der Mensch noch nicht genug gelernt an den trüben Erfahrungen, die er mit den Geschenken seiner eigenen Kultur an fremde Völker oft heraufbeschwor und deren Niedergang er dann erleben mußte? Es brachte nur sehr wenige zum Nachdenken darüber. Aber auch dieses Nachdenken verlief bisher im Sande und fand keinen Grund, der einen Anker halten konnte.

Die Übel zu beseitigen, ein neues, frohes, reiches Leben zu gestalten in den Ländern über allen Meeren ist eine durchgreifende Aufgabe. Umwälzend ist das Werk, weil es in seinen Folgen *alle* Erdenvölker fördernd und gesundend, ja beglückend treffen wird!

# ES IST VOLLBRACHT!

Es ist vollbracht! Das inhaltsschwere Wort des Gottessohnes wurde aufgegriffen von der Menschheit und als Abschluß des Erlöserwerkes hingestellt, als Krönung eines Sühneopfers, welches Gott für alle Schuld der Erdenmenschen bot.

Mit Dankesbeben lassen deshalb die gläubigen Christen den Schall dieser Worte auf sich wirken, und das Gefühl des wohligen Geborgenseins löst sich dabei mit einem tiefen Atemzuge aus.

Doch das *Gefühl* hat hierbei keinen echten Untergrund, sondern entstammt nur einer leeren Einbildung. Mehr oder weniger versteckt ruhet in jeder Menschenseele immer dabei eine bange Frage: Wie war ein solches großes Opfer von Gott möglich? Ist ihm die Menschheit so viel wert?

Und diese bange Frage ist berechtigt; denn sie kommt aus der Empfindung und soll eine Warnung sein!

Der Geist bäumt sich dagegen auf und will durch die Empfindung sprechen. Deshalb läßt sich die Mahnung nie beschwichtigen mit leeren Worten, welche in dem Hinweis ruhen, daß Gott ja die *Liebe* ist und die göttliche Liebe für den Menschen unerfaßbar bleibt.

Mit derartigen Worten sucht man Lücken auszufüllen, wo ein Wissen fehlt.

Doch für die leeren Redewendungen ist nun die Zeit vorbei. Der Geist muß jetzt erwachen! Er *muß*; denn anders bleibt ihm keine Wahl.

Wer sich mit leeren Ausflüchten begnügt in Dingen, die das Heil der Menschen tragen, zeigt sich als geistesträg in den wichtigsten Fragen dieser Schöpfung, somit als gleichgültig und faul den Gottgesetzen gegenüber, die ja in dieser Schöpfung ruhen.

## 20. ES IST VOLLBRACHT!

»*Es ist vollbracht!*« Das war der letzte Seufzer Jesu, als er sein Erdensein beschloß und damit seine Leiden durch die Menschen!

Nicht *für* die Menschen, wie sich diese noch in ihrem unverantwortlichen Dünkel vorzumachen suchen, sondern *durch* die Menschen! Es war der Ausruf der Erleichterung, daß nun das Leid zu Ende ging, und damit die besondere Bestätigung der Schwere dessen, was er schon gelitten hatte.

Er wollte damit nicht anklagen, weil er als Verkörperung der Liebe nie anklagen würde, doch die Gesetze Gottes wirken trotzdem unerschütterlich und unabwendbar überall, also auch hier. Und hier gerade doppelt schwer; denn dieses große *Leiden ohne Haß* fällt nach dem Gesetze zehnfach auf die Urheber des Leidens nieder!

Der Mensch darf nicht vergessen, daß Gott auch die *Gerechtigkeit* selbst ist in unantastbarer Vollkommenheit! Wer daran zweifelt, frevelt gegen Gott, höhnt gegen die Vollkommenheit.

Gott ist lebendiges und unverbiegbares Gesetz von Ewigkeit zu Ewigkeit! Wie kann sich da ein Mensch vermessen, das anzuzweifeln durch den Wunsch, daß eine Sühne von Gott angenommen werden kann durch jemand, der nicht auch die Schuld selbst in die Schöpfung setzte, der nicht selbst der Täter ist!

So etwas ist nicht einmal *irdisch* möglich, wieviel weniger im Göttlichen! Wer unter Euch, Ihr Menschen, würde es für wahrscheinlich halten, daß ein Erdenrichter ganz bewußt an Stelle eines Mörders einen an der Tat ganz unschuldigen Menschen hinrichten zu lassen fähig ist und daß er dann den eigentlichen Mörder dafür ohne Strafe gehen läßt! Nicht einer unter Euch würde so Widersinniges für richtig halten! Über Gott jedoch laßt Ihr Euch solches von den Menschen sagen, ohne Euch dagegen auch nur innerlich zu wehren!

Ihr nehmt es sogar dankend hin und sucht die Stimme als ein Unrecht stets zu unterdrücken, die sich in Euch regt, um Euch zum Nachdenken darüber anzuregen!

Ich sage Euch, die Wirkung des lebendigen Gesetzes Gottes achtet nicht der falschen Anschauungen, denen Ihr Euch gegen Eure eigene

Überzeugung darin hinzugeben sucht, sondern sie fällt nun schwer auf Euch und bringt gleichzeitig ihre Auswirkungen auch noch für den Frevel solchen falschen Denkens! Wacht auf, damit es für Euch nicht zu spät ist! Reißt Euch los von einschläfernden Anschauungen, die sich mit der göttlichen Gerechtigkeit niemals in Einklang bringen lassen werden, sonst kann es Euch geschehen, daß Todesschlaf für Euch aus diesem trägen Hindämmern entsteht, der den geistigen Tod zur Folge haben muß!

Ihr dachtet bisher, daß das Göttliche sich ungestraft verhöhnen und verfolgen lassen soll, während Ihr Erdenmenschen für Euch selbst das wahre Recht in Anspruch nehmen wollt! Die Größe Gottes soll nach Euch darin bestehen, daß er für Euch leiden darf und Euch noch Gutes bietet für das Schlechte, das Ihr an ihm tut! So etwas nennt Ihr göttlich, weil es nur ein Gott nach Euren Begriffen fertigbringen kann.

Ihr stellt also den Menschen damit viel gerechter seiend hin als Gott! In Gott wollt Ihr nur alles Unwahrscheinliche erkennen, aber auch nur dort, wo es Euch selbst zum Besten dient! Nie anders! Denn sonst schreit Ihr gleich nach dem gerechten Gott, wenn es sich einmal gegen Euch zu wenden droht!

Ihr müßt doch selbst das Kindische bei derartig einseitiger Anschauung erkennen! Schamröte muß Euch aufsteigen, wenn Ihr nur einmal den Versuch macht, recht darüber nachzudenken!

Gott würde ja nach Eurem Denken das Gemeine und das Niedere durch seine Nachsicht großziehen und stärken! Ihr Toren, nehmt die Wahrheit auf:

Gott wirkt den Kreaturen gegenüber, also auch Euch, in dieser Schöpfung überhaupt nur durch die ehernen Gesetze, welche darin fest verankert sind von Anfang an! Unverbiegbar sind sie, unantastbar, und ihr Wirken erfolgt stets mit unfehlbarer Sicherheit. Es ist auch unaufhaltsam und zermalmt, was sich ihm in den Weg zu stellen sucht, anstatt sich *wissend einzufügen* in ihr Schwingen.

Wissen aber ist Demut! Denn wer das wahre Wissen hat, kann Demut niemals ausschalten. Es ist so gut wie eins. Mit wahrem Wissen zieht gleichzeitig auch die Demut ein als selbstverständlich. Wo keine Demut ist, dort ist auch niemals wahres Wissen! *Demut aber ist Freiheit!* Nur in der Demut liegt die echte Freiheit jedes Menschengeistes!

Das nehmt noch zum Geleite! Dabei vergeßt nie wieder, daß die Gottes*liebe* sich von der *Gerechtigkeit* nicht trennen läßt!

Wie Gott die Liebe ist, so ist er auch lebendige Gerechtigkeit! Er *ist* ja das Gesetz! Die Tatsache nehmt endlich auf und legt sie Eurem Denken nun für alle Zeit zu Grunde. Dann werdet Ihr den rechten Weg zur Überzeugung von der Größe Gottes nie verfehlen, und Ihr werdet sie *erkennen*, an Eurer Umgebung wie bei der Beobachtung des alltäglichen Lebens! Seid deshalb geistig wach!

## AN DER GROBSTOFFLICHEN GRENZE

Es nennen sich Millionen Erdenmenschen Sucher, doch sie sind es nicht! Zwischen dem demütigen Suchen und dem selbstgefälligen und eitlen Forschen ist ein großer Unterschied!

Aber sie nennen sich trotzdem Wahrheitssucher, bilden sich sogar ein, bereits im Forschen darnach Wissende zu sein.

Solcher Dünkel könnte einfach in das Lächerlich-Groteske eingeschoben werden, wenn er nicht so oft Gefahren in sich trüge und von je gefährlich war. Denn Forschen, Schürfen ist *nur* Arbeit des Verstandes. Was aber kann dieser Verstand, der von grobstofflichen Gehirnen kommt und deshalb auch den grobstofflichen Schöpfungsurgesetzen unterworfen ist, vom *Geistigen* erforschen, von dem er gar nichts Artverwandtes hat. *An dieser einen, ganz natürlichen Tatsache scheitert dabei alles schon!*

Am Endpunkte der feinen Grobstofflichkeit kann der Mensch mit seinem Forschenwollen schon nicht weiter.

Feinstofflichkeit ist und bleibt dem menschlichen Verstande eine fremde Art, mit der er nicht Verbindung fassen kann. Ohne Verbindung aber kann es auch niemals Verstehen geben, nicht einmal Schauen oder Hören, noch weniger ein Forschen, Prüfen oder Einreihen in die grobstofflichen Begriffe, welche der Verstand nicht missen kann als Ausweis dafür, daß er unter den grobstofflichen Gesetzen steht, an die er fest gebunden bleibt.

Damit blieb jeder bisherige »Sucher« oder »*Geistesforscher*« immer an die Grobstofflichkeit eng gebunden, er konnte über deren feinste Grenzen auch bei tatsächlicher Höhenleistung nie hinaus. Das Schöpfungs-

## 21. AN DER GROBSTOFFLICHEN GRENZE

urgesetz hält ihn eisern zurück. Es gibt für ihn gar keine Möglichkeit, weiter zu gehen.

Deshalb mußten auch viele sogenannte Prüfungskommissionen oft so kläglich scheitern, welche sich herbeiließen oder berufen fühlten, mediale Eigenschaften und deren Ergebnisse auf ihre Echtheit hin »prüfen« zu wollen, um ein Urteil abzugeben, nach dem sich die Menschheit richten soll.

Klägliches Scheitern lag stets auf der Seite dieser *Prüfenden,* wenn diese es auch umgekehrt erscheinen lassen wollen und auch selbst wohl an ihr Urteil glauben. Die Folgerung der unverbiegbaren Schöpfungsgesetze aber beweist es anders und spricht *gegen* sie. Und jede andere Beweisführung ist gegen Unumstößlichkeit der göttlichen Gesetze, also falsch und irrtümliches Menschenwerk, welchem niedere Eitelkeit und Selbstgefälligkeit engster Begrenzung als Triebfeder dienen.

Aus dem gleichen Grunde stehen auch die irdischen Gerichte allen feinstofflichen Vorkommnissen feindlich gegenüber, weil sie einfach gar nicht in der Lage sind, sich überhaupt hineinzudenken in die Dinge, die ihrem Verstehen so vollkommen ferne liegen.

Das ist aber ihr Fehler selbst, als Folge ihrer Einengung, die sie sich schufen durch die Trägheit ihres Geistes, den sie ruhig schlafen lassen, während sie den irdischen *Verstand,* der aus der Grobstofflichkeit stammt, für ihren *Geist* ansehen und als solchen schätzen. Es sind durchaus nicht immer Fehler derer, die sie vor sich laden. Trotzdem aber sind sie niemals davor zurückgeschreckt, in gottgesetzwidriger Art zu urteilen über Dinge, die sie nicht verstehen! Noch mehr, aus diesem Unverständnisse heraus suchten sie tatsächlichen feinstofflichen Vorgängen und auch den geistigen sehr oft die Absicht wissentlicher Täuschungen zu unterlegen, sogar des Betruges!

Es ist dieselbe Handlungsweise, wie sie von den Kirchen und weltlichen Richtern einst in den Prozessen gegen Hexerei verwendet wurde, nicht anders. Es ist nicht minder widerwärtig und beschränkt und verstößt ebenso wie damals gegen alle Schöpfungsurgesetze.

Ausnahmen, wo wirkliche Betrüger eine Sache für sich nützen wollen, sind in *allen* Wirkensarten dieser Erdenmenschen aufzufinden, ohne daß man dadurch stets von vornherein die ganze Art mit Mißtrauen behandeln darf. In jedem Handwerk wie in jeder Wissenschaft, in allen Fächern der verschiedenen Berufe. Doch diese sind zuletzt auch immer ohne Schwierigkeiten zu erkennen, da übles Wollen sich nicht andauernd verstecken kann.

Deshalb muß die sonderbare Feindschaft irdischer Gerichte wie aller Verstandesmenschen um so auffallender für den ruhigen Beobachter erscheinen.

Bei näherer Betrachtung findet man dann leicht, daß nur der Druck völligen Unvermögens diesen Dingen gegenüber der Ausgangspunkt der Triebfeder zur unbedingten Gegnerschaft und des Unterdrückenwollens ist.

Heute hat tatsächlich kein Mensch eine Ahnung von der Größe, von der Reinheit und dabei der überwältigenden Einfachheit und wirklich sehr leichten Verständlichkeit der Grundgesetze in der Schöpfung, nach denen sich die irdischen Gesetze und die Kirchen richten *müssen,* wenn sie richtig und gerecht, und damit auch Gott wohlgefällig sein wollen! Sie können und sie dürfen gar nicht anders, ohne Schaden anzurichten für sich selbst und ihre Nebenmenschen.

Gibt es doch gar nichts anderes für alle Kreaturen, als diese unumstößlichen Gesetze Gottes in der Schöpfung, aus denen heraus sie erstanden, und denen sie sich auch einfügen müssen, wollen sie nicht Schädlinge der Schöpfung sein. Es muß sich endlich auch der Mensch als ein Geschöpf dazu bequemen, sich darnach zu richten, wenn er nicht verderben will durch seinen Leichtsinn, seine Überhebung und die damit so eng verbundene Verstandesklügelei. Denn der Verstand spielt in der großen Schöpfung doch nur eine kleine Rolle und dient lediglich zu der Bewegung in der gröbsten Stofflichkeit. Was über deren Grenzen ist, vermag er niemals zu erfassen und kann sich deshalb auch niemals darin betätigen, noch weniger darüber richten.

Das ganze Wissen, das die Erdenmenschheit heute hat, worauf sie stolz sich zeigt, bewegt sich *nur* im Reich des Grobstofflichen und geht

## 21. AN DER GROBSTOFFLICHEN GRENZE

nicht darüber hinaus! Das zeigt, wie eng beschränkt ein solches Wissen ist; denn Grobstofflichkeit ist das *Unterste* in allen Schöpfungsringen, das Dichteste und Schwerste, und damit in den Begriffen auch das Engstbegrenzte in dieser Nachschöpfung!

Auch Eure Gedanken sind nur grobstofflicher Art, als Produkte des Gehirns! Sie gehören zu der feinen Grobstofflichkeit, zu der also auch alle Gedankenformen zählen, die von Medien so oft gesehen werden können. Diese aber denken, daß es im Reich der Feinstofflichkeit ist oder gar in dem Geistigen. Ich streifte früher schon einmal in einem Vortrag die Gedankenformen, sprach auch von den Zentren, die sich davon bilden, aber nicht von den Regionen oder von den Arten, denen sie angehören. Gedanken, wie auch die Gedankenformen sind noch *grobstofflicher Art,* wenn sie auch zu der *feinen* Grobstofflichkeit zählen. Sie sind nicht *feinstofflich.* Das Feinstoffliche hat mit feiner Grobstofflichkeit nichts zu tun.

Es ist eine vollkommen andere Art und kann sich nicht vermischen, sondern muß immer nebeneinander stehen, da eine andere Art auch anderen Gesetzes*formen* unterworfen ist. In jeder Schöpfungsart sind wohl die Gottgesetze einheitlich, sie gehen durch die ganze Schöpfung, aber die Gesetze zeigen sich trotz eigener Einheitlichkeit in jeder Schöpfungsart in einer dieser jeweiligen Art entsprechenden anderen Form. Es vermag deshalb auch nie ein Mensch mit grobstofflichen Werkzeugen, zu denen das Gehirn mit dem Verstand gehört, etwas zur Feinstofflichkeit Zählendes zu prüfen oder zu beurteilen, ebensowenig Dinge, die in dem Geistigen geschehen, solange die Verbindung dazu fehlt, die nur durch Strahlungen erreichbar ist.

Der Strahlungsweg aus dem Grobstofflichen ist aber allen denen noch verschlossen, die sich bedingungslos der Herrschaft des Verstandes verschrieben haben, der an die Grobstofflichkeit und deren Begriffe fest gebunden ist. Diesen ausgesprochenen Verstandessklaven ist es gar nicht möglich, Strahlungen hinauszusenden in andere Regionen, da sie sich die Grenzen selbst verschlossen und alles zum Hinaussenden Notwendige in sich verkümmern ließen.

## 21. AN DER GROBSTOFFLICHEN GRENZE

Die Menschen kriechen nur noch an dem Boden, während ihre Schwungkraft nach den Höhen zu lange schon abgefallen ist von ihnen, weil sie diese nicht verwendeten, nicht mehr benützten, seit ihnen der Verstand als Höchstes galt, der sie an die Erde band.

Ihr mußtet damit dem Gesetz der Anpassung verfallen, das in der Stofflichkeit selbsttätig wirkt. Es geht Euch wie den Tieren, denen ihre Flügel langsam erst verkümmern und dann ganz wegbleiben, wenn sie nie verwendet werden, oder wie den Fischen, denen ihre Schwimmblase zum Aufstiege und zu dem Halte in dem Wasser mit der Zeit verlorengeht, wenn sie sich dauernd nur am Boden halten, veranlaßt durch zu starke Strömungen des Wassers.

Natürlich wirkt sich das nicht schnell von heute bis morgen aus, sondern erst in dem Laufe von Jahrhunderten und auch Jahrtausenden. Aber es wirkt sich aus. Und bei dem Menschengeiste *hat* es sich schon ausgewirkt!

Alles, was Ihr nicht in rechter Art eifrig verwendet, muß für Euch mit der Zeit verkümmern und verlorengehen. Die selbstwirkende Anpassung ist nur die Folge des Schöpfungsgesetzes der *Bewegung!* Es ist nur *eine* seiner vielseitigen Auswirkungen. Was sich nicht in der rechten Art bewegt, natürlich auch, was nicht in der notwendigen Bewegung stets *erhalten* wird, das *muß* verkümmern und zuletzt ganz abgestoßen werden auch von jeder grobstofflichen Form; denn jede Form bildet sich nur nach der Art der Bewegung.

Wendet nicht etwa ein, daß dem entgegensteht das Wissen von dem Satze, daß der *Geist* den Körper bildet. Darin liegt nur Bestätigung, es zeigt die Unverrückbarkeit dieses Gesetzes; denn jedes Wollen eines Geistes *ist* Bewegung, die weiterwirkend wiederum Bewegungen erzeugt!

Geht hin und sucht in der Natur. Beobachtet die Schöpfung selbst. Ihr werdet Fische finden, die nicht schwimmen können, weil sie in reißenden Gewässern sich schwer halten konnten und deshalb das Bleiben auf dem Grunde vorgezogen haben. Ihnen verkümmerte die Schwimmblase und ging dann mit der Zeit auch ganz verloren. Ihr habt auch

Vögel, die nicht fliegen können. Denkt an die Pinguine, an die Strauße und noch viele mehr. Es bildet und erhält sich immer nur *der* Teil, *die* Fähigkeit, welche auch *angewendet* wird, welche also in dem Gesetz notwendiger Bewegung sich betätigt.

Ihr aber habt Jahrtausende dazu benützt, Euch an das niederste und engbegrenzte Reich der Grobstofflichkeit förmlich krampfhaft anzuklammern, weil es Euch alles galt, habt Euch hineingewühlt und *könnt* nun nicht mehr aufwärts blicken! Dazu habt Ihr die Fähigkeit verloren, habt sie Euch selbst entwöhnt durch Trägheit Eures Geistes, welcher sich nicht mehr aufwärts bewegen will, und heute schon bei vielen sich nicht mehr bewegen *kann!*

Deshalb wird es Euch auch nun schwer, das *Wort* aus höchsten Höhen zu erfassen, und vielen wird es ganz unmöglich sein. Wer es mit dem *Verstande* allein messen will, der wird den eigentlichen Wert niemals erkennen; denn dann muß er das Gotteswort herabzerren in niederes, grobstoffliches Begreifen. Er, der nur klein noch denken kann, wird auch das Wort verkleinern in dem eigenen Verstehen, wird es also nicht erkennen und es leicht zur Seite legen, da er *das* nicht sieht, was es wirklich enthält!

Doch er wird in dieser seiner Kleinheit gern darüber sprechen und es kritisieren, vielleicht sogar verächtlich machen wollen; denn solche Menschen tun gerade alles *das*, was von der Engbegrenztheit ihres Wissenwollens *zeugt*, was von dem Nichtvermögen eines Tieferschürfens deutlich spricht. Ihr könnt dasselbe täglich überall erleben, daß gerade wirklich dumme Menschen sich für ganz besonders klug halten und über alles mitzusprechen suchen, wovon ein Kluger schweigt. Dummheit ist immer aufdringlich.

Beachtet einmal alle die, die gern und auffallend von feinstofflichen oder gar geistigen Vorgängen erzählen. Ihr werdet bald erkennen, daß sie gar nichts davon wirklich wissen. Namentlich die, die oft vom Karma reden! Laßt Euch von solchen Menschen einmal die Erklärung über Karma geben. Es wird Euch grausen bei dem wirren Durcheinander, das Ihr dabei hört.

Und wer nicht selbst erzählt, sondern bescheiden darum fragt, den seht Euch erst einmal schärfer an, bevor Ihr Antwort gebt. Die meisten darum Fragenden wollen für sich und ihre Schwächen in dem Karma nur eine Entschuldigung entdecken. *Darnach* lechzen sie, um in dem Glauben an ihr Karma ruhig weiter ihre Schwächen, manchmal sogar Ungezogenheiten zu behalten mit der Selbstentschuldigung, daß es ihr Karma sei, wenn ihnen daraus Unannehmlichkeiten kommen. Mit heuchlerischer Miene seufzen sie so gern: »Es ist mein Karma, das ich abzulösen habe!« Sie bleiben bei dem Seufzen, auch wenn sie mit ein wenig Rücksicht auf den Nebenmenschen und ein wenig Selbsterziehung manches ändern und vermeiden könnten, womit sie zu Tyrannen der Umgebung werden und die Harmonie zerstören!

Sie denken nicht daran und *wollen* es nicht denken, daß sie sich damit erst ein Karma aufbürden, das sie um Jahrhunderte zurückwirft!

Geschwätz, nichts als Geschwätz ist alles das, entsprungen aus dem Mangel wirklich frischen Wollens und der Eitelkeit! Schade um jede einzige Minute, die ein Mensch derart Geistesträgen opfert. Laßt sie laufen und beherzigt eins: Ein wirklich etwas Wissender wird niemals schwätzen!

Er nimmt sein Wissen *nicht zur Unterhaltung*, gibt es auch nicht dazu her! Er wird nur antworten auf eine ernste Frage, und auch dann noch zögernd, bis er weiß, daß wirklich ehrlich Wollen den Fragenden dazu treibt.

Der Menschen Reden darin ist zum größten Teil nur leerer Schall; denn das Verstehen aller Erdenmenschen hat die Grenze des Grobstofflichen nicht überschreiten können durch die Fehler, die sie in der Schöpfung machten, die sie niederhalten durch die Trägheit ihres Geistes, den sie mit dem irdischen Verstand verwechselten, sich selbst damit die niedere Grenze erschaffend.

Lasset in Zukunft ab davon, Ihr Erdenmenschen der jetzigen Zeit, Urteile zu bilden über Dinge, die Ihr nicht verstehen könnt! *Zu* schwer ist die Schuld, die Ihr damit auf Euch legt. Nicht weniger schwer, als einst die Menschen sie auf sich wälzten, die in stumpfsinniger Verblendung ungezählte Tausende in Leid und Elend stürzten, auch vielen das Erdenleben nahmen durch den Feuertod nach martervollen Tagen. In dem Gesetz des Herrn ist es dasselbe, wenn Ihr heute solche des Betruges oder auch nur grober Täuschung zeiht!

Bemüht Euch endlich, *Eure* Pflichten Eurem Gotte gegenüber zu erfüllen und die *Gottgesetze zu erkennen*, bevor Ihr richten wollt! Ihr habt kein Recht, Verzeihung zu erwarten. Ihr habt die Anwartschaft darauf schon selbst verwirkt durch Euer eigenes Gesetz, daß Unkenntnis vor Strafe niemand schützen kann! Auge um Auge, Zahn um Zahn, *so* wird es jetzt geschehen mit *den* Menschen, die nicht anders wollen und auf das Gesetz des Herrn nicht hören!

## DAS GOTTERKENNEN

Wenn ich auch schon erklärte, daß ein Mensch niemals Gott wirklich *sehen* kann, weil seine Art die Fähigkeit dazu gar nicht besitzt, so trägt er doch die Gabe in sich, Gott in seinen Werken *zu erkennen*.

Das geht aber nicht über Nacht und fällt ihm nicht im Schlafe zu, sondern es kostet ernste Mühe, großes, starkes Wollen, das der Reinheit nicht entbehren darf.

Euch Menschen ist die ungestillte Sehnsucht nach dem Gotterkennen mitgegeben, sie ist in Euch gepflanzt, damit Ihr keine Ruhe finden könnt auf Euren Wanderungen durch die Nachschöpfung, welche Ihr unternehmen dürft zum Zwecke Euerer Entwickelung, damit Ihr Euch bewußt werdend voll Dank die Segnungen genießen lernt, welche die Welten in sich bergen und Euch bieten.

Würdet Ihr während dieser Wanderungen Ruhe in Euch finden, so müßte Euch die Ruhe in der Folgerung den Stillstand bringen, der für Euren Geist Ermattung und Verfall, zuletzt auch unausbleibliche Zersetzung in sich birgt, da er damit dem Urgesetze der notwendigen Bewegung nicht gehorcht. Doch das Getriebe der selbsttätigen Gesetze in der Schöpfung ist für den Menschengeist wie ein laufendes Band, welches ihn ohne Unterbrechung fortzieht, auf dem jedoch auch jeder ausgleitend zum Straucheln und zum Sturze kommt, der nicht das Gleichgewicht zu wahren weiß.

Das Gleichgewicht bewahren ist in diesem Falle dasselbe, wie durch Einhaltung der Schöpfungsurgesetze nicht die Schöpfungsharmonie zu stören. Wer wankt und stürzt, wer sich nicht darin aufrecht halten kann, wird mit*geschleift,* weil seinetwegen das Getriebe auch nicht eine einzige Sekunde stille hält. Das Mitgeschleiftwerden aber verletzt. Und wiederaufstehen zu können, fordert dann erhöhte Anstrengung, noch mehr das Wiederfinden des bedingten Gleichgewichtes. Bei dieser dauernden Bewegung der Umgebung ist es nicht so leicht. Gelingt es nicht, so wird der Mensch ganz aus der Bahn geschleudert, mitten in die Räder des Getriebes, und dabei zermalmt.

Deshalb seid dankbar, Ihr Menschen, daß Euch die Sehnsucht nach dem Gotterkennen auf Euren Wanderungen keine Ruhe läßt. Dadurch entgeht Ihr, ohne es zu wissen, in dem Weltgetriebe vielerlei Gefahren. Aber Ihr habt die Sehnsucht nicht verstanden, welche in Euch liegt, Ihr habt auch diese umgebogen und nur niedere Unruhe daraus gemacht!

Die Unruhe sucht Ihr dann wiederum in falscher Art mit irgend etwas zu betäuben oder zu befriedigen. Da Ihr dabei nur den Verstand verwendet, greift Ihr natürlich auch nach irdischem Verlangen, erhofft Befriedigung des Drängens in der Anhäufung von Erdenschätzen zu erhalten, in der Hast der Arbeit oder in zerstreuenden Vergnügungen, in schwächender Bequemlichkeit und, wenn es sehr hoch kommt, vielleicht in einer reinen Art irdischer Liebe zu dem Weibe.

Doch das alles bringt Euch keinen Nutzen, hilft Euch nicht voran. Es kann die Sehnsucht, welche Ihr zur Unruhe verbogen habt, vielleicht für kurze Zeit betäuben, vermag sie aber nicht für immer auszulöschen, sondern drängt sie lediglich nur hier und da zurück. Die von Euch unerkannte Sehnsucht treibt die Menschenseele immer wieder an und hetzt den Erdenmenschen, wenn er deren Sinn nicht endlich zu verstehen sucht, durch viele Erdenleben, ohne daß er dabei reift, um wie gewollt emporsteigen zu können in die leichten, lichteren und schöneren Gefilde dieser Nachschöpfung.

Der Fehler liegt am Menschen selbst, der aller ihm geschenkten Hilfen viel zu wenig oder gar nicht achtet in dem Wahne des eigenen Könnenwollens durch die Schlingen des Verstandes, die er sich um seine Geistesschwingen band.

## 22. DAS GOTTERKENNEN

Nun ist er endlich an dem *Ende* seiner Kraft! Erschöpft durch das Gehetztwerden von ihm noch nicht erkannten Mächten, deren Hilfen er sich hartnäckig verschloß, in dem kindischen Besserwissen- und auch Besserkönnenwollen seines eigensinnigen Gebarens, das als Folge des gewaltsam von ihm selbst verkrüppelten Gehirns sich zeigt.

Und doch hätte es jeder Mensch so leicht gehabt, wenn er nur einfach und bescheiden alle Gaben in sich reifen ließ, die ihm der Schöpfer gab für seine Wanderung durch alle Ebenen der Nachschöpfung, welche der Menschengeist zu seiner eigenen Entwickelung so unumgänglich nötig hat. Er wäre damit groß geworden, viel größer und viel wissender als er sich je erträumte. Doch ohne Demut und Bescheidenheit können ihm diese Gaben nicht zu Fähigkeiten auferblühen!

Es ist kindisches Spielzeug, Euer Wissen, auf das Ihr so eingebildet seid! Ein Staubkorn im Verhältnis zu dem, was Ihr wissen, und vor allem, was Ihr *wirken* könntet, was Ihr heute auch schon wirken *müßtet!* Was wißt Ihr Erdenmenschen von der wunderbaren Schöpfung, die sich Euch überall in ihrer jeweiligen Art und Schönheit, vor allem aber in ihren Gesetzen unantastbar zeigt! Stumpf steht Ihr all dem Großen gegenüber. Sucht endlich *das Erkennen Eures Gottes* in der Schöpfung, Menschen, deren kleinster Teil Ihr seid von jener Art, welche zu Selbstbewußtsein durch die Gnade ihres Schöpfers sich entwickeln darf als Erfüllung ihres Drängens, das sie in sich trägt!

Sucht darin nicht nur Eure Eitelkeiten zu befriedigen, wie Ihr es bisher als die Sklaven Eueres Verstandes hieltet! Ihr seid damit am Ende! Seid am Zusammenbrechen Eures kleinen Könnenwollens. Und von dem wahren Können steht Ihr weit entfernt.

Wie kleine Stümper Ihr gewesen seid, werden Euch nun die Folgen Eures Wirkens selbst beweisen, die wie schwere Wogen nun den Gottgesetzen in der Schöpfung folgend auf die Urheber zurückkommen, sie hoch emporhebend oder sie unter sich begrabend mit allen ihren Werken. Es wird sich dabei unbeirrbar zeigen, was recht war oder falsch. Was Ihr schon in den letzten Zeiten deutlich genug hättet sehen können, wenn Ihr nur hättet sehen *wollen,* das Versagen aller Anstrengungen

## 22. DAS GOTTERKENNEN

überall zur Abwendung des schon rollenden Niederganges, das hätte Euch warnen müssen, umzukehren noch zu rechter Zeit! Und mit dem Denken endlich *in Euch selber* einzukehren.

Die Menschen aber hören nicht und sehen nicht; es treibt sie die Verzweiflung nur noch toller zu dem Glauben an die Hilfe durch das Menschenkönnen.

Ich aber sage Euch: Wer nicht in den Gesetzen Gottes wirkend steht, hat keine Hilfe aus dem Lichte mehr! Die Kenntnis der Gesetze Gottes in der Schöpfung ist Bedingung! Und ohne Hilfe aus dem Licht ist *heute* der *wirkliche* Aufbau ganz unmöglich!

Der Glaube eines Menschen an die eigene Sendung und der Glaube derer, die ihm folgen, nützen einem Erdenmenschen nichts. Es wird mit ihm alles zerbrechen an der Stelle, wo die Auswirkung der Gottgesetze in der Schöpfung ihn berührt.

Und *jeder* Mensch wird jetzt nach Gottes heiligem Gesetz vor diese Auswirkung gestellt! Darin liegt das von allen Gläubigen gefürchtete Gericht!

Die Gläubigen! Ihr alle, die Ihr Euch zu Gottgläubigen zählt, prüft Euch einmal, ob Euer Glaube, den Ihr in Euch tragt, wirklich der *rechte* ist! Ich meine damit nicht, *in welcher Form* Ihr glaubt, ob nun als Katholik oder als Protestant, ob als Buddhist oder Mohammedaner oder in irgendeiner Form, *ich meine Eure Art* zu glauben, inwieweit diese *lebendig* ist!

Denn Gott ist Gott! Und *wie* Ihr Ihm Euch naht *in Eurem Inneren,* das ganz allein ist für die Stärke und die Echtheit Eures Glaubens maßgebend!

*So* also prüft Euch einmal sorgfältig. Ich will Euch zeigen, wie Ihr den Weg dazu finden könnt, um einen Anhalt dafür zu bekommen.

Geht mit mir im Geist einmal nach Afrika zu irgendeinem Negerstamm. Denkt Euch hinein in das Begriffsvermögen solcher Menschen. Bemüht Euch, deren Innenleben und deren Gedankengang deutlich vor Euch zu sehen.

Diese Menschen glaubten an Dämonen und an alles Mögliche; sie

## 22. DAS GOTTERKENNEN

hatten roh aus Holz geschnitzte Götzen, und dann kamen zu ihnen die christlichen Missionare. Sie erzählten, unterrichteten von jenem großen, unsichtbaren Gotte ihrer Religion.

Stellt Euch das vor und sagt Euch selbst, mit welchen Empfindungen diese Naturmenschen nach ihrer Taufe zu dem ihnen neuen christlichen Gotte beten werden! Nicht viel anders, als sie vorher zu ihrem holzgeschnitzten Götzen beteten! Die meisten davon nehmen einfach den neuen Gott an die Stelle des bisherigen Götzen. Das ist der ganze Unterschied. Ihre Empfindungen haben sie dabei nicht geändert, sondern sie halten sich in den günstigsten Fällen lediglich an die *Lehre*. Das wirkliche *Erleben* aber fehlt. Das kann bei diesen unwissenden Menschen gar nicht anders sein.

Das Annehmen der Lehre selbst macht sie nicht *wissend*; denn die Annahme des Glaubens stützt sich doch nur auf ein gereichtes Wissenwollen anderer. Es fehlt dabei gewinnbringendes, inneres Erleben und damit der eigentliche Halt! So ist es immer und überall. Die Missionare und Bekehrenden stürzen sich auf die Menschen und wollen sie *ohne* weiteren Übergang zu dem Christentum bekehren.

Auch bei dem Unterricht der Kinder spielt sich heute Gleiches ab, und doch sind Kinder innerlich nicht anders als die Heiden; denn die Taufe hat sie nicht wissender gemacht.

Wenn der Mensch aber die Stufen nicht geordnet geht, die in der Schöpfung vorgezeichnet sind, die ihm die Schöpfung in den selbsttätigen Urgesetzen selber bietet, da sie ja aus diesen Stufen sich zusammensetzte, kann er nie zu wahrer Gotterkenntnis kommen! Und auch *gute* Lehren werden ihm darin nichts nützen, sondern seine Wege nur verwirren.

Hieran krankt die ganze bisherige Missionsarbeit. Sie *kann* es gar nicht zu einer wirklich Leben in sich tragenden Wirkung bringen, weil sie nicht die schöpfungsgesetzmäßigen Wege geht. Sprünge machen duldet das Entwickelungsgesetz in dieser Schöpfung nicht, wenn sie zu wahrer Reife kommen soll. Und der Mensch vermag sich nie hinauszuheben über diese Schöpfung, der er angehört, mit welcher er durch unzählige Fäden eng verbunden ist, und deren köstlichste der Früchte er nun bilden soll.

Will er jedoch die Frucht auch wirklich werden, die diese Schöpfung in der reinen Kraft des Herrn hervorzubringen fähig ist, so darf in seinem Reifegange keine Unterbrechung sein! Genau wie in dem wesenhaften Wirken bei der Frucht des Baumes. Wo eine Unterbrechung oder sonst ein Eingriff in den Werdegang der Reife kommt, sei es durch vorzeitigen Frost, durch allzustarken Sturm oder durch schädigende Willkür eines Menschen, dort kann die Frucht niemals zu voller Reife kommen und damit nicht zu ihrer wirklichen Vollendung.

Nicht anders bei dem Erdenmenschen, der eine Frucht *geistigen* Wirkens ist.

Nichts darf bei seinem Werdegange fehlen, keine einzige Stufe, da sonst eine Lücke, eine Kluft verbleibt, die einen lebendigen Weiteraufbau und damit ein Weitersteigen nach der Höhe zu nicht zuläßt, es geradezu unmöglich macht. Wo auch nur *eine* Stufe fehlt oder mangelhaft ist, *muß* ein Zusammenbruch kommen, ein Absturz. Da kann der Mensch sich drehen oder wenden wie er will, er *muß* sich darein fügen, und die spitzfindige Verstandesklügelei ist das, was ihm am allerwenigsten eine Ersatzbrücke erbauen könnte, die ihm weiterhilft.

Und der Mensch selbst hat einen schädigenden Eingriff unternommen in der *einseitigen* Hochzucht seines irdischen Verstandes, der ihn nun mit festem Druck und wie mit Stahlklammern nur an die Grobstofflichkeit fesselt, der der Verstand entstammt.

Dadurch entstand die Lücke, die ein angelernter Glaube an das hohe Geistige und Göttliche nicht überbrücken kann!

Und so muß die Menschenfrucht der Nachschöpfung verkümmern auf dem Weg zu ihrer Reife, durch die eigene Schuld.

Deshalb erlebt so mancher Mensch auch heute noch, daß er den in seiner Kindheit angelernten Glauben ganz verliert, nachdem er aus der Schule in das Leben tritt, auch wenn er darum tapfer kämpft, um früher oder später wieder ganz neu aufbauen zu müssen, vom Grunde aus, wenn er ein ernster Sucher nach der Wahrheit ist.

## 22. DAS GOTTERKENNEN

Begeisterung der Massen und ein Mitreißen hat für den einzelnen gar keinen Zweck. Es gibt ihm nie den festen Boden, den er zu dem Aufstieg braucht, und er vermag auch nicht den notwendigen Halt dabei zu finden *in sich selbst*. *Den* Halt, der ihn allein für immer sicher stehen läßt.

So ist zur Zeit auch jeder Unterricht für die heranwachsenden Kinder in den Glaubensarten noch nicht richtig. *Deshalb* fehlt überall *der* Glaube, der zu *wahrer* Gotterkenntnis führt, welche allein wirkliches Glück und auch Frieden gewährt!

Der Unterricht zur Zeit ist falsch und ohne Leben. Der Halt, welchen der einzelne zu haben glaubt, ist Einbildung. Es ist nur Formglaube, an den sich alle klammern. Die Ruhe und Geborgenheit erkünstelt, in die sie sich zu wiegen suchen, oft nur, um selbst nach außen hin nicht anzustoßen, manchmal um Erdenvorteil zu genießen oder irgendwie zu gelten. Echt ist es nie, *kann* es nicht sein, weil die schöpfungsgesetzmäßigen Grundlagen noch dazu fehlen. Und ohne diese geht es einfach nicht.

Greifen wir einmal zurück und nehmen wir die einstigen Bekehrungen in deutschen Landen an. Der Überlegende, der sich nicht mit der trägen Durchschnittsmenge treiben läßt, muß ebenfalls dabei in allem nur die leere und für alles Innere *nutzlose Form* erkennen, die damals geschaffen wurde, welche keine Gotterkenntnis bringen konnte!

Bei jedem Volke, sogar bei jedem Menschen, auch den Menschen dieser Neuzeit muß *zuerst* die *Grundlage zur Aufnahme* der hohen Gotterkenntnisse vorhanden sein, die in der Christuslehre liegen. Nur aus einer dazu reifen Grundlage heraus darf dann und muß der Menschengeist hineingeführt werden in alle Möglichkeiten einer Gotterkenntnis durch die Christuslehre.

*So* ist es, und es wird so bleiben bis in alle Ewigkeit!

Könnte es anders sein, so würde Gott sich auch schon *früher* haben offenbaren lassen bei den Erdenvölkern. Er tat es nicht!

Erst wenn ein Volk in der Entwickelung so weit gekommen war, daß es von dem Wirken alles Wesenhaften wußte, dann konnte es vom Geistigen erfahren, von dem Urgeistigen, dem Göttlichen, und zuletzt auch von Gott!

## 22. DAS GOTTERKENNEN

Doch immer nur in einer Art, die es verständnisvoll hinausführte in *höheres* Begreifen durch dazu berufene Propheten, welche nie das Alte dabei stürzten. *Sie bauten auf!* Genau, wie es auch Christus Jesus selbst dann tat und oft in seinem Wort hervorgehoben hat, was Ihr bisher nur *nicht verstehen wolltet*.

Die christlichen Kirchen wollen bei Bekehrungen aber vieles Alte stürzen und als falsch erklären oder doch nichtachtend ausschalten, anstatt darauf sorgfältig weiter aufzubauen und die notwendigen Übergänge dabei zu beachten. Sie erwarten und verlangen, daß der Menschengeist unmittelbar in diese höchste Christuslehre springt.

Man achtet dabei also nicht der Gottgesetze, trotzdem man oft das Gute will.

Auch die Germanen waren damals eng verbunden mit den Wesenhaften. Viele von ihnen vermochten sie zu schauen, zu erleben, so daß ihnen an deren wirklichem Bestehen keine Zweifel bleiben konnten, ebensowenig auch an deren Wirken. Sie *sahen* es und *wußten* es darum.

Es war ihnen die reinste Überzeugung, deshalb heilig.

Und an diesem damaligen Heiligtum rüttelte Bonifazius mit roher Faust! Er wollte den Germanen die Wahrheit solchen Wissens abstreiten und es als falsch erklären. An dessen Stelle wollte er ihnen die Formen seiner Christenlehre aufzwingen. Solche unwissende Art mußte den Germanen schon von vornherein den Zweifel bringen über die Wahrheit dessen, was *er* ihnen kündete, mußte ihnen jedes Vertrauen dazu nehmen.

Er hätte ihnen die Wahrheit ihres Wissens bestätigen sollen und sie dann erklärend weiter führen in die höheren Erkenntnisse! Aber da fehlte es ihm selbst am Schöpfungswissen. Er zeigte dieses Unwissen über das Weben in der Schöpfung nur zu deutlich, wenn er Wotan und die anderen von den Germanen als wirkende Götter angesehenen Wesenhaften mit Irrglauben und als nicht bestehend bezeichnete. Wenn sie auch keine Götter sind, so sind sie doch bestehend durch Gottes Kraft und in der Schöpfung wirkend.

Ohne das Wirken der Wesenhaften könnte das Geistige sich in der

## 22. DAS GOTTERKENNEN

Stofflichkeit gar nicht verankern, könnte also in der Stofflichkeit nichts tun. Das Geistige, dem der Menschengeist entspringt, braucht also die Mithilfe des Wesenhaften in der Stofflichkeit zu seinem eigenen Entwickelungsgange!

Hierbei kann ein Glaubenseifer das Wissen nie ersetzen.

Aber der Fehler, den Bonifazius und alle Bekehrenwollenden machten, wird heute noch lebendig erhalten.

Man spricht und lehrt von griechischen Götter*sagen*. Es waren aber keine Sagen, sondern wirkliches *Wissen,* das den Menschen von heute fehlt. Auch die Kirchen kennen leider die Auswirkungen des heiligen Gotteswillens in der Schöpfung nicht, die doch die Heimat aller Menschengeister bleibt. Sie gehen blind an dem bisher Geschehenen vorüber und vermögen deshalb auch niemand zur *wahren,* lebendigen Gotterkenntnis zu führen. Sie können es mit bestem Wollen nicht.

Nur in den Schöpfungsgesetzen selbst, die Gott gegeben hat, kann der Menschengeist zur Gotterkenntnis kommen. Und er hat diese Erkenntnis zu seinem Aufstieg unumgänglich nötig! Nur darin erhält er *den* Halt, der ihn unerschütterlich seinen vorgeschriebenen, ihm nützlichen Weg zur Vollendung wandern läßt! Nicht anders!

Wer das Wirken der Wesenhaften überspringen will, von denen die alten Völker genau wußten, der kann niemals zur wahren Gotterkenntnis kommen. Dieses genaue Wissen ist eine unvermeidliche Stufe zur Erkenntnis, weil der Menschengeist sich von unten nach oben durchzuringen hat. Er kann das über seinem Begriffsvermögen liegende Urgeistige und das Göttliche niemals erahnen lernen, wenn er nicht die zu ihm gehörenden unteren Schöpfungsstufen vorher als Grundlage dazu genau kennt. Es ist dies unvermeidbar notwendig als Vorbereitung zu der höheren Erkenntnismöglichkeit.

Wie ich schon sagte, wurde Kenntnis gegeben von Gott auch immer erst solchen Völkern, die im Wissen von dem Wirken der Wesenhaften standen, niemals anders. Denn vorher ist eine Vorstellungsmöglichkeit dazu gar nicht gegeben. Sorgfältig wurde darin das ganze Menschengeschlecht vom Lichte aus geführt.

## 22. DAS GOTTERKENNEN

Ein Mensch, der in Reinheit nur im Wesenhaften wissend steht und lebt, ist in der Schöpfung höher einzuschätzen als einer, der in nur angelerntem Christenglauben steht und über das Wesenhafte lächelt als Märchen oder Sagen, der also unwissend darüber ist und dadurch niemals wahren Halt bekommt, während der andere noch seine vollen Aufstiegsmöglichkeiten hat in starker, ungetrübter und nicht untergrabener Aufstiegssehnsucht.

Er kann bei gutem Wollen innerhalb weniger Tage lebendig hineinwachsen in die geistigen Erkenntnisse und das geistige Erleben, weil er unter sich den festen Boden nicht verlor.

Leitet deshalb künftig auch bei allen Missionsarbeiten, bei allen Schulunterrichten das Wissen von Gott über das Wissen von den geformten wesenhaften Kräften und deren Wirken, daraus erst kann sich dann die höhere Erkenntnis für das Geistige und für das Urgeistige, zuletzt auch für das Göttliche und Gott entwickeln.

Das *ganze* Schöpfungswissen ist notwendig, um zuletzt zu einem Ahnen von der Größe Gottes zu gelangen und damit endlich auch zur wahren Gotterkenntnis! Der *heutige* Christenglaube kann nichts Lebendiges in sich tragen, weil ihm das alles fehlt! Das Notwendige dazu wird stets weggelassen, und die Kluft ist nicht durch anderes zu überbrücken, als durch das von Gott dazu in dieser Nachschöpfung Gegebene.

Niemand hat aber aus ruhiger Beobachtung der bisherigen ganzen Entwickelung der Menschen hier auf Erden das *Wichtigste* gelernt: daß alle Stufen, welche die Menschen dabei durchleben mußten, *nötig waren,* und deshalb auch heute nicht vermieden oder übersprungen werden dürfen! Die ganze Schöpfung gibt Euch ja das klare Bild und alle Grundlagen zur Ausführung dazu!

Deshalb hört, was ich Euch sage: Das Kind von heute ist bis zu seiner Reife unmittelbar nur mit dem Wesenhaften eng verbunden. In dieser Zeit soll es das Wesenhafte genau kennenlernen im Erleben! Erst mit der Reife geht es dann zur geistigen Verbindung über, aufbauend steigend in seiner Entwickelung. Es muß dabei aber fest und bewußt auf dem Wesenhaften als der Grundlage dazu fußen, darf die Verbindung nicht etwa abschneiden, wie es die Menschheit heute tut, indem sie es gar nicht zum Leben in den Kindern auferweckt, sondern im Gegenteil gewaltsam unterdrückt, in unverantwortlichem Dünkel. Es will und muß zum Aufstieg beides aber wissend verbunden sein.

Der Mensch von heute soll so weit als Schöpfungsfrucht gereift sein, daß er in sich *gesammelt* das *ganze* Ergebnis der bisherigen Menschheitsentwickelung trägt!

Was deshalb heute jedem einzelnen allein *die Kindheit* ist, das war vorher in der ganzen Schöpfungsentwickelung eine große Menschheitsepoche als Gesamtentwickelung.

Achtet genau darauf, was ich damit sage!

Die erste Entwickelung durch *Jahrmillionen* drängt sich *jetzt* bei den Menschen der *heutigen* Schöpfungsentwickelungsstufe in die *Kinderjahre* zusammen!

Wer dabei nicht mitzugehen fähig ist, hat es eigener Schuld zuzumessen, er bleibt zurück und muß zuletzt wieder vergehen. Die Entwickelung der Schöpfung läßt sich durch die Trägheit der Menschen nicht aufhalten, sondern sie schreitet unaufhaltsam fort nach den in ihr ruhenden Gesetzen, die den Willen Gottes in sich tragen.

Früher war die Schöpfungsstufe so, daß die Menschen viele Erdenleben hindurch innerlich so bleiben mußten, wie heute die Kinder sind. Sie waren nur mit dem wesenhaften Wirken unmittelbar verbunden in langsamer Entwickelung durch Erleben, was allein zum Wissen und zur Erkenntnis wird.

Schon seit langem aber ist die Schöpfung immerwährend weiter vorschreitend nun so weit gekommen, daß die ersten Entwickelungsstufen der Jahrmillionen sich bei den Menschenfrüchten hier auf Erden nun in die Zeit des Kindesalters drängen. Es muß und kann die frühere Menschheitsepoche jetzt in den wenigen Erdenjahren innerlich durcheilt werden, weil die Erfahrungen der früheren Leben fertig in dem Geiste schlummern.

Aber sie müssen geweckt werden und dadurch zum Bewußtsein kommen; denn sie dürfen nicht schlummern bleiben oder gar weggedrängt werden, wie es heute geschieht. Es *muß* alles lebendig werden und bleiben durch wissende Erzieher und Lehrer, damit das Kind den festen Grund und Halt im Wesenhaften bekommt, den es zur Gotterkenntnis in dem Geistigen benötigt. Eine Stufe wächst immer erst aus der anderen heraus, wenn diese vollendet ist, nicht früher, und die vorhergehende darf dann auch nicht weggenommen werden, wenn die Treppe erhalten bleiben und nicht zusammenbrechen soll.

Erst mit der körperlichen Reife des Kindes kommt der Durchbruch der Verbindung mit dem Geistigen. Der Aufschwung dazu aber kann lebendig *nur* erfolgen, wenn es sich auf das Wesenhafte dabei wissend stützt. Nicht Märchen und Legenden nützen da, sondern allein Erleben, das bis zum Beginn der Reife abgeschlossen und vollendet werden soll. Es muß auch ganz lebendig *bleiben,* um das Geistige bewußt lebendig werden zu lassen. Das ist unumstößliche Schöpfungsbedingung, die Ihr alle hättet lernen müssen in Beobachtungen des Gewesenen!

Jetzt braucht Ihr es, oder Ihr könnt nicht weiter. Ohne klares Wissen von dem wesenhaften Wirken gibt es niemals geistiges Erkennen. Ohne klares Wissen von dem Geistigen und seinem Wirken kann die Gotterkenntnis nicht erstehen! Alles außerhalb dieser Gesetzmäßigkeit Stehende ist dünkelhafte Einbildung und Anmaßung, sehr oft auch ganz bewußte Lüge!

Fragt Euren Nebenmenschen nach den unumstößlichen Gesetzen Gottes in der Schöpfung. Kann er Euch darauf keine rechte Antwort geben, so ist er nur ein Heuchler, der sich selbst betrügt, wenn er von Gotterkenntnis und von *rechtem* Gottesglauben spricht!

Denn nach den unbeirrbaren Gesetzen Gottes *kann* er es nicht haben, weil es ihm anders unerreichbar bleibt!

Alles schreitet in der Schöpfung ohne Unterbrechung einheitlich voran nach unverrückbarem Gesetz! Ihr Menschen ganz allein geht noch nicht mit in Eurer Verblendung, Eurem lächerlichen Wissensdünkel, der demütiger Beobachtung entbehrt!

Die Kinder und Erwachsenen jetziger Zeiten gehen in der Gotterkenntnis wie auf Stelzen! Sie ringen wohl darnach, aber sie schweben damit oben in der Luft, haben keine lebendige Verbindung mit dem zum Halt unvermeidlich notwendigen Boden. Zwischen ihrem Wollen und dem Grunde, den der Aufbau nötig hat, ist totes Holz, ohne Empfindungsfähigkeit, wie bei den Stelzen!

Das tote Holz der Stelzen ist der ange*lernte* Glaube, dem die Beweglichkeit und die Lebendigkeit ganz fehlen. Der Mensch hat wohl das Wollen, aber keinen festen Grund und keinen rechten Halt, was beides nur im Wissen der bisherigen Entwickelung der Schöpfung liegt, zu der der Menschengeist für immer untrennbar gehört! Er ist deshalb und bleibt auch stets mit dieser Schöpfung eng verbunden, kann nie über sie hinaus!

Menschen, erwacht! Holt das Versäumte nach. Ich zeige Euch noch einmal Euren Weg! Bringt endlich Leben und Bewegung in das starre Wollen, das Ihr habt, dann werdet Ihr die große Gotterkenntnis finden, die Ihr lange schon besitzen müßtet, wenn Ihr nicht zurückgeblieben wäret in dem Fortschritt der Entwickelung der großen Schöpfungen!

Merkt Euch, Ihr dürft nichts ausschalten, was die gesamte Menschheit hier auf Erden schon erleben mußte; denn sie erlebte immer das, was für sie nötig war. Und ging sie dabei falsch nach dem eigenen Wollen, kam der Untergang. Die Schöpfung eilet vorwärts unentwegt und schüttelt alle faulen Früchte ab.

## DER NAME

Ein Jammer, daß die Menschen selbst an ernsten Dingen stumpf vorübergehen und in ihrer Geistesträgheit alles erst erkennen, wenn sie es erkennen *müssen*. Doch in dieser todbringenden Trägheit liegen nur die Auswirkungen des bisher so frevelhaft genützten *freien Wollens* aller Menschheit.

Alle Menschen stehen im Gesetz wie jede Kreatur; sie sind von dem Gesetz umklammert und durchzogen, und im Gesetz, durch das Gesetz sind sie ja auch erstanden. Sie leben darin, und im freien Wollen weben sie sich selbst ihr Schicksal, ihre Wege.

Diese selbstgewebten Wege führen sie auch zielsicher bei Inkarnierungen hier auf der Erde hin zu jenen Eltern, die sie unbedingt für ihre Kindheit brauchen. Damit kommen sie auch in *die* Verhältnisse hinein, die ihnen nützlich sind, weil sie damit gerade *das* erhalten, was als Frucht der Fäden des eigenen Wollens für sie reifte.

In dem daraus entstehenden Erleben reifen sie auch weiter; denn wenn das vorherige Wollen übel war, so werden auch die Früchte ganz entsprechend sein, welche sie dabei kennenlernen müssen. Es ist dieses Geschehen mit den unausbiegbaren Endfolgerungen gleichzeitig auch immerwährende Erfüllung der einmal gehegten Wünsche, die in jedem Wollen stets verborgen schlummern, die ja die Triebfeder zu jedem Wollen bilden. Nur kommen solche Früchte oft ein Erdenleben später, aber sie bleiben niemals aus.

In diesen Folgerungen liegen außerdem gleichzeitig noch die *Ablösungen* alles dessen, was der Mensch bis dahin formte, sei es Gutes oder Übles. Sobald er daraus Lehren ziehend zur Erkenntnis seiner selbst gelangt, so hat er damit auch die unbedingte Aufstiegsmöglichkeit in jedem Augenblick, sowie aus *jeder* Lebenslage; denn nichts ist *so* schwer, daß es sich nicht wandeln könnte bei dem ernsten Wollen zu dem Guten.

So wirkt es mit andauernder Bewegung ohne Unterbrechung in der ganzen Schöpfung, und immerfort webt auch der Menschengeist wie jede Kreatur in den Gesetzesfäden sich sein Schicksal, die Art seines Weges. Jede Regung seines Geistes, jede Schwankung seiner Seele, jede Handlung seines Körpers, jedes Wort knüpft ihm unbewußt und selbsttätig immer aufs neue Fäden zu den bisherigen, *an*einander, *mit*einander, *durch*einander. Formt und formt, *formt sich sogar dabei den Erdennamen schon im voraus, den er tragen muß bei einem nächsten Erdensein*, und den er unvermeidbar tragen *wird*, da ihn die Fäden seines eigenen Gewebes sicher, unbeirrbar dahin führen!

Dadurch steht auch ein jeder Erdenname im Gesetz. Er ist nie zufällig, nie ohne daß der Träger selbst die Grundlage dazu vorher gegeben hat, da jede Seele zu der Inkarnierung an den Fäden *eigenen* Gewebes wie auf Schienen unaufhaltsam dorthin läuft, wohin sie nach dem Schöpfungsurgesetz genau gehört.

Es straffen sich dabei zuletzt die Fäden immer mehr in zunehmender stofflicher Verdichtung dort, wo sich die Strahlungen der groben Feinstofflichkeit mit den Strahlungen der feinen Grobstofflichkeit eng berühren und die Hände reichen zu *magnetartigem* festem *Aneinanderschluß* für die Zeit eines neuen Erdenseins.

Das jeweilige Erdensein währt dann so lange, bis die ursprüngliche Stärke dieser Strahlungen der Seele durch Auslösungen mancher Art im Erdenleben sich verändert, womit gleichzeitig auch jene magnetartige Kraft der Anziehung sich mehr nach oben richtet als hinab zum Grobstofflichen, wodurch zuletzt wiederum die Trennung der Feinstofflichkeit der Seele von dem grobstofflichen Körper sich gesetzmäßig ergibt, da eine wirkliche Vermischung niemals stattgefunden hat, sondern lediglich ein *Anschluß*, der magnetartig gehalten wurde durch eine ganz bestimmte Stärke des Wärmegrades der gegenseitigen Ausstrahlung.

So kommt es aber auch, daß sich die Seele von einem durch Gewalt zerstörten Körper oder von einem durch Krankheit zerrütteten oder durch Alter geschwächten Körper in dem Augenblicke trennen muß, wo *dieser* durch seinen veränderten Zustand nicht mehr *die* Stärke der Ausstrahlung erzeugen kann, die eine derartige magnetische Anziehungskraft bewirkt, welche nötig ist, um seinen Teil zu dem festen Aneinanderschluß von Seele und Körper beizutragen!

Dadurch ergibt sich der Erdentod, oder das Zurückfallen, das Abfallen des grobstofflichen Körpers von der feinstofflichen Hülle des Geistes, also die Trennung. Ein Vorgang, der nach feststehenden Gesetzen erfolgt zwischen zwei Arten, die sich nur bei einem genau entsprechenden Wärmegrad durch die dabei erzeugte Ausstrahlung aneinanderschließen, nie aber verschmelzen können, und die wieder voneinander abfallen, wenn eine der zwei verschiedenen Arten die ihr gegebene Bedingung nicht mehr erfüllen kann.

Sogar beim Schlaf des grobstofflichen Körpers erfolgt eine Lockerung des festen Anschlusses der Seele, weil der Körper im Schlafe eine andere Ausstrahlung gibt, die nicht so fest hält, wie die für den festen Anschluß bedingte. Da diese aber noch zu Grunde liegt, erfolgt nur eine *Lockerung,* keine Trennung. Diese Lockerung wird bei jedem Erwachen sofort wieder aufgehoben.

Neigt aber ein Mensch zum Beispiel nur nach dem Grobstofflichen zu, wie die sich so stolz bezeichnenden Realisten oder Materialisten, so geht damit Hand in Hand, daß deren Seele in diesem Drange eine besonders stark nach der Grobstofflichkeit neigende Ausstrahlung erzeugt. Dieser Vorgang hat ein sehr schweres irdisches Sterben zur Folge, da die Seele sich einseitig festzuklammern sucht an dem grobstofflichen Körper, und so ein Zustand eintritt, den man einen schweren Todeskampf nennt. Die Art der Ausstrahlung ist also ausschlaggebend für vieles, ja für alles in der Schöpfung. Es lassen sich sämtliche Vorgänge darin erklären.

Wie nun eine Seele gerade zu dem ihr bestimmten grobstofflichen Körper kommt, habe ich bereits erklärt in meinem Vortrag über das Geheimnis der Geburt. Die Fäden mit den zukünftigen Eltern sind geknüpft worden durch deren Gleicharten, die erst anziehend wirkten,

## 23. DER NAME

mehr und mehr, bis sich die Fäden mit dem werdenden Körper bei einer bestimmten Reife aneinander schlossen und verknüpften, die dann eine Seele zu der Inkarnierung zwingen.

Und die Eltern tragen auch schon *den* Namen, den sie sich erwarben durch die Art, wie sie die Fäden für sich woben. Deshalb muß auch der gleiche Name passend sein für die herankommende gleichgeartete Seele, die sich inkarnieren muß. Sogar die Vornamen des neuen Erdenmenschen werden dann trotz anscheinender Überlegung immer nur in einer Art gegeben, wie sie *der Gleichart entsprechen* wird, da sich das Denken und das Überlegen immer nur der bestimmten Art anschmiegt. Die *Art* ist in dem Denken immer genau zu erkennen, und deshalb sind auch bei den Gedankenformen trotz der tausendfältigen Verschiedenheiten klar und scharf *die* Arten zu unterscheiden, denen sie angehören. Darüber sprach ich schon einmal bei den Erläuterungen über die Gedankenformen.

Die *Art* ist grundlegend für alles. Demnach wird auch bei größtem Grübeln über Namen eines Täuflings immer so gewählt werden, daß diese Namen dem Gesetz entsprechen, welche die Art bedingt oder verdient, weil der Mensch dabei gar nicht anders kann, da er in den Gesetzen steht, die seiner Art entsprechend auf ihn wirken.

Das alles schließt trotzdem den freien Willen niemals aus; denn jede *Art* des Menschen ist in Wirklichkeit nur eine Frucht des eigenen und tatsächlichen Wollens, das er in sich trägt.

Es ist nur eine ganz verwerfliche Entschuldigung, wenn er sich vorzutäuschen sucht, unter dem Zwange der Schöpfungsgesetze die Freiheit seines Willens nicht zu haben. Was er unter dem Zwang dieser Gesetze an sich selbst erleben muß, sind alles Früchte des *eigenen* Wollens, das diesen vorausgegangen war und die Fäden vorher dazu legte, die die Früchte dann entsprechend reifen ließen.

So trägt nun jeder Mensch auf Erden auch genau *den* Namen, den er sich erwarb. Deshalb heißt er nicht nur so, wie der Name lautet, er wird nicht nur so genannt, sondern er *ist* so. Der Mensch *ist* das, was sein Name sagt!

## 23. DER NAME

Darin gibt es keine Zufälle. Auf irgendeine Art *kommt* es zum vorgeschriebenen Zusammenhang; denn die Fäden bleiben für die Menschen unzerreißbar, bis sie ab*gelebt* sind von den Menschengeistern, welche sie betreffen, die an ihnen hängen.

Das ist ein Wissen, das die Menschheit heute noch nicht kennt und über das sie deshalb sehr wahrscheinlich noch lächelt wie bei allem, was sie nicht begreifen kann. Aber diese Menschheit kennt ja auch die Gottgesetze nicht, die schon seit Urbeginn der Schöpfung fest in diese eingemeißelt sind, denen sie selbst ihr eigenes Bestehen dankt, welche auch jede einzelne Sekunde auf den Menschen wirken, die ihm Helfer sowie Richter sind bei allem, was er tut und denkt, ohne die er überhaupt nicht einen Atemzug zu tun vermöchte! Und das alles kennt er nicht!

Deshalb ist es auch nicht verwunderlich, daß er viele Dinge nicht als unverbiegbare Folgerungen dieser Gesetze anerkennen will, sondern spöttelnd darüber zu lächeln sucht. Aber gerade darin, was der Mensch unbedingt wissen *sollte*, wissen *müßte*, ist er gänzlich unerfahren oder, unbeschönigt ausgedrückt, dümmer als irgendeine andere Kreatur in dieser Schöpfung, die mit ihrem ganzen Leben einfach darin schwingt. Und aus dieser *Dummheit* heraus nur lacht er über alles, was ihm nicht begreiflich ist. Das Spötteln und Lachen ist ja gerade der Beweis und auch das Zugeständnis seiner Unwissenheit, deren er sich in Bälde schämen wird, nachdem die Verzweiflung durch sein Unwissen über ihn hereingebrochen ist.

Nur Verzweiflung kann es noch fertigbringen, die harten Schalen zu zertrümmern, welche die Menschen jetzt umfangen und derart eingeengt halten.

# DAS WESENHAFTE

In meiner Botschaft sprach ich oft vom Wesenhaften in der Schöpfung. Ich sprach von seiner Art und seinem Wirken, auch von der Bedeutung für den Menschengeist, dem es die Wege in der Schöpfung ebnet zu seiner Entwickelung bis zur Vervollkommnung.

Das alles ist Euch schon bekannt.

Trotzdem halte ich es für nötig, noch einmal jetzt ausführlicher von allem Wesenhaften zu sprechen, damit der Mensch das ganze Bild des Wirkens in sich aufzunehmen die Gelegenheit erhält. –

Das »Wesenhafte« ist ein Ausdruck, den ich selbst Euch gab, weil er am besten *das* ausdrückt, was Euch eine bestimmte Form zu geben fähig ist für Euere Begriffe von dem Wirken und auch von der Art dieses für jedes Schaffen wichtigen Bestandteiles der Schöpfung.

Das »Wesenhafte«, nennen wir es einmal auch das für die *Schöpfung* »Wesentliche«, oder besser noch: das in der Schöpfung »sichtbar Hervortretende«, dann wird Euch vielleicht noch verständlicher, was ich eigentlich unter dem Ausdrucke das »Wesenhafte« sagen will.

Wir können auch noch andere Begriffe Eures Sprachschatzes verwenden, um es noch besser zu gestalten. Es gehört dazu der Ausdruck: das »Verbindende« oder nur kurz: das »Bindende« und damit selbst »Gebundene«.

Nach allen diesen Übergangsausdrücken kann ich auch nun ruhig sagen: das »Formenbildende«, ohne daß Ihr dabei denkt, daß das Wesenhafte aus *eigenem* Wollen heraus die Formen schaffen würde; denn das wäre falsch, weil das Wesenhafte nur Formen bilden kann, wenn hinter ihm der Gotteswille treibend steht, das lebende Schöpfungsurgesetz.

Wir können das Wesenhafte ebensogut auch die ausführende und er-

## 24. DAS WESENHAFTE

haltende Triebkraft der Formgestaltung nennen! Damit wird es Euch vielleicht am leichtesten, Eurem Denkvermögen den annähernd *richtigen* Begriff zu geben.

Wesenhaft, also in Form sichtbar hervortretend und deshalb auch im Bilde wiederzugeben, ist *alles* außer Gott. Gott selbst allein ist wesenlos. So benannt zum Unterschiede vom Begriffe wesenhaft.

Demnach ist alles, was außerhalb des wesenlosen Gottes ist, wesenhaft und geformt!

Das nehmt einmal zum Grundbegriffe des Verstehens.

Also wesenhaft ist alles außer Gott. Und da außer Gott nur noch Gottes Ausstrahlung besteht, so ist demnach das Wesenhafte die natürliche und unvermeidbare Ausstrahlung Gottes.

Es ist also das Wesenhafte viel umfassender und höher, als Ihr es Euch gedacht habt. Es ist außer Gott *alles* umfassend, teilt sich aber in viele Abstufungen, je nach dem Grade der Abkühlung und der damit verbundenen Entfernung von Gott.

Wenn Ihr die Botschaft *richtig* kennt, so werdet Ihr wissen, daß ich darin bereits von Göttlich-Wesenhaftem sprach, das in der göttlichen Sphäre sich befindet, ferner von Geistig-Wesenhaftem, das sich wiederum in das Urgeistig-Wesenhafte und das Geistig-Wesenhafte trennt; dann erwähnte ich die Stufe des Nur-Wesenhaften, dem sich abwärtsgehend die Feinstofflichkeit und zuletzt die Grobstofflichkeit mit allen ihren verschiedenen Übergängen anschließen.

Da aber *alles* wesenhaft ist außer Gott selbst, nannte ich die verschiedenen Arten einfach nur Göttliches, Urgeistiges, Geistiges und Wesenhaftes, dazu Feinstofflichkeit und Grobstofflichkeit als die verschiedenen Abstufungen nach unten zu.

Im großen Grundcharakter gibt es jedoch nur zweierlei: Wesenloses und Wesenhaftes. Wesenlos ist Gott, während seine Ausstrahlung wesenhaft genannt werden muß. Etwas anderes gibt es nicht; denn alles, was außer Gott ist, stammt und entwickelt sich lediglich aus der Ausstrahlung Gottes.

Trotzdem dies ganz klar aus der Botschaft bereits hervorgeht, wenn

## 24. DAS WESENHAFTE

Ihr sie *richtig* betrachtet, so denken sich viele Hörer und Leser unter dem Wesenhaften doch vorläufig nur die Schöpfungsregion zwischen dem Geistigen und der Feinstofflichkeit, die Region, aus der die Elementarwesen kommen, wie die Elfen, Nixen, Gnomen, Salamander; ferner auch die Seelen der Tiere, die ja nichts Geistiges in sich tragen.

An sich war das bisher nicht falsch gedacht, da diese Region zwischen dem Geistigen und der Feinstofflichkeit das einfache Nur-Wesenhafte ist, aus dem sich Göttliches, Urgeistiges und Geistiges bereits ausgeschieden haben. Es ist die schwerste der in sich noch beweglichen Schichten, während aus dieser heraus sich dann noch die Stofflichkeit in weiterer Abkühlung absondert und senkt, die in ihrer ersten Abkühlung als schwerfällige Feinstofflichkeit verbleibt, aus der sich dann noch die in sich selbst unbewegliche Masse der Grobstofflichkeit löst.

Aber auch unter diesen beiden in ihren Arten sich gegenseitig fremden Stofflichkeiten sind noch viel besondere Abstufungen. So ist die Erde zum Beispiel nicht die schwerfälligste davon. Es gibt in der Grobstofflichkeit noch Abstufungen, die weit schwerer sind, viel dichter, und wo deshalb dadurch der Raum- und Zeitbegriff ein noch viel engerer wird, ganz anders als hier, in einer damit verbundenen noch langsameren Beweglichkeit und deshalb auch schwerfälligeren Entwickelungsmöglichkeit.

Nach den Arten der Bewegungsfähigkeit formen sich in den Regionen die Begriffe von Raum und Zeit; denn es wandeln in der größeren Dichtheit und Schwere nicht nur die Gestirne langsamer, sondern auch die Fleischkörper sind plumper und fester, damit auch die Gehirne weniger beweglich, kurz, alles ist anders mit der dadurch auch ganz anderen Art und Auswirkung der gegenseitigen Bestrahlungen, die der Antrieb zur Bewegung und gleichzeitig wiederum umgewandelt auch deren Folgen sind.

Gerade weil alles *einem* Gesetze in der Schöpfung unterliegt, müssen sich die Formen und Begriffe je nach Art der Beweglichkeit, die wiederum mit der jeweiligen Abkühlung und der daraus folgernden Dichtheit verbunden ist, in den einzelnen Regionen stets anders zeigen.

## 24. DAS WESENHAFTE

Doch ich schweife damit wieder zu weit ab; denn heute will ich vorerst einmal den Begriff über das Wesenhafte etwas mehr erweitern.

Dabei greife ich auf einen bildhaften Ausdruck zurück, den ich schon früher einmal gab, und sage kurz:

Das Wesenlose ist Gott. Das Wesenhafte der Mantel Gottes. Etwas anderes gibt es überhaupt nicht. Und dieser Mantel Gottes muß reingehalten werden von denen, die ihn weben oder sich in seinen Falten bergen können, zu denen auch die Menschengeister gehören.

Also wesenhaft ist alles außerhalb Gottes, deshalb reicht die Wesenhaftigkeit bis in die göttliche Sphäre hinein, ja, diese Sphäre selbst ist wesenhaft zu nennen.

Deshalb müssen wir nun einen feineren Unterschied machen, um keine Irrtümer aufkommen zu lassen. Es ist das beste, wenn wir die Begriffe trennen zwischen »*das Wesenhafte*« und »*die Wesenhaften*«!

»*Das* Wesenhafte« umfaßt alles außer Gott, weil es ja das Gegenstück von dem Wesenlosen ist. Aber das Wesenhafte trägt dabei noch in sich das Göttliche, das Urgeistige, das Geistige mit allen seinen besonderen Abstufungen, auf die ich bisher noch nicht eingegangen bin, da es zur Zeit für das Begreifen noch zu weit gehen würde. Es ist notwendig, daß vorher erst die genauen *Grundlagen* unerschütterlich im Bewußtsein des Menschengeistes festgelegt werden, von denen aus wir immer nur nach und nach mit kleinen Schritten die Erweiterungen vornehmen können, bis das für Menschengeist mögliche Begreifen umfassend genug geworden ist.

Wenn wir also in Zukunft von *dem* Wesenhaften sprechen, so ist damit das außer Gott alles umfassende Wesenhafte gemeint. Wie groß das ist, werdet Ihr erst im Laufe weiterer Vorträge erkennen; denn es gibt dabei nicht nur die schon bekannten abwärtsführenden Abstufungen, sondern auch verschiedene wichtige Abarten *neben*einander, durch deren Wirken sich die Schöpfung entwickelt.

Sprechen wir aber von *den* Wesenhaften in der Mehrzahl, so sind damit *die* Wesenhaften gemeint, unter denen Ihr Euch bisher das Wesenhafte als solches vorgestellt habt.

## 24. DAS WESENHAFTE

Es fallen darunter alle die Wesen, welche sich mit *dem* befassen, was die Menschen in sehr oberflächlicher Weise die *Natur* nennen, zu der also Meere, Berge, Flüsse, Wälder, Wiesen und Felder zählen, Erde, Steine, Pflanzen gehören, während die Seele des Tieres wieder etwas anderes ist, aber auch aus dieser Region des Nur-Wesenhaften kommt.

Das alles ist ganz richtig bezeichnet mit dem Ausdrucke »Wesen«. Elfen, Nixen, Gnomen, Salamander sind also Wesen, die sich *lediglich mit der Stofflichkeit* befassen in ihrem Wirken. *Darin* finden wir nun auch die eigentliche Einteilungsmöglichkeit.

Nun gibt es aber auch noch Wesen, die sich im Geistigen betätigen, Wesen, die im Urgeistigen wirken, und Wesen, die selbst im Göttlichen tätig sind.

Dieses Bewußtsein muß Euch allen Halt für den bisherigen Begriff nehmen, weil Ihr angenommen habt, daß Geist über dem Wesenhaften steht. Das trifft aber nur für eine ganz bestimmte Art Wesenhafte zu, für die, welche sich nur in der Stofflichkeit betätigen, wie die schon genannten Elfen, Nixen, Gnomen, Salamander, ebenso ist es auch den Tierseelen gegenüber. Aber nicht für andere.

Ihr könnt Euch doch sicherlich nicht vorstellen, daß ein Wesen, welches sich im Urgeistigen und sogar im Göttlichen betätigt, *unter* Euch Menschengeistern stehen soll.

Um hierin nun ein Verständnis herbeizuführen, muß ich zuerst einmal genauer den Unterschied erklären zwischen Geist und Wesen; denn nur dadurch vermag ich Euch einen Schlüssel zu geben für den rechten Begriff.

Zwischen den Kreaturen Geist und Wesen ist an sich *in der Schöpfung* kein *Wert*unterschied. Ein Unterschied besteht nur in der verschiedenen Art und der dadurch gegebenen andersartigen Notwendigkeit ihres Wirkens! Der Geist, der ja auch zu dem großen Wesenhaften gehört, kann Wege seiner eigenen Wahl gehen und entsprechend in der Schöpfung wirken. Das Wesen aber steht unmittelbar im Drang des Gotteswillens, hat also keine eigene Entschlußmöglichkeit oder, wie es der Mensch ausdrückt, nicht seinen eigenen, freien Willen.

## 24. DAS WESENHAFTE

Die Wesenhaften sind die Erbauer und Verwalter des Hauses Gottes, also der Schöpfung. Die Geister sind die Gäste darin.

Zur Zeit stehen in der Nachschöpfung aber alle Wesen *höher* als die Menschengeister, weil die Menschengeister sich nicht freiwillig in den Willen Gottes stellten, wohin der *normale* Entwickelungsgang von selbst geführt haben würde, sondern ihrem eigenen Willen eine andere Richtung gaben und ihn deshalb harmonie- und aufbaustörend dazwischen schoben und andere Wege gingen als die gottgewollten.

Die *Art des Wirkens* ist also die einzige Wertbemessung einer Kreatur in der Schöpfung.

Unter dieser störenden Arbeit der Menschengeister mit ihrem falschen Wollen litten aber die in der Stofflichkeit wirkenden kleineren Wesen sehr. Doch jetzt schöpfen diese eifrig aus dem lebendigen Kraftquell, der mit dem Gotteswillen auf die Erde kam, und alles durch die Menschengeister angerichtete Unheil wälzt sich nun auf diese Urheber zurück.

Aber auch davon später. Heute gilt es, den Begriff zu formen für die Grundlage des weiteren Verstehens.

Die Erzengel im Göttlichen sind Wesen, da unter dem größten Druck der Gottesnähe gar kein anderes Wollen möglich wäre außer dem, was in dem Gotteswillen rein und unverbogen schwingt.

Erst in ungeheuerer Entfernung, die für Euch unfaßbar ist, ganz an der Grenze der göttlichen Sphäre, dort, wo die Gralsburg in dem Göttlichen als Gegenpol verankert ist, kann sich zum ersten Male ein Ichbewußtsein lösen in den Ewigen oder, wie sie manchmal auch bezeichnet werden, den Alten, die gleichzeitig die göttlichen Hüter des Heiligen Grales sind. Nur die Entfernung aus der Gottesnähe gab die Möglichkeit dazu.

Und erst von da an abwärts führend, konnten sich in immer weiterer Entfernung von der Gottesnähe auch die kleineren Ichbewußtseine entwickeln, die aber leider damit auch den eigentlichen Halt verloren und zuletzt abstrebten von dem Schwingen des reinen Gotteswillens.

Nur durch die immer größer werdende Entfernung konnte auch einst

## 24. DAS WESENHAFTE

Luzifer sich ändern und im Eigenwollen die Verbindung für sich abschneiden, wodurch er selbsttätig Abgründe riß, die mit der Zeit unüberbrückbar wurden, und er dabei verdunkelnd, schwerer werdend, immer tiefer sank. So wurde er in der Verdichtung und der Abkühlung zum Geist, der freies Wollen hatte und mit seinen großen Anlagen, die ihm der Ursprung gab, zuletzt als *stärkster Geist* unter der Stofflichkeit stand.

Sein falsches Wollen brachte dann das Unheil über alles Geistige in der Stofflichkeit, das sich von ihm erst angezogen fühlte und *freiwillig* dann den Lockungen erlag. Freiwillig; denn den Entschluß für ihren Fall mußten die Menschengeister *selbst* fassen nach dem Gesetze in der Schöpfung. Ohne eigenen Entschluß dazu wäre es für sie Unmöglichkeit geworden, daß sie hätten sinken können und nun stürzen müssen.

Doch auch hierin erfüllte sich nur folgerichtig das vollkommene Gesetz. –

Geister mit eigenem Wollen können also in unmittelbarer Nähe Gottes überhaupt nicht sein. Das ist gesetzmäßig bedingt durch die allmächtige Kraft des lebendigen Lichtes! –

Wo es nun Erzengel gibt, dort muß es auch noch andere Engel geben. Das liegt schon in dem Wort. Es sind davon sehr viele in dem Göttlichen, ebenso im Urgeistigen und auch im geistigen Gebiete, die alle aber *Wesen* sind.

Die Wesen, die man Engel nennt, *schwingen* im Gotteswillen und sind seine Boten. Sie führen diesen Willen aus, verbreiten ihn.

Außer den Engeln aber sind noch unzählige Wesen, die wie Rädchen eines großen Werkes ineinandergreifend und doch scheinbar selbständig am Aufbau und an der Erhaltung der gesamten Schöpfung zuverlässig wirken, weil sie fest in dem Gesetz verankert sind. Und über diesen allen stehen Einzelführer, welche ausgerüstet sind mit für den Menschen unfaßbarer Macht, und wieder über diesen sind noch höhere und machtvollere Führer, stets von einer diesen vorherigen fremden Art.

So geht es fort und fort, bis in das Göttliche hinein. Es ist wie eine große Kette, deren Glieder unzerreißbar freudig wirkend durch die ganze Schöpfung ziehen wie die Verse eines Lobgesanges, der zu Ehren und zum Lobe ihres Herrn erklingt.

Bedenkt, was Ihr hier um Euch seht, ist nur ein grobes Abbild alles Höherliegenden, das immer herrlicher, edler und lichter sich gestaltet, je näher es dem Kreis des Göttlichen sein darf. In allen diesen Kreisen aber schaffen stets die *Wesen* genau nach dem Willen Gottes, der in den Gesetzen ruht!

Alle Wesen stehen in dem Dienste Gottes, wozu sich Geister erst freiwillig selbst bekennen müssen, wenn sie segenbringend in der Schöpfung wirken wollen. Gehen sie den Weg, der ihnen darin genau vorgezeichnet ist und den sie leicht erkennen können, wenn sie es nur wollen, so ist ihnen ein Weg des Glückes und der Freude vorbehalten; denn sie schwingen dann gemeinsam *mit* den Wesen, die ihnen die Wege ebnen helfen.

Zu jedem falschen Wege aber müssen sich die Geister zwingen durch einen ganz besonderen Entschluß. Sie wirken damit aber dann nur Unsegen und schaffen sich das Leid, zuletzt den Sturz und das Hinausgestoßenwerdenmüssen aus der Schöpfung, in den Trichter der Zersetzung, als untauglich für die gottgewollte und gesetzmäßig bedingte Fortentwickelung alles bisher Entstandenen.

Das entwickelte Geistige allein hat sich nach der falschen Seite hin zur Harmoniestörung entwickelt. Es ist ihm nun nach dem Gericht noch einmal eine Frist zur Änderung gewährt durch das von Gott gewollte Reich der Tausend Jahre. Erreicht es bis dahin nicht seine unbedingte Festigkeit zum Guten, so muß das entwickelte Menschengeistige wieder zurückgezogen werden bis zu jener Grenze, wo es sich *nicht* zum Selbstbewußtwerden entwickeln *kann,* damit endlich der Frieden und die Freude herrschen in den Reichen Gottes für die Kreaturen!

So bist Du, Mensch, der einzige, der *störend* wirkt in der gewollten Schönheit dieser Schöpfung, wenn sie nun gehoben werden soll zu ihrer notwendigen Wende in den Zustand eines grobstofflichen Paradieses. Eilt Euch; denn in dem *Wissen* nur könnt Ihr Euch noch emporschwingen, Ihr Menschen! Die Kraft dazu erhaltet Ihr, sobald Ihr Eure Seelen dazu öffnet.

## DIE KLEINEN WESENHAFTEN

Ich gehe weiter mit meinen Erklärungen über das Wesenhafte und sein Wirken in der Schöpfung. Es ist notwendig, daß ich dabei erst einmal einen kleinen Ausblick gebe in die dem Erdenmenschen *nähere* Umgebung, was dem irdischen Begreifen leichter ist, bevor ich von oben ausgehend abwärts das große Bild alles Geschehens vor Euren Blicken lebendig werden lasse.

Deshalb nehmen wir zuerst einmal *die* Wesenhaften, welche sich mit der Grobstofflichkeit befassen. Diese bestehen in sich aus vielen besonderen Abteilungen, gebildet durch die Art ihrer Tätigkeit. Da gibt es zum Beispiel Abteilungen, die von den Menschengeistern ganz unabhängig wirken und, nur von oben geführt, sich mit der andauernden Entwickelung neuer Weltenkörper beschäftigen. Sie fördern deren Erhaltung sowie deren Lauf, ebenso auch deren Zersetzung dort, wo es sich in der Überreife nötig macht, um wieder neugestaltet erstehen zu können nach den Schöpfungsurgesetzen, und so fort. Das sind aber nicht *die* Abteilungen, mit denen wir uns heute befassen wollen.

Es sind die *Kleinen,* denen wir uns zuwenden wollen. Von den Elfen, Nixen, Gnomen, Salamandern habt Ihr oft gehört, die sich mit der Euch sichtbaren Grobstofflichkeit der Erde hier beschäftigen, wie auch in gleicher Art auf allen anderen grobstofflichen Weltenkörpern. Sie sind die dichtesten von allen und deshalb auch für Euch am leichtesten zu schauen.

Ihr *wißt* von ihnen, aber Ihr kennt noch nicht ihre tatsächliche Beschäftigung. Ihr glaubt wenigstens schon zu wissen, *womit* sie sich be-

## 25. DIE KLEINEN WESENHAFTEN

fassen; es fehlt Euch aber jede Kenntnis darüber, in welcher Weise deren Tätigkeit erfolgt und wie diese schöpfungsgesetzmäßig bedingt sich allezeit vollzieht.

Es ist ja überhaupt noch alles das, was Ihr schon Wissen nennt, kein wirkliches und unantastbares Erkennen, sondern nur ein ungewisses Tasten, wobei großes Geschrei erhoben wird, wenn einmal hier und da etwas dabei gefunden wird, wenn die an sich planlosen und für die Schöpfung so winzigen Greifversuche einmal auf ein Stäubchen stoßen, dessen Vorhandensein oft eine Überraschung ist.

Aber auch dieses will ich Euch heute noch nicht enthüllen, sondern einmal erst von *dem* erzählen, was *mit Euch persönlich* eng zusammenhängt, mit Eurem Denken und mit Eurem Tun verbunden ist, damit Ihr wenigstens in *solchen* Dingen nach und nach sorgfältig zu beobachten die Fähigkeit erlangt.

Es gehören diese Abteilungen, von denen ich Euch heute spreche, auch mit zu den *kleinen* Wesenhaften. Doch Ihr dürft dabei nicht vergessen, daß jedes Kleinste darunter außerordentlich *wichtig* ist und in seinem Wirken zuverlässiger als ein Menschengeist.

Mit großer Genauigkeit, die Ihr Euch nicht einmal denken könnt, erfolgt die Ausführung der zugeteilten Arbeit, weil auch das anscheinend Winzigste unter den Wesenhaften *eins* ist mit dem Ganzen und deshalb auch die Kraft des Ganzen durch dieses wirkt, hinter dem der *eine* Wille steht, fördernd, stärkend, schützend, führend: der Gotteswille!

So ist es in dem ganzen Wesenhaften überhaupt, und so könnte es, so *müßte* es auch schon lange bei Euch sein, bei den zum Ichbewußtsein entwickelten Geistern der Nachschöpfung.

Dieser festgefügte Zusammenhang hat zur selbsttätigen Folge, daß jedes dieser Wesenhaften, das einmal irgendwie versagen würde, sofort durch die Wucht des Ganzen ausgestoßen wird und damit abgeschnitten bleibt. Es muß dann verkümmern, weil ihm keine Kraft mehr zufließt.

Alles Schwache wird in solcher Art schnell abgeschüttelt und kommt gar nicht dazu, schädlich werden zu können.

## 25. DIE KLEINEN WESENHAFTEN

Von diesen anscheinend nur Kleinen und in ihrem Wirken doch so Großen will ich nun sprechen, die Ihr noch gar nicht kennt, von deren Bestehen Ihr bisher nichts wußtet.

Aber von ihrem *Wirken* hörtet Ihr bereits in meiner Botschaft. Ihr werdet es allerdings nicht mit dem Wesenhaften zusammengebracht haben, weil ich selbst nicht darauf hinwies, da es damals noch verfrüht gewesen wäre.

Was ich damals in kurzen Sätzen *sachlich* zeigte, gebe ich Euch nun in seinem tatsächlichen Wirken.

Ich sagte früher einmal, daß die kleinen Wesenhaften um Euch beeinflußbar vom Menschengeiste sind und darnach Gutes oder sogar Übles wirken können.

Diese Beeinflussung erfolgt aber nicht in *dem* Sinne, wie Ihr es Euch denkt. Nicht, daß Ihr *Herren* über diese Wesen zu sein vermögt, daß Ihr sie lenken könnet!

Man könnte es in gewissem Grade allerdings so nennen, ohne damit etwas Falsches zu sagen; denn für *Euere* Begriffe und in Eurer Sprache ist es damit richtig ausgedrückt, weil Ihr alles *von Euch aus* seht und darnach auch urteilt. Deshalb mußte ich in meiner Botschaft sehr oft in der gleichen Weise zu Euch sprechen, damit Ihr mich versteht. Ich konnte es auch *hierbei* tun, weil es für Euer rechtes Handeln in diesem Falle keinen Unterschied ausmacht.

Verstandesmäßig lag es Euch damals viel näher, weil es der Einstellung Eures Verstandes mehr entsprach, wenn ich Euch sagte, daß Ihr stets mit Eurem Wollen alles Wesenhafte um Euch stark beeinflußt und daß sich dieses auch nach Eurem Denken, Eurem Handeln richtet, weil Ihr geistig seid!

Das bleibt an sich buchstäblich wahr, aber der Grund dazu ist anders; denn die eigentliche Führung aller Kreaturen, welche im Gesetze dieser Schöpfung stehen, also in dem Gotteswillen leben, geht allein *von oben aus!* Und dazu gehören *alle* Wesenhaften.

Sie sind nie fremdem Wollen untertan, auch nicht vorübergehend. Auch dort nicht, wo es so für Euch erscheint.

## 25. DIE KLEINEN WESENHAFTEN

Die kleinen Wesenhaften, die ich nannte, richten sich in ihrem Wirken wohl nach Eurem *Wollen* und nach Eurem *Tun,* Ihr Menschengeister, doch ihr Handeln steht trotzdem allein im Gotteswillen!

Das ist ein anscheinendes Rätsel, dessen Lösung aber nicht so schwerfällt; denn ich brauche Euch dazu nur einmal jetzt die andere Seite zu zeigen als die, von der aus *Ihr* alles betrachtet.

Von Euch aus geschaut, beeinflußt Ihr die kleinen Wesenhaften! Vom Lichte aus geschaut aber erfüllen diese nur den Willen Gottes, das Gesetz! Und da jede Kraft zum Handeln überhaupt nur vom Lichte aus kommen kann, so ist diese für Euch *andere* Seite die *richtige!*

Nehmen wir aber trotzdem des besseren Verstehens halber die Tätigkeit zuerst einmal *von Euch aus* geschaut an. Mit Eurem Denken und mit Eurem Tun beeindruckt Ihr die kleinen Wesenhaften nach dem Gesetz, daß der Geist hier in der Stofflichkeit mit jedem Wollen einen Druck ausübt, auch auf das kleine Wesenhafte. Diese kleinen Wesenhaften formen dann in der *feinen Grobstofflichkeit* alles das, was dieser Druck ihnen überträgt. Sagen wir also, von Euch aus betrachtet, führen sie alles das aus, was Ihr wollt!

In *erster* Linie das, was Ihr *geistig* wollt. Geistiges Wollen aber ist *Empfinden!* Die kleinen Wesenhaften formen es in der feinen Grobstofflichkeit, genau dem vom Geiste ausgegangenen Wollen entsprechend. Sie nehmen sofort den Faden auf, der aus Eurem Wollen und Tun heraus entspringt, und formen am Ende des Fadens *das* Gebilde, das diesem Willensfaden genau entspricht.

Solcher Art ist die Tätigkeit der kleinen Wesenhaften, die Ihr noch nicht kennt in ihrem eigentlichen Wirken.

In dieser Weise schaffen sie oder, besser gesagt, *formen* sie die Ebene der feinen Grobstofflichkeit, die Eurer harrt, wenn Ihr hinübergehen sollt in die feinstoffliche Welt! Es ist *die Schwelle* dazu für Eure Seele, wo sie sich nach Eueren Ausdrücken nach dem Erdentode erst »läutern« muß, bevor sie in die Feinstofflichkeit eintreten kann.

Der Aufenthalt der Seele ist dort von längerer oder kürzerer Dauer, je nach ihrer inneren Art, und je nachdem, ob sie stärker oder schwächer

## 25. DIE KLEINEN WESENHAFTEN

mit ihren verschiedenen Hängen und Schwächen dem Grobstofflichen zustrebte.

Diese Ebene der feineren Grobstofflichkeit wurde bisher schon von vielen Menschen geschaut. Sie gehört also noch zur Grobstofflichkeit und ist geformt von den Wesenhaften, welche überall den Weg des Menschengeistes bereiten.

Das ist sehr wichtig für Euch zu wissen: Die Wesenhaften bereiten dem Menschengeiste, also damit auch der Menschenseele und ebenso dem Erdenmenschen, den Weg, den er gehen *muß,* ob er will oder nicht!

Diese Wesenhaften werden von dem Menschen beeinflußt und anscheinend auch gelenkt. Anscheinend aber nur; denn der *eigentliche* Lenker hierbei ist nicht der Mensch, sondern *der Gotteswille,* das eherne Schöpfungsgesetz, welches diese Abteilung der Wesenhaften an die Stelle setzte und in dem Schwingen des Gesetzes deren Wirken leitet.

Durch ähnliche Tätigkeit der Wesenhaften entstehen auch alle Gedankenformen. Hierbei ist aber wieder eine andere Abteilung und eine andere Art der Wesenhaften am Werke, die ebenfalls neben den ersteren in der feinen Grobstofflichkeit eine besondere Ebene entwickeln.

So entstehen dabei auch Landschaften, Dörfer und Städte. Schönes und Unschönes. Aber immer die verschiedenen Arten genau zusammengefügt. Also das Unschöne zum Unschönen, das Schöne zum Schönen, der Gleichart entsprechend.

Das sind die Orte, die Ebenen, in denen Ihr Euch noch bewegen müßt nach Eurem Erdentode, *bevor* Ihr in die Feinstofflichkeit eintreten könnt. Das Gröbste, irdisch Eurer Seele noch Anhängende wird hier abgestoßen und zurückgelassen. Nicht ein Stäubchen davon könnt Ihr mit in die Feinstofflichkeit nehmen. Es würde Euch zurückhalten, bis es abgefallen, also von Euch abgelebt ist im Erkennen.

So muß die Seele nach dem Erdentode langsam weiterwandern, Stufe um Stufe, also Ebene um Ebene erklimmen in andauerndem Erkennen durch das eigene Erleben dessen, was sie sich erwarb.

Mühsam ist der Weg, wenn Euch die Wesenhaften dunkle oder trübe

## 25. DIE KLEINEN WESENHAFTEN

Orte bauen mußten, je nach Eurem Wollen auf der Erde hier. Ihr selbst gebt immer die Veranlassung dazu. –

Nun wißt Ihr, was und wie die kleinen Wesenhaften für Euch unter Eurem Einflusse wirken: Es ist in dem Gesetz der Wechselwirkung! Die kleinen Wesenhaften weben damit Euer Schicksal! Sie sind die kleinen Webmeister, die für Euch schaffen, weil sie immer nur *so* weben, wie *Ihr* wollt durch Euer inneres Empfinden, ebenso durch Euer Denken und auch Euer Tun!

Doch sie sind deshalb trotzdem nicht in Eurem Dienst! –

Es sind allein drei Arten solcher Wesenhaften, die dabei beschäftigt sind. Die eine Art webt alle Fäden Eueres Empfindens, die zweite Art die Fäden Eures Denkens und die dritte Art die Fäden Eurer Handlungen.

Es ist dies nicht etwa nur *ein* Gewebe, sondern drei; aber sie sind verbunden miteinander und auch wiederum verbunden mit noch vielen anderen Geweben. Ein ganzes Heer ist dabei an der Arbeit. Und diese Fäden haben Farben, je nach ihrer Art. Aber so weit darf ich bei den Erklärungen noch gar nicht gehen, sonst kommen wir in für Euch noch Unfaßbares und würden nie ein Ende finden. Damit könntet Ihr kein klares Bild erhalten.

Bleiben wir also vorläufig noch bei dem Einzelmenschen. Von ihm aus gehen außer anderen Dingen *drei* Gewebe von verschiedenen Arten, weil sein Empfinden nicht auch immer gleich ist mit dem Denken, das Denken wiederum nicht immer in genauem Einklang steht mit seinem Tun! Außerdem sind die Fäden des Empfindens von ganz anderer Art; denn diese reichen in das Feinstoffliche und in das Geistige hinein und werden *dort* verankert, während die Fäden des Denkens *nur* in der *feinen* Grobstofflichkeit bleiben und *dort* abgelebt werden müssen.

Die Fäden des Handelns aber sind *noch* dichter und schwerer, sie werden deshalb dem Erdensein am nächsten stehend verankert, müssen also nach Abscheiden von der Erde *zuerst* durchwandelt und abgelebt werden, bevor eine Seele überhaupt weitergehen kann.

Ihr ahnt gar nicht, wie weit der Weg so mancher Seele schon ist, um nur erst in die Feinstofflichkeit zu gelangen! Vom Geistigen gar nicht zu sprechen.

Das alles nennt der Mensch in seiner Oberflächlichkeit kurz Jenseits und gibt sich auch damit zufrieden. Er schüttet in seiner Trägheit alles in einen Topf.

Es sind viele Seelen lange Zeit noch erdgebunden, weil sie an Fäden hängen, die dicht bei dieser schweren Grobstofflichkeit fest verankert sind. Die Seele kann erst davon loskommen, wenn sie sich darin freigelebt hat, das heißt, wenn sie in dem Durchwandernmüssen zur Erkenntnis kam, daß alle diese Dinge gar nicht den Wert oder die Wichtigkeit besitzen, die sie ihnen beigelegt hatte, und daß es nichtig und falsch gewesen war, für sie einst auf der Erde so viel Zeit zu verschwenden. Es dauert oft sehr lange, und es ist manchmal sehr bitter.

Viele Seelen werden unterdessen wieder aus der schweren Grobstofflichkeit angezogen, kommen abermals und immer wieder hier zur Erdeninkarnierung, ohne inzwischen in der Feinstofflichkeit gewesen zu sein. Sie mußten in der feinen Grobstofflichkeit bleiben, weil sie sich davon nicht so schnell lösen konnten. Die Fäden hielten sie zu fest darin. Und ein Hindurchschlüpfen in Schlauheit gibt es dabei nicht.

Es ist so vieles hier auf Erden für den Menschen möglich, was er nach seinem Abscheiden nicht mehr vermag. Er hängt dann fester im Gesetze dieser Schöpfung, alles unmittelbar erlebend, ohne daß eine schwerfällige grobstoffliche Hülle verzögernd dazwischen steht. *Verzögern* kann die Erdenhülle in ihrer dichten Schwerfälligkeit und Undurchlässigkeit, niemals aber verhindern. Es ist dadurch so manches für die Auslösung nur aufgeschoben, niemals aber etwas aufgehoben.

*Alles* wartet seiner, was der Mensch auf Erden hier empfand und dachte, auch die streng gerechten Folgen seines Tuns.

Wenn der Mensch empfindet, so werden die dabei entstehenden Fäden, welche wie kleine, der Erde entsprießende Saat erscheinen, von den kleinen Wesenhaften aufgenommen und gepflegt. Dabei hat, wie in der schweren Grobstofflichkeit, das Unkraut genau dieselbe sorgfältige Pflege wie die Edelsprossen. Sie entfalten sich und werden an der

Grenze der feinen Grobstofflichkeit zum ersten Male verankert, um dann weitergehen zu können in die Hände andersartiger Wesenhafter, die sie durch die Feinstofflichkeit leiten. An deren Grenze wiederholt sich die Verankerung und Weiterleitung in das Wesenhafte, aus dem heraus sie dann das Geistige erreichen, wo sie von wieder anderer Art Wesenhaften ihre Endverankerung erhalten.

So ist der Weg des *guten* Wollens, welches *aufwärts* führt. Der Weg des üblen Wollens wird in der gleichen Weise *abwärts* geleitet.

Bei jeder Grenzverankerung verlieren diese Fäden eine bestimmte Artschicht, die sie zurücklassen, um in die andere Art weitergehen zu können. Auch das geht gesetzmäßig und den jeweiligen Arten der Ebenen genau entsprechend vor sich. Und alle diese Entwickelungen unterstehen der Tätigkeit der Wesenhaften!

Da das Empfinden guten Wollens seinen Ursprung in der Beweglichkeit des *Geistes* hat, werden dessen Fäden auch in das Geistige getragen. Sie ziehen von dort aus an der Seele, oder *halten* sie wenigstens, wenn diese noch in der feinen Grobstofflichkeit manches zu durchleben, abzulösen hat. Dadurch kann sie, wenn viele solcher Fäden im Geistigen verankert sind, nicht so schnell sinken und fallen wie eine Seele, die nur Fäden für die feine Grobstofflichkeit an sich trägt, weil sie geistig auf der Erde träge war, sich nur an die Grobstofflichkeit gebunden hatte und deren Genüsse als allein erstrebenswert betrachtete.

Die Seele, die von den Fäden ihres Wollens gezogen wird, sieht diese Fäden selbst ebensowenig wie der Mensch hier auf Erden, da sie immer etwas feiner geartet sind als die äußerste Hülle, in der sich die Seele jeweils noch bewegt. In dem Augenblicke aber, wo diese Hülle durch Ableben im Erkennen die gleiche Feinheit der dichtesten unter den noch bestehenden Fäden erreicht, und sie diese dadurch in der Gleichart der äußeren Hülle sehen könnte, sind sie auch bereits abgefallen als gelöst, so daß ein wirkliches Schauen solcher Fäden von der mit ihnen verbundenen Seele niemals eintritt. –

So stehen diese kleinen Wesenhaften *irdisch* gedacht im Dienst des Menschengeistes, weil sie nach der Art des bewußten oder unbewußten

## 25. DIE KLEINEN WESENHAFTEN

Wollens der Menschen ihre Ausführungen richten, und doch handeln sie in Wirklichkeit nur nach dem Gotteswillen, dessen Gesetz sie damit erfüllen!

Es liegt also lediglich eine *scheinbare* Beeinflussung durch den Menschengeist in dieser Tätigkeit. Der Unterschied zeigt sich nur darin, von welcher Seite aus es betrachtet wird.

Wenn ich bei den Vorträgen über die Wechselwirkung einst von Fäden sprach, die von Euch ausgehend abgestoßen und angezogen werden, so sahet Ihr bisher wohl nur ein Gewirr von Fäden bildhaft vor Euch. Es war aber nicht anzunehmen, daß diese Fäden Würmern gleich allein weiterlaufen würden, sondern sie müssen durch Hände gehen, geführt werden, und diese Hände gehören den darin wirkenden kleinen Wesenhaften, von denen Ihr bisher noch nichts wissen konntet.

Nun aber stehet das Bild lebendig geworden vor Euch. Stellt Euch vor, daß Ihr dauernd umgeben seid von diesen Wesenhaften, die Euch beobachten, jeden Faden sofort aufnehmen und dahin leiten, wohin er gehört. Doch nicht nur das, sondern sie verankern ihn und pflegen ihn bis zum Aufgehen der Saat, ja bis zur Blüte und zur Frucht, genau, wie in der schweren Grobstofflichkeit hier von Wesenhaften alle Pflanzensamen aufgezogen werden, bis Ihr dann die Früchte davon haben könnt.

Es ist dasselbe Grundgesetz, dasselbe Wirken, nur von anderen Arten der Wesenhaften ausgeführt, die, wie wir irdisch sagen würden, Spezialisten darin sind. Und so durchzieht das gleiche Weben, das gleiche Wirken, Saat, Aufgehen, Wachsen, Blühen und Früchte bringend, unter der Aufsicht und Pflege der Wesenhaften für *alles* die ganze Schöpfung, gleichviel, was und welcher Art es ist. Für jede Art ist auch das wesenhafte Wirken da, und ohne das wesenhafte Wirken würde es wiederum keine Arten geben.

So erstand aus dem Wirken der Wesenhaften heraus unter dem Antriebe des niedrigen Wollens der Menschen in der Verankerung der daraus entstandenen Fäden auch die sogenannte Hölle. Die Fäden des schlechten Wollens kamen dort zur Verankerung, zum Wachsen, Blühen, und trugen zuletzt auch entsprechende Früchte, die *die* Menschen entgegennehmen mußten, welche die Saat zeugten.

Deshalb herrscht in diesen Niederungen verzehrende Wollust mit ihren entsprechenden Stätten, Mordlust, Streit und alle Auswüchse menschlicher Leidenschaften. Alles aber entspringt durch dasselbe Gesetz, in dessen Erfüllung die kleinen Wesenhaften auch das märchenhaft *Schöne* der lichteren Reiche formen! –

So lasse ich nun Bild auf Bild erstehen aus der Schöpfung, bis Ihr einen einheitlichen, großen Überblick erhaltet, der Euch nimmer wanken lassen wird auf Euren Wegen und Euch nicht verirren läßt, weil Ihr dann wissend seid. Es müßte derjenige schon von Grund aus ganz verdorben und verwerfenswert sich zeigen, welcher *dann* noch seinen Weg *nicht* nach den lichten Höhen richten wollte.

## IN DER GROBSTOFFLICHEN WERKSTATT
## DER WESENHAFTEN

Wir betrachteten bisher das Wirken der kleinen Wesenhaften in dem, was von den Erdenmenschen *ausgeht,* wie deren Empfinden, Denken und Tun.

Nun wollen wir zwar den Erdenmenschen ebenso nahe bleiben, sehen uns aber dabei einmal die Tätigkeit *der* Wesenhaften an, die auf den Erdenmenschen *zuführend* ihren Wirkungskreis entfalten. Die also nicht aus der schweren Erdengrobstofflichkeit herausführend die Wege der Seele bauen, sondern in entgegengesetzter Richtung dieser Erdengrobstofflichkeit zustrebend.

Alles zeigt Bewegung, nichts ist ohne Form. So erscheint es wie eine Riesenwerkstatt um den Menschen herum, teils auf ihn zuströmend, teils von ihm abweichend, sich dabei durcheinanderschlingend, knüpfend und lösend, bauend und abbrechend, in stetem Wechsel, andauerndem Wachsen, Blühen, Reifen und Zerfallen, um darin neuem Samen die Gelegenheit zu der Entwickelung zu geben in Erfüllung des schöpfungsgesetzmäßigen Kreislaufes bedingten Werdens und Vergehens aller Formen in der Stofflichkeit. Bedingt durch das Gesetz der ständigen Bewegung unter dem Drucke der Ausstrahlung Gottes, des einzig Lebendigen.

Es brauset und woget, zerschmilzt und erkaltet, hämmert und pocht ohne Unterlaß. Kraftvolle Fäuste stoßen und zerren, liebreiche Hände führen und schirmen, verbinden und scheiden die wandernden Geister in diesem Gewühl.

Doch stumpf, blind und taub für das alles taumelt der Mensch dieser Erde in seinem grobstofflichen Kleide umher. Gierig in seinen Genüssen und seinem Wissen, zeigt sein Verstand nur das eine als Ziel: irdische

Freuden und irdische Macht als Lohn seiner Arbeit und Krone des Seins. Träge und Faule sucht der Verstand zu umgaukeln mit Bildern von stiller Behaglichkeit, welche wie Rauschgift geistfeindlich den Willen zur Tat in der Schöpfung lähmen.

Er will sich nicht fügen, der Mensch dieser Erde, weil ihm die Wahl zu dem Wollen verblieb! Und deshalb kettet er seinen lebendigen Geist an die vergehende Form, deren Entstehen er nicht einmal kennt.

Er bleibt dieser Schöpfung ein Fremdling, anstatt ihre Gaben aufbauend für sich zu benützen. Nur richtige Kenntnis gibt Möglichkeit einer bewußten Verwertung! Der Mensch *muß* deshalb nun aus seinem Unwissen heraus. Nur *wissend* kann er in der Zukunft wirken unter den Strahlen des neuen Gestirns, das Brauchbares von Unbrauchbarem in der ganzen Schöpfung trennen wird.

Das Brauchbare beurteilt nicht nach Menschendenken, sondern nur nach *Gottes* Heiligem Gesetz! Darnach gehört zu allem Unbrauchbaren in der ersten Linie auch jeder Mensch, der nicht in Demut Gottes Segnungen und Gnaden aufzunehmen fähig ist, was er nur in der Kenntnis alles Wirkens in der Schöpfung fertigbringt.

Nur aus dem *Wort* allein vermag er jedes Wissen zu erhalten, das er dazu nötig hat. Er wird es darin *finden,* wenn er ernsthaft sucht. Er findet genau das, was *er für sich gebraucht!* Doch Christi Wort ist jetzt viel mehr denn je Gesetz: »Suchet, so sollt Ihr finden!«

Wer nicht mit wahrem Eifer seines Geistes sucht, der soll und wird auch nichts erhalten. Und deshalb wird der Schlafende oder der Geistesträge auch im Wort nichts finden, das lebendig ist. Es gibt ihm nichts.

Es muß sich jede Seele selbst erst dazu öffnen und die Quelle anschlagen, die in dem Worte liegt. Darin besteht ein eisernes und sichtendes Gesetz, das sich in aller Strenge jetzt erfüllt.

*Wissend* müßt Ihr werden, sonst verliert Ihr jeden Halt und werdet straucheln, stürzen, wenn Ihr nun in dem Lauf des abrollenden Weltgeschehens mit Gewalt hineingezwungen werdet auf *die* Bahn, die Ihr zu gehen habt nach dem Heiligen Willen Eures Gottes, in dessen Gnadenwerken Ihr bisher umhergetreten seid wie unwissende Tiere in dem schönsten Blumengarten, vernichtend, anstatt fördernd aufzubauen und zu helfen, in dünkelhafter Dreistigkeit genießend, ohne sich zu mühen, das Verstehen dafür zu erhalten, *warum* Ihr in der schönen Schöpfung bewußt weilen und alles genießen dürft.

Ihr dachtet nie an eine notwendige Gegenleistung, achtet nicht jenes großen Gottgesetzes, daß im *Geben* allein Recht zum Nehmen liegt, sondern Ihr habt gedankenlos genommen, mit oder ohne Bitten schrankenlos *gefordert,* ohne dabei einmal nur der *Pflicht* der Schöpfung gegenüber zu gedenken, in der Ihr Gäste Euch zu skrupellosen Herren machen wolltet!

Der Schöpfer sollte geben, immer geben. Ihr fragtet nicht einmal in ernstem Sinnen, womit Ihr das eigentlich verdientet, sondern Ihr habt nur geklagt bei selbsterworbenem Leid, gemurrt, wenn Euch einmal nicht in Erfüllung ging, was Ihr erhofftet. Und immer war das Hoffen, Euer Wünschen nur auf *Erdenglück* gestellt. Um alles andere, das Wirklichere, habt Ihr Euch noch nie mit wahrer Sehnsucht recht gekümmert. Wo Ihr Euch *doch* einmal damit befaßtet, dort war es Erdenwissensdrang, sonst nichts.

Ihr wolltet finden, um damit zu glänzen. Und wenn es vorkam, daß Ihr aus der Not heraus zu forschen suchtet, so war es dann nur deshalb, um aus dieser Not herauszukommen, mag es nun *Seelen-* oder Erdennot gewesen sein. *Zur Ehre Gottes ist es nie geschehen!*

Nun aber lernet endlich den Bau dieser Schöpfung kennen, in der Ihr wohnt und die Ihr auch zum Teil durchwandern müßt, damit Ihr nicht mehr als ein Fremdkörper darin verbleibt. Mit dem dann immer stärker werdenden Erkennen wird Euch auch *die* Demut kommen, die Ihr nötig habt, um noch das Letzte, Große aufzunehmen: das Geschenk des ewigen Bestehendürfens!

Mit der Kenntnis, die zu der *ER* kenntnis führen muß, verkürzt Ihr auch die Zeit Euerer Wanderungen durch die Schöpfung um Jahrtausende und kommt viel schneller, sicherer zu jenen lichten Höhen, die die Sehnsucht und das Ziel *des* Menschengeistes bleiben müssen, der nicht als unbrauchbar verlorengehen will.

## 26. IN DER GROBSTOFFLICHEN WERKSTATT DER WESENHAFTEN

Folgt mir also nun heute weiter auf den Wegen durch die nähere Umgebung Eures Erdenseins.

Denkt Euch, Ihr strebet dieser Erde zu, wie es bei jeder Inkarnierung ist, gleichviel, ob es die erste oder schon die fünfzigste sein mag.

Es ist dabei nicht möglich, daß die Seele, die der Inkarnierung harrt, so ohne weiteres in einen Erdenkörper schlüpfen kann. Die Seele selbst, die sich in ihrer Art dem grobstofflichen Körper nie verbindet, sondern die nur fähig ist, sich einem Erdenkörper *anzuschließen,* wenn die dazu bedingten Voraussetzungen erfüllt sind, vermöchte ohne besondere Brücke den Erdenkörper nicht zu bewegen, ebensowenig zu durchglühen. Die sich in der Anziehung der Gleichart knüpfenden Fäden reichen für einen solchen Zweck nicht aus.

Um das Bild ganz klar zu geben, will ich noch einmal zurückgreifen und in kurzen Zügen einige schon bekannte Notwendigkeiten zu einer Inkarnierung streifen.

Es sind für Inkarnierungen nicht in *allen* Fällen die Auswirkungen des Gesetzes der Anziehung der Gleichart ausschlaggebend, sondern es gibt dazu auch noch andere Möglichkeiten und zwingende Gründe.

Das Gesetz der Wechselwirkung greift hier auch mit ein, und manchmal in einer Stärke, die alles andere überstrahlt. Eine Seele außerhalb der Erdenkörper, die durch Fäden der Wechselwirkung mit einer anderen Seele stark verbunden ist, welche in einem weiblichen Erdenkörper auf der Erde weilt, wird durch diese Fäden unbedingt zu dieser Frau auf Erden geführt, sobald sich bei ihr die Gelegenheit zu einer Inkarnierung bietet.

Neben solchen Bedingungen, die unausweichbar sind, läuft dann noch das Gesetz der Anziehung der Gleichart. Es gibt aber außer diesen beiden Geschehen auch noch andere Arten und Möglichkeiten, auf die wir erst im Laufe der Zeit zu sprechen kommen werden, da heute jede unnötige Abzweigung nur die Klarheit des notwendigen Bildes trüben würde.

Sagen wir also deshalb vorläufig nur, daß alle Fäden, gleichviel welcher Art, nicht genügen können, um der Seele zu ermöglichen, den grobstofflichen Körper zu bewegen und zu durchglühen.

Auch wenn die Bedingung erfüllt ist, daß die Seele durch irgendwelche Fäden in der Nähe des werdenden Körpers weilt und daß auch der Körper in seiner Ausstrahlung den Grad erreicht, der die Seele *halten* kann, wie ich schon in einem früheren Vortrage erwähnte, so würde dadurch die Seele wohl an den Körper gebunden sein, aber sie wäre deshalb noch nicht in der Lage, diesen mit ihr verbundenen Erdenkörper zu bewegen oder zu durchglühen.

Es fehlt dazu noch eine Brücke. Wir können anstatt Brücke auch Werkzeug sagen, das die Seele noch besonders benötigt. Und diese Brücke muß wiederum von den kleinen Wesenhaften gebaut werden!

Es geschieht dies ebenfalls wie alles innerhalb der Gesetze des genauen *Zusammentreffens* ganz bestimmter Ausstrahlungen, woran in diesem Falle beteiligt sind: die Erdenmännlichkeit und Erdenweiblichkeit, sowie verschiedene für diese beiden Menschen und auch für die in Betracht kommende Seele laufende Schicksalsfäden. Auch dieser Vorgang bedarf später einer besonderen Erklärung. Für heute genüge der Hinweis, daß das alles den bestimmenden Ausgangspunkt zur Betätigung *der* kleinen Wesenhaften bildet, welche die Brücken für die Seelen zu deren Inkarnierungen bauen.

Und diese Brücken sind das, was heute schon von vielen der »Astralkörper« genannt wird.

Der Astralkörper besteht aus mittlerer Grobstofflichkeit. Er muß von den kleinen Wesenhaften dem schweren, grobstofflichen Erdenkörper unmittelbar *vorangehend* geformt werden, so daß es fast erscheint, als wenn er gleichzeitig geformt würde. Dem ist aber nicht so; denn der Astralkörper – ich will der Einfachheit halber noch bei dieser bisher bekannten Bezeichnung bleiben – muß *allem* vorangehen, was in der schweren Grobstofflichkeit sich formen soll!

Es gibt viele Menschen, die zum Wissen vom *Bestehen* der sogenannten astralen Dinge gekommen sind. Aber sie kennen weder deren tatsächlichen Zweck noch den wirklichen Vorgang des Entstehens.

Die bisher von astralen Dingen Wissenden betrachteten alles wiederum nur von sich aus gesehen und deshalb als von der schweren

Grobstofflichkeit ausgehend erstanden. In den meisten Fällen sehen sie darin *Ab*bilder der schweren Grobstofflichkeit, weil auch jede Pflanze, jeder Stein, überhaupt *alles* schwere Grobstoffliche in der Astralwelt anscheinend sein Abbild hat.

Es sind dies aber nicht *Ab*bilder, sondern *Vor*bilder der Dinge in der schweren Grobstofflichkeit, ohne die sich in der schweren Grobstofflichkeit überhaupt nichts formen würde noch könnte! Darin liegt der Unterschied.

Man könnte dieses Feld der mittleren Grobstofflichkeit nach irdischen Begriffen am besten die Werkstatt der Modelle nennen. Wie ein Künstler vorher ein Modell formt, so ersteht der sogenannte Astralkörper *vor* dem schweren Erdenkörper. Nun ist in der Schöpfung nichts, was wie bei dem Erdenmenschen *nur* einem derartigen Zwecke dienen würde, um dann zur Seite gestellt zu werden, sondern alles, auch das anscheinend Geringste, hat in der Schöpfung einen vielseitigen Notwendigkeitswert.

Jedes einzelne gehört im Wirken der Wesenhaften als notwendiges Stück zum Ganzen. Es wird auch *einheitlich* vom Ganzen und mit dem Ganzen durchflutet und durchpulst.

So hat also jedes Stück auf der Erde, sogar die Erde selbst, ein mitwirkendes Modell. Manche Sehendürfende nennen es den »Schatten«, andere, wie schon gesagt, »Astralkörper«. Es gibt dafür auch noch weitere weniger bekannte Bezeichnungen, die alle aber dasselbe benennen. Keine davon trifft jedoch das Richtige, weil es wieder von der falschen Seite aus betrachtet wurde, während von der Entstehung überhaupt kein Wissen vorhanden ist.

Es gibt nichts auf der Erde, was die kleinen Wesenhaften nicht schon vorher in der mittleren Grobstofflichkeit bereits und noch viel schöner, vollendeter geformt hätten!

Alles, was in der schweren Grobstofflichkeit geschieht, sogar die Fertigkeit der Handwerker, das Schaffen der Künstler usw. ist nur der schon vorausgegangenen Tätigkeit der kleinen Wesenhaften *entnommen*, die das und noch viel mehr bereits in der mittleren und feineren Grobstofflichkeit fertig haben. Es ist dies alles dort sogar noch weit formvollendeter, weil die Wesenhaften unmittelbar in den Gesetzen des Gotteswillens wirken, der vollkommen ist und deshalb auch nur Formvollendetes zum Ausdruck bringen kann.

Jede Erfindung, selbst die überraschendste, ist nur *Entlehnung* von bereits in anderen Ebenen durch die Wesenhaften betriebenen Dingen, deren noch sehr viele zum Schöpfen für die Menschen bereitstehen, um sie hier auf Erden in die schwere Grobstofflichkeit übertragen zu können.

Und doch ist trotz der für ernste, aber nur demutsvolle Sucher so leicht erreichbaren Vorbilder hier auf Erden durch den Verstand wieder viel verbogen worden, weil bei den dazu Begnadeten in den meisten Fällen die zu reinem Schöpfen erforderliche Demut fehlte, und außerdem die Erdbewohner in ihrem alles hemmenden Dünkel die Gottgesetze in der Schöpfung bisher nicht beachteten. Erst in genauer Kenntnis derselben wird das Erfinden oder, richtiger ausgedrückt, das Finden in den anderen Ebenen und damit auch das *richtige* Übertragen in die schwere Grobstofflichkeit dieser Erde viel leichter und genauer werden als bisher, auch viel weitgehender.

Die Astralebene ist also *nicht* ein Spiegel der Grobstofflichkeit! Erstens besteht sie selbst noch aus Grobstofflichem, nur etwas feinerer Art als die Erde, und zweitens ist es außerdem auch *umgekehrt:* die schwere, irdische Grobstofflichkeit ist die Wiedergabe der mittleren Grobstofflichkeit, der sogenannten Astralebene.

Es gibt aber für die Astralebene zwei Wege und damit auch zwei große Grundabteilungen. Eine, die auf die schwere Grobstofflichkeit zuführt, und eine andere, die von dieser wieder abstrebt! Der darauf zustrebende Teil ist die notwendige Brücke zum Aufbau im Irdischen, der davon abstrebende Teil dagegen ist der geformte Ausdruck des Denkens und Handelns der Menschengeister, die sich auf der Erde in irdischem Kleide befinden.

Es ist das bisherige Wissen der Menschen darin nur vereinzeltes Stückwerk, wobei diese wenigen Stücke außerdem noch im Unwissen wirr durcheinander geworfen sind, ohne tatsächlichen Zusammenhang. Es wurde dadurch nur ein phantastisch zusammengestelltes, in der Luft schwebendes Bild entworfen, das wie eine Fata Morgana anmutet und deshalb wohl auf so viele in sich haltlose Menschen einen besonderen Reiz ausübt. Läßt es sich doch dabei so schön in Unverantwortlichem schwelgen. Der Mensch darf sich erlauben, kühne Vermutungen darin aufzustellen, die er natürlich gern als Wissen und Bestimmtheit angesehen haben will, in dem Bewußtsein, daß ihn dabei niemand verantwortlich machen kann, wenn er sich darin irrt. Es ist ihm nach seiner Meinung Gelegenheit gegeben, einmal etwas zu gelten, ohne Verantwortung zu haben.

Ja, vor den Menschen! Aber nicht vor den Gesetzen Gottes! Diesen gegenüber ist ein jeder *voll* verantwortlich in allem, was er sagt! Für jedes Wort! Und alle die, welche seinen falschen Anschauungen folgen, sogar auch die, welche er mit den Irrlehren nur anregt zu neuen, eigenen Phantastereien, sie alle werden fest an ihn gekettet, und er muß sie einzeln wieder lösen helfen, ehe er an sich und seinen Aufstieg denken kann!

Nachdem wir damit wieder einen kurzen Ausblick nahmen, müssen wir zur Einzelheit zurück.

Also die kleinen Wesenhaften formen vorerst den Astralkörper als notwendige Brücke für die Seele, damit diese den heranreifenden Körper auch beherrschen, lenken und bewegen kann.

Die Seele wird mit *dem Astralkörper* verbunden und wirkt *durch diesen* auf den schweren Erdenkörper. Und auch der Erdenkörper kann in seiner dazu notwendigen Ausstrahlung die Seele nur durch den Astralkörper als den Vermittler wirklich an sich binden. Die Strahlungen der vom Wesenhaften durchpulsten schweren Grobstofflichkeit müssen erst durch die mittlere Grobstofflichkeit des Astralkörpers dringen, da sie sonst sich mit den Strahlungen der Seele, deren äußerste Hülle dann schon von feinster Grobstofflichkeit ist, nicht aneinanderschließen können.

Wir wollen vorerst einmal drei Grundarten der Grobstofflichkeit unterscheiden. Es gibt deren aber außerdem noch verschiedene Zwischen-

und Nebenarten. Wir nehmen vorläufig nur die feine, die mittelstarke und die schwerste Grobstofflichkeit an. In diesem Sinne gehört der Erdenkörper mit zu der irdisch schwersten Art, und der Astralkörper zu der Übergangsart der mittelstarken Grobstofflichkeit, also der der schwersten *zunächst liegenden* Art.

Dieser Astralkörper wird von den Wesenhaften *zuerst* geformt, wenn eine Inkarnierung erfolgen soll, unmittelbar nach diesem der Erdenkörper, so daß es den Anschein hat, als ob beides gleichzeitig vor sich geht. Aber die Bildung des Astralkörpers geht in Wirklichkeit dem Vorgange in der schweren Grobstofflichkeit voraus, *muß* vorausgehen, sonst könnte der andere nicht vollendet werden, und die Seele vermöchte in anderer Weise nichts mit dem Erdenkörper zu unternehmen.

Ich gebe hierbei nur das *Bild* des Vorganges, damit der Begriff davon erstehen kann. Später folgen wir vielleicht dem Werden, Reifen und Vergehen mit allen dazugehörenden Gliederungen und Fäden *Schritt für Schritt,* sobald erst einmal *das Ganze bildhaft* vor Euch steht.

Der Astralkörper hängt mit dem Erdenkörper *zusammen,* ist aber nicht abhängig von ihm, wie man bisher angenommen hat. Das Fehlen des Wissens von dem eigentlichen Werdegange in der Schöpfung hatte die vielen Irrungen im Gefolge, namentlich weil der Mensch das wenige Wissen, das er sich erwarb, grundlegend immer als von sich aus betrachtet darstellte.

Solange *er sich* als den *wichtigsten* Punkt in der Schöpfung vorstellt, in der er in Wirklichkeit gar keine besondere Hauptrolle spielt, sondern lediglich eine Kreatur ist wie unzählige andere, wird er immer falsch gehen, auch in seinen Forschungen.

Es ist richtig, daß nach Loslösung der Seele von dem Erdenkörper der Astralkörper mit dem Erdenkörper zerfällt. Aber das darf nicht als Beweis *dafür* genommen werden, daß er deshalb von ihm abhängig sein soll. Es gibt dies nicht einmal eine berechtigte Grundlage zu einer derartigen Annahme.

In Wirklichkeit ist der Vorgang anders: Bei Loslösung der Seele zieht diese als der bewegliche Teil den Astralkörper mit vom Erdenkörper fort. Bildlich gesprochen: die Seele zieht bei ihrem Austreten und Fortgange den Astralkörper mit aus dem Erdenkörper heraus. So erscheint es. In Wirklichkeit zieht sie ihn nur davon *ab,* da eine Verschmelzung nie stattfand, sondern nur ein Ineinanderschieben, wie bei einem ausziehbaren Fernrohre.

Sie zieht diesen Astralkörper dabei nicht sehr weit mit fort, da dieser nicht nur mit ihr, sondern ja auch mit dem Erdenkörper verankert ist, und außerdem die Seele, von der die eigentliche Bewegung ausgeht, sich auch von dem Astralkörper lösen will und demnach auch von ihm fortstrebt.

So bleibt der Astralkörper nach dem irdischen Abscheiden der Seele immer unweit des Erdenkörpers. Je weiter sich dann die Seele entfernt, desto schwächer wird auch der Astralkörper, und die immer mehr zunehmende Lösung der Seele bringt zuletzt den Verfall und Zerfall des Astralkörpers mit sich, der wiederum unmittelbar den Verfall des Erdenkörpers nach sich zieht, wie er auch dessen Bildung beeinflußte. So ist der normale, schöpfungsgesetzmäßige Vorgang. Besondere Eingriffe dabei ziehen natürlich auch besondere Umstände und Verschiebungen nach sich, ohne dabei aber das Gesetzmäßige ausschalten zu können.

Der Astralkörper ist der in erster Linie *von der Seele* abhängige Mittler zu dem Erdenkörper. Was dem Astralkörper geschieht, darunter leidet auch der Erdenkörper unbedingt. Die Leiden des Erdenkörpers aber berühren den Astralkörper viel schwächer, trotzdem er mit ihm eng verbunden ist.

Wird zum Beispiel irgendein Glied des Erdenkörpers abgenommen, nehmen wir dafür einmal einen Finger an, so ist damit nicht gleichzeitig auch der Finger vom Astralkörper genommen, sondern dieser *verbleibt* trotzdem ruhig wie bisher. Deshalb kommt es vor, daß ein Erdenmensch zeitweise wirklich noch Schmerzen oder Druck empfinden kann dort, wo er kein Glied mehr an dem Erdenkörper hat.

Solche Fälle sind ja genug bekannt, ohne daß der Mensch dafür die rechte Erklärung fand, weil ihm die Übersicht dazu fehlte.

So knüpfen die Wesenhaften alle Seelen verbindend an deren Astralkörper, die wir die Körper der mittleren Grobstofflichkeit nennen wollen, während die schweren Erdenkörper schon im Entstehen unmittelbar mit dem Körper der mittleren Grobstofflichkeit zusammenhängen und sich nach diesem formend entwickeln.

Wie die Art des Wirkens der Seele durch diese Hülle auf den schweren Erdenkörper vor sich geht, muß etwaigen späteren Vorträgen vorbehalten bleiben, da bis zu einem solchen Punkte vorher noch vieles zu klären ist, um das richtige Verständnis dafür voraussetzen zu können.

Es ist aber auch dieses alles von einem *einzigen* Gesetz durchzogen, das die kleinen Wesenhaften eifrig und getreu erfüllen, ohne davon abzuweichen. Vorbilder sind sie darin für die Menschengeister, die daran nur lernen können und auch lernen *sollen*, bis sie endlich Hand in Hand und ohne Überhebung mit den kleinen Baumeistern in dieser Schöpfung wirken, um in solcher Tat für volle Harmonie jubelnd die Weisheit und die Liebe ihres Schöpfers dankerfüllt zu preisen!

## EINE SEELE WANDERT...

Ich erklärte in den letzten zwei Vorträgen die *unmittelbar* mit dem Erdensein der Menschen zusammenhängenden Vorgänge in den Ebenen der mittleren Grobstofflichkeit, die von den davon Wissenden bisher Astralebene genannt wurden.

Außer den darin genannten Vorgängen gibt es noch viele andere, die ebenfalls zu den Tätigkeitsfeldern der Wesenhaften gehören. Da diese Arbeitsarten aber erst *indirekt* mit den Menschenseelen in Berührung kommen, wollen wir heute noch davon schweigen und vorerst einmal das Zunächstliegende nehmen: *die Menschenseele selbst* in Verbindung mit dem schon Erklärten.

Folgt mir deshalb einmal eine kurze Strecke auf dem Wege, den eine Seele nach dem Abscheiden von ihrem Erdenkörper wandern muß. Die ersten Schritte dabei wollen wir betrachten.

Wir stehen in der mittleren Grobstofflichkeit. Vor uns sehen wir Schicksalsfäden verschiedener Farben und Stärken, von denen wir in den letzten Vorträgen sprachen, als wir die Tätigkeit der kleinen Wesenhaften betrachteten. Alles andere schalten wir einmal aus; denn in Wirklichkeit ist ja dicht beieinander und durcheinanderfließend noch viel mehr vorhanden auf der Strecke als nur diese Fäden. Alles in strengster Ordnung nach den Gesetzen in der Schöpfung schwingend. Aber wir schauen weder rechts noch links, sondern bleiben nur bei diesen Fäden.

Diese Fäden ziehen anscheinend nur schwach bewegt dahin, ohne besondere Tätigkeit; denn es sind solche, die schon lange gesponnen wurden. Da beginnt der eine davon plötzlich zu erbeben. Er zittert und bewegt sich mehr und mehr, schwillt an, vertieft die Farbe und beginnt in allem lebhafter zu werden ... Eine Seele hat sich von einem Erdenkörper gelöst, die mit diesem Faden verbunden ist. Sie kommt der Stelle näher, an der wir harren.

Es ist ein Bild ähnlich wie bei einem Feuerwehrschlauche, in den plötzlich Wasser getrieben wird. Man kann dabei genau den Weg des nahenden Wassers beobachten, wie es in dem Schlauche weiter und weiter vorwärts dringt. *So* ist der Vorgang bei den Schicksalsfäden, die zur Auslösung kommen, wenn die Seele den damit vorgezeichneten Weg wandern muß. Die Ausstrahlung des Geistes in der Seele strömt dieser voraus und belebt den Faden ihres Weges, auch wenn dieser Faden bis dahin nur schwach tätig war. In dieser Belebung verstärkt sich die Anspannung und zieht die Seele energischer dorthin, wo die nächste Verankerung dieses Fadens liegt.

Bei dieser Verankerungsstelle wimmelt es von Gleicharten solcher Fäden, die wieder mit Seelen verbunden sind, welche noch auf der Erde weilen in den grobstofflichen Erdenkörpern. Andere Seelen wieder befinden sich schon an der Stelle, wenn sie bereits von der Erde abgeschieden sind und nun hier an diesem Orte die Früchte genießen müssen, die in der Tätigkeit und Obhut der kleinen Wesenhaften reiften nach der Art der Fäden, die wie Samenstränge wirken.

Die Formen dieser Früchte sind an diesem einen Orte von ganz bestimmter, einheitlicher Art. Nehmen wir einmal an, es sei eine Stätte des Neides, der ja auf Erden so sehr verbreitet ist und bei den Erdenmenschen ausgezeichneten Boden hat.

Deshalb ist auch der Platz der Verankerung dieser Fäden ungeheuer groß und vielseitig. Landschaft an Landschaft, Städte und Dörfer mit den entsprechenden Betätigungen aller Arten.

Überall aber lauert ekelerregend der Neid. Alles ist damit durchzogen. Er hat fratzenhafte Formen angenommen, die sich in diesen Gegenden bewegen und betätigen. Betätigen an allen Seelen, die an diesen Ort gezogen werden, in ausgesprochenster, erhöhter Weise, damit die Seelen dort verstärkt an sich erleben, womit sie hier auf Erden ihre Nebenmenschen aufdringlich bedachten.

## 27. EINE SEELE WANDERT...

Mit Einzelschilderungen dieser Stätte wollen wir uns nicht befassen; denn sie ist so tausendfacher Art, daß ein fest gegebenes Bild darüber nicht ausreicht, um nur den Schatten eines Begriffes damit geben zu können. Aber der Ausdruck ekelhaft ist eine sanfte und ungemein beschönigende Bezeichnung dafür.

Hierher führt der Faden, den wir beobachteten und den wir plötzlich beweglicher, farbenkräftiger, frischer werden sahen durch das Nahen der von der Erde abgeschiedenen Seele.

Indem die Seele nun dem Orte selbst sich zubewegt, wird auch dort an einer ganz bestimmten Stelle, wo der Faden fest verankert ist, alles nach und nach beweglicher und farbiger, nennen wir es ruhig einmal lebendiger. Alles flackert auf.

Dieses Aufleben geht aber ganz unbewußt von dem *Geiste der Seele* aus; es kommt durch dessen Ausstrahlung, auch wenn diese Seele, wie in den meisten Fällen, mit noch geschlossenen Augen den Weg zurücklegt. An Ort und Stelle erwacht sie dann *dort*, wo es bei ihrem Nahen durch die Ausstrahlung gerade erst lebendiger geworden war; denn es sind die Früchte *des* Fadens, oder auch vielleicht verschiedener Fäden, der oder die mit gerade *dieser* Seele verbunden sind, weil sie von ihr gezeugt wurden.

Durch das Lebendigwerden in der eigenen Ausstrahlung der betroffenen Seele prägt der dieser Seele innewohnende Geist seiner neuen Umgebung, die bereits darauf harrte, eine gewisse *eigenpersönliche* Note auf, die immer anders ist als die der anderen Seelen. Es ist dadurch sozusagen stets für jede Seele eine ganz bestimmte Welt für sich, trotzdem alles miteinander verwoben wird, gegenseitig sich auch belästigt bis zum Überdruß, und alles wie eine einzige, große, gemeinsame Ebene betrachtet werden kann.

Daher kommt es auch, daß das Erleben, das an dieser Stätte so viele Seelen gleichzeitig haben und im Grunde genommen auch in gleicher Form, trotzdem von jeder einzelnen Seele immer nur in der ihr allein gehörenden eigenen Art erlebt und durchlebt wird! Daß also jede Seele einen ganz anderen Eindruck davon erhält als die anderen Seelen, die das gleiche mit ihr durchleben müssen. Ja, noch mehr, sie wird es auch anders sehen als eine zweite oder dritte Seele, die das gleiche Bild vor sich hat.

Stellt Euch das einmal vor. Eine Seele erwacht an einem solchen Orte. Dieser Ort oder diese Ebene hat ein ganz bestimmtes Bild in seiner Formung und allem, was sich darin bewegt. Auch die Vorgänge darin sind einheitlich zu nennen, weil auch sie einem einzigen, großen Gesetze unterworfen bleiben und sich darin auswirken.

Diese von uns gedachte Seele sieht nun die anderen schon dort befindlichen oder nach ihr dahin kommenden Seelen *dasselbe* erleben, was zu erleben sie auch selbst gezwungen ist. Sie sieht es aber von sich und den anderen in einer ganz bestimmten, nur *ihr eigenen* Art und durchlebt es auch dementsprechend.

Daraus darf nun nicht der Schluß gezogen werden, daß auch die anderen Seelen alles genau so sehen und erleben wie diese eine von uns genannte Seele; denn es ist *nicht* so, sondern jede dieser Seelen sieht und erlebt es ihrer *eigenen persönlichen* Art entsprechend ganz anders als die anderen! Sie sehen die *Vorgänge* anders, ebenso die *Farben* und *Landschaften*.

Das kommt daher, weil die Ausstrahlung des eigenen Geistes der Umgebung dort auch den nur diesem besonderen Geiste angehörenden persönlichen Ausdruck gibt, sie also *seiner* Art entsprechend belebt. Das mag Euch für den ersten Augenblick sehr sonderbar erscheinen.

Aber ich kann Euch vielleicht einige allerdings viel schwerfälligere Ähnlichkeiten aus der schweren Erdenstofflichkeit dazu geben, die Euch ein Ahnen davon werden lassen zu leichterem Verstehen.

Nehmen wir zwei Menschen an und lassen diese einmal einen schönen Park besuchen. Selten, daß beide zusammen ohne besondere Verständigung den gleichen Punkt als den schönsten darin bezeichnen, auch wenn sie nebeneinander den Park durchwandern. Jeder findet für sich etwas anderes schön. Der eine vielleicht überhaupt nichts, sondern er sagt nur aus Höflichkeit so, während er den wilden Wald dem gepflegten vorzieht.

Es wird dann einfach damit abgetan, daß es heißt, der eine hat keinen

»Sinn« für das, was der andere für schön erklärt. Darin liegt aber eine gewisse Wahrheit. Das »Sinnen« des einen geht einfach eine andere Richtung! Deshalb erscheint ihm auch das Bild anders als seinem Begleiter.

Es ist in dem Erkennen eines Bildes, in der Art, *wie* man es sieht, das rein *persönliche Sinnen* oder die Richtung des Sinnens dessen, der es betrachtet, ausschlaggebend, nicht das betrachtete Bild oder die Landschaft selbst. Der eine erlebt es anders als der andere.

Das, was sich hier in einer solchen Art schwerfällig zeigt, ist in den leicht bewegbaren Schichten der Stofflichkeit lebendiger, eindringlicher. Und so kommt es, daß eine gleiche Stätte mit gleichen Vorgängen verschiedenes Erleben der einzelnen Seelen hervorruft, je nach *deren* eigensten Arten.

Wir können aber hierbei tiefer dringen.

Nehmen wir wieder zwei Menschen als Beispiel. Es wird diesen in der Jugend eine Farbe gezeigt und dabei erklärt, daß diese Farbe blau sei. Jeder dieser zwei Menschen hält dann diese von ihm gesehene, ganz bestimmte Farbe stets für blau. Damit ist aber nicht bewiesen, daß beide diese bestimmte Farbe auch in *gleicher Art sehen!* Es ist das Gegenteil der Fall. Jeder sieht diese von ihm blau genannte Farbe in Wirklichkeit anders als der andere. Auch hier im grobstofflichen Körper schon!

Wenn Ihr auch die grobstofflichen Augen genau untersucht und findet sie vollkommen gleichgeartet in ihrer Beschaffenheit, so ist dies Gleichbeschaffene nicht für die Bestimmung der Art des Schauens der Farben ausschlaggebend. Dazu spricht das Gehirn noch mit und außerdem als *Hauptsache* die *persönliche Art* des Menschen*geistes* selbst!

Ich will versuchen, die Erklärung weiter auszudehnen. Bleiben wir bei blau. Ihr selbst habt dabei eine ganz bestimmte Farbe vor Euch, die Euch einst als blau bezeichnet wurde mit allen ihren Abstufungen. Und wenn Euer Nebenmensch, der ebenso belehrt wurde, auch unter allen Farben auf Eure Frage darnach immer die gleiche Farbe heraussuchen wird, die Ihr selbst mit blau bezeichnet, so ist das kein Beweis dafür, daß er diese auch von ihm als blau genannte Farbe genau so erschaut wie Ihr!

Denn für ihn ist gerade *diese* ganz bestimmte Art blau. *Wie* sie für ihn in Wirklichkeit aussieht, das wißt Ihr nicht. Er wird und muß natürlich alles, was diese von ihm geschaute und derart bezeichnete Farbe trägt, als blau ansprechen, wie er auch die weiße Farbe als schwarz bezeichnen würde, wenn sie ihm von Anfang an so benannt worden wäre. Er wird immer für die eine bestimmte Farbe blau sagen, die auch Ihr blau nennt. *Aber er sieht sie trotzdem nicht in derselben Art wie Ihr!*

Nicht anders bei dem Ton. Ein bestimmter Ton, den Ihr hört, *ist* für Euch zum Beispiel ein »E«. Für jeden! Weil er ihn als solchen zu hören und zu bezeichnen erlernte. Er wird ihn auch mit dem Munde selbst so formen. Aber immer nach seinem *eigenen* Sinne, der natürlich stets denselben Ton dafür bringen wird, der auch Euch für »E« gilt. Aber es ist durchaus nicht damit gesagt, daß er ihn wirklich auch *so hört*, wie *Ihr* ihn hört. Sondern er hört ihn in Wirklichkeit immer nur nach *seiner* Geistesart, *anders* als sein Nebenmensch.

Nun komme ich zu dem, was ich damit erklären will. Die Farbe ist *an sich* in der Schöpfung *feststehend* und jede für sich unverändert, ebenso der Ton. Aber das *Erleben* dieser Farbe und des Tones *ist bei jedem Menschen* seiner eigenen Art entsprechend *anders*. Das ist *nicht* einheitlich!

Und zu dem Erleben gehört auch das Schauen, sei es nun grobstofflich in seinen verschiedenen Arten, oder feinstofflich, wesenhaft oder geistig. Wie mit der *Farbe* und dem *Ton*, so ist es auch mit der *Form*.

Jeder von Euch erlebt seine Umgebung anders, sieht und hört sie anders als der Nebenmensch. *Ihr habt Euch nur daran gewöhnt, einheitliche Bezeichnungen dafür zu finden*, in denen aber das Lebendige fehlt! Ihr habt das Bewegliche damit in feste Formen gepreßt und denkt, mit diesen festen Formen Eurer Sprache muß für Euch auch alle Bewegung in der Schöpfung erstarren!

Dem ist nicht so. Jeder Mensch lebt und erlebt ganz nach *seiner eigenen Art!* So wird er auch das Paradies einst anders sehen und erkennen als sein Nebenmensch.

Und doch, wenn einer davon ein Bild entwerfen würde, so, wie *er* es schaut, dann würden die anderen in dem Bilde sofort auch *das* als richtig erkennen und sehen, was sie selbst unter dem Paradiese erlebten; denn sie sehen ja das *Bild* auch wieder nach ihrer eigenen Art, und nicht so, wie es der erschaut, der es als Bild wiedergab.

Die Sache an sich ist immer dieselbe, nur das Schauen der Menschengeister ist verschieden. Farbe ist Farbe; aber sie wird von den Menschengeistern verschiedenartig aufgenommen. Ton ist Ton, und Form ist Form, in der ganzen Schöpfung von einer ganz bestimmten Art; die einzelnen Menschengeister aber erleben sie verschieden, stets *ihrer* Reife und *ihrer* Art entsprechend anders.

So kommt es ja auch, daß ein Mensch plötzlich das Frühjahr und alles Erwachen in der Natur auf eine ganz andere Art erleben kann, als es bis dahin in Jahrzehnten geschehen war, so, als ob er es noch nie richtig beobachtet oder »genossen« hätte. Das trifft namentlich ein, wenn der Mensch irgendeine einschneidende Wendung durchmachen mußte, die ihn innerlich *reifen* ließ!

Natur und Frühjahr waren schon immer so; aber *er* hat sich geändert, und je nach *seiner* Reife erlebt er sie *anders!*

Alles liegt nur an *ihm selbst.* Und so ist es mit der ganzen Schöpfung. *Ihr Menschen* verändert Euch, nicht die Schöpfung! Deshalb könntet Ihr auch das Paradies bereits hier auf Erden haben, wenn *Ihr* in Eurer Reife danach wäret. Die Schöpfung kann dieselbe bleiben, aber Ihr, Ihr und immer wieder nur Ihr habt Euch zu ändern, um sie anders zu *erschauen* und damit anders zu *erleben.* Denn das Schauen, Hören, Fühlen gehört ja zum Erleben, ist ein Teil davon.

So kommt es auch, daß die *Welt* von den Menschengeistern in millionenfachen Unterschieden geschaut und erlebt wird. Diese Unterschiede werden aber allein von den Menschen aus hineingelegt; denn die Schöpfung selbst hat an sich ganz einfache, sich immer wiederholende Grundformen, die nach *einem* einheitlichen Gesetz gebildet werden, reifen und zerfallen, um in denselben Formen wieder neu zu erstehen. Alles, was wirklich ist, ist einfach, aber dieses Einfache *erleben* die Menschen in tausenderlei Arten.

Nun kommt Ihr mit dem Wissen schon dem Vorgang näher, wie es der Seele ergeht, wenn sie von der schweren Erdenstofflichkeit gelöst ist. Wie sie *in sich* beschaffen ist, *so* erlebt sie das sogenannte Jenseits; denn *sie belebt durch ihre eigene Ausstrahlung* die *Formen,* die mit ihr verbunden werden mußten, belebt sie in ihrer eigenen Art, die sich darin ausleben muß!

Daß sie dabei zur Erkenntnis kommen kann, ob es richtig oder falsch war, was sie sich da geschaffen hat, also welche Wege sie gegangen ist, bleibt ein besonderer Gnadenakt für sich. *Einer* von denen, die der Schöpfer in *alles* wob, damit die ringende Seele *stets* Rettungsanker hat, an allen Orten und zu allen Zeiten, um wieder hochzukommen aus den Verwirrungen, und bei wirklich gutem Wollen und rechtzeitigem Erkennen nicht verlorengehen muß.

Der vielseitige Notwendigkeitswert alles dessen, was in der Schöpfung ist, gibt in irgend*einer* Art selbst bei dem größten von den Menschen angerichteten Durcheinander immer die Möglichkeit zum Wiederaufstiege. Ob die Seele nun diese Möglichkeiten erkennt und nützt, ist *ihre* Sache ganz allein. Die Rettungsringe sind da! Sie braucht sie nur mit gutem Wollen zu ergreifen, um sich daran aufzuschwingen. –

Mit Veränderung seiner inneren Art sieht also der Mensch auch alles verändert an, so spricht der Volksmund schon. Es ist dies aber nicht nur Sprichwort, sondern der Mensch erschaut dann auch in Wirklichkeit tatsächlich alles anders. Mit der inneren Veränderung verändert sich sein Sehen und sein Hören in gewissem Grade; denn der *Geist* sieht, hört und fühlt durch die entsprechenden Werkzeuge in den einzelnen verschiedenartigen Ebenen, nicht das grobstoffliche oder feinstoffliche Auge an sich selbst. Verändert sich der Geist, verändert sich mit ihm die Art des Schauens und dadurch auch die Art des Erlebens. Die Werkzeuge spielen dabei gar keine Rolle; sie sind lediglich Vermittler.

Die *Ausstrahlung des Geistes* nimmt die Widerstände auf, auf die sie trifft, und leitet sie zurück zum Geist in einer Art von Wechselwirkung. Die Zurückleitung in dieser schweren Grobstofflichkeit läuft durch die dazu geschaffenen grobstofflichen Organe, wie Augen, Ohren, das Gehirn. Das Gehirn ist dabei Sammelpunkt der Vermittelungen aller Unterorgane.

Hierüber sprechen wir erst später noch ausführlicher.

Ich versuche Euch heute nur damit klarzumachen, daß die Art des Eindruckes der Außenwelt, also der Umgebung, von dem jeweiligen Geiste *selbst* abhängig ist! Aus diesem Grunde wirkt ein und dieselbe Form stets anders auf die einzelnen Beschauer, auch wenn sie sich über deren Schönheit klargeworden sind. Und wenn ein Mensch eine bestimmte Form anders sieht als sein Nebenmensch, so muß bei Aufzeichnung die von dem einen gesehene Form für den anderen das Bild genau so ergeben wie die Form selbst.

In diesem Punkte muß ja alles wieder zusammentreffen in eins; denn nur das Sehen ist anders, nicht die tatsächliche Form.

Die Menschen haben sich für jede Form eine einheitliche Bezeichnung geschaffen. Die *Bezeichnung* dafür *allein* ist *einheitlich,* nicht aber die Art des Erkennens oder Schauens!

Auch darin seid Ihr bisher in Eueren Anschauungen falsch gegangen. Aber wenn Ihr nun von diesen Euch neu gezeigten Punkten aus dem Erleben in dem sogenannten Jenseits näher zu kommen sucht, wird Euch vieles klarer werden. So manches vermögt Ihr leichter zu verstehen, wenn ich in meinen Erklärungen nun weitergehen werde, und so vieles Rätselhafte wird sich lichten.

An diesem Euch Gezeigten liegt es auch, daß zwei oder mehr medial veranlagte Menschen ein und dieselbe Sache ganz verschieden sehen, hören und wiedergeben, ohne daß man ihnen darüber Vorwürfe zu machen berechtigt ist; denn sie sehen es nach *ihrer* Art, und deshalb immer anders als der andere. Die dabei behandelte Sache selbst aber ist nur in einer ganz bestimmten Art. Und nur wer gelernt hat, mit diesen Vorgängen zu rechnen in der Kenntnis der Gesetze des göttlichen Willens in der Schöpfung, der weiß auch den Zusammenhang aus den verschiedenen Berichten genau zu finden und dabei das Rechte zu erkennen, wie es *wirklich* ist.

Ihr aber habt versucht, die Schöpfung und Euch selbst in starre feststehende Formen einzupressen durch *die Sprache*, mit der Ihr Euch verständlich macht. Das gelingt Euch nie; denn die Schöpfung ist *beweglich* wie auch Euer Innenleben. Wenn Ihr jedoch darüber nachzudenken sucht, so denkt Ihr in den festgeformten Worten Eurer Sprache!

Überlegt Euch nur, wie unsinnig das ist. Die festgeformte Sprache reicht doch niemals aus, um Bewegliches richtig wiederzugeben!

Hierbei ist Euch das Hindernis schon wieder der Verstand, der *nur* in ganz bestimmten Worten wirken kann und auch nur ganz *bestimmte* Worte aufzunehmen fähig ist. Ihr seht darin, wie Ihr Euch damit festgekettet und geknechtet habt, daß Ihr Euch den Verstand als *Höchstes* für den Menschen dachtet, während er nur für die schwere Grobstofflichkeit dieser Erde brauchbar und verwendbar ist. Und auch dabei nur in beschränktem Maße, nicht für alles. Ihr erkennt so nach und nach, wie armselig in Wirklichkeit Verstandesmenschen sind.

Aus diesem Grunde rief ich Euch ja oft schon zu, daß Ihr mein Wort *so* in Euch aufzunehmen suchen sollt, daß Ihr beim Lesen *Bilder* davon vor Euch seht! Denn nur in Bildern könnt Ihr es verstehen, nicht mit den armseligen Worten dieser Erdenmenschen, welche zu verwenden ich gezwungen bin, um Euch davon zu sagen.

In Worten werdet Ihr die Schöpfung *nie* verstehen lernen, auch nicht das, was *in* Euch ist, weil alles das *beweglich* ist und bleiben muß, während die *Worte* alles nur in feste, starre Formen zwängen. Und das ist unmöglich, ganz vergebliches Bemühen bei allem und für alles, was beweglich ist. Mit Worten kann Euch kein Verständnis dafür kommen!

Sobald aber die Seele alle Erdenschwere dieses Erdenkörpers ablegt, tritt sie in die Beweglichkeit der Schöpfung ein. Sie wird hineingezogen in das andauernde Wogen und das Wallen und erlebt dann viel beweglicher ihre Umgebungen, welche oft wechseln in den Ablösungen, die auf jede Seele warten, zu denen sie gezogen wird durch die Belebung aller Fäden, welche an ihr hängen.

Und das ist alles wieder wechselwirkend. Wenn sich die Seele vom Erdenkörper zurückzieht, wenn sie von ihm abstrebt und ihn zurückfallen läßt, ihn also nicht mehr durchstrahlt, so gehen ihre Ausstrahlungen, die sich mit dem Freierwerden noch verstärken, dann *nur* nach der einen Richtung in ihrer vollen Stärke, der mittleren Grobstofflichkeit zu, wo die Schicksalsfäden am nächsten verankert sind.

Dadurch erhalten diese eine viel kräftigere Belebung, die von der nun nach der einen Richtung gelenkten Ausstrahlung der Seele hervorgerufen wird, und in dieser Belebung wird auch deren Anziehungsfähigkeit verstärkt, die rückwirkend die verbundene Seele trifft und sie schärfer anzieht. Alles dies sind selbsttätige, ganz gesetzmäßige und damit ganz natürliche Vorgänge, die auch von Euch leicht zu verstehen sind, wenn Ihr Euch hineinzudenken versucht.

So wird die Seele ihren Weg gezogen von Bändern, die sie selbst belebt durch ihre Ausstrahlungen, welche sie nicht zurückhalten und nicht vermeiden kann. Und darin geht sie ihrer Läuterung oder auch ihrem Untergang entgegen. Alles immer wieder durch sich selbst. Die Wesenhaften *formen* nur und bauen nach dem Gesetz. *Belebung* der Formen und die Auslösungen schaffen sich die Seelen selbst durch ihre Ausstrahlungen. Und dieser *Art* der Ausstrahlungen entsprechend wirken dann auch mehr oder weniger stark die in solcher verschiedenen Weise belebten Formen rückwirkend auf die Seele.

Auch hier macht sich das Wort geltend: »Wie es in den Wald hineinruft, so schallt es heraus.« In diesem Falle ist es *so:* wie es in die Formen strahlt, so werden sie belebt und *wirken* dementsprechend. In dem allen liegt eine große, gesetzmäßige Einfachheit und unbeirrbare Gerechtigkeit! –

Was ich Euch hierin schilderte, gilt für die *Menschengeister ganz allein;* denn es liegt mit in Betätigung des freien Willens. Bei den Wesenhaften ist es wieder anders! –

Laßt diese Vorgänge einmal lebendig vor Euren Augen erstehen. Bemüht Euch darum; denn es ist der Mühe wert und wird Euch wechselwirkend reichen Lohn einbringen. Ihr werdet damit wiederum in einem Stücke dieser Schöpfung *wissend.* –

So war der bisherige Gang, den ich Euch schilderte. Nun aber kommt es wie ein Blitzstrahl aus dem Lichte! Göttliche Kraft schlägt unvermittelt, überraschend in die Schicksalsfäden aller Erdenmenschen wie auch aller Seelen, die sich in den Ebenen der Nachschöpfung aufhalten.

Dadurch kommt alles nun unmittelbar und unerwartet zu der Endauslösung! Die Wesenhaften werden neu gestärkt zu unerhörter Macht. Sie wenden sich in ihrem Wirken gegen alle Menschen, die sie durch ihr Tun und Treiben bisher zwangen, dem Gesetze der Schöpfung gehorchend Unschönes formen zu müssen. Jetzt aber ist die Gotteskraft nun *über* allem Menschenwollen in der ganzen Schöpfung, der Gotteswille, der nur Reines, Gutes, Schönes formen läßt und alles andere vernichtet!

Die Gotteskraft ist auch schon in die Nachschöpfung gedrungen, um nun hier selbst zu wirken, und alle Wesenhaften greifen schnell in Freude und in Stolz, von dieser höchsten Kraft gestützt, in die zahllosen Maschen des Gewebes aller Schicksalsfäden für die Menschen, um sie jubelnd deren Ende zuzuführen!

Dem Lichtgebot gehorchend, zerreißen sie die Fäden, die nur schwach im Geistigen verankert sind, damit die Seelen völlig losgelöst vom Lichte bleiben, wenn die dunklen Schnüre scharf auf ihre Urheber zurückschnellen mit allem, was an ihnen hängt!

Aber auch das Zerreißen dieser Fäden geht in einer ganz gesetzmäßigen Weise vor sich, wobei die *Art* der Menschen selbst den Ausschlag gibt; denn die Wesenhaften handeln nicht willkürlich.

Göttliche Lichtkraft fährt blitzartig jetzt in alle Fäden! Die Fäden, welche in dem Lichte zustrebender Art entsprechend Ähnlichkeiten in sich tragen und durch wirklich starkes Wollen derer, die mit diesen Fäden verknüpft sind, auch kräftig genug wurden, das plötzliche Eindringen dieser ungewohnten Lichtkraft zu ertragen, erreichen damit Festigkeit und Frische, so daß die daran verknüpften Menschenseelen in starker Anziehung emporgerissen werden aus den Gefahren des Dunkels, und damit auch aus der Gefahr, mit in die Zersetzung hineingezogen zu werden.

Schwache Lichtfäden jedoch, von schwachem Wollen nur gezeugt, halten den plötzlichen, ungeheuren Druck göttlicher Kraft nicht aus, sondern sie versengen und werden *dabei* von den wesenhaften Helfern gelöst, wodurch die damit verknüpft Gewesenen dem Dunkel preisgegeben bleiben. Ursache zu diesem natürlichen Geschehen ist ihre eigene Lauheit, die die Fäden nicht fest und stark genug erzeugen konnte.

So findet Ihr in jeglichem Geschehen nur Gerechtigkeit! Deshalb ist es verheißen, daß die Lauen ausgespieen werden, wie es buchstäblich vom Lichte aus damit geschieht.

Alle wesenhaften Helfer, groß und klein, werden nun *frei* davon, in der Erfüllung des Gesetzes unter Zwang des üblen oder falschen Menchenwollens Dunkles formen zu müssen. Und aus dem abgetrennten Dunkel werden gleichzeitig alle Wesenhaften noch zurückgezogen von der Kraft des Lichtes, dem sie sich in jauchzender Freude eng anschließen, um das Lichtgewollte nun zu formen und zu halten. Dabei erstarken sie in neuer Kraft, um in dem rauschenden Akkord zu schwingen mit der ganzen Schöpfung, inmitten des flutenden Gotteslichtes!

Ehre sei Gott, der Liebe nur säet! Liebe auch in dem Gesetz der Vernichtung des Dunkels!

# WEIB UND MANN

Mit meinen Vorträgen über »Das Wesenhafte«, »Die kleinen Wesenhaften«, »In der grobstofflichen Werkstatt der Wesenhaften«, »Eine Seele wandert« gab ich ein Stück Wissen von dem andauernden Wirken in der Schöpfung. Einen kleinen Teil erklärte ich aus Eurer nahen Umgebung, und auch nur von dem, was mit Euch selbst ganz eng verbunden ist. Ich gab es aber nicht nur dazu, daß es Euch bewußt werde, sondern zu *dem* Zwecke, damit Ihr daraus Nutzen für Euch ziehen könnt für Euer Leben auf der Erde, *jetzt,* im grobstofflichen Körper. Wie auch gleichzeitig zum Segen derer, welche mit und um Euch sind.

Das *Wissen* davon bringt Euch keinen Vorteil; denn jeder Menschengeist hat die heilige Pflicht, ein jedes Wissen in der Schöpfung fördernd zu verwerten, zum Fortschritt und zur Freude aller, die mit ihm verbunden sind oder mit ihm nur in Berührung kommen. *Dann* hat sein Geist hohen Gewinn davon, sonst nie.

Dieser wird frei von allen Hemmungen und wird in dem Gesetz der Wechselwirkung unfehlbar gehoben bis zu einer Höhe, in der er dauernd Kräfte schöpfen kann, die lichtdurchflutet sind und Segen bringen müssen dort, wo sie auf rechten Boden treffen hier auf Erden. So wird der Wissende zum starken Mittler hoher Gotteskraft.

Deshalb will ich Euch einmal zeigen, was Ihr aus den letzten Vorträgen entnehmen konntet für den Erdenweg und was Ihr auch entnehmen müßt; denn ohne Nutzanwendung darf das Wort nicht bleiben.

Ich machte Euch in großen Zügen aufmerksam auf einen kleinen Teil des Webens und des Wirkens ganz bestimmter Arten von den Wesenhaften in der Schöpfung, zeigte Euch auch, daß der Menschengeist darin bisher ganz unwissend umhergegangen ist.

Das Wesenhafte waltet und webt in Treue in dem Haushalte der großen Schöpfung, während das Geistige als Gast darin wandernd zu betrachten ist, der die Verpflichtung hat, sich der Ordnung des großen Haushaltes harmonisch einzufügen und mit bestem Können das Walten des Wesenhaften fördernd zu stützen. Er soll also mit Hand anlegen zu der Erhaltung des großen Werkes, das ihm Wohnung, Bestehensmöglichkeit und Heimat bietet.

Richtig betrachtet, müßt Ihr es Euch *so* vorstellen: *Das hohe Wesenhafte hat den Geist aus sich heraus entlassen oder geboren und bietet ihm in seinem großen Haushalte der Schöpfung die Möglichkeit eines freudevollen Seins!*

Vorausgesetzt natürlich, daß dieser Geist die Harmonie des Haushaltes nicht stört; denn sonst ist er ein unliebsamer Gast und wird entsprechend auch behandelt. Er wird dann nie ein wirklich freudevolles Sein empfangen und genießen können.

Der Gast hat selbstverständlich dabei auch die Pflicht, den Haushalt nicht zu hemmen, sondern sich einzufügen in die darin bestehende Ordnung, sie sogar als Gegenleistung für die Gastfreundschaft *zu stützen und zu schützen.*

Man kann es schließlich zu besserem Verstehen auch anders ausdrücken, ohne dabei den eigentlichen Sinn zu verschieben: Das große, alles umfassende Göttlich-Wesenhafte hat sich gespalten in zwei Teile, in einen aktiven Teil und einen passiven Teil oder in einen positiven und einen negativen Teil.

Der passive oder negative Teil ist der *feinere* Teil, der empfindsamere, weichere Teil, der aktive oder positive Teil der *gröbere,* nicht so empfindsame Teil!

Der empfindsamere Teil, also der passive Teil, ist aber der *stärkere* und alles überwiegende Teil, der in Wirklichkeit *führend* wirkt. Er ist in seiner Empfindsamkeit aufnahmefähiger und druckempfindlicher, und deshalb befähigt, sicherer in der Kraft des Heiligen Gotteswillens als dem höchsten Drucke zu stehen und zu handeln. Unter Druck ist hier die gesetzmäßige *Beeindruckung der höheren Art* auf die niederere Art gemeint, nicht etwa irgendein willkürlicher Gewaltakt, kein Druck einer gewalttätigen wandelbaren Herrschsucht. –

Damit seht Ihr das große Bild vor Euch, von oben herabkommend, und es ist nicht mehr schwer zu begreifen, daß die weiteren Folgerungen in der Schöpfung immer ganz naturgemäß sich in *gleicher Art* wiederholen und zuletzt auch auf die Abspaltungen der Menschengeister der *Nachschöpfung* zu übertragen sind, als Auswirkung eines einheitlichen Gesetzes, das durch die ganze Schöpfung zieht. Es wird nur in den verschiedenen Ebenen und Erkaltungsstufen anders benannt.

So verkörpert in der Abstufung das Menschen*weib* der Nachschöpfung das empfindsamere Wesenhafte als negativer, passiver Teil, und der Mann das gröbere Geistige als positiver, aktiver Teil; denn die einmal eingesetzte Spaltung wiederholt sich auch weiterhin in den bereits abgespaltenen Teilen immer wieder und weiter fortlaufend, so daß man sagen kann, *die ganze Schöpfung besteht eigentlich nur aus Spaltungen!* Der wirklich stärkere Teil, also tatsächlich herrschend, ist dabei aber immer der empfindsamere Teil, also unter den Menschen die *Weiblichkeit!* Sie hat es ihrer Art entsprechend viel leichter, dem Druck des Gotteswillens empfindend zu gehorchen. Damit hat und gibt sie auch die beste Verbindung mit der einzigen, wirklich lebendigen Kraft!

Dieses Gesetz der Schöpfung will auch von den Forschern beachtet und von den Erfindern in Rechnung gezogen sein. Der wirklich machtvollere und stärkere Teil ist immer der empfindsamere, also der negative oder passive Teil. Der empfindsamere Teil ist der eigentlich *bestimmende* Teil, der aktive Teil nur der *ausführende!*

Deshalb übt auch bei jeder normalen Entwickelung alles Weibliche einen starken, in den unbewußten Anfängen immer rein schwingend, nur *hebenden* Einfluß auf das Männliche aus, sobald dieses zur körperlichen Reife kommt. Mit der körperlichen Reife erwacht gleichzeitig das große Sexualempfinden, das die Verbindung oder Brücke bildet zur Betätigung des *Geisteskernes* des Erdenmenschen in der Ebene der groben Stofflichkeit, also hier auf Erden.

Ihr wißt dies ja bereits aus meiner Botschaft. Das alles geht *gleichzeitig* vor sich. Eins bringt das andere sofort mit sich. Darin erkennt Ihr die ungeheueren Hilfen, welche ein Menschengeist auf Erden durch die Gesetze der Schöpfung erhält! Ihr seht den fast unbeschreiblichen Schutz und die gnadenvollen, eigentlich kaum zu übersehenden Stützen für den Aufstieg. Auch die darin genau gegebenen, sicheren *Wege*, auf denen sich niemand ungewollt verirren kann. Es gehört schon ein sehr übler Wille dazu, sogar widerstrebende Anstrengung, wenn ein Mensch alle diese Dinge leichtfertig zur Seite zu schieben und unbeachtet zu lassen versucht. Ja, der Mensch muß sich sogar gegen alle diese selbsttätigen Hilfen gewaltsam wehren, um sie *nicht* zu nützen!

Trotzdem aber tut er das. Ich sagte deshalb mit Absicht, in den »unbewußten« Anfängen der Reife wird der weibliche Einfluß bei dem Männlichen *immer* reines Schwingen zur Höhe auslösen, weil es da unbeeinflußt von dem verdorbenen Verstande sich nur nach den Gottgesetzen in der Schöpfung auswirkt! Erst wenn der Verstand mit allen seinen Künsten auch darin geweckt wird und zu wirken einsetzt, wird dieses Reine und mit ihm alle Hilfen durch übles Denken in den Schmutz gezerrt und entwertet.

Das üble Denken wird erzeugt durch Unreinheit der Weiblichkeit, Verführungen, Überredungen falscher Freunde, schlechte Beispiele und nicht zuletzt auch durch falsche Richtung in der Kunst und Literatur.

Sind damit aber erst einmal die vielen Brücken zu lichten, reinen Höhen gesprengt und abgebrochen, dann ist es sehr schwer, einen Weg zurückzufinden! Und doch gibt auch hierin der allweise Schöpfer in seiner Güte in den Gesetzen der Schöpfung noch tausenderlei Möglichkeiten und wiederum auch selbsttätige Hilfen, wenn ein verirrter Menschengeist nur erst einmal das wirklich ernste Wollen zu dem Reinen in sich aufzubringen sucht.

Die Botschaft gibt in allen diesen Dingen schon genügend Aufschluß, so daß es neuer Hinweise darauf nicht mehr für Euch bedarf.

Menschen, Ihr wisset überhaupt nicht, welche Gnaden Ihr immer erneut wieder und täglich fast mit Füßen tretet, wißt auch deshalb nicht, wie groß und größer Eure Schuldenlast mit jeder Stunde wird, die Ihr *bezahlen* müßt auf *jeden* Fall; denn alle die Gesetze Gottes, welche in der Schöpfung ruhen und Euch helfen, sind auch wider Euch, wenn Ihr sie nicht beachten wollt!

Um das Erkennen*müssen* kommt Ihr nicht herum. Nicht eine unter allen Kreaturen. Und die Gesetze sind die *Liebe* Gottes, die für Euch unfaßbar blieb, weil Ihr aus ihr etwas ganz anderes zu machen suchtet, als sie wirklich ist.

Lernet und erkennet! Weib, wenn Du nicht erwachst zu Deinem *eigentlichen* Werte in der Schöpfung und dann darnach handelst, wird Dich die Rückwirkung der großen Schuld zerschmettern, ehe Du es ahnst! Und Du, Mann, sieh nun endlich in dem Weibe jene große Hilfe, die Du brauchst und nie entbehren kannst, wenn Du in den Gesetzen Gottes schwingen willst. Und ehre in dem Weibe das, wozu es Gott bestimmte! Die Art Deines Empfindens zu dem Weibe wird für Dich das Tor zum Licht. Vergiß das nie.

Auch zeigt sich wirklich starke, echte Männlichkeit nie anders als in zarter Rücksicht der echten Weiblichkeit gegenüber, was mit steigenden geistigen Werten immer deutlicher zum Ausdruck kommt.

Wie bei dem Körper tatsächliche Kraft sich nicht in wuchtigen, schweren Schritten zeigt, sondern in Beherrschung aller Bewegungen, die elastischen und leichten Schritt ergibt, worin die Sicherheit und Festigkeit ganz unverkennbar ist, so zeigt sich echte Männlichkeit in achtungsvoller Zartheit aller Weiblichkeit gegenüber, die in Reinheit schwingt.

So ist der ganz natürliche Vorgang in dem schöpfungsgesetzmäßigen Schwingen ungetrübter Strahlungen. Alles andere ist verbogen.

Versenkt Euch nun einmal in alle diese Schilderungen. Ihr werdet sie in Euerem Erleben überall bestätigt finden. Legt diese Worte Eueren Beobachtungen stets zu Grunde. Ihr werdet dadurch vieles ganz verändert *sehen*, besser auch erkennen als bisher. Selbst in den kleinsten Dingen wirkt es sich ganz deutlich aus. Nicht nur auf Erden sondern in der ganzen Schöpfung.

## 28. WEIB UND MANN

Ihr werdet Euch nun vielleicht fragen, *warum* das Menschenweib der *empfindsamere* Teil ist. Deshalb will ich Euch auch darauf gleich mit Antwort geben:

Das Weib bildet bei den Ausscheidungen oder Spaltungen *die Brücke* zwischen Wesenhaftem und dem Geistigen! Deshalb mußte auch die Urmutter *zuerst* erstehen, bevor weitere Abspaltungen erfolgen oder vor sich gehen konnten.

Und Brücke zwischen dem zunächst höheren Wesenhaften und dem diesem entstiegenen Geistigen ist immer das Weib der jeweils abgespaltenen Ebene. Aus diesem Grunde hat es in sich noch behalten einen besonderen Teil des seiner eigenen Ebene nächsthöheren Wesenhaften, der dem Manne fehlt.

Der Volksmund sagt auch darin wieder richtig, wenn er festgestellt hat, daß das Weib *naturverbundener* ist als der Mann! Das Weib ist tatsächlich naturverbundener in *jeder* Beziehung. Ihr Kenner der Botschaft aber wißt, daß der Ausdruck naturverbunden nichts anderes bedeutet als das engere Verbundensein mit dem Wesenhaften!

So ist es in dem großen Haushalte der Schöpfung! Daraus sollt Ihr Lehren für Euch selber ziehen und diese weise auf das Erdenleben übertragen. *Wie* Ihr das machen könnt, will ich Euch heute sagen. Wenn Ihr es unterlaßt, so fügt Ihr Euch *nicht* ein in die schwingende Harmonie des Haushaltes, in dem Ihr Gäste seid. Und wenn Ihr anders handeln wollt und andere Wege geht, als die Schöpfung selbst Euch deutlich zeigt, so kann Euch nie Erfolg erblühen, nie echte Freude werden, noch der Frieden, den Ihr so ersehnt.

Alles muß versagen und zusammenbrechen, was nicht in dem Sinn und den Gesetzen dieser Schöpfung schwingt; denn dann verliert es nicht nur jede Unterstützung, sondern es schafft sich Gegenströmungen, die stärker sind als jeder Menschengeist und ihn und sein Werk zuletzt immer niederringen.

Stellt Euch also nun endlich ein in die Vollkommenheit der Schöpfungsharmonie, dann werdet Ihr den Frieden finden und Erfolg.

Vor allen Dingen hat das Weib zuerst darin gefehlt. Schuld daran aber ist hauptsächlich auch der Mann. Doch selbstverständlich deshalb nicht um Haaresbreite weniger das Weib, welches sich durchaus nicht nach ihm hätte richten müssen. Jeder ist für sich allein dabei verantwortlich. Das Hauptübel von allem war auch hierin wiederum die freiwillige Unterordnung unter den Verstand.

Das Weib der Nachschöpfung sollte die Brücke bilden von dem Wesenhaften zu dem Geistigen. Die Brücke von *dem* Wesenhaften, aus welchem sich das Geistige der Nachschöpfung erst löste! Nicht von dem Wesenhaften, das sich nach der Lösung des letzten Restes Geistigen noch weiter senkte, um die Brücke zu der Stofflichkeit zu bilden und den Ursprung aller Tierseelen zu geben.

An Schöpfungswert kommt also in der Abstufung nach unten zu in erster Linie das Weib und *dann* der Mann. Aber das Weib der Nachschöpfung hat darin vollständig versagt. Es steht nicht an *der* Stelle, welche ihm die Schöpfung zuerkannte und bestimmte.

Den großen Teil vom Wesenhaften, nicht dem niederen, sondern dem höheren, behielt das Weib als Brücke in sich und konnte, *sollte* so dem Gotteswillen zugänglich verbleiben wie das Wesenhafte selbst, das immer nur im Gotteswillen schwingt. Bedingung selbstverständlich war, daß es den Teil des Wesenhaften *rein* erhielt, rein zum Empfinden des göttlichen Willens, der Gesetze in der Schöpfung!

Statt dessen öffnete es dies Empfinden nur zu schnell und leicht allen Verführungskünsten Luzifers. Und da das Weib durch seine Eigenart mit der Verbundenheit zum Wesenhaften in der Schöpfung stärker ist als die gröbere Geistesart des Mannes, und damit *bestimmend* oder, sagen wir einmal, den Ton angebend in buchstäblichstem Sinne, so riß es den Mann spielend mit sich in die Tiefe.

Aus diesem Grunde rief ich aller Weiblichkeit in meiner Botschaft auch schon zu, daß sie dem Mann *voranzugehen* hat im Aufstiege; denn das ist ihre Pflicht, weil es in ihrem Können liegt! Nicht nur, weil sie damit die Schuld ablöst, die sie sich aufgebürdet hat von Anfang an. Das ist ein Gnadenakt für sich, der wechselwirkend in dem Aufstiegswollen sich von selbst auslöst.

## 28. WEIB UND MANN

Das Weib der Nachschöpfung *konnte* trotz seiner wesenhaften Beigabe so fallen, weil es als *Letztes seiner Art* am *weitesten entfernt* ist von der Gottesnähe! Dafür aber hatte es in dem Teile des höheren Wesenhaften in sich einen starken Anker, an welchen es sich halten konnte und auch tatsächlich gehalten hätte, wenn es nur des Weibes ernster Wille gewesen wäre. Aber das gröbere Geistige in ihm wollte anders. Und die Entfernung von der Gottesnähe ließ es triumphieren.

Das Weib *konnte* fallen, aber es *mußte* nicht! Denn es hatte Hilfen genug zur Seite. Es nahm die Hilfen aber gar nicht an, indem es diese nicht benützte.

Doch in dem Reich der Tausend Jahre muß es *anders* sein. Das Weib wird sich nun ändern und nur nach dem Willen Gottes leben! Es wird gereinigt werden oder untergehen im Gericht; denn es erhält die Gotteskraft auf Erden nun unmittelbar! Damit ist nun *jede* Entschuldigung für alles Weibliche schon weggefallen! Und jedes Weib, das seinen wesenhaften Teil in sich noch nicht frevelnd und sündigend *ganz* zugeschüttet hat, das *muß* die Gotteskraft empfinden und darin erstarken zu erhöhter Kraft. Nach den lebendigen Gesetzen in der Schöpfung! Aber nur die, welche noch fähig sind, den Druck der reinen Gotteskraft als solchen dankbar zu erkennen, haben diese selbsttätige Hilfe.

Wer sie jedoch *nicht* mehr empfinden kann noch will, der wird verdorren und nicht lange mehr die Möglichkeit behalten, sich noch Weib zu nennen.

Nun werdet Ihr Euch selbstverständlich fragen, wie es dann kommen kann, daß manche Menschenseele auf Erden wechselnd einmal als Weib und ein anderes Mal als Mann inkarniert werden kann. Die Lösung dafür ist nicht so schwer, wie Ihr es denkt; denn ein in *jeder Beziehung* echtes Weib wird *niemals* in die Lage kommen, grobstofflich als Mann inkarniert werden zu müssen.

Ein solcher Vorgang ist wiederum nur eine der üblen Folgen der Herrschaft des Verstandes, so sonderbar das auch klingen mag.

Das Erdenweib, das sich dem Verstande unterwirft, drängt damit gerade seine *echte Weiblichkeit* zurück. Diese wird unterdrückt, da sie die

*Empfindsamkeit* bildet, welche der nüchterne Verstand einmauert, und dadurch knüpfen sich die Schicksalsfäden so, daß ein solches Weib das nächste Mal als Mann inkarniert werden *muß*, weil ja dann nach dieser Zurückdrängung und Einmauerung nur das gröbere Geistige vorherrscht und die Fäden schöpfungsgesetzmäßig gar nicht anders geknüpft werden können.

Derartige Inkarnierungsänderungen sind dann notwendig, da sich *alles* entwickeln *muß*, was in dem Menschengeistkerne angeschlagen wird. Namentlich die jetzige unnatürliche, also schöpfungsgesetzwidrige Mannes-Nachahmung der Frauenwelt, sowie die ausgesprochenen Verstandesarbeiten müssen schwere Folgen für die Weiblichkeit nach sich ziehen, da darin eine Störung der Schöpfungsharmonie ruht!

Sie alle unterdrücken ihre echte Weiblichkeit und *müßten* daraufhin das nächste Mal in männliche Körper zur Inkarnierung kommen. Das wäre an sich noch gar nicht so schlimm. Aber hierbei spricht der Umstand mit, daß die Frauenseele bei dieser Verbiegung ihrer Aufgabe im Manneskörper wohl *klug* wirken kann, trotzdem aber nur körperlich, niemals auch geistig und seelisch ein wahrhaft echter Mann sein wird! Es ist und bleibt eine Abirrung.

Diese Vorgänge in der Verbogenheit der Schöpfung geschahen *bisher*. Im Tausendjährigen Reiche aber ist es nicht mehr möglich; denn dann werden alle solche Frauenseelen, die ihre Weiblichkeit vermauert haben, überhaupt nicht mehr zur Inkarnation auf Erden kommen können, sondern sie fallen als unbrauchbar bei dem Gericht alle unter die Massen, die in die Zersetzung gezogen werden. Sie alle sind verloren, wenn sie sich nicht noch rechtzeitig auf ihre Aufgabe als Weiblichkeit besinnen und entsprechend wirken.

Ebenso ist es in umgekehrter Weise. Die Mannesseele, die durch Verweichlichung zu sehr der weiblichen Art zuneigte in ihrem Denken und Tun, zwang sich dadurch selbst durch die damit entstandenen Fäden zu einer späteren Inkarnation in einen Frauenkörper. Es war aber dabei ebensowenig möglich, daß solche Seelen dann *echte* Frauen werden konnten, da ihnen der Teil des zur Weiblichkeit gehörenden höheren Wesenhaften fehlt.

Aus diesem Grund findet man auf Erden oft Männer mit vorherrschenden weiblichen Eigenschaften und Frauen mit vorherrschenden männlichen Eigenschaften! Die *Art* ihrer Seelen ist aber bei beiden nicht echt, sondern verbogen, und in der Schöpfung selbst außer für grobstoffliche Fortpflanzungsmöglichkeiten unbrauchbar.

Ausschlaggebend und grundlegend für sein ganzes Sein ist auch hierbei der *erste Entschluß* des Geistkeimes, der allerdings nicht bewußt geschieht, sondern nur in einem inneren, erwachenden Drange liegt! Führt der Drang zu zarter Betätigung, so ist damit das Sein des Geistkeimes zum Weiblichen entschieden; denn er behält oder hält dadurch einen Teil des höheren Wesenhaften, aus dem er sich löst oder abspaltet. Neigt er zu dem gröberen, aktiven oder positiven Wirken, so löst sich davon nach und nach der zarte, feinere Teil des höheren Wesenhaften ganz und bleibt zurück; ja, es wird selbsttätig abgestoßen, so daß für solchen Geistkeim das Männliche damit grundlegend entschieden ist.

Es erfüllt sich auch hierin für das Geistige sofort am Anfang die Gewähr des einmaligen freien Entschlusses, der das freie Wollen genannt wird.

Weib! Was sagt das Wort allein schon als gesammelter oder ausgehender Begriff von Reinheit, Anmut, Sehnsucht nach der lichten Höhe!

Was sollte aus Dir, Du Erdenweib, so Großes, Hohes, Edles werden, und *was* hast Du selbst aus Dir gemacht!

Du kannst nicht einmal mehr empfinden, daß das bei Dir so sehr beliebte gesellschaftliche Spiel des Geltenwollens und Begehrenswerterscheinens, daß jedes *Wort*, ja jeder *Blick* darin von der männlichen Seite aus in Wirklichkeit Beschimpfung Deiner Weibeswürde ist! Beschmutzung Deiner gottgewollten Reinheit.

Wären nicht *einige* noch unter Euch auf Erden, in deren Seelen noch Verankerung des Gotteswillens möglich ist, wahrlich, es würde besser sein, wenn eine Handbewegung Gottes diese Zerrbilder der Weiblichkeit hinwegschleuderte von dem blanken Boden der herrlichen Schöpfung.

Doch um der wenigen Getreuen willen soll das Erdenweib durch Gottesnähe auferstehen dürfen zu der Höhe, welche ihm bestimmt war schon von Anfang an!

Des Erdenweibes *Reinheit* liegt in seiner *Treue!* Denn *Treue ist* die Reinheit! Ein Weib ohne Treue ist unwürdig, Weib genannt zu werden! Und treulos ist jedes Weib, das spielerisch mit Männern tändelt in Worten oder Gedanken! Treulos gegen sich selbst und gegen seine hohe Aufgabe in dieser Schöpfung, also auch auf Erden!

Die *Treue* ganz allein läßt in dem Weibe *alle* Tugenden erstehen. Es wird nicht eine davon fehlen!

Wie die Menschen sich von der Keuschheit einen einseitigen, unbeweglichen und damit völlig falschen, kleinen Begriff gebildet hatten, so stutzten sie sich in ihrem niederen Denken auch ein unbeholfenes und lächerliches Etwas zurecht für den hohen Begriff der Reinheit! Sie machten ein Zerrbild, eine unnatürliche Fessel daraus, die im Widerspruch mit den Schöpfungsgesetzen steht, vollkommen falsch ist und nur von der Einengung des kleinlichen Verstandesdenkens zeugt.

Die Reinheit des Menschenweibes ruht allein in seiner *Treue!* Ja, sie *ist* für den Menschen die Treue!

Ganz klar gesagt: Die Reinheit ist bei den Menschen *verkörpert* in der Treue! Wer das *richtig* erfaßt, wird darin auch stets den rechten Weg finden und gehen können, und nicht in seelischen Verkrampfungen das Schöpfungsgesetz zur Seite drängen. Ihr müßt deshalb versuchen, es richtig verstehen zu lernen.

Reinheit ist allein *göttlich!* Deshalb kann der *Mensch* als solcher die Reinheit selbst gar nicht haben in ihrer ursprünglichen Form; denn er ist ja nur ein Teilchen in der Schöpfung und unterliegt als solches ganz bestimmten Gesetzen. *Reinheit aber kann nur in göttlicher Vollkommenheit liegen; sie gehört zu dieser Vollkommenheit!*

Der Mensch kann also die Reinheit in echtem Sinne gar nicht besitzen, sondern er vermag sie nur bildhaft seiner Art entsprechend zu *ver-*

*körpern,* also in veränderter Form wiederzugeben in der Treue! Treue ist also die Abstufung der Reinheit für die Menschen. Der Mensch setzt an Stelle der göttlichen Reinheit die Treue. Und in erster Linie und in edelstem Sinne das Weib! Was immer es tut, ist *rein,* sobald es in Treue getan wird! Nicht anders bei dem Manne. Die Treue *ist* für jeden Menschen die Reinheit!

Die Treue muß natürlich *echt* sein; sie darf nicht nur in Einbildungen wurzeln. Echte Treue kann nur in der wahren Liebe leben, nie in Leidenschaften oder Phantasie. Darin liegt wiederum ein Schutz und auch ein Maßstab, der zu Selbstprüfungen dient.

Der Mensch vermag nicht göttlich zu sein und muß sich nach den Gesetzen *seiner Art* richten. Alles andere wird zur Verzerrung, widernatürlich, ungesund, und ist nur die Folge falscher Anschauungen, dünkelhafter Sucht, die dazu drängt, um jeden Preis aufzufallen oder abseits zu stehen von den Nebenmenschen, bewundert zu werden, oder vielleicht auch vor Gott etwas Besonderes zu leisten. Niemals aber ist etwas Echtes und Natürliches dabei, sondern es ist unsinnig, gewaltsame seelische Verkrüppelung, die auch körperliche Nachteile bringt. Es liegt durchaus nichts Großes oder Erhabenes darin, sondern zeigt nur groteske Verkrampfung, die in der Schöpfung lächerlich wirkt.

Der Mensch kann in der Schöpfung nur zu nutzbringender Geltung kommen, wenn er das bleibt, was er sein soll, und *seine Art* durch Veredelung zu vervollkommnen sucht. Das kann er aber nur im Schwingen der Gesetze erreichen, nicht, wenn er sich außerhalb derselben stellt.

Die Treue ist deshalb die *höchste Tugend* jedes Weibes; sie läßt es auch die hohe Aufgabe in dieser Schöpfung voll erfüllen!

Nun achtet *darauf,* Menschen:

Das hohe, feine Wesenhafte, also das Empfindendste und Weichere, *führt den Haushalt* in der großen Schöpfung! Damit ist auch dem Weibe sein Amt angewiesen, das es völlig zu erfüllen fähig ist: *Haushalt* zu führen in dem Erdensein, Heimat zu bieten in dem rechten Sinne! Heimatlich und harmonisch diese Erde zu gestalten, ist Aufgabe des Weibes, die es bis zum Künstlertum entfalten kann! Darin liegt alles, und darin muß alles seinen Grund erhalten, wenn es gedeihen und erblühen soll!

Das *Heim* muß durch das Weib zum *Heiligtume* werden! Zu einem Tempel für den Gotteswillen! *Darin* ruht Gottverehrung, wenn Ihr sein Heilig Wollen in der Schöpfung Euch erlauscht und Euer Leben, Euer Wirken auf der Erde darnach richtet.

Und auch der Mann, dessen Beruf bisher ausschließlich nur Verstandessklaventum bewies, er wird sich ändern durch die Art des Weibes, wenn er gezwungen ist, den Fingerzeig zu Edlerem im Weibe zu erkennen.

Seht immer in den Haushalt dieser Schöpfung, und Ihr werdet wissen, wie Ihr Euer Leben *auf der Erde* einzuteilen habt!

Es darf aber der Mann nicht rücksichtslos die Ordnung eines Haushaltes durchbrechen, sei es aus nachlässiger Nichtbeachtung oder Herrschsucht; denn die Tätigkeit des Weibes in dem Haushalt ist genau so wichtig wie die seine im Beruf. Sie ist nur anderer Art, jedoch nicht zu entbehren. Die Aufgabe des Weibes in dem Heim schwingt in dem Gottgesetze, an das der Erdenkörper dringend mahnt, der in dem Heim Erholung, Ruhe, Nahrung sucht und nicht als letztes ... *Seelenharmonie*, welche erfrischt und neuen Ansporn, neue Kräfte gibt für *jede* Tätigkeit des Mannes!

Es muß der Ausgleich darin aber ganz harmonisch sein. Deshalb soll auch die Frau das Werk des Mannes achten und nicht denken, daß nur *ihre* Tätigkeit allein die ausschlaggebende sein darf. Die Tätigkeit der beiden Teile soll aneinander *an*gegliedert sein in gleichmäßigem Schwingen. Das eine darf das andere nicht stören.

Der Mann darf also nicht durch Eigenwillen Ordnungen im Haushalte zerstören oder durcheinanderbringen, sondern er muß durch Pünktlichkeit und wachsendes Verstehen noch behilflich dabei sein, daß alles den harmonischen Verlauf behalten kann.

*Das* ist es, was Ihr aus der Schöpfung lernen könnt und lernen *müßt*. Ihr werdet in dem Reich der Tausend Jahre noch dazu gezwungen sein; sonst könntet Ihr niemals darin bestehen.

Alle Menschen, die sich den Gesetzen dieser Schöpfung nun nicht fügen wollen, sind Empörer gegen ihre Heimat, gegen ihren Schöpfer, ihren Gott! Sie werden ausgestoßen und vernichtet durch die Gesetze selbst, die sich in der verstärkten Gotteskraft nun schnell, unüberwindbar gegen alles wenden, was die gottgewollte Harmonie zerstört.

Beachtet deshalb Eure Heimat, Menschen, lernet diese Nachschöpfung verstehen! Ihr *müßt* sie kennenlernen und Euch endlich nach der Ordnung auch auf Erden hier nun richten!

## VERBOGENE SEELEN

Der Mensch hat Fragen über Fragen! Sobald ich ihm ein neues Wissen biete, stellt er auch schon neue Fragen, noch bevor er alles das, was ich ihm bot, in sich verstehend aufgenommen hat.

Das ist sein großer Fehler! *Hastend* will er vorwärts. Wenn ich mich dabei nach *ihm* richten würde, so könnte er niemals etwas erreichen; denn er bleibt bei seinem Fragen immer nur an seiner Stelle stehen, so, wie ein träger Wanderer, der sich geruhsam in den Schatten eines Waldes setzt und sich von seinem Ziel von anderen erzählen läßt, anstatt sich selber aufzuraffen und dem Ziele zuzuschreiten.

Auf seinem Wege wird er ja dann alles selbst *erschauen* und *erleben*, was er gerne wissen möchte durch Beantwortung der Fragen, die er immer in sich auferstehen läßt. *Bewegen* muß er sich, sonst kommt er nicht zum Ziele!

Ich sagte in dem Vortrag »Weib und Mann«, daß jeder Mensch die Nutzanwendungen aus meinen Worten ziehen soll für sein jetziges Erdensein! Will er dem Rate folgen, so bleibt ihm nichts weiter übrig, als mein Wort lebendig zu *gestalten* in sich selbst, so, wie ich es ihm gebe; denn ich weiß genau, was der Mensch dazu nötig hat, und richte meine Vorträge stets danach ein. Wort für Wort muß er den Reden folgen; denn es liegt in ihnen eine Stufenleiter, welche seine Seele sorgsam aufwärts führt. Ein Weg, welchen die Seele gehen *kann*, wenn sie nur will!

Sein schnelles Fragen aber zeigt, daß er in seiner bisher üblichen Verstandesweise *lernen* will und das notwendige Erleben wiederum zur Seite stellt. Das *Lernen* nützt der *Seele* nichts; denn das Gelernte bleibt schon bei dem ersten Schritt von dieser Erde mit dem Körper hier zurück. Nur das *Erlebte* nimmt die Seele mit! Das habe ich schon oft gesagt, und trotzdem geht der Erdenmensch stets wieder falsch an das Heilige Wort heran! Er will es besser wissen, oder er will aus seiner altgewohnten Art nicht gern heraus.

Im Aufbau meiner Vorträge liegt eine Führung, die er nicht versteht. Es ist auch gar nicht nötig, daß er sie darin erkennt, sobald er ihr nur folgt und nicht vorauszueilen sucht in seinem Wissenwollen wie flüchtige Leser eines Buches, die es um der *Spannung* willen lesen, nur um freie Stunden damit auszufüllen und sich abzulenken von dem einseitigen Denken über ihre alltägliche Tätigkeit.

Sie sehen während ihres Lesens nicht die Menschen in dem Buche vor sich lebend auferstehen, achten nicht der einzelnen Entwickelungen, die die darin handelnden Personen in sich zu durchleben haben, sehen nicht die daraus sich entwickelnden haarscharfen Folgerungen, welche die Verhältnisse und die Umgebung immer wieder zu verändern fähig sind. Das alles wird von ihnen nicht beachtet, sondern es geht sprunghaft vorwärts, nur um dieses oder jenes in der Handlung schnell noch zu erfahren! Sie haben keinen Nutzen von den *besten* Büchern, welche ein Stück Erdenleben wiedergeben, woraus der Leser vieles für sich schöpfen könnte, wenn er alles richtig in sich mit*erlebte!*

Wie solche Leser, welche alle Bücher in dem Eifer förmlich zu verschlingen suchen, aber deren wahren Zweck und Sinn niemals erkennen, sondern in dem Unterscheiden nur zwei Arten für sich zu bezeichnen wissen: spannende und spannungslose Bücher, *so* sind die Menschen, welche in sich sofort wieder Fragen auferstehen lassen, sobald sie einen Vortrag aus dem Schöpfungswissen lesen.

Sie sollen erst einmal mit größter Mühe und mit Energieaufwand zu *schöpfen* suchen in dem, was ihnen jeder Vortrag bietet!

Wenn dabei etwas nicht sofort ganz klar für sie erscheint, so dürfen sie aber nicht suchend *vorwärts* blicken, sondern sie müssen *rückwärts schauen in die Botschaft,* um *darin* zu schürfen und die Klärung *dort* zu finden.

Und der Mensch *findet* sie, wenn er die Botschaft in dem Geiste bildhaft vor sich auferstehen läßt! Er findet *alles*, wenn er wirklich sucht. In diesem notwendigen Suchen aber wird die Botschaft für ihn dauernd klarer, stärker, in ihm sicherer. Er lernt sie dadurch immer besser kennen und ... *erleben!* Gerade *so* zwinge ich ihn dazu, etwas zu tun, was er freiwillig in der Geistesträgheit, die zum Teil noch über allen Menschen ruht, niemals tun würde.

Darin liegt eine von ihm unerkannte Führung, die ihm eine unschätzbare Hilfe ist zu dem Lebendigmachen meiner Botschaft. Er lernt dabei erkennen, was alles in der Botschaft ausgesprochen ist, was alles darin liegt, wovon er bisher trotz des Lesens keine Ahnung hatte. Er sieht, *wie* er in dieser Botschaft schürfen kann, und macht dabei die für ihn immer wieder neu erscheinende Entdeckung, daß er tatsächlich *alles* darin findet, daß es nur an ihm selbst gelegen hat, an seiner schwachen Art zu suchen, wenn er so manches bisher nicht beachtet hatte.

Nicht *eine* Stelle kann dabei vermieden werden. Und für ein Schöpfungswissen ist das nicht zu viel verlangt. Wem das zu viel ist, der wird niemals fertig damit werden können.

Ich suche Euch den für Euch besten Weg zu führen. Doch müßt Ihr festen Schrittes *mit mir* gehen und dürft nicht versuchen wollen, stets vorauszueilen wie die Leser, deren Oberflächlichkeit ich Euch als Beispiel zeigte.

So ist es auch bei meinem letzten Vortrag über »Weib und Mann«. Wie ich die Menschen kenne, tauchen dabei wieder Fragen in ihren Gehirnen auf, bevor sie sich die Mühe nehmen, aus der Botschaft eine Antwort zu erhalten oder in dem Vortrag selbst und, nicht als letztes, *durch Beobachtung der Nebenmenschen im jetzigen Erdensein!* Gerade *darin* werdet Ihr das meiste finden, da es Euch, von meiner Botschaft aus betrachtet, in Fülle die Bestätigungen gibt für alles, was ich Euch erklärte! Doch wohlgemerkt, nur wenn Ihr es vom Inhalt meiner Botschaft aus betrachtet!

Das bedingt, daß Ihr Euch richtig in die Botschaft stellt. Vermögt Ihr das, dann könnt Ihr alles, aber alles auch sofort in Eurer Umgebung ganz genau erkennen, und Ihr werdet dadurch wissend, werdet weise! Ihr lest in dem Erdensein dann so, wie man in einem Buche liest. Es ist Euch durch die Botschaft dazu aufgeschlagen!

Versucht es nur. Die Augen werden Euch dann schnell geöffnet, und Ihr seid damit erwacht! Scheut keine Mühe, dieses Notwendige zu erreichen!

Nicht, daß Ihr damit nur die Fehler Eurer Nebenmenschen sehen sollt! So ist es nicht gemeint, sondern Ihr sollt *das Leben selbst* darin erkennen mit allen seinen Folgerungen und Veränderungen, wozu Euch meine Botschaft Führer ist und immer Führer bleiben wird in unveränderlicher Treue! Nur *in* dem Leben oder *durch* das Leben selbst erkennt Ihr alle Werte meiner Botschaft, nicht mit Eurem Wissenwollen. Und durch die Botschaft könnt Ihr wiederum das Leben richtig schauen, so, wie es Euch von Nutzen ist. Es wirkt auch hierbei alles wechselseitig, und das wahre Wissen kommt nur im Erleben!

Auf diese Weise werdet Ihr bald mit der Botschaft *eins*; sie wird für Euch zum Leben, weil Ihr sie aus diesem Leben heraus nur erkennen könnt; denn sie spricht zu Euch vom Leben.

Ihr müßt also den Wert der Botschaft nicht im Buche selbst, sondern in der Beobachtung des Lebens zu erkennen suchen! Ihr müßt in eifrigen und sorgsamsten Beobachtungen alles dessen, was um Euch herum und in Euch selbst vorgeht, beitragen zu der Möglichkeit, daß Ihr die Botschaft in dem Leben *wiederfindet*, aus dem sie zu Euch spricht.

*Das* ist der Weg für Euch zu der wahren Erkenntnis meiner Worte, die Euch Nutzen und zuletzt den Sieg über das Dunkel bringen muß! Damit wird Euch ganz selbsttätig die Krone des ewigen Lebens werden, das ist das ewige sichselbstbewußte Bestehendürfen in dieser Schöpfung, wodurch Ihr dann segenverbreitend mitwirken könnt an deren Fortentwickelung zur Freude und zum Frieden aller Kreaturen. –

Und es *tauchten* nach meinem letzten Vortrage tatsächlich wieder Fragen in Euch auf! Fragen, die sogar eine gewisse Bedrückung bringen müssen, trotzdem eine Antwort darauf in der Botschaft leicht zu finden ist; denn darin steht tröstend, daß jede Folge einer falschen Handlung auch die Auslösungs- und damit Ablösungsmöglichkeit in sich birgt, sobald der Menschengeist nur daran lernt und das Falsche erkennt.

Und doch liegt eine gewisse Bangigkeit darin, wenn sich ein Mensch mit fortgeschrittenem Wissen sagt, daß er eine verbogene Menschenseele ist, wenn er einmal Weib und das andere Mal Mann auf Erden war oder umgekehrt. Ein Druck legt sich dabei auf seine Seele.

Das ist natürlich falsch und wieder einmal das Kind mit dem Bade ausgeschüttet; denn das Nächstliegende dazu ist die Erkenntnis, daß ein derartiger Mensch seine Seele verbogen *hatte!* Die Verbogenheit muß durchaus *nicht noch bestehen*. Gewechselt hat er dabei ja in Wirklichkeit nur das Gewand, den Körper! Der *Geist* selbst aber blieb bei allem Wechsel trotzdem immer das, wozu er sich zu Beginn seiner Wanderungen durch die Schöpfung erstmalig entschlossen hatte; denn für ihn gibt es in dieser Beziehung wie bei jeder Sache in der Schöpfung auch nur einen *einmaligen* und maßgebenden freien Entschluß, an den er dann gebunden bleibt.

Die Bedrückung ersteht also nur durch zu flüchtige Aufnahme der Botschaft; denn aus dieser muß ein jeder wissen, daß gerade derartiger Wechsel für den davon Betroffenen von Nutzen sein konnte. Er gibt ihm ja die Möglichkeit eines Wiedergeradebiegens, veranlaßt ihn dazu, ja, hilft ihm in der stärksten Weise, alles wieder gutzumachen. Die Seele kann sogar in solcherlei Erlebenmüssen noch *erstarken*.

Nun darf aber nicht schon wieder gedacht werden, daß diejenigen etwas versäumten, deren Weg ein gerader blieb. So ist es nicht, sondern dort, wo eine Verbiegung vorkam durch das eigene, falsche Wollen, *dort* nur kann der Wechsel gnadenvoll zum Nutzen werden, um diese verbogene Seele, die ja damit eine Schwäche zeigte, erstarken zu lassen, so, daß sie es nicht wieder tut. Damit ist natürlich auch der Fehler von ihr abgefallen.

Nun blickt Euch einmal um und beobachtet die Nebenmenschen! Bald werdet Ihr darunter Frauen finden, die *männliche* Charakterzüge in ihrem Wesen tragen. Gerade heute gibt es davon mehr denn je. Man kann sagen, daß heute vieles Weibliche geradezu damit *verseucht* erscheint; denn es ist doch nicht schwer zu begreifen, daß bei einer derartigen Frau oder einem Mädchen etwas *Verbogenes* in ihrem Wesen ist, sein *muß*, weil eine Frau naturgemäß kein Mann sein kann, noch soll.

Ich meine damit selbstverständlich nie den Körper; denn dieser ist fast immer ausgesprochen weiblich, mit Ausnahme der Hüften, die in den meisten solcher Fälle an das Männliche erinnern durch die Schmalheit, was deshalb auch in Wirklichkeit *unweiblich* ist.

Ich erwähne dies absichtlich, weil ich damit gleich ein *äußeres* Kennzeichen nenne. Der Frauenkörper, in dem eine verbogene männliche Seele wohnt, wird dieses Kennzeichen der schmalen, nach dem männlichen Bau neigenden Hüften in den meisten Fällen haben, zum Unterschiede von denen, deren Seele erst nach irgendeiner Art Vermännlichung strebt, sei es nun in ihren Ansichten oder in ihrer Betätigung, wodurch ein Hang entsteht, der die Fäden für die nächste Inkarnierung in einen männlichen Körper erstehen läßt. Ebenso ist es bei den männlichen Körpern, die breitere, nach dem weiblichen Bau neigende Hüften erhalten, sobald sie eine verbogene weibliche Seele bergen.

Selbstverständlich gibt es im Körperbau der Frauen auch Ausnahmen in Entartungen durch Überzüchtung, durch einseitigen Sport der Mütter, oder falsche körperliche Betätigung derselben, deren Folgen sich auf die Kinder übertragen.

Damit haben wir auch gleich die zwei Hauptgruppen bezeichnet, die wir voneinander trennen müssen.

Die eine Gruppe der Erdenfrauen und Mädchen, die bereits eine verbogene männliche Seele in sich tragen, und die andere Gruppe, die noch weibliche Seelen in sich tragen, welche aber der Vermännlichung zustreben durch verbogene Begriffe, die sie entweder freiwillig aufnahmen oder durch falsche Erziehung erhielten.

Ich brauche wohl nicht besonders zu erwähnen, daß in den zuletzt genannten Fällen nicht nur die weiblichen Seelen selbst die Folgen zu tragen haben, sondern in die Schuldfäden auch diejenigen mit hineingewoben werden, welche die Veranlassung dazu geben.

## 29. VERBOGENE SEELEN

Wir wollen aber damit nicht zu weit abschweifen, sondern bei unseren zwei vorläufig gefundenen Gruppen bleiben. Die erst werdenden schalten wir einmal aus; denn es sind in der Verbiegung begriffene weibliche Seelen, deren Erdenkörper sich natürlich in dem derzeitigen Erdensein durch ihre Dichtheit und die damit verbundene Schwerfälligkeit nicht mehr verändern können. Es bleibt ihnen dies für die nächste Inkarnierung vorbehalten.

Doch auch davor ist ihnen noch eine Rettung geboten. Wenn sie sich in *diesem* jetzigen Sein noch aufraffen und das Unweibliche energisch von sich abschütteln! Dadurch müssen sich sofort auch neue Fäden bilden, die zu *weiblicher* Inkarnierung neigen und ziehen, während die anderen keine Kraftzufuhr mehr erhalten.

Ausschlaggebend ist zuletzt aber dann der Umstand, *wie die Seele bei dem Abscheiden* beschaffen ist, nach welcher Seite sie selbst dann am stärksten neigt. Hat das weibliche Wollen, Denken und Tun in ihr bis dahin wieder die Oberhand erhalten, so wird ihre Ausstrahlung bei ihrem Erdenabscheiden hauptsächlich nach *den* Fäden streben und dadurch *solche* beleben, die nach dem Weiblichen führen, während die anderen in einem nur kurzen, leichten, jenseitigen Erleben dann schnell vertrocknen und abfallen können, wenn sie vorher nicht *zu stark* geknüpft waren.

Es ist auch möglich, daß diese falschen Fäden durch starkes weibliches Wollen schon während der Erdenzeit sich ableben und die Seele davon wieder frei wird, bevor sie hinübergehen muß. Das kommt alles auf die Art und Stärke des jeweiligen Wollens an und darauf, ob der erdinkarnierten Seele bis zum Abscheidenmüssen noch genügend Zeit dazu verbleibt; denn das Gesetz muß erfüllt werden auf jeden Fall. Entweder von hier aus noch oder dann nach dem Hinübergehen.

Nehmen wir aber zu unserer Betrachtung heute *nur* die verbogenen Seelen, die bereits als Folge dieser Verbiegung schon in einem entsprechenden Erdenkörper inkarniert sind.

Darunter zuerst die Erdenweiblichkeit, in der schwächliche männliche Seelen inkarniert wurden, weil sie im früheren Leben zu sehr sich

## 29. VERBOGENE SEELEN

vom rein männlichen Denken und Tun entfernten. Das erklärt bereits, daß es sich bei derartigen Erdenfrauen um nur *schwächliche* männliche Seelen handeln kann. Deshalb ist es durchaus nichts Rühmenswertes, wenn eine Frau entgegen der weiblichen Art männliche Charakterzüge in den Vordergrund zu drängen sucht oder überhaupt zeigt.

Eine solche Frau ist in ihrem Denken und in ihrem Tun nach keiner Richtung hin wirklich stark, weder nach der männlichen noch nach der weiblichen Richtung. Sie würde auch *irdisch* mehr für sich gewinnen, wenn sie die Verbogenheit zu unterdrücken sucht.

Ihr Erleben aber hilft ihr zu der Änderung; denn sie muß dabei bald bemerken, daß ein echter Mann sich niemals wohl fühlt in ihrer Nähe. Er findet in sich für sie kein Verständnis. Eine Harmonie kann noch viel weniger erstehen, da echte Männlichkeit von allem Falschen abgestoßen wird, so auch von männlichem Streben einer Frau! Eine Ehe zwischen einem echten Manne und einer Frau, die in sich eine verbogene Mannesseele trägt, kann nur auf einer rein verstandesmäßigen Grundlage erfolgen. Wahre Harmonie wird dabei nie erstehen.

Es wird aber eine solche Frau sowieso unwillkürlich zu *den* Männern hingezogen, die eine verbogene weibliche Seele in sich tragen!

Auch diese letzteren werden von den in sich unverbogenen Männern unbewußt nicht als voll angesehen. In diesem unbewußten Empfinden und Handeln aber liegt der Zwang der Wahrheit, der Tatsächlichkeit.

Alle die Folgen der unwillkürlichen, empfindungsmäßigen Handlungen, die wir als *natürlich* bezeichnen können, wirken aber erzieherisch auf die verbogenen Seelen, die durch die sie schmerzenden Erleben in ihren Enttäuschungen wieder nach der rechten Richtung gebogen werden, wenigstens in vielen Fällen. Das schließt jedoch nicht aus, daß sie später dann immer wieder in solche oder ähnliche Fehler verfallen. Wenn sie nicht durch die Erfahrungen erstarken, bleiben sie wie Rohre, die im Winde schwanken. Vieles, vieles können sich die Menschen aber *nun* durch darin Wissendwerden zukünftig ersparen. Viel Leiden und viel Zeit! Denn bisher konnte sich eine Seele der Verbogenheit nicht bewußt werden.

## 29. VERBOGENE SEELEN

Genau wie es bei Männerseelen in den Frauenkörpern ist, so ist es auch bei den weiblichen Seelen in den Männerkörpern. Es sind bei beiden Teilen gleiche Folgerungen eines einheitlichen, unverbiegbaren Gesetzes.

Eins wird Euch bei Beobachtungen Eurer Umgebung auffallen, das ich schon erwähnte: daß sonderbarerweise sich die Frauenseelen in den Männerkörpern hingezogen fühlen zu den Männerseelen in den Frauenkörpern und umgekehrt. Es fühlt sich also hier gerade die Frau mit stärkerem Verstandeswollen und vorwiegend männlichen Charakterzügen in den meisten Fällen unbewußt hingezogen zu einem Manne mit zarteren Charakterzügen.

Darin liegt aber nicht nur ein unbewußtes Ausgleichsuchen, sondern es wirkt hier das große Gesetz der Anziehung der Gleichart!

Die Gleichart liegt hierbei *in der Verbogenheit der Seelen!* Beider Seelen sind verbogen und haben darin eine wirklich bestehende Gleichart, die sich anzieht nach dem Gesetz.

Das Hingezogensein des Mannes zu der Frau, Geschlechtstrieb dabei ausgeschlossen, ist Folgerung oder Auswirkung eines *anderen* Gesetzes, nicht des Gesetzes der Anziehung der Gleichart. Zum besseren Verstehen ist es angebracht, wenn ich hierbei etwas über die Gleichart sage und erkläre, was unter Gleichart zu verstehen ist; denn darin liegt hierbei das Ausschlaggebende.

Die Anziehung der Gleichart ist nicht die einzige Art, welche anscheinend *anziehend* wirkt. In den Vorgängen der scheinbaren Anziehung liegt ein großer Unterschied. Die Anziehung der Gleichart, dieses große Schöpfungsgesetz, ist aber *grundlegend* zu *allem Verbindungsstreben* in der Schöpfung, gleichviel, in welcher Weise dies geschieht. Dieses große Gesetz *bedingt* erst alle diese Vorgänge, führt sie herbei und kontrolliert sie auch. Es schwebt über allem und wirkt treibend in ihnen und durch sie im ganzen Schöpfungsweben.

Ich will deshalb einmal zuerst die Anziehungsarten nach der Bezeichnung ihres eigentlichen Wirkens, also nach ihrer Betätigung *trennen*: in die wirkliche *Anziehung* und in das durch dieses große, alles überragende und bedingende Gesetz zwangsweise hervorgerufene *Anschlußverlangen* gespaltener Teile einer bestimmten Art!

Es gibt also in dem Schöpfungswirken ein *Anziehen* und ein *Anschlußverlangen!* Die Wirkung beider Vorgänge ist nach außen hin gleich erscheinend. Die von innen dazu treibende Kraft ist jedoch ganz verschieden.

Die *Anziehung* erfolgt von gleichen, in sich abgeschlossenen Arten aus, und das *Anschlußverlangen* liegt in den Art*spaltungen*, die bestrebt bleiben, wieder eine Art zu bilden!

Der von den Menschen aufgestellte Satz, daß Gegensätze sich berühren, gleiche Pole aber abstoßen, steht deshalb nur in *anscheinendem* Widerspruche zu dem Gesetz der Anziehung der Gleichart.

Es ist in Wirklichkeit kein Widerspruch darin vorhanden; denn der von den Menschen aufgestellte Satz ist giltig und richtig für den Vorgang des Anschlußverlangens verschiedener Artspaltungen zu einer bestimmten, vollwertigen Art. *Aber auch nur darin!* Erst unter den geschlossenen Arten selbst tritt dann das eigentliche Gesetz der Anziehung der Gleichart in Kraft, das dazu die treibende Wirkung des Anschlußsuchens zu einer bestimmten und vollwertigen Art hervorruft. Es schwingt darüber und darin.

Was der Mensch bisher in seiner Wissenschaft erkannte, sind nur die kleinen Vorgänge unter den Art*spaltungen*. Er hat die Wirkung und Betätigung der eigentlichen Arten überhaupt noch nicht entdeckt, weil auf der Erde und in ihrem näheren Kreise nur Art*spaltungen* vorhanden sind, also *Teilchen,* deren Wirkungen und Auswirkungen er zu beobachten vermochte.

So sind auch der weibliche Geist und der männliche Geist je nur eine Art*spaltung*, die einander anschlußsuchend nach den Schöpfungsgesetzen zustreben, also nur Teilchen, die auch bei ihrer Verbindung wiederum nur einen Teil abgeben zu der eigentlichen *Art des Geistigen!*

Das hier Gesagte betrifft aber wiederum nur den *Grundzug* zwischen dem Weiblichen und dem Geistigen, während die Hüllen der Seele und zuletzt die Hüllen der Grobstofflichkeit in viel kleinere Teile gefolgerte

Abspaltungen anderer Arten sind, die sich je ihrer besonderen Grundart entsprechend anschlußverlangend auswirken und darin bestimmte Folgen zeigen.

Der Mensch selbst ist zum Beispiel keine bestimmte Art, sondern nur eine Spaltung, die Anschlußverlangen in sich trägt.

Aber sein übles Denken oder übles Tun ist eine bestimmte Art, die Gleichart anzieht und von ihr angezogen wird! Ihr seht daraus, daß von einer Artspaltung eine fertige Art ausgehen kann und nicht etwa nur Spaltungen.

Einen Hinweis will ich hier noch geben: in der Anziehung der Gleichart liegt eine ganz bestimmte, unverrückbare Bedingtheit. Darin ruht auch stärkere Kraft, die in dem Grundgesetz verankert ist. In dem Anschlußverlangen der Artspaltungen aber liegt eine größere Bewegungsfreiheit, gegeben durch abgeschwächte Kraft. Aus diesem Grunde können die Art*spaltungen* sich in *verschiedener* Weise zusammenschließen, und so wechselnde Wirkungen und Formen ergeben.

Ich kann darüber heute wiederum nur ein kurzes Bild geben, da alle diese Punkte in das Tausendfache gehen und wir kein Ende finden würden. Wenn *ich* darin für Euch nicht einen *ganz bestimmten* Weg bahne, der Eurem menschlichen Können angepaßt ist, so würdet Ihr niemals ein wirklich abgerundetes Bild von dem Geschehen in der Schöpfung erhalten können!

Deshalb müßt Ihr mir auch langsam folgen. Ihr dürft dabei nicht einen Schritt weiterzugehen versuchen, bevor Ihr alles von mir Erklärte richtig in Euch aufgenommen habt, unverwischbar; denn sonst könnt Ihr und müßt Ihr trotz meiner Führung unterwegs hilflos werden. *Unbewußtes* Folgen bringt Euch keinen Nutzen.

Bedenkt, Ihr folgt mir einen Weg, den ich nicht mit Euch wieder zurückkehre! Wir ersteigen zusammen eine Leiter, auf der für Euch keine Sprosse fehlen darf. Wir gehen dabei Sprosse um Sprosse.

Erlebt Ihr die einzelnen Sprossen nicht richtig dabei, so daß sie Euch wirklich vertraut werden, so kann es leicht geschehen, daß Ihr plötzlich noch unterwegs den Halt verliert und stürzen müßt. Sind sie Euch nicht vertraut und zu eigen geworden, so steht Ihr eines Tages in vielleicht schon beträchtlicher Höhe verwirrt und könnt nicht mehr weiter mit hinauf, weil Euch der sichere Halt dazu unter Euren Füßen fehlt. Zurückgehen könnt Ihr aber auch nicht mehr, weil Euch die Sprossen dazu nicht genug vertraut geworden sind, und so müßt Ihr abstürzen in jähem Fall.

Nehmt solche Warnung und Ermahnung nicht zu leicht; denn es gilt Eurem ganzen Sein.

## DER GEISTIGE FÜHRER DES MENSCHEN

Nachdem wir uns die nächste Umgebung des Menschen der Erde betrachteten, ist der Boden dazu gegeben, auch einen Blick auf die Führung zu werfen, die ihm zur Seite steht und ihm hilft.

Es ist auch notwendig, daß darüber etwas gesagt wird; denn gerade hierin und hierüber wird viel Unsinniges geredet von den Menschen, welche überhaupt an eine Führung glauben oder etwas von ihr wissen, daß man wohl manchmal lächeln möchte, wenn es nicht so traurig wäre.

Traurig ist es, weil es die Beschaffenheit des Menschengeistes wieder einmal deutlich zeigt in seinem sonderbaren Streben, sich um jeden Preis als äußerst wertvoll zu betrachten. Ich glaube nicht, daß es noch nötig ist, Beispiele darin anzuführen; denn es hat ein jeder meiner Hörer wohl schon die Bekanntschaft solcher Menschen einmal machen müssen, die von ihrer »hohen« Führung sprechen oder von dem Führer selbst, den sie deutlich empfinden wollen, und ... doch nicht nach seinem leisen Drängen handeln.

Das sagen sie zwar nicht dazu; aber gerade solche, welche von der Führung viel erzählen, kameradschaftlich mit ihr auf »Du und Du« zu stehen wähnen, handeln selten oder nur zur Hälfte, meistens aber gar nicht so, wie es die Führung möchte. Man kann bei derartigen Menschen ziemlich sicher damit rechnen. Es ist ihnen nur eine angenehme Unterhaltung, weiter nichts. Sie betragen sich so ungefähr wie recht verwöhnte Kinder, brüsten sich damit und wollen wohl in erster Linie hauptsächlich zeigen, welche Mühe sich »von oben aus« um sie gegeben wird.

## 30. DER GEISTIGE FÜHRER DES MENSCHEN

Ihr Führer ist natürlich immer ein »ganz Hoher«, dort, wo sie nicht vorziehen, einen geliebten, um sie sehr besorgten, zärtlichen Verwandten darin zu erahnen. In mehr als tausend Fällen aber soll es Jesus selber sein, der aus dem Licht zu ihnen kommt, um sie zu warnen oder lobend zu bestärken, ja, der auch manchmal über ihnen gut bekannte Menschen auf Befragen abfällig oder befürwortend zu ihnen spricht.

Sie reden dann sehr gern davon mit einer ehrfurchtsvollen Scheu, wobei man aber ohne weiteres erkennen kann, daß diese Ehrfurcht nicht dem Gottessohne gilt, sondern dem Umstande, daß sie persönlich einer solchen Fürsorge gewürdigt sind. Mit klaren Worten: es ist Ehrfurcht vor sich selbst!

Ein jeder Mensch, dem sich solche Personen anvertrauen, und sie drängen sich darnach, es möglichst vielen Menschen mitzuteilen, kann die Wahrheit des von mir darüber hier Gesagten schnell erfahren, wenn er derartigen Mitteilungen Zweifel gegenüberstellt! Dann zeigen diese Mitteilsamen ein Gekränktsein, das nur in verletzter Eitelkeit den Ausgang haben kann!

Ihr seid für sie erledigt oder »unten durch«, wie man die Stimmung der dadurch Gekränkten in dem Volksmunde so schön benennt. Nur mit Geringschätzung sehen sie noch auf Euch herab.

Es ist auch sicher, daß sie dann die Führung über Euch befragen, sobald sich nur eine Gelegenheit dafür ergibt, und hochbefriedigt nehmen sie die Antwort auf, die sie nicht anders vorher schon erwarteten; denn dieser Führer ist ja gleichzeitig ihr Freund, und, wenn es nicht der Gottessohn nach ihrer Meinung selber ist, so sehen sie in ihrem Führer mehr den dienstbereiten Kammerdiener, dem sie alles anvertrauen, weil er es ja doch schon weiß, und der nur darauf wartet, Gelegenheiten zu erhalten, um Bestätigungen oder notwendige Ratschläge zu geben.

Geht hin und forscht, beobachtet in rechter Art; Ihr werdet alles das sehr bald bestätigt finden bis zum Überdruß! Seid auch einmal so kühn, vieles davon als Dummheit zu bezeichnen; dann müßt Ihr schleunigst eine Deckung für Euch suchen, so Ihr nicht gesteinigt werden wollt.

Wenn dies auch heute nicht in grobstofflicher Art erfolgen kann, so ist es ganz bestimmt moralisch. Dessen könnt Ihr sicher sein.

So ganz vertraulich und mit tiefem Ernste heuchlerisch bedauernd, geht es dann von Mund zu Mund, von Brief zu Brief. Unter der Hand, aber mit großem Eifer und viel Sicherheit, die Übung zeigt, wird Euch ein Grab geschaufelt, um Euerer Verworfenheit und auch Gefährlichkeit ein wohlverdientes Ziel zu setzen.

Die Menschen wittern die Gefahr, die ihrer Glaubwürdigkeit dadurch droht. Vor allen Dingen aber wollen sie sich die Gelegenheiten doch nicht nehmen lassen, die so gut geeignet sind, den Wert ihrer Persönlichkeit so wunderschön hervorzuheben. Die »hohe« Führung ist ja ein Beweis dafür, wenn auch die armen Nebenmenschen noch nichts davon sehen können. Und *deshalb* kämpfen sie darum.

So und nicht anders ist der Dünkel dieser Menschen, der sich deutlich ausdrückt in der Art der Schwätzereien über ihre Führung. Sie wollen dadurch *gelten*, nicht etwa den Nebenmenschen liebreich helfen, wollen gern beneidet werden und bewundert.

Damit Ihr nun auch darin wissend werdet, will ich Euch gern führen zur Erkenntnis der Gesetze, die die Führungen *bedingen*; denn auch diese unterliegen keiner Willkür, sondern sind mit Euch verwoben in die Fäden Eueres Geschickes!

Alles ist ja wechselwirkend in der Schöpfung, und dieses Gesetz der Wechselwirkung liegt auch im Geheimnis der Bestimmung Eurer Führungen. Ihr findet keine Lücke, nirgends eine leere Stelle, wo etwas hineinzusetzen möglich wäre, was nicht unbedingt nach dem Gesetz dorthin gehört.

Ihr könnt Euch nach den letzten Vorträgen nun heute ja schon vorstellen, wie viele Fäden um Euch laufen, die mit Euch verwoben sind und Ihr mit ihnen. Aber das ist nur ein kleiner Teil davon. Und in dem großen, Euch umfassenden Gewebe gibt es keinen Riß! Nichts kann in Willkür eingeschoben werden oder eingesetzt, da gibt es kein Dazwischendrängen, auch kein Abwerfen oder sich Loslösen ist möglich, ohne daß es durch Euch ausgetragen wurde, totgelebt nach dem Gesetz.

Nicht anders ist es deshalb auch mit Eurer Führung! Die Führung, die Ihr habt, ist fest mit Euch verbunden auf irgendeine Art. In vielen Fällen durch die Anziehung der Gleichart!

So mancher Führer kann und soll *für sich* dabei Geschehen durch die Tätigkeit der Führung lösen, die ihn selber an die schwere Grobstofflichkeit binden. Das ist für Euch neu, doch leicht verständlich. Indem ein Führender irgendeinen Erdenmenschen in der Führung davor zu bewahren sucht, die gleichen Fehler auf der Erde zu begehen, die er selbst begangen hat, trotzdem der Erdenbürger dazu neigt, so löst er *damit* seine Schuld auch in der schweren Stofflichkeit, ohne deshalb besonders inkarniert werden zu müssen. Denn die Wirkung seiner Führung zeigt sich *auf der Erde*, wo er einstens fehlte, durch den Schützling, den er führen darf. Damit schließt sich mancher Ring eines Geschehens auch für Jenseitige genau dort, wo er sich schließen muß, ohne daß der an den Fäden hängende Jenseitige noch einmal dazu auf die Erde inkarniert zu werden braucht.

Es ist ein einfaches Geschehen, welches dem Gesetz entspricht, und doch damit Erleichterungen bietet dem, der einen Erdenmenschen führt, und gleichzeitig auch Vorteile den Erdenmenschen gibt.

Gerade das Gesetz der Anziehung der Gleichart bringt sehr viele Führenwollende leicht in die Nähe *solcher* Erdenmenschen, welche irgendeine Gleichart in sich tragen und diesen selben Fehlern zu verfallen drohen, denen schon der Führenwollende einstens verfiel. Und das Gesetz schafft dann die Fäden, die den Führer mit dem Schützlinge verbinden.

Betrachtet damit einmal ganz genau die Gnade, welche wechselwirkend in dem Vorgang liegt für *beide* Teile, für den Führer und für den, den er zu führen durch die Wechselwirkung im Gesetz der Anziehung der Gleichart selbsttätig gezwungen oder, sagen wir, begnadet ist!

Und der Gnaden sind noch viele, die allein aus diesem *einen* Vorgange erwachsen; denn es laufen dabei neue Fäden aus, nach allen Seiten, welche wieder Wechselwirkung in sich tragen und an manchen Stellen stärken, heben, fördern, lösen, die mit diesen beiden Hauptbeteiligten verbunden sind. Denn Gnade, Liebe ganz allein liegt in den Auswirkungen *sämtlicher* Gesetze, welche in der Schöpfung sind, und die zuletzt nach oben gehend in dem einen großen Grundgesetz zusammenlaufen: dem Gesetz der Liebe!

Liebe ist ja *alles!* Liebe ist Gerechtigkeit und ist auch Reinheit! Es gibt keine Trennung dieser drei. Die drei sind eins, und darin wieder ruht Vollkommenheit. Beachtet diese meine Worte, nehmet sie als Schlüssel für alles Geschehen in der Schöpfung!

Es wird Euch, die Ihr meine Botschaft kennt, ganz selbstverständlich sein, daß immer erst das Euch Zunächstliegende Anschluß finden kann, weil dazu ganz bestimmte Voraussetzungen gegeben sein müssen, die keine Lücke zulassen.

So liegt es im Gesetz der Schöpfung, daß ein Führer, der mit Euch verbunden werden will, nur *dann* verbunden werden kann, wenn er selbst noch die Hülle, also einen Körper um sich trägt, welcher dem Eueren in seiner Art am nächsten steht, damit der Faden haften kann, der Euch mit ihm verbinden soll.

Daraus müßt Ihr den Schluß ziehen, daß es durchaus nicht ein »ganz hoher Geist« sein kann, welcher Euch führt; denn nur, wer dieser Erde noch genügend nahe ist, kann einen Erdenmenschen führen, sonst ist er allem schon zu sehr entfremdet, und es hätte weder Sinn, noch könnte es Euch großen Nutzen bringen, wenn eine Kluft darin bestände. Beide würden sich dann nicht verstehen. Weder der Führer seinen Schützling noch dieser seinen Führer.

Eine *einzige* Kluft müßte die erfolgreiche Führung unmöglich machen. Aber es gibt keine Kluft in der Gesetzmäßigkeit des Geschehens in der Schöpfung! Also auch hierin nicht; denn eine einzige Kluft würde das große Schöpfungswerk selbst vollständig zusammenbrechen lassen.

Zwischen dem Führer und dem Geführten besteht also eine straffe Wechselwirkung, die durch das Gesetz der Anziehung der Gleichart bedingt ist.

Wenn Ihr nun fragen wollt, wie es möglich wird, daß auch einmal von höherer geistiger Stelle aus etwas zu dem Geführten auf die Erde kommt, so werfen diese Ausnahmen das Gesetz nicht um. Ihr braucht nur daran zu denken, daß dasselbe Gesetz, das Euch den unmittelbaren Führer gibt, auch *diesem* einen Führer gibt, und dem dann wieder und so fort. Es ist nur *ein* Gesetz, das eine *ganze Kette* formt, die in diesem Gesetze schwingen muß!

So kann es kommen, daß ein Führer von höherer Stelle aus durch diese Kette Euch etwas vermittelt, oder besser, durch die Fäden dieser Kette. Das geschieht aber nur, wenn es sich um ganz besondere Dinge handelt. Die Abwicklung erfolgt jedoch stets innerhalb der unverrückbaren Gesetze, da es andere Wege gar nicht gibt.

Es ist eine Leiter, die von Sprosse zu Sprosse gegangen werden muß, aufwärts und abwärts, und es besteht gar keine andere Möglichkeit. Über die Vorgänge bei medialen Fähigkeiten gebe ich besondere Erklärungen. Diese gehören nicht hierher.

Für einen Erdenmenschen liegt die Gnade des Gesetzes darin, daß er immer einen Führer hat, der ganz genau die Fehler kennt, an denen der Geführte leidet, weil diese auch die seinen waren, und er alle *Folgen* dieser Fehler schon durchlebte.

Deshalb vermag er auch zu raten und zu helfen in allen Fällen aus der eigenen Erfahrung. Er kann den so von ihm Geführten auch vor vielem schützen, vorausgesetzt, daß dieser gut auf sein verstecktes Drängen oder Mahnen achtet; denn zwingen darf er nicht. Er darf auch nur *dort* helfen, wo der geführte Mensch den Wunsch, die Sehnsucht oder Bitte in sich darnach hat, sonst nicht. Er muß dem Erdenmenschen den Entschluß des freien Willens lassen, auch wiederum nach dem Gesetz, an das er selbst gebunden bleibt. Gebunden wiederum durch eine Wechselwirkung, die ihn überhaupt erst *dann* etwas empfinden lassen kann, *wenn Ihr durch Euer Wollen dazu drängt.*

Mit der Ausstrahlung dieses Eures Wollens straffen sich die Fäden, die Euch mit Euren Führungen verbinden. Durch diese Fäden nur empfindet Euer Führer dann *mit* Euch, und nur auf *diesem Wege* kann er Euch auch stützen. Er vermag Euch nicht etwa zu wenden, sondern nur zu stärken und zu stützen! Auch ist dabei Bedingung, daß Ihr Euch *zuerst* und *ernst* damit beschäftigt. Denkt es Euch nicht so leicht!

In solchen Vorgängen liegt für den Führer auch noch immer außer dieser großen Gnade in der Möglichkeit der Ablösung manchmal eine Strafe, wenn er in solcher Weise *mitempfinden muß*, daß Ihr trotz seiner Warnung anders handelt, so, wie er selbst einst handelte. Dadurch erlebt er in Euch eine Wiederholung, die ihn traurig werden läßt, aber auch stärkt und reift in seinem Vorsatz, nie mehr derartig zu fehlen!

Um so größer ist jedoch auch seine Freude, wenn er den *Erfolg* der Führung an Euch *mit*empfindet. Damit wird er auch gelöst von seiner Schuld.

Nach einer solchen Lösung tritt ein Wechsel Eurer Führung ein; denn viele Jenseitige warten darauf, einen Erdenmenschen führen zu dürfen, um helfend ihre eigene Schuld dabei zu lösen. Doch darf der Wunsch nach Lösung selbstverständlich *nicht die Triebfeder* zum Drange eines Führenwollens sein! Wenn es ihn lösen soll von einer Schuld, dann ist dazu erforderlich, daß er es tatsächlich *aus Liebe zu den Nebenmenschen* will, um diese vor den Folgen falscher Erdenwege zu bewahren! Erst wenn ein Jenseitiger *so* weit ist, *dann* darf er Erdenmenschen führen, und die Lösung für ihn kommt als Gnade für sein gutes Wollen! Und dieser Zwang, sowie das spätere Gewähren liegt in den Auswirkungen seiner Schicksalsfäden selbst, die sich nach der Art seines Strahlungswollens richten in vollkommenster Gerechtigkeit.

Ihr dürft nicht vergessen, daß dann außerhalb der Erdenschwere alles stets *Erleben* ist! Das klugseinwollende Verstandesdenken hat dort aufgehört. Deshalb ist alles echt. Es kommt nicht vor, daß dort ein Menschengeist *berechnend* darin handeln will noch kann, sondern er lebt sich wirklich aus in allem! *Ohne Vorbedacht,* genau wie er in seinem jeweiligen Zustande beschaffen ist.

So ist es also bei der *einen* Art der Führer. Dann gibt es Arten, die mit Euch besonders stark verbunden sind und die Ihr vielleicht schon auf Erden kanntet. Verwandtschaft zählt ja dabei nicht. Aber der Erd*begriff* über die körperliche Blutsverwandtschaft knüpft viele feste Fäden, die Euch dann verbunden halten eine Zeit.

Nur der *Begriff* verbindet, den Ihr selbst geschaffen habt, nicht etwa die Verwandtschaft, wie Ihr es bisher dachtet. Euer Begriff darüber schafft die Fäden oder Eure Liebe, Euer Haß, und dadurch kommt es, daß auch abgeschiedene Verwandte Euch noch führen können.

Doch müssen sie zu führen fähig sein; sie müssen Euch etwas *zu geben* haben durch das eigene Erleben; denn sonst können sie nicht führen. Nur das An-Euch-Hängen genügt nicht dazu.

Aber es spricht dabei wieder vieles mit. So ist es möglich, daß Euch jemand auf der Erde falsch erzogen hat in irgendeiner Art. Er bleibt dadurch mit Euch verbunden. Ist er nach seinem Abscheiden zu eigener Erkenntnis seiner Fehler darin irgendwie gelangt, so ziehen diese Fäden ihn zu Euch. Nennen wir es hierbei einmal *Reue*fäden! Erst wenn er es dann fertig brachte, Euch darin zu ändern, wird er auch gelöst davon, nicht früher.

Wenn Ihr jedoch das Falsche, das Ihr von ihm lerntet, nicht ablegt, sondern es wiederum auf Eure Kinder übertragt, so wird er dabei mit Euch auch an diese Kinder noch gebunden, und so fort, bis es ihm endlich einmal doch gelingt, an einem Kinde seinen Fehler gutzumachen.

So gibt es viele Arten, die Euch Führer bringen, welche alle nur zu Eurem Besten dienen können, sobald Ihr auf ihren stillen Einfluß achtet. *Zwingen* können sie Euch aber *nie*, sondern sie bilden in dem Wirken für Euch das »*Gewissen*«, das Euch mahnt und warnt!

Achtet darauf! Die Tätigkeit der Führer bildet einen Teil Eures Gewissens, dessen Ursprung und auch Art Ihr nie so recht ergründen konntet. Nun gebe ich Euch heute einen Faden dafür in die Hand.

Ausschlaggebend für die Art des Führers ist wie überall in dieser Schöpfung immer nur der *jeweilige Zustand* des geführten Menschengeistes *selbst*. Je mehr der Erdenmenschengeist in sich heranreift, desto höher kann er selbst empor, auch wenn dies irdisch *unbewußt* geschieht, wie es fast immer ist.

Wo nun die *Grenze* ist des eigenen und sicheren Emporsteigens des Geistes, dort ist die Ebene des jeweiligen Führers, der mit dem Reifen des geführten Menschengeistes wechselt. Der Führer wird in seinen eigenen Erfahrungen stets eine halbe Stufe höher stehen als der, welchen er führen darf oder auch führen muß. Doch sind die Arten aller Fälle *so* verschieden, daß es falsch gehandelt wäre, wenn ich ganz bestimmte Fälle nennen und erklären wollte. Ihr könntet dadurch irre werden, weil Ihr Euch dann mit ganz bestimmten Bildern nur an *feststehende* Vorstellungen bindet.

Aus diesem Grunde gebe ich Euch nur die Auswirkungen selbst bekannt, ohne bestimmte Arten davon zu beschreiben. Auf solche Weise bleibt Ihr in dem Wissen darüber ganz frei und ungebunden; denn es wird sich dies ja alles später in so vielen Formen zeigen bei dem eigenen Erleben. –

Sowie ein Führer von Euch gelöst werden kann, tritt sofort ein neuer heran. In vielen Fällen sind es solche, die dann einen anderen Euerer Fehler an sich hatten als den, den der vorherige Führer für sich ablösen konnte. Es ist also nicht gesagt, daß bei Ablösung eines Führers der dann kommende auf höherer Ebene stehen muß als der vorhergehende.

Ein höherer Führer kann nur dann für Euch kommen, wenn *auch Ihr* unterdessen geistig eine höhere Stufe erreichtet; denn der Führer kann nie unter Euch stehen, aber oft *neben* Euch. Er ist nur durch sein eigenes Erleben *erfahrener als Ihr*, durchaus nicht immer eine ganze Stufe höher; denn er muß Euch ja noch *verstehen* können, muß noch mit Euch mitempfinden oder besser *nach*empfinden können, und das bedingt, daß er nicht weit entfernt von Euch sein kann!

Und es wird sich wohl bei einigem Wissen von der unerschütterlichen Gesetzmäßigkeit in der Schöpfung kein Mensch einbilden, unmittelbar mit dem Gottessohne Jesus verbunden zu sein, was einem Menschengeiste *überhaupt nicht möglich ist!*

Aber dieses Vorrecht nehmen gerade zahlreiche kleinere Medien für sich in Anspruch, ohne zu wissen, daß sie nicht einmal die Kraft einer *Annäherung* ertragen könnten! Und Tausende selbstgefälliger Menschen lassen sich durch diese Irrungen betören und locken, weil sie ihnen angenehm sind und sie sich in solchen Selbsttäuschungen gern sonnen; denn es wird ihnen ja damit geschmeichelt.

## 30. DER GEISTIGE FÜHRER DES MENSCHEN

Meine Erklärungen haben mit den zahlreichen verworrenen Geschwätzen der kleinmedialen Menschen nichts zu tun. Ich spreche nur von ernsten Führungen und nicht von Schwätzern, die auch noch unter *den* Abgeschiedenen zu finden sind, welche die *nähere Umgebung* dieser grobstofflichen Erde *stark* bevölkern. Das ist ein anderes Kapitel, dem wir bei Gelegenheit noch näher treten werden.

Ich gebe Euch nur alles das, was wirklich nützen kann und was Euch deshalb aufwärts führt. Die Abteilungen, die Ihr gar nicht näher kennenzulernen braucht, streifen wir nur leicht. Vorläufig verdienen sie gar nicht erwähnt zu werden.

Daß sich die Menschen so gern aber gerade damit beschäftigen, davon am liebsten hören, ist nur ein trauriges Zeichen des derzeitigen geistigen Tiefstandes. Laßt solche Schwärmer laufen, die sich daran nur ergötzen wollen oder einhüllen in selbstgefällige Behaglichkeit, in der niemals ein Aufstieg liegen kann, noch eine Möglichkeit dazu. Schwätzer des Jenseits halten Euch nur ab von ernstem Tun und ernstem Denken; denn es ist ihre Eigenart, weil auch sie ihre Zeit vertrödeln und vergeuden, anstatt sie dankerfüllt zu nützen.

Es wird ein großer Schrecken für sie sein, wenn sie plötzlich erkennend abwärts gleiten müssen, als untauglich für die neue Zeit.

Zusammenfassend will ich Euch noch einmal sagen:

Zuerst sind es nur *Helfer*, die durch Gleichart *Eurer Fehler* sich mit Euch verbinden lassen konnten, erst später, wenn Ihr keine Fehler mehr mit Euch herumzutragen habt und nur die Sehnsucht nach der lichten Höhe in Euch tragt, *dann* kommen eigentliche *Führer* für Euch in Betracht, welche verbunden sind durch eine Gleichart *Eurer Vorzüge und Tugenden.*

*Diese* führen Euch in Wahrheit erst empor, indem sie Eure Tugenden stärken und auf Euch durch ihre große Stärke darin wirken wie ein machtvoller Magnet.

*Das* sind dann erst die *Führer*, die Ihr wirklich Führer nennen könnt! Sie halten Euch zwar jetzt schon in geheimnisvoller, Euch ganz unbekannter Weise fest, weil ihre Stärke durch das Weltall zieht. Aber sie halten selbstverständlich auch nur die, welche noch *Tugenden* beweglich in sich tragen, die nicht allzusehr verschüttet sind.

Von diesen Führern aber könnt Ihr hier auf Erden noch nicht reden, da ja für Euch in erster Linie noch *Helfer* ihre Tätigkeit entfalten müssen, um Euch zu unterstützen, daß Ihr Euere Gewänder reinzuwaschen fähig seid von allem Schmutz, den Ihr Euch zugezogen habt. Die Helfer aber haben alle *selbst* noch abzulösen, was ihnen in ihrer Hilfe zu Euch wird.

Über allen diesen aber stehen schon die wahren Führer, Eurer harrend und Euch unterdessen haltend, damit Ihr nicht bei Eurem großen Reinemachen stürzt und darin untergeht.

Auch hier wirkt sich das alles aus in dem Gesetz der Anziehung der gleichen Art! Es sind die *Urgeschaffenen*, die also machtvoll wirken.

*Der* Urgeschaffene zum Beispiel, der das Heldentum verkörpert, wirkt derart auf *alle* Nachgeschaffenen, die Heldentum als Tugend in sich tragen, und die anderen jeweils in ihrer ganz bestimmten Art.

Der Urgeschaffene im Reiche des Urgeistigen ist stets für sich allein für jede Art. Er wirkt in seiner Strahlung dann auf *Gruppen* gleicher Art noch im Urgeistigen, die weiter abwärts sich befinden. Und *Gruppen* jeder Art sind dann noch weiter abwärts auch im Paradiese, unter den vollendeten der nachgeschaffenen, entwickelten Menschengeister, und von dort aus dehnen sich die Strahlungen dann immer weiter abwärts gehend in die ganze Nachschöpfung, zu denen, wo sie noch Verbindung finden können.

So ist in dem Urgeistigen an höchster Stelle für die Tugenden nur *je eine* Verkörperung, die *Führer* darin ist für *alle* Menschengeister gleicher Art! Und diese wenigen sind erst die *eigentlichen* Führer, aber nur in reinster, umfassender Sachlichkeit durch ihre Ausstrahlung, *niemals persönlich*.

Das ist auch alles in der Botschaft schon deutlich gesagt.

Nicht einmal einen Urgeschaffenen vermag also der Mensch als seinen *persönlichen* Führer zu bezeichnen. Es wäre falsch. Und wie viel weniger Jesus, den Gottessohn.

Macht Euch damit vertraut, Ihr Menschen, daß von dieser großen, eigentlichen Führung nur die wirklich Auferweckten etwas merken können in dem wahren Wissen, das die *Überzeugung* gibt. Und nicht jeder ist im Geiste wirklich auferweckt und damit neu geboren, der sich dessen rühmt!

Es ist viel besser, wenn Ihr erst von *Helfern* sprecht, die Euch viel näher stehen als die Führer und die Euch großen Nutzen bringen in der ungeheueren Mühe, welche sie sich um Euch geben! Reicht ihnen freudig dankbar Eure Hand und hört auf ihre Mahnungen, die ein Teil Eueres Gewissens sind!

# LICHTFÄDEN ÜBER EUCH!

Legt nun einmal die Vorträge zusammen, die ich über Wesenhaftes und die allernächste Umgebung des Erdenmenschen gab, in denen ich von dem Wallen und Weben sprach, von dem Ihr stets umgeben seid, und sucht Euch die darin genannten Vorgänge zusammengestellt als *ein* Bild zu betrachten.

Es ist gar nicht so schwer. Sehr schnell und leicht könnt Ihr die Zusammenhänge untereinander und mit Euch selbst darin erkennen. Setzt nun einmal wie bei einem Zusammenstellspiele in Eurem Vorstellungsvermögen alles in Bewegung, erst in den Einzelwirkungen nach den verschiedenen Richtungen hin *nacheinander*, und zuletzt *zusammenwirkend ineinander*, und Ihr werdet sehen, wie klar sich mit der Zeit das Bild lebend vor Euch entrollt.

Versucht dabei zu sehen, wie ein jedes üble Denken oder Wollen schattenartig durch das Weben läuft, mehr oder weniger das Klare trübend und die Schönheit hier und da zerstörend, während reines, gutes Denken oder Wollen leuchtend durch die Fäden zieht, Schönheit und Glanz verbreitend auf den Wegen, die es geht.

Es wird Euch die Maschinerie bald so geläufig werden, daß sie Euch eine Stütze bildet, die Euch nur das Gute denken oder wollen und zuletzt auch handeln läßt.

Sparet die Mühe darin nicht, es wird Euch reicher Lohn dafür, den Euch niemand verkürzen kann. Und wenn Ihr dann das Bild beweglich vor Euch habt, dann nehmt noch etwas dazu auf, das einen Abschluß dafür gibt und einen Rahmen, der des Bildes würdig ist.

Denkt Euch an Stelle einer Decke lauter lichte, zarte Fäden, die über

## 31. LICHTFÄDEN ÜBER EUCH!

dem »Weben um Euch« hängen wie ein hauchzarter Schleier, welchem ein köstlicher Duft entströmt, der eigenartig zu beleben und zu stärken weiß, sobald man sich seiner bewußt zu werden fähig ist und darauf achtet.

Es sind zahllose Fäden, welche vielerlei Verwendungsmöglichkeiten in sich tragen und jederzeit bereit sind, sich herabzusenken auf *die* Stellen, die nach ihnen Sehnsucht zeigen.

Glimmt in dem unteren Getriebe irgendwo ein kleines Fünkchen auf, das eine Sehnsucht, eine Bitte oder starken Wunsch erstehen läßt, so strecken sich sofort die Fäden einer Gleichart diesem Fünkchen zu, verbinden sich magnetartig mit ihm und stärken es, daß es lichter und heller werden kann und dadurch um sich her schnell alles Dunklere und Trübere verdrängt. Und wenn es hoch entflammt, versengt es alle Stellen, die *den* Strang mit Dunklem oder Üblem noch verbinden, an dem sich dieser Funke zu entwickeln suchte. Dadurch wird dieser Strang sehr schnell befreit von allem Niederhaltenden.

Aber nur lichte, reine Wünsche oder Bitten können die Verbindungen erlangen mit den lichten Fäden, die andauernd über dem Getriebe hängen, welches eine Menschenseele oder einen Erdenmenschen stets umgibt. Dunkles Wünschen findet niemals daran einen Halt, weil es keine Verbindung dazu schaffen kann.

Die Verbindung dieser Fäden, welche aus dem Wesenhaften kommen, erfolgt für jeden Erdenmenschen durch den Mantel oder Körper der mittleren Grobstofflichkeit, den man Astralkörper zu nennen pflegt. Dieser wird von der Seele bei jeder ihrer Regungen entsprechend durchstrahlt. Sind die Regungen der Seele dunkler Art, so finden die bereithängenden lichten Fäden keinen Durchgang für die Hilfe. Erst bei den lichten Regungen kann der Astralkörper *so* strahlen, daß er sich für *die* Fäden aus der Höhe ganz selbsttätig öffnet, welche gleicher Art sind wie die jeweiligen Regungen der Seele.

So ist dieser Astralkörper der mittleren Grobstofflichkeit das eigentliche Ein- und Ausfalltor der Seele. In Wirklichkeit betätigen sich die genannten Fäden also auf der Ebene mittlerer Grobstofflichkeit, die

## 31. LICHTFÄDEN ÜBER EUCH!

man die astrale nennt, und wirken durch deren Vermittlung, je nach der Art ihres Erglühens.

Stellt Euch das alles vor. Es ist so einfach und dabei so zuverlässig und gerecht, daß es nie möglich ist, daß irgendein Gedanke oder Wollen zu dem Guten ohne Hilfe bleiben könnte. So leicht wird es dem Menschengeiste stets gemacht. *Zu leicht*, als daß er es in seiner sonderbaren Art noch achten würde nach dem Wert, der diesen Vorgängen gebührt, und den sie in sich tragen.

Damit in Eurem Vorstellungsvermögen aber keine Lücke bleibt, will ich Euch auch die Herkunft dieser Fäden zeigen, sonst hängen sie für Euch noch in der Luft, was ja unmöglich ist, weil alles einen ganz bestimmten Ausgangspunkt besitzt in dieser Schöpfung, besitzen *muß*, und ohne einen solchen nicht sein könnte.

Die Fäden sind die Ausstrahlungen vieler wesenhafter Mittler, welche Euch in ihrem Wirken noch nicht recht vertraut geworden sind, die aber schon von alten Völkern gut gekannt wurden.

Wie Ihr als Menschengeister auf der Erde Sammler und dann Mittler werden solltet für die Weitergabe aller Ausstrahlungen solcher Menschengeister, die gereifter als Ihr auf gehobeneren Schöpfungsebenen sich befinden, und diese wiederum dasselbe tun in der Verbindung mit noch höheren und lichteren, gereiften Menschengeistern, bis zuletzt dadurch Verbindung mit dem Paradiese kommt, wo die Vollkommenen, Vollendeten der Menschengeister dieser Nachschöpfung in frohem Schaffen weilen, welche ebenfalls durch eine Mittlerkette bis hinauf zu den Vollkommensten der Urgeschaffenen in dem Urgeistigen die Fühlung haben, so ist es in der gleichen Weise und in gleicher Folge auch bei allen Wesenhaften, welche in der ganzen Schöpfung mit Euch, aber jeweils immer eine halbe Stufe höher als Ihr, helfend wirken.

Was davon neben Euch und unter Euch die Tätigkeit entfaltet, ist zum Teil wohl mit Euch auch verbunden, aber nicht in dieser Art. Bleiben wir erst einmal bei *den* Fäden, die ich nannte.

Die Fäden sind so vielseitig, daß es nichts gibt, worin der Erdenmensch und auch die von der Erde schon entfernte Seele nicht Hilfe,

Stärkung, Trost und Stütze finden und erhalten könnte in dem Augenblicke, wo sein Sehnen oder Bitten darnach eine ganz bestimmte Stärke in dem wahren Wollen hat. Nicht früher; denn geformte Worte reichen allein niemals dazu aus, um die Verbindung herzustellen. Auch kein flüchtiger Gedanke.

Heißes, echtes, wahres Sehnen oder Wünschen muß es sein, ohne gedankliche Berechnung, ohne Lohnerwartung, ohne irgend etwas Eingelerntes, das doch nie so recht von Herzen oder aus der Seele kommen kann; denn dazu bindet das geformte *Erdenwort* bereits zu stark. Das Erdenwort kann immer nur die Richtung für das Wollen einer Seele geben, eine Straße bilden für den Weg, den die Empfindung gehen will, es darf jedoch nie *alles* sein sollen.

Wenn der Mensch beides nicht vereinen kann, das Wort mit seinem Wollen, wenn er zu sehr an rechte Formung seiner Worte *denken* muß, so ist es besser, nur zu beten und zu danken oder bitten mit Empfindung *ohne* Worte! Dann ist es sicher ungetrübt! Das festgeformte Wort trübt viel zu leicht und engt jedes Empfinden ein.

Viel schöner ist es und auch stärker, wenn Ihr Eure Worte dabei fallenlassen könnt und Euch an deren Stelle *nur ein Bild* geistig erstehen laßt, in das Ihr das Empfinden groß und rein ergießen könnt! Ihr müßt versuchen, was Euch leichter ist und was Euch nicht beengt.

Es ist dann Eure *Seele*, welche spricht, sobald Ihr die irdischen Worte fallenlassen könnt. Die Seele, wie sie sprechen wird, wenn sie von dieser Erde und auch aus allen Ebenen der Grobstofflichkeit abgeschieden ist; denn dann bleibt das geformte Wort *zurück*.

Wahrscheinlich werdet Ihr nun innerlich schon wieder fragen, wie es dann kommt, daß Seelen aus der Feinstofflichkeit noch durch Menschen sprechen können, welche medial veranlagt sind, oder daß mediale Menschen solche Seelen sprechen *hören*, dieses aufnehmen und weitergeben, durch Niederschrift oder den Mund. Ich weiß, so viele derartige Fragen tauchen sofort in Euch auf.

Wenn Ihr jedoch in meiner Botschaft gründlich forscht, da findet Ihr die Antwort schon auf alle solche Fragen, die nichts weiter sind als

Zweifel Eueres Verstandes. Nehmet nur *richtig* auf, was ich Euch sage, dann könnt Ihr Euch auch alles selbst *so* folgerichtig aufbauen, daß keine Zweifel mehr sich melden werden.

Ich erklärte Euch vor langem schon die Tätigkeit des irdischen Gehirns, das wir einteilten in das Hinter- und das Vorderhirn. Das hintere Gehirn wird von *Empfindungen beeindruckt*. Es nimmt nur Bilder des Empfindungswollens auf und leitet diese, für das Vorderhirn zurechtgearbeitet, an dieses weiter. Das Vorderhirn nun nimmt es auf und macht es *irdischer*, indem es alles nochmals umarbeitet und entsprechend seiner anderen Strahlungsbefähigung verdichtet und in gröbere Erdstofflichkeit verwandelt. Damit wird es in eine noch engere Form gepreßt, fester gefügt und zu dem Ausdrucke des Erdenwortes neu geprägt.

So ist die Tätigkeit der Hirne dieser Erdenhülle eines jeden Erdenmenschen. Eine weitverzweigte Werkstatt bilden die Gehirne, die ein Wunderwerk sind voll der regsten Tätigkeit. Und weil das Vorderhirn die sogenannte Schwerarbeit verrichtet, also alle ihm von dem hinteren Gehirn übermittelten Eindrücke in schwerere, dichtere Formen überträgt, die durch ihre verstärkte Dichtheit viel enger begrenzt sind, damit sie für das irdische Verstehen deutlich werden, deshalb ermüdet auch das Vorderhirn und es bedarf des Schlafes, während das hintere Gehirn diesen Schlaf nicht zu teilen braucht und ruhig weiterarbeitet. Auch der Körper selbst bedürfte dieses Schlafes nicht, sondern lediglich der *Ruhe*, des Ausruhens.

Schlaf ist allein eine Notwendigkeit des vorderen Gehirns!

Aber auch das ist leicht verständlich und für Euch begreifbar.

Ihr braucht Euch nur einmal in Ruhe alles folgerichtig zu überlegen. Denkt Euch also: wenn der Körper ausruht, könnt Ihr dabei wach sein und braucht nicht zu schlafen. Das habt Ihr oft schon selbst an Euch erlebt. Ruht aber das vordere Gehirn, das Euch das *Denken* verschafft, also die Umarbeit der Empfindungseindrücke in gröbere und verengtere Formen und schwerere Dichtheit auswirkt, wenn dieses Gehirn einmal ausruhen muß, nun, so hört natürlich auch das Denken auf. Ihr vermögt selbstverständlich während dieses Ausruhens des vorderen Gehirnes nichts zu denken.

Und nur das Denkenkönnen nennt Ihr hier auf Erden Wachsein, Nichtdenkenkönnen Schlaf oder Bewußtlosigkeit. Es handelt sich dabei nur immer um das sogenannte *Tag*bewußtsein, das ausschließlich Tätigkeit des vorderen Gehirnes ist. Das hintere Gehirn ist immer wach. –

Nun gehen wir nach dieser Abschweifung wieder zurück zu der Sprache der Seelen, bei denen die enggeformten Worte wegfallen und nur die Bilder bestehen, welche den Begriff zu formen haben. Diese Bilder des Wollens oder Erlebens abgeschiedener Seelen drücken sich den hinteren Gehirnen der Erdenmenschen genau so auf, wenn sie diesen etwas mitteilen, wie deren eigenes Wollen, und seiner Art entsprechend überträgt das hintere Gehirn diese aufgenommenen Bilder sofort zurechtgearbeitet dem vorderen Gehirn, das wiederum seiner Art folgend die empfangenen Bilder verdichtet und im Denken, in Wort oder Schrift zum Ausdruck kommen läßt.

Das ist für manchen medialen Menschen selbstverständlich so, als ob er diese Worte richtig *hörte*, hervorgerufen wieder durch die Auswirkung des vorderen Gehirnes, das ja auch mit dem *Gehör* verbunden ist und *dessen* Eindrücke aufnimmt, um sie entsprechend zu verarbeiten.

In *diesen* hier genannten Fällen aber, wenn es sich um sogenanntes »Hellhören« aus der Feinstofflichkeit handelt, strahlt das vordere Gehirn die vom hinteren Gehirn aufgenommenen Empfindungsbilder während der Verarbeitung zu größerer Dichtheit auf *umgekehrtem* Wege auch zu dem Gehör, das dann in den Wortformen während deren Bildung mitzuschwingen veranlaßt wird, da ja die Verbindung gegeben und auch immer aufnahmebereit ist.

Durch diesen *umgekehrten* Weg zum grobstofflichen Ohr klingt es dem medialen Menschen dann natürlich etwas anders, weil ja die Art der Schwingungen verschieden ist von denen, die die grobstofflichen Schallwellen erzeugen und das Ohr des schweren Erdenkörpers treffen, das es weiterleitet nach dem vorderen Gehirn.

Es kommt bei diesem Vorgange des Hellhörens nun aber nicht die schwerste, äußere Grobstofflichkeit des Ohres in Betracht, sondern die feinere Grobstofflichkeit. Das könnt Ihr Euch ja denken; denn die äußere und schwerste Stofflichkeit ist viel zu grob und starr dazu, um auf die zarteren von dem Gehirn kommenden Schwingungen zu antworten. Dabei schwingt nur die feinere Grobstofflichkeit, die gleiche Art hat mit der Art der Schwingungen des vorderen Gehirns.

Die Aufnahme- oder Empfangsstellen des *äußeren* Ohres werden nur von den *von außen kommenden*, gröberen Schallwellen wirksam getroffen und bewegt.

Ich denke, daß Ihr mir in diesen Betrachtungen leicht folgen konntet, deshalb bin ich darin auch etwas ausführlicher geworden, um Euch alles gut verständlich zu machen. So also ist der Vorgang der Vermittelungen durch Bilder anstatt der Worte, wie es die Seelen aus der Feinstofflichkeit anwenden, um in den Erdenmenschen den Begriff ihres Wollens zu formen.

So ist auch das »Hören« der lichter und leichter gewordenen Seelen dort *von innen heraus!* Der Vorgang geht den *umgekehrten* Weg wie in der Grobstofflichkeit mit der durch ihre Dichtheit schützenden, aber auch hemmenden Hülle, deren Schutz in der Feinstofflichkeit nicht mehr nötig ist.

Dadurch könnt Ihr Euch auch leichter den Umstand erklären, daß Seelen, die sich nicht *innerlich* öffnen, dort *taub* sind, ebenso *blind*; denn daß das eigentliche Sehen ein Sehen *des Geistes* ist, habe ich ja schon in einem früheren Vortrage erklärt.

So mancher spitzfindige, besonders verstandeskluge Mensch, der aber besser nur als erdgehirngebunden bezeichnet werden kann, wird hierbei vielleicht *darauf* stoßen, daß die Ausdrucksweise verschiedener abgeschiedener Seelen durch ein und dasselbe Medium doch sehr oft *auch* grundverschieden ist, trotz des gleichen Gehirnes als Werkzeug.

Der Umstand müßte eigentlich mehr *darauf* hinweisen, daß sie *doch* noch eine Sprache im Wortausdruck verwenden, um sich verständlich zu machen, namentlich da derlei Kundgebungen auch manchmal in

Sprachen kommen, die das Medium überhaupt nicht kennt, wie englisch oder französisch, lateinisch, ebenso japanisch, türkisch und noch anderen mehr.

Das ist jedoch nicht stichhaltig, weil derartige Kundgebungen immer nur aus Ebenen kommen, *die noch zu der Grobstofflichkeit zählen*, die ja viele Ebenen umfaßt. Dort ist der Vorgang noch der schweren Grobstofflichkeit auf der Erde ähnlich. Auch wird bei manchen Medien von Jenseitigen das Gehirn zeitweise als Werkzeug zu direktem Ausdruck ganz in Besitz genommen.

Erst in der *Feinstofflichkeit*, die ganz anderer Art ist als die Grobstofflichkeit, ändert sich mit dieser Art auch die Ausdrucksform der gleichen Schöpfungsgesetze, worauf ich schon mehrfach hingewiesen habe in der Botschaft.

Ihr dürft nicht den Fehler machen, meine Botschaft, die das ganze Schöpfungswerk umfaßt und noch darüber weit hinausgeht, so wie sie *ist*, in Euere kleine Gedankenwelt pressen zu wollen! Damit kämet Ihr nicht weit; denn ich habe oft Riesenweiten in einen einzigen kleinen Satz gezwängt, um Euch wenigstens ein für Euer Erfassen mögliches abgerundetes Grundbild zu geben, an dem Ihr einen Halt findet, um nicht weiterhin so ziellos durcheinanderirren zu müssen in einem Feld, das nicht einmal den kleinsten Teil der engeren Umgebung von Euch bildet. Um meine Botschaft richtig zu verstehen, müßt Ihr sie *verarbeiten!*

*Zusammenhänge* will ich Euch nur vorerst geben, nicht die Einzelheiten! Erst wenn Ihr den großen Zusammenhang einmal feststehend habt, dann könnt Ihr zielbewußt auch in die Einzelheiten gehen, ohne dabei den Zusammenhang verlieren zu müssen.

Je höher Ihr kommt, desto weniger läßt es sich in Worte fassen, zuletzt ist alles für Euch überhaupt nur *Strahlung*, da hört alles andere auf.

*Für Euch*, betone ich besonders, also für den Erdenmenschengeist, den formgewordenen Geist der Nachschöpfung! Alles andere, was nicht unter oder neben Euch ist, könnt Ihr ja doch nie erfassen.

Was für Euch Strahlung wird, ist für das Höhere als Ihr noch sichtbar, greifbar und geformt. So geht es weiter, immer höher, bis zuletzt nur noch das Göttliche im Göttlichen alles geformt erkennen kann, bis auf Gott selbst, der auch von Göttlichen nicht zu erkennen ist in seiner Wesenlosigkeit.

Macht Euch das immer wieder klar und nützet das, was ich Euch gebe, *immer nur von Euch verarbeitet im Hinblick auf die Gegenwart und Euere nächste Umgebung!* Steiget nicht phantastisch mit dem Wissenwollen in *die* Höhen, wo Ihr doch nichts wirken könntet noch erkennen. Aber die *Zusammenhänge* damit sind Euch not zu wissen, wenn Ihr *richtig* gehen wollet dort, wo Ihr Euch jeweils aufzuhalten habt nach dem Gesetz! Und die *Zusammenhänge* will ich Euch für diesen Zweck vermitteln!

Nun aber wiederum zu unseren Fäden, die über dem Weben hängen, das um Euch herum in dauernder Bewegung ist. Es sind Ausstrahlungen wesenhafter Mittler, die in der großen Kette stehen, welche von oben herab kommt. Von *oben* abwärts laufend, das dürft Ihr nicht vergessen, sonst verliert Ihr den Zusammenhang. Ich erklärte es nur vorhin aufwärtsgehend, weil ich diesmal bei den *Enden* der herabhängenden Fäden war, um das Bild damit zu vervollständigen, das wir vor uns auferstehen ließen.

Es sind also ganz verschiedenerlei Arten solcher Fäden. Sie haben ihren Ursprung in der Ausstrahlung der betreffenden Wesen, die die von dem jeweils höher befindlichen Mittler weitergegebene Kraft aufgenommen haben und wieder weitergeben, wobei eine Veränderung in dem Durchströmen sich vollzieht, wodurch die Strahlung *der* Art angepaßt wird, auf die sie abwärtsführend dann als nächste trifft.

Aus diesen Fäden können Erdenmenschen Stärkungen erhalten für *jede* Tugend und für jedes gute Wollen! Zu jeder Zeit; denn diese Fäden hängen *immer* über Euch, bereit und abwartend, daß Ihr Verlangen darnach habt.

Ich will Euch nur einmal von *einer* Art berichten, damit Ihr wißt, wie diese Vorgänge erfolgen in genauer Einhaltung der Schöpfungsurgesetze, durch deren Auswirkungen selbst.

Elisabeth, Urkönigin der Weiblichkeit, umfaßt in ihrer Vollkommenheit *alle* Tugenden und Vorzüge.

## 31. LICHTFÄDEN ÜBER EUCH!

Von ihr aus gehen nun die ihrer Art entsprechenden Strahlungen weiter abwärts in der Region des Göttlichen und treten auch hinaus in das Reich des Urgeistigen, in dem die vielen Abstufungen aller Urgeschaffenen sich befinden.

Bei jeder Stufe abwärts spalten sich die Strahlungen in einzelne Bestandarten, die sich im Wesenhaften ohne weiteres verkörpern als Nachbildungen ihres Ursprunges, also als Nachbildungen von Elisabeth, dem Ausgangspunkte dieser Strahlungen. Dieses geschieht im Wesenhaften *und* im Geistigen, da von der Urkönigin *beide* Arten Strahlungen ausgehen, die sie in sich vereinigt hält.

Ihre Formen bilden sich genau nach der jeweiligen ganz bestimmten Einzelart der Strahlungen, die sie verkörpern und selbst *sind*. Damit treten natürlich auch verschiedene Abweichungen in dem Aussehen oder der Erscheinung der Nachbildungen auf, die immer klar und eindeutig *das* ausdrücken, was die betreffende Strahlungsart enthält und wirkt.

So werden zuletzt immer mehr der Einzelarten, welche sich verkörpert zeigen. Sie wurden von den alten Völkern einst als Göttinnen und Götter bezeichnet, weil diese Menschen damals noch nicht weiter schauen konnten und die Mittlerinnen dieser Strahlungen schon als die eigentlichen Ausgangspunkte dachten und sie deshalb für die Höchsten hielten, die es gab.

Wir finden deshalb von den Menschengeistern ausgehend, einmal in umgekehrter Richtung jetzt nach oben zu gedacht, viel solcher Mittlerinnen in dem Wesenhaften und auch Mittler. Durch sie kann jeder Erdenmensch *alles* erhalten, wenn er nur in Reinheit sich nach etwas davon sehnt. Die Keuschheit, welche allerdings ganz anders ist, als Menschen sich erdachten, die Treue, Fruchtbarkeit, Wahrhaftigkeit, die Anmut, die Bescheidenheit, den Fleiß (in dem Gesetze der Bewegung schwingend) und vieles mehr. Für jedes einzelne ist eine Mittlerin für alles Weibliche verkörpert, wie es auch Mittler gibt für alles Männliche, zum Beispiel für die Kraft, den Mut, die Unerschrockenheit, Gewandtheit, echtes, reines Herrentum und alles andere, welches zu nennen hier nicht nötig ist, weil ich Euch nur ein ungefähres Bild davon entwickeln will zu besserem Verstehen dessen, was ich heute gebe.

Von jedem dieser Mittler, die durch Spaltungen der Einzelteile nötig wurden, gehen diese Fäden aus, die ich Euch schildere. Und jeder dieser Mittler hat auch wiederum sehr viele Helfer, welche um ihn sind und in den Ausstrahlungen sich betätigen. Es ist ein frohes Wogen, das in allem diesem Wirken liegt!

Doch seht Ihr Euch die Fäden *heute* an, in der *jetzigen* Zeit, so öffnet sich den Blicken ein trostloses Bild; denn viele dieser Fäden, ja, der größte Teil davon, hängen herab, ohne Verbindungen zu finden bei den Erdenmenschen. Lose flattern sie umher, ganz ungenützt, nicht aufgenommen von den Stellen, denen sie in der helfenden Liebe zugedacht gewesen sind.

Die so hängenden Fäden zeigen *Eure Schuld*, Ihr Erdenmenschen, wie so vieles andere schon Eure Schuld hinausschreit in die Schöpfung und hinauf zum Schöpfer, der Euch so mit seiner Liebe bisher überschüttete und der es in den Heiligen Gesetzen Euch so leicht machte, die Wege genau zu erkennen, die Ihr gehen solltet!

Wie sehr müßt Ihr Euch schämen, wenn dann das Erkennen kommt! Ihr Menschen seid diejenigen und die einzigen, die das Erhaltene nicht richtig weitergeben und in diesem Falle auch als Mittler vollständig versagten, weil Ihr darin schon lange nicht mehr zu empfangen fähig seid.

Es ist darüber nicht viel mehr zu sagen. Traurig stehen alle Mittler in dem Wesenhaften, die mit Euch, Ihr Menschen, in Verbindung sind. Anklagend heben sie die Fäden hoch, die ihnen ebenfalls in der Benutzung durch die Erdenmenschen Wechselströmung bringen sollten, die die Einseitigkeit des Nurausstrahlens farbenprächtiger beleben und dadurch noch gewaltiger und segenbringender erstarken und erglühen lassen. Sie sind vertrocknet an den Enden und verkümmert.

Nur jene Mittler, die mit Tieren, Pflanzen und den Steinen in Verbindung sind, die stehen fest und freudig noch; denn ihre Strahlungsfäden sind gestrafft in dem wechselnden Kreisen durch das Geben und das Nehmen, das auch darin liegen muß, dem Schöpfungsgesetz froh gehorchend, dankend, daß die Möglichkeit dazu gegeben ward in der All-Liebe Gottes, die sich darin zeigt.

So habt Ihr durch das falsche Denken, das Ihr pflegtet, einen häßlich aussehenden, schädigenden Riß gezogen in dem Bild, das jenen Teil des Schöpfungswebens zeigt, welches mit Euch sehr eng verbunden ist. Unschönes breitet Ihr um Euch, Ihr Menschen, wo Ihr geht und steht. Wohin nur Euere Gedanken reichen konnten, dort zerstörtet Ihr die Harmonie, damit die Schönheit und auch das gesetzmäßige Reifenkönnen. Viel habt Ihr zu verantworten und auch zu sühnen!

# DIE URKÖNIGIN

Es schwingt schon immer in den Menschen ein Wissen von der Urkönigin, die von manchen auch Urmutter genannt wird oder Himmelskönigin. Es gibt der Bezeichnungen dafür noch viele, und, wie immer, stellen sich die Menschen mit der Bezeichnung auch irgend etwas ganz Bestimmtes vor, das der jeweiligen *Bezeichnung* ungefähr entspricht, die ja nur dazu da ist, um ein Bild davon im Geiste zu erwecken.

Dieses Bild richtet sich dann natürlich immer nach der jeweiligen Art einer Bezeichnung und nicht als letztes stark auch nach der Wesens- und der Bildungsart des Menschen, welcher nach dem Hören in sich das Bild auferstehen läßt. Immer aber wird jede *andere* Bezeichnung auch ein anderes Bild erstehen lassen. Es ist dies bei dem Menschengeiste gar nicht anders möglich. Die Bezeichnung in dem Worte erweckt ein Bild, und das Bild wieder formt dann weiter folgernd den *Begriff*. In dieser Reihenfolge liegt der Bewegungskreis des Erdenmenschen, oder besser gesagt, des erdinkarnierten Menschengeistes.

Ist er dann von der Erde abgeschieden, so fällt für ihn auch die Bezeichnung in dem Worte weg, wie sie der Erdenaufenthalt bedingt und kennt, und es verbleibt ihm noch das Bild, welches bei ihm dann den Begriff zu formen hat.

Das irdische Wort und das Bild, das im Geiste ersteht, sind also für den Menschengeist die Hilfsmittel dazu, um den Begriff zu formen. Zu diesen Hilfsmitteln gesellen sich zuletzt noch Farbe und der Ton, um den Begriff erst richtig zu vervollständigen. Je höher der Menschengeist in der Schöpfung kommt, desto stärker treten dann Farbe und Ton in ihren Wirkungen hervor, die beide in Wirklichkeit nicht zwei getrennte Dinge, sondern nur *eins* sind. Dem Menschen *erscheinen* sie nur als zwei, weil er in seiner Erdenart nicht fähig ist, beides als eins zu erfassen. –

Die Mitwirkung der Farbe und des Tones zur Bildung eines Begriffes finden wir aber auch hier auf Erden schon in dieser Grobstofflichkeit, wenn auch im Verhältnis nur schwach angedeutet; denn oft spielt bei Bildung des Begriffes über einen Menschen eine nicht zu unterschätzende, wenn auch dem Menschen in den meisten Fällen unbewußte Rolle dessen Auswahl in den Farben für seine Umgebung und seine Kleidung.

Und bei dem Sprechen wird durch die dabei angewendete wechselnde Tonart unwillkürlich oder auch gewollt dieses oder jenes Gesagte förmlich unterstrichen, hervorgehoben und, wie man ganz richtig sagt: »betont«, um mit dem Gesagten einen ganz *besonderen* »Eindruck« zu erwecken, was nichts anderes bedeutet, als den rechten Begriff in dem Zuhörenden damit erstehen lassen zu wollen.

Das wird auch in den meisten Fällen erreicht, weil es dem Zuhörenden tatsächlich erleichtert, sich bei entsprechender Betonung eine richtigere »Vorstellung« von dem Gesagten zu machen.

Nicht anders ist es natürlich auch mit den Folgen der verschiedenen Bezeichnungen über die Urkönigin. Mit der Bezeichnung Urkönigin ersteht ein ganz anderes Bild als bei der Bezeichnung Urmutter. Auch gibt Urkönigin ohne weiteres einen gewissen und berechtigten Abstand, während Urmutter inniger verbinden will.

Überdies wird alles gerade darüber dem Menschen immer nur ein *schattenhafter* Begriff bleiben müssen, da er mit jedem Versuche zum Verstehen nur eine ungeheuere Verengung und Verkleinerung des Eigentlichen herbeiführen kann, die ihm nicht *das* gibt, was es *ist!*

Ich will jedoch trotzdem etwas darüber sagen, weil sonst die ungesunde Phantasie der Menschen, angeregt und richtunggebend auch gelenkt durch ihren Dünkel, Vorstellungen davon schafft, die wiederum wie immer dabei irgendwelche Wichtigkeit und Wertschätzung des Erdenmenschengeistes auffallend in den Vordergrund zu drängen suchen.

Damit dies nicht geschehen kann und Irreführungen vermieden werden, will ich darüber einmal sprechen, namentlich da auch in den jetzt schon davon bestehenden Vorstellungen viel Falsches liegt.

Zu viel eigenes Denken und Wünschen der Menschen spielt da hinein. Und das bringt immer Verworrenheit, wenn es sich um Dinge handelt, die sich der Mensch überhaupt nicht erdenken kann, sondern die er einfach nur von oben her gereicht zu erhalten vermag, vorausgesetzt, daß er in sich den Boden zum Empfang bereitete, zu dem *Demut* gehört, die der Mensch der Jetztzeit nicht besitzt.

Um die Verworrenheit noch zu vergrößern, nennen viele Menschen auch die *Erdenmutter Jesu* Himmelskönigin, was bei einigem Begreifen von den straffen Schöpfungsurgesetzen gar nicht hätte möglich werden können, weil ein Erdenmenschengeist, wie es Maria von Nazareth war, niemals Himmelskönigin zu werden vermag!

So war auch mit den Eingebungen und Erscheinungen, die manche Künstler und andere Menschen von der Himmelskönigin mit der Krone hatten, niemals Maria von Nazareth gemeint, wenn es sich dabei überhaupt um von oben gegebene Bilder handelte. In vielen Fällen waren es ja nur eigene Phantasiegebilde.

Die *echten* Erscheinungen aber zeigten stets Bilder über Elisabeth mit dem Knaben Parzival oder auch ohne diesen. Es waren nur bewegliche Bilder, von Führern gezeigt, niemals Elisabeth selbst, die von Menschen nicht erschaut werden kann.

Diese Bilder aber blieben von den Menschen stets unverstanden. Die Himmelskönigin war es schon, darin hatten sie recht; denn zu ihr haben sie ja auch meistens ihre Sehnsucht gerichtet und ihre Bitten; aber diese war nicht gleichbedeutend mit Maria von Nazareth. Dabei haben die Menschen wieder etwas selbst zusammengestellt, ohne den eigentlichen und wahren Zusammenhang zu finden. Sie machen es leider nur immer *so*, wie *sie* es sich denken, und wähnen, daß es dann auch richtig sein muß, während sie bis in das Göttliche hinein zu denken gar nicht fähig sind.

Auch hierin haben die Erdenmenschen viel Unheil angerichtet in der

Anmaßung ihres Eigenwissenwollens und erschwerten damit Maria von Nazareth deren Weg unsagbar. Es war eine Qual für sie, mit diesen falschen Wegen der Erdenmenschen durch diese selbst so zwangsweise verbunden zu werden.

Derartige Irrtümer haben ihren ganz verständlichen Ursprung wieder in der größten lichtfeindlichen Seuche der Menschengeister, in deren *Geistesträgheit*, die sie unter der Herrschaft des Verstandes entweder zu dünkelhaften Erdgebundenen macht, oder bei religiösem Wollen in das Entgegengesetzte schlagen läßt, in alles für möglich haltende kindische Vorstellungsarten. Ich nenne es ausdrücklich *kindisch*, weil es nicht kindlich ist; denn das Kindliche hat viel gesündere Formen in sich, während das dünkelhafte Erdgebundene wie auch die kindische Vorstellungsart nur ungesundes, abgehacktes Stückwerk ergeben.

Deshalb rufe ich auch heute wieder: *Lernt empfangen*, Menschen, dann erst könnt Ihr wirklich groß in dieser Schöpfung werden!

Darin liegt *alles* für Euch, wenn Ihr glücklich, wissend werden wollt. Doch dazu *müßt* Ihr Euch bequemen, sonst könnt Ihr nichts erhalten. Und deshalb blieb es Euch bisher versagt, die eigentlichen *Köstlichkeiten* dieser Schöpfung zu genießen.

Heute kann ich Euch, die Ihr empfangen wollt, so manches nun erklären, wenn Ihr den Vortrag über »Das Wesenhafte« richtig aufgenommen habt; denn dieser macht Euch fähig, mich auch zu verstehen. Er mußte den Erklärungen vorausgehen, welche nun folgen werden nach und nach.

Auch ich sprach in der Botschaft schon von der Urkönigin der Weiblichkeit, welche den Namen »Elisabeth« trägt. Die Bezeichnung Urmutter ist auch für sie ganz richtig angewendet, nur muß sich der Mensch dabei auch das Richtige vorstellen, wenn er der Wahrheit im Begriffe nahekommen will.

Das »Sichvorstellen« ist das Bild, von dem ich sprach, welches das Hilfsmittel bildet für die Begriffsformung in der Tätigkeit des Menschengeistes.

Laßt nun erst einmal vor Euch meine Vorträge über das Wesenhafte auferstehen, in denen ich sagte, daß das Weibliche, also damit auch das Weib, stets den Übergang, die Brücke bildet von einer Schöpfungsstufe zu der anderen, abwärts und aufwärts!

Das ist ein Gesetz, das einsetzt an *der* Stufe, wo das Ichbewußtsein der einzelnen Wesensarten einzusetzen fähig wird. Und diese Stufe ist *zuerst im Göttlichen*, in der göttlichen Region!

Ihr wißt ja, Gott allein ist wesenlos!

Alles andere ist wesenhaft. Dazu gehören in erster Linie als Säulen des Thrones die Erzengel. Diese schwingen noch vollkommen und allein im Willen Gottes, ohne etwas anderes zu wollen aus sich selbst. Und da es nichts gibt, was sich in der Schöpfung nicht nach dem Gesetze Gottes selbsttätig in Form verwandeln würde, so tragen diese Engel, die keinen Willen aus sich selbst heraus betätigen, sondern nur in dem Willen Gottes schwingen, Flügel, also *Schwingen!*

Die Schwingen sind der formgewordene Ausdruck ihrer Art und ein Beweis dafür, daß sie rein im Gotteswillen schwingen und nichts anderes wollen. Würden sie sich darin ändern, was nur in weltenweiter Entfernung von Gott möglich wäre, wie einst Luzifer, so müßten ihre Schwingen selbsttätig verkümmern und zuletzt dann ganz erstarrend abfallen, sobald ein Schwingen in dem Gotteswillen gar nicht mehr vorhanden ist.

Und je reiner sie im Gotteswillen schwingen, desto leuchtender und reiner sind auch ihre Schwingen!

Wo aber Ichbewußtsein auferstehen kann, dort fallen diese Schwingen fort, und bei den Geistern sind sie überhaupt von vornherein gar nicht entwickelt, weil das Geistige *eigenes* Wollen zu entwickeln hat und nicht bedingungslos im Gotteswillen schwingt.

Ihr braucht Euch dabei nur an den Gedanken zu gewöhnen, daß in der Schöpfung alles ohne weiteres *tatsächlich* ist, und in dem Wesenhaften um so ausgeprägter, weil dort eigenes Wollen gar nicht in Betracht kommt, sondern alles darin ohne Vorbehalt sich einfügt in den Gotteswillen.

Gerade in *dem* Umstande lieget aber eine Kraft, die Ihr Euch gar nicht denken könnt. In dem Sichselbstaufgeben oder Hingeben wurzelt die Macht, auch das, was Ihr Natur nennt, umzuformen. –

Doch von der *Urkönigin* will ich zu Euch sprechen!

Im Göttlichen, *zwischen* den Erzengeln und den sichselbstbewußtgewordenen Ewigen, welche die Alten in der Göttlichkeit genannt werden, die vor den Stufen des Gottesthrones ihr Bestehen haben, dort, wo die Gralsburg in der göttlichen Sphäre sich befindet, ist eine Wandlung nötig, die Welten umfaßt.

Ihr dürft Euch das Bild nicht zu klein vorstellen. Weltenweiten liegen zwischen den Erzengeln und dem Ausgangspunkte der göttlichen Sphäre, wo die Gralsburg in dem Göttlichen seit Ewigkeit verankert ist, wo also die Grenze der *unmittelbaren* Wirkung der Ausstrahlungen Gottes ist.

Das hat mit dem Teile der Gralsburg nichts zu tun, die Euch bisher bildhaft bekanntgegeben wurde als das Höchste *in der Schöpfung*; denn dieser Euch durch Schilderung bekannte Teil ist erst in dem Urgeistigen, außerhalb der unmittelbaren Gottesausstrahlungen.

Die *Stufen* des Gottesthrones aber bis *dahin* nur umfassen allein schon Weltenweiten, und in Wirklichkeit auch Welten.

Wie Ihr nun aus dem Vortrage »Weib und Mann« bei einigem Nachdenken schon selbst entnehmen könnt, ist es notwendig, daß bei jeder Wandlung in der Schöpfung unbedingt als Brücke das Weibliche vorhanden sein muß! Dieses Gesetz ist auch in der göttlichen Sphäre nicht umgangen.

Die ewigen Alten im Göttlichen, die an der Grenze der göttlichen Sphäre sichselbstbewußt werden konnten, weil die große Entfernung von der unmittelbaren Gottesnähe es dann zuließ, hätten nicht sein können, ebensowenig die Formung der Erzengel, wenn nicht die Urkönigin als Urweiblichkeit *vorher* stehen würde als Mittlerin zu dieser Wandlung und Formung, als notwendige Brücke.

Natürlich hat das mit irdisch-grobstofflicher Art und Denken gar nichts zu tun. Es ist dabei überhaupt nichts Persönliches, sondern es ist viel größeres Geschehen darin, das Ihr Euch wohl niemals werdet vor-

## 32. DIE URKÖNIGIN

stellen können. Ihr müßt dabei zu folgen suchen, wie es irgend möglich ist.

Elisabeth ist die allererste *göttlich-wesenhafte* Ausstrahlungs-Verkörperung, die als einzige darin die idealste weibliche Gestaltungsform annahm. Sie ist also die Urgestaltung der *Ausstrahlung* der Gottesliebe, die als erste in ihr Gestaltung trägt!

Jesus ist die Gestaltung der lebendigen, wesenlosen Gottesliebe selbst, als ein Teil aus Gott.

Ich spreche nur von diesen Dingen, damit kein falsches Bild in Euch ersteht und Ihr den weiteren Zusammenhang von jener Stelle aus, wo Ihr in Eurem Begreifen aufwärtsgehend zurückbleiben müßt, wenigstens ahnen könnt, wenn Ihr dabei zu Grunde legt, daß die Gesetze auch dort weiter oben *einheitlich* verbleiben, da sie ja von dort aus kommen. Sie sind dort sogar noch viel mehr vereinfacht, da sie sich erst späterhin nach unten gehend in den vielen Abspaltungen auch zersplittern müssen und deshalb weitverzweigter aussehen, als sie es wirklich sind.

Wenn ich Euch sage, daß jede Empfindung, jede Bewegung dort oben zu einem Geschehen wird, das seine Wirkung strahlen läßt in alle Welten und sich herabsenkt auf Milliarden kleinerer Persönlichkeiten, neben allem Sachlichen, so sind dies mangelhafte Worte, die ich Euch darüber geben kann, nur Worte Euerer eigenen Sprache, aus denen heraus Ihr Euch eine Vorstellung zu machen versuchen müßt.

Die eigentliche Größe der Sache selbst ist ganz unmöglich in Worten wiederzugeben, kaum anzudeuten. –

*Dort* also ist die Urkönigin.

Sie hat ihren Ursprung im Göttlichen, besitzt das große Göttlich-Wesenhafte der Erzengel und trägt trotzdem das eigene Ichbewußtsein in verklärter Weise in sich. Neben ihr sind die Erzengel und weiter abwärts die ewigen Gärten aller Tugenden, in denen je eine Hauptgestaltung wirkt, als oberster davon der Garten der Reinheit, der »Reinen Lilie«, zu Füßen der Urkönigin, aus ihren Strahlungen hervorgegangen.

Am untersten Ende dieser Göttlichen Sphäre sind dann die Ältesten, die nur die Alten oder Ältesten genannt werden, weil sie ewig sind, und also immer waren, von Ewigkeit her, wie die Gralsburg im Göttlichen als Verankerung der Ausstrahlung Gottes, die gleich ihm ewig war und ist, und wie es auch Elisabeth ist, die Urkönigin der Weiblichkeit.

Doch sie ist *Jungfrau!* Trotzdem sie Urmutter genannt wird und Parzival sie Mutter nennt. Ein göttliches Mysterium, das der Menschengeist überhaupt niemals verstehen wird, dazu ist er zu weit entfernt und muß es immer bleiben. Sie ist im Göttlichen das Urbild aller Weiblichkeit, nach der die Weiblichkeit der Urgeschaffenen als Ebenbilder sich formte.

## DER KREISLAUF DER STRAHLUNGEN

Ich muß noch viel erklären von den größeren und großen Wesenhaften, vorläufig noch gar nicht zu sprechen von den kleinen Helfern dieser Großen; denn von den Kleineren und ganz Kleinen gibt es so viele, wie Ihr Euch kaum vorstellen könnt.

Ich möchte oft verzagen, wenn ich mir vorzustellen suche, *wie* ich dies alles Euch noch mit den verfügbaren Worten der Sprache erklären soll, ohne daß Ihr den großen Überblick dabei verliert, und vor allen Dingen so, daß Ihr die Zusammenhänge trotzdem voll erfaßt.

Gerade die große Einfachheit, die in der für Euch unübersehbaren Vielfältigkeit liegt, macht es so schwer, weil der Erdenmensch immer nur eine ganz bestimmte Anzahl Dinge klar zu überschauen fähig ist und deshalb niemals in die Lage kommen kann, gleichzeitig *das Ganze* als *eins* zu erfassen, woraus sich erst die Einfachheit ergibt.

Jede Trennung dabei in verschiedene Teile muß Euch die notwendige Gesamtübersicht erschweren, da jeder Teil davon wieder so groß für sich ist und mit den anderen in Wechselwirkungen so eng zusammenhängt, daß ein wirklich für sich *abgeschlossener* Teil gar nicht gegeben werden kann, weil es keinen abgeschlossenen Teil in dieser Schöpfung gibt, die an sich ein Ganzes ist!

Und das Ganze *kann* der Mensch nicht überblicken, er wird es niemals können, weil ihm die Fähigkeit dazu fehlt, da auch er nur ein Teil, und zwar ein sehr kleiner Teil der Schöpfung ist, der über seine eigenen Grenzen nicht hinausgehen kann, natürlich auch nicht im Begreifen.

Dadurch bin ich gezwungen, in diesen Euren Grenzen zu verbleiben, und kann dazu nur Ausblicke Euch geben über oder auf alles das, was Euch unerreichbar bleiben wird und muß. Da nützt alles Mühen nichts.

## 33. DER KREISLAUF DER STRAHLUNGEN

Wenn Ihr Euch aber endlich werdet in dem Wissen *damit* abgefunden haben, daß Ihr nicht zu *allem* in der Schöpfung fähig seid, dann werdet Ihr auch *Demut* Euer eigen nennen und beglückt sein von dem, was Euch durch meine Botschaft wurde an Erweiterung des bisherigen Wissens.

Ihr werdet Euch dann mit der Gegenwart beschäftigen und Euerer nächsten Umgebung, viel eingehender noch als jetzt, weil Ihr dann alles das noch viel genauer kennen und verwenden lernt durch alle Ausblicke, welche ich geben konnte in Euch Unerreichbares, die aber den engen Zusammenhang mit Euch und allem, was um Euch besteht, genau erkennen lassen.

Und *das* ist es, was Ihr nötig hattet, um das Gegenwärtige nutzbringend für Euch zu verstehen und auch zu verwerten. Nutzbringend für den Aufstieg!

Die Ausblicke können Euch *aufwärts* bringen bis zur höchsten Grenze, die Ihr jemals zu erreichen fähig seid. Gerade dadurch, daß ich Euch noch blicken lasse in das für Euch Unerreichbare, vermögt Ihr selbst erst alles *das* zu nützen, was Euch *hier* gegeben ist, wovon Ihr vieles noch nicht kanntet.

*Wertvoll* für Euch ist dieses Wissen der *Zusammenhänge* Eures Seins mit allem, was noch *über* jener Grenze liegt, die Euerem Verstehenkönnen durch den Ursprung Eures Geistes immer streng gezogen bleiben wird.

Das ist es auch, was ich Euch mit der Botschaft geben will: das Wissen der Zusammenhänge! Der ernsthaft Suchende und wirklich ehrlich Wollende wird viel damit gewinnen. Ihr werdet den Wert von allem noch erkennen lernen; denn was die Menschen bisher Wissen nannten, ist kaum der hundertste Teil von dem, was sie eigentlich wissen *könnten*. Die Menschheitswissensgrenze ist im Verhältnis zur ganzen Schöpfung zwar klein, aber im Vergleich zum jetzigen Wissen doch von einer Euch kaum vorstellbaren Größe, an das Wunderbare grenzend.

Und diese höchsten Grenzen zu erreichen, dazu verhelfen Euch allein die Ausblicke in das für Euch stets Unerreichbare, wenn ich Euch Euere Zusammenhänge damit schildere, sowie die Euerer Umgebungen. Das

## 33. DER KREISLAUF DER STRAHLUNGEN

Wissen davon wird Euch mit der Zeit die Möglichkeiten geben, die Gesetze innerhalb des Teiles Eurer Grenzen *ganz genau* zu kennen, was ohne diese Hilfe in der Wiedergabe der Zusammenhänge mit Euch Unerreichbarem unmöglich bleiben müßte.

Sucht mich darin jetzt zu verstehen und erkennt, *was* ich Euch geben will! Greift darin nicht etwa über das Wirkliche hinaus; denn ich will Euch nur *das* geben, was *Euch innerhalb Eurer Grenzen fördern* kann und nützt, nicht mehr. Mehr hätte für die Menschheit keinen Zweck!

Deshalb quält Euch nicht *damit*, alles *das* zu Eurem *Wissen* machen zu wollen, was in dem für Euch Unerreichbaren liegt! Das vermögt Ihr nie, und ich spreche nicht zu Euch davon, daß Ihr nun Euer Wissen dahin legen sollt, oder daß Ihr Euch abquält in den vergeblichen Versuchen, alles wirklich und vollständig zu *erfasssen!* Das könnt Ihr gar nicht, dazu gebe ich es Euch auch nicht, sondern Ihr erhaltet es von mir zu *dem* Zwecke, daß Ihr alle *Zusammenhänge* kennenlernt, welche von dort aus zu Euch führen.

Wenn Ihr dann später dieses Wissen der Zusammenhänge Eurem zukünftigen Forschen und dem Findenwollen stets als richtunggebend unerschütterlich zu Grunde legt, dann werdet Ihr in allem Können höher steigen und Leistungen vollbringen auf *allen* Gebieten, die das Bisherige in den Schatten stellen müssen.

Menschen, Eure *Meisterwerke sollen* dadurch *erst noch kommen*, die Ihr wirklich schaffen könnt inmitten der Euch festgesteckten Grenzen, die nie übersteigbar sind! Aber die Grenzen sind in Wirklichkeit für Euch so weit, daß Ihr darob beglückt sein könnt und Gott nur danken müßt ob all der Gnade, die Er Euch gewährt.

Ihr sollt also auf Grund und Boden allen Menschentums verbleiben in dem Denken und dem Tun, und allen Pflichten Eurem Schöpfer gegenüber. Es wird nicht mehr von Euch verlangt; denn darin liegt das Höchste, was Ihr Ihm als Dank darbringen könnt, und alles, was *Ihr* damit tut, ist auch zu *Seiner* Ehre!

Denn in den größten Leistungen, in denen Ihr als Menschen Meister werden sollt und könnt, liegt ja die Darbietung und Darbringung des

Dankes dafür, daß der Schöpfer solches *Große* auch zu leisten *Euch gewährte*, durch seinen Willen in der Schöpfung, der seine Gesetze birgt.

Und in den Glanzleistungen *ehrt Ihr Ihn* zugleich auch wieder *deshalb*, weil die Größe *Eurer Werke* gleichzeitig die Größe *Seiner Gnade* zeigt! Je mehr Ihr in der Schöpfung aus der Schöpfung heraus wirken könnt, desto deutlicher beweist Ihr damit, wie groß die Gottgesetze darin sind, und welcher Reichtum, welche Gnade darin für Euch ruht.

Ihr ehrt *dann* Gott in *wahrstem* und in *reinstem* Sinne, wenn Ihr *freudig schaffend* alles *nützt*, was Euch die Schöpfung bietet; denn das könnt Ihr nur, wenn Ihr deren Gesetze wißt und auch versteht, und dann, vor allen Dingen, wenn Ihr darnach wirklich *handelt!* Erst *dann* gibt sie Euch alles, was sie in sich birgt an Schönheit. Sie gibt es freudig und Euch helfend.

Und dann, wenn Ihr derart nach den Gesetzen in der Schöpfung handelt, seid auch Ihr damit schon umgewandelt und ganz anders als bisher. Ihr seid dann Menschen, die Gott wohlgefällig sind, seid Menschen, wie sie immer hätten sein sollen, seid Menschen nach dem Willen Gottes, weil Ihr seine Gesetze *lebt!*

Es ist dann nichts mehr an Euch auszusetzen. Ihr stehet strahlend und frohlockend in der Schöpfung, überall, wo Ihr auch seid, ob auf der Erde oder irgendeiner Ebene, und werdet gar nichts anderes mehr tun, als durch die *Tat* Gott zu lobpreisen; denn solche Werke gleichen einem Lobgesange, der lebendig ist und in allen Gesetzen dieser Schöpfung schwingt.

Das ist ein Ziel, so schön, so herrlich, und dabei für Euch so leicht erreichbar, daß ich mich *deshalb* bemühe, Euch durch meine Botschaft einen Weg dahin zu bahnen.

Ihr werdet *Menschen* sein! Schaffende Menschen, denen alles in der Schöpfung zufließt, weil Ihr mit ihr schwingt im Jubel größten Glückes.

*Das* ist dann Menschensein zur Ehre Gottes! Glücklich sein in *wahrstem* Sinne ist ja der größte Dank zu Gott, den Ihr Ihm geben könnt. Aber damit ist nicht das Scheinglück des faulen Behaglichseins gemeint,

## 33. DER KREISLAUF DER STRAHLUNGEN

das in der trägen Ruhe liegt. Das ist ein Rauschgift für den Geist, viel schlimmer wirkend als das Opium für Euren Körper.

Ihr aber werdet dieses wahre Glück erreichen, wenn Ihr das starke Wollen dazu in Euch tragt! Und Ihr sollt der Felsen sein für alle, die sich retten wollen aus der Sturmflut der niederen Leidenschaften und Begierden, die sich jetzt ergießen über diese Erdenmenschen als die Früchte ihres bisherigen falschen Wollens, bei dem sie zwar sehr oft den Namen Gott im Munde führten, aber niemals ernstlich daran dachten, seinem Willen zu gehorchen, wenn er nicht gleichzeitig auch der ihre war.

Versucht, mein Wollen in *dem* Sinne richtig in Euch aufzunehmen und entsprechend für Euch zu verwerten, in dem ich es Euch gebe, *dann* habt Ihr den Kern erfaßt, welcher der Absicht meiner Botschaft tief zu Grunde liegt. Und *dann* erst könnt Ihr auch den wahren Nutzen davon haben.

Nun wollen wir versuchen, wieder einen Schritt zu gehen in dem Wissen von dem Weben in der Schöpfung.

Ihr steht wahrscheinlich dabei jetzt vor einem neuen Rätsel; denn es ist wohl keiner unter Euch, der es für möglich hält, daß irgendein Irrtum oder ein Widerspruch in meinen Erklärungen liegen kann. Deshalb betrachtet Ihr so manches aber noch als ungeklärt, was Ihr nicht eindeutig einreihen konntet in einen folgerichtigen Denkungsaufbau, den Ihr ja zum Verstehenkönnen braucht.

Ich sprach von den großen urgeistigen Führern, welche die Tugenden verkörpern, sprach aber auch von den vielen wesenhaften Vermittlern, welche dieselben Tugenden verkörpern. Beide Arten bezeichnete ich als auf die Menschen wirkend in ihren jeweiligen Arten.

Es fehlt Euch hierin noch der richtige Zusammenhang, der Euch ein klares Bild vollständig machen kann, ohne das bisher Gehörte zu verschieben.

An sich ist dies alles mit wenigen Worten zu sagen, doch es ist besser, wenn ich es bildhaft anschaulich zu machen suche, so, wie es tatsächlich ist in seinen *Formen*.

Ihr wißt, daß Strahlungen sich spalten und in ganz bestimmte Unterarten trennen. In jeder weiteren Ebene nach unten zu wird in der Abkühlung immer wieder eine neue Unterart gelöst, also abgesondert, die unter dem bis an diese jeweilige Grenze noch vorhandenen stärkeren Drucke sich nicht lösen konnte und erst durch diese weitere Abkühlung und den damit verminderten Druck oder Hitzegrad sich zu lockern und selbständig zu machen vermochte.

Eine jede derartige Absonderung oder Loslösung ergibt gleichzeitig auch eine neue Formung der abgelösten Art in einer entsprechenden wesenhaften Gestalt. Das ist ein Vorgang, der sich dem Schöpfungsgesetz entsprechend selbsttätig vollzieht. So entsteht eine ganze Kette mit ihren verschiedenen Seitengliederungen der helfenden und bauenden Wesenhaften, von denen ich zu Euch sprach.

Und alle sind miteinander verbunden, so daß gesagt werden kann: sie reichen sich die Hände.

Diese ganze Kette der *Wesenhaften* steht nur in dem Gotteswillen. Sie sind Verkörperungen, Knotenpunkte der Strahlungen *selbst,* die weiterleiten und in ihren ganz bestimmten Arten immer die *Spendenden* in der Schöpfung sind, welche derart wirkend *abwärts strahlend* die ganze Schöpfung durchziehen.

Also wohlgemerkt, die Wesenhaften sind die *Spendenden* der Strahlungskräfte der göttlichen Ausstrahlung, welche dem Drucke gehorchend oder in dem Drucke *von oben herab* stehend *immer abwärts strahlen!*

Den Gegenstrom geben die verkörperten Geistigen, welche von diesen Strahlungen empfangen und sie *verwertend aufwärts strahlen!*

*Darin liegt der Kreislauf der Strahlungen durch die Schöpfung!* Ihr seid im ersten Augenblick etwas verwirrt und wähnt, daß ein Widerspruch darin liegt, weil wir auch davon sprachen, daß die Urgeschaffenen im Urgeistigen abwärts strahlen auf alle Menschengeister, und Ihr glaubt nun, daß zwei Arten Strahlungen nebeneinander abwärts laufen in der Schöpfung, die wesenhafte und die geistige.

Das ist an sich nicht falsch; denn diese zwei Arten Strahlungen stehen schon nebeneinander, aber es ist ein Unterschied in ihrem Wirken, der den Kreislauf hervorruft.

Ihr wißt, daß ich von den Ausstrahlungen der urgeschaffenen Urgeistigen sprach. Aber die Wirkung *dieser* Ausstrahlungen ist anders als bei den urgeschaffenen Wesenhaften. Die Ausstrahlung der Wesenhaften ist *spendend, weitergebend, vermittelnd,* wie ich betonte. Ich habe aber auch schon von Anfang an in meiner Botschaft darauf hingedeutet, daß die Urgeschaffenen im Urgeistigen, also die Urgeistigen, in ihren verschiedenen Arten auf die Menschheit *wie Riesenmagnete* wirken, also *anziehend* oder *saugend*.

Ich kann Euch das Bild dazu erst heute ergänzen, da die anderen Vorträge vorausgehen und erklärend den Boden dazu bereiten mußten. In Wirklichkeit erweitern wir heute nur das bisher Gesagte, von dem Ihr Euch wahrscheinlich ein nicht ganz zutreffendes Bild gemacht habt, wenn von Ausstrahlungen gesprochen wurde, indem Ihr Euch die Ausstrahlungen *immer nur abwärts wirkend* vorstelltet.

Aber es gibt deren zwei Arten verschiedener Wirkungen. Die Ausstrahlungen gehen zwar bei den urgeschaffenen Urgeistigen auch abwärts, ganz naturgemäß, aber deren *Wirkung ist aufwärtsstrebend* durch die Anziehungskraft, welche die Wesenhaften nicht besitzen, die nur immer *spendend,* also *gebend* sind!

Das Geistige ist *fordernd* durch die Fähigkeit der *Anziehung.* Und in dieser Anziehungsbetätigung liegt eigentlich auch allein der sogenannte freie Wille des Entschlusses verankert, wenn Ihr es Euch einmal recht überlegt. Sogar noch mehr als das, es liegt darin auch noch die unbedingt gerechte Verteilung des Lohnes oder der Strafe, die als Folge des Entschlusses auf den Betreffenden kommt!

Denkt einmal ruhig darüber nach und stellt Euch die Vorgänge in allen Einzelheiten bildhaft vor. Ihr werdet darin die erstaunliche *Einfachheit* der Gesetzmäßigkeit in der Schöpfung plötzlich vor Euch sehen, die unbedingte Klarheit darin, und trotz des gewährten freien Entschlußwollens für das Geistige auch dessen damit verknüpfte, sich in *demselben* Gesetz auswirkende Gebundenheit an die Folgen.

Eine *einzige* Fähigkeit des Geistigen wirkt also Vielseitiges aus, *so* gerecht, *so* folgerichtig, daß Ihr staunend davor stehen müßt, sobald Ihr es richtig erkennt.

## 33. DER KREISLAUF DER STRAHLUNGEN

Es ist doch ganz verständlich, daß diese magnetartige Anziehungsfähigkeit des Geistigen im Gesetz der Anziehung der Gleichart immer nur *das* anzieht, was in der Entschlußfähigkeit *gewollt* wird, nichts anderes. Und zwar ganz genau, mit allen feinsten Schattierungen und Abtönungen des Guten wie des Üblen! Denkt Euch nur gründlich hinein. Es ist nicht schwer. Ein *jeder* Mensch muß so viel Vorstellungsvermögen entwickeln können.

Diesem Anziehungsvermögen des Geistigen ist als Gegengewicht beigegeben die Entschlußfähigkeit, die dem Wesenhaften nicht nötig ist, welches nur immer in der ihm jeweils eigenen Art spendet! Das Geistige zieht natürlich auch immer nur das seinem jeweiligen Wollen Entsprechende an, weil jedes Wollen sofort den ganzen Geist erfaßt, durchleuchtet oder durchglüht, worin die Anziehungsfähigkeit erst ausgelöst wird und jeweils entsprechend ersteht.

Die Anziehungsfähigkeit vermag der Geist nicht abzuschütteln; denn sie ist sein eigen oder deutlicher gesagt, das Eigentum oder ein Teil seiner Art. Davon kommt er nicht los. Und als ein anderer Teil der geistigen Art ist bestimmend beigegeben die Entschlußfähigkeit, die das Verlangen oder Wollen ist, welches ebenfalls nicht abzuschütteln ist, weil es *helfend* wirken soll; denn sonst würde ja das Geistige einfach *alles* anziehen, was es gibt, in wirrem Durcheinander und würde schwer belastet werden können.

Derartige Fehler sind aber in der Schöpfung ausgeschlossen durch das gerechte Gesetz der Anziehung der gleichen Art, das in seiner Wirkung wie ein großer unbestechlicher Ordnungswächter ist. Verbindet dies nun alles einmal, laßt es vor Euren Augen in Bildern lebendig werden, und Ihr habt viel dabei für Euer Wissen gewonnen. Ihr müßt Euch aber schon die Mühe nehmen und Euch wenn nötig stunden- und tagelang gründlich damit befassen, so lange, bis Ihr es richtig erfaßt habt. Dann ist Euch damit wiederum ein Schlüssel in die Hand gegeben, der viele, fast alle Tore in der Schöpfung zum Verstehen öffnet!

Versäumt dies also nicht! Es ist wichtig zu tun; denn *geistig* ist ja auch *Euer* innerster Kern und *Euer* eigentliches Sein wie Euer *Ursprung,* und deshalb seid Ihr diesen Fähigkeiten Eures Geistes unterworfen. Diesen Vorgang bezeichneten wir bisher als ein Gesetz.

In Wirklichkeit ist es aber eine einfache Fähigkeit, ein Bestandteil des Geistes, der sich selbsttätig auswirkt und deshalb als Gesetz erscheint!

Streng genommen gibt es überhaupt keine eigentlichen Gesetze in der Schöpfung, sondern lediglich Fähigkeiten, die sich der jeweiligen Art entsprechend selbsttätig auswirken und dadurch, aber auch nur dadurch, als unverbiegbare Gesetze erscheinen!

Lernt deshalb Eure *eigenen* Fähigkeiten kennen, wie auch die der anderen Schöpfungsteile, und Ihr kennt damit die Gesetze, die sich in Wirklichkeit zu einem *einzigen* Gesetz zusammenschließen, das nur vielseitig in der Wirkung ist. Sobald Ihr tief genug in Euren Erkenntnissen vorgeschritten seid, wird es Euch plötzlich wie Schuppen von den Augen fallen, und Ihr steht erschüttert vor der Einfachheit!

Dadurch gibt es zuletzt für Euch überhaupt keine Gesetze mehr, sobald das wahre Wissen eingesetzt hat, sondern mit dem Wissen wird alles nur zu einer *weisen Benutzung sämtlicher Fähigkeiten,* und damit werdet Ihr dann frei; denn es ist genau so wie Erfüllung sämtlicher Gesetze.

Also denkt Euch jetzt erst noch einmal hinein und sucht das große Pulsieren in der Schöpfung zu erfassen. Ich will deshalb wiederholen:

Das Wesenhafte strahlt und *spendet* abwärts, das Urgeistige strahlt ebenfalls abwärts, wirkt aber dabei magnetartig anziehend!

Und da die urgeschaffenen Urgeistigen ihrer Art entsprechend sich an der obersten Grenze der Schöpfung befinden und sie auch die stärkste Anziehungskraft im Geistigen besitzen, so wirken sie wie Riesenmagnete auf alles, was geistige Art hat, *halten* es und lassen das ihrer Art Entsprechende, also in diesem und in allen Fällen *immer nur das* verarbeitete *Gute* aus allen Ebenen *aufwärts* strömen, während von ihnen selbst dann alles wiederum Verarbeitete aufgesogen oder abgezogen wird von dem Göttlichen, dessen Anziehungskraft naturgemäß noch stärker ist.

Und wohlgemerkt, immer nur das *verarbeitete* Gute wird angezogen nach oben zu, und zwar nur die *Strahlungen* an sich, die man ja auch das Ergebnis des geistigen Wirkens nennen kann.

## 33. DER KREISLAUF DER STRAHLUNGEN

Nun fehlt Euch der Begriff für die notwendige *Verarbeitung*. Die Verarbeitung geschieht *allein im Wollen* des Geistigen, das ihm zu eigen ist, und das deshalb gar nicht anders kann als unbedingt und stets etwas zu wollen, sei es auch nur in einem inneren Drängen.

Und dieser Vorgang oder die Tätigkeit, wir können es auch *Bewegung* des Wollens nennen, zieht im Erglühen das der jeweiligen Art des Wollens Gleichartige aus den von dem Wesenhaften gespendeten Strahlungen an.

In der *Vereinigung* der Wollensausstrahlung des Geistigen mit der diesem Wollen gleichartigen Spende aus dem Wesenhaften wird beides wiederum verstärkt durchglüht, und das durch dieses Erglühen noch enger Verbundenwerdende ergibt eine neue Ausstrahlung anderen und auch stärkeren Inhalts.

Darin liegt die sogenannte *Verarbeitung*. Und die derart *in neuer Verbindung umgeänderten Strahlungen* werden angezogen von der nächsth*öhe*ren Ebene aus und damit emporgehoben, gehen also aufwärts.

Dieser Vorgang wiederholt sich andauernd von Ebene zu Ebene aufwärts gehend, wenn ... nicht durch übles Wollen oder durch Lauheit des Geistigen das Aufwärtsstreben unterbunden und abgeschnitten wird, da nur das gute Wollen aufwärtsführend ist.

Lauheit ist Hemmung, da sie nicht die nötige Bewegung aufrecht erhält. Es erfolgt dann ein Stocken in der ganzen Schöpfung. Und *das* ist es, worin die Erdenmenschheit so gesündigt hat, gesündigt gegen die gesamte Schöpfung, und damit gegen den Willen Gottes, gegen den Heiligen Geist!

Sie brachte ein Stocken in den Kreislauf, der nun erst wieder in die richtige, sogar verstärkte Bewegung gebracht wird und damit alles niederreißt, was sich ihm hemmend bisher entgegenstellte. –

Nicht die Strahlungen des Geistigen von sich aus allein sind es also, die emporführen, darüber müßt Ihr Euch zuerst klar zu werden suchen. Diese einfachen Eigenausstrahlungen sind ja bereits der betreffenden Ebene *angepaßt,* in der sich das Geistige in seinen Menschheitsverkörperungen jeweils befindet, und deshalb sind sie auch entsprechend abgekühlt und müßten dauernd in der gleichen Ebene verbleiben, wenn nicht das drängende Wollen des Geistigen wesenhafte Spenden oder Strahlungen anziehen und damit gleichzeitig verarbeiten würde.

Auch das geht alles selbsttätig vor sich. Es tritt eine entsprechende Strahlungsverbindung ein, die in der geistigen Bewegung des Wollens einen stärkeren Wärmegrad erhält und dadurch die Anschlußmöglichkeit der Anziehung aus der höheren Ebene gibt, die sich sofort auswirkt.

Das Strahlungskreisen könnt Ihr Euch ungefähr *so* vorstellen wie den Blutumlauf im Menschenkörper, der ja ein ungefähres Abbild des Vorganges in der Schöpfung gibt.

Die Strahlungsbewegung in der Schöpfung ist also ganz einfach und doch scharf bedingt: Das Wesenhafte strahlt nur abwärts und ist immer nur *spendend,* gebend. Das Geistige strahlt ebenfalls von sich aus abwärts, ist aber trotzdem aufwärtsstrebend wirkend nach der Schilderung, wie ich sie Euch soeben gab.

Das betrifft selbstverständlich wieder nur die *Strahlungen* an sich, nicht etwa die *persönlich* gewordenen Geister, die Menschengeister. Diese finden ihren Weg nach oben oder abwärts durch oder in dem Gesetz der Schwere, das in Wirklichkeit eng mit dem Gesetz der Anziehung der Gleichart verbunden ist und die sich so gut wie ein Gesetz auswirken.

Geht das Streben, also das Wollen und Wünschen eines Menschengeistes nach oben, so bilden die von ihm verarbeiteten Strahlungen, die stets von oben aus angezogen werden, *den Weg,* die Straße für ihn selbst nach oben zu, auf der er aufwärts schreitet in ganz gesetzmäßiger Weise. Er zieht dabei auch vom Wesenhaften die immer höher und höher gelegenen Strahlungen an, die ihm wie Seile oder Fäden aufsteigen helfen; denn in deren Verarbeitung erhält auch seine geistige Form selbst immer mehr Wärme, die ihn aufwärts steigen, dauernd lichter und leichter, durchglühter werden läßt.

Es sind trotz des engen Zusammenhanges aller Vorgänge immer noch zahlreiche, besondere Nebenvorgänge, die allerdings einer aus

## 33. DER KREISLAUF DER STRAHLUNGEN

dem anderen heraus folgernd bedingt bleiben und miteinander verwoben sind.

Wenn ich Euch das Verständnis dafür aber nicht erschweren will, darf ich die Nebenvorgänge noch nicht berühren. Aber was ich heute sagte, genügt, um Euch schon einen festen Halt zu bieten für das weitere Voranschreiten und spätere eigene Forschen.

Es ist also das Wesenhafte stets nur in dem Willen Gottes *spendend,* während alles Geistige durch seine Fähigkeit der Anziehung im Wollen stets das eigentlich nur Fordernde und Nehmende verblieb.

Wie ich schon sagte, nimmt der Mensch als geistig seiend immer nur als Gast von dem durch Wesenhafte schon gedeckten Tische dieser Schöpfung. Er nimmt es aber leider eigenwillig fordernd, anstatt freudig dankend in dem Aufblicke zu Dem, der ihm das alles bietet. Und *darin* muß er sich nun ändern.

Hierbei will ich noch einen Punkt berühren, der aus dem Vortrag »Weib und Mann« manchen von Euch wohl Gedanken bringen könnte, die nicht richtig sind. In den Schöpfungsgeschichten der verschiedenen Völker ist vielfach erwähnt, daß Mann und Frau *gleichzeitig* erstanden sind. In manchen jedoch auch, daß der Mann *zuerst* erstand.

Wenn auch die einfach bildhaft gegebenen Vorstellungen darüber hierbei gar nicht in Betracht gezogen werden können, da sie je nach den Entwickelungsstufen der einzelnen Völker und Zeiten gegeben wurden, wir *hier* aber das *streng gesetzmäßige, wirkliche Schöpfungswissen* behandeln, so findet Ihr trotzdem auch darin keinen Widerspruch; denn durch die Euch bisher geschilderten gesetzmäßigen Vorgänge wißt Ihr, daß natürlich erst das gröbere, rein Männliche, Positive aus dem Wesenhaften ausgeschieden werden oder sich lösen mußte, bevor das rein Weibliche verbleiben konnte!

Dabei wäre also der Mann als zuerst erstanden zu schildern möglich, während aber mit derselben Berechtigung gesagt werden kann, daß damit beide *gleichzeitig* erstanden. *Beide* Arten früherer bildhafter Schilderungen sind in dem eigentlichen, großen, *sachlichen* Geschehen als richtig bezeichnet zu betrachten; denn es kann ja das feinere Geistig-Weibliche oder das geistige Weib wiederum erst erstehen, wenn das grobe Geistig-Männliche sich aus dem Wesenhaften abgesondert hat, sonst nicht.

Es ist also nach *jeder* Richtung hin betrachtet trotz Verschiedenartigkeit der Bilder dafür in den damaligen Wiedergaben *richtig* ausgedrückt; denn die Erschaffungsschilderungen betreffen ja nicht das Werden in der gröbsten Stofflichkeit, *sondern den Beginn der Schöpfung überhaupt,* und dieser setzte in dem Reiche des Urgeistigen ein, an der obersten Spitze der Schöpfung, die sich dann daraus abwärts senkend fortlaufend weiterentwickelte.

Es ist bei diesen Schilderungen wie bei allem, was die Erdenmenschen tun, und wie es auch bei der Schilderung des Geschehens um Parzival und der Gralsburg nicht anders war: Es werden den sich geistig vertiefenden Menschen Eingebungen geschenkt, die sie nicht klar zu erkennen vermögen, und die sie dann einfach bei der an sich deshalb schon verbogenen Weitergabe in ihre jeweiligen Umgebungen, sowie in die ihnen irdisch bekannten Vorgänge, Sitten und Gebräuche zwängen, wobei besonders noch der Verstand nicht versäumt, seinen nicht zu kleinen Teil ebenfalls beizutragen. Daß solches bei den Dingen, die der Erdverstand überhaupt nicht zu erfassen fähig ist, nicht gerade fördernd und klärend wirken kann, sondern entstellend wirken muß, brauche ich wohl nicht besonders hervorzuheben.

Und so erstanden alle derartigen Schilderungen immer nur in leicht oder schwer verbogenen Wiedergaben, an die Ihr als nun Wissende Euch aber niemals zu fest klammern dürft.

Die alten Schilderungen, die an sich schon der genaueren Darstellungen für die neue Zeit jetzt sehr bedürfen, geben auch keinen Widerspruch zu der Tatsache, daß das Weibliche stets die Brücke bildet und verbleibt zu der nächsthöheren Stufe in der Schöpfung und als passiver Teil der spendende, stärkere ist, bedingt und befähigt durch seine besondere Art, die noch einen Teil des zunächst höheren Wesenhaften beibehält und in sich trägt.

Da das Wesenhafte aber stets nur spendend ist und nicht anziehend, so

## 33. DER KREISLAUF DER STRAHLUNGEN

konnte es trotz seiner höheren Art den Willenssturz des Erdenweibes nicht verhindern. Es ist ja immer nur bereit zu geben dort, wo darnach verlangt wird.

Nun strebet darnach, meine Botschaft richtig aufzufassen und darnach zu handeln.

Ich habe nicht die Absicht, alles bis ins Kleinste bequem zerpflückt Euch vorzulegen; denn Ihr sollt Euch selbst auch regen und müßt *das* dazu geben, was in Euren Kräften liegt.

Die Grenzen alles dessen, was den Erdenmenschengeistern möglich ist zu denken, zu empfinden und zu tun, kenne ich ganz genau, noch besser als Ihr selbst, und ich erwarte von den Lesern und den Hörern meiner Botschaft und meiner Erklärungen *das Höchste,* was der Mensch der Nachschöpfung zu leisten fähig ist, wenn sie mir wirklich folgen wollen; denn so ist es richtig und Euch nützlich nach dem Willen Gottes, der Bewegung fordert und das Mitschwingen im Kreisen aller Strahlungen, die durch die Schöpfung ziehen.

Schwinget Euch deshalb dazu auf! Was in den Grenzen *Eures* Begreifens zu empfangen möglich ist, müßt *Ihr* tun. Ich überlasse es ganz Euch und gebe nur die Richtung dafür an, erbaue Grundlagen, auf denen Ihr nun weiterbauen müßt und könnt.

Wenn Ihr die *eigene* Arbeit dabei träge unterlassen wollt und Euch damit begnügt, allein den Sinn der Botschaft in Euch aufzunehmen, ohne ihn auch richtig zum Weiterbauen zu *verwerten,* so habt Ihr keinen Nutzen von dem Worte; denn der *eigentliche* Wert muß Euch dadurch verschlossen bleiben wie ein Buch mit sieben Siegeln.

Nur in Euerer *eigenen* Bewegung wird sich auch die Botschaft Euch eröffnen und den reichen Segen über Euch ergießen. Werdet deshalb *rege* in dem Geiste! Ich gebe Euch mit meinem Wort die *Anregung* dazu!

# MEIDET DIE PHARISÄER!

Der Ausdruck Pharisäer ist zu einem Begriffe geworden, der nichts Gutes in sich trägt, sondern eine Zusammenstellung bedeutet von geistigem Hochmute, Heuchelei, Verschlagenheit und hier und da auch Tücke.

Menschen, die diese Bezeichnung verdienen, findet Ihr heute überall, in allen Ländern und in allen Kreisen. Es hat dies weder mit Rasse noch Nation etwas zu tun, und es sind jetzt weit mehr davon vorhanden als früher. Jeder Beruf weist seine Pharisäer auf. Doch am meisten sind sie noch zu finden dort, wo sie auch früher schon zu jeder Zeit in großer Zahl zu treffen waren: unter den Dienern und Vertretern der Tempel und Kirchen.

Und sonderbar: Wo immer auch es war, daß irgendein Bote des Lichtes die Wahrheit zu verkünden hatte nach dem Willen Gottes, er wurde angegriffen, beschmutzt, verleumdet und verfolgt in allererster Linie von den Vertretern und den Dienern der dort jeweils herrschenden Gottesanschauungen, die vorgaben, Gott zu dienen, und von den Menschen, die sich gar anmaßten, Vertreter des göttlichen Willens sein zu wollen.

Das war von jeher so, vom einfachsten Medizinmanne und Hexenmeister an bis zu den höchsten Priestern. Alle, ohne Ausnahme, fühlten sich stets von der Wahrheit bedroht und wühlten deshalb versteckt oder hetzten offen gegen jeden Menschen, der von Gott bestimmt, begnadet oder gesendet wurde, Licht zu bringen diesen Erdenmenschen.

Gegen die Unumstößlichkeit dieser Tatsache hilft kein Leugnen, kein Verdrehen, kein Beschönigen; denn *dafür zeugt die Weltgeschichte!* Klar

## 34. MEIDET DIE PHARISÄER!

und deutlich, unverwischbar zeugt sie davon, daß es niemals anders war, und nicht in einem einzigen der vielen Fälle eine Ausnahme gewesen ist. Immer, aber immer waren gerade die Priester die ausgesprochensten Gegner des Lichtes und damit Feinde Gottes, dessen Willen sie nicht achten wollten, den sie vielmehr bekämpften und dem sie ihr eigenes Wollen entgegensetzten.

Was nützt es denn, wenn *nachher* manchmal die Erkenntnis kam, oft erst, wenn es für vieles schon zu spät geworden war.

Das zeugt im Gegenteil nur dafür, daß gerade Priester niemals in der Lage waren, die Wahrheit und das Licht rechtzeitig zu erkennen.

Das Erkennen lag stets nur bei einigen unter dem Volke, aber nicht bei Priestern oder denen, die sich mit dem Gotterkennenwollen rein berufsmäßig befaßten.

Und diese wenigen des Volkes hielten fest daran, bis daß dann später auch die Priester es für klüger hielten, nach *ihrer* Weise mitzugehen, um die Oberhand nicht zu verlieren. Die Diener und Vertreter einer Gottanschauung haben niemals einen Gottesboten freiwillig und freudig aufgenommen. Bezeichnend ist, daß weder diese noch der Gottessohn aus ihren Reihen kommen konnten! Und sonderbarerweise denkt kein Mensch daran, daß Gott selbst stets darin sein *Urteil* sprach und seinen Willen damit *deutlich* zeigte.

Vieltausendjährige Erfahrungen bestätigen immer und immer wieder, daß die Priester niemals fähig waren, Gotteswahrheit zu erkennen, sondern sich in ihrem Dünkel stets davor verschlossen, manchmal auch aus Furcht oder träger Bequemlichkeit. Sie haben es auch immer wieder neu bewiesen, weil sie *jeden* Gottesboten *stets* bekämpften mit den unsaubersten Mitteln, die ein Mensch nur anzuwenden fähig ist. Darüber läßt sich gar nicht streiten; denn die Vergangenheiten selbst geben den unumstößlichsten Beweis! In jeder Art, selbst bei dem Gottessohne. Es war auch keine Menschenliebe, die die Priester dazu trieb, sondern Berufsneid, weiter nichts! Die Wahrheit *störte* sie, weil sie noch nie getreu der Wahrheit lehrten, die sie selbst nicht kannten.

Und zuzugeben, daß sie vieles noch nicht wußten und deshalb in manchen Dingen falsche Anschauung verbreiteten, dazu waren sie menschlich viel zu schwach und auch nicht fähig in der Sorge, daß ihr Ansehen damit ins Schwanken kam.

Versenkt Euch einmal ernsthaft forschend in die Weltgeschichte, und Ihr werdet finden, daß es niemals anders war. Aber es hat noch kein Mensch eine Lehre daraus ziehen wollen. Niemand läßt es sich zur Warnung dienen, weil die an sich immer gleichbleibende Sache stets in einer neuen Form erscheint, so daß der Mensch auch wieder aus Bequemlichkeit heraus sich denkt, daß es gerade nun zu *seiner* Zeit doch anders ist. Doch wie es war, so ist es heute noch. Die Gegenwart zeigt *keinen Unterschied* mit der Vergangenheit. Es hat sich darin nichts geändert, sondern höchstens noch verschärft!

Gehet doch hin und fragt ernsthafte Menschen, die der Kirche dienen und trotzdem noch Mut zu offenem Bekenntnis der innersten Regungen besitzen, welche sich nicht scheuen, ehrlich gegen sich zu sein ..., sie alle werden Euch zugeben müssen, daß die Kirche auch noch heute jeden Menschen wird unmöglich machen wollen und gegen ihn wühlt, wenn er die starren Dogmen, die die Kirchen stützen, in Gefahr des Wankens bringen kann! Auch wenn Christus Jesus noch einmal als Erdenmensch jetzt plötzlich in gleicher Gestalt wie damals unter ihnen wandeln würde! Gibt er nicht zu, daß sie in ihrer Art die einzig rechte Anschauung besitzen, behandeln sie ihn ohne weiteres *als Feind* und würden gar nicht zögern, ihn wiederum der Gotteslästerung zu zeihen! Sie würden ihn mit Schmutz bewerfen und es dabei an häßlichen Verleumdungen nicht fehlen lassen.

*So ist es* und nicht anders! Der Grund für dieses falsche Tun ist aber nicht der Drang, Gott, den Allmächtigen zu ehren, sondern der Kampf um Menscheneinfluß, Erdenmacht und Erdenbrot! –

Ihr Menschen aber zieht aus diesen vielen Tatsachen, die doch so leicht erkennbar sind schon durch das Streiten aller Kirchen unter sich, gar keine nutzbringenden Folgerungen für Euch selbst und Euer Suchen. Leichtfertig findet Ihr Euch damit ab.

Wähnt nur nicht, daß auch Gott in seinen Heiligen Gesetzen es damit

## 34. MEIDET DIE PHARISÄER!

für Euch gut sein läßt! Ihr werdet jäh und rauh aus dieser unverantwortlichen Trägheit aufgeweckt. –

Der zweite Ring der Wahrheitsfeinde sind die geistig Hochmütigen unter denen, die nicht zu der Priesterkaste zählen.

Es sind die Selbstgefälligen aus irgendeinem Grunde. Da hat ein Mensch vielleicht nach seiner Art ein inneres Erleben durchgemacht, gleichviel, was Anlaß dazu gab. Es muß nicht immer Leid gewesen sein. Es ist auch manchmal Freude, irgendein Bild, ein Fest, kurz, Anregungen dazu gibt es viel.

An dieses Einmalige, was ihn so bewegen konnte, klammert er sich dann, nicht ahnend, daß dieses Erleben sehr wahrscheinlich aus ihm selbst erstand und darum gar kein wirkliches Erleben war. Er aber sucht sich dann schnell über seine Nebenmenschen zu erheben mit der Selbstberuhigung: »Ich hatte mein Erleben und weiß deshalb, daß ich im wahren Gotterkennen stehe!«

Der armselige Mensch. Erleben eines Menschengeistes muß ja tausendfältig sein, sobald er wirklich reifen will zu höherem Erkennen! Und so ein geistesträger, sich selbst hochschätzender Erdenmenschengeist hält wie in einem Schrein ein *einziges* Erleben in sich fest und sucht von diesem nicht mehr fortzugehen, weil er denkt, daß damit *alles* schon geschah und er genug getan hat für sein Leben. Die Toren, welche also handeln, werden nun zu dem Erwachen kommen; denn sie müssen sehen, daß sie damit schliefen.

Es ist schon recht, wenn ein Mensch einmal in sich ein Erlebnis hat, aber damit ist es noch nicht genug getan. Er darf dabei nicht stehenbleiben, sondern er muß weiterschreiten, unentwegt, muß rege bleiben in dem Geiste. Dann hätte er auf diesem Wege schon sehr bald erkannt, daß sein Erleben nur ein Übergang gewesen ist, um wach zu werden zu tatsächlichem Erkennen.

So aber kommt in ihm der Geisteshochmut zum Erblühen, in welchem er sich mehr dünkt als die anderen, die nicht auf seinem Wege gehen und anderen Glaubens sind.

Weiter, *weiter* muß der Mensch auf seinem Wege durch die Schöpfung, immer weiter auch in dem Erkennen alles dessen, was er in der Schöpfung findet. Er darf sich niemals wohlgeborgen fühlen und sich sonnen in *einem* Erleben, das ihn einmal traf. Weiter, nur weiter, vorwärts mit aller Kraft. Stehenbleiben ist zurückbleiben. Und den Zurückbleibenden droht Gefahr. Im Aufstieg liegen aber die Gefahren immer *hinter* jedem Menschengeiste, niemals *vor* ihm, dessen sei er sich bewußt.

Deshalb laßt *die* Menschen ruhig stehen, die so selbstbewußt von sich zu *reden* suchen. Seht nach ihrem *Handeln,* ihrem Wesen, und Ihr werdet schnell erkennen, woran Ihr mit ihnen seid. Viele, viele sind es, die zu diesem Kreis gehören. Es sind taube Früchte, die verworfen werden müssen; denn sie nehmen nichts mehr auf, weil sie in ihrem Dünkel wähnen, alles schon zu haben. –

Der dritte große Kreis Untauglicher sind die Phantasten und die Schwärmer, welche leicht entzündbar für das Neue allem wirklich Guten schaden. Sie wollen immer gleich die Welt erobern, sinken aber schnell in sich zusammen, wenn es gilt, die Kraft in *Ausdauer* zu zeigen, *an sich selbst* zu wirken unentwegt.

Zu Stürmern würden sie sich manchmal eignen, wenn der Widerstand nicht lange währt, und wenn es gilt, über die Nebenmenschen herzufallen, belehrenwollend, ohne selbst den festen Grund für sich schon zu besitzen. Feuerwerk, das schnell erglüht und bald verblaßt. Sie gehören zu den Leichtfertigen, welche nicht viel Wert besitzen.

Diesem Kreise schließt sich dann noch einer an, der *solche* Menschen bringt, welche es nicht unterlassen können, an ihnen Gegebenes eigene Gedanken anzuknüpfen, um bei einem Tropfen Wahrheit, den sie aufzunehmen die Gelegenheit erhielten, in dessen Verbreitung *selbst* zu irgendwelchem Glanz mit zu gelangen! Sie können es nicht lassen, ihre eigenen Anschauungen hineinzuweben in Gelesenes oder Gehörtes und alles weiter fortzuspinnen, so, wie es in ihrer Phantasie ersteht.

Die Menschen sind zum Glück nicht zahlreich, doch um so gefährlicher, weil sie aus einem Wahrheitskörnchen Irrlehren erschaffen und verbreiten. Sie sind damit nicht nur sich selbst, sondern auch vielen

## 34. MEIDET DIE PHARISÄER!

Mitmenschen sehr schädlich in der wechselnden Gestaltung ihres Wirkens. Nehmen wir hierzu ein kleines Beispiel an, das jeder kennt. Phantastische Romane und Novellen. Was wird da alles auf Grund anscheinender Wahrheitskörnchen frevlerisch geleistet, oder besser ausgedrückt, was leistet sich so mancher phantasiebelastete Mensch damit!

Es ist nicht immer als Grund anzunehmen, daß der Schreibende dadurch nur Geld verdienen will, wenn er den angekränkelten Phantastereien seiner Mitmenschen entgegenkommt und ihnen die unglaublichsten Geschichten bietet, in denen sie erschauernd schwelgen können. Der Grund dazu liegt in den meisten Fällen tiefer. Solche Menschen wollen mit den Arbeiten und Offenbarungen hauptsächlich glänzen. Sie wollen ihren Geist aufleuchten lassen vor den anderen, gedenken damit Ausblicke zu geben für die Forschungen und Anregungen zu hervorragendem Tun.

Doch welcher Unsinn kommt dabei so oft zu Tage! Betrachten wir uns nur einmal einige der phantastischen Erzählungen, die über Marsmenschen geschrieben und gedruckt wurden! Jede Zeile davon zeigt Verständnislosigkeit den Gottgesetzen in der Schöpfung gegenüber. Und schließlich müssen wir ja doch den Mars wie alles andere zur *Schöpfung* rechnen.

Es werden Kreaturen da geschildert, die tatsächlich einer *kranken* Phantasie entspringen, in dem Gedanken wurzelnd, daß die Menschen dort ganz anders gestaltet sein müssen als hier auf der Erde, weil der Mars ein *anderer* Planet ist.

Die Klärungen darüber kommen durch das Kennenlernen der Schöpfungsgesetze. Dieses Kennen der Gesetze eröffnet dann den Gelehrten und den Technikern ganz andere Ausblicke mit genauen Grundlagen, und es bringt damit auch auf allen Gebieten ganz andere Fortschritte und Erfolge.

Ich sagte schon oft, daß gar kein Grund vorhanden ist, sich etwas anders zu denken in der Schöpfung, weil es von der Erde entfernter sich befindet oder mit grobstofflichen Augen nicht aufzunehmen ist. Die Schöpfung ist aus *einheitlichen* Gesetzen erstanden, ist ebenso einheitlich in ihrer Entwickelung und wird auch ebenso einheitlich erhalten. Es ist falsch, darin einer angekränkelten Phantasie freien Lauf zu lassen oder sie auch nur zu beachten.

Jeder *Mensch* der Nachschöpfung ist ein Abbild der urgeschaffenen Ebenbilder Gottes. In der ganzen Schöpfung tragen die Menschen deshalb nur die eine ihnen als Mensch bestimmte Form, mehr oder weniger veredelt. Aber die Form an sich ist immer zu erkennen und kann nicht etwa drei Beine haben oder durchweg nur ein Auge in der Mitte des Kopfes, es sei denn, daß es sich um eine hier und da einmal einzeln vorkommende Mißgeburt handelt. Darin liegt aber nichts Grundlegendes.

Was *nicht* die grundlegende Menschenform trägt, ist auch kein Mensch zu nennen. Ein Geistkeim ist zum Beispiel in seinen einzelnen Entwickelungsstufen noch kein Mensch, würde aber trotzdem nicht so abweichende Formen haben, wie sie von den schädlichen Phantasten geschildert werden.

Es sind in der mittleren und feinen Grobstofflichkeit der dunkleren und dunklen Ebenen phantastische Formen mit Menschengesichtern zu finden, die Tieren gleichen, welche immer den Arten entsprechen, in denen ein Menschengeist gedacht und gehandelt hat auf Erden, aber diese Formen sind meistens nur durch Menschen*denken* gezeugt. Sie tragen zeitweise das Gesicht *des* Menschen, der sie erzeugte, weil sie als seine Gedankenkinder von ihm stammen.

Und wenn ein Mensch selbst *so* geworden ist, daß er in Haß oder in Neid und anderen üblen Leidenschaften förmlich aufgeht, so geschieht es ihm, daß sich außerhalb der Erdenschwere um seinen Geist ein derartiger Körper formt. Damit ist er aber dann auch jedes Anrechtes auf Menschsein verlustig gegangen, wodurch er auch keine Ähnlichkeit mehr haben darf noch kann mit der Form der Abbilder der Ebenbilder Gottes. Er ist dann auch in Wirklichkeit kein Mensch mehr, sondern zu etwas herabgesunken, das den Erdenmenschen noch nicht bekannt ist und deshalb von ihnen auch noch nicht mit Namen bezeichnet werden konnte. –

Doch falsche Hirngespinste phantastischer Menschen werden bald nicht mehr verbreitet werden, da die Zeit nahe ist, in der das Wissen von den Gottgesetzen in der Schöpfung schon zu weit vorgeschritten ist, wodurch solche unwahren Dinge von selbst verschwinden. Die Menschen werden dann lachen, wenn sie einst zurückblicken auf die heutige Zeit, die in so vielem ihre Unwissenheit deutlich zu erkennen gibt.

# BESESSEN

Schnell fertig sind die Menschen mit dem Aussprechen einer Meinung über Dinge, die sie nicht verstehen. Dieses Aussprechen wäre an sich noch nicht so schlimm, wenn es nicht so oft Verbreitung finden würde, um dann plötzlich als ein festes Urteil dazustehen, das von vielen geistesträgen Kreisen als bestimmtes Wissen angenommen wird.

Es ist dann einfach da und hält sich fest mit einer auffallenden Zähigkeit, trotzdem niemand zu sagen weiß, *wie* es gekommen ist.

Wie oft lösen die leichtfertigen Äußerungen auch noch großen Schaden aus. Aber das stört die Menschen nicht, sie schwatzen weiter, weil es ihnen so gefällt. Sie schwatzen immerfort, im Eigensinn, im Trotz, Leichtfertigkeit, Gedankenlosigkeit, zum Zeitvertreib, nicht selten auch aus einer Sucht heraus, gehört zu werden, oder mit Vorbedacht in bösem Wollen. Stets ist ein übler Grund dabei zu finden. Man trifft nur wenig Menschen an, die wirklich nur aus Lust am Schwatzen der verheerenden Unsitte frönen.

Auch diese Redeseuche ist nur als die Folge der zersetzenden Verstandesherrschaft aufgetreten. Viel Reden aber unterdrückt das reinere Empfindenkönnen, welches mehr *Vertiefung in sich selbst* verlangt!

Nicht ohne Grund genießt ein Schwätzer kein Vertrauen, auch wenn er harmlos ist, sondern nur der, *der schweigen kann*. Es liegt so viel in der gefühlsmäßigen Scheu vor Schwätzern, daß jeder Mensch aufmerksam werden müßte, um Lehren daraus zu entnehmen für eigenen Verkehr mit seinen Nebenmenschen.

Schwätzer im wahrsten Sinne aber sind vor allem die, welche mit

## 35. BESESSEN

Worten so schnell bei der Hand sind, wo es sich um Dinge handelt, die sie nicht verstehen.

Das sind in ihrer Leichtfertigkeit Schädlinge, die sehr viel Unheil anrichten und unsagbares Leid.

Nehmen wir einmal nur irgendeinen Fall. Es stehen in den Zeitungen sehr oft Berichte über sogenannte Spukerscheinungen, die plötzlich auftreten in Häusern, worin bisher noch nie derartiges gewesen war. Gegenstände werden dort verstellt oder emporgehoben, Töpfe geschleudert und ähnliche Dinge.

Aus verschiedenen Gegenden und Ländern stammen solche Nachrichten. In allen Fällen gruppiert sich das Geschehen immer um irgendeine ganz bestimmte Person.

Wo *diese* sich befindet, zeigen sich die Vorgänge.

Sofort wird hier und da die Meinung ausgesprochen, daß ein derartiger Mensch »*besessen*« sein müsse. Etwas anderes wird gar nicht einmal gedacht, sondern einfach gedanken- und skrupellos vom Besessensein gesprochen.

Behörden und Kirchen wurden in den verschiedenen Ländern oft herangezogen, und, wenn die Feststellung erfolgte, daß von keiner Seite aus Betrug vorlag, dann nahm man hier und da auch kirchliche Dämonenaustreibungen vor. Doch diese können nicht viel helfen, weil sie den Tatsachen fremd gegenüberstehen.

Früher hätte man einen solchen Menschen, es sind meistens Kinder oder junge Mädchen, einfach einer regelrechten Hexenbefragung hochnotpeinlichster Art unterzogen, bis der gequälte Mensch alles *so* erklärte, wie es die Richter und Diener der Kirche haben wollten. Dann wurde als ein widerliches Schauspiel auch das Letzte noch getan, um durch den Feuertod dieses Gemarterten die andächtige Menschheit von ihm zu befreien.

In Wirklichkeit geschah das alles aber nur, um frevelhafter Sucht nach Erdenmacht zu frönen und starken Einfluß auf die damals so kindischgläubigen Menschen zu erhalten, der sich dadurch immer mehr erweiterte. Der Grund dazu lag nicht in reiner Überzeugung, Gott damit zu

## 35. BESESSEN

dienen! Es ließ dies gotteslästerliche Treiben auch nur Menschenfurcht erstehen, welche alles Gottvertrauen unterdrückte, und gab dem Laster niedrigster Verleumdung freien Lauf.

Das trübe Ende war in jedem Falle stets schon bei Beginn mit Sicherheit vorauszusehen, und man hätte alle leichtfertig Beschuldigten auch ohne weiteres sofort ermorden können. Die Schuld der Mörder wäre damit kleiner noch gewesen als die Schuld der damaligen Unmenschen in Gottesdienerkleidern und in Richtermänteln.

Ich will keine Vergleiche von der alten Zeit auf heute ziehen, will auch keine Brücken schlagen durch besondere Erläuterungen, aber *geistig* ist der Vorgang durch gedankenloses Reden ganz genau derselbe noch! Er ist nur *irdisch-grobstofflich* jetzt abgeschwächter durch die neueren Gesetze. Die unwissenden Menschen denken trotzdem nach wie vor in dieser Richtung falsch und würden darnach handeln, wenn es die Gesetze nicht verhinderten.

In den niederen Negerstämmen werden solche Menschen abergläubisch noch verfolgt, getötet oder auch ... verehrt. Die beiden Gegensätze findet man bei den menschlichen Handlungsweisen ja schon immer ganz dicht beieinander.

Und bei den niederen und unwissenden Völkerstämmen kommen deren Zauberer, um solche üblen Geister aus der Hütte zu verbannen, indem sie den »Besessenen« nach ihrer Weise quälen.

Wir finden Ähnlichkeiten in den Dingen auf der ganzen Erde, unter allen Völkern. Tatsachen, die ich nur zu besserem Verstehenkönnen anführe.

Die Menschen aber, welche derart als »besessen« angesehen werden, sind in allen diesen Fällen völlig schuldlos! Von Besessenheit ist keine Spur, noch weniger von den Dämonen, die man dabei auszutreiben sucht. Das alles ist nur kindisches Geschwätz und mittelalterlicher Aberglaube, als Überreste aus der Hexenzeit. Schuld bürden sich dabei in Wirklichkeit nur die auf, welche im Nichtswissen auf Grund falscher Anschauungen und leichtfertiger Beurteilungen helfen wollen.

## 35. BESESSEN

Besessene findet man in den *Irrenhäusern*, mehr, als die Menschen ahnen. Und diese *sind* zu heilen!

Heute betrachtet man aber diese bedauernswerten Menschen einfach noch als irrsinnig und macht zwischen den wirklich Kranken und den Besessenen gar keinen Unterschied, weil man noch nichts davon versteht.

Das Unverständnis darin kommt allein durch Unkenntnis der Schöpfung. Es fehlt das *Schöpfungswissen,* das die Grundlage zu dem Erkennen *aller* Vorgänge und der Veränderungen in und um den Menschen geben kann, also zum wahren Wissen führt, zu jener zukünftigen Wissenschaft, die nicht umherzutasten braucht mit kläglichen Versuchen, um *damit* erst zu einer *Theorie* zu kommen, die sich in vielen Fällen nach Jahrzehnten immer wieder als falsch erweist.

Lernet die *Schöpfung* kennen mit den darin wirkenden Gesetzen, Menschen, und Ihr braucht nicht mehr zu tasten und zu suchen; denn Ihr besitzt dann alles, was Ihr braucht, um Euch zu helfen in den Vorkommnissen während Eures Erdenseins, und auch noch weit darüber, in Eurem *ganzen Sein!*

Dann gibt es keine sogenannten Wissenschaftler mehr, sondern sie sind dann *Wissende* geworden, denen in dem Sein der Menschen nichts begegnen kann, was ihnen Fremdes birgt.

Ein überraschend großer Teil der heute als unheilbar irrsinnig Bezeichneten, welche ihr Leben in den Irrenhäusern abgesperrt verbringen müssen, sind nicht irrsinnig, sondern besessen. Es ist hier, wie es in so vielen Dingen ist: man *sucht* es nicht darin, und deshalb kann man auch nichts finden, in der Auswirkung des Christuswortes, welches eindeutig bedingt und ohne jeden Zweifel fordert: *Suchet,* so werdet Ihr finden!

Es ist dies Wahrheitswort für *alles* in dem Leben anzuwenden! In jeder Form. Deshalb habe auch ich schon mehrmals darauf hingewiesen, daß nur *der* Mensch in meiner Botschaft Werte finden wird, der allen Ernstes *Werte darin sucht!*

Kein anderer; denn das lebende Wort gibt nur, wenn ernstes Suchen

## 35. BESESSEN

aus der Seele heraus es berührt. Erst dann erschließt es sich in reicher Fülle. –

Das Wort »besessen« hört und findet man tatsächlich bisher und auch heute noch immer nur dort, wo es gar nicht in Frage kommt!

Und wo es angebracht ist, denkt niemand daran.

Aber auch hier hat der geprägte Ausdruck in dem Wort der Menschen *ungewollt* an *rechter* Stelle schon das Richtige getroffen; denn Ihr findet in den Irrenhäusern viele, von denen achselzuckend gesagt wird: »Er zeigt sich sonst normal und ist nur von einer fixen Idee besessen!«

*Ungewollt* treffen die Menschen hierin wiederum das Rechte, aber ohne selbst darüber *weiter* nachzudenken.

Aber nicht nur diese Art sind Besessene zu nennen, sondern auch solche, die nicht nur eine fixe Idee und sogenannte lichte Stunden oder Augenblicke haben, sondern dauernd irrereden, können besessen sein. Sie sind nicht immer in Wirklichkeit krank. –

Betrachten wir uns aber jetzt einmal als Beispiel einen der vielen Fälle, wo ein junges Mädchen von seiner Umgebung als besessen angesehen oder doch wenigstens verdächtigt wird, weil *in seiner Gegenwart* plötzlich so eigenartige Dinge vorkommen, über deren Ursache man nichts weiß.

Dabei gibt es nun vielerlei Möglichkeiten einer Erklärung, die der Wirklichkeit entsprechen, keine einzige aber läßt sich vereinbaren mit Besessenheit.

Es kann ein *Menschengeist* in dem betreffenden Hause durch irgend etwas *erdgebunden* sein; denn in *allen Fällen* kann es sich nur um von der Erde abgeschiedene *Menschengeister* handeln. Dämonen oder ähnliches kommen dabei überhaupt nicht in Betracht.

Ein solcher Menschengeist ist vielleicht durch irgendeine Tat an das Haus gebunden oder auch nur an den Ort, an die Stelle. Er muß also nicht unbedingt etwas getan haben in *der* Zeit, während das Haus vorhanden ist, sondern es kann auch *vorher* schon gewesen sein an der Stelle oder in deren Nähe, wo das Haus jetzt steht.

Dieser Geist ist manchmal schon Jahrzehnte oder Jahrhunderte dahin gebunden durch einen Mord oder durch irgendeine folgenschwere Nachlässigkeit, durch Schädigung eines anderen Menschen, wie auch durch sonstige Vorkommnisse, deren es ja zur Bindung so viele gibt.

Er muß also gar nicht unbedingt mit den in dem Hause *jetzt* wohnenden Menschen zusammenhängen. Trotz seiner dauernden Anwesenheit in dem Hause hat er jedenfalls vorher noch nie eine Möglichkeit gehabt, sich grobstofflich-irdisch bemerkbar machen zu können, was *nun erst* durch das Mädchen in dessen besonderer, *aber auch nur derzeitiger* Eigenart geschieht.

Diese Eigenart des Mädchens ist eine Sache für sich, die dem Geiste nur Gelegenheit gibt zu einer gewissen Art Vergrobstofflichung seines Wollens. Sie hat sonst mit dem Geiste nichts zu tun.

Der Grund der Eigenart liegt in der jeweiligen Ausstrahlung des Blutes, sobald dies *eine ganz bestimmte Zusammensetzung* hat. *Daraus* nimmt der Menschengeist ohne grobstoffliche Erdenhülle die Kraft zur Ausführung seiner Wünsche, sich bemerkbar zu machen, die oft zu lästigen Ungezogenheiten sich entwickeln.

Jeder Mensch hat verschiedene Blutausstrahlungen, worauf ich schon früher einmal hinwies, und diese Zusammensetzung verändert sich während des Erdenlebens mehrmals, womit auch stets die Art der Ausstrahlung dieses Blutes wechselt. Aus diesem Grunde ist die sonderbare Wirkung einiger Menschen zur Auslösung der seltsamen Geschehen auch in den meisten Fällen nur eine ganz bestimmte Zeit, also *vorübergehend*. Es gibt fast keinen einzigen Fall, wo es das ganze Erdensein hindurch anhält. Manchmal währt es nur Wochen oder Monate, selten Jahre.

Wenn also ein derartiges Geschehen plötzlich einmal aufhört, so ist das kein Beweis dafür, daß der betreffende Geist dann nicht mehr vorhanden oder gelöst ist, sondern er hat in den meisten Fällen nur plötzlich keine Möglichkeit mehr, sich so grob bemerkbar zu machen.

Er ist also deshalb durchaus noch nicht »ausgetrieben« oder verschwunden, wie er auch vorher schon lange an den Ort gebannt gewesen sein kann, ohne daß er von den Menschen bemerkt wurde. Er bleibt für die Menschen sonst ebenso unbemerkbar wie ihre dauernde geistige Umgebung. Sie sind ja in Wirklichkeit nie allein.

Damit gab ich die Betrachtung erst *einer* Möglichkeit, wobei es sich um einen an *den Ort* gebannten Geist handelt.

Es kann aber auch ein Menschengeist sein, der an eine in dem Hause lebende *Person* gekettet ist durch irgendeinen der Vorgänge, die in meiner Botschaft schon so oft genannt wurden. Es muß sich dabei nicht etwa gerade um das Kind handeln, welches durch seine Blutzusammensetzung vorübergehend nur die Möglichkeit zu irdisch-sichtbarer Betätigung gibt. Die eigentliche Ursache kann auch der Vater sein, die Mutter, Bruder, Schwester oder sonst ein Mensch, der in dem gleichen Hause wohnt oder auch nur dort ein- und ausgeht.

Und auch darin ist wiederum noch ein weiterer Unterschied; denn es kann eine Schuld dafür an dem bereits abgeschiedenen Menschengeiste haften, ebensogut aber auch an einer der im Hause lebenden Personen, aus diesem jetzigen Erdensein oder einem früheren.

Der Wahrscheinlichkeiten sind *so* viele, und sie sind auch so verschiedenartig, daß man eine feste Form dabei überhaupt nicht geben darf, ohne dabei Gefahr zu laufen, falsches Denken in den Menschen und ein vorschnelles, unüberlegtes Urteil bei den einzelnen Fällen hervorzurufen und zu unterstützen.

Ich erwähne nur alle diese Möglichkeiten der Gründe, um die Vielseitigkeit darin zu zeigen und dadurch zu warnen, daß man nicht so schnell mit einem leichtfertigen Ausdrucke sein darf; denn damit wird oft ein Verdacht ausgesprochen, der nicht berechtigt ist.

Deshalb seid vorsichtig mit Euerem Reden in Dingen, die Ihr nicht versteht! Ihr tragt volle Verantwortung dafür und bindet Euch vielleicht ebenfalls mit einem Worte schon auf Jahre und Jahrzehnte! –

Es kann bei einem derartigen Vorkommnisse der betreffende Geist übel gewesen und durch eine Schuld gebannt sein. Er ändert sich darin nicht so leicht und wird seinen Haß auf Menschen seiner Art entsprechend kundtun, wenn er irgendwoher die Kraft zu irdisch-grobstofflicher Ausführung erhält. Oder er selbst war der Geschädigte und heftet

## 35. BESESSEN

sich geistig an die Person, die ihn einst geschädigt hat und nun in dem Hause wohnt. In allen Fällen aber bindet er sich immer wieder neu mit derartigen übelwollenden und störenden Handlungen und verstrickt sich nur noch mehr, während er mit *gutem* Wollen sich lösen könnte und aufzusteigen vermöchte. Ein derartig polternder Geist schadet sich nur immer selbst am meisten dabei.

Der Mensch aber, der durch seine Blutausstrahlung vorübergehend die Gelegenheit dazu gibt, braucht in gar keinem Zusammenhange mit einer derartigen Angelegenheit zu stehen. Natürlich ist es möglich, daß er damit verbunden ist durch eine frühere Schuld oder umgekehrt, daß der Geist an ihn gebunden ist. Das alles ist nicht ausgeschlossen. Aber *Besessenheit* kommt auf keinen Fall in Betracht!

Wäre ein Mensch von einem anderen Geiste besessen, das heißt, würde ein fremder Geist zeitweise oder immer den ihm nicht gehörenden Körper zu irdisch-grobstofflichen Ausführungen benützen, so müßte dieser betroffene Erdenkörper *selbst* alles das Vorfallende ausführen, also das Werfen, Schlagen, Kratzen und Zerstören, oder wie es sich nun äußert.

Sobald jemand besessen ist, so wirkt der betreffende fremde Geist *stets unmittelbar durch den* Erdenkörper, mit dem er sich verbinden konnte, von dem er teilweise Besitz genommen hat und den er für seine Zwecke benützt. Davon ist ja der Ausdruck »besessen« erst entstanden, weil ein fremder Geist den Körper eines Erdenmenschen in Besitz nimmt, von ihm Besitz ergreift, um sich irdisch-grobstofflich damit betätigen zu können. Er nimmt den Besitz des ihm fremden Erdenkörpers mit in Anspruch. Und dieser Körper ist dann von ihm »besessen«, oder wir können auch sagen »eingenommen«. Er setzt sich hinein, besitzt ihn oder hat ihn zeitweise besessen.

Es ist ganz natürlich, daß der Vorgang des Besitzergreifens sich in erster Linie *in den Gehirnen* abspielt. Derartige Erdenmenschen, denen es geschieht, werden dann als geistig nicht normal oder irrsinnig bezeichnet, weil oft zwei verschiedene Menschengeister darum streiten und kämpfen, die Gehirne zu benützen.

## 35. BESESSEN

Es kommen dadurch Gedanken und Worte und Taten zum Ausdruck, die einander widersprechen, oft in wirrer Folge und unverständlichem Durcheinander, weil es ja zwei verschiedene Geister sind, die ihr Wollen aufzuzwingen versuchen. Der rechtmäßige Besitzer und der Eindringling. Das verursacht natürlich auch eine Überanstrengung der Gehirnnerven, die dabei förmlich durcheinandergeschüttelt und -gerüttelt werden, und der Mensch vermag, von außen her betrachtet, deshalb nur Gehirnverwirrung festzustellen, trotzdem das Gehirn an sich sonst ganz gesund sein kann. Nur der Kampf und Widerstreit der zwei verschiedenen Geister bringt das Verwirrte zum Ausdruck.

Es kommt auch hier und da mit vor, daß der von einem Erdenkörper gewaltsam besitzergreifende fremde Menschengeist sich nicht nur des Gehirnes vollständig bedient, sondern die Anmaßung noch weitertreibt und auch noch andere Körperteile für sich und seine Zwecke unterjocht, ja, jene Seele, die rechtmäßige Besitzerin des Körpers ist, hinausdrängt bis auf einen kleinen Teil, den er nicht rauben kann, wenn nicht das Leben dieses Körpers selbst gefährdet werden soll.

Bei derart schweren Fällen kommt es vor, daß die schon in Berichten oft genannten Doppelleben eines Menschen auftreten, die für Gelehrte manches Kopfzerbrechen gaben und damit Befallene sogar zum Selbstmord treiben konnten aus Verzweiflung über ihre Art.

Aber auch diese Vorgänge finden schöpfungsgesetzmäßig Erklärung. Sie sind immer an ganz bestimmte Voraussetzungen streng gebunden, die von *beiden* Seiten erst gegeben werden müssen. Es ist der Mensch nicht ohne weiteres dem Eindringenwollen eines fremden Geistes preisgegeben.

So wird zum Beispiel der *Geist* eines solchen Menschen, dessen Körper die Möglichkeit zu einem derartigen Ausgenutztwerden durch einen fremden Geist bietet und ihn auch diesem dazu mehr oder weniger preisgibt, immer träge oder schwach sein; denn sonst müßte seine eigene natürliche Abwehr dagegen stark genug bleiben, um es zu verhindern.

Trägheit oder Schwäche des Geistes ist stets selbstverschuldet, kann aber von der Menschheit nicht erkannt werden. Der Zustand ist wie-

## 35. BESESSEN

derum eine Folge der Verstandesherrschaft, die den Geist beengt und einmauert, ihn unterdrückt. Also die Folge der Erbsünde, die ich in meiner Botschaft genau schilderte mit allen ihren üblen Auswirkungen, zu denen auch die Möglichkeit eines Besessenwerdens zählt.

Ein Mensch mit müdem Geiste kann aber außergewöhnlich lebhaft im Denken sein, ebenso im Lernen, weil Geistesträgheit mit Verstandesschärfe gar nichts zu tun hat, wie die Leser meiner Botschaft wissen.

Ist ja gerade der Geist bedeutender Gelehrter oft besonders stark erdgebunden und eingeengt. Als passenden Ausdruck dafür könnte man das Wort »geistig flügellahm« verwenden, weil es den Begriff am besten formt. Der Geist manches großen Verstandesgelehrten schlummert in Wirklichkeit schon dem geistigen Tode zu, während der betreffende Mensch auf Erden unter den Menschen gerade ganz besonders als Leuchte geehrt wird.

Also ein derart betroffener Mensch kann außergewöhnlich verstandesfrisch und klug sein, und dennoch einen müden Geist haben, der sich seinen Erdenkörper durch einen anderen, körperlosen Menschengeist zum Teil streitig machen läßt.

Werdet deshalb *wissender* in Gottes Schöpfungsurgesetzen, Menschen, und Ihr könnt viel Unheil von Euch wenden! Reißt Euch los von Eurem leeren Wissens*dünkel,* der nur Stückwerk bringt, kaum zu verwenden in der kleinsten Not.

Um *diese* Dinge zu erkennen, dazu fehlt es der heutigen Wissenschaft am *Wissen;* denn was die Wissenschaft bis heute lehrt und wissen will, beweist nur klar und deutlich, daß sie von der Schöpfung eigentlich noch gar nichts weiß. Es fehlt ihr jeder große Zusammenhang und damit auch das eigentliche Bild des wirklichen Geschehens. Sie ist nur kurzsichtig, eingeengt und ging an allen großen Wahrheiten vorbei. Aber es ist die Wende einer neuen Zeit, welche auch darin *alles neu erstehen* lassen wird!–

Ein Kind oder Erwachsener ist also nicht immer zu verdächtigen, wenn er Dinge auslöst, wie das Poltern oder Werfen grobstofflicher Gegenstände. Der Boden für derartige Ursachen ist so vielfältig, daß immer nur in jedem Falle einzeln und an Ort und Stelle von wirklich Wissenden eine Feststellung erfolgen kann.

Mit dem hier Gesagten sind noch lange nicht alle Möglichkeiten erschöpft, aber eins steht fest: *Besessenheit kommt nicht dabei in Frage!*

Bei Menschen, die derartige Auswirkungen eines fremden, erdgebundenen Geistes möglich machen durch die zeitweise Ausstrahlung ihres Blutes, können während solcher Vorgänge natürlich auch Zukkungen des Körpers eintreten, Fiebererscheinungen, ja auch Bewußtlosigkeiten.

Das alles kommt aber nur daher, weil der fremde Menschengeist die betreffenden ihm helfenden Ausstrahlungen an sich reißt, sie förmlich gewaltsam von dem Erdenkörper fortzieht und deshalb Störungen in der Harmonie der normalen Ausstrahlung des Körpers bewirkt, was sich natürlich sofort in diesem Körper bemerkbar macht.

Das sind aber alles ganz einfache Vorgänge, die durch gute Beobachtung leicht folgerichtig begründet werden können, sobald man nur die richtigen Zusammenhänge weiß.

Unnützes Schwätzen und Vermutungen darüber haben keinen Zweck, sie können nur dem einen oder anderen Menschen Schaden bringen, der mit der ganzen Sache überhaupt nicht verbunden ist.

Hütet deshalb Eure Worte, Menschen! Denn auch diese müssen Euch hinabziehen, weil alles *Unnötige* störend in der Schöpfung ist, und alles Störende nach dem Gesetz der Schwere abwärts sinkt!

Redet Ihr aber wahr und gut, so fördert Ihr damit und werdet selbst im Lichte Eurer Worte leichter und emporgehoben, weil auch darin Fäden laufen und sich knüpfen, wie in Eurem Denken und im Tun. Und dann, wenn Ihr nichts Unnützes mehr reden wollt, werdet Ihr schweigsamer, zurückhaltender werden, womit sich in Euch Kräfte aufspeichern, die ich mit Macht des Schweigens schon benannte!

Es wird Euch zur Natürlichkeit, sobald Ihr nur noch reden wollt, was *nützlich* ist, wie es der Mensch schon immer hätte halten sollen seit Beginn. Dann wird er kaum den dritten Teil *der* Zeit mit seinen Reden füllen, welche er heute noch dazu verwendet.

Aber er zieht leider das leichtfertige Reden einem edlen Schweigen vor und läßt sich damit immer mehr hinabziehen nach dem Gesetz der Schwere, das das Unnötige in der Schöpfung abwärts drückt und sinken läßt als unbrauchbar.

Achtet deshalb Eurer Worte, Menschen, nehmt das Übel der gedankenlosen Schwätzerei nicht allzu leicht!

# BITTET, SO WIRD EUCH GEGEBEN!

Noch immer ist der Mensch im Zweifel über die Form des Gebetes. Er will das Rechte dabei tun und nichts versäumen. In dem ehrlichsten Wollen grübelt er und findet keine Lösung, die ihm die Gewißheit gibt, daß er nicht falsche Wege darin geht.

Aber das Grübeln hat gar keinen Zweck, es zeigt nur, daß er immer wieder mit seinem *Verstande* Gott zu nahen sucht, und das wird er nie fertigbringen; denn er bleibt dem Höchsten damit *immer* fern.

Wer meine Botschaft *richtig* in sich aufgenommen hat, ist sich darüber klar, daß Worte viel zu enge Grenzen haben, um in ihrer Art hinaufsteigen zu können nach den lichten Höhen. Nur die *Empfindungen,* welche die Worte bergen, steigen weiter aufwärts aus den Grenzen der geformten Worte, je nach ihrer Stärke, ihrer Reinheit.

Die Worte gelten zum Teil nur als Wegweiser, welche die Richtung zeigen, die die Empfindungsstrahlen nehmen sollen. Der andere Teil der Worte löst *die Art* der Strahlen aus, im Menschen selbst, der das geformte Wort als Halt verwendet und als Hülle. Das beim Gebet gedachte *Wort* schwingt in dem Menschen rückwärts, wenn er es in sich erlebt oder sich müht, es in sich selbst lebendig zu gestalten.

Bei der Erklärung seht Ihr schon zwei Arten des Gebetes vor Euch auferstehen. Die eine Art, welche aus der Empfindung in Euch aufsteigt, ohne Überlegung, im Erleben selbst, die also starke Empfindung irgendeines Augenblickes ist, die sich im Aufquellen erst noch in Worte hüllt, und dann die andere Art, die überlegend *vorher* Worte formt und durch die Worte rückwärtswirkend erst entsprechende Empfindung auszulösen sucht, die schon geformten Worte also mit Empfindung füllen will.

Es braucht nicht erst gesagt zu werden, welche Art dieser Gebete zu den kraftvolleren zählt; denn Ihr wißt selbst, daß das *Natürlichere* stets auch das *Richtigere* ist. In diesen Fällen also *das* Gebet, das in dem Aufquellen einer plötzlichen Empfindung ersteht und erst dann in Worte sich zu drängen sucht.

Nehmt an, es trifft Euch unerwartet ein ganz schwerer Schicksalsschlag, der Euch bis in das Innerste erzittern läßt. Es faßt die Angst um irgend etwas Liebes Euch ans Herz. Dann steigt ein Hilferuf in Euch empor in Eurer Not, mit einer Stärke, die den Körper in Erschütterung versetzt.

*Darin* seht Ihr die Stärke der Empfindung, welche fähig ist, emporzusteigen bis in lichte Höhe, wenn ... diese Empfindung *demutsvolle Reinheit* in sich trägt; denn ohne diese ist jedem Emporsteigen schon unterwegs ein ganz bestimmtes Halt gesetzt, und wenn sie noch so stark und kraftvoll ist. Es ist ihr ohne Demut ganz unmöglich, sie könnte niemals vordringen bis zu der Reinheit, die in weltenweitem Bogen alles Göttliche umgibt.

Derart starkes Empfinden wird auch immer nur ein Worte*stammeln* mit sich führen, weil seine Kraft es gar nicht zugibt, sich in enge Worte einpressen zu lassen. Die Stärke strömt über die Grenzen aller Worte weit hinaus, schäumend die Schranken niederreißend, die die Worte setzen wollen mit der engbegrenzten Tätigkeit des irdischen Gehirns.

Ein jeder von Euch wird es derart einmal schon erlebt haben in seinem Sein. Ihr könnt deshalb erfassen, was ich damit sagen will. Und *das* ist das Empfinden, das Ihr haben sollt bei dem Gebet, wenn Ihr erwartet, daß es aufzusteigen fähig sein soll bis in Höhen reinen Lichtes, woher alle Gewährung zu Euch kommt.

Doch nicht in Ängsten nur sollt Ihr Euch nach der Höhe wenden, sondern auch die reine Freude kann mit gleicher Macht emporquellen in Euch, das Glück, der Dank! Und diese *freudevolle* Art schwingt noch viel schneller aufwärts, weil sie ungetrübter bleibt. Die Angst trübt sehr leicht Eure Reinheit des Empfindens und bildet eine falsche Art. Zu oft ist stiller Vorwurf mit dabei verbunden, daß es gerade *Euch* geschehen muß, was Eure Seele so schwer traf, oder gar Groll, und das ist selbstverständlich nicht das Rechte. Es muß dann Eure Rufe niederhalten.

Für das Gebet ist es nicht nötig, daß Ihr Worte dabei formt. Die Worte sind *für Euch,* um *Euch* den Halt Eurer Empfindung zu gewähren, damit sie festgeschlossener verbleibt und nicht in vielen Arten sich verliert.

Ihr seid es nicht gewöhnt, auch ohne Worte klar zu denken und Euch zu vertiefen, ohne dabei die gerade Richtung zu verlieren, weil Ihr an sich durch zu viel Reden viel zu oberflächlich wurdet und zerstreut. *Ihr braucht* die Worte noch als Wegweiser und auch als Hüllen, um bestimmte Arten Euerer Empfindungen damit beisammen zu erhalten, um Euch das, was Ihr im Gebete niederlegen wollt, auch klarer vorzustellen in dem Wort.

So ist die Art zu beten, wenn der Drang dazu aus den Empfindungen ersteht, also ein Wollen Eures *Geistes* ist! Das kommt aber bei den heutigen Menschen selten vor. Nur wenn sie irgendwie sehr starker Anstoß trifft durch Leid, durch Freude oder auch durch körperlichen Schmerz. Freiwillig, ohne Anstoß dazu nimmt sich niemand mehr die Mühe, hier und da einmal an Gott, den Spender aller Gnaden, zu denken.

Nun wenden wir uns zu der zweiten Art. Es sind Gebete, die zu ganz bestimmten Zeiten vorgenommen werden, ohne solche Anlässe, wie wir sie jetzt durchgesprochen haben. Der Mensch nimmt sich dabei zu beten vor. Es ist ein überlegtes, besonders *gewolltes* Gebet.

Damit ändert sich auch der Vorgang. Der Mensch denkt oder spricht bestimmte Worte des Gebetes, die er sich selbst zusammengesetzt hat, oder die er erlernte. Gewöhnlich sind diese Gebete an Empfindung arm. Der Mensch denkt viel zu sehr *daran,* daß er die Worte richtig setzt, und *das allein* schon lenkt ihn ab vom eigentlichen Mitempfinden dessen, was er spricht oder nur denkt.

Ihr werdet ohne weiteres die Richtigkeit dieser Erklärung an Euch selbst erkennen, wenn Ihr zurückdenkt und Euch daraufhin einmal sorgfältig prüft. Es ist nicht leicht, in solcherlei Gebete die reine Empfindungsfähigkeit zu legen. Schon der geringste Zwang entkräftet, er nimmt einen Teil der Sammlung für sich selbst in Anspruch.

Dabei müssen die geformten Worte erst lebendig gemacht werden in Euch selbst, das heißt, *die Worte* müssen *die Art der Empfindung* in Euch auslösen, die sie in ihrer Form bezeichnen. Der Vorgang geht dann nicht von innen heraus aufquellend durch das hintere Hirn in Euer Vorderhirn, das schnell den Eindrücken entsprechend Worte dazu formt, sondern das Vorderhirn beginnt dabei mit seiner Wortformung *zuerst,* die von dem hinteren Gehirn dann rückwirkend erst aufgenommen und verarbeitet werden müssen, um von da aus einen entsprechenden Druck auf das Nervensystem des Sonnengeflechtes auszuüben, das nach weiteren Vorgängen erst eine dem Wort entsprechende *Empfindung* auslösen kann.

Es geht zwar alles ungeheuer schnell in seiner Reihenfolge nacheinander, so daß es dem Beobachter erscheint, als ob es *gleichzeitig* erfolgen würde, aber trotzdem sind derartige Gebilde nicht so kraftvoll, nicht so ursprünglich wie die, welche im umgekehrten Weg erstehen. Sie können deshalb auch die Wirkung nicht erhalten, und in den meisten Fällen bleiben sie empfindungsleer. Schon wenn Ihr täglich *immer wieder gleiche* Worte wiederholt, verlieren sie für Euch die Kraft, sie werden zur Gewohnheit und damit bedeutungslos.

Werdet in dem Gebet deshalb *natürlich,* Menschen, werdet ungezwungen, ungekünstelt! Das Eingelernte wird zu leicht zum Hersagen. Ihr macht es Euch damit nur schwer.

Wenn Ihr mit einem wahren Dankempfinden zu Gott Euren Tag beginnt, mit Dankempfinden auch beendet, und wenn es Dank nur für die Lehre ist, die Euch an diesem Tage wurde im Erleben, so lebt Ihr gut! Laßt jedes *Werk* durch Fleiß und Sorgfalt einem Dankgebete gleich erstehen, laßt jedes Wort, welches Ihr sprecht, die Liebe widerspiegeln, die Euch Gott gewährt, so wird das Sein auf dieser Erde bald zur Freude werden jedem, welcher auf ihr leben darf.

Es ist gar nicht so schwer und raubt Euch keine Zeit. Ein kurzer Augenblick ehrlichen Dankempfindens ist viel besser als ein stundenlanges eingelerntes Beten, dem Ihr mit Euerer Empfindung doch nicht folgen könntet. Außerdem raubt solches äußerliche Beten Euch nur Zeit für das wahrhafte Danken in freudiger Tat.

Ein Kind, das seine Eltern wirklich liebt, beweist in *seinem Wesen* diese Liebe, durch die Tat, und nicht mit schmeichlerischen Worten, die in vielen Fällen nur der Ausdruck anschmiegender Selbstgefälligkeit verbleiben, wenn es nicht sogar Verlangen einer Selbstsucht ist. Die sogenannten Schmeichelkatzen sind nur selten etwas wert und denken immer nur an sich und an Befriedigung eigener Wünsche.

Nicht anders steht Ihr vor Eurem Gott! Beweist es in der Tat, was Ihr Ihm sagen wollt! –

So wißt Ihr nun, *wie* Ihr zu beten habt, und steht schon wieder bangend vor der Frage, *was* Ihr beten sollt.

Wenn Ihr dafür die rechte Art erkennen wollt, so müßt Ihr zuerst das Gebet von Eurem Bitten *trennen*. Macht einen Unterschied zwischen Gebet und Bitte! Sucht nicht immer Euer Bitten zum Gebet zu stempeln.

Das Gebet und die Bitte muß Euch *zweierlei* bedeuten; denn das Gebet gehört zur Anbetung, während die Bitte nicht zu dieser zählen kann, wenn Ihr nach dem Begriff Euch wirklich richten wollt.

Und es ist notwendig, daß Ihr Euch nunmehr darnach richtet und nicht alles untermischt.

*Ge*bet Euch im Gebet! Das eine will ich Euch nur zurufen, und in dem Worte selbst habt Ihr auch die Erklärung. *Gebt* Euch dem Herrn in Eurem Gebet, gebt Euch ihm ganz und ohne Vorbehalt! Es soll Euch das Gebet ein Ausbreiten Eueres Geistes sein zu Gottes Füßen, in Ehrfurcht, Lob und Dank für alles, was Er Euch gewährt in seiner großen Liebe.

Es ist so unerschöpflich viel. Ihr habt es nur bisher noch nicht verstanden, habt den Weg verloren, der es Euch genießen lassen kann im Vollbewußtsein aller Fähigkeiten Eures Geistes!

Wenn Ihr erst einmal *diesen* Weg dazu gefunden habt in dem Erkennen aller Werte meiner Botschaft, *dann bleibt Euch keine Bitte mehr.* Ihr habt nur Lob und Dank, sobald Ihr Hände und den Blick nach oben wendet zu dem Höchsten, der sich Euch in Liebe zu erkennen gibt. Dann steht Ihr in Euch *dauernd* im Gebet, wie es der Herr von Euch nicht anders zu erwarten hat; denn Ihr könnt Euch ja in der Schöpfung nehmen, was Ihr braucht. Der Tisch ist doch darin gedeckt zu jeder Zeit.

Und durch die Fähigkeiten Eures Geistes dürft Ihr davon wählen. Der Tisch bietet Euch immer *alles,* was Ihr nötig habt, und es bedarf der Bitten nicht, so Ihr Euch nur in *rechter* Art die Mühe nehmt, Euch in Gottes Gesetzen zu bewegen!

Das alles ist auch schon gesagt in den Euch wohlbekannten Worten: »Suchet, so werdet Ihr finden! Bittet, so wird Euch gegeben! Klopfet an, so wird Euch aufgetan!«

Die Worte lehren Euch die *notwendige* Tätigkeit des Menschengeistes in der Schöpfung, vor allem auch die *richtige* Verwendung seiner Fähigkeiten. Sie zeigen ihm genau die Art, *wie* er sich mit der Schöpfung abzufinden hat, und auch den Weg, welcher ihn *vorwärts* darin bringt.

Die Worte sind nicht nur alltäglich zu bewerten, sondern deren Sinn liegt tiefer, er umfaßt das Sein des Menschengeistes in der Schöpfung nach dem Gesetz der notwendigen Bewegung.

Das »Bittet, so wird Euch gegeben!« zeigt ganz klar auf die von mir im Vortrage »Kreislauf der Strahlungen« bezeichnete Fähigkeit des Geistes, die ihn veranlaßt, immer unter einem bestimmten, nicht abzuschüttelnden Drange etwas zu wollen oder zu wünschen, das dann in seiner Strahlung sofort das *Gleichartige* anzieht, worin selbsttätig ihm das Gewünschte *gegeben* wird.

Es soll der Drang des Wünschens aber immer *eine Bitte* bleiben, darf nicht zur einseitigen Forderung erstehen, wie es leider jeder Mensch von heute schon gewöhnt wurde zu tun. Denn bleibt es Bitte, so liegt *Demut* mit darin verankert, und es wird deshalb immer Gutes bergen und auch Gutes nach sich ziehen.

Jesus zeigte mit den Worten deutlich, *wie* der Mensch sich einzustellen hat, um alle selbsttätigen Fähigkeiten seines Geistes in die *rechte* Bahn zu lenken!

So ist es mit allen seinen Worten. Sie wurden aber leider in die engen

Kreise des menschlichen Erdverstandes eingezwängt und damit arg verbogen, deshalb auch niemals mehr verstanden und nicht recht gedeutet.

Denn daß damit nicht der Verkehr mit den Menschen gemeint ist, wird wohl jedem leicht verständlich sein, da die Einstellung der Menschen doch weder damals noch heute *so* ist, um bei *ihnen* Erfüllung derartiger Hinweise erwarten zu können.

Gehet hin zu den Menschen und bittet, es wird Euch *nichts* gegeben werden. Klopfet an, es wird Euch dort *nicht* aufgetan! Suchet unter den Menschen und ihren Werken, und Ihr werdet *nicht* das finden, was Ihr suchet! –

Jesus meinte auch nicht die Stellung des Menschen zu Gott persönlich, unter Weglassung aller Riesenwelten, die dazwischen liegen und nicht zur Seite geschoben werden können als so gut wie nicht bestehend. Er meinte auch nicht allein das lebendige Wort damit, sondern Jesus hat stets aus der Urweisheit heraus gesprochen und diese nie in kleines irdisches Denken oder Verhältnisse gezwängt. Er sah den Menschen in *der Schöpfung stehend* vor sich, wenn er sprach, und wählte seine Worte *allumfassend!*

An der Unterlassung, *daran* zu denken, kranken aber alle Wiedergaben, Übersetzungen und Deutungen. Diese wurden immer nur mit irdischem kleinlichem Menschendenken vermischt und ausgeführt, dadurch verbogen und entstellt. Und dort, wo das Verstehen fehlte, wurde Eigenes hinzugetan, was nie den Zweck erfüllen konnte, auch wenn es noch so gut gemeint gewesen ist.

Menschlich blieb immer kleinlich menschlich, göttlich aber ist immer allumfassend! Dadurch wurde der Wein mit Wasser arg vermengt und zuletzt etwas anderes daraus, als es ursprünglich gewesen war. Das dürft Ihr nie vergessen.

Auch mit dem »Vater unser« suchte Jesus nur durch die darin genannten Bitten des Menschengeistes Wollen in einfachster Form nach *jener* Richtung hinzulenken, die diesen nur das für den Aufstieg Fördernde sich wünschen ließ, damit ihm solches aus der Schöpfung wurde.

## 36. BITTET, SO WIRD EUCH GEGEBEN!

Es liegt darin kein Widerspruch, sondern es war die beste Wegweisung, der untrügbare Stab für jeden Menschengeist in *damaliger* Zeit.

Der Mensch von heute aber bedarf seines ganzen Wortschatzes, den er sich unterdessen schuf, und der Verwendung jedweden Begriffes, der daraus erstand, wenn ihm ein Weg aus der Verworrenheit seiner Verstandesklügeleien werden soll.

Deshalb muß ich Euch, Menschen der *jetzigen* Zeit, nun weitergehende Erklärungen gewähren, welche in Wirklichkeit genau dasselbe wieder sagen, nur in *Eurer* Art!

Das zu erlernen ist *nun Eure* Pflicht; denn Ihr seid schöpfungswissender geworden! Solange Ihr im Wissen nun die Pflichten nicht erfüllt, welche die Fähigkeiten Eures Geistes zur Entwickelung Euch auferlegen, solange habt Ihr auch kein Recht zu bitten!

Mit getreuer Pflichterfüllung in der Schöpfung aber wird Euch wechselwirkend *alles,* und es liegt kein Grund mehr vor zu irgendeiner Bitte, sondern es ringt sich dann in Eurer Seele nur der *Dank* noch frei für Den, Der in der Allweisheit und Liebe Euch alltäglich immer wieder reich beschenkt!

Ihr Menschen, könntet Ihr doch endlich richtig *beten! Wirklich beten!* Wie reich wäre dann Euer Sein; denn in dem Beten liegt das größte Glück, welches Euch werden kann. Es hebt Euch unermeßlich hoch, so daß das Glücksempfinden Euch beseligend durchströmt. Könntet Ihr *beten,* Menschen! Das sei nun mein Wunsch für Euch.

Ihr fragt in Eurem kleinen Denken dann nicht mehr, zu *wem* Ihr beten sollt und dürft. Es gibt nur *Einen,* dem Ihr Euere Gebete weihen dürft, nur Einen: *GOTT!*

In weihevollen Augenblicken naht Euch Ihm mit heiligem Empfinden und schüttet vor Ihm aus, was Euer Geist an Dank aufbringen kann! *Nur an Ihn selbst* wendet Euch im Gebet; denn Ihm allein gebührt der Dank, und Ihm allein gehörst Du selbst, o Mensch, da Du durch Seine große Liebe auch erstehen konntest!

# DANK

"Dank! Tausend Dank!« Es sind dies Worte, die ein jeder Mensch wohl schon oft hören konnte. Sie werden in so vielerlei Abtönungen gesprochen, daß sie nicht ohne weiteres in *eine* einzige bestimmte Art zu ordnen sind, wie es der *Sinn* der Worte eigentlich bedingt.

Gerade hierbei kommt der Sinn *der Worte* erst an zweiter oder gar an dritter Stelle in Betracht. Es sind vielmehr der *Klang,* die *Tönung,* die den Worten Wert verleihen oder ihren Unwert zeigen.

In vielen Fällen, wohl den meisten, ist es nur ein Ausdruck oberflächlicher Gewohnheit in den alltäglichen Formen der gesellschaftlichen Höflichkeit. Es ist dann so, als wenn sie überhaupt nicht gesprochen wären, sie bleiben leere Redensarten, die für alle, denen sie gelten, eher Beleidigungen sind als Anerkennungen. Nur manchmal, aber das sehr selten, ist ein Schwingen dabei mitzuhören, das von einer Empfindung der Seele zeugt.

Es ist nicht allzu große Feinhörigkeit nötig, um dann zu erkennen, *wie* es der Mensch meint, der diese Worte spricht. Nicht immer ist etwas Gutes darin; denn die Schwingungen der Seelen sind bei gleichen Worten sehr verschiedenartig.

Es kann darin die Unzufriedenheit sich zeigen oder die Enttäuschung, ja, sogar Neid und Haß, Verlogenheit und manches üble Wollen. In allen Arten werden diese schönen Worte echten Dankes oft mißbraucht, um etwas anderes damit sorgfältig zu verdecken, wenn sie nicht ganz leer sind und nur deshalb noch gesprochen werden, um gesagt zu sein nach Brauch und Sitte, oder aus Gewohnheit.

Allgemein ist es der Ausdruck der gewohnheitsmäßigen Empfänger, welche diese Worte immer in dem Munde führen und für alles stets bereit halten, ohne dabei zu denken, ähnlich dem Geplapper der endlosen Ketten von allerlei Gebetsformeln, die man häufig findet, welche aber in ihrem empfindungslosen Abgeleiertwerden nur Verletzung der Gottheiligkeit und Gottesgröße sind!

Herrlichen Blüten gleich auf unfruchtbarem Boden aber leuchten in der Schöpfung auffallend *die* Fälle, wo die Worte wirklich nach *dem* Sinn verwendet werden, den sie auszudrücken suchen, wo also die Seele in dem Wortlaut schwingt, wo die geformten Worte tatsächlich der Ausdruck reiner Seelenschwingungen verbleiben, wie es stets sein soll, wenn ein Mensch Worte formt!

Wenn Ihr es Euch einmal so recht bedenkt, muß alles ohne Empfindung Gesprochene entweder nur leeres Geschwätz verbleiben, womit der Mensch die Zeit vergeudet, die er anders werten sollte, oder es kann nur falsches Wollen enthalten, wenn die Worte den Mitmenschen etwas vortäuschen, was der Sprechende nicht empfindet. Etwas Gesundes, Aufbauendes kann nie daraus erstehen. Das verhindern die Gesetze in der Schöpfung.

Es ist nicht anders, wenn es auch sehr traurig bleibt und all den Morast deutlich zeigt, welchen die Menschen aufhäufen mit ihrem vielerlei Geschwätz in dem Gebiet der feinen Grobstofflichkeit, die zurückwirkt auf das Erdensein, und welche jede Menschenseele erst durchwandern muß, bevor sie in die leichteren Gefilde treten kann.

Vergeßt niemals, daß jedes Eurer Worte eine Form erstehen läßt, welche den Widerspruch Eures Empfindens mit den Worten deutlich zeigt, gleichviel, ob Ihr das wollet oder nicht. Ihr könnt nichts daran ändern. Bedenkt das bei allem, was Ihr redet. Wenn es zu Eurem Glücke auch nur leichtere Gebilde sind, die schnell wieder verflüchtigen, so besteht doch immer für Euch die Gefahr, daß die Gebilde von ganz fremder Seite plötzlich Zuströme erhalten, die sie stärken und verdichten in der gleichen Art und so zu einem Wirken kommen lassen, welches Euch zum Fluche werden muß.

## 37. DANK

Aus diesem Grunde sucht noch dahin zu gelangen, allein *das* zu sprechen, worin Eure Seele schwingt.

Ihr wähnt, daß dies auf Erden gar nicht möglich wäre, weil Ihr Euch sonst in dem Verhältnis zu der jetzigen Gewohnheit viel zu wenig sagen könntet und das Leben dadurch eintönig und langweilig zu werden droht, namentlich in den Stunden der Geselligkeit. Es gibt wohl viele Menschen, welche also denken und sich davor fürchten.

Doch wenn der Mensch erst einmal so weit mit dem Denken ist, dann sieht er auch, wieviel von seiner Erdenzeit bisher völlig gehaltlos bleiben mußte, ohne Wert und damit ohne Zweck. Dann trauert er derartiger Gehaltlosigkeit vieler Stunden nicht mehr nach und wird sich ganz im Gegenteil in Zukunft *davor* fürchten.

Der Mensch ist selbst leer wie seine Umgebung, der seine Zeit mit leeren Worten auszufüllen suchen muß, nur um mit seinen Mitmenschen gesellig zu verkehren. Doch das wird er sich selbst nicht zugestehen. Er wird sich damit trösten, daß er doch nicht immer Ernstes reden kann, daß er damit den anderen langweilig wird, kurz, daß es an den *anderen* nur liegt, wenn er nicht von dem spricht, was ihn selbst vielleicht noch bewegt.

Aber er täuscht sich damit etwas vor. Denn wenn die Nebenmenschen wirklich derart sein sollten, wie er vermeint, so ist das ein Beweis, daß er selbst auch nichts anderes zu bieten hat, da nur die Gleichart in der Anziehung seine Umgebung schafft, mit der er verkehrt. Oder seine Umgebung hat ihn in der Gleichart angezogen. Es ist nach beiden Seiten hin dasselbe. Der Volksmund hat darin schon recht, wenn er behauptet: »Sage mir, mit wem Du umgehst, und ich will Dir sagen, wer Du bist!«

Leere Menschen, die nicht darnach streben, wahren Inhalt ihres Lebens zu erhalten, werden solche Menschen fliehen, welche Geisteswerte in sich tragen.

Geisteswerte kann niemand verbergen; denn der Geist drängt ganz naturgemäß zu der Betätigung in dem Schöpfungsgesetze der Bewegung, sobald er in dem Menschen nicht verschüttet, sondern wirklich noch lebendig ist. Er drängt nach außen, unaufhaltsam, und ein solcher

Mensch wird wieder Menschen finden, denen er im Ausgleich durch sein Geisteswirken etwas geben kann, damit auch er von ihnen wiederum empfange, sei es auch nur in neuer Anregung oder durch ernstgemeinte Fragen.

Es ist ganz ausgeschlossen, daß die Langeweile einen Platz dabei noch finden könnte! Im Gegenteil, die Tage sind dann viel zu kurz, die Zeit vergeht noch schneller und sie reicht nicht aus, um sie mit allem auszufüllen, was ein Geist zu geben hat, wenn er sich wirklich regt!

Gehet hin zu Euren Mitmenschen, höret dort, was von den vielen Worten, die sie reden, nennenswerten Inhalt hat, Ihr werdet schnell und mühelos erkennen, wie geistig tot die Menschheit zur Zeit ist, die Menschheit, die doch geistig *wirken* sollte, das heißt, gehaltvoll, aufbauend in jedem Worte, das sie spricht, weil sie vom Geiste ist! Ihr selbst habt Euren Worten alle hohe Kraft geraubt, welche sie bergen sollten im Gesetz der Schöpfung, durch Eure falsche Anwendung des letzten Ausdruckes Eures Denkens. Die Sprache soll den Menschen Macht und Schwert sein, um die Harmonie zu fördern und zu schützen, aber nicht, um Leid und Zwiespalt zu verbreiten.

Wer aus dem Geiste spricht, der *kann* nicht viele Worte machen, bei dem wird aber auch ein jedes Wort zur Tat, weil er in seinem Worte schwingt, und dieses Schwingen bringt Erfüllung im Gesetz der Wechselwirkung, die in dem Gesetz der Anziehung der gleichen Arten sich erfüllt.

Deshalb soll der Mensch auch die Worte eines *Dankes* niemals flüchtig sprechen; denn sie sind kein Dank, sobald sie keinen Seeleninhalt haben!

Klingt es nicht wie jubelnder Gesang, sobald aus eines Menschen Mund in seligem Empfinden sich die schlichten Worte formen: »Dank! Tausend Dank!«

Und es ist mehr, in Wirklichkeit weit mehr; denn solcher Dank aus der bewegten Seele ist gleichzeitig ein Gebet! Ein Dank zu Gott!

In allen solchen Fällen steigen die Empfindungen der Worte unbedingt nach oben, und wechselwirkend senkt sich daraufhin der Segen auf den Menschen oder die, welche diese Empfindungen hervorgerufen haben, also auf die Stelle, der die Worte echten Dankes gelten, an die sie gerichtet wurden.

Darin ruhet der gerechte Ausgleich, welcher mit dem Segen sich erfüllt, der sich auch formt und irdisch sichtbar werden muß.

Aber ... nicht überall vermag der Segen sichtbar zu erblühen; denn der Vorgang bedingt eins: Gleichviel, was derjenige getan hat, dem die Worte solchen echten Dankes gelten, *er muß es getan haben mit Liebe* und der Absicht, *dem anderen Freude zu bereiten!* Sei es nun eine Gabe gewesen oder irgendeine Handlung, oder auch nur ein wirklich gutgewollter Rat in einem guten Wort.

Ist diese Vorbedingung bei dem Spender nicht gegeben, so findet der auf den emporgestiegenen Dank hin sich herabsenkende Segen der Wechselwirkung keinen Boden, in den er sich verankern könnte, und so *muß* in allen diesen Fällen der gerechte Segen trotzdem ausbleiben, weil der ihn Empfangensollende nicht fähig ist zur Annahme oder Aufnahme!

Es liegt eine Gerechtigkeit darin, welche der Erdenmensch nicht kennt, die nur die also lebendig und selbsttätig wirkenden Schöpfungsgesetze in sich tragen, welche unverbiegbar darin sind und unbeeinflußbar.

So wird zum Beispiel ein Mensch, der etwas mit Berechnung tut, um sich entweder Ruhm oder sonst einen angenehmen Ruf zu verschaffen, nie den wahren Segen von seinen Wohltaten erhalten können, weil er den zum Empfang desselben gesetzmäßig *bedingten* Boden nicht in sich trägt. Er kann höchstens vergänglichen, toten und deshalb nur vorübergehenden *irdischen* Vorteil erhalten, nie aber wahren Gotteslohn, den nur ein solcher Mensch empfangen kann, der selbst im Sinne des göttlichen Willens in der Schöpfung steht und lebt.

Wenn auch ein Mensch Millionen für die Armen schenken würde oder, wie es so viel vorkommt, für die Wissenschaften opfert, und er hat dabei die wahre Liebe nicht als Triebfeder dazu, den Seelendrang zu helfen, so wird ihm auch kein Gotteslohn dafür, weil er *nicht* werden *kann,* da solcher Mensch nicht fähig ist, ihn aufzunehmen, zu empfangen!

## 37. DANK

Der Segen steht schon ganz gesetzmäßig als Folge manches echten Dankes aus Empfängerkreisen über ihm, hat sich auf ihn herabgesenkt, doch ein solcher Mensch vermag aus eigener Schuld heraus seiner nicht teilhaftig zu werden, weil er in sich nicht den Boden bietet zum Empfang.

Die Auslösung kommt bei echtem Dank auf jeden Fall. Der Grad der Auswirkung aber richtet sich wiederum gesetzmäßig nach der Art der Seeleneinstellung dessen, für den der Segen in Wechselwirkung kam.

Der Empfangensollende ist also selbst schuld, wenn solcher Segen sich für ihn nicht formen kann, weil er in sich nicht auch die Fähigkeit besitzt, ihn aufnehmen zu können nach den Vorschriften des Schöpfungsurgesetzes, weil ihm rechte Seelenwärme dazu fehlt.

Der Mißbrauch schöner Dankesworte wird aber nicht nur von der einen Seite aus getrieben, nicht nur von Empfangenden, sondern auch von Gebenden wird der Begriff des Dankes ganz und gar verschoben und entstellt.

Es gibt nicht wenige unter den Menschen, welche anscheinend viel Gutes tun und Hilfen leisten, nur um den Dank für sich zu ernten.

In ihnen ist kalte Berechnung bei dem Geben. Es wirkt nur Klugheit des Verstandes. Darunter sind auch einige, welche im Augenblick wohl aus Gefühl heraus die Hilfe bieten, später aber diese Tat dem einstigen Empfänger dauernd vorzuhalten suchen und von ihm Dank erwarten für das ganze Leben!

Menschen solcher Arten sind noch schlimmer als übelste Wucherer. Sie scheuen nicht davor zurück, *Lebensversklavung* zu erwarten von denen, welche irgend einmal eine Hilfe von ihnen erhielten.

Damit vernichten sie nicht nur den Wert einstiger Hilfe vor sich selbst und für sich selbst, sondern sie fesseln sich und laden ungeheure Schuld auf sich. Es sind verachtenswerte Kreaturen, die nicht wert sind, eine Stunde noch zu atmen in der Schöpfung, deren Gnaden zu genießen, die der Schöpfer ihnen selbst mit jedem Augenblicke neu gewährt. Es sind die ungetreuesten der Knechte, die verworfen werden müssen durch sich selbst.

Gerade solche aber pochen irdisch auf Moral und werden auch von Erdenmoralisten unterstützt, welche die gleichen falschen Ansichten über die Dankespflicht mit hochtönenden Worten stets zu fördern suchen und damit etwas züchten, das nach Schöpfungsurgesetzen zu der größten Unmoral gehört.

So manche preisen jetzt die Dankbarkeit als eine Tugend, andere als eine Ehrenpflicht! Einseitig und im Unverständnis werden Ansichten geäußert und leichtsinnig verbreitet, die schon manchen Menschen schweres Leid zu bringen fähig waren.

Deshalb soll sich der Mensch nun einmal klar darüber werden, *was* die Dankbarkeit eigentlich ist, was sie hervorruft, wie sie wirkt.

Dann wird so manches darin anders werden, und alle Sklavenketten fallen, welche durch falsche Dankbarkeitsanschauungen erstanden. Die Menschheit wird davon endlich befreit. Ihr ahnt nicht, welches Wehe durch diese Verstümmelung und aufgezwungenen falschen Begriffe reiner Dankbarkeit sich über diese Erdenmenschheit legte, gleich einem Leichentuch für Menschheitswürde und edles, freudevolles Helfenwollen! Unzählige Familien sind namentlich damit verseucht und liefern anklagende Opfer, seit Jahrtausenden.

Hinweg mit diesem falschen Wahn, der jede edle Handlung, die für Menschenwürde selbstverständlich ist, tief in den Kot zu zerren sucht, bewußt, gewollt!

Die Dankbarkeit ist *keine Tugend!* Darf, will nicht unter Tugenden gerechnet sein. Denn jede Tugend ist von Gott und deshalb unbegrenzt.

Ebensowenig darf die echte Dankbarkeit zu einer Pflicht gestempelt werden! Denn dann vermag sie nicht *das* Leben in sich zu entfalten, jene Wärme, die sie nötig hat, um in der Wechselwirkung Gottes Segen aus der Schöpfung zu erhalten!

Die Dankbarkeit ist eng verbunden mit der Freude! Sie ist selbst ein Ausdruck reinster Freude. Wo also keine Freude mit zu Grunde liegt, wo nicht freudige Aufwallung die Ursache zum Danke ist, dort wird der Ausdruck Dankbarkeit *falsch* angewendet, dort wird Mißbrauch damit getrieben!

## 37. DANK

In solchen Fällen wird sie auch niemals *die* Hebel auszulösen fähig sein, die wahre Dankbarkeit auslöst in selbsttätiger Art nach den Gesetzen dieser Schöpfung. Der Segen bleibt dann aus. An seiner Stelle muß Verwirrung kommen.

Solcher Mißbrauch aber wird fast überall gefunden, wo die Menschen von der Dankbarkeit, dem Danke *heute* sprechen.

Der wirklich empfundene Dank ist ein von Gott gewollter *Ausgleichswert,* der dem, welchem ein Dank gebührt, den Gegenwert vermittelt im Gesetz des notwendigen Ausgleichs in dieser Schöpfung, die nur von der Harmonie gehalten und gefördert werden kann, welche in der Erfüllung aller Schöpfungsurgesetze liegt.

Ihr Menschen aber bringt Verwickelung in alle laufenden Gesetzesfäden, durch Eure falschen Anwendungen, irrtümlichen Auffassungen. Deshalb macht Ihr es Euch auch schwer, das wahre Glück, den Frieden zu erreichen. Ihr seid mit Euren Worten in den meisten Fällen Heuchler. Wie könnt Ihr denn erwarten, daß daraus Wahrheit Euch erblühe und das Glück? Ihr müßt doch immer ernten, was Ihr säet.

Auch alles das, was Ihr mit Euren Worten sät und durch Eure Art, wie Ihr die Worte gebt! Wie Ihr Euch selbst zu diesen Euren Worten stellt.

Nichts anderes kann Euch daraus erstehen, dessen müßt Ihr eingedenk verbleiben bei *allem,* was Ihr redet!

Denkt nur noch einmal selbst an jedem Abend alles durch, sucht den Gehalt der Worte zu erkennen, welche Ihr in Euerem Verkehr mit Euren Mitmenschen im Laufe eines Tages wechseltet, Ihr werdet vor der Leere Euch entsetzen! Schon von der Inhaltslosigkeit vieler Stunden nur eines einzigen Tages! Macht den Versuch, ohne Beschönigung für Euch. Mit Grauen müßt Ihr sehen, was daraus auch für Euch erstehen muß in der Euch doch durch meine Botschaft gut bekannten Werkstätte der Schöpfung mit den selbsttätigen Auswirkungen alles dessen, was da von Euch ausgeht im Empfinden, Denken, Reden und im Tun!

Prüft Euch mit Ernst und ehrlichem Bekennen. Ihr werdet Euch von dieser Stunde an in vielen Dingen ändern.

Ihr sollt deshalb nicht wortkarg werden in dem Erdenleben, um den rechten Weg zu gehen. Aber Ihr sollt die Oberflächlichkeiten in dem Reden meiden wie auch die Unaufrichtigkeit, die hinter dem Hauptteile aller Reden dieser Erdenmenschen steht.

Denn so, wie Ihr es mit den Dankausdrücken macht, so handelt Ihr bei allen Euren Reden, und preist dabei doch in Euch selber jene Augenblicke hoch, als ernst und weihevoll, bedeutungsvoll, wo Ihr mit Euren Worten gleichzeitig auch Euere Empfindung gebt!

Doch das geschieht nur selten, sollte aber *stets* so sein! So viele Menschen wähnen sich gar klug und weise, sogar geistig hoch entwickelt, wenn sie es verstehen, ihr Empfinden und das eigentliche Wollen hinter ihren Worten zu verbergen, den Mitmenschen trotz eifrigen Gespräches nie das wahre Gesicht sehen zu lassen.

Diplomatisch nennt man diese Art, als beruhigenden Ausdruck für das Sondergemisch von Gewandtheit in der Übervorteilung, der Heuchelei und Falschheit, der immer lauernden Begier, sich triumphierend Vorteile zu schaffen auf Kosten der entdeckten Schwächen anderer.

Es ist im Schöpfungsgesetz aber gar kein Unterschied, ob alles das ein Mensch für sich persönlich oder nur zu Gunsten eines Staates unternimmt. Handeln ist dabei Handeln, welches alle Wirkungen dieser Gesetze auszulösen hat.

Wer die Gesetze kennt und deren Auswirkungen, der braucht nicht erst Prophet zu sein, um zielbewußt das Ende alles dessen zu erkennen, was der Einzelvölker und der Erdenmenschheit Schicksal in sich birgt; denn die gesamte Menschheit ist nicht fähig, etwas daran zu verrücken oder zu verbiegen!

Sie hätte nur durch *rechtzeitiges* Andershandeln im Erkennen und ehrliches Befolgen der Gesetze noch versuchen können, manches abzuschwächen, um sich dadurch vieles Trübe zu erleichtern. Aber dazu ist es nun zu spät! Denn alle Auswirkungen ihres bisherigen Tuns sind schon im Rollen.

Alles Schwere dabei aber dient in Wahrheit nur zum Segen. Es ist Gnade! Reinigung bringt es dort, wo das Falsche ist, das den Zusammenbruch als letzte Folge nun bedingt, sei es im Staat oder in der Familie, in einem Volke selbst oder in dem Verkehr mit anderen, wir stehen in der großen Endabrechnung, welche über der Gewalt menschlicher Machtmittel regiert. Nichts kann sich davon ausschalten oder davor verbergen.

Es sprechen nur noch die Gesetze Gottes, welche sich mit übermenschlicher Genauigkeit und Unbeirrbarkeit selbsttätig auswirken in allem, was bisher geschah; denn es ist neue Kraft in sie gedrungen aus dem Willen Gottes, die sie nun ehernen Mauern gleich sich um die Menschen schließen läßt, schützend oder auch vernichtend, je nach der Art, wie sich die Menschen selbst zu ihnen stellen werden.

Sie bleiben auch in Zukunft Mauern gleich für lange Zeit um alles noch mit gleicher Kraft bestehen, damit nicht noch einmal derartige Verwirrung werden kann, wie es bisher geschah. Die Menschen werden bald dadurch gezwungen sein, sich nur in den von Gott gewollten Formen zu bewegen, zu ihrem eigenen Heil, zu ihrer Rettung, soweit sie noch möglich ist, bis sie dann selbst wieder bewußt die rechten Wege gehen, die nach Gottes Willen sind.

Schaut deshalb um Euch, Menschen, lernt in Euren Worten schwingen, daß Ihr nichts versäumt!

# ES WERDE LICHT!

Es werde Licht! Wie weit entfernt noch ist der Mensch von dem Erfassen dieses großen Schöpfungswortes! Entfernt sogar noch von dem rechten Wollen zum Verstehenlernen dieses Vorganges. Und doch beschäftigt er sich immer wieder damit seit Jahrtausenden. Aber nach *seiner* Art. Nicht in Demut will er einen Funken der Erkenntnis aus der Wahrheit nehmen, rein empfangen, sondern nur verstandesmäßig alles selbst erklügeln.

Jeden Satz, den er sich dabei aufstellt, will er unbedingt begründen können nach der Art und Notwendigkeit seines irdischen Gehirns. Das ist ganz richtig für die *Erdendinge* und für alles, was zur Grobstofflichkeit zählt, wozu ja das Gehirn gehört, dem der Verstand entsproß; denn der Verstand ist weiter nichts als das grobstoffliche Erfassen. Deshalb sind auch die Menschen, welche sich nur dem Verstande unterordnen, und die nur als berechtigt und als richtig angesehen haben wollen, was verstandesmäßig unbedingt begründet werden kann, alle sehr *eng begrenzt* und an die Grobstofflichkeit unlösbar gebunden.

Sie sind damit aber auch von dem wahren Wissen und vom Wissen überhaupt am weitesten entfernt, trotzdem gerade sie sich wissend dünken!

In dieser Ärmlichkeit steht heute die gesamte Wissenschaft vor uns, wenn wir sie recht betrachten. Sich selbst einengend, krampfhaft niederhaltend und ängstlich alles ablehnend, was sie nicht auch in ihre engen Grenzen des so erdgebundenen Verstehens zwängen kann. Wirklich mit Angst ablehnend, weil diese Gelehrten trotz der Starrheit ja nicht leugnen können, daß es *mehr* gibt als nur das, was sie in dem grobstofflichen Gehirnregister zu ordnen vermögen, was also damit auch noch unbedingt zur grobstofflichen Ebene gehört, den äußersten Ausläufern am untersten Ende dieser großen Schöpfung!

In ihrer Ängstlichkeit werden manche davon boshaft und sogar gefährlich allen gegenüber, die sich nicht in diese Starrheit hüllen lassen wollen, sondern *mehr* erwarten von dem Menschengeiste und aus diesem Grunde nicht nur mit dem erdgebundenen Verstande, sondern mit dem *Geiste* forschen über grobstoffliche Vorgänge hinaus, so, wie es eines noch gesunden Menschengeistes würdig ist und wie es seine Pflicht in dieser Schöpfung bleibt.

Verstandesmenschen wollen *wache* Geister unterdrücken *um jeden Preis*. So war es durch Jahrtausende. Und das sich vorwiegend durch die Verstandesmenschen immer schneller ausbreitende Dunkel als die Folge solcher grobstofflichen Einengung bildete mit der Zeit den Boden zu der Möglichkeit irdischer Machtentfaltung des Verstandes.

Was nicht verstandesmäßig begründet werden konnte, wurde angefeindet, wenn irgend möglich lächerlich gemacht, damit es keinen Eingang fand und die Verstandesmenschen nicht beunruhigen konnte.

Vorbeugend suchte man als Weisheit zu verbreiten, daß alles nur zu einer unhaltbaren Theorie gehört, was nicht mit dem Verstand ergründet und bewiesen werden kann!

Der also aufgestellte Grundsatz der Verstandesmenschen ist ihr Stolz, auch ihre Waffe und ihr Schild gewesen durch Jahrtausende, sogar ihr Thron, der nun zum Stürzen kommen muß schon bei dem Anfange des *geistigen* Erwachens! Das geistige Erwachen zeigt, daß dieser Grundsatz vollkommen verkehrt gewesen ist und umgedreht wurde mit einer grenzenlosen Unverfrorenheit, nur um die erdgebundene Beschränktheit damit zu beschützen, den Menschengeist in untätigem Schlafe zu erhalten.

Niemand sah, daß gerade in dieser Begründung gleichzeitig auch der Beweis geliefert wurde, wie weit entfernt Verstandesarbeit von dem wahren Wissen liegen muß.

Zerbrecht die enge Grenze, welche Euch aus Klugheit nur gezogen wurde, damit Ihr nicht hinauszuwachsen fähig werdet über die sich aufblasende Erdgelehrsamkeit des menschlichen Verstandes! Ihr werdet schnell empfinden lernen, daß gerade alles das, was sich verstandesmäßig begründen läßt, zur *Theorie* gehört; denn nur die irdisch aufgebaute Theorie läßt sich als Bau begründen, *wahres Wissen nie!*

Es ist also auch hier gerade umgekehrt, als es bisher behauptet wurde. Auch hierin muß nun alles neu werden, wie es der Herr verheißen hat den Menschen!–

Was sich mit dem Verstand *begründen* läßt, ist alles Erdentheorie, sonst nichts! Und darauf stützt sich die Gelehrsamkeit von heute, *so* zeigt sie sich vor uns. Das hat aber mit Wissenschaft, also mit wahrem Wissen nichts zu tun! Es gibt Gelehrte, die nach den Schöpfungsurgesetzen, also nach der Wirklichkeit, zu *den Beschränktesten* unter den Menschengeistern zählen, auch wenn sie einen großen Erdenruf besitzen und von den Menschen hochgeachtet werden. Sie spielen in der Schöpfung selbst nur eine lächerliche Rolle.

Aber für die Menschengeister dieser Erde kann so mancher davon recht gefährlich werden, da er sie falsche, enge Wege führt, auf denen der Geist niemals fähig ist, sich zu entfalten. Er hält sie nieder, sucht sie einzuzwängen in die eigene Gelehrsamkeit, welche im Grunde nur mit Tand umhüllte Erdbeschränktheit des Verstandes ist.

Erwacht und dehnt Euch aus, schafft Raum zum Höhenflug, Ihr Menschengeister, die Ihr nicht dazu geschaffen seid, nur in der Grobstofflichkeit zu verweilen, welche Ihr *nützen* sollt, doch nicht als Heimat zu betrachten habt.

In der heute so verkehrten Zeit ist mancher Landarbeiter *geistig* aufgeweckter und damit auch in der Schöpfung *wertvoller* als ein Gelehrter, bei welchem die reine Empfindung vollständig verlorenging. Es hat schon einen tiefen Sinn, wenn man von *trockener* Verstandesarbeit spricht oder von trockener Gelehrsamkeit. Wie oft trifft der einfachste Mensch mit einem Ausdruck der Empfindung unbeirrt das Rechte. Der Ausdruck »trocken« sagt hier »unlebendig«, also tot! Es ist kein Leben dabei. Und der Ausspruch trägt Wahrheit in sich.

Aus diesem Grunde wird der Mensch mit dem Verstande nie den hohen Begriff des Heiligen Wortes: »Es werde Licht!« aufnehmen können. Trotzdem, oder gerade vielleicht deshalb, läßt ihm das »Es werde« in dem Denken keine Ruhe! Immer und immer wieder versucht er, sich ein Bild davon zu schaffen, um dadurch auf das *Wie* zu kommen. Weiß er aber von dem Wie, so schließt sich ihm schnell folgend auch die Frage auf: *Warum?*

Er will zuletzt auch noch erfahren, *warum* Gott überhaupt die Schöpfung erstehen ließ! So ist der Mensch in seiner Art. Er möchte aber alles selbst *ergründen*. *Ergründen* jedoch kann er es *nie!* Denn zum Ergründen müßte er die Tätigkeit seines eigenen Geistes verwenden. Dieser aber könnte dafür bei der jetzt herrschenden, ausdrücklichen Verstandesarbeit gar nicht zur Tätigkeit kommen, da er dadurch zu arg eingeengt und gebunden ist an das *nur Grobstoffliche,* während der Schöpfungsbeginn ja so unendlich weit über dem Grobstofflichen liegt, als völlig anderer Art zugehörend.

Der Mensch in seiner heutigen Verfassung hätte deshalb sowieso nicht einmal Aussicht auf nur ein Ahnen davon, auch wenn er in sich dafür befähigt wäre. Aber das *ist* er ebenfalls nicht. Der Menschengeist kann Vorgänge in solcher Höhe überhaupt nicht ergründen, weil sie weit *über* dem Punkte liegen, wo der Menschengeist etwas »wissen« kann, also etwas bewußt aufzunehmen fähig ist!

Von Ergründenwollen kann also dabei nie die Rede sein. Deshalb hat es auch keinen Zweck, daß sich der Mensch damit befassen will. Er kann es lediglich bildhaft empfangen, sobald er in wahrer Demut ein Davon-Wissen aufzunehmen gewillt ist. »Davon-Wissen« ist natürlich nicht das Wissen selbst, das er nie erhalten kann.

Will er also in ernstem, aber demütigen Verlangen etwas davon erfahren, so mag er es sich bildhaft vorstellen. Ich will ihm den Vorgang schildern, so, wie er ihn aufzunehmen fähig ist. In seiner ganzen Größe ihn vor dem Menschengeiste aufzurollen, auch nur bildhaft auferstehen zu lassen, dazu reichen *die* Ausdrucksweisen nicht aus, die zu verstehen dem Menschengeiste gegeben sind. –

## 38. ES WERDE LICHT!

Ich erklärte bereits in meinem Vortrage »Das Leben«, wie auf den Willensakt Gottes hin, der in die Worte »Es werde Licht!« gelegt ist, die Strahlen über die Grenze des Göttlichen hinausschossen und dann abwärts immer weiter abkühlend sich auswirken mußten, wodurch bei der in Abkühlung immer mehr nachlassenden Spannkraft oder dem Drucke nach und nach verschiedene Wesenheiten zum Eigenbewußtsein kommen konnten, zuerst in der Empfindung, dann auch nach und nach sich stärkend in der Betätigung nach außen hin. Ich sage aber besser, daß nicht in der Abkühlung der Druck sich verringert, sondern die Abkühlung durch und in dem nachlassenden Drucke erfolgt.

Daß jeder einzelne Vorgang dabei, jede geringste Veränderung in der Abkühlung nun ungeheure Weiten und Entfernungen umspannt, die dem Menschengeiste wiederum nicht verständlich und begreifbar werden können, brauche ich hierbei nicht besonders zu sagen.

Ich begnügte mich bei dem damaligen Vortrage, einfach zu sagen, daß die Strahlungen durch den Willensakt über die Grenze des Göttlichen gedrängt wurden. Über den Willensakt selbst sprach ich dabei nicht näher.

Heute will ich damit weitergehen und erklären, warum dabei die Strahlungen über die Grenze der göttlichen Region schießen *mußten;* denn es geschieht in der Schöpfungsentwickelung ja alles nur, weil es anders nicht sein kann, also unbedingt gesetzmäßig. –

Der Heilige Gral war von Ewigkeit her der Endpol der unmittelbaren Ausstrahlung Gottes. Ein Gefäß, in dem sich die Strahlung als im letzten, äußersten Punkte sammelte, um zurückflutend immer wieder neu zu werden. *Um* ihn, die Tore nach außen hin fest geschlossen, stand die göttliche Gralsburg, so daß nichts mehr hindurchzudringen vermochte und eine weitere Abkühlungsmöglichkeit nicht gegeben war. Betreut und bewacht wurde alles von den »Ältesten«, das heißt ewig Unveränderlichen, die an der äußersten Grenze in der göttlichen Strahlungsregion ein Daseinsbewußtsein führen können. –

Nun muß der Mensch zuerst bedenken, daß in dem *Göttlichen* Wille und Tat stets eins sind, wenn er mir in meiner Schilderung richtig folgen will. Jedem Worte folgt sofort die Tat, oder genauer, jedes Wort an sich *ist* bereits die Tat selbst, weil das göttliche Wort schöpferische Kraft besitzt, also zur Tat unmittelbar sich formt. So auch bei dem großen Worte: »Es werde Licht!«

*Licht ist nur Gott selbst!* Und seine natürliche Ausstrahlung ergibt den für Menschensinn unermeßlichen Kreis der göttlichen Region, dessen äußerste Verankerung die Gralsburg ist und war von Ewigkeit an. Wenn Gott nun wollte, daß über die Grenze der unmittelbaren göttlichen Ausstrahlung hinaus auch Licht werden sollte, so konnte es sich dabei nicht um eine willkürliche einfache Strahlen*ausdehnung* handeln, *sondern es mußte Licht an den äußersten Punkt der unmittelbaren Strahlengrenze göttlicher Vollkommenheit gestellt werden,* um von dort aus das bisher Unerleuchtete zu durchstrahlen.

Gott sprach also nicht nur die Worte »Es werde Licht!« nach menschlichen Begriffen aus, sondern es war gleichzeitig ein Vorgang der Tat! Es war das große Geschehen des aus dem Göttlichen Hinausgesendet- oder Hinausgeborenwerdens eines Teiles von Imanuel! Das Hinausstellen eines Lichtteiles vom Urlichte, damit es außerhalb der unmittelbaren Gottesstrahlung selbsttätig leuchte und erhelle. Der Beginn des großen Schöpfungswerdens war die gleichzeitig einsetzende Folge der Aussendung eines Teiles Imanuels.

Imanuel ist also Ursache und Ausgangspol der Schöpfung durch das Ausgesendetwerden eines Teiles von ihm. Er ist der Gotteswille, der das Wort »Es werde Licht!« lebendig in sich trägt, der es selbst ist. Der Gotteswille, das lebende Kreuz der Schöpfung, um das die Schöpfung sich gestalten konnte und mußte. Deshalb ist er auch die Wahrheit, sowie das Gesetz der Schöpfung, die durch ihn, aus ihm sich bilden durfte!

Er ist die Brücke aus dem Göttlichen heraus, der Weg zur Wahrheit und zum Leben, die schöpferische Quelle und die Kraft, die aus Gott kommt. –

Es ist ein neues Bild, das sich der Menschheit da entrollt, und das doch nichts verschiebt, sondern Verschobenes in den menschlichen Anschauungen nur gerade richtet.

## 38. ES WERDE LICHT!

Nun bleibt Euch noch die Frage über das »Warum«! Warum hat Gott die Aussendung Imanuels getan! Wenn dies vom Menschengeiste auch eine recht sonderbare Frage ist, ja anmaßend, so will ich sie Euch doch erklären, weil so viele Erdenmenschen sich als Opfer dieser Schöpfung fühlen in der Einbildung, daß Gott sie fehlerhaft geschaffen habe, wenn sie Fehler machen können.

Die Anmaßung geht darin sogar so weit, daß sie einen *Vorwurf* daraus machen mit der eigenen Entschuldigung, daß Gott den Menschen ja nur hätte so zu schaffen brauchen, daß er niemals Unrecht denken und auch handeln könne, damit wäre auch der Sturz des Menschen unterblieben.

Aber allein die freie Entschlußfähigkeit des Menschengeistes hat dessen Niedergang und Sturz herbeigeführt! Hätte er dabei die Gesetze in der Schöpfung stets beachtet und befolgt, so konnte es für ihn *nur* Aufstieg, Glück und Frieden geben; denn so wollen es diese Gesetze. Bei Nichtbeachtung natürlich stößt er sich daran, strauchelt und stürzt. –

Im Kreise göttlicher Vollkommenheit kann nur das *Göttliche* allein die Freuden des *bewußten* Seins genießen, die die Gottausstrahlung spendet. Es ist das Reinste von dem Reinen in der Ausstrahlung, welches sich formen kann, wie zum Beispiel Erzengel, in weiterer Entfernung an dem äußersten Ende des Ausstrahlungsbereiches dann auch die Ältesten, welche gleichzeitig die Hüter des Grales in der Gralsburg innerhalb des Göttlichen sind.

Damit wird das Kraftvollste und Stärkste aus der Ausstrahlung gezogen! Vom Übrigbleibenden bilden sich dann im Göttlichen Tierformen, Landschaften und Bauten. Damit verändert sich die Art der letzten Reste immer mehr, aber es unterliegt der höchsten Spannung in dem ungeheuren Drucke, den die Nähe Gottes mit sich bringt, trotzdem auch hier seine Entfernung für den Menschengeist noch unermeßlich und unfaßbar bleiben muß.

In diesen letzten Resten nun, welche als Ausläufer und ausgesogene Überreste der Strahlungen *im Göttlichen* nicht mehr formungsfähig sind und an dessen äußersten Grenzen nur wie lichte Wölkchen ziehen und wogen, ist auch das Geistige enthalten. Es kann sich unter dem Hochdrucke nicht entfalten und nicht zur Besinnung kommen. *Der starke Drang dazu* aber liegt in allem Geistigen, und *dieser Drang ist es,* welcher wie eine große Bitte aufsteigt aus dem andauernden Wogen, welches an der Grenze nicht zum Weben und zum Formen kommen kann.

Und diese Bitte in dem unbewußten Drange wieder war es, der Gott in seiner großen Liebe nachgab, die er zur Erfüllung werden ließ; denn *außerhalb* der Grenzen alles Göttlichen konnte das Geistige sich seinem Drange folgend erst entfalten, um zum Teil bewußt die Segnungen göttlicher Ausstrahlungen zu genießen, in ihnen freudevoll zu leben, aufbauend sich selbst ein Reich zu schaffen, das blühend und in Harmonie ein Denkmal werden kann zur Ehre Gottes, als Dank für dessen Güte, da er allem Geistigen Gelegenheit bewilligte zur freiesten Entfaltung und damit zur Formung aller Wünsche!

Nach Art und den Gesetzen der Gottausstrahlungen *mußte* allen sich daraus Bewußtwerdenden *nur Glück und Freude* erstehen. Es konnte gar nicht anders sein, da dem Lichte selbst ein Dunkel völlig fremd und unverständlich ist.

So war die große Tat ein Liebesopfer Gottes, der einen kleinen Teil Imanuels abtrennte und hinaussandte, nur um dem andauernd bittenden Drange des Geistigen ein bewußtes Genießen des Seins zu gewähren.

Um so weit zu kommen, mußte das Geistige die Grenzen der göttlichen Zone nach außen hin überschreiten. Zu einem solchen Geschehen aber konnte nur ein Teil des lebenden Lichtes den Weg öffnen, weil die Anziehung des Urlichtes so stark ist, daß alles andere an der unmittelbaren Strahlungsgrenze festgehalten wurde und nicht weiter konnte.

Zur Gewährung der Erfüllung des Dranges alles Geistigen gab es also nur *eine* Möglichkeit: Aussendung eines Teiles aus dem Lichte selbst! Nur in dessen Kraft konnte das Geistige, den Weg der Strahlung des Lichtteiles als Brücke benützend, die Grenze zum Selbstbewußtwerden überschreiten.

Doch auch damit war noch nicht genug getan, da auch dieser kleine Teil des Lichtes selbst vom Urlichte zurückgezogen werden würde nach dem Gesetz. Deshalb mußte der Lichtteil außerhalb der Grenzen der göttlichen Zone noch *verankert* werden, sonst wäre das dort befindliche Geistige so gut wie verloren gewesen.

Hatte das Geistige einmal die Grenze der unmittelbaren Gottesstrahlung überschritten, was nur mit Hilfe eines Lichtteiles geschehen konnte, so war es in der durch die dann immer größer werdende Entfernung eintretenden Abkühlung und in dem darin zum Teil Bewußtwerden nicht mehr dieser ursprünglichen Anziehungskraft unterworfen, hatte damit nicht mehr diesen festen Halt, weil in der Abkühlung eine andere Art entstand und damit eine trennende Kluft. Allein der Lichtteil als gleichartig mit dem Urlichte blieb mit diesem immer verbunden und auch dessen Anziehungsgesetz unmittelbar unterworfen.

So wäre die unausbleibliche Folge gewesen, daß dieser ausgesandte Lichtteil wiederum zu dem Urlichte zurückgezogen wurde, was eine dauernde Wiederholung der Aussendung und damit jeweilige Unterbrechungen des Gnadenaktes nach sich ziehen mußte. Das sollte verhindert werden, weil bei einem Zurückgehen des Lichtteiles über die Grenze in die göttliche Region zum Urlichte das Geistige außerhalb der Grenze sofort sich selbst überlassen gewesen und damit haltlos geworden wäre, ohne Kraftzufuhr auch nicht lebensfähig bleiben konnte. Es hätte dies den Untergang für alles Außenseiende bedeutet.

Aus diesem Grunde nun verband das Urlicht, Gott, den von ihm ausgesandten Teil aus Imanuel mit einem Teil des reinsten Auszuges aus allem Geistigen als Mantel, womit eine Verankerung des Lichtteiles mit allem außerhalb der Grenze Befindlichen erfolgte. Es war dies ein Liebesopfer Gottes um des Geistigen willen, das damit zum Bewußtwerden kommen und *darin verbleiben* konnte.

Das Geistige und alles, was aus ihm erstand, hatte damit außerhalb der Grenze des Göttlichen einen Halt gefunden und einen ewigen Lebensquell, aus dem es sich andauernd fortentwickeln konnte. Gleichzeitig war die Brücke, einer heruntergelassenen Zugbrücke ähnlich, aus dem Göttlichen heraus damit geschlagen, so daß das Geistige sich dauernd erneuern und ausbreiten konnte.

## 38. ES WERDE LICHT!

So wurde ein Teil Imanuels als »Es werde Licht« für die Schöpfung der Ausgangspunkt und andauernder Lebensstrom, der Kern, um den sich alle Schöpfung formen konnte.

Zuerst der urgeistigen Region als Grundschöpfung, zu der Imanuel die Brücke bildete. Damit wurde er zu dem *ausgeborenen* Sohne Gottes, in dessen Ausstrahlung die urgeistige Welt zum Sichbewußtwerden erstehen konnte. Also der Sohn, in dessen Strahlung die Menschheit sich entwickelte, woraus der Beiname »der Menschensohn« den Ursprung hat. *Der* Sohn, der unmittelbar über den Menschengeistern steht, da diese erst durch ihn sich zum Bewußtwerden entwickeln konnten.

Bei dem Mysterium der Abtrennung und Aussendung eines Teiles aus Imanuel blieb dieser Teil in der Gralsburg der *göttlichen* Region, aus dem Gesetz heraus, seiner Herkunft entsprechend als König des Heiligen Grales, öffnete das Tor nach außen und gab damit die Brücke zu dem Durchgang für das Geistige. Er war persönlich *nicht* mit *außerhalb* der Grenze. Nur seine Strahlungen gingen von dieser Grenze aus hinaus in den bis dahin noch lichtleeren Raum.

So erstand in dem Urgeistigen Parzival, als aus Imanuel kommend, durch ein Band, genauer noch gesagt, durch eine unreißbare Strahlung immer mit Imanuel verbunden seiend. In *solcher* Art kann sich der Mensch dieses Verbundensein vorstellen. Es sind zwei und doch im Wirken eins! Der Teil Imanuels im göttlichen Teile der Gralsburg an der äußersten Grenze der göttlichen Region, noch innerhalb dieser stehend und nur die Brücke bildend, die zum Urgeistigen durch ihn, ja in ihm selbst offengehalten bleibt, und Parzival im urgeistigen Teile der Gralsburg, der mit Bewußtwerden des Geistigen und dem damit verbundenen Sichformen aller Landschaften und Bauten erstand. Beide Personen untrennbar verbunden und als *eine* Person wirkend, damit auch eins seiend!

Parzival ist durch ein Strahlungsband mit Imanuel verbunden, gleichzeitig auch durch ein Strahlungsband mit Elisabeth, der Königin der Weiblichkeit im Göttlichen als Mutter, und bildet so durch die Strahlungsverbindung die dauernde Verankerung. Elisabeth gab von den Strahlungen ihres Mantels die erste formgebende Hülle für den wesenlosen Strahlungskern Parzivals.

Die Nachschöpfung nun konnte *aus dem Wirken der urgeistigen* Urgeschaffenen erstehen. Der Vorgang ist niedersteigend immer eine dauernde, wenn auch schwächere Wiederholung der Urschöpfung, die sich den entsprechenden Gesetzen folgend vollzieht, wobei sich mit jeweiliger Umformung der Gesetze natürlich auch die Art des Geschehens entsprechend verändert.

Für die Nachschöpfung war von Imanuel aus keine unmittelbare Verbindung mehr gegeben, da diese nur als Folgerung der Urschöpfung sich aus dem Wollen der Urgeistigen entwickelte. Dem Vorgange lag aber ebenfalls nur die Liebe dem Geistigen gegenüber zu Grunde, welches in dem urgeistigen Reiche unbewußt bleibend den gleichen Drang zum Bewußtwerden entwickelte, wie vorher das Urgeistige in der göttlichen Region. Nur reichte die Kraft des Geistigen nicht dazu aus, in der Nachschöpfung unmittelbar und sofort bewußtseiend sich zu gestalten, wie dies das stärkere Urgeistige vermochte.

In der Nachschöpfung mußte sich der letzte Niederschlag des Geistigen unter dem Einfluß der urgeistigen Urgeschaffenen erst langsam entwickeln, da es nicht so inhaltsreich ist wie das Urgeistige.

Da nun die Nachschöpfung durch die langsam sich entwickelnden Menschengeister und deren Fall durch einseitig gezüchteten Verstand verdüstert wurde, mußte eingegriffen werden. Um alles von der Menschheit Gefehlte hilfreich wieder richtigzustellen, wurde Parzival mit der Grobstofflichkeit verbunden in Abd-ru-shin. Abd-ru-shin war also Parzival durch die weitergeführte unmittelbare Strahlungsverbindung, die durchzuführen große Vorbereitungen und Mühe kostete. Durch dessen Sein auf Erden konnte der Nachschöpfung wieder entsprechende Lichtkraft gegeben werden, zur Klärung, Stärkung und Hilfe allem Geistigen, und durch dieses weitergehend der ganzen Nachschöpfung.

Die Menschheit der Nachschöpfung aber stellte sich eigensinnig dagegen und nahm es nicht auf in ihrem Dünkel, weil sie sich um die

Gesetze in der Schöpfung nicht kümmerte und ihre selbstaufgestellten Behauptungen dafür behalten wollte. Auch die Sendung des Gottessohnes achtete sie nicht, die ihr Hilfe bringen sollte *vor* dem Weltgericht.

Das Weltgericht selbst ist ein natürlicher Vorgang und die Folge der Herstellung einer geraden Linie mit dem Licht, was in der Wanderung Parzivals durch die Weltenteile vollzogen wurde.

Die Erde war für diesen Weg der Wendepunkt als äußerste Grenze in der Grobstofflichkeit, da sie durch die Geistesart weniger Menschen noch einen Ankergrund dazu bot und deshalb als letzter Planet mit gerettet werden kann, trotzdem sie bereits in das Reich des Dunkels gehört. Was darin *noch* tiefer als die Erde liegt, also noch mehr vom Dunkel umhüllt ist, wird der Zersetzung überlassen, der das ganze Dunkel verfallen muß mit allem, was es umklammert hält.

Die Erde ist also zur *letzten* Lichtfestung geworden auf lichtfeindlichem Boden. Deshalb ist *hier* nun auch der Endpunkt des Lichtes verankert. Je straffer sich von Tag zu Tag nun die unmittelbare Linie der Dreieinheit des Lichtwirkens spannt: Imanuel-Parzival-Abd-ru-shin, desto fühlbarer und sichtbarer wird die Auswirkung der Kraft im göttlichen Willen, die Ordnung schafft und alles gewaltsam wieder geradebiegt, was die Menschheit verbogen hat, das heißt, soweit es sich noch biegen läßt. Was sich *nicht* biegen läßt, wird brechen müssen. Ein Mittelding läßt Kraft des Lichtes niemals zu.

In der *geraden* Spannung dieser Linie des Lichtes erst erbebt die Welt von der göttlichen Kraft, erkennt die Menschheit dann Imanuel in Abd-ru-shin!

So ist der Werdegang in aller Einfachheit. Aus Liebe wurde allen Kreaturen deren Wunsch zum bewußten Erleben erfüllt, der in ihnen drängte! Aus Liebe zu denen aber, welche Glück und Frieden haben wollen in Einhaltung der natürlichen Gesetze dieser Schöpfung, wird nun alles auch vernichtet, was darin den Frieden stört, weil es sich des Sich-bewußt-sein-Dürfens unwert zeigte. Darin liegt das mit Recht gefürchtete Weltengericht! Die große Weltenwende!

Der Menschengeist hat keinerlei Berechtigung zur Frage über das

»Warum« der Schöpfung; denn es ist dies eine Forderung an Gott, welche er nicht zu stellen hat, weil er *sich selbst verschloß* in freiwilligem Sündenfalle aller Weisheit und der Möglichkeit der höheren Erkenntnisse!

Ich gab aber Erklärung, um den unsinnigen Einbildungen der Verstandesmenschen zu begegnen, damit sich Menschengeister, welche ehrlich nach der Wahrheit streben und bereit sind, sie in Demut aufzunehmen, nicht durch solchen frevelhaften, gotteslästerlichen Dünkel irreführen lassen in dem Augenblicke aller Endentscheidungen für Sein und Nichtsein einer jeden Kreatur! –

Dem wahrhaft Suchenden wird dies Davon-Wissen nun viel geben; denn Ihr alle könnt nicht anders als in dem Gesetze leben! Dem *lebenden* Gesetz!

Ob Ihr es aufzunehmen fähig seid, ist Eure Sache; denn ich kann Euch dabei auch nicht helfen. Die Menschheit fragte, bat, und ich habe geantwortet, in Dingen, die weit über dem Begreifenkönnen eines Menschengeistes liegen, die weltenferne von ihm sich erfüllen, rollend auf ehernen Bahnen göttlicher Gerechtigkeit und göttlicher Vollkommenheit. In Demut beuge sich der Mensch!

## WESENLOS

Das Wort »wesenhaft« ist ein Schöpfungsausdruck. Er ist so umfassend, daß der Menschengeist als ein Schöpfungsteilchen sich niemals wird einen rechten Begriff davon machen können.

Als das Gegenteil von wesenhaft ist der Ausdruck »wesenlos« genannt. Was wesenlos bedeutet, kann sich der Mensch erst recht nicht denken. Er wird davon immer eine unklare Vorstellung haben, weil es etwas ist, was ihm stets ein Rätsel bleiben muß. Er kann nicht einmal einen Begriff dafür formen, weil es für das Wesenlose keine Form im Sinne des Menschengeistes gibt.

Um Euch aber dem Verständnis wenigstens etwas näherzubringen, will ich für die Schöpfungsausdrücke einmal irdische Ausdrücke setzen, auch wenn diese nur als kleinste Schattenhaftigkeit dem Eigentlichen gegenüber gelten können.

Als wesenhaft denkt Euch *abhängig,* und als wesenlos das einzige *Unabhängige!*

Das gibt Euch menschlich gedacht die beste Möglichkeit, *sachlich* näherzukommen, wenn es auch nicht *das* wiedergeben oder bezeichnen kann, was es eigentlich ist, oder wie es ist; denn das *»was«* könntet Ihr nie begreifen, während Ihr Euch in dieser Weise wenigstens über das *»wie«* ein ungefähres Bild machen könnt.

Das Wesenlose ist also das einzig Unabhängige, während alles andere von ihm *in jeder Beziehung* abhängig ist und deshalb wesenhaft bezeichnet wird, wozu auch alles Geistige gehört und ebenso alles Göttliche, während das Wesenlose allein Gott ist!

## 39. WESENLOS

Ihr seht also daraus, daß zwischen göttlich und Gott noch ein großer Unterschied ist. Das Göttliche ist noch nicht Gott; denn das Göttliche ist wesenhaft, Gott aber wesenlos. Das Göttliche und alles sonst Bestehende ist abhängig von Gott, es kann nicht ohne Gott bestehen. Gott aber ist tatsächlich unabhängig, wenn wir irdische Begriffe dafür nehmen wollen, die aber natürlich nicht das geben können, was es wirklich ist, weil irdische oder menschliche Begriffe eine solche Größe nicht zu umfassen vermögen.

Gott ist also nicht göttlich, beachtet das wohl, sondern Gott ist *Gott,* da er wesenlos ist, und das Wesenlose nicht göttlich ist, sondern Gott!

## WEIHNACHTEN

Weihenacht! Jauchzendes Singen in jubelndem Dank durchflutete einst alle Ebenen der Schöpfung, als der Gottsohn Jesus in dem Stall zu Bethlehem geboren ward, und Hirten auf den Feldern, denen während dieser freudigen Erschütterung des Alls die Binde von den geistigen Augen genommen wurde, damit sie zeugen konnten für das unermeßliche Geschehen, um die Menschen aufmerksam darauf zu machen, sanken *furchtsam* auf die Knie, weil sie von dem für sie Neuen, Unfaßbaren überwältigt waren.

*Furcht* war es bei den Hirten, die vorübergehend zu dem Zwecke hellsehend und auch hellhörend gemacht wurden. Furcht vor der Größe des Geschehens, vor der Allmacht Gottes, die sich dabei zeigte! Aus diesem Grunde sprach der Künder aus den lichten Höhen auch zuerst beruhigend zu ihnen: »*Fürchtet Euch nicht!*«

Das sind die Worte, die Ihr immer wieder finden werdet, wenn ein Künder aus den lichten Höhen zu den Menschen spricht; denn es ist Furcht, was Erdenmenschen beim Erschauen und beim Hören hoher Künder stets zuerst empfinden, hervorgerufen durch den Druck der Kraft, der sie in solchen Augenblicken auch etwas geöffnet sind. Zum kleinsten Teile nur; denn etwas mehr davon müßte sie schon erdrücken und verbrennen.

Und doch sollte es Freude sein, nicht Furcht, sobald des Menschen Geist nach lichter Höhe strebt.

Nicht aller Menschheit wurde dieses offenbar in der Heiligen Nacht! Außer den Stern, der sich grobstofflich zeigte, sah von den Erdenmenschen niemand diesen lichten Künder und die lichten Scharen, welche um ihn waren. Niemand sah und hörte als die wenigen der dazu auserwählten Hirten, die in ihrer Einfachheit und der Naturverbundenheit am leichtesten dafür geöffnet werden konnten.

Und niemals anders können sich so große Kündungen auf Erden hier vollziehen als durch wenige dazu Auserwählte! Daran denket allezeit; denn die Gesetzmäßigkeit in der Schöpfung kann nicht aufgehoben werden Euretwegen. Bauet also keine Phantasiegebilde auf für mancherlei Geschehen, die nie *so* sein können, wie *Ihr* es Euch denkt! Das sind stille Forderungen, welche niemals wahren Überzeugungen entspringen, sondern sie sind ein Zeichen des versteckten Unglaubens und einer Geistesträgheit, die mein Wort der Botschaft nicht *so* aufgenommen hat, wie dieses es verlangt, um lebendig in dem Menschengeiste werden zu können.

Damals *glaubte* man den Hirten, wenigstens für eine kurze Zeit. Heute werden derartige Menschen nur verlacht, für überspannt gehalten oder gar noch für Betrüger, welche irdisch Vorteile dadurch erreichen wollen, weil die Menschheit viel zu tief gesunken ist, um Rufe aus den lichten Höhen noch für echt nehmen zu können, namentlich, wenn sie sie selbst nicht hören und auch selbst nichts schauen können.

Glaubt Ihr denn, Menschen, daß nun Gott um dieses Eures tiefen Sturzes wegen die vollkommenen Gesetze in der Schöpfung umstößt, nur um Euch zu dienen, Eure Fehler selbst zu überbrücken, Eure Geistesträgheit auszugleichen? Die Vollkommenheit seiner Gesetze in der Schöpfung ist und bleibt stets unantastbar, unveränderlich; denn sie tragen den Heiligen Willen Gottes!

So werden sich nun auch die großen Kündungen, die Ihr erwartet, nie anders auf der Erde hier vollziehen können als in jener Form, die Ihr schon lange kennt, die Ihr auch *an*erkennt, sofern sie weit zurückliegen.

Ein sogenannter guter Christ würde *den* Menschen ohne weiteres mit Gotteslästerer bezeichnen und einen großen Sünder in ihm sehen, der es wagen wollte, zu behaupten, die Verkündung der Geburt des Gottessohnes Jesus an die Hirten sei ein Märchen.

Doch der gleiche gute Christ weist die Verkündungen jetziger Zeit zurück mit eifernder Entrüstung, trotzdem diese auf *gleiche Weise* durch dazu Begnadete gegeben sind, und nennt die Überbringer ohne weiteres *auch* Gotteslästerer, in den günstigsten Fällen vielleicht nur Phantasten oder Angekränkelte, vielfach Irregeleitete.

Überlegt Euch aber selbst, wo ist da ein gesundes Denken, wo strenge Folgerung und wo Gerechtigkeit? Einseitig und krankhaft begrenzt sind diese Anschauungen strenger Gläubigen, wie sie sich gerne selbst bezeichnen. Doch in den meisten Fällen ist es Trägheit ihres Geistes und die daraus immer folgernde menschliche Dünkelhaftigkeit der geistig Schwachen, die Mühe haben, sich wenigstens zum Schein noch an einen einmal erlernten, niemals aber wirklich in sich *erlebten* Punkt früheren Geschehens krampfhaft anzuklammern, zu einem Fortschreiten ihres Geistes aber überhaupt nicht fähig sind und *deshalb* alle neuen Offenbarungen ablehnen.

Wer von den Gläubigen hat überhaupt die Größe Gottes schon erahnt, welche in dem Geschehen liegt, das sich in jener Weihenacht durch die Geburt des Gottessohnes still vollzog. Wer ahnt die Gnade, die der Erde damit als Geschenk zu Teil geworden ist!

Damals war Jubel in den Sphären, heute Trauer. Nur auf der Erde sucht so mancher Mensch *sich* eine Freude zu bereiten oder anderen. Doch dies ist alles nicht in jenem Sinne, wie es sein müßte, wenn das Erkennen oder überhaupt der wahre Gottbegriff im Menschengeist sich regen würde.

Bei der geringsten Ahnung von der Wirklichkeit würde es allen Menschen wie den Hirten gehen, ja, es könnte ob der Größe gar nicht anders sein: sie würden sofort auf die Knie sinken ... *aus Furcht!* Denn im Erahnen müßte ja die Furcht als erstes machtvoll auferstehen und den Menschen niederzwingen, weil mit dem Erahnen Gottes auch die große Schuld sich zeigt, welche der Mensch auf Erden auf sich lud, allein in seiner gleichgiltigen Art, wie er die Gottesgnaden für sich nimmt und nichts im Dienste Gottes wirklich dafür tut!

Wie sonderbar ist es doch, daß ein jeder Mensch, welcher das Weihnachtsfest ausnahmsweise einmal so richtig auf sich wirken lassen will, versucht, sich dabei in die Kindheit zu versetzen!

## 40. WEIHNACHTEN

Das ist doch deutlich genug als ein Zeichen *dafür* anzusehen, daß er gar nicht fähig ist, als ein *Erwachsener* das Weihnachtsfest mit der *Empfindung* zu erleben! Es ist Beweis dafür, daß er etwas *verloren* hat, was er als Kind *besaß*! Warum gibt das den Menschen nicht zu denken!

Wieder ist es Geistesträgheit, die sie daran hindert, sich mit diesen Dingen ernstlich zu befassen. »Das ist für Kinder«, denken sie, und die Erwachsenen haben dazu gar keine Zeit! Sie müssen *Ernsteres* durchdenken.

Ernsteres! Mit diesem Ernsteren meinen sie nur die Jagd nach Erdendingen, also Arbeit des Verstandes! Der Verstand drängt schnell Erinnerungen weit zurück, um nicht den Vorrang zu verlieren, wenn der Empfindung einmal Raum gegeben wird!

In allen diesen anscheinend so kleinen Tatsachen würden die *größten* Dinge zu erkennen sein, wenn der Verstand nur Zeit dazu gewährt. Aber er hat die Oberhand und kämpft darum mit aller List und Tücke. Das heißt, nicht er, sondern in Wirklichkeit kämpft das, was ihn als Werkzeug nützt und hinter ihm sich birgt: das Dunkel!

Es will das Licht nicht finden lassen in Erinnerungen. Und *wie* der Geist darnach verlangt, das Licht zu finden, neue Kraft aus ihm zu schöpfen, erkennt Ihr daran, daß mit den Erinnerungen an des Kindes Weihenacht auch eine unbestimmte, fast wehe Sehnsucht erwacht, die viele Menschen vorübergehend weich zu stimmen fähig ist.

Dieses Weichstimmen könnte der beste Boden zum *Erwachen* werden, wenn er genützt würde, sofort und auch mit aller Kraft! Aber leider kommen die Erwachsenen dabei nur noch in Träumereien, wobei die aufsteigende Kraft vergeudet wird, verspielt. Und in den Träumereien geht auch die Gelegenheit vorüber, ohne Nutzen bringen zu können oder verwendet worden zu sein.

Selbst wenn so mancher Mensch dabei einige Tränen fließen läßt, er schämt sich derer, sucht sie zu verbergen, rafft sich auf mit einem körperlichen Ruck, in dem so oft ein unbewußter Trotz erkennbar wird.

Wie vieles könnten Menschen bei dem allem lernen. Nicht umsonst webt sich in die Erinnerungen an die Kindheit eine leise Wehmut mit

## 40. WEIHNACHTEN

hinein. Es ist das unbewußte Nachempfinden, daß etwas verloren ist, was eine Leere hinterlassen hat, Unfähigkeit, noch kindlich zu empfinden.

Ihr aber habt doch sicher oft bemerkt, wie herrlich und erfrischend jeder Mensch allein durch seine Gegenwart im stillen wirkt, dem aus den Augen hier und da ein *kindlich* Leuchten springt.

Der Erwachsene darf nicht vergessen, daß das Kindliche nicht kindisch ist. Nun wißt Ihr aber nicht, woher das Kindliche so wirken kann, was es überhaupt ist! Und warum Jesus sagte: »Werdet wie die Kinder!«

Um zu ergründen, was kindlich ist, müßt Ihr erst klar darüber sein, daß das Kindliche durchaus nicht an das Kind an sich gebunden ist. Ihr kennt doch sicherlich selbst Kinder, denen das eigentlich schöne Kindliche fehlt! Es gibt also Kinder ohne Kindlichkeit! Ein boshaftes Kind wird nie kindlich wirken, ebensowenig ein ungezogenes, eigentlich *un*erzogenes!

Daraus ergibt sich klar, daß Kindlichkeit und Kind zwei für sich selbständige Dinge sind.

Das, was auf Erden kindlich heißt, ist ein Zweig der Wirkung aus der *Reinheit!* Reinheit in höherem, nicht nur irdisch-menschlichem Sinne. Der Mensch, welcher im Strahl göttlicher Reinheit lebt, welcher dem Strahl der Reinheit in sich Raum gewährt, hat damit auch das Kindliche erworben, sei es nun noch im Kindesalter oder schon als ein Erwachsener.

Kindlichkeit ist Ergebnis der inneren Reinheit, oder das Zeichen, daß sich ein solcher Mensch der Reinheit ergeben hat, ihr dient. Das sind ja alles nur verschiedene Ausdrucksarten, in Wirklichkeit aber immer dasselbe.

Also nur ein in sich reines Kind kann kindlich wirken, und ein Erwachsener, der Reinheit in sich hegt. Deshalb wirkt er *erfrischend* und belebend, erweckt auch Vertrauen!

Und wo die wahre Reinheit ist, kann auch die echte Liebe Einzug halten; denn die Gottesliebe wirkt im Strahl der Reinheit. Der Strahl der Reinheit ist ihr Weg, auf dem sie schreitet. Sie wäre nicht imstande, einen anderen zu gehen.

## 40. WEIHNACHTEN

Wer nicht den Strahl der Reinheit in sich aufgenommen hat, zu dem kann sich niemals der Strahl der Gottesliebe finden!

Seid dessen immer eingedenk und bringt als Weihnachtsgabe *Euch* den festen Vorsatz, der Reinheit sich zu öffnen, daß zum Feste des Strahlenden Sternes, das das Fest der Rose in der Gottesliebe ist, der Strahl der Liebe auf dem Weg der Reinheit zu Euch dringen kann!

*Dann* habt Ihr dieses Fest der Weihenacht so *recht* gefeiert, wie es nach dem Willen Gottes ist! Ihr bringt damit den wahren Dank für Gottes unfaßbare Gnade, die er mit der Weihenacht der Erde immer wieder gibt!

Der Gottesdienste viele werden heute abgehalten, zur Erinnerung an die Geburt des Gottessohnes. Durcheilt im Geiste oder auch in der Erinnerung die Kirchen aller Arten, laßt Euere Empfindung dabei sprechen und Ihr werdet Euch entschieden abwenden von den Zusammenkünften, die man Gottesdienste nennt!

Im ersten Augenblicke ist der Mensch erstaunt, daß ich in dieser Weise spreche, er weiß nicht, was ich damit sagen will. Das alles aber nur, weil er sich bisher nie so weit bemühte, einmal nachzudenken über das Wort »Gottesdienst« und dann einen Vergleich zu stellen mit den Vorgängen, die man mit Gottesdienst bezeichnet. Ihr nahmt es einfach hin wie vieles, was gewohnheitsmäßig seit Jahrhunderten besteht.

Und doch ist das Wort »Gottesdienst« so eindeutig, daß es in falschem Sinne gar nicht angewendet werden *kann,* wenn der Mensch nicht Gewohnheit der Jahrhunderte *gleichgiltig* immer wieder anstandslos entgegennimmt und weiterführt. Was *jetzt* als Gottesdienst bezeichnet wird, ist in dem besten Falle ein Gebet, verbunden mit menschlichen Ausdeutungsversuchen jener Worte, die als vom Gottessohn gesprochen später erst von Menschenhand geschrieben sind.

An dieser Tatsache ist nichts zu ändern, kein Mensch kann derartigen Äußerungen widersprechen, wenn er ehrlich bleiben will gegen sich selbst und gegen das, was tatsächlich geschehen ist. Vor allen Dingen, wenn er nicht zu träge bleibt, darüber gründlich nachzudenken, und nicht leere Schlagreden als ihm von anderen gegeben zur Selbstentschuldigung gebraucht.

## 40. WEIHNACHTEN

Und doch ist nun gerade das Wort »Gottesdienst« in seiner Art viel zu lebendig und spricht durch sich selbst *so* deutlich zu den Menschen, daß es bei nur einiger Empfindung kaum verwendet werden könnte für die Art, die man nun heute noch damit bezeichnet, trotzdem der Erdenmensch sich als weit vorgeschritten wähnt.

*Lebendig* muß der Gottesdienst sich nun gestalten, wenn das Wort zur Wirklichkeit erstehen soll mit allem, was es in sich trägt. Es muß sich in dem *Leben* zeigen. Wenn ich frage, was Ihr Menschen unter Dienst versteht, also unter dem *Dienen,* so wird nicht einer sein, der anders darauf antwortet als mit dem Worte: *arbeiten!* Das liegt ganz klar schon in dem Worte »Dienst«, und etwas anderes kann man sich dabei gar nicht denken.

Der Gottes*dienst* auf Erden ist natürlich auch nichts anderes, als in dem Sinne der Gesetze Gottes auf der Erde hier zu *arbeiten,* sich irdisch darin schwingend zu betätigen. Den Willen Gottes auf der Erde umzusetzen in die Tat!

Und daran fehlt es überall!

Wer sucht denn Gott zu dienen in der Erdentätigkeit. Ein jeder denkt dabei nur an sich selbst, zum Teil an die, welche ihm irdisch nahestehen. Aber er glaubt, Gott zu *dienen*, wenn er zu ihm betet!

Überlegt Euch doch nur einmal selbst, worin nun eigentlich das Gottesdienen dabei liegt? Es ist doch viel mehr alles andere als *dienen!* So ist der eine Teil des heute sogenannten Gottesdienstes, welcher das *Gebet* umschließt. Der andere, die Ausdeutung des Wortes, das von Menschenhand geschrieben worden ist, kann wiederum doch nur als Lernen angesehen werden für die, welche sich wirklich dabei mühen, ein Verständnis davon zu gewinnen. Die Gleichgiltigen und die Oberflächlichen kommen ja sowieso nicht in Betracht.

Gar nicht mit Unrecht spricht man, einen Gottesdienst *»besuchen«,* oder diesem »beiwohnen«. Das sind die *rechten* Ausdrücke dafür, die für sich selbst sprechen!

Gottes*dienst* soll der Mensch aber *selbst ausführen* und nicht abseits dabei stehen. »Bitten« ist nicht Dienen; denn beim Bitten will der

Mensch gewöhnlich etwas von Gott haben, da soll Gott etwas für ihn tun, was ja schließlich weit entfernt ist vom Begriffe »Dienen«. Es hat also das Bitten und Gebet mit einem Gottes*dienste* nichts zu tun.

Das wird wohl ohne weiteres verständlich sein für *jeden* Menschen. Es muß doch Sinn in allem liegen, was ein Mensch auf Erden tut, er kann die ihm geschenkte Sprache nicht mißbrauchen, wie er will, ohne daß es ihm Schaden bringen würde. Daß er sich keine Kenntnisse erwarb über die Macht, die auch im Menschenworte ruht, vermag ihn nicht davor zu schützen.

Es ist *sein* Fehler, wenn er es versäumt! Und er ist dann den Auswirkungen einer falschen Wortanwendung unterworfen, was für ihn zur Hemmung wird anstatt zur Förderung. Das selbsttätige Weben aller Schöpfungsurgesetze macht nicht halt und zögert nicht vor den Versäumnissen der Menschen, sondern alles in der Schöpfung Eingesetzte geht seinen Gang in unentwegtester Genauigkeit.

Das ist es, was die Menschen nie bedenken und deshalb auch zu ihrem Schaden nicht beachten. Selbst in den kleinsten, unscheinbarsten Dingen wirkt es sich immer entsprechend aus.

Die an sich falsche Bezeichnung der Zusammenkünfte unter dem Namen »Gottesdienst« hat auch viel dazu beigetragen, daß der wahre Gottesdienst von den Menschen nicht zur Ausführung gebracht wurde, da ein jeder glaubte, schon genug getan zu haben, wenn er einem solchen Gottesdienste beiwohnte, der niemals rechter Gottes*dienst* gewesen ist. –

Nennt die Zusammenkünfte eine Stunde *gemeinsamer* Gott*v*erehrung, das würde dem Sinne wenigstens näherkommen und bis zu einem gewissen Grade auch die Einsetzung von Sonderstunden dazu rechtfertigen, trotzdem die Gottverehrung auch in jedem Blicke, allem Denken und Tun liegen und zum Ausdruck kommen kann.

So mancher Mensch wird wohl nun denken, daß dies gar nicht möglich ist, ohne gekünstelt zu erscheinen, zu gewollt. Dem ist jedoch nicht so. Je mehr die wahre Gottverehrung zum Durchbruch kommt, desto natürlicher wird der Mensch werden in allem seinem Tun, sogar in sei-

## 40. WEIHNACHTEN

nen einfachsten Bewegungen. Er schwingt dann in ehrlichem Dank zu seinem Schöpfer und genießt die Gnaden in der *reinsten* Form.

Versetzt Euch heute nun, zum Fest der Weihenacht, in irgendeinen der irdischen Gottesdienste.

Jubelnder Dank, Glückseligkeit sollte in jedem Worte schwingen für die Gnade, welche Gott den Menschen einst damit erwies. Soweit man diese Gnade unter Menschen überhaupt zu schätzen weiß; denn *ganz* die eigentliche Größe zu erfassen, bringt der Menschengeist nicht fertig.

Doch *da* sucht man vergebens überall. Der frohe Aufschwung zu den lichten Höhen fehlt! Von Dankesjubel keine Spur. Oft macht sich sogar noch ein Druck bemerkbar, welcher seinen Ursprung in Enttäuschung hat, die sich der Mensch nicht zu erklären weiß.

Nur eins ist überall zu finden, etwas, was die Art der Gottesdienste jeglicher Bekenntnisse wie mit dem schärfsten Griffel eingemeißelt wiedergibt, kennzeichnet oder zu der hörbaren Verkörperung all dessen zwingt, was in dem Gottesdienste schwingt: durch alle predigenden Stimmen zieht es leiernd wie ein wehmütiger Klang, der in der andauernden Wiederholung müde macht und wie ein grauer Schleier sich auf einschlafende Seelen legt.

Trotzdem klingt es dabei auch manchmal wie verstecktes Klagen um etwas Verlorenes! Oder um Nichtgefundenes! Gehet selbst hin und höret. Überall werdet Ihr dieses Sonderbare, Auffallende finden!

Es ist den Menschen nicht bewußt, sondern, mit den Gebrauchsworten zu sprechen: es ergibt sich so!

Und darin ruht Wahrheit. Es ergibt sich von dem Redner ungewollt und zeigt ganz deutlich, in welcher Art das Ganze schwingt. Von freudigem Aufwärtsschwingen kann da keine Rede sein, auch nicht von flammendem Emporlodern, sondern es ist wie trübes, mattes Schwelen, das die Kraft nicht aufbringt, frei nach oben durchzustoßen.

Wo sich der Sprechende dabei nicht von dem trüben, matten Schwingen dieser Gottesdienste »tragen« läßt, wenn er von diesem unberührt verbleibt, was gleichbedeutend wäre mit gewisser Lauheit oder mit bewußtem Abseitsstehen, dort werden alle Worte *salbungsvoll* erscheinen, was tönendem Erze gleichzuachten ist, kalt, ohne Wärme, ohne Überzeugung.

In beiden Fällen fehlt die Glut der Überzeugung, fehlt die Kraft sieghaften Wissens, das in jubelndem Frohlocken allen Nebenmenschen davon künden will!

Wenn wie in dem Worte »Gottesdienst« eine irreführende Bezeichnung angewendet wird für etwas, dessen Inhalt anders ist, als das Wort besagt, so wirkt sich dieser Fehler aus. Die Kraft, die dabei sein könnte, wird schon von vornherein durch Anwendung einer falschen Bezeichnung zerbrochen, es kann kein eigentliches, einheitliches Schwingen aufleben, weil durch das bezeichnende Wort ein anderer Begriff entstand, der sich dann nicht erfüllt. Es steht die Durchführung des Gottesdienstes im Widerspruch zu dem, was in dem innersten Empfinden eines jeden Menschengeistes das Wort »Gottesdienst« als Bild erstehen läßt.

Geht hin und lernet, und Ihr werdet bald erkennen, wo Euch wahres Lebensbrot geboten wird. Vor allen Dingen nützet die gemeinsamen Zusammenkünfte als die *Stunden weihevoller Gottverehrung.* Gottes*dienst* aber zeigt in dem ganzen Wirken Eures Seins, im Leben selbst; denn *damit* sollt Ihr Eurem Schöpfer *dienen,* dankbar, jubelnd für die Gnade, *sein* zu dürfen!

Macht alles, was Ihr denkt und tut, zu einem Gottes*dienen!* Dann wird es Euch *den* Frieden bringen, den Ihr Euch ersehnt. Und wenn die Menschen Euch auch arg bedrängen, sei es nun aus Neid, aus Bosheit oder niedrigen Gepflogenheiten, Ihr tragt den Frieden *in* Euch immerdar, und er wird Euch zuletzt auch alles Schwere überwinden lassen!

## *FALLET* NICHT IN ANFECHTUNG!

Wachet und betet, daß Ihr nicht in Anfechtung *fallet!*
Diese Warnung aus dem Lichte wurde von den Menschen bisher nur als ein gütiger Rat des Gottessohnes Jesus angesehen, im Hinblick auf die weiche Art, die man dem Gottsohn angedichtet hat als Folge des so ausgeprägten Menschheitsdünkels.

Ich muß sie heute wiederholen!

Doch es ist mehr als nur ein Rat; denn es ist Gottes *Forderung* an Euch, Ihr Menschen, wenn Ihr Euch retten wollt aus den giftigen Früchten Eurer falschen Anschauungen und Begriffe.

Denkt nicht, daß Ihr nun ohne weiteres von Gott herausgehoben werdet aus dem widerlichen Sumpf, der Euch mit großer Zähigkeit umklammert hält, mit gleicher Zähigkeit, wie Ihr sie angewendet habt, um solchen Sumpf in starrem Eigensinne gegen Gottes Willen erst zu formen.

Gott hebt Euch nicht heraus aus Dank dafür, daß Ihr vielleicht nun endlich wollt, o nein, *Ihr selbst* müßt Euch herausarbeiten, wie Ihr Euch selbst hinein versinken ließet!

*Ihr* müßt Euch mühen, ehrlich und mit großem Fleiß bemühen, wieder hoch kommen zu können auf gesundes Land. Wenn Ihr dies *tut, dann* wird Euch erst die Kraft dazu gegeben, aber auch nur immer in dem gleichen Maße Eures Wollens, das erfordert unerbittlich die Gerechtigkeit, die in Gott ist. –

Und *darin* liegt die Hilfe, welche Euch verheißen ist und die Euch wird im gleichen Augenblicke, wenn das Wollen in Euch endlich auch zur Tat geworden ist, nicht eher.

Als *Geschenk* von Gott ist Euch jedoch das *Wort* dazu gegeben, das Euch den Weg in aller Klarheit zeigt, den Ihr zu gehen habt, wenn Ihr Euch retten wollt! Im *Worte* liegt die Gnade, welche Gott in seiner unfaßbaren Liebe schenkt, wie es durch Jesus schon einmal geschah.

Das *Wort* ist das *Geschenk*. Das große *Opfer* Gottes aber ist die *Tat*, das Wort bis in die groben Stofflichkeiten zu Euch Menschen hier zu senden, was bei der durch Eigendünkel lichtfeindlichen Einstellung der Menschen immer nur mit großem Leid verbunden ist. Und niemand anders kann das wahre Wort den Menschen geben als ein Teil des Wortes selbst. Der Bringer des lebenden Wortes muß also aus dem Worte *selbst* auch *sein*!

Wenn aber nach der eingetretenen Verdunkelung unter den Menschen auf der Erde ihnen das Wort *nicht* gegeben worden wäre, müßten sie mit dem Dunkel, das sie dicht umgibt, in die Zersetzung sinken.

Und um der kleinen Anzahl willen, die die Sehnsucht nach dem Lichte doch noch in sich tragen trotz der Dunkelheit, die sich die Menschen formten, sandte Gott noch einmal in Gerechtigkeit und Liebe das lebende Wort in dieses Dunkel, damit die wenigen um der Gerechtigkeit willen nicht mit den anderen verlorengehen müssen, sondern sich noch retten können auf dem Wege, den das Wort ihnen zeigt.

Damit das Wort aber den Weg bezeichnen konnte, welcher aus dem Dunkel führt, mußte es vorher erst das Dunkel kennenlernen und an sich erleben, mußte sich in dieses Dunkel selbst versenken, um den Weg daraus zuerst zu gehen und damit den Menschen Bahn zu brechen, die ihm folgen wollen.

Nur indem das Wort den Weg aus diesem Dunkel ging, konnte es auch den Weg erklären und den Menschen dadurch näher bringen!

Von sich aus ohne diese Hilfe hätten es die Menschen nie vermocht. Begreifet nun, Ihr Menschen, daß solcher Entschluß, der nur um einer kleinen Anzahl Menschen willen nötig wurde, tatsächlich ein großes Liebesopfer war, welches nur *Gott* allein in seiner unbeirrbaren Gerechtigkeit vollbringen kann!

*Das* war das *Opfer,* welches sich um der Gerechtigkeit und Liebe willen ganz gesetzmäßig erfüllen *mußte* in der unantastbaren und unverbiegbaren Vollkommenheit des Gotteswillens.

Aber das ist für die Menschen keinerlei Entschuldigung; denn dieses Opfer wurde erst erforderlich aus dem Versagen der sich von dem Lichte abwendenden Menschheit.

Wenn sich also das Opfer auch in der Gesetzmäßigkeit des Heiligen Gotteswillens selbst ergab, so wird damit die Schuld der Menschheit nicht geringer, sondern nur noch schwerer, da sie frevlerisch alles erschwerte in Verbiegung und Verwirrung alles dessen, was ihr von Gott anvertraut gewesen ist.

Es steht also das große Opfer ganz für sich allein als eine Folgerung der Gottvollkommenheit des Allheiligen Willens.

Ob Ihr Euch jedoch nun noch wirklich retten wollt, ist *Eure Sache* ganz allein; denn diese Gottvollkommenheit, welche das große Gottesopfer als bedingt ergab, verlangt nun auch Zerstörung alles dessen, was in der gesamten Schöpfung nicht nach den Gesetzen seines Willens sich freiwillig einzufügen fähig ist.

Es gibt dabei weder Erbarmen noch Entrinnen, keine Ausnahme noch Abweichung, sondern allein schöpfungsgesetzmäßige Auswirkung im Ringschluß alles bisherigen Tuns.

Deshalb die Forderung: »Wachet und betet, daß Ihr nicht in Anfechtung *fallet!*«

Faßt diese Worte nur erst richtig auf, dann lernt Ihr schon die strenge Forderung darin erkennen. *Wachet* ruft die Regsamkeit Eurer *Empfindung* auf und fordert damit die Beweglichkeit des Geistes! Darin allein ruht wahre Wachsamkeit. Und auch *darin* hat wiederum die Weiblichkeit voranzugehen, weil ihr erweiterte und feinere Empfindsamkeit gegeben ist.

Die Weiblichkeit soll wach sein in der Stärke ihrer Reinheit, der sie dienen muß, wenn sie die Aufgabe der Weiblichkeit in dieser Schöpfung treu erfüllen will. Das kann sie aber nur als Priesterin der Reinheit tun!

»Wachet und *betet*«, heißt das Wort, welches Euch nochmals auf den Weg gegeben wird. Das *Wachen* betrifft Euer Erdenleben, in dem Ihr von Euch selbst aus jeden Augenblick bereit sein müßt, die auf Euch einstürmenden Eindrücke klar zu empfinden und auch prüfend abzuwägen, wie alles von Euch Ausgehende vorher sorgfältig zu sichten.

Das *Beten* aber bringt Aufrechterhaltung der Verbindung mit den lichten Höhen und Sichöffnen Heiligen Kraftströmungen zu irdischer Verwertung.

*Dazu* ist das Gebet, das Euren Sinn von dieser Erde weg emporzurichten zwingt. *Deshalb* die Forderung, deren Erfüllung Euch nur unsagbaren Nutzen bringt in starken Hilfen, deren Zufuhr Ihr Euch sonst verschließt durch Nichtbeachtung der Gesetze in der Schöpfung.

Erfüllt Ihr *beides,* so könnt Ihr in Anfechtungen niemals *fallen!* Deutet auch diesen Hinweis richtig; denn wenn Euch gesagt wird: »daß Ihr nicht in Anfechtung fallt«, so soll das nicht etwa heißen, daß Euch keine Anfechtungen mehr heimsuchen, wenn Ihr wacht und betet, sie Euch fernbleiben, daß Ihr also nicht in Anfechtungen hineingeratet, sondern es soll bedeuten: wenn Ihr immer wach bleibet und betet, so könnt Ihr bei an Euch herantretenden Anfechtungen niemals stürzen, Ihr vermögt allen Gefahren sieghaft zu begegnen!

Betont den Satz nur richtig, so, wie er gemeint ist. Deshalb legt die Betonung nicht auf das Wort »Anfechtung«, sondern auf das Wort »*fallt«,* dann habt Ihr ohne weiteres den rechten Sinn erfaßt. Es heißt: »Wachet und betet, daß Ihr nicht in Anfechtung *fallt!«* Das Wachen und Beten ist also ein Schutz vor dem *Fall,* schaltet aber hier inmitten des Dunkels das Herantreten der Anfechtungen nicht aus, die Euch ja bei rechter Einstellung nur zu stärken vermögen, Euren Geist im Zwange des notwendigen Widerstandes zu höherer Glut und zum Aufflammen entfachen, Euch also großen Gewinn bringen müssen.

Das alles aber wird der Menschheit nicht mehr zur Gefahr, sondern zur Freude, zu willkommener Geistesbewegung, die nur fördert anstatt hemmt, *sobald die Weiblichkeit die Aufgabe getreu erfüllt,* die ihr vom Schöpfer zugebilligt ist, wofür sie ganz besonders ausgerüstet wurde.

Wenn sie nur endlich ehrlich will, so wird es ihr deshalb nicht schwer, auch wirklich zu erfüllen. Ihre Aufgabe liegt in dem Priestertum der Reinheit!

Dieses kann sie *überall* betätigen, zu jeder Zeit, sie braucht dazu nicht noch gesonderte Verpflichtungen, sondern sie kann es pflegen ohne weiteres in *jedem Blick* und *jedem Wort,* welches aus ihrem Munde kommt, sogar in jeglicher Bewegung, es muß ihr ganz natürlich werden; denn im Lichte der Reinheit schwingen ist ihr eigentliches Element, dem sie sich bisher nur in Leichtsinn und in lächerlichen Eitelkeiten selbst verschlossen hielt.

Wacht auf, Ihr Frauen und Ihr Mädchen! Geht in Erfüllung Eurer Menschenweiblichkeit den Weg, den Euch der Schöpfer genau vorgezeichnet hat, weshalb Ihr überhaupt in dieser Schöpfung stehen dürft!

Dann wird sich vor Euch sehr bald Wunder über Wunder offenbaren; denn alles blühet dabei auf, wohin sich Euer Blick auch wendet, da Gottes Segen reichlich durch Euch strömt, sobald die Reinheit Eures Wollens den Weg dazu ebnet und die Tore in Euch öffnet!

Glück, Frieden und Freude, wie sie nie gewesen, werden diese Erde strahlend überziehen, wenn die Weiblichkeit die Brücke zu den lichteren Gefilden bildet, wie es in der Schöpfung vorgesehen ist, und wenn sie durch ihr vorbildliches Sein die Lichtsehnsucht in allen Geistern wach erhält, zur Hüterin Heiliger Flamme wird!

O Weib, was wurde Dir gegeben, und wie hast Du alle Köstlichkeit der hohen Gottesgnade frevlerisch mißbraucht!

Besinne Dich und werde Priesterin der Reinheit innersten Empfindens, damit Du glückbeseligt schreiten kannst durch ein blühendes Land, in dem leuchtenden Auges Menschen jubelnd ihrem Schöpfer danken für die Gnade ihres Erdenseins, das sie als Stufe zu dem Tor ewiger Gärten nützen!

Seht Eure Aufgabe vor Euch, Ihr Frauen und Ihr Mädchen, als zukünftige Priesterinnen der göttlichen Reinheit hier auf Erden, und ruhet nicht, bis Ihr erreicht habt, was Euch dazu fehlt!

# FAMILIENSINN

Das traute Heim! In diesen Worten liegt ein Klang, der deutlich darauf hinweist, *wie* ein Heim sein soll, das sich der Mensch hier auf der Erde gründet.

Es ist der *Ausdruck* schon ganz richtig, wie alles, was das Wort den Menschen gibt, doch hat der Mensch auch hier den klaren Sinn verbogen und ihn in dem Niedergange mit hinabgezogen.

So raubte er sich eine Stütze nach der anderen, welche ihm Halt gewähren konnten in dem Erdensein, und alles in dem Ursprung Reine wurde durch der Menschen falsches Sinnen arg getrübt und vielfach sogar frevlerisch in einen Pfuhl verwandelt, der zu einem Massengrab der Seelen sich entwickelte.

Dazu gehört auch der Familiensinn in *bisheriger* Form, welcher so oft besungen und hervorgehoben wird als etwas Edles und Charaktervolles von besonders hohem Wert, als etwas, das dem Menschen großen Halt gewährt, ihn stärkt und fördert und zu einem achtenswerten Erdenbürger macht, der sicher und geschützt hinauszutreten fähig wird für seinen Daseinskampf, wie jedes Erdenleben von den Menschen heute gern bezeichnet wird.

Wie töricht seid Ihr aber doch, Ihr Menschen, wie eng begrenzt habt Ihr Euch Euren Ausblick über alles, namentlich über das, was *Euch* betrifft und Euren Wandel durch die Schöpfungen.

Gerade der von Euch so hochgehaltene Familiensinn ist eine jener Gruben, die mit großer Sicherheit zahllose Opfer fordert und sie auch bekommt; denn viele Menschen werden rücksichtslos hineingeschleudert durch die ungeschriebenen Gesetze menschlicher Gepflogenheiten und darin von tausend Armen festgehalten, bis sie seelisch jammervoll verkümmernd wehrlos sich einfügen in die träge Masse, die sie mitzerrt in die Tiefen matter Unpersönlichkeit!

Und sonderbar: gerade alle diese Menschen, die mit zäher Energie an solchen falschen Formen festzuhalten suchen, bilden sich noch ein, vor Gott damit zu bestehen als besonders wertvoll seiend. Ich aber sage Euch, sie sind mit zu den Schädlingen zu zählen, welche die Entwickelung und die Erstarkung vieler Menschengeister *hemmen,* anstatt sie zu fördern!

Reißt doch die Tore Euerer Empfindung endlich auf, damit Ihr selbst das Falsche nun erkennen könnt, welches sich eingenistet hat in *allen* Dingen und Gepflogenheiten, die der Mensch sich formte; denn er formte sie ja unter der Herrschaft des verbogenen Verstandes, der von Luzifer geleitet wurde!

Ich will versuchen, Euch ein Bild zu geben, das Euch dem Verstehen näherbringen kann. Es hängt eng zusammen mit dem großen und gesetzmäßigen Kreisen in der Schöpfung, das, von dem Gesetze der Bewegung angetrieben, alles gesund erhalten soll, weil nur in richtiger Bewegung Frische und Kraft verbleiben können.

Nehmen wir einmal an, wie es sein *soll* auf Erden, nicht, wie es jetzt ist. Da würde alles Geistige auf Erden einer klaren Flüssigkeit gleichen, die in dauernd kreisender Bewegung sich befindet und verbleibt, damit sie nicht verdickt oder wohl gar erstarrt.

Denkt auch an einen munter plätschernden Bach. Wie köstlich ist sein Wasser, wie erfrischend und belebend, Labung bietend allen Dürstenden und damit Freude bringend, Segen spendend auf dem Wege, den er nimmt.

Trennt sich jedoch von diesem Wasser hier und da ein kleiner Teil, indem es selbständig zur Seite springt, so bleibt der Teil, der sich abtrennte, in den meisten Fällen bald still liegen und als Tümpelchen zurück, welches in seiner Absonderung schnell die Frische und Klarheit verliert und üblen Geruch ausströmt, weil es ohne Bewegung nach und nach verdirbt und schlecht und faulig werden muß.

## 42. FAMILIENSINN

Genau so ist es mit dem geistigen Schwingen der Erdenmenschen. Solange es dem Gesetz der Bewegung entsprechend harmonisch kreist, ohne Hemmung oder Hast, wird es auch segenbringend sich entwickeln zu ganz ungeahnter Stärke, dadurch andauernd Aufstieg mit sich bringen, weil es gleichzeitig gefördert wird von allen Schwingungsarten in der ganzen Schöpfung, während nichts sich ihm entgegenstellt, sondern sich alles freudevoll verbindet und das Wirken helfend nur verstärkt.

So war das Schwingen einstens schon vor langer, langer Zeit, und in gesunder Ungezwungenheit und Selbstverständlichkeit stieg jeder Menschengeist sich froh entwickelnd im Erkennen immer höher. Dankbar trank er alle Strahlen, die ihm helfend von dem Lichte aus gesendet werden konnten, und so flutete ein frischer Strom geistiger Kräfte des lebenden Wassers bis herab zur Erde und von dort in Form dankbarer Anbetung und als der Ausfluß dauernden Erlebens friedevoll wieder hinauf zur Quelle der Erhaltung.

Herrliches Gedeihen war die Folge überall, und wie jubelnder Lobgesang in frohem, ungehemmtem Kreisen der harmonischen Bewegung klangen in der ganzen Schöpfung brausende Akkorde ungetrübter Reinheit.

So war es einst, bis das Verbiegen der Erkenntnisse durch Formung falscher Grundbegriffe in der Menschen Eitelkeit begann und damit Störungen des wundervollen Ineinanderwirkens aller Schöpfungsstrahlen brachte, die in ihren unentwegten Steigerungen zuletzt den Zusammenbruch erzwingen müssen alles dessen, was sich ihnen eng verband.

Zu diesen Störungen gehört nebst vielen anderen auch noch der heutige starre Familiensinn in seiner falschen Form und kaum zu glaubender Erweiterung.

Ihr braucht es Euch nur bildlich vorzustellen. In dem harmonischen Schwingen und Kreisen des aufstrebenden Geistes, der erfrischend um die Erde strahlte, sie im Vereine mit dem Wesenhaften segenspendend hell durchdringend und mit sich emporziehend in starker Sehnsucht nach dem Lichte, bildeten sich plötzlich Stockungen durch kleine, nur noch träge mitkreisende Verdichtungen. Wie bei einer abkühlenden Suppe, wo sich das Fett gerinnend absondert.

Euch vielleicht noch verständlicher ist es, wenn ich den Vorgang mit ungesundem Blute vergleiche, das sich hier und da verdickend nur noch träge durch den Körper fließen kann und so das notwendige und erhaltende Durchpulsen hemmt.

Bei diesem Bilde erkennt Ihr besser die grundlegende, ernste Bedeutung des *geistigen* Pulsens in der Schöpfung, welches in dem Blut des Erdenkörpers als ein kleines Abbild seinen gröbsten Ausdruck findet. Es ist für Euch deutlicher zu verstehen als das Bild der Suppe und des rieselnden Baches.

Als weiterer Vergleich kann auch noch gelten, daß in eine gut geölte Maschine störende Sandkörnchen geworfen werden.

Sobald der an sich ganz natürliche Familiensinn sich ungesund und falsch entwickelt, muß er hemmend, niederziehend in dem notwendigen Schwingen des Gesetzes der Bewegung des freudigen Aufwärtsstrebens wirken; denn der jetzige Sinn des Familienzusammenhaltens hat als Grundlage nur noch Erziehung und Erhaltung *grobstofflicher* Vorteile und auch Bequemlichkeiten, weiter nichts.

So entstanden nach und nach die alles Geistschwingen belastenden und lähmenden Familienklumpen, die in ihren sonderbaren Arten gar nicht anders zu bezeichnen sind; denn die dazu Gehörenden *binden* sich gegenseitig, hängen aneinander und bilden dadurch eine Schwere, die sie niederhält und immer weiter niederzieht.

Sie machen sich abhängig voneinander und verlieren nach und nach das ausgesprochene *Einzelpersönliche,* was sie als geistig seiend kennzeichnet und deshalb auch dazu verpflichtet.

Damit schieben sie das in dem Gotteswillen für sie liegende Gebot achtlos zur Seite und machen sich zu einer Art von Gruppenseelen, die sie in ihrer Beschaffenheit nie wirklich werden können.

Jeder redet in des anderen Weg hinein, will oft sogar bestimmen und knüpft so unzerreißbare, bindende Fäden, die sie alle aneinanderketten und niederdrücken.

## 42. FAMILIENSINN

Sie erschweren es dem einzelnen, sich im Erwachen seines Geistes davon loszulösen und seinen Weg allein zu schreiten, auf dem er sich entwickeln kann und der ihm auch vom Schicksal vorgeschrieben ist. So wird es ihm unmöglich, von seinem Karma frei zu werden für den gottgewollten Aufstieg seines Geistes.

Sobald er nur den ersten Schritt auf dem Wege zur Freiheit *seines* Geistes unternehmen will, der nur *für ihn* und *seine* Eigenart der rechte sein wird, nicht aber gleichzeitig für alle die, die sich Mitglieder der Familie nennen, erhebt sich sofort ein Geschrei, Mahnungen, Bitten, Vorwürfe oder auch Drohungen von allen denen, die diesen »Undankbaren« damit in den Zwang ihrer Familienliebe oder Anschauungen wiederum zurückzureißen suchen!

Was wird darin alles geleistet, was wird angeführt, namentlich wenn es sich um die wertvollsten Dinge handelt, die ein Mensch besitzt, wie um die ihm von Gott gegebene und auch notwendige Entschlußkraft seines freien Wollens in *geistiger* Beziehung, wofür *er ganz allein* und niemand anders für ihn vom Gesetz der Wechselwirkung zur Verantwortung gezogen wird.

Es ist der Wille Gottes, daß der Mensch sich unbedingt entwickele zu einer *eigenen* Persönlichkeit mit ausgeprägtestem Verantwortungsbewußtsein für sein Denken, Wollen und sein Tun! Die Möglichkeiten aber zur Entwickelung der eigenen Persönlichkeit, zu der Erstarkung einer selbständigen Entschlußfähigkeit und vor allem auch die notwendige Stählung des Geistes und dessen Beweglicherhaltung zu andauerndem Wachsein, was alles nur als eine Folge des Auf- sich-selbst-angewiesen-Seins erstehen kann, *das geht in dem gebundenen Familiensinne völlig unter.* Er stumpft ab, erstickt das Aufkeimen und frohe Aufblühen des Wertvollsten im Menschen, das ihn ja vor den anderen grobstofflichen Kreaturen als Menschen kennzeichnet, *das Eigenpersönliche,* wozu ihn der geistige Ursprung befähigt und bestimmt.

Es kann nicht zur Entfaltung kommen; denn besteht der Familiensinn in *unschöner* Art, stellt er nur Ansprüche auf in Wirklichkeit gar nicht bestehende Rechte, so wird er oft zu unerhörter Qual, zerreißt den Frieden und zerstört ein jedes Glück. Die Folge ist, daß zuletzt jede Auftriebskraft verweht.

Ruft nur *die* Menschen einmal auf, die schon darunter leiden mußten und seelisch dabei verkümmerten, es werden kaum zählbare Mengen sein!

Und wenn durch den Familiensinn die Erdenmenschenliebe weht in gutwollender Art, oder doch das Gefühl, das Erdenmenschen Liebe nennen, so ist es nicht viel besser; denn dann wird stetig versucht, dem einzelnen alles möglichst bequem zu machen, ihm gerade das, was seine Geisteskräfte zur Entfaltung zwingen würde, zu ersparen ... aus Liebe, Fürsorge oder Familienpflicht.

Und solche Menschen, denen jeder Weg geebnet wird, sind oft beneidet und darob vielleicht sogar gehaßt! In Wirklichkeit aber sind sie nur zu bedauern; denn die so falsch gelenkte Liebe oder die Gepflogenheiten eines falsch verwendeten Familiensinnes sind niemals als Wohltat zu betrachten, sondern es wirkt sich aus wie ein schleichendes Gift, welches mit untrüglicher Sicherheit die Kräfte der Betreffenden sich nicht entfalten läßt, das ihren Geist dadurch nur schwächt.

Es wird den Menschen der in natürlichem Verlaufe vorgesehene, zeitweilige Zwang weggenommen, der die Entfaltung aller Geisteskräfte herausfordert und gerade damit die beste und sicherste Hilfe für geistige Entwickelung bietet, als Gnade des allweisen Schöpfers, die großen Segen zur Erhaltung und zu allen Förderungen in sich birgt.

Der heute allbekannte und bewertete Familiensinn in weiterer Bedeutung ist für jeden Menschengeist wie ein gefährlicher Schlummertrank, der ihn ermüdet und lähmt. Er hemmt und hindert den nötigen Geistesaufstieg, weil den einzelnen Mitgliedern gerade alles das aus dem Wege geräumt wird, was ihnen helfen kann, um in sich zu erstarken. Es werden geistig müde Treibhauspflanzen großgezogen und gezüchtet, aber keine starken Geister.

Tausendfältig sind die Arten schädigender, hemmender Gepflogenheiten, welche der falsch angewendete Familiensinn als üble Folgen nach sich zieht. Ihr sollt sie noch sehr schnell und leicht erkennen lernen,

## 42. FAMILIENSINN

wenn Ihr nur erst fähig sein werdet, alles von dem rechten Standpunkte aus zu betrachten, der Leben und Bewegung in die bisher träge Masse der ausruhenden Familienklumpen bringen muß, welche sich stauend und verstopfend in dem gottgewollten Kreislaufe schöpfungsgesetzmäßiger und gesunder Geistbewegung wälzen, jede frohe Frische lähmend und vergiftend, während sie sich gleichzeitig mit tausend Klammern um aufstrebende Menschengeister legen, damit sie ihnen nicht entschlüpfen oder keine Unruhe in den langgewohnten Trott bringen, die sie in ihren Selbstgefälligkeiten stören müßte.

Ihr werdet mit Erschrecken sehen, wie Ihr selbst noch in so vielen solcher Fäden steckt gleich einer Fliege in dem Netz der todbringenden Spinne.

Wenn Ihr Euch nur bewegt, wenn Ihr versucht, Euch davon loszuringen, um zu Eurer gottgewollten geistigen Selbständigkeit zu kommen, da Ihr ja doch auch die Verantwortung allein zu tragen habt, so werdet Ihr mit Grauen sehen, wie weitgehend sich schon der Versuch Eurer Bewegung plötzlich geltend macht, und daran könnt Ihr dann auch erst erkennen, wie vielfältig diese Fäden sind, in die Euch die falschen Gepflogenheiten unerbittlich eingewoben haben!

Angst wird Euch dann befallen bei dieser Erkenntnis, die Ihr nur in dem *Erleben* finden könnt. Doch das Erleben wird Euch schnell, es brauset um Euch auf, sobald Eure Umgebung sieht, daß es Euch *ernst* ist mit der Änderung Eueres Denkens und Empfindens, daß Euer Geist erwachen will und seine *eignen* Wege wandeln, die für ihn zu der Entwickelung, wie auch gleichzeitig noch zu der Befreiung und Erlösung als Wechselwirkung früherer Entschlüsse vorgesehen sind.

Ihr werdet überrascht sein, ja bestürzt, zu sehen, daß man gern gewillt ist, Euch jeden gröbsten Fehler zu verzeihen, alles, selbst das Ärgste, aber nur nicht das Bestreben, *geistig* frei zu werden und darin *eigene* Überzeugungen zu haben! Auch wenn Ihr gar nicht davon sprechen wollt, wenn Ihr die anderen damit in Frieden laßt, Ihr werdet sehen, daß dies alles nichts zu ändern fähig ist, weil sie *Euch* nicht in Frieden lassen!

Wenn Ihr jedoch in aller Ruhe dann beobachtet und prüft, so muß

## 42. FAMILIENSINN

Euch das nur noch stärken im Erkennen alles Falschen, was die Menschen in sich tragen; denn sie *zeigen* es ganz deutlich in der Art, *wie* sie sich geben in dem plötzlich neu erwachten Eifer, Euch zurückzuhalten. Ein Eifer, der nur durch die Unruhe des Ungewohnten sich entfaltet und aus dem Drange kommt, in der gewohnten Lauheit zu verbleiben, darin nicht gestört zu werden.

Es ist die Angst *davor,* sich plötzlich vor eine *Wahrheit* gestellt zu sehen, die ganz anders ist als das, worin man sich bisher in trägen Selbstgefälligkeiten wiegte.

## DAS TRAUTE HEIM

Tausendfach sind die Verschlingungen, in denen sich die Menschen winden mit anscheinender Behaglichkeit. Nur die, welche das Gottesgesetz geistiger Bewegung in sich fühlen und zu dem Erwachen drängen, empfinden die Bindungen in äußerst schmerzhafter Weise, weil diese erst dann einschneiden, wenn der so Eingesponnene versucht, sich davon freizumachen.

Und doch ist dieses Freimachen das einzige, was Rettung bringen kann vor dem Versinken in geistigen Todesschlaf!

Ihr werdet diese meine Worte heute kaum in ihrer ganzen einschneidenden Wahrheit recht verstehen, weil die Menschheit darin zu sehr sich selbst einschnürte und kaum noch eine Möglichkeit zu einem freien Ausblicke daraus oder zu einem vollen Verständnisse dafür haben kann.

Deshalb werden die Bande nun *zerschnitten* von der Gottgerechtigkeit, zerschlagen, wenn es auch sehr schmerzhaft für die Menschen sein muß, qualvoll, wenn es gar nicht anders zu sein vermag. Erst *nach* dem Zerschneiden und dem Abfallen der Bande und Einschnürungen seid Ihr dann fähig, meine Worte richtig zu erfassen, im entsetzensvollen Rückblicke auf Euer bisheriges falsches Denken!

Ich will Euch aber trotzdem aus dem Vielfachen einige kleine Beispiele herausgreifen, die Euch vielleicht doch eine Ahnung bringen können.

Nun blickt einmal mit mir in das heutige Menschenleben:

Es ist richtig, wenn die Kinder treu behütet und bewacht durch ihre Kinderzeit geleitet werden, wenn der heranwachsenden Jugend durch entsprechende Ausbildung das Rüstzeug für die Wege durch das Erdenleben mitgegeben wird.

Doch dann muß jedem Einzelmenschen auch die Möglichkeit verbleiben, sogar *gegeben* werden, *sich selbst* von dem kleinsten Beginnen an emporzuarbeiten. Es darf ihm nicht von Anfang an alles bequem gemacht werden!

In dem Bequemmachen oder Erleichtern liegt die größte Gefahr als Förderung zu geistiger Trägheit! Und das ist bisher in gutwollendem Familiensinne stets geschehen.

Gift ist es schon für einen Menschengeist, wenn er als Kind im Glauben aufgezogen wird, daß er Besitzrecht hat an Erdengütern, die die Eltern sich erwarben.

Ich spreche jetzt von Schäden in rein geistiger Beziehung, was das *Eigentliche* bei allen Betätigungen eines Menschen ist. Das muß ihm auch in Zukunft stets bewußt verbleiben, wenn er und seine ihn umgebenden Verhältnisse wirklich gesunden sollen.

Doch auch in *irdischer* Beziehung würde eine Änderung darin sofort sehr vieles umgestalten und so manches Übel aus dem Wege räumen. Nehmen wir zum Beispiel an, ein Kind würde gesetzlich auch nur Anspruch *darauf* haben, bis zu einem ganz gewissen Alter den Schutz und die Fürsorge der Eltern zu genießen mit einer entsprechenden Ausbildung, dann aber bleibt es lediglich freier Wille der Eltern, wie sie über ihr persönliches Eigentum verfügen wollen.

Wie anders würden so viele Kinder dadurch allein schon werden! Wieviel mehr *eigenes* Streben würde da erstehen müssen, wieviel mehr Ernst für das Erdenleben, welch erhöhter Fleiß. Und nicht als letztes auch mehr Liebe zu den Eltern, die lange nicht so einseitig verbleiben könnte, wie sie heute oft sich zeigt.

Opfer der liebenden Eltern erhalten damit auch noch viel höheren Wert, da sie dann tatsächlich nur aus freier Liebe heraus erfolgen, während solche Opfer heute von den Kindern oft gar nicht gewertet werden, sondern als ganz selbstverständlich nur erwartet und gefordert, ohne daß sie rechte Freude auszulösen fähig sind.

Die Änderung darin würde ohne weiteres schon dazu beitragen, wertvollere Menschen mit größerem Selbstbewußtsein, stärkerem Geiste und erhöhter Tatkraft zu erziehen.

## 43. DAS TRAUTE HEIM

Aber auch Verbrechen würden oft vermieden werden, wenn kein Besitz*recht* an ein persönliches Vermögen anderer besteht.

Kindern tritt es näher, sich die Liebe ihrer Eltern zu erwerben, anstatt auf die Kindschaft und auch deren Rechte zu pochen, die sowieso einen ganz anderen Sinn hat, als heute angenommen wird, da Kinder dankbar sein müssen, daß ihnen ihre Eltern die Gelegenheit zur Erdinkarnierung gaben, auch wenn die Ablösungen und die Förderungen dabei gegenseitig sind, wie es in allem bei der Auswirkung der Gottgesetze ist.

In Wirklichkeit sind diese Kinder ja doch alle ihren Eltern fremde Geister, *Eigenpersönlichkeiten,* welche nur durch ihre Gleichart oder irgendeine frühere Verbindung für die Inkarnierung angezogen werden konnten.

Die Erdeneltern bieten Schutz und Hilfe für die Zeit, welche der Geist braucht, um seinen neuen Erdenkörper vollwertig und selbstverantwortlich zu führen, dann aber muß der Erdenmensch ganz frei auf sich gestellt verbleiben, sonst vermag er nie so zu erstarken, wie es für ihn nützlich ist im großen Schwung der Gottgesetze. Er *soll* kämpfen und Widerstände haben, um in deren Überwindung geistig aufwärts, höhenwärts zu kommen.

Eine Änderung in dem bisherigen Anrechtsgedanken eines Kindes an den Besitz der Eltern würde aber noch viel mehr Auswirkungen haben als die schon genannten, vorausgesetzt, daß aufbauende Staatsleitungen sich in ihrem Wirken für das Volk entsprechend einfügen und bahnbrechend den Eltern wie den Kindern dazu helfen.

Auch der Erwerbssinn jedes einzelnen muß damit anders sich entwickeln. Heute suchen viele Menschen ihren Besitz immer mehr zu vergrößern, nur um dann den Kindern ein leichteres Leben zu verschaffen, um ihn also den Kindern zu hinterlassen. Alles Sinnen und Trachten steht nur darauf und wird der Grund zu egoistischem Anhäufen irdischer Güter.

Wenn das auch nicht vollkommen wegfallen wird, da dieser oder jener doch noch diesen Sinn seiner ganzen Lebenstätigkeit zu Grunde legt, so würde es aber auch viele andere geben, die ihrer irdischen Betätigung ein höheres und allgemeineres Ziel setzen, zum Segen vieler.

Dann fallen die unsittlichen Berechnungsehen fort wie auch der Betrug der traurigen Mitgiftjägerei. So vieles Üble wird von selbst damit zerfallen und Gesundheit an die Stelle treten, Ehrlichkeit innerer Empfindung kommt zur Geltung, und die Ehen werden *echt!* Es wird von vornherein mit viel mehr Ernst an einen Ehebund herangetreten.

Der heranwachsenden Jugend soll Gelegenheit geboten werden, ihre Geisteskräfte zur Erwerbung ihrer Lebensnotwendigkeiten entfalten zu *müssen,* nicht nur zu können! Das allein würde das Rechte sein; denn dann, aber auch nur dann kommt sie geistig *voran,* weil sie sich geistig *regen muß.*

Statt dessen wird aber so vielen Kindern von den Eltern oder anderen Familienangehörigen gerade dieser für sie zu geistiger Gesundheit notwendige Weg zu sehr erleichtert, er wird den Betreffenden *so bequem* wie irgend möglich gemacht. Das nennt man dann Familiensinn und Liebe, oder auch Familienpflicht.

Ich will die Schäden nicht aufzählen, die dadurch entstehen auch bei bestem Wollen; denn auch jeder gute Mensch braucht hier und da zur Stärkung Anstöße von außen her und Zwang. *Freiwillig* würde er sich selten nur in eine Lage stellen, wo er gezwungen ist, sich anzustrengen, alle Geisteskräfte aufzuwenden, um der Lage Herr zu werden und sie gut zu lösen. Er würde in den meisten Fällen, wenn er eine Wahl hat, den dafür *bequemsten* Weg erwählen, um es leicht zu haben, was ihm aber geistig keinen Nutzen bringt.

Die Selbstachtung, sein Selbstvertrauen aber wird erhöht, wenn er mit Mühe und mit Fleiß sich irdisch selbst emporringt und das alles eine Folge *seiner* Arbeit ist.

Er schätzt dann den Besitz viel mehr in rechtem Sinne, schätzt die Arbeit und auch jede kleinste Freude, bewertet auch jede Gefälligkeit von anderen entsprechend, und kann sich viel lebendiger erfreuen als ein Mensch, dem vieles ohne Mühe in den Schoß geworfen wird und der die Zeit nur damit auszufüllen braucht, um sich Zerstreuung zu verschaffen.

Zu dem *rechten Strebenkönnen* muß man zu verhelfen suchen, wenn man wirklich helfen will. Man darf niemand *die* Früchte ohne ganz bestimmte Pflichten in den Schoß werfen, welche ein anderer in seinen Mühen sich erwarb.

Natürlich können Eltern ihren Kindern immer noch alles schenken, wenn sie wollen, oder können ihnen aus falscher Liebe heraus den Sinn und die Zeit ihres ganzen Erdenlebens opfern, können sich zu deren Sklaven machen; denn es bleibt ihnen darin der freie Wille, aber da sie kein irdisches Gesetz darin zu etwas zwingen wird, tragen sie in der Wechselwirkung des Gotteswillens die volle Verantwortung dafür *ganz allein* für ihre eigene Versäumnis in der Schöpfung und zum Teil auch für den Geistesschaden, der die Kinder dadurch trifft.

Die Menschen sind nicht in der *ersten* Linie für Kinder hier auf Erden, sondern für *sich selbst,* damit *sie* geistig reifen und erstarken können. Aus falscher Liebe aber wurde dies nicht mehr beachtet. Nur die Tiere leben darin noch in dem Gesetz!

Seht einmal scharf hinein in die Familiengepflogenheiten:

Zwei Menschen wollen eine Ehe schließen, wollen sich einen eigenen Hausstand gründen, um gemeinsam durch das Erdensein zu wandeln, und verloben sich zu diesem Zweck.

Die Verlobung ist also der erste Schritt zur Ehe. Sie ist das gegenseitige Versprechen und Sichbinden, damit auf das Versprechen hin die ernste Vorbereitung für den Hausstand folgen kann.

Eine Verlobung ist nichts anderes als der irdische Grund zur Bildung des neuen Heimes und der Auftakt zur Herbeischaffung alles dessen, was irdisch dazu nötig ist.

Dabei setzen aber sofort wieder falsche Gepflogenheiten ein.

In Wirklichkeit betrifft diese Verlobung doch allein *die* beiden Menschen, welche sich gemeinsam einen Hausstand gründen wollen. Daß die Familien oder die Eltern sich an der Beschaffung alles irdisch dazu Nötigen beteiligen, ist eine Sache ganz für sich, welche rein äußerlich verbleiben müßte, um richtig zu sein. Sie können dazu schenken, wenn sie wollen, oder können sonstwie helfen. Das bleibt alles *äußerlich* und es verbindet nicht, knüpft keine Schicksalsfäden.

## 43. DAS TRAUTE HEIM

Es sollte die Verlobung aber unbedingt auch die letzte, *äußerste* Grenze sein für jedwede Familienbindungen. Wie eine reife Frucht vom Baume fällt, wenn Baum und Frucht den Daseinszweck erfüllen wollen, ohne gegenseitig sich zu schaden, so muß ein Mensch nach seiner Reife sich von der Familie trennen, von den Eltern; denn auch diese haben wie er selbst noch *eigene* Aufgaben!

Aber die Familien sehen es anders an, sogar den *letzten* Zeitpunkt dafür, der dann ist, wenn sich zwei Menschen finden und verloben. Sie maßen sich sehr oft dabei gemachte Rechte an, die sie gar nicht besitzen.

Von Gottes Kraft allein ist ihnen jedes Kind geschenkt, das sie ja wünschten; denn sonst hätten sie es nicht erhalten können. Es ist lediglich Erfüllung eines Wunsches, der sich in der innigen Verbindung zweier Menschen zeigt!

Sie haben kein Recht an dem Kinde, welches ihnen nur geliehen ist, aber niemals gehört! Es wird ihnen ja auch genommen, ohne daß sie es zurückbehalten können oder ohne daß sie erst darum befragt würden! Daraus sehen sie doch ganz deutlich, daß ihnen darüber keine Rechte von dem Licht gegeben sind, vom Ursprung alles Lebens.

Daß sie bis zu der Reifezeit auch Pflichten übernehmen, ist nur selbstverständlich und ein Ausgleich für Erfüllung ihres Wunsches; denn sie hätten ja kein Kind erhalten, wenn sie nicht Gelegenheit dazu herbeiführten, was einer Bitte gleichkommt in den Urgesetzen dieser Schöpfung. Und für die Pflichten haben sie als Ausgleich Freude, wenn sie diese Pflicht *richtig* erfüllen.

Nach der Reifezeit jedoch müssen sie jeden Menschen *dessen* Wege wandeln lassen, welche nicht die ihren sind.

Bei Verlobung und Ehe treten die zwei Menschen sowieso aus den Familien *heraus,* um sich selbst zusammenzuschließen zu einem eigenen Hausstand. Statt dessen aber wähnen die beiden Familien, daß sie selbst durch diese Verlobung und Heirat ebenfalls miteinander verbunden wurden, als dazugehörend, trotzdem dies ja an sich ganz sachlich betrachtet gar nicht der Fall ist und schon der Gedanke sehr sonderbar berührt.

## 43. DAS TRAUTE HEIM

Eine Verlobung zweier Menschen bringt nicht der einen Familie, deren Kreis erweiternd, eine Tochter und der anderen einen Sohn, sondern die beiden Einzelmenschen *ganz allein* schließen sich zusammen, sie haben gar nicht die Absicht, jeder seine bisherige Familie mitzuschleppen.

Wenn die Menschen ahnten, wie schädlich sich diese sonderbaren Ansichten und Gebräuche auswirken *müssen,* würden sie es vielleicht von selbst unterlassen; aber sie wissen es nicht, wieviel Unheil damit angerichtet wird.

Die falschen Gebräuche gehen nicht ohne Bindungen in der feinen Grobstofflichkeit vor sich. Fäden schlingen sich damit um das Paar, das sich anschickt, ein eigenes Heim zu gründen, und diese Fäden hemmen, verschlingen und verknüpfen sich mit der Zeit immer mehr und führen oft zu unangenehmen Dingen, deren Ursprung dann die Menschen sich nicht erklären können, trotzdem sie selbst den Grund dazu legten in ihren oft bis zur Lächerlichkeit und Belästigung führenden Gebräuchen, denen der eigentliche tiefe Ernst *stets* fehlt.

Ohne Übertreibung kann gesagt werden, daß er *immer* fehlt; denn wer den Ernst des Zusammenschließens zweier Menschen wirklich erfaßt, der mit Verlobung und Ehe verbunden ist, der wird die dabei üblichen Familiengebräuche weit von sich weisen und dafür lieber stille Stunden innerer Einkehr halten, die mit weit mehr Zuversicht zu einem glücklichen Zusammenleben führen als alle äußeren Unsitten; denn als Sitten kann es nicht bezeichnet werden. –

Nach der Verlobung wird dem Paare, wenn es die Verhältnisse erlauben, nach Möglichkeit ein Heim gerichtet, das von vornherein nicht viel zu wünschen übrig läßt, das also einen freudigen Aufstieg schon von Anfang an *ausschalten* muß, oder doch für eine lange Zeit, weil an alles gedacht wurde und nichts mehr fehlt.

Es wird dem Paare jede Möglichkeit genommen, sich an dem Ausschmücken seines Heimes durch *eigenen* Erwerb in Fleiß und Regsamkeit zu beteiligen, sich *daran* zu erfreuen, daß sie *gemeinsam* als ein Erdenziel der langsamen Vervollkommnung des Eigenheimes zustreben, um dann mit Stolz und Liebe jedes selbstverdiente Einzelstück zu schätzen,

## 43. DAS TRAUTE HEIM

an das sich die Erinnerungen knüpfen an so manches liebe Wort, an manches Ringenmüssen, das sie freudevoll Schulter an Schulter mutig ausgefochten haben, und dann auch an manches friedevolle Glück!

Die Freude wird so vielen schon von vornherein genommen, und es wird darauf geschaut, es so *behaglich* wie nur möglich zu gestalten. Die beiden Menschen aber werden immer Fremdlinge darinnen sein, solange sie nicht Gegenstände dabei haben, die sie selbst erwerben konnten.

Ich brauche Euch darüber nicht viel mehr zu sagen; denn Ihr werdet selbst das Falsche und vor allen Dingen geistig wie auch irdisch Schädliche darin erkennen mit der Zeit, ob Ihr es wollt oder nicht; denn auch darin muß endlich alles neu und richtig werden, so, wie es in den Gottgesetzen deutlich genug ruht.

Ihr Menschen, gebt den jungen Paaren Möglichkeit zu *eigenem* Emporstreben, nur *das* wird ihnen nachhaltige Freude machen, da es die Selbstachtung erhöht und auch das Selbstvertrauen, damit das Selbstverantwortungsempfinden auferweckt, und Ihr tuet *recht* damit! Ihr gebet dadurch mehr, als wenn Ihr ihnen alle Lebenssorgen nehmen wollt oder sie doch soviel wie möglich zu erleichtern sucht, wodurch Ihr sie nur schwächen könnt und sie zurückhaltet von dem notwendigen Erstarken.

Feinde seid Ihr Ihnen damit, doch nicht wahre Freunde, welche Ihr sein wollt. In Verwöhnung und Erleichterungen raubt Ihr ihnen mehr, als Ihr Euch heute nun nach meinen Worten vielleicht denkt.

So mancher Mensch wird auch schmerzlich davon getroffen sein, aber ich reiße ihn damit zurück von einem Massengrabe, indem ich ihn befreie von dem falschen, geistlähmenden und verderblichen Familiensinne, der sich unter ganz falschen Voraussetzungen nach und nach gebildet hat.

Auch hierin muß ja schließlich einmal alles *neu* werden; denn Störungsherde solcher Arten sind in dieser Schöpfung nach der Reinigung unmöglich.

## GEWOHNHEITSGLÄUBIGE

Es wird den Menschen aufgefallen sein, daß ich so oft als unheilbringend unumschränkte Herrschaft des Verstandes und die große Geistesträgheit nenne, aber es ist nötig; denn die beiden Vorgänge sind untrennbar verbunden und als Ausgangspunkte vieler Übel zu bezeichnen, sogar als *eigentliche* lichtfeindliche Ursache zum Rückgange und Sturze der Entwickelten.

Lichtfeindlich, weil es abhält vom Erkennen aller Lichtgeschehen und Lichthilfen, weil der erdgebundene Verstand, wenn er zum Herrschen kommt, als erstes wechselwirkend die Verbindung zu der Möglichkeit des Lichterkennens abschneidet und damit den in grobstofflicher Hülle der Entwickelung harrenden Geist mit dieser Hülle, die ihm dienen sollte, *bindet*.

Der Vorgang ist in seiner sachlich ganz schöpfungsgesetzmäßigen Auswirkung so grauenhafter Art, wie es der Mensch wohl kaum sich richtig vorzustellen fähig ist; denn sonst würde er durch die Angst in sich zusammenbrechen müssen.

Es ist gerade *deshalb* ganz besonders furchtbar, weil sich alles dabei dem Verderben zu entwickeln *muß* und gar nicht anders kann, seitdem der Erdenmenschengeist in frevlerischem Eigenwollen gegen Gottes Allheiligen Willen *seiner eigenen Entwickelung* die *falsche Richtung gab,* die alles Unheil formt unter dem Drucke der selbsttätigen Gesetze dieser Schöpfung, deren Wirken zu erkennen sich der Mensch die Möglichkeit genommen hat.

Er stellte eine Weiche im vollkommen laufenden Getriebe des herrlichen Gotteswerkes leichtsinnig gewaltsam um, derart, daß in dem Weiterrollen *seines* Schicksalszuges die Entgleisung folgen muß als unausbleibliches Geschehen.

Und das Geschehen wiederum, welches in erster Linie die Erdenmenschheit trifft, gefährdet dabei gleichzeitig in höchstem Ausmaße auch deren an dieser Verfehlung unbeteiligte Umgebung mit, die sowieso schon stets darunter leiden mußte und von der Entwickelung zurückgehalten wurde.

Bedenkt in aller Ruhe einmal selbst, was es bedeuten muß, wenn jenes Werkzeug, der Verstand, welchen der Schöpfer jedem Erdenmenschengeiste gnadenvoll zu der notwendigen *Entwickelung* in der Grobstofflichkeit als Hilfe mitgegeben hat, im Gegensatz zu seiner Aufgabe den Geist noch *abdrosselt* von jeglicher Verbindungsmöglichkeit mit den hebenden Kraftströmen des Lichtes, *als Folge Eurer Tat,* anstatt sich unterordnend ihm zu dienen und Lichtwollen zu verbreiten in der stofflichen Umgebung, diese dadurch immer mehr veredelnd zu dem Erdenparadiese zu gestalten, das erstehen sollte.

Diese in dem freien Wollen aus Begier und Dünkelhaftigkeit herbeigezwungene Verfehlung ist *so* unerhört, daß eine solche Schuld des trägen Erdenmenschengeistes jedem der Erwachenden nun viel zu groß erscheint, um noch einmal Vergebung zu erlangen in der Liebe des Allmächtigen.

Nur Verdammnis durch Entziehung aller Gnaden aus dem Lichte und Zersetzung müßte das verdiente Los der Erdenmenschengeister sein, die einen ganzen Schöpfungsteil der unausbleiblichen Vernichtung stetig mit dem dünkelhaften Starrsinn zugetrieben haben, wenn diese Liebe des Allmächtigen nicht gleichzeitig auch mit vollkommener Gerechtigkeit verbunden wäre, da sie *Gottesliebe* ist, die Menschengeistern ewig unverständlich bleiben wird.

Und Gottgerechtigkeit vermag es nicht, etwas *ganz* dem Verderben preiszugeben, solange Fünkchen darin glühen, die es nicht verdienen.

Um dieser ganz geringen Zahl der nach dem Licht sich sehnenden Geistfünkchen willen wurde diesem dem Zersetzen nahen Schöpfungsteile noch einmal *das Wort des Herrn* gebracht, damit sich alle retten können, die das rechte Wollen dazu in sich tragen und sich dafür wirklich *regen* mit aller Kraft, die ihnen noch verblieben ist.

Doch dieses Wollen muß *anders* beschaffen sein, als viele der zahlreichen Gottgläubigen auf der Erde es sich denken!

Die Herrschaft des Verstandes schließt den Geist ganz ab von jeder Möglichkeit seiner notwendigen Entwickelung. Das ist an sich nicht böswillig von dem Verstand, sondern nur eine ganz naturgemäße Auswirkung.

Er handelt damit lediglich nach *seiner Art,* weil er nicht anders kann, als *seine Art* allein zur Blüte und zu vollster Stärke zu entwickeln, wenn er einseitig großgezogen und an falsche Stelle gesetzt wird, indem man ihm das ganze Erdensein rückhaltlos unterwirft!

Und diese seine Art ist *erdgebunden,* sie wird niemals anders sein, weil er als das Produkt des Erdenkörpers auch in dessen Grenzen bleiben muß, also rein irdisch grobstofflich; denn Grobstofflichkeit kann nicht Geistiges erzeugen.

Der Fehler liegt allein am Menschen selbst und darin, daß er dem Verstand die Herrschaft übergab und sich auch selbst dadurch ihm nach und nach versklavte, also an die Erde band. Damit ging ihm der eigentliche Zweck des Erdenseins, die Möglichkeit des geistigen Erkennens und geistigen Reifens vollständig verloren.

Er begreift es einfach nicht mehr, weil ihm die Kanäle dazu abgedrosselt sind. Der Geist liegt in dem Erdenkörper wie in einem Sack, der oben zugebunden ist durch den Verstand. So kann der Geist auch nichts mehr sehen, nichts mehr hören, es ist damit jeder Weg zu ihm hinein genau so abgeschnitten wie sein Weg hinaus.

Daß es so dicht verschlossen werden konnte durch den irdischen Verstand, liegt daran, daß die Zubindung schon *vor* der körperlichen Reife vor sich geht, also bevor die Zeit für die Heranwachsenden kommt, in welcher der Geist durch den Körper wirkungsvoll nach außen dringen soll, um eine führende Verbindung mit der umliegenden Stofflichkeit zur Stählung seines Wollens aufzunehmen.

Zu dieser Zeit ist der Verstand aber bereits einseitig viel zu stark entwickelt worden durch die falsche Schulung, und er hält die grobstoffliche Hülle um den Geist schon fest verschlossen, so daß dieser gar nicht zu der Entwickelung oder zur Geltung kommen *kann!*

Verderbenbringende Einseitigkeit der Schulung, der geistiger Ausgleich fehlte! Dem *Geiste* wurde nur ein starres Dogma aufgedrängt, das ihm nichts geben kann, ihn nicht erwärmt zu eigener und freier Überzeugung alles dessen, was mit Gott zusammenhängt, weil das Gelehrte selbst Lebendiges entbehrt und mit dem Licht *nicht* in Verbindung steht, da in den Lehren überall schon der Verstand des Erdenmenschen und sein Dünkel viel Verheerung angerichtet hat.

Die bisherige Schulung über das Wissen von dem Schöpfer stand auf viel zu schwachen oder, besser gesagt, durch die Menschen schon geschwächten Füßen, als daß es Schritt zu halten hätte fähig bleiben können mit dem immer mehr in einseitiger Pflege schnell erstarkenden Verstande.

Der Unterricht, der für den *Geist,* also für das Gemüt starker Empfindungstätigkeit berechnet ist, blieb immer starr und damit leblos, konnte deshalb geistig auch niemals wirklich *empfangen* werden.

Es wurde dadurch alles nur zu dem *Erlernen* hingedrängt, dem kein Erleben werden konnte, wodurch auch das, was vorwiegend dem *Geiste* galt, wie alles andere von dem *Verstande* aufgenommen werden mußte und von diesem festgehalten blieb, ohne herankommen zu können an den Geist! Dadurch mußten die Tropfen des lebenden Wassers, soweit solche doch noch einmal hier und da vorhanden waren, auch versanden.

Die Folge war und *mußte* sein, daß der Geist *nichts* erhielt und alles der Verstand! Damit wurde zuletzt *der* Zustand erreicht, daß der Geist überhaupt nichts mehr aufzunehmen vermochte. Das brachte den Stillstand des ohne Anstoß von außen sowieso immer nach Untätigkeit neigend gewesenen Geistkeimes und seinen unvermeidlichen Rückgang.

In der Untätigkeit und Reibungslosigkeit erschlaffte er mehr und mehr, bis sich heute nun ein jammervolles Bild zeigt auf der Erde: von erdgebundener Verstandesklugheit gesättigte Menschen mit völlig erschlafften und zum großen Teile auch schon wirklich schlafenden Geistern!

Bei vielen davon ist der Schlaf bereits in Todesschlaf übergegangen. *Das* sind die *Toten, die nun zum Gericht erwachen müssen! Diese* sind gemeint, wenn schon verkündet wurde: Er wird kommen, zu richten die Lebendigen und die Toten! Es sind damit die *geistig* Lebendigen und *geistig* Toten zu verstehen; denn andere gibt es nicht, da der Erdenkörper nicht als lebendig oder tot gerechnet werden kann. Er ist nie selbst lebendig gewesen, sondern nur für eine Zeit *belebt worden.*

Ihr Menschen kennt ja die Gefahr gar nicht, in der Ihr Euch befindet, und wenn Ihr sie nun werdet erkennen *müssen,* ist es für viele schon zu spät; denn sie haben nicht mehr die Kraft, sich aufzurütteln aus dieser Erschlaffung, die so entsetzliches Unheil angerichtet hat.

Deshalb muß ich bei allen Übeln der Menschheit immer wieder zurückkommen auf deren eigentliche Ursachen: die Herrschaft des Verstandes und die damit verbundene Geistesträgheit, die als unmittelbare Folge eingetreten ist.

Auch die größte Zahl der heutigen Gottgläubigen zählt in *erster Linie* zu den Geistesträgen, die gleich den Lauen sind, welche ausgespieen werden sollen bei dem Gericht!

Wenn Ihr mit ein wenig Wollen einmal den Zustand *richtig* prüfen würdet und dann entsprechende Folgerungen daraus ziehen wolltet, so müßtet Ihr klar sehen und Euch darüber das rechte Urteil bilden können ohne jeden Zweifel. Nur folgerichtig denken müßt Ihr dabei, weiter nichts.

Sehet Euch um, wie die Menschen heute die für sie notwendige *Erweiterung des Schöpfungswissens* aufnehmen! Daraus allein könnt Ihr schon genug Schlüsse über deren wahren Zustand ziehen.

Wenn heute von der Notwendigkeit für den Fortschritt des *geistigen* Wissens berichtet wird, weil die Zeit dazu nun für die Menschen da ist, so hört Ihr alles Mögliche als Gründe der Zurückweisung der neuen Offenbarung aus dem Lichte!

Ich will davon nicht alle nennen; denn ihrer sind in weitverzweigten

Abarten zu viele und würden gar kein Ende nehmen, aber *in dem eigentlichen Sinne* sind sie *alle gleich,* weil sie nur *einen* Ursprung haben: Geistesträgheit!

Nehmen wir davon nur einmal eines; denn so mancher anscheinend ganz gutwollende Kirchengläubige unter den Christen spricht:

»Das Wort der Botschaft an sich ist in vielen Dingen richtig, aber es sagt mir nichts Neues!«

Wer also spricht, der hat das *Bisherige,* was er schon erlernt zu haben glaubt in seiner Schule oder Kirche, trotz seiner gegenteiligen Einbildung *nicht* erfaßt, noch kennt er es; denn sonst müßte er wissen, daß sehr viel *vollkommen Neues* in der Botschaft steht, was aber selbstverständlich *der* Botschaft, die Jesus brachte, nicht *entgegensteht,* weil beides aus *derselben* Quelle stammt, aus der lebendigen *Wahrheit!*

*Neues* ist *nicht* immer gleichbedeutend mit *Verneinung* des Bisherigen, sondern es kann auch in dem Alten schwingen und im *Aufbau weiterführen,* so, wie es bei der eigentlichen Botschaft Jesu mit der meinen sich vereint!

Gerade aber deshalb, weil nun meine Botschaft mit den *wahren* Worten *Jesu ganz* im Einklang steht, haben so viele Menschen bei dem Lesen die Empfindung, daß nichts Neues darin sei! Aber nur deshalb, weil die Botschaft von Jesus und die meine in Wirklichkeit *eins* sind!

Aus diesem Grunde schwingt auch alles *einheitlich,* bis auf das, was Menschen in ihrem Klugseinwollen zu den Worten, die Jesus brachte, hinzugeschrieben haben, was meistens falsch ist. Mit diesem Hinzugeschriebenen oder *anders* Wiedergegebenen können meine Worte natürlich nicht übereinstimmen. Aber mit den Worten von Jesus selbst unbedingt!

Und diese Empfindung des gleichen Schwingens aus demselben Ursprung, das der *Geist,* dem Verstande unbewußt bleibend, erkennt, läßt die Menschen ohne Überlegung denken, daß nichts Neues darinnen gegeben wäre.

So ist der eine Teil der Menschen. Andere aber nehmen das Neue auch als früher schon gegeben und selbstverständlich hin, weil sie das Alte, was sie zu haben glaubten, nicht richtig kennen und deshalb gar nicht wissen, was das Neue ist, das in meiner Botschaft für sie steht.

Es ist jedoch kein Vortrag in meiner Botschaft, der nicht tatsächlich etwas für die Menschengeister vollkommen Neues, diesen *bisher noch nicht* Bekanntes bringen würde!

Viele Menschen kennen also weder das, was sie zu haben sich einbilden, noch das, was ich ihnen bringe! Sie sind auch viel zu träge, um überhaupt etwas daraus *tatsächlich* in sich aufzunehmen.

Für alle *die* jedoch, deren Geist wenigstens fähig ist, die *einheitliche* Schwingung beider Botschaften wahrzunehmen, sollte doch gerade dieser Umstand ein Beweis sein, daß beide Botschaften aus *einer* Quelle stammen.

Aber dessen werden sich die Trägen nicht bewußt. Sie schwatzen einfach darauf los und geben sich damit die Blöße, daß ein jeder sie sofort als Geistesträge klar erkennen muß.

Andere Gläubige wieder sträuben sich, ihr Wissen zu erweitern in der Annahme oder der Angst, sie könnten damit etwas Falsches tun! Es ist aber auch dieses nur in wenig Fällen Angst, sondern lediglich *Dünkel,* der in Dummheit verwurzelt ist und nur auf solchem Boden überhaupt zu gedeihen vermag; denn Dünkel ist an sich schon Dummheit, es ist beides nicht zu trennen.

Aber die Dummheit ist hierbei in *geistiger* Beziehung gemeint, nicht irdisch, da gerade solche Menschen, die als irdisch verstandesmäßig für ganz besonders stark und klug gehalten werden, in den meisten Fällen geistig schlaff sind und als Menschen in der Schöpfung vor Gott keinen Wert besitzen; denn für ihr eigentliches Sein haben sie versagt und sind nicht in der Lage, mit ihrem Verstandeswissen irgendwelche Werte für die Ewigkeit zu schaffen oder den Verstand dafür zu nützen.

Lassen wir hier aber einmal alles andere zur Seite, nehmen wir nur Gläubige unter den *Christen* an, deren ja sowieso nicht viel als wirklich gläubig anzusehen sind; denn die größte Zahl davon sind innerlich leere Namenschristen, weiter nichts.

Diese sagen in gewissem Sinne ebenso wie die zuerst Genannten,

## 44. GEWOHNHEITSGLÄUBIGE

oder sie erklären mit einem gewissen theatralischen Ausdruck, der ehrfürchtige Scheu sein soll, wie sie sich wenigstens selbst vorzutäuschen suchen:

»Wir haben unseren Jesus, unseren Heiland, von dem lassen wir nicht und mehr brauchen wir auch nicht!«

So ungefähr ist der Sinn aller ihrer Worte, wenn auch die Worte selbst je nach der sprechenden Person verschiedenartig lauten.

Diese echten Wiedergaben der von Jesus schon so scharf und oft gerügten Pharisäer sind in Wirklichkeit nichts anderes als Geistesträge, hierbei aber arge *Selbstgefällige* dazu. Schon die manchmal so widerliche Art der Sprechweise kennzeichnet sie nur allzu deutlich.

Wenn Ihr Euch in die Menschen solcher Art vertieft, so werdet Ihr erkennen, daß sie nicht etwa wahre Überzeugung in sich tragen, sondern nur einfache, leere *Gewohnheit* seit der Jugend! In ihrer Trägheit wollen sie nicht mehr gestört sein; denn es könnte ihnen geistig Unruhe bereiten, wenn sie sich eingehend damit befassen würden.

Dem suchen sie sorgfältig auszuweichen, ohne sich bewußt zu werden, daß sie damit gegen das wichtige Gottgesetz der geistigen Bewegung sündigen, das ihnen die Erhaltung ihrer Seele wie des Körpers bietet, in dessen Wirken bei Befolgung ganz allein der Aufstieg und das Reifenkönnen zur Vollendung ruht!

Gerade das, was sie für Größe halten und mit Stolz zur Schau zu tragen suchen, um sich selbst damit den Halt noch vorzutäuschen, den sie gar nicht in sich tragen, das wird ihnen zum Verhängnis und Verderben!

Würden sie sich dem Gesetz gehorchend nur einmal ein wenig *geistig* regen, so müßten sie sehr schnell erkennen, daß ihr bisheriger Glaube gar kein solcher war, sondern etwas *Gelerntes*, das zu willkommener Gewohnheit wurde, weil es außer einigen Äußerlichkeiten nichts von ihnen verlangte und *dadurch* als angenehm und *recht* bei ihnen galt.

Der Unruhe aber dürften sie nicht ausweichen, sondern müßten ihr *danken;* denn sie ist das beste Zeichen für das Erwachen ihres Geistes, dem selbstverständlich zuerst Unruhe vorauszugehen hat, bevor die Sicherheit wirklicher, freier Überzeugung auferstehen kann, die nur in ernstem und eifrigem Prüfen und dem damit eng verbundenen tatsächlichen *Erleben* in dem Geiste ihre Kraft entfaltet.

Wo Unruhe ersteht, dort ist damit der unumstößliche Beweis gegeben, daß der Geist *geschlafen* hat und zum Erwachen kommen will, wo aber Ablehnung erfolgt mit stolzem Hinweis auf persönliches Besitzanrecht auf Jesus, dort zeigt dies nur, daß dieser Menschengeist bereits der Agonie verfallen ist, welche zum Todesschlafe führt.

Es beweist ferner, daß gerade *diese* Geister auch zu Jesu Erdenzeit ihn und sein Wort mit gleicher leerer Überhebung in Anklammerung an bisher schon Gelerntes streng zurückgewiesen haben würden, wenn es ihnen als die neue Offenbarung in der damaligen notwendigen Wende zur Wahl und eigener Entscheidung angeboten worden wäre!

Sie hätten aus demselben nur bequemen Grunde an dem Alten festgehalten, das den Boden für das *Fortschreiten* abgeben muß, wenn kein Stillstand erfolgen soll.

Es sind Ablehner *alles* Neuen, weil sie sich nicht fähig oder stark genug fühlen, ernsthaft und vorurteilsfrei das Einschneidende zu prüfen, oder weil sie überhaupt bereits zu träge dazu sind und lieber an bisheriger Gewohnheit festzuhalten suchen.

Mit Sicherheit ist anzunehmen, daß sie ganz entschieden Jesus abgelehnt haben würden, wenn ihnen dies nicht schon von Kindheit an *zwangsweise* gelehrt worden wäre!

Nicht anders ist es auch mit denen, welche alles Neue mit dem Hinweis auf die Prophezeiung über das Auftauchen falscher Propheten abzulehnen suchen! Auch darin liegt nichts anderes als wiederum nur *Geistesträgheit;* denn es ist in dieser Prophezeiung, auf die sie sich berufen, doch gleichzeitig auch deutlich genug gesagt, daß der *Richtige,* der *Verheißene,* gerade *zu dieser Zeit* des Auftauchens der falschen Propheten *kommen wird!*

Wie gedenken sie diesen denn dann zu erkennen, wenn sie zu ihrer Bequemlichkeit einfach leichtfertig alles mit einem solchen Hinweis abfertigen! Es hat sich noch kein Mensch diese grundlegende Frage vorgelegt!

## 44. GEWOHNHEITSGLÄUBIGE

Aber *sie selbst* müssen den Ausweis finden *in dem Wort,* das die Menschen bis auf sehr wenige auch bei Jesus nicht beachten wollten, sondern noch andere Beweise erwarteten.

Sein Wort der Wahrheit, das der eigentliche Ausweis war, hatte für sie damals noch keinen Wert. Eigene Geistesträgheit jedes einzelnen, wohin Ihr blickt, und so wie damals ist es heute wieder, nur weit schlimmer noch; denn jetzt ist jeder Geistfunke fast vollständig verschüttet.

Die Gläubigen von heute haben alles nur als *Lehre* aufgenommen, nichts davon in sich verarbeitet oder zu eigen gemacht! Sie sind geistig zu schlaff, um zu empfinden, daß ihr Glaube weiter nichts als die *Gewohnheit von Kindheit her* ist, die sie in vollkommener Unwissenheit über sich selbst jetzt ihre Überzeugung nennen.

Ihr Verhalten den Nebenmenschen gegenüber zeigt es oft sehr deutlich, daß sie keine *wirklichen* Christen sind, sondern nur inhaltsleere, geistesträge Nennchristen!

Mit meinen Worten führe ich zu Gott und auch zu Jesus! Doch in *lebendigerer* Art, als es bisher bekannt gewesen ist, und nicht, wie es sich die Menschen zurechtgestutzt haben in ihrem Hange nach der geistigen Bequemlichkeit.

Ich weise darauf hin, daß Gott lebendige und sich ihrer *eigenen* Verantwortung bewußtseiende Geister in der Schöpfung haben will, *so,* wie es in den Schöpfungsurgesetzen liegt! Daß ein jeder selbst und voll alles verantworten muß, was er denkt, spricht und tut, und daß dies nicht mit dem damaligen Morde an dem Gottessohne von der Menschheit getilgt werden konnte.

Jesus wurde ja gemordet, weil er mit seinen gleichen Forderungen *auch* lästig empfunden wurde und gefährlich schien *den Priestern,* welche anders lehrten, viel bequemer, um damit nur *irdisch* immer mehr Zulauf zu haben, was gleichzeitig Anstieg ihrer Erdenmacht durch den steigenden Erden*einfluß* mit sich bringen und erhalten sollte.

*Das* wollten sie nicht aufgeben! Die Menschen die Bequemlichkeit nicht, und die Priester nicht den Einfluß, ihre Macht. Die Priester wollten gar nicht *Lehrer* sein und *Helfer,* sondern nur Beherrschende!

## 44. GEWOHNHEITSGLÄUBIGE

Als wahre *Helfer* hätten sie die Menschen erziehen müssen zu *innerer Selbständigkeit,* Geisteswürde und geistiger Größe, damit sich diese Menschen aus freier Überzeugung in den Willen Gottes einstellen und in Freude darnach handeln.

Die Priester taten das Gegenteil und *banden* den Geist, damit er ihnen für ihre Erdenzwecke gefügig blieb.

Gott aber verlangt von den Menschen geistige Vervollkommnung in seinen Schöpfungsgesetzen! Andauernden Fortschritt in der Erweiterung des Wissens von der Schöpfung, damit sie richtig darin stehen und wirken und nicht zu einem Hemmnis werden in den schwingenden Bewegungskreisen!

Wer aber jetzt nicht *weiter* will und auf *dem* zu beharren sucht, was er bereits zu wissen glaubt und deshalb neue Offenbarungen aus Gott ablehnt oder sich diesen feindlich gegenüberstellt, der wird zurückbleiben und ausgeschleudert werden in dem Weltgericht, weil dieses jede Hemmung niederreißt, um endlich in der Schöpfung wieder Klarheit erstehen zu lassen, die die fortschreitende Entwickelung in Zukunft *fördert,* welche im Willen Gottes für seine Schöpfung ruht.

Jesus war eine neue Offenbarung und brachte weitere in seinem Wort. Für damals war das *alles* neu und ein ebenso notwendiger Fortschritt wie heute, bei dem aber nicht ewig stehengeblieben werden sollte.

Jesus soll nicht aufgegeben werden als Gottessohn durch meine Botschaft, sondern er soll erst recht *als solcher* nun erkannt werden, nicht aber als der Knecht und Sklave einer verdorbenen Menschheit, um deren Schuldenlast zu tragen oder abzulösen, damit sie es bequemer habe!

Und gerade die, welche Jesus als den Gottessohn *wirklich* aufgenommen haben, *können* gar nicht anders, als meine Botschaft und die damit verbundenen neuen Offenbarungen aus Gottes Gnade mit *freudigem Danke* zu begrüßen! Es wird ihnen auch nicht schwerfallen, alles richtig zu erfassen, was ich sage, und es sich zu eigen zu machen.

Wer dies nicht tut oder nicht kann, der hat auch die Botschaft und das eigentliche Sein des Gottessohnes Jesus nicht erkannt, sondern sich selbst nur etwas Fremdes, Falsches erbaut, aus *eigenem* Ermessen und

Dünkel heraus und ... nicht zuletzt ... in Trägheit seines bequemen Geistes, der die von Gott bedingte Bewegung scheut!

Der Sinn und Zweck der Botschaft aus dem Licht durch mich in der Erfüllung Gottes Allheiligen Willens ist die notwendige Erweiterung des Wissens für die Menschheit.

Da gelten keine Ausreden der Geistesträgen, keine Phrasen eitlen Pharisäertumes, und auch die tückischen Verleumdungen und Angriffe werden vor der Gerechtigkeit des dreieinigen Gottes weichen müssen und wie Spreu vergehen; denn es ist nichts größer und gewaltiger als Gott, der Herr, und was aus seinem Willen kommt!

Der Erdenmenschengeist muß nun *lebendig* werden und erstarken in dem Willen Gottes, dem zu dienen er in dieser Schöpfung weilen darf. Die Zeit ist da! Es werden keine versklavten Geister mehr von Gott geduldet! Und Menscheneigenwille wird zerbrochen, wenn er sich nicht einzufügen willig ist in Gottes Urgesetze, die er in die Schöpfung legte.

Dazu gehört aber auch das Gesetz andauernder Bewegung, das den ungehemmten Fortschritt in Entwickelung bedingt. Damit verbunden bleibt Erweiterung des Wissens! Schöpfungswissen, Geisteswissen ist der eigentliche Inhalt alles Lebens!

Deshalb wurden Euch neue Offenbarungen zuteil. Lehnt Ihr sie ab in Trägheit Eures Geistes und wollt Ihr diesen ruhig weiterschlafen lassen wie bisher, so wird er aufwachen in dem Gericht, um dann in der Zersetzung zu verfallen.

Und wehe allen denen, die den Geist der Menschen noch gebunden halten wollen! Diese werden zehnfach Schaden leiden und im letzten Augenblick entsetzensvoll zu spät erkennen *müssen,* was sie auf sich bürdeten, um dann unter der Last zusammenbrechend in die grauenvolle Tiefe zu versinken!

Der Tag ist da! Das Dunkel muß vergehen! Herrliches Gotteslicht bricht alles Falsche nun entzwei und brennt das Träge aus in dieser Schöpfung, damit sie nur in Licht und Freude ihre Bahnen ziehen kann, zum Segen aller Kreatur, als ein jubelndes Dankgebet für alle Gnaden ihres Schöpfers, zur Ehre Gottes, des Alleinigen, Allmächtigen!

## SIEHE, WAS DIR NÜTZET!

Warum, Ihr Menschen, wollt Ihr geistig immer etwas *anderes* als das, was Euch tatsächlich *nötig* ist und *nützt!* Wie eine schwere Seuche wirkt die sonderbare Eigenart verheerend unter allen Suchenden.

Es würde wenig Zweck haben, wenn ich Euch darum fragen wollte; denn Ihr könnt Euch keine Rechenschaft darüber geben, selbst wenn Ihr Euch bemühtet, Tag und Nacht darüber nachzudenken.

Beobachtet Euch nur einmal in aller Ruhe, seht die Fragen, die in Euch lebendig werden, verfolgt Euren Gedankengang, wohin er führt, Ihr werdet bald erkennen, daß es zum größten Teile immer solcherart Gebiete sind, welche Ihr nie erreichen werdet, weil sie über Eurem Ursprung liegen, die Ihr deshalb auch niemals erfassen könnt.

Erfassenkönnen aber ist die Grundbedingung alles dessen, was Euch *nützen* soll!

Das macht Euch klar in allem Eurem Denken, Eurem Tun, und richtet Euch darnach. Dann wird auch alles für Euch leichter werden. Befaßt Euch also nur mit dem, was Ihr wirklich erfassen könnt, was also in dem Rahmen Eures Menschenseins verankert ist.

Das Gebiet Eures Bewußtseinkönnens als ein Menschengeist ist nach den lichten Höhen zu zwar scharf begrenzt, aber deshalb nicht etwa klein. Es gibt Euch Raum für alle Ewigkeit und damit auch entsprechend große Wirkungsfelder.

*Ohne* Grenzen für Euch ist allein die Möglichkeit Eurer *Entwickelung,* die sich in der ansteigenden Vervollkommnung Euerer Tätigkeit innerhalb dieser Wirkungsfelder zeigt. Beachtet also sehr genau, was ich Euch hiermit künde:

Der Anstieg Euerer Vervollkommnung im Geistes*wirken* ist ganz unbegrenzt, es gibt dafür kein Ende. Immer stärker könnt Ihr darin werden, und mit diesem Stärkerwerden wird sich auch das Wirkungsfeld selbsttätig stets erweitern, wodurch Ihr Frieden findet, Freude, Glück und Seligkeit.

Auch von der Seligkeit haben sich alle Menschen bisher eine falsche Vorstellung gemacht. Sie liegt allein in der strahlenden Freudigkeit des segensreichen Schaffens, nicht etwa in dem trägen Nichtstun und Genießen, oder, wie das Falsche klug verdeckt wird mit dem Ausdruck eines »*süßen* Nichtstuns«.

Aus diesem Grunde nenne ich das Menschenparadies auch oft das »lichte Reich freudigen Schaffens«!

Nicht *anders* kann der Menschengeist die Seligkeit erhalten als im frohen Schaffen für das Licht! Darin allein wird ihm zuletzt die Krone des ewigen Lebens zugeteilt, welche dem Menschengeiste die Gewähr gibt, *ewig* im Kreislaufe der Schöpfung mitwirken zu dürfen, ohne Gefahr, als unbrauchbarer Baustein der Zersetzung zu verfallen.

Die Menschen können also trotz der ihnen gnadenvoll gewährten Möglichkeit einer andauernden Vervollkommnung des Geistes nie den Rahmen ihres Daseinsfeldes in der Schöpfung überschreiten, nie die darin scharf gesetzten Grenzen menschlichen Bewußteindürfens niederreißen. In dem einfachen Nicht*können* liegt für sie das ganz natürliche Nicht*dürfen,* was sich stets von selbst betätigt, gerade dadurch aber auch unüberwindlich wirkt.

Vervollkommnung liegt in den immer leuchtender werdenden Strahlungen des Geistes, was sich entsprechend in erhöhter Wirkungsstärke zeigt.

Das ansteigende Geistesleuchten wiederum ersteht in Läuterung und Reinigung der Seele, wenn sie im Wollen zu dem Guten aufwärts strebt. Eins entwickelt sich hierbei in strenger Folgerichtigkeit stets aus dem anderen.

Befaßt Ihr Euch *ausschließlich* ernsthaft mit dem Guten, so folgt das andere alles von selbst. Es ist also gar nicht so schwer. Ihr aber greift in

Eurem Wollen immer wieder nur darüber weit hinaus und macht Euch so das Einfachste von vornherein nicht nur sehr schwer, sondern sehr oft sogar unmöglich.

Bedenkt, daß in der steigenden Vollendung auch das stärkste Strahlen Eures Geistes dessen *Art* niemals verändern kann, sondern nur dessen *Zustand!*

Deshalb sind Überschreitungen des Rahmens menschlicher Bewußtseinsgrenze niemals möglich, weil die Grenzen durch die *Art* bestimmt sind und nicht allein durch den Zustand. Der Zustand aber baut innerhalb dieses großen Artrahmens noch ganz besonders kleine Teilgrenzen für sich, die mit Veränderung des Zustandes auch überschritten werden können.

Es sind Riesenweiten, die in diesem Rahmen liegen, Welten, die für Euch auch geistig unabsehbar sind, in denen Ihr für alle Ewigkeit verweilen könnt und wirken ohne Ende.

Befaßt Ihr Euch eingehend und auch gründlich *damit, dann* werdet Ihr glücklich sein! In meiner Botschaft gab ich Euch genau zu wissen, womit Ihr zusammenhängt und was mit Euch verbunden ist, wie Ihr durch Euer Denken und durch Euer Tun darinnen wirkt, was Ihr damit erreichen *müßt*.

Anstatt sich aber nun diesem Gebotenen mit allem Ernste hinzugeben in dem rechten Sinne und damit den Posten endlich auszufüllen, den der Einzelmensch in dieser Schöpfung einzunehmen hat, gehet all Euer Denken, Euer Fragen und auch Wünschen immer wieder weit darüber weg in Regionen, die der Menschengeist niemals bewußt erreichen kann.

Dadurch ist es ihm nicht möglich, etwas davon wirklich zu erfassen. Das ganze Weben, Strahlen, Streben, kurz, das ganze Sein in diesen Regionen wird dem Menschen ewig unverständlich bleiben, weit entfernt. Deshalb kann es ihm keinen Nutzen bringen, wenn er sich damit zergrübelt. Er vergeudet nur die Zeit und auch die Kraft, die ihm geboten wird zu seiner eigenen notwendigen Entwickelung, und muß zuletzt als unbrauchbar vergehen.

*Regt* Euch doch endlich erst einmal mit aller Kraft in *dem* Gebiete, das der Schöpfer *Euch* gegeben hat, damit Ihr es zu reinster Schönheit führt, aus ihm dem Paradiese ähnlich einen Garten Gottes schafft, der einem formgewordenen Dankesgebete gleicht, aus dem es jubelnd aufsteigt zu des Gottesthrones Stufen, um den Schöpfer aller Dinge für die reichen Gnaden demutsvoll zu preisen durch die Tat!–

Menschen, wie klein seid Ihr und doch wie maßlos anspruchsvoll und eingebildet. Wenn Ihr Euch nur ein wenig regen wolltet in der *rechten* Art, so, daß Ihr *mit* den Schöpfungsurgesetzen ungetrübt harmonisch schwingt, nicht immer wie bisher nur hemmend wirkt in Eurer Unkenntnis, dann würde reichster Segen sprießen überall, wo Ihr die Hand anlegt, gleichviel, was Ihr zu unternehmen Euch bemüht.

Es könnte gar nicht anders sein, und mit der gleichen unentwegten Sicherheit, mit der Ihr schon seit langem nun dem Niedergange zugleitet, würdet Ihr Euch aufwärts gehoben sehen von der gleichen Kraft, die zu Geistesreichtum und irdischer Sorglosigkeit führt.

Doch *kennen* müßt Ihr zuerst Eure Heimat in der Schöpfung und darin auch alles, was Euch hilft und fördert. Ihr müßt wissen, wie Ihr selbst darin zu wandeln und zu wirken habt, bevor das Aufblühen beginnen kann.

Versucht zuerst, Euch einmal *irdisch* richtig einzustellen in die Schwingungen der göttlichen Gesetze, die Ihr nie umgehen könnt, ohne Euch selbst und Euerer Umgebung sehr zu schaden, und lehnt auch *Euere* Gesetze daran an, laßt sie daraus erstehen, dann habt Ihr schnell den Frieden und das Glück, das Euch den Aufbau fördert, den Ihr so ersehnt; denn ohne dies ist alles Mühen ganz umsonst, und selbst das größte Können des geübtesten Verstandes ist vergebens und bringt Mißerfolg.

An *Euch* liegt es, an Euch allein, an jedem einzelnen, und nicht, wie Ihr so gern Euch vorzutäuschen sucht, stets an den anderen. Versucht es nur zuerst mit Euch, aber das wollt Ihr nicht! Denn Ihr dünkt Euch darüber zu erhaben, oder es erscheint Euch der Beginn damit zu klein und nebensächlich.

In Wirklichkeit jedoch ist es nur Trägheit Eures Geistes, die Euch davon abzuhalten fähig ist, und der Ihr allesamt Euch schon versklavet seit Jahrtausenden. Euer Verstand, der Euere Geistesfähigkeiten band, kann Euch jetzt nicht mehr helfen, wenn es gilt, sich nunmehr reiner Gotteskraft zu beugen oder zu vergehen.

Ihr müßt den Geist schon rege machen, in Euch auferwecken, um den Willen Gottes zu erkennen und zu hören, was er von Euch fordert; denn ihm allein ist der Mensch untertan seit Urbeginn, und keinem anderen, ihm muß er Rechenschaft nun geben über alles, was er in dem Schöpfungsteile wirkte, der zur Heimat ihm geliehen ward.

Und Euer unseliger Hang, nur immer nach dem Höheren zu greifen, nach dem Fremden sich zu sehnen, anstatt Euch an Euerer Umgebung zu erfreuen, wird als eins der ärgsten Eurer Übel zeugend wider Euch sich richten. Das Übel ist entsprungen aus der Trägheit Eures Geistes, der mit dem Verstand nicht zu verwechseln ist; denn Verstand ist nicht Geist!

Ihr habt es ja auch irdisch immer so gehalten. Anstatt mit aller Kraft und Freude Euere Umgebung schöner zu gestalten, sie vollkommener zu machen und zu voller Blüte anzuregen, wollt Ihr oft *heraus* aus ihr, weil es Euch so bequemer dünkt und schnelleren Erfolg verspricht. Ihr wollt Euch von ihr lösen, um erwünschte Besserung zu finden, da Ihr in allem Fremden gleichzeitig auch Besserung, Verschönerung erwartet!

Versucht, das Euch *Gegebene* erst einmal *richtig* zu *verwerten!* Ihr werdet dabei Wunder über Wunder finden.

Um etwas aber richtig zu verwerten, muß man es auch vorher gründlich *kennen*. Und daran fehlt es bei Euch ganz und gar. Ihr waret stets zu träge, um den Willen Eures Gottes zu erkennen, der Euch aus der Schöpfung klar und deutlich sichtbar wird.

Ich muß immer wieder an die alte Wunde rühren, die Ihr Menschen an Euch tragt, von der ich oft schon alle Hüllen riß, welche Ihr aber immer wieder sorgsam umzulegen sucht. Die Wunde, die den Ursprung alles Übels bildet, unter dem Ihr nunmehr leiden müßt, bis Ihr Euch davon freimacht oder vollständig zusammenbrechen werdet, sie ist und bleibt die freiwillige Trägheit Eures Geistes!

Viele unter diesen Erdenmenschen werden nicht mehr fähig sein, sich aus der ertötenden Umklammerung des Übels zu befreien; denn zu lange haben sie gesäumt, sich dazu aufzuraffen.

Es ist natürlich, daß die Klugheit des Verstandes allen Geistesschlummer zu verdecken sucht, weil mit Erwachen Eures Geistes auch die Herrschaft des Verstandes schnell beendet ist.

Nur Geistesträgheit achtet des Gegebenen zu wenig; sie nimmt sich nicht die Mühe, seine Schönheit zu entdecken und es andauernd vollkommener zu machen, sondern wähnt, in der *Veränderung* nur Besserung zu finden, sucht in allem, was ihr *fremd* erscheint, das Glück.

Der Mensch denkt nicht dabei, daß die Veränderung zuerst Entwurzelung bedingt, und dann diesen Entwurzelten auf *fremden* Boden stellt, mit dem er noch nichts anzufangen weiß und deshalb sehr leicht große Fehler macht, die ungeahnte, schlimme Folgen bringen. Wer auf *Veränderungen* seine Hoffnung setzt, mit dem *Gegebenen* nichts Rechtes anzufangen weiß, dem fehlt das ernste Wollen wie das Können, er steht von vornherein auf dem schwankenden Boden eines Glücksritters!

Erkennt Euch selbst erst einmal richtig und verwendet das, was Gott Euch zur Benutzung bietet, nützt es in einer Art, daß es auch aufzublühen *fähig* ist, so *wird* und *muß* die Erde und die ganze Schöpfungsebene, welche dem Menschengeiste zur Betätigung belassen ist, zum *Paradiese* werden, wo nur Freude, Frieden wohnt; denn das Schöpfungsgesetz arbeitet mit der gleichen Sicherheit dann *für* Euch, wie es *jetzt* Eurem Tun entgegenwirken muß, und es ist unverrückbar, stärker als der Menschen Wille; denn es ruht in des Urlichtes Strahl!

Die Stunde ist nicht ferne mehr, in der die Menschen schon erkennen *müssen,* daß es gar nicht schwer sein wird, anders zu leben als bisher, in *Frieden* mit den Nebenmenschen auszukommen! Der Mensch wird sehend, weil ihm alle Möglichkeit zu seinem bisherigen *falschen* Tun und Denken von Gott nun genommen wird.

Dann muß er schamvoll anerkennen, wie lächerlich er in dem Hasten seines für das *eigentliche* Leben unwichtigen Treibens sich gebärdet hat, und wie *gefährlich* er dem ganzen Schöpfungsteile war, der ihm in Gnaden zur Benutzung und zu seiner Freude anvertraut gewesen ist.

## 45. SIEHE, WAS DIR NÜTZET!

Er wird den Nebenmenschen in der Zukunft nur zur *Freude* leben, wie auch diese ihm, und nicht neidvoll Verlangen tragen immer nur nach dem, was er noch nicht besitzt. Die Fähigkeit erwacht, die Schönheit seiner eigenen Umgebung zur herrlichsten Blüte zu entfalten, sie zu gestalten ganz nach seiner Art, sobald er diese in das große segensreiche Schwingen der einfachen Schöpfungsurgesetze stellt, die ich ihn mit der Botschaft lehren konnte durch die Liebe Gottes, welche diesmal strafend hilft, um die zu retten, die noch guten Wollens sind und demutsvoll im Geiste!

Wenn Ihr aufbauen wollt, so *kläret* zuerst *Euren Geist* und macht ihn stark und rein. *Klärt* ihn, daß heißt: laßt ihn zur Reife kommen! Die Schöpfung steht schon in der Zeit der *Ernte,* der Mensch als Kreatur mit ihr.

Er aber blieb darin zurück durch sein hartnäckig falsches Wollen, stellte sich selbst abseits alles lichtgewollten Schwingens und muß in dem nun schon *verstärkten* freudigeren Schöpfungskreisen davon ausgeschleudert werden, weil er sich mit seiner Unreife darin nicht halten kann.

Der Volksmund spricht ganz richtig von dem *abgeklärten* Geist! Ein reifer oder abgeklärter Mensch ist sehr leicht zu erkennen; denn er steht im Licht und meidet alles Dunkel. Er wird auch Frieden um sich auslösen durch seine Art.

Da gibt es kein Aufzischen mehr, sondern ruhige Sachlichkeit im großen Schwung freudigen Schaffens, oder kühle Strenge, die mit Freundlichkeit die Schwächen derer aufklärend beleuchtet, die noch nicht erstarkt sein können in dem Geiste, sondern noch der Gärung unterworfen sind, die Läuterung und Abklärung herbeizuführen hat, oder ... Verderben.

Aufzischen kann nur Dunkel, niemals Licht, das immer kühle Reinheit zeigt und friedvolle Besonnenheit in der bewußten Kraft des hohen Wissens.

Wo in dem Menschen also noch der Zorn *aufzischen* kann, dort sind noch Schwächen auszubrennen, ein solcher Geist kann auch noch Angriffen des Dunkels unterliegen oder ihm als Werkzeug dienen. Er ist nicht »abgeklärt«, noch nicht genug gereinigt.

So geht es Euch mit *allen* Schwächen, die Ihr an Euch traget und anscheinend gar nicht oder doch nur unter großen Schwierigkeiten lösen könnt.

In Wirklichkeit würde es nicht schwer sein, sobald Ihr Euch dazu verstehen könnt, endlich mit *dem* vernünftig umzugehen, was Euch Gott gegeben hat, *das richtig* anzuwenden, was Ihr schon in Händen haltet, und Euch einfügt in das Schwingen der Gesetze, deren Kenntnis Ihr durch meine Botschaft schon gewinnen konntet. Es ist dann kinderleicht in wahrstem Sinne.

Laßt ab davon, Euch vorwiegend mit Fragen zu beschäftigen, die über das Euch angewiesene Gebiet hinausgehen, und lernt erst gründlich alles *das* erkennen, was *in* Euch selbst und *um* Euch ist, dann kommt der Aufstieg ganz von selbst; denn Ihr werdet selbsttätig gehoben von den Auswirkungen Eures Tuns.

Seid *einfach* in dem Denken und dem Tun; denn in der Einfachheit liegt Größe und auch Stärke! Ihr gehet dadurch nicht zurück, sondern voran und füget einen *festen* Bau zu einem neuen Sein, in dem sich jeder Mensch zurechtfindet, weil er nicht mehr verworren und verwickelt ist, sondern in jeder Weise übersehbar, hell und klar, mit einem Wort: gesund, natürlich!

Entwickelt Euch als innerlich gerade, wahre *Menschen,* und Ihr habt damit sofort die innige Verbundenheit mit der gesamten Schöpfung, die Euch fördern wird in allem, was Ihr nötig habt und zu dem Aufstieg braucht. Auf keinem anderen Wege könnt Ihr das erreichen!

*Dann* strömt Euch alles zu in reicher Fülle, dessen Ihr bedürft und was Euch Freude macht und Frieden bringt, auf keinen Fall bevor, und wenn Ihr Euch auch noch so sehr darum bemühen würdet; denn nun ist die Zeit gekommen, da der Mensch auf Erden sich dem Gotteswort öffnen *muß,* was gleichbedeutend ist mit dem Sicheinfügen in die bestehenden, schöpfungserhaltenden und fördernden Gesetze des Heiligen Willens Gottes!

## ALLWEISHEIT

Ich führe Euch mit meinem Wort zu Gott zurück, von dem Ihr Euch entfremden ließet nach und nach durch alle jene, die ihr Menschenwissenwollen über Gottes Weisheit stellten.

Und die, die noch durchdrungen sind von der Gewißheit der Allweisheit Gottes, die sich demütig beugen wollen jener großen, liebevollen Führung, welche darin liegt durch Auswirkung der unumstößlichen Gesetze dieser Schöpfung, sie denken sich diese Allweisheit Gottes anders, als sie ist!

Sie stellen sich Gottweisheit viel zu *menschlich* vor und daher viel zu klein, in viel zu enge Grenzen eingepreßt! Mit bestem Wollen machen sie aus der Allweisheit nur ein irdisches *Allwissensollen*.

Aber all ihr gutes Denken ist dabei zu menschlich; sie begehen immer wieder diesen einen großen Fehler, daß sie unter Gott und göttlich einen *Höhepunkt* des *Menschlichen* sich vorzustellen suchen!

Sie kommen aus der Art des Menschlichen gar nicht heraus, sondern sie folgern aufsteigend nur von der eigenen Beschaffenheit gedacht, von dem *menschlichen* Boden ausgehend, vervollkommnet bis zu dem höchsten, idealsten Punkte einer gleichen Art. Bei ihrer Vorstellung von Gott verlassen sie trotz allem ihren eignen Boden nicht.

Auch wenn sie die Erwartung bis ins für sie ganz Unfaßbare zu steigern suchen, bleibt doch alles immer in dem einen Denkungsschacht und kann daher selbst im Erahnenwollen niemals auch nur einen Schatten des Begriffes wahrer Gottesgröße finden.

Nicht anders ist es beim Begriffe göttlicher Allweisheit! Bei Eurem kühnsten Denken macht Ihr daraus nur ein kleinliches und irdisches *Allwissen!*

## 46. ALLWEISHEIT

Ihr wähnt, daß göttliche Allweisheit Euer *Menschen*denken und Empfinden *»wissen«* soll. Dieser Begriff verlangt oder erwartet also von göttlicher Weisheit unbegrenztes Eingehen und Einstellen auf das persönlichste und kleinste Denken eines jeden einzelnen hier auf der Erde und in allen Welten! Ein Betreuen und Verstehen jedes kleinen Menschengeistes, und noch mehr: ein Sich-darum-Bekümmern!

*Solches Wissensollen ist nicht Weisheit!* Weisheit ist viel größer, weit darüber stehend.

In der Weisheit liegt *Vorsehung!*

Vorsehung jedoch ist nicht gleichbedeutend mit Vorausschauen der Führung, wie es die Menschen unter »weiser Vorsehung« so oft verstehen, das heißt, wie sie es denken. Auch hierin irren sie, weil sie in ihrem Menschendenken wiederum *von unten aus* für jede Größe eine *Steigerung* sich vorstellen all dessen, was sie selbst *als Menschen* in sich tragen!

Auch in der besten Einstellung weichen sie nicht von der Gewohnheit ab und denken nicht daran, daß Gott und Göttliches ihnen ganz *artfremd* ist und alles Denken darüber nur Irrtümer ergeben muß, wenn sie als Grundlage dazu die Menschenart verwenden!

Und darin ruht alles bisher Falsche, jeder Irrtum der Begriffe. Ganz ruhig kann man sagen, daß nicht einer der bisherigen Begriffe in dem Denken, Grübeln, Forschen darüber auch wirklich *recht* gewesen ist, sie haben sich in ihrer Menschenkleinlichkeit der eigentlichen Wahrheit niemals nahen können!

Vorsehung ist *göttliches* Wirken, sie liegt verankert in göttlicher Weisheit, der Allweisheit. Und die Allweisheit ist zur Tat geworden in den göttlichen Gesetzen dieser Schöpfung! Darin ruht sie, darin ruht auch die Vorsehung und wirkt sich aus den Menschen gegenüber.

Denkt Euch also nicht, daß die Allweisheit Gottes Euere Gedanken kennen soll und wissen, wie es Euch irdisch ergeht. Das Wirken Gottes ist ganz anders, größer und umfassender. Gott umspannt mit seinem Willen alles, erhält alles, fördert alles aus dem lebendigen Gesetz heraus, das jedem einzelnen *das* bringt, was er verdient, das heißt, was er sich wob.

Nicht einer kann dabei den Folgen seines Tuns entgehen, sei es nun übel oder gut! *Darin* zeigt sich Allweisheit Gottes, die verbunden ist mit der Gerechtigkeit und Liebe! In dieser Schöpfung Wirken ist *alles* für den Menschen weise vorgesehen! Auch daß *er* sich *richten* muß!

Was in dem Gottgerichte kommt, ist *Auslösung* der Urteile, die sich die Menschen selber fällen mußten nach dem Gottgesetz in weiser Vorsehung!

Nun spricht die Menschheit sonderbarerweise schon seit Jahren von der *Weltenwende,* welche kommen soll, und darin hat sie einmal ausnahmsweise recht. Aber die Wende ist schon da! Die Menschheit stehet mitten in dem weltumfassenden Geschehen, das sie noch erwartet, und merkt es nicht, weil sie *nicht will.*

Wie immer denkt sie es sich *anders,* und sie will nicht anerkennen, wie es *wirklich* ist. Dadurch versäumt sie aber für sich selbst die rechte Zeit eigenen Reifenkönnens und versagt. Versagt wie immer; denn noch niemals hat die Menschheit *das* erfüllt, was Gott von ihr erwarten kann, erwarten muß, wenn er sie länger noch in dieser Schöpfung lassen will.

In der Menschen Tun liegt eine derartige eigensinnige Beschränkung, die sich bei *jeder* Lichtbegebenheit immer in gleicher Weise wiederholt, liegt solch kindischer Eigensinn und lächerlicher Dünkel, daß nicht viel Hoffnung auf Errettungsmöglichkeiten bleibt.

Aus diesem Grunde wird die Schöpfung nun gereinigt von allem derartigen Übel. Der Allheilige Wille bringt die Reinigung im Ringschluß jeglicher Geschehen, alles Tuns!

Der Ringschluß wird herbeigezogen durch die Kraft des Lichtes, alles muß sich darin richten, muß sich läutern oder muß zugrunde gehen, sinken in die furchtbare Zersetzung.

Es ist natürlich, schöpfungsgesetzmäßig bedingt, daß alle üblen Eigenschaften jetzt zum Ende auch die stärksten Blüten treiben, ihre widerlichen Früchte bringen müssen, um sich dadurch an- und ineinander totzuleben!

Zum Siedepunkt muß alles kommen in der Kraft des Lichtes! Aus dem Brodeln aber kann diesmal nur die *gereifte* Menschheit wiederum emporsteigen, die fähig und auch willig ist, die neuen Offenbarungen aus Gott mit Dank und Jubel aufzunehmen und darnach zu leben, damit sie richtig wirkend durch die Schöpfung wandelt. –

Bei jeder Wende bot der Schöpfer den heranreifenden Menschengeistern neue, ihnen bis dahin noch unbekannte Offenbarungen, die zur Erweiterung des Wissens dienen sollten, damit ihr Geist durch weiteres Erkennen sich emporzuschwingen fähig werde in die lichten Höhen, welche sie einst unbewußt als Geistkeime verließen.

Es sind jedoch immer nur wenige gewesen, die aus dem Göttlichen herabkommende Schilderungen dankbar aufzunehmen willig sich erwiesen und dadurch an Wert und Geisteskraft so viel gewinnen konnten, wie es für die Menschen nötig war. Die Mehrzahl aller Menschen lehnte diese hohen Gottesgaben ab in ihrer sich andauernd steigernden Begrenzung geistigen Erfassens.

Die Zeiten solcher Weltenwenden hingen stets zusammen mit dem Zustande der jeweiligen Schöpfungsreife. Die Schöpfungsreife war in der Entwickelung nach dem Heiligen Gottgesetze immer ganz genau erfüllt, aber die *Menschen* in der Schöpfung stellten sich in ihrer Geistesträgheit so oft den Entwickelungen *hemmend* in den Weg!

Während der in Weltepochen eingeteilten Aussaat des fortschreitenden Erkennens alles Gotteswirkens in der Schöpfung für die Menschen haben diese sich fast jedesmal verschlossen.

Da sich die Menschen selbst zum Ausgangspunkte alles Seins erhoben, wollten sie nicht glauben, daß etwas bestand, was sie mit Erdensinnen nicht erfassen konnten. Darauf allein beschränkten sie ihr Wissen, und etwas anderes wollten sie deshalb auch nicht gelten lassen, sie, die kleinsten Ausläufer der Schöpfung, die am entferntesten vom wahren Sein und dem wirklichen Leben ihre Gnadenzeit des Reifendürfens im fortschreitenden Erkennen frevlerisch vergeuden.

Nun kommt eine neue, große Wende, die auch neues Wissen mit sich bringt! Von dieser Wende sprechen sie schon selbst, aber sie stellen sich dieselbe wieder nur als die Erfüllung eitler Menschenwünsche vor in einer selbstgedachten Art. Nicht etwa, daß *sie* Pflichten dabei hätten, nein, sie warten wieder nur darauf, daß ihnen von dem Licht Verbesserung der irdischen Bequemlichkeiten in den Schoß geworfen wird! *So soll die Wende sein;* denn weiter reicht ihr Denken nicht.

Das neue Wissenmüssen, das mit dieser Wende eng verbunden ist, um geistig aufsteigen zu können und damit auch endlich die Umgebung in den Stofflichkeiten umzuformen, interessiert sie nicht. Was bisher noch nicht war, lehnen sie in der Trägheit ihres Geistes einfach ab.

Die Menschen werden aber nun von Gott zur Aufnahme *gezwungen,* da sie sonst geistig nicht mehr aufwärts steigen können; denn sie *müssen* davon wissen! –

Es liegt im Wirken der Allweisheit, daß bei ganz bestimmter Schöpfungsreife den Menschengeistern immer wieder neue Offenbarungen gegeben werden von dem Wirken Gottes.

So wurden auch auf diese Erde einst vor Urzeiten bereits *Geschaffene* gesendet, nachdem die Geistkeime in ihrer langsamen Entwickelung die dazu ausgewählten Tierkörper zu Menschenkörperformen schon herangebildet hatten, was Hand in Hand ging mit dem Geistig-Sichbewußtwerden im Erdenkörper. Das war unsagbar lange Zeitläufe *vor* der bekannten Eiszeit dieser Erde!

Da ich von *Urgeschaffenen* schon kündete, müssen auch Nachgeschaffene oder Geschaffene vorhanden sein, weil ich noch von Entwickelten geredet habe, zu denen erst die Erdenmenschheit zählt.

Diese Geschaffenen, von denen ich bisher noch nicht gesprochen habe, bevölkern Schöpfungsebenen zwischen den Urgeschaffenen der Urschöpfung und den Entwickelten der Nachschöpfung.

In die heranreifenden Stämme der sich aus den Geistkeimen Entwickelnden kam in den Anfangszeiten hier und da auch einmal ein Geschaffener zur Inkarnierung, um führend die Verbindungen zu geben zu der jeweils nächsten Stufe in dem notwendigen Aufwärtsstreben alles Geistigen. Das waren *dort* die großen Wenden in der Anfangszeit.

Später erstanden die Propheten als Begnadete. *So* arbeitete die Alliebe von dem Lichte aus, um mit der Zeit der jeweiligen Schöpfungsreife durch immer neue Offenbarungen den Menschengeistern helfend beizustehen, bis zuletzt auch heilige Kunde wurde über Göttliches und dessen Wirken.

So kommt auch bei der jetzt wirkenden großen Weltenwende unbedingte Notwendigkeit der Erweiterung des Wissens.

Entweder muß der Menschengeist sich bis zum Wissen aufwärts schwingen oder er bleibt stehen, was gleichbedeutend für ihn mit einsetzendem Zerfalle ist in Unverwendbarkeit durch tatenlose Überreife eines stillstehenden Menschengeistes, der die in ihm sich aufstauende Lichtkraft nicht mehr richtig zu verwenden weiß. So wird ihm das, was *helfen* kann und helfen würde, zum Verderben, wie jede Energie, welche falsch angewendet ist.

*Gott* ist der Herr, *Er ganz allein,* und wer Ihn nicht in Demut anerkennen will, so, wie Er wirklich *ist,* nicht wie *Ihr* Ihn Euch *denkt,* der kann nicht auferstehen zu dem neuen Sein.

Ich durfte Euch das Bild entrollen von dem Weben in der Schöpfung, der Ihr angehört, damit Ihr sehend werdet und bewußt die Segnungen genießen und für Euer Wohl verwenden könnt, die für Euch in der Schöpfung liegen, damit sie in der Zukunft Euch nur aufwärtsfördernd *helfen* und nicht schmerzend strafen oder gar verwerfen müssen. Danket dem Herrn dafür, daß er in solcher Liebe Euerer gedenkt, daß ich Euch mit der Botschaft sagen durfte, was Euch hilft, und auch, was Euch gefährlich ist.

Ich zeigte Euch *die* Wege, die zur lichten Höhe führen. Nun *gehet* sie!

## DAS SCHWACHE GESCHLECHT

Wenn Ihr erkennen wollt, was alles falsch ist in den bisherigen Anschauungen, Sitten und Gebräuchen dieser Erdenmenschen, so kostet es Euch keine Mühe langen Suchens; denn Ihr braucht nichts anderes zu tun, als irgendeinen Ausdruck aufzufangen und ihn *gründlich* zu betrachten. Er wird falsch sein, weil schon die Grundlage zu allem Denken dieser Erdenmenschen vollständig verbogen ist. Auf falscher Grundlage aber kann nie das *rechte* Denken sich entwickeln, sondern es muß der Grundlage entsprechend ebenfalls falsch sein.

Nehmen wir heute einmal die allgemein verbreitete Bezeichnung für die Erdenweiblichkeit als das »schwache Geschlecht« heraus. Es wird kaum ein Mensch unter den Hörern sein, der diesen Ausdruck noch nicht gehört hat. Liebevoll wird er verwendet wie auch höhnend, gutmütig und auch ironisch, aber immer wird er ohne Überlegung aufgenommen als bestehend und gedankenlos oder doch ohne Prüfung beibehalten.

In Wirklichkeit jedoch ist die Weiblichkeit genau so stark wie die Männlichkeit der Erde, nur anderer Art.

In meinen Vorträgen erklärte ich schon oft, daß der *eigentliche Begriff* für Weiblichkeit und Männlichkeit von der *Art des Wirkens* in der Schöpfung ausgeht, daß also die Art der Betätigung grundlegend dafür ist und erst die Form bestimmt, die den Menschen auf Erden als weiblich oder männlich erkennen läßt.

Der Unterschied zeigt sich sofort, sobald die Menschengeistkeime ihre Ursprungsebene verlassen. Diejenigen, die der aktiven, also der gröberen Betätigung zuneigen, nehmen männliche Formen an, während sich um die, welche passiv, also zarter wirken wollen, weibliche Formen bilden. Es sind zwei verschiedene, aber gleichstarke Wirkungsarten, von einer schwächeren Art kann dabei gar keine Rede sein.

Diese zwei Arten geben auch die Deutung des lebendigen Kreuzes selbst, das in sich vollkommen ist! Der senkrechte Balken des Kreuzes ist das positive, also aktive Leben, der waagerechte, gleichstarke und gleichlange Balken ist das negative, also passive Leben. Beides trägt das lebendige Kreuz in sich!

Das Schöpfungskreuz, aus dem heraus und um das sich die ganze Schöpfung entwickelt, sagt und zeigt dasselbe. Der senkrecht gehende Balken ist das positive, aktive Wirken, und der waagerechte Balken das negative, passive Wirken.

Die Ältesten in der göttlichen Sphäre, welche gleichzeitig die Hüter des Heiligen Grales im göttlichen Teile der Gralsburg sind, zeigen in ihrer Ausstrahlung ebenfalls das gleichschenklige Kreuz. Es ist aber bei diesen nicht das lebende Kreuz selbst, das ihre Ausstrahlung bildet, sondern es läßt erkennen, daß diese Ältesten vollendete Geister sind in ihrer Art, und *beides* unverkürzt in harmonischem Wirken in sich tragen, das Aktive und das Passive.

In der Schöpfung jedoch ist das Aktive vom Passiven in seinen Wirkungen *getrennt*. Jeder Geist trägt entweder *nur* das Aktive oder *nur* das Passive in sich, wie es auch später mit den Geistsamenkörnern sich wiederholt.

Diese wirken entweder passiv oder aktiv *nebeneinander* und streben doch andauernd einander zu, da beide Arten nur im *gemeinsamen* Wirken etwas Vollendetes vollbringen können. Vollendet aber auch erst dann, wenn beide Arten *gleichstark* wirken und nach *einem* Ziele streben: dem Lichte zu!

Um das tun zu können, brauchen sie nicht in irdischer Ehe zusammen zu leben, brauchen überhaupt nicht grobstofflich eng zusammen zu sein, sie brauchen sich nicht einmal persönlich zu kennen. Nur das *Ziel* muß das eine sein: dem Lichte zu!

## 47. DAS SCHWACHE GESCHLECHT

Ich erwähne dies ausdrücklich, damit aus meinem Vortrag nicht etwa falsche Schlüsse gezogen werden; denn Ehen und überhaupt körperlich-grobstoffliche Annäherungen sind eine Sache ganz für sich, die mit dem Streben nach dem Lichte nicht bedingt zusammenhängen, aber, sind sie rein, es auch nicht hemmen.

Doch dieser Vortrag gilt vorerst dem irrtümlichen Ausdrucke: das schwächere Geschlecht. Ich darf dabei nicht zu weit abbiegen, sondern ich will zeigen, aus welcher Ursache heraus der Ausdruck einst erstehen und wie er sich andauernd halten konnte.

Das ist im Grunde nicht so schwer. Auch Ihr könnt es leicht erkennen, wenn Ihr Euch die Mühe nehmen wollt und alles scharf beleuchtend prüft, was Eure Nebenmenschen sprechen.

Ihr wißt, daß alle Weiblichkeit auf Erden Sehnsucht nach dem Lichte wachzuhalten hat als Hüterin der Flamme der erhaltenden und aufwärtsführenden Lichtsehnsucht.

Für diesen Zweck entwickelt sich in ihr auch zartere Empfindungsfähigkeit, weil sich in ihrem Drang nach zarterer Betätigung nicht so viel Geistig-Wesenhaftes von ihr löst wie bei der Männlichkeit, die sich der gröberen Betätigung zuneigt.

Damit ist jede Frau Empfängerin und Mittlerin von Strahlungen, welche die Männlichkeit nicht mehr aufnehmen kann. Die Weiblichkeit steht darin eine halbe Stufe höher, dem Lichte zugewendeter als jeder Mann. Vorausgesetzt natürlich, daß sie *richtig* steht und ihre Fähigkeiten nicht vergeudet oder selbst verbaut.

Daß die Frau dadurch über Feinheiten verfügt, die der Mann nicht mehr in sich trägt und auch bei der Art seiner Betätigung nicht in sich tragen kann, da sie ihn sonst von manchen groben Dingen abhalten würden, die doch sein müssen, das empfindet der Mann unbewußt. Er wird sich zwar nicht genau darüber klar, oder doch nur sehr selten, aber er empfindet darin einen Schatz, welcher *gehütet* werden will. Es drängt ihn dazu, diesen unsichtbaren Schatz in der Grobstofflichkeit zu *schützen,* weil er sich als der irdisch, also grobstofflich *Stärkere* fühlt.

Es gibt nur wenig Männer, die das nicht empfinden. Solche sind aber auf jeden Fall verroht und nicht als Männer im wahren Sinne zu rechnen.

Das unausgesprochene, weil nur unbewußt empfundene Bedürfnis zu schützen hat nun den Mann dazu gebracht, mit der Zeit in der Weiblichkeit irrtümlich das *schwächere* Geschlecht zu sehen, das seines Schutzes bedarf. Es entspringt diese Bezeichnung also nicht etwa einem üblen Wollen oder einer abfälligen Beurteilung, sondern nur einem Nichtwissen des wahren Grundes seiner eigenen Empfindungen.

Mit der in den falschen Denkungsweisen der Erdenmenschen und der immer stärker einsetzenden Begrenzung ihrer Begriffsvermögen für außerhalb der gröbsten Stofflichkeit liegende Dinge einsetzenden fortschreitenden Abstumpfung trat natürlich auch hierin eine immer niedriger werdende Deutung der Bezeichnung ein.

In Wirklichkeit ist der Mann nicht das *stärkere* Geschlecht, sondern nur das *gröbere,* also grobstofflichere und dadurch dichtere, die Weiblichkeit aber nicht das schwächere Geschlecht, sondern das *zartere,* gelockertere, was mit Schwächen nichts zu tun hat.

Der Mann ist infolge seiner größeren Aktivität grobstofflich stärker *verdichtet,* was aber kein Fehler ist, da er es zur Ausübung seines Wirkens in der Schöpfung nötig hat, um fester auf dem irdischen Boden zu stehen und unmittelbarer in und auf die dichte Grobstofflichkeit wirken zu können. So ist er fester mit der Erde verbunden und ihr mehr zugeneigt.

Der Zug der Frau jedoch geht mehr nach oben in das Feinere, Zartere, Undichtere. Sie ist darin das Menschengeistige ergänzend, haltend, hebend ... natürlich nur, wenn sie auf *ihrem* Posten steht, den ihr der Schöpfer zugewiesen hat.

Durch Beibehaltung einer ganz bestimmten Art vom höheren Wesenhaften in ihrem Körper ist dieser nicht so stark verdichtet, weil der grobstoffliche Körper von diesem Wesenhaften lockerhaltend durchdrungen bleibt.

Doch das ist wiederum weder ein Mangel noch eine Schwäche, sondern eine *Notwendigkeit* zur Aufnahme und Vermittelung von Strahlungen, deren Hilfe der Mann in seiner Tätigkeit nicht vermissen kann, und die er doch in seiner groben Art unmittelbar nicht aufzunehmen fähig ist.

Das alles erstreckt sich natürlich auch in einfachster Weise auf die grobstofflichsten Dinge mit. Nehmen wir einmal eine Geburt an. Der Mann würde allein *aus diesem Grunde* schon gar nicht die Möglichkeit bieten können, daß sich ihm eine Seele zu nahen vermöchte zum Zwecke einer Inkarnierung auf Erden, auch wenn die Organe dazu in seinem Körper vorhanden wären.

Ihm fehlt *die Brücke* für die Seele, die in dem zarten Wesenhaften gegeben ist, das die Weiblichkeit noch in sich trägt und das sich von der Männlichkeit in deren aktivem Wollen selbsttätig lösen mußte.

Es würde deshalb auch bei den dazu vorhandenen Organen immer nur der *Anfang* eines Erdenkörpers sich entwickeln können, weiter nichts, weil dann die Mitwirkung der neuen Seele fehlt, die sich nicht nähern kann, wenn die zartere Brücke des Wesenhaften nicht vorhanden ist. Auch bei manchen Frauen kann sich manchmal eine Seele wohl nähern, aber dann nicht halten, wenn diese Brücke schadhaft geworden ist, weil sich die Frau männliche Eigenschaften angeeignet hat, welche die zarte, wesenhafte Beigabe zur Weiblichkeit verdrängten. Die Seelen lösen sich dann wieder, bevor die Erdgeburt erfolgen kann.

Das alles greift viel weiter, als Ihr es Euch denken könnt. Auch die irdische Gesundheit Eurer Kinder ist bedingt, gehemmt oder gefördert durch die Lückenlosigkeit und Reinheit dieser höheren wesenhaften Brücke, die die Mutter bietet.

Nicht die Organe ganz allein sind Grund für Kinderlosigkeit oder dafür, daß viele Geburten nicht *so* vor sich gehen, wie es bei normalem Verlauf gehen sollte. Die Hauptursache bei den Schwierigkeiten, Krankheiten oder Schwächen liegt sehr oft nur in der Mangelhaftigkeit der Brücken, die die Seelen nötig haben für ein sicheres und kräftiges Beschreiten ihres Erdenweges.

Wie oft hat eine Frau in dummer Spielerei oder verdammenswerter Eitelkeit männliche Eigenschaften angenommen, die den höheren wesenhaften Teil, der ihr als Vorzug mitgegeben war, schwächen oder ganz verdrängen mußten. Die Folgen davon sind so vielerlei in Art und Form ihrer Gestaltungen, daß sich die Menschen oft den Kopf zerbrechen, wie so manches möglich ist.

Noch schlimmer aber als bei diesen grobstofflich noch sofort sichtbar werdenden Geschehen sind die Schäden in den Ebenen der feinen Grobstofflichkeit, die durch solches Versagen der Weiblichkeit herbeigeführt werden und sich dann auch auf Erden, wenn auch erst nach langen Zeiten, zeigen.

Vieles werdet Ihr davon noch hören können, wenn ich einst auf die Gebiete übergehe, und es wird Euch ein Entsetzen kommen vor der leichtfertigen Schuld der Weiblichkeit, die von den Männern noch gefördert und in frevlerischem Tun verstärkt wurde, weil sie ihnen sehr willkommen war!

Jahrzehnte hindurch werdet Ihr darüber noch erröten, weil diese Zeit des Tiefstandes wie eine ekelhafte Last noch lange in Erinnerungen auf Euch ruht.

Es sind dies für die Menschheit zur Zeit noch geheimnisvolle Vorgänge, deren Schleier ich noch lüften werde zu einer Zeit, in der die Menschen dazu herangereift sind, es auffassen zu können; denn auch ich wirke darin unbedingt gesetzmäßig. Die Menschheit kann *alles* von mir erfahren, aber ich öffne meinen Mund dazu immer nur dann, wenn sie durch innere Reife fähig zur Aufnahme geworden ist. Es wirkt sich dieser Vorgang aus wie das Herbeiführen einer öffnenden oder zündenden Verbindung, ganz selbsttätig. Deshalb wird die Menschheit von mir auch nur soviel erfahren, wie sie zu verarbeiten fähig ist, nicht mehr.

Das braucht ihr jedoch nicht immer bewußt zu sein; denn ich empfinde das *innere* Erwachen und Regewerden des Geistes, das weit verschieden ist von dem Tagbewußtsein des Verstandes. Und *das* ist für mich die Auslösung zu meinem Wort.

Deshalb gebe ich auch heute oft anscheinend schon viel mehr, als Ihr wirklich bewußt aufnehmen könnt. Euer Geist aber, zu dem ich spreche, nimmt es auf, ohne daß Ihr irdisch davon wißt. So sieht es aus, als ob ich vieles jetzt für spätere Zeiten schon gebe, während Euer *Geist* es aber bereits aufgenommen hat.

Nur das tagbewußte Verständnis kommt Euch später, vielleicht erst in Jahrzehnten, so daß Ihr es erst *dann* auch *irdisch* anzuwenden wissen werdet mit vollkommenem Verstehen.

Sobald Ihr geistig rüstig mit mir schreitet, kann ich Euch die ganze Schöpfung offenbaren. Es liegt immer nur an Euch, Ihr Menschen! Deshalb bleibet wach und rege in dem Geiste, daß ich Euch nichts vorenthalten muß!

Ich gebe gern und freudig, doch ich bin an das Gesetz gebunden, weil ich selbst nicht anders kann! Ich darf Euch geben nach dem Maße Eueres Empfangenkönnens und nicht mehr! Das haltet im Gedenken. Nützet deshalb die Zeit, solange ich bei Euch bin, damit Ihr nichts versäumt.

Hütet mein Wort und nützet es, es kann Euch *alles* geben!

## DIE ZERSTÖRTE BRÜCKE

Jammervoll ist es zu sehen, wie der Erdenmensch an seinem Rückgange und damit Untergange emsig wirkt im falschen Glauben, daß er damit aufwärts schreitet.

Der Erdenmensch! Es hängt am Namen dieser Kreatur ein bitterer Geschmack für alles in dem Gotteswillen Webende der Schöpfung, und es wäre für den Menschen scheinbar besser, wenn er nicht mehr ausgesprochen würde, da bei jedem Nennen dieses Namens gleichzeitig ein Unwille und Unbehagen durch die ganze Schöpfung zieht, was sich belastend auf die Erdenmenschheit legt; denn dieser Unwille, das Unbehagen ist lebende Anklage, die sich selbsttätig formt und aller Erdenmenschheit feindlich gegenübertreten muß.

So ist der Erdenmensch in seinem falschen Wirken, welches hemmend, störend, dauernd schädigend in dieser Schöpfung sich bemerkbar machte, heute endlich ein Geächteter geworden durch sich selbst in seinem lächerlichen Allesbesserwissenwollen. Er hat sein Ausgestoßenwerden starrsinnig herbeigezwungen, da er sich unfähig dazu machte, Gottesgnaden noch in Demut einfach zu *empfangen*.

Er wollte sich zum Schöpfer machen, zum Vollender, wollte sich das Wirken des Allmächtigen ganz seinem Erdenwillen untertänig zwingen.

Es gibt kein Wort, das solche dünkelhafte Anmaßung in ihrer grenzenlosen Dummheit recht bezeichnen könnte. Denkt Euch nur selbst einmal hinein in dieses kaum zu glaubende Gebaren, stellt Euch den Erdenmenschen vor, wie er sich wichtigtuend über das ihm bisher unbekannt gebliebene Getriebe dieses Wunderwerkes einer Gottesschöpfung stellen will, um es zu lenken, statt sich willig einzufügen als ein kleiner Teil davon ... Ihr werdet dann nicht wissen, ob Ihr lachen oder weinen sollt!

Eine Kröte, die vor einem hohen Felsen steht und ihm befehlen will, vor ihrem Schritt zu weichen, wirkt noch nicht so lächerlich wie der heutige Mensch im Größenwahne seinem Schöpfer gegenüber.

Ekelerregend muß die Vorstellung davon wirken auch für einen jeden Menschengeist, der im Gericht nun zum Erwachen kommt. Ein Grauen, Schaudern und Entsetzen wird ihn packen, wenn er plötzlich im Erkennen lichter Wahrheit alles *so* vor sich erblickt, wie es *tatsächlich* schon seit langem war, trotzdem er es bisher noch nicht in dieser Art bemerken konnte. Schamvoll flüchten möchte er dann bis ans Ende aller Welten.

Und der hüllende Schleier wird nun reißen, wird in grauen Fetzen hin und her jagend zerrieben, bis der Strahl des Lichtes voll einströmen kann in die vor Reue tief gequälten Seelen, die sich in neu erwachter Demut beugen wollen ihrem Herrn und Gott, den sie nicht mehr erkennen konnten in den Wirren, die der erdgebundene Verstand zu allen Zeiten seines unbeschränkten Herrschendürfens angerichtet hat.

Ihr müßt aber den Ekel vor der Erdenmenschen Tun und Denken erst *an* Euch und auch *in* Euch gründlich erleben, bevor Euch die Erlösung davon werden kann. Ihr müßt den Ekel *so* auskosten, wie die Erdenmenschheit diesen alle Lichtgesandten stets erleben ließ in ihrer lichtfeindlichen, häßlichen Verworfenheit. Nicht anders könnt Ihr zur Erlösung kommen!

Es ist die einzige lösende Wechselwirkung Eurer Schuld, die Ihr nun selbst durchleben *müßt,* weil sie Euch anders nicht vergeben werden kann.

Ihr tretet ein in dies Erleben schon in allernächster Zeit; je früher es Euch anrührt, desto leichter wird es für Euch werden. Möge es Euch gleichzeitig den Weg zur lichten Höhe schlagen.

Und wiederum wird dabei nun die Weiblichkeit *zuerst* die Schmach empfinden müssen, da ihr Niedergang sie nun sich diesen Dingen auszusetzen zwingt. Sie selbst hat sich auf eine Stufe leichtsinnig gestellt, die sie verrohter Männlichkeit nunmehr zu Füßen zwingt. Mit Zorn und mit Verachtung wird die Erdenmännlichkeit auflodernd nun herabblicken auf alle Frauen, welche nicht mehr *das* zu geben fähig sind, wozu sie von dem Schöpfer ausersehen waren, was der Mann so dringend nötig hat in seinem Wirken.

Es ist dies *Selbstachtung,* die jeden wahren Mann zum Mann erst macht! Selbstachtung, nicht Selbsteinbildung. Selbstachtung aber kann der Mann allein im Aufblick zu der *Frauenwürde* haben, die zu schützen ihm die Achtung vor sich selber gibt und auch erhält!

*Das* ist das große, bisher noch nicht ausgesprochene Geheimnis zwischen Frau und Mann, das ihn zu großen, reinen Taten hier auf Erden anzuspornen fähig ist, das alles Denken reinigend durchglüht und damit über das gesamte Erdensein heiligen Schimmer hoher Lichtsehnsucht verbreitet.

Das alles aber ist dem Mann genommen worden durch das Weib, welches den Lockungen Luzifers durch des Erdverstandes lächerliche Eitelkeiten schnell erlag. Mit dem Erwachen der Erkenntnis dieser großen Schuld wird nun der Mann die Weiblichkeit nur noch als *das* betrachten, was sie durch ihr Eigenwollen wirklich werden mußte.

Aber diese Schmach ist schmerzend wiederum nur starke Hilfe für *die* Frauenseelen, welche unter den gerechten Schlägen des Gerichtes noch erwachend und erkennend sehen, welchen ungeheuren Raub sie an dem Mann mit ihrer falschen Eitelkeit vollbrachten; denn sie werden alle Kraft aufbieten, um die Würde wieder zu erlangen, die ihnen damit verlorenging, welche sie selbst von sich geworfen haben wie wertloses Gut, das ihnen hinderlich auf dem gewählten Wege abwärts war.

Ihr wurdet Euch noch nicht ganz klar über die Wucht der schädigenden Folgen, die auf die gesamte Erdenmenschheit fallen mußte, als die Erdenweiblichkeit durch falsches Tun zum größten Teil die Brücken eifrig abzubrechen suchte, die sie mit den Lichtströmen verbanden.

Es sind die schädigenden Folgen *hundertfältig* und von vielerlei Gestalt, nach allen Seiten wirkend. Ihr braucht nur zu versuchen, Euch hineinzustellen in den Gang der unvermeidbaren, schöpfungsgesetzmäßigen Auswirkungen. Das Erkennen wird dann gar nicht schwer.

Denkt noch einmal an den einfachen Vorgang selbst, der in strenger Gesetzmäßigkeit sich vollzieht:

Sobald die Frau versucht, sich in ihrem Denken und Tun zu vermännlichen, so wirkt sich dieses Wollen schon entsprechend aus. Zuerst in allem, was von ihr mit Wesenhaftem eng verbunden ist, dann auch in der Feinstofflichkeit, sowie nach einer ganz bestimmten Zeit in der feineren Grobstofflichkeit.

Die Folge ist, daß bei den ihrer Aufgabe entgegenstehenden Versuchen positiven Wirkens alle feineren Bestandteile ihrer weiblichen Art als passiv seiend zurückgedrängt werden und zuletzt sich von ihr lösen, weil diese durch die Nichtbetätigung an Stärke nach und nach verlierend durch die gleiche Grundart von dem Weibe abgezogen werden.

Dadurch ist dann die Brücke abgebrochen, die das Erdenweib befähigt, in seiner passiven Art höhere Strahlungen aufzunehmen und diese der gröberen Stofflichkeit zu vermitteln, in die es durch seinen Körper in einer ganz bestimmten Stärke verankert ist.

Es ist dies aber auch *die* Brücke, welche eine Seele zu der Erdeninkarnierung in den grobstofflichen Körper braucht. Fehlt diese Brücke, so ist jeder Seele ein Eintreten in den werdenden Körper unmöglich gemacht; denn sie vermag die Kluft nicht selbst zu überschreiten, die dadurch entstehen mußte.

Ist diese Brücke aber nur teilweise abgebrochen, was von der Art und Stärke der gewollten Vermännlichung in der Betätigung eines Weibes abhängt, so können sich trotzdem Seelen inkarnieren, die in gleicher Art ebenfalls weder ganz männlich noch ganz weiblich sind, also unschöne, unharmonische Mischungen bilden, die später alle möglichen unstillbaren Sehnsüchte bergen, sich in ihrem Erdensein dauernd unverstanden fühlen und dadurch sich und ihrer Umgebung zur beständigen Unruhe und Unzufriedenheit leben.

Es wäre solchen Seelen wie auch deren späterer irdischer Umgebung besser, wenn sie keine Gelegenheit zu einer Inkarnierung gefunden haben würden; denn sie laden sich dadurch nur Schuld auf und werden niemals etwas ablösen, weil sie in Wirklichkeit nicht auf die Erde gehören.

Die Gelegenheit und Möglichkeit zu derartigen von der Schöpfung, also von dem Gotteswillen ungewollten Inkarnierungen geben nur *die* Frauen, die in ihrer Launenhaftigkeit und ihrer lächerlichen Eitelkeit, sowie der entwürdigenden Sucht zu einer Scheingeltung einer gewissen Vermännlichung zuneigen. Gleichviel, welcher Art diese ist.

Zarte, *echt weibliche* Seelen kommen durch solche unweibliche Frauen niemals zur Inkarnierung, und so wird nach und nach das weibliche Geschlecht auf Erden vollständig vergiftet, weil sich diese Verschrobenheit immer mehr ausgebreitet hat und immer neue derartige Seelen anzieht, die weder ganz Weib noch ganz Mann sein können und damit Unechtes, Disharmonisches auf der Erde verbreiten.

Glücklicherweise haben die weisen Schöpfungsgesetze auch in solchen Dingen selbst eine scharfe Grenze gezogen; denn mit einer derartigen gewaltsam durch falsches Wollen erzwungenen Verschiebung erstehen zuerst schwere oder frühe Geburten, anfällige, nervöse Kinder mit Zerrissenheit der Empfindungen, und zuletzt tritt dann nach einer ganz bestimmten Zeit die Unfruchtbarkeit ein, so daß ein Volk, das seine Weiblichkeit der für sie unpassenden Vermännlichung zustreben läßt, zum langsamen Aussterben verurteilt ist.

Das geschieht natürlich nicht von heute auf morgen, so daß es den jeweilig lebenden Menschen schroff auffällig wird, sondern es muß auch ein solches Geschehen den Weg der Entwickelung gehen. Aber wenn auch langsam, so doch sicher! Und es bedarf schon des Verwischtwerdens einiger Generationen, bevor die Folgen eines solchen Übels der Weiblichkeit aufgehalten oder gutgemacht werden können, um damit ein Volk aus dem Niedergang wieder zur Gesundung zu bringen und vor dem gänzlichen Aussterben zu retten.

Es ist unverrückbares Gesetz, daß dort, wo die Größe und Stärke der beiden Balken des Schöpfungskreuzes nicht in vollkommener Harmonie und Reinheit zu schwingen vermögen, also das positiv Männliche wie das negativ Weibliche nicht gleichstark und unverbogen bleibt, und damit auch das gleichschenklige Kreuz verbogen wird, der Niedergang und zuletzt auch der Untergang zu folgen hat, damit die Schöpfung wieder frei von derartigen Widersinnigkeiten wird.

Kein Volk kann deshalb Aufstieg haben oder glücklich sein, das nicht die echte, unverfälschte Weiblichkeit aufweist, in deren Gefolgschaft allein sich auch die echte Männlichkeit entwickeln kann und muß.

Tausenderlei sind die Dinge, die die echte Weiblichkeit in dieser Art verderben. Deshalb zeigen sich auch alle Folgen davon ganz verschieden, mehr oder weniger scharf in ihren schädigenden Auswirkungen. Aber zeigen werden sie sich stets, auf jeden Fall!

Ich will hier noch nicht sprechen von den leichtfertigen Nachahmungen übler Angewohnheiten der Männer durch die Frauen, zu denen wohl in erster Linie das Rauchen zählt; denn das ist eine Seuche ganz für sich, die ein Verbrechen an der Menschheit bildet, wie ein Mensch es sich vorläufig kaum zu denken wagt.

Bei näherem Erkennen der Gesetze in der Schöpfung wird die ungerechtfertigte und gedankenlose Anmaßung des Rauchers, auch im Freien seinem Laster noch zu frönen, wodurch das für jede Kreatur zugänglich bleibensollende Gottesgeschenk der frischen, aufbauenden Luft vergiftet wird, sehr bald verschwinden, namentlich wenn er erfahren muß, daß diese Unsitte die Herde für so manche Krankheit bildet, unter deren Geißel die heutige Menschheit seufzt.

Ganz abgesehen von den Rauchern selbst, hemmt das Einatmenmüssen solchen Tabakrauches bei den Säuglingen und Kindern die normale Entwickelung mancher Organe, namentlich die notwendige Festigung und Kräftigung der Leber, die für jeden Menschen ganz besonders wichtig ist, weil sie bei *rechter* und gesunder Tätigkeit den Krankheitsherd des Krebses verhindern kann, als sicherstes und bestes Mittel zur Bekämpfung dieser Seuche.

Das Weib von heute hat sich in den meisten Fällen einen falschen Weg gewählt. Sein Streben geht nach der *Ent*weiblichung, sei es im Sport, in Ausschweifungen oder in Zerstreuungen, am meisten in der Anteil-

## 48. DIE ZERSTÖRTE BRÜCKE

nahme an den *positiven Wirkungskreisen,* die der Männlichkeit zukommen und verbleiben müssen, wenn es wahren Aufstieg geben soll und Frieden.

Es hat sich damit grundlegend auf Erden alles schon verschoben, ist aus dem Gleichgewicht gekommen. Auch die immer stärker anwachsenden Streitigkeiten sowie Mißerfolge sind nur von den eigensinnigen *Vermischungen* des von der Schöpfung nur als *reinbleibend* bedingten positiven wie des negativen Wirkens unter allen Erdenmenschen abzuleiten, was den Niedergang und Untergang in dem dadurch herbeigezwungenen Wirrwarr zur Folge haben muß.

Wie töricht seid Ihr Menschen doch, daß Ihr die Einfachheit der Gottgesetze nicht erkennen lernen wollt, die in der unbedingten Folgerichtigkeit leicht zu beachten sind.

Wohl habt Ihr weise Sprüche, die Ihr gerne hören laßt. Allein der eine Satz schon sagt Euch viel: »Kleine Ursachen, große Wirkungen!« Doch Ihr befolgt sie nicht. Ihr denkt gar nicht daran, bei allem, was um Euch geschieht, was Euch bedroht, bedrängt, bedrückt, zuerst einmal die kleine Ursache zu suchen, um *diese* zu vermeiden, damit die großen Wirkungen nicht erst entstehen können.

Das ist Euch viel zu einfach! Deshalb wollt Ihr lieber nur den schweren Auswirkungen erst zu Leibe gehen, wenn irgend möglich mit viel Lärm, damit die Tat auch voll bewertet wird und Euch irdischen Ruhm einbringt!

Ihr werdet aber damit *nie* den Sieg erreichen, auch wenn Ihr noch so sehr dazu gerüstet zu sein glaubt, wenn Ihr Euch nicht bequemt, in aller Einfachheit *die Ursachen* zu suchen, um in Vermeidung aller Ursachen die schweren Folgen auch für immerdar zu bannen!

Und wiederum könnt Ihr die Ursachen nicht finden, wenn Ihr es nicht lernt, in Demut Gottes Gnaden zu erkennen, der Euch alles in der Schöpfung gab, was Euch bewahren kann vor jedem Leid.

Solange Euch die Demut fehlt, um Gottes Gnaden dankbar zu empfangen, so bleibet Ihr verstrickt in Euer falsches Tun und Denken bis zum letzten Sturz, der Euch in ewige Verdammnis führen muß. Und dieser letzte Zeitpunkt liegt vor Euch! Mit einem Fuß steht Ihr schon in der Pforte. Der nächste Schritt wird Euch in bodenlose Tiefe stürzen lassen.

Bedenkt das wohl, reißt Euch zurück und lasset hinter Euch das fade, form- und wärmelose Erdensein, das Ihr bisher zu führen vorgezogen habt. Werdet endlich *die* Menschen, die der Wille Gottes in der Schöpfung für die Zukunft weiterhin noch dulden will. Ihr kämpfet dabei *für Euch selbst,* denn Euer Gott, welcher in Gnaden die Erfüllung Eures Dranges nach bewußtem Sein in dieser Schöpfung Euch gewährte, braucht Euch nicht! Des bleibet eingedenk zu aller Zeit und danket Ihm mit jedem Atemzuge, den Ihr machen dürft in Seiner unsagbaren Liebe!

## DIE HÜTERIN DER FLAMME

Undankbar und verständnislos, ja vorwurfsvoll stehen die Menschen oft der größten Hilfe aus dem Lichte gegenüber.

Betrübend ist es anzusehen, wenn selbst Gutwollende sich in diesen Dingen jammervoll gebärden oder in der unerfüllten Hoffnung falscher Erdenwünsche zweifelnd sich vom Lichte wenden, das gerade in der Nichterfüllung sehr oft Rettung und Gewinn gewährt.

Aber trotzend wie die eigensinnigsten Kinder schließen sich die Menschen ab von dem Erkennen der allweisen Liebe und schaden sich damit in *solchem* Maße, daß sie oft nie wieder aufwärts steigen können und verlorengehen als ein unbrauchbares Samenkorn in dieser Schöpfung.

Das kleinste aller Übel, was sie sich damit auf ihren Wanderungen auferlegen, sind mannigfache in der Wechselwirkung sich anschließende Erdinkarnierungen, welche Jahrhunderte, vielleicht Jahrtausende in Anspruch nehmen und die Aufstiegsmöglichkeit des Geistes immer wieder neu verzögern, neues Leid erstehen lassen, andauernd neue Ketten von unnötigen Verstrickungen ergeben, welche alle unerläßlich bis zum letzten, feinsten Stäubchen zur Auslösung kommen müssen, bevor der Geist sich heben kann aus dem durch Eigensinn geschaffenen Gewirr.

Wäre das Licht nach *Menschenart,* ermüdet würde es die Schöpfung fallen lassen; denn es gehört wahrlich unglaubliche Geduld dazu, so widerlichen, dummen Starrsinn ausleben zu lassen, damit die daraus noch emporstrebenden Gutwollenden ihre Rettungsmöglichkeiten nicht verlieren und nicht untergehen müssen in dem Strudel einer selbstgeschaffenen Vernichtung derer, die sich nicht mehr ändern wollen.

Doch selbst von den Gutwollenden kommt nur ein kleiner Teil zu wirklicher Errettung, da noch viele vorher schwachwerdend verzagen und manchmal auch denken, daß sie falsche Wege eingeschlagen haben, weil so vieles gegen sie sich stellt und Ärger, Verdruß, Leiden mit sich bringt vom Augenblicke des Gutwollens an, während sie vorher nicht so viel davon bemerkten.

Mit dem Entschluß zu dem Aufstiege im festen Wollen zu dem Guten setzt für manche zuerst eine Zeit ein, die sie im Erlebenlassen ihres bisher falschen Denkens oder Tuns abschleifen will, umformen für das Rechte! Je auffallender sich das zeigt, desto begnadeter ist solch ein Mensch und desto stärker schon die Hilfe aus dem Licht.

Es ist die schon beginnende Errettung, die Loslösung vom Dunkel, das ihn dabei anscheinend *fester* noch umklammert hält. Aber die festere und härtere Umklammerung erscheint nur so, weil der Geist schon erwachend und erstarkend *fortstrebt* von dem Dunkel, das ihn hält.

Nur das *Hochstreben des Geistes* läßt den Griff des Dunkels schmerzhafter erscheinen, weil der Griff bis dahin nicht so fühlbar werden konnte, solange sich der Geist freiwillig einfügte oder einschmiegte in diese Umklammerung. Er bot ja vorher keinen Gegendruck, sondern gab, ohne sich zu sträuben, immer nach.

Erst mit dem Sicherhebenwollen muß die Hemmung durch das Dunkel fühlbar werden und einschneiden in den aufstrebenden Geist, bis er sich zuletzt mit Gewalt *losreißt,* um frei zu werden von den ihn zurückhaltenden Banden. Daß dieses Losreißen nicht immer ohne Schmerzen vor sich gehen kann, liegt schon im Worte selbst; denn ein *Losreißen* ist mit Sanftmut nicht zu machen. Zu geruhigem *Loslösen* aber verbleibt keine Zeit. Dazu ist diese Erde bereits viel zu tief gesunken und das Weltgericht in voller Enderfüllung.

Das alles überlegt sich der Mensch nicht. So mancher denkt, daß sein Entschluß nicht richtig sein kann, weil er vorher solche Hemmungen gar nicht empfand und sich vielleicht dabei sogar behaglich fühlen konnte. So läßt er sich in solchem falschen Denken wieder sinken in die Faust des Dunkels. Damit stemmt er sich nicht mehr dagegen und empfindet deshalb die Umklammerung nicht mehr als Gegnerschaft. Er wird hinabgezogen, ohne es noch schmerzhaft zu empfinden, bis er von dem Rufe des Gerichtes aufgerüttelt wird, dem er sich nicht verschließen kann, doch dann ... ist es für ihn zu spät.

Er wird nur aufgerüttelt zum entsetzlichen Erkennen seines Sturzes in die bodenlose Tiefe der endgiltigen Zersetzung, des Verworfenseins. Und damit setzen dann die Qualen ein, die nie mehr nachlassen, sondern sich steigern müssen bis zum grauenvollen Ende des Sich-selbst-bewußt-sein-Dürfens, also Menschseinkönnens, das die Seligkeit für alle Ewigkeit ihm hätte bringen können.

Bedenkt, Ihr Menschen, daß Ihr tief im Dunkel eingebettet seid, daß Ihr Euch selber darin eingebettet habt! Wenn Ihr Euch retten wollt, müßt Ihr Euch losringen davon, und dazu zeiget Euch mein Wort den Weg, gibt Euch die Möglichkeit im Wissen und die Kraft, Eure Befreiung und Erlösung durchzuführen!

Sobald Ihr Euch entschlossen habt, dem Sturz des Dunkels zu entrinnen, das Euch fest umklammernd mit in alle Tiefen reißt, kommt mit diesem Entschlusse schon ein Strahl des Lichtes und der Kraft blitzartig Euch zur Hilfe.

Ihr knüpftet unzählige Knoten in die Fäden Eueres Geschickes durch das bisherige falsche Denken mit dem Euch so herabziehenden Tun. Ihr hattet aber in der Faust des Dunkels bisher gar nicht mehr an sie gedacht, konntet sie auch nicht sehen noch empfinden, weil sie *über* Euch noch liegen, Euren Weg und Euere Verbindung zu den lichten Höhen sperrend.

Bei dem Emporstreben jedoch findet Ihr sie auf Eurem Wege selbstverständlich alle wieder, und Ihr müßt sie lösen, einen nach dem anderen, damit der Weg Euch frei wird zu dem Aufstiege.

Das dünkt Euch dann als Mißgeschick und Leid, als Seelenschmerz, wenn es sich um die Knoten Eurer Eitelkeiten handelt, und so vieles mehr. In Wirklichkeit aber ist es die einzig mögliche Befreiung und Errettung, die ja doch nicht anders sein kann, da Ihr selbst den Weg Euch vorher schon derart bereitet hattet und ihn nun zurückzugehen habt, wenn Ihr wieder zur Höhe kommen wollt.

*So* ist der Weg zu Euerer Befreiung und Erlösung, *so* der Weg zum Aufstieg in die lichten Höhen! Anders kann er gar nicht sein. Und da Ihr Euch im Dunkel jetzt befindet, ist es selbstverständlich, daß sich alles in *dem* Augenblicke hemmend Euch entgegenstellt, da Ihr in Euerem Entschlusse aufwärts in das Licht wollt!

Ihr braucht ein wenig nur zu denken, um die Richtigkeit des Vorgangs zu verstehen und auch selbst darauf zu kommen!

Sehr viele aber denken, daß im Augenblicke ihres Wollens zu dem Aufstiege auch alles schon in Sonne und in Freude vor ihnen sich zeigen muß, daß ihnen alles ohne Kampf gelingen soll, der Weg sofort geebnet wird, und sogar süße Früchte als Belohnung schon im Anfang ohne Mühe in den Schoß sich legen.

Und wenn es dann ganz anders ist, so werden sie in ihrem Wollen schnell ermüden, lassen ab davon und sinken faul zurück in ihre alte Bahn, wenn sie nicht gar noch feindlich sich erweisen gegen den, der ihnen den Weg zeigte, welcher zur Befreiung führt, und ihnen damit ihrer Meinung nach nur Unruhe bereitete.

*So* ist die Mehrzahl dieser Erdenmenschen! Dumm und faul, anmaßend, fordernd und noch Lohn und Dank erheischend, wenn sie es *erlauben,* daß ihnen der Weg *geboten* wird, der sie herausführt aus dem Sumpfe, in dem sie träge sich herumwälzen, um zuletzt darin zu versinken.

Ihr aber, die Ihr ehrlich für Euch kämpfen wollt, vergesset nie, daß Ihr im *Dunkel* Euch befindet, worin ein gutes Wollen sofort angegriffen wird. Auch Euere Umgebung wird schnell Anrechte geltend zu machen suchen, wenn Ihr Euch erkühnt, Euch aus ihr loszulösen. Auch wenn sich vorher niemals jemand darum kümmerte, was Eure Seele wollte, niemand darauf achtete, ob sie schon dem Verhungern und Verdursten nahe war, wenn niemand Euch zu laben willig sich erwies … im Augenblicke, da Ihr Euren Fuß auf den einzigen, wahren Weg zu der Erlösung Euer selbst zu setzen wagt, *da* melden sie sich plötzlich schnell, damit Ihr nicht von ihnen geht.

Angeblich sind sie dann besorgt um Euer Seelenheil, trotzdem sie

Euch schon mehr als einen Beweis dafür lieferten, daß ihnen Eure Seele *und* auch Euer Erdensein wirklich ganz gleichgiltig gewesen ist!

Es ist so auffallend, daß es schon lächerlich erscheint, wenn man das oft beobachtet, und deutlich zeigt, daß alle diese lieben irdisch Anverwandten oder sonstigen Bekannten nichts anderes als blinde Werkzeuge des Dunkels sind, dessen Drängen sie gehorchen, ohne sich dessen bewußt zu sein. Hört Ihr dann nicht auf sie, so zeigen sie in ihrem Tun, daß es tatsächlich *nicht* Besorgnis um Euch war, die sie dazu veranlaßte; denn wirkliche Besorgnis müßte Nächstenliebe bergen. Liebe aber zeigt sich nicht darin, wenn sie Euch ärgern durch gehässige Bemerkungen oder hämische Reden über Euch, wenn sie Euch gar zu schaden suchen in irgendwelcher Art.

Es schlägt auch deutlich und schnell Haß empor, den alles Dunkel gegen Lichtstrebendes hegt! Beobachtet und lernt das Dunkel *daran* nun erkennen. Gerade *daran* seht Ihr auch, daß Ihr den *rechten* Weg erwählet; denn das Dunkel *muß* sich *offenbaren* in der Art, die ihm, *nur* ihm zu eigen ist!

Ihr lernet leicht zu unterscheiden! Und über Euch hinweg richtet sich dann zuletzt der eigentliche Haß des Dunkels und auch von dessen Sklaven gegen den, der das Wort den Menschen zur Erlösung bietet!

Achtet darauf! Denn so erkennt Ihr nun sofort alle bereits in dem Gericht verworfenen Trabanten Luzifers.

Wendet Euch ab von diesen und versucht nicht mehr, auch denen mit dem Wort zu helfen; denn es soll ihnen nicht mehr geboten sein! Ihr müßt sie nunmehr *ausscheiden* davon, wenn Ihr nicht selbst Schaden erleiden wollt durch unbesonnenes Entgegenkommen.

Eure Liebe gilt dem *Licht* und allen, die dem Lichte zustreben in reinem, demutsvollem Wollen, nicht aber denen, die aus dieser Schöpfung ausgestoßen werden müssen, weil sie schädlich sind.

Vor allem ist der Ruf noch einmal an die *Weiblichkeit* gerichtet! Die Weiblichkeit in ihrem feineren Empfinden hat die Fähigkeit, mit untrüglicher Sicherheit zu unterscheiden, was zum Licht gehört und wo

## 49. DIE HÜTERIN DER FLAMME

noch Hoffnung dazu ist, und was dem Dunkel unrettbar verfallen bleibt und mit diesem zugrunde gehen muß.

Dazu muß aber diese Weiblichkeit erst selbst gereinigt sein und sich erheben aus dem Sumpf, in den sie die gesamte Menschheit leichtsinnig hineingeleitet hat! Und auch erst dann, wenn Eitelkeit von ihr gefallen ist, wird sie vermögen, wieder *richtig* zu empfinden.

Die Weiblichkeit aller Entwickelten hat sich *zu* willig verlocken lassen, herabzusteigen von der Stufe, welche ihr der Schöpfer gnädig zugewiesen hat, und statt des Gottessegens das Verderben zu verbreiten, alles Edle zu verbiegen, was sie aufrecht und auch ungetrübt *erhalten* sollte.

Frauenwürde riß sie in den Staub! Ihr ganzes Sinnen und ihr Trachten war der niedrigsten Berechnung unterjocht, und aller Liebreiz ihres Wesens, der ihr von dem Schöpfer zum Geschenk gegeben war, um damit Sehnsucht nach der Schönheit lichter Höhen in den Seelen wachzuhalten und den Drang zum Schutze alles Reinen zu entfachen, dieser an sich hoheitsvolle Liebreiz wurde von der Erdenweiblichkeit hohnvoll in tiefen Kot gezerrt, um sündhaft nur für *Erdenziele* ausgenutzt zu werden!

Noch nie ist eine Kreatur der Schöpfung je so tief gesunken, wie das Weib der Erde es getan!

Es trifft die Wechselwirkung nun in Kraft des Lichtes mit der ungehemmten Wucht ein jedes Weib, das nicht erwachen will zu reinem, hohem Tun, das ihm der Schöpfer einst in Gnaden in die Hand gelegt und es auch dazu ausgerüstet hat!

Es ist die Weiblichkeit, die Frau, welche der Schöpfer einst zur Hüterin der Flamme Heiliger Lichtsehnsucht auserkor in allen seinen Schöpfungen und dazu mit der Befähigung feinsten Empfindens ausgestattet hat! Sie ist erstanden, um die Strahlungen des Lichtes ohne Hemmung aufzunehmen und in reinster Art weiterzuleiten an den Mann wie an die jeweils sie umringende Umgebung.

Aus diesem Grunde übt sie Einfluß aus, gleichviel, wohin sie kommt. Sie ist dazu in ihrer Art begnadet. Und diese Gnadengabe hat sie zu dem Gegenteil verwendet.

Den Einfluß, den ihr Gott geschenkt, übt sie zu der Erreichung eigensüchtiger und oft verdammenswerter Ziele aus, anstatt ihre Umgebung zu erheben, die Lichtsehnsucht lebendig zu erhalten in den Seelen während ihrer Wanderungen durch die dichten Ebenen, die der Entwickelung zu dienen haben und dem Reifen der geistigen Höhe zu!

Sie sollte damit Halt und Stütze sein den Wandernden, Erhebung, Stärkung bieten durch ihr Sein und die Verbindung offen halten zu dem Licht, dem Urquell alles Lebens!

Sie hätte diese Erde schon zu einem Paradiese in der Grobstofflichkeit formen können, freudig schwingend in dem reinsten Willen des Allmächtigen!

Die Hüterin der Flamme Heiliger Lichtsehnsucht aber hat versagt, wie bisher niemals eine Kreatur versagte, weil sie ausgerüstet war mit Gaben, deren Besitz sie niemals hätte stürzen lassen dürfen! Und sie hat einen ganzen Weltenteil mit sich hinabgerissen in den Sumpf des Dunkels!

Weit ist der Weg, und groß die Anstrengung, die nun *das* Weib noch vor sich hat, das in der Zukunft mitzuwirken sich ersehnt. Doch wiederum wird ihr die Gnade der erhöhten Kraft zuteil, so sie nur ehrlich will! Sie denke es sich aber nicht so leicht. Die hohe Auszeichnung, nun wieder Hüterin der Lichtsehnsucht werden zu dürfen, sie in der Stofflichkeit lebendig zu erhalten durch die Reinheit ihrer Frauenwürde, *will errungen sein* in andauerndem Wachsein und in unerschütterlicher Treue!

Wach auf, Weib dieser Erde! Werde wieder rein und treu in Deinem Denken, Deinem Tun, und halte Dein gesamtes Wollen in der Heiligkeit des Gotteswillens fest verankert!

## SCHÖPFUNGSÜBERSICHT

So mancher Leser hat sich noch kein klares Bild gemacht von den Abstufungen zwischen den Urgeschaffenen, Geschaffenen und Entwickelten. In manchen Vorstellungen darüber sieht es noch stark verwirrt aus. Und doch ist alles ganz einfach.

Die Verwirrung entsteht nur deshalb, weil der Mensch die Ausdrücke etwas durcheinander wirbelt und die scharfen Grenzen dabei zu wenig beachtet.

Deshalb ist es das beste, wenn er sich die *bisher* erklärte Schöpfung in ihren Abstufungen einfach wie folgt vorstellt:

       1. Der urgeistige Teil
       2. Der geistige Teil
       3. Der stoffliche Teil.

Es kann dafür auch gesagt werden:

       1. Die Urschöpfung
       2. Die Schöpfung
       3. Die Nachschöpfung.

Dabei ergibt sich der Gedanke ganz von selbst, daß in der Urschöpfung die Urgeschaffenen sich befinden, in der Schöpfung die Geschaffenen und in der Nachschöpfung die Entwickelten.

Das ist an sich nicht falsch bezeichnet, wenn man die ganze Schöpfung nur in großen Zügen nennen will, bei näherem Eingehen aber muß die Trennung schärfer sein und noch erweitert werden, wenn es auch an den Grundausdrücken nichts verändert.

## 50. SCHÖPFUNGSÜBERSICHT

Es treten bei genaueren Erklärungen noch viele Zwischenstufen auf, die nicht umgangen werden können, um ein lückenloses Bild zu geben.

Einen wesenhaften Teil zu nennen, will ich einmal heute weglassen, weil Wesenhaftes ja in allen Teilen sowieso vorhanden ist, nur befindet sich zwischen dem geistigen Teile und dem stofflichen Teile noch eine große *Schicht* Wesenhaftes von *besonderer* Art, die aber nicht als ein Schöpfungsteil für sich betrachtet zu werden braucht; denn diese Schicht ist in ihrem Wirken in erster Linie zur Bewegung, damit zur Erwärmung und zur Formung der Stofflichkeiten da und bildet deshalb keinen abgeschlossenen Schöpfungsteil für sich.

Als Schöpfungs*teil* braucht diese wesenhafte Schicht nicht genannt zu werden, wohl aber als eine Schöpfungs*art*, die als treibend und formend zum stofflichen Schöpfungsteile gehört.

Ich spreche absichtlich von den Grundlagen der *bisher* erklärten Schöpfung; denn ich bin noch lange nicht fertig damit und muß mit der Zeit alles bisher Gesagte noch viel weiter auseinanderziehen, wie ich es nach und nach schon immer tat. Dabei macht es sich nötig, neue Einteilungen zwischen das bisher Erklärte einzuschieben, damit Euren Blick erweiternd. Alles auf einmal zu sagen, würde für den Menschengeist zu viel gewesen sein.

Er wird auch in dieser von mir zubereiteten Art noch alle Kraft aufwenden müssen, um einigermaßen ein Wissen davon sich zu eigen machen zu können.

Sprechen wir heute einmal nicht von Urschöpfung, Schöpfung und Nachschöpfung, sondern einfach grundlegend von dem urgeistigen, dem geistigen und dem stofflichen Teile. Dann kann der Mensch es nicht mehr so leicht durcheinanderbringen.

Ich selbst *mußte* jedoch *alle* dafür möglichen Bezeichnungen erwähnen, damit diese zu schärferen Trennungen der Abstufungen verwendet werden können.

Sie sollen nach und nach immer klarer und bestimmter in das Menschenwissen eindringen und dürfen trotz der Vielseitigkeit keine Verwirrung mehr anrichten.

Als Erstes und Stärkstes in der Schöpfung kommt also der *urgeistige* Schöpfungsteil. Dieser besteht aus *zwei* Grundabteilungen. Die oberste, höchste Abteilung des urgeistigen Reiches trägt die eigentlichen *Ur*geschaffenen, welche sofort *vollreif* aus den Ausstrahlungen Parzivals erstanden und keiner Entwickelung bedurften. Diese Abteilung reicht bis zu Vasitha, deren Wirken an der Grenze abwärts ist*.

Die zweite Abteilung birgt Entwickelte in dem Urgeistigen. Deshalb sind dort auch zum ersten Male Kinder zu finden, die in der obersten Abteilung nicht auftreten; denn Kinder können nur dort sein, wo eine Entwickelung vor sich geht.

Beide Abteilungen haben aber gemeinsam das *Urgeistige*. Doch nur die *obere* Abteilung kann im rechten Sinne *Urschöpfung* genannt werden, und die darin befindlichen Urgeistigen können als eigentliche Urgeschaffene gelten!

Damit ziehe ich die Schöpfung etwas auseinander, zu besserem Verstehen für den Menschengeist der Nachschöpfung.

Wir können also nicht eigentlich von einer Urschöpfung sprechen, die bis Patmos herabreicht, so, wie wir es bisher der größeren Einfachheit halber getan haben, sondern, genauer genommen, müssen wir hier schon von einer obersten in Vollreife erstandenen *Urschöpfung* und einer darauffolgenden entwickelten urgeistigen Schöpfung reden, während beide Abteilungen zusammen das *urgeistige Reich* oder den urgeistigen Schöpfungsteil bilden.

Urgeistig oder *das urgeistige Reich* ist also die große Sammelbezeichnung des obersten Teiles der Schöpfung, als Schöpfungs*art* gedacht, während die Bezeichnung Urschöpfung in schärferem Sinne aber nur auf den höchsten Teil davon zutrifft.

Wenn wir nun weiter in das Schöpfungswissen eindringen wollen, so dürfen wir also nicht mehr wie bisher urgeistig und Urschöpfung als *einen* Begriff nehmen.

Wohl ist die Urschöpfung urgeistig, aber es gibt in dem Urgeistigen

---

* Vortrag: »Die urgeistigen Ebenen V«.

auch noch eine Welt der Entwickelung, die unter der eigentlichen Urschöpfung sich befindet und mit dieser verbunden zusammen das urgeistige Reich ergibt, in dem also urgeistige Urgeschaffene sind, die sofort ohne Übergang vollreif sein konnten, als die Stärksten und Machtvollsten, und dann folgend urgeistige Entwickelte, die ihr Sein als Kind beginnen müssen.

Die erste Abteilung, die Urschöpfung, umfaßt drei Hauptstufen oder Ebenen, die zweite Abteilung des urgeistigen Reiches vier, zusammen also *sieben* Grundstufen, die sich wiederum in viele Abzweigungen teilen.

Nach diesem so viele Abteilungen umfassenden urgeistigen Reiche folgt das große *geistige* Reich.

Das Geistige ist nicht etwa eine schwächere Art aus dem Urgeistigen, sondern eine dem Urgeistigen *fremde* Art, die jedoch an sich schwächer ist und deshalb einer größeren Entfernung von dem Urlichte bedarf, um sich formen zu können und zum Teil bewußt zu werden.

Es senkt sich deshalb weiter hinab, um entfernter von dem Licht ein Reich bilden zu können, aber es hat keinen Teil an dem Urgeistigen, sondern besteht für sich.

Es ist alles leicht und selbstverständlich und doch schwer zu sagen, um die Menschengeister in ein Wissen einzuführen, welches über ihrem Ursprung liegt.

Und doch müßt Ihr den Zusammenhang alles Geschehens nun erfassen, um nicht als ein unwissendes Anhängsel im Kreisen dieser Schöpfung mit herumzuschlenkern gleich mißtönenden Schellen eines Kreisels, weil Ihr es nicht fertigbringt, gläubigen Kindern gleich zu folgen.

Das Wort »Werdet wie die Kinder!« wollt Ihr nicht erfüllen, und so bleibt für Eure Rettung als die letzte aller Hilfen nur der eine Weg: das *Wissen* von der Schöpfung!

Ihr müßt davon wenigstens soweit Kenntnis haben, daß Ihr Euch einzufügen fähig seid in das gesetzmäßige Schwingen, das Euch hebend mitführt oder Euch verderbend weit hinausschleudert als Spreu in die Zersetzung.

## 50. SCHÖPFUNGSÜBERSICHT

Das Schwingen ist zur Zeit verstärkt zum Zweck der großen Reinigung und wird getragen von der Allmacht Gottes! Unwiderstehlich zwingt es deshalb jede Kreatur, harmonisch mitzuschwingen oder zu vergehen in dem wilden Schmerz maßlosester Verzweiflung, welche als Folge des störrischen Eigensinnes in der Hoffnungslosigkeit ersteht, die jedes Enderkennen eines falschen Weges mit der Aussichtslosigkeit zur Umkehr mit sich bringen wird. Aus diesem Grunde sucht Euch Wissen von der Wahrheit anzueignen, das Euch Halt gewährt und ohne Umwege zum Ziele führt.

Daß Ihr in meiner Botschaft auch das Wort der Wahrheit wirklich habt, könnt Ihr sofort erkennen, wenn Ihr wachend um Euch blickt; denn Euer ganzes bisheriges Erdenleben, sowie das Neuerleben jedes Augenblickes im Äußeren und Inneren wird Euch vollständig klar, sobald Ihr es von meiner Botschaft aus beleuchtet und betrachtet.

Nicht eine Frage bleibt Euch dabei ungelöst; großes Verstehen geht in Euch auf für das bis jetzt geheimnisvolle Walten eherner Gesetze in der Schöpfung, die Euch mit den Auswirkungen Eures Wollens führen, und als Krönung Eurer Mühe kommt das wundervolle Ahnen einer Weisheit, einer Allmacht, einer Liebe und Gerechtigkeit, welche nur *Gottes* sein kann, dessen Sein Ihr damit findet!

Doch kehren wir zurück zur Schöpfung.

An das urgeistige Reich schließt sich also weitergehend das *geistige* Reich. Geistig als eine *andere* Art zu denken, nicht etwa als ein schwächerer Rest des Urgeistigen.

Auch in dem Geistigen erstehen nach Überschreitung der zur Formungsmöglichkeit des Geistigen notwendigen Grenze einer bestimmten Entfernung vom Licht sofort ohne Entwickelungs-Übergang vollreife Geister, die *Geschaffene* zu nennen sind, zum Unterschied von den Urgeschaffenen im Urgeistigen.

Die Geschaffenen sind also die Stärksten und Machtvollsten im Geistigen, wie die Urgeschaffenen es sind im Urgeistigen, das schon vorher sich bilden konnte.

Und wie vordem in dem Urgeistigen, so gibt es auch im Geistigen eine zweite Abteilung, die einer Entwickelung bedarf, wo sich deshalb auch Kinder befinden neben den durch die Entwickelung Gereiften. Die zwei Abteilungen bilden zusammen den geistigen Schöpfungsteil.

Diesem geistigen Teile schließt sich dann noch ein großer Ring ganz besonderer wesenhafter Arten an, der den stofflichen Teil umschließt, auf ihn einwirkt, ihn durchzieht, bewegt, dadurch Erwärmung bringt und Formung.

Der stoffliche Schöpfungsteil hat dann wiederum zwei Abteilungen. Der erste Teil, die Feinstofflichkeit, formt sich sofort unter der Einwirkung des Wesenhaften, da er leicht zu durchdringen ist. Der zweite Teil, die Grobstofflichkeit, muß infolge größerer Dichtheit mit Hilfe der Wesenhaften erst einen Entwickelungsgang durchlaufen. Natürlich fallen auch diese zwei Grundabteilungen in viele Nebenteile.

Jede Abteilung der Schöpfungsarten spaltet sich in viele Ebenen, von denen jede einzelne wieder so vielgestaltig ist, daß sie allein wie eine große Welt für sich erscheint.

Ich werde Euch davon jedoch nur *das* genau erklären, was innerhalb der Grenzen Eures Menschengeistes sich befindet! Das ist bereits so groß, daß Euer Geist sich ganz besonders regen muß, andauernd, ohne Unterbrechung, um hier auf Erden einen *Teil* nur richtig zu erfassen. Der Teil aber bringt Euch so weit, daß Ihr nicht leicht verlorengehen könnt.

Nur mit dem wahren *Wissen* könnt Ihr Euch noch aus dem Sumpfe des Verstandesdünkels mühselig herausarbeiten; denn zu *Kindern* könnt Ihr jetzt im Geiste nicht mehr werden. Um Euch sorglos kindlich vertrauend hoher Führung widerspruchslos hinzugeben, dazu fehlt Euch heute alles; denn die falschgeleitete und überspannte Regsamkeit Eures irdischen Verstandes läßt dies nicht mehr zu!

So bleibt Euch nur der *eine* Weg zur Rettung: *der Weg des wahren Wissens,* der vom Glauben zu der Überzeugung führt!

Und daß Ihr diesen gehen könnt, *dazu* will ich Euch helfen mit der Botschaft, die ich gab. Doch müht Euch, dieses Wissen in Euch aufzunehmen und lebendig zu erhalten, so daß Ihr es nie mehr verlieren könnt, sondern es mit Euch geht auf allen Euren Wegen!

Und dabei wird sich dann das Wort bewahrheiten, das schon seit alten Zeiten her im Volksmunde lebendig blieb:

»Je mehr der Mensch in wahrem Wissen vorzudringen fähig wird, desto erkennbarer wird ihm dabei die Tatsache, daß er in Wirklichkeit ... nichts weiß!«

Mit anderen Worten ausgedrückt:

»Der wirklich Wissende wird in sich klein vor jener Größe, deren Spuren er in seinem Wissendwerden findet! Das heißt, er wird demütig und verliert den Dünkel, der den Menschengeist gefangen hält, wird frei und steigt empor.«

Versucht Euch heute einzuprägen, was ich zwar in meinen Vorträgen schon sagte, wovon Ihr Euch aber doch nicht das rechte Bild geformt zu haben scheint, wenigstens noch nicht alle, daß nach den Urgeschaffenen des urgeistigen Reiches in der Abstufung nicht gleich die Geschaffenen kommen, sondern erst noch die entwickelten Urgeistigen im unteren Teile des urgeistigen Reiches eine große Zwischenstufe bilden.

Dann erst kommen als Oberste in dem geistigen Reiche die Geschaffenen, die nicht urgeistig, sondern geistig sind, als eine ganz andere Art, denen sich dann wiederum entwickelte Geistige anschließen.

Von dort aus sind wir aber immer noch weit, sehr weit von den Stofflichkeiten entfernt, vor denen der Ring der besonderen Art wesenhafter Kräfte schwingt, die ich später erst eingehender besprechen will, da sie sehr eng mit Euch verbunden wirken und Ihr ohne deren Hilfe gar nicht in der Stofflichkeit verbleiben könntet.

Ohne diese Hilfen wäre auch Eure Entwickelung unmöglich. Ihr würdet Geistkeime verbleiben müssen mit dem brennenden Verlangen, sich bewußt werden zu können durch die Gnade Gottes, des Alleinigen, Allmächtigen!

Ihr aber dankt den stets Hilfsbereiten aus dem wesenhaften Ringe um die Stofflichkeiten deren notwendiges Wirken schnöde mit der krankhaften Behauptung, daß sie in das Reich der Sagen und Legenden fallen müssen, weil Ihr Euch die Fähigkeit verstopftet, sie zu sehen und zu hören.

Ihr habt so oft spöttisch gelächelt, wenn davon gesprochen worden ist, und ahnt ja nicht, wie lächerlich *Ihr selbst* dabei Euch machtet und wie abstoßend Ihr wirken mußtet auf die für Euch dringend notwendigen Helfer!

Viel habt Ihr darin gutzumachen und viel nachzuholen, um die Sprossen in der Leiter zum Emporklimmen des Geistes wieder auszubessern, die Ihr leichtsinnig und dünkelhaft zerbrochen habt. Doch ohne sie könnt Ihr nicht aufwärtsschreiten! Der Fuß des Geistes *braucht* den Halt und kann nicht eine dieser Sprossen überspringen.

Bei diesen kurzen Ausführungen habe ich die an Größe alle vereinigten Schöpfungsringe weit übertreffende Sphäre in der unmittelbaren Gottausstrahlung, die wir die göttliche Sphäre nannten, gar nicht erwähnt. Ich werde wahrscheinlich auch nie mehr darauf zurückkommen, da der Mensch zu weit davon entfernt ist und immer entfernt bleiben wird. Meine bisherigen Schilderungen darüber brauchte er nur, um wenigstens einmal ein zusammenhängendes Bild von dem Ursprung alles Seins aus abwärtsgehend sich formen zu können.

Lernet, Ihr Menschen, es ist hohe Zeit!

# SEELE

Viele Menschen, welche meine Botschaft sehr gut aufgenommen haben, sind trotzdem noch nicht ganz klar über den Ausdruck »Seele«! Aber es ist erforderlich, daß Klarheit auch darüber herrscht.

Gerade über Seele hat die Menschheit immer viel zuviel geredet und dadurch ein Alltagsbild geformt, welches in seiner Oberflächlichkeit zu einem Allgemeinbegriff geworden ist, der gar nichts in sich trägt.

Wie ein verwaschenes und abgegriffenes Gemälde steigt es vor den Menschen auf, wenn das Wort Seele fällt. Verblaßt und inhaltslos zieht es an ihnen dabei still vorüber. Es kann dem einzelnen nichts sagen, weil es zu viel gebraucht wurde.

Gerade deshalb aber, weil es nichts mehr sagen kann, nahmen *die* Menschen gern Besitz davon, die in nichtssagender Beredsamkeit ihr Scheinlicht leuchten lassen wollen auf Gebieten, die menschlichem Wissen nicht erschlossen werden konnten, weil sich der heutige Mensch davor verschlossen hält.

Auch *die* Menschen gehören mit zu ihnen, welche vorgeben, sich ernsthaft damit zu befassen. Sie halten sich dafür verschlossen durch ihr falsches Suchenwollen, das kein Suchen ist, weil sie mit vorgefaßten, viel zu eng begrenzten Meinungen an eine solche Arbeit gehen, die sie in die Auffassung des erdgebundenen Verstandes pressen wollen, der niemals die Möglichkeit erhalten kann, von sich aus etwas davon aufzunehmen.

Gebt einem weitsichtigen Auge eine Lupe, die für Kurzsichtigkeit zugeschliffen ist ... Ihr werdet sehen, daß das Auge nichts damit erkennen kann.

## 51. SEELE

Nicht anders geht es diesen Suchenden bei ihrer Tätigkeit, die sie von irrtümlichen Grundsätzen ausgehend zu erfüllen suchen. Wenn dabei überhaupt einmal etwas gefunden werden kann, so wird es nur verwischt erscheinen und entstellt, auf jeden Fall nicht so, wie es den Tatsachen entspricht.

Und in das anscheinend getrübte und durch nicht zureichende Hilfsmittel immer nur verzerrt erscheinende Unbekannte stieß man auch den Ausdruck »Seele« mit hinein, aber gab es so, als ob ein festes Wissen dafür vorläge.

Das wagte man, weil sich ein jeder sagte, daß ja doch niemand vorhanden sei, der die Behauptung widerlegen könnte.

Das hat sich alles aber so fest eingewurzelt, daß nun niemand davon lassen will, weil sich das haltlose und unbegrenzte Bild beim Worte Seele immer wieder zeigt.

Der Mensch denkt dabei sicherlich, daß, wenn man ein Bild möglichst vielumfassend läßt, man nicht so leicht darin fehlgehen kann, als wenn die Grenze fest gezogen wird.

Das Vielumfassende ist aber auch gleichzeitig nichts Bestimmtes sagend, unübersichtlich, wenn nicht haltlos und verschwommen, wie in diesem Falle. Es gibt Euch nichts, weil es selbst nicht das Rechte ist.

Aus diesem Grunde will ich noch einmal in klaren Worten ausdrükken, was *Seele* wirklich *ist,* damit Ihr endlich ganz klar darin seht und nicht so haltlos weiterhin noch Ausdrücke verwendet, deren wahren Sinn Ihr gar nicht kennt.

Daß man so viel von Seele sprach, liegt auch mit daran, daß der *Geist* des Menschen sich nicht genug regte, um zu zeigen, daß er *auch* vorhanden ist.

Daß man nur immer von der Seele sprach und unter Geist mit Vorliebe an ein Produkt des erdgebundenen Verstandes dachte, war eigentlich das beste und sprechendste Zeugnis für den wirklichen, traurigen Zustand aller Menschen in der Jetztzeit!

Die Seele galt als das Innerste, und weiter ging es nicht, weil ja der Geist tatsächlich schläft oder doch viel zu schwach und träge ist, um sich als solcher bemerkbar machen zu können. Deshalb spielte er mit anscheinendem Recht die Nebenrolle. Er, der Geist, der eigentlich doch *alles* ist und auch das einzige, was in dem Menschen wirklich *lebt,* oder besser gesagt, der leben *sollte,* aber leider schläft.

Daß der Geist mit einer Nebenrolle sich begnügen mußte, geht ganz deutlich aus vielen bekannten Bezeichnungen hervor. Unter »Geister« versteht man zum Beispiel in erster Linie Gespenster, man sagt, sie »geistern« herum.

Überall, wo im Volksmunde der Ausdruck »Geist« verwendet wird, ist immer etwas dabei, das entweder nicht willkommen ist und gemieden werden möchte, oder das etwas bedenklich ist, nicht ganz sauber oder gar bösartig, kurz, was in untergeordneter Art und Weise sich zeigt und auswirkt. Es sei denn, der Ausdruck »Geist« wird mit dem Verstande in Zusammenhang gebracht.

In diesen Fällen, wenn der Ausdruck mit dem Verstande zusammenhängend gebracht wird, liegt sogar eine Art Achtung darin. *So* arg verbogen ist das Wissenwollen auf diesen Gebieten. Ihr braucht Euch ja nur die beiden Ausdrücke einmal nach heutigen Begriffen deutend denken:

*Durchgeistet* und *beseelt!*

Unwillkürlich werdet Ihr nach alter Gewohnheit auch hierbei den Ausdruck »durchgeistet« mehr dem irdischen, kälteren Wirken näher stellen, und zwar der männlichen Tätigkeit, namentlich dem Verstandeswissen, und den Ausdruck »beseelt« mehr weiblich, wärmer empfinden, gehobener, gleichzeitig aber auch verschwommener, nicht in Worte zu binden, weniger irdisch seiend. Mit anderen Worten also: verinnerlichter, aber unbestimmt, also ohne feste Grenzen, unirdischer seiend.

Versucht es nur, Ihr werdet die Bestätigung in Euch schon finden!

Das sind die Früchte der bisherigen so falschen Anschauungen der Menschen, die falsche Begriffe bringen mußten, weil man dem *Geist* ja die Verbindung mit der Geistesheimat abgeschnitten hatte und damit auch von den Kraftzufuhren aus dem Licht!

Er mußte verkümmern und auch in Vergessenheit geraten, weil er auf der Erde in den Körpern eingemauert blieb, und damit mußten sich auch selbstverständlich dementsprechend alle Anschauungen ändern.

Ein Mensch, der für sein ganzes Leben in Gefangenschaft verschwindet, wird von der Öffentlichkeit bald vergessen, während alle, welche nicht mit ihm unmittelbar einmal zusammenlebten, überhaupt nichts von ihm wissen.

Nicht anders ist es mit dem Geiste während der Zeit seiner Gefangenschaft auf Erden!

Durch die Botschaft aber wißt Ihr schon, daß dieser Geist *allein* den Menschen zu dem Menschen macht, daß der Mensch nur durch ihn zum Menschen werden kann!

Das wieder gibt Euch den Beweis, daß alle Erdenkreaturen heute, die den Geist gefangenhalten, von dem Lichte aus auch nicht als Menschen angesehen werden können!

Das Tier hat nichts vom Geist, deshalb kann es auch nie zum Menschen werden. Und der Mensch, der seinen Geist vergräbt und ihn nicht wirken läßt, gerade das, was ihn zum Menschen macht, der ist in Wirklichkeit kein Mensch!

Hier kommen wir zu einer Tatsache, die noch zu wenig beachtet worden ist: Ich sage, daß der Geist den Menschen dazu stempelt, ihn zum Menschen macht. In dem Ausdrucke »zum Menschen *machen*« liegt der Hinweis, daß der Geist *nur* in seinem *Wirken* die Kreatur zum Menschen bildet!

Es genügt also nicht, den Geist in sich zu tragen, um Mensch zu sein, sondern Mensch wird eine Kreatur erst dann, wenn sie den Geist *als solchen* in sich *wirken* läßt!

Das nehmt als Grundlage für Euer Erdensein! Das macht zum Grundbegriffe für das zukünftige Leben auf der Erde hier! Außerhalb der groben Stofflichkeit zeigt es sich dann von selbst, sobald Ihr Euren Erdenkörper nicht mehr tragt.

Wer aber seinen Geist in sich als solchen *wirken* läßt, der wird auch niemals wieder Dunkel neu erstehen lassen können, ebensowenig würde er sich einfangen lassen von dem Dunkel.

Ihr habt erkennen dürfen und müßt auch das Ende sehen, wohin alles führt, wenn der Geist in den Menschen nicht zum Wirken kommen kann, weil er geknebelt ist und ferngehalten wird von jeder Kraftzufuhr aus Gottes Allheiligem Licht!

Wie von dem Lichte aus nur *der* als Mensch betrachtet wird, der den Geist in sich wirken läßt, so soll es auch auf dieser Erde werden! *Das ist die Grundlage zum Aufstieg und zum Frieden!*

Denn wer den Geist in sich zum Wirken kommen läßt, kann *nur* den Weg zum Lichte gehen, was ihn immer mehr veredelt und erhebt, so daß er zuletzt Segen um sich breitet, wohin er auch kommt.

Nun will ich nochmals sagen, was die Seele ist, damit Ihr alle alten Anschauungen fallen laßt und in der Zukunft einen festen Halt darinnen habt.

Das beste ist, wenn Ihr Euch zuerst sagt, daß *Geist* den Menschen vor den grobstofflichen Kreaturen auf der Erde zu dem *Menschen* macht.

Wir können aber ebensogut und mit Recht erklären, daß der *Geist* der eigentliche *Mensch* selbst *ist,* der sich in verschiedenen Hüllen vom Keime bis zur Vollendung entwickeln muß, weil er den Drang dazu stets in sich trägt.

Der äußerste Punkt seiner Entwickelung, der, als vom Lichte am weitesten entfernt, auch *der* Punkt ist, wo der Geist unter dem Drucke der schwersten, dichtesten Hülle sein eigenes Wollen in größter Stärke entfalten muß und damit auch zum Glühen kommen kann und soll, um dann wieder emporsteigen zu können, näher zum Licht, ist in Ephesus die Grobstofflichkeit dieser Erde.

Dadurch wird der Erdenaufenthalt zum *Wendepunkte* aller Wanderungen! Er ist also ganz besonders wichtig.

Und gerade auf der Erde wurde nun der Geist durch falsches Wollen unter dem Einflusse des anschleichenden Dunkels von den Menschen selbst gefesselt und vermauert, so daß er an der Stelle, da er zum höchsten Erglühen durch regste, stärkste Tätigkeit kommen sollte, von vornherein zur Untätigkeit gezwungen war, was das Versagen der Menschheit nach sich zog.

Und deshalb ist an diesem für den Menschengeist so wichtigen Wendepunkte auch die Tätigkeit des Dunkels am regsten, deshalb wird der Kampf *hier* ausgefochten, dessen Ende die völlige Niederlage und Vernichtung des Dunkels bringen muß, wenn der Erdenmenschheit überhaupt noch einmal geholfen werden soll, damit sie nicht ganz verlorengehe. –

Die Tätigkeit des Dunkels war also hier auf der Erde stets am regsten, weil sich hier der Wendepunkt der Wanderung des Menschengeistes bildet, und weil zweitens gerade hier das Dunkel am ehesten einzugreifen fähig wurde, da hier der Mensch am weitesten von dem Ausgangspunkte der helfenden Kraft des Lichtes entfernt ist und deshalb leichter zugänglich für andere Einflüsse werden kann.

Trotzdem ist dies keine Entschuldigung für den fallenden Menschengeist; denn dieser brauchte nur in ehrlichem Gebete zu *wollen,* um eine reine Verbindung mit der Lichtkraft sofort zu erhalten. Außerdem ist ihm gerade auch der grobstoffliche Körper durch seine Dichte ein besonderer Schutz gegen Einwirkungen anderer Art als solche, die er selbst durch Wünschen herbeizuziehen sucht.

Doch dies ist Euch ja alles durch die Botschaft schon bekannt, wenn Ihr es darin finden *wollt.*

Denkt Euch also den *Geist* als eigentliche Menschenart, welcher als Kern die vielen Hüllen trägt, zum Zwecke der Entwickelung und Entfaltung eigener Stärke, die bis zur höchsten Belastungsprobe durch den grobstofflichen Körper sich steigern muß, um zur sieghaften Vollendung kommen zu können.

Diese immer mehr ansteigenden Belastungsproben sind aber gleichzeitig wechselwirkend auch die fördernden Entwickelungsstufen, die Erde dabei die äußerste Wendefläche.

Sagen wir also ruhig, *der Geist ist der eigentliche Mensch,* alles andere sind nur Hüllen, durch deren Tragen er erstarkt und in dem sich damit steigernden Sichregenmüssen er immer mehr erglüht.

Die Glut, in die der Geist dadurch versetzt wird, erlischt nicht, wenn er die Hüllen dann ablegt, sondern sie führt den Geist emporhebend hinauf in das geistige Reich.

Denn gerade in dem Sichregenmüssen unter der Last seiner Hüllen wird er zuletzt so stark, daß er den stärkeren Druck im Reich des Geistes bewußtbleibend ertragen kann, was er als Geistkeim nicht vermochte.

Das ist der Gang seiner Entwickelung, die um des Geistes willen vor sich ging. Die Hüllen selbst sind dabei nur als Mittel zum Zweck zu betrachten.

Deshalb ändert sich auch nichts, wenn der Erdenmensch den grobstofflichen Körper ablegt. Es ist dann noch derselbe Mensch, nur ohne grobstoffliche Hülle, bei der auch die sogenannte Astralschale verbleibt, die zur Bildung des grobstofflichen Erdenkörpers nötig war und die aus der mittleren Grobstofflichkeit stammt.

Sobald der schwere Erdenkörper mit dem Astralkörper abgefallen ist, bleibt der Geist nur noch mit den zarteren Hüllen bekleidet. In *diesem Zustande* nennt man dann den Geist »*die Seele*«, zum Unterschiede von dem Erdenmenschen in Fleisch und Blut!

Im weiteren Emporsteigen legt dann der Mensch auch nach und nach noch alle Hüllen ab, bis er zuletzt nur noch den Geistkörper behält, mit einer geistigen Umhüllung, und so als Geist ohne Umhüllung anderer Wesensarten eingeht in das Reich des Geistigen.

Das ist ein selbstverständliches Geschehen, da ihn dann keine fremde Hülle mehr zurückzuhalten fähig ist und er deshalb naturgemäß emporgehoben werden *muß* durch seine Art der eigenen Beschaffenheit.

*Das* ist also der Unterschied, der Euch sehr oft im Verstehenwollen Schwierigkeiten macht, weil Ihr nicht Klarheit hattet und die Vorstellung davon deshalb verschwommen blieb.

In Wirklichkeit kommt bei dem Menschen überhaupt nur *Geist* in Frage. Alle anderen Bezeichnungen richten sich lediglich nach dessen Hüllen, die er trägt.

Der Geist ist alles, ist das *Eigentliche,* also der Mensch. Trägt er mit anderen Hüllen auch die Erdenhülle, so heißt er Erdenmensch, legt er die Erdenhülle ab, so ist er von den Erdenmenschen als Seele gedacht, legt er auch die zarten Hüllen noch ab, so bleibt er der Geist ganz allein, der er schon immer war in seiner Art.

## 51. SEELE

Die verschiedenen Bezeichnungen richten sich also lediglich nach der Art der Hüllen, welche selbst nichts sein könnten ohne den Geist, der sie durchglüht.

Bei den Tieren ist es etwas anderes; denn diese haben in sich etwas Wesenhaftes *als Seele,* dessen Art die Menschen *nicht* besitzen!

Vielleicht sind *dadurch* so viele Irrungen entstanden, daß die Menschen denken, die Tiere haben *auch* eine Seele, die sie handeln läßt. Aus diesem Grunde müßten bei dem Menschen, der noch Geist dazu hat, Geist und Seele etwas Getrenntes sein und vielleicht sogar getrennt wirken können.

Das ist aber *falsch,* denn von der Art der Tierseele hat der Mensch nichts in sich. Bei dem Menschen durchglüht der Geist allein alle Hüllen, sogar dann noch, wenn er vermauert und gebunden ist. Bei Fesselung des Geistes durch den Verstand wird die belebende Wärme des Geistes in falsche Bahnen gelenkt, die der unverbildete Geist selbst nie wählen würde, wenn ihm freie Hand gelassen ist.

Aber über alle Verbogenheiten und Fehler der Menschen gibt die *Botschaft* klare Auskunft, vor allen Dingen darüber, *wie* der Mensch zu denken und zu handeln hat, wenn er in lichte Höhen kommen will.

Heute gilt es nur, den Ausdruck »Seele« noch einmal zu klären, damit falsches Denken darüber ein Ende nehmen kann.

Das Beste für Euch Menschen würde sein, wenn ich darin noch einen Schritt nun weiter gehe und Euch sage, daß *nur das Tier* eine *Seele* hat, die es leitet. Der Mensch aber hat Geist!

Damit ist der Unterschied *genau* bezeichnet und in rechter Art.

Wenn ich bisher den Ausdruck Seele noch verwendete, so war es nur, weil er Euch eingewurzelt ist, so fest, daß Ihr so schnell nicht davon lassen könnt.

Nun aber sehe ich, daß es nur Irrtümer verbleiben läßt, wenn ich nicht einen scharfen Schnitt der Trennung darin mache. Deshalb prägt Euch als Grundlage fest ein:

Das *Tier* hat *Seele,* aber der Mensch *Geist!*

Es ist schon richtig so, auch wenn es Euch jetzt fremd erscheint, weil

## 51. SEELE

Ihr die Seele oft besungen habt. Aber glaubt mir, es ist nur das Gebundensein an den bekannten Ausdruck, das Euch bei dem Worte Seele ein erhebendes Gefühl erstehen läßt als Folge der Gesänge, die Ihr um den Ausdruck Seele allezeit zu flechten suchtet.

Besinget dafür nun einmal den *Geist,* und bald wird dieser Ausdruck glanzvoll vor Euch auferstehen, viel klarer noch und reiner, als es der Ausdruck Seele Euch je geben konnte.

Gewöhnt Euch daran, dann seid Ihr auch wieder einen Schritt vorangekommen in dem Wissen, das zur Wahrheit führt!

Doch nur als *Grundlage Eueres Denkens* sollt Ihr diesen Unterschied nun wissend in Euch tragen. Im übrigen könnt Ihr den Ausdruck Seele auch beim Menschen weiterhin behalten, da es Euch sehr schwer sein würde, sonst die notwendigen Stufen der Entwickelung richtig getrennt zu halten.

Die Seele ist der von der Grobstofflichkeit schon gelöste Geist, *mit* feinstofflichen und auch wesenhaften Hüllen.

Er muß für Eueren Begriff so lange Seele bleiben, bis er die letzte Hülle von sich streift und als nur noch geistig seiend einzugehen fähig ist in das geistige Reich.

Habt Ihr es *so* in Euch, dann kann der Ausdruck Seele auch bei Menschen angewendet werden und verbleiben.

Es ist das beste, wenn Ihr Euch den Werdegang des Geistkeimes in die drei Abteilungen formt:

Erdenmensch – Menschenseele – Menschengeist!

Solange Ihr den rechten Begriff davon habt, mag es gehen, sonst aber wäre es nicht anzuraten, weil tatsächlich nur das Tier eine »Seele« im *wahrsten Sinne* hat. Eine Seele, die etwas für sich allein ist! Der Mensch aber hat außer dem Geiste keine für sich selbständige Seele.

Aber Ihr könnt bei dem Menschen anstatt Seele nicht gut sagen: Der Geist mit Umhüllungen, ebensowenig der umhüllte Geist, oder später der Geist ohne Umhüllung, der enthüllte Geist.

Das würde an sich zwar richtig sein, aber es ist zu umständlich zur Formung eines Begriffes.

## 51. SEELE

Deshalb wollen wir das Bisherige beibehalten, wie es Jesus auch schon tat, als er von Seele sprach. Ihr werdet seinen Hinweis, daß sich die Seele lösen müsse, nun viel besser noch verstehen; denn die Seele lösen heißt nichts anderes, als die den Geist zurückhaltenden noch vorhandenen Hüllen ablegen und damit von deren Schwere lösen, damit der Geist dann davon befreit weiter aufsteigen kann.

Doch zu den damaligen Erdenmenschen konnte er so verstandesangepaßt nicht sprechen, er mußte einfacher im Ausdruck bleiben und deshalb die gewohnte Art und Weise beibehalten.

Es kann auch heute noch derart verbleiben, wenn Ihr nur vom wahren Sachverhalte genau wißt.

Prägt es Euch ein:

Das Tier hat Seele, aber der Mensch Geist!

# NATUR

Wie bei dem Ausdruck »Seele« ein verschwommener Allgemeinbegriff unter den Menschen geformt worden war, so ist es auch mit dem Ausdrucke »Natur«.

Auch dieses Wort ist viel zuviel verwendet worden als ein großer Sammelbegriff für alles, mit dem man gern und auf bequeme Art fertig werden wollte, ohne sich darüber den Kopf zerbrechen zu müssen. Namentlich aber für das, wobei der Mensch schon im voraus wußte, zu keiner klaren Lösung kommen zu können.

Wie oft wird das Wort »natürlich« angewendet, ohne daß überhaupt etwas Bestimmtes dabei gedacht ist. Der Mensch spricht von »naturverbunden«, von schöner Natur, aufgeregter Natur, von Naturtrieben, und so geht es weiter in den zahllosen Benennungen, mit denen man in großen Umrissen etwas bezeichnen will, was mit der Natur mehr oder weniger in Zusammenhang zu bringen ist.

Was *ist* aber Natur? Es müßte doch gerade dieser Grundausdruck *zuerst* ganz klar verstanden sein, bevor man ihn zu allem Möglichen verwendet.

Werft Ihr die Frage aber einmal auf, so werden Euch wohl ohne Zweifel viele Aufklärungen zugerufen, mit mehr und weniger Bestimmtheit in den Angaben darüber; doch aus allem könnt Ihr klar ersehen, daß die Menschen sich dabei sehr vielseitige Vorstellungen machen, denen einheitliches Wissen fehlt.

Wir wollen uns deshalb auch hierin einen Weg bahnen zu einem feststehenden Bilde in der Vorstellung für dieses Wort »Natur«.

Das beste ist, wenn wir den Begriff darüber in unserem Vorstellungs-

## 52. NATUR

vermögen in *Abteilungen* trennen, um dadurch leichter zu dem Verständnisse des Ganzen zu gelangen.

Nehmen wir deshalb zuerst einmal die *grobe Form* der »Natur«, die äußere Erscheinung! Ich gehe dabei der Einfachheit halber ausnahmsweise von dem Erdenmenschen-Denken aus und kehre erst dann zuletzt alles um, damit der richtige Gang von oben herabkommend wieder vor Euere Augen gestellt wird.

Natur im gröbsten Sinne betrachtet, also mit Eueren grobstofflichen Erdenaugen gesehen, ist die durchglühte und damit belebte und geformte Materie. Unter Materie stellt Euch die verschiedenen Schichten der Stofflichkeit vor.

Dazu gehören in erster Linie alle Bilder, die Eure Erdenaugen wahrzunehmen fähig sind, wie Landschaften, auch alle feststehenden und beweglichen Formen der Pflanzen und Tiere, umfassender ausgedrückt: alles, was Ihr durch Eueren Erdenkörper wahrzunehmen fähig seid, mit Eueren grobstofflichen Sinnen.

Ausgenommen davon ist aber alles, was die *Menschen künstlich formten,* wobei sie Bestehendes Veränderungen unterziehen, wie bei Häusern und jeglichen anderen Gebilden. Das hat dann aufgehört, zur Natur zu zählen.

Dabei kommen wir bereits von selbst einer grundlegenden Unterscheidung näher: Was der Mensch *verändert,* also nicht in seiner Grundbeschaffenheit beläßt, gehört nicht mehr zur Natur im *eigentlichen* Sinne!

Da ich aber auch sage, daß die Natur in ihrer äußersten Erscheinung die durchglühte und damit belebte und geformte Grobstofflichkeit ist und Ihr aus meiner Botschaft bereits wißt, daß *wesenhafte* Kräfte die Stofflichkeiten durchglühen, so könnt Ihr selbst ohne weiteres folgern, daß nur *das Natur* sein kann, was mit *wesenhaften Kräften* im engsten Zusammenhange steht.

Ich meine hier *die* wesenhaften Kräfte, die als Ring sich um die Stofflichkeiten schließen.

Es ist dies eine ganz besondere Art, von der wir in der nächsten Zeit nun werden sprechen müssen, da sie als eine Sonderschöpfungsart von dem großen Allgemeinbegriff des Wesenhaften, das in *allen* Sphären sich als Grundlage befindet und hinauf bis zur Grenze reicht, da die Wesenlosigkeit Gottes beginnt, abzutrennen ist.

Ich muß die jetzigen Begriffe vom Wesenhaften, die ich Euch bereits geben konnte, mit der Zeit ja noch viel weiter auseinanderziehen, wenn ich das Bild vervollständigen will, welches Ihr mit der ansteigenden Reife Eures Geistes aufzunehmen fähig sein werdet.

Natur ist also alles das, was aus der Stofflichkeit, von den wesenhaften Kräften, die ich Euch noch näher schildern muß, durchglüht, sich formen und zusammenschließen konnte und vom Menschengeiste in der Grundart nicht verändert wurde.

Die *Grundart* nicht verändern, die das Wesenhafte gab, das ist Bedingung für den *rechten* Ausdruck: die Natur!

Also hängt auch der Ausdruck »die Natur« ganz untrennbar zusammen mit dem *Wesenhaften,* das die Stofflichkeit durchdringt. Daraus könnt Ihr auch richtig weiter folgern, daß Natur nicht etwa an die Stofflichkeit gebunden ist, sondern nur an das *Wesenhafte,* daß das Natürlichsein und überhaupt Natur die unverbogen bleibende Auswirkung des wesenhaften Schaffens ist!

So kommen wir nun Schritt für Schritt der Wahrheit immer näher; denn wir können weitergehend nun auch folgern, daß Natur und Geist getrennt nur aufzufassen sind! Natur liegt im Wirken einer ganz bestimmten wesenhaften Art, und Geist ist, wie Ihr wißt, etwas ganz anderes.

Geist ist durch Inkarnierungen wohl oft mitten in die Natur gestellt, aber er *ist* nicht die Natur und auch kein Teil von ihr, wie auch Natur kein Teil vom Menschengeiste ist!

Ich weiß, es ist nicht leicht, daß Ihr aus diesen kurzen Worten klar erkennen könnt, worum es hierbei geht, aber wenn Ihr Euch recht darein vertieft, so *könnt* Ihr es erfassen, und schließlich *soll* ja Euer Geist in erster Linie *beweglich* werden in dem Mühen, einzudringen in das Wort, das ich Euch geben kann.

## 52. NATUR

Gerade die dazu bedingte *Mühe* bringt Euch die Beweglichkeit, die schützend Euren Geist vor Schlaf und Tod bewahrt, ihn hochreißt aus den Angeln anschleichenden Dunkels.

Wenn man mir auch so oft verstandeshinterhältig und böswillig vorzuwerfen sucht, daß ich die Menschen mit den Hinweisen auf die stets lauernde Gefahr geistigen Einschlafens und Todes durch mein Wort bedrücke und sie ängstigend bedrohe, nur um damit Einfluß zu gewinnen, so werde ich doch nie aufhören, die Gefahren, welche Euren Geist bedrohen, vor Euch bildlich hinzustellen, damit Ihr sie kennt und nicht mehr blindlings in die Fallstricke und Lockungen geratet; denn *ich diene Gott* und nicht den Menschen! Damit gebe ich, was Menschen *nützt*, und nicht das, was ihnen irdisch wohlgefällt und dabei geistig tötet!

Gerade das, womit man mein Wort übelwollend anzugreifen sucht im Dienste des sich schon verzweiflungsvoll wehrenden Dunkels, *gerade das zeugt nur davon,* daß ich in Wahrheit *Gott* diene und nicht auch darauf sehe, daß ich Menschen mit dem Worte wohlgefalle, um sie für mein Wort zu fangen!

Die Menschen *müssen* ja herausgerissen werden aus ihrer selbsterwählten geistigen Behaglichkeit, die sie nur einzuschläfern fähig ist, anstatt sie stärkend zu beleben, wie Jesus einst schon sagte mit der Mahnung, daß nur der, der in sich neu geboren wird, in das Reich Gottes gehen kann, und auch mit seinem wiederholten Hinweise darauf, daß *alles neu* werden müsse, um vor Gott bestehen zu können!

Und immer sprechen auch die Menschen selbst von diesen inhaltsschweren Worten, mit dem Brusttone ehrlichster Überzeugung von der Wahrheit dessen, was sie bergen. Tritt aber nun die Forderung an sie heran, daß sie sich selbst *zuerst* neu werden lassen müssen in dem Geiste, dann schreien sie ein Wehe nach dem anderen; denn an sich selbst haben sie dabei ja noch nie gedacht!

Nun fühlen sie sich in ihrer Behaglichkeit bedrängt und hofften doch, daß sie mit Jubelchören in den Himmel eingelassen werden, ohne selbst dabei etwas zu tun, als alle Freuden zu genießen!

Nun suchen sie den unbequemen Rufer mit Geschrei zu übertönen in der Überzeugung, daß sie es noch einmal so wie schon bei Jesus fertigbringen, den sie als Verbrecher, Aufrührer und Gotteslästerer vor allen Menschen erst moralisch brandmarkten und mordeten, so daß er sogar daraufhin nach anscheinendem Rechte menschlicher Gesetze noch verurteilt und getötet werden konnte.

Wenn es auch heute doch in vielen Dingen anders ist, so fehlt es auf der Erde nicht an spitzfindiger Klugheit des Verstandes, der dem Dunkel dient, um auch das Einfachste und Klarste geschickt zu entstellen und damit auf Harmlose und Unbeteiligte zu wirken, wie es ja zu allen Zeiten auch die willig falschen Zeugen gab, welche durch Neid und Haß oder durch Aussicht auf Gewinn zu vielem fähig sind.

Aber der Heilige Wille Gottes ist machtvoller als solcher Menschen Tun, er irrt sich nicht in seiner unverbiegbaren Gerechtigkeit, wie es bei Menschen möglich ist!

So wird auch *letzten Endes* alles Dunkel in dem üblen Wollen nur dem Lichte dienen müssen, um damit zu zeugen für das Licht!

Die Menschen aber, die sich ehrlich mühen, Gottes Wahrheit zu erfassen, werden daran lernen, Gottes Größe erkennen, seine Weisheit, seine Liebe, und ihm freudig dienen!

Hütet Euch vor Trägheit Eures Geistes, vor Bequemlichkeit und Oberflächlichkeit, Ihr Menschen, und gedenkt des Gleichnisses der klugen und törichten Jungfrauen! Es ist deutlich genug in seiner großen Einfachheit, so daß ein *jeder* Mensch den Sinn leicht zu erfassen fähig ist. Macht es in Euch zur Tat, dann kommt das andere alles von selbst. Es kann Euch nichts verwirren; denn Ihr gehet ruhig und mit festen Schritten Euren Weg.

Doch kehren wir zurück nun zu dem Ausdrucke »Natur«, dessen Begriff ich Euch als notwendig seiend vermitteln will.

Die erste, dichteste Abteilung davon habe ich in großem Zuge schon erklärt. Sobald der Mensch bei seinem Wirken als Grund die Natur wirklich Natur verbleiben lassen wird und sie in ihren Arten nicht eingreifend zu verändern sucht, sondern lediglich durch die Förderung gesunder, also unverbogener Entwickelung aufbauend schafft, *dann* wird er auch in allem eine Krönung seiner Werke finden und erhalten, die er bisher nie erhoffen konnte, weil alles von dem Natürlichen gewaltsam Abgebogene im Wachsen auch nur noch Verbogenes zu bringen fähig ist, das weder festen Halt noch dauernden Bestand sein eigen nennt.

Es wird dies auch für Wissenschaften einst als Grundlage von großem Werte sein. Allein wie die Natur in ihrem wesenhaften und schöpfungsgesetzmäßigen Wirken die Verbindungen der Stofflichkeiten schafft, nur *darin* lieget eine aufbauende Kraft und Ausstrahlung, während bei anderen, diesen Gesetzen nicht genau entsprechenden Verbindungen, durch Menschensinn erdacht, sich gegenseitig schädigende, vielleicht sogar zerstörende, zersetzende Ausstrahlungen bilden, von deren eigentlichen Endauswirkungen die Menschen keine Ahnung haben.

Die Natur in ihrer schöpfungsgesetzmäßigen Vollkommenheit ist das schönste Geschenk Gottes, das er seinen Kreaturen gab! Sie kann *nur* Nutzen bringen, solange sie nicht durch Veränderung verbogen und in falsche Bahnen gelenkt wird im Eigenwissenwollen dieser Erdenmenschen.

Nun gehen wir zu einer zweiten, dem grobstofflichen Auge nicht ohne weiteres sichtbaren Abteilung der »Natur« über.

Diese Abteilung besteht hauptsächlich aus *mittlerer* Grobstofflichkeit, also nicht der dichtesten und schwersten, die durch ihre schwere Art sofort dem irdischen Auge erkennbar sein muß.

Das grobstoffliche Auge kann bei mittlerer Grobstofflichkeit nur deren *Auswirkung* in der schweren Grobstofflichkeit *beobachten*. Dazu gehört zum Beispiel die Erstarkung alles im Durchglühen Geformten, dessen Entfaltung im Wachstum und das Reifen.

Eine dritte Abteilung der »Natur« ist dann die Fortpflanzung, die bei einer ganz bestimmten Durchglühungs- und Entwickelungsreife selbsttätig eintritt. Die Fortpflanzung in der durchglühten Grobstofflichkeit hat also mit dem Geiste nichts zu tun, sondern sie gehört zu der *Natur!*

Deshalb ist auch der Drang zur Fortpflanzung als ein *Naturtrieb richtig* bezeichnet. Eine ganz bestimmte Reife der vom Wesenhaften durchglühten Stofflichkeit ergibt Strahlungen, die bei Zusammentreffen positiver und negativer Art sich vereinigend rückwirkend auf die Grobstofflichkeit drängen und diese zur Betätigung veranlassen.

Der Geist hat damit nichts zu tun, sondern diese Betätigung ist ein *Tribut an die Natur!* Sie steht ganz abseits von dem Geistigen, wie ich schon früher einmal angedeutet habe.

Nennen wir nun diesen Strahlungsaustausch und Vereinigung *Tribut an die Natur,* so ist das richtig; denn es ist die Art aller vom Wesenhaften bis zu einem ganz bestimmten Grad durchglühten Stofflichkeit, die damit stets schöpfungsgesetzmäßig Erneuerung zu schaffen sucht, welche zu einem Teil *Erhaltung* in sich trägt und zu dem anderen Teile die *Fortpflanzung* bedingt.

Dieses sich zeigende Naturgesetz ist Auswirkung bestimmter Strahlungen. Erhaltung bringt es mit sich durch damit verbundene Anregung und Erneuerung der Zellen.

Das ist in *erster* Linie der hauptsächliche Zweck dieses Tributes, welchen die Natur verlangt von den beweglichen Geschöpfen. Die Natur kennt darin keinen Unterschied, und alle Auswirkungen sind nützlich und gut.

Nur hat auch hierbei wiederum der Mensch für sich allein alles ins Krankhafte gesteigert und damit verbogen und verzerrt, trotzdem gerade er einen normalen Ausgleich finden könnte in der Art von ganz bestimmten irdischen Beschäftigungen.

Er achtet aber nicht darauf, was die Natur von ihm verlangt in ihrer stillen Mahnung oder Warnung, sondern alles krankhaft übertreibend will er die Natur mit seinem unwissenden Eigenwollen lenken oder meistern, will sie zwingen oft in einer Art, die die Grobstofflichkeit schädigen und schwächen muß oder sogar zerstören, und so hat er darin ebenfalls Verwüstungen herbeigeführt, wie er es in der ganzen Schöpfung tat.

Aus dem zuerst nur störenden Menschen ist ein *zer*störender geworden in allem, was er denkt und tut, wo er auch ist.

Er hat sich damit *unter* alle Kreatur gestellt.

## 52. NATUR

Lernt die *Natur* erst einmal gründlich kennen, von der Ihr Euch schon lange abgewendet habt, dann ist es möglich, daß Ihr wieder *Menschen* werdet, die in Gottes Schöpfungswillen leben und damit durch die Natur Gesundheit ernten zu freudigem, aufbauendem Schaffen auf der Erde, das allein dem Geist zu seiner notwendigen Reife fördernd helfen kann!

# GEISTKEIME

Geistkeime! Oft sprach ich bereits davon, erklärte deren Werdegang und Weg und sagte auch, daß Erdenmenschen aus den Geistkeimen entwickelt sind. Es ist also *Euere* Entwickelung, Ihr Menschen, die ich schildern werde.

Ich will Euch heute nun den Ausgangspunkt Eures Bewußtwerdens noch etwas näher rücken.

Ich sprach schon von einer zweiten unteren Abteilung in dem geistigen Schöpfungsteile, in dem die Geistigen nicht gleich vollreif erstehen konnten, sondern von Kind an sich entwickeln müssen.

Aus diesem Teile stammen die Entwickelten der Nachschöpfung, wozu ja auch Ihr Erdenmenschen zählt, noch *nicht,* sondern erst aus einem Niederschlage davon, der nicht die Kraft besitzt, ohne äußere Anstöße sich selbst zu entwickeln.

Dieser Niederschlag besteht aus den Geistsamenkörnern, den Geistkeimen, aus denen die entwickelten Menschengeister der Stofflichkeiten hervorgehen.

Der Niederschlag sinkt aus dem geistigen Schöpfungsteile und tritt damit in einen wesenhaften Ring, der die Stofflichkeiten umschließt.

Über den dabei sich vollziehenden schöpfungsgesetzmäßigen Vorgang der Anziehungen, Durchglühungen und die damit verbundenen Ausstrahlungsveränderungen spreche ich noch nicht, sondern ich will nur reden von den *Helfern,* die dabei tätig sind, und von den Einzelvorgängen, die ein *Bild* zu geben vermögen, das Euch verständlich wird.

Denn sobald ich feste *Formen* zeige in der Schilderung, dann könnt Ihr Euch auch etwas ganz Bestimmtes vorstellen, was den Tatsachen nahezu entspricht und Eurem irdischen Verständnis einen Halt gewährt.

Ich will also nicht erklären, *wie* sich alles im Schöpfungsgesetze schwingend erfüllt, sondern wie es sich dabei formend *zeigt!*

In diesem wesenhaften Ring, in den der Geistkeim sinkt, sind Wesenheiten sehr verschiedener Arten, nicht ineinander vermischt, sondern wieder in einzelnen Ebenen untereinander stehend, je nach Art der Betätigung, in der sie schwingen.

Da finden wir, aus dem Geistigen kommend, an oberster Stelle des Ringes wunderbar zarte weibliche Wesenheiten, die, in dem Strahl der Liebe und der Reinheit schwingend, die Geistkeime entgegennehmen, sie in mütterlicher Fürsorge mit einem wesenhaften Mantel umhüllen und die also umhüllten Geistkeime, welche noch völlig unbewußt schlummern, in die Hände anderer weiblichen Wesenheiten leiten, welche der feinen Stofflichkeit näher stehen.

Diese wieder legen dem Keime eine zweite Hülle um, die wieder anderer Art ist, *der* Umgebung entsprechend, in der sie selbst sich befinden, und geleiten die dadurch wieder etwas schwerer gewordenen Keime abwärts zur obersten Schicht der Feinstofflichkeit.

Alle diese zarten weiblichen Wesenheiten *unterstützen* helfend die gesetzmäßigen, selbsttätigen Vorgänge. Sie sind von vollendeter Schönheit und waren in früheren Zeiten bereits vielen Menschen bekannt, denen sie sich hier und da einmal zeigen konnten. Sie wurden gütige Feen genannt, die um die sich entwickelnden Menschenseelen fördernd bemüht sind.

An der Grenze der Feinstofflichkeit harren wieder andere weibliche Wesenheiten der herabkommenden Geistkeime, um sie in Güte zu *betreuen.* Zum *Schutze* sind außerdem hier Wesenheiten männlicher Art zur Stelle, die nicht in Betreuung wirken, sondern positiver handeln.

So ist der Geistkeim umhegt und gepflegt von wesenhaften Helfern, während er noch unbewußt seinem Drange zum Sichbewußtwerdenkönnen folgend immer weiter sich bewegt, bis er auf eine Dichte in der Feinstofflichkeit stößt, die ihn nicht mehr unbewußt drängend weiterziehen läßt, wodurch sein Herabgleiten zum Stocken kommt. Er muß verweilen, um zur Entwickelung zu erwachen, bevor er weiterziehen kann.

Es ist dies wiederum ein ganz natürlicher Vorgang, durch die Art der

Umgebung bedingt, aber ein großer Wendepunkt für die Geistkeime. Diese befinden sich nun in einer Ebene der Feinstofflichkeit, deren Dichtheit sie aufhält, wodurch ihrem unbewußten Ziehen ein Ende bereitet wird.

Sie liegen also plötzlich weich gebettet in einer Schicht, die sie nicht weiter läßt. Nur ein erwachendes, wenn auch nur schwaches, aber doch schon *bewußtes* Wollen kann die Kraft aufbringen, die Umgebung erkennend zu durchwandern und weiterzuziehen.

Ich muß mit meinen Erklärungen gerade hier langsam und besonders sorgsam voranschreiten, damit die Menschen das rechte Bild davon sich formen können und nichts verschoben wird.

Denn hier, wo die Geistkeime in ihrem ersten, unbewußten Ziehen buchstäblich steckenbleiben müssen durch eine ganz bestimmte Dichte der Feinstofflichkeit, die mit wesenhaften Strömungen durchzogen ist, spielt sich für den Menschengeist viel ab für den Weg in das Eintauchen in die Stofflichkeiten zum Zwecke der Entwickelung, und ebenso für den Weg wieder aufwärts bei erfolgter Reife durch Entwickelung.

Es ist gerade *diese* Schicht eine bedeutende Grenzebene im Sein des Menschengeistes. Deshalb will ich auch etwas verweilend mehr von ihr sagen.

Sie erscheint dem Menschengeiste bei dem Aufstiege schon unermeßlich hoch und wunderbar in ihrer Schönheit. Von mildem Lichte übergossen, liegt sie vor den Blicken, von einem Lichte, welches mild erscheint und doch viel heller ist als unser Sonnenschein hier auf der Erde. Die Strahlen sind erweckend, fördernd, stärkend.

Die Ebene scheint eine einzige, endlose Gartenanlage zu sein. Ein blühender Garten reiht sich bis in unabsehbare Fernen an den anderen, erfüllt von schönen Blumen aller Größen und auch vieler Farben, betreut von zarten Wesenheiten, behütet und bewacht von ernsten, männlichen Gestalten, die ordnend, wachend, sichtend durch die Reihen schreiten.

Blühende Lauben stehen ringsumher, zur Ruhe und Erholung ladend und ... zum stillen, dankbaren Insichgehen.

Die dichtere Masse, die den Boden bildet, ist die Feinstofflichkeit, die

die Geistkeime festgehalten hat, in der sie steckengeblieben sind auf ihrem Zuge.

Und dann geschieht das Wunderbare: Der wesenhafte Mantel, in den die zarten weiblichen Wesenheiten jeden der Geistkeime gehüllt hatten bei deren Austritt aus dem geistigen Reiche, entwickelt sich unter den Strahlungen auf dieser Ebene, verankert in den feinstofflichen Boden und betreut von wesenhaften Gärtnerinnen, zur herrlichen Blume, in deren Kelch der Geistkeim ruhend schläft und mehr und mehr erstarkt.

Durch die trotz aller Zartheit dieser Ebene dem geistigen Reiche gegenüber doch gröbere Art der Wirkungen und durch das stärkere Tönen aller Bewegung im Geschehen aufgerüttelt, kann der Geistkeim bei einer ganz bestimmten Reife dann im Aufspringen der Knospe gleichzeitig erwachen zum allmählichen Bewußtwerden. Dieses Zum-Bewußtsein-Kommen ist jedoch noch nicht das Sichselbstbewußtsein.

Es ist ein großer Schritt noch vom *Bewußtsein* des erwachenden Geistes zu dem *Sichselbstbewußtsein* des gereiften Geistes! Das Tier ist auch bewußt, doch nie sichselbstbewußt! Aber dabei wollen wir uns jetzt nicht aufhalten.

Also das Aufbrechen jeder Knospe wird durch die Reife des Geistkeimes in natürlicher, selbsttätiger Auswirkung hervorgerufen, und der Knall des Aufbrechens erweckt gleichzeitig den Geistkeim zum Daseins-Bewußtsein.

Das sind Vorgänge, die später in allen Einzelheiten genau erklärt werden können, um die Gesetzmäßigkeit darin zu finden, die auch hierin liegt und die alles einfach und natürlich werden läßt, wie es in der ganzen Schöpfung immer wieder zu erkennen ist.

Die Blume, in deren Kelch der Geistkeim reifte, hat nur einen Teil der wesenhaften Hülle des Geistkeimes nötig gehabt, während der andere Teil um den Geistkeim verblieb und in dem Erwachen zum Bewußtsein menschliche Kindesform annahm. Es liegt also beim Sprengen der Knospe in dem Kelch der Blume ein Kind in Menschenform.

Auch hierbei muß ich wieder einige Begründungen einfügen, bevor ich weitergehen kann:

## 53. GEISTKEIME

Der Geistkeim ging bisher schon durch die Betreuung *zweier* verschiedener weiblicher Wesenheiten, bevor er in die Hände der Gärtnerinnen kam. Beide Arten können wir Feen nennen. Die erste, die den Geistkeim bei dem Austritt aus dem geistigen Reiche in Empfang nahm, umhüllte ihn mit einem zarten Mantel aus der zartesten Art dieser Ebene oder dieses Ringes, die zweite wieder mit einer anderen Art.

Der Geistkeim hatte also bei dem Steckenbleiben in der feinen Stofflichkeit schon zwei verschiedene Hüllen durch die Feen erhalten, also zwei Geschenke der Feen!

Aus diesen Vorgängen erstanden später die Erzählungen von den Geschenken der Feen an der Wiege der Kinder.

Die äußere Hülle entwickelte sich nun in der dichteren Feinstofflichkeit unter den erweckenden Strahlungen als schützende Blumenknospe, und die zarteste innere Hülle beim Erwachen sofort als kleiner Körper in Menschengestalt. Warum die feinere Hülle sich zu einem *Menschenkörper* formen mußte, will ich auch erklären.

Ich habe in meiner Botschaft bereits gesagt, daß im Bewußtwerden des *Geistes* auch die Menschenform ersteht, da die Eigenart des Geistes die Menschenform bedingt.

Das ist in großem Zuge gesagt. Jetzt muß ich auch diese Erklärung erweitern und darauf hinweisen, daß bei diesem Erwachen des Geistkeimes zum ersten Bewußtwerden der Geistkeim selbst noch *nicht* als Menschenform sich bildet, sondern nur die zarte wesenhafte Hülle, die er durch die erste Fee erhielt.

Diese Hülle nimmt Menschenform an, weil im Erwachen der Geistkeim diese Hülle bereits unbewußt durchglüht. Da sie also, wenn auch unbewußt, *geistig* durchglüht wird, nimmt sie aus diesem Grunde selbstverständlich auch, der Art des Durchglühtseins folgend, menschliche Form an.

Der Geist selbst jedoch erhält erst nach und nach in dem *Sichselbst*bewußtwerden auf seiner Wanderung durch die Stofflichkeiten eine mehr oder weniger schöne menschliche Form, je nach der Art und dem Ziele

## 53. GEISTKEIME

seiner Entwickelung. Dabei formen sich dann auch seine äußeren wesenhaften und feinstofflichen Hüllen entsprechend um.

Im nur bewußten Zustande des Geistkeimes ist aber die wesenhafte und feinstoffliche Hülle *immer schön,* da sie erst vom *Sichselbst*bewußtwerden des Geistes, der damit auch seinen freien Willen erhält, *ver*bildet werden kann!

Denkt nur sorgfältig über diesen einen Satz nach. Ihr werdet sehr viel Lösungen darinnen finden.

Ihr findet dabei auch die Erklärung, warum alle Wesenheiten, die bewußt in dem Gotteswillen dienend schwingen, ohne Ausnahme von zartester Schönheit sind und von vollendeter Gestalt; denn sie alle tragen Geistiges in sich, können aber ihre Gestalt nicht durch falschgehendes Sichselbstbewußtsein verbilden.

Bei dieser Erklärung findet Ihr auch einen Unterschied in dem, was wir bisher unter dem großen Sammelnamen »Wesenhafte« bezeichneten. Ich bringe Euch heute darin zum ersten Male eine ganz bestimmte Abstufung, die aber auch nur in ganz großen Zügen vorläufig gegeben werden kann, damit wir nicht zu sehr in die Breite gehen.

Es gibt Wesenhafte, die Geistiges in sich tragen und bewußt in dem Willen Gottes schwingend dienen, und auch Wesenhafte, die nur Wesenhaftes in sich tragen, bei denen das Geistige fehlt. Zu diesen letzteren gehören zum Beispiel die Tiere!

Um hierbei unnötigen Fragen gleich mit vorzubeugen, will ich sagen, daß unter den wesenhaften Helfern in der Schöpfung viele Einteilungen noch zu treffen sind, um rechtes Verstehen für die Menschen geben zu können. Ich werde dies aber immer nur von Fall zu Fall tun, sobald sich eine Gelegenheit dazu bietet. Dadurch wird es leichter zu erfassen sein. Zusammenstellungen aus der Botschaft können sich die Menschen dann später selbst darüber machen.

Jetzt will ich nur noch sagen, daß auch unter den Wesenhaften, die Geistiges in sich tragen, verschiedene Einteilungen gemacht werden können. Der weitaus größte Teil schwingt *nur* dienend *im Gotteswillen* und ist von allem anderen vollkommen unabhängig.

## 53. GEISTKEIME

Ein kleiner Teil aber, der weitab von den lichten Höhen sich befindet und eng mit der gröbsten Stofflichkeit verbunden wirkt, wie Gnomen usw., konnte wie vieles andere von den in der Grobstofflichkeit lebenden entwickelten Menschengeistern zeitweise beeinflußt werden.

Aber diese Wirkungsmöglichkeit des Menschengeistes ist bereits wieder *aufgehoben* worden, und auch diese kleinen wesenhaften Helfer stehen zur Zeit nur noch im Gotteswillen dienend während des Gerichtes und der Zeit des Reiches der Tausend Jahre.

Ich darf jedoch in diese Einzelheiten noch nicht eingehen; denn dann lenke ich Euch zu sehr von den Grundzügen ab, während ich jetzt vor allen Dingen erst einmal ein *Grundwissen* für Euch bilden will, das Euch den Halt verleiht, welchen Ihr nötig habt zum Aufstiege und zur Vollendung Eures Geistes, zu dessen Reife für die lichten Höhen.

Alles andere muß noch zur Seite bleiben, bis die große Reinigung vorüber ist. Bis dahin aber habt Ihr keine Zeit für Einzelheiten mehr, welche in Weiten führen, die Euch schwindeln lassen werden!

Ihr sollt Euch vorerst *retten* können aus den Irrgärten des falschen Wissenwollens, das ist jetzt das Notwendigste für Euch, wie Ihr später selbst erkennen werdet.

Nun dürft Ihr aber alles das nicht etwa allzu irdisch nehmen, wenn Ihr Euch ein Bild von diesen Vorgängen gestaltet; denn die Erdenschwere ist ja dabei nicht vorhanden. Und trotzdem findet Ihr ja Vorgänge ähnlicher Arten auch in dieser *groben* Stofflichkeit auf Erden.

Nehmt nur den Schmetterling, der unter dem Schutze der Puppenhülle sich entwickelt und diese sprengt, sobald er dazu reif geworden ist.

Bei dem Geistkeime erhält die Schutzhülle die Form der Blume, welche sich durch die Verbindung mit den Eigenschaften des Bodens in der Feinstofflichkeit entwickeln muß. Auch das Warum und Wie läßt sich genau gesetzmäßig erklären, so, daß Ihr dann erkennen werdet, daß es gerade nur solcher Art und Form und gar *nicht anders* sein kann.

Es braucht aber noch Jahre der Erklärungen, um es so weit zu bringen, daß Ihr Menschen dann erstaunt die große Einfachheit erkennt, die nur in tausenderlei Auswirkungen durch die Schöpfung zieht und doch bei allen Dingen immer wieder ganz genau dieselbe ist, nach *einem* Grundgesetze sich entwickelnd.

Verblüfft werdet Ihr sehen, daß die Schwierigkeiten des Erkennens nur durch Euch erstanden sind. Ihr selbst habt sie bereitet und Euch alles schwer gemacht, seid Um- und Irrwege gegangen, die Euch ermüden mußten und es fertig brachten, daß Ihr ohne Hilfe aus dem Lichte das Ziel überhaupt nicht mehr erreichen konntet!

Doch hätte Euch der Dünkel Eueres Verstandes nicht den so argen, aber wohlverdienten Streich der künstlichen Verwirrungen gespielt, so würdet Ihr mit kindlichem Vertrauen, von dem Lichte treu geführt, mit Leichtigkeit und schnell zur Vollreife gekommen sein auf einem Wege, der nur Freude für Euch barg.

Nun habt Ihr es jedoch sehr schwer; denn alle Steine, womit Ihr den Weg vermauertet, müßt Ihr erst selbst wieder hinwegräumen und könnt auch nicht mit einem Sprunge auf die rechte Straße kommen, sondern Ihr müßt die ganzen Um- und Irrwege zurückwandern bis zu der Stelle, wo Ihr abgebogen seid, um dann beim Anfange der rechten Straße nochmals zu beginnen.

Deshalb mußte ich Euch auch auf allen Euren Um- und Irrwegen erst folgen, um Euch darauf einzuholen, Euch anzurufen und dann die, so meinem Rufe folgen, sorgfältig zurückzuführen, da Ihr selbst nicht fähig seid, Euch aus dem Irrgarten herauszufinden.

Nicht von dem Lichte aus unmittelbar, sondern auf *Euren eignen Wegen* mußte ich zu Euch kommen, wenn ich Hilfe bringen wollte.

Bald werdet Ihr das alles auch verstehen im Erkennen, es ist nicht mehr lange bis dahin. Dann wird Euch vieles leichter werden. –

Wenn auch in dieser Schöpfung *alles* wichtig ist und Zweck hat, so gibt es doch eine gerade Linie für Euch, die Eurem Wissendwerden einen Halt gewährt, an dem Ihr sicher aufwärts schreiten könnt.

Und diesen Halt allein will ich Euch *zuerst* geben, da es dringend nötig ist.

Ich bot Euch heute ein ganz neues Bild von jener Ebene, die für Euch

Erdenmenschen Euer eigentlicher Ausgangspunkt verbleibt und deshalb eine große Rolle spielt. Ihr wißt nunmehr, *wie* Ihr erwacht und *wo* Ihr dazu kommt.

Und diese Ebene, die Euch das Kommen in die Welt vermittelt und ermöglicht, die also einen Grundstein Eures Eigenseins als Mensch gewährt, sie ist auch wichtig für den reifen Geist, der sich im Sinn des Gotteswillens recht entwickelt hat und aufzusteigen fähig wird.

Wie hier die erste Hülle in menschlicher Form erblüht, so legt der reife Geist die gleiche Hülle wieder ab auf dieser Ebene, die erste Hülle, welche dann beim Aufsteigen im Ablegen die letzte ist!

Sie bleibt auf dieser Ebene zurück, um wieder sich zu lösen, zu zersetzen, aufzugehen in der gleichen Art, aus welcher sie zuerst erstand in dem Geschenk der Fee.

Doch bringt die Hülle eines reifen Geistes neue Kräfte mit sich und erfrischt und stärkt die gleiche Art, weil sie von dem im rechten, aufsteigenden Sinn sichselbstbewußten Geist stark durchglüht gewesen ist und dieses Glühen in sich trägt!

Dadurch wird diese Hüllenart im Ring des Wesenhaften um die Stofflichkeiten um so kraftvoller und kann dem neuen Werden und Erwachen vieler Menschengeistkeime noch stärker helfen.

Nach Ablegen der letzten Hülle zarter Wesenheit geht dann der Geist als solcher sichbewußtseiend aus dieser Ebene der Gärten wieder ein in das geistige Reich, das er als unbewußter Geistkeim einst verließ, nur seinem unbestimmten Drange nach Entwickelung nachgebend, den die Sehnsucht nach Bewußtwerden erzeugt.

Strebet darnach, Ihr Erdenmenschen, vollreif eingehen zu können in das Reich des Geistes! Ihr werdet damit dann vereint mit *denen,* die sich in dem Geistigen entwickeln konnten, ohne in die Stofflichkeiten erst tauchen zu müssen.

Ihr seid dann auch nicht minder stark als diese; denn Ihr habt viel Hindernisse überwunden, und im Mühen dieser Überwindung wurdet Ihr zur Flamme! Freude wird dann herrschen über Euch, wie es schon in dem Gleichnis des »verlorenen Sohnes« angedeutet ist.

# WESENSKEIME

Ich sprach von dem Erwachen der Geistkeime zum Daseinsbewußtsein.

Wie es nun im Geistigen als letzten Niederschlag Geistkeime gibt, so gibt es auch im Wesenhaften zuletzt einen Niederschlag von unbewußten Wesenskeimen, und wie die Geistkeime in die zarteste Schicht der Feinstofflichkeit sich senken, so senken sich die Wesenskeime in die zarteste Schicht der Grobstofflichkeit, wo sie später als entwickelte wesenhafte Helfer wirken.

Auch diese Wesenskeime bekommen Hüllen umgelegt und sinken, dadurch schwerer geworden, in eine etwas dichtere Schicht der Grobstofflichkeit, wo sie dann ebenfalls buchstäblich stecken bleiben.

Bevor ich aber zu den Erklärungen übergehe, muß ich etwas bringen, wovon ich zwar schon einmal flüchtig sprach, nähere Schilderung darüber aber absichtlich bisher vermied, da es für den Menschengeist leicht zu verwirrenden Vermischungen kommen könnte, wenn ich verfrüht zu viel sage.

Ich wies einmal darauf hin, daß in der Schöpfung außer den formgewordenen Dingen auch noch *Strömungen* fließen, die die Schöpfung durchziehen.

Doch mit dem Ausdruck »Strömungen« haben wir ja auch schon wieder die Form selbst; denn es ist tatsächlich so: es sind Ströme, die die Schöpfung durchfluten wie die Flüsse die Erde, und ebenso wie die Luftströmungen!

Und wie diese zwei grobstofflichen Arten von Strömungen auf der Erde in ihrer Verschiedenheit, so haben wir auch die Schöpfung durchströmend zwei Arten: wesenhafte Ströme und geistige Ströme!

## 54. WESENSKEIME

Ungeformt ist nichts in der Schöpfung. Wir haben Eigenformen und Sammelformen. Zu den Sammelformen gehören die Artströmungen, die neben oder besser *mit* den Sondergebilden oder Eigengebilden wirken. Jede dieser Strömungen hat ganz bestimmte Aufgaben, die ihrer Art genau entsprechen. Wir können auch sagen, die aus der Art hervorgehen.

So führt ein geistiger Strom unter anderem auch die Geistkeime, solange diese unbewußt sind, den Weg, der sie zur Entwickelungsmöglichkeit bringt.

Auf diesem Wege wirken für die Geistkeime der innere Drang des Geistkeimes zum Bewußtwerden *drängend* und *schiebend,* sowie der Fluß der geistigen Strömung *tragend.*

Zu dieser Zeit, da die ersten Geistkeime sich *dem* Weltenteile näherten, zu dem die Erde gehört, war die Stofflichkeit noch nicht so dicht wie heute, da erst später das falsch sich entwickelnde Menschenwollen größere Dichtheit und Schwere hervorgerufen hat, was eine weitere Entfernung vom Licht und trägere, hemmende Bewegung zur Folge hatte.

Es genügte bei der Leichtigkeit der damaligen Stofflichkeit für den Geistkeim das eigene Drängen und das vom Strom Getragenwerden, um das erste Ziel zur Entwickelung zu erreichen. Und auch die Fortentwickelung war leichter, da für den weiteren Weg schon ein *schwaches* Bewußtwerden als Antrieb genügte, um den Weg wieder ein Stück weiter gehen zu können.

Das alles ist heute bedeutend erschwert worden.

Hier muß ich schon wieder etwas einfügen. Der Vorgang des Herabsenkens von Geistkeimen erfolgt *ohne Unterbrechung* für die Schöpfung. Wenn ich früher sagte, daß eine ganz bestimmte Reife der Stofflichkeit zur Aufnahme von Geistkeimen vorhanden sein muß und dies bei zunehmender Reife sich dann nicht mehr wiederholen kann, so betraf dies nicht die ganze Schöpfung, sondern lediglich *einzelne* Weltenkörper, wie zum Beispiel *die Erde!*

Auf diese konnten zuletzt nur noch ältere, schon vorher inkarniert gewesene Menschenseelen kommen, die in Ringschlüssen ihren Lauf vollenden müssen, nicht aber Geistkeime, also Seelen, die noch nie in der dichten Grobstofflichkeit waren.

Teile in der Schöpfung aber sind immer bereit, Geistkeime aufnehmen zu können, die zwar schon zum Daseinsbewußtsein kamen, aber sich zum Sichselbstbewußtsein erst im Erleben entwickeln müssen.

Solange der Menschengeist nur ein Daseinsbewußtsein führt, muß er auch den Namen Geistkeim behalten, auch wenn seine Hülle bereits Menschenform tragen kann. Erst mit der Weiterentwickelung zum Sichselbstbewußtsein hört er auf, Menschengeist*keim* zu sein und wird zum *Menschengeist!*

Das ist notwendig, hier gesagt zu werden, um Mißdeutungen oder Begriffsirrungen zu vermeiden. Deshalb erwähnte ich schon in meinem letzten Vortrage, daß es ein weiter Schritt ist vom Daseinsbewußtsein bis zu dem menschlichen Sichselbstbewußtsein, welches erst den *freien* und bewußten Willensentschluß mit sich bringt, aber damit auch die volle Verantwortung dafür.

Mit dem Fortschreiten in meinen Erklärungen muß ich immer schärfere Begriffstrennungen vornehmen, während ich bisher so manches noch unter Sammelbegriffen belassen konnte. Es ist dies also nicht etwa eine Art Wortspielerei, wie so manche kluge Verstandesmenschen in ihrer Geistesträgheit für einige Stellen meiner Botschaft als Bezeichnung in Bereitschaft hatten, womit sie allerdings nur ihre völlige Unwissenheit und ihre eigene Begriffslosigkeit für den Ernst und die Größe der Sache deutlich genug zeigten, sondern es ist eine dringende und unvermeidliche Notwendigkeit, wenn der Mensch überhaupt eindringen will in die Bewegung der Schöpfung.

Da kann er nicht mit einigen irdischen Ausdrücken für immer auskommen, sondern er muß sich schon dazu bequemen, mit der Zeit immer genauere Grenzen zu erlernen und den eigentlichen Sinn eines jeden einzelnen Wortes klar abzuwägen.

So müssen auch wir es halten, wenn wir voranschreiten und nicht stehenbleiben oder ungeklärtes Gebiet hinter uns lassen wollen.

## 54. WESENSKEIME

Bewegung muß auch hierin sein anstatt des starren, eigensinnigen Festhaltens! Wenn ich zuerst etwas in großen Zügen erkläre, kann ich es anders benennen, als dann, wenn ich in Einzelheiten eintrete und mehr und mehr auseinanderzuhalten habe, was ich zuerst als Sammelbegriff nehmen konnte.

Und ich muß *immer* erst Sammelbegriffe geben, um dann *später* auf Einzelheiten einzugehen, wenn der Sammelbegriff einigermaßen in Euerem Begriffsvermögen ein klares Bild gewonnen hat, sonst könntet Ihr niemals zu einem Verständnis kommen bei der ungeheuren Größe der Schöpfung. Ihr würdet schnell den festen Boden wirklichen Wissens verlieren und in die menschenüblichen, sprunghaften Unklarheiten fallen, die die Anhänger der zahlreichen Sekten und auch der Kirchen auszeichnen.

Deshalb lasset solche Menschen ruhig reden, die damit nur von ihrer eigenen Oberflächlichkeit und der Scheu vor der Mühe näheren Eindringens zeugen, und folgt mir freudig *so*, wie ich es Euch gebe. Dann werdet Ihr nur Vorteil davon haben; denn ich mache es damit dem Menschengeiste nicht nur leichter, sondern überhaupt erst möglich, das Große wenigstens in *den* Teilen zu erfassen, mit denen er in Verbindung steht und von denen sein Wirken abhängig bleibt.

Wie nun die geistigen Ströme die *Geist*keime tragen, so führen die wesenhaften Ströme die *Wesen*keime mit sich ihre Bahnen. Über den Ausgangspunkt, die Arten und Tätigkeit aller dieser Strömungen kann erst später einmal besonders gesprochen werden. Nehmen wir heute einfach als Anfang den Begriff, daß alle diese Strömungen gleich der Luft und den Wassern der Erde befruchtend, erhaltend, reinigend, kurz: fördernd in jeder Beziehung sind.

Diese Strömungen waren überdies zum Teil auch schon früheren Erdenmenschen bekannt.

Kehren wir aber nach diesen Abschweifungen nun zurück zu dem Zweck des heutigen Vortrages.

Die Wesenskeime werden von den Strömungen wesenhafter Art getragen. Trotz der wesenhaften *Grundart* der Strömungen sind aber ganz verschiedene, sogar vielseitige Eigenarten vorhanden, und deshalb trennen sich aus dem ursprünglichen Hauptstrome in seinem Laufe durch die verschiedenen Ebenen nach und nach immer mehr Nebenströme ab, die einen eigenen Weg suchen; denn mit der zunehmenden Entfernung vom Lichte sondern sich die einzelnen Eigenarten ab als Nebenarme, die zuletzt nur noch *eine* ganz bestimmte Wesensart gesammelt in sich schließen und dem Gesetz gehorchend auch nur noch die entsprechende Gleichart von Wesenskeimen mit sich führen.

So gehen derartige Wesenskeime ihren Bestimmungsorten zu, das Schöpfungsgesetz erfüllend. Sie sind getrennt in solche Keime, die mit Blumen eng verbunden sind, mit anderen Pflanzen, ebenso mit Wasser, Luft, mit Erde und Gestein, mit Feuer und noch vielen Einzeldingen in den Stofflichkeiten.

In jeder Einzelebene, ja auch in jeder Zwischenebene werden bei dem Durchströmen immer die in die jeweilige Ebene als gleichgeartet passenden Wesen abgesetzt, das heißt, sie bleiben dort zurück, wo sie zu wirken haben, weil sie dort bewußt werden. Das geschieht alles in selbstverständlicher, einfachster Auswirkung der Gesetze, so, daß es gar nicht anders sein könnte.

In jeder Zwischenebene erwachen bestimmte Wesensarten zum Bewußtsein in einer Art, die jeweils ihrer Kraft entspricht, und beginnen dort formend, hütend, betreuend zu wirken.

Zuletzt aber bleiben in den Strömen nur noch Wesen übrig, die auf den Gestirnen *gröbster Stofflichkeiten* erst zum Bewußtsein kommen können. Und als letzter Niederschlag sind davon dann auch Wesenskeime, die in der groben Stofflichkeit nicht gleich ohne weiteres erwachen können, sondern einer besonderen Entwickelung bedürfen.

Es ist dies allerdings vorläufig wieder nur ein großes Bild, das ich Euch damit gebe, und das Ihr am besten zuerst aufnehmt wie eine *flache* Landkarte, auf der Ihr die Wege der Ströme, Flüsse und Bäche beobachtet in ihren vielen Abzweigungen und anscheinend selbstgewählten Bahnen.

Erst *dann* könnt Ihr das Bild sich *runden* lassen und Euch dabei vorstellen, daß Wasseradern auch das Innere durchfluten, nicht nur an der Oberfläche fließen, so auch Luftströmungen. So habt Ihr zuletzt einen Teil der Vorgänge *dieser* Art in der Schöpfung bildhaft gewonnen.

Wenn die Menschen der Erde *richtig* in dem Willen Gottes schwingend dienen würden, so wäre die Erde an sich ein harmonisches, wenn auch grobes Abbild der Schöpfung. Nur durch die Verbogenheit der Menschen konnte sie es bisher noch nicht werden.

Nun wollen wir endlich von Wesens*keimen* sprechen, die wir uns als Ziel genommen hatten. Dem Geistkeime der Erdenmenschen in ihrem Werden nahe verwandt sind zuerst die kleinen Blumenelfen der Erde!

Diese erwachen für Euch gesehen in Erdenblumenkelchen. Doch es ist nicht so, wie Ihr es Euch denkt. Sie befinden sich zwar in den Blumenknospen, welche ihre gröbste Schutzhülle bis zu ihrem Erwachen bilden, aber es ist doch noch etwas anderes dabei.

In Wirklichkeit liegen sie weich gebettet in einer Euch irdisch nicht sichtbaren Schicht feiner, zarter Grobstofflichkeit. Gleichzeitig aber auch in einer Erdenblumenknospe. Die zarte, grobstoffliche Schicht durchzieht Euch unsichtbar nicht nur die Knospe, sondern die ganze Erde und deren Umgebung.

In dieser Schicht geht die eigentliche Entwickelung zum Bewußtwerden der Blumenelfen vor sich, während die irdische Blumenknospe nur der gröbste, *äußere* Schutz verbleibt, von dem die Blumenelfen trotz einer gewissen Verbindung ziemlich *unabhängig* sind.

Sie vergehen auch nicht mit dem Absterben der Blumen, sondern die Entwickelung geht für sie weiter in der helfenden Betreuung neuer Erdenblumen und zum Teil auch neuer Elfenkinder. Ihre Kraft erstarkt mit ihrem Können.

So geht es weiter, immer weiter, einem Punkte zu, der sie in Vollreife sich heben läßt zu einem anderen und neuen Wirkungsfelde; denn es ergeht dem Wesenskeime wie dem Geistkeime ... beide stehen unter *einem* einheitlich sich auswirkenden *Gottgesetze* der Entwickelung!

Die kleinen Elfen sind auch nicht in ihrem Werden schutzlos der Gefahr preisgegeben, daß ihre Wohnungen schon als Knospe von Tieren gefressen oder von rücksichtsloser Menschenhand vernichtet werden könnten, wie es den grobstofflichen Anschein hat.

Wohl werden die Blumen von entwickelten Elfen *betreut*, aber nicht in jeder Blume wohnt ein Elfenkind, sondern nur in solchen, die besonders geschützt und den Gefahren unzugänglich sind, soweit man von Unzugänglichkeit sprechen kann. Auch werden sie bei nahender Gefahr sofort hinweggetragen, solange sie noch nicht bewußt geworden sind.

Ich erwähne die Blumenelfen zuerst, weil diese stets in den Schwingungen des Gotteswillens standen und noch stehen. Sie können von dem Menschenwillen *nicht* beeinflußt werden, sondern weben und atmen immer in den Schwingungen des Lichtes!

In dieser Tatsache ruht das Geheimnis, daß *jede* Blume, auch die einfachste, von Schönheit durchstrahlt ist; denn die Blumenelfen stehen im Licht! Sie haben in ihrer Zartheit weibliche Formen, und, weil sie im Lichte stehen, sind sie von märchenhafter Schönheit.

Ihr werdet nun wohl selbst bereits auf Grund der Botschaft folgern können, daß es auch Elfen gibt, die männliche Formen haben, der Tätigkeit entsprechend.

Sie sind dichter, positiver, weil sie sich mit härterem Material beschäftigen. Der Baumelf trägt zum Beispiel die männliche Form.

Je nach der Tätigkeit ist stets die Form und Dichte.

So haben auch Gnomen mit ihrer Erd- und Gesteinsbeschäftigung männliche Formen. Sie sind dichter, während Nixen des flüssigen Elementes wieder weibliche Formen tragen.

Ihr könnt selbst weitere Folgerungen ziehen und werdet dabei immer das Rechte treffen, wenn Ihr die Botschaft zu Grunde legt, in der Ihr die Schöpfungsgesetze findet.

Das hier Gesagte betrifft die entwickelten Wesenhaften Euerer Umgebung auf der Erde! Alles der *gröbsten* Stofflichkeit eng Verbundene kann nur in positiver Tätigkeit und in größerer Dichte wirklich mit schnell sichtbarem Erfolge rechnen, und deshalb ist das Männliche stets der dem Dichteren, also dem Tieferen zugewendete positiv ausführende Teil, das Weibliche dagegen der dem Zarteren, also Höherem zugewendete negativ empfangende Teil!

So ist die Einteilung der Schöpfung nach dem Willen Gottes, und erst dann, wenn auch der Mensch sich darein fügt und darin schwingt, wird für diesen ein wirklicher Aufstieg kommen, den er anders nicht erreichen kann! Denn dann ist all sein Wirken in dem Schöpfungskreuze schwingend, in dem sich positiv mit negativ, aktiv handelnd und passiv empfangend die Waage hält!

Und immer wieder ist es heute noch das Menschen*weib*, das seinen Posten in der Schöpfung *nicht* erfüllt!

Wenn Ihr das alles ruhig überdenkt, könnt Ihr zu ungeahnten Schlüssen kommen und zu Klärungen, die Euch bisher fast unlösbar erschienen. Doch Euer Verstand wird sich nicht so schnell ruhig darein fügen, sondern er wird immer wieder Zweifel säen wollen, um Euch zu verwirren und damit festzuhalten in dem Bann, den er in den vergangenen Jahrhunderten fast unbestritten über Euch verhängen konnte.

Es gibt wohl viele Menschen, denen der Gedanke fragend aufsteigt: Und die Furien? Tragen sie nicht auch weibliche Formen und sind doch sehr positiver Art in ihrem Wirken?

Deshalb will ich jetzt schon darauf eingehen und Euch erklären:

Furien sind in männlichen und weiblichen Formen, beide aber trotz ihrer vielfältigen Wirkungen nur *eines* Zieles: des Verderbens!

Doch die Furien sind *keine Wesenhaften*. So etwas stammt nicht vom Lichteswillen! Furien sind nur Erzeugnisse des üblen Menschenwollens. Sie sind zugehörig den Dämonen, die sofort vergehen müssen, wenn der Menschen Wollen besser wird und sich dem Lichte zuwendet!

Wohl sind sie sehr gefährlich, und sie werden im Gerichte freigelassen, daß sie sich auf alle Menschheit stürzen. Aber zu schaden vermögen sie nur dort, wo sie einhaken können, also in dem Menschen üble Gleichart finden oder Angst.

Damit müssen auch die Furien dem Lichte dienen; denn sie räumen mit den üblen Erdenmenschen auf und fördern so die große Reinigung.

## 54. WESENSKEIME

Ist diese dann vollendet, haben Furien auch keine Nahrung mehr und müssen von selbst vergehen.

Wer aber Angst hat im Gericht, dem fehlt die Überzeugung zu dem Wort der Wahrheit und damit auch das Vertrauen auf die Allmacht Gottes und dessen Gerechtigkeit, die sich so oft in der helfenden Liebe zeigt!

Ein solcher Mensch wird dann *zu Recht* ein Opfer seiner Lauheit oder Trägheit, er *soll* in dem Gerichte durch die Furien ergriffen und vernichtet werden!

Es ist also auch *das* zuletzt ein einfaches Geschehen, das in seiner Furchtbarkeit die Wege des Heiligen Gottgesetzes gehen muß!

Die Furien entfesselt! Das heißt, sie werden nicht zurückgehalten, es wird ihnen für eine Zeit ganz freier Lauf gelassen.

Die Menschen werden dabei nicht geschützt, sondern dem Wüten preisgegeben.

Es ist jedoch ganz selbstverständlich, daß *die* Menschen, welche rechte Überzeugung in sich tragen und dem Licht verbunden sind, nicht angegriffen werden können, weil kein Widerhall in ihrem Inneren zu finden ist, an den die Furien sich klammern können, um sie zu verwirren.

Die Lichtverbundenen stehen während des Wütens wie in einer Hülle, welche nicht durchbrochen werden kann, woran sich alles angreifende Übelwollen selbst verletzt. Es ist die Hülle durch das feste Gottvertrauen selbsttätig entstanden in den Stunden der Gefahr.

Doch Menschen, die in Dünkel oder Einbildung sich gläubig wähnen und dabei nur kirchengläubig, aber nicht *gott*gläubig und damit in sich lebendig sind, sie werden hin- und hergeworfen wie ein welkes Blatt im Sturm und müssen in dem Wirbel mit vergehen, es sei denn, daß sie dabei rechtzeitig zu der Erkenntnis kommen, daß sie hohl gewesen sind in starrem Glauben und sich eifrig mühen, Leben in sich aufzusaugen aus dem Licht der Wahrheit, welches über allen Stürmen leuchtet.

Bleibt wach und stark, damit die Furien in Euch nicht einen Halt finden können! Werdet in Eurem Tun den vielen kleinen wesenhaften Helfern gleich, die in dem treuen Dienen Vorbild sind den Menschen!

## DER RING DES WESENHAFTEN

Schon mehrfach sprach ich von dem Schöpfungsring des Wesenhaften, der sich um die Stofflichkeiten schließt als Übergang vom Geistigen zum Stofflichen.

Es ist dies Wesenhafte eine ganz besondere Art für sich und bildet eigentlich den Abschlußring für die gesamte Schöpfung und gleichzeitig auch die Brücke für die Nachschöpfung.

Stellen wir uns wieder einmal alles, was außerhalb der göttlichen Sphäre liegt, also unterhalb der Gralsburg, in drei großen Abteilungen vor:

Als oberstes und erstes davon nennen wir die Urschöpfung, als zweites die Schöpfung und als drittes die Nachschöpfung.

Die Gralsburg selbst gehört, streng genommen, nicht mit zur Urschöpfung, sondern sie ist eine Sache ganz für sich, die *über* der Urschöpfung steht. Sie *steht*. Gerade diesen Ausdruck wähle ich absichtlich; denn sie schwebt nicht, sondern sie ist fest verankert!

Auch der außerhalb der göttlichen Sphäre befindliche Teil, von dem die Urschöpfung ausgeht, ist mit der Gralsburg in der göttlichen Sphäre wie ein Anbau fest verbunden und damit unverrückbar in dem Göttlichen verankert.

Bis dahin ist von oben her nur ein *Ab-* und *Auf*strömen göttlicher Lichtwellen in Tätigkeit. Erst in der Gralsburg geht der Wechsel darin vor sich, und es setzt außerhalb der Burg nach abwärts strömend dann das *Kreisen* ein, das alle Schöpfungen hervorruft und bewegt. *Gehalten* werden sie auch hier von ab- und aufsteigenden Wellen!

So ist das große Bild der Form aller Bewegungen.

## 55. DER RING DES WESENHAFTEN

Über die Urschöpfung sprach ich bereits eingehender und nannte die zwei Grundabteilungen dabei. Sie sind urgeistig. Der eine Teil erstand unmittelbar zur Form und zum Bewußtsein, während der andere sich erst dazu entwickeln konnte. Genau so ist es in der Schöpfung, welche wir in dem Begriff als geistig seiend von dem Urgeistigen trennten.

Auch diese trennt sich in zwei Abteilungen. Die erste konnte sich wieder unmittelbar gestalten, und die zweite mußte sich dazu entwickeln.

Nach diesem kommt nun abschließend der schon genannte Ring *des Wesenhaften*, über das Ihr noch nicht klargeworden seid, weil ich es immer nur gestreift habe in den bisherigen Erklärungen.

Wir wollen es als eine eigene Schöpfungsabteilung heute nun benennen: *der Ring des Wesenhaften!*

Unter diesem *Ringe* ist also von nun an etwas ganz anderes zu verstehen als das, was wir einfach als *die Wesenhaften* bezeichneten. Die bisher von mir damit Bezeichneten sind die in ihrem Wirken formgewordenen *abwärts* und wieder *aufwärts* strömenden Lichtwellen, welche also in gerader Linie oder Kette mit der Gralsburg in Verbindung stehen. Es sind nicht die *kreisenden* Kräfte!

Darin liegt der Unterschied. Auch die kreisenden Kräfte sind in ihrem Wirken geformt, doch sie sind von anderer Art, die erst durch Strahlungs*kreuzungen* erstehen konnten. Ihr wißt davon noch nichts, trotzdem Ihr viele bereits kennt.

Diese kreisende Bewegung hat ihr Erstehen, also ihren Anfang, in der Trennung des Positiven von dem Negativen, also des Aktiven von dem Passiven, das in der Gralsburg vor sich geht, und was ich am Anfang meiner heutigen Erklärungen mit dem *Wechsel* der Strömungen bezeichnete, der durch die Trennung in der Burg erfolgt.

Mit den einsetzenden Abkühlungen der Lichtstrahlungen trennt sich das Positive von dem Negativen, und es bilden sich dadurch *zwei* Strahlungsarten, während bis zur Gralsburg nur *ein einheitlicher* Strahl in seiner Wirkung steht und die göttliche Sphäre bildet, in der alles Formgewordene das Positive und das Negative harmonisch vereinigt in sich trägt!

Stellt Euch das alles bildhaft vor, wie ich es zeichne, in ganz einfachen Strichen, so werdet Ihr es am schnellsten und auch am sichersten erfassen. Erst dann könnt Ihr versuchen, im Verstehenwollen immer tiefer einzudringen.

Handelt Ihr so, dann wird das Ganze nach und nach lebendig vor Euch werden, und Ihr könnt im Geiste als wissende Zuschauer das Schweben und Weben der Schöpfung an Euch vorüberziehen lassen.

Doch wolltet Ihr es umgekehrt versuchen und beim ersten Hören schon mit der Kraft Eueres Verstandes mir zu folgen suchen, so bleibt Ihr schon an meinen ersten Sätzen hängen und könnt nie zu einem Ziele darin kommen.

*Einfach* müßt Ihr es aufnehmen und dürft *dann* erst nach und nach den Einzelstrichen folgend alles in Euch lebendig werden lassen. In solcher Art habt Ihr Erfolg.

Wir wollen also heute von dem Ring des Wesenhaften sprechen, der den Abschluß bildet für alles *Bewegliche*.

Wie Euch der Niederschlag des Geistigen bekannt ist als die Geistkeime, so ist, wenn auch in ganz anderer Art, der Ring des Wesenhaften auch ein Niederschlag zu nennen, welcher aus dem *Kreisen* der sich selbst bewegenden Schöpfungen, aus den wesenhaften Wellen niederrieselt und tropft, um sich an dem Schluß der Schöpfungen zu sammeln und zu halten durch die Anziehung der gleichen Grundart.

Damit stoßen wir wieder auf eine Erweiterung der Schöpfungsbegriffe.

Wir haben demnach *sich selbst bewegende* Teile, wozu die Urschöpfung und die Schöpfung gehören, und dann folgt die Nachschöpfung, die sich nicht aus sich selbst heraus bewegen kann, sondern die getrieben werden muß.

Die sich selbst bewegenden Teile treiben durch eigene Wärme; die Nachschöpfung, welche bewegt werden muß, wird durch fremde Wärmeeinwirkung getrieben. Deshalb können Einzelteile davon auch erkalten, wenn das Erwärmende zurückgezogen wird, was in der Urschöpfung und in der Schöpfung gar nicht möglich ist, weil diese Eigenwärme haben.

Achtet scharf auf alle Einzelheiten, die ich damit sage; denn sie legen vorstoßend den Grund zu vielen weiteren Erklärungen, die allem Erdentum der Menschen sehr von Nutzen sein werden.

Dieser Ring des wesenhaften Niederschlages ist *unter* den Geistkeimen, also unter dem Ringe des geistigen Niederschlages und bildet den Abschluß alles Beweglichen; denn auch der Ring des geistigen Niederschlages, als letztes des Geistigen, und der Ring des wesenhaften Niederschlages, als letztes des Wesenhaften, tragen, wenn auch im Anfange noch unbewußt, eigene Bewegung und damit Wärme in sich! *Das ist wichtig zu wissen.*

Dann folgen die verschiedenen Stofflichkeiten. Deshalb so genannt, weil sie nur zu Umhüllungen dienen können und weder eigene Wärme noch Bewegung besitzen. Sie müssen erst durchwärmt werden, bevor sie Wärme weitergeben, und sind wieder kalt und unbeweglich, wenn ihnen der Wärmespender entzogen wird. *Das* ist die Eigenart, die *nur* die Stofflichkeiten zeigen.

Nun ist der Ausdruck Stoff und Stofflichkeit nicht etwa nach den Stoffen genannt worden, mit denen sich der Erdenmensch umhüllt, sondern es ist umgekehrt der Fall. Der Erdenmensch hat die Bezeichnung aufgefangen und dann dem richtigen Sinne entsprechend auch auf seine irdischen Erzeugnisse übertragen, mit denen er sich umhüllt.

Der Ring des Wesenhaften bildet aber nun nicht nur den *Abschluß* des Beweglichen und Eigenwärme in sich Tragenden, sondern, da in ihm selbst auch noch die Wärme und Bewegung liegen, drängt er noch weiter in die Stofflichkeit hinein, die damit selbst erwärmt wird und getrieben aus der Ruhe zu der kreisenden Bewegung, die sie immer mehr erwärmen und erglühen läßt durch Reibung, die die Dichtheit ihrer Art bedingt.

In der damit erzwungenen Bewegung *formt* sie sich und läßt die Strahlungen der sich mit dieser Tätigkeit noch steigernden Erwärmung des treibenden Wesenhaften selbst sehr leicht hindurch, um immer neue Wärme auszubreiten und damit Bewegung für das Formen. –

Nun wollen wir nach diesem großen Bilde in die Einzelheiten gehen. Damit kehren wir zurück zum Ring des Wesenhaften, der als Brücke für die wärmelosen und damit bewegungslosen Lagerungen aller Stofflichkeiten dient.

In diesem Ring des Wesenhaften ziehen sich nach dem Gesetz die gleichen Sonderarten aller Wesenskeime eng zusammen, so daß sich dadurch Gruppen bilden, die man auch Zentralen oder Ansammlungen nennen kann.

So sind zum Beispiel die Gruppen *der* Keime voneinander getrennt, die bei ihrem Eindringen in die Stofflichkeiten in ihrer Entwickelung und ihrem Erwachen mitwirken für Bildung und Erhaltung von Feuer, Wasser, Luft und Erde, dann Gesteinen, Pflanzen und auch Tieren.

Von dem Vorgange des *Eindringens* der Wesenskeime sprach ich schon und will nur noch besonders *darauf* hinweisen, daß all dieses Geschehen sorgfältig geleitet wird durch wesenhafte Helfer, die als Kette *dienend* wirken in dem geraden Abwärtsströmen der Lichtwellen aus der Burg, die sie auch wieder aufwärts führen helfen.

Das ist Euch alles schon bekannt; Ihr könnt das Grundwissen dafür aus meiner Botschaft leicht zusammenfügen, aber Ihr müßt dabei vorgehen wie Kinder, die sich mühen, die Teile eines Zusammensetzspieles *richtig* aneinander zu legen, bis ein ganz bestimmtes Bild davon entsteht.

*So* sollt Ihr das Wissen aus der Botschaft verwenden; denn diese enthält die Grundsteine für *alles* Wissen, gibt Erklärungen für *jedes* Geschehen in der ganzen Schöpfung!

Wollt Ihr über irgend etwas in der Schöpfung Klarheit haben, in der Auswirkung der Schöpfungsurgesetze, die den Willen Gottes in sich tragen, so braucht Ihr nur zuerst aus all den Edelsteinen, welche in der Botschaft als ein Schatz für Euch sich befinden, der gehoben werden will, irgendeinen der vielen Einzelsteinchen herauszuheben, der etwas von der Frage an sich hat, die Euch bewegt.

An dieses erste Einzelteilchen sucht Ihr dann wie bei dem Spiele der

## 55. DER RING DES WESENHAFTEN

zusammensetzbaren Bilder oder Bauten *aus der Botschaft anzugliedern,* was sich dazu fügt, zuletzt erhaltet Ihr dadurch ein ganz für sich stehendes, großes Bild, das in sich abgeschlossen ist und Euch genaue Antwort gibt in bildhafter Gestaltung jenes Schöpfungswebens, das Ihr wissen wollt.

Befolgt Ihr diesen meinen Rat, so wird es Euch auch stets gelingen, über alles Aufschluß zu erhalten in einer Form, die Euch *auf jeden Fall* verständlich werden wird und die Euch niemals irregehen läßt.

Legt nur die Einzelsteine *so,* daß sie *genau zum ersten Steine* passen, den Ihr Euch für Eure Frage aus dem Schatze holt. Es ist dabei ganz gleich, ob dieser Stein den Mittelpunkt bedeutet oder nur am Rande liegen muß. Die anderen, dazugehörenden lassen sich immer nur *so* einfügen oder dazulegen, daß es zuletzt genau das Bild ergibt, welches Ihr braucht zu der Beantwortung und Klärung Eurer Frage.

Die Steine lassen sich nie anders setzen, und Ihr seht sofort, wenn Ihr nur irgendeinen Teil an eine falsche Stelle gelegt habt. Es paßt dann einfach nicht zum Ganzen und zwingt Euch dadurch, es dahin zu setzen, wohin es gehört, oder ganz auszuschalten, wenn es nicht dazu gehört.

Denkt dabei immer nur an ein Zusammensetzspiel, welches bei folgerichtigem Zusammensetzen der dazu in bestimmter Form gegebenen Einzelteile vollendete Bilder oder Bauten ergibt.

*So* habe ich Euch meine Botschaft gegeben, die *alles* enthält, welche Euch aber zwingt, *selbst dabei mitzuwirken!* Sie läßt sich nicht träge aufnehmen als fertigstehend, sondern Ihr müßt Euch auf jede Euerer Fragen das vollkommene Bild selbst zusammensetzend herausholen und Euch dabei bemühen.

Das ist die Eigenart *des lebenden Wortes,* das Euch bildet und erzieht und zur Bewegung Eures Geistes zwingt!

Wollt Ihr ein Bild irrtümlich oder oberflächlich falsch zusammensetzen, so kommt Ihr schnell ins Stocken und Ihr seht, daß keine Harmonie darin sich zeigt, weil Ihr vielleicht ein Steinchen nur an falsche Stelle legtet oder nur in seiner Form nicht so, wie es gerade zu *dem* Bilde oder Baue passen kann, das Ihr dabei erstrebt. Ihr könnt es deshalb nicht

## 55. DER RING DES WESENHAFTEN

vollenden und müßt immer wieder neu versuchen, bis es fest und richtig gefügt vor Euch steht.

Ein jeder Stein läßt sich zu *vielen* Bildern nehmen, nicht zu einem nur, doch seid Ihr selbst durch seine Eigenart gezwungen, ihn zu jedem Bilde anders auch zu legen, immer nur so, wie er sich ganz genau zu den anderen Steinen fügt.

Ergibt das Einzelbild aber für sich ein Ganzes, dann könnt Ihr Euch darauf verlassen, daß Euere Arbeit im Suchen richtig war!

Niemals wird Euch dabei ein Stein fehlen, nicht der kleinste Teil; denn *alles* birgt die Botschaft, was Ihr braucht! Versucht es nur, bis diese Arbeit Euch geläufig wird, dann steht Ihr selber fest in der gesamten Schöpfung!

Ich gebe Euch in meinem Wort der Botschaft den vollkommenen Baukasten mit bestgeschliffenen Edelsteinen, damit Ihr selber damit bauen könnt. Sie sind von vornherein genau gefügt für alles, was Ihr nötig habt. Den Bau aber müßt Ihr allein verrichten; denn so ist es gewollt!

So wißt Ihr nun, wie Ihr zu handeln habt, und ich kann weitergehen in meinen Erklärungen über den wesenhaften Ring und seine Auswirkungen in die Stofflichkeiten, zu denen er, der eigentlich der Abschluß ist alles Beweglichen, gleichzeitig eine Brücke bildet durch sein Wirken.

In diesem Ringe hat sich unter anderen Arten nun auch eine Art *des* wesenhaften Niederschlages zusammengezogen zu einer Ansammlung, von der sich die Tierseele bildet in ihren vielen Verzweigungen.

Gerade dieser Teil bedarf jedoch eines ganz besonderen Lehrganges, der mit *Beobachtung* verbunden werden muß, um vollständige Klarheit in dem Erdenmenschen wachzurufen, aber ich will wenigstens einige Hinweise darüber geben.

Die Seele jedes Tieres *bildet* sich, sie stellt sich erst zusammen, was in dem Ausdruck »bilden« liegt.

Zum Unterschiede und zu leichterem Verstehenkönnen weise ich noch einmal auf den Menschengeist. Der Geist des Erdenmenschen

## 55. DER RING DES WESENHAFTEN

trägt alles schon im Geistkeime in sich und braucht sich nur noch zu entwickeln zum Bewußtwerden.

Die Seele des grobstofflichen Tieres aber stellt sich erst zusammen, sie *bildet* sich, um dann erst nach und nach in der Entwickelung noch zu erstarken. In dem Erstarken vermag sie sich immer fester und haltbarer zu formen.

Die zur Grobstofflichkeit gehörende Tierseele kann erst nach und nach eine beständige Form erhalten. Nach Loslösung vom grobstofflichen Körper verliert die Tierseele in den meisten Fällen nach kurzer oder manchmal auch längerer Zeit ihre Form wieder und wird von der Gleicharts-Ansammlung aufgesogen als zwar *erhöhte* Wärme bringende, aber doch noch nicht fest in Form verbleibende Gleichart. Daher der Ausdruck »Gruppenseele«.

Nur eins kann die Tierseele in ihrer Form erhalten, das Stärkste, was es gibt: *die Liebe!*

Hat ein Tier Liebe zu einem Menschen gefaßt, so wird es dadurch gehoben, und durch diese freiwillige Bindung an den Geist erhält es Kräftezufuhr, die auch seine Seele fester zusammenhält. Doch darüber erst später. Es gibt ja nicht nur Tiere aus dem Abschlußring des Wesenhaften, sondern auch solche in höheren, ja bis zu den höchsten Ebenen.

In den allerhöchsten Ebenen sind es dann *wissende* Tiere, die in ihrem Dienen vollkommen rein sind.

Es kommt auch vor, daß Tiere aus den höheren Ebenen auf Erden inkarniert werden zu ganz besonderen Zwecken. Hierauf gehen wir jedoch jetzt noch nicht ein, sondern wir bleiben bei den auf Erden bekannten Tieren, deren Seelen aus dem wesenhaften Ringe um die Stofflichkeiten sich bilden.

Dazu will ich nur noch *einen* Hinweis geben, der die Euch zunächst sichtbare irdische, also grobstoffliche Umgebung betrifft.

*Alle an Ort und Stelle gebundenen* Formen auf der Erde haben *keine eigene Seele,* die ja zu sehr abhängig werden müßte von dem, was an sie herantritt, und damit jeder Willkür in der Grobstofflichkeit preisgegeben sein würde.

## 55. DER RING DES WESENHAFTEN

Solche Unausgeglichenheit ist in der weisen Einrichtung des Schöpfers in seinem Werke ganz unmöglich.

Deshalb haben solche Formen keine eigene Seele, sondern sie dienen nur als Behausungen von Wesen, die ganz unabhängig von den Formen sind und diese nur schützen und pflegen.

Zu diesen Formen gehören Pflanzen und Gestein! Dadurch wird Euch wieder eine Erleuchtung kommen, die Euch nützen kann, womit Ihr falsche Anschauungen klar erkennt.

Nur die *vom Orte unabhängigen* Geschöpfe, also wie die Tiere, welche sich von ihrer Stelle frei bewegen können, haben in sich einen *eigenen, beweglichen* Kern, welcher sie führt.

Bei den Tieren ist dieser Kern die wesenhafte Seele, bei den Menschen der Geist! Pflanzen und Gestein jedoch dienen nur als Behausungen für fremde, für sich selbständige Wesenheiten, die demnach nicht Seele der betreffenden Formen genannt werden können.

## DIE URGEISTIGEN EBENEN I

Für alle die, die meine Botschaft bereits richtig aufgenommen haben, *nur* für diese will ich nun das Bild der Schöpfung wieder etwas weiter auseinander ziehen, um ihr Wissen davon zu vergrößern.

Ihr werdet dadurch eingeweiht in höhere Erkenntnisse, welche bisher den Menschen nicht gegeben worden sind, weil sie es nicht verstanden hätten, weil sie noch geistig viel zu unfertig dazu gewesen wären, um es aufnehmen zu können. Und *selbst*, von *sich* aus, konnte nie ein Mensch zu den Erkenntnissen gelangen.

Es wird gegeben als Gnade aus dem Licht! Oft sprach ich bisher schon von Urgeschaffenen, die in der Urschöpfung, dem urgeistigen Reiche, wirken.

Anstatt urgeistig könnte ich mit gleichem Rechte auch den Ausdruck hochgeistig und vollgeistig verwenden, ebenso es als das *höchste* Geistige bezeichnen. Es würde alles richtig sein.

Aber ich zog das Wort urgeistig vor. Es ist das *Stärkste* aus dem Geistigen, welches befähigt ist, unter dem höchsten Druck des Lichtes, den das Geistige als geistig seiend überhaupt ertragen kann, sich vollbewußt zu werden und bewußt verbleibend auch zu wirken.

Im Sichbewußtwerden erstand dann gleichzeitig auch schon die Form, ohne erst einen langsamen Erstehungsgang zu haben, wie er in tiefer liegenden, noch weiter abgekühlten, dadurch dichteren und auch langsameren Bewegungskreisen dieser Schöpfung nötig wird.

Nachdem das Stärkste aus dem Geistigen sich sofort formend lösen konnte und in nächster Nähe der göttlichen Ebene verblieb, von deren starker Anziehung im Lichtdruck festgehalten, wurde das übrige von diesem Drucke weiter fortgedrängt, weil es nicht standzuhalten fähig war und dem zu starken Drucke weichen mußte, nachdem das Stärkste davon Form geworden war.

Die noch weiter zurückgedrängte, ungeformt gebliebene geistige Art vermochte sich in größerer Entfernung von dem Lichte noch mehr abzukühlen, und es erstand damit auch wieder eine neue Welt; denn in der Abkühlung konnte das nun im Rest des Geistigen *diesmal* als Stärkstes Geltende sich wieder formend lösen, um bewußtseiend in dieser abgekühlteren Ebene zu wirken.

Die zweite aber wie die erste, oberste, haben in sich selbst noch viele Abstufungen, die sich bildeten je nach der *Schnelligkeit* ihres Bewußtseinkönnens, mit der sie sich formten.

Die Unterschiede darin wurden wiederum bedingt durch auch in *Gleichart* noch vorkommende Verschiedenheiten in einer *mehr* oder *minder* starken Fähigkeit, die Nähe des Lichtdruckes zu ertragen.

Auch darin sind also noch feine Unterscheidungen. Jede Ebene einer bestimmten Gleichart hat deshalb in ihren Grenzen trotzdem noch zahlreiche Kreise, die dem höchsten Punkte dieser entsprechenden Ebene näher stehend oder erst entfernter wirken können.

Das gibt oft kaum bemerkbare Übergänge, die sich in dieser Art ohne Unterbrechung durch die ganze Schöpfung ziehen und herrliche, lückenloseste Verbindungen geben für das Durchfluten der Lichtkraft, Stufen, wie wir sie auch nennen können, die aber trotz ihrer Zartheit aufwärts nie zu übersteigen sind, wenn nicht die entsprechende Beschaffenheitsstärke in der Gleichart dazu erreicht ist!

Die entwickelten Menschengeister jedoch, zu denen die Erdenmenschen gehören, haben ihren Ursprung weder in der oben genannten ersten noch in der zweiten geistigen Sammelebene, sondern sie stammen aus dem *letzten Niederschlage* des Geistigen, der nicht so viel Kraft in sich trägt, um in der zweiten Ebene des Geistes sich bewußtwerdend formen zu können.

Er konnte sich auch dort nicht aufhalten, weil er dem Druck des Lichtes auch an dieser schon entfernten Stelle nicht mehr widerstehen konnte, nachdem sich *der* Teil noch gelöst und geformt hatte, der in dieser zweiten Ebene fähig dazu war. So mußte der übrig gebliebene Teil als letzter Niederschlag noch weiter zurückweichen, in noch tiefere Abkühlungsmöglichkeit.

Aber auch hier war es ihm als schwächstem Teil und letztem Niederschlag des Geistigen nicht möglich, *selbst* zum Bewußtsein zu kommen, ohne äußeren Anstoß dazu zu erhalten. Aus diesem Grunde blieben es nur Menschengeist*keime*, zwar entwickelungsfähig und durch ihre geistige Art auch mit dem Drange dazu erfüllt, aber nicht stark genug, *selbst* aus sich heraus zu erwachen und damit bewußtwerdend sich zu formen.

*Dort* erst ist also der *Ursprung* des Erdenmenschengeistes als solcher in der großen Schöpfung, dort erstand und ist auch das Paradies der sich bis zur Vollendung entwickelnden Menschengeister, also die Ebene ihres eigentlichen Ausganges und gleichzeitig ihrer Rückkehr in der Vollendung!

Von oben nach unten gesehen, liegt es in unermeßlicher Tiefe, von der Erde aus nach oben zu gesehen, aber trotzdem noch in unsagbarer Höhe; denn weit dehnen sich die Ebenen der Stofflichkeiten aus, die die Entwickelungsflächen und Wirkungsfelder der Menschengeister sind.

Die Unfähigkeit des Selbsterwachenkönnens sogar an dieser äußersten, vom Licht entferntesten Stelle des letzten Stützpunktes des Geistigen zwingt diese Geistkeime, dem inneren Entwickelungsdrange folgend, noch weiter zu ziehen, um in einer Wanderung durch die mehr und mehr entfernt liegenden feinen und groben Stofflichkeiten sich langsam zum geistigen Bewußtwerden zu entwickeln, da deren Reibungen und Anstöße ihrer Dichte und Schwere zum Erwecken und Erstarken beitragen und zwingen.

Das ist das ungefähre Bild des Werdens Eures Menschengeistes.

Für Ernstzunehmende und darum Bittende allein gebe ich die Erweiterung des Blickes in die wundervolle Schöpfung, die als Gotteswerk in klarer Größe mit dem Wirken der vollkommensten und dadurch unumstößlichen selbsttätigen Gesetze um Euch ist.

## 56. DIE URGEISTIGEN EBENEN I

Dazu müssen auch später noch die Sonderschilderungen kommen über Ursprung und Erstehung alles dessen, was in *jedem* Schöpfungsreiche artentsprechend noch zu finden ist, wie Pflanzen, Tiere, Boden, Felsen, Meere, Luft und Feuer usw., was wir hier auf Erden nur als gröbste Abbilder zu schätzen haben, wie die Erdenmenschen selbst.

Es ist ein unabsehbares Gebiet, und doch soll keine Lücke bleiben, aber alles erst zu seiner Zeit. Jetzt gebe ich zuerst nur das, womit der Erdenmensch in ganz gerader Linie verbunden ist.

Es bleibt unangenehm genug, zu wissen, in welcher unwürdigen Art die Erdenmenschheit seit Jahrtausenden sich müht, das Wertvollste, was sie besitzt, ja, was sie eigentlich erst zu dem Menschen macht, den *Geist*, in sich verderbenbringend einzuengen und zu unterdrücken, so daß der Erdenmensch sich jetzt sogar schon schämt, einmal von etwas *Geistigem* zu sprechen, ein geistiges Erleben zuzugeben, aber qualvoll wird es, immer wieder zu erleben, daß die Menschen die so freiwillig erzwungene Beschränktheit in unglaublich lächerlich wirkender Dummheit noch für *Klugheit* halten, sogar für Gelehrsamkeit ansehen!

Nur *einen* Trost gibt es dabei: das Wissen von der *Wendung* dieser Dinge, die so nahe schon bevorsteht, wie es niemand ahnt noch glauben würde, und die Kenntnis von der Tatsache, daß ein Teil dieser selben Menschen schamvoll dann zurückblickt auf die Zeit der schmachvollen Verirrung, die sie ihrem eigentlichen Menschentume und der Menschenwürde weit entfernt, während der andere Teil dann nicht mehr in Frage kommt; denn er besteht nicht mehr.

Nur mit dem Ausblick *darauf* gehe ich noch weiter in meinen Erklärungen. –

Ich will den Schleier aber weiter lüften für den Menschengeist, nachdem ich ihm ein ganz gedrängtes Bild bereits gegeben habe von dem Weg des Lichtes bis zu ihm, den es bei jeder Lichthilfe zurückzulegen hatte mit verschiedenen Verankerungen, um zuletzt bei diesen kleinen Erdenmenschen mit deren frevelhaftem Dünkel abgelehnt zu werden, wie es bisher stets geschah.

Wohl kamen zu Euch oft schon Kunden aus den Ebenen herab, Ihr habt jedoch nur kümmerliche Brocken davon aufgenommen und nach Eurer Menschenart geformt, so daß die Wiedergaben lediglich als arg entstellte Trümmer in Legenden und in Dichtungen zu finden sind. Verworren und schöpfungsgesetzmäßig unmöglich in der Darstellung, verwoben mit verschiedenen rein irdischen Geschehen ... daraus wurde ein Gemisch, das Euch erhaben dünkt und doch der Wahrheit gegenüber lächerlich erscheint und nur mit Eurem Nichtswissen entschuldigt werden kann.

Vor meiner Botschaft haben Menschen hier und da schon vom Bestehen solcher Ebenen gehört, aber sie vermochten diese nicht auseinanderzuhalten, und deshalb erstanden in dem üblichen Dünkel menschlichen Klugseinwollens die unmöglichsten Gebilde.

Es ist schon zu verstehen, daß sich ernste Menschen kopfschüttelnd in angemessener Entfernung davon hielten, während unter Schwärmern und Phantasten die verheerendsten Verirrungen entstanden, ganz abgesehen davon, daß sich vorwiegend die vielen kleinen Gernegroße darin ohne Mühe aufzuschwingen suchten, um wenigstens *einmal* den ihnen immer anhaftenden, kranken Hang des mühelosen Geltenwollens befriedigen zu können!

Ein widerlicher feinstofflicher Sumpf war alles, was daraus erstand, der Menschengeistern sehr gefährlich wurde, weil er verhinderte, die Wahrheit unbeeinflußt aufnehmen zu können und so den *rechten* Weg zum Aufstieg zu erkennen!

Trotz allem aber, es ist schließlich *doch* der *eigene* und *freie* Wille und die Folge einer selbstgeschaffenen Trägheit des Geistes jedes einzelnen, der sich dadurch von dem Erkennen selbst zurückhält.

Wer sich nur *etwas* müht, *muß* Wahrheit in den Dichtungen sehr bald in der Empfindung klar erkennen.

Nehmen wir einmal die Sage über Parzival! *Von dieser kleinen Erde* ausgehend im Denken, sucht der Mensch zu erforschen und etwas über Parzival zu finden, um den Ursprung, die Entstehung dieser Sage zu entdecken.

Wohl haben Erdendichtern irdische Personen vorgeschwebt, die einen äußerlichen Anstoß zu der *Form* der Dichtung gaben, doch manches schöpften sie bei ihrer Arbeit in der geistigen Vertiefung unbewußt aus Quellen, die sie selbst nicht kannten.

Da sie jedoch zuletzt wieder mit dem Verstande feilten und es dadurch *irdisch* schön und leichter verständlich zu machen suchten, wurde auch das wenige, das ihnen aus den unbekannten Ebenen zufließen konnte, in die Grobstofflichkeit eingezwängt, verkleinert und entstellt.

Besonders darauf noch erklärend einzugehen, lohnt sich nicht. Ich gebe das *Tatsächliche*, und jeder Mensch kann für sich daraus nehmen, was sein Geist vermag.

Doch ist es notwendig, von vornherein auf einiges noch hinzuweisen, was für viele manchen Irrtum klären muß und denen, die in höhere Erkenntnisse eingeweiht werden können, vieles erleichtert, da sie sich dadurch gleich im Anfang über alles Falsche, was auf Erden eingenistet ist, hinwegzuschwingen vermögen.

Es *gibt* in Wirklichkeit eine Burg, wo ein Amfortas weilte und dort eine Zeit als der oberste Hüter galt. In dieser Burg ist ein Gefäß, der »Gral« genannt, das von den Rittern treu behütet wird. Dort war einst Amfortas auch tatsächlich zu Fall gekommen, und ein großer Helfer wurde verheißen.

Aber das war weder auf der Erde noch war es die hohe Lichtburg der Urschöpfung, in welcher dies geschah.

Die Burg, von welcher *da* gekündet ist, befindet sich auch heute noch als höchster Punkt auf einer Ebene, in welcher *Geschaffene* ihr Wirkungsfeld zu den Entwickelten besitzen. Diese haben in dem reinsten Wollen und in Gottanbetung nur eine *Nachahmung* von der Lichtburg, die von höchster Stelle in der Urschöpfung herabstrahlt und als eigentliche Burg des Heiligen Grales auch das Ausgangstor aus der göttlichen Strahlungs-Sphäre bildet.

In dieser tiefer liegenden *Nachahmung* wirkte einst Amfortas und stürzte, als er dem üblen Einflusse Luzifers erlag. Sein Fehler war, daß er sich diesem Einfluß folgend kurze Zeit einmal behaglichem Genießen stolzen Ritterlebens hinzugeben suchte.

Damit trat er aus dem Gleichmaß der notwendigen Bewegung seiner Ebene, welche das Schöpfungsurgesetz selbsttätig einzuhalten zwingt den, der auf gleicher Höhe bleiben will. Er kam für kurze Zeit zum Stillstand und schuf damit hemmend eine Lücke für das Durchfluten der Kraft des Lichtes.

So war sein Stürzen unvermeidlich, und es riß ihn nieder. Die Lücke war die Wunde, die er trug. Auf das Flehen der getreuen Ritterschaft hin wurde von dem Kommen des helfenden Reinen gekündet, welcher dem Verderben Einhalt geben kann.

Und Parzival erfüllte die Verheißung bei der Wanderung durch alle Schöpfungsteile, wie er alle Verheißungen erfüllt, die je den Kreaturen der gesamten Schöpfung einst gegeben sind. Doch die Erfüllung war ganz anders, als sie in der Dichtung angegeben ist.

Die Schilderung der Schöpfung bringt auch hierin volle Aufklärung und scheidet alles bisher Falsche aus.

Es sind also nur Teile einer Kunde aus der untersten *Nachahmung der Lichtburg*, welche bis zu den geöffneten Geistern dieser Erdendichter dringen konnten und von diesen aufgenommen wurden während ihrer Arbeit, nicht aber von der lichten Gralsburg selbst; denn dort war es unmöglich, Parzival erst zu verkünden, weil Parzival der *Erste* in der ganzen Schöpfung war und ist, mit ihm die ganze Schöpfung erst erstehen konnte. Er ist ein Teil des Gottgeistes Imanuels, in das Urgeistige verankert, um das Urgeistige zu schaffen.

Aus seiner Lichtstrahlung erstanden erst die Urgeschaffenen, mit diesen auch die Burg und alles, was sich formte. Er konnte also niemandem erst verheißen werden, da er selbst der Erste war, und alles andere erst *nach* ihm werden konnte. Außer ihm ist niemals jemand König des Heiligen Grales gewesen!

Aus diesem Grunde mußte auch ganz selbstverständlich jene Burg, von der die Dichter sprechen, *tiefer* als die eigentliche Gralsburg sein, weil Parzival dann später noch die Welt durcheilte, um sie zu erlösen von dem üblen Einfluß Luzifers und diesen selbst zu fesseln für das Gottesreich der Tausend Jahre in der Stofflichkeit.

## 56. DIE URGEISTIGEN EBENEN I

So kam er auf der Wanderung durch alle Schöpfungsteile auch zu jener Burg, die in der Dichtung falsch geschildert ist. Er hielt seinen Einzug dort *als König des Heiligen Grales*, der er ist von Anfang an und ewig bleiben wird, weil er selbst aus dem Lichte stammt. Auch blieb er nicht dort, sondern setzte für Amfortas einen neuen höchsten Hüter ein für das Gefäß, das sie als *Abbild* des Heiligen Grales ehren.

In der Heiligen Lichtburg, die den eigentlichen Gral umgibt, ist das Versagen eines seiner Hüter ganz unmöglich, da Parzival dort gegenwärtig bleibt, in dem ein wesenloser Teil des Lichtes selbst verankert ist, der aus Imanuel durch die Urkönigin Elisabeth hinabgeleitet wurde bei dem Gotteswort: Es werde Licht!

## DIE URGEISTIGEN EBENEN II

Parzival! Wie sehr bekannt ist dieses Wort als solches unter Erdenmenschen, von denen jedoch niemand eine Ahnung von der Wirklichkeit besitzt.

Eine Dichtung, eine Sage! Damit treffen sie das Richtige, wenn sie *das* meinen, was sie von dem Worte heute wissen; denn das ist in Wirklichkeit nichts anderes als eine zur Dichtung gewordene Sage, die als Bruchteil eines früheren Wissens sich als solche noch erhalten hatte.

Wie ich darüber bereits sagte, sind nur immer kleine Bruchteile herabgekommen aus geistigen Ebenen bis in die Grobstofflichkeit dieser Erde, vor langen, langen Zeiten.

Die Dichter der *heute* bekannten Gralssagen sind durchaus nicht die ersten, welche sich damit befaßten und bei der Vertiefung in ihre Arbeiten nochmals einige Lichtblicke erahnen konnten.

Weit, weit zurück liegt die Zeit, da die *ersten* Hinweise auf die Lichtburg und deren Bewohner aus den geistigen Ebenen herab bis zur Erde drangen, mit ihnen die Kunde vom Heiligen Gral.

In ehrfürchtigem Staunen und kindlichem Vertrauen wurde es damals von den Erdbewohnern aufgenommen, die noch gemeinsam ohne Störung mit den Wesenhaften wirkten, sich von diesen gern beraten ließen. Ohne es selbst zu wissen, halfen die Menschen mit den Strahlungen ihres Geistfunkens auch wieder den Wesenhaften, und so entfaltete sich die Schöpfung in der Grobstofflichkeit mit den Geistfunken immer mehr, welche herrlich zu erblühen versprachen.

*Damals*, weit vor den jetzt bekannten großen Umwälzungen auf der Erde, noch bevor die Menschen den Verstand zu ihrem Götzen machten und dadurch zum Abfall von dem Lichte und zum Sturze kamen, war eine Verbindung mit der lichten Burg geschaffen; denn die Strahlen konnten ungehindert fluten bis herab zur Erde, und in diesen Strahlen konnten Erdenmenschen Parzival bereits erahnen.

Dann setzte aber von den Menschen ausgehend deren Verstandesgötzenherrschaft ein, und mit ihr wurde die Verbindung mit der Lichtburg abgeschnitten, was als selbsttätige Folge die Unwissenheit darüber, die Unmöglichkeit des geistigen Erahnens durch Empfindung nach sich zog.

Zuletzt vertrocknete auch noch die Fähigkeit des *wesenhaften* Aufnehmens, und alles selbstverständliche Erleben in dem Wissen von den wesenhaften Helfern versank in das Reich der Fabeln, so daß die bis dahin in gerader Linie aufstrebende Entwickelung ganz unerwartet einen Riß bekam.

Wenn die Menschen *so* geblieben wären, wie sie zu der von mir genannten Zeit gewesen sind, zu der die erste Kunde von der lichten Burg und Parzival bereits herab zur Erde kam, so würden sie in stetem Aufstiege heute tatsächlich Herren aller Grobstofflichkeit sein in bestem, aufbauendem Sinne. Es würde auch kein Mensch bei den Umwälzungen vernichtet worden sein, die sich in reifender Entwickelung von Zeit zu Zeit ergeben mußten.

Die großen *Katastrophen* waren immer eine Notwendigkeit der Entwickelung, doch nicht der Untergang so vieler Völker, der bisher fast stets damit verbunden blieb.

Hätten die Menschen die Verbindung mit den wesenhaften Helfern und den lichten Höhen nicht leichtsinnig frevelnd aufgegeben, so würden sie vor jeder Not stets rechtzeitig gewarnt und von den gefährdeten Landstrichen fortgeführt worden sein, um der Vernichtung zu entgehen! Denn so geschah es damals auch, als sich die Menschen willig führen ließen von den Helfern, die der Schöpfer ihnen zugewiesen aus der wesenhaften und geistigen Welt, mit der sie die Verbindung freudig dankbar aufrechtzuerhalten suchten.

So raubten sie sich aber später diese unschätzbaren Hilfen immer selbst durch dünkelhaftes Klugseinwollen des Verstandes und erzwangen damit mehrmals ihren schmerzensvollen Untergang, wie sie ihn wiederum auch jetzt erzwingen, da sie nicht mehr auf die letzten Rufe aus dem Lichte hören wollen und vermeinen, alles besser noch zu wissen, wie so oft!

Es ist die Not, Verzweiflung und der Untergang nur immer die schöpfungsgesetzmäßige Wechselwirkung falschen Tuns, das ist doch schließlich nicht schwer zu erfassen, wenn man es nur *will!* Es liegt darin eine so einfache und klare Selbstverständlichkeit, daß Ihr es später kaum begreifen werdet, wie es kommen konnte, so etwas zu übersehen und nicht scharf darauf zu achten, um sich alle Leiden damit nicht nur zu ersparen, sondern sie sogar in Freuden umzuwandeln.

Ihr seht doch heute selbst deutlich genug, daß sich kein Mensch dagegen wirklich wehren kann. Kein Volk, auch nicht vereintes Wollen der gesamten Menschheit würde solches fertigbringen; denn alles in der Schöpfung verbleibt nur abhängige Kreatur dem Willen Gottes gegenüber! Es wird *niemals* anders sein.

So war es immer nur das falsche Tun der Unterwerfung unter den gebundenen und bindenden Verstand, dessen natürlichen Folgen schon viele Einzelmenschen und ganze Völker zum Opfer fallen mußten, weil sie sich von jeder Möglichkeit einer Rettung durch höhere Führung ausgeschlossen hielten.

Ihr könnt darin die große Einfachheit der Wirkung göttlicher Gesetze leicht erkennen und auch sehen, was die Menschen für sich selbst versäumten.

Ich gab Euch damit heute flüchtig einen Blick in jenes große Schöpfungswirken, was den Menschen schon so manches Kopfzerbrechen machte, damit Ihr an der Hand der Botschaft sehen könnt, daß alles Unglück, alle Angst und Pein der Mensch sich selbst nur zuzuschreiben hat und viel hätte vermeiden können, wenn er nicht eigensinnig falsche Wege eingeschlagen hätte.

*Jedes* Geschehen könnt Ihr durch die Botschaft klar erkennen und *begründen,* was in der Schöpfung vor sich geht. Ihr wißt von den unveränderlichen Auswirkungen der Schöpfungsgesetze, die ich Euch geschildert habe, kennt deren leicht übersehbare Einfachheit und Größe.

Immer mehr werdet Ihr erfahren, daß ich Euch mit der Botschaft den Schlüssel zu der richtigen Erklärung *jedes* Vorganges und damit der ganzen Schöpfung gegeben habe!

Laßt Euren Eifer und unermüdliches Wachsein es mit der Zeit ergründen, dann habt Ihr den Weg zum ewigen Leben, den Ihr nur zu gehen braucht, um es zu erreichen. –

Die Menschen hatten also vor Urzeiten schon die erste und richtige Kunde über Parzival erhalten. Das Wissen davon pflanzte sich unter ihnen fort von Mund zu Mund, von Eltern auf die Kinder.

In dem Zurückgehen der Reinheit der Verbindung mit dem Schöpfungswirken aber verdüsterte sich auch nach und nach die Weitergabe des ursprünglichen Wissens, es wurde vom anwachsenden Verstande unmerkbar verschoben und zuletzt verstümmelt, blieb als Sage nur zurück, die keine Ähnlichkeit mehr hatte mit dem Wissen von einst.

Nach Edelmut strebende Menschen nahmen sich dann immer wieder dieser Sagentrümmer an und suchten hier auf Erden *grobstofflich* etwas davon zu schaffen, weil sie wähnten, daß der Ursprung dieser Überlieferungen einst in einem weit zurückliegenden *Erden*vorbilde gelegen haben müßte.

Das wollten sie erneuern und versuchten es in großen Zeitabschnitten oft. So kommt es, daß auch heute wieder mancher Forscher einen *Ursprung* in einem der irdischen Versuche aus vergangenen Jahrhunderten zu finden wähnt, ohne aber das Richtige damit zu treffen.

Der Mensch kommt aus dem Wirrwarr *nicht* heraus, so sehr er sich auch mühen will; denn ihm fehlt der Zusammenhang mit der Tatsächlichkeit, den ich ihm wieder geben will, um alles Falsche auszurotten.

Parzival! Er ist von Imanuel nicht zu trennen; denn Imanuel ist in ihm und er wirkt aus Parzival. Es kann auch gesagt werden, daß Parzival eine von der Urkönigin Elisabeth geformte Hülle Imanuels ist, durch die Imanuel an der Spitze der Schöpfung stehend wirkt, die erst aus ihm erstehen konnte und sonst nicht sein würde, gar nicht sein könnte; denn Imanuel in Parzival ist der Ursprung und Ausgangspunkt der Schöpfung überhaupt.

Er ist schaffender Gotteswille, und Gott ist mit ihm, in ihm. Daß so etwas herabgezogen werden konnte bis zu *der* Figur, wie sie als Parzival heute von der Erdenmenschheit gedacht ist, bleibt auch nur dieser Erdenmenschheit möglich, welche alles in den Staub drückt durch ihren Verstand, der ja selbst staubgeboren ist.

Was immer diese Menschheit mit ihrem Verstande aufzunehmen sucht, drückt sie damit auch in natürlichem Geschehen in den Staub, zerrt es also herab in den Bereich des *irdischen* Verstehenkönnens. Damit wird allem auch die enge Grenze grober Stofflichkeit gesetzt, das Höchste wird in Dichte und die Schwere einer langsamen Bewegung in der Zone äußerster Abkühlung eingehüllt und kann damit ganz selbstverständlich auch nicht einmal Ähnlichkeiten an sich tragen von der Wirklichkeit des so Herabgezogenen, die in ganz anderen Verhältnissen und *solchen Höhen* sich befindet, wie sie der Mensch*geist* nicht zu erfassen fähig ist, und wieviel weniger der erdgebundene Verstand!

Mit dem Ausdruck »in den Staub ziehen« ist hierbei nicht in Schmutz drücken gemeint, sondern lediglich ein *Verirdischen!*

Der Ausdruck Staub und staubgeboren ist an Stelle des Begriffes Grobstofflichkeit eingesetzt, was manchen Menschen vielleicht leichter noch verständlich wird, weil es im Volksmunde gebräuchlich ist. –

Also *das* ist Parzival! Der *Erste* in der Schöpfung! Er trägt einen *wesenlosen* Kern in sich aus Gott, ist mit Imanuel verbunden und verbleibt es auch in alle Ewigkeit, weil dieser aus ihm wirkt und so die Schöpfungen regiert. Dadurch ist er der König aller Könige, der Lichtsohn, auch Lichtfürst genannt!

Nun stellt daneben die Figur der Dichtungen! Welch unmögliches Zerrbild seht Ihr da vor Euch. Aber es ist schon zu verstehen, wie das alles kam, wenn man das Ganze überblicken kann und in *drei große Abteilungen* trennt.

Laßt aber jede der drei Abteilungen einmal ganz für sich allein vor

Eurem Geist bildhaft lebendig werden. Nur so könnt Ihr das *Ganze* überschauen und verstehen, was ich Euch damit klarzumachen suche.

Das *erste* zum Verstehen *Grundlegende* ist:

Parzival als Lichtsohn sich zu denken, der *von oben* in die Schöpfung kommt, nicht etwa von unten heraufgehoben wird, als der Anfang und das Ende in der Schöpfung, das A und O für alles Weben außerhalb des Göttlichen und damit König des Heiligen Grales, König der Schöpfung!

Das *zweite:*

Parzivals großes Reinigungswerk, das ihn persönlich durch die Welten führt, sein Kennenlernen alles Übels durch das eigene Erleben rückhaltlos bedingt, und mit der Fesselung Luzifers enden mußte zum Schutz der Schöpfungen und aller Kreaturen, welche nach der Reinigung verbleiben.

Das *dritte:*

Der Sturz und das große Versagen der Entwickelten, also der Menschengeister in der Stofflichkeit, was das Zerschlagen ihres falschen Eigenwillens nötig macht, unmittelbare Einsetzung des Gotteswillens in der Aufrichtung des Reichs der Tausend Jahre, bis die freiwillige Einordnung alles Menschheitswollens in den Gotteswillen sich ergibt und so die ungestörte Fortentwickelung der Schöpfungen im Schwingen lichtdurchfluteter Bewegungskreise vollständig gesichert ist. –

Wer die drei Abteilungen *einzeln* gut erfaßt und sich wenigstens nur als Bild klar vorzustellen fähig ist, der kann ganz gut verstehen, wie die falschen Dichtungen von heute nach und nach erstanden. Teilkunden aus den drei Geschehen drangen hier und da herab zur Erde, vieles davon vorauskündend.

Im Unverständnis wurde von den Menschen alles in die groben Begriffe der dichtesten Stofflichkeit gepreßt, auf die Erde versetzt und so zu einem Gebräu gemischt, aus dem die letzten Dichtungen hervorgingen.

Ihr müßt meinen Worten genau folgen, müßt sie auch *be*folgen und Euch lebende Bilder der drei Abteilungen als gewaltige Einzelgesche-

## 57. DIE URGEISTIGEN EBENEN II

hen vorstellen, von denen nur Teilkunden zur Erde dringen konnten durch dazu geöffnete Kanäle, die arg verstopft sind und sowieso nur noch Getrübtes durchlassen, das mit von Menschen Eigengedachtem bereits vermischt ist, welches sich als Schlamm in diesen Kanälen angesetzt hat.

Klar und rein kann es schon seit Jahrtausenden nicht mehr bis zu der Erde dringen.

Ich meine jetzt bei allem nur *Vorgänge in der Schöpfung*, die sich aus der Entwickelung in falschem Wollen versagender Kreaturen zwangsweise ergeben haben, und verfolge in meinen Erklärungen vorerst einmal diesen *einen* Weg! Alles andere lasse ich noch zur Seite. Hierbei ist also auch das versuchte Erlösungswerk des Gottessohnes Jesus an den Erdenmenschen nicht inbegriffen; denn das war ein gesondert stehendes Liebeswerk.

Ihr müßt mir genau folgen, sonst könnt Ihr nicht verstehen. Es ist vielleicht ganz gut, wenn ich Euch deshalb einmal auch erkläre, wie der Vorgang ist, sobald ich zu Euch spreche:

Ich sehe das *ganze* Geschehen vor mir, da ich es überschaue in seinem vollständigen Wirken bis in die feinsten Verästelungen. Ich sehe alles *gleichzeitig im Wissen*.

Nun suche ich durch das, was ich erklären will, eine gerade Straße zu bahnen, auf der Ihr die Hauptsachen *so* auffassen könnt, daß Ihr ein Grundbild für *das* Betreffende erhaltet, was Ihr in dem Vortrag aufnehmen sollt. Das alles muß ich jedoch zuerst in eine *so* enge Form pressen, die dem Auffassungsvermögen des entwickelten Menschengeistes angepaßt ist. Habe ich das erreicht, dann muß ich noch die passenden Worte und Ausdrucksformen suchen, die Euch *das* Bild erstehen lassen, das ich geben will.

Das alles geschieht aber nicht *nacheinander*, sondern *gleichzeitig* in mir, und ich gebe Euch dann das für Euch unübersehbare und auch unerfaßbare Geschehen, in dem Vergangenheit und Zukunft sich in Gegenwart vollziehen, ein Vorgang, dessen Art der Menschengeist überhaupt nicht zu denken fähig ist, in einer Euch zugänglichen Form!

## 57. DIE URGEISTIGEN EBENEN II

Tropfenweise erhaltet Ihr so aus dem Euch Unfaßbaren, und doch derart, daß die Tropfen zusammen einen genießbaren und kraftvollen Trunk ergeben, der Euch im Wissen stärkt und aufwärts hilft, wenn Ihr nur diese Stärkung als Wegzehrung aufnehmen wollt.

Vieles muß ich sehr oft dabei zuerst noch weglassen, um es an anderen Stellen viel später noch zu bringen, doch dann stets so, daß es das Bild ergänzt, zu dem es tatsächlich gehört; denn viel zu reich verzweigt, viel zu lebendig und beweglich für den Erdenmenschengeist ist alles Schöpfungsweben *über* ihm, als daß er etwas davon auch nur bildlich fassen könnte, wenn er es nicht in Sonderschilderungen für sich zugänglich gemacht erhält.

Gebt Euch den zehnten Teil *der* Mühe, welche *ich* mir geben muß, um es Euch überhaupt erst zugänglich zu machen, und Ihr habt *alles* damit für Euch erreicht!

Ich werde späterhin vielleicht noch schildern, wie es in der Lichtburg *ist*, und dann die Ebenen beleuchten, die entfernter sich entwickeln konnten, bis zuletzt herab zur Stelle, da die Menschengeistkeime als letzter Niederschlag des Geistigen verbleiben, um in einer Wanderung durch alle Stofflichkeiten die Entwickelung zu finden, dessen Drang und Sehnen nach Erfüllung alle in sich tragen.

Zuerst gebe ich *davon* Bilder, wie es *ist*, und später vielleicht noch darüber, wie es einst erstand; denn das Geschehen ist zu groß. Erst sollt Ihr wissen, wie es *ist;* denn *das* benötigt Ihr, da Ihr stets mit der Gegenwart für Euch zu rechnen habt und der daraus sich aufschließenden Zukunft. Steht Ihr *darinnen* fest, so können wir dann weiter in dem Wissen schreiten.

Für heute lernet die drei Grundabteilungen erkennen, die mit dem Namen *Parzival* verbunden sind.

## DIE URGEISTIGEN EBENEN III

Urgeschaffene! Das Wort ist Euch geläufig, doch Ihr könnt Euch nichts darunter denken, oder was Ihr denkt, vermag dem Eigentlichen niemals zu entsprechen.

Deshalb will ich Euch dem Verständnis dafür näher führen, damit Ihr darin wissend werden könnt, soweit es einem Menschen möglich ist.

Wenn ich Euch von dem Reich der Urgeschaffenen erzählen will, muß ich nochmals bei Parzival beginnen, *aus dem die Urschöpfung erstanden ist.*

Das Hauptsächliche wißt Ihr schon von Parzival. Ihr wißt, woher er kam und was er ist.

An den wesenlosen Lichtkern der dreieinigen Gottheit schließt sich die für alles Geschaffene unfaßbare Ebene der unmittelbaren Gottkraftausstrahlung, die Sphäre der von Ewigkeit zu Ewigkeit in nicht zurückzuhaltender Gotteskraftausstrahlung lebenden Umgebung. So war es immer.

Und als die *Schöpfung* dann aus dem Willen Gottvaters heraus erstehen sollte, konnte sich alles nur in dem dazu notwendigen Gang der Handlung oder des Geschehens entwickeln, den Ihr Euch heute durch die Botschaft folgerichtig zu denken vermögt.

Die Schöpfung mußte erstehen durch den *schaffenden Willen* Gottvaters! Der schaffende Wille Gottvaters ist als solcher Imanuel, schaffend persönlich seiend und doch ganz in dem Vater stehend oder bleibend, und der Vater ist in ihm bei seinem Schaffen.

Ich glaube, *so* wird Euch manches immer mehr verständlich.

Ebenso wie der schaffende *Wille* Imanuel *persönlich* ist, so wurde auch die *Liebe* in dem Wirken *persönlich* in Jesus.

Beide sind als Teile von dem Vater eins mit ihm, und der Vater ist in ihnen. Von Ewigkeit her bis in alle Ewigkeit.

Jesus ist die Gottliebe, Imanuel Gottwille! In seinem Namen schwingt deshalb die Schöpfung. Alles, was in ihr geschieht, was sich darin erfüllt, ist eingeschrieben in dem Namen, der die Schöpfung trägt, vom kleinsten bis zum größten Vorgange! Nichts ist, was nicht aus diesem Namen kommt und was sich nicht darin erfüllen müßte.

Ihr Menschen ahnt die Größe nicht, die darin ruht; denn dieser Name ist das lebende Gesetz in seinem Ursprung und in der Erfüllung, er trägt das Weltenall mit allem, was darinnen ist.

In diesem Namen ruht das Schicksal eines jeden einzelnen, weil Ihr Euch an ihm richten müßt, seid Ihr doch alle fest in ihm verankert.

Und der Name *ist!* Er ist *lebendig* und *persönlich*; denn der Name und sein Träger sind untrennbar eins.

Das Werk der Schöpfung mußte dem *schaffenden Willen* zufallen, also Imanuel, der der schaffende Wille in Gott *ist!*

Und da die Schöpfung nur *außerhalb* der *unmittelbaren*, schon seit Ewigkeit bestehenden und nicht zurückzuhaltenden Strahlung des Urlichtes vor sich gehen mußte, ergab sich die Notwendigkeit, einen kleinen Teil des schaffenden Gottwillens selbst *über die Grenze* der unmittelbaren Strahlung *hinauszustellen*. Einen Teil, der ewig mit dem schaffenden Willen im Wesenlosen vereinigt bleibt und doch für sich außerhalb der göttlichen Sphäre stehenbleibend wirkt, damit durch seine Ausstrahlung die Schöpfung sich bilden kann und erhalten wird.

Und dieser kleine Teil, der aus dem schaffenden Gottwillen hinausgestellt wurde, damit die Schöpfung sich aus seiner Strahlung formen kann und auch erhalten bleibt, ist *Parzival!*

Sein wesenloser Kern aus Imanuel erhielt Form durch die Urkönigin Elisabeth, also eine Hülle, die ihm Anker ward zum Stehenbleibenkönnen *außerhalb* der göttlichen Sphäre! Und diese Hülle, diese Form ist das Heilige Gefäß, in dem Imanuel verankert ist und daraus er wirkt.

In Abd-ru-shin war seiner Zeit *Parzival* auf Erden, während zu der

Stunde der Erfüllung dann Imanuel als solcher von der Erdenhülle Parzivals Besitz ergreift, nach mühevollen Läuterungen dieser Hülle.

Dann erst kann nach und nach die ganze Kraft sich niedersenken in die Hülle, um die göttlichen Verheißungen in Gnaden an den Menschen zu erfüllen!

So rolle ich Euch noch einmal unermeßliches Geschehen vor dem Geiste auf, als Grundlage für das Verständnis über Parzival!

Es ist unendlich mühevoll, ein klares Bild zu geben für das irdische Begreifen, und ich darf die Zahl der Vorträge nicht scheuen, wenn ich es erreichen will.

Deshalb schicke ich schon bei dem ersten Vortrag klar voraus, daß die Erklärungen *nur* für *die* Menschen sein können, welche die Botschaft schon in sich zu *völligem* Erleben bringen konnten! Nur *die* vermögen mir zu folgen, wenn sie sich mit aller Kraft bemühen, immer wieder, bis sie es erfassen können; denn ich gebe es verkleinert, derart, daß es ihrem Geiste möglich wird.

Ihr dürft vor allen Dingen auch den Ausdruck »Sohn« *nicht menschlich* denken, nicht so, wie ein Sohn in einer menschlichen Familie ist.

»Sohn« bedeutet für das Göttliche ein »Teil«, ein für sich besonders wirkender Teil des Vaters. Sohn und Vater sind vollkommen *eins* und nie zu trennen!

Denkt es Euch also ja nicht nach menschlicher Art; denn das *müßte* ein vollkommen *falsches* Bild ergeben! Es würde Euch zu Irrtümern der Begriffe führen, die das Eigentliche vollkommen ausschalten und Euch schon dadurch nie der Wahrheit näher kommen lassen!

Vielleicht sollte man besser sagen: Es ist alles *nur* Gottvater, Er wirkt dreifach als Einer!

Das kommt Eurem Begreifen wahrscheinlich im Bilde näher. Und es ist auch vom Ursprung aus gedacht *richtiger* geschildert; denn es gibt nur *einen* Gott! Was der Gottsohn wirkt, das wirkt er aus dem Vater, in dem Vater, für den Vater! Ohne den Vater wäre er nichts; denn er ist ein Teil des Vaters, und der Vater selbst ist in ihm und wirkt in ihm.

Hierbei können wir vielleicht dem irdischen Verständnis wieder etwas näher kommen, wenn Ihr Euch vorstellt: Der Vater wirkt nicht etwa *aus* dem Sohne, also nicht *durch* ihn, sondern *in* ihm! Darin liegt das, was für den Menschenbegriff das Geheimnis ist und wohl trotz meiner Mühe auch immer Geheimnis bleiben wird; denn es ist mit Erdenworten nicht zu schildern. Worte sind schließlich nur Worte, scharf begrenzt, sie können das Bewegliche, in Wahrheit Lebende nicht wiedergeben, was in allem liegt, das Gott und Göttliches betrifft.

Das, was bei Gott ist, kann bei Menschen niemals sein. Der Sohn in menschlicher Familie ist für sich, und der Vater ist für sich, sie sind und bleiben *zwei*, können höchstens *im Wirken* einmal *einheitlich* werden, aber niemals eins. Bei dem Ausdruck Gottsohn ist es anders! Gerade umgekehrt! Gottvater und Gottsohn *sind eins* und können nur *im Wirken* als zwei gelten, wie auch die beiden Gottsöhne Imanuel und Jesus eines in dem Vater sind und nur im Wirken zwei, in *der Art* ihres Wirkens.

Damit habe ich Euch noch einmal den *Ursprung* Parzivals zu erklären versucht, der durch Imanuel in Gott ist und damit Gott in ihm.

Nun werde ich auch noch versuchen, Euch ihn selbst als Bild zu zeigen, als Person, wie er *ist*. Und *dann* in seinem Wirken.

Es wird Euch schwerfallen, Euch vorzustellen, daß auch die lichte Burg aus seiner Ausstrahlung hervorgehen mußte, die ihn in dem Urgeistigen, der Urschöpfung, schützend umschließt. Die Burg, die wie ein Anbau zu verstehen ist an *die* Burg, die von Urewigkeit her an der Grenze der göttlichen Sphäre sich befindet, in der die Ältesten, die Ewigen, Heimat und Wirken haben in dem Göttlichen. Dem *Göttlichen*, also in der unmittelbaren Gottausstrahlung, nicht etwa in Gott selbst!

In meinen Erklärungskreis schließe ich die Burg im Göttlichen *nicht* mit ein, da die Menschheit nichts damit zu tun hat, sondern ich spreche immer nur von der Burg *im Urgeistigen*, die der Gipfel und Ausgangspunkt der gesamten Schöpfung ist.

Die Burg in dem Urgeistigen, der Urschöpfung, kann als ein Anbau der Burg im Göttlichen angesehen werden. An ihrem obersten Ende befindet sich das goldene Gitter und der für Urgeschaffene undurchschreitbare Vorhang, der die Grenze bildet.

## 58. DIE URGEISTIGEN EBENEN III

An dieser Grenze denkt Euch Parzival als Ersten und Obersten in der gesamten Schöpfung, von dem sie ausgegangen ist. In einem Säulensaal, der sich um ihn geschlossen hat in treustem, reinstem Wollen aller Urgeschaffenen und deren Liebe zu dem Licht!

Die ersten Urgeschaffenen, die Obersten der Urschöpfung, konnten sich erst in und aus der schaffenden Ausstrahlung Parzivals herauslösend bewußt werden, außerhalb der Grenze der göttlichen Sphäre, also außerhalb der unmittelbaren Ausstrahlung Gottes!

Ich wiederhole die Ausdrücke und Bezeichnungen so oft, damit sie sich Euch als feststehende Begriffe einhämmern!

Also Parzival stehet dort als Erster. Er ist aus der göttlichen Sphäre herausgetreten! Aus seiner Ausstrahlung heraus lösten sich zuerst die obersten Urgeschaffenen bewußtwerdend, und deren Liebe und Treue zum Licht, zu Parzival, formte sich im Wollen zu dem herrlichen Saale, zum Tempel, zur Burg.

Doch dieses lebendige Formen und Weben will ich heute nur flüchtig nebenbei erwähnen. Vielleicht gebe ich darüber später noch ausführlichere Aufklärung. Es muß jetzt nur erwähnt sein zu dem ganzen Bilde, das ich geben will.

Parzival selbst ist für Euch nur wallendes Licht, sein wesenloser Kern aus Imanuel läßt alles andere weit in den Schatten treten, wenn in der lichten Burg von Schatten überhaupt gesprochen werden kann. Es ist dies deshalb *bildlich* nur gesagt, von Schatten eigentlich gar keine Spur.

Für das Auge der Urgeistigen, der Urgeschaffenen aber bildet sich die Form, die urgeistige Form des Lichtsohnes, von dessen wesenlosem Kern blendend durchstrahlt.

Was soll ich Euch nun sagen über das, was mit irdischen Worten überhaupt nicht zu begrenzen ist?

Ein leuchtendes Haupt in der vollendetsten Form, in ewige Bewegung des lebendigen Lichtes gehüllt, das jedem Geschaffenen, der es anblickt, die Sinne schwinden läßt und niederwirft. Der Körper umschlossen von einer strahlenden Hülle, die wie ein geschmeidiger Schuppenpanzer wirkt, über dem Haupte die Flügel der Taube schützend gebreitet ... so könnt Ihr ihn Euch vorstellen, machtvoll, gebietend, unüberwindbar, unnahbar, verkörperte Gotteskraft, formgewordenes Gottesleuchten: Parzival, der Lichtsohn, im Urgeistigen, an der Spitze der Schöpfung stehend! *Das Reine Tor*, das aus dem Göttlichen zur Schöpfung sich geöffnet hat, von Gott zum Menschen führt!

Der Name Parzival hat dem Sinne nach unter anderem die Bedeutung: *Von Gott zum Mensch!* Er ist also das Tor oder die Brücke von Gott zum Menschen. Er ist nicht *der* reine Tor, sondern *das* reine Tor des Lebens zur Schöpfung!

Zu seinem von Gottvater bewilligten Schöpfungs-Reinigungswerke, das durch den Sturz der Menschengeister in der Stofflichkeit nötig wurde, nahm Parzivals *Wollen* als ein Teil von ihm Form an zur Wanderung durch alle Weltenteile, um darin Erfahrungen sammelnd alle Schwächen und Wunden der Menschengeister zu erkennen.

Parzival blieb immer in der Burg, während sein lebendiges Wollen als ein Teil aus ihm Form geworden die Weltenteile lernend durchwanderte.

Die *Form* seines Wollens für diese Aufgabe mußte natürlich in der Artfremdheit, namentlich allem Falschen gegenüber, erst wie ein Kind sein, dann als Jüngling lernend zu dem Manne reifen, was naturgemäß im Schwingen der Schöpfungsgesetze sich auch in der äußeren Gestaltung zeigte, der Art der jeweiligen Ebene entsprechend.

Als Parzival bei seiner Wanderung abwärts die Grenze erreichte, mit der die Stofflichkeit begann, also das Gebiet sich aus Geistsamen entwickelnder Menschengeister, kam er dahin, wo sich die Auswirkungen dunkler Strömungen zum ersten Male zeigten, die auch schon Amfortas gestreift hatten.

An dieser Grenze ist die Burg, in der Amfortas Priesterkönig war. Sie ist das unterste Abbild der eigentlichen Gralsburg, von dieser wie von deren Art am weitesten entfernt. Der Erde aber deshalb auch die nächste, wenn auch für Menschendenken kaum erfaßbar weit entfernt. In dieser Burg sind tatsächlich als Hüter des Gefäßes und als Ritter die Reinsten der entwickelten Menschengeister.

Bei Eintreten in diese Ebene war die damit für Parzival notwendig gewordene Umlegung einer Hülle der gleichen, wenn auch dort noch ganz leichten stofflichen Art einer Binde gleich, welche alle höher liegenden Erinnerungen vorübergehend verwischt.

Aus dem Lichte kommend, stand er nun dem ihm ganz unbekannten Übel in reiner Einfalt gegenüber und konnte nur im darunter Leidenmüssen davon Kenntnis nehmen. Er mußte dadurch mühsam lernen, wessen Menschengeister darin fähig sind.

So wurde er davon wohl gründlich wissend, begreifen aber konnte er derartiges als ihm vollständig artfremd nie.

Hier also drangen die Strömungen aus dem Dunkel, selbstverständlich formgeworden, zum ersten Male auf den wandernden Fremdling ein, der in den damit verbundenen Kämpfen erstarkte und zur Erkenntnis seiner selbst erwachte.

Dieser mühe- und leidensvolle Weg ist es, von dem die Erdenmenschheit Kunden erhielt, weil er sich in der Stofflichkeit vollzog, wenn auch nur an der höchsten Grenze. Deshalb konnten auch die Irrtümer erstehen, weil Menschengeist auf Erden derartige weit über seiner Art liegende Vorgänge sich niemals vorzustellen vermag.

Doch über das alles werde ich später einmal eingehendere Erklärungen geben, die Licht und damit Klarheit bringen.

# DIE URGEISTIGEN EBENEN IV

Vieles hat der Mensch sich selbst als Hemmung aufgebürdet, das ihn abhält von einer Entfaltung seines Geistes, der von selbst den Weg *nach oben zu* erstrebt, sobald er nicht gefesselt ist, nicht durch irgend etwas erdgebunden wird.

Das Hauptübel jedoch verbleibt der einseitig zu groß gezüchtete Verstand, der aufgebläht auf einem Herrscherthron sich rekelt, der ihm nicht gebührt.

Er ist einem Tiere ähnlich, das nur beherrscht werdend sehr gute Dienste leistet, während es auf jeden Fall *dann schädlich* wirkt, sobald ihm Selbständigkeit überlassen wird.

Wie ein Raubtier, welches zuerst zutraulich verbleibt und Freude macht dem, der es pflegt und der ihm Nahrung gibt, von einer ganz bestimmten Größe an jedoch gefährlich wird auch dem, der es erst großgezogen hat.

Es wird dann der Tyrann des Pflegers, der es fürchten muß, und der seine bisher gewohnte eigene Bewegungsfreiheit in dem Käfig, der Behausung dieses Tieres, vollständig verliert. Das Tier beherrscht ihn plötzlich innerhalb der Reichweite seines Bewegenkönnens.

So geht es jedem Menschen mit seinem Verstand. Und da dieser nicht nur auf die ihm zugewiesene Behausung, also auf den jeweiligen Menschenkörper angewiesen blieb, sondern *volle Bewegungsfreiheit* sich erzwang, die auf der Erde ohne Grenzen ist, so mußte sich *die ganze Menschheit* seinem Wollen fügen.

Nirgends ist sie vor ihm sicher, überall lauert er als Gefahr, bereit, die scharfen Krallen oder das vernichtende Gebiß dort anzuwenden, wo ein Mensch sich zeigt, der sich ihm *nicht* unterzuordnen willig ist!

So sieht es *heute* auf der Erde aus! Das Tier, das erst zärtlich gepflegt, zu ungeheurer Stärke angewachsen ist, vermag kein Mensch wieder in einen *nutzbringenden* Dienst zu zwingen. Und so richtet es nun traurige Verheerung an, in welcher Ihr Euch zum Teil schon befindet, und die noch schlimmer sich ausbreiten wird, weil Ihr unfähig seid, dem Tiere Einhalt zu gebieten.

Viele Menschen werden ihm zum Opfer fallen, trotz der Tatsache, daß sie dem Tiere leicht hätten gebieten können, wenn sie es rechtzeitig *richtig* gezogen haben würden.

Die Kraft, die das Tier jetzt für die Verheerungen verbraucht, hätte es unter einsichtsvoller Führung Eures Geistes nutzbringend verwenden sollen zur Verschönerung und Hebung Eurer selbst und Euerer Umgebung, zum Frieden und zur Freude aller.

Statt Verwüstungen würden blühende Gärten vor Euch liegen, einladend zu glückseligem Wirken in dem dankerfüllten Schaffen friedfertiger Erdenbürger.

Ihr müßtet diesem von Euch großgezogenen Untiere *allesamt* verfallen sein, wenn nicht Gott selbst ihm nun die Grenze setzt, es seiner Macht entkleidet und wiederum in Bahnen führt, in denen es nur *nützlich* wirken kann!

Doch vorher müßt Ihr noch erleben, welches Unheil von Euch damit angerichtet wurde, müßt die schweren Folgen sehen und erleiden, die es mit sich bringt und nach sich zieht, damit Ihr dadurch vollständig geheilt von solchem falschen Tun und Streben werdet und in Zukunft kein Verlangen wieder darnach in Euch auferstehen kann!

*So* straft Euch Gott, indem er Euch Erfüllung alles dessen gibt, was Ihr in Eigenwollen zu erzwingen suchtet gegen sein Gebot, nachdem Ihr alle aus dem Licht in Liebe Euch geschickten Warner nicht nur unbeachtet ließet, sondern sie mit Eurem Haß verfolgtet und zuletzt in blinder Wut gemordet habt, weil sie Euch unbequem für Eure Pläne waren, trotzdem *nur sie* Euch hätten wirklich helfen können.

Und unter diesem Eurem Fehler macht Ihr es Euch auch unmöglich, daß der *Geist* sich in Euch lockern kann, um nach und nach sich zu entfalten und Verbindung zu erhalten mit der Art, die *ihm* zu eigen ist, mit der geistigen Ebene im Lichtstrahl der göttlichen Gnade.

Die Herrschaft des Verstandes ließ es niemals zu; denn damit wäre ja sehr schnell sein künstlich hochgeschraubter, falscher Ruhm in sich geschmolzen wie ein Schneemann in dem Strahl der Sonne. Er wäre unhaltbar herabgesunken von dem Thron und hätte wieder *dienen müssen*, anstatt Herr zu spielen.

*Deshalb* die angestrengte Gegenwehr, die selbst den Mord nicht scheute dort, wo sein Ansehen irgendwie gefährdet werden konnte. –

So kommt es, daß Ihr auch noch heute gar nicht anders denken könnt und alles, was Ihr hört, was Euch gekündet wird, in die Euch *irdisch* wohlbekannten Formen preßt und damit Vorstellungen in Euch auferstehen laßt, welche der Wirklichkeit nicht annähernd entsprechen; denn das Tier ist *über* Euch und hält Euch nieder, das Ihr gepflegt und großgezogen habt, ohne es Euch untertan zu machen! Es hat sich trennend zwischen Euch und alles Geistige gestellt und läßt nichts mehr hindurch zu dem, was höher ist als dieses ehrgeizige Tier, Euer irdisch verbleibender Verstand, das lockend schillernde, aber gefährlichste und sicherste Werkzeug für Euren Untergang in Luzifers Hand.

Macht Euch nun *frei* davon und hebt Euch *über* ihn! Sonst könnt Ihr nie erfassen von den Werten, welche Euch geboten werden aus dem Licht, und könnt sie auch nicht für Euch nützen.

Werdet wieder *so*, wie Erdenmenschen früher waren, ehe der Verstandesdünkel sie umfing und niederdrückte auf *den* Boden, der für sie in ihrer Einengung geeignet war.

Die Menschen damals schwangen *mit* und *in* ihrer Umgebung, und sie konnten deshalb geistig hochgehoben werden in dem Schwingen, ohne daß sie fürchten mußten, den irdischen Boden und irdisches Denken zu verlieren.

Wie seid Ihr doch so klein geworden denen gegenüber, die Ihr heute als im Anfang der Entwickelung stehend als menschlich noch nicht vollwertig bezeichnet.

Sie waren vollwertiger in der Schöpfung, als Ihr es heute seid, und deshalb wertvoller und nützlicher dem Schöpfer gegenüber als Ihr in Euerer unseligen Verbogenheit, die nur Verwüstung anstatt Hebung des Bestehenden zu hinterlassen fähig ist.

Ihr müßt wieder auf diesen Punkt gelangen, müßt die Schwingen in Euch wiederum entfalten, die Euch ganz verkümmert sind, wenn Ihr nicht stürzen wollt; denn Euer Geist wird jetzt *befreit* von aller Hemmung, gewaltsam durch die Kraft des Lichtes! Die Hemmung wird zerschlagen. Dann wehe dem Geiste, der sich nicht *schwingend halten* kann, er muß mit stürzen, da er zu dem Fluge keine Kraft mehr hat in der Ermangelung jeglicher Übung und Betätigung, die Ihr ihm frevelhaft entzogen habt.

Auf eines muß der Erdenmensch noch ganz besonders achten, da er schwer darin gesündigt hat: Die Verbindung mit den wesenhaften Helfern darf *nie ausgeschaltet* werden! Ihr reißt sonst damit eine große Lücke, die *Euch* schadet.

Ihr sollt die *großen*, starken Wesenhaften nicht als Götter ansehen; denn Götter sind sie nicht, sondern sie sind getreue Diener *des Allmächtigen*, und in dem Dienen sind sie *groß!* Sie sind *Euch* aber niemals untertan.

Die *kleinen* Wesenhaften aber sollt Ihr nicht im Dünkel wie von oben herab anschauen; denn diese sind nicht *Eure* Diener, sondern wie die Großen dienen sie nur *Gott* allein, dem Schöpfer. Nur in ihrem Wirken nähern sie sich Euch, Ihr aber sollt Euch ihnen nähern.

Ihr könnt an ihnen sehr viel lernen, namentlich an deren treuem Dienen, das sie ihrem Schöpfer dankbar widmen. Ihr Menschen *braucht* die großen und die kleinen Helfer unbedingt; denn nur in ganz harmonischem *Zusammenwirken* mit ihnen können Eure Seelen richtig reifen und zum Aufstiege gelangen.

Lernet deshalb *alle* wesenhaften Helfer *achten;* denn sie können Euch die besten und die treusten Freunde sein!

Dann werdet Ihr auch wieder leichter schwingen, aber *frei* müßt Ihr erst sein von *jeder Einengung* durch Euren irdischen Verstand. Namentlich wenn Ihr *das* erfassen wollt, was ich Euch künde von den lichten

Regionen, die Euch, wenn Ihr nur *irdisch* denken wollt, niemals begreiflich werden können; denn sie sind von einer Art, die nur von *Eurem Geiste* aufgenommen werden kann!

Erst wenn Ihr dafür Euch *geöffnet* habt, dann wißt Ihr, was ich mit meinen Erklärungen Euch gab. Ich spreche zwar schon heute über diese Dinge, doch es ist für *späteres* Erfassen mitgeteilt; denn ich *erfülle*, wie in allem, was ich zu Euch rede! Ich erfülle, weil es einst verheißen ist, daß ich die Schöpfung offenbare den Entwickelten wie den Geschaffenen, daß ich den Schlüssel Euch zu dem Verständnis jeglichen Geschehens in der Schöpfung gebe.

Verwaltet alles Wissen nur *getreu*. Indem ich Euch das alles künde, werdet Ihr die *Hüter aller Schlüssel!* Wenn Ihr Flecken darauf kommen laßt oder nur einen kleinen Teil verbiegt, so öffnen sie nicht mehr diese Geheimnisse der Schöpfung, und die Tore bleiben wiederum verschlossen. –

Ihr wurdet damit fähig, alle Gnaden in der Schöpfung *wissend* zu genießen, in Ewigkeit, so Ihr nur richtig geht und ein nützliches Glied in dieser Schöpfung werdet, vorausgesetzt, daß Ihr den anderen nichts neidet; denn es ist Raum und Daseinsmöglichkeit für *alle* da, die dem Gesetze der Bewegung folgend mit den anderen harmonisch schwingen!

*Ihr* kleine Schar seid nun der *Sauerteig*, den ich bereitet habe für die Menschheit, der alles nun durchdringen soll und fördern, der die geistige Bewegung in die schwerfälligen Massen bringt, damit sie nicht nutzlos in sich zusammensinken und verderben müssen.

Verwahrt die Schlüssel treu, die ich mit meinen Worten gebe, und überliefert sie stets denen, welche *nach* Euch kommen, in der rechten Art!

Sobald Ihr von dem Drucke des Verstandeszwanges werdet freigeworden sein, *dann* sind Euch alle meine Worte klar, die ich zu Euch schon sprach und auch noch sprechen werde. *Dann* werdet Ihr auch aufnehmen, was Ihr über die Urschöpfung erfahren habt und über Urgeschaffene, die an der höchsten Stelle aller Schöpfungen, im Tempel des Heiligen Grales sich befinden.

Der *erste* Ring um Parzival, der Schöpfung zu, bestehet aus *vier* Urgeschaffenen, die sich aus Austrahlungen Parzivals sofort bewußtwerdend als erste formen konnten. In freudigem Schaffen aufnehmend und weitergebend, wiederempfangend und zurückstrahlend, schwingen sie unentwegt.

Um Parzival sind *mehrere* Ringe von Urgeschaffenen. Alle aber, auch der erste Ring, haben einen großen Abstand von Parzival und seinem Throne, den sie infolge des Druckes nicht überschreiten können.

Die vier des ersten Ringes sind die Stärksten aller Urgeschaffenen. Sie vermögen mehr Lichtdruck zu ertragen als die anderen, ohne das Bewußtsein verlieren zu müssen.

Es sind dies:

*Od-shi-mat-no-ke*, der Diener und Lichtschutz der vollkommenen Dreiheit. Er ist die idealste Verkörperung eines königlichen Herrschers.

*Leilak*, die Verkörperung von Mannesmut und Manneskraft.

Diese zwei Genannten sind in ihrer Art den Menschen verständlich. Anders aber ist es mit den zweien, die ich nun nenne; denn diese Arten liegen außerhalb der menschlichen Vorstellungen.

*Der Löwe*. Es kommt menschlicher Vorstellung näher, wenn ich sage, daß der Löwe als Gralsritter die Verkörperung des edelsten *Heldentumes* ist, dessen Ausstrahlung die Heldentreue in der Schöpfung stützt und fördert.

*Merkur*, der urgeschaffene Führer der Gewalten aller Elemente. Diese sind in ihm verankert. –

Der Mensch wird glauben, das von mir damit Gesagte ohne weiteres verstanden zu haben, doch dem ist nicht so. Er kann es nicht verstehen, wenn ich ihm nicht eine erweiterte Erklärung gebe über die Sonderart des Löwen.

Um das zu tun, muß ich weiter hinaufsteigen in die göttliche Sphäre. Den Menschen ist bildhaft bekannt, daß an den Stufen des Gottesthrones Tiere Wacht halten, geflügelte, machtvolle Tiere, darunter sich auch ein Löwe befindet.

Diese Tiere sind keine Mär, sondern sie sind tatsächlich dort vorhanden. Ich habe sie noch nie erwähnt, weil es zu viel geworden wäre für den Anfang. Deshalb soll auch erst davon gesprochen werden, wenn die Menschengeister gereifter sind als heute.

Was ich heute darüber sage, ist auch nur für die, welche meine Botschaft schon in sich aufgenommen haben und wirklich lebendig in sich zu machen suchen. Also es ist nur für die *reiferen* Erdenmenschen!

Da wird sich der Mensch nun fragen, wieso *Tiere* in die göttliche Sphäre kommen, und noch dazu bis an die Stufen des Gottesthrones, ja, *auf* diese Stufen, wohin nie ein Menschengeist gelangen kann, auch wenn er noch so begnadet sein würde.

Das ist aber sehr einfach zu erklären: Der Mensch hat sich vom *Tier* einen falschen Begriff gemacht, weil er dabei nur die Tiere der Erde vor sich sieht, die in der Grobstofflichkeit sich entwickeln können!

Und das ist falsch! Ob Mensch oder Tier, beide sind in der Schöpfung *Kreaturen*, eine so notwendig wie die andere, oder eine so zu entbehren wie die andere.

Die Tiere an des Gottesthrones Stufen haben eine ganz andere Art als das, was die Menschen sich unter Tier denken. Es sind *wissende* Tiere! Allein davon könnt Ihr Euch schon keine Vorstellung mehr machen, und Ihr werdet es auch nie in rechter Art vermögen; denn zu weit entfernt ist dies alles für den Menschengeist der Entwickelten.

*Wissende* Tiere, deren Treue und Ergebenheit vollständig unbestechlich ist! Bei diesen gibt es kein Wanken noch Zögern, sondern nur ein begeistertes unwandelbares Dienen! Dienen in unmittelbarer Tat, ohne Überlegung, ohne erst eines Wollens dazu zu bedürfen. Ein lebendiges Schwingen im Gesetz als Selbstverständlichkeit und Daseinsbedürfnis!

Sie stehen auch weit höher als der entwickelte Menschengeist, an sich schon dadurch, daß sie in ihrer unantastbaren Betätigungsreinheit und Stärke in der *göttlichen* Sphäre sind.

Es handelt sich dabei also nicht um Tier in dem *menschlichen* Sinne, sondern um eine besondere formgewordene Strahlungsart, die Tier genannt ist, wie eine andere und zwar erst niederere Strahlungsart *Mensch* genannt wird! Darüber bedarf es noch ganz besonderer Erklärungen, die viel später erst folgen können.

## 59. DIE URGEISTIGEN EBENEN IV

Wie der Löwe an den Thronesstufen der wesenlosen Gottdreieinigkeit aus deren Ausstrahlung hervorgeht, in ihr lebt und wirkt, so ist der Löwe in der Urschöpfung aus der Ausstrahlung des ebenfalls wesenlosen Kernes in Parzival und dessen durchglühter Hülle hervorgegangen und hat sich in der urgeistigen Ebene der ersten Urschöpfung geformt, als Ritter des Heiligen Grales!

Es ist Artähnlichkeit in anderer Form; denn der Löwe der Urschöpfung trägt noch anderes in sich, von der geistig-menschlichen Art, worauf ich später noch ausführlicher zu sprechen kommen werde. Er ist in sich bereits eine Verbindung, während der wissende Löwe an den Stufen des Gottesthrones als solcher keine andere Verbindung in sich trägt.

Der Löwe der Urschöpfung ist schon für die Strahlung *in der Schöpfung* bereitet als eine notwendige Übergangsart. Seine Strahlungstätigkeit ist vielseitig und trotzdem abgegrenzter als die des Löwen in der göttlichen Sphäre.

Von ihm geht alles Heldenwesen aus, das in der Schöpfung hier und da sich zeigt.

Ich darf heute nicht bis in die Einzelheiten darin gehen; denn das zweigt zu sehr ab von dem, was ich in diesem Vortrag sagen will. Flüchtig will ich nur bemerken, daß von den Strahlungen dieses Heldentumes auch solche *Erden*menschen ihrem Geiste zugeteilt erhielten, die als tatsächliche *Helden* sich betätigten.

Das war den alten Germanen und den Griechen, wie auch vielen anderen früheren Menschenstämmen gut bekannt, die mit dem Wesenhaften noch bewußte Verbindung unterhielten.

Beim Erdentode eines solchen Helden führten die Wesenhaften den wesenhaften Strahlungsteil des Heldentumes nach Walhall, der obersten Burg im wesenhaften Schöpfungsringe, während der Geist in seine für ihn bestimmte Ebene gehen mußte. Trotzdem blieben beide Teile miteinander durch Fäden verbunden, wenn der Geist in *gutem* Sinne gewirkt hatte.

Diese beiden Teile wurden nur getrennt, wenn der Geist abwärts schritt, damit der wesenhafte Teil nicht mitgerissen werden konnte. Sonst flossen beide Teile bei Erdinkarnierungen wiederum zusammen.

Es ist diese Beigabe des Heldentumes ein besonderes Geschenk für Erdenmenschen, dessen Empfang durch eine bestimmte Reife des betreffenden Geistes und auch durch einen bestimmten *Weg* desselben vorbereitet wird.

Für gewisse Aufgaben auf der Erde ist ein Teil dieser wesenhaften Strahlen des Löwen erforderlich, weil darin eine allerdings *in Reinheit* schwingende Angriffslust verankert ist, verbunden mit bedingungslosem Sichselbsteinsetzen, was das Geistige als solches nicht in sich trägt, da dessen höchstes Ziel aufbauendes und friedevolles Schaffen ist.

Das gesamte wirkliche Heldentum in der Schöpfung ist in dem Löwen verankert, der als Ritter des Heiligen Grales im ersten Ringe der Urgeschaffenen steht.

So habe ich nun heute gleichzeitig das Ende eines Schleiers von den Tieren auf des Gottesthrones Stufen etwas aufgehoben. Es sind vier geflügelte, wissende Tiere, die den Thron bewachen: ein Adler, ein Löwe, ein Stier und ein Widder. Der Widder aber trägt ein Menschenangesicht; denn der Widder trägt das *Menschengeistige* in sich!

Die vier wissenden Tiere auf den Thronesstufen Gottes sind aus den *unmittelbaren* Gottausstrahlungen hervorgegangen und können wissend darin leben. Sie tragen die *Grundarten für die Schöpfungen* in sich, während die Erzengel in einer anderen Ausstrahlungsart schwingen. Nicht ohne Sinn fällt die Geburt des Menschensohnes auf die Erde gesetzmäßig in das Zeichen Widder!

Doch diese Geheimnisse zu lösen ist nicht die Aufgabe des heutigen Vortrages. Nehmet mit Dank zu Gott, was ich Euch bieten darf, sucht alles zu verstehen, springt nicht etwa spielend dabei hin und her. Das könnt Ihr Euch in den Dingen nicht leisten; denn für Gedankenspielereien in üblicher Menschenart sind sie viel zu gewaltig und zu hoch.

Je *eifriger* und *ernster* Ihr Euch jedoch müht, die Wahrheit meines Wortes wirklich zu *erfassen*, desto mehr vermag ich Euch zu künden. In Euerem Bemühen liegt für Euch der Schlüssel zu dem Tore meines Wissens! Deshalb seid bestrebt, daß ich Euch geben kann mit vollen Händen!

## DIE URGEISTIGEN EBENEN V

Ich hatte den ersten Ring der Urgeschaffenen um Parzival erklärt, das heißt, erklärt noch nicht, sondern von ihnen nur gesprochen.

Bevor wir weitergehen, muß ich mancherlei ausführlicher noch schildern, sonst fehlt Euch etwas zu dem Ring des großen Schwingens, und Ihr könnt es nicht lebendig in Euch werden lassen. Lückenlos muß alles sein, auch wenn es Euch in *Bildern* nur gegeben werden kann. Aus diesem Grunde können wir auch nur ganz langsam vorwärts schreiten.

Deshalb müssen wir noch einmal bei den ersten Urgeschaffenen verweilen, die ich in dem letzten Vortrag nannte. Es sind die stärksten Säulen *für* und *in* den Schöpfungen.

Und wieder muß ich dabei aufwärts gehen bis in Gottes nächste Nähe, soweit von Nähe überhaupt gesprochen werden kann; denn es gibt nichts, von dem man sagen könnte, daß es in der Nähe Gottes wäre, wenn die Nähe nach dem irdischen Begreifen abgemessen wird.

Selbst die weiteste Entfernung, die es in den menschlichen Begriffen gibt, reicht noch nicht aus, um damit annähernd ein Bild zu geben von *der* Entfernung, die man als nächste Nähe zu Gott bezeichnen will. Es ist unendlich viel weiter noch; denn das, was man als eigentliche Nähe zu Gott nennen kann, ist ein wogendes Flammenmeer, noch ohne Formungsmöglichkeit.

Ich nehme also nur den *Ausdruck* für die Bezeichnung »Nähe« hierbei an, nicht den *Begriff*. In dieser Nähe, auf den Stufen des Thrones, die ganze Ebenen sind, befinden sich die vier Tiere in ihrer ganz besonderen Schwingungsart.

Urkönigin Elisabeth ist nicht hineinzustellen in irgendwelche Abstufungen; denn sie ist *ganz für sich*, durch sie die Reine Lilie.

Die Erzengel sind wiederum von einer anderen Art der unmittelbaren Gottausstrahlungen als die vier Tiere. Die Arten trennen sich in ihrer Formung. Man kann auch sagen: Die Formung *ist* die Trennung; denn es ist *selbsttätiges*, lebendiges Geschehen.

Wir wollen heute aber nur von den vier Tieren sprechen. Diese Tiere tragen die Voraussetzungen für die *Schöpfung* in sich! Sie bergen also alle Strahlungen *gesammelt* in sich, die die *Schöpfungen* benötigen, um Formen anzunehmen, sich zu bilden.

Deshalb ruhet in diesen Tieren schon der Schöpfungsgrund. Vier Tiere, welche ein Quadrat bilden auf den Stufen des Gottesthrones und alle schöpferischen Ausstrahlungen Gottes trinken, in sich aufnehmen. Das heißt, sie bilden nicht nur ein Quadrat, sondern sie *sind* das Schöpfungsquadrat oder das Quadrat des späteren Schöpfungskreises.

Ich will mich dabei nicht zu lange aufhalten, sondern nur das für uns heute noch Wesentliche schnell berühren, um den Zusammenhang des Tierquadrates mit der Schöpfung zu erklären.

Das Quadrat der Tiere oder, besser gesagt, »*Wesen*« birgt also alles, was die *Schöpfungen* bedürfen, es ist *dafür* die erste Sammelstelle aus den Strahlungen der über ihm seienden Gottdreieinigkeit.

Durch die Urkönigin gehen ganz andere Strahlungen, wie auch wieder andere durch alle Erzengel.

*Nur* dieses Quadrat der vier Wesen hat also von oben her mit dem späteren Schöpfungskreis unmittelbar zu tun, es ist mit ihm verbunden. Alles andere, was in der göttlichen Ausstrahlungsebene die Heimat hat und dadurch ewig war und ist, neigt sich allem Geschaffenen *nur helfend*, hebend, fördernd in dem Schwingen der Göttlichen Liebe, die für sie ganz selbstverständlich ist. Sie sind jedoch *nicht* fest *verbunden* mit der Schöpfung. Verbunden ist allein das Quadrat der vier Tiere.

In diesem feinen Unterscheiden liegt *sehr viel!* Prägt es Euch deshalb ganz besonders ein. So manches, vieles wird Euch dadurch klarer werden, was Euch bisher unverständlich verblieb.

Von den vier geflügelten wissenden Wesen am Gottesthrone: dem Widder, dem Stier, dem Löwen und dem Adler ist der Widder *das* Wesen, das ein *Menschenangesicht* trägt; denn der Widder birgt *das* Schöpfungs*geistige* in sich, aus dem *die Menschen* in der Schöpfung sich formen und entwickeln!

Es hängt dies *auch* zusammen mit dem Ausdrucke: Lamm Gottes und der Wunde, die es trägt; denn es zeigt an sich naturgemäß die Wunde des Versagens und des Niederganges der Menschengeister in der Schöpfung, da sie aus ihm, wenn auch nicht unmittelbar, so doch *mittelbar* hervorgegangen sind. Das ausströmende Menschengeistige pulsiert aus der Schöpfung nicht harmonisch zurück, sondern wird in den Stofflichkeiten festgehalten, weil zu viel Schuld an ihm hängt.

Ich ziehe damit das Gebiet des Wissens für Euch wieder eine Spanne weiter auseinander. Es verschiebt aber nichts von dem, was Ihr bisher erfahren konntet, das bleibt alles trotzdem noch bestehen, und es schwingt in vollem Einklang mit dem Neuen, wenn auch manches in dem ersten Augenblick nicht so zu sein scheint.

Nun will ich zu den Einzelheiten übergehen. Parzival trat über die Grenze der unmittelbaren Ausstrahlung der Gottdreieinigkeit, also über die Grenze der göttlichen Ebene.

Damit trug er die Ausstrahlung seines wesenlosen Gottkernes hinaus und strahlte nun außerhalb der göttlichen Ebene als ein kleiner Teil aus Imanuel in die Lichtleere, erhellend, erwärmend, alles in Bewegung bringend und in Bewegung erhaltend, als Lebensquell.

Es formten sich unmittelbar in entsprechender Entfernung die ersten vier Säulen der Schöpfungen in einer Verbindungsart, die alles für die Schöpfung Notwendige enthalten. Sie sind nicht geformt wie die Wesen an dem Gottesthrone, sondern in Menschengestalt, allerdings von für Menschenbegriff ganz unwahrscheinlicher Größe und Schönheit.

Vor Parzival als Gralsritter stehend, also als machtvolle Hüter und treue Wächter des von Gott in Parzival anvertrauten Gutes und Heiligen Gefäßes seines wesenlosen Teiles, erfüllen sie gleichzeitig die Auswirkungen der vier Wesen auf den Thronesstufen. Als Quadratur des Schöpfungskreisens!

In der Wirkung für die Schöpfungen sind ihre Arten folgende:

1. *Od-shi-mat-no-ke:* Die Idealgestalt des von anderen unerreichbaren, weil vollkommenen Menschengeistigen! Deshalb als königlicher Herrscher erscheinend. Er trägt *nur* die Art des Widders in sich, ist also *dessen* Wirkungsart in der Urschöpfung, man könnte sagen, der *Widder* ist in ihm verankert.

2. *Leilak:* Die Idealgestalt des Mannesmutes, der Manneskraft. Er trägt in sich eine Verbindung der Arten des Widders, deshalb die geistige Menschenform, und des *Stieres.*

3. *Der Löwe:* Die Idealgestalt des Heldentumes. Er trägt die Verbindung aus dem Widder mit dem *Löwen* in sich.

4. *Merkur:* Der Beherrscher aller Gewalten der Elemente. Er trägt in sich die Verbindung aus dem Widder mit dem *Adler.*

Alle vier Urgeschaffenen müssen neben den anderen zum Ausdruck kommenden Arten grundlegend auch mit dem *Widder* verbunden sein, weil sie *geistig* und *bewußt* sind, was in dem Widder verankert ist.

Wie die vier Wesen auf den Thronesstufen die Säulen und machtvollen Wächter im Göttlichen sind, natürlich außerhalb der wesenlosen Gottheit selbst, so sind die vier Urgeschaffenen des ersten Ringes um Parzival in dem Urgeistigen, der Urschöpfung, die Säulen und machtvollen Wächter, deren Zusammenwirken eine vollkommene Verbindung ergibt und alle Schöpfungsnotwendigkeit ausstrahlt.

Die Belebung dieser Strahlen kommt vom Lichtkerne Parzivals, aus dessen Ausstrahlung sie sich bilden konnten als die ersten, notwendigen Grundsäulen, die gleichzeitig die machtvollsten Hüter des Heiligtumes sind.

Es ist nicht leicht, Euch derart Großes und Bewegliches zu erklären, es in feststehende Bilder für Euch zu formen, während das Tatsächliche *nicht* feststehend ist, sondern in dauernd fließender Bewegung verbleibt, in Bewegung des Empfangens, Weiterstrahlens, Zurückziehens und wieder an Parzival Zurückleitens. Alles ohne Unterbrechung *gleichzeitig.* Schon das allein vermögt Ihr Euch nie vorzustellen.

In diesen vier ersten Urgeschaffenen sind also alle aus Parzival strömenden Schöpfungskräfte gesammelt, verbunden und verstärkt durch die gleichen Strahlungsarten der vier Tiere, werden durch das lebendige Licht in Parzival in stoßender oder fortdrückender Bewegung erhalten und durch das Wollen der Urgeschaffenen gelenkt, das ihren Arten entspringt.

Vielleicht vermögt Ihr Euch *so* einen Vorgang zu denken, der der Wahrheit mit Erdenworten ausgedrückt am nächsten kommt!

Haltet das erst einmal gründlich fest und hämmert es Euch ein, so, wie ich es in Erdenworte formte.

Macht nicht etwa in Eueren Gedanken wieder Sprünge und fragt Euch nicht, wo denn das Weibliche ist, das nach meinen früheren Vorträgen immer eine halbe Stufe höher stehen soll! Grübelt dabei nicht darüber nach, wo Maria ist und Irmingard, welche doch nicht tiefer stehen können als die Urgeschaffenen! Es ist auch hierin keine Lücke, sondern es stimmt alles genau überein.

Die vier genannten Urgeschaffenen sind erst einmal die *Hauptsäulen* des Schöpfungsbaues, und von *diesen an* geht es dann abwärts oder in weitere Entfernungen nach den von mir bereits gegebenen Schöpfungserklärungen; denn diese vier tragen alle Schöpfungskräfte in sich vereinigt, während alle anderen *Helfer* sind.

Ich gebe auch dabei zuerst wieder nur die *gerade* Linie abwärts an, die zu den entwickelten Menschengeistern führt, und lasse alle Abzweigungen unberührt und ungenannt, so auch zum Beispiel Loherangrin, da er kein *Ausgangspunkt* ist einer Strahlung, die einschneidend bildend in der Schöpfung wirkt. Später komme ich schon noch darauf. Erst gebe ich die *Stützpunkte* im Schöpfungsbau!

Maria kommt bei allem diesem gar nicht in Betracht, auch Irmingard nicht. Sie sind wohl in die Schöpfungen von oben herabkommend *verankert*, aber *nicht* mit ihnen fest *verbunden*. Darin liegt wiederum ein großer Unterschied.

Sie sind trotz der Verankerungen nicht an sie gebunden, sondern völlig frei von ihnen und ihren Strömungen. Die Strömungen der Schöpfung können durch diese Verankerungen wohl an sie *heran*, so daß sie klar erkennbar werden, aber sie vermögen nie *in* sie zu dringen, weil die dazu nötige *Verbindung* fehlt.

Maria und Irmingard wirken, ohne daß auf sie zurückgewirkt werden kann! Sie wirken helfend und hebend, stärkend, reinigend, heilend, oder auch zurückstoßend, aber sie *verbinden* sich nicht in ihren Strahlungen mit der Schöpfung. Achtet dessen wohl!

Maria kam ja als ein Teil der Gottliebe, die Jesus ist, und als ein Teil Imanuels zu Heiliger Verbindung. Sie hat mit Weiblichkeit *als solcher* nichts zu tun, sondern sie steht als Gottliebe der *ganzen Menschheit* gegenüber!

Die Weiblichkeit der Schöpfung hat als solche *nur* mit Irmingard zu tun. Und diese kam zur Gralsburg in die Urschöpfung aus der göttlichen Ebene *herab*, und stieg dort nur in ein urgeistiges Gefäß, das für sie schon bereitet war.

Ganz abgesehen davon, daß in sie durch einen Akt des Gotteswillens ein Funken Wesenlosigkeit gesenkt wurde, damit Imanuel in der gesamten Schöpfung nun als *Dreiheit* wirken kann. Die Dreiheit Imanuels in der Schöpfung ist: Parzival – Maria – Irmingard, also Gerechtigkeit, Liebe und Reinheit.

Imanuel wirkt also in letzter, heiligster Erfüllung nun in der Schöpfung gleichzeitig *in* Parzival, Maria und Irmingard.

Es ist dies eine erneute Liebestat, welche Gott zur Hilfe und zu stärkerem Schutze *der* Menschheit erfüllte, die das Gericht überstehen wird, damit die Schöpfung dann nicht wieder durch der Menschengeister Schwäche Schaden leiden kann.

Also verwirrt Euch nicht mit unnötigem Denken. Ich spreche jetzt *nur* von der Urschöpfung aus Parzival! Dazu gehört Maria nicht und auch nicht Irmingard, aber sie *wirken* dort in ihren Arten. –

Nach den vier urgeschaffenen Säulen befindet sich ein zweiter Ring, der etwas weiter entfernt ist, sagen wir irdisch gedacht eine halbe Stufe entfernter. Dieser zweite Bogen oder Ebene wird erfüllt von dem Wirken der drei *weiblichen* Urgeschaffenen: *Johanna, Cella, Josepha.*

Nun dürft Ihr es Euch nicht so vorstellen, daß diese Urgeschaffenen einfach in einem Bogen dastehen, sondern sie wirken in ihren Sonderarten in großen Gärten oder Ebenen, welche um sie herum und aus ihnen heraus erstehen, mit vielen helfenden Wesenheiten und Bewohnern der Urschöpfung, die um jeden dieser weiblichen und männlichen führenden Urgeschaffenen in deren gleicher Art schwingen und wirken.

So sind im Gefolge jeder der vier ersten Urgeschaffenen eine große Zahl Ritter, bei den weiblichen Urgeschaffenen eine große Zahl weiblicher Mitwirkender.

Wir dürfen uns aber vorläufig dabei nicht aufhalten, sonst geht das Bild, das ich Euch geben will, in für Euch nicht mehr erfaßbare, unüberschaubare Weiten.

Ich will nur heute flüchtig andeuten, in welcher Art das Wirken durch die Strahlung der drei weiblichen Urgeschaffenen, die ganze Schöpfung durchdringend, schwingt.

Es ist für jede einzelne ein Sonderwirken, und doch greift alles Wirken dieser drei *so* ineinander, daß es fast wie eins erscheinen kann. Es ist kaum eine Grenze darin zu erkennen. Rein *weiblich* ist das Wirken, von welchem sie die Idealverkörperungen sind.

Zuerst *Johanna:* In bestimmte *Worte* ist ihr Wirken nicht zu fassen, weil damit der Begriff sofort verkleinert wäre. Deshalb will ich kurz nur sagen, daß es das *Heim* betrifft! Heimatlich zu gestalten, anziehend, harmonisch. Jedoch das Heim im *großen* Sinne aufgefaßt, nicht etwa nur als eine kleine Erdenmenschenwohnung!

Diese ist zwar auch mit inbegriffen; denn es wirkt sich aus im Großen wie im Kleinen, ja, bis zu dem Kleinsten, aber hierbei handelt es sich um *die Sache selbst,* nicht nur um eine kleine Form davon.

Zum Beispiel auch Empfinden seligen Verbundenseins mit heimatlichem Boden, das ganze Völker in wahrhaftester Begeisterung entflammen lassen kann, wenn es ein Feind habgierig zu verletzen sucht.

Ich könnte tausenderlei Dinge anführen, Ihr würdet deshalb trotzdem nicht die eigentliche Größe je darin erkennen, die in dem Wirken der Johanna liegt, die es auch jedem Menschengeiste einzuprägen sucht als Heiliges Vermächtnis, das ihn hoch emporzuheben fähig ist und festen Halt gewährt. Und das Vermächtnis ist in erster Linie der *Weiblichkeit* gegeben, in ihr ruht deshalb oft das Schicksal eines ganzen Volkes.

*Cellas* Wirken ist nicht weniger von zarter Art. Sie pflanzt mit Sorgfalt in das Geistige die stille Achtung vor werdendem Muttertume! Mit all der Unantastbarkeit und Hoheit, welche darin liegt. In hehrster Art und mit der ehrfurchtsvollen Scheu, die sich in einer solchen Nähe Geltung schafft bei allen, die noch reinen Geistes sind!

*Josepha* legt den Grund *dazu*, die *Hüllen*, also Körper als ein von Gottes Gnade anvertrautes Gut zu achten und entsprechend zu behandeln. Natürlich nicht nur Erdenkörper, sondern *alle* Hüllen in der Schöpfung, die ja immer nur in erster Linie zur Unterstützung der Entwickelung des geistigen oder des wesenhaften Kernes mitgegeben sind, als solche auch in Reinheit stets betrachtet werden müssen!

Auch kranke Hüllen tragen zur Entwickelung *des* Kernes bei, der bei gesunder Hülle vielleicht nicht so schnell zu dem Erwachen kommen würde.

Das Wirken der Josepha ist gleichwertig mit dem der anderen und auch gleich*wichtig* auf den Wegen aller Wanderungen durch die Schöpfung. Es sind grundlegende Bedingungen für ein normales, gottgewolltes Reifen aller Kreaturen in den Schöpfungen. Sie durchziehen alles wie mit feinsten Fäden und zeigen sich in ihren Wirkungen in ganz verschiedenerlei Formen, da sie beweglich bleiben, unausgesprochen, ungeformt im Geiste ruhen. Es drängt und treibt, kann aber nur in der Empfindung *richtig* aufgefaßt werden und segenbringend zur Verwirklichung gelangen.

Ist die Empfindungsfähigkeit verschüttet durch die Herrschaft des Verstandes, so ist damit auch eine Kluft gerissen zwischen Euch und allen in der Urschöpfung im Gotteswillen dienend Webenden, und damit auch die Störung in dem notwendigen Schöpfungsschwingen zwangsweise herbeigeführt.

Es ist das Strahlenwirken der drei Urgeschaffenen Johanna, Cella und Josepha ein *gemeinsames*, großes, grundlegendes Schaffen, ineinandergreifend und doch getrennt verbleibend.

## 60. DIE URGEISTIGEN EBENEN V

Nun schreiten wir noch einmal eine halbe Stufe weiter, was natürlich in der Wirklichkeit Entfernungen bedeutet, die für Euch kaum vorstellbar erscheinen. Dort finden wir dann wieder eine Urgeschaffene: Vasitha.

Sie ist wehrhafte Pförtnerin am Ausgange des obersten und reinsten Teiles in der Urschöpfung, auf dessen Gipfel strahlend in Erhabenheit und Frieden die herrliche Burg des Heiligen Grales sich erhebt.

Mit Vasitha und ihrer Umgebung wird der oberste Teil der Urschöpfung abgeschlossen. Sie steht an der Pforte und weist allem Geistigen, das weiterziehen muß zur Notwendigkeit seiner eigenen Entwickelung, den Weg hinaus zur Brücke, die gleich einem riesenhaften Regenbogen tiefe Klüfte überspannt zu jenen Regionen, die weiterer Abkühlung bedurften und Entfernung von dem Gotteslichte, um bewußt werden zu können zu eigenem Sein, um sich darin zu formen und zu voller Blüte zu entfalten.

Hoch steht Vasitha dort und deutet mit dem Speer, während ihr scharfer Blick prüfend alles durchdringt, was in dem ersten Teil der Urschöpfung nicht zu verbleiben fähig ist und dann an ihr vorüberziehen muß. Ihr hinweisendes Wort gibt allen Kraft und treu Geleite!

So ziehen sie hinaus, die als Geschaffene sich bilden können, mit denen, die noch in dem letzten Niederschlage liegenbleiben und erst den Weg der langsamen Entwickelung zu wandeln haben, um sich ihres Seins bewußt werden zu können. Sie ziehen aus in weite, weite Fernen, mit der Sehnsucht nach dem Gotteslicht! –

Macht Euch zum Schluß noch einmal eine kurze Übersicht von dem Gesagten:

Der Weg der Gottesstrahlungen für die Schöpfung und damit natürlich auch für alle Menschen geht durch das Quadrat der vier Euch bisher nur dem Namen nach bekannten Tiere auf den Thronesstufen. Die vier ersten Urgeschaffenen der Schöpfung tragen diese Strahlungen der Tiere in sich, sie bilden also für das Schöpfungskreisen das Quadrat in dem Urgeistigen. Angetrieben und in dauernden Bewegungen erhalten wird der Schöpfungskreis dann durch die Kraft des Lichtes, die aus dem wesenlosen Kerne Parzivals lebendig wirkt.

Laßt dieses Grundbild fest in Euch verankert sein, damit ich nunmehr in die Breite gehend Bild auf Bild anfügen kann, um Euer Wissen zu erweitern, ohne daß sich Euer Blick dabei verwirrt. Ihr schafft es, wenn Ihr wollt!

## DIE URGEISTIGEN EBENEN VI

Ich rufe heute vor das Auge Eures Geistes noch einmal das Bild der Urschöpfung, wie ich es Euch bisher gegeben habe. Ihr seht nach Parzival die ersten vier der Urgeschaffenen, welche die oberste der sieben Stufen im Urgeistigen einnehmen: Od-shi-mat-no-ke, Leilak, der Löwe und Merkur.

Auf der nächsten Stufe nannte ich drei weibliche Urgeschaffene: Johanna, Cella, Josepha, und wieder etwas weiter davon, auf der dritten Stufe oder Ebene: Vasitha als wehrhafte Pförtnerin.

Damit gab ich drei Stufen oder Ebenen der höchsten Urschöpfung bekannt in ihren Grundarten. Bevor ich das Bild aber weiter ausbaue und in die Breite gehe, will ich grundlegend noch die vier weiteren Stufen nennen; denn es sind *sieben* Stufen oder Hauptabteilungen in dem Urgeistigen, das ich als Urschöpfung bezeichne, wie ja auch später in den Stofflichkeiten sieben Stufen oder Weltenteile sind.

Ihr findet überall die *Sieben*teilung dort als selbstverständlich, wo der *Wille* Gottes wirkt, der auch in seinem Namen selbst die Sieben trägt: Imanuel.

Treten wir einmal in die vierte Stufe in den Reichen des Urgeistigen.

Wundersames, unendlich wohltuendes Licht durchströmt diese herrliche Ebene, die wie ein unermeßliches, kristallklares Meer sich in schimmernde Fernen dehnt.

Gleich einer Insel erhebt sich aus diesem flutenden Weben eine leuchtende Stätte köstlichster Rosen. Dankender Jubel durchzieht die Terrassen, die, in unsagbarer Schönheit zum strahlenden Hügel ansteigend, vollendeten Reichtum an Farben gewähren, die den verwöhntesten Blick zu bewundernder Anbetung zwingt. Segen ausstrahlend, schwingen die Farben in ihrer holdseligsten Pracht, die entzückenden Gärten zum Quell aller Hoffnung und alles Lebens gestaltend. Dazwischen tummeln sich spielend unzählige rosige Kinder, schreitet beglückt die erwachsene Weiblichkeit freudig dahin.

Doch das sind nicht etwa die Geister, welche später in den Schöpfungen zur Inkarnierung kommen. Sondern es sind Strahlungsausgangspunkte, die in der bestimmten Art der Roseninsel auf die Menschenweiblichkeit der Schöpfung wirken, als Hilfe zu deren Entwickelung auf allen Wanderungen durch die Stofflichkeiten, Kinder auf die Kinder, je nach Größe und der Art, sogar der Farbe, und Erwachsene wirken auf *die* Erwachsenen, die ihren *Formen* ähnlich sind an Größe des heranreifenden Geistes.

Die Körpergrößen auf der Roseninsel sind also ein Gegenstück zu der Verschiedenart der jeweiligen Reifegröße auch jener Menschen*geister*, die sich aus den Keimen in den Wanderungen durch die Stofflichkeiten zu vollkommenem Bewußtseindürfen nach und nach heranentwickeln können.

Deshalb ist alles in dem Urgeistigen auf der Roseninsel auch vorhanden, was sich später in dem Geistigen und in den Stofflichkeiten wie ein Abbild oder auch wie Nachahmungen wiederholt.

In Wirklichkeit *ist* es in allen Weltenteilen die gesetzmäßige Wiederholung alles schon in dem Urgeistigen Gewesenen, weil es niemals anders zu sein vermag bei der für Menschen unfaßbaren Einfachheit und Klarheit göttlicher Gesetze. Es wiederholt sich deshalb in dem Geistigen dann genau alles das, was sich in dem Urgeistigen bereits vollzog.

Auch im Urgeistigen zog ja alles das aus dem obersten Teile der Urschöpfung aus, was sich unter dem gewaltigen Drucke des wesenlosen Kernes in solcher Nähe nicht zum Ichbewußtsein sofort bilden noch halten konnte, zog an Vasitha vorüber in weitere Entfernung, in eine nächste Ebene, um in größerer Abkühlung sich zu halten und dabei zum Sichbewußtwerden kommen zu können. Darunter sind auch Keime des *Urgeistigen*, die schon in vierter Abkühlungsstufe zum Bewußtsein sich entwickeln, wie also hier auf der Roseninsel.

## 61. DIE URGEISTIGEN EBENEN VI

Wenn ich von Schöpfungsstufen spreche oder Ebenen, so sind dies *Abkühlungs*stufen; denn nichts anderes läßt Stufen entstehen, die ebenso anstatt Abkühlungsstufen auch Entfernungsstufen genannt werden können, in Wirklichkeit deshalb auch nach *irdischen* Begriffen Stufen oder Abstufungen sind.

Deshalb finden wir also auf der Roseninsel von oben herabkommend *zum ersten Male Kinder* und *Entwickelung* im Urgeistigen! Es ist dies für Euch wichtig zu wissen, da es einen großen Schöpfungsabschnitt bedeutet.

Zuerst kommen also im Urgeistigen in den oberen Stufen die sofort Sichbewußtseinkönnenden, also die Stärksten und damit Machtvollsten, die Säulen, dann folgen auf entfernteren Stufen diejenigen, die sich noch im Urgeistigen *entwickeln* können. Dort finden wir deshalb zum ersten Male *urgeistige Kinder*.

Im nächsten großen Schöpfungsabschnitt, dem *Geistigen*, das etwas schwächer ist als das Urgeistige, weil es erst in noch weiterer Entfernung von dem wesenlosen Kerne Parzivals sich bewußt werden kann, wiederholt sich der Vorgang genau so, wie er in der Urschöpfung war.

Zuerst werden sich die stärksten Teile des Geistigen sofort bewußt, während die anderen in noch weitere Entfernung gedrängt werden müssen, um dort in langsamer Entwickelung zum Sichbewußtwerden heranreifen zu können.

Auch dort gibt es also erst von der dafür in Betracht kommenden Stufe der Geistkeime an Geistes*kinder*, die zu größerer Geistesreife heranwachsen können oder aber auch Kinder bleiben; denn nicht zur Vollreife, also zum geistig Erwachsensein heranreifende Geistkeime werden *nicht vernichtet*, nicht verworfen, solange sie *rein* bleiben!

Das ist ein Punkt, den ich bisher noch nicht erwähnte. Sie bleiben *geistig* Kinder und strahlen als solche auf Kinder, bis sie zuletzt doch nach und nach heranreifen und Erwachsene werden. Das Reine wird *nie* der Zersetzung anheimfallen können.

Noch eins will ich hierbei erwähnen. Das Urgeistige in dieser Schöpfung ist nicht etwa der stärkere Teil und das Geistige der schwächere

Teil einer *ganz gleichen Art*, sondern das Geistige ist eine *völlig andere Art* als das Urgeistige!

Beide Arten haben für sich einen stärkeren und einen schwächeren Teil. Es ist das Geistige wohl ein *Niederschlag* aus dem Urgeistigen, aber nur deshalb, weil es *anderer* Art ist, die sich deshalb loslösen und erst in weiterer Entfernung von dem wesenlosen Lichtkerne Parzivals überhaupt formen kann.

Wenn es gleicher Art wäre, so würde das Urgeistige die gleiche Art nicht weitergegeben, sondern im Gegenteil im Gesetz der Anziehung der Gleichart *festgehalten* haben, auch wenn es sich dadurch nicht hätte bewußtwerdend formen können.

Je weiter ich in meinen Erklärungen gehe, desto mehr muß ich den Bau der Schöpfung auseinanderziehen. Dadurch verändert sich für Euch so manches Bild, das Ihr Euch bisher formtet, aber es teilt sich nur in immer mehr Bilder, ohne daß das eigentliche Grundbild irgendwie verschoben werden muß.

Es ist wie bei Erzählung einer großen Reise. Wenn dabei erst nur Haupterlebnisse aneinandergereiht wiedergegeben werden, so sieht dies anscheinend ganz anders aus als das Bild, wenn alle für sich stehenden Zwischenerlebnisse nach und nach dazu kommen, trotzdem die Reise an sich dabei unverändert bleibt. –

Doch kehren wir vorläufig noch einmal zurück zur Roseninsel.

Auf der Höhe der Insel strahlt rosig ein herrlicher Tempel. Wer ihn erblickt, dem senkt sich der Friede ins Herz, dem will es die Brust fast zersprengen vor Glück!

Und in diesen Frieden hinein, in das melodische Klingen der Farben mischt sich das jauchzende Singen zutraulicher Vögel, die wie brillantenbesetzt bei jeder Bewegung hell aufleuchten und die sie umgebende Pracht noch erhöhen.

Der Menschenausdruck Seligkeit ist viel zu schwach, um auch nur annähernd die hier herrschende Lichtwonne in eine Form zu pressen, die dem Erdenmenschengeist verständlich werden kann. Und über alle dem liegt eine heilige Erhabenheit.

## 61. DIE URGEISTIGEN EBENEN VI

Gleich Rubinschalen erblühen weit geöffnet um den Tempel rote Rosen.

*Roseninsel!* Die Verankerung der Gottesliebe für die Schöpfung. Es wirkt und webt auf dieser Insel grundlegender Aufbau der heilenden, verbindenden, ausgleichenden Liebe, die von hier hinausstrahlt in das All! Die Insel steht unter dem Schutze der Urkönigin Elisabeth, wie alles Weibliche in der gesamten Schöpfung.

Maria neigt sich oft unter dem Schutze der Urkönigin Elisabeth zu dieser Insel und besucht den Tempel, um hier unmittelbar den auf der Insel Dienenden stets neue Kraft zu spenden, die diese Kraft vermittelnd umwandeln in ihre Art und dann hinaussenden zur Hilfe aller Kreaturen.

Zuzeiten öffnet sich der Blick der auf der Roseninsel Dienenden noch weiter, und sie erschauen Parzival in der Heiligen Burg. Von seiner Kraft empfangend unmittelbar, als heilige Erfüllung seliger Verheißungen.

In gleicher Höhe strebt in dieser Ebene noch eine zweite Insel aus dem Lichtweben empor. Die *Lilieninsel!*

Wie auf der Roseninsel Rosen in glühender Pracht, so strahlen hier vorherrschend nur die Lilien in unsagbarer Reinheit über ausgedehnte Fernen. Auch hier steigt es terrassenartig an bis zu der Höhe, da ein Tempel steht.

In diesem Tempel ist ein zauberischer Glanz, der zartem Perlenschimmer gleicht, gleichzeitig aber rosig leuchtet und in herber Strenge sich wie wohltuende Meereskühle auf die Insel legt.

Wer diesen Tempel je erblicken darf, den wird der Anblick stets zu andächtiger Demut zwingen; denn in strengheischender Herbheit leuchtet er herab, lichtkühl senkt sich der Reinheit stolze Ruhe nieder, die erfrischend, stärkend in die Geister dringt und diese hochreißt zu befreiender Anbetung göttlicher Erhabenheit.

Auch hier ist alles in für Menschen unbegreifbarer Schönheit erstanden, auch hier schwingt wunderbare Melodie, die aufsteigt zu dem Schöpfer als lebendes Dankgebet, das ewig klingt zu seiner Ehre!

Auch hier ist Herrin die Urkönigin Elisabeth, und Irmingard, die Reine Lilie, neigt sich zu ganz bestimmten Zeiten unter ihrem Schutze auf die Insel, um den darauf Dienenden die Kraft der Reinheit zu erneuern, die sie umwandelnd hinaussenden zur Labung und zur Hebung aller Kreaturen.

Die Bewohner der Lilieninsel gehören ebenso wie die der Roseninsel ausschließlich der Weiblichkeit an. Dabei sind wieder alle Größen vertreten.

Auch hier herrscht nur das im Gotteswillen *Aufbauende*, genau wie auf der Roseninsel, doch auf der Lilieninsel ist das Aufbauende anderer Art, es ist in Reinheit und Gerechtigkeit *heischend, streng fordernd*, unnachsichtig.

Wie auf der Roseninsel sehen auch die Dienenden der Lilieninsel Parzival zuzeiten und empfangen seine Kraft.

Und noch eine dritte Insel erhebt sich aus der Lichtebene der vierten Stufe im Urgeistigen. Es ist die *Schwaneninsel!* Sie ist etwas weiter abwärts zwischen den beiden erstgenannten Inseln.

Diese trägt köstliche Früchte, die von den dort lebenden Schwanenjungfrauen genossen werden. Hier sammeln sich die Strahlungen der Rosen- und der Lilieninsel, und sie werden in vorbildlichem Dienen unverändert weitergegeben für die Schöpfungen.

Die Schwaneninsel könnte deshalb auch die Insel oder der Knotenpunkt des *vorbildlichen Dienens* genannt werden, des *selbstlosen* Dienens. Es wird hier das Dienen in reinster Liebe verbreitet und gehoben! Die Bewohner der Schwaneninsel sind keine Geister, sondern ausführende *Wesen*, die *verbindend* wirken zwischen den Strahlungen der Roseninsel und der Lilieninsel.

Ihrer anmutigen Art entsprechend schwingen diese Wesenheiten selig in den unmittelbaren Strahlungen der Roseninsel und der Lilieninsel, und mit der ihnen zu eigen seienden Art des vorbildlichen Dienens in reinster Liebe geben sie den Strahlungen der Liebe und der Reinheit innige Verbindung, diese zwar verbunden, aber unverändert weiterleitend.

Verantwortliche Hüterin der Schwaneninsel ist *Schwanhild!* Schwanhild ist der Urkönigin Elisabeth verantwortlich, welche die Schützerin und Herrin auch der Schwaneninsel ist. Diese Verantwortung gibt Schwanhild erhöhte Kraft und ein erhöhtes Sein.

Gleich den Schwanenjungfrauen trägt sie ein fließendes Gewand, das sich wie Schwangefieder leuchtend anschmiegt an den Körper, der in seinem Ebenmaß das Ahnen aller Erdenkünstler übertrifft.

Die Schwanenjungfrauen haben als Eigenart nur *blaue* Augen, tragen auch als Kopfschmuck einen blauleuchtenden Stern. Sie zeichnen sich besonders aus durch herrlichen, ergreifenden Gesang und schwingen in der Harmonie der Töne, die von hier hinabströmt bis in alle Schöpfungsteile.

Die Anbetung der Schwanenjungfrauen äußert sich in dem Schwanentempel durch ihren bezaubernden Gesang, der von prachtvollen Harfenklängen weich durchzogen wird. Deshalb bildet auch die Harmonie der Töne einen Teil des Lebenselementes jeder Jungfrau auf der Schwaneninsel. Sie lebt darin auf, schwingt freudig in den Wellen reiner Töne und schlürft sie in sich ein wie einen Lebenstrunk, der ihr freudiges Schaffen gibt.

Von diesem ganz besonderen, ergreifenden Gesang der Schwanenjungfrauen ist Kunde schon gedrungen bis herab zur Stofflichkeit. Deshalb spricht man noch heute hier und da von einem Schwanensang, welcher in seiner Eigenart erschütternd wirken soll. Wie immer, ist auch hierbei nur ein *Teil* der alten Kunden aufbewahrt geblieben und durch den Verstand verbogen worden und verirdischt.

Jetzt wird auch vielen von Euch wohl verständlich sein, warum zur Zeit der heiligsten Erfüllungen auf Erden, da die Rose und die Lilie auf Erden wirken, verbindend auch noch eine Schwanenjungfrau von der Schwaneninsel in einem dazu bereiteten Erdenkörper nötig ist, um in dem Schwingen keine Lücke zu belassen.

*So* groß ist Gottes Gnade, daß er Wunder über Wunder auferstehen läßt, damit die Hilfe für die Menschheit in dem Reich der Tausend Jahre ganz vollkommen sei!

Neigt Euch in Demut seiner großen Güte.

## DIE URGEISTIGEN EBENEN VII

Ich sprach am letzten Male von der Roseninsel, der Lilieninsel und der Schwaneninsel.
Diese Stützpunkte sind wie drei strahlende Edelsteine in einem Goldreife, wenn wir die ganze Ebene der vierten Stufe mit einem Goldreife, einem goldenen Bande vergleichen, worin die drei Edelsteine wunderbar gefaßt sind.

Es ist natürlich noch anderes Leben auf dieser Stufe, wie auch auf allen anderen Ebenen, aber ich nenne jetzt erst einmal die *hervorleuchtenden* Stützpunkte, die von einschneidender, ja *ent*scheidender Wirkung für die Menschengeister sind.

So ist es auch auf der nächsten, der fünften Stufe der Urschöpfung. Wenn die bisherigen Stufen die für alles Weitere *grundlegenden Ausgangsebenen* aller Strahlungskräfte waren, so ist die fünfte Stufe das Land oder die Ebene der *Bereitungen*, der *Vorbereitung* der Hilfen für alles, was *unterhalb* der Urschöpfung sich befindet. In dieser fünften Stufe wirken die führenden, starken Vorbereiter aller Unterstützungen für das *Menschengeschlecht!*

Ihr werdet mich am besten verstehen, wenn ich Euch *einen* Namen daraus nenne: *Is-ma-el!*

Hier lebt er, von hier geht sein Wirken aus. Is-ma-el, der einst schon Abd-ru-shin auf dieser Erde hier erzog, der seinetwegen auf der Erde Inkarnierung fand, der dann auch als Johannes der Täufer Jesus verkündete, der alle sieben Weltenteile zu bereiten hatte für das Kommen Parzivals!

Er ist der *Oberste* in dieser Stufe, zahlreiche Helfer sind um ihn, und *er* erhielt die Kunden aus dem Lichte für sein großes, umfangreiches Wirken, das er treu erfüllte jederzeit. *Er* gab den Menschen auch die große Offenbarung jetziger Geschehen, die als Offenbarung des Johannes allgemein bekannt geworden ist.

Mit diesem großen Vorbereitungswirken aller einschneidenden Lichtgeschehen für die Schöpfungen ist diese fünfte Stufe ausgefüllt und voll flammenden Lebens. –

Die sechste Stufe zeigt als nächste wiederum auch für die Menschen einen stark und leuchtend weit hervortretenden Punkt: *das weiße Schloß!*

Das weiße Schloß ist nicht nach irdischen Begriffen sich zu denken. Es hat diese Bezeichnung als der *Hort der zwei reinen Gefäße.* In ihm befinden sich in treuer Hut die zwei urgeistig-weiblichen Gefäße der heiligsten Lichterfüllungen auf Erden.

Es sind die zwei urgeistigen Gefäße für die Erdenmütter von Jesus und Abd-ru-shin.

Beide urgeistigen Gefäße bedurften aber auch noch einer *geistigen* Umhüllung, ohne die sie ihre Aufgabe nicht hätten *auf Erden* erfüllen können. Dieser *geistige* Teil war die jeweilige Erdenmutter.

Jede Geisteshülle war dabei ein Mensch für sich, also ein sichbewußtes Erdenweib, mit dem das auserwählte *urgeistige* Weib für eine Erdgeburt des Gotteslichtes jeweils erst verbunden werden muß!

So eine Erden-Lichtgeburt bedarf der größten, umfangreichsten Vorbereitungen von oben her, und es kann nach jahrhundertlanger Mühe so ein kleiner Erdenmenschengeist durch seine Schwächen wieder Änderungen nötig machen noch im letzten Augenblick.

Wenn ich von einem urgeistigen und von einem geistigen Gefäße oder einer Hülle spreche, so ist das also jedesmal ein *Weib* für sich. Die urgeistigen zwei Gefäße sind zwei dafür ausgewählte Frauen *in der Urschöpfung,* die sich unter bestimmter hoher Führung dazu aus dem Urgeistigen zielbewußt entwickeln konnten und immer unter treuester Hut verblieben in dem weißen Schloß.

Die *geistigen* Gefäße oder Hüllen sind jene Erdenfrauen, welche dazu ausersehen und auch vorbereitet werden konnten, sich mit diesen Hüllen oder Frauen aus der Urschöpfung zum Zwecke heiligster Erfüllung innig zu verbinden.

Ich will das für Euch Schwierige noch einmal kurz zusammenfassen, damit es ganz klar vor Euch steht:

Im weißen Schloß der sechsten Stufe des Urgeistigen sind zwei auserwählte Frauen, welche alle Lichtgeborenen, die zur Erfüllung göttlicher Verheißungen sich in die Stofflichkeiten senken, hinabtragen, um sich mit einem Erdenweibe zu verbinden, da dieser Übergang bei Erdeninkarnierungen der Lichtgeborenen sein muß, weil keine Lücke in dem Wirken der göttlichen Schöpfungsurgesetze möglich ist.

Die beiden Frauen tragen im Gesetz stehende Namen: *Maria*, in der *Liebe* schwingend, und *Therese*, in dem *Willen* schwingend. So ist Maria im Gesetz der Zahl und ihrer Art für die Gottes*liebe* ausersehen, und Therese für den Gottes*willen*!

Sie wurden für die Erdgeburt jeweils mit einem Erdenmenschenweibe eng verbunden, mit deren *Geist*.

Dieses Erdenmenschenweib mußte natürlich ähnlich sein im Schwingen. Zur Geburt der Liebe war ein Erdenmenschengeist notwendig, welcher in der *Liebe* schwang, zu der Geburt des Willens ein Erdenmenschengeist, welcher in dem *Willen* schwang.

Die Erdenfrauen, die die Lichtgeborenen in die grobe Stofflichkeit zu geben hatten, sind *nur* mit den urgeistigen Gefäßen durch Fäden verbunden, nicht aber mit den Lichtgesandten selbst.

Das müßt Ihr sehr beachten, um den ganzen Vorgang richtig zu verstehen!

Der Geist der Erdenmütter ist also nur mittelbar verbunden mit den Lichtgesandten durch die urgeistigen Gefäße, mit denen sie durch sorgsam gewobene Fäden eine Zeitlang unmittelbar verknüpft sind. Die urgeistigen Gefäße tragen die Lichtgesandten hinab zu den Erdenmüttern und verbinden sich mit diesen erst zur Zeit der Inkarnierung, verbleiben dann verbunden bis vierzig Tage nach der Erdgeburt.

Während *dieser* Zeit ist durch das urgeistige Gefäß eine Lichtverbindung vorhanden auch für den Geist der Erdenmütter, dann jedoch wird diese Verbindung wieder aufgehoben, indem das urgeistige Gefäß wieder sich löst und zurückgeht.

Dadurch ist der weibliche Erdenmenschengeist wieder sich selbst überlassen, da *unmittelbare* Verbindung mit dem Lichtkerne ihres Kindes *nicht* besteht.

Es ist alles so einfach und natürlich, dabei aber trotzdem schwer in Erdenworte zu begrenzen, um es zum Verständnis in der groben Stofflichkeit zu bringen. –

Die letzte Stufe der Urschöpfung, die siebente, trägt die Insel der Auserwählten!

Darüber habe ich in diesem Vortrage nicht viel zu sagen; denn es genügt Euch schon der Name: *Patmos!*

Von dieser Insel der Begnadeten ist schon sehr viel gesprochen worden und wird auch noch sehr viel gesprochen werden; denn sie ist gleichzeitig die Insel der Verheißungen oder der Berg der heiligen Verkündungen!

Gleich der Gralsburg, die in dem Göttlichen an der äußersten Grenze sich erhebt und gleichzeitig ein Abbild hat als Gipfel in der Urschöpfung, so ist auch Patmos an der letzten Grenze des Urgeistigen und hat ein Abbild auf der höchsten Höhe des sich anschließenden Geistigen, und wie ein Spiegelbild ist in dem Geistigen zu schauen, was auf Patmos im Urgeistigen geschieht. So wird es dadurch in den beiden Reichen trotz der Trennung immer zu gemeinsamem Erleben und gibt die Verbindung.

So ist auf Patmos, dem Gipfel des Menschengeistigen, auch ein Geschaffener, der den Namen Is-ma-el trägt und in den Strahlen Is-ma-els im Urgeistigen schwingt und wirkt.

Wir können vielleicht später noch ausführlicher darauf zurückkommen; denn heute würde es den Zweck des Vortrages weit überschreiten. Deshalb will ich nur noch den Abschluß bringen für das große Reich der Urschöpfung in der geraden Linie nach unten zu.

Der letzten Stufe in der Urschöpfung, der siebenten, folgt eine Schutzhülle, welche wie eine Trennungsschicht wirkt zwischen dem urgeistigen und dem dann sich anschließenden geistigen Schöpfungsteile, der in seiner Ausdehnung für Erdenmenschensinn nicht weniger unübersehbar ist wie das Urgeistige.

Auch diese Schutzhülle ist eine Ebene für sich von großer Ausdehnung. Sie ist nicht etwa unbewohnt, sondern belebt von vielen Wesenheiten, nur nicht ein Daueraufenthalt von sichbewußten Geistern.

Sie bildet die unübersteigbare, nicht zu durchbrechende Begrenzung des Urgeistigen, der Urschöpfung, und doch auch wieder einen Übergang.

Aber zu einer Überschreitung bedarf es eines Geleites der die Ebene bevölkernden Wesenheiten, welche in ihrem Wirken dabei selbst wieder einer Schutzhülle gleichen dem Durchschreitenden gegenüber, wie ihre Ebene der ganzen Urschöpfung.

Und solches Geleite durch die Schutzebene vermögen diese Wesenheiten wieder nur unter ganz bestimmten Voraussetzungen zu gewähren, die in den Schöpfungsgesetzen unverbiegbar schwingen.

Es ist also nur unter Erfüllung ganz besonderer Bestimmungen möglich, die Schutzebene zu durchschreiten. Die Erfüllung der Bedingungen, die zum Teil in der *Art* liegt, zum Teil auch noch in der *Beschaffenheit* dieser Art, also dem jeweiligen Reifezustande, ergibt wieder als selbstverständlich notwendige Folge die Durchschreitung, führt sie selbsttätig herbei.

So ist überall genau ineinandergreifende Bewegung, wie in einem unglaublich fein gearbeiteten und künstlerisch zusammengesetzten Räderwerke, das von lebendig wirkenden Gesetzen im Gang erhalten wird.

Was darin seinen Weg *recht* beibehält, das wird geschliffen und gereinigt, geschoben und gehoben, aber immer nach der Höhe eines reinen Könnens zu, was jedoch abirrt von dem rechten Wege und in dem Getriebe leichtsinnig oder gar frevelhaft zur Seite tritt, das wird gestoßen und verletzt, bis es wieder auf seinem rechten Wege steht und dann mitschwingen kann in reibungsloser Art, oder bis es zermahlen und zermalmt ist zwischen den nie stillstehenden Rädern.

Füget Euch deshalb ein, Ihr Menschen, in das unverbiegbare Getriebe des für Euch unfaßbar großen Meisterwerkes dieser Schöpfung, und Ihr werdet in dem gleichmäßigen Schwingen glücklich sein für alle Ewigkeit!

*Nachwort*

## WIE DIE BOTSCHAFT AUFZUNEHMEN IST

Der Erdenmensch macht *einen* großen Fehler, wenn er nach geistigem Wissen sucht: Er möchte sprunghaft vorwärts streben, statt in Ruhe und mit sicherer Gewißheit Schritt für Schritt zu gehen. Kaum hat er irgendeinen Anstoß wahrgenommen, der ihn zu dem Suchen nach geistigen Werten lenken will, so fragt er auch schon nach den höchsten Dingen, die weit über dem Begreifenkönnen eines Menschengeistes sind.

Dadurch macht er sich schon von vornherein unfähig, etwas aufzunehmen. Verwirrt, entmutigt läßt er bald das Suchen fallen. Es steigt sogar nicht selten Groll in seiner Seele auf, und er verlacht, verspottet und verhöhnt andere Suchende, denen er feindlich gegenübertritt. Doch diese Feindschaft hat den eigentlichen Grund in dem Gefühle einer drückenden Erkenntnis, daß er selbst nicht fähig war, Werte im Geistigen zu finden. Das *Wissen seiner Ohnmacht* läßt ihn zum Feinde werden, dem sich Neid und Mißgunst beigesellen.

Wer spottet, ist nicht überlegen, sondern nur erbittert. Es liegt im Spott und Hohn ein offenes Bekenntnis der eigenen Unzulänglichkeit, eigener Schwäche, des Unvermögens einer Sache gegenüber, zu deren Erfassen einem Spottenden das Verstehenkönnen fehlt. Oder es ist Neid, der aus ihm spricht. Neid darauf, daß ein anderer etwas begreifen kann, was ihm selbst unbegreiflich bleibt.

Andererseits ist dem Menschengeiste eigentümlich, daß ihm der Spott und Hohn dort fehlt, wo er sich wissender zu sein einbildet. Ist er von seinem Wissen jedoch wirklich überzeugt, so fehlt ihm jeder Antrieb zu Gehässigkeit und Feindschaft. –

## 63. NACHWORT

Dann aber kann auch Furcht den Menschengeist noch dazu bringen, haßerfüllt zu sein. Vor allen Dingen Furcht vor dem Zurückgesetztwerden in öffentlicher Meinung, Furcht vor dem Bekanntwerden davon, daß sein bisher so stolz zur Schau getragenes eigenes Wissen einen Stoß erhält durch eine Sache, der zu folgen *er* selbst nicht fähig ist, oder der er nicht folgen kann, ohne sein bisheriges Wissenwollen als ein mangelhaftes, wenn nicht falsches zu bezeichnen.

*Das* allerdings ist dann der *ärgste* Grund für einen Erdenmenschengeist zu Angriffen, zu Spott und Hohn, ja zu den widerlichsten Kampfarten, die nicht vor Lüge und Verleumdungen zurückschrecken und auch zuletzt zu Tätlichkeiten übergehen, wenn anders ein Erfolg nicht zu erreichen ist.

So ist es in dem Kleinsten wie im Größten. Je mehr ein Mensch mit seinem Wissenwollen Einfluß hatte auf die Mitmenschen, je mehr diese von diesem Wissenwollen Kenntnis haben, desto energischer wird er sich stets neuen Erkenntnissen verschließen, wenn sie von fremder Seite kommen, desto verzweifelter wird er ihnen auch entgegenarbeiten.

So mancher Erdenmensch würde sich gern einem neuen Wissen öffnen, auch wenn es seinem bisher eingebildeten und falschen Wissenwollen gegenübersteht, solange niemand seine alten Anschauungen kennt.

Wenn aber Nebenmenschen Kenntnis davon haben, dann läßt es seine Eitelkeit nicht zu, sich einem neuen Wissen anzuschließen, das das seine ändert, würde er doch damit zeigen, daß er bisher falsch gegangen ist. Er lehnt dann ab, auch manchmal gegen seine eigene, innerste Überzeugung, die ihm oft schwere Stunden macht!

In Feigheit sucht er dann nach wohltönenden Worten, die seine Eitelkeit verdecken sollen, und der klügelnde Verstand hilft ihm dazu. Er läßt ihn würdevoll erklären, daß er sich denen gegenüber verantwortlich scheint, die ihm bisher auf seinen Wegen folgten. Aus »Liebe« zu den anderen verwirft er neues Wissen, damit nicht Unruhe verbreitet wird in jenem Frieden, den die Seelen seiner Gläubigen im bisherigen Denken fanden.

Verdammenswerte Heuchler, welche also sprechen; denn deren vielgerühmter Frieden ist nur *Schlaf*, welcher den Menschengeist in Banden hält und ihn verhindert, nach dem Gottgesetze der Bewegung sich zu regen, den Geist zu entfalten, damit ihm seine Schwingen wachsen zu dem Fluge nach den lichten Höhen, denen sie in ihrem Friedensschlafe ferne bleiben müssen!

Aber solchen Schädlingen der Gottgesetze laufen viele Menschen gerne nach, weil die Bequemlichkeit, welche sie lehren, für die trägen Menschengeister so verlockend ist! Es ist der breite Weg aller Bequemlichkeit zu der Verdammnis, in die Regionen der Zersetzung. Nicht ohne Zweck verwies der Gottessohn Jesus so oft auf den harten, steinigen, schmalen Weg zur Höhe und warnte vor der breiten Straße der Bequemlichkeit! Er kannte nur zu gut die faule Trägheit dieser Menschengeister und die Verlockungen der luziferischen Trabanten, die die Schwäche nützen!

Sich regen muß der Mensch, wenn er zu lichten Höhen kommen will. Das Paradies erwartet ihn, aber es kommt nicht selbst herab, wenn er nicht darnach strebt. Streben heißt jedoch nicht nur das Denken, Bitten, Betteln, das Ihr heute tut, streben heißt *handeln, sich bewegen*, um dahin zu kommen!

Die Menschen aber betteln nur und wähnen, daß sie noch hinaufgetragen werden von den Händen, die sie einst mit Nägeln haßerfüllt durchstießen! Es ist und wird Euch allen nur *der Weg* gezeigt, Ihr Trägen, gehen müßt Ihr selbst! Dazu müßt Ihr Euch schon bemühen.

Wie oft hat Christus das gesagt, und doch glaubt Ihr, daß Euch die Sünden ohne weiteres vergeben werden können, unmittelbar, wenn Ihr nur darum bittet. Ihr lebt nach *Eurem* Wünschen und Verlangen und bettelt noch, daß Euch göttliche Hilfe dazu werde. Ihr erwartet diese Hilfe aber wiederum nur in *der* Form, wie *Ihr* sie wollt, stellt also darin sogar noch Bedingungen.

Trägheit und Anmaßung, wohin Ihr blickt. Nichts anderes. Auch *das* ist Geistesfaulheit, wenn Ihr in den ersten Anfängen des geistigen Erwachens schon sprunghaft nach den höchsten Dingen fragt. Damit wollt Ihr nur sehen beim Beginn, ob es sich lohnt, den Weg zu gehen, der

## 63. NACHWORT

Euch Mühe machen wird. Ihr wißt ja nicht, wie lächerlich ein Mensch mit derartigen Fragen steht vor dem, der Euch die Antwort geben kann. Denn solche Fragen können nur erklärt werden durch einen, der bewußt von oben kommt, der in den höchsten Dingen war.

Und wer von oben kommt, weiß aber auch, daß nicht ein einziger der Menschengeister diese Dinge auch nur ahnen kann, viel weniger vermag, sie *wissend* in sich aufzunehmen.

*Ich brachte Euch d i e Botschaft, die die Erdenmenschen brauchen, wenn sie geistig aufwärts kommen wollen!* Seht nur richtig hinein! Aber im besten Falle findet Ihr sie schön ... und fragt sofort nach Dingen, die Ihr doch nie werdet begreifen können. Deshalb sind sie Euch auch nicht von Nutzen.

Wenn Ihr aber die ganze Botschaft einmal richtig in Euch aufgenommen habt und jedes Wort daraus in Euch erlebtet, durchlebtet, um es dann in Taten umzusetzen als Selbstverständlichkeit Eueres Seins auf Erden, dann wird sie Euer eigen wie Euer Fleisch und Blut, das Ihr auf Erden braucht zu der Erfüllung Eurer Erdenwanderung.

Handelt Ihr *so*, dann stellt Ihr daraus folgernd nicht mehr diese Fragen; denn dann seid Ihr *wissend* geworden, so wissend, wie ein Menschengeist wissend zu werden fähig ist. Und damit hört auch gleichzeitig das unsinnige Wünschen auf; denn in dem Wissen seid Ihr wahrhaft demütig geworden, habt abgelegt die Schwächen Eurer Menscheneitelkeit, des Hochmutes, des Dünkels Eures Eigenwissenwollens und die vielen Fehler alle, die ein Menschengeist sich angeeignet hat.

Wer also diese Fragen stellt und ähnliche, der schläft noch in der Trägheit seines Geistes und bildet sich nur ein, damit die Regsamkeit des Geistes und den starken Drang nach Suchen zu betonen. Er ist nicht anders als ein Kind, das einen Wettlauf machen möchte und überhaupt noch gar nicht laufen lernte!

Ihr könnt Euch auch nicht aus der Botschaft einzelnes herausnehmen, was Euch gerade paßt, interessiert; denn Interesse ist für Geisteslernen nicht genug, es reicht nur für den Verstand, nicht für den Geist, der mehr verlangt.

## 63. NACHWORT

*Ihr müßt a l l e s nehmen oder nichts.*

Wohl kann aus Interesse wahres Suchen werden, doch nicht leicht und nur sehr selten. Auch der Eifer schadet nur; denn er verleitet zu den Sprüngen, die die Kräfte lähmen. Ruhig vorwärts schreiten, Wort für Wort und Satz für Satz, nicht lesen und nicht lernen, sondern bildhaft, also wie im Leben alles aufzunehmen suchen, was ich damit gab. Grabt Euch hinein in meine Worte, dann, ja, dann allein kann Euch ein Ahnen kommen, daß Ihr das Wort des Lebens in den Händen haltet, das selbst lebende Wort, das nicht zusammengefügt wurde aus Erlerntem oder aus Erdachtem.

Nur wenn Ihr selbst Euch so zum Leben zwingt im Gottgesetze der harmonischen Bewegung, dann kann das Wort in Euch zum Leben werden, um Euch hochsteigen zu lassen in die lichten Höhen, welche Eure eigentliche Heimat sind. Zertrümmert aber vorher alle Mauern, die die Trägheit Eures Geistes um Euch in den Zeiten der Jahrtausende so fest erstarren ließ, die Eure Geistesflügel eingeschnürt und niederhalten, so, daß das starre, tote Dogma Euch genügt, ja sogar groß erscheint, mit dem Ihr heute *nur* in leerer Form *dem* Gott zu dienen sucht, der selbst das *Leben* ist! –

Trotzdem habe ich Euch zuletzt in Schilderungen noch geklärt, was Ihr die letzten Dinge nennt, welche aber in Wirklichkeit die *ersten* sind, so daß nun keine Frage mehr zu stellen übrig bleibt im ganzen Sein. Als *Lohn* gab ich es Euch; denn um die Schilderungen zu erkennen, müßt Ihr *vorher* Euch der *Mühe* unterzogen haben, Wort für Wort der ganzen Botschaft lebend in Euch aufzunehmen! Wer diese Arbeit unterläßt, der wird mich nie verstehen können, auch wenn er es von sich vermeint.

Vermeidet deshalb alles Sprunghafte, sondern ergründet jedes meiner Worte, von Anfang an, und Satz für Satz. Kein Mensch vermag den Wert der Botschaft hier auf Erden auszuschöpfen; denn sie ist für alle Weltenteile. Nehmt nicht stückweise wahllos Einzelheiten aus der Botschaft. Sie ist *ein Ganzes*, unzertrennbar, wie Gottgesetze dieser Schöpfung. Es kann der Menschengeist nicht daran rütteln, nichts verbiegen, ohne selbst den Schaden davon zu erhalten. Ihr könnt auch nichts von außen mit hineinziehen, könnt nicht an Einzelstellen etwas Fremdes setzen, das Euch angenehmer ist, gleichviel, ob es aus einer Euch bekannten Lehre oder aus Euch selber stammt.

Unverändert müßt Ihr meine Botschaft lassen von dem ersten bis zum letzten Wort, wenn sie Euch Nutzen bringen soll. Ihr müßt sie erst *in Euch* erleben, um sie dann nach außen hin zu Eurem Leben zu gestalten!

Handelt Ihr so, dann geht Ihr recht, und lichte Höhen werden sich vor Eurem Geiste öffnen, um Euch durchzulassen zu dem höchsten Reiche des freudigen Schaffens der seligen Menschengeister, das Ihr Paradies nennt. Dort werdet Ihr dann das Urgeistige erahnen und die Kraft des Göttlichen empfinden, das ich in Schilderungen gab. Doch fragen wollt Ihr dann nicht mehr, da Ihr in Eurem Glücke wunschlos seid! Dann quält Euch der Verstand nicht mehr, weil Ihr alles erlebt.

Abd-ru-shin

# INHALTSÜBERSICHT
## IN DER REIHENFOLGE DER VORTRÄGE

### BAND I

| | |
|---|---:|
| Zum Geleite!. . . . . . . . . . . . . . . . . . . . . . . . | 7 |
| 1. Was sucht Ihr? . . . . . . . . . . . . . . . . . . . . . | 9 |
| 2. Der Schrei nach dem Helfer . . . . . . . . . . . . | 13 |
| 3. Der Antichrist . . . . . . . . . . . . . . . . . . . . . | 20 |
| 4. Sittlichkeit . . . . . . . . . . . . . . . . . . . . . . . | 25 |
| 5. Erwachet! . . . . . . . . . . . . . . . . . . . . . . . | 32 |
| 6. Das Schweigen . . . . . . . . . . . . . . . . . . . . | 42 |
| 7. Aufstieg . . . . . . . . . . . . . . . . . . . . . . . . | 51 |
| 8. Kult . . . . . . . . . . . . . . . . . . . . . . . . . . . | 56 |
| 9. Erstarrung . . . . . . . . . . . . . . . . . . . . . . . | 61 |
| 10. Kindlichkeit . . . . . . . . . . . . . . . . . . . . . . | 67 |
| 11. Keuschheit . . . . . . . . . . . . . . . . . . . . . . . | 74 |
| 12. Der erste Schritt . . . . . . . . . . . . . . . . . . . | 77 |
| 13. Die Welt . . . . . . . . . . . . . . . . . . . . . . . . | 83 |
| 14. Der Stern von Bethlehem . . . . . . . . . . . . . | 93 |
| 15. Der Kampf . . . . . . . . . . . . . . . . . . . . . . . | 99 |
| 16. Moderne Geisteswissenschaft . . . . . . . . . . . | 104 |
| 17. Falsche Wege . . . . . . . . . . . . . . . . . . . . . | 118 |
| 18. Was trennt so viele Menschen heute von dem Licht? . . . . . | 121 |
| 19. Es war einmal…! . . . . . . . . . . . . . . . . . . | 132 |
| 20. Irrungen . . . . . . . . . . . . . . . . . . . . . . . . | 154 |
| 21. Das Menschenwort . . . . . . . . . . . . . . . . . | 169 |
| 22. Das Weib der Nachschöpfung . . . . . . . . . . | 176 |
| 23. Ergebenheit . . . . . . . . . . . . . . . . . . . . . . | 180 |
| 24. Trägheit des Geistes . . . . . . . . . . . . . . . . . | 187 |

25. Der Erdenmensch vor seinem Gott . . . . . . . . . . . . . . . 193
26. Es soll erwecket werden alles Tote in der Schöpfung, damit
    es sich richte! . . . . . . . . . . . . . . . . . . . . . . . . . . . . . 198
27. Das Buch des Lebens . . . . . . . . . . . . . . . . . . . . . . . . 200
28. Das Reich der Tausend Jahre . . . . . . . . . . . . . . . . . . 205
29. Ein notwendiges Wort . . . . . . . . . . . . . . . . . . . . . . . 210
30. Der große Komet . . . . . . . . . . . . . . . . . . . . . . . . . . 216
31. Der Weltenlehrer . . . . . . . . . . . . . . . . . . . . . . . . . . 218
32. Der Fremdling . . . . . . . . . . . . . . . . . . . . . . . . . . . . 222
33. Rettung! Erlösung! . . . . . . . . . . . . . . . . . . . . . . . . . 232
34. Die Sprache des Herrn . . . . . . . . . . . . . . . . . . . . . . 236

# BAND II

1. Verantwortung . . . . . . . . . . . . . . . . . . . . . . . . . . . . 243
2. Schicksal . . . . . . . . . . . . . . . . . . . . . . . . . . . . . . . . 248
3. Die Erschaffung des Menschen . . . . . . . . . . . . . . . . 255
4. Der Mensch in der Schöpfung . . . . . . . . . . . . . . . . 262
5. Erbsünde . . . . . . . . . . . . . . . . . . . . . . . . . . . . . . . . 267
6. Gott . . . . . . . . . . . . . . . . . . . . . . . . . . . . . . . . . . . 269
7. Die innere Stimme . . . . . . . . . . . . . . . . . . . . . . . . . 273
8. Die Religion der Liebe . . . . . . . . . . . . . . . . . . . . . . 278
9. Der Erlöser . . . . . . . . . . . . . . . . . . . . . . . . . . . . . . 280
10. Das Geheimnis der Geburt . . . . . . . . . . . . . . . . . . . 289
11. Ist okkulte Schulung anzuraten? . . . . . . . . . . . . . . . 300
12. Spiritismus . . . . . . . . . . . . . . . . . . . . . . . . . . . . . . 304
13. Erdgebunden . . . . . . . . . . . . . . . . . . . . . . . . . . . . . 313
14. Ist geschlechtliche Enthaltsamkeit geistig fördernd? . . . . . 317
15. Gedankenformen . . . . . . . . . . . . . . . . . . . . . . . . . . 320
16. Wache und bete! . . . . . . . . . . . . . . . . . . . . . . . . . . 328
17. Die Ehe . . . . . . . . . . . . . . . . . . . . . . . . . . . . . . . . 334
18. Das Recht des Kindes an die Eltern . . . . . . . . . . . . . 341

INHALTSÜBERSICHT IN DER REIHENFOLGE DER VORTRÄGE

19. Das Gebet . . . . . . . . . . . . . . . . . . . . . . 346
20. Das Vaterunser . . . . . . . . . . . . . . . . . . . 352
21. Gottanbetung . . . . . . . . . . . . . . . . . . . . 359
22. Der Mensch und sein freier Wille . . . . . . . . . . . . . . 368
23. Ideale Menschen . . . . . . . . . . . . . . . . . . . 391
24. Werfet auf Ihn alle Schuld . . . . . . . . . . . . . . . . 396
25. Das Verbrechen der Hypnose . . . . . . . . . . . . . . . 400
26. Astrologie . . . . . . . . . . . . . . . . . . . . . . 406
27. Symbolik im Menschenschicksal . . . . . . . . . . . . . . 410
28. Glaube . . . . . . . . . . . . . . . . . . . . . . . 418
29. Irdische Güter . . . . . . . . . . . . . . . . . . . . 421
30. Der Tod . . . . . . . . . . . . . . . . . . . . . . 424
31. Abgeschieden . . . . . . . . . . . . . . . . . . . . 431
32. Wunder . . . . . . . . . . . . . . . . . . . . . . 437
33. Die Taufe . . . . . . . . . . . . . . . . . . . . . 439
34. Der Heilige Gral . . . . . . . . . . . . . . . . . . . 442
35. Das Geheimnis Luzifer . . . . . . . . . . . . . . . . . 449
36. Die Regionen des Dunkels und die Verdammnis . . . . . . . 458
37. Die Regionen des Lichtes und das Paradies . . . . . . . . . 463
38. Weltgeschehen . . . . . . . . . . . . . . . . . . . . 465
39. Der Unterschied im Ursprung zwischen Mensch und Tier . . 477
40. Die Trennung zwischen Menschheit und Wissenschaft . . . . 481
41. Geist . . . . . . . . . . . . . . . . . . . . . . . . 485
42. Schöpfungsentwicklung . . . . . . . . . . . . . . . . . 487
43. Ich bin der Herr, Dein Gott! . . . . . . . . . . . . . . . 496
44. Die unbefleckte Empfängnis und Geburt des Gottessohnes . . 513
45. Der Kreuzestod des Gottessohnes und das Abendmahl . . . . 519
46. Steige herab vom Kreuze! . . . . . . . . . . . . . . . . 524
47. Das ist mein Fleisch! Das ist mein Blut! . . . . . . . . . . 532
48. Auferstehung des irdischen Körpers Christi . . . . . . . . 535
49. Menschensinn und Gotteswille im Gesetz der
    Wechselwirkung . . . . . . . . . . . . . . . . . . . 545
50. Der Menschensohn . . . . . . . . . . . . . . . . . . 549

51. Die Sexualkraft in ihrer Bedeutung zum geistigen Aufstiege . 556
52. Ich bin die Auferstehung und das Leben, niemand kommt zum Vater denn durch mich! . . . . . . . . . . . . . . . . 570
53. Grobstofflichkeit, Feinstofflichkeit, Strahlungen, Raum und Zeit . . . . . . . . . . . . . . . . . . . . . . . . . . . . 579
54. Der Irrtum des Hellsehens . . . . . . . . . . . . . . . . . 587
55. Arten des Hellsehens . . . . . . . . . . . . . . . . . . . 591
56. Im Reiche der Dämonen und Phantome . . . . . . . . . . 600
57. Okkulte Schulung, Fleischkost oder Pflanzenkost . . . . . 617
58. Heilmagnetismus . . . . . . . . . . . . . . . . . . . . . 623
59. Lebet der Gegenwart! . . . . . . . . . . . . . . . . . . . 625
60. Was hat der Mensch zu tun, um eingehen zu können in das Gottesreich? . . . . . . . . . . . . . . . . . . . . . . . . 628
61. Du siehst den Splitter in Deines Bruders Auge und achtest nicht des Balkens in Deinem Auge! . . . . . . . . . . . . 631
62. Der Kampf in der Natur . . . . . . . . . . . . . . . . . . 634
63. Ausgießung des Heiligen Geistes . . . . . . . . . . . . . 640
64. Geschlecht . . . . . . . . . . . . . . . . . . . . . . . . 643
65. Kann Alter ein Hemmnis zu geistigem Aufstieg bilden? . . . 647
66. Vater, vergib ihnen; denn sie wissen nicht, was sie tun! . . . 649
67. Götter – Olymp – Walhall . . . . . . . . . . . . . . . . . 672
68. Kreatur Mensch . . . . . . . . . . . . . . . . . . . . . . 686
69. Und tausend Jahre sind wie ein Tag! . . . . . . . . . . . . 696
70. Empfindung . . . . . . . . . . . . . . . . . . . . . . . 699
71. Das Leben . . . . . . . . . . . . . . . . . . . . . . . . 705

## BAND III

1. Im Lande der Dämmerung . . . . . . . . . . . . . . . . . 719
2. Grübler . . . . . . . . . . . . . . . . . . . . . . . . . . 725
3. Freiwillige Märtyrer, religiöse Fanatiker . . . . . . . . . . 730
4. Gottesdiener . . . . . . . . . . . . . . . . . . . . . . . 733

INHALTSÜBERSICHT IN DER REIHENFOLGE DER VORTRÄGE

 5. Instinkt der Tiere . . . . . . . . . . . . . . . . . . . 737
 6. Der Freundschaftskuß . . . . . . . . . . . . . . . . 740
 7. Das verbogene Werkzeug . . . . . . . . . . . . . . 744
 8. Das Kind . . . . . . . . . . . . . . . . . . . . . . . . 757
 9. Die Aufgabe der Menschenweiblichkeit . . . . . . . . . . . 765
10. Allgegenwart . . . . . . . . . . . . . . . . . . . . . 776
11. Christus sprach . . . ! . . . . . . . . . . . . . . . . 778
12. Schöpfungsgesetz »Bewegung« . . . . . . . . . . . . . 790
13. Der Erdenkörper . . . . . . . . . . . . . . . . . . . 799
14. Das Blutgeheimnis . . . . . . . . . . . . . . . . . . 807
15. Das Temperament . . . . . . . . . . . . . . . . . . 814
16. Siehe, Mensch, wie Du zu wandeln hast durch diese Schöpfung, damit nicht Schicksalsfäden Deinen Aufstieg hemmen, sondern fördern! . . . . . . . . . . . . . . . . . . . . 821
17. Ein neu Gesetz . . . . . . . . . . . . . . . . . . . . 829
18. Pflicht und Treue . . . . . . . . . . . . . . . . . . 836
19. Schönheit der Völker . . . . . . . . . . . . . . . . . 840
20. Es ist vollbracht! . . . . . . . . . . . . . . . . . . . 844
21. An der grobstofflichen Grenze . . . . . . . . . . . . 848
22. Das Gotterkennen . . . . . . . . . . . . . . . . . . 856
23. Der Name . . . . . . . . . . . . . . . . . . . . . . 869
24. Das Wesenhafte . . . . . . . . . . . . . . . . . . . 874
25. Die kleinen Wesenhaften . . . . . . . . . . . . . . . 882
26. In der grobstofflichen Werkstatt der Wesenhaften . . . . . 892
27. Eine Seele wandert . . . . . . . . . . . . . . . . . . 903
28. Weib und Mann . . . . . . . . . . . . . . . . . . . 916
29. Verbogene Seelen . . . . . . . . . . . . . . . . . . 930
30. Der geistige Führer des Menschen . . . . . . . . . . . 942
31. Lichtfäden über Euch! . . . . . . . . . . . . . . . . 954
32. Die Urkönigin . . . . . . . . . . . . . . . . . . . . 966
33. Der Kreislauf der Strahlungen . . . . . . . . . . . . 974
34. Meidet die Pharisäer! . . . . . . . . . . . . . . . . . 988
35. Besessen . . . . . . . . . . . . . . . . . . . . . . . 996

36. Bittet, so wird Euch gegeben! . . . . . . . . . . . . . . . . 1008
37. Dank . . . . . . . . . . . . . . . . . . . . . . . . . . . . . 1016
38. Es werde Licht! . . . . . . . . . . . . . . . . . . . . . . . 1026
39. Wesenlos . . . . . . . . . . . . . . . . . . . . . . . . . . . 1039
40. Weihnachten . . . . . . . . . . . . . . . . . . . . . . . . . 1041
41. *Fallet* nicht in Anfechtung! . . . . . . . . . . . . . . . . . 1051
42. Familiensinn . . . . . . . . . . . . . . . . . . . . . . . . . 1056
43. Das traute Heim . . . . . . . . . . . . . . . . . . . . . . . 1064
44. Gewohnheitsgläubige . . . . . . . . . . . . . . . . . . . . 1072
45. Siehe, was Dir nützet! . . . . . . . . . . . . . . . . . . . . 1084
46. Allweisheit . . . . . . . . . . . . . . . . . . . . . . . . . . 1092
47. Das schwache Geschlecht . . . . . . . . . . . . . . . . . 1098
48. Die zerstörte Brücke . . . . . . . . . . . . . . . . . . . . . 1105
49. Die Hüterin der Flamme . . . . . . . . . . . . . . . . . . 1113
50. Schöpfungsübersicht . . . . . . . . . . . . . . . . . . . . 1120
51. Seele . . . . . . . . . . . . . . . . . . . . . . . . . . . . . . 1128
52. Natur . . . . . . . . . . . . . . . . . . . . . . . . . . . . . 1138
53. Geistkeime . . . . . . . . . . . . . . . . . . . . . . . . . . 1146
54. Wesenskeime . . . . . . . . . . . . . . . . . . . . . . . . . 1155
55. Der Ring des Wesenhaften . . . . . . . . . . . . . . . . . 1164
56. Die urgeistigen Ebenen I . . . . . . . . . . . . . . . . . . 1173
57. Die urgeistigen Ebenen II . . . . . . . . . . . . . . . . . . 1181
58. Die urgeistigen Ebenen III . . . . . . . . . . . . . . . . . 1189
59. Die urgeistigen Ebenen IV . . . . . . . . . . . . . . . . . 1196
60. Die urgeistigen Ebenen V . . . . . . . . . . . . . . . . . . 1205
61. Die urgeistigen Ebenen VI . . . . . . . . . . . . . . . . . 1215
62. Die urgeistigen Ebenen VII . . . . . . . . . . . . . . . . . 1222
63. Nachwort: Wie die Botschaft aufzunehmen ist . . . . . . . . 1228

# INHALTSÜBERSICHT IN ALPHABETISCHER FOLGE DER VORTRÄGE

Abgeschieden . . . . . . . . . . . . . . . . . . . . . . . . 431
Allgegenwart . . . . . . . . . . . . . . . . . . . . . . . . 776
Allweisheit . . . . . . . . . . . . . . . . . . . . . . . . 1092
An der grobstofflichen Grenze . . . . . . . . . . . . . . 848
Arten des Hellsehens . . . . . . . . . . . . . . . . . . . 591
Astrologie . . . . . . . . . . . . . . . . . . . . . . . . . 406
Auferstehung des irdischen Körpers Christi . . . . . . . . 535
Aufstieg . . . . . . . . . . . . . . . . . . . . . . . . . . 51
Ausgießung des Heiligen Geistes . . . . . . . . . . . . . 640
Besessen . . . . . . . . . . . . . . . . . . . . . . . . . . 996
Bittet, so wird Euch gegeben! . . . . . . . . . . . . . . 1008
Christus sprach . . . ! . . . . . . . . . . . . . . . . . . 778
Dank . . . . . . . . . . . . . . . . . . . . . . . . . . . . 1016
Das Blutgeheimnis . . . . . . . . . . . . . . . . . . . . . 807
Das Buch des Lebens . . . . . . . . . . . . . . . . . . . . 200
Das Gebet . . . . . . . . . . . . . . . . . . . . . . . . . 346
Das Geheimnis der Geburt . . . . . . . . . . . . . . . . . 289
Das Geheimnis Luzifer . . . . . . . . . . . . . . . . . . . 449
Das Gotterkennen . . . . . . . . . . . . . . . . . . . . . 856
Das ist mein Fleisch! Das ist mein Blut! . . . . . . . . . 532
Das Kind . . . . . . . . . . . . . . . . . . . . . . . . . . 757
Das Leben . . . . . . . . . . . . . . . . . . . . . . . . . 705
Das Menschenwort . . . . . . . . . . . . . . . . . . . . . 169
Das Recht des Kindes an die Eltern . . . . . . . . . . . . 341
Das Reich der Tausend Jahre . . . . . . . . . . . . . . . 205
Das schwache Geschlecht . . . . . . . . . . . . . . . . . 1098
Das Schweigen . . . . . . . . . . . . . . . . . . . . . . . 42

INHALTSÜBERSICHT IN ALPHABETISCHER FOLGE DER VORTRÄGE

| | |
|---|---|
| Das Temperament | 814 |
| Das traute Heim | 1064 |
| Das Vaterunser | 352 |
| Das verbogene Werkzeug | 744 |
| Das Verbrechen der Hypnose | 400 |
| Das Weib der Nachschöpfung | 176 |
| Das Wesenhafte | 874 |
| Der Antichrist | 20 |
| Der Erdenkörper | 799 |
| Der Erdenmensch vor seinem Gott | 193 |
| Der Erlöser | 280 |
| Der erste Schritt | 77 |
| Der Fremdling | 222 |
| Der Freundschaftskuß | 740 |
| Der geistige Führer des Menschen | 942 |
| Der große Komet | 216 |
| Der Heilige Gral | 442 |
| Der Irrtum des Hellsehens | 587 |
| Der Kampf | 99 |
| Der Kampf in der Natur | 634 |
| Der Kreislauf der Strahlungen | 974 |
| Der Kreuzestod des Gottessohnes und das Abendmahl | 519 |
| Der Menschensohn | 549 |
| Der Mensch in der Schöpfung | 262 |
| Der Mensch und sein freier Wille | 368 |
| Der Name | 869 |
| Der Ring des Wesenhaften | 1164 |
| Der Schrei nach dem Helfer | 13 |
| Der Stern von Bethlehem | 93 |
| Der Tod | 424 |
| Der Unterschied im Ursprung zwischen Mensch und Tier | 477 |
| Der Weltenlehrer | 218 |
| Die Aufgabe der Menschenweiblichkeit | 765 |

INHALTSÜBERSICHT IN ALPHABETISCHER FOLGE DER VORTRÄGE

| | |
|---|---|
| Die Ehe | 334 |
| Die Erschaffung des Menschen | 255 |
| Die Hüterin der Flamme | 1113 |
| Die innere Stimme | 273 |
| Die kleinen Wesenhaften | 882 |
| Die Regionen des Dunkels und die Verdammnis | 458 |
| Die Regionen des Lichtes und das Paradies | 463 |
| Die Religion der Liebe | 278 |
| Die Sexualkraft in ihrer Bedeutung zum geistigen Aufstiege | 556 |
| Die Sprache des Herrn | 236 |
| Die Taufe | 439 |
| Die Trennung zwischen Menschheit und Wissenschaft | 481 |
| Die unbefleckte Empfängnis und Geburt des Gottessohnes | 513 |
| Die urgeistigen Ebenen I | 1173 |
| Die urgeistigen Ebenen II | 1181 |
| Die urgeistigen Ebenen III | 1189 |
| Die urgeistigen Ebenen IV | 1196 |
| Die urgeistigen Ebenen V | 1205 |
| Die urgeistigen Ebenen VI | 1215 |
| Die urgeistigen Ebenen VII | 1222 |
| Die Urkönigin | 966 |
| Die Welt | 83 |
| Die zerstörte Brücke | 1105 |
| Du siehst den Splitter in Deines Bruders Auge und achtest nicht des Balkens in Deinem Auge! | 631 |
| Eine Seele wandert | 903 |
| Ein neu Gesetz | 829 |
| Ein notwendiges Wort | 210 |
| Empfindung | 699 |
| Erbsünde | 267 |
| Erdgebunden | 313 |
| Ergebenheit | 180 |
| Erstarrung | 61 |

| | |
|---|---:|
| Erwachet! | 32 |
| Es ist vollbracht! | 844 |
| Es soll erwecket werden alles Tote in der Schöpfung, damit es sich richte! | 198 |
| Es war einmal …! | 132 |
| Es werde Licht! | 1026 |
| *Fallet* nicht in Anfechtung! | 1051 |
| Falsche Wege | 118 |
| Familiensinn | 1056 |
| Freiwillige Märtyrer, religiöse Fanatiker | 730 |
| Gedankenformen | 320 |
| Geist | 485 |
| Geistkeime | 1146 |
| Geschlecht | 643 |
| Gewohnheitsgläubige | 1072 |
| Glaube | 418 |
| Götter – Olymp – Walhall | 672 |
| Gott | 269 |
| Gottanbetung | 359 |
| Gottesdiener | 733 |
| Grobstofflichkeit, Feinstofflichkeit, Strahlungen, Raum und Zeit | 579 |
| Grübler | 725 |
| Heilmagnetismus | 623 |
| Ich bin der Herr, Dein Gott! | 496 |
| Ich bin die Auferstehung und das Leben, niemand kommt zum Vater denn durch mich! | 570 |
| Ideale Menschen | 391 |
| Im Lande der Dämmerung | 719 |
| Im Reiche der Dämonen und Phantome | 600 |
| In der grobstofflichen Werkstatt der Wesenhaften | 892 |
| Instinkt der Tiere | 737 |
| Irdische Güter | 421 |
| Irrungen | 154 |

Ist geschlechtliche Enthaltsamkeit geistig fördernd? . . . . . . . 317
Ist okkulte Schulung anzuraten? . . . . . . . . . . . . . . . . . 300
Kann Alter ein Hemmnis zu geistigem Aufstieg bilden? . . . . . 647
Keuschheit . . . . . . . . . . . . . . . . . . . . . . . . . . . . 74
Kindlichkeit . . . . . . . . . . . . . . . . . . . . . . . . . . . 67
Kreatur Mensch . . . . . . . . . . . . . . . . . . . . . . . . . 686
Kult . . . . . . . . . . . . . . . . . . . . . . . . . . . . . . . 56
Lebet der Gegenwart! . . . . . . . . . . . . . . . . . . . . . . 625
Lichtfäden über Euch! . . . . . . . . . . . . . . . . . . . . . . 954
Meidet die Pharisäer! . . . . . . . . . . . . . . . . . . . . . . 988
Menschensinn und Gotteswille im Gesetz der Wechselwirkung . . 545
Moderne Geisteswissenschaft . . . . . . . . . . . . . . . . . . 104
Nachwort: Wie die Botschaft aufzunehmen ist . . . . . . . . . 1228
Natur . . . . . . . . . . . . . . . . . . . . . . . . . . . . . . 1138
Okkulte Schulung, Fleischkost oder Pflanzenkost . . . . . . . . 617
Pflicht und Treue . . . . . . . . . . . . . . . . . . . . . . . . 836
Rettung! Erlösung! . . . . . . . . . . . . . . . . . . . . . . . 232
Schicksal . . . . . . . . . . . . . . . . . . . . . . . . . . . . 248
Schönheit der Völker . . . . . . . . . . . . . . . . . . . . . . 840
Schöpfungsentwicklung . . . . . . . . . . . . . . . . . . . . . 487
Schöpfungsgesetz »Bewegung« . . . . . . . . . . . . . . . . . . 790
Schöpfungsübersicht . . . . . . . . . . . . . . . . . . . . . . 1120
Seele . . . . . . . . . . . . . . . . . . . . . . . . . . . . . . 1128
Siehe, Mensch, wie Du zu wandeln hast durch diese Schöpfung,
   damit nicht Schicksalsfäden Deinen Aufstieg hemmen,
   sondern fördern! . . . . . . . . . . . . . . . . . . . . . . 821
Siehe, was Dir nützet! . . . . . . . . . . . . . . . . . . . . . 1084
Sittlichkeit . . . . . . . . . . . . . . . . . . . . . . . . . . . 25
Spiritismus . . . . . . . . . . . . . . . . . . . . . . . . . . . 304
Steige herab vom Kreuze! . . . . . . . . . . . . . . . . . . . . 524
Symbolik im Menschenschicksal . . . . . . . . . . . . . . . . . 410
Trägheit des Geistes . . . . . . . . . . . . . . . . . . . . . . 187
Und tausend Jahre sind wie ein Tag! . . . . . . . . . . . . . . 696

| | |
|---|---:|
| Vater, vergib ihnen; denn sie wissen nicht, was sie tun! | 649 |
| Verantwortung | 243 |
| Verbogene Seelen | 930 |
| Wache und bete! | 328 |
| Was hat der Mensch zu tun, um eingehen zu können in das Gottesreich? | 628 |
| Was sucht Ihr? | 9 |
| Was trennt so viele Menschen heute von dem Licht? | 121 |
| Weib und Mann | 916 |
| Weihnachten | 1041 |
| Weltgeschehen | 465 |
| Werfet auf Ihn alle Schuld | 396 |
| Wesenlos | 1039 |
| Wesenskeime | 1155 |
| Wunder | 437 |
| Zum Geleite! | 7 |